Dieter Kühn

Der Parzival des
Wolfram von Eschenbach

Insel Verlag

Dritte Auflage 1987
© Insel Verlag Frankfurt am Main 1986
Alle Rechte vorbehalten
Druck: May & Co, Darmstadt
Printed in Germany

Erster Teil
Leben, Werk und Zeit des Wolfram von Eschenbach

1 Hoher Oktoberhimmel mit rasch nach Osten ziehenden Wolken und Wolkenbänken. Am Horizont die Kraftwerke mit Schloten, Kühltürmen, Dampffahnen. Das Siebengebirge deutlich umrissen. Bald erreiche ich das Ende der Ausbaustrecke der B 56; die Landstraße paßt sich wieder dem Gelände an, dominiert nicht mehr mit Aufschüttungen, Einfräsungen, verzichtet längst schon auf Ampeln. Soller: der erste Ort, den ich durchfahre, und schon bin ich in den fünfziger Jahren. Die Autos beschreiben, die in größeren Abständen am Straßenrand parken – die Borgwards, Isabellas, die »Leukoplastbomber«, die »Schneewittchensärge«? Und die Mode junger Dorfbewohnerinnen und Dorfbewohner? Bilder der fünfziger Jahre wurden reichlich reproduziert im Jahr meines Aufbruchs, diese Reise soll Jahrhunderte zurückführen, also kann ich mich mit halbwegs Bekanntem nicht lange aufhalten. Schon bin ich aus Soller heraus: Felder, Bäume, Felder. Hinter Froitzheim schaue ich von einer Kuppe aus in die leicht gewellte Ebene des Kriegsendes. Ich halte an der Einmündung eines Wirtschaftswegs: auf der Straße fährt ein Lastwagen vorbei mit Holzvergaserkessel, danach ein Bus, dessen Fensteröffnungen mit Pappe und Holz verschlossen sind. Ich fahre weiter. Schlaglöcher. Schräg vor mir, links, die Türme von Zülpich: charakteristisch der Doppelturm der alten Stadtmauer. Rüben werden eingefahren an diesem weiterhin klaren, windigen Oktobertag mit Wolken und Wolkenbänken, größeren Wolkenflächen. Ich muß wieder auf einen Wirtschaftsweg ausweichen: amerikanische Panzer, schlammfarben, und am Straßenrand marschieren gefangene Soldaten – wie auf Fotografien abgekämpfter, gefangener deutscher Soldaten: ausgemergelt, unrasiert, mit alten Kappen auf, die Uniform verschlissen, ohne Abzeichen. Ich fahre einen Kilometer weiter, muß wieder ausweichen: Lastwagen kommen mir entgegen voller Soldaten, sie sitzen sogar vorn auf den Kotflügeln, die Lampen zwischen den Oberschenkeln, und einige ganz junge Soldaten der Wehrmacht schießen auf Vögel und weiße Isolatoren der Strommasten. Schon ist die Truppenbewegung zur Westfront vorbei, nur noch sehr wenige Autos auf der holprigen Landstraße; ihre Scheinwerfergläser sind bis auf einen schmalen Schlitz abgedeckt, zuweilen sind auch Seitenfenster blau übermalt. Ich fahre in Zülpich ein. Alte Häuser, an einem die Hakenkreuzfahne. Die Stadtmauer, nach der Durchquerung des Orts: stammt sie aus Wolframs Zeit? Ich registriere: hufeisenförmig angelegte Erdwälle und schräg aufwärts gerichtete Rohre der Achtkommaacht; Baracken;

ein Lastwagen mit Hakenkreuzfähnchen, aber auf der Ladefläche stehen keine SA-Männer, um eins der Lieder zu singen, die auf Platten aufgezeichnet sind oder auf Lichttonstreifen von Filmen. Weiterhin Wolken, rasch von Westen heran; es wird bis Wolframs-Eschenbach Oktober bleiben, ich kann mich nicht alle paar hundert Meter umziehen, Sommerkleidung, Winterkleidung, Sommerkleidung. Ich fahre durch Ülpenich und Dürscheven. Ein Bauer auf einem niedrigen, schmalbrüstig wirkenden Traktor schaut mich, schaut vor allem meinen Wagen an, der bis an die Dachkante schlammbespritzt ist. Die ersten fünfzig Kilometer, von Abenden aus gezählt, habe ich hinter mir vor Euskirchen. Ich durchfahre noch Euenheim, sehe eine kleine Fabrik mit Schlot – Markierung für den Treffpunkt, an dem ich meinen Wagen umtausche gegen den Wagen meiner Eltern. Auf der Zufahrt zum Mittelstandsbetrieb, etwa hundert Meter von der Landstraße entfernt, das Automobil. Meine Eltern am Rand eines Gehölzes. Ich gehe auf sie zu, will sie deutlicher sehen als auf der Fotografie aus den dreißiger Jahren – aber mit jedem Schritt, den ich auf sie zu gehe, weichen sie zurück. Ich winke und sehe eine Handbewegung, die sich als Winken auslegen ließe, ich rufe, aber es folgt keine Antwort: demnach bin ich in Sichtweite, nicht aber in Hörnähe. Ich folge ihnen in das kleine Waldstück; sie gehen durch den Farn, ohne eine Spur zu hinterlassen. Hinter einem Ilexbusch heben sich zwei Hände und winken, nun deutlich erkennbar. Ich laufe hinter die Stechpalme – meine Eltern sind unsichtbar. Ich trete wieder ins Freie. Stoppelfelder, abgeerntete Kartoffel- und Rübenflächen. An den Feldrändern Schmetterlinge mit allen Nuancen der Schmetterlings-Farbskala. Und Feldhühner, die aufpurren. Fasane, wie ich sie ein paar Jahre vor diesem Aufbruch noch gesehen habe bei Spaziergängen, aber plötzlich gab es sie fast überhaupt nicht mehr. Und wenn ich mich vorbeuge: Käfer wie aus einem Bilderbuch gekrabbelt.
Ich gehe zu den beiden Autos. Meine enge Sommerhose streife ich ab, ziehe die Knickerbocker an, die ich auf dem Rücksitz bereitgelegt habe, krempele die Ärmel herunter und wieder auf: bis dicht unter die Achseln, so kenne ich das von Fotos, so habe ich sie früher getragen. Und ich stülpe die Lederkappe über, hole aus dem »Käfer« den Rohrplattenkoffer vom Speicher meiner Eltern. Während ich ihn zum »Wanderer« hinüberschleppe, fällt mir auf: der Luftraum ist leer, schon jetzt. Keine Düsenjäger, keine Verkehrsflugzeuge, auch keine Sportflugzeuge. Leider auch kein Zep-

pelin zu meiner Begrüßung. Ich lege das Gepäckstück in den Kofferraum; beim Zuschlagen staune ich über die Wucht, mit der die Heckklappe herunterdröhnt: das Ersatzrad ist ans Blech geschraubt, wie ich das auf einer Fotografie dieses Autos gesehen habe.

Mit dem »Wanderer« durch Euskirchen: eine Kreisstadt mit Zuckerfabrik, zu der an diesem Oktobertag Rüben transportiert werden, mit Pferden vor den Karren. Und keine Gummibereifung: Metall auf Kopfstein. Mit dem alten Auto beschäftigt, mit seiner schwerfälligen Gangschaltung, kann ich nicht weiter auf das Stadtbild achten. Was soll ich hier auch weitere Details der dreißiger Jahre einbringen – hinter Euskirchen bin ich bereits in den zwanziger Jahren! Aber dort ist, etwa auf der Höhe von Kuchenheim, keins der Bilder zu sehen, die heutige, gestrigheutige Vorstellungen über die zwanziger Jahre prägen: keine Frauen mit Bubikopffrisuren, keine langen Zigarettenspitzen, keine umlagerten Kinoeingänge – linksrheinische Provinz, in der Rübenanbau dominiert. Das Siebengebirge rückt auf mich zu, ich nähere mich dem Ersten Weltkrieg, ein Flugzeug über mir mit schwarzem Kreuz; ein Biwak mit Feuer, Gewehrpyramiden; es werden Stiefel geputzt. Ich bin insgesamt erst eine Stunde gefahren, unter den raschen Wolken. In Miel: das Zeit-Zentrum des Ersten Weltkriegs, der sich auf den sehr kleinen Ort freilich nicht weiter auswirkt, hier kocht man noch keine Futterrüben, Schweinsrüben. Rechts hinaus der Eifelhöhenrücken bei Rheinbach. Und ich fahre durch die ersten Ausläufer des Kottenforsts: inzwischen habe ich das Auto wieder umgetauscht, diesmal gleich in eins der noch offenen, kutschenähnlichen Automobile, denn ich will Bonn als Kraftfahrer erreichen, ich werde noch lange genug reiten müssen. So sitze ich auf einer Art Kutschbock mit dünnem Lederpolster, das Lenkrad fast waagrecht zwischen den Knien, die Federung rauh, Hartgummireifen, die Landstraße nicht mehr gepflastert, zumindest nicht in diesem Waldgebiet. Fünfundsiebzig Jahreskilometer, und ich bin in Duisdorf, ein paar Jahreskilometer weiter durchquere ich Endenich, denke an Robert Schumann, singe auf dem sehr lauten, hart stoßenden Automobil das Thema des langsamen Satzes der zweiten Sinfonie, die ich besonders liebe, verfahre mich, denn nun stehen fast überhaupt keine Wegweiser mehr an den Straßen, ich folge vagen Beschreibungen verwirrter Ortsbewohner. Schließlich erreiche ich die Jahrhundertwende und bin (ohne Zahlenmogelei) in Bonn, im Zentrum der alten Residenzstadt. Es ist dunkel geworden, die Straßen von Gaslampen schwach beleuchtet, Laternen an Kutschen und Karren. Genauer werde ich nicht in der Beschreibung, ich bin nicht nach Bonn gekommen, um ein Ambiente des neunzehnten Jahrhunderts zu rekonstruieren, dies ist nur eine Durchgangsstation auf der Zeitreise nach Eschenbach zu Beginn des dreizehnten Jahrhunderts.

Ich erreiche den Marktplatz, fahre zu einem Hotel, bleibe vor dem Eingang stehen. Schon kommt ein Page heraus, ein Portier folgt, gemeinsam lösen sie den Rohrplattenkoffer vom Heck, stellen ihn im Foyer ab. Während an der Rezeption mein Name in ein Buch eingetragen wird, huscht der Page die Treppe hinauf; sobald er zurückkommt, trägt er gemeinsam mit dem Portier den Koffer in den ersten Stock, in ein bereits beleuchtetes Zimmer mit drei Fenstern: ein Gast, der mit einem Automobil vorgefahren ist! Auf den Marktplatz hinabschauend, frage ich den Portier, wieviel Einwohner Bonn »zur Zeit« habe, höre, es sind 16000, davon ein knappes Tausend Studenten. Ich gebe ihm fünf Silbergroschen, da lupft er zufrieden die Kappe, schließt die Türe.

Der Waschtisch mit Marmorplatte, Porzellanschüssel und Kanne; Handtücher an polierter Stange; eine Petroleumlampe an der Wand, eine auf dem Tisch – die wird der Page angezündet haben. Ich gehe umher, Knarren, Knacken, bleibe wieder an einem der Fenster stehen: einige Passanten, ein Reiter, eine Kutsche. Keine Musik, nirgendwo – das fällt mir jetzt auf. Übertrieben laut in dieser Stille der Hufschlag, das Radgeräusch – ich kann verstehen, daß man bei sehr hohem Besuch Stroh ausstreute vor einer Residenz oder einem Hotel. Ich ziehe ein taubengraues Jackett an, das mir fast an die Knie reicht, binde einen weißen Seidenschal um, beschau mich mit meinen grünen Augen im Spiegel; so bin ich wohl richtig kostümiert für ein Hotel der Jahrhundertwende. Den Koffer schließe ich ab. Ich schreite die Treppe hinunter, der Portier kommt mir im Foyer entgegen, geleitet mich zur »Restauration«. Ein holzgetäfelter Raum, Gaslampen vor glänzenden Holzflächen, an einigen Tischen sitzen Gäste, es wird halblaut gesprochen. Ich bestelle Rheinlachs; der ist, wie der Oberkellner versichert, hier vor Bonn gefangen worden. Er sieht offenbar keinen Anlaß, darüber zu staunen, versteht auch nicht, was ein »trockener Wein« sein soll, empfiehlt einen »Kabinett« aus St. Goar mit »reichem Bouquet«. Der Rheinlachs mit leichter Kräutersoße.

Der Hotelier erscheint, macht reihum die Honneurs, gerechte Verteilung höflichen Interesses, kommt zuletzt an meinen Tisch.

Ich sage, daß mir das Essen geschmeckt hat, lade ihn ein zu einem Glas des allzu vollmundigen Weins – ich brauche schließlich einen Zuhörer. Der Oberkellner bringt ein zweites Glas, gießt ein, füllt mir nach, wir trinken uns zu. Und nun lasse ich mir vom Hotelier das Stichwort geben mit der Frage, wo der Ort mit dem poetischen Namen Abenden liege, der im Gästebuch eingetragen sei. Ich sage, dieses Dorf an einem »Bend« des kleinen Flusses Rur liege unterhalb des Städtchens Nideggen, dessen Burg und Kirche übrigens in der Kindheit des Wolfram von Eschenbach erbaut worden seien, zumindest in den ältesten Bauabschnitten. Und mein Abenden liege 700 oder 800 Wegkilometer von seinem Eschenbach entfernt; in Luftlinie seien es entschieden weniger Kilometer, aber ich rechnete mit Straßen und schließlich Wegen, die sich im Verlauf der Zeit allen Unebenheiten des Geländes anpaßten – so käme ich auf eine geschätzte Distanz von etwa 780 Kilometern. Hier von Bonn aus seien es allerdings nur noch runde 700 Kilometer. Der Hotelier nickt: das sei immer noch sehr viel, auch mit dem raschen Automobil. Ja, sage ich, aber wie bald werde ich noch langsamer! Auf dem längsten Abschnitt meiner Reise wird die höchste Geschwindigkeit der Trab eines Reitpferdes sein, meist aber werde ich nur im Schritt von Kutschpferden weiterkommen – dies sei freilich einkalkuliert bei der Planung meiner Reise. Ich hätte hier, sage ich etwas lauter, weil man am Nebentisch die Ohren spitzt, eine simple Gleichsetzung vollzogen: mehr als 750 Kilometer trennen meinen Eifel-Wohnsitz von Wolframs Eschenbach, mehr als 750 Jahre trennen mich von Wolfram aus Eschenbach, und daraus ergibt sich die Gedankenbewegung einer Raum-Zeit-Reise oder Zeit-Raum-Reise zu Wolfram in Eschenbach. Weil der Blick des Hoteliers fahrig wird, vereinfache ich: Jeder Kilometer, den ich in Richtung Eschenbach reise, bringt mich Wolfram ein Jahr näher, verstehen Sie? Und füge hinzu: Die Zeitmaschine, die mich dergestalt in Bewegung setzt, ist mein Gehirn. Damit diese Reise gelingt, habe ich es mit vielen Informationen gefüllt, im Langzeit- wie im Kurzzeitgedächtnis. Dabei bin und bleibe ich mir bewußt, daß ich in eine nur an-gelesene Welt reise, dennoch, rufe ich aus, soll diese Welt so genau beschrieben werden, daß sie beinah greifbar wird! Dieser Plan, sage ich, dieses Szenario entstand wie von selbst an einem Tag mit schönstem Reisewetter: er begann mit einer Nebelschicht über dem Fluß im Tal, weitete sich rasch aus in wolkenloses Blau, und es entwickelte sich ein unwiderstehlicher Sog in die Ferne, ich legte meine Autokarte auf den Schreibtisch, setzte Markierungen: Düren, Euskirchen, Bonn, das Rheintal, Bingen, Mainz, Darmstadt, Odenwald, die Burg Wildenberg bei Amorbach, Wertheim am Main und zuletzt: Wolframs-Eschenbach, zu seiner Zeit Oberes Eschenbach genannt, Eschenbach superior. Und heute endlich der Beginn dieser Reise, und ich bin, am Ende der ersten Etappe, hier im Hotel, das ich im Szenario zwar nicht entworfen, aber doch ausgestattet hätte, beispielsweise mit diesen holzgetäfelten Wänden, mit den Gaslaternen, die ich gleichsam für mich selbst angezündet hätte, um diese unwirkliche Szenerie zu beleuchten, in der er und ich hier am Tisch säßen. Der Hotelier lehnt sich zurück. Um ihm ein Stichwort zu geben für den Abgang, sage ich, daß ich am nächsten Morgen mit dem Zug weiterfahren wolle. Er nickt, steht ruckhaft auf: er werde mir die Abfahrtszeit des Vormittagszuges aufschreiben. Und mit einer kleinen, raschen Verbeugung geht er vom Tisch weg und schnell durch den Raum. Das Glas hat er nicht leergetrunken.

Der Weg zu Parzival führt nicht über Bayreuth. Die Bühnenfigur, die dort Ende Juli 1882 zum ersten Mal in Wagners Bühnenweihfestspiel sang, ist mit Wolframs Parzival nur entfernt verwandt. Parzival und Parsifal trennt mehr als nur die Schreibweise. Wagner hatte sich für »Parsifal« entschieden, weil er ein arabisches »fal parsi« im Namen eingeschlossen glaubte, und das sollte »reiner Tor« heißen. Die wahre Etymologie bringt Wolfram; demnach steckt in diesem Namen das altfranzösische »Per ce val«, Durch-(dring) dieses Tal! Die Namensform als Imperativ.
In diesem Szenario einer Zeit-Raum-Reise werde ich Markierungspunkte der Wolfram-Rezeption setzen: Zäsuren zwischen Zeit-Sprüngen. Diese erste Zwischenstation ist freilich noch keine Hommage an Wolfram: Richard Wagner brauchte ihn als Vermittler eines literarischen Stoffs, sah in ihm aber einen völlig unzureichenden Dichter. Allerdings, in welcher Form lernte er den Parzival-Roman kennen? »In den Bearbeitungen von Simrock und San Marte«.
Am 30. Mai 1859 berichtete Wagner in einem ausführlichen Brief an Mathilde Wesendonck von der Arbeit am Libretto der neuen Oper. »Dieser letzte Akt ist nun ein wahres Wechselfieber: – tiefstes, unerhörtestes Leiden und Schmachten, und dann unmittelbar unerhörtester Jubel und Jauchzen. Weiß Gott, so ernst hat's noch keiner mit der Sache genommen.« Entscheidendes Kriterium war

für Wagner, wie man den Gral sah. Er hatte sich für diese Überlieferung entschieden: »Der Gral ist nun, nach meiner Auffassung, die Trinkschale des Abendmahls, in welcher Joseph von Arimathia das Blut des Heilands am Kreuz auffing.« Dagegen ist der Gral bei Wolfram ein Stein, der Speisen und Getränke von sich gibt, der aber auch wichtige Botschaften vermittelt und auf den jeden Karfreitag eine vom Himmel herabschwebende Taube eine Oblate legt. Dieses Vermischen von Elementen lehnte Wagner ab. »Ich nehme solche Dinge viel zu ernst. Sehen Sie doch, wie leicht sich's dagegen schon Meister Wolfram gemacht! Daß er von dem eigentlichen Inhalte rein gar nichts verstanden, macht nichts aus. Er hängt Begebnis an Begebnis, Abenteuer an Abenteuer, gibt dem Gralsmotiv kuriose und seltsame Vorgänge und Bilder, tappt herum und läßt dem Ernstgewordenen die Frage, was er denn eigentlich wollte? Worauf er antworten muß, ja, das weiß ich eigentlich selbst nicht mehr wie der Pfaffe sein Christentum, das er ja auch am Meßaltar aufspielt, ohne zu wissen, um was es sich dabei handelt. – Es ist nicht anders. Wolfram ist eine durchaus unreife Erscheinung, woran allerdings wohl großenteils sein barbarisches, gänzlich konfuses, zwischen dem alten Christentum und der neueren Staatenwirtschaft schwebendes Zeitalter schuld. In dieser Zeit konnte nichts fertig werden; Tiefe des Dichters geht sogleich in wesenloser Phantasterei unter. Ich stimme fast jetzt Friedrich dem Großen bei, der bei der Überreichung des Wolfram dem Herausgeber antwortete, er solle ihn mit solchem Zeuge verschont lassen! – Wirklich, man muß nur einen solchen Stoff aus den echten Zügen der Sage sich selbst so innig belebt haben, wie ich dies jetzt mit dieser Gralssage tat, und dann einmal schnell übersehen, wie so ein Dichter, wie Wolfram, sich dasselbe darstellte, um sogleich von der Unfähigkeit des Dichters schroff abgestoßen zu werden. (Schon mit dem Gottfried von Straßburg ging mir's in bezug auf den *Tristan* so.) Nehmen Sie nur das eine, daß dieser oberflächliche ›Tiefsinnige‹ unter allen Deutungen, welche in den Sagen der Gral erhielt, gerade die nichtssagendste sich auswählt. Daß dieses Wunder ein kostbarer Stein sein sollte, kommt allerdings in den ersten Quellen, die man verfolgen kann, nämlich in den arabischen der spanischen Mauren, vor. Leider bemerkt man nämlich, daß alle unsre christlichen Sagen einen auswärtigen, heidnischen Ursprung haben.«
Und Wagner entwarf eine »Handlung«, in welcher »die erhabensten Mysterien des christlichen Glaubens offen in Szene gesetzt

sind«. So schrieb er an König Ludwig, und der hörte »im Geiste die hehren Posaunenklänge, von der Gralsburg her erschallend«. In Wagners hochstilisierter Kunst-Artikulation ging ein Element verloren, das für Wolfram charakteristisch ist: der Humor. So erzählt er selbst die große Szene im Festsaal der Gralsburg mit pointierten Brechungen. Zum Beispiel: Parzival interessiert sich weniger für den Gral als für die schöne junge Dame, die ihn bringt; denn: leihweise trägt er ihren Mantel, und das verbindet. Oder: als in diesem Festsaal Goldgeschirr auf die Tafeln gestellt wird, passen Schreiber genau auf, daß keiner der Gralsritter etwas davon mitgehen läßt. Oder: der Gral spendiert (als eine Art Tischleindeckdich) so viele Speisen, daß auch jeder »Vielfraß« im Gefolge des Gralskönigs Anfortas satt wird. Schon deshalb sah Wagner alles »sinnlos unverstanden von unsrem Dichter, der eben nur für den Gegenstand die schlechten französischen Ritterromane seiner Zeit hernahm, und ihnen nachschwatzte wie ein Star! Schließen Sie hieraus auf alles übrige! Schön sind nur einzelne Schilderungen, in denen überhaupt die mittelalterlichen Dichter stark sind: da herrscht schön empfundene Anschaulichkeit. Aber ihr *Ganzes* bleibt immer wüst und dumm. Was müßte ich nun mit dem *Parzival* alles anfangen! Denn mit dem weiß Wolfram nun auch gar nichts: seine Verzweiflung an Gott ist albern und unmotiviert, noch ungenügender seine Bekehrung. Das mit der ›Frage‹ ist so ganz abgeschmackt und völlig bedeutungslos. Hier müßte ich also rein alles erfinden.«

Parzival und *Parsifal*: zwei grundverschiedene Werke. *Parzival*: ein höfischer Versroman mit einem unvergleichlich breiten Spektrum der Artikulation – zwischen Pathos und Witz, zwischen Parlando und äußerster Verdichtung der Sprache. *Parsifal*: ein von feierlichem Kunstwillen gestaltetes Libretto und eine höchst subtile Komposition, die in einigen Passagen musikalische Entwicklungen vorwegnahm, mit Klangfolgen wie von Debussy und Schönberg.

Ich steige in den Zug, über dem eine kleine Lokomotive eine große Rauchwolke aufsteigen läßt, setze mich (in Fahrtrichtung links) auf eine der Holzbänke, will den Rhein sehen. Der Zug fährt sehr langsam, hält oft, der Schienenstoß ist hart, Ruß dringt in den Wagen. Nach (bisher insgesamt) fünfundneunzig Reisekilometern erreicht der Zug den Bahnhof Rolandswerth. Die Lokomotive muß verschnaufen. Reisende steigen aus, stehen auf dem Bahnsteig

herum, plaudern. Nach Glockenläuten und Pfeifen fährt der Zug weiter. Auf dem Rhein sehe ich Dampfer mit Schaufelrädern, hohen Schornsteinen, langen Rauchschleppen, sehe kreuzende Segelboote, sehe Schiffe, die vom Treidelpfad aus geschleppt werden von sehr dicken Pferden; all dies habe ich bereits auf Stahlstichen des neunzehnten Jahrhunderts gesehen, vor dem Aufbruch zu dieser Reise. Die gewohnten Hügelkonturen – allerdings sind die Hänge in sehr viel kleineren Abschnitten terrassiert. Und die Dörfer scheinen enger gruppiert. Und der Rhein ist tatsächlich grün; es werden zahlreiche Fische in ihm schwimmen.
Koblenz: die Schnellpost fährt um drei Uhr ab, sie wird, so erfahre ich, bis Mainz zehn Stunden brauchen. Ich bin fast enttäuscht: die Reisezeit hatte ich mir erheblich länger vorgestellt! Aber der Zug hat nur etwa zwei Stunden von Bonn bis Koblenz gebraucht, das jetzt mit C geschrieben wird, also wird die Post nicht bummeln können, wenn sie in Konkurrenz bleiben will zur Dampfbahn. Der Billetteur reicht mir meine Fahrkarte bis Oberwesel, das Gepäck muß extra bezahlt werden; er scheint zu staunen, daß ich ein derart großes, fremdartig wirkendes Gepäckstück besitze; der Koffer wird in Verwahrung genommen. Ich habe noch Zeit, mache einen Spaziergang durch Coblenz, das von der Stadtmauer umschlossen ist – der Bahnhof vor dem Tor. Ich schaue mich um in schmalen Straßen, auf kleinen Plätzen, in engen Gassen. Vor einer Schreinerei wird gesägt, gefeilt, geleimt; an einem Gemüsestand wird welkes Grünzeug in die Gosse geworfen; Hühner laufen umher und viele Hunde; Kinder spielen mit Murmeln; alte Leute sitzen auf Stühlen vor Türen; es wird gesungen, gerufen, geschimpft, geschrien; auf Köpfen, Schultern, Rücken werden Lasten getragen; sie werden gerollt, gezogen, geschleift, auf Mulis, Pferden, Karren, Wagen transportiert. Pferdeäpfel und Hundeköttel.
Zurück zum Bahnhofsplatz. Mein Rohrplattenkoffer liegt bereits auf dem Dach der Postkutsche zwischen Beuteln, Säcken, Kästen. Ich steige frühzeitig ein, um von den anderen Reisenden nicht angestarrt zu werden; offenbar wirke ich mit meinen einsachtundachtzig für diese Zeit sehr groß. Ein Mann mit hohem Hut setzt sich neben mich, rückt dicht heran, weil gleich auch eine Frau einsteigt, sich neben ihn setzt. Ich schaue zum Fenster hinaus, zum Bahnhofsportal, zu den Eisengittern um die Stämme junger Bäume, will nicht die Reisenden auf der Bank

gegenüber mustern, um Typisches zu entdecken: die bekannten Backenbärte, die bekannten hohen Kragen, das bekannte Lockenhaar.
Weiterhin die raschen Wolken; mit Befriedigung stelle ich fest, daß die Straße außerhalb der Kleinstadt Coblenz schlammig ist; Schlaglöcher voller Wasser. Es hat mich schon oft geärgert, wenn in Filmen mit historischen Sujets offene Kutschen bei allerschönstem Wetter auf allerschönsten Parkwegen rasch und leicht dahinrollen – nun sitze ich in einer langsam fahrenden, schwankenden, stoßenden Kutsche; Reiter, die uns entgegenkommen, sind bis zu den Knien mit Schlamm bespritzt, und Kutschen bis zu den Fenstern, sogar bis zu den Stiefeln der Kutscher.
Kleine, meist erdfarbene Häuser; streunende Hunde, die oft in Meuten den Wagen anbellen, bis ein Peitschenschlag vom Kutschbock herab sie vertreibt; qualmende Rheindampfer. Der Mann neben mir erzählt einem Mann schräg gegenüber von der Nationalversammlung, der er offenbar angehört, er fährt wieder nach Frankfurt, über Mainz. Nach ungefähr zwei Kilometern ist die Nationalversammlung kein Gesprächsgegenstand mehr, sie scheint sich aufgelöst, verflüchtigt zu haben, man schweigt in der Kutsche, die ihr Holz, ihr Leder, ihr Metall hörbar macht.

Plötzlich, in der ersten Hälfte der achtziger Jahre des achtzehnten Jahrhunderts war Wolfram mit seinen Texten wieder gegenwärtig: fast gleichzeitig erschienen Ausgaben seiner beiden großen Erzähldichtungen. Dieses Doppelereignis hat eine gemeinsame Vorgeschichte.
Ihre Hauptgestalt ist Johann Jacob Bodmer, Professor für Geschichte und Politik in Zürich, Autor – unter anderem – von *Critischen Abhandlungen, Critischen Betrachtungen*. Er veröffentlichte bereits 1748 *Proben der alten schwäbischen Poesie des 13. Jahrhunderts*. Fünf Jahre später ließ er anonym eine kleine Broschüre erscheinen mit dem Titel *Der Parcival, ein Gedicht in Wolframs von Eschilbach Denkart, eines Poeten aus den Zeiten Kaiser Heinrich des VI.* Er stellte hier den höfischen Roman – in Hexametern vor. Der »Erste Gesang« beginnt mit der Anrufung: »Muse, die Wolframs von Eschilbach abentheuern beherrschte«... Die Anrufung der Muse half nichts, die Resonanz blieb äußerst gering. Dennoch präsentierte Bodmer 1774 (auf seine Weise) Wolframs zweites großes Werk: *Wilhelm von Oranse in zwey Gesängen.*

Es ist leicht, über die klassizistische Drapierung, ja Camouflage von Parzival und Willehalm zu lächeln, aber es muß mit Entschiedenheit betont werden: nach dem Straßburger Druck des Parzival-Romans im Jahre 1477 waren dies die ersten Versuche, Wolframs Werk zu vermitteln! Wie hoch Bodmer den Rang dieses Dichters (und einiger seiner Kollegen) ansetzte, zeigte sich 1778 im Vorwort seiner Homer-Übersetzung: »Wer die Gedichte des von Eschilbach, des von Owe und anderer in ihrem Idiom versteht, der wird darinnen, und vornehmlich in dem Gedichte von den Nibelungen, wirklich homerischen Stoff, Charakter und Sitten, und mit Homers Simplizität bearbeitet finden.« »Simplizität« hatte damals uneingeschränkt positive Bedeutung: es war die »anziehende Einfalt« und »große Klarheit«, die Bodmer in einem Aufsatz über das Nibelungenlied pries. Auch dem Eschenbacher wurde auf diese Weise klassischer Rang zugeschrieben. Aber Bodmer konnte selbst damit keine größere Resonanz wecken in der literarischen Öffentlichkeit.

Doch seine Impulse wurden aufgenommen – unmittelbar von seinem Schüler Christoph Heinrich Müller, indirekt von Johann Wilhelm Christian Gustav Casparson.

Als Sohn eines schwedischen Offiziers, Postbeamten und Schriftstellers wurde Casparson 1729 in Gießen geboren. Er kam als Hofmeister (Hauslehrer) nach Kassel, wurde Lehrer für Geschichte und schöne Literatur am dortigen Collegium; das Mitglied verschiedener literarisch-wissenschaftlicher Vereinigungen unterrichtete schließlich Deutsch im Kadettencorps. In Kassel wurde er aufmerksam gemacht auf den Willehalm-Kodex. In dieser umfangreichen Handschrift ist Wolframs *Willehalm* umrahmt von der Vorgeschichte, die Ulrich von dem Türlin, und von der Nachgeschichte, die Ulrich von Türheim verfaßte. Casparson wollte den gesamten Zyklus transkribieren und edieren. Als erstes veröffentlichte er 1780 ein Bändchen, das auf die Publikation des Zyklus werbend hinweisen sollte: *Ankündigung eines deutschen epischen Gedichts der altschwäbischen Zeit, aus einer Handschrift der Fürstlich Hessen-Casselischen Bibliothek:* »der einigermaßen mitgeteilte Inhalt meiner casselischen Handschrift«, mit Textausschnitten und historischen Informationen. Casparson am Schluß des Bändchens: »Die schönste Aussicht in die Erfüllung meiner Wünsche läßt mich mit Vergnügen diese Ankündigung schließen, und mit Freuden schreite ich wieder zur Arbeit an der Handschrift.« Bereits im nächsten Jahr kam der Erste Teil, die Vorge-

schichte heraus: *Wilhelm, der Heilige von Oranse.* Das Hauptstück erschien 1784: *Wilhelm von Oranse. Zweyter Teil von Wolfram von Eschilbach, einem Dichter des schwäbischen Zeitpuncts.*
Bevor wir Casparson verlassen, noch zwei Hinweise. Vier Jahre lang gab er ab 1790 den *Monatsbogen für den Landmann in und um Hessen* heraus. Seine erfolgreichste Publikation widmete er der Frage: *Wie kann der Landmann seine Stadt-, Dorf- und Feldwege verbessern?*
Und damit zu Bodmers »würdigem Landsmann, Herrn Professor Müller am joachimsthalischen Gymnasio in Berlin«. Christoph Heinrich Müller (auch: Myller) wurde 1740 in Zürich geboren; er studierte unter anderem Theologie, war ein Schüler Bodmers; mit 27 mußte er Zürich verlassen, wegen eines Pamphlets; in Berlin wurde er Lehrer (»Professor«) am Joachimsthaler Gymnasium; seine Fächer: Deutsch und Geschichte. Er veröffentlichte Bücher zu verschiedenen Themen. Ich nenne die Titel: *Der Dorfpfarrer, Abriß der drei Schlesischen Kriege, Ankündigung eines Politischen Wörterbuchs.* Außerdem ließ er drei (eigene) Klaviersonaten drucken.
Der über achtzig Jahre alte Bodmer übermittelte ihm Abschriften des Nibelungenliedes und anderer Werke des »schwäbischen Zeitpunkts«, bat ihn, sein Werk als Herausgeber zu vollenden.
Müller wollte die wichtigen Epen des Hohen Mittelalters in mehreren Lieferungen veröffentlichen. Um an das Geld für den Druck zu kommen, rief er auf zur Subskription. Damit vereinfache ich ein wenig, denn offiziell gab er »Actien« heraus: wer für die ersten geplanten Lieferungen nicht jeweils drei Louisdor voraus zahlen konnte oder wollte, durfte sich mit Anteilen am Projekt beteiligen, sogar mit Zwölftel-»Actien«. Diese »Actien« wurden nicht an der Börse gehandelt; sie waren eigentlich Anteilscheine, Belege für Einzahlungen.
In der ersten Lieferung sollte das Nibelungenlied erscheinen. Müller suchte Allerhöchste Protektion, wandte sich an König Friedrich den Großen. Aus seinem Brief wurde eine Kabinettvorlage. »Der Prof. Müller am Joachimsthaler Gymnasium, dessen Landsmann der Senator Bodmer zu Zürich, welcher sich um die gelehrte Welt bereits verdient gemacht, ein deutsches Poem vom 13. Saec. aufgefunden, worin Schönheiten anzutreffen, welche in Ansehung der Zeit, woher es datirt, in Verwunderung setzen, bittet, da ihm solches von einer Societät von Liebhabern der teutschen Poesie zu ediren aufgetragen worden, ihm, solches Aller-

höchst Sr. Königl. Majestät decidiren zu dürfen, allergnädigst zu erlauben.« Der König war einverstanden, sein Sekretär notierte: »Das kann er immer thun.«
Müller fand hochgestellte Subskribenten: Friedrich Wilhelm, Prinz von Preußen; Karl Friedrich, Markgraf zu Baden; Kaiser Joseph II.; Peter Leopold, Großherzog von Toskana; Friedrich II., Landgraf von Hessen-Kassel; der kleine und der große Rat von Zürich; ein Staatsminister; der Dichter Gleim – insgesamt 24 »Contribuenten«. Dennoch veröffentlichte Müller 1782 die Abschrift des Nibelungenlieds in einer Auflage von 500 Exemplaren. Im nächsten Jahr trugen sich 6 Reichsstädte und 13 Universitäten in die Liste ein. Müller brachte als weitere Lieferung seines »Ersten Bandes« der *Sammlung Deutscher Gedichte aus dem XII., XIII. und XIV. Jahrhundert* die *Eneidt* heraus, den Aeneas-Roman des Heinrich von Veldeke. Am 10. Februar 1784 erschien der letzte Teil dieses Ersten Bandes, mit *Parcival*. Müller veröffentlichte hier eine Abschrift, deren ersten Teil ein Unbekannter, deren zweiten Teil Bodmer nach der Pergament-Handschrift in St. Gallen angefertigt hatte – Müller selbst hat sie also nicht gesehen. Aber wichtig genug: er brachte das Werk im Druck heraus.
Friedrich der Große hatte auf das Erscheinen des Nibelungenliedes noch huldvoll reagiert – in einem französischen Schreiben seines Sekretärs. Zwölf Tage nach Erscheinen der *Parcival*-Lieferung aber äußerte er sich auf Deutsch, wie folgt: »Hochgelahrter, lieber Getreuer. Ihr urtheilt viel zu vortheilhaft von denen Gedichten aus dem 12., 13. und 14. Seculo, deren Druck Ihr befördert habt, und zur Bereicherung der Teutschen Sprache so brauchbar haltet. Meiner Einsicht nach sind solche nicht einen Schuß Pulver werth und verdienten nicht aus dem Staube der Vergessenheit gezogen zu werden. In meiner Bücher-Sammlung wenigstens würde Ich dergleichen elendes Zeug nicht dulten, sondern herausschmeissen. Das Mir davon eingesandte Exemplar mag dahero sein Schicksal in der dortigen großen Bibliothec abwarten. Viele Nachfrage aber verspricht solchem nicht, Euer sonst gnädiger König Frch. Potsdam, d. 22. Februar 1784.«
Vielleicht hätte Friedrich (trotz seiner ganz anderen literarischen Vorlieben!) diesen Versroman positiver beurteilt, wenn er ihn in einer Übersetzung gelesen hätte. »Niemand versteht jetzt diese Sprache«, schrieb später Ludwig Tieck über »die berühmte Geschichte des Parzival«. Und selbst nach Jahrzehnten der For-

schung haben heute noch Wissenschaftler (und Übersetzer!) ihre Probleme mit vielen Textstellen.
Nach der königlichen Intervention fühlte sich der 44jährige krank: »sich mehrende hypochondrische Anfälle«; im folgenden Jahr erklärte Müller öffentlich, die Edition werde nicht fortgesetzt; wiederum drei Jahre später kehrte er nach Zürich zurück – die Stadt hatte die Ausweisung inzwischen aufgehoben. Als Privatgelehrter starb er 1807.
Wie wäre es mit einem Denkmal für die drei Herren, in Bronze oder Stein? In der Mitte Johann Jacob Bodmer, zu seiner Linken Johann Wilhelm Casparson, zu seiner Rechten Christoph Heinrich Müller. Ich lege drei Sträuße vor ihnen nieder – weiße Lilien aus dem Wappenzeichen der Eschenbacher.

Fahrt auf einem mit Weinfässern beladenen, von zwei Kaltblütern gezogenen Karren, auf der Ebene zwischen Rhein und Odenwald. Äcker und Wälder, Hütten und Katen. Ein rascher Wind an diesem Oktobertag; im Westen eine Wolkenwand, sie wächst in die Höhe und Breite. Ich sitze zwischen den beiden Fuhrleuten; sie haben mich mitgenommen, weil sie an mir etwas verdienen, weil wir im Notfall zu dritt wären, weil der Fremde die Reise verkürzen soll mit Reiseerzählungen. Aber sie erzählen selbst: von wiederholten Achsenbrüchen, und die Notachse, die sie dabei haben, wird mit Ketten befestigt, aber eine Notachse bricht noch leichter, und dann liegt man fest, muß einen Schmied suchen oder einen Bauern, der schmiedet, einer bewacht solange den Wagen; beide haben sie Pistolen, jeder zwei, weil das Laden so lange dauert; es ist schon so mancher Fuhrmann erschossen, erstochen worden, abgemurkst, massakriert – so übersetze ich die Wörter, soweit ich sie verstehe.
Ein Reiter überholt uns; ich schaue mir seine Ausrüstung an, so ähnlich könnte ich in dieser Zeit durch die Ebene reiten: hinter dem Sattel eine runde Reisetasche, die mit einer Eisenstange verschlossen ist, durch Schlaufen hindurch: das Felleisen. Und er hat einen Buchbeutel am Gürtel hängen, in dem wohl eine kleinformatige Bibel steckt und ein Meßbuch, wahrscheinlich auch eine zusammengefaltete Wegekarte, auf der die Tagesreise-Stationen eingetragen sind. Und eine Feldflasche am Gürtel. Und ein Dolch. Und hinter dem Sattel ein zweiter Beutel, mit Proviant. Und vielleicht, wenn es ein reicher Mann ist: eine Sonnenuhr – eine Metallscheibe in Hartholz, das mit Schnitzwerk verziert ist. Die Sonnen-

uhr dürfte in dieser Region noch auf den Stand von Mainz eingestellt sein.
Ich schaue ihm nach. Die Straße, oder eher: Piste folgt jeder Unebenheit, hügelauf, hügelab, durch schlammige Mulden, in denen zuweilen Äste liegen, und es gluckert und schnalzt in den beiden Weinfässern, die versiegelt sind. Aber man hat den Fuhrmännern eine ausreichende Portion Schnaps mitgegeben in einem Holzfäßchen, damit wärmen sie sich – ein rauher Obstler. Ja, die Überfälle: sie haben schon viele Leichen gesehen von Kutschern, Fuhrmännern, Reitern, Fußreisenden; wenn man Räuber, Schnapper, Raubritter fängt, werden sie geviertelt oder gerädert oder aufgeknüpft – man läßt sie hängen, bis sie schwarz werden. Fliegen über Fliegen; Raben, die im Fleisch hacken. Und fortgesetzt die stundenweite Litanei: Reisende werden überfallen, ausgeraubt, massakriert, Frauen werden vergewaltigt, von der ganzen Bande, das ist so Mode. Die beiden Fuhrmänner haben mir schon am ersten Tag gezeigt, wie man mit einer Pistole umgeht, ich mußte einen Schuß abgeben, Vögel flogen auf; es wurde sofort Pulver nachgeschüttet, eine Kugel in den Lauf geschoben; die Pistole wird mir wieder ausgehändigt, wenn wir überfallen werden. Ich hoffe, daß ich nicht schießen muß auf dieser Reise nach Eschenbach, auf der mir der Rücken schmerzt, der Hintern weh tut, ich habe Läuse und Flöhe, an den Unterarmen großflächige Rötungen – Krätze?
Wir fahren im Schritt; wenn ich auf einem trockenen Wegabschnitt neben dem Karren hergehe, ist das beinah ein Schlendern. Die Straße ist nur einen Wagen breit, Ausweichspuren im Ackerboden, auf Wiesen – vor solchen Ausweichmanövern oft lange Schimpfereien, Bedrohungen, auch Peitschenhiebe.
Ein »Rollwagen« kommt uns entgegen: leiterähnliche Seitenwände, mit Weidenrohrgeflecht verschlossen; quergelegt Bretter, auf denen die Reisenden hocken. Diese Wagen sind ebenso unbequem wie mein Karren, sie alle haben starre Achsen. Wenn ich schon so hart sitzen, so unbequem reisen muß, will ich wenigstens etwas sehen – so habe ich den Rollwagen ausrangiert in diesem Reise-Szenario, denn: herrscht nicht gerade ein tageweites Hoch, so ist der Wagen überwölbt von einer Lederplane, die keine Fensteröffnungen hat; vorn und hinten ist der Wagen zusätzlich mit Ledervorhängen verschlossen, was bei Schlagregen, großer Kälte günstig ist, aber man hat offenbar auch bei schönem oder zumindest freundlichem Wetter die Vorhänge oft geschlossen. Was – bei

des Teufels Großmutter – soll es draußen zu sehen geben? Nichts als Bäume, sehr kleine Häuser, Felder, Vieh – besser, man erzählt sich was im Wagen.
Ich sitze, nachdem ich ein Stück gegangen bin, wieder zwischen den Kutschern. Es fängt an zu regnen, mit heftigen Windstößen. Ich beginne zu erzählen: die Geschichte von Gawan und dem Grünen Ritter. Und die beiden Fuhrmänner rücken dichter heran: Glucke, die sie unters wasserfeste Erzählgefieder nehmen soll... Aber je länger ich von Gawans Begegnung und Kampf mit dem geheimnisvollen Ritter erzähle, desto mehr dunkeln unsere Jacken ein, von den Schultern herab: Walkstoff, eine Art Loden. Etwas so Selbstverständliches wie regenfeste Kleidung ist noch nicht entwickelt worden in diesem siebzehnten Jahrhundert, dessen erster Hälfte ich mich nähere: keine Ölhaut, keine haltbare Imprägnierung – die Fuhrmänner berichten mir, als ich das erste Abenteuer erzählt habe, daß sie morgens oft in die noch feuchte oder nasse Kleidung steigen, und so müssen sie sich warm arbeiten, müssen auf trocknenden Wind, auf wärmende Sonne warten. Erkältet sind sie nur selten. Erstaunt stelle ich fest, daß ich mich auch noch nicht erkältet habe auf dieser Reise, dafür aber: der juckende Dreck am Körper, mein lädierter Magen – Süppchen, Brei aus Holznäpfen geschlürft oder aus einem gemeinsamen Topf gelöffelt, und das Brot ist mit gemahlener Rinde gestreckt oder mit Hagebutten, weil Krieg ist und weil in dieser Region dazu noch die letzten Ernten schlecht waren.
Der Regen wird fast waagrecht herangetrieben, ich sitze im Windschatten des Fuhrmanns links, aber das hält nur meinen linken Ärmel trocken, vorerst, bald wird das Wasser auch hier herabsickern, der Jackenrücken liegt schon schwer auf. Ich sage mir: immerhin ist noch Oktober, wir haben zehn oder zwölf Grad – reisen die hier auch im Winter, bei Schnee und Schneesturm? Bei knackendem Frost? Wie sieht eigentlich die Winterkleidung solcher Leute aus? Pelze wie in Rußland, oder können die sich nur reiche Herrschaften leisten? Ich schlafe auch im Winter bei offenem Fenster, in Abenden, aber ich bin warm zugedeckt, kann den Wohnraum, das kleine Arbeitszimmer rasch heizen – das sind noch längst keine Selbstverständlichkeiten in der Zeit, die ich jetzt durchreise.
Ich frage, wie weit sie heute noch fahren wollen: bis es dunkel ist und sie Unterkunft gefunden haben. Ich möchte wissen, ob sie schon mal in Eschenbach waren, aber davon haben sie noch nie gehört, wollen wissen, wo das liegt. Als ich sage, man muß den

Odenwald durchqueren, wenn man auf direktem Weg dorthin will, da stimmen sie Geschrei an auf dem Kutschbock hinter den Kaltblütern mit den mächtigen, regennassen Kruppen: Odenwald?! Der Scheiß-Odenwald?! Nicht für viel Geld würden sie durch den Odenwald fahren! Schlechte, ganz schlechte Straßen und Räuber und Wölfe, sehr viele Wölfe, räuberische Wölfe, wölfische Räuber – jedenfalls glaube ich solch ein Wortspiel zu verstehen in ihrer weiterhin fremd klingenden Sprache, aber dies ist unüberhörbar: in den Odenwald wollen sie nicht! Sie sind froh, wenn sie die Fuhre wohlbehalten in Darmstadt abgeliefert haben – wenn sie bei diesem Wetter weiterfahren, ist die Aussicht etwas größer, daß sie nicht mehr überfallen werden, bei solch einem Sauwetter sitzen auch Räuber lieber im Trockenen. Ja, sage ich und lecke Wasser von den Lippen. Mein Kostüm für das siebzehnte Jahrhundert ist inzwischen völlig durchnäßt, ich fange an zu bibbern, zu schuddern, kriege einen Schnaps. Trotzdem möchte ich so bald wie möglich unter ein Dach und an ein Feuer kommen; das wollen die beiden auch, aber nur für eine Pause. Sie halten Ausschau nach einem Bauernhaus in dieser dünn besiedelten Gegend. Wir sehen endlich einen matschigen Seitenpfad, sehen zwei, drei Steinwürfe von der Piste entfernt ein Haus, dort fahren wir hin; ich würde am liebsten gleich in ein riesiges vorgewärmtes Bauernbett kriechen. Zwei Hunde umbellen die Pferde, müssen von Peitschenhieben auf Distanz gebracht werden, sie bellen noch wilder. Endlich wird gepfiffen: ein Mann hat die Türe geöffnet, steht unter dem kleinen Vordach des Hauses, das lehmgrau, holzbraun ist, von Holzschindeln gedeckt – eine Kate. Er trägt einen sackfarbenen Überwurf, hat flachsfarbenes, dicht anliegendes Haar, einen flachsfarbenen Bart; er winkt nicht, ruft nicht, steht einfach da. Weil wir mit einem sichtlich vollen Karren anfahren, können wir keine Räuber sein oder marodierende Soldaten. Kurze Verhandlung, wir steigen ab. Den Pferden wird etwas Hafer in die Futtersäcke geschüttet, wir stapfen ins Haus. In der Tür muß ich mich bücken.
Assoziation: ich stehe in einer Höhle, mit einem Feuer am Rand. Ich nehme den Lederhut ab. Ans Feuer tretend, sehe ich eine Frau, sie rupft etwas. Bewegung auch am Ende des Raums, Strohgeräusch, kurz darauf Muhen. Und im Dunkel hustet eine Frau. Die Bauernfrau mustert uns, rupft weiter. Wir kauern uns an das Feuer: eine von Steinen abgegrenzte Feuerfläche, und der Rauch steigt unters Dach, zieht dort ab, freilich nicht ohne Rückstau bei

diesem Wind. Ich ziehe die nasse Jacke aus. Die Fuhrmänner reden offensichtlich von mir. Die alte Frau hustet. Ein Windstoß drückt Rauch herab. Sagt ihnen, ich möchte hier übernachten, ich zahle dafür. Es wird weiter verhandelt, der Bauer nickt mir zu. Eine kleine Wärmekugel von Dankbarkeit im Bauch. Ich gehe in den Schlagregen hinaus, hole meine beiden Felleisen vom Karren. Das Bauernpaar staunt: ein einziger Mensch mit so viel Gepäck? Die alte Frau hustet, ich habe mich schon daran gewöhnt. Bewegungen der Rinder. Ein Huhn gackert durch den Raum. Ich ziehe mich aus, reibe mich trocken, schlüpfe in einen Überwurf, hocke mich ans Feuer, gewöhne mich an das Halbdunkel, sehe auf einem Bett die alte Frau. Die Fuhrmänner wenden dem Feuer nun Rücken und Hintern zu, in der Hocke, es dampft. Ein Furz, der nicht kommentiert wird. Die Bewegungen der Rinder – der Raum zugleich Stall. Werden Bauernhäuser am Ende des zwölften, am Beginn des dreizehnten Jahrhunderts noch kleiner sein? Das kann ich mir nicht vorstellen, also ist dies für mich schon eine Bauernhütte aus Wolframs Zeit.
Die Fuhrmänner brechen auf. Ich gebe ihnen vier Münzen. Das empfiehlt mich dem Bauernpaar – zum ersten Mal ein Lächeln bei der Frau. Die Alte hustet. Ich bin endlich von Wärme umhüllt, werde müde, setze mich auf einen Hocker. Der Bauer kommt zu mir, nachdem er draußen die Hunde beruhigt hat. Der Karren wendet, ich höre den langsamen Hufschlag der Kaltblüter, das Radknirschen. Als der Wagen nicht mehr zu hören ist, frage ich den Bauern nach dem Tag, dem Monat und, wie zur Ergänzung, nach dem Jahr. Ich verstehe ihn zuerst nicht, schreiben kann er offenbar nicht, er sagt es mir geduldig vor in seiner rauhen Sprache, bis ich verstehe, zu verstehen glaube: 1635. Der Bauer will wissen, woher ich komme; vom Rhein, sage ich. Das versteht er, auch in der anderen Lautform. Dann nimmt er einen langen Holzspan, hält die Spitze ins Feuer, geht ins Halbdunkel zu den Rindern, ich folge ihm. Eins der vier Rinder liegt, der Bauer hält den Span dicht an die Augen, zieht einen Stein aus dem Beutel, den er vor der Brust trägt, ich fasse an sein breites Handgelenk, schaue genauer hin: ein kleiner, blauer Stein, wie Glasschmelzfluß. Er streicht mit dem Stein etwas Schmier aus den Augenwinkeln der Kuh – wenn man das mehrfach macht, soll sie gesund werden. Er steckt das »Aufstreich-Steinel« in den Beutel – hat er viel dafür bezahlt? Wir gehen zum Feuer zurück. Die Alte hustet. Wir versuchen, uns zu verständigen, damit vergeht viel Zeit. Die Frau macht das Essen:

Hirse in Milch. Wir reichen den einzigen Löffel reihum, löffeln aus dem Topf, der Rest wird der alten Frau gebracht, es ist gerecht geteilt worden. Ich bin noch hungrig. Ich versuche zu erklären, daß ich für alles bezahle, hätte gern ein paar Kartoffeln, ein Stück oder Stückchen Fleisch. Aber soweit ich den Bauern verstehe, ist alles knapp, sehr knapp: schlechte Ernte, Krieg. Doch will er am nächsten Morgen Getreide vom Feld holen. Im Oktober? Ich frage nicht. Wird nun erwartet, daß ich erzähle? Ich erzähle sehr langsam die Geschichte von Gawan und dem Grünen Ritter. Da ruhen die Hände der Frau auf dem Sacktuch über den Oberschenkeln, ihre Wangen werden röter. Die Alte hustet. Nach der Geschichte bekomme ich eine zusätzliche Portion Brei. Dann ist offenbar Schlafenszeit. Vorher gehen wir drei vor die Türe – die Frau schlüpft um die Hausecke, der Bauer und ich pinkeln gleichfalls im Windschatten. Es ist finster: auch nicht das schwächste Licht! Und kein Geräusch, nur der Wind, der Regen. Der Bauer legt mir Stroh ans Feuer, die Frau neigt sich über die Alte, hebt sie an, schiebt Stroh unter ihr zurecht, das nehme ich nur undeutlich wahr. Sie legt sich zu ihrem Mann aufs kurze Bett; die Oberkörper schräg aufgerichtet. Der Wind ums Haus; die Mutter hustet nicht mehr; Bewegungen der Rinder; ein Huschen wie von Mäusen.

Ich wache auf, weil mir kalt wird: nur noch Glut auf der Feuerstelle. Ich rücke näher heran, mache mir einen kleinen Strohwall im Rücken, schlafe rasch wieder ein, vielleicht auch, weil der Sauerstoff knapp ist in diesem Hausstall. Und wache auf, als die Frau Holz nachlegt. Es gibt Hirsebrei zum Frühstück, sonst nichts. Geschissen wird auf dem Misthaufen hinter dem Haus. Ein hoher, heller Oktobertag, der Himmel wie gewaschen vom Regen; keine Kondensstreifen. Ich brauche länger als der Bauer, nun kommt auch seine Frau. Ich schaue zu den Bäumen und aufs Stoppelfeld. Ich wische mich mit einem Büschel Gras ab, das naß ist.

Der Bauer holt zwei Säcke aus der Kate, ein krummes Holz mit Eisenhaken; wir gehen aufs Feld. Und er zeigt auf den Boden: Mauselöcher – Dutzende von Mauselöchern pro Quadratmeter. Beim Gehen gibt der Boden immer wieder nach. Ein größeres Loch. Der Bauer reißt Gras am Feldrand ab, drückt es zusammen zu einer Kugel, schiebt sie in den Gang, bis zum Ellbogen, hackt und schaufelt die Erde auf bis zur Graskugel, schiebt sie wieder bis zum Ellbogen hinein. Ich schaue mich um: ja, überall die Mauselöcher. Der Bauer schiebt den krummen Holzhaken in den

Gang, vorsichtig sondierend, dreht ihn plötzlich um, reißt etwas heraus, braun, hellbraun, es zappelt, fällt, er schlägt mit dem Holz drauf, da liegt er: ein Hamster, fast so groß wie ein Kaninchen. Der Bauer gräbt weiter, in größerer Fläche, und ich sehe Getreidekörner. Mit beiden Händen holen wir das Getreide aus der Höhle, dem Hamsterbau, werfen es in die Säcke: es sind ein paar Kilo. Der Bauer, nun offenbar gut gelaunt, beginnt zu erzählen: die Hamster springen hoch bis zu den Ähren, reißen sie vom Halm, ohne ihn zu knicken, schälen die Ähren so rein aus, daß nicht die geringste Spreu ist in den Kammern. Einmal hat ihn ein Hamster in die Hand gebissen, als er ihn rausholte und totschlagen wollte, blitzschnell griff der an – er zeigt eine helle Narbe, sichelförmig auf dem Handrücken. Wir gehen mit den Säcken weiter, bis der Bauer den nächsten Hamstergang findet. Wieder das Reinschieben des Graspfropfens, das Graben, das Weiterschieben des Pfropfens, diesmal entkommt der Hamster durch einen Nebengang, aber wir füllen wieder mehrere Pfund Getreide in die Säcke. Das geht so den ganzen Morgen. Sobald er das Getreide in der Scheune hat, kommen Mäuse und Ratten, also muß er früh dreschen, am besten wenige Tage nach der Ernte, denn Körner lassen sich besser, sicherer aufbewahren, über dem Stall, in einem Verschlag, aber auch durch die Bretter kommen die Nager, vor allem die Ratten, faustdicke Bohlen durchnagen sie, er muß immer wieder Speckschwarten auslegen mit Gift. Die Ernten schon schlecht genug, Unkraut wächst auf den Feldern, er kann es nicht alles ausreißen, und den größten Teil der Ernte fressen die Nager, die er haßt, totschlagen möchte er sie alle. Ist das immer so mit den Hamstern und Mäusen? Nein, es gibt auch Jahre, in denen die Hamster verschwunden sind, keiner weiß warum, und plötzlich sind sie wieder da. Und nichts, was man gegen sie tun kann. Schnecken fressen das Gemüse, Vögel das Obst, Hamster und Mäuse das Getreide.
Jeder von uns trägt einen halbvollen Sack. Die Hamsterfelle wird der Bauer verkaufen, ein kleines Zubrot. Aber trotz dieser Jagdbeute – es gibt wieder Brei. An diesem Mittag scheint die Sonne, wir sitzen vor dem Haus, die Türe steht weit offen; die Alte hustet, der Bauer erzählt vom Totengräber des benachbarten Orts: er legt das Ohr an frische Gräber, horcht, ob die Leichen anfangen zu schmatzen – wenn Pestilenz im Lande war und nicht wiederkommen soll, muß man solch einer Leiche den Kopf abhauen. Also sucht der Totengräber nach Leichen, die sich angefressen

haben, beispielsweise am Arm – hat der Totengräber solch eine Leiche freigelegt, hackt er ihr den Kopf ab, damit Ruhe ist im Grab.
Ich schaue im hellen Licht das Bauernpaar an. Die Gesichtshaut fast ledrig-dunkel; er ist bärtig; sein Haar ist verfilzt, struppig bei ihr; die Fingernägel dunkel betont; Schwielen und Pusteln. Jetzt in der Sonne, in der Windstille außerhalb des Hauses: sie stinken – alter Schweiß, alte Milch, altes Sacktuch.
Die Hunde, faul in der Sonne, springen auf, rennen bellend los. Um das Feld herum kommt jemand geritten, ein Bauer, er bleibt auf dem Pferd sitzen, schaut mich kurz an, berichtet hastig, laut – ich verstehe kein Wort. Die Frau ist schon aufgesprungen, trägt die Alte heraus, der Mann holt eine Schleife, der Bauer reitet mit seiner Meldung weiter, die Alte wird auf die Schleife gelegt: kleine, eingekrümmte Frau, hagerfaltig, sie hat die Augen geschlossen. Der Bauer rennt ums Haus, führt die Kühe heraus, bis auf die kranke, eine Kuh wird als Zugtier vor die Schleife gespannt. Ich hole die beiden Felleisen. Der Bauer treibt die Kühe Richtung Wald und auf einem schmalen, kaum erkennbaren Pfad in den Wald hinein: sehr dichter Wald mit vielen gestürzten Bäumen, faulend. Wir kommen zu einer kleinen Koppel, in die werden die Rinder getrieben, die alte Frau wird von der Schleife gehoben und in ein überdecktes Erdloch getragen. Sobald sie ruhig liegt, beginnt sie wieder zu husten, aber leiser. Die Hunde sind nicht mitgekommen, die hat der Bauer offenbar ins Haus gesperrt.
Nun berichtet er, daß ein Dorf in der Nähe überfallen worden ist von einem Trupp, fremde Soldaten: alle Häuser angezündet, alle Frauen geschändet, fast die ganze Bevölkerung umgebracht. Aber es hat den Anschein, als wäre der Trupp schon weitergezogen, nur aus Vorsicht halten wir uns hier versteckt.

Ungefähr 1490: Zeugnisse über die historische Figur Wolfram von Eschenbach und für die Sagengestalt Wolfram. Die historische Figur und die Sagengestalt werden sich noch lange begleiten, bis ins neunzehnte Jahrhundert hinein, und zuweilen wird sich die Sagengestalt vor die historische Figur stellen, muß energisch von ihr abgerückt werden.
Conrad von Gruenenberg, ein Ritter, suchte in »alten Blättern, Büchern und Gemälden der Gotteshäuser« Abbildungen von Wappen, ließ nach diesen gesammelten Vorlagen ein Wappenbuch zeichnen und kolorieren, das heute in der Bayerischen Staatsbi-

bliothek liegt. Jeweils sechs Wappen zieren eine Pergamentseite. Das Emblem stets auf dem Wappenschild. Zwischen den Löwen und Horntieren und Bären wirkt das Wappenzeichen der Familie Eschenbach sehr friedlich: ein Krug, genauer: ein »Hafen«, oder archäologisch ganz exakt: ein »Aisch« – ein bauchiger Krug mit kurzer Ausgußtülle und rundem Henkel, oben Mitte. Über dem Wappen (wie auf allen anderen Abbildungen) in heraldischem Zierrat ein Ritterhelm, wie er zu Wolframs Zeit noch lange nicht üblich war, aber er soll keine historische Illustration sein, der Helm wiederholt sich in gleicher Form bei allen Emblemen dieses Buchs. Über diesem von einem Tuch theatralisch drapierten Helm noch einmal der rote Krug, nun aber stecken fünf weiße Blumen (Lilien?) in ihm, symmetrisch geordnet.
Dieses Wappenbild hat die Überschrift: »Wolfrum freyher von Eschenbach layen mund nye pas gesprach ain franck«. Da ist Wolfram also in der Zwischenzeit zum Freiherrn avanciert – man wird auch noch lange Zeit später annehmen, ein Dichter von solch außerordentlicher Bedeutung könne nur ein Adliger gewesen sein: guter Text aus gutem Hause... Was dieser Angabe folgt, ist ein Zitat, das uns auf dieser Reise noch zweimal begegnen wird: »layen mund nye pas gesprach«. Dazu läßt sich nur beifällig nikken. Denn: ein »laye« war Wolfram mit ziemlicher Wahrscheinlichkeit, das heißt: er war kein clericus. Ich werde auf diese Unterscheidung noch eingehen, kann hier nicht alles Pulver auf einmal verschießen, und so bringe ich nur noch eine interpretierende Übersetzung: Unter denen, die keine lateinische Bildung besaßen (die also nicht lateinisch schriftgelehrt waren), hat Wolfram (in der Volkssprache) am besten erzählt.
Zuletzt folgt in diesem knappen Text die Notiz: »ain franck«. Das trifft heute noch zu: ein Franke. Wolfram selbst bezeichnete sich als Bayern – mit Gründen, auf die ich noch eingehen werde beim Versuch der Rekonstruktion seiner Biographie.
Etwa 1490: Wolfram war also nicht vergessen, als historische Person. Etwas später entsteht die »Eschenbacher Bildbeschreibung«. Es hat demnach einmal sechs Bilder gegeben, die leider verschollen sind. Die Beschreibungen dieser Bilder zeigen eine wahrhaft phantastische Unbeholfenheit – so etwas wie Naive Kunst in Wörtern. Ich übersetze drei der Bildbeschreibungen.
»Wolf sitzt nackt im Bad, über ihm tut der Heilige Geist schweben. Neben ihm sitzen zwei nackte Personen – über der einen schwebt ein Teufel, die Badenägde kitzeln die andere. Auf dem

Barbierhocker tut Klingsor sitzen, über ihm der Teufel schweben. Und vor ihm sitzt der Barbier, um zu scheren. Steht auf einem Blatt über ihm geschrieben: Hier sitzt Klingsor unter dem Barbier und singt. Auf der anderen Seite ist ein Blatt über Wolfram beschrieben.
Wolfram steht da in einem langen, roten Rock. Hinter ihm tut der Heilige Geist schweben. Auf der anderen Seite der Klingsor, in einem gelben Reitrock, roten Hosen, einen roten Hut auf. Zwischen den beiden ein Seil. Darüber ein weißer Tisch, auf dem stehen vier Glocken. Am Tisch hängt ein Notenblatt, auf dem steht unten geschrieben: ca la sol la mi. Hat der Wolfram einen Stab in der Hand, zeigt auf die Glocken. Hält ein Engel den Stab ebenfalls in der Hand. Steht auf dem Wolfram geschrieben: Hier zeigt Wolfram dem Klingsor, wie Glocken klingen.
Wolfram steht in einem langen, braunen Rock und neben ihm steht ein brauner Krug. Auf der anderen Seite der Klingsor (und er hat den Teufel in einem Glasgefäß), in einem gelben Reitrock, roten Hosen, einen roten Hut auf. Oben auf dem Glasgefäß ein dunkelfarbiger Drache, und er verrät Wolfram das Geheimnis der Welt.«

Wie viele Nachtvögel gibt es in diesem Nachtwald, wie viele Uhus und Käuzchen! Und wieviel heiser ausgestoßenes Fuchsbellen, das höre ich Hänge hinauf, die ich nicht sehe, und Hänge herab. Und Wolfsgeheul. Und was für Geräusche machen Bären, nachts im Odenwald? Ausgerechnet in diesem Gebiet mußte, muß ich im Freien übernachten, dicht neben dem Pfad, der für hiesige Verhältnisse eine Straße ist. Der kürzeste Weg, so wurde mir erklärt, in die Richtung, in die ich will. Aber welche Umwege bin ich schon geritten! Mehrfach endeten Wege in einem Weiler am Hang oder am Ende eines Tals. Erörterungspalaver mit Bauern, die mürrisch-mißtrauisch sind – ein Fremder kann nichts Gutes bringen. Aber auch Bauern, die gerne Auskunft geben, einen Schwatz halten – von einem Fremden kann man Interessantes erfahren. Die Dörfer, Siedlungen viele Stunden voneinander entfernt. Und für diese Nacht habe ich nicht mal eins der kleinen Gasthäuser gefunden, in denen ich sonst meist in der Gaststube übernachte, auf dem Boden, auf einer Strohschütte oder, wenn ich Glück habe, in einem Zimmer, in einer Kammer, in einem Verschlag – diese Bezeichnung trifft am ehesten zu: das Bett fast so groß wie der Raum, und dieses Bett habe ich nie für mich allein; entweder liegt schon ein Reisender drin, wenn ich mich hinlege, oder es kommt einer dazu, wenn ich liege. Das rauhe Laken wird offenbar nur alle paar Monate gewaschen; die Flecken auf dem graubraunen, rupfenähnlichen Gewebe beachte ich schon gar nicht mehr, ich lege mich in voller Kleidung drauf, Flöhe habe ich sowieso, es können nur noch Wanzenbisse dazukommen. Wenigstens solch ein Bett: ich hätte viel dafür gezahlt in dieser Nacht! Aber als es dunkel wurde, saß ich ab. Reitpferd und Saumpferd band ich an einen Baum, sammelte Gras für sie an lichteren Stellen. Ein Feuer machte ich allerdings nicht: Angst, damit könnte ich Räuber anlocken. Ich zerrte zwei große Äste heran, steckte sie in den Boden, an einen Stamm geschrägt, legte mich in diesen Winkel. Zwar heißt es, Pferde würden nicht auf einen treten, aber das wollte ich nicht herausfordern – was, wenn sie plötzlich Gefahr witterten und ausschlugen? Der Boden kalt, die Luft kalt, ich setzte mich auf das Felleisen. Schlaf; jähes Aufwachen mit rasendem Herzschlag; Schlummer. Käuzchenschreie, Raubvogelpfiffe, Fuchsbellen, Wolfsheulen. Ich habe mir Äste eingeprägt, an die ich mich hinaufziehen kann, sobald die Pferde unruhig werden. Ich verstehe nun, warum die Fuhrmänner um keinen Preis in den Odenwald wollten. Ich sitze bibbernd auf der Tasche, warte auf das erste Licht in dieser mit Finsternis wipfelhoch angefüllten Waldmasse, nicke wieder ein, schlafe: Träume voller Tiere und Räuber. Ich wache im Halbhellen auf, in einem Höllenkonzert von Vögeln. Als säße ein Dutzend auf jedem Ast! Ich esse ein Stückchen Brot, ein Stückchen Käse, geh in die Hocke auf dem Weg, reibe schmerzhaft gerötete Stellen mit Salbe ein, umhülle das Felleisen wieder mit dem tarnenden Sacktuch, verzurre es auf dem Lastpferd, steige ächzend in den Sattel, zockel los, das Saumtier am Seil. Frühlicht, aber das ist keine Morgenapotheose in jungfräulicher Welt irgendwo am Ende des fünfzehnten Jahrhunderts, ich bin mürrisch, müde, hungrig, mich juckt und beißt es überall, mein Haar ist verfilzt, verlaust, meine Lippen sind aufgesprungen, meine Hände sehen aus, als hätte ich tagelang mit Holz gearbeitet, in meinem Darm schurcht und brubbelt es. Wie gerne würde ich jetzt auf dem Pferd den Anfang des großartigen Tagelieds von Wolfram rezitieren, der Morgen, der seine Klauen in die Wolken schlägt, aber ich starre ängstlich in die Waldmasse ringsumher: huschen Wölfe, reiten Räuber heran? Und ich werde angefallen, überfallen? Kleider heruntergerissen, Fleisch aufgefetzt? Wenn mir jemand entgegenkommt – ausweichen ins Dickicht? Und dort wartet ein Bär, schlägt mich nieder mit einem Prankenhieb? Hätte ich wenigstens einen Reisegefährten! Jetzt kann ich verstehen, warum Reiselieder so viele Strophen haben, warum Reiseerzählungen stundenlang sind. Ich würde gern noch mal die Geschichte von Gawan und dem Grünen Ritter erzählen, wenn ich dafür abgelenkt würde – statt dauernd in Walddickicht zu spähen! Ja, ein Reisen, als würde man unablässig beobachtet, verfolgt, bedroht. Singen? Damit würde ich Räuber anlocken oder Wölfe. Also stumm dahinreiten, an diesem Vormittag, unter freundlichem Grau – Regen, das fehlte hier ja noch!

Junge Birken neigen sich vom Hang zum Weg herab, fast waagrecht, eine neben, eine hinter der anderen – wie Standarten, vor Monaten gesenkt vor dem Sieger Schnee. Bald sind es auch größere Birken, sind es entwurzelte Buchen, Fichten, Lärchen – der Weg wird zum Schlängelpfad. Ich muß absitzen und die Pferde führen, um Kronen herum, Äste beiseitedrückend, aber bald geht es nicht weiter: ich kann mich bücken, kann kriechen, und das haben die Fußreisenden vor mir offenbar getan, meine beiden Pferde aber können sich nicht klein machen. Hufspuren hangaufwärts, also führe ich die Pferde die Hangschräge hinauf, zwischen parallel liegenden oder übereinandergestürzten Bäumen. Das muß außerordentlich nasser, schwerer Schnee gewesen sein, gefallen in völliger Windstille.

Ich bleibe zuweilen stehen, um eine Abkürzungsmöglichkeit auszuspähen, aber weit hinaus liegen die Stämme mit ihren Wurzelplatten, und der Weg dort unten ist wie vollgestopft mit Astgewirr. Ein Arbeitertrupp mit Motorsägen, und der Weg wäre rasch freigeschnitten! Ist in dieser Zeit eigentlich keiner zuständig für die Wartung der wenigen Reisewege? Wurschtelt sich nach einem Schneebruch, einem Sturm jeder so durchs Gebüsch? Nach einigen Stunden: Rauch. Ja, Rauch in der Luft! Den sauge ich inbrünstig ein – wo Menschen sind, lichtet sich der Wald! Es beginnt sich vor mir aufzuhellen, die Waldmasse verliert an Dichte. Und ich trete ins Freie: eine große Fläche, auf der alles Holz geschlagen ist; ein Meiler, aus Löchern der Halbkugel quillt Rauch; ein Hund, der mir entgegenkläfft; ein angeschwärzter Mann, der hinter einem Baum hervortritt, mit einem Prügel – na, wenn schon. Ich führe das Pferd auf ihn zu, nenne den Namen Wildenberg. Der Köhler hebt die Schultern. Auf dem Boden ritze ich mit einem Stöckchen die Seitenansicht der Burg ein. Der Köhler hebt noch einmal die Schultern, pfeift aber nun, und aus dem Wald kommt,

mit Holz auf der Schulter, ein Bursche. Die beiden reden wildes Odenwaldfrühdeutsch, ich verstehe gar nichts, hier könnten sich auch zwei Lappen unterhalten. Ich stelle mich nah an den Meiler, würde mich am liebsten auf die gewölbte Erdabdeckung legen wie auf einen großen Ofen. Ich gebe dem Köhler und dem Burschen (sein Sohn?) je eine Münze, zeige auf die Skizze der Burg, betone den Bergfried, sage Wildenburg, Wildenberg, Wildenburg, der Junge nickt, geht los in lockerem Eilschritt. Ich steige auf, reite ihm nach, das Saumtier am Seil. Die Andeutung eines Pfades, ich hätte ihn nicht gesehen. Ich muß mich unablässig vor Ästen bükken. Nach etwa einer Stunde bleibt der Bursche stehen, zeigt auf einen Pferdekadaver – die Bauchhöhle aufgerissen, Fleisch von den Knochen gefetzt; die Raben, die wir aufgescheucht haben, lärmen in den Bäumen. Hat hier ein Bär zugeschlagen, waren das Wölfe? Und wo ist der Reiter geblieben?
Ich steige wieder auf, aber der Bursche bleibt stehen, hält mir die Hand hin. Gefahrenzulage? Ich sage, ich hätte schon gezahlt. Er schaut an mir vorbei, hält die Hand hin. Es war eine Silbermünze, die ich ihm gegeben habe – also wiederhole ich mich. Der Bursche geht ein paar Schritt seitwärts, ins Gestrüpp, langsam, als wolle er mir Zeit lassen, meinen Entschluß zu revidieren. Ich greife in den Brustbeutel, hole eine Münze heraus, reiche sie ihm. Kein Nicken, kein Lächeln, er eilt wieder vor mir her. Schweigend geht es so etwa zwei Stunden lang, dann hellt es wieder auf im Wald: eine Lichtung an einem Hang! Na endlich, rufe ich, und: Leeve Jong! Der Bursche nickt mir kurz zu – kleiner, kürzer könnte das Nikken kaum ausfallen. Er kehrt um.
Die Burg an der Flanke eines sanft abfallenden, breit gewölbten Hügelrückens, nicht einmal am höchsten Punkt, das erstaunt mich, aber nach welchen Prinzipien Burgen gebaut wurden, leuchtet mir sowieso nicht immer ein, und warum eine derart große Burg in einer derart verlassenen Gegend steht, begreife ich erst recht nicht. Der Wald rund um die Burg kahlgeschlagen. Bestimmt werde ich beobachtet, droben vom Turm oder von einer der Mauern. Ich komme oberhalb der Burg an einen kleinen Platz, vor dem äußeren Torgebäude, reite, ohne aufgehalten zu werden, über die Zugbrücke, unter mir ein tiefer, in den Fels gehauener Graben, reite in die Vorburg; ein Mann lehnt einen Balken an das Mauerwerk, grüßt; ich reite über eine zweite Zugbrücke, nun wohl der eigentliche Burggraben unter mir; niemand, der mir in den Weg tritt; ich durchreite das offenstehende Tor, hohe Mauern

rechts und links, erneut ein Tor, nun wohl das eigentliche Burgtor, und das ist verschlossen. Ich schlage mit der Faust dran, eine Klappe wird geöffnet, ein struppiger Kopf. Ich nenne Wolframs Namen, sage: Kaplan, capellanus, Kaplan. Die Klappe wird zugeschlagen. Ich warte. Über mir auf der Mauerkrone nun zwei Männer ohne Helm, mit Armbrust – Bolzen griffbereit oder schon eingelegt? Die Männer schauen herab, ohne zu grüßen. Stimmen kommen näher, der Mannschlupf im Tor wird geöffnet, es tritt hervor ein älterer Mann mit rotbraunem Überwurf, mit einem Hut, an dem zwei lange Federn wippen; wieder frage ich nach dem Burgpfarrer oder Burgkaplan. Der Offizier(?) nickt, geht durch den Mannschlupf hinein, ein Torflügel wird geöffnet, vom Struppigen, ich reite in die Burg Wildenberg ein, beinah aufatmend. Durch diesen Eingang ist auch Wolfram geritten – falls nicht alles umgebaut wurde. Sehr grobe Pflasterung. Pferdeäpfel flachgetreten, eingetrocknet – fast sieht es aus, als wären die Kopfsteine mit Pferdemist ausgefugt. Der Innenhof mit dem Bergfried, mit schmalbrüstigen Fachwerkhäuschen, mit dem Brunnen, mit Pferden, Hunden, Hühnern. Auf dem massigen Turm ein Fachwerkbüdchen, wohl für den Wächter. Hat er mich gemeldet? Aus vielen Fenstern schauen viele Leute. Ich winke, es wird nicht zurückgewinkt. Der Begleiter deutet an, daß ich absteigen soll, schreit zu einem der Häuschen hoch, mit vorgewölbten Händen; ein Mann schaut aus einer der Fensteröffnungen, hört sich an, was hochgeschrien wird, ich nicke und winke, der Kopf verschwindet. Der Begleiter bleibt stehen. Ein sehr kleiner, hagerer Mann kommt auf mich zu, in fleckigem Schwarz, barfuß. Ich sage Salve!, er antwortet ebenso, und ich kratze lateinische Wörter zusammen: Rhenus fluvius, Colonia Agrippinensis, Wolframus de Eschenbach, poetus, in hoc castello. Beim Namen des Dichters nicht die geringste Reaktion, aber daß ich Lateinisch radebreche, genügt; der Pfarrer spricht mit meinem Begleiter, akzeptiert mich offenbar, zeigt hoch zu einem Fenster des Fachwerkhäuschens; aus vielen Fenstern schaut man zu, wie ich das Felleisen in der Sackleinenhülle vom Saumtier nehme; der Pfarrer bindet die Pferde an, holt Hafer. Dann klettern wir die leiterartige Stiege hoch, stehen in einer Kammer, die so niedrig ist, daß ich den Kopf einziehen muß, der Pater lacht. Ein Bett, ein Stuhl, und kaum noch Platz, um sich zu bewegen. Nebenan eine zweite Kammer mit einem Pult, zwei Hockern, drei, vier Büchern.
Sobald ich sitze in der sicheren Burg, fange ich an zu zittern:

Schüttelfrost? Der Pfarrer führt mich zum Bett. Schon turnt er die Leiterstiege hinunter – ich rücke mich so zurecht, daß meine Kniekehlen auf der Kante des Fußendes liegen, meine Fersen auf dem Boden. Ich mache die Augen zu und höre Wiehern und Rufen und Hämmern und Hühnergackern und Lachen und Bellen. Mein Rückgrat scheint zu ächzen: endlich waagrecht! Der Pfarrer steigt herauf, bringt einen Holznapf: heiße Fleischbrühe! Die schlürfe ich sehr langsam; er schaut mir zu, sagt nichts, hat Zeit. Den Napf absetzend, sage ich noch einmal: Wolframus de Eschenbach, und er antwortet: Eusebius. Ich drehe mein Gesicht zur Wand; erst nach etlichen Atemzügen wende ich mich wieder zu ihm, frage nach dem Tag, dem Monat und – wie zur Ergänzung – nach dem Jahr. Anno domini 1484. Ich nicke und sage, ich würde mich sehr gern waschen. Der Schüttelfrost ist vorbei, es war nur ein Erschöpfungs-Schuddern. Die Stiegen hinunter, wir überqueren den Hof, keiner mehr in den Fenstern, meine Pferde fressen, wir betreten einen höhlenähnlichen Raum mit Holzpflügen und anderem Gerät, gehen durch eine Seitentüre in den nächsten Raum, dort gruppieren sich drei, vier Holzzuber; nebenan, im ebenfalls höhlenähnlichen Raum, wird gewaschen, mit dampfendem Wasser, ich atme auf. Eine hagere Frau gießt, nach kurzer Anweisung durch den Pfarrer, in Holzeimern heißes Wasser in einen der Zuber. Ich ziehe mich aus, steige ins Wasser. Nebenan die Stimme einer älteren Frau, der eine jüngere Frau Widerworte gibt, gleich wird sie niedergeschrien, es klatscht, aber das ist kein Wäscheklatschen, es wird wieder still; nur noch gleichmäßige Arbeitsgeräusche. Die Badeszene ist beendet, ich ziehe die schmutzige Kleidung wieder an.

Im Hellen läßt sich der Pfarrer meine Unterarme zeigen, holt aus einem der Häuser ein irdenes Töpfchen, trägt Salbe auf, sie riecht streng nach Kräutern. Ich schaue, während er mich betupft, zum hohen Bergfried mit dem Hüttchen obendrauf, zu den Umfassungsmauern, soweit sie zu sehen sind hinter den Wohn- und Wirtschaftsgebäuden, schaue zur rotbraunen Quaderwand: der Trakt der beiden Festsäle. Im unteren muß der riesige Kamin sein, auf den Wolfram angespielt hat. Ich frage, ob dort drüben oder droben der Burgvogt residiert; der Pfarrer nickt. Soweit ich ihn verstehe, ist der Vogt ausgeritten – ins nahe Amorbach.

Wir sitzen auf Steinblöcken, ich berichte, Wolfram sei auch in dieser Burg gewesen, damals noch im Besitz der Herren von Durne. Diesen Namen kennt er: ja, Durna oder Dorna oder Thurner, der

Name taucht in alten Akten in verschiedenen Schreibweisen auf, es gebe hier auch einen Stein, in den sei eingemeißelt, daß ein Ruprecht oder Rupert von Thurne oder Dorne oder Durn – das müßte man morgen mal nachschauen – diese Burg erbaut habe, es gebe freilich auch einen zweiten Mauerstein, auf dem zu lesen sei, daß diese Burg ein Burkhart von Dürn oder Durn oder wie auch immer erbaut habe; vielleicht waren das Vater und Sohn oder Brüder; diese Durne oder Dürne seien offenbar früh schon ausgestorben; jedenfalls gehört diese Burg zum Erzbistum Mainz; zwischendurch habe, vor mehr als hundert Jahren, ein Erdbeben dieses und jenes umgeworfen und eingerissen, ja richtiggehend eingerissen, wie den Tempelvorhang, Risse auch im dicksten Gemäuer; seither habe diese Burg an Wert verloren, sie sei aber immer noch Amtssitz des Erzbistums, für den hiesigen Verwaltungsbezirk; dieser Erzbischof setze als Verwalter jeweils einen Burgvogt ein, der komme meist aus der Umgebung, aus dem niederen Adel; der Burgmann müsse dafür sorgen, daß die Burg stets eine kleine Besatzung habe, die Turmleute und den Pförtner und die Wächter; es seien auch Handwerker hier und Knechte und Jäger und Fischer, und vor allem Beamte, die hier arbeiten; es geschehe nichts Aufregendes über Monate hinweg, bis mal wieder der Erzbischof erscheine mit seinem Gefolge, weil er von hier aus auf die Jagd gehe, oder es übernachte eine Gesandtschaft auf dem Weg nach Mainz, auch kämen schon mal einzelne Reisende wie ich. Man sei hier großzügig, selbst wenn sie keine Mainzer Papiere vorweisen könnten, schließlich sei man dankbar für jede kleine Abwechslung, man hätte es meist ja nur mit den notorisch unzufriedenen Bauern der Umgebung zu tun, hin und wieder mit Mönchen aus Amorbach, aber sonst sei es ziemlich öde hier im dicken Wald, in dem die Wölfe heulen.
Und nun ist es an mir, zu sprechen: ich berichte, daß Wolfram in seinem Roman von der Gralsburg erzählt, in deren Festsaal es drei außerordentlich schöne und große Feuerstellen gab, auf denen Aloë-Holz verbrannt wurde, und der Dichter fügt hinzu, so große Feuer habe noch keiner »hier in Wildenberg« gesehen. Das ausgerechnet auf Wildenberg! ruft der Pfarrer, wo hier doch der größte Kamin sei, den es je gegeben habe! Ja, sage ich, und diesen Kamin würde ich gern einmal sehen. Das lasse sich machen, nur müßten wir bis zum nächsten Morgen warten. Ob der Kamin noch benutzt werde? frage ich. Nein, der Saal ist mit zahlreichen Zwischenwänden aufgeteilt in Kanzleiräume. Und er fragt mich,

ob ich seine »cancelria« sehen wolle. Arbeitet er in der Verwaltung? Er lacht: ob ich vielleicht die Vorstellung hätte, er wäre nur für die Frühmessen, die Heilig-Geist-Messen da? Seine Hauptarbeit leiste er in der »cancelria«; fast alle secretarii dieser Burg seien wie er clerici, zwei hätten Rechtswissenschaften studiert, einer von ihnen in Bologna; er selbst habe hier die Schriftgutverwaltung übernommen, erstelle die registra causarum, eine Geschäftsregistratur, in der sämtliche Urkunden oder deren Abschriften aufgelistet würden, so daß man für jeden Vorgang rasch die Unterlagen heranziehen könne; das sei bisher nicht der Fall gewesen, ein Teil der Arbeitszeit der secretarii und notarii sei mit Suchen verbracht worden; es sei schon erstaunlich, wenn man erst einmal zu ordnen begonnen habe, wie viele Urkunden sich angesammelt hätten; vor drei Jahren noch hätte er eine Truhe voller Dokumente oben im Turm gefunden, das heißt, der Turmwächter hätte ihn gefragt, ob er sich eventuell dafür interessiere... Dieser Hinweis sei für ihn in doppelter Hinsicht nützlich gewesen: erstens wegen einiger alter, aber sehr wichtiger Dokumente, zweitens weil er auf diese Weise einen Raum für das geplante Archiv gefunden habe, einen völlig sicheren Raum in halber Höhe des Turms: ein Wächterraum, der schon lange nicht mehr benutzt werde, weil es meist zu kalt sei im drei Meter dicken Gemäuer. Freilich, die Einrichtung des Archivs könne erst erfolgen, wenn er sämtliche Dokumente hier in der Wildenburg erfaßt und registriert habe; einige der Wildenberger Dokumente seien auch noch im Kloster Amorbach, dort werde er sie in den nächsten Jahren registrieren; ohne solch eine Gesamtregistratur werde die zukünftige Arbeit äußerst erschwert, ja, sie werde vielleicht sogar unmöglich, weil man jede Übersicht verliere.
Ich nicke mechanisch, schaue auf den Quaderbau, höre den Pfarrer weitersprechen, gebe mir kaum noch Mühe, ihn zu verstehen – ich bin nicht gekommen, um zu hören, wie im 15. Jahrhundert Verwaltung organisiert wird.

Im Jahre 1462 schrieb der Stadtrichter von Landshut, Püterich von Reichertshausen, einen langen Versbrief an die Pfalzgräfin Mechthild; sie hatte diesen Bibliomanen um ein Verzeichnis seiner Bücher gebeten, mit dem Vorschlag, Bücher wechselweise auszuleihen. Mechthild, um wenigstens dies über sie zu schreiben, hatte ihren zweiten Gemahl dazu angeregt, die Universität Freiburg zu stiften. Püterich, 1400 geboren, also noch ein Zeitgenosse Oswalds von Wolkenstein, leitete seinen *Ehrenbrief* mit einer literarisch-formellen Liebeserklärung im Stil der Minnesänger ein, gebrochen im Sprachmedium des Meistersangs, geschrieben in Titurel-Strophen; der Amateur-Dichter weiß selbstverständlich, daß diese Liebe unerfüllbar ist, und so wäre er schon zufrieden, wenn er der Pfalzgräfin als Stubenheizer nah sein dürfte. Denn er meint selbst: ein Mann über sechzig, umgeben von Kindern und Enkeln, sei für Venus Amor zu alt; ihr Sohn Cupido treffe ihn nur noch selten mit seinem feurigen oder goldenen Strahl; »Du Lapp«, so habe ihm seine Frau zugerufen, »gib dich zufrieden, laß einen Jungen nach edler Liebe streben, das paßt besser zu ihm.«

Püterich beginnt noch nicht mit der Aufzählung seiner Bücher, er benennt zunächst die bayerischen Geschlechter des turnierfähigen Adels. Erst im dritten Teil seiner Versepistel (er bittet wegen seiner Reimerei um gütige Nachsicht), kommt er zu seinen Büchern: insgesamt 164 Bände besitzt er nach vierzig Jahren eifrigen Sammelns zwischen Brabant und Ungarn; er hat sie »gerafft«, eingesäckelt, und zwar durch »stehlen, rauben, leihen«, auch wurden ihm Bücher geschenkt, er hat sie gekauft, hat sie abgeschrieben und sogar gefunden. Wegen seiner Bücherleidenschaft ist er von Freunden verspottet worden; einer soll ihm gesagt haben, er wäre schon glücklich, wenn er von Püterich wenigstens die »Büchersäcke« zurückbekomme, in denen er ihm Handschriften ausgeliehen habe. Er habe vorwiegend alte Bücher gesammelt, betont Püterich, »die neuen beachte ich überhaupt nicht«.

Sein Lieblingsautor ist Wolfram von Eschenbach. Dieser Name wird weitaus am häufigsten genannt in diesem Brief, für ihn schmiedet Püterich die meisten Verse und Strophen. Bezeichnenderweise hält er Wolfram vor allem für den Verfasser des *Titurel*. Vorwegnehmend: Wolfram hat zwei Fragmente des geplanten Strophen-Epos *Titurel* hinterlassen, ich werde sie im 41. Kapitel vorstellen; ein Nachfolger, Albrecht von Scharfenberg, hat (vor 1272) diese Fragmente aufgegriffen und ein riesiges Strophen-Epos verfaßt, hat dabei fingiert, Wolfram von Eschenbach habe es geschrieben – dieses literarische Spiel ist lange Zeit ernstgenommen worden, obwohl Albrecht am Schluß des Werkes seinen eigentlichen Namen genannt hat. Dieses Werk, als *Jüngerer Titurel* in Literaturgeschichten aufgeführt, war im Späten Mittelalter die Dichtung aller Dichtungen – sie hatte damals das Ansehen, das heute beispielsweise Goethes *Faust* besitzt. So stellt Püterich von Reichertshausen stolz fest, gleich zu Beginn seiner Liste: »Ich habe den Titurel, das Haupt der deutschen Bücher.« Wer den Rang dieses Werks in Frage stelle, fügt er gleich hinzu, der kriege es mit ihm zu tun, denn es habe noch nie eine so subtile (»durchfeinet«) Dichtung gegeben wie diese des Wolfram von Eschenbach. (Übrigens habe er an die dreißig Titurels gefunden, und keiner sei echt gewesen.) Püterich nennt aber auch weitere Werke des großen Dichters: *Parzival, Wilhelm* und – *Lohengrin*. Zwei echte, zwei unechte Werke... Püterich von Reichertshausen preist den Dichter, der im deutschen Bereich so hochberühmt sei mit seinen Werken, daß keiner an ihn heranreiche: den von Eschenbach und Pleinfeld. In vielen Kirchen habe er nach dem Grab des Dichters gesucht, um dort für den Verstorbenen zu beten, habe es schließlich auch gefunden!

> Eingesargt, begraben
> ist sein edler Leib
> in Eschenbach, dem Markt:
> die Ruhestatt im Liebfrauenmünster –
> ein Hochgrab, mit dem Wappenschilde;
> gesondert noch ein Epitaph,
> doch das verschweigt, wann er verstorben ist.
>
> Ein Krug als Wappenzeichen
> auf dem Schild, dem Helm –
> ha, da müßte sich
> schon sputen, wer die Farben wissen will!
> Ein Blumenstrauß im Krug auf seinem Helm.
> Als ich davon hörte, bin ich
> gleich dorthin geritten, möglichst schnell.

Gegen Schluß des Versbriefs wird Meister Wolfram noch einmal gepriesen, der Dichter wird sogar zitiert – freilich in einer Strophe, die nicht von Wolfram stammt. Seine Lieder (also: seine Dichtungen), so läßt er hier den Eschenbacher sagen, hätten genau den rechten Umfang, nach den Regeln des Meistersangs (!); eine Dichtung, die zu lang oder zu kurz sei, werde »verschwachet«, aber: »Ich, Wolfram, bin nicht schuld daran, ein Schreiber ist es, der nachhaltig das Gute zum Schlechten macht.« Püterich sieht also die Gefahr der Verfälschung durch Bearbeiter, aber er weiß nicht, daß Wolframs Nachruhm zum großen Teil auf einem Mißverständnis, einer Verwechslung beruht. Immerhin aber: *Parzival*

und *Willehalm* sind genannt. Und: wir verdanken diesem bayerischen Adligen einen Hinweis auf Wolframs Grabmal – es wurde später bei einer Renovierung der Kirche entfernt.
Wolfram von Eschenbach im 15. Jahrhundert: er war nicht vergessen.

Zum Städtchen, zur Burg Wertheim brauchte ich keinen Führer, da geleiteten mich links der Main, auf dem gelegentlich ein Schiff abwärts segelte, aufwärts getreidelt wurde, und rechts die Hügelreihen, die sanft anstiegen. Ich konnte im Trab reiten, endlich; die beiden Pferde wurden nicht müde dabei – der Trab als selbstverständlichste Bewegungsart des Pferdes, das bekam ich im Rücken zu spüren, und Schmerzen im Gesäß, sobald ich den Trab wieder aussaß. Aber schon ist das vergessen: ich sehe die Burg auf dem Hügel, sehe das Städtchen unterhalb, davor die schmale Tauber, die hier in den Main fließt. Von der Burg führen am kahlgeschlagenen Hang zwei Mauern herab, verbinden Burg und Stadt zu einer Befestigungsanlage. Am Mainufer des Städtchens hat ein Schiff angelegt, Soldaten trampeln auf Deck herum, ich höre ihre Stimmen deutlich in der klaren Oktoberluft. Auf dem Ufer vor der Stadtmauer wird ein Schiff repariert, aber mit sichtlich langsamen Bewegungen; Netze sind zum Trocknen aufgehängt; ein Feuer, um das ein Grüppchen sitzt, wahrscheinlich wird Fisch gebraten. Ja, das habe ich gelesen: in diesem grünen Main gibt es Hechte und Forellen, Aale und Karpfen, Weißfische und Rotaugen, Neunaugen und Störe (wenn auch selten), Krebse und Muscheln. Auf die Holzbrücke über der Tauber treibt ein Kahn zu; er legt an, ein Mann steigt ins Boot, kurze Verhandlung, das Boot legt ab, wird zum Main gestakt.
Offenbar bin ich aufgefallen; von der Brücke kommt ein Soldat zu mir, barfuß, in stark angerostetem Kettenhemd, mit einer Hellebarde. Er fordert etwas, das ich nicht verstehe. Ich zeige mit dem Daumen zurück über die Schulter, sage Wildenberg, Wildenburg, Wildenberg, zeige hinauf zur Burg Wertheim, sage grâve, Graf, grâve. Der Soldat packt mein Pferd am Zaum, zieht es über die Brücke, redet mit den beiden Soldaten, die in der Türöffnung lehnen, sie starren mich an, ich nicke, zeige zur Burg, wiederhole: Graf, grâve. Der Soldat im rostigen Kettenhemd zieht mein Pferd wieder hinter sich her, als wäre ich seine persönliche Beute.
Die Stadt, das Städtchen: nach der weitgeschwungenen, hellen Landschaft rückt hier alles sehr dicht zusammen – schmale Fach-

werkhäuser gereiht in der sehr engen Straße; in der Mitte, die vertieft ist, rinnt stinkende Brühe, liegen Eingeweide von Hühnern oder Hasen, abgeschnittene Fischköpfe, Strünke von Kohlköpfen; Hühner, Schweine laufen durch den Dreck; mein Pferd sinkt bis zu den Fesseln ein. Rechts und links von mir rotten sich Kinder zusammen, in Eingängen und Fenstern drängeln sich Neugierige. In dieser Straße und in Nebengassen wird Holz gesägt und Fleisch zerschnitten und Leim gesiedet und Metall gehämmert; auf kleinen Flächen sind hölzerne Näpfe, Becher, Schüsseln ausgestellt, auch Tonwaren, liegt Stoff ausgebreitet, sacktuchähnlich, zuweilen auch Leder, obwohl die meisten barfuß laufen, und auf einem Hocker wird einem Mann ein Zahn gezogen, vor Zuschauern, und Bettler strecken Beinstümpfe, Armstümpfe aus und Rufen, Reden, Singen, Rufen, Lachen, Rufen.
Hat Wolfram, wenn er zu seinem Lehnsherrn nach Wertheim kam, eine noch engere, schmutzigere Stadt durchquert? Ich bin im Zeitraum um 1450, und in den gut zwei Jahrhunderten, die Wolfram und mich noch trennen, wird sich kaum etwas verändert haben: jahrhundertelang blieb in Dörfern und Städten die Häuserzahl gleich – mal sackte hier ein Haus zusammen, mal wurde dort ein neues Haus gebaut, das glich sich meist aus, es sei denn, Feuer oder Truppen hätten ein Dorf, eine Stadt verwüstet. Aber die Häuser hier sehen so aus, als stünden sie seit langem so dicht zusammengerückt; bei etlichen sind die Füllungen der Fachwerkgerippe ausgebeult, Verputz hat sich abgelöst, Flechtwerk von Holz und Binsen ist freigelegt. Ungefähre Eindrücke – ich bin vor allem mit Fliegen beschäftigt, die äußerst zahlreich meinen Kopf umschwirren.
Kleine Erleichterung, als es den Hang hinaufgeht – dort oben wird der Gestank nicht mehr gar so betäubend, werden die Fliegen nicht mehr ganz so zahlreich sein.
Die Zugbrücke ist gesenkt, das Tor steht offen. Ein Hund kläfft, wird zurückgepfiffen. Vor einer Bude im Hof sitzen zwei Wächter – der Soldat im Kettenhemd berichtet ihnen; seine Sprache erscheint mir undurchdringlich wie Odenwalddickicht. Die beiden lachen. Einer fragt offenbar, zu wem ich will, ich sage diesmal: zum Kastellan. Das Wort gibt ihnen Rätsel auf. Die Frage wird wiederholt, vielleicht auch nur, damit sie das komische Wort noch einmal hören. Ich füge hinzu: Verwalter. Sagt ihnen auch nichts. Ich wiederhole: Castellan, sage: castel, castello, château... Sie beraten, dann steht einer der beiden auf, geht in den Hauptbau aus

rotbraunen Quadern, hinter dem der Bergfried aufragt, mit einem Hüttchen auf der Plattform. Der Soldat im Kettenhemd setzt sich; bestimmt will er sehen, wie diese Geschichte ausgeht. Warten. Neben dem Eingang eine tote Katze; im Bauchfell Dutzende kleiner Löcher (als hätten sich dort Fliegen eingefressen) und einige größere Öffnungen (von Krallen oder Schnäbeln?); im offenen Maul sehr spitze Zähne.
In Sandalen, in einem kuttenähnlichen, mit einem Strick gegürteten Gewand kommt ein Mann auf uns zu: dichter Bart, helle Augen. Er fragt, ich wiederhole: Kastellan, und: Verwalter. Auflachend zeigt er angebräunte, auf Lücke stehende Zähne, sagt, so verstehe ich ihn jedenfalls, er sei beides, sei auch noch Schreiber dazu. Ich erkläre, woher ich komme, was ich will. Der Kastellan oder Schreiber nickt, erteilt den Wächtern Anweisungen: einer löst das Bündel vom Saumpferd, der andere führt beide um den Quaderbau herum. Der Mann fragt, während wir eine enge Treppe hochsteigen, ob ich schreiben kann. Ich sage Ja, und er bleibt auf der Stufe über mir stehen, umarmt mich. Er riecht nach altem Holz. Wir betreten ein Zimmer. Am Fenster zum Hof ein Schreibpult mit schräger Fläche; ein doppeltes Wandbord in Höhe seines Kopfs und meiner Schultern: ein Buch, zwei flache Holzbehälter, gefaltete Papiere, eingerollte Pergamente; an Haken unter dem Bord Säckchen, schmal, lang, mit Dokumenten; Stifte in der Seitenwand mit jeweils mehreren aufgespießten Urkunden. Er legt ein kleines Stück Papier auf die Schreibfläche, tunkt die Feder in ein Tintenhorn, reicht sie mir. Ich schreibe möglichst leserlich: Wolfram von Eschenbach. Meine Schrift erscheint dem Verwalter fremd, auf den Namen reagiert er nicht. Ich erkläre, dieser Wolfram von Eschenbach habe im Parzival-Roman den Grafen von Wertheim als seinen Herrn bezeichnet, damit wohl als seinen Lehnsherrn, Dienstherrn, und dieser Graf müsse Boppe von Wertheim gewesen sein. Der Verwalter nickt höflich, auch dieser Name scheint ihm nichts zu sagen. Wie zur Entschuldigung berichtet er, daß er vor allem die Zoll-Einnahmen und das Vermögen des Grafen Johannes verwalte. Unter diesem Grafen habe sich viel verändert hier oben: durch einen kaiserlichen Lehnsbrief sei ihm dieser Mainzoll übertragen worden, auch verfüge der Graf über die Zollstelle bei Freudenberg, und vor allem: Graf Johannes habe kürzlich ein zweites Mal geheiratet, auch diesmal eine reiche Erbtochter – die erste Frau, Margareta, Tochter des Grafen von Rieneck, sei gestorben, die zweite Frau, Uta, sei

Tochter des Herzogs von Teck. Vor allem mit diesen Eheschließungen sei der Familienbesitz gewachsen, und das habe zur Folge, daß ständig verkauft oder getauscht oder neu erworben werden müßte, aus verschiedenen Gründen. Nur ein Beispiel: der Graf habe mit dem Erbe seiner Frau einen Viertelanteil an einer Burg im Odenwald erhalten, habe ihn an den Besitzer des größeren Anteils verkauft, für 2100 Gulden, dieser Betrag werde wiederum in neuem Besitz angelegt, und so habe Graf Johannes beispielsweise einen Anteil an der Homburg erworben, auch Güter, die ihm Erträge brächten. Seine Aufgabe sei es, die Kaufverträge, Verkaufsverträge, Tauschverträge auszufertigen, auch habe er über die pünktliche Ablieferung der vertraglich festgelegten Naturalzinsen zu wachen, und, wie gesagt, über die Zolleinkünfte.

Was in diesem Zusammenhang ebenfalls erwähnt werden müsse: Graf Johannes lege nicht alles Geld in neuen Besitzungen an, er habe bereits mehrere fromme Schenkungen gemacht, vor allem an das Kloster Bronnbach, das hier in der Nähe liege, im Taubertal, übrigens eine alte Stiftung dieser Familie. Was mich vielleicht ebenfalls interessiere: der Graf lasse derzeit im Ort eine sehr schöne Kirche erbauen, im neuesten Stil, spitzbogig; der Grundstein sei an seinem Namenstag gelegt worden, am Tag St. Johannis des Täufers; es werde mit großem Nachdruck an dieser Kirche gebaut, der Graf wolle noch erleben, daß sie fertig werde; dabei habe die Kirche eine Länge von immerhin 158 Fuß, eine Breite von 74 und eine Höhe von 64 Fuß; auf Geheiß des Grafen werde demnächst auch noch ein hoher Turm erbaut! Der Graf habe sich bereits an den Heiligen Vater gewandt mit der Bitte, die Pfarre der neuen Kirche und das Kloster Bronnbach vereinigen zu dürfen – er habe die Ehre gehabt, dieses Schreiben aufzusetzen und auszufertigen, ein Brief, auf den er besonders stolz sei, er habe schließlich in vollendetem Latein verfaßt werden müssen: In nomini sancte et individue trinitatis... Joannis dei gratia Comes de Wertheim... locum ipsum qui dicitur Brunnebach... per manus Conradi nostri notarii... Mit höchster Spannung warte er auf den Bescheid aus Rom; er werde ihn sofort seinem Herrn vorlesen, übersetzen; dafür werde er – vor allem, wenn der Papst der Bitte nachkomme – ein schönes Geschenk erhalten. Der Graf sei überhaupt großzügig, sei außerdem recht friedlich – keine Streitigkeiten oder: kaum Streitigkeiten mit Nachbarn, wie sonst üblich. Die einzige Sorge sei für den Grafen die zahlreich gewordene Familie: ein Sohn und drei Töchter aus der ersten Ehe, ein Sohn, eine Tochter aus der zweiten, und es würden sicher noch Kinder dazukommen, der Graf überlege sich bereits, wie er seinen großen Besitz vor Zerstückelung bewahren könne, er werde ihm wahrscheinlich den Auftrag erteilen, einen besonderen Familienvertrag aufzusetzen, und zwar unter folgenden Gesichtspunkten... Während er weiter und weiter spricht, warte ich auf eine Gelegenheit, wieder nach Wolfram zu fragen, aber ich fürchte, auch dieser notarius wird mir nichts über meinen Dichter berichten können, wird mir erst recht keine Urkunde vorlegen können, in der sein Name steht, und sei es am Schluß einer Zeugenliste.

Keine Zeitmarkierung jetzt, ein Zeitraum: die Jahrzehnte nach Wolframs Verstummen, Wolframs Tod um 1220. In den Jahrzehnten danach mehrere Hommages an Wolfram von Eschenbach. Einige der rühmenden Texte wiederholen eine Formulierung, die schon geflügeltes Wort war: »leien munt gesprach nie baz«. So schreibt beispielsweise Ulrich von Etzenbach um 1290 in seinem *Alexander*:

> Was Herr Wolfram je erzählte,
> das geschah mit großer Kunst –
> dies müssen wir ihm zugestehn!
> Kein Weltlicher erzählte besser!
> Das zeige ich, so gut ich's kann.

In einem anderen Alexander-Epos, das (um 1230) Rudolf von Ems verfaßte, wird die erzählende Literatur mit einem prachtvollen Baum verglichen. Der Stamm ist Heinrich von Veldeke; der erste seiner herausragenden Äste: Hartmann von Aue. Und:

> Ein andrer Ast ragt von ihm ab,
> kräftig und sehr weit verzweigt,
> im Wildwuchs und mit Sinn und Kunst,
> reich an wundersamen Sätzen:
> den hat auf diesen Stamm gepfropft
> Herr Wolfram aus Eschenbach.
> Mit phantastischen Geschichten
> gab er seiner Kunst die Richtung;
> so bewirkte sein Erzählen,
> daß es auch Vergnügen macht.

Es blieb nicht bei solchem Lob der Kollegen und Nachfolger – Wolframs Werk wurde weitergeschrieben. So setzte gegen 1250 Ulrich von Türheim den *Willehalm* im *Rennewart* fort. Er weist zur Begründung hin auf das Fragmentarische dieses Werks, nennt die letzte Zeile der Überlieferung: »Sus rûmt er Provenzâlen lant«.

> Wer sein Werk gelesen hat,
> das der kluge Wolfram erzählte,
> (man nannte ihn »von Eschenbach«,
> war liebenswert und meisterhaft) –
> ich, Ulrich von Türheim,
> knüpf daran mit Skrupeln an:
> was er sich zum Ziel gesetzt,
> daran wag ich mich heran.
> Doch ich laß nicht davon ab,
> bis das Werk vollendet ist.
> Wie ja allgemein bekannt,
> erzählte er bis zu dem Satz:
> »So verließ er die Provence«.

Und mehr als einundzwanzigtausend Zeilen später heißt es:

> Ach, du großer Könner Wolfram –
> daß der liebe Gott nicht wollte,
> daß er länger leben durfte...
> Hätte ich nur seine Kunst,
> wäre ich von Skrupeln frei,
> würde euch die Heere nennen,
> die hüben, drüben aufmarschierten;
> man sah noch niemals einen Kampf,
> der so der Ritterart entsprach.
> Ich, von Türheim, Ulrich,
> wär nicht gerne er gewesen:
> er ist tot, ich bin am Leben.
> Deshalb gebe ich mir Mühe,
> daß mein Können Ausgleich schafft –
> schließlich tu ich, was er tat.

Daß er in Wolframs große Fußstapfen trat, geschah nicht nur mit kokettierend betonter Bescheidenheit, man war sich bewußt, wie unerreichbar Wolfram blieb. So wurde Wolfram gelegentlich als literarischer Nothelfer angerufen. Das Lob ist zugleich der Seufzer der Lebenden: Ach, wär ich nur so gut wie er... Ulrich von Etzenbach hat in seinem Alexander-Epos noch zweimal über Meister Wolfram geschrieben.

> Eines wünsch ich mir: daß Wolfram
> aus Eschenbach, der edle Mann,
> noch mein Zeitgenosse wäre;
> würde er mich unterweisen,
> müßte dem, was ich beginne,
> das Gelingen sicher sein,
> und es würde weitaus besser,
> hülfe er mit seiner Kunst
> meinem schwachen Können auf.

Und noch einmal, zum Abschluß dieser Zitatfolge:

> Wie bedrückt es mir das Herz,
> daß den guten, edlen Mann
> aus Eschenbach, Herrn Wolfram,
> der Tod so früh dahingerafft.
> Wäre er noch unter uns,
> wäre Dichter der Erzählung,
> sein Können hätte sie vollendet –
> weitaus besser, als ich's plante.
> Ich bräuchte von ihm Rat und Hilfe.

In Erinnerungen an seine Person, in der Präsenz seines Werkes: Wolfram ist über seinen Tod hinaus lebendig geblieben.

Eine weite, fast kreisrunde Fläche von Weiden und Feldern, von Wald umschlossen, und in der Mitte dieser Fläche ein Dorf mit dem Turmstumpf einer Kirche: Eschenbach! Ich frage, den Namen silbengenau aussprechend, der alte Mann antwortet: Eschilbach. Ich weiß, diese Lautform ist ebenfalls überliefert, doch wiederhole ich, um völlig sicher zu sein: Eschenbach?! Der alte Mann nickt. Ich hebe eine Goldmünze in das Oktoberlicht dieses Nachmittags, rufe Eschenbach, Eschilbach, Eschenbach, reiche dem Alten die Münze, er staunt sie an. Davon wird er noch erzählen, wenn ich längst auf dem Rückweg, ja schon wieder in Abenden bin, am Schreibtisch sitze, diesen Abschnitt schreibend:

wie ihm ein Fremder dafür, daß er ihn vier, fünf Stündchen geführt hat, eine Goldmünze schenkte. Er macht eine Faust um diese Münze, lächelt mich an: freundlich, unsicher, geht in den Wald zurück. Und ich atme tief durch: nun habe ich Eschenbach, den Endpunkt meiner weit mäandernden Reisebewegung erreicht. Wohnt Wolfram, der vielleicht schon alt gewordene Wolfram, dort drüben, in der Nähe des Turmstutzens?

Niemand ist auf den Feldern zu sehen: die spannhohen, zum Teil kniehohen Stoppeln; die Futterrüben sind ausgegraben; Kartoffeln gibt es zu dieser Zeit noch nicht in Europa, also brennt auch kein Kartoffelfeuer. Viele Nadelbäume im weiten Kreis, aber auch Laub, das sich verfärbt. Am Himmel ein paar Zirrusstreifen, gestaffelt. Die Sonne nur noch wenige Stunden über dem Horizont.

Ich weiß nach vier langen Tagen Wald und Wildnis nicht mehr genau, in welchem Jahr ich mich befinde, werde wieder danach fragen müssen – ich hoffe, daß ich etwa siebenhundertachtzig Jahreskilometer oder Kilometerjahre gereist bin, dann wäre ich jetzt zwischen 1200 und 1210 angekommen. In den ersten Abschnitten kam ich rascher voran, als ich es erwartet hatte, dann aber wurde ein Teil des Weges Umweg: ich mußte Höhen, ja Höhenrücken umreiten, geriet in Täler, in denen die Pfade endeten. Auf einem dieser Holzwege der Überfall: der Mann brach, mit einem Messer in der Faust, hinter einem Busch hervor, und ehe ich dem Reitpferd die Sporen geben konnte, durchschnitt er das Seil zum Saumpferd, riß es herum, zerrte es ins Dickicht. Ich wendete, suchte schreiend vor Wut und Angst die Stelle, wagte aber nicht, noch tiefer in den Wald einzudringen – wer hätte mir helfen sollen bei einem Kampf irgendwo zwischen Wertheim und Eschenbach? Aber nun endlich diese weite Lichtung! Endlich dieses zwar enttäuschend kleine Dorf und doch: der Mittelpunkt meines Heiligen Römischen Reiches! Was ich hier sehe, das alles hat Wolfram gesehen, sieht er vielleicht noch. Und die Luft, die ich einsauge, die atmet oder atmete auch er.

Ich lasse das Pferd im Schritt gehen, ein schmaler Weg zwischen Feldern. Ich sehe, daß auch in dieser Region die Mauselöcher äußerst zahlreich sind, auch sehe ich Hamsterlöcher, die Mulden ausgehobener Hamsterbauten. Und Weideflächen, aber das Vieh ist schon im Dorf. Eschenbach – wie sieht man in diesem Dorf die Welt, wenn man die Wälder nie durchritten hat, Richtung Odenwald oder Thüringer Wald? Setzen sich für die Bauern von

Eschenbach diese Wälder fort bis ans Ende der Welt? Brechen dort ab wie an einer Felskante und tief darunter das ewige Weltmeer? Und ganz hoch oben, genau über Eschenbach, thront Gott? Und ganz tief unten (aber eher unter einem der nächsten Dörfer) das ewige Feuer der Hölle?
Eschenbach: sehr kleine Häuser, meist lehmhell, erdbraun; die Dächer mit Ried oder Schindeln gedeckt; Fachwerk. Der Turmstumpf der Kirche: das Geld ist ausgegangen, aber später, das weiß ich, wird man den Turm weiterbauen, dann aber nicht mehr romanisch, sondern bereits gotisch, wenigstens in den Zierelementen, und dieser massig-solide Turm wird eine hohe, spitze Haube erhalten mit bunt glasierten Ziegeln. Dies alles nehme ich sofort wieder zurück, es bleibt der Stumpf. Das Dorf ist noch nicht von einer Stadtmauer umgeben, sondern von einer Art Palisadenzaun, mannshoch, zusätzlich Flechtwerk; Lücken sind mit Dornästen verstopft – kein böser Wolf darf nachts hinein. Ein Tor, aber es ist geschlossen; das Gebell einer Hundemeute; über der Torkante nun einige Köpfe, einer sogar mit Helm, und Hände, die winken, aber nicht zum Dorf heran, sondern vom Dorf weg, auf das ich zureite, und noch wilder das Hundegebell, und ein Mann, der die anderen an Lautstärke übertrifft, schreit etwas wie: furt, fort, furt! Ich zügle das Pferd, bleibe in Steinwurfweite vor dem Gattertor stehen, hebe die Handflächen, damit das Geschrei endlich aufhört, rufe: Wolfram, Rhein, Köllen, Wildenberg, Graf von Wertheim, aber die Antwort auf diese Namen lautet nur: furt, fort, furt, fort! Mein Blick verschliert sich: ein paar Schritt vor dem Dorf soll ich umkehren? Ich wiederhole noch langsamer, noch deutlicher, was ich gerufen habe, aber die Antwort ändert sich nicht. Als ich trotzdem das Pferd zwei, drei Schritt vorgehen lasse, fliegen Steine.
Ich reite, in Steinwurfweite, an der Dorfbefestigung entlang. Das Hundegebell folgt, über den Palisaden die Köpfe hochspringender Männer. Ich versuche, nicht darauf zu achten, schaue zur Kirche. Zwei Häuser unmittelbar neben ihr gehören Wolframs Familie – hält sich Wolfram jetzt in einem von ihnen auf? Und er hört dieses Gebell, fragt sich, was los ist? Soll ich so laut wie möglich seinen Namen rufen? Wenn das Bellen nur mal einige Sekunden aufhören würde!
Ein zweites Gattertor. Ich reite langsam heran, hebe eine Silbermünze hoch, rufe so laut ich kann: Wolfram von Eschenbach, rufe es, jede Silbe betonend, gleich noch einmal – eigentlich müßte er es jetzt hören, trotz Gebell und Gebrüll. Ich winke mit der

Münze: ich zahle, bitteschön, Torgeld, also laßt mich rein. Aber es wiederholt sich auch hier nur das Furt, fort, furt. Als ich absitze, den Zügel packe, ein paar Schritt auf das Gatter zugehe, fliegen wieder Steine. Ich ziehe mich einige Schritte zurück, bleibe stehen. Weiterhin Steine. Ich schreie, so laut ich kann: Wolfram! Gebell, Gebrüll. Das Tor wird einen Spalt geöffnet, ein fletschender Hund wird an einem Seil ein Stück herausgelassen. Der wäre schneller als mein müdes Pferd. Ich steige auf, reite vom Dorf weg. Traurigkeit, die sich mit Wut mischt; Wut, in die Enttäuschung wächst. Die Hunde bellen weiter, während ich südwärts zu einem kleinen Höhenzug reite: von diesem Wald aus will ich das Dorf beobachten.

Am Waldrand taucht ein Mann auf, winkt mir zu. Eine Falle? Nach dieser rüden Abweisung auch noch ausgeraubt werden? Aber ich mag mir nicht ausdenken, daß ich vor Eschenbach gleich zweimal Pech haben sollte, also reite ich weiter. Rebhühner, Hasen, Fasane, Schwärme von Schmetterlingen. Der Mann kommt mir entgegen, in einer Kutte, mit einem Korb; der Mönch ist hager, bärtig. Ich sage diesmal nur ein einziges lateinisches Wort: »salve«. Er lächelt, als wäre hier eine ferne, schwache Erinnerung, redet in seiner Sprache: Wildwuchs. Ich schaue in seinen Korb mit Pilzen; wenigstens den Parasol erkenne ich und den Steinpilz, aber die meisten der Pilze habe ich noch nie gesehen. Der Mönch hebt einige besonders schöne Exemplare hoch, ich rieche, nicke, lobe. Weil ich ihn noch immer nicht verstehe, spricht er langsamer, versucht offenbar, seinen Wörtern verständlichere Lautformen zu geben. Was ich höre, lege ich so aus: er hat hier am Waldrand, vom Gebell und Geschrei alarmiert, beobachtet, was in Eschenbach vorging, will mich zum Pater führen. Und er geht stumm vor mir her, ich folge ihm, das Pferd am Zügel – kein Weg, und niedrige Äste. Wir steigen den Waldrand hoch. Die sichere Distanz zum Dorf wächst, viel lieber aber wäre ich jetzt innerhalb der Palisaden, und man zeigte mir das Haus, in dem Wolfram wohnt oder wohnte, und ich klopfte an, falls nicht schon jemand, den Fremden beobachtend, herausgetreten wäre. Der Mönch schaut unablässig nach rechts, links, rechts, bricht mehrfach seitwärts aus, rupft einen Pilz – solche Verschnaufpausen kann ich brauchen, denn dieser bäurische Mönch geht leichtfüßig rasch. Einen besonders großen Parasol hält er stolz hoch: die dennoch fast weiße Lamellenfläche. Und er trabt wieder vor mir her, kennt sich hier aus, obwohl nicht mal die Andeutung eines Pfades zu sehen ist. In einem kurzen Abschnitt kann ich wieder reiten – hohe Buchen. Das verkürzt die Distanz zum Mönch, der wie beflügelt ist. Endlich ist der Hang nicht mehr so steil, wir scheinen einen Höhenrücken, eine Hochfläche zu erreichen, ebenfalls bewaldet. Noch immer kein Pfad. Einige Minuten auf der Höhe gehend, erreichen wir eine Burgruine, mitten im Wald. Auf einem Mauersockel sitzt in der Sonne der Pater, ein schmales, langes Buch auf den Oberschenkeln, er blickt uns entgegen. Der Pilzmönch ruft einen kurzgefaßten Bericht voraus, der Pater steht auf, legt das Buch weg. Ich wiederhole die lateinische Grußformel, höre einen lateinischen Segensspruch, berichte, während ich mein Pferd festbinde, daß ich in den Ort wollte, aber zurückgewiesen wurde. Der Pater nickt; die Leute in diesem Gebiet seien beunruhigt, ja verstört, seit Tagen gehe das Gerücht um, in einigen weiter entfernten Dörfern seien Bewohner zusammengebrochen, seien rasch gestorben, und so fürchteten die Eschenbacher, ich könne die Pestilenz ins Dorf bringen.

Wir gehen zu seinem Sitzplatz. Weil ich mich umschaue, berichtet der Pater, dies sei die Ruine einer Fliehburg; von verschiedenen Dörfern aus habe man hier früher Schutz gesucht, wenn feindliche Truppen, größere Banden auftauchten; dieses Gebiet sei im Besitz seines Herrn in Aystett. Er muß ein paarmal Aystett, Aystett sagen, ehe ich verstehe: Eichstätt im Altmühltal, südlich von Eschenbach. Ich frage gleich, wie dort der Bischof heißt. Sein Name ist Haynricus. Ich hatte einen anderen Namen erwartet, Hartwig, nenne diesen Namen, und der Pater, erstaunt, erfreut, daß ich den Namen eines Eichstätter Bischofs kenne, obwohl ich sichtlich von sehr weit her komme, sagt freundlich bedauernd, Hertwicus sei tot, der jetzige Bischof sei Haynricus, früher Domherr zu Augsburg, und es wird noch ein Ortsname genannt: Zipplingen, und es folgen weitere Angaben, während ich dem Gedanken nachhänge, ja nach-hänge, daß ich offenbar nicht im rechten Zeitraum angekommen bin, sondern einige oder etliche Jahre zu spät, in der Chronologie, oder einige oder etliche Jahre zu früh, von meiner Zukunft aus gerechnet. Und ich schaue zum jungen Mönch, der die Pilze zurechtzuschneiden beginnt, sie in einen kugelförmigen Topf wirft. Ein Feuer brennt bereits.

Um herauszufinden, in welchen Zeitraum ich gekommen bin, frage ich wieder nach Hartwig, der zu Wolframs Zeit amtierte, von diesem Bischof aber kann der Mönch nichts erzählen; von seinem Nachfolger, von Friedrich, dem 28. Bischof dieser Diözese,

weiß er immerhin zu berichten, daß er einen prachtvollen Gobelin in Auftrag gab, der seither im Dom hängt, vor dem Chor, daß dieser Bischof an einem Kreuzzug teilnahm »zur Errettung der armen Christen und zur Eroberung des Heiligen Landes«, daß er unterwegs krank wurde, »unvorhergesehen«, und er mußte umkehren, starb an dieser Krankheit. Ich frage, wann. Und erfahre: anno domini 1226. Damit ich diese Zahl nicht falsch verstehe, ritzt er mit einer Steinkante römische Ziffern in den Boden. Der Nachfolger dieses Friedrich ist bereits seit anderthalb Jahren im Amt; Heinrich hat in dieser kurzen Zeit schon sehr viel zur Vergrößerung des Bistums getan, will es noch über die jetzigen Grenzen hinaus erweitern, versucht zugleich, es von den Schulden und Belastungen zu befreien, beispielsweise sind bei Ehingen Güter verpfändet an die Grafen von Öttingen, die müssen für hundert Pfund Silber ausgelöst werden, und ein Kloster, dessen Namen ich nicht verstehe, ist an einen Albrecht von Neuenburg versetzt worden, und selbst bei Rom hat ein Vorgänger des Bischofs Schulden gemacht – all diese Außenstände sollten getilgt werden, und seine Aufgabe sei es, durch das Bistum zu reisen und säumige Bauern zu drängen, die vertraglich festgelegten Abgaben nach Eichstätt zu bringen; auch müsse er neue Lehnsverträge vorbereiten; wenn Gott der Herr seinem Bischof noch einige Jahre vergönne, werde es ihm sicher gelingen, das Hochstift weitgehend schuldenfrei zu machen. Und der Pater sagt plötzlich: »satis est«.
Ich finde auch: er hat genug über Bischof Haynricus erzählt! Entschieden lieber würde ich etwas von Wolfram hören, aber ich wage schon nicht mehr, nach ihm zu fragen. Immerhin aber: ich habe mich annähernd in seine Zeit versetzt. Doch was weiß ich von der Welt, in der er lebte, dichtete? Welchen Kontext schrieb seine Zeit zu seinen Erzählgedichten? Nach dieser Anreise beginnt erst meine eigentliche Reise. Und ich hole tief Luft.

2 Vom Kosmos, in dem ich lebe, kann ich mir kein anschauliches Bild machen: wissenschaftliche Erkenntnisse und Theorien haben in ein vieldimensionales Raum-Zeit-Kontinuum geführt, in eine unvorstellbar weite (expandierende? kontrahierende? pulsierende?) Raum-Zeit-Schleife, mit Spiralnebeln und Supernovae, Quasaren und Roten Riesen, Gaswolken und Schwarzen Löchern.

Zu Wolframs Zeit sah man dieselben Sterne und Sternbilder, aber man lebte in einem anderen Kosmos. Dessen Modell hatte, etwa tausend Jahre vor Wolfram, in Alexandria der Wissenschaftler Claudius Ptolemäus erdacht, nach Erkenntnissen der Antike, die er in der Bibliothek seiner Stadt aufgezeichnet fand. Dieser Kosmos eines Heiden wurde in christlicher Ausdeutung zur Welt, die Gott erschaffen hat, in ihrer Vollendung die Vollkommenheit des Schöpfers symbolisierend.
In der Mitte dieses Kosmos die Erde. Sie war auch für Wolfram – tausend Jahre nach Ptolemäus, dreihundert Jahre vor Kopernikus – unbeweglicher Mittelpunkt, um den sich alles drehte: Sonne, Mond, Planeten, Sterne. Die Planeten bewegten sich nicht auf Bahnen, die Gravitationsgesetze bestimmten, sie waren, laut Ptolemäus, an durchsichtigen Sphären befestigt; damit sie hier den rechten Halt hatten, dachte man sich im Mittelalter diese Sphären aus Kristall. So war die Erde von Kristallhohlkugeln überwölbt, umschlossen. Und die äußerste Kristallsphäre war die der Fixsterne. Und was war außerhalb dieser letzten und größten Hohlkugel? Danach fragte man damals nicht, zumindest geschah das nicht öffentlich – wer zu weit hinausdachte, konnte zum Ketzer werden.
Es gab innerhalb der Kristallhohlkugeln freilich Phänomene genug, die Denken absorbierten. Beispielsweise die Bewegungsschleife des Planeten Mars, den schon die Ägypter den »rückwärts Wandernden« genannt hatten: von der Erde aus gesehen, bewegte er sich in einer Kreisbahn, schien zu verharren, bewegte sich dann rückwärts, schien wieder kurz zu verharren, bewegte sich erneut rückwärts – alles andere als eine vollendete Kreisform! Weil aber der Kreis die göttliche Schöpfung repräsentierte, mußte ein Hilfskreis erdacht werden, um diese regelmäßige Unregelmäßigkeit einzufangen, im Bewußtsein. So war der Mars nicht direkt an der Marssphäre befestigt, sondern an einer Zusatzsphäre dieser Planetensphäre; sie drehte sich – und gleichzeitig drehte sich das kleinere Planetenrad. Noch jahrhundertweit der Gedanke entfernt, die Schleifenbewegung könnte sich ergeben, weil auch die Erde ihre Ellipse um die Sonne beschreibt, und mit den unterschiedlichen Umlaufbahnen, und vor allem: mit den verschiedenen Umlaufgeschwindigkeiten der Planeten Mars und Erde ergeben sich – vom Standpunkt des irdischen Betrachters aus – scheinbar rückläufige Bewegungsphasen.

Zykel, Epizykel: mit dieser Hilfskonstruktion war alles wieder in der göttlichen Ordnung – große Kreise, kleine Kreise, alles ist vollendet.
Diese Sphären ließen zum Lob Gottes Musik ertönen als gleichförmigen Bewegungsklang der Planeten-Kristallhohlkugeln. Mit jeder dieser Sphären war ein Ton der damaligen Tonleiter verbunden: der harmonisch abgestimmte Gesamtklang der vollendeten göttlichen Schöpfung.
Ein Kosmos aus Kristallhohlkugeln: das Modell wurde in dieser Form nicht von allen Kosmologen-Theologen akzeptiert. So wurde gefragt, wo zwischen Erdscheibe, Planetensphären, Fixsternsphären die himmlische Hierarchie zu lokalisieren sei. Einige Welt-Denker blieben zwar bei den Sphären, gaben ihnen aber andere Namen: die Sphäre der Luft, die Sphäre des Feuers, die Sphäre des Olymp, die Sphäre des Äthers, die Sphäre der Sterne, die Sphäre der Engel und die Sphäre der Dreieinigkeit. Die heilige Siebenzahl.
Man erdachte aber auch Modelle mit der ebenfalls heiligen Dreizahl: die irdische Sphäre (der Mensch), die geistliche Sphäre (die Engel), die Sphäre der Dreieinigkeit (die Seligen). Die Sphäre der Engel ließ sich wiederum aufgliedern in die Sphäre der Seraphim, die Sphäre der Cherubim, die Sphäre der Throne.
Diese himmlische Hierarchie war zugleich ein Modell irdischer, weltlicher Rangordnung. Und das war ganz selbstverständlich so im Denken des Mittelalters: weil Gott alles erschaffen hat, hängt alles zusammen.

3 Was mich zuerst gestört, ja geärgert hat, das sehe ich nun als Herausforderung: daß Wolfram in der Manessischen Liederhandschrift in völliger Metallumhüllung gezeigt wird, sogar mit einer eisernen Schutzplatte vor dem Gesicht. Freilich, in einem Gruppenbild zum Sängerkrieg auf der Wartburg ist Wolframs Gesicht zu sehen, aber es gleicht sehr vielen anderen Gesichtern in dieser Prachthandschrift. Selbst Neidhart, genannt »von Reuental«, der sich zuweilen als Rauhbein stilisierte, er hat dieses sanfte, konfliktlos schöne Gesicht aus dem lyrischen Frühling unserer Sprache. In der Serie der Einzeldarstellungen aber wird Wolfram mit allen Insignien eines Ritters prä-

sentiert: mit Helm und Schwert und Lanze und Schild und Kettenhemd und Pferd und Knappe. Wolfram als Ritter, über alle Toppen beflaggt: so steht er vor uns.
Wer hat ihn so dargestellt? Ein Illuminator, der Wolfram nie gesehen hat, so wenig wie dessen Zeitgenossen Neidhart oder Walther von der Vogelweide, denn: diese Handschrift wurde in der Schweiz zweieinhalb Jahrhunderte nach Beginn des dreizehnten Jahrhunderts angefertigt, in dem ein Neidhart, ein Walther, ein Wolfram dichteten, auch komponierten. Es wurden also Phantasiebilder gemalt. Bei all der Lieblichkeit, der milden Süße könnte man auch sagen: Phantasiebildchen. Dräuend hingegen Wolfram: ein Mann hinter Metall. Und sein (vierfach wiederholtes) Emblem ist ein martialisches Doppelbeil.
Aber dieses Emblem gehört nicht zu Wolframs später bezeugter Familie: sie hat nicht das Doppelbeil im Wappen, sondern den Krug. Den hat schon Conrad von Gruenenberg abbilden lassen, hat bereits Püterich von Reichertshausen beschrieben, und nun kommt ein dritter Zeuge hinzu: Hans Wilhelm Kreß, ein Nürnberger Patrizier. Auf einer Reise nach Frankreich kam er am 5. August 1608 durch Eschenbach. Und er notierte: »In der Teutschherrischen Kirchen zu Eschenbach sind nur nachfolgende Monumenta. Hier liegt der streng Ritter her Wolfram von Eschenbach ein Meister Singer.« Und Kreß skizziert das »Eschenbach wapen« – es entspricht genau dem Krug-Emblem, das Gruenenberg in seinem Wappenbuch wiedergegeben hat.
Drei Zeugen also insgesamt! Freilich, es könnte auch sein, daß ein Zweig der Familie später Wappen und Text am Grab anbringen ließ, um den Dichter für sich zu reklamieren – so vermutet Brunner. Das Epitaph, das Kreß zitiert, beweist, daß die Grabinschrift lange nach Wolframs Tod angebracht wurde: im dreizehnten Jahrhundert hätte man ihn nicht als gestrengen Ritter bezeichnet, und der Begriff »Meistersinger« kommt aus der Zeit eines Hans Sachs. Zwei Anachronismen also. Aber wiederum: es könnte sein, daß Wolfram tatsächlich in der Eschenbacher Kirche begraben wurde, daß man später nur das Hochgrab erneuerte, zumindest die Tafel mit der Inschrift.
Fragen, Erörterungen – sie werden uns begleiten in den Kapiteln zu Wolframs möglicher Biographie. Denn leider gibt es kein einziges Dokument, in dem sein Name genannt wird. Immerhin aber: Wolfram hat Aussagen über sich eingestreut in sein Werk. Wie solche Selbstaussagen zu bewerten sind, diese Frage muß ich ein

wenig aufschieben. Hier nur soviel: Wolfram gibt Hinweise, die uns weiterhelfen; eine zuverlässige Biographie aber läßt sich von ihnen nicht ableiten.
So komme ich mir vor wie ein Archäologe, der einige Fundstücke vor sich liegen hat, die er nicht zuverlässig einordnen, einander zuordnen kann, der trotzdem eine Rekonstruktionszeichnung versucht: eine Skizze mit Vorbehalten und auf Widerruf. Einige Züge des Dichters könnten in den sieben Kapiteln dieser Rekonstruktion dennoch erkennbar werden.
Wolfram trägt den Namen des Ortes Eschenbach, des heutigen Wolframs-Eschenbach südlich von Ansbach. Zu seiner Zeit: das Obere Eschenbach, lateinisch: Eschenbach superior. So wurde es unterschieden vom heutigen Mittel-Eschenbach, ein knappes Dutzend Kilometer weiter östlich, vom noch weiter entfernten Unter-Eschenbach. Ist Wolfram im Oberen Eschenbach geboren? Stammt seine Familie aus diesem Ort? Lebte er dort zumindest zeitweise? Alle drei Möglichkeiten sind wahrscheinlich. Jedenfalls aber: sein Name ist mit dem Ort Eschenbach fest verbunden, und dieses Eschenbach ist eindeutig zu lokalisieren.
Wolfram aus Eschenbach: ich schreibe so in der Übersetzung des Parzival-Romans, weil es zu seiner Zeit keine adlige Familie derer von Eschenbach gab – das »von« ist im Hohen Mittelalter vielfach noch keine genealogische, sondern eine topographische Bezeichnung: Heinrich, aus Veldeke; Hartmann, aus Aue; Gottfried, aus Straßburg; Wolfram, aus dem Dorf Eschenbach.
Zu Eschenbach kam später ein zweiter Name: Pleinfeld. »Mein Freund aus Pleinfeld« schrieb der Nachahmer und Nachfolger Albrecht von Scharfenberg im *Jüngeren Titurel*, auch: »der von Pleinfeld«, und fügte hinzu: »Mein sehr edler Ritter von Eschenbach«.
Pleinfeld liegt etwa 25 Kilometer Luftlinie südöstlich von Wolframs-Eschenbach. Lehnsherr dieser Region war der Marschall von Pappenheim: die Stammburg südlich von Weissenburg im Altmühltal. Im Pappenheimer Urbar, im Verzeichnis also der Renditen von Lehnsbesitzungen, läßt sich für 1214 ein »Wolfelin« nachweisen – die Verkleinerungsform von Wolfram. Unser Wolfram? Wir wissen hier zu wenig. In einem neuen Buch über *Markt Pleinfeld* wird allerdings wohlgemut geschrieben: »Insgesamt häufen sich die Indizien, daß Wolfram von Eschenbach ein Pleinfelder Adliger im Dienst des Marschalls und Grafen von Pappenheim gewesen ist.« Das ist eine zu kühne These, ich übernehme

sie nicht. Mit Brunner sage ich vorsichtig: »Vielleicht hatte Wolfram auch in Pleinfeld Besitz.«
Wolfram aus Eschenbach: so hat er sich immer genannt, Pleinfeld dagegen wurde von ihm nie erwähnt. Falls er aber in Eschenbach geboren wurde: wann könnte das gewesen sein?
Man hat sich an die Schätzziffer 1170 gewöhnt, abrundend, aufrundend. Dabei geht man aus von der Schlüsselzahl 1203. Wolfram hat die wichtigste Anspielung der mittelalterlichen Literatur gemacht: auf die Zerstörung der Weinanbaugebiete um Erfurt. Falls damit die Zerstörungen beim Feldzug des Königs Philipp gemeint waren (ich werde davon noch berichten), so wäre das Sommer 1203 gewesen. Dies ist die Zeitachse aller Datierungen deutschsprachiger Literatur des Hohen Mittelalters. Wolfram hat demnach um 1203 am Parzival-Roman gearbeitet, hat in diesem Zeitraum zumindest den Erzählabschnitt vorgetragen, in dem auf Erfurt angespielt wird, hat dies in Thüringen getan – sonst wäre die Anspielung kaum verstanden worden.
Nun sagen sich Wissenschaftler: um ein Werk wie diesen Parzival-Roman beginnen zu können, mußte der Dichter gut und gern 30 Jahre alt gewesen sein. Bei Hartmann aus Aue dagegen schätzt man, daß er etwa 20 war, als er die Arbeit an *Erek* begann, seinem ersten Roman. Zahlen nach Gefühl... Wenn ich jetzt schreibe, Wolfram sei wahrscheinlich, sei möglicherweise eher 20 als 30 gewesen, als er mit der Arbeit am Parzival-Roman begann – ist das auch nur eine Zahl nach Gefühl?
Wolfram wuchs auf in einer Gesellschaft, in der man kaum alt wurde. Die durchschnittliche Lebenserwartung lag bei Mitte dreißig. Hier ist allerdings die sehr hohe Säuglings- und Kindersterblichkeit einbezogen, statistisch; wenn man die kritischen ersten sechs, sieben Jahre überlebt hatte, konnte man mit ungefähr weiteren vierzig Jahren rechnen. Nach damaligen Altersstufungen galt man mit fünfzig als alter Mann, als Greis. Arno Borst: »Man darf annehmen, daß im Mittelalter, ähnlich wie bei Naturvölkern, die Hälfte der Gesamtbevölkerung jünger als 20 Jahre war; graues Haar war kostbar.«
In der von Jugend bestimmten und geprägten Gesellschaft des Mittelalters (die sich aber nicht als jugendliche Gesellschaft empfand!), wurde Ausbildung früher beendet als heute. Mit dreizehn, vierzehn war der Page bereits Knappe, half der Sohn eines Handwerkers längst in der Werkstatt, mußte der Bauernjunge auf den Feldern arbeiten. Die Phase von Kindheit und Jugend war kom-

primiert. Sich in Ruhe entwickeln, entfalten, diesen Luxus konnte man sich kaum leisten. Zu Wolframs Zeit kommentierte Papst Innozenz den 89. Psalm: der Mensch wird nicht siebzig und achtzig Jahre alt, »wenige erreichen jetzt 60«. Also dürfen wir nicht allzu großzügig sein mit der Zeit, die wir Wolfram zumessen.

Wolfram, etwa 1180 geboren: wir sollten uns an den Gedanken gewöhnen, daß dieses Genie vielleicht auch ein junges Genie war. Es gibt genügend historische Beispiele, die zu dieser These Mut machen: Schubert hatte mit 21 seine ersten sechs Sinfonien geschrieben, mit 25 die *Unvollendete*... Georg Büchner, der nur 24 wurde... Thomas Mann, der als Vierundzwanzigjähriger *Die Buddenbrooks* veröffentlichte... Genügen diese Beispiele?

Wenn Wolfram um 1180 geboren wurde, wird auch die Klage des Ulrich von Etzenbach über Wolframs frühen Tod verständlich: ein früher Tod, sogar nach damaligen Lebenserwartungen... Solch eine Information konnte man in einer entschieden kleineren Welt mit einiger Zuverlässigkeit behalten, auch über Jahrzehnte hinweg: Wolfram aus Eschenbach war (zu) früh gestorben.

Um mich selbst an diese Zahl zu gewöhnen, wiederhole ich: geboren um 1180. Wahrscheinlich in Eschenbach. Ein Franke. Aber er bezeichnete sich einmal als Bayer. Darüber ist viel gerätselt worden, aber es gibt hier Erklärungen. Vor allem diese: Eschenbach (später als Dekanatssitz nachgewiesen) war eine der Grenzpfarreien der Diözese Eichstätt, und die war Teil des bayerischen Herzogtums. Weiter: Eschenbach gehörte zum bayerischen Landgericht Graisbach. Und die Region wurde als Bayerische Provinz bezeichnet.

War Wolfram in einer Schule? Er hat sich im Parzival-Roman als Analphabeten bezeichnet (ine kan decheine buochstap). Das läßt sich verschieden deuten. So etwa: er stellt sich dar als Mann der Waffe und der Tat, nicht als Federfuchser – eine Selbststilisierung, die wir zum Beispiel bei einem Hemingway wiederfinden. Freilich, Analphabetentum hieß für jene weithin akustisch vermittelte Kultur nicht: ungebildet, sondern: illiteratus. Also: ohne schulgerechte lateinische Bildung. Aus der Tatsache, daß Wolfram keine lateinischen Autoren zitierte, läßt sich aber noch nicht zwingend schließen, daß er auf keiner Schule war, kein Latein gelernt hat – er machte mit Nachdruck klar, daß er nicht im Sinne der lateinisch schulgelehrten Poetik dichtete.

Die alte, wiederholt aufgegriffene Frage, ob Wolfram lesen und schreiben konnte, werde ich später erörtern. Hier nehme ich vor-

weg: es wäre äußerst unwahrscheinlich, daß Wolfram seine Kindheit und Jugend in oder bei Eschenbach verbracht hätte, ohne je einen Buchstaben zu sehen, zu erlernen. Wie wäre er sonst zur Literatur gekommen?
Ich entwerfe: der Junge fiel dem Pfarrer (oder schon Dekan?) in Eschenbach auf; er erstattete Bericht beim Vorgesetzten in Eichstätt; man beschloß, diesen offenbar begabten Jungen zu fördern – gute Kleriker wurden immer gebraucht. Zwei mögliche Stätten der Schulbildung: die Stiftsschule in Eichstätt oder die Klosterschule in Heilsbronn. Dieses Kloster gehörte zur Diözese Eichstätt – an der Grenze zum Bistum Würzburg. Von Eschenbach nach Heilsbronn war es nicht weit.
Heilsbronn: das Kloster war 1132 vom Bamberger Bischof Otto gegründet worden; noch im selben Jahr begann man mit dem Bau der dreischiffigen Basilika; bereits 1150 konnte Bischof Gebhard von Eichstätt die Abteikirche weihen. Ein Bau, der also schon längst stand, als Wolfram geboren wurde.
Zu Wolframs Zeit regierte in Heilsbronn der vierte Abt, Arnold: von 1192 bis 1210. Was vor allem über ihn berichtet wird: daß er den von seinen Vorgängern vergrößerten Besitz seinerseits vergrößerte. Dieses Kloster, noch keine hundert Jahre alt, reich mit Schenkungen versehen, die weitere Schenkungen nach sich zogen, erwarb immer mehr Lehen, Alloden (Grundbesitz), wuchs im Bistum Würzburg wie in der Diözese Eichstätt, aber beliebt machte man sich damit nicht: je größer der »Mönchsstaat« wurde, desto mehr Einkünfte verloren weltliche Herren und geistliche Herrschaften, das Kloster mußte sich mehrfach seine Vor-Rechte bestätigen lassen. Und manche Transaktionen mußte der Bischof von Eichstätt durch Rechtserklärungen abschirmen – dennoch, es kam zu langwierigen Streitigkeiten. Sogar Papst Innozenz, dazu aufgefordert durch Abt Arnold, mußte eine schützende Verfügung losschicken.
Der Reichtum des Klosters an Grundbesitz kontrastierte mit der betont ärmlichen Lebensweise der Mönche, in ihrer Kleidung, vor allem in ihrer Kost. Fürstliche, königliche, kaiserliche Reisende, die im Kloster übernachteten, staunten über die Rigorosität der Mönche, wollten etwas für ihr eigenes Seelenheil tun, hinterließen Geschenke, Schenkungen, rechtliche Konzessionen, und das alles wurde umgesetzt in weiteren Grundbesitz. So brauchte man auch einen weltlichen Schutzherrn – man sicherte sich die Schirmherrschaft des jeweiligen Königs.

Und man brauchte fähige, energische, gewandte Äbte: fast alle stammten sie aus diesem Kloster. Sie wurden systematisch auf ihre Aufgaben vorbereitet, und dazu gehörte das Studium: Novizen wurden, weil es noch keine deutsche Universität gab, an die Sorbonne geschickt. Ließe sich da nicht vorstellen, daß einer der Lehrer einem besonders begabten Schüler etwas von neuer französischer Literatur erzählte?
Klosterschulen waren vielfach aufgeteilt in eine schola inferior, eine Schule also im Klausurbereich für den geistlichen Nachwuchs, und in eine schola exterior für ›weltliche‹ Schüler. So lese, lerne ich bei Manfred Günter Scholz. Und wer schickte damals Söhne auf solche externen Anstalten? Es waren »mehr und mehr die Söhne des Kaufmannsstandes«. Zu denen gehörte Wolfram gewiß nicht, aber das Spektrum der Schüler war größer: »Auch Kinder weniger bemittelter Eltern konnten nun die (nachdem schon Karl der Große sich um diese Einrichtung bemüht hatte) wiedererstehenden Pfarrschulen und selbst in kleineren Dörfern die Küsterschulen besuchen. Von größter Wichtigkeit ist in diesem Zusammenhang ein historisches Dokument aus dem Jahre 1179: Das dritte Lateranische Konzil dekretiert, daß die Gelegenheit, lesen zu lernen und sich weiterzubilden, den armen Kindern, die nicht durch ihre Eltern unterstützt werden können, nicht genommen werden dürfe.«
Da das Obere Eschenbach nicht zu den kleineren Dörfern gehörte, könnte es hier durchaus eine Pfarr- oder Küsterschule gegeben haben. Und da wäre nichts selbstverständlicher gewesen, als daß Wolfram diese Schule besuchte. Gab es sie hier nicht, so dürfte er eine Klosterschule besucht haben. Die in verschiedener Hinsicht naheliegendste Möglichkeit: Heilsbronn.
Was hätte Wolfram dort gelernt? Selbstverständlich Lesen und Schreiben, aber nicht in der Volkssprache, sondern im Lateinischen. Und er hätte Grammatik erlernt – wahrscheinlich nach Aelius Donatus, dem wichtigsten Lehrbuch für anderthalb Jahrtausende. Hätte wohl auch Logik und Rhetorik erlernt. Hätte zumindest einige der (etwa zwanzig) Schulautoren gelesen; an ihrer Spitze standen damals Vergil, Horaz und die latinisierte Ilias. Mittelpunkt aber war das Buch der Bücher, auf Latein.
In welchem Alter könnte Wolfram in der Schule gewesen sein? Mädchen gingen zwischen 7 und 14 in die Klosterschule, das dürfte auch bei Knaben so gewesen sein. Es spricht also kaum etwas dagegen: Wolfram war zwischen 7 und 14 auf einer Schule.

Anschließend seine Ausbildung in der Waffentechnik des Panzerreiters, also: Wolfram als Knappe eines Ritters. Es gab genügend Ritter, sogar etliche adlige Ritter in der Umgebung, denen dieser Junge anempfohlen werden konnte: die Abenberger, damals noch, die Dollnsteiner, die Öttinger, die Pappenheimer, die Wertheimer... Das zweite Jahrsiebt also in der Schule, das dritte Jahrsiebt als Schildknappe?
Und er kam am Hof seines weltlichen Erziehers, seines Lehrmeisters auch mit Literatur in Kontakt? Oder: sein Lehrmeister zog als Ritter umher auf der Suche nach einem Engagement in einem militärischen Unternehmen, und auf diese Weise gelangte er mit dem Jungen zu einem der Höfe, an denen schon mal Liederdichter auftraten, Epen-Erzähler, Roman-Rezitatoren?
Irgendwann, irgendwo jedenfalls mußte Literatur so stark auf ihn eingewirkt haben, daß es diese extensiven und intensiven Auswirkungen hatte. Begann er gleich mit dem großen Roman? Er wird als erstes einige Liedtexte verfaßt haben – jedenfalls suggeriert Wolfram im Parzival-Roman, daß von ihm bereits Lieder vorliegen.

4 Unter Wolframs Namen sind neun Liedtexte überliefert; einer von ihnen scheint halbwegs, ein zweiter völlig unecht – nach dem Stand bisheriger Forschung. Fünf der sieben Liedtexte stelle ich in Übertragungen vor.
Liedtexte – und keine Gedichte, das muß gleich betont werden. Denn diese Texte wurden nicht zum Lesen oder Vorlesen, sondern zum Singen gedichtet – wie immer bei Liedtextdichtern des Mittelalters. Die Melodien der Lieder wurden vielfach übernommen – aus dem eigenen Fundus oder von anderen Liedkomponisten, der neue Text wurde auf die Melodie maßgeschneidert: Kontrafaktur. Nach heutigen Vorstellungen wäre das Plagiat, ein Verletzen des Urheberrechts, im Mittelalter dachte man hier anders: die Qualität eines Komponisten zeigte sich nicht primär im Erfinden neuer Melodien, es genügte das geschickte Adaptieren. Und wenn man komponierte, so variierte oder modifizierte man zumeist Melodienmuster – der neue, womöglich zündende Einfall war selten. Ob Wolfram kontrafazierte oder komponierte, wissen wir nicht; Musik zu seinen Versen ist nicht überliefert.
Wir wissen auch nicht, ob Wolfram Tenor, Bariton oder Baß sang. Wissen nicht, auf welchem Instrument er sich vorwiegend beglei-

tete. Oder: von welchen Instrumenten er sich am liebsten begleiten ließ. Das Hauptinstrument der Liedbegleitung war die Harfe, genauer: die Knieharfe. Sie reichte vom Oberschenkel des sitzenden Musikers bis etwa zum Kinn, wurde von der linken Hand gehalten, mit der rechten bespielt; in der Folklore ist eine Variante dieses Instruments wieder modern geworden als celtic harp. Weithin üblich war auch die Begleitung der Singstimme mit der Fiedel – vielfach wurde sie zwischen die Oberschenkel geklemmt oder senkrecht auf den Oberschenkeln aufgesetzt; kleinere Fiedeln wurden waagrecht gehalten. Beliebt war auch die Lira – dieses Saiteninstrument hat einen schmaleren Corpus als die Fiedel. Weiter: Vorformen der Laute. Das Scheitholt: ein schmales zitherähnliches Instrument. Benutzt wurden auch kleine Trommeln – mehrere dieser Instrumente konnten bei einer Gruppenbegleitung kombiniert werden, Blasinstrumente kamen eventuell hinzu.
Was Wolfram sang, allein oder von einer Gruppe begleitet, das wird in der Übertragung, im Druck zum Gedicht. So sollten denn beim Lesen, noch besser: beim halblauten oder lauten Lesen dieser Texte zumindest Echos mitschwingen der zahlreichen Plattenaufnahmen mittelalterlicher Musik.
Zuerst eins der Tagelieder Wolframs. Der Inhalt hier wie in zahlreichen weiteren Tageliedern: ein Paar wacht auf vom Ruf des (Nacht)Wächters, der Liebhaber muß das Zimmer der Frau verlassen, die Nachbarschaft darf nichts merken, der Mann müßte deshalb in der ersten Dämmerung verschwinden, aber das Paar vereinigt sich wieder.
Die Gattung Tagelied wurde jahrhundertelang reproduziert, bis hin zum großen Oswald von Wolkenstein und noch über ihn hinaus. Wolfram war einer der ersten oder sogar der erste, der sie (nach französischen Vorlagen) in unseren Sprachbereich einführte. Der Text des folgenden Tagelieds ist überwiegend erzählend. Ich habe das Versschema der drei-, vier-, fünf- und siebenhebigen Zeilen nachgeformt, freilich ohne Reime.

> Der Wächter sang, die Frau sah Morgenlicht;
> sie lag – das wußte niemand –
> in den Armen ihres edlen Freundes.
>
> Sie verlor damit ihr ganzes Glück.
> Und klare Augen wurden
> wieder naß. Sie sagte: »Ach, du Tag,

es freut sich Wild und Zahm auf dich
und sieht dich gerne – nur nicht ich.
      Was soll aus mir bloß werden?
Mein Geliebter kann nicht länger bei mir
bleiben – ihn vertreibt dein Licht!«

Der Tag drang durch die Fenster ein, mit Macht.
Sie schoben Riegel vor –
das nützte nichts. So kam das Leid zu ihnen.

Sie preßte sich an den Geliebten.
Beider Wangen wurden
naß von ihren Tränen. Und sie sprach:

»Wir sind zwei Herzen und ein Leib.
Wir bleiben unzertrennlich –
      in der Liebe, in der Treue.
Mein Liebesglück wird ganz zerstört,
wenn du mir fernbleibst, und ich dir.«

Der Mann, sehr traurig, nahm den Abschied so:
sie kamen sich ganz nah
mit heller, glatter Haut. So sah der Tag

Tränen – um so süßer Frauenküsse!
Und sie wurden eins
mit Lippe, Brust, mit Armen, nackten Beinen.

Der beste Maler wäre überfordert,
sollte er umreißen,
      wie sie hier vereinigt lagen!
Zwar war ihr Glück von Leid getrübt,
doch liebten sie sich leidenschaftlich.

Die erste Annäherung an Wolframs literarische Welt ist scheinbar leicht mit dem Text dieses Liedes. Hier, so scheint es, ist Menschliches artikuliert, das uns mit Menschen jener Zeit verbindet, hier können wir nach-fühlen, über beinah acht Jahrhunderte hinweg, hier kann Resonanz entstehen.
Aber: (auch) dieser Dichter des Hohen Mittelalters artikulierte nicht ›Allgemein-Menschliches‹. Der Liebende ist ein Adliger; auch die Frau, die ihn weckt, gehört zum Adel. Und: solch ein

Lied wurde nur Adligen vorgetragen. So war denn vieles vorausgesetzt, mitgedacht, was wir uns heute erst erarbeiten müssen, als Information. Zum Beispiel: solche Lieder über Ehebruch wurden in einer Gesellschaft gesungen, die Ehebruch rigoros ablehnte; eine Frau, die Ehebruch beging, wurde geächtet. Ich werde im nächsten Kapitel Genaueres schreiben über damalige Vorstellungen von Liebe (Minne), hier stelle ich nur – mit Betonung – fest: was im Tagelied gesungen wurde, war in erster Linie literarisches Muster; nach Wolfram haben es Dutzende von Dichtern aufgegriffen, durchgespielt.

Der Tagelied-Text, den ich nun vorstelle, hat einen der großartigsten Anfänge mittelalterlicher Dichtung: ein Satz, und Wolfram ist als Dichter präsent!

Diesmal ein Wechselgesang, strophenweise zwischen Wächter und Dame: beide kommen zweimal zu Wort, zum Schluß eine Erzählstrophe. Zeilen mit vier, Zeilen mit sechs Hebungen – Wolfram hat sich allerdings nicht pedantisch an die metrische Form gehalten; als Sänger konnte er ausgleichen.

»Seine Pranken schlug er durch die Wolken,
er steigt herauf mit großer Kraft,
ich sehe schon – wie jeden Tag – sein Morgengrau:
der Tag, der ihm das Liebesglück
zerstören will, dem edlen Mann,
den ich zur Nacht hereingeführt –
ich bring ihn fort, wenn es noch geht.
Er zeichnet sich in vielem aus – ich muß es tun!«

»Wächter, was du singst, das raubt mir sehr viel Freude
und vergrößert nur mein Leid.
Du meldest jeden Morgen, wenn der Tag beginnt,
was ich gar nicht gerne höre!
Also weis nicht mehr drauf hin!
Versprich mir, daß mir gehorchst.
Ich will dich auch dafür belohnen,
so gut es geht – dann bleibt mein Liebster noch bei mir!«

»Nein, er muß jetzt weg von hier, so schnell wie möglich!
Laß ihn gehen, liebe Frau.
Er soll dich später wieder lieben – im Verborgnen,
ohne Gefahr für Leib und Ehre.

Er hat sich mir ganz anvertraut,
ich soll ihn wieder fortgeleiten.
Es ist nun Tag. Und es war Nacht,
als du ihn mir – umarmend, küssend – abgelockt.«

»Wächter singe, was du willst – nur laß den hier,
der Liebe gab und Liebe nahm.
Dein Lärm hat ihn und mich stets aufgeschreckt!
Der Morgenstern stieg über ihm,
den Liebe hertrieb, noch nicht auf,
auch schien noch nicht das Tageslicht,
und doch hast du ihn mir schon oft
entrissen: aus den Armen, nicht aus meinem Herzen.«

Die scharfen Blicke, die der Tag durchs Fenster warf,
und der Warngesang des Wächters,
machten ihr doch Angst um den, der bei ihr war.
Die Brüstlein an die Brust gedrückt,
der Ritter zeigte seine Stärke –
der Ruf des Wächters war umsonst!
Die Trennung, nah und immer näher,
brachte ihnen die Erfüllung: Küsse und noch mehr!

In diesem Dialog zwischen Wächter und Herrin schweigt der Mann; er liegt gleichsam im Hintergrund, stumm, reglos – zumindest während des Beginns. Die Frau allein spricht aus, was sie wünscht, was sie fürchtet, was sie fühlt.
Nur in einem der Tagelieder Wolframs bricht der Mann sein Schweigen – ich übersetze die zweite (untergliederte) Strophe eines vierstrophigen Tagelieds.

> Die edle Frau
> umarmte den
> geliebten Mann –
> er schlief noch fest.
>
> Doch als er nun
> das Morgengrauen
> sehen mußte,
> war sein Glück dahin.

Er zog sie fest an seine Brust:
»Noch nie erlebte ich das so –

der Trennungsschmerz kommt viel zu früh!
Die Nacht ist allzu rasch vorbei –
wer hat sie uns so knapp bemessen?

Den Tag hält nichts zurück.
Doch wenn zur Liebe Glück gehört,
so stehe es mir bei: ich will

dich glücklich wiedersehen.«

Und nun das dritte und letzte Beispiel aus der Variationsreihe Tagelied. Ein Endpunkt, zumindest in der Schlußpointe. Ob es damit auch Wolframs chronologisch letzter Beitrag zu diesem Genre war, muß offenbleiben.

Die Liebschaft: was sie klagen ließ,
du sangst es immer gegen Morgen –
das Süße erst, dann Bitterkeit.
Und wo man Liebe, Liebesspiele
nur zum Preis
der Trennung haben konnte –
was du den beiden nahelegtest,
als der Stern
des Morgens aufging – Wächter schweig
davon und singe es nicht länger.

Wer dies so hält und stets schon hielt,
daß er bei seiner Liebsten lag,
von der die Spitzel wissen durften,
der muß auch nicht am frühen Morgen
auf und davon,
der kann es einfach tagen lassen,
den braucht man nicht hinauszuschmuggeln,
höchst riskant:
die Ehefrau, legal umarmt,
gewährt die Liebe, die so ist.

Dies kleine ›Gedicht‹ hat viele Kommentare ausgelöst, vor allem im vorigen Jahrhundert. Denn hier glaubte man, Wolfram persönlich sprechen zu hören, in der zweiten Strophe. In der ersten Strophe noch das literarische Spiel des Tagelieds, wenn auch höchst komprimiert, mit einer Belastung der Syntax bis zum Zerbrechen; in der zweiten Strophe dagegen scheint jemand besonnen seine persönliche Meinung kundzutun. Wie willkommen war diese Meinung etlichen Interpreten! Hat Wolfram in seinen großen Erzählwerken nicht dargestellt, wie hoch er die Ehe bewertet – und dann (oder zuvor oder gleichzeitig) die Tagelieder, in denen Ehebruch besungen wird? Aber schließlich – dieses ›Gedicht‹ scheint es zu beweisen – ist Meister Wolfram doch zur Vernunft gekommen, er proklamiert das zwar weniger intensive, dafür aber um so dauerhaftere Glück der Ehe...

Wolfram, dieser höchst unkonventionelle Dichter, hier als besonnener, als sprachlich sedierter Fürsprecher des Biedersinns, des Hausbackenen? Eher dies: Wolfram hat eine neue Liedgattung übernommen, weiterentwickelt und nach einigen Varianten wird diese Gattung von ihm in einer Volte widerrufen – im literarischen Spiel.

Wann könnte Wolfram seine Liedtexte geschrieben haben? Kein Autograph, unter den der Dichter oder ein verläßlicher Zeuge ein Datum geschrieben hätte, womöglich einen Ortsnamen. Keine Publikationsdaten. Nur Texte, die erst nach Wolframs Tod aufgeschrieben wurden oder: die uns nur in späteren Handschriften überliefert sind. Allzu nahe liegt nun diese Klischee-Vorstellung (und die könnte dadurch bestätigt werden, daß dieses Liedtext-Kapitel am Anfang steht): Wolfram hat als ›Lyriker‹ literarische Artikulationsmöglichkeiten ausprobiert, entwickelt, ist dann zu umfangreichen Erzählgedichten übergegangen. Es gibt aber keine Indizien für die Annahme, Wolfram hätte erst Lyrisches, dann Erzählendes geschrieben. Einige Textstellen lassen eher den Schluß zu, daß Wolfram seine Lieder in verschiedenen Phasen der Werkchronologie geschaffen hat. Dies läßt sich ausführlich begründen, nicht aber beweisen.

Ich vermute, und habe ja schon einen Grund für diese Vermutung genannt, daß Wolfram mit Liedtexten begonnen hat. Welche der Liedtexte, die ich bisher vorgestellt habe, könnten aus der frühen Phase stammen? Darüber läßt sich nur spekulieren. Nun sind aber auch schwächere Liedtexte unter seinem Namen überliefert – können wir wenigstens hier frühe Texte sehen? Oder sollen wir sie, wie das mehrere Philologen tun, dem Dichter ganz einfach absprechen? Grundsätzlich kann nicht ausgeschlossen werden, daß

ein großer Dichter auch schwache oder sehr schwache Texte produziert.
Und nun zu den beiden letzten Liedtexten dieses Kapitels. Wolfram hat nicht nur Tagelieder geschrieben, sondern auch Liedtexte, die unter den Sammelbegriff Minnesang fallen: die spielerisch ritualisierte Darstellung eines spielerisch ritualisierten Verhältnisses zwischen Frau und Mann der feudalen Gesellschaftsschicht. Zu dieser Gattung hatte Wolfram ein offenbar gebrochenes Verhältnis: Brechung durch kritische Reflexion.

> Mir sollte eine Frau gestatten,
> daß ich sie verliebt betrachte.
> Ich will – mein Falkengriff ward nie
> verwehrt! – im Augenflug zu ihr.
> Ich bin von echter Eulenart:
> mein Herz sieht sie in finstrer Nacht.
>
> Ist sie mir huldvoll zugeneigt,
> so wird mich das sehr glücklich machen.
> Ständig will ich dafür dienen!
> Vielleicht kommt noch der Tag für mich,
> an dem man sagt, ich sei im Glück.
> Der Wunder größtes wär das nicht.
>
> Was schadet schon der Storch der Saat?
> Den Frauen tu ich nicht mal dies!
> Ich meide lieber ihren Zorn.
> Und daß sie sich an mir einmal
> vergangen hat, verzeih ich ihr.
> Von jetzt an wahre ich die Form!

Verglichen mit den blumigen, vielfach schon preziösen Minneliedern etlicher Zeitgenossen ist dieser Liedtext herausfordernd spröde. Und er wirkt stark verschlüsselt, zugleich verspielt. Der Dichter als Falke, damit als Beizvogel und als Eule, damit als Vogel der Weisheit und als Storch, der im Feuchten seine Frösche sucht, die Saat also verschont. Übliche Symbole? Private Mythologie? Oder beides?
Hier wird besonders deutlich, daß Einfühlung nicht immer der rechte Weg zum Verständnis ist. Die Vorstellung, Jahrhunderte überspringen, sich direkt von Herz zu Text, von Text zu Herz

verständigen zu können, mitfühlend, einfühlend – diese nicht gerade bescheidene Vorstellung stößt hier an eine Grenze. Dieser Text spricht auch heute noch für sich, spricht uns vielleicht sogar an, aber es muß einiges zu ihm gesagt werden, sonst spricht der Text falsch zu uns.

Ich will bei meinem Grundsatz bleiben, das Œuvre Wolframs in diesem Buch nicht zu interpretieren – wie umfangreich müßten dann erst einmal die Kapitel werden über seine erzählenden Werke! Ich möchte aber wenigstens andeuten, welche Art Information wir heranziehen müssen, um einen Text dieser Art so zu verstehen, wie er vermutlich gemeint war.

Als Beispiel: die drei Vögel. Wolfram hat in der ersten Strophe Jagdidiom in den Text integriert, Begriffe aus der Beizjagd mit Falken. Was hier angedeutet wird, haben damalige Zuhörerinnen und Zuhörer sofort verstanden: der Falke hat sein Jagdopfer fixiert, will es packen, schlagen; soll vermieden werden, daß der Falke zu früh abhebt, zieht man ihm eine Kappe über die Augen – aber solch eine Kappe haben Frauen dem Falken dieses Liedtextes nie übergestülpt. Der Dichter, nein, das »lyrische Ich« identifiziert sich mit diesem Greifvogel.

Als zweites wird die Eule in den Text einbezogen, der Vogel der Weisheit, der nachts am deutlichsten sieht. Schließlich (nach der vogel-freien, konventionellen Mittelstrophe) der Storch. Ein sprichwörtlicher Storch? Klingt so. Dieser Storch – darauf macht Peter Wapnewski in seiner Interpretation aufmerksam – hat nichts gemein mit all den Nachtigallen und Singvögeln der Minnelyrik jener Zeit, ja, Falke und Eule gelten als Feinde der Singvögel. Das lyrische Ich stilisiert sich also zu einem Feind der Minnesingvögel. Und dies in einem Gedicht, so hat philologische Forschung nachgewiesen, das Muster der Minnelyrik schablonenhaft reproduziert und zugleich Parodie auf eine Parodie ist. Anders gesagt: es ist ein Textreflex auf einen Textreflex auf einen Text. Konkret: Wolfram von Eschenbach parodiert Walther von der Vogelweide, der Reinmar parodierte. Ich werde nun freilich nicht die von Philologen aufgespürten Walther-Zitate einbringen und die Reinmar-Zeilen, in denen sich derart feine Dichterart zeigt, daß schon ein Kuß als allzu grobe Annäherung an eine angehimmelte Herrin erschien – zumindest im Text. Wolframs lyrisches Ich setzt sich selbstbewußt davon ab; es hat mit Falkenaugen das schöne Wild ausgemacht, Jagdfieber erwacht, es will zupacken, mit Falkenkrallen. Und weil es auch nachts sehen will, muß es sich zusätzlich mit

der Eule identifizieren; damit ist die Tag- und Nachtansicht der Frau gewährleistet.
In der zweiten Strophe das übliche Zierwerk eines üblichen Minnelieds: das lyrische Ich, das von der Frau, der Herrin erst einmal freundliche Anerkennung gewinnen will, dafür Frauendienst, Minnedienst leistet, zum guten Schluß auf Erhörung hofft, obwohl sie eigentlich unmöglich ist, denn, das wußte der Zuhörer damals: angesungen wurde ja meist eine verheiratete Frau.
Vielleicht war es auch eine verheiratete Frau, die Wolfram, die das lyrische Ich verletzt hat. Im vorigen Jahrhundert wurde hier wild spekuliert: Wolfram und die Dame, die seine Liebe enttäuschte, die ihn so sehr verletzte, daß er es nie verwunden hat. Heute, nach entschiedener philologischer Entmythologisierung, glauben wir es besser zu wissen, und doch: hier könnte ein Kern biographischer Realität sein. (Wapnewski riskiert in diesem Zusammenhang immerhin Wörter wie »Affaire« und »Trauma«.) Auch in der großen Selbstverteidigung im *Parzival* (nach Laufziffer 114) beklagt sich Wolfram über eine Dame, die ihn schmerzhaft enttäuscht hat – offenbar weil er sich unüberlegt geäußert hat. Im direkten Gespräch, in der Gesellschaft? In einem der Liedtexte? Womöglich in einem der Liedtexte, die in diesem Kapitel vorgestellt werden? Der betont lakonische, mit literarischen Mustern spielende Text sagt sehr viel – nur, wir wissen zu wenig über Wolfram, um diese Nachrichten angemessen verstehen und beurteilen zu können. Aber dies zumindest ist eindeutig, läßt Rückschlüsse zu auf den Dichter Wolfram: er demonstriert unkonventionelle Haltung und Einstellung, zeigt starkes Selbstbewußtsein: Zwischen all den zarten Singvögeln ich als Falke, ich als Eule!
Im folgenden (und letzten) Liedtext dieses Kapitels blüht Sprache wieder auf. Viele Untersuchungen weisen hin auf Wolframs eigenwillige Formulierungen, auf seine sprachlichen Verdichtungen, aber auch Vertracktheiten, ja Verschrobenheiten – sehen wir uns eine seiner charakteristischen Formulierungen an. (Ich bringe dieses Beispiel bewußt nicht im Kleingedruckten des Anmerkungsteils, denn: ich will gleich zu Beginn des Buchs zeigen, daß ich in meinen Übertragungen nicht über Wolframs Texte hinausgehe, modernisierend oder aktualisierend.) Die beiden ersten Zeilen des Liedtextes lauten:

> Ursprinc bluomen loup ûzdringen
> und der luft des meigen urbort vogel ir alten dôn.

Das ließe sich metrisch so übersetzen:

> Blumenblühen, Blättersprießen,
> Maienluft – da singen Vögel alte Lieder!

Damit wäre Charakteristisches der Sprache Wolframs retuschiert; nach dem dreifachen Eröffnungs-Akkord formuliert er so: »urbort vogel ir alten dôn«. Urbor ist ein Wort der damaligen Verwaltungssprache: der Zins, die Rendite aus Grundbesitz oder Lehnsgut. Dazu Wapnewski: »Der poetische Effekt entsteht eben aus der Verwendung dieses ursprünglich ganz ›unpoetischen‹, weil der lehens- und besitzrechtlichen Sphäre angehörigen Wortes.« Ich habe den Liedbeginn so übersetzt:

> Blütenquellen, Blättersprießen,
> Maienluft: und als Rendite alte Vogellieder...

Ein Hinweis hier noch auf das metrische Schema, die rhythmische Struktur der Strophen: in der ersten Zeile vier, in der zweiten sechs Hebungen; dieser Stollen wiederholt sich; dann der Abgesang: vier und sechs Hebungen. Und damit: Auftritt Wolframs von Eschenbach als Minnesänger!

Blütenquellen, Blättersprießen,
Maienluft: und als Rendite alte Vogellieder...
Ich jedoch sing schon mal Neues,
selbst wenn Reif liegt, edle Frau, und ohne deinen Lohn!
Die Waldessänger und ihr Gesang
hört – nach einem halben Sommer – keiner mehr...

Die Blütenpracht in ihrem Leuchten
steigert funkelnd noch der Tau – wo immer das auch sei.
Die schönsten Vögel der höchsten Töne
wiegen mit Gesang die Brut den ganzen Mai.
Da schlief die Nachtigall nicht ein...
Doch diesmal wache ich und sing im Tal und auf dem Berg!

Erhörung sucht mein Lied bei dir,
du liebevolle Frau. So hilf mir doch, ich bin in Not!
Belohne gnädig meinen Dienst
um den ich bitte, den ich biete – bis an meinen Tod.
Laß mich bei dir Erfüllung finden,
und ich bin von Leid und Klage endlich erlöst.

Ob mein Dienst bewirken kann,
edle Frau – sofern du mir zum Glück verhelfen willst –
daß mein Kummer sich verflüchtigt
und die lange Sehnsucht kommt bei dir ans schöne Ziel?
Von deiner Güte überwältigt,
sing ich für dich ganz nach Wunsch: knapp... mit weitem Atem...

Edle, deine sanfte Güte
und dein Zorn aus Liebe brachten mich um sehr viel Glück.
Schenkst du meinem Herzen Trost?
Nur dein Wort der Liebe läßt mich glücklich überleben!
Befreie mich von Leid und Klage,
daß mein Herz – solang ich lebe – höher schlage!

5 Bei den Versuchen, mich Wolframs Zeit anzunähern, wähle ich als Schreibmethode das Szenario. In einem Szenario wird zukünftiges Geschehen entworfen; diese Darstellungsmethode wende ich an zur Beschreibung von Vergangenheit.
Das Szenario hat – gegenüber dem historischen Roman – den Vorteil: es schließt Reflexion ein. Was berichtet, was probierend erzählt wird, kann jederzeit durchbrochen und erörtert werden. Auf diese Weise habe ich die Zeitreise zurück nach Eschenbach entworfen, schreibe ich Szenarien zu verschiedenen Themenbereichen.
Hier ist es das Thema Liebe: einer der beiden Brennpunkte im Denken und Fühlen eines Ritters, wie er dargestellt wurde in höfischer Epik. Dieses Thema wird freilich nicht von Personen abgelöst, es wird eingebunden in die Beschreibung eines gewöhnlichen Tages eines Ministerialen, eines »Dienstmannes«.
Ich lasse den Protagonisten dieses Szenarios nun aufwachen – etwas hat ihn geweckt: der Ruf des Nachtwächters, der das erste Morgengrau ankündet. Neben dem noch namenlosen Mann seine Frau – im schmalen, harten, mit grobem Nesseltuch bezogenen Bett. Sie schläft, wie es üblich war, fast sitzend – auch deshalb ist das Bett so kurz. Der Mann sieht seine Frau nicht einmal schemenhaft – vor dem kleinen Fenster senkrechte Bretter, und in den Ritzen höchstens eine Andeutung des ersten noch sehr schwachen Morgenlichts. Links vom Bett Kinderatem: vier Kinder, auf großen Liegekissen. Eigentlich, so könnte dieser Knappe, dieser Mi-

nisteriale denken und damit sofort zum Thema gebracht werden, eigentlich müßte es anders sein: nicht *er* wacht als erster auf vom Morgenruf des Wächters, sondern die Frau. Und es ist nicht seine Ehefrau, sondern die Frau eines Ritters, und sie küßt ihn wach: er muß fort, bevor die Frühaufsteher ringsum merken, daß er bei ihr war, während ihr Mann im Auftrag seines Herrn unterwegs ist, wieder einmal. Und nach diesem Wachküssen, diesem Bitten, Ermahnen, nur ja recht bald zu gehen (bis zum nächsten Besuch) müßte er darauf drängen, noch einmal mit ihr zu schlafen: die Intensität gesteigert, weil der Abschied bevorsteht.

Aber, so könnte sich der Mann jetzt fragen, neben welcher anderen Frau der näheren oder weiteren Umgebung könnte er aufwachen? Er hat, wie es sich gehört, eine Geliebte, die wohnt im selben Ort, ist die Tochter eines Schneiders, ist entschieden jünger als seine Frau, die mit 28 Jahren bereits zu den Älteren zählt. Mit vielen Finten schafft es der Mann, sich mit der Geliebten zu treffen, draußen im Grünen oder im Badehaus. Auch heute, am späten Nachmittag, wird er wieder mit ihr zusammen sein, im Badehaus. Er trifft die Geliebte so oft wie möglich, aber: dies ist nicht die große Liebesbeziehung, ist schon gar nicht das standesgemäße Verhältnis. Woran zeigt sich die große (und zugleich standesgemäße) Liebe? Er kennt einen Mönch, der in der Schreibstube eines benachbarten Klosters arbeitet, und der hat ihm von einem Buch über die Liebe erzählt, das er kopieren mußte: das Werk eines französischen Klerikers, Andreas, ein capellanus, und in diesem Buch war unter anderem beschrieben worden, wie in einem Mann die Liebe zu einer Frau, einer Dame entsteht, wie sie sich entfaltet: er denkt an sie, denkt über sie nach, und je länger sie seine Gedanken beherrscht, desto stärker wird die Liebe in ihm, bis er sich ganz darin verliert – nun beschäftigt er sich unablässig mit ihr, fragt sich, wo sie sein mag, was sie tut, stellt sich ihren Körper vor, denkt sich hinein in seine schönen Geheimnisse, ja, so etwa hieß es in diesem Buch, und immer stärker der Wunsch, diese Frau zu erobern, zu besitzen. Von nun an, so hatte der Mönch berichtet, kennt die Liebe keine Grenzen mehr: man sucht Helfer, Helfershelfer, denkt nur noch daran, den günstigsten Zeitpunkt und Ort herauszufinden für eine Begegnung, ein Gespräch. Der Liebende ist nun ein Gefangener der Liebe, so hatte der französische Kaplan es beschrieben, so hatte der Mönch es nacherzählt, und der Liebesgefangene versucht, sein Herz und das Herz der Angebeteten mit einer unsichtbaren, körperlosen Fessel aneinanderzubinden. Dies alles aber ereignet sich nicht zwischen einem Mann und einer Geliebten! Die steigert, so sagt sich der Knappe, die Lust, sonst nichts. Aber erst die Verfeinerung des gesamten Menschen ist das Zeichen der wahren, der höheren Liebe. Sie erzieht den Menschen, formt ihn neu, nach dem Bild einer Dame der adligen Gesellschaft. Also muß die wahre Geliebte, die zu Recht angebetete Dame adlig sein. Die einzige Dame von Adel, die er näher kennt, ist die Frau seines Dienstherrn.

Der Mann hört nun, von oben, eine alte Frau rufen. In klagendem Tonfall wiederholt sie seinen Namen: Bligger, Blig-ger, Bligger. Ich setze voraus, daß Bligger zusätzlich den Namen des Ortes trägt, in dem er geboren wurde, in dem er jetzt lebt. Ich gehe weiter davon aus, daß Bligger Alemanne ist, übernehme aber einen Namen aus dem Gebiet, in dem ich lebe, in der Eifel. Ein Ort in der unmittelbaren Nachbarschaft des Rurtals heißt Hausen. Ein Name, der modellhaft klingt. Also: Bligger von Hausen. Und weil ich ihm schon einen Namen gegeben habe, will ich gleich auch seine Frau taufen: Hille. Und seine Kinder: Eberhart, Elsemut, Hildemar, Jeute. Sie alle schlafen noch fest. Unablässig, mechanisch ruft die alte Frau seinen Namen.

Die Stunde der Dämmerung: Bligger denkt weiter nach über die Hohe Liebe. Er müßte eine Frau finden, die seinen »Liebesdienst« annimmt. Wenn, so denkt er – und denkt es nicht zum ersten Mal – wenn diese Dame die Frau des Grafen wäre, dem er dient – welche Liebesdienste müßte er leisten? Soll er sich auf Turnieren auszeichnen? Dafür ist er zu alt – die siegreichen jungen Männer der Turniere sind Anfang, Mitte zwanzig, er ist bereits einunddreißig. Und wenn er bei einem Turnier, längst nicht mehr in Übung, aus dem Sattel gehoben würde, sich die Knochen bräche? Die Knieverletzung bei einem Turnier vor acht Jahren, sie reicht ihm! Also keine Liebesdienste mit Waffen? Letztlich zählen aber keine anderen Liebesdienste, das hört auch Bligger oft genug. Hieße das: er wird nie im Leben die Erfahrung der Hohen Liebe machen? Ehefrau ja, Geliebte ja, aber keine erhebende Liebe zu einer adligen Dame? Muß er sich das aus dem Kopf schlagen? Und er wird seine Geliebte treffen, Friederun, bis sie sich doch einmal mit einem jüngeren Mann verbindet? Und er rückt dann wieder näher an seine Frau heran? Die schläft noch immer, ahnt nicht, wie weit er sich in Gedanken von ihr entfernt hat.

Bligger von Hausen wird jetzt freilich kaum an Hille denken, an Ehe überhaupt. Also muß ich es tun, an ihm vorbei. Aber: ich kann über die Ehe im Hohen Mittelalter nur ein paar allgemeine Andeutungen machen. Die Ehefrau war dem Ehemann unterworfen; er hatte völlige Verfügungsgewalt; der Mann war uneingeschränkt der Herr im Hause. Und die Gefühle? Man weiß fast überhaupt nichts über die Gefühle, die Partner füreinander hatten. Keine Ehebrief-Bücher wie in späteren Jahrhunderten, keine Tagebuchaufzeichnungen. Es gibt allein die höfische Literatur und die lateinische Literatur von Geistlichen; das Bürgertum begann damals erst, sich zu artikulieren – im Sinne der feudalen Herrscher; Handwerker oder Bauern hatten in der weithin schriftlosen Welt noch keine Möglichkeit, etwas für eine Nachwelt aufzuzeichnen. Es gibt allein die – sehr zahlreichen – Minnelieder und die Liebesepisoden in höfischer Dichtung (und ihre ebenso stilisierten Gegenbilder der »niederen Minne«, vor allem mit Bauerndirnen).

In der höfischen Literatur wird die Frau hochstilisiert, nicht selten zu einer irdischen Muttergottes – zwischen den Gebeten an Maria und der Anbetung einer Dame der höheren und höchsten Gesellschaftsschicht bestehen osmotische Beziehungen, und bezeichnend sind Gedichte (Liedtexte), in denen nicht zu unterscheiden ist, ob Maria oder eine irdische Dame besungen wird; diese Unklarheit ist beabsichtigt. Von höfischen Liebesgeschichten läßt sich kaum etwas ablesen über reale gesellschaftliche Verhältnisse jener Zeit.

Was von Dichtern beschrieben wird, ist meist die Kleidung. Viele, viele Zeilen werden Tuchen, Borten, Kleinodien gewidmet; die äußere Erscheinung der Frau, das Gesicht, die Figur werden nur mit allgemeinen Lobeswörtern gepriesen – schön sind sie alle, sobald sie für eine Liebesgeschichte in Betracht kommen, hier geht es dem Leser wie Erec, der in den Saal der jungen Witwen kommt, und die zweite erscheint ihm schöner als die erste, die fünfte schöner als die vierte, und das führt der Dichter Hartmann konsequent weiter bis zur neunzehnten – insgesamt sind es mehrere hundert. Individuelle Züge werden nicht beschrieben. In Buchillustrationen, etwa der Manessischen Handschrift: Gesichter wie Milch und Honig, ob bei Frauen oder Männern, typisierte, idealisierte Erscheinungsbilder. Damit hängt zusammen: Gefühle werden in damaliger Literatur ins Allgemeine stilisiert.

Wie man sich damals in einer Ehe fühlte, davon erfahren wir also nichts. Das muß ich aussparen bei Bligger – hier dürfen Fiktionen nicht interpolieren. Ich beschreibe nur, was sich durch Überliefe-

rungen belegen läßt. Zum Thema Ehe also weiterhin allgemeine Aussagen.
Ehe war in der höfisch-feudalen Gesellschaft nicht die Entscheidung zweier Menschen füreinander; Ehen wurden diktiert, durch Verträge fixiert; wer heiratete, das bestimmten die Eltern. Von etwa sieben Jahren an waren Kinder heiratsfähig – diese Altersgrenze wurde zuweilen unterschritten, bis hin zu Neugeborenen, wenn Familienpolitik, dynastische Erwägungen es erforderten oder zu fordern schienen. Die Kinder-Ehepartner wurden zusammengeführt, wenn sie vierzehn, fünfzehn oder sechzehn waren.
Heirats-Politik: dieses Wort zerfällt heute in zwei Bestandteile für uns in Zentraleuropa; zu Wolframs Zeit und noch sehr viel später waren die beiden Begriffe unbarmherzig miteinander gekoppelt. Und es war offenbar selten, daß in den von langer Hand vorbereiteten Beziehungen so etwas wie Neigung, womöglich Liebe entstand.
Über Bliggers Ehe hatte allerdings nicht sein (inzwischen verstorbener) Vater entschieden, der hatte die Wahl nur unterstützt: Hille, Tochter eines Handwerkers, hat eine gute Brautsteuer eingebracht; die Verhandlungen über die Höhe des Brautschatzes waren lang und zäh gewesen; Bligger hatte im Ehevertrag eine Witwenpension aussetzen müssen für den Fall, daß er vor ihr stirbt. Und er hatte das Haus in die Ehe eingebracht und den Garten, in dem vor gut einem Jahr noch seine Mutter arbeitete bis sie hinfällig wurde nach einer heftigen Krankheit.
Hilles Eltern leben noch. Ihr Vater hat noch immer seine Knochenschnitzer-Werkstatt. Er arbeitet mit Knochen, Hörnern, Geweihen, stellt vor allem Kämme her, aber auch: Kästchen zum Aufbewahren von Dokumenten; Reliquiare; Löffelgriffe, Messergriffe, Schwertgriffe; Knochenflöten; Spielzeug aus Horn; Spielwürfel – Hille hat als Kind oft Würfel polieren und probewerfen müssen: rollen die Würfel regelmäßig ab oder ist eine Seite schwerer? Soweit sie weiß, hat ihr Vater nur »gute« Würfel hergestellt, nicht die wiederholt verbotenen Würfel, die eine etwas beschwerte Seite haben, mit der Würfelbetrüger Gewinne machen. Eigentlich darf er Würfel überhaupt nicht herstellen (weil immer um Geld gewürfelt wird), aber wer kann das schon nachprüfen? (Würfel waren übrigens damals im Schnitt erheblich kleiner als heute, sie hatten nur wenige Millimeter Kantenlänge.)
Bligger schläft wieder ein... Als er aufwacht, ist das Licht in den

Bretterfugen hell, und er hört zahlreiche Geräusche: Hühner gakkern, ein Hahn kräht, es wird auf Holz gehämmert, dumpf, ein Schwein grunzt. Die alte Frau ruft. Neben Bligger ist das Bett leer. Und nur noch die Kleinste liegt im Zimmer – Jeute, das Jeutelein. Weil er Frau, Kinder und Magd nicht im Hause hört, weiß er: sie sind im Garten vor dem Dorf. Der Kohl, die Bohnen, die Erbsen. Und die Obstbäume – Hille beschneidet die Bäume selbst, das hat sie von ihrem Vater gelernt; manchmal wird Hille von Nachbarn gebeten, auch deren Bäume zu beschneiden, dafür gibt es ein Stück Speck oder einen Krug Wein.
Immer noch ruft die Mutter Bliggers Namen. Die Geräusche der Gasse. Bligger ist all dies gewohnt, er denkt nach und wir mit ihm. Wäre es nicht in der Tat am naheliegendsten, er würde die Frau des Regionalherren zum Objekt der Verehrung machen? Margarete: was wird sie an diesem Tag tun in der Burg? Sie wird weben, sicherlich wird sie wieder weben; nach langem Sitzen am Webstuhl geht sie leicht gekrümmt im Zimmer umher, geht in die rußschwarze Küche, redet auf den Koch ein, geht wieder hinaus – ihr schwerer, etwas hatschender Gang. Vielleicht würde sie leichter gehen, wenn er, Bligger, sie feierte, vielleicht würde das wieder Glanz in ihre Augen bringen, vielleicht würden ihre Webmuster dann schöner, heller. Aber selbst bei so sichtbaren Auswirkungen – Graf Rainald könnte nichts einwenden gegen solch eine Beziehung, auch wenn er wüßte, daß Bligger mit den Preisungen einer nicht genannten Dame seine Frau meint. Es bliebe hier alles (so schreibe, spreche ich wieder an Bligger vorbei) in der damals gewohnten Gesellschaftsordnung: Bliggers Verehrung der Gräfin wäre zugleich eine Anerkennung ihrer Rolle als Herrin, sie überträgt ihm Aufgaben, er erfüllt sie, beide aber wissen, daß der Lohn dafür nicht die völlige Erhörung sein darf. Ein Ritual: es ist das unausgesprochene und ausgesprochene Ziel des Mannes, mit der von ihm gefeierten Dame zu schlafen, und diese Belohnung seiner Liebesdienste wird von ihr ständig hinausgeschoben. Und damit, so dachte man damals, steigert sie die Sehnsucht des Mannes, zur Liebe kommt der Liebeskummer, die Liebesqual, das Liebesleid: unerfüllte Wünsche, das Süße und das Bittre. Die angebetete Frau bleibt Herrin – der Mann unterwirft sich ihr, gibt sich mit wenigem zufrieden, zumindest formell: mit einem freundlichen Gruß, einem liebevollen Wort, einer Geste, einer Zärtlichkeit.
Aber, noch einmal: die Erfüllung bleibt aus, muß ausbleiben, denn dies war im Mittelalter (unter dem Primat der Kirche) nicht mög-

lich: öffentlich den Ehebruch zu feiern. Ehebruch war zwar eingeschlossen in der damaligen Minnelehre (Liebe ist nur außerhalb der Ehe möglich), Ehe aber war damals (vor allem in Besitzfragen) ein sehr wichtiger stabilisierender Faktor. Gerade auch, weil die Eheherren so häufig abwesend waren (auf Jagden, im Krieg, auf Reichstagen, auf Kreuzzügen), mußte die gesellschaftliche Ordnung gewahrt bleiben, zumindest im Bereich der Ehe. Wurde ein Ehebruch aufgedeckt, so waren die Folgen meist katastrophal – für die Frauen.

Wenn Bligger also nach den Mustern damals beliebter Minnelieder, nach der Vorlage des französischen Liebesdiskurses eine anbetende Verehrung der Gräfin Margarete einleiten will, so kann er sicher sein: sie werden nicht miteinander ins Bett gehen. Was immer sie einander auch sagen werden...

Freilich, wie läuft ein Liebesgespräch ab zwischen einem Dienstmann, einem Ministerialen und einer Herrin, einer Frau von Adel? Mit dieser Frage hat sich Bligger schon mehrfach beschäftigt, er kann ihr auch heute nicht ausweichen. Er weiß: sobald die (stilisierte) Beziehung eingeleitet ist, kann er nicht mehr unbefangen mit der Gräfin plaudern, sie müßten dann über Liebe reden. Ja, besteht solch eine Liebesbeziehung nicht vor allem im Sprechen über Liebe?

Der Mönch hat Bligger von einem Gespräch zwischen einem Adligen und einer adligen Dame berichtet, wie es Andreas Capellanus aufgezeichnet hat – Bligger hat etliches, aber nicht alles behalten. Falls sich dieses Gesprächsmuster übernehmen ließe von einem Ministerialen und seiner Herrin, so müßte er noch einmal ausführlich den Mönch konsultieren. Zuvor helfe ich Bliggers Erinnerung ein wenig nach.

Der Mann sagt der Dame einleitend, daß er sie allzu lange nicht mehr gesehen habe, daß er in seinem Herzen, in seiner Seele aber immer bei ihr sei; ständig denke er über sie nach, weil sie ihm so viel Glück und Leid bereite – Leid vor allem aus Angst, sie wieder zu verlieren; dabei wolle er ihr mit all seinen Kräften und Fähigkeiten dienen, und zwar zu ihrem Ruhm! Und die Dame, in diesem Fall Margarete, was könnte, was würde sie sagen? Wenn er Glück hat, dies: sie ist dankbar für sein Angebot, ihr zu dienen, sie wird dafür stets an ihn denken, wenn er nicht bei ihr ist; er soll für seinen Dienst mit ihrer persönlichen Gegenwart belohnt werden; sie möchte seine Lebensfreude erhalten, ihn nicht quälen. Aber damit ist, damit wäre noch nicht erreicht, was er von ihr will, also wird, oder würde er beispielsweise sagen, jede Saat verdorre ohne Regen, er brauche mehr als Hoffnung. Diese Antwort wäre karg – hätte der Mönch weiterführende Vorschläge? Oder ist die Antwort auch im Buch so knapp, an dieser Stelle? Vielleicht, weil die Dame zwar freundlich sein will, auch dankbar, aber ihn lieben, das will oder kann sie nicht? Weil sie sich nicht auf Unruhe, Qualen, Leiden einer Liebe einlassen will? Da würde er einwenden, daß nur liebende Frauen gefeiert, gerühmt werden. Und: daß alle Heldentaten nur um der Liebe willen geschehen. Heldentaten? Ja, welche Heldentaten sollte er denn für sie vollbringen? Soll er womöglich an einem Feldzug in Südfrankreich teilnehmen, gegen die Ketzer? Oder an einem Missionierungs-Feldzug nach Litauen, unter Führung des Deutschen Ordens? Sollte er das auf sich nehmen für Margarete? Alle Heldentaten geschehen um der Liebe willen, hat der französische Kleriker geschrieben, durch Liebe geschieht alles Gute auf der Welt, und die Liebe macht den Mann mutig, freigebig, beredt, glücklich. Gut, aber wie soll sein Dienst für Margarete aussehen? Er müßte den Mönch hier einmal sehr genau befragen. Er braucht sowieso jemand, der ihm Briefe schreibt, formvollendet, die solche Gespräche einleiten. Eine Dame hat es leicht, sie hat das Schreiben erlernt, in der Klosterschule; bei ihm reicht es höchstens zu Notizen. Also muß er dem Mönch die Briefe diktieren oder muß ihm andeuten, was in solch einem Brief stehen soll – der Mönch wird dann wohl schon wissen, wie er das zu formulieren hat. Ließe der sich auch als Liebesbote einsetzen, für entsprechende Geschenke? Aber wenn er ihn zum Liebesboten machte – hat man nicht schon mehrfach gehört, daß sich ein Liebesbote in die Frau verliebt? Liebesbriefe überbringen, Wörter der Liebe aussprechen, dicht neben einer Frau sitzend – wie rasch kann da ein Funke überspringen, gerade bei diesem Mönch! Aber vielleicht stimmt gar nicht, was ihm nachgesagt wird, auch anderen Mönchen: Wunderdinge unter der Kutte. Aber behaupten die nicht immer wieder in Schrift und Wort, der Kleriker sei der bessere Liebhaber als der Laie, weil erstens, zweitens, drittens? Bligger hört an den Geräuschen im Nebenraum: Hille ist zurückgekehrt mit den Kindern; die Magd ist noch im Garten, wie üblich. Bligger steht auf, löst die Querstange vor den Brettern, hebt sie aus der Fensteröffnung. Die Gasse ist noch nicht wieder trocken geworden nach dem Regen des Vortags, ein Lastpferd bis über den Knöcheln im Matsch, im Schlamm, Fußgänger balancieren über Bretter und Bohlen, im Dreck suhlen zwei Schweine, tapsen

Hühner und, wohin er schaut: Fliegen, Fliegen, Fliegen – mehrere setzen sich auf seinen hageren, nackten Körper. Der Böttcher gegenüber hämmert, rittlings auf seiner Bank, an einem Bottich. Auf einem Holztisch bietet eine Frau Hühner an – sie sind paarweise mit den Läufen aneinandergebunden, schlagen mit den Flügeln, recken die Köpfe. Abgeschlagene Köpfe im Schlamm neben dem Tisch. Und Eingeweide von Hühnern, auch von Hasen in der Mitte der Gasse, es bläht sich bläulich, fliegenüberkrabbelt. An einem zweiten Stand ein junger Mann, ein Metzger – er legt mit fettigen Händen Fleisch auf die Waagschale, hält die Schwebewaage hoch, tauscht das Gewicht aus, die alte Frau will das Stück Fleisch nun doch nicht, es wird auf den Tisch geschlenkert, Fliegen schwirren hoch, ein anderes Stück Fleisch wird gepackt, auf die Waagschale gelegt. Die Sonne scheint auf das Fleisch, das lockend ausgebreitet ist, Fliegen überkrabbeln es, auch die Würste, auch den Speck, aufgehängt an einem schulterhohen Holzrahmen. Der Böttcher macht eine Pause, schwatzt mit einem älteren Mann. Während Bligger zum Fenster hinausschaut, kommt eins der älteren Geschwister ins Zimmer, weckt Jeutelein; es räkelt sich, tapst hinaus. Bligger ist allein im Raum: das Schlafzimmer? Das Bett des Hausherrn und der Frau des Hauses stand meist im Wohnraum; vielfach umgab es ein Vorhang. Und die Kinder? Sie schliefen wohl auf zwei großen Liegekissen, der damaligen Form der Matratzen – werden sie morgens hinausgetragen? Weiter: eine Truhe in sehr einfacher Ausführung, in der Kleidungsstücke und Winter-Bettzeug aufbewahrt sind – Schränke gab es in jener Zeit so gut wie überhaupt noch nicht. An der Wand ein paar Stühle.
Ich setze voraus, daß Bligger sich in diesem Zimmer kämmt, rasiert, anzieht. Oder geschieht das in der Küche? Kann ich mir nicht vorstellen. Also: Wasser steht in einem kleinen Holzbottich bereit. Daß Bligger sich nun wäscht, ist nicht sehr wahrscheinlich – er wird ja am Nachmittag ins Badehaus gehen. Eventuell aber putzt er sich die Zähne – mit einem kräutergefüllten Beutelchen, länglich, das er ins Wasser tunkt. Oder mit einer Kreidemischung – auf der nassen Zeigefingerspitze? Er könnte dem Zahnschmelz noch mehr schaden, wenn er Salz benutzt. Wir müssen, da wir der damaligen Realität näherkommen wollen, bei dieser Gelegenheit rasch in Bliggers Mund schauen: einige Zahnlücken – dort hat also schon der Zahnreißer oder Zahnbrecher gearbeitet, ohne Betäubung, versteht sich. Mit dem kurzen Schmerz wurde man den langen Schmerz los – falls beim Ziehen nicht ein Zahn zerbrach, und

es blieb ein Stück im Kiefer stecken, begann zu eitern. Da gab es dann keine Hilfe mehr.

Was noch auffällt: Bliggers Zähne sind kürzer geschliffen. Das war damals normal, denn: beim Mahlen entstand Abrieb der Mühlsteine, und der Steinstaub, das Steinpulver, die Steinbröckchen vermischten sich mit dem Mehl, und mit dem gekochten Schrot oder dem gebackenen Brot aß man auch diesen Steinabrieb, und der schliff im Laufe der Jahrzehnte die Zähne immer kürzer. Bei diesem Mann über dreißig sind sie schon deutlich verkürzt; bei seiner Mutter werden sie noch erheblich kürzer sein. Das heißt freilich nicht, Bligger und die noch Älteren zucken bei jedem heißen oder kalten Schluck zusammen – die Nerven schützten sich durch Kalkablagerungen. Wurden die Zähne allzusehr abgekaut, konnten sich allerdings die Zahnnerven entzünden; dann schwärte und tobte es in den Stummeln, und sie mußten raus – falls die Zange des Baders oder Brechers sie noch packen konnte.

Nach dem Zähneputzen: rasiert sich Bligger an diesem Morgen oder trägt er einen Bart? Wohl kaum: das Barttragen war zu Beginn des dreizehnten Jahrhunderts aus der Mode gekommen. Zum Ausgleich ließ ein Mann des Adels, auch ein Ministerialer das Haupthaar wachsen – bis tief in den Nacken, zuweilen sogar bis an die Schultern. Den Bauern war diese Haarlänge nicht gestattet: in einer Art Topfschnitt mußten die Haare in Ohrenhöhe gekappt werden. Bei Bligger bedecken sie die Ohren. Und nun das Rasieren: seifte man sich ein wenig ein und schrappte dann? Benutzte man eine Kräutermischung? Wurde die Haut nur naß gemacht? Wie auch immer: Bligger rasiert sich mit einer Messerklinge. Vor einem Spiegel? Der Spiegel war Statussymbol der Dame, der reicheren Frau, war noch längst kein Massenprodukt – wie viele Menschen damals, die sich also nie im Leben gespiegelt haben? Die durch ihre kleine Welt liefen mit einem Gesicht, von dem sie sich kein Bild machen konnten – außer bei groben Merkmalen, auf die Mitmenschen grob aufmerksam machen?

Bligger wird sich nach dem Rasieren kämmen. Er hat – kein Wunder beim Beruf seines Schwiegervaters – einen auffallend schönen Kamm: er sieht aus wie ein breitgezogenes H, auf der einen Seite des Mittelstegs die grobe, auf der anderen Seite die feine Zahnung. In den Steg ist sogar ein rundes Halbrelief eingeschnitten – dieses Bildemblem erkenne ich aber nicht, Bliggers Hand verdeckt es. Wahrscheinlich ist dies eine mythologische Darstellung – beispielsweise Samson, bevor sein Haar von Frauenhand gekappt wurde. Bligger zieht sich den zu seiner Zeit üblichen Mittelscheitel, kämmt das Haar, streicht es hinter die Ohren. Es zeigt sich: sein Haar fällt locker. Er muß es voriger Tage gewaschen haben – es soll wohl nicht so klebrig verstrählt sein, so lausig verfilzt wie bei sehr vielen Dorfbewohnern.

Bligger greift zu einem Holznapf, hebt den Deckel ab, setzt den linken Fuß auf die Bettkante, reibt das Knie ein, die Salbe riecht nach Kräutern und Schmalz; er schlenkert ein paarmal prüfend das Bein, legt den Deckel auf den Napf. Die Mutter ruft; ein Nachbar hustet; Fleisch, Hühner werden ausgerufen; zwei Männer unterhalten sich vor dem Fenster; der Böttcher gibt keine Ruhe; Hille ruft den Kindern etwas zu.

Wie groß ist Bligger eigentlich? Wohl die meisten von uns nehmen an, daß Menschen des Mittelalters kleiner waren als unsere Zeitgenossen: die »Akzeleration« des Wachstums vor allem in den letzten Jahrzehnten. Ein paarmal habe ich gelesen, damals sei die durchschnittliche Größe von Männern zwischen 155 und 165 gewesen. Das schien mir plausibel.

Ein paarmal aber wurde ich irritiert durch überraschende Angaben zur Körpergröße. Beispielsweise der keltische Fürst aus Hochdorf am Hohen Asperg: das Skelett eines breitschultrigen Mannes von 187. Eine Ausnahme? Ein Mann, der schon wegen seiner Körpergröße eine herausragende Rolle gespielt hat? 1972 wurde in Köln das Grab eines Mannes freigelegt, der – mit etwa sechzig – im Frühen Mittelalter gestorben war: er maß 182. Und bei der Untersuchung der Gebeine Karls des Großen kam man auf 204. Der hätte also auch heute seinen Beinamen verdient. Auf Ausnahmen fixiert, entdeckte ich weitere Ausnahmen. Zum Beispiel: 1985 wurde im Chor des Doms zu Maastricht das Skelett eines zwei Meter großen Mannes exhumiert.

Ich suchte im Telefonbuch die Anschrift des Anthropologischen Instituts in Göttingen – nachdem ich einen kurzen Aufsatz zweier Mitarbeiter über Skelettfunde des Mittelalters gelesen hatte. Ein Brief, eine Antwort, ein Telefonat, ein Termin. Im Gespräch fächerte sich das Problem so weit auf, daß ich es kaum noch wagte, eine Schätzziffer zu nennen. Der große Keltenfürst oder Karl der Große – könnte nicht sein, daß sie heranwuchsen in einer sozialen Gruppe, die erheblich besser ernährt war als die meisten ihrer Zeitgenossen? Wiederum die Rüstungen aus der Zeit nach Wolfram, die Plattenharnische: lassen sie den Schluß zu, daß die Männer auch noch im fünfzehnten, sechzehnten Jahrhundert knaben-

haft klein waren? Oder: daß man vorwiegend vierzehn-, fünfzehnjährige Kämpfer in solche Rüstungen steckte? Oder: so wie für die preußische Garde die Langen Kerls gesucht wurden, so suchte man im Mittelalter kleine, zähe Männer für den Kampf in solchen Rüstungen – die ja nicht allzu schwer werden durften? Spezifische Körpermaße eines Berufsstandes also? Von den Panzerreitern zu den Panzerfahrern: es quetschen sich ja auch keine Hünen durch die Luken... Waren also speziell die Ritter klein – auch schon zur Zeit der Kettenhemden? Läßt sich damit vielleicht doch nicht ausschließen, daß Mitglieder des Adels durchschnittlich größer waren als Bauern?
Langsam konsolidierte sich doch eine Schätzziffer, mit Vorbehalten: Männer waren auch damals durchschnittlich etwa zehn Zentimeter größer als Frauen, und die Körpergröße der Männer wird eher bei 170 als bei 160 gelegen haben. So schreibe ich Bligger 172 zu. Damit fiele er heute kaum auf.
Und welche Lebenserwartung könnte er haben? Im Institut wurden keine Einwendungen erhoben gegen die Zahlen, die ich vorlegte. Rechnet man vom Zeitpunkt der Geburt, so bleibt die durchschnittliche Lebenserwartung unter vierzig – die sehr hohe Kindersterblichkeit. Überlebte man die ersten vier, fünf oder sechs Jahre, so konnte man mit weiteren vierzig Jahren rechnen, konnte auch über fünfzig werden. Aber die Sechzig erreichten nur wenige.
Bligger mit seinen einunddreißig Jahren hat die Lebensmitte also längst überschritten. Und plötzlich sehen wir ihn genauer: seine Oberkörpermuskulatur wirkt bereits etwas schlaff, seine Beinmuskulatur hingegen ist immer noch kräftig.
Er durchquert die Küche (grüßt er freundlich oder brummig?), geht nackt auf den Hof. (Es war in der Stadt üblich, daß man nur mit einem Hemd bekleidet oder nackt vom Haus ins Badehaus ging, in dem kaum Platz war für die Ablage von Kleidern.) Bligger verschwindet in einem Schuppen an der Grenze zwischen Hof und Garten. Wir bleiben zurück, schauen uns um. Direkt am Haus ein kleiner Stall, in dem Bliggers Pferd stampft. Und es laufen Hühner herum: ein Huhn legt bei uns bis zu 220 Eier im Jahr, im Mittelalter dürften es 50 bis 60 gewesen sein. Auch Kuh und Kuh sind nicht mehr identisch: sie geben heute im Jahr an die 5000 Liter, vor wenigen Jahrzehnten waren es 1800 – und was gab eine Kuh zu Wolframs Zeit?
Jenseits des Stalls der Schuppen, in dem die Latrine ist, in dem

auch Geräte aufbewahrt werden, der das Brennholz trockenhält, auch Holzkohle. Vor dem Schuppen ein Brunnen. Rechts von Brunnen und Schuppen ein Backofen: im Herbst wird Hille dort Flachs rösten. Zuvor wird sie Brot backen, wird den Ofen leerkehren, es darf keine Asche, kein Fünkchen zurückbleiben, sonst geraten die Flachsbündel sofort in Brand; beim Auskehren wird sie Gesicht und Oberkörper mit alten Kleidungsstücken verhüllt haben, bis auf die Augen – dennoch (ich zitiere eine Beschreibung aus dem vorigen Jahrhundert) sehen Frauen nach dieser Arbeit »braunrot aus, die Augen sind aufgetrieben, sowie alle Adern, und dabei sind sie so naß vom Schweiß, als wenn sie gebadet hätten. In dieser Lage kommen sie gleich wieder (besonders wenn die Backöfen im Freien stehen) in die kalte Herbstluft, und es ist ganz natürlich, daß diese plötzliche Abkühlung das gesunde Leben untergraben muß.«
Sobald Hille den Flachs aus dem Ofen genommen hat, beginnt das Flachsbrechen – dabei werden ihr Nachbarinnen helfen (denen sie wiederum beim Flachsbrechen helfen wird); der gebrochene Flachs wird anschließend durchgehechelt, das heißt, die nun weichen Halme werden über einen breiten Kamm, über eine Kratze gezogen, werden so zu Fasern, und die werden gesponnen, werden verwoben: Leinen. Hille wird dieses Leinen auch zuschneiden; vielleicht gilt sie, auch in dieser Beziehung, im Dorf als sehr geschickt...
Jenseits von Ofen und Schuppen der Garten: Kräuter, Gemüse, ein paar Obstbäume.
Hinter dem Schuppentürchen sitzt Bligger noch immer auf der Latrine. »Abb. 61: anatomisch geformter Sitzdeckel einer Kloake« – Brettstücke solcher Deckel wurden in Gruben gefunden, ließen sich wieder zusammensetzen, wurden fotografiert.
Latrinen sind für Ausgrabungen oft sehr ergiebig. Es gibt mehrere Publikationen mit Titeln nach folgendem Muster: *Die Abortgrube des Klosters in... Die Funde aus zwei Fäkaliengruben beim Marktplatz in...* Solche Ausgrabungen ermöglichen oft erstaunliche Rückschlüsse auf den Alltag des Mittelalters. Denn sie waren zugleich Müllgruben in einer Zeit, in der nur sehr wenig Müll anfiel: Verpackungen gab es nicht, die Eßwaren wurden in Körben oder Krügen oder Holzgefäßen transportiert; Küchenabfälle wurden auf den Hof oder auf die Gasse, die Straße geworfen, wurden dort vor allem von Schweinen gefressen, auch von Ratten. Wurde ein Gebrauchsgegenstand weggeworfen, beispielsweise ein zer-

brochener Holznapf, so landete er in der Abortgrube, um spätere Archäologen für ihre Arbeit zu belohnen.
Und die haben solche Belohnungen verdient. Da wird in acht oder neun oder elf Metern Tiefe eine »zähe, schwarze« Masse von Faulschlamm freigelegt, jahrhundertelang von der Luft abgeschlossen, beispielsweise fünfzig Kubikmeter, die werden Eimer um Eimer nach oben geschafft, möglichst in kühler Jahreszeit, am besten im Winter: aus dem Faulschlamm blubbern dicke Blasen hoch, der Gestank würde sich mit steigender Temperatur verdichten. Oben wird der Faulschlamm nach »Einschlüssen« durchsucht, bei jedem wichtigeren Fundstück muß die »ungefähre Tiefenlage« notiert werden, obwohl die Gegenstände im Lauf der Zeit langsam abgesunken waren – dennoch, Rückschlüsse auf die Datierung sind möglich. Das meiste, das so gefunden wird, sieht man nie in einer Vitrine. Beispielsweise Kirschkerne. Stimmt die These, daß man Kirschkerne im Mittelalter geschluckt hat und daß sie so in die Grube gelangten? Oder hat man die Kerne ausgespuckt in einen Holzbehälter, hat den über der Grube ausgekippt? Und dann findet man beispielsweise Birkenreisig mit Blättern – von einem Pfingstfest, von Fronleichnam? Und Zwetschgenkerne »noch von Fruchtfleisch umschlossen« – hat man demnach keine Komposthaufen angelegt? Und ein »hartes Exkrementstück, stark mit Samenschalen von Roggen durchsetzt«, mit »Derbbrotresten«. Und Daubenschalensegmente, Daubennapfsegmente, Daubenschüsselsegmente. Und Kerne einer »hochgezüchteten Birne«. Und Apfelkerne. Und Eierschalen. Und Schalen von Haselnüssen, Walnüssen. Und Eicheln. Und Moosstückchen: Polytrichum-Moos. Und Maikäfer. Und »Knochen von Rind, Schwein, Ziege und Taube«. Und Daubenschüsselsegmente, Daubennapfsegmente, Daubenschalensegmente. Und Keramik-Bruchstücke. Und als Jubelfund: ein Stück einer Blockflöte! Und Stoffetzen – »durchweg Wollgewebe in Leinen- und Köperbindung, gut gewalkt und gefilzt, in sauber handgesponnenen Fäden links gedreht, rechts gezwirnt«. Und lohgegerbtes Rindsleder. Und ein komplettes Keramikgefäß – beim Ausschütten mit in die Grube gefallen? Und einiges Roggenstroh, viel Birkenrinde (teils mit Fettfüllung zu Kerzen aufgerollt) und »aus Waldreben gedrehte Stricke«. Und Holzteller, Holzschaufeln, Faßdauben, Fäßchen, Holzeimer, Bottiche.
Die Sickergruben als wahre Fundgruben; die durchsuchte »Füllmasse« wird abgefahren zur Verbesserung von Gartenerde – si-

cherheitshalber wird ihr »Verbleib« notiert, falls nachträgliche Untersuchungen notwendig werden sollten. Aber das Pollenspektrum beispielsweise wird gleich nach dem Ausheben geprüft: die Buche, die Birke, die Hasel, die Weide... Untersucht werden auch die Stoffetzen: die Läuseeier sind durchweg sehr zahlreich. Untersucht werden auch Kotrückstände mit ihren Bazillen, Bakterien, Pollen. Und es läßt sich beispielsweise feststellen, daß der Anteil an Kornraden-Samen erstaunlich hoch ist. Die Kornrade (einige von uns kennen sie wohl noch aus der Zeit vor der chemischen Uniformierung der Agrar-Monokulturflächen) wuchs in Getreidefeldern in solchem Ausmaß, daß im Mittelalter dieses Unkraut mit vermahlen werden mußte – mit vielen anderen Kräutern (Wolfsmilch!), die nicht immer gut waren für Magen und Darm. Und so weist eine paläo-ethnobotanische Untersuchung hin auf »eine erhebliche Belastung der Nahrung mit Giftstoffen im Mittelalter«. Bligger hat also nicht vor Gesundheit gestrotzt in einer biologisch intakten Umwelt – abgesehen von seiner Bänderverletzung am linken Knie konnten Moleste und Malaisen hinzukommen, ausgelöst von Beimischungen der Nahrungsmittel.
Und von Verunreinigungen des Trinkwassers! Die Situation hier auf dem kleinen Hof ist typisch: Brunnenschacht und Sickergrube dicht nebeneinander. Als Bewohner der Nordeifel kenne ich einige Reste der mehr als 80 Kilometer langen römischen Wasserleitung in die Stadt Colonia Agrippinensis, habe ein Buch über dieses Ingenieur-Werk gelesen: es wurde von den Römern Wert gelegt auf beste Qualität des Trinkwassers; Nutzwasser (beispielsweise für Gerbereien) wurde aus Bächen bezogen, die in die Stadt flossen; die Ableitung der Abwässer war sehr gut gelöst. Im Mittelalter ließ man die Einrichtungen römischer Ingenieure verfallen; man vergaß, was einmal selbstverständliche Errungenschaft gewesen war. Brunnenschächte und Abortgruben lagen in Dörfern und Städten des Mittelalters oft dicht nebeneinander, die Abwässer sickerten ins Grundwasser, und so begann der fatale Kreislauf: Bakterien, Viren gelangten ins Trinkwasser, die Folge war meist Durchfall, Bakterien, Viren wurden mit ausgeschieden, gelangten ins Trinkwasser...
Im Lauf der Zeit nahm vor allem in den Städten die Verschmutzung, Verseuchung des Trinkwassers immer mehr zu. Brunnen, die kein Wasser mehr gaben, wurden zu Abfallgruben, Sickergruben. Oder, wie sich später in Nürnberg zeigte, beim Wirtshaus zum Wilden Mann: man grub im Hof des Gebäudes nach Wasser,

wurde in etwa neun Metern Tiefe noch immer nicht fündig, gab hier auf, füllte den Schacht freilich nicht mit dem Aushub, benutzte ihn als Latrine; ein paar Meter weiter grub man erneut nach Wasser, wurde fündig. So lagen Brunnen und Latrine des Wirtshauses dicht nebeneinander, der Kreislauf konnte beginnen... Selbst wenn man nach Möglichkeit kein Wasser trank, es ›nur‹ in der Küche verwandte – der Kreislauf war vorgegeben. Das blieb so bis ins vorige Jahrhundert: 1884 mußten zwei Drittel der etwa 750 Brunnen in der Innenstadt Kölns polizeilich geschlossen werden, wegen Choleragefahr.
Einseitige, schadstoffreiche Ernährung, verschmutztes, ja verseuchtes Trinkwasser: in Arzneischriften des Mittelalters überwiegen Rezepte gegen Durchfall. Der wurde oft auch von Medikamenten ausgelöst, man legte großen Wert auf das »Purgieren« des Blutes, der Körpersäfte, und so wurde nicht nur regelmäßig Blut abgezapft beim Aderlaß (das »Aderlaßhaus« von Klöstern), viele Heilmittel waren purgierend, das heißt vor allem: abführend. Und wenn hier reichlich dosiert wurde: Diarrhoe...
Ein ›anrüchiges‹ Thema? Ich setze voraus: wir alle hier im Hof wollen möglichst genau wissen, wie man damals lebte. Also muß auch gefragt werden: womit wischte man sich ab? Als Kinder benutzten wir notfalls Grasbüschel, große Blätter – das war wohl auch damals so. Ausgrabungen zeigen weiter: man verwendete auch Moos (ein Archäologe schreibt genierlich-verlegen von »Toilettenpapier aus Moos«) und: Textilfetzen, Lumpen.
Bligger durchquert wieder die Küche, ein Wink zu seinem Ältesten, beide gehen ins Zimmer. Dort reicht Eberhart seinem Vater eine Art Unterhose, die »bruoch«: ein Kleidungsstück aus Leinen, zugeschnitten wie eine altmodisch weite Badehose. Diese ›Unterhose‹ wird mit einem schmalen Gürtel festgezogen – hier könnte Bligger auf Reisen den Geldbeutel anhängen, da wäre er sicher vor Beutelschneidern. Von der »bruoch« hängen vorn, seitlich, hinten Schnüre herab, aus Leder, etwa eine Spanne lang; insgesamt wohl sechs. Der Junge reicht seinem Vater den ersten Beinling: ein Mittelding zwischen Strumpf und Hosenbein – es ist rot. Bligger zieht den Beinling an; am Saum drei Bänder – Eberhart verknüpft sie mit einem vorderen, einem seitlichen, einem hinteren Band an der »bruoch«: er nestelt. Jemand nestelt an jemandem herum: die Sprache erinnert sich daran, daß jahrhundertelang Kleidungsstücke aneinandergenestelt wurden. Es wird, von Bliggers Zeit aus gesehen, noch lange dauern, ehe man Unterhose und Beinlinge zur

Hose kombinierte. Beim Annesteln des Beinlings an den hinteren Straps zeigt sich, daß hier in der Tat Hilfe notwendig ist – Bligger bräuchte eigentlich drei Hände. Nun aber hält er den Beinling straff, damit Eberhart ihn annesteln kann. Dem geschulten Blick zeigt sich sofort, ob Beinlinge straff genug sitzen: Bligger streckt das rechte Bein vor, setzt den Fuß auf, knickt das Bein ein, streckt es wieder, ist zufrieden. Der Junge bringt den zweiten Beinling, der könnte blau sein. Auch Bligger trägt »mi-parti« – vertikaler Kontrast zweier Farben. So kleidet man sich freilich nicht im dörflichen Alltag: Bligger will zur Burg seines Dienstherrn reiten.
Die Beinlinge bestehen aus Stoff und haben eine dünne, aufgenähte Ledersohle. Auf diesen Sohlen wird er nicht lang laufen können – aber ist das bei einem Knappen, einem Ministerialen notwendig? Der reitet meist, bewegt sich zu Fuß nur im Haus, in der Burg seines Dienstherrn, also kann der Verschleiß nicht groß sein. Ist diese dünne Ledersohle also ein Zeichen seines Standes? Ich, Bligger, brauche nicht zu laufen? Schauen wir noch mal zum Gassenfenster hinaus: viele laufen barfuß, es werden aber auch Schuhe getragen, und die sind sichtlich leicht, wie aus einem Stück Leder geschnitten. In Bliggers, in Wolframs Zeit und lange davor und lange danach, waren die Sohlen nicht stärker als das Oberleder. Auch hierüber gibt es Untersuchungen; im statistischen Durchschnitt war ein Paar Schuhe in etwa einem Monat durchgelaufen, man brauchte also zehn bis zwölf Paar Schuhe im Jahr. Sie waren als Massenartikel preiswert. Bliggers dünne Ledersohlen sind also kein Zeichen eines höheren sozialen Status...
Nun wird Bligger das Unterkleid, der Unter-Rock übergestreift: seine Hände stoßen aus den Ärmeln heraus, der Kopf schiebt sich durch die Halsöffnung. Eberhart gibt ihm den Rock: ein tunika- oder talarähnlicher Überwurf. Dieser Überrock reicht ihm bis zu den Knöcheln, ist dort »gezattelt«, also wellenförmig zugeschnitten; der Überrock ist kaum tailliert, ist hinten geschlitzt (»Reitschlitz«), hat lange Ärmel, einen kleinen Halsausschnitt, der gesäumt ist. Oder wollen wir Bligger gönnen, daß gestickte Borten aufgenäht sind?
Eberhart legt seinem Vater einen Gürtel um. Der ist nur bei reichen Adligen drapiert, bestückt. Beliebt waren kleine, in Ziermustern eingesetzte Edelsteine (zum größten Teil Imitationen aus gefärbtem Glas), aber die wenigen echten Edelsteine oder Edelsteinstücke hatten für ihren Besitzer vielleicht schon die erwünschten positiven Auswirkungen: ein Diamant oder Dia-

mantsplitter soll vor Gift schützen; ein Rubin verleiht Frieden, ein Saphir himmlisches Glück, ein Smaragd irdisches Wohlgefallen; ein Chalcedon gibt Kraft. Und Bernstein hilft gegen Asthma, »Bauchfluß«, Rheumatismus, hilft bei Hals- und Zahnschmerzen, hilft, wie schon die Farbe zeigt, bei Galle- und Leberleiden. Und der Amethyst vertreibt Melancholie, »verleiht Nüchternheit und klaren Verstand«, mildert die Auswirkungen von Unwetter, Krieg und Durchfall.

An Bliggers Gürtel sehen wir nicht einmal Edelsteinsplitter, dafür ein paar eingestickte Ziermuster. Dieser Gürtel scheint auf die Hüftknochen herabgerutscht; damit hat der Junge keinen Tadel verdient, im Gegenteil: so sitzt der Gürtel richtig.

Nun betritt Bligger die Küche gleichsam offiziell. Wie begrüßen sich an einem Vormittag Eheleute des Mittelalters? Knapp? Ausführlich? Ich weiß es nicht. Dann wenigstens diese Frage: wie ist seine Frau, wie sind die Kinder gekleidet? Wie Bligger: mit einer hemdartigen, fast knöchellangen Tunika, die Ärmel angeschnitten: die Kleidung von Männern und Frauen, von Erwachsenen und Kindern unterschied sich kaum. Hille wird freilich nicht Unterkleid und Oberkleid tragen, sie hat nur das tunika-ähnliche Unterkleid an, mit Gürtel. Was sie allerdings nicht trägt: eine Schürze – erstaunlicherweise wird es noch ein, zwei Jahrhunderte dauern, ehe bei der Küchenarbeit Schürzen üblich werden. Hilles Kleid wird also nicht gerade sauber sein. Aber bis in Goethes Zeit war es üblich, in Zentraleuropa, daß Kleidung mehr oder weniger schmutzig aussah – und müffelte. Die vier Kinder laufen barfuß, ihre Haare werden kurzgeschnitten sein, sie tragen keine Gürtel, und die Überwürfe werden etwa knielang sein: der »kurze Rock«. Den trugen auch alle, die körperliche Arbeit leisteten.

Die Familie ist versammelt, es findet die erste Hauptmahlzeit statt, die unserem Mittagessen entspräche. Das wurde schon gegen zehn Uhr eingenommen, im Sommer; im Winter gegen elf; die zweite Hauptmahlzeit gegen fünf oder sechs. Ißt die Familie in der Küche? Im Winter ganz bestimmt, sie ist der einzige heizbare Raum im Haus. Sitzt man am »Küchentisch«? Auch in Bliggers Haus wird es so sein: zwei Holzböcke (»Schragen«) werden hereingeholt, eine Holzplatte wird draufgelegt: die »Tafel«, die zum Schluß im genauen Wortsinn »aufgehoben« wird. An diesem Herbsttag spräche nichts dagegen, daß diese Tafel im Zimmer »aufgeschlagen« wird. Fünf Stühle oder Hocker; Jeutelein auf Hilles Schoß. In der Mitte der Platte ein Holztopf mit Brei oder

Grütze – ein »Daubengefäß«, wie es damals üblich war: eine runde Fläche als Gefäßboden; der Böttcher gruppiert trapezförmige Dauben (meist aus Kiefernholz) um dieses Rund, zieht sie mit einem Reifen aus zwei Weidenruten zusammen; dieser Reifen liegt dann in einer geschnitzten Führung; abgedichtet wird das Gefäß mit Harz oder Kienteerpech. Also: eine Daubenschüssel auf dem Tisch, jeder hat seinen Holzlöffel, und es geht los.
Nun bitte ich darum, mich nicht an den Tisch zu schicken und für alle abzuschmecken. Ich berichte nur: der Brei oder die Grütze besteht aus Roggenschrot, mit Wasser, Milch und Salz gekocht. Es ist errechnet worden, daß man im Mittelalter pro Tag ein gutes Pfund Roggen aß, als Erwachsener. Ein kleiner Teil dieses Quantums konnte auch Hirse oder Gerste sein – beides als Grütze. Vielleicht aß man überhaupt den größeren Teil des Getreides in Form solcher Grützen – zum Ausgleich lege ich rasch ein Stück Brot auf den Tisch.
Während die Familie Brot bricht und aus dem Topf löffelt, während die Kleinste gefüttert wird, eine weitere Anmerkung: Gabeln waren noch nicht üblich in Mitteleuropa; wenn man keinen Löffel benutzte, aß man mit den Fingern. Schon deshalb wusch man sich vor und nach dem Essen die Hände. Da es hier bei der Brei-Mahlzeit bleiben wird, liegen keine Messer bereit.
Das gemeinsame, wohl stumme Löffeln. Schaut Bligger seine Frau an? Lächelt sie zurück? Ich entwerfe Hille so: eine noch schöne Frau mit ›blühender Gesundheit‹, wie sie damals unter all den abgearbeiteten, von epidemischen Krankheiten gezeichneten oder entstellten Menschen besonders verlockend erschien. Und diese Hille bewegt sich so, daß man ihr ansieht: sie fühlt sich wohl in ihrem Körper. Tanzt sie bei jeder Gelegenheit mit im Dorf, nach Dudelsackmusik, nach der Musik eines Bläsers und eines Fiedlers – wilde Sprungtänze im Freien?
Ist es also nicht das stereotype Unglück im eigenen Haus, das ihn Glück in anderen Beziehungen suchen läßt? Möglicherweise sind hier nicht nur private Faktoren auslösend oder bestimmend, sondern: gesellschaftliche Konstellationen, und auch er folgt Mustern, übernimmt Rollen. Vor dem Grafen, vor anderen Ministerialen dastehen als jemand, der selbstverständlich eine Geliebte hat… Es könnte aber sein, daß auf Bligger diese Frau von Ende Zwanzig weitaus anziehender, schöner wirkt als Gräfin Margarete, zu der er im Liebesdienst aufblicken müßte. Und es könnte sein, daß er bei seiner Frau findet, was er bei seiner Geliebten ver-

mißt: Hille kann sehr unterhaltsam Geschichten erzählen, die sie von ihrer Mutter gehört hat, beim gemeinsamen Polieren der Würfel: fabelhaft bunte Geschichten.

Nun freilich schweigt sie. Und Bligger schlürft Grütze. Schauen wir uns solange in der Küche um. Die Feuerstelle, der ›Herd‹ – kein kniehoher oder hüfthoher Sockel, die Steinfläche für das Feuer direkt auf dem Boden. Und über dem Feuer hängt kein rußschwarzer Eisentopf: Eisen war zu Beginn des dreizehnten Jahrhunderts noch äußerst selten; nahten feindliche Truppen, so versteckte man alles, was aus Eisen war, selbst eiserne Feuerböcke. Im Hause Bliggers wird erst recht kein Bronzetopf benutzt – die kommen erst im Lauf des Jahrhunderts auf. Was auf der Feuerfläche steht, an die Flammen herangerückt, ist ein Keramiktopf. So heißt es in der Beschreibung eines Museumskatalogs denn beispielsweise: »Brauner Ton, mittelfein gemagert, rauhe Standfläche; durch Gebrauch als Kochtopf stark geschwärzt.« Manche Töpfe sind, zu nah an die Flammen herangerückt, geplatzt. Löcher und Lücken nennt man in Katalogen »Ausbrüche«; Bruchstücke, die nicht zusammenpassen, sind »Scherben ohne Anschluß«.

Was sehen wir noch in der Küche? Eine steile Stiege führt ins Obergeschoß, mit Falltüre. In der Nähe des Fensters (zum Hof) eine Arbeitsplatte: an der Wand angebracht, mit Stützen. An der Gegenwand ein Bord: Holzbecher, Daubennäpfe, flache Holzteller, Steinguttöpfchen, ein hölzerner Rührlöffel, ein hölzerner Kochlöffel, einige Messer (mit Horngriff), eine Daubenschüssel. Auf dem Boden ein größeres Faß (mit Sauerkraut), ein Bottich (mit Roggen), ein hölzerner Eimer (mit Wasser). Nirgendwo Glas, weder im Fenster noch auf dem Bord – Fensterglas war zu dieser Zeit noch äußerst selten, Trinkgläser konnten sich nur reiche Kaufleute leisten. Und erst Jahrzehnte später wird es üblich, Zinnbecher zu benutzen. Und Silberbecher gibt es höchstens in Burgen des Hochadels – aber selbst dort werden sie kaum benutzt. Wenn Wolfram in seinem Roman silberne Messer, goldene Ziergefäße präsentiert, sogar Trinkgefäße, die aus *einem* Edelstein geschnitten sind, so ist das Ausstattungs-Oper. Die Adligen, denen Wolfram aus seinem Werk rezitierte, tranken aus Holzbechern. Selbst zwei Jahrhunderte und zwei Jahrzehnte später, als es längst Zinn- und Glasbecher gab, war es an den meisten Höfen noch üblich, aus Holzbechern zu trinken. Enea Silvio Piccolomini (später Papst Pius II.) schrieb aus Deutschland an einen Freund: »Und

glaub nur nicht, daß man dir silberne oder gläserne Becher vorsetzt; bei jenem fürchtet man, daß er gestohlen, bei diesem, daß er zerbrochen wird. Du mußt aus einem Holzbecher trinken, welcher schwarz, alt, stinkend ist, an dessen Grund der Weinstein fest geworden ist und in den die Herren sonst zu pissen pflegen. Auch benützt du diesen Becher nicht allein, um nach Belieben Wasser zuzugießen oder den Wein pur zu trinken, sondern er wird von Hand zu Hand gereicht, und du mußt deinen Mund dort ansetzen, wo sich eben der verlauste Bart oder die schwärenden Lippen oder die stinkenden Zähne eines andren befanden.«
Bligger kommt nun in die Küche mit einem Napf, den Hille gefüllt hat, klettert die Stiege hoch in einen Raum mit niedriger Decke: ein Bett, die alte Frau. Ein Stuhl, eine Truhe, ein Kreuz. Er reicht ihr den Napf, den Löffel. Sie sprechen miteinander in ungebrochenem Alemannisch, in den Lautformen des 13. Jahrhunderts. Das schriftlich überlieferte Mittelhochdeutsch wurde nicht gesprochen: Hochsprache war Schriftsprache. Das blieb so bis ins vorige Jahrhundert: Frau Rat Goethe und ihr berühmter Sohn sprachen Hessisch, auch der ernste Jacob Grimm in seinen Vorlesungen, auch die schwärmerische Bettine von Arnim – diese Beispiele sollen schon genügen.
Bligger hält also mit seiner löffelnden, schlürfenden Mutter ein Schwätzchen, von dem wir selbst bei genauestem Hinhören kein einziges Wort verstehen. Mit Gräfin Margarete spricht er ebenfalls Alemannisch – das wäre auch so in den Dialogen, die er sich schon mal zurechtlegt. Die Stilisierung der Schriftsprache (die allerdings jeweils den Lautstand der Region des Schreibers zeigt), entspricht also nicht der Umgangssprache jener Gesellschaft. (Spätere Philologen werden die Stilisierung fortsetzen, indem sie eine möglichst einheitliche Form des Mittelhochdeutschen zu rekonstruieren versuchen, dabei einen Hendric van Veldeke in einen Heinrich von Veldeke verwandelnd – und so weiter.)
Bligger geht in sein Zimmer. Sein Zimmer: auch dies zeigt, daß er eine gehobenere Position hat – ein Zimmer separat für eine bettlägerige Frau, ein Zimmer separat für den Hausherrn, das gibt es sonst nicht. Außerdem: das Haus ist im Erdgeschoß gemauert – erst in diesem Stock die übliche Fachwerkkonstruktion. Dennoch heißt es in Dorf und Umgebung: Das steinerne Haus.
Zwei Hocker im Raum und eine Truhe. Während im Schlaf- und Wohnzimmer eine schmucklose Stollentruhe steht (die Stollen: vier breite Bretter an der Vor- und Rückwand) – ist dies ein Ei-

chenkasten: flacher Deckel mit Eisenbeschlägen, stirnseitig je ein Griff, damit man sie bei Feuergefahr leicht wegtragen kann. Weder ein Teppich auf dem Boden noch an der Wand. Ist wenigstens ein Kettenhemd aufgehängt oder ein Schild? Das wäre nicht sehr wahrscheinlich: ein Kettenhemd war sehr teuer, das hatte mehr als den Wert eines solchen Hauses, das mußte schon mit einem Bauerngut bezahlt werden; falls dieser Knappe überhaupt ein Kettenhemd besitzt (er könnte sich mit einem »Lederkoller« begnügen), so wird er es wahrscheinlich verliehen haben, beispielsweise einem Neffen, und das wohl unter zwei Bedingungen: er erhält in Naturalien eine Art Zins und: er bekommt das Kettenhemd sofort zurück, wenn sein Dienstherr von ihm Waffendienst fordern sollte. Der Schild könnte ebenfalls verliehen sein – ein Emblem des Bligger aus Hausen wird sowieso nicht auf das Leder gemalt sein. Schwert und (Kampf-)Sporen dürften in der Truhe liegen.
Bligger als Knappe – wie ist das möglich bei einem Mann über dreißig? Haben wir nicht gelernt: erst Page, dann Knappe, schließlich Ritter? Und Page wird man mit ungefähr sieben, bleibt es bis etwa vierzehn, und Knappe wird man ab zehn oder zwölf, bleibt es bis achtzehn oder zwanzig, und dann wird man zum Ritter »geschlagen«?
Auch hier mußte ich umlernen. Im Mittelalter lassen sich kaum Grenzlinien ziehen, weder geographisch noch juristisch. Vieles ist mehrdeutig, oszillierend – das zeigt sich auch bei zahlreichen Wörtern. Eins der schillerndsten deutschen Wörter ist »Ritter«, eins der schillerndsten Fremdwörter »ministerialis«.
Bligger als Ministerialer und – zumindest noch formell – als Knappe: es ist an der Zeit, seine soziale Position zu erörtern. Ich hätte es hier leichter, wenn ich einen wissenschaftlichen Text schriebe, da könnte ich unkommentiert den Begriff »Ministerialer« einsetzen – die Fach-Leser würden es schon verstehen... So aber muß ich doppelt arbeiten: alles soll wissenschaftlich abgesichert sein und zugleich anschaulich werden. Also: ein Ministerialer, was ist das eigentlich? Ich habe viele Informationen gesammelt, habe zum Teil widersprechende Aussagen gefunden, wage dennoch eine Antwort.
Ein Ministerialer und ein Knappe (oder Ritter) sind grundsätzlich von gleichem Rang, in gleicher Position: jeder ist »Dienstmann«. Ein Dienstmann ist seinem Lehnsherrn gegenüber zum Dienst verpflichtet. Es kann Dienst mit der Waffe sein (dann leistet er ihn als Knappe oder Ritter) oder Dienst in der Verwaltung. In der

Verwaltung dienend, kann man aber auch im Kriegsfall zum Waffendienst verpflichtet werden. In Zeiten ohne Fehden und Kriege aber besteht offenbar Arbeitsteilung: der Ritter hält sich in Übung mit seinen Waffen- und Kampftechniken; der Ministeriale arbeitet in der »Kanzlei« oder ist für seinen Herrn unterwegs, mit verschiedensten Aufträgen.
Beide Formen des Dienstes werden indirekt bezahlt: mit Dienstlehen, also durch Äcker, Ländereien, von denen man Einkünfte bezieht. Das schließt offiziell aus: daß man Bürger ist, beispielsweise Kaufmann, der Waren und Gelder umsetzt, dessen Einkünfte also direkt sind. Die Wörter: Lehen, Dienst, Ministerialer, Knappe/Ritter gehören zusammen, bilden einen Komplex: das Feudalwesen. Und hier gibt es – bei aller Vagheit, Bedeutungsbreite der Begriffe – eine ungefähre Rangstufung, und zwar nach der damaligen »Heerschildordnung«. Hier wird geregelt, wer welche Vasallen zum Kriegsdienst einberufen kann. Das Prinzip ist einfach: Träger des ersten Heerschilds können nur Träger des zweiten Heerschilds einberufen, Träger des zweiten Heerschilds nur Träger des dritten – und so weiter. Den ersten Heerschild tragen Könige, Kaiser, den zweiten geistliche Fürsten (Erzbischöfe), den dritten weltliche Fürsten, den vierten die »edelfreien« Vasallen (beispielsweise Grafen), den fünften die kleineren Vasallen, den sechsten die Ministerialen.
Damit sind wir an der Basis der Lehens-Pyramide, und hier wird es diffus, hier findet ein Diffundieren, eine Diffusion statt: ein Durchdringen, Vermischen. Die Verluste unter Adligen waren bei all den Kreuzzügen, Kriegen, Fehden, Turnieren, Epidemien sehr hoch, so brauchte der Adel nicht-adlige Helfer im Verwaltungsdienst, im Waffendienst; der Lohn waren Lehen – und damit wurden Dienstleute einbezogen, eingegliedert in das Lehnssystem.
Eigentlich (und das war noch so im Früh-Mittelalter) war ein Lehen nur die Berechtigung, geliehenes Gut zu nutzen; war der Dienst beendet, ging das Lehen an den Lehnsherrn zurück, er konnte es einem anderen Dienstmann übergeben, auf Widerruf. Im Lauf der Jahrhunderte freilich wurde aus Lehen: Lehnsbesitz. Damit sind widersprüchliche Begriffe gekoppelt, aber dieser Widerspruch wurde Realität. Arnold Hauser formuliert spätere Konsequenzen: »Dann werden die Lehen erblich und die Lehnsträger von den Lehnsherrn unabhängig. Mit der Erblichkeit der Lehnsgüter verwandelt sich schließlich der Berufsstand der Dienstmannen in den Geburtsstand der Ritter.« Vor allem in

Wolframs Zeit wird »das Rittertum zu einem Erbstand umgestaltet und zu einer nach außen abgeschlossenen Kriegerkaste«.
Ich halte fest: Bligger ist ein Ministerialer und damit Lehnsträger (Haus, Garten, ein Bauernhaus sind ihm von seinem Vater, ebenfalls einem Ministerialen, als Lehen vererbt worden); als Lehnsträger ist er Dienstmann, als Dienstmann ist er »unfrei« – ein juristischer Begriff. Ein Mitglied des alten und hohen Adels hingegen ist »edelfrei«, und das heißt: adelsfrei.
Aber: auch Adlige können Ministeriale sein. Beispielsweise Herzöge, Grafen, die Trägern des ersten und zweiten Heerschildes dienen. Und Ministeriale dienen in führenden Positionen einem Erzbischof, einem Fürsten. Es gibt aber auch Ministeriale, die für Klöster arbeiten.
Da wir hier wieder im Bereich des Diffusen sind, will ich die Frage stellen, ob Bligger standesgemäß geheiratet hat. Müßte ein Ministerialer nicht eigentlich die Tochter eines Ministerialen heiraten, und nicht die Tochter eines Handwerkers, eines Bürgers, der außerhalb des Lehnssystems Geld verdient? Auch damals gab es Kompromisse, ja, der Spielraum für Kompromisse war erheblich größer. Das zeigt sich im damaligen Köln: »Dieselben Persönlichkeiten werden in den Zeugenlisten zuweilen zur Bürgerschaft, zuweilen zur Ministerialität gerechnet«, schreibt Luise von Winterfeld. Wenn also ein Bürger Ministerialer, ein Ministerialer Bürger sein kann, so kann ein Ministerialer auch die Tochter eines Bürgers heiraten. Das hat noch nichts mit Kölner Klüngel zu tun...
Nun habe ich Bligger als Knappen bezeichnet, damit als potentiellen Ritter – ist er also nicht doch etwas Besseres? Ist er als Nichtadliger auf dem Weg zum Adel, wenn auch langsam?
Ritter bedeutete im Frühen Mittelalter eigentlich nur »Reiter«, und zwar: der gerüstete, schwer bewaffnete Reiter. Also: der Panzerreiter. Ein Panzerreiter sein, hieß noch längst nicht: ein Adliger sein. Die Panzerreiter stammten vorwiegend aus der Schicht der Unfreien, der »Dienstmänner«; etwa zwei Drittel aller Ritter entsprachen im Rang den Ministerialen.
Um die Wende vom 12. zum 13. Jahrhundert begann diese Entwicklung: der Begriff »Ritter« wurde hochstilisiert, der Ritter wurde idealisiert, vor allem durch die höfische Dichtung. Ein Beruf mit Nimbus, ein Wort mit Aura. Und der Knappe?
Der Dichter Rudolf von Ems (ein Zeitgenosse Wolframs, der den Eschenbacher freilich überlebt hat), stellt sich im Prolog seines *Guten Gerhard* vor als »Dienstmann zu Montfort« und als

»Knappe«. Das hat mich dazu angeregt, für Bligger diesen Status zu entwerfen: er wurde als junger Mann in der Waffentechnik des Panzerreiters ausgebildet, hat auch an Turnieren teilgenommen (hat sich bei einem Zusammenprall der Kombattanten-Pferde das linke Knie verletzt: einer der häufigsten Turnier-Unfälle), wurde aber nicht zum Ritter gegürtet – dazu waren ihm wahrscheinlich die Kosten zu hoch. Außerdem: in einer Fehde, in einem Krieg ist es belanglos, ob man Ritter oder Knappe ist – beide werden eingesetzt als Panzerreiter. Es gibt nur ein kleines Zeichen des Unterschieds: der Knappe muß beim Ritt sein Schwert an den Sattelknauf hängen, der Ritter darf es am Gürtel tragen. Sind die Schwerter erst einmal gezückt, ist dieser Unterschied aufgehoben.

Was bedeutete dann eigentlich das Ritual der »Schwertleite«, der feierlichen Verleihung also des Schwertgürtels? Ich werde in einem späteren Szenario von einer Schwertleite berichten, hier nur dies: mit der Schwertleite wurde der Zeitpunkt der Volljährigkeit gefeiert. Die Volljährigkeit war allerdings nicht festgelegt mit einer verbindlichen, bindenden Altersangabe; volljährig wurde der Knappe, der hinreichend die Kampftechniken beherrschte und der heiratsfähig war. Es gab Knappen, die mit 13 bereits zu Rittern gemacht wurden, üblich aber war dies mit 16, mit 18. Wer sich in diesem Alter den Aufwand nicht leisten konnte, wer keinen Lehnsherrn oder Lehrmeister, keinen Onkel oder Vater hatte, der für die Kosten aufkam, der konnte die Schwertleite aufschieben – notfalls bis zum St. Nimmerleinstag. Wer Knappe ist, muß nicht Ritter werden; wer die Ritterwürde erhält, steigt damit nicht auf – er ist und bleibt Dienstmann, in einer Spezialausrüstung für den Kampf zu Roß. Und zuletzt: selbst ein Ritter-Dienstmann kann nicht die Tochter eines Adligen heiraten.

Also: Bligger hat die ›Grundausbildung‹ eines Panzerreiters, wurde aber nicht zum Ritter gegürtet; dieser (nach damaligen Begriffen) alternde Knappe gehört gleichsam zur Reserve seines Lehnsherrn; er leistet ihm, solange Frieden ist, den Lehnsdienst nicht mehr mit der Waffe, sondern in der Verwaltung: Bligger ist Schöffe, innerhalb der Gerichtsbarkeit der Grafschaft.

Offenbar hat er heute keinen Termin: sonst säße er mit anderen Schöffen seit dem ersten Morgenlicht auf dem Gerichtsplatz im Freien – unter einer Eiche oder Linde oder auf der Zufahrtsrampe zur Burg, säße da mit übereinandergeschlagenen Beinen – das galt als Zeichen der Gelassenheit, und die war eine Voraussetzung gerechter Urteilsfindung. Bligger wird wohl zur Burg reiten, um Dienstbereitschaft zu bekunden; er läßt sich Zeit. So können wir uns in seinem Zimmer noch ein wenig umschauen.

Auf der Truhe ein Rahmen mit parallelen, dünnen Holzleisten, mit Holzkugeln, die sich verschieben lassen beim Rechnen. Daneben ein verziertes Kästchen mit Messingbeschlägen. Diese sogenannten Minnekästchen gab es damals sehr häufig, sie werden in der Forschung auch als Briefschatullen bezeichnet. Freilich hatte das Wort »brief« zu Bliggers Zeit noch die Bedeutung »Dokument«. So werden in dieser Schatulle keine privaten Briefe liegen, die gab es damals so gut wie überhaupt nicht, sondern beispielsweise Pachtverträge.

Neben dem Dokumentenkästchen eine Wachstafel, ein metallener Schreibstift. Sollte Bligger schreiben können? Schreibgriffel aus Knochen oder Horn, Eisen oder Bronze wurden und werden so zahlreich gefunden bei Ausgrabungen mittelalterlicher Siedlungen, daß Archäologen die Frage erörtern, ob damals wirklich nur clerici lesen und schreiben konnten, und nicht auch laici. Ich werde später darauf eingehen. Hier setze ich, indem ich Wachstäfelchen und Schreibgriffel auf Bliggers Truhe lege, voraus, daß er zumindest Zahlen notieren kann. Vielleicht ist diese Wachstafel auch nur ein Mittel, um Verhandlungspartner zu beeindrucken: Ich kann Zahlen schriftlich festhalten, sei auf der Hut, liefere pünktlich und in vorgeschriebener Qualität, wozu du laut Pachtvertrag verpflichtet bist, hier wird nichts vergessen, wird nichts übersehen...

Bligger sitzt reglos. Seine Mutter ist still – nach dem Essen wird sie schläfrig, sie hat nach dem letzten Nachtwächterruf nicht mehr geschlafen. Hilles Stimme von unten, sie spricht mit einem der Kinder, lacht auf. Wenn er wieder hinuntersteigt, wird sie mit den beiden Ältesten bereits wieder hinausgegangen sein, zum Garten vor dem Dorf. Elsemut wird auf Jeutelein aufpassen, wird dabei mit anderen Kindern spielen, im Hof. Und womit spielten Kinder in dieser Zeit? Beliebt war das Peitschen von Kreiseln – ein Kreisel bestand aus massivem Holz, war kegel- oder kelchförmig, ein paar Zentimeter hoch. Beliebt war auch: den Reifen mit dem Stock neben sich hertreiben; auf Stelzen gehen; Windmühlen bauen; auf dem Steckenpferd reiten; mit Puppen spielen; Astragale werfen: »Sowohl die Sprunggelenke des Schafes (Astragale), wie auch die Zehenknochen des Rindes wurden zum Spielen benutzt. Beide Spiele sind seit der Antike bekannt, und Astragale wurden Kin-

dern sogar mit ins Grab gegeben. Die unregelmäßig geformten Sprunggelenkknochen wurden hochgeworfen und fielen auf eine ihrer 4 Flächen, die unterschiedlich viel zählten. Man verzierte Astragale daher bisweilen auch mit Kreisaugen, um die Punktzahl besser hervortreten zu lassen. Die Zehenknochen wurden meist hintereinander aufgestellt und dann mit Murmeln aus gewisser Entfernung beschossen und ›umgekegelt‹. Zu diesem Zweck hat man die Standfläche dieser Gelenkknochen auch manchmal mit Blei gefüllt. [...] Mit Astragalen spielten sicher Kinder aus allen Schichten sowie auch Erwachsene.«
Bligger aber denkt nicht an Astragale, er denkt an Margarete: was, wenn sich im Liebesgespräch herausstellt, daß sie gar keine Liebesbeziehung wünscht? Weil sie die Unruhe nicht haben will, die damit in ihr Leben käme, die bekannte Furcht, die bekannte Angst? Was sollte er ihr darauf sagen, oben in der Burg, in der Fensternische mit Blick ins Waldgrün? Vielleicht: es ist kein Argument gegen Liebe, daß sie Beschwernisse, Probleme schafft. Suchen wir nicht von Natur aus das Mühevolle, Gefahrvolle? Ja, auch diese Frage hatte der Mönch genannt. Der könnte ihm wohl auch sagen, ob Margaretes Einwand wirklich ernst gemeint wäre. Könnte sie so etwas nicht vorbringen, weil sie ebenfalls weiß, was in solch einem Gespräch gesagt werden muß? Und sie sagt dies eigentlich nur, weil eine Frau den Mann nicht allzu rasch erhören darf? Aber Hoffnungen müßte sie ihm schon machen, das gehört dazu. Denn sie soll in dieser Zeit der teils wachsenden, teils schwindenden, sich aber nie gänzlich auflösenden Hoffnungen prüfen, ob er es ernst meint. Wenn er schließlich die Prüfung bestanden hat – darf sie dann immer noch zögern, ihr Versprechen zu erfüllen? Wie sähe diese Erfüllung aus? Da gibt es diese Möglichkeit, hat ihm der Mönch berichtet, aber erst gegen Ende des langen Gesprächs: die »keusche Liebe« (sie wird auch von Andreas Capellanus so bezeichnet). Diese Liebe erlaubt es, sich zu küssen, sich zu umarmen, sich auszuziehen, sich aufs Bett zu legen, sich überall zu berühren – nur nicht, sich zu vereinigen. Würde sich Margarete wenigstens auf solch eine keusche Liebe einlassen? Aber wenn sie einmal so beisammenliegen, wie der Mönch es beschrieben hat – ob sie sich nicht doch hingeben würde? Wie würde sich der Graf verhalten, wenn er dies erführe?
Graf Rainald: ein kleiner, gedrungener Mann mit fingerlanger Narbe über der rechten Braue. Tagelang ist er auf Jagd; Bligger wurde schon lange nicht mehr aufgefordert, mitzukommen; auf

einer der Jagden schoß er einen Hirsch, Rainald aber behauptete, *er* habe den tödlichen Pfeil abgeschossen, Bligger wurde wütend, sie schrieen sich an, der Graf schlug ihm den Handschuh ins Gesicht, verächtlich und zugleich strafend. Kein Anlaß mehr, mit diesem Mann Jagdgespräche zu führen! Und über Turniere wird auch nicht mehr gesprochen. In seiner aktiven Zeit war Rainald ein gefürchteter Lanzenkämpfer gewesen, aber: mit seinem Namen verbinden sich Berichte über Verstöße gegen das Reglement. So hatte er einmal, als ihm und seinem Gegner die Lanzen zerbrochen waren, versucht, den anderen Ritter zu sich aufs Pferd herüberzureißen – fast wäre ihm das gelungen, und das wäre für den Besiegten eine große Schande gewesen. Ein paarmal auch hatte er Knüppler eingesetzt, die auf den abgeworfenen Gegner solange einschlugen mit ihren Prügeln, bis der ein hohes Lösegeld zu zahlen bereit war. Ein paarmal hatte Rainald das Pferd des Gegners am Zügel gepackt und vom Turnierfeld gezerrt, das war unter bestimmten Konditionen zwar erlaubt, galt aber nicht als üblich, schon gar nicht als fein, aber so erbeutete er Rüstung und Waffen des Besiegten. Beim Lanzenkampf zu Pferd galt er als besonders schwerer Gegner, er war im sehr direkten Wortsinn: hals-starrig, hart-näckig, hart-schädlig. Und das hatte offenbar schlimme Folgen: eine Lanze traf seinen Kinnschutz, den ventail, sein Kopf wurde hart nach hinten gerissen, die Lanze glitt ab, Rainald blieb im Sattel, das wurde gefeiert; seither aber geschieht immer wieder dies: er beginnt zu stöhnen, sich zu krümmen, da sind Stiche durchs Hirn, vom Nacken her, da ist ein Tosen, Rauschen, Dröhnen in den Ohren, manchmal geht er in die Knie, krümmt sich zusammen, als wäre so die Angriffsfläche kleiner für den Schmerz, und er preßt den Kopf zwischen die Hände, manchmal soll er den Kopf sogar gegen die Mauer schlagen, um den Schmerz innen durch Schmerz von außen zu betäuben. Wenn er diese Schmerzanfälle hat, ist er besonders gefürchtet, da schlägt er Knechte und Bauern mit der Faust ins Gesicht. Und einem Pagen, der bei einer Übung versagte oder versagt zu haben schien, schlug er mit dem Übungs-Holzschwert mehrfach auf den Kopf, mit voller Wucht. Und Enide, ein damals zwölfjähriges Mädchen, seiner Frau anvertraut zur Erziehung, das soll er genotzüchtigt haben.
Gewalt ausübend, beklagt sich Graf Rainald über Gewalt: wenn er ausreite, sei er gezwungen, das Kettenhemd anzulegen; wenn man es nicht mit Räubern zu tun habe, dann mit einem der Nachbarn, vor allem mit Richewin, der könnte auf die Idee kommen,

ihn zu überfallen, zu verschleppen und nur gegen hohes Lösegeld freizulassen; wenn man nicht direkt angegriffen werde, so werde man in Auseinandersetzungen verstrickt – Bauern, die sich streiten, vor allem im Grenzbereich mit Richewin, bei all dem Streubesitz läßt sich nie mit völliger Klarheit bestimmen, wo die Weideflächen noch den eigenen Leuten oder schon denen des Nachbarn gehören, und diese Auseinandersetzungen werden von Bauern und Knechten in aller Härte ausgetragen, gleich danach wird ihm das gemeldet, mit viel Geschrei, und es wird von ihm erwartet, daß er das Problem endgültig löst. Aber wenn er entschieden reagiert, bedeutet das Fehde, privaten Krieg. Und wenn er den Eindruck erweckt, er sei zu nachgiebig, so mehren sich die Rechtsbrüche. Seit wie vielen Jahren allein schon die Auseinandersetzungen wegen der Fischereigerechtsame! Aber er will sich seine Fischereirechte am Fluß nicht weiter schmälern lassen – mehrfach schon kam es hier zu Übergriffen, das haben ihm seine Leute berichtet, und er ist sicher, daß Richewin gelegentlich auch seine beiden Fischweiher plündern läßt. Kürzlich hat er ihm sogar einen Bauern weggeschnappt, der Rinder auf eine von Richewins Weiden getrieben haben soll, hat ihn ins Verlies seiner Burg eingesperrt, und es besteht keine Hoffnung, daß der Fürst die Angelegenheit für ihn, Rainald, regelt; schon mehrfach hat er ihn gebeten, einzugreifen, aber es geschah nichts, also wird er wohl mal selbst etwas unternehmen müssen; eines Tages wird er die Burg des Richewin stürmen, und dann wird er sie schleifen lassen, kein Stein wird auf dem anderen bleiben!
Bligger sitzt reglos. Inzwischen hat Hille nebenan seine Mutter versorgt, hat mit den beiden Ältesten das Haus verlassen. Stimmen auf der Gasse; die Hammerschläge; Kinder singen ein Lied; Dachbalken beginnen in der Wärme zu knacken.
Bligger schaut ins Nebenzimmer: seine Mutter liegt mit geschlossenen Augen. Er steigt in die Küche hinunter, geht auf den Hof, in den Stall, holt sein Pferd heraus, sattelt es, führt es am Haus vorbei auf die Straße. Die Frau am Hühnerstand grüßt ihn, auch der Böttcher, der einen Weidenring über Dauben herabhämmert. Er sitzt auf, reitet im Schritt durch den Matsch, Fliegen werden aufgescheucht von Knochen, Kot, Glibberresten.
Häuser, die nah nebeneinander stehen, Häuser, die voneinander abgerückt sind. Gärten, in denen Heilkräuter wachsen werden, vor allem aber Erbsen und Bohnen, Kohl und Portulak – eine sehr beliebte Salatpflanze. Obstgärten mit Apfelbäumen, Birnbäumen,

Kirschbäumen, Pflaumen- und Zwetschenbäumen. Kein Beerenobst: es gab in den Wäldern genug Erdbeeren, Himbeeren, Brombeeren. Keine Zierblumen – dies haben Bodenuntersuchungen bei Ausgrabungen mittelalterlicher Siedlungen ergeben. Wozu sollte man auch Blumen ziehen, wenn ringsum alles blumenbunt war? Man sah Blumen offenbar gern: häufig werden in Texten Blumen genannt, werden auf Buchilluminationen Blumen dargestellt, in allen Farben der Blütenpalette. Besonders beliebt waren Maiglöckchen und Maßliebchen, Madonnenlilie und Schwertlilie, Schlüsselblume und Veilchen, Ehrenpreis und Immergrün, Johanniskraut und Goldlack, Levkoje und Akelei, Osterglocke und Pfingstrose, Goldlack und Rosenstock – meist Blumen mit religiösen Assoziationen: der Mariengarten, das Paradiesgärtlein...
Bligger kommt zum Kirchplatz, Marktplatz. Dort stehen Wagen, Karren, Pferde; auf Brettern werden Fische angeboten, Hühner; Fleisch ist ausgelegt. Bligger hält an, schaut zur kleinen Kirche: der Sandstein wird bemalt, mit tiefem Rot, sattem Blau, kräftigem Grün – ihm scheinen die Farben zu gefallen. Der Pfarrer kommt aus seinem Haus, stellt sich zu Bligger, sie tauschen Ansichten über diese Bemalung; der Pfarrer lädt ihn ein zu einem Becher Wein, doch Bligger verweist auf eine Verpflichtung, reitet erleichtert weiter. Er befürchtet, der Pfarrer könnte ihn fragen, warum er nur beim Burgpfarrer beichtet, während seine Familie in der Pfarrkirche zur Beichte geht. Und er befürchtet, dieser Pfarrer könnte auf das zu sprechen kommen, was ihm zu Ohren gekommen ist: daß er sich mit einem sündigen Mädchen im Badezuber vergnügt? Könnte der Pfarrer ihm nicht vorhalten, er sei auf dem Weg zur Hölle? Beischlaf eigentlich nur mit der Ehefrau und eigentlich nur an bestimmten, kirchlich zugelassenen Tagen und eigentlich nur zum Zweck der Fortpflanzung: das ist auch Bligger gepredigt worden. Und: nur der könne erlöst werden, der auf fleischliche Freuden verzichte. Aber hat nicht auch Bligger gelernt, daß die Frau den Mann verleite? Du, Eva, lebst fort mit der Schuld; du, Eva, bist es, die dem Teufel Eingang in die Welt verschafft hat; du, Eva, hast das Siegel jenes Baumes gebrochen; du, Eva, hast dich vom göttlichen Gesetz abgewendet. Geilheit; Unzucht; fleischliche Vermischung.
Wenn er diesem Dorfpfarrer, der strenger ist als der Burgpfarrer, all die Sünden der Gedanken und des Fleisches beichtet – welche Bußen würde er ihm auferlegen? Eine Wallfahrt? Das wäre noch

das Angenehmste – wie leicht finden sich bekanntlich Pilger und Pilgerin! Und wenn er ihm eine strengere Buße auferlegte? Aber wie vielen im Dorf müßte er dann ebenfalls strenge Bußen auferlegen! Allein diese Mai-Ehen, die im Grünen geschlossen werden, rings um das Dorf, und die Sommerehen, die sich einen langen Sommer wünschen und einen milden Herbst noch dazu – ist Unzucht verwerflicher, wenn sie im Badehaus stattfindet? Nur weil andere dort ebenfalls Unzucht treiben? Und überhaupt: hätte dieser Pfarrer ein Recht, ihn streng zu maßregeln? Heißt es nicht, er habe einen kleinen Sohn? Wird ihm nicht, neidisch und anerkennend, nachgesagt, er hure »wie ein Karmeliter«? Und zwar mit Bauernfrauen der Umgebung? »Solange der Bauer Weiber hat, braucht der Pfaffe nicht zu heiraten...«
Bligger ist mittlerweile zur Palisaden-Einfassung des Dorfs geritten. Ein alter Mann sitzt am Tor, das wie ein Scheunentor aussieht, nickt ihm zu, blinzelt wieder in die Sonne. Der Steg über den Graben – und Bligger ist im Freien.
Der Weg tief ausgefahren, Wasser in den Radrinnen. Getreidefelder. Gerste und Hafer wurden relativ wenig angebaut, auch Weizen: Weizenmehl wurde nur für feines, weißes Brot verwendet und für Oblaten. Den größten Anteil hatte der Roggen. In den Roggenfeldern, die also auch vor diesem Dorf überwiegen: besonders zahlreich die Kornraden. Und Kornblume und Acker-Hundskamille und Acker-Hahnenfuß und Kleine Wolfsmilch. Die Klettengewächse, Disteln. Und Acker-Rittersporn und Klatschmohn und Acker-Stiefmütterchen, vor allem an den Rändern. Entsprechend zahlreich Käfer, Bienen, Schmetterlinge, auf die Bligger nicht weiter achtet, für ihn ist das alles selbstverständlich: buntes Blühen, buntes Flügelschlagen.
Eine Anmerkung zum Klima: Bligger und Wolfram lebten (noch) in einer Wärmeperiode. Klimatologen haben von verschiedenen Faktoren abgeleitet, daß zwischen 750 und 1215 das Klima in Zentraleuropa trockener und wärmer war als heute. Die durchschnittliche Jahrestemperatur lag zwar nur etwa ein, zwei Grad höher, aber das bedeutete beispielsweise: Wein konnte weiter im Norden angebaut werden – in der Nordeifel, an deren Rand ich lebe, gibt es relativ häufig Straßenschilder mit Namen wie »Im Wingert«, »In der Weinkaule«. Und weiter: wenn Wolfram in nördlichem Ambiente Ölbäume erwähnt, so ist das nicht bloß Fiktion: zumindest für Frankreich ist erwiesen, daß Ölbäume erheblich weiter nördlich gediehen als heute; selbst im Land der Artus-Sagen, in

Wales und in Cornwall, wuchsen Oliven, sogar in der Nähe der Ur-Burg Tintagel. Bei allen Bedrängnissen, Unbequemlichkeiten, Beschwernissen, Plagen, Katastrophen jener Epoche: Bligger und Wolfram lebten wenigstens in einer wärmeren Zeit. Erst in Wolframs letzten Jahren nahm die Kälte wieder zu.
Bligger, der langsam dahinreitet, mit gesenktem Kopf, schreckt auf: ein Reiter kommt ihm entgegen, in einem roten Überwurf, mit einem Schwert am Gürtel. Der Verwalter der Burg – Bligger kann ihm nicht ausweichen, muß Anweisungen entgegennehmen: der Name eines Bauern wird genannt und der Name eines Köhlers, Bligger soll die beiden aufsuchen, noch an diesem Tag, die Herrin ist mit ihren Lieferungen unzufrieden: das Holz des Bauern für Küche und Kamin ist nicht ausreichend getrocknet, es knackt und zischt; die letzte Lieferung des Köhlers besteht mehr aus Holz als aus Kohle.
Ein kurzes Gespräch über einen Jagdunfall, dann wendet der Verwalter, reitet zur Burg zurück. Bligger ärgert sich – wäre er jetzt nicht zufällig hier geritten, so hätte der Verwalter den Bauern und den Köhler selber aufsuchen müssen! Dieser Verwalter tut so, außerhalb der Burg, als hätte er das Sagen und innerhalb der Burg, vor allem in der Nähe der Gräfin, ist er kleinlaut. Dort weiß jeder, daß Gräfin Margarete die eigentliche Verwaltungsarbeit erledigt, ihm genaue Aufträge erteilt, ihn für die Durchführung verantwortlich macht. So kontrolliert sie die Aufstellungen der Einkünfte, so ist sie es, die das Geld verwaltet, die Ausgaben überwacht: für die Almosen, für den Haushalt, für die Bezahlung der Köche, Knechte, Mägde, für Geschenke, für Garderobe, für Diverses. Und sie sorgt persönlich dafür, daß gutes Brot gebacken wird im Backhaus, daß in der kleinen Molkerei der Burg genug Käse hergestellt wird, daß Bier gebraut wird, daß Kerzen gezogen, Schinken geräuchert werden, daß genügend Fleisch für den Winter eingepökelt wird, daß Rohrzucker, Honig und Salz gelagert werden. Und bei all diesen Tätigkeiten, die Margarete zwar den Respekt, wenn auch nicht die Zuneigung des Grafen einbrachten, hat sie immer noch Zeit für das Weben, für ihre Nadelarbeiten, die weithin bewunderten Bortenstickereien – und für das Schachspiel. Bligger hat mit ihr schon viele Partien gespielt – fast jeder Besuch auf der Burg endet mit einem Schachspiel im Erker.
Bligger steigt ab an einer breitgefächerten Buche, setzt sich in den Schatten, schaut hinaus aufs Feld: Wind im Roggen. Ein Ham-

ster springt hoch, reißt eine Ähre herab; Krähen fliegen vorbei; fern ein paar Stimmen.
Wenn ihn die Gräfin als Mann akzeptieren würde, der für ihre Liebe dient – könnte es dann nicht (Liebes)Dienst am Schachbrett sein? Und er müßte sie einweihen in die höheren Geheimnisse des Schachspiels? Vielleicht müßte er auch deshalb noch mal zum Kloster reiten, und er spielt, wie früher, mit dem Prior, in einer Nachmittagsstunde. Er dürfte ihm wohl nicht sagen, weshalb er sich wieder einüben will ins Schachspiel, oder würde der Prior das gerne hören?
Dienst am Schachbrett – das wäre die einfachste und beste Lösung: regelmäßig würde er dann zur Burg reiten. Und Enide würde Schachbrett und Schachfiguren bringen – Enide ist inzwischen vierzehn Jahre alt und lebt noch immer dort, um von der Gräfin zu lernen, was sie als Frau können muß: das Weben von Leinen, das Sticken von Borten, das Singen von Liedern, und vor allem: das höfliche, das hofgerechte Verhalten. Aber Enide braucht das eigentlich nicht zu erlernen: sie ist still, sanft, freundlich. Wirkt so gelassen, selbst in Anwesenheit des Grafen, daß Bligger sich nicht vorstellen kann, Rainald hätte sie vergewaltigt. Enides Freundlichkeit ist allerdings nicht so groß, daß sie für ihn, Bligger, besonderes Interesse zeigt – er ist für sie nichts als der Dienstmann. Manchmal, wenn er weiß, daß Margarete ihn nicht im Blick hat, schaut er dem Mädchen nach – halb Kind, halb Frau. Sie wird schön werden! Bligger zwingt sich, nicht weiter an sie zu denken: Liebesgespräche mit der Gräfin, darum geht es doch. Und vorbereitend die Schachpartien. Wie in einem Ritual werden die Figuren aufgestellt. Warum bewegen sich die Türme nur geradeaus? Weil sie sich wie die guten Richter verhalten: unbeirrbar. Und der König kann sich in alle Richtungen bewegen, um zu schlagen, er hat die Vollmacht dazu. Die Königin dagegen bewegt sich nur in der Diagonalen, das soll bezeichnend sein für Damen, für Frauen. Und die Ritter, die Springer? Zwei geradeaus, ein Feld schräg, weil sie einerseits als Grundherren Einkünfte beziehen, die rechtens sind, auch Lehen haben, die rechtens sind, und weil sie sich im Schrägsprung aneignen, was ihnen nicht zusteht...
Und wenn Gräfin Margarete mit dem Dienst am Schachbrett doch nicht zufrieden ist, mehr von ihm erwartet? Zum Beispiel die indirekte öffentliche Erklärung, daß er ihr in der Liebe dienen will? Natürlich dürfte das nur ganz allgemein formuliert sein, ihr Name dürfte nicht genannt werden, und doch müßte klar werden, wer

gemeint ist. Wie könnte dies zwischen Sagen und Verschweigen besser vermittelt werden als in Liedtexten? Bligger kann nicht dichten, aber es gibt ja genügend Liedtexte. Soweit er sie gehört hat: nie wird der Name der angebeteten Dame genannt, und es gibt auch keine oder so gut wie keine verräterischen Details – man könnte sie also übernehmen. Freilich: es müßten Lieder sein, die auch überzeugend klingen, wenn er sie singt mit seiner etwas heiseren, ungeübten Stimme, von möglichst vielen Instrumenten begleitet. Wie an solche Lieder kommen?
Bligger starrt vor sich hin. Sein Pferd frißt sich im Feld vor – da schnellt Bligger auf, zerrt es am Zügel zurück, schaut sich um, sieht niemand, ist erleichtert. Im Kornfeld setzt der Butzemann Und steckt die Kinder in den Sack... Kinder, die ins Kornfeld laufen, Hascht und packt die Roggenmuhme, Drückt sie an die Eisenbrüste, Bis sie tot sind, frißt sie auf... Auch Erwachsene werden bestraft... Bligger steigt auf, setzt sich im Sattel zurecht. Jetzt weiß er, was er tun wird: in den nächsten Tagen zum Kloster reiten, mit dem Schreibmönch sprechen. Vielleicht kann der ihm werbende Lieder vermitteln.
Und Bligger reitet in leichtem Trab auf einen Pfad, der vom Hauptweg abführt. Rechts und links Felder, auf denen Unkraut wuchert, auf denen Hülsenfrüchte wachsen, auf denen Roggen wogt, im Sommerwind. Sieht auch er nun den Schäfer im Korn gehen mit den Schöpsen, den Schafen? Oder sieht er Wölfe durch die Felder streichen, im Korn jagen? Oder sieht er wilde Säue durchs Korn brechen, und sie jagen sich, beißen sich?... Getreide wogt, Getreide webt, Getreide zittert, büllert, bölgt... das Korn »begattet sich«, es »rammelt«... Ein Mädchen, das einen Mann haben will, zieht sich nackt aus, reibt sich mit Honig ein, wälzt sich im Haferfeld, eine Freundin löst alle Haferkörner von der Honighaut, die Körner werden gemahlen, werden zu einem kleinen Brot oder Küchlein verbacken, das reicht sie dem Mann, den sie will und der bisher nichts von ihr wissen wollte, und sobald er es gegessen hat, sticht ihn der Hafer. Und wenn sie einen Mann will, bloß noch nicht weiß, welchen? Dann muß sie sich nackt ausziehen, muß sich mit dem Rücken zum Herdfeuer stellen, muß sich vorbeugen, bis sie zwischen den gespreizten Beinen ins Feuer blickt, und in den Flammen die Züge seines Gesichts erkennt. Und diesem Mann wird sie das Brot, das Küchlein vorsetzen...
Er reitet etwa eine halbe Stunde, erreicht ein Bauernhaus: Balken, Flechtwerk, Lehm, tief herabgezogenes Dach – es sieht aus, als sei

das Haus auf der einen Seite mühsam aus dem Boden herausgewachsen, sinke auf der anderen Seite erschöpft in den Boden zurück. Er bleibt im Sattel, klatscht in die Hände, ruft. Eine Frau kommt heraus; sie trägt einen Rupfenstoffumhang, mit einem Loch für den Hals, zwei Löchern für die Arme, die sind dunkel, auch von Schmutz und Ruß. Sie verbeugt sich. Nein, ihr Mann ist nicht da, er arbeitet draußen. Und sie geht los, ihn holen. Bligger springt vom Pferd, setzt sich auf eine Bank unter einer großen Wildkirsche, streckt die Beine aus, läßt das Pferd grasen. Es wird ein kleines Geschenk notwendig sein, um die Ohren des Mönchs zu öffnen, seine Lippen zu lösen: was aber einem Schreibmönch schenken? Ein Fell für die Nieren? Einen Topf Honig? Wäre nicht auch denkbar, daß er den Mönch durch Freundlichkeit gewinnt? Und er fragt ihn beispielsweise, ob er jenes lateinische Lehrgedicht über Bocksblut und Diamant, über Bocksblut und Kristalle inzwischen abgeschrieben hat? Zeigt ihm damit, daß er einiges von dem behalten hat, was der ihm, sich in Begeisterung redend, nacherzählt hatte? Wenn man einen Diamant auf einen Amboß legt, mit schwerem Hammer auf ihn schlägt, so zerspringt er nicht oder zersplittert, sondern dringt in den Amboß oder in den Hammer ein; wenn der Hammer nicht aus Eisen oder Stahl besteht, sondern aus Schwarzblei, so zerbricht der Diamant sofort; wenn man ihn in Bocksblut legt, es erhitzt, so löst er sich auf wie eine Perle in Essig. Selbstverständlich hat das Lehrgedicht, an dem der Mönch schrieb, auch allgemeinere Bedeutung: das Blut der Güte besänftigt harte Herzen. Oder: Christi Blut bricht Herzen, die so hart sind wie Diamant. Aber wie wird im Text, den der Mönch abschreibt oder abgeschrieben hat, das Blut Christi in Verbindung gebracht zum Blut eines Bocks? Bligger hält Ausschau nach dem Bauernpaar, es ist noch nicht zu sehen. Steinschneider, Gemmenschneider wissen seit langem, wie man einen Kristall so weich kriegen kann, daß er sich mit winzigen Buchstaben beschriften läßt: man nehme einen Bock von zwei bis drei Jahren, binde ihm die Läufe zusammen, schneide ihm eine Öffnung zwischen Brust und Bauch, lege den Kristall hinein, lasse ihn sich erwärmen, hole ihn heraus, graviere, bis er wieder hart wird, lege ihn zurück ins Bocksblut, hole ihn wieder heraus, schneide weiter. So können selbst Diamanten beschriftet werden!
Nun kommt der Bauer: er braucht kein Stichwort, ich lasse ihn auftreten mit diesem neuen Abschnitt. Die Frau geht ins Haus zurück, der Bauer steht vor Bligger, der auf seiner Bank sitzt, der

Bauer muß sich anhören, was mit Entschiedenheit vorgetragen wird, der Bauer versucht sich zu verteidigen. Bligger sagt, er kenne die Schliche, die Lieferungen von Getreide und vor allem von Holz müßten aber in der von der Herrschaft geforderten Menge und Güte erfolgen, das war beim Holz nicht der Fall, es dampft im Kamin, in der Küche, so etwas kommt nicht noch einmal vor! Der Bauer sagt, vielleicht hätten Kochgehilfen reingepißt, da wird Bligger grob, und die Schultern des Bauern hängen nach vorn. Dies, so findet der Knappe, der Ministeriale, ist die ihm angemessene Haltung. Er hat seinen Auftrag erfüllt, befiehlt dem Bauern, ihm das Pferd vorzuführen, ihm den Bügel zu halten; der Bauer tut das, stumm.
Und wegreitend ist Bligger mit sich zufrieden: er ist in Schwung geraten, es sah am Morgen gar nicht danach aus; mit diesem Schwung könnte er auch gleich auf einen der eigenen Bauern einwirken, der hat ihm magere Hühner geliefert, zwar pünktlich und in der festgelegten Zahl, aber ihr Gewicht war eindeutig zu gering. Deshalb muß er streng ermahnt werden: bei weiteren Anlässen zur Unzufriedenheit könnte er das Recht verlieren, auf dem an ihn verpachteten Boden zu arbeiten! Wie lange schon hat er diesen Mahnbesuch hinausgeschoben... Sein plötzlicher Entschluß beschleunigt die Umwälzung des Bluts. Also fällt ihm das Denken leichter, und er hat eine Idee, die ihm den Kopf heiß macht: könnte er dem Mönch nicht den Auftrag geben, für ihn ein Lied zu schreiben, in dem er sich mit der Bitte um spätere Erhörung an eine Dame wendet, die ihn zwar nicht erhören darf, die sich aber letztlich doch erweichen läßt, erweichen lassen muß, in ihrem Herzen so rein und hart wie ein Diamant? Hat es einen so außerordentlichen Liedtext je gegeben? Der Mönch könnte ihn ja erst in Latein schreiben, und er macht danach eine gereimte Fassung in der Sprache, die er Volkssprache nennt, und so trägt es Bligger der Dame vor. Freilich, das setzt voraus, daß der Mönch es ihm so oft vorsagt, bis er es auswendig kann.
Bligger atmet tief durch. Der Himmel ist hell – nur einige sehr hohe, dünne Federwolken. Und zahlreich die Lerchen. Und langsam kreisend die Raubvögel. Und Singvögel überall. Und Fasane und Feldhühner. Und Hasen und Mäuse. Und Hamster. Er hat etwas Sorge, daß der Mönch ihm sagen könnte: dieses Herzerweichen mit Blut, das kennt man schon. Aber Bligger hat schon manches Minnelied gehört, auf der Grafenburg und früher auf Reisen, und nie ist besungen worden, wie das kristallreine, diamantharte

Herz der angebeteten, besungenen Herrin erweicht wird vom Blut des Mannes, der sich ihrem Dienst verschrieben hat. Muß die Herrin nicht auch wünschen, daß ihr Herz warm und weich wird? Und aus Kristallen und Blut entsteht etwas Neues? Eine Art Rubin? Ja, ein Rubin ist durchsichtig, ist kristallen, ist rot, sein Leuchten ist warm. Freilich, es müssen mehrere Planeten zusammenwirken in einer besonders günstigen Konstellation, damit dieser Wunderstein entstehen kann. Aber daß ihm so etwas Unvergleichliches eingefallen ist, ist das nicht schon ein Vorzeichen für eine günstige Konjunktion? Und an solch einem Tag soll er mit einem weiteren Bauern verhandeln und mit einem Köhler? Ist das nicht eine Trübung des Rubins, der in seinem Kopf leuchtet, und dessen Leuchten durch Stirn und Schläfen hindurch sichtbar sein müßte, zumindest als ferner Abglanz? Ist es sein Bauer wert, diesen Abglanz zu sehen, auch nur zu ahnen?

Der Bauer arbeitet vor seinem sehr kleinen Haus, repariert den Pflug. Sieht seinen Herrn kommen, arbeitet weiter. Und das so ruhig und selbstsicher, als hätte er das beste Gewissen. Die Bauern werden zu selbstbewußt, wo soll das hinführen? Soll die Ordnung der Schöpfung gestört werden? Den Bauern kleinschreien? Aber Bligger spürt, daß er milde ist, und daran ist der große Rubin schuld. Der Bauer kommt heran, nimmt den Zügel, ruft etwas zum Haus, und Bligger fügt ein paar Wörter hinzu, die werden ebenfalls ins Haus, in die Hütte gerufen. Er mustert mit dem Bauern den Pflug: die Pflugschar sitzt in der Tat zu locker, eine Eisenklammer wäre nötig, aber der Bauer hat kein Geld: Eisen ist teuer, die Zeiten sind mager. Nicht so mager wie deine Hühner, ruft Bligger, zumindest nicht wie die Hühner, die du mir lieferst, und er rennt hinkend los, packt ein Huhn am Flügel, trägt es an den Läufen, hebt das flügelschlagende Huhn: Das ist schwerer als die, die du mir geliefert hast! Der Bauer nimmt es in die Hand, er kann keinen Unterschied feststellen. Soll Bligger lachen oder schimpfen? Die Frau des Bauern bringt einen Holzbecher Milch. Die Haut ihrer Arme ist glatt. Eigentlich müßte der Bauer sie ihm anbieten, zum Ausgleich dafür, daß die Hühner so wenig Fleisch hatten. Die Frau geht in die Hütte zurück. Honighaut mit Hafer. Er schimpft mit seinem Bauern: nicht noch einmal so magere Hühner, sonst... Der Bauer widerspricht, also muß er noch lauter werden. Bei diesem Disput wird der Rubin kleiner, scheint zu schmelzen, das nimmt er dem Bauern übel. Und er befiehlt ihm, in den Wald zu laufen, den Köhler zu holen, hierher! Im Namen

des Grafen, fügt er hinzu. Er hat keine Lust, an diesem hellen Tag durch den finsteren Wald zu reiten und dann in dieses kilometerweit kahlgeschlagene Gebiet, an dessen Rand der Köhler vom Rauch seiner Meiler geschwärzt wird. Er soll sich beeilen, herrscht er den Bauern an; der holt sein Muli, steigt auf, trabt los.
Bligger trinkt den kleinen Daubenbecher leer, schaut auf den geschwärzten Boden. Müßte ihm die Bauernfrau nicht eine kleine Mahlzeit bringen – frisches Brot... Speck... Käse... womöglich ein gebratenes Feldhuhn? Was macht sie eigentlich da drinnen? Steht mit dem Rücken zum Herdfeuer, schaut zwischen ihren Beinen in die Flammen – und sieht ihn? Kommt heraus? Aber lieber wäre ihm, wenn Friederun dort erschiene, schon jetzt, gleich jetzt... Oder die kleine Enide, halb Kind, halb Frau... Knabenkraut und Eisenkraut... Efeu, Malve, Baldrian... Das rasche Herz der Fledermaus... Aber wollte er nicht an Gräfin Margarete denken?
Bligger schließt die Augen: der Rubin wächst... Ja, dieser warm leuchtende Stein kann nur unter besonderen Bedingungen entstehen, im Frühling, in der Woche der Wochen, in der sich Getrenntes verbindet... Nicht bloß die Einwirkung des Blutes auf den Diamanten, des Diamanten auf das Blut, da ist auch die Wirkung von Stern- und Planetenkonjunktionen... Beispielsweise gibt Merkur sein flüchtiges, dennoch notwendiges Element dazu, ein Spritzer von seinem Urin, der kommt von sehr hoch herab, trifft in den Tigel mit Blut und Diamant, das Element verflüchtigt sich sofort, aber indem es sich verflüchtigt, bindet es Diamant und Blut, macht sie zu etwas Drittem... In dieser Zeit müssen Sonne wie Mond sichtbar sein, die wenn auch blasse Mondscheibe, und Sonne und Mond bekämpfen sich, dieses Bekämpfen ist zugleich eine Vereinigung, denn bei diesem himmlischen Lanzenkampf von Sonne und Mond, bei dem sie mit Lichtlanzen aufeinander losreiten, schützen sie sich mit Schilden, auf denen jeweils das Wappenemblem des anderen gemalt ist, die Sonne mit dem Bild des Mondes, der Mond mit dem Bild der Sonne, in jeder Erscheinung das Gegenbild, alles gehört zusammen... Mondlanze, Lichtlanze – wäre das nicht ein Emblem, wie es zu ihm passen würde? Eine Sonne in dunklem Feld und ein Mond in hellem Feld, in der Mitte ist das Wappen geteilt, und eine Lichtlanze von links und eine Lichtlanze von rechts, über die Teilungslinie hinweg, und dort, wo sich die beiden Lichtlanzen kreuzen: der Rubin! Und an diesem Emblem erkennt ihn jeder sofort: Bligger von Hausen!

Und der legt eine Lanze ein, bricht eine Lanze für die Dame, die er liebt, und die ihn liebt, wenn auch im Verborgenen, worauf man bei jeder Gelegenheit öffentlich anspielt. Aber wahre Liebe blüht nur im Verborgenen, so hat der Mönch gesagt, der das Buch des Andreas Capellanus abgeschrieben hat für die Klosterbibliothek: beispielsweise die Liebe eines Mannes, der verheiratet ist, zu einer Frau, die noch nicht geschieden ist. Dagegen ist Liebe nicht möglich, prinzipiell nicht, zwischen Ehegatten. Und weil das einer der Kernsätze jenes Traktats ist, wird der Mönch ihn lateinisch zitiert haben: »Dicimus enim et stabilito tenore firmamus, amorem non posse suas inter duos iugales extendere vires.« Bligger hat das damals nicht verstanden, er kann nur ein paar lateinische Kirchenworte, er hat diesen Satz also auch nicht behalten können, ich muß ihn hier an ihm vorbeireichen.

Und weil ich sowieso schon an Bligger vorbeispreche, vorbeischreibe, gleich noch ein paar Anmerkungen. Andreas war Ende des 12. Jahrhunderts so etwas wie ein leitender Sekretär am Hof zu Troyes. Das System, in das André le Chapelain die Liebe brachte, liber primus, liber secundus, liber tertius, es feiert zwischen praefatio auctoris und conclusio libri die Steigerung von Sehnsucht: mit einer anderen schlafen ist schön, aber die Hohe Liebe ist hier nicht; Sehnsucht lebt davon, daß sie sich nicht erfüllt; Liebe muß unsicher sein, stets bedroht, von Feinden umgeben, von Hindernissen umstellt; wahre Liebe erfüllt sich letztlich nur darin, daß ihr die Erfüllung verwehrt wird. Aber auf diesem Weg zur Nichterfüllung: die Selbsterziehung, das Verfeinern des Mannes, das Einüben höfischer Tugenden, das Wahren strenger Formen gesellschaftlichen Verhaltens. Insgesamt also: Sublimierung, Sublimierung! Und eine der schönsten Blüten der Sublimierung ist der Minnesang.

Für Bligger freilich ist die Definition von Sehnsucht (noch) nicht so wichtig wie der Kernsatz, nach dem Liebe in der Ehe nicht möglich sei. Dieser Leitsatz der Liebeslehre ist zugleich ein Erfahrungssatz höfischen Lebens: wenn sich zwischen einer Frau und einem Mann des Adels eine Beziehung entwickelte, die freiwillig, spontan, intensiv war, so mußte es zwangsläufig eine Beziehung außerhalb der auferlegten Ehe sein.

Aus dem Kernsatz des Andreas Capellanus zieht Bligger den Schluß: will ein verheirateter Mann lieben, so muß es für ihn eine Frau neben der Ehefrau geben. Diese Liebe zu einer anderen Frau schließt wiederum die Liebe zur Ehefrau aus – es sei unmöglich, hatte der Mönch referiert, daß man eine Frau liebe und zugleich mit Sehnsucht an eine andere denke; niemand könne zwei Menschen gleichzeitig lieben. Eine wahre Liebesbeziehung sei eine verbotene Liebesbeziehung, und es müsse alles getan werden, damit sie geheim bleibe. Freilich gibt es viele Hindernisse für die verbotene, die heimliche Liebe, aber gerade diese Hindernisse, so lehrt Andreas, machen die Liebe intensiver; eine Liebe, die es zu bequem, zu leicht hat, ist bald keine Liebe mehr. Je größer die Schwierigkeiten, hatte der Mönch gesagt, desto größer die Sehnsucht, desto größer die Freude beim Wiedersehen, desto mächtiger der Wunsch, sich ganz zu gehören. Auch Eifersucht steigere eine Liebesbeziehung – doch nur, solange es nicht eine zu starke, gar zerstörerische Eifersucht ist. Aber zu wissen, daß ein anderer Mann die Geliebte haben will, um sie wirbt, ihr dient, das steigert den Wunsch, sie zu besitzen. Und wenn der Mann für längere Zeit fortreitet, so verstärkt das die Liebesgefühle der Frau. Hindernisse, Trennungen, Schwierigkeiten, alles steigert die Liebe – wenn sie nur nicht übermächtig werden. Wie viele Enttäuschungen muß ein Liebender ertragen können, wie viele Aufschübe? Ist der Liebende auf die Burg seiner Dame eingeladen, gemeinsam mit anderen, so darf er ihr nicht zunicken, er muß sie behandeln, als bestünde große Distanz zwischen ihnen, denn es gibt viele, allzu viele Menschen, die neidisch genau beobachten. Liebende, so hatte der Mönch betont, dürfen sich keine Zeichen geben – außer, wenn sie völlig sicher sind, daß niemand auch nur das Geringste bemerken kann. Freilich gibt es indirekte Zeichen, aber sie dürfen nicht zu auffällig sein: man pflegt sich mehr, kleidet sich besser, benimmt sich gesitteter. Und ist der Dame zuliebe mildtätig, ja generös – ein Liebender verschenkt gern; irdischer Besitz zählt kaum für ihn – wenn er sie nur haben kann!

Am sinnvollsten ist es, die Geschenke gleich der geliebten Frau zu überreichen. Der Mönch hatte ihm eine kleine Liste aufgezählt: Haarbänder, Spangen, Spiegel, Gürtel, Handschuhe seien sehr geeignet, auch Seidenbänder, Horngefäße, Ringe, Büchsen, Spezereien, Kannen, kleine Truhen – alles soll schön sein, aber nicht zu aufwendig, es darf nicht Habsucht geweckt, es soll Erinnerung wachgehalten werden. Aber selbst einfachste Geschenke wird sich Bligger kaum leisten können – soll er sich also gleich den ersten Brief sparen? Armut und Liebe passen nicht zusammen, sagt Andreas, denn ein Liebender, der arm ist, muß dauernd daran denken, wie er an das tägliche Brot kommt, hier kann sich die Liebe nicht entfalten. Wer arm ist, kann mit irgendeiner Frau schlafen, aber Höhere Liebe, wie sie an Höfen gefeiert wird, ist nicht möglich. Wie leicht haben es hier die hohen Herren: Grafen (sofern sie nicht allzu hoch verschuldet sind) und Herzöge (falls ihre Gebiete nicht durch Feldzüge verwüstet sind) können mit reichen Geschenken ihre Damen gewinnen. Ein leuchtender Rubin, ja, das wäre ein Geschenk! Der müßte eingefaßt sein in einen Ring oder in eine Spange, mit der sie den Mantelumhang schließt, oder der Stein wird eingesetzt in einen metallenen Stirnreif, und dort leuchtet dieser Stein nicht nur nach außen, auch nach innen, durch die Stirnschale hindurch, erfüllt das Gehirn der Angebeteten mit warmrotem Licht.

Der Bauer und der Köhler sind herangekommen – Bligger hat so getan, als schlafe er. Und nun tut er so, als wache er auf, und da sollen die beiden ruhig mal staunen, wie rasch er ist: er richtet sich auf, kein Gemurmel eines Aufwachenden, er gibt die Klage der Herrin weiter, als hätte er sich selbst von der minderen Qualität der Holzkohle überzeugt: mehr Holz als Kohle, die Holzkohle muß aber wieder so gut sein wie in den vergangenen Jahren, vor allem im Hinblick auf den kommenden Winter, der allen Anzeichen nach besonders streng sein wird.

Aber hier ist der Köhler anderer Ansicht, auch der Bauer hat seine Beobachtungen gemacht, und so reden sie über Vögel, Tannenzapfen, Getreide, Fledermäuse, leiten von verschiedenen Beobachtungen unterschiedliche Vorzeichen ab, und bald schon beginnt der Köhler von völlig anderen Erscheinungen zu sprechen; es sind letzthin Hunde durch die Nacht gelaufen, hoch in den Lüften, eine ganze Hundemeute hat sich bei Donnergrollen ineinander verbissen, in den Wolken, schwarze Hunde, ein Knäuel. Und in einer anderen Nacht ist er von etwas sehr Kaltem berührt worden, und es hat sich an sein rechtes Bein geklammert, er hat das Knie einfach nicht mehr beugen können, hat mit steifem Bein den Meiler umkreist, hat den Jungen geschlagen, weil sein Knie sich nicht beugen ließ; er schätzt, daß dieses unsichtbare Wesen, das sich an sein Bein geklammert hat, so groß war wie der Hund des Schäfers. Nun spricht auch der Bauer von Gelenkschmerzen – vor allem nach dem langen Regen taten ihm sämtliche Knochen weh. Und seine Frau hat, obwohl sie noch jung ist... Und Bligger spricht von seiner Mutter, die nicht mehr aus dem Bett kommt, da helfen keine Kräuter. Vom eigenen Knie aber spricht er nicht, er denkt: wenn sie noch länger so beisammensitzen, wird der

Köhler vergessen, weshalb er gerufen worden ist, das heißt, er wird nicht den rechten Respekt entwickeln, und das wiederum heißt, er wird noch mal schlechte Holzkohle liefern, und der feuchte Qualm, der im Kamin aufsteigt, wird Bliggers Namen haben. Also steht er plötzlich auf, sagt, um all dies gehe es nicht, er habe außerdem noch zu tun, und er fordert mit äußerster Entschiedenheit, daß vom nächsten Mal an allerbeste Holzkohle geliefert wird. Bauer und Köhler sind erstaunt über den Auftritt, aber bei diesen Herren weiß man ja nie, woran man ist. Und weil er schon mal steht, bleibt er gleich stehen, redet noch etwas von Holzkohle, Holzkohle, geht zum Pferd, sagt einen kurzen Gruß, reitet weg im Trab.
Auf dem Weg ein Reiter, Bligger überholt ihn und schaut ihn von der Seite an: ein ausnehmend langer, schwarzhaariger Mann, der ihn mit grünen Augen so aufmerksam betrachtet, als hätte er noch nie im Leben einen Knappen, einen Ministerialen gesehen. Seine Kleidung wirkt fremdartig – als käme er beispielsweise aus Flandern. Bligger malt sich aus, während er weitertrabt, wie er sich mit diesem Reisenden unterhält, und er hört Neues aus einer Welt, aus der sonst nie Besucher in diese Gegend geraten, und er kann auf der Burg diese Neuigkeiten, beispielsweise aus Flandern, weitererzählen, schon sieht man ihn mit anderen Augen. Wie wenig Neuigkeiten eigentlich in diesem Dorf, kaum einer kommt heraus.
Bligger erreicht – mit diesem Satz – das Badehaus, steigt vom Pferd, bindet es an, geht hinein. Sprechen, Dampf, Lachen, Dampf, Platschen, Dampf. Der Bader steht gebeugt vor einem Mann, der leichenblaß ist, stöhnt: der Bader hält das Glied mit der linken Hand, bearbeitet die Eichel mit einem Bimsstein. Der Mann kann überhaupt nicht lachen über die Scherze ringsum; auch Bligger ruft ihm etwas zu: die liebe Lust, der böse Schorf... In jedem der etwa hüfthohen, runden Zuber aus Holz sitzen, essen, singen, lachen und reden drei bis vier Mann, meist ältere – die anderen arbeiten noch. Umhergehende Männer tragen Tücher um die Hüften, die meisten sind nackt. Gesichter mit Blatternarben; meist magere Körper; ausgeprägte Armmuskeln; gekrümmte Rücken. In einem Zuber schreien zwei alte Männer aufeinander ein, Bligger schlägt im Vorbeigehn mit flacher Hand ins Wasser; Gelächter.
Ein Durchschlupf. Schon während Bligger die schmale Türe öffnet, hört er rhythmisches Schwappen. Und er sieht einen pumpenden Rücken, sieht Augen, zu Schlitzen verkleinert, einen offenen

Mund. Bligger streift den Zwischenvorhang zurück, das alte Tuch, und da steht sie, neben dem zweiten Zuber: Friederun. Ihr sommersprossiges Gesicht, ihre rotblonden Zöpfe. Er preßt sie an sich, schaut auf das noch glatte Wasser. Im Nebenzuber schwappt es weiterhin; das kleine Keuchen der Frau, Brumm- und Knurrlaute des Mannes. Bligger läßt sich von Friederun ausziehen, steigt in den Zuber. Mit wenigen Handgriffen hat auch sie sich ausgezogen, ihr Kleid jetzt auf einem Ablagebrett, und sie steht nackt, damit ich einen Frauenkörper skizzieren kann, dessen Proportionen damals ideal erschienen: kleine Brüste, sanft vorgewölbtes Bäuchlein, ausladender Hintern, kräftige Oberschenkel. Friederun – eine Frau wie gemalt! So steigt sie zu ihm ins Wasser, und jetzt hat die ganze Welt für Bligger nur noch den Durchmesser dieses Zubers, wird gleich in seine Arme passen, und er wird sie zusammenpressen, als könnte sie nicht klein genug sein.

6 Nachgeschichte: ein Zeitsprung von etwa zwei Jahren in die Zukunft des Bligger von Hausen.
Er sitzt in einem Zelt mit drei anderen Männern rund um den Mittelpfahl, und sie würfeln – Würfe aus der freien Hand, auf ein Brett. Bligger hat eine kleine Wachstafel auf dem rechten Oberschenkel liegen, trägt mit einem Metallstift Zahlen ein: sie würfeln um Geld. Einer der Männer hat eine Narbe über der Braue: Graf Rainald. Neben ihm der Verwalter. Als dritter ein Soldritter. Sie sind unrasiert, verdreckt. Es pladdert aufs Zeltdach. Weiter entfernt Stimmen, unter ihnen eine heisere, die Befehle erteilt. Bligger legt seine Wachstafel beiseite: Will mal schauen, ob aus dem nächsten Schuß was wird. Er hängt sich eine Decke um, schlägt den Zelteingang zurück, richtet sich auf. Zertrampelter, schlammiger Boden; Pfützen, Rinnsale. Ein Feuer, das stark raucht; ein geschwärzter Kessel darüber, aufgehängt an einem Holz-Dreibein; ein Soldat in der Hocke, er schneidet Rüben, sein Haar hängt in Strähnen, sein Lederkoller ist eingedunkelt. Dieses Feuer in einem Kreis von acht Zelten – alle kleiner als das Zelt, aus dem Bligger kam. Angebundene Pferde mit nassen Mähnen, gesenkten Köpfen. Durch Baumlücken hindurch sieht Bligger in gleicher Höhe Segmente einer Burg. Etwa hundert Meter weiter sind in einer Lichtung des Hangs mehrere Männer mit einem großen Holzgerät beschäftigt.

Bligger muß nun doch Waffendienst leisten, die Burg des Richewin wird belagert: ein keineswegs freiwillig gewählter Dienst für die Herrin Margarete – Graf Rainald hat befohlen, teilzunehmen. Seit ungefähr sieben Wochen diese Belagerung.
Der Graf hatte versucht, die Burg im Handstreich zu nehmen – seine Wut über einen erneuten »Fischzug« seines Nachbarn hatte den kleinen Trupp rasch mobilisiert. Der Angriff war schon am Verhau aufgehalten worden, an der Vorbefestigung in der Senke zwischen Hang und Burg. Einige Knechte waren beim Angriff auf diesen Dornverhau, diese Palisaden in Fußangeln getreten, in Wolfsgruben gefallen, in ihre zugespitzten Pfähle. Erst beim zweiten Angriff konnte der Verhau durchbrochen werden; die Verteidiger zogen sich in die Burg zurück. Die Dornhecke wurde abgebrannt, die Palisaden wurden niedergerissen, das Vorfeld wurde nach weiteren Fußangeln, Wolfsgruben durchsucht – unter Beschuß.
Die Burg ist nicht umzingelt; Graf Rainald aber hat mehrere Posten so plaziert, daß Versorgung von außen her nicht mehr möglich ist. Und der Graf nahm einen erfahrenen Blidenmeister in Sold, der mit mehreren Zimmerleuten eine große Wurfmaschine baute. Auch wurde ein Schutzdach gezimmert, das ein paarmal ans Tor, zur Mauer geschleift wurde, um den Graben auf der Sturmseite aufzufüllen. Unter diesem Schutzdach, der »Katze«, soll der Rammbock angesetzt werden, hergestellt aus einem mächtigen Baumstamm. Aber vielleicht ist es nicht notwendig, diesen »Widder« gegen Tor und Mauer zu schwingen, es könnte sein, daß mit der Blide eine größere Bresche in die Ringmauer der Burg geschossen oder daß womöglich das Tor zertrümmert wird; ziemlich regelmäßig, nachdem man sich eingeschossen hatte, die Schleuderwürfe.
Bligger geht langsam zur Wurfmaschine hinüber. Selbst, wenn er diesen erzwungenen Waffendienst als Liebesdienst für Gräfin Margarete ausgegeben hätte, heimlich, öffentlich, es wäre nicht der Beginn einer höfisch rituellen Liebesbeziehung geworden, dazu hat sich in den beiden Jahren kein Stichwort ergeben. Zwar hat Bligger den Mönch aufgesucht, sie haben über das Lehrgedicht von Stein und Blut gesprochen, über den Rubin im Schnittpunkt der Konjunktionen, über einen Brief, einen eventuellen Liedtext, aber weiter ist Bligger nicht gekommen: allzu sehr waren die Gespräche mit Margarete von Gewohnheiten bestimmt – solch ein Brief hätte sie sehr verwundert, wenig erfreut. Viele weitere

Schachpartien mittlerweile, doch kein Einweihen in höhere Geheimnisse des Spiels: vielfach Räuberschach! Im letzten Jahr ist Bligger zwar öfter als früher zur Burg geritten, um mit Gräfin Margarete zu plaudern und mit ihr Schach zu spielen, aber das wurde zum Vorwand: er wollte Enide sehen, inzwischen fünfzehn Jahre alt. Das Denken an sie, die Wünsche nach ihr durchwuchsen, überwucherten sein Hirn, er wollte, will nur noch dies: daß auch sie nach ihm Ausschau hält, seine Nähe sucht. Er hat schon ein paarmal mit ihr gesprochen, sogar allein, aber sie gab ihm nicht das geringste Zeichen; sie sieht in ihm nur den Ministerialen, der gern Schach spielt. Dabei ist Bligger vom Gedanken fast besessen, sie in die Arme zu nehmen. Im Frühjahr soll sie in die Burg ihrer Eltern zurückkehren – vorher muß es sich ergeben! Wenn er sich ausmalt, wie er mit ihr beisammen ist, so sieht er sich mit ihr auf dem Bett, und es ist keine »keusche Liebe«. Weil sie kaum auf ihn achtet, weil er sie aber besitzen, wenigstens für einige Zeit in Besitz nehmen muß, und koste es ihn beinah das Leben, hat er einen Entschluß gefaßt, auf den er während der Belagerungswochen beinah fixiert ist: ein Liebeszauber muß sie gefügig machen! Als erstes hat er an das Wachskerzen-Ritual gedacht: geweihtes Wachs aus einer Kirche besorgen, aus diesem Wachs ein Herz formen, in dieses Herz etwas einkneten, das von ihm stammt, beispielsweise ein Stück Fingernagel oder drei Haupthaare oder zwei Haare von oben, eins von unten oder zwei von unten, eins von oben, sie in die Mitte dieses Herzens einschließen, mit Sperlingsblut ihren Namen auf dieses Wachsherz schreiben, es auskühlen lassen, dann in Flammennähe halten: wenn das Herz weich wird, so schmilzt auch ihre Gleichgültigkeit dahin.
Freilich, damit es soweit kommt, müssen noch so viele Faktoren zusammenwirken (bis hin zu Planetenkonjunktionen), daß ihm eine andere Lösung bald einfacher, auch erfolgversprechender schien: er wird eine Frau aufsuchen, die einen Liebestrank mischt, den er Enide bei geschickt gewählter Gelegenheit vorsetzt. Sobald sie den getrunken hat, wird sie nur noch an ihn denken, wird sie nur noch wünschen, ihm ihre Arme zu öffnen, wird sie ihm verfallen. Er hat sich im Badehaus umgehört, hat sich beim Schreibmönch erkundigt: ein Liebestrank wird hauptsächlich aus Kräutern hergestellt. Knabenkraut und Eisenkraut; Efeu, Malve, Baldrian; sehr wichtig: Alraun; selbstverständlich: Liebstöckel, Liebeskraut; Sonnenblume, Eichelschwamm; vierblättriger Klee. Dazu weitere Kräuter, Gewürze, die wird ihm die alte Frau aber

nicht verraten. Zusätzlich Schwalbenblut, etwas Kiebitzdrüse, ein Stückchen Fledermausherz. Diese Zutaten müßten so gering sein, daß man nichts davon schmeckt in der Kräutermischung, die er ihr am besten mit Würzwein einflößt: Zimt und Ingwer, Nelke, Kardamom... Und der Trank muß sofort wirken: wie ein Feuer wird es aus ihr herausbrechen, wie von feuriger Zunge wird sie nacktgeleckt... das Braune im Weißen... das Liebeskrautbüschel... die Liebeswurzel.
Ja, er nimmt es sich noch einmal vor: nach der Rückkehr keine Zeit mehr verlieren! Der Trank ist am stärksten in seiner Wirkung, wenn er in einer dieser drei Nächte gemischt wird: der Johannisnacht, der Mathiasnacht, der Andreasnacht. Und die läge am nächsten: Ende November.
Inzwischen ist Bligger vom Zeltkreis zur Blide hinübergegangen, schaut zu bei den Vorbereitungen eines neuen Schleuderwurfs – Plankenwände schützen vor störendem Beschuß mit der Armbrust. Solch eine machina jaculatoria kann nur eingesetzt werden, wenn Gerät und Ziel auf ungefähr gleicher Höhe sind: so steht sie auf einem kleinen Plateau des Waldhangs, der sich zum Vorfeld der Burg senkt, und oberhalb dieser Senke, auf einem Hügelsporn, der Sitz des Widersachers Richewin.
Die Blide sieht aus wie eine riesige Wippe, meterhoch zwischen zwei senkrechten Balken, die von kleineren Balken abgestützt sind. Die Achse nicht in der Mitte der Wippe, sondern asymmetrisch: etwa zwei Meter schräg hinauf, etwa sechs Meter schräg herab. Am kurzen, hochragenden Hebelstück hängt ein massiver Holzkasten, der mit Erde und Steinbrocken gefüllt ist; am Ende des langen Hebelstücks das dicke Lederseil mit dem Wurflöffel, zu dem man einen Felsbrocken rollt, der grob bearbeitet ist – zwar nicht zur Kugelform gemeißelt, aber doch abgerundet. Nicht nur an der Blide wird gearbeitet, auch an der Burg, die etwa fünfzig, sechzig Meter Luftlinie entfernt ist. Beschädigungen an der Ringmauer, Beschädigungen vor allem an der hölzernen Abdeckung des Wehrgangs – hier wird gezimmert. Zwei Kriegsknechte mit Kettenkapuze und Armbrust schauen oberhalb des Burgtors zu, wie die Blide zum Schuß vorbereitet wird. Die Männer auf der Burg, die Männer auf der (frisch geschlagenen) Lichtung rufen sich gelegentlich etwas zu, es klingt kumpanenhaft, man kennt sich seit Wochen. Wahrscheinlich auch ein zotiger Zuruf – jedenfalls zieht als Antwort einer der Blidenknechte den nassen Überwurf hoch, zeigt der Burg den Hintern; die drüben wollen was

anderes sehen; Gelächter auf beiden Seiten. Und es wird wieder am Wehrgang gehämmert, der Stein wird zur Löffelmulde gerollt. Vielleicht wird auch noch das Gewicht im Kasten erhöht: Männer auf einem Gerüst, das ebenfalls mit Bohlen und Häuten gegen Beschuß von der Burg geschützt ist. Es werden etwa 4000 Kilo Gewicht sein, die schließlich am kurzen Hebelstück hängen; der Steinbrocken wird rund 1000 Kilo wiegen. Im vorigen Jahrhundert haben französische Militärs solche Schleudermaschinen rekonstruieren lassen und getestet: demnach ist dies eine kleine Blide. Das größte, gefürchtetste Schleudergerät war der Tribok, dessen Gegengewicht fest am Schwenkbalken angebracht war; dieser Hebel konnte bis zu 16 Meter lang sein; bei einem Gegengewicht von etwa 16 Tonnen konnte man knapp anderthalb Tonnen schwere Steinbrocken rund 70 Meter weit schleudern.
Weil es damals noch keine Flaschenzüge gab, nur einfache Winden, wird man nach dem Schleuderwurf den herabgesausten Kasten geleert haben, zumindest teilweise, um ihn leichter wieder hochschwenken zu können. Mit diesem Gewicht ließ sich die Wurfweite regulieren; bei verringertem Gegengewicht konnte man mit einer Blide auch Fässer schleudern, die mit Jauche oder Kot gefüllt waren, oder mit Kadavern, Leichen, mit lebenden Gefangenen oder Bienenkörben. Am gefürchtetsten waren Behälter mit Griechischem Feuer; diese Mischung aus Petroleum, Pech, Schwefel, Harz, Kohle und weiteren Zutaten brannte wie Phosphor, ließ sich mit Wasser nicht löschen; erst nach vielen Versuchen fand man ein Gegenmittel: Sand mit Weinessig und Urin. Griechisches Feuer aber wird bei der Belagerung dieser recht kleinen Burg nicht eingesetzt. Vielleicht wird man zum Steinbrocken noch ein Fäßchen Unrat legen: die auf der Burg sollen auch im Gestank umkommen.
Bligger sieht, daß es noch einige Zeit dauern wird, bis das Gegengewicht eingestellt und der Felsbrocken in den Wurflöffel gehoben ist, er schlendert weiter. Vor dem Abwurf wird sowieso das Lager alarmiert: willkommene Abwechslung. Sollte mit dem Wurf die erhoffte Bresche geschossen werden, könnte man bald darauf versuchen, die Burg zu stürmen. Bligger sieht alles bereitliegen: die Leitern, den mächtigen, vorn mit Eisen befestigten Stamm des »Widders«, das mobile Schutzgerüst. Wenn vor Einbruch des Winters die Erstürmung der Burg gelingt – wird Enide ihn dann freundlicher begrüßen? Er als einer der Männer, die den Sieg über den bösen Nachbarn, diesen »Fischräuber« errungen ha-

ben? Und sie läßt gerne zu, daß er die hölzerne Feldflasche öffnet, ihr etwas anbietet vom Würzwein, von dem er – so wird er ihr erzählen – gleich nach dem Sieg getrunken hat? Und sie beide feiern fleischlich den Sieg?
Zu den pflanzlichen, auch tierischen Substanzen dieses Liebestranks muß etwas hinzukommen, das von ihm, von ihm allein stammt. Sonst könnte es geschehen, daß Enide einem anderen verfällt, womöglich dem Grafen oder dem Verwalter – sie muß Bligger wollen und keinen anderen. Haare, Nägel oder Ohrenschmalz – das wäre zwar üblich, aber wie würde das im Würzwein schmecken? Wenn aber Wasser beigegeben ist, das seinen Körper berührt hat – das würde ihr nicht auffallen. Tropfen vom Wasser, mit dem er sein Gesicht wusch oder, noch besser, die Achselhöhlen, oder, wahrscheinlich am besten: die Leisten. Und schon nach dem ersten Schluck schaut sie ihm in die Augen und kann den Blick nicht mehr von ihm lösen, sie geht, ihre Arme öffnend, in seine geöffneten Arme und muß sich ihm hingeben.
Bligger geht zum Zeltkreis zurück. Er wird wieder würfeln. Wenn er dreimal nacheinander eine Sechs wirft, wird das ein Zeichen sein, daß sein Plan gelingt.

7 Wolfram aus Eschenbach: wie war sein sozialer Status? Hier stellt sich zugleich eine der schwierigsten Fragen der Sekundärliteratur: war Wolfram ein Ritter? Im vorigen Jahrhundert ist diese Frage mit oft vaterländischer Begeisterung bejaht worden: Unser großer Dichter des Hohen Mittelalters war ein Ritter in schimmernder Wehr, ein überzeugter Staufer noch dazu, er war adelig von Geburt, war es auch seinem ganzen Wesen nach, und so sang er in seinen Erzählwerken das hohe Lied des Rittertums! Hier, auch hier mußte Entmythologisierung ansetzen. Im Gegenschlag des Pendels erreichte man schließlich folgende Minimallösung, hypothetisch: Wolfram stammt aus einer Familie, von der sich nicht einmal nachweisen läßt, daß sie Ende des 12. Jahrhunderts bereits Ministerialenstatus erreicht hatte; in dieser Familie war er womöglich nicht einmal erbberechtigt oder er wurde – als Erstgeborener – enterbt; auffällig ist jedenfalls, daß er von Gahmuret wie von Willehalm erzählt, sie seien enterbt worden, obwohl davon nichts in den Vorlagen steht. Karl Bertau, auf den ich sonst gerne höre, hat eine Vermutung von Wolfgang Mohr aufge-

griffen (auf den ich sonst auch gerne höre): Wolfram sei ein »armman« gewesen, von Bertau übersetzt als »Lohnritter«. Vielleicht war er auch ein »armer rîter«, und das wäre ein Ritter ohne Lehen, also ebenfalls ein Soldritter. Karl Bertau hält es für realistisch, »sich Wolfram als Ausrufer und Reporter bei Turnieren und als vortragenden Dichter bei Festlichkeiten kleinerer und größerer Herren vorzustellen, eben als *armman*, wie Mohr das erwogen hat. Wenn Wolfram behauptet: ›Dienst mit Schild und Schwert ist mir angestammt‹ (Parz. 115, 11), so tut er das, damit man ihn nicht für einen bloßen Literaten hält, vermutlich gerade weil man ihn für einen Literaten halten könnte, sonst wäre solche Beteuerung unnötig.«
Ich möchte hier ebenfalls realistisch sehen. Wenn ich nun schreibe: Wolfram war Ritter – wird damit die Entmythologisierung zurückgenommen, und ich bin wieder beim schönen Glauben von Großphilologen des neunzehnten Jahrhunderts? Zu erklären: Wolfram war Ritter – wäre das ein Anlaß, Ah und Oh zu rufen? Ich habe bewußt das Szenario über den Alltag eines Ministerialen und Knappen vor dieses zweite Kapitel der biographischen Rekonstruktion gestellt; ich bin überzeugt, daß die Lebensumstände, der Lebensstil bei Wolfram so ähnlich waren. Ganz bewußt aber habe ich hier eine Spielfigur eingeführt – also kein verkapptes Portrait! Dennoch: viele Entsprechungen in Details. In einem späteren Szenario werde ich berichten, worin die Tätigkeit eines Ritter-Dienstmannes bestehen konnte. Ich fasse zusammen, nehme vorweg: ein schwerer Reiter, ein Panzerreiter hatte einen reichlich unbequemen, zum Teil höchst riskanten Dienst. Und: ein Ritter war nicht von vornherein etwas Erlauchtes. Man würde auch nicht behaupten, ein Unteroffizier sei Mitglied einer exklusiven Offizierskaste. Vielleicht hatte Wolfram wirklich nur eine Art Unteroffiziersrang. Auch das sind assoziative Verbindungen, keine Gleichsetzungen! Ein Ritter: ein Berufssoldat zu Pferd, mit spezieller Ausbildung und Ausrüstung. Und er wurde indirekt bezahlt: im Lehnsverhältnis. Ein Soldritter wurde anders bezeichnet: er war »soldier«. Wolfram hat sich nie als »soldier« bezeichnet, hat vielmehr betont, daß er Ritterdienst leistet.
Bevor ich mich weiter mit diesem Problem befasse, eine allgemeine Frage: Wie halten wir es eigentlich mit Aussagen von Dichtern? Das Merkwürdige, höchst Erstaunliche ist doch: Wolfram hat nirgendwo in seinem Werk angedeutet, daß er *nicht* erbberechtigt war oder enterbt worden ist, daß er sich als Herold oder

Ausrufer durchschlug, als Wort-Held also. Wolfram hat klargestellt: er ist von Geburt und Abstammung aus zum Schildesamt, also zum Waffendienst im Lehnsbereich bestimmt, und er ist stolz darauf. Wieso denken und schreiben viele konsequent an dem vorbei, was er formuliert hat?
Es ist fast zu einem Ritual von Wissenschaftlern geworden, Selbstaussagen mittelalterlicher Dichter als vorformulierte, vorgeprägte literarische Figuren, als Topoi zu bezeichnen, damit als Rollenspiel, Maskenspiel. Ja, da sind Stilisierungen, da ist die Distanz zwischen Erzähler-Ich und Autor, aber wieso, frage ich, dürfen wir Aussagen und Selbstaussagen weniger trauen, wenn sie gereimt sind? Glauben wir nur Dokumenten in Juristenprosa? Ausgerechnet in diesem Bereich zeigt sich, wie oft Dokumente mit Absicht formuliert wurden; das Mittelalter war eine große Zeit der Dokumentenfälschungen. Ich würde mich sehr freuen, wenn endlich ein dokumentarischer Hinweis auf Wolfram entdeckt würde (und natürlich würde ich diesen Fund am liebsten selbst machen!), aber: wir haben mehrere überlieferte Äußerungen des Dichters über sich selbst. Statt weite Umwege zu machen, zu denen uns Wolfram nicht die geringsten Stichworte gibt, sollten wir lieber auf das eingehen, mit aller Skepsis, mit aller skrupelhaften Genauigkeit, was der Dichter zu sich selbst gesagt hat.
Und nun ist es an der Zeit, den Text-Hauptzeugen aufzurufen. Ich zitiere in der überlieferten mittelhochdeutschen Form: »schildes ambet ist mîn art«. Ich übersetze: »Ich bin zum Ritterdienst geboren«. Der Kontext macht deutlich, wie selbstbewußt diese Aussage ist in Wolframs großer Selbstdarstellung und Selbstverteidigung, eingeschoben zwischen den Erzählabschnitt über Wolframs Vater und den Erzählabschnitt über Parzivals Kindheit. Wolfram äußert sich hier über Damen, die ihn kritisieren.

> Will eine nun mein Standesrecht 115, 7
> mit eignen Augen, Ohren prüfen,
> so täusche ich ihr gar nichts vor:
> ich bin zum Ritterdienst geboren.
> Wenn eine meinen Mut nicht fordert,
> mich wegen meiner Liedkunst liebt,
> so scheint die mir nicht klar im Kopf.
> Umwerb ich eine edle Frau
> und kann mit Schild und Lanze nicht
> den Liebeslohn bei ihr erringen,

so entsprech dem ihre Gunst...
Der setzt auf hohe Würfelzahl,
der Liebe sucht im Waffengang!

Wolfram trug in seinem Werk entschieden bei zur Erzeugung eines Nimbus, einer Aura für den Ritter-Status – kann er sich gleichzeitig zum Narren dieses idealisierten Standes machen? Als kleiner Mann aus Eschenbach, der höchstens am Rand ritterlicher Ereignisse auftaucht, mit Gelegenheitsverrichtungen, und der zugleich behauptet, seiner Herkunft nach sei er zum Waffendienst bestimmt, sei also lehnsfähig? Ich neige wahrhaftig nicht dazu, Wolframs Zeitgenossen zu idealisieren, aber so weit will ich doch nicht gehen: anzunehmen, daß Wolframs Zuhörer, die meist adlig waren oder zum Adelsgefolge zählten, so zynisch gewesen sein sollten, solch ein Ritter-Clown-Spiel zu akzeptieren. Mit dem Erzählten einen schönen Schein erzeugen und als Person desillusionieren? Verklären und gleichzeitig entzaubern? Gerade weil die Realität vielfach so erbärmlich war, zahlten die Herren dafür, daß sie nobilitiert wurde: im utopischen Entwurf. Das Rittervorbild proklamieren und zugleich als Karikatur eines Ritters aufzutreten, das hätten sie bei Wolfram kaum akzeptiert, sie hätten den Gernegroß zurückgewiesen.

Wolfram als Ritter: das hatte zwei Voraussetzungen. Erst einmal: sein Vater und sein Großvater mußten bereits Ritter gewesen sein – so steht es in der Rechtssammlung des Sachsenspiegels, und zu dem dürfte es Entsprechungen auch im fränkisch-bayerischen Bereich gegeben haben. Und: als Ritter, als »Dienstmänner« mußten die Eschenbacher lehnsfähig sein. Was aber wissen wir über Wolframs Familie?

Es gibt Dokumente, in denen die Familie der Eschenbacher genannt wird – allerdings stammen sie aus der Zeit nach Wolfram. Dennoch, hier lassen sich Rückschlüsse ziehen.

Es gibt mehrere Belege dafür, daß die Eschenbacher Lehnsleute des Hochstifts Eichstätt waren. Es gibt weitere Belege dafür, daß sie Lehnsleute des Grafen von Öttingen waren – und der hatte seine Lehen wiederum von Eichstätt. (Eichstätt hatte auch Lehen in Pleinfeld.) Weiter: für das Jahr 1268 läßt sich eine geschäftliche Beziehung zwischen Burchard von Eschenbach und Rudolf von Heilsbronn nachweisen. Und im folgenden Jahr schloß Burchard mit dem Kloster einen Vertrag über ein Bauerngut. Und es wurde später ein Anniversarium, ein Jahresgedächtnis für Burchard

und Mechtild von Eschenbach im Kloster Heilsbronn gefeiert. Das setzte voraus: sie waren Wohltäter dieses Klosters. So etwas hatte meist Familientradition. Auch dies ist einer der Gründe für meine Vermutung, daß Wolfram Internatsschüler der Klosterschule Heilsbronn war.
In den zwanziger Jahren des 14. Jahrhunderts taucht der Familienname, der zugleich Ortsname ist, wiederholt in Dokumenten auf, und sie zeigen: es ging den Eschenbachern nicht gut. So verpfändete Heinrich (III.) von Eschenbach dem Deutschen Orden sechs Hofstätten. Das war im Jahre 1326. Und zwei Jahre später verkaufte Heinrich gemeinsam mit seiner Frau Margaret (und einem Ehepaar) verschiedene Güter in Eschenbach an den Deutschen Orden.
Schauen wir kurz in dieses Dokument. Wichtig ist hier folgende Formulierung, die ich gleich übersetze: »Unsere beiden Höfe, die im Oberen Eschenbach liegen, bei der Kirche, auf dem einen von ihnen hat einmal Heinrich von Eschenbach gesessen und auf dem anderen sein Sohn Albrecht.« Und es geht in diesem Vertrag auch um »Baumgärten« (Wiesen mit Obstbäumen), um Felder und Weiden. Einen Monat später verkauften die beiden Ehepaare erneut Besitzungen an den Deutschen Orden, an das Deutsche Haus in Nürnberg. Ein Blick auch in dieses Dokument: hier geht es vor allem um »den Hof, auf dem der alte Heinrich von Eschenbach gesessen hat, und der als ›daz blozze hus‹ bezeichnet wird, und zu dem nichts gehört, und der Hof, auf dem die Hermges-Scheune steht, die wir als Lehen von unserem gnädigen Herrn, dem Burggrafen, haben«.
Das »blozze hûs«: das war ein Haus (wohl Steinhaus) ohne Wirtschaftsgebäude, ohne Garten – es wird an der Kirche gestanden haben, innerhalb der Friedhofsmauer, hinter der bei einem Überfall oder Feldzug eine letzte Zuflucht war für die Ortsbewohner. Der Platz in diesem ummauerten Bezirk war knapp: hier standen die Kirche, das Pfarrhaus, hier waren die Gräber. Das »blozze hûs« an der Kirche – es könnte sein, daß auf dem Grundstück dieses Hauses der Deutsche Orden später die Komturei errichtete, das Renaissance-Schlößchen, in dem heute das Bürgermeisteramt ist. Der andere Grundbesitz der Eschenbacher wird heute von der Alten Schule markiert. Zwischen diesen beiden Gebäuden stehend, mit Blick auf die Kirche, haben wir also eine Möglichkeit links und eine Möglichkeit rechts: hier wie dort könnte Wolfram geboren sein, könnte er – zumindest eine Zeitlang – gelebt haben.

Je weiter wir an die Ortsperipherie kommen, je weiter wir uns von diesem Dorf entfernen, desto geringer wird die Wahrscheinlichkeit. Vermutlich hat Wolfram in unmittelbarer Nähe der Kirche gewohnt, möglicherweise sogar innerhalb der Schutzmauer um Kirche und Friedhof.

Ein Blick noch in ein drittes Dokument: Rudolf und Elisabeth von Wertheim vermachten im Jahre 1228 dem Deutschen Orden ihre sämtlichen Lehnsbesitzungen zu Eschenbach – nachdem bereits ein gutes Jahrhundert zuvor Boppe von Wertheim dem Deutschen Orden die Pfarrei Eschenbach übertragen hatte. Das Grafen-Ehepaar übergab dem Ritterorden die Besitzungen für das Heil ihrer Seelen und die Seelen der Vorfahren, wie es in der Einleitung heißt. Denn: »Unsere Vorfahren sind Stifter des betreffenden Hauses zu Eschenbach und sie schenkten auch die Pfarre« – siehe oben. Weiter heißt es: »So schenken wir... dem Haus zu Nürnberg alle unsere Lehen, die wir im Dorf zu Eschenbach besitzen [...], im Besonderen und namentlich die beiden Höfe, die Heinrich von Eschenbach von uns hatte; und zwar den ehemaligen Hof und alles, was zu ihm gehört und auch den Hof, den Friedrich von Eschenbach von uns hatte.« Die Familie Eschenbach als Lehnsleute der Grafen von Wertheim, oder, um das vorsichtiger zu formulieren: zumindest dieser Familienzweig des Heinrich, der bereits der dritte Namensträger seiner Familie war. Kaum anzunehmen, daß es schon zu Wolframs Zeit die Familie in drei (dokumentierten) Zweigen gab, und damit verdichtet sich die Wahrscheinlichkeit, daß auch Wolfram ein Lehnsmann des Wertheimer Grafen war.

Und, in der Tat, er hat es selbst einmal so formuliert: »mîn hêrre der grâf von Wertheim«. Im Kontext der Familientradition gibt es für mich keinen Zweifel: Wolfram benennt hier seinen Lehnsherrn. Dennoch, wir sollten diese Formulierung abklopfen: schließt sie andere Deutungsmöglichkeiten ein? Heißt »mîn hêrre«: mein Lehnsherr, mein Dienstherr, oder ist das nur ein Pendant zu »Mijnheer« oder »Monsieur«? Die Formulierung »mîn hêrre« taucht sehr oft im Parzival-Roman auf, sie ist eine direkte Übersetzung des heutigen französischen »monsieur«, das damals freilich noch nicht so allerweltsgültig war, sondern Herren von gehobenem Stand bezeichnete. Wolfram kombiniert diese Bezeichnung besonders oft mit dem Namen des Artus-Ritters Gawan: »mîn hêr Gâwân«. Hier zeigen sich Nähe und zugleich Distanz, zeigen sich Vertrautheit, Wohlwollen, Bewunderung,

Anerkennung, zeigt sich auch Bestätigung des besonderen Ranges. Wäre dies in der zitierten Handschrift so gemeint, dann hätte Wolframs Formulierung anders ausgesehen, betont Friedrich Neumann, und zwar so: mîn hêr Poppe von Wertheim. Dagegen: Mein Herr, der Graf von Wertheim – da ist keine Vertraulichkeit, auch wenn diese Formulierung in einem Kontext freundlichen Spotts steht – dies ist eine gleichsam offizielle Formulierung, das bestätigen alle Vergleiche. Neumann kommt in seiner Untersuchung dieser Frage zum Schluß: es kann hier nur der Lehnsherr gemeint sein.

Daß die Wertheimer in Eschenbach und Umgebung Besitz hatten, Lehnsbesitz, das zeigt die Schenkung an den neu gegründeten Deutschen Orden. Leider ist die Schenkungs-Urkunde, aus der ich zitiere, nicht datiert: Schreiber hat das Datum eingekreist, es dürfte im Spielraum zwischen 1205 und 1215 liegen. (Rückschlüsse auf die Datierung lassen bei Dokumenten die aufgeführten Zeugen zu.)

Es könnte der Schluß gezogen werden: schon zu Wolframs Zeit hatten die Wertheimer Lehnsbesitz in Eschenbach. Wäre es allzu gewagt, anzunehmen, daß auch Wolfram einer der Lehnsträger der Grafenfamilie war?

Wenn ich meine Hypothese ernst nehme, muß ich jetzt fragen: Und worin könnte Wolframs Dienst für den Lehnsherrn bestanden haben? Daß der Wertheimer Graf von Anfang an ein wohlwollender, die Neigungen und Anlagen des Knaben Wolfram hellsichtig erkennender Herr war – diese Idylle möchte ich hier nicht entwerfen. Wolfram wird also – zumindest eine Zeitlang – für sein Lehen auch Dienstleistungen erbracht haben. Nun betont Wolfram, daß er zum ritterlichen Waffendienst geboren, oder: daß er seiner Herkunft nach dazu bestimmt sei. Aber: der Graf von Wertheim wird gewiß keine Einheit von Panzerreitern in ständiger Kampfbereitschaft gehalten haben! Kein König besaß damals eine stehende Armee – alle Truppen, die man brauchte, wurden zusammengetrommelt, vor allem zusammengekauft. Die Söldnerscharen waren damals wahrhaftig: bunt zusammengewürfelt. Was ein König sich nicht geleistet hat oder leisten konnte, das wird sich ein fränkischer Graf erst recht nicht geleistet haben. Wenn ein Lehnsherr weder einen Privatkrieg führte, noch mit seinen Vasallen an einem Feldzug seines Lehnsherrn, an einem Krieg seines Königs, an einem Kreuzzug teilnehmen mußte, wird er möglichst viele der Waffendienstpflichtigen zu anderen Aufga-

ben eingesetzt haben. Also vor allem in der Verwaltung. Ich nehme an, das wird auch für Wolfram zutreffen.
Verwaltungsarbeit war damals vorwiegend Umgang mit Verträgen, mit rechtlich bindenden Abmachungen. So war dafür zu sorgen, daß alle dem Lehnsherrn zustehenden Abgaben geleistet wurden. Zu einem großen Teil waren die Abmachungen nur mündlich überliefert, und so mußte von Zeit zu Zeit geklärt werden, welche Ansätze verbindlich waren. Es gibt Berichte darüber, wie ein Lehnsherr mit einigen Verwaltungsleuten auf einen Bauernhof reitet, um die Frage der Abgaben, der Leistungen noch einmal zu klären. Dazu gehörte auch die Frage, wie oft pro Jahr ein Lehnsherr (etwa bei Jagden) auf einem Bauerngut übernachten darf, mit wieviel Gefolge, und wie viele Pferde rechtsverbindlich gefüttert werden müssen. Weil das mündliche Eruieren schwierig war, wurde so viel wie möglich schriftlich fixiert. In einem dickleibigen Buch blätternd, in dem (lateinische) Rechtsdokumente jener Zeit abgedruckt sind, ziehe ich den Schluß, daß der »Papierkrieg« erheblich früher eingesetzt hat, als man annimmt – nur wurde er damals noch auf teurem Pergament ausgetragen! Trotzdem: mehrere Druckseiten lange juristische Elaborate! Ein Schlichtungsvertrag im kirchlichen Bereich auf etwa 30 kleingedruckten Seiten. Arbeit im Verwaltungsbereich führte also wohl zwangsläufig in juristische Verästelungszonen. Hier scheint Wolfram sich wohlgefühlt zu haben, sonst hätte er im Parzival-Roman nicht lustvoll ausführlich juristische Problemfälle entworfen.
Ich fasse zusammen: Wolfram war, falls er Lehnsmann des Wertheimer Grafen war, wohl kaum von Anfang an zum Dichten ›freigestellt‹, er wird die für einen Lehnsmann üblichen Dienste verrichtet haben. Vielleicht aber hat sich dem Grafen schon früh gezeigt, daß dieser Mann aus Eschenbach eine spezielle Begabung besaß, die gefördert werden sollte. Dies könnte dazu geführt haben, daß aus dem (potentiellen) Lehnsherrn ein (potentieller) Gönner wurde – oder er empfahl den jungen Mann weiter. Wenn Wolfram, was wahrscheinlich ist, von verschiedenen Gönnern gefördert wurde im Lauf seines Lebens, so leistete er keinen Dienst mehr für seinen Lehnsherrn von Wertheim – war es schon eine Förderung, auf die Gegenleistung des Verwaltungs- oder Waffendienstes zu verzichten? Auch hier: in jener Zeit, in der es in keinem Bereich klare, feste Abgrenzungen gab, wird man kaum formaljuristisch gedacht haben, da geschah, in Gottes Namen, was sich ergab.

8 Während Wolframs Kindheit (oder vielleicht doch Jugend) regierte Heinrich VI. Er wird in Literaturgeschichten erwähnt, ist in *Minnesangs Frühling* mit drei Liedtexten vertreten. Daß Heinrich sie gedichtet haben könnte, wird seit langem bezweifelt; widerlegt werden konnte es noch nicht.
Als Einleitung dieses Kapitels stelle ich die erste der vier Strophen seines wohl bekanntesten Liedes vor.

> Ich grüße mit Gesang die Süße –
> ich kann und will von ihr nicht lassen.
> Daß sie mein Mund auch richtig grüßte –
> ach, leider ist das lange her.
> Wer diese Strophe vor ihr singt,
> (die mir gar zu schmerzlich fehlt),
> ob Mann, ob Frau – es sei mein Gruß.

Der Liedtext wird fortgesetzt im literarischen Schema des Minnesangs. In der letzten Strophe betont der Dichter: selbst, wenn niemals eine Krone auf sein Haupt gesetzt würde, so könnte er doch viele schöne Tage erleben – allerdings nur mit ihr. »Verlör ich sie, was blieb mir noch?« Da könnte er weder Frauen noch Männer glücklich stimmen, da wäre sein schöner Trost in Acht und Bann.
Falls Heinrich selbst gedichtet hat, könnte ihm ein Berufsdichter geholfen haben. Zumindest ließe sich dann konstatieren: er hat sich mit solchen Texten identifiziert. Oder sollte alles nur eine Verwechslung sein, beispielsweise mit seinem Enkel? Daß Heinrich eine Neigung zur Liedkunst hatte, zeigt sich auch daran, daß ihm Minnesänger am Hof willkommen waren. Kaiser Heinrich (oder, wahrscheinlicher: der Thronfolger Heinrich) als Liederdichter: das ist zumindest eine Möglichkeit.
Als Sohn des Kaisers Friedrich Barbarossa wurde er 1165 geboren. Er war, wie einer der Chronisten vermerkte, »unansehnlich dem Äußeren nach«. Ein kleiner, allenfalls mittelgroßer Mann, hager. Am Waffensport seines Standes war er offenbar nicht sehr interessiert; zwar erlernte er die Kampftechniken eines Ritters, aber nicht mit Nachdruck und wohl auch nicht mit Lust. Dagegen war er gern auf Jagd, mit dem Falken. Aber dazu gönnte er sich nicht viel Zeit. Hervorgehoben wird von Chronisten sein Fleiß, sein Wissen: er lernte Latein, war »geschult im päpstlichen und kaiserlichen Recht«. Heiterkeit, Gelassenheit, Liebenswürdigkeit müssen dem jungen Staufer gefehlt haben; er war, wie ein byzantini-

scher Zeitgenosse vermerkte, »immer in Sorgen angespannt«. Er nahm seine Aufgaben ernst. Das zeigt zum Beispiel die große Zahl von Urkunden, die in seinem Namen ausgestellt wurden; sie verteilten sich – statistisch fast gleichmäßig – über das gesamte Reichsgebiet. In den acht Jahren, in denen er regierte, erreichte das Stauferreich seine größte Ausdehnung: er verband das Heilige Römische Reich mit dem Königreich Sizilien. Diesen Viel-Völker-Staat werde ich im 38. Kapitel beschreiben. Hier nehme ich vorweg: das Königreich Sizilien, zu dem Unteritalien bis zur Höhe von Neapel gehörte, war von normannischen Eroberern gegründet worden. Die überragende Figur wurde König Roger II.: in seinem Staat konnte der Schwache dem Starken trauen. Rogers Tochter Konstanze wurde vom Papst (als dem Lehnsherrn Siziliens) an Barbarossas Sohn Heinrich vermittelt. Die Hochzeit fand 1186 in Mailand statt.

Als Heinrich vierundzwanzig war, brach sein Vater zum Dritten Kreuzzug auf, an dem auch der englische König Richard Cœur de Lion teilnahm und der französische König Philippe Auguste; Friedrich Barbarossa wollte die bisherige Dominanz der Franzosen bei Kreuzzügen beenden, und es sah auch so aus, als könnte er eine führende Rolle übernehmen, doch beim Vormarsch auf das Heilige Land ertrank er im Saleph. – Vor dem Aufbruch hatte er dem ältesten seiner vier Söhne die Regierungsgeschäfte übertragen, als Stellvertreter.

Dieses Kapitel kann nicht alle Ereignisse während seiner Regierungszeit erwähnen, und so hebe ich nur eine Handlungslinie hervor: Heinrichs Kampf um das Königreich Sizilien. Zu berichten ist von einer kurzen Phase der Geschichte, in der ein deutscher König über ein Gebiet herrschte, das von der Nordgrenze Schleswigs bis zur Südspitze Italiens reichte und das sich nach Afrika und Kleinasien auszubreiten versuchte. In diesem Reich, das ein Weltreich werden sollte, wuchs Wolfram auf.

Im selben Jahr 1189, in dem Heinrich Stellvertreter seines Vaters wurde, starb der König von Sizilien, Wilhelm II. Der Sechsunddreißigjährige hinterließ keinen Thronfolger. Konstanze – Wilhelms Schwester und Heinrichs Gemahlin – hätte Anspruch auf die Nachfolge gehabt, aber die curia, die Anfang 1190 in Palermo zusammentrat, wollte sich nicht für sie und damit für einen Deutschen entscheiden, man wählte Graf Tancred von Lecce. Papst Clemens war, als Lehnsherr Siziliens, mit der Wahl dieses unehelichen Nachfolgers einverstanden; nach den langen, heftigen Aus-

einandersetzungen mit Kaiser Barbarossa sollte nicht auch noch südlich des Kirchenstaates ein Deutscher herrschen.
König Heinrich sah die Lage völlig anders als Papst Clemens: man hätte seiner Frau Unrecht angetan. Er stellte Truppen auf. Er hatte es so eilig mit dem Feldzug, daß er sogar im Winter aufbrach: November 1190 marschierte sein Heer Richtung Alpen. Der König folgte ihm, war im Januar in der Lombardei, gewann Pisa als Verbündeten – nominell war auch Pisa eine Stadt des Heiligen Römischen Reiches.
In Rom war mittlerweile Papst Clemens gestorben; der 85jährige Coelestin wurde zu seinem Nachfolger gewählt. Er igelte sich in Rom ein, wollte Heinrich nicht krönen – auch dieser Papst befürchtete, nach der Eroberung des Königreichs Sizilien könnte der Kirchenstaat von Norden wie von Süden her unter Druck geraten. Aber zuerst setzte ihn die Bevölkerung Roms unter Druck: sie forderte schon seit langem, daß die konkurrierende Stadt Tusculum zerstört werde; als sich in dieser Stadt Truppen des deutschen Königs einquartierten, ergab sich von selbst ein Bündnis zwischen den Römern und dem König; Papst Coelestin hatte keinen Rückhalt mehr in der eigenen Stadt und war so gezwungen, einen Krönungsvertrag zu unterzeichnen. Ostern wurde Heinrich zum Kaiser gekrönt; gleich darauf gab er Tusculum zur Zerstörung frei, zog weiter Richtung Neapel. Die Stadt wurde belagert. Aber die Pisaner setzten sich bei den Kämpfen nicht so recht ein, ohne Schiffe war die Seestadt nicht zu besiegen, außerdem entstand eine Seuche unter den Belagerern; Massensterben. Auch der Kaiser wurde schwer krank – Malaria. Ende August brach er die Belagerung ab, ließ sich nach Deutschland transportieren. Er wurde langsam wieder gesund. Doch von nun an wiederholten sich Malaria-Anfälle.
Es bildete sich eine Allianz gegen Kaiser Heinrich. Im englischen Exil lebte noch der Welfe Heinrich der Löwe, den Barbarossa im Machtkampf besiegt hatte, der aber, gegen die vertragliche Abmachung, in Norddeutschland wieder aktiv wurde – mit Zustimmung Englands. Und Richard Löwenherz hatte ein Bündnis geschlossen mit König Tancred, hatte ihm ein Schwert geschenkt, das von König Artus stammen sollte, hatte ihn finanziell unterstützt. Und es kam in Lüttich zu einem Bistumsstreit, in den Heinrich energisch eingriff – das brachte viele Fürsten an Mittel- und Niederrhein gegen ihn auf, sie schlossen sich gegen ihn zusammen; die Welfen traten dem Bündnis bei, auch der Landgraf

von Thüringen (Heinrich hatte versucht, die Landgrafschaft Thüringen einzuziehen, als Reichsbesitz), auch der Kardinal-Erzbischof von Mainz (der reichspolitisch eine wichtige Rolle spielte). Schon wurde die Wahl eines neuen Königs erörtert.

In dieser für Heinrich gefährlichen Situation wurde eine Kolportagegeschichte historische Realität: Richard Löwenherz wurde gekidnappt und erpreßt. Der englische König hatte vor Akkon Herzog Leopold von Österreich tödlich beleidigt; bei der Rückkehr erlitt Richard Schiffbruch vor Aquileja; verkleidet versuchte er in Gewaltritten das Land seines neuen Feindes zu durchqueren, wurde aber in Erdberg vor Wien erkannt, festgenommen; als Heinrich das erfuhr, nahm er mit dem Herzog Verhandlungen auf, bot ihm eine hohe Ablösesumme an, Richard wurde ihm ausgeliefert; Heinrich ließ ihn auf der Burg Trifels einsperren. Und hier erzwang der Kaiser vier erstaunliche Konzessionen von Richard: die Allianz mit König Tancred aufzukündigen, Kaiser Heinrich als seinem Lehnsherrn zu huldigen, einen Ausgleich zu leisten für die Hilfszahlungen an Sizilien und: ein Lösegeld in Höhe von 150000 Silbermark zu zahlen, also von mehr als 70000 Pfund Barrensilber. Dieser wahrhaft astronomische Betrag wurde von England tatsächlich aufgebracht, Richard wurde Anfang 1194 freigegeben. Schon im Mai dieses Jahres leitete Heinrich seinen zweiten Italienfeldzug ein – Geld zur Aufstellung eines schlagkräftigen Heeres hatte er ja nun reichlich!

Diesmal ging alles leicht und rasch. Pisa machte mit, auch Genua schloß sich an. Was hier die Entscheidungen erleichterte: schon am 20. Februar war König Tancred gestorben. Zwar wurde sein Sohn zum Nachfolger ernannt, aber der war noch ein Kind. Und: die notorisch unruhigen, oppositionellen Barone in Apulien gingen zu Kaiser Heinrich über. Neapel öffnete die Stadttore. Der geringe militärische Widerstand auf Sizilien wurde rasch niedergekämpft. Am 20. November 1194 zog Heinrich im Triumph in Palermo ein, ließ sich dort am ersten Weihnachtstag zum König von Sizilien krönen. Am zweiten Weihnachtstag gebar seine vierzigjährige Frau Konstanze, auf der Reise zu ihm, in der kleinen Stadt Jesi den ersten und einzigen Sohn, den späteren Kaiser Friedrich II., bezeichnet als »stupor mundi«, als Weltwunder.

Triumph für den 29jährigen Kaiser: als König von Sizilien, als Kaiser des Heiligen Römischen Reiches Deutscher Nation beherrschte er das größte Territorium, über das je ein Staufer regiert hat. Offenbar ging Heinrichs Ehrgeiz noch weiter – wie der byzantinische Chronist berichtet, wollte er sich »zum Herrn aller Reiche ringsum machen«. Wollte er Nordafrika erobern? Zumindest erreichte er, daß ihm die Herrscher von Armenien und Zypern den Lehnseid leisteten. Und Heinrich wollte einen eigenen Kreuzzug durchführen, um die Heilige Stadt endgültig zu erobern; heimlich nahm er am Karfreitag in Apulien das Kreuz auf sich.

Mit diesem Plan hatte er drei Ziele: er wollte nach Osten expandieren, wollte als überragende Figur der europäischen Welt anerkannt werden, wollte den Papst unter Zugzwang setzen. Coelestin hatte seit dem Feldzug, der Eroberung Siziliens alle Verbindungen mit dem Kaiser abgebrochen. Heinrich aber wollte vom Heiligen Vater als König Siziliens offiziell anerkannt werden – formaljuristische Legitimation eines Amtes war im Hohen Mittelalter sehr wichtig. Er ließ seine Truppen den Kirchenstaat besetzen, vor Rom Aufstellung nehmen, um den Papst zur Verhandlung zu zwingen. Aber Coelestin war nicht zu Konzessionen bereit.

Kaiser Heinrich kehrte nach Deutschland zurück. Er versuchte hier, vor dem Kreuzzug, seine Nachfolge zu regeln – wie dies sein Vater getan hatte. Die deutschen Reichsfürsten sollten sein inzwischen zweijähriges Söhnchen Friedrich Roger zum König wählen. Das war die kleine Lösung. Als sie nicht gelang, arbeitete er die große Lösung aus: den Erbreichsplan. Ich werde darüber im 14. Kapitel berichten, in einem anderen Kontext, ziehe hier nur Grundlinien nach: in Sizilien war die Thronfolge durch das Erbrecht geregelt; im Heiligen Römischen Reich wurde der deutsche König jeweils von den Fürsten gewählt; Heinrich wollte auch hier die Thronfolge erblich machen, wollte also eine Herrscher-Dynastie gründen. Das hätte bedeutet: Staufer regieren im Königreich Sizilien wie im Heiligen Römischen Reich. Und damit: die beiden Reiche sind dauerhaft miteinander verbunden, in der Personalunion des staufischen Doppelkönigs.

Für diesen Erbreichsplan brauchte er das einstimmige Votum aller deutschen Reichsfürsten – damit aber hätten sie ihr lange erkämpftes Gewohnheitsrecht aufgegeben, den deutschen König zu »küren«. Heinrich bot lockende Konzessionen an, konnte seinen Plan aber nicht realisieren.

Was er in Deutschland nicht schaffte, wollte er beim Apostolischen Stuhl durchsetzen. Er machte Coelestin ein finanzielles Angebot großen Stils: der Heilige Vater und die Kardinäle sollten aus den Pfründen der Reichskirche für alle Zukunft reichliche Zahlungen erhalten. Der Papst aber wollte seinen Einfluß auf die Wahl deutscher Könige nicht aufgeben – nach all den Kriegen zwischen Reich und Kirchenstaat.

Auch um seine Verhandlungsposition zu verbessern, bereitete Heinrich den angekündigten Kreuzzug vor: 1500 Ritter, 1500 Knappen sollten auf seine Kosten ein Jahr lang im Heiligen Land kämpfen. Heinrich hatte sich zuvor eine finanzielle Unterstützung durch Kaiser Alexios von Byzanz gesichert. Im Sommer 1197 brachen in Apulien die Kreuzfahrer auf.

Kaiser Heinrich konnte sie nicht begleiten. Denn im Mai dieses Jahres kam es in Sizilien zu einer Verschwörung, bei der Heinrichs Gattin und der Papst zumindest Mitwisser waren. Der Anlaß war dreifach: Heinrich hatte viele wichtige Ämter im Königreich Sizilien mit Deutschen besetzt, das empörte die Normannen; die Steuerlasten waren sehr hoch; Privilegien sollten überprüft und revidiert werden. Heinrich konnte rechtzeitig nach Messina fliehen. Eine Nachzügler-Einheit des Kreuzheeres kam in dieser bedrängten Lage gerade zum rechten Zeitpunkt; mit zwei seiner besten Feldherren schlug Heinrich die Erhebung nieder. Er bestrafte die Anführer des Aufstandes durch Grausamkeiten, die er sich selbst ausdachte – seine Frau mußte bei den Folterungen zuschauen. Einem der Gegner ließ er eine Eisenkrone am Schädel festnageln; ein anderer wurde an den Füßen aufgehängt, blieb zwei Tage und Nächte hängen, wurde dann erwürgt – wie es hieß, von einem Hofnarrn; einem seiner Opfer ließ Heinrich die Haut abziehen, dann prügelte er ihn.

Wahrhaft abschreckende Strafen, die weit mehr als diese drei Opfer fanden! Der 32jährige Kaiser war nun wieder Herr im Königreich Sizilien. Endlich konnte er auf Jagd gehen, in den Wäldern von Linari. Dabei wurde er krank, sterbenskrank: Dysenterie, Ruhr. Als er sich ein wenig erholte, sollte er nach Palermo gebracht werden. Sein Kaplan berichtet: »Schon war fast das ganze Gesinde mitsamt dem Hausrat hinübergefahren, da trat ein Rückfall ein, und am Tage vor St. Michaelis, dem 28. September, ging der Kaiser nach frommer Beichte und zerknirschten Herzens aus dieser Welt.«

9 Auf Weltkarten, die Kinder zeichnen, ist der Heimatort riesig in der Mitte, das Land ringsum ist eingeschrumpft, und dieses Schrumpfland mit dem Riesenort grenzt unmittelbar an ein Italien oder Spanien, weil man dort den letzten oder vorletzten Urlaub verbracht hat mit den Eltern, und in diesem vage umrissenen Italien oder Spanien ein klotziges Cattolica oder Benidorm. Davor das Meer, das eigentlich nur eine weite Bucht ist, draußen abgegrenzt von einem mickrigen Afrika mit einem eindrucksvollen Mogadischu, weil dort irgendwann einmal ein westdeutsches Verkehrsflugzeug nach einer Entführung befreit worden ist. Weiter gibt es auf dieser Welt noch ein Peru, weil der Vater von diesem Berg- und Urwaldland erzählt hat, in dem irgendwas entwickelt werden soll; dort gibt es übrigens auch eine sehr geheimnisvolle Totenstadt, die in der Mitte von Peru liegt, das größer ist als beispielsweise China oder die Sowjetunion, die immer noch Rußland heißt, und so genau läßt sich die Position dieser beiden Länder nicht angeben, ihre Konturen verschwimmen.
Ich habe solche Kinderkarten – wie ich sie in einer Grundschule sah – nachskizziert, weil hier auch Charakteristika von Weltkarten des Hohen Mittelalters sind. Damit will ich den (lateinisch gebildeten) Kartographen nicht ein kindhaftes oder kindliches Bewußtsein zuschreiben – es gab damals in Europa nicht mehr (und noch nicht wieder) eine messende und zählende Einstellung gegenüber der Welt. Vielmehr: was das Bewußtsein beherrschte, was die Phantasie beschäftigte, das prägte – mit Zeichen, Symbolen – auch das Bild der Welt. So war da zum Beispiel die Verheißung des Paradieses: also wurde das Paradies auf vielen Weltkarten lokalisiert, hoch im Osten. In diesem Paradies entspringen vier große Flüsse; die bekanntesten: Euphrat und Tigris. Und westlich vom Paradies die Heilige Stadt. Sie ist auf romanischen Karten freilich nicht bloß Namenspunkt, ihr werden symbolische Bildelemente zugeordnet. Zum Beispiel: ein Quadrat, in diesem Quadrat ein Kreis, in diesem Kreis das Lamm.
Jerusalem konnte auch andere Grundrisse haben: ein Rechteck, einen Rhombus. Auf jeden Fall aber war es eine geometrisch-symmetrische Figur. Warum war dem Mittelalter das Geometrische in diesem Fall heilig? Ich spekuliere: die damalige Welt war noch nicht von mathematisch berechneten Mustern geprägt; noch keine Stadt-Straßenraster mit rechten Winkeln, noch keine begradigten, kanalisierten Bäche in ausgeräumten agronomischen Monokulturflächen, noch keine schnurgeraden Autobahnabschnitte oder

Flughafenpisten, vielmehr: Wege, die jeder Unebenheit des Geländes nachgaben. Bäche und Flüsse durften noch rückhaltlos mäandern; in den Städten drängelten sich Häuser in gewundenen Straßenverläufen. In dieser höchst unregelmäßigen Welt symbolisierte ein Kreis, ein Quadrat nicht nur das Vollkommene – hier *war* Vollkommenes. Also mußte in einem von Kreisformen bestimmten Kosmos eine kreisförmige Weltscheibe sein, auf der es ein quadratisches Jerusalem gab, mit dem kreisförmigen Grab des Herrn.

Weil diese Stadt eine so wahrhaft zentrale Bedeutung hatte (medium mundi), war auch das Mittelmeer wichtig – nicht nur, weil es seit der klassischen Antike als Mare nostrum galt, sondern auch: weil es die Küste des Heiligen Landes bespülte. Außerdem: wieviel hatten Kreuzfahrer und Chronisten über dieses Meer zu berichten, wochenweit ausgedehnt zwischen Italien und Heiligem Land! So hinterließen die Kreuzzüge ihre Spuren auf den Weltkarten – vor ihnen war Rom Mittelpunkt der Welt gewesen.

Das Paradies, die Heilige Stadt, das Heilige Land – Geographie abgestimmt auf Theologie. Aber hatte es nicht das ganz andere Weltbild der antiken Naturforscher gegeben, und wurden die im Mittelalter nicht weiterhin als Autoritäten anerkannt?

Die Erde als Kugel – das war in der Antike erdacht worden, aber diese Vorstellung flachte im Mittelalter wieder ab, aus der Kugel wurde ein Diskus – nicht in einen unermeßlichen Raum hinausgeschleudert, sondern unbewegter Mittelpunkt des Kristallschalen-Kosmos. Es gab keine Globen zu Wolframs Zeit, es gab nur die – meist kleinformatigen – Weltbilder in Büchern, die Mönche schrieben und malten. Diese Weltbilder waren schematisiert, ließen zugleich weiten Freiraum zur Ausgestaltung der vorgegebenen Flächen. Hin und wieder tauchte in Texten der Hinweis auf, die Erde hätte Kugelgestalt, aber Sprache und Bewußtsein hatten sich längst auf der Diskus-Welt eingerichtet. Lateinisch hieß sie: orbis, dieses Wort hat alle späteren Erkenntnisse von Naturforschern überlebt, noch heute wird der päpstliche Segen Urbi et orbi erteilt, der Stadt Rom und dem gesamten Weltkreis. Man machte zu Wolframs Zeit keine Anstrengungen mehr, die Erde im Bewußtsein wieder zu runden. Die Erdkugel (beispielsweise eines Krates) war umschlossen vom Äquatorial-Ozean und (genau im rechten Winkel dazu) vom Polar-Ozean, war damit aufgeteilt in die Kugelsegmente der vier Erdteile – wie sollte man so etwas malen? Da war die Erdscheibe mit dem Wassergürtel doch einfacher

darzustellen, von oben gesehen, aus gottnaher Vogelperspektive. Und die untere Seite dieser Scheibe? Man glaubte mit Augustinus, dort sei Wasser. Oder glaubte noch mit den Römern, dort gebe es Antipoden. Diese Gegenfüßler lebten nicht nur auf der falschen Seite der Erde, sie machten bekanntlich auch alles falsch, das fing schon bei den Füßen an: die waren nach hinten gedreht. Dennoch: die Antipoden bildeten das Gegengewicht zu den Erdbewohnern, sie sorgten dafür, daß die Erdscheibe nicht schwankte.
Und wie sah man die von Menschen bewohnte, von Gott gestaltete Weltoberfläche? Zuerst: man gab dem Wasser nur wenig Raum – etwa ein Siebtel. Dieses Wasser umschloß die Weltscheibe als Wasserring. So sah die Erde aus wie ein Rad – man spricht und schreibt von Radkarten. Die Radnabe ist Jerusalem. Eine kräftige Speiche halbiert waagrecht dieses Scheibenrad, diese Radscheibe; von der Mitte dieses Wasserbalkens aus führt ein gleich breiter Wasserstreifen nach unten, diese Halbkreisfläche wiederum halbierend. So bilden Wasserbalken und Wasserschaft ein T, es teilt die Welt auf: die obere Hälfte ist Asien, die beiden unteren Viertel sind Europa und Afrika. Was sie trennt, ist das Mittelmeer – so breit wie das Weltmeer. Ebenso breit aber auch die Abgrenzung zwischen Europa/Afrika und Asien: der Nil mit einer nördlichen Verlängerung, dem Don.
Was es auf solch einer Weltkarte nicht gibt: Amerika. Es wird noch ein paar Jahrhunderte dauern, ehe Columbus aufbricht. Dennoch, es gibt keine weißen Flächen, keine terra incognita, solch eine Weltscheibe ist schnell vollgemalt.
Warum liegt Asien auf solchen Karten eigentlich ›oben‹? Im europäischen Mittelalter sind Karten nicht nach Norden ausgerichtet, wie bei den Griechen, auch nicht nach Süden, wie bei den Arabern, sondern nach Osten, zum Orient – sie sind also: orientiert. Es wäre damaligen Europäern abstrus erschienen, sich nach einer Eiskappe zu richten. Dort im Osten gab es beispielsweise die goldenen Berge des Kaukasus, der irgendwo in einem Indien lag, dort gab es geheimnisvolle, unvorstellbar schöne Städte, von dort kam das reine Licht des Morgens, und ostwärts war Christus aufgefahren gen Himmel, von Osten wird er wiederkehren, wenn die letzte Stunde dieser Welt geschlagen hat.
Also: Asien oben, Afrika rechts unten, Europa links unten. In diese Sektoren (vielfach von Zirkel und Lineal umrissen) wurden Bildelemente eingetragen, Beschriftungen – in einer Verteilung, die eher vom Belieben des zeichnenden Mönchs abhing als von Er-

kenntnissen einiger Reisender. Ganz oben in Asien das Paradies, darunter Indien – aber welches der drei Länder, die man damals Indien nannte, das war, läßt sich von solch einer Karte nicht ablesen. Es schließt sich das Heilige Land an, mindestens so groß, weil bedeutend wie Indien eins oder Indien drei.

Bevor ich weitere Namen aufzähle, muß ich betonen: mittelalterliche Karten unterschieden sich oft erheblich, selbst Karten des gleichen Zeitraums. Das T-Schema wird zwar meist beibehalten, aber es gibt auch Gegenbeispiele. Ich beschreibe hier eine der Karten, wie ich sie als Reproduktionen in Büchern, als Originale unter Glas gesehen habe, übernehme aber auch Details anderer Karten des Hohen Mittelalters.

Auf meiner Beispielkarte ist auch ein Troja eingetragen, mit zeichenhaftem Turm- und Stadtbild. Troja ist im Mittelalter von einer meterdicken Erdschicht überdeckt, ist ein Mythos, aber: Troja-Romane sind beliebt im Mittelalter, also ist Troja im Bewußtsein der Gebildeten gegenwärtig, also erhält es einen Ehrenplatz auf einer Karte.

Weiter gibt es im Asien-Sektor ein Babylonia: die sichtlich große Bedeutung dieser Stadt ist vorgegeben von der Bibel. Weiter gibt es ein zur Stadt gewordenes Phönizien: Sammelpunkt asiatischen Glanzes und Reichtums. Und am Hellespont sind dreieckige Kegel aufgereiht, einer beschriftet als Kreta, einer als Rhodos, einer als Zypern – diese Inseln als wichtige Zwischenstationen für Kreuzfahrer.

Das Scheibenviertel Afrika: auch hier Bauelemente. Große Zeichen (befestigte Türme!) für Karthago, weil in Epen und historiographischen Werken viel von dieser Stadt erzählt wurde. Und ein Cirene. Und die Eintragung Äthiopien – sehr geheimnisvolle Bewohner dort und fabulöse Tiere! Und Numidien: höllenschwarze Menschen! Überhaupt die mirabilia, die Wunderwesen: die gedeihen vor allem unter der heißen Sonne Afrikas, und zwar so zahlreich, daß sie selbst der geschickteste Miniaturist nicht im Afrika-Sektor unterbringen könnte. Also werden mitunter Ergänzungen gemalt außerhalb des afrikanischen Kontinents, außerhalb des Wasserstreifens – eine kleine Galerie von Monstren. Zwei Beispiele: so gibt es die Amyktyren, die eine große Lippe riskieren: sie schlagen ihre Unterlippe über das Gesicht, wenn sie schlafen wollen. Und es gibt die Panotier, die ganz Ohr sind: die Ohren hängen bis zu den Füßen herab – wenn diese Wunderwesen schlafen wollen, hüllen sie sich in ihre Ohren ein.

Und nun zu Europa: sind wenigstens hier geographische Konturen eingetragen? Immerhin gibt es in diesem Scheibenviertel die Alpen, dargestellt wie drei hohe Wogen. Höher und ausgedehnter als die Alpen aber ist das Bild der Stadt Rom – das einzige Stadt-Emblem. Es gibt noch eine Namenseintragung: Konstantinopel. Und ohne Grenzlinien, nur als Namen: Francia, Normannia, Britannia. Und noch mal Alpen, wenn auch kleiner. Welche Bergzüge sollten das sein? Das ist nicht wichtig, es gibt eben große Alpen und irgendwo kleinere Alpen, die kann man hier eintragen oder dort.

Wer solche Karten malt, der reist kaum – weshalb also genau wissen wollen, wie zwei Städte einander geographisch zugeordnet sind, welche Entfernung sie trennt? Wo Land vermessen wird in der bäuerlichen Umgebung des Klosters, geht man aus von der kleinsten Einheit »Fuß«. Oder man mißt nach Zeiteinheiten: das Tagwerk. Reisende teilen ihre Strecken ein in Tagesreisen. Aber wie groß eine Tagesreise ist, das hängt ab von der Jahreszeit, vom Wetter, vom Zustand des Pferdes, des Reiters und von weiteren Faktoren – wie soll man das auf einer Karte objektivieren, vor allem, wenn sie ein Mönch zeichnet und kein Fernhandels-Kaufmann?

Objektivieren – das ist kein Wort des Mittelalters. Wozu von der Welt abrücken? Man ist in die Welt eingebettet – ein oft hartes Lager. Doch, wer hier herausfällt, der rollt nicht ins Bodenlose. Denn die Welt ist umschlossen, nicht nur vom Wassergürtel. Da ist beispielsweise eine grüne Schlange oder ein reptilähnliches Tier, das sich in den Schwanz beißt: Kreislauf des Geschehens. Oder die Weltscheibe wird umfaßt von den Ästen des Weltbaums, der im Himmel wurzelt. Oder sie wird eingehüllt von Engelsflügeln. Denn die irdische und die himmlische Welt lassen sich nicht trennen – wer so etwas dächte, im Mittelalter, der würde sich schon von Gott entfernen.

10 Die Erde, der Raum der Planeten und Sterne als theologisches Modell; wissenschaftliche Erforschung von Erde und Kosmos gab es so gut wie überhaupt nicht im christlichen Abendland des Mittelalters; man übernahm Erkenntnisse und Thesen klassischer Autoritäten, und die Autorität aller Autoritäten war Aristoteles. Was er geschrieben hatte, wurde abgeschrie-

ben, wurde kombiniert mit schriftlichen Überlieferungen anderer klassischer Autoritäten; kritische Auswertung fand kaum statt, vielmehr: theologisch symbolische Ausdeutung. Um es zu pointieren: man schaute im Abendland damals vor allem in Bücher, um Erkenntnisse zu gewinnen über Erde und Weltraum.
Im Morgenland dagegen sah man sich genau auf der Erde um, schaute man tief in den Weltraum – ohne den Zwang, jedes Detail in die Fluchtperspektive einordnen zu müssen, an deren Endpunkt Gott war. Araber sahen im Kosmos ein Bild der Schöpfung Allahs, aber sie konnten sich unbefangener, also exakter beschäftigen mit Himmelsphänomenen.
Auch die Araber hatten ihre Sternbilder, sie sahen im Sternenhimmel Schafe, Ziegen, Ziegenböcke, Kamelstuten, Hyänen, Schakale, ein Straußennest, Straußeneier und Strauße – Projektionen des Gewohnten. Aber sie interessierten sich auch für einzelne Sterne – etliche haben noch heute arabische Namen: Beteigeuze, Fomalhaut, Wega... Wir haben auch arabische Bezeichnungen für astronomische Phänomene und Geräte übernommen: Nadir, Theodolit, Zenit... Es wurden – schon vor Wolframs Zeit – zahlreiche Sternwarten gebaut im Morgenland; Herrscher bezahlten sie. Diese Observatorien waren oft reich ausgestattet mit Beobachtungsinstrumenten, beispielsweise der »Armillarsphäre, die aus fünf Ringen aus Kupfer bestand; der erste war der Meridian, der unten im Boden befestigt war, der zweite der Äquator, der dritte die Ekliptik, der vierte der Breitenkreis, der fünfte der Deklinationskreis oder Kolur der Nachtgleichen. Außerdem sah ich den Azimutalkreis, mit dem man das Azimut der Sterne bestimmt.«
Hätte ein Gebildeter des Mittelalters diesen Bericht eines Arabers gelesen, er hätte sich vom Wortklang beeindrucken lassen, hätte aber nicht weiter nach den offenbar komplizierten Dingen gefragt, die hier benannt sind, wäre entsprechend lässig mit den Fremdwörtern umgegangen – wenn man nicht genau weiß, was ein Azimut ist, kann dieses Gerät auch Azimunt oder Ozamut heißen. Ähnliches geschieht bei Wolfram, wenn er arabische astronomische Fachwörter übernimmt: die kennt er nur vom Hören-Sagen. In diesem Defizit an Exaktheit dokumentiert sich nicht Gleichgültigkeit, nicht die Spielhaltung eines Dichters – solche Vagheiten sind bezeichnend für damalige abendländische Wissenschaft.
Eine der einprägsamsten Vermittlerfiguren ist Hermannus contractus, Hermann der Lahme, im 11. Jahrhundert. Dieser Sohn aus

adligem Haus (seit Geburt gelähmt, auf einen Tragstuhl angewiesen) entwickelte sich als Mönch im Kloster Reichenau zu einem Kenner arabischer Astronomie, schrieb – unter anderem – zwei Bücher über Astrolabien. Hermann bewunderte und übernahm Erkenntnisse der Araber, ohne Arabisch zu können: er war angewiesen auf lateinische Versionen arabischer Schriften, die vor allem auf der Iberischen Halbinsel angefertigt wurden, speziell in Toledo. Zum Teil erfolgte Vermittlung im wissenschaftlichen Bereich auch mündlich, durch Reisende. Wie auch immer die Informationen vermittelt wurden – Hermann muß in seinen Büchern phantastische Verballhornungen arabischer Termini gebildet haben. Und das bestätigt: kritisch exakte Auseinandersetzung mit arabischer Wissenschaft fand nicht statt, man übernahm, man kompilierte.

Verglichen mit der Entwicklung der Wissenschaften im arabischen Bereich: Stillstand. Vielfach auch Rückstand. Das Abendland hätte Anlaß genug gehabt, vom Morgenland zu lernen. Materialien gab es in Fülle: zahlreich und gut bestückt die öffentlichen arabischen Bibliotheken. Auf diesem Gebiet zeigt der Vergleich mit europäischen Verhältnissen ein beinah überdeutliches Kontrastbild.

Beispielsweise Cordoba, die »Stadt der Städte«: schon zwei Jahrhunderte vor Wolfram gab es hier mehr als 100000 Häuser (so heißt es jedenfalls in der Überlieferung), 600 Moscheen, 300 öffentliche Bäder, 50 Krankenhäuser, 80 öffentliche Schulen, 17 höhere Lehranstalten und Hochschulen und 20 öffentliche Bibliotheken: mit insgesamt mehr als einer Million Bänden.

Der Begriff »Buch« oder »Band« muß hier relativiert werden: offenbar hat man Bücher jeweils in größeren Kapiteln separat gebunden – ich stelle mir das so ähnlich vor wie heutige Supplementlieferungen: schmale Broschüren... Ich habe keine Grundlage für diese Schätzung, aber vielleicht war es ungefähr so: daß im statistischen Durchschnitt zehn Kapitel ein Buch im heutigen Sinne ergaben. Wenn also der Kalif al-Assis 1600000 Bände besessen haben soll, so wären das immerhin noch etwa 150000 Bücher gewesen. Und wenn es ›nur‹ etwa hunderttausend gewesen wären...

Bücher wurden aber nicht nur von bibliomanen Kalifen gesammelt, auch in den etwas tieferen Rängen arabischer Hierarchie gab es große Büchersammler. Einer der Wesire des Zehnten Jahrhunderts besaß 117000 Bände. Und selbst, wenn ich auch diese Zahl durch 10 teile... Ging ein Wesir oder Kalif auf eine längere Reise,

so nahm er vielfach Bücher mit – meist mehrere Kamelladungen. Dagegen: die gesamte Bibliothek eines Klosters im Heiligen Römischen Reich Deutscher Nation hätte – im Schnitt – ein einziges Kamel davontragen können, selbst, wenn ein Pergamentband schwerer wiegt als ein Papierband. Dennoch wären die Kamele bei manchen Klöstern nicht einmal ausgelastet gewesen. Und bei abendländischen Adligen, im Rang etwa eines Wesirs oder Kalifen, hätten sie meist überhaupt nichts zu tragen gehabt. Was dazukommt: ein arabischer ›Adliger‹ konnte damals auf einer Reise in vielen Städten Bücher kaufen – es gab ganze Buchhändlerviertel.
Die großen Bibliotheken hatten einen Stab von Mitarbeitern – zu denen auch Schreiber gehörten. Sie benutzten allerdings nur selten Pergament – das wurde meist zum Einbinden von Büchern verwendet, wie auch Leder. Man schrieb vorwiegend auf Papier. Die großen Papiermühlen von Bagdad, von Damaskus, von Samarkand...
Viele Bücher – das setzt voraus: viele Leser. Im Abendland war der größte Teil der Bevölkerung Analphabeten; selbst in Klöstern gab es nur ein paar oder zuweilen nur einen und manchmal überhaupt keinen, der lesen und schreiben konnte – in einer Zeit, in der es auf der Iberischen Halbinsel, im Königreich Sizilien, in Ägypten und im Gebiet des Iran seit langem schon öffentliche Schulen gab, in denen Kinder das Lesen des Koran lernten. Denn jeder Muslim sollte einen direkten Zugang haben zum Koran. Dagegen war im Abendland der Zugriff zum Buch der Bücher vor allem durch Sprachbarrieren verwehrt – vom Griechischen wurde es ins Lateinische übersetzt; es dauerte bekanntlich bis Luther, ehe die Bibel eine überzeugende deutsche Sprachform fand. In arabischen Ländern las man den Koran in der jeweiligen Volkssprache – jeder erwachsene Gläubige konnte ihn lesen, las ihn zumindest mit.
Daß es jenseits der Pyrenäen und im südlichen Mittelmeer eine in jeder Beziehung blühende Kultur gab, war im christlichen Abendland allgemein nicht bekannt. Aber es sprach sich unter Interessierten und Gebildeten herum. Und so wie zu Goethes Zeit Bildungsreisen nach Italien üblich waren, so muß es – auch zu Wolframs Zeit – Bildungsreisen beispielsweise nach Andalusien gegeben haben, nach Cordoba, Granada, Sevilla... Und was man (nach der wohl so lange wie möglich hinausgezögerten Rückreise) zu berichten hatte, muß märchenhaft geklungen haben: üppige Landwirtschaft mit einem ausgeklügelten Bewässerungssystem – bis zu dreißig Meter hohe Schöpfräder... riesige Staubecken...

drei bis vier Ernten im Jahr... Paläste von einer Größe und Schönheit, die man sich nördlich der Alpen kaum ausmalen konnte... die Menschen meist gepflegt, sauber gekleidet, elegant (wenn sie das Geld dazu hatten)... und es wird Musik gemacht an den Höfen, wird gedichtet, schöne Frauen rezitieren, singen, tanzen...
Und die Araber waren zudem noch tolerant: Christen durften in maurischen Ländern ihre Religion ausüben, es gab keine Versuche, sie zu bekehren – das war auch kaum nötig, viele Christen wurden freiwillig Muslims. Und so klagte der christliche Bischof im maurischen Cordoba: »Viele meiner Glaubensgenossen lesen die Gedichte und Märchen der Araber, sie studieren die Schriften der muslimischen Theologen und Philosophen, nicht um sie zu widerlegen, sondern um zu lernen, wie man sich auf korrekte und elegante Weise im Arabischen ausdrückt. Wo findet man heute einen Laien, der die lateinischen Kommentare zu den Heiligen Schriften liest? Wer unter ihnen studiert die Evangelien, die Propheten, die Apostel? Ach, alle jungen Christen, die sich durch ihr Talent bemerkbar machen, kennen nur die Sprache und Literatur der Araber! Sie lesen und studieren aufs eifrigste die arabischen Bücher, legen sich mit enormen Kosten große Bibliotheken an und sprechen überall laut aus, diese Literatur sei bewunderungswürdig! Redet man ihnen dagegen von christlichen Büchern, so antworten sie mit Geringschätzung, diese Bücher verdienten nicht ihre Beachtung! O Schmerz! Die Christen haben sogar ihre Sprache vergessen, und unter Tausenden von ihnen findet man kaum einen, der einen erträglichen lateinischen Brief zu schreiben versteht; dagegen wissen Unzählige, sich aufs eleganteste im Arabischen auszudrücken und Gedichte in dieser Sprache mit noch größerer Kunst als die Araber selbst zu verfassen.«

11 Gut zwei Jahrhunderte vor Wolfram schrieb Ibn al-Wassa in Bagdad *Das Buch des buntbestickten Kleides*, ein Anstandsbuch, dessen Kanon noch zu Wolframs Zeit gültig war und lange danach.
Wie benimmt sich ein gebildeter Mensch der höfischen Gesellschaft? Zu Wolframs Zeit wurde für den Adel ein neuer Kanon des Verhaltens aus Frankreich übernommen; solch ein Kanon bestand längst schon im arabischen Bereich, zumindest in der Gesellschaftsschicht, die im Umkreis des Kalifen von Bagdad lebte,

leben durfte, innerhalb des kreisförmigen Mauerrings, der die Palastanlage von der Großstadt trennte.
Ibn al-Wassa gliederte sein Buch in 57 Kapitel auf. Die Kapitel bestehen überwiegend aus Zitaten dieses gebildeten, mehrfach auf eigene Bücher hinweisenden Schriftstellers: Gedichte und Gedichtabschnitte verschiedener Autoren, Sprichwörter, Sentenzen aus dem Schatz arabischer Lebensweisheit, Anekdoten.
Ich werde nicht über alle Kapitel dieses vor kurzem erstmals übersetzten Buches referieren, hebe nur hervor, was als Ergänzungsbild, Komplementärbild, Kontrastbild zum erwünschten, zum idealisierten Lebensstil von Mitgliedern der höfischen Gesellschaft des Abendlandes passen könnte. Ich setze ein im zehnten Kapitel. Leitbegriff ist hier der »ehrenhafte Anstand«: er sei »der Anfang der feinen Lebensart und edler Ritterlichkeit«. Ist hier beim Übersetzen stilisiert worden, nach europäischem Muster? Arabische Vorstellungen vom vorbildlichen Leben wirkten ein auf europäische Vorstellungen vom vorbildlichen Leben, und hier war das ritterliche, verehrende Verhalten des Mannes zur Frau besonders wichtig – zumindest im Kanon der höfischen Gesellschaft.
Also: der »ehrenhafte Anstand« – ein Leitbegriff, den wohl jeder Ritter aus Wolframs Roman begrüßt hätte; hier und dort werden ihn wohl auch Ritter unter Wolframs Zeitgenossen akzeptiert haben. Was ist dieser »ehrenhafte Anstand«? Dies fragte der Prophet (»Allah segne ihn und schenke ihm Heil!«) einen Mann aus dem Stamm Taqif, und er gab zur Antwort: »Ehrenhafter Anstand ist bei uns, wenn man fromm im Glauben ist, seinen Lebenswandel ständig verbessert, Großmut der Seele besitzt und fest mit seinem Stamm verbunden ist!« Darauf sagte der Prophet (»Allah segne ihn und schenke ihm Heil!«): »Das ist auch bei uns ehrenvoller Anstand.«
Feste Verbundenheit mit dem Stamm: hier hätten Wolframs Zeitgenossen wohl den Schlüsselbegriff »triuwe« eingesetzt. Unser Wort »Treue« deckt nur einen Teil des Bedeutungsspektrums ab. Weitere Wörter sind Loyalität, Treueverpflichtung, Treuebindung, auch: Liebe.
Ibn al-Wassa bietet ebenfalls einen Wortfächer an für die Kategorie des »ehrenvollen Anstands«: »Besonnenheit, Schamhaftigkeit, Nachsicht bei Strafen, Wohltätigkeit und Worthalten«. Hier hätten alle Ritter beipflichten können, die sich dem Idealbild des Ritters annähern wollten.

Der »ehrenhafte Anstand« als »Anfang der feinen Lebensart«. Und die läßt der Autor durch einen »eleganten Herrn« definieren: »Feine Lebensart besteht in vier Eigenschaften: Schamhaftigkeit, Freigebigkeit, Sittenreinheit und Frömmigkeit.«
Was vor allem zur Verfeinerung des Verhaltens, des Benehmens eines höfischen Menschen beiträgt, beitragen soll, ist die Liebe. Damit bin ich im 14. Kapitel vom *Buch des buntbestickten Kleides*. Ich zitiere als erstes eine der Anekdoten, die der Autor in großer Zahl vorlegt. (Zitat an Zitat reihend, imitiere ich ihn hier, vermittle so einen direkten Lese-Eindruck vom damals üblichen Kompilieren.) Ibn al-Wassa also läßt einen noblen Beduinen berichten: »Ich war in eine Sklavin aus unserem Stamm verliebt und viele Jahre wechselte ich mit ihr Worte. Und – bei Allah! – niemals kam ein böses Verlangen in mir auf! Erst als ich einmal mir ihr allein war, erblickte ich in finsterer Nacht ihre strahlend weiße Hand und legte meine Hand in die ihre. Da rief sie: ›Was soll das? Verdirb nicht das, was sich bewährt hat!‹ Da trat mir der Schweiß auf die Stirn, und ich bin niemals wieder mit ihr zusammengetroffen.«
Gleich noch ein Beispiel. Jemand sagte zu einem Rechtsgelehrten aus Basra: »Dein Sohn ist verliebt!« Die Antwort lautete: »Dagegen ist überhaupt nichts einzuwenden! Denn wenn er verliebt ist, so läutert er sich, nimmt gute Sitten an und bildet sich einen freundlichen Charakter.«
Im arabischen Bereich redete, schrieb man von der »echten«, von der »wahren« Liebe. Der Übersetzer weist im Kommentar darauf hin, daß diese Liebe verstanden wird als »eine Sehnsucht, die keine Erfüllung im Diesseits findet oder finden kann«. Genau dies trifft auf die Hohe Liebe, die Minne des europäischen Mittelalters zu. Im 16. Kapitel Ausführungen zu diesem Thema, bei denen gebildete Zeitgenossen Wolframs genickt hätten. »Man muß wissen, daß die Liebe für denjenigen, über den sie gekommen ist, etwas unvergleichbar Angenehmes, Schönes und Süßes darstellt, obwohl sie doch soviel Bitterkeit und Pein, soviel ständig währenden Kummer und soviel herzzerbrechende Betrübnis mit sich bringt! Nichts Süßeres, aber auch nichts Bittereres als sie gibt es auf der Welt.« Das Süße und das Bittere – zwei Standardwörter auch bei Wolfram.
Und über die Wirkung von Sehnsucht: »Die Liebe erniedrigt den Edlen, demütigt den Mächtigen, bringt den Verständigen um den Verstand.« Das wird von Wolfram mehrfach so gesagt, sinngemäß. Und eine sehr gebildete, überaus artikulationsfähige Dame

antwortet auf diese Frage, was Liebe, was Sehnsucht ist: »Leidenschaft ist Leiden, die sprachliche Verwandtschaft ist nur auf den ersten Blick nicht erkennbar, sie ist aber von der Natur des Leidens abgeleitet. Nur derjenige vermag zu ermessen, was ich damit meine, der durch die Entfernung von den Stätten der Liebe und durch den Trennungsschmerz zum Weinen gebracht worden ist.«

Wüßte der leidenschaftlich Sehnende, daß seine Wünsche erfüllt werden, so wäre seine Sehnsucht nichts als Vorfreude; die Hohe Liebe aber ist zugleich sexuelle Entsagung. »Wisse! Liebe darf nicht mit lasterhafter Begierde verbunden sein. Wenn nämlich die wahre Liebe mit einer solchen Begierde vermischt wird, werden ihre Kräfte schwach, und ihre Bande werden bald gelöst sein. Leute von dieser Art wollen weiter nichts als Obszönitäten!«

Auch hierzu ein Exempel – ein Gespräch zwischen zwei Männern. Es wird eingeleitet von der Frage »Was ist die Liebe?« Die Antwort eines (wohl idealisierten) Beduinen: »Blick auf Blick! Und wenn es Kuß auf Kuß ist, kommt dies dem Eintritt ins Paradies gleich!« Der vom Autor zitierte Erzähler fährt fort: »Da sagte ich zu ihm: ›Bei uns in der Stadt ist die Liebe nicht so.‹ Da fragte er: ›Und wie ist sie denn bei euch?‹ Da sagte ich: ›Reiß ihr die Beine auseinander und wirf dich auf sie – das ist sie, die Liebe, bei uns!‹ Da rief er entsetzt aus: ›Bei meinem Vater! Wenn du das tust, bist du nicht einer, der liebt, sondern einer, der Kinder will!‹«

Die Liebe zwischen idealen Vertretern der höfischen Gesellschaft: eine höchst sublimierte, zugleich sehr treue Beziehung. »Wenn einer von ihnen seiner Geliebten in wahrer Liebe zugetan war, so trennte er sich nicht eher von ihr, als bis er starb. Niemals wandte er sein Herz einer anderen zu. Es kam ihm überhaupt nicht in den Sinn, sie aus seinem Herzen zu verbannen. Nie blickte er eine andere an, und nur seine Geliebte beschäftigte ihn Tag und Nacht. Und auch sie, die Geliebte, verhielt sich ihm gegenüber so.« Und Ibn al-Wassa schwingt sich auf zu predigerhaftem Ton: »Bei Allah! Es gehört nicht zur Art eines Gebildeten, von einer Geliebten zur anderen, von einem Geliebten zum anderen überzugehen! Es geziemt sich für Leute von feiner Lebensart einfach nicht, eine Geliebte durch eine andere, einen Geliebten durch einen anderen zu ersetzen! Die Liebe nämlich besteht darin, daß ihre geheimsten Dinge rein bleiben. Aber ach! Leider kommt es nicht mehr vor, daß die Menschen einander mit reiner Zuneigung, anhaltender Lauterkeit und bleibender Liebe begegnen. Die Blutzeugen

der Liebe sind verschwunden. Die Fesseln der wahren Liebe sind zerrissen.«
Die gleiche Klage wird in Wolframs Zeit vielfach angestimmt: wenn man ideale Liebende finden will, muß man in die Vergangenheit zurückkehren, in die Zeit des großen Alexander oder in die Zeit des Königs Artus.

12 Und wie sahen Araber das Abendland? Die Bewunderung und Begeisterung einiger Europäer für Lebensformen des Islam fanden offenbar keine Entsprechung bei den wenigen Arabern, die das Abendland bereisten, meist in politischen Missionen, auch mit Blick auf den Handel. Einer der für uns wichtigsten Zeugen: Qazwini, ein arabischer Geograph des 13. Jahrhunderts. Dieser Reisende schrieb beispielsweise über Schleswig – ich zitiere nach der Übersetzung von Georg Jacob: »Es ist eine sehr große Stadt am äußersten Ende des Weltmeers. In ihrem Innern gibt es Quellen süßen Wassers. Ihre Bewohner sind Siriusanbeter, außer einer kleinen Anzahl, welche Christen sind, die dort eine Kirche besitzen. [...] Die Stadt ist arm an Gütern und Segen. Die Hauptnahrung ihrer Bewohner besteht aus Fischen, denn die sind dort zahlreich. Werden einem von ihnen Kinder geboren, so wirft er sie ins Meer, um sich die Ausgaben zu sparen.« Und Qazwini zitiert al-Tartûschi: »Nie hörte ich häßlicheren Gesang als den Gesang der Schleswiger, und das ist ein Gebrumm, das aus ihren Kehlen herauskommt, gleich einem Gebell der Hunde, nur noch viehischer als dies.«
Positiveres konnte der arabische Europareisende über Mainz (Magândscha) berichten. Es »ist eine sehr große Stadt, von der ein Teil bewohnt und der Rest besät ist. Sie liegt im Frankenlande an einem Fluß, der Rîn genannt wird, und ist reich an Weizen, Gerste, Dinkel, Weinbergen und Obst. [...] Seltsam ist auch, daß es dort Gewürze gibt, die nur im fernsten Morgenlande vorkommen, während sie im fernsten Abendland liegt, z. B. Pfeffer, Ingwer, Gewürznelken, Spikanarde, Costus und Galgant: sie werden aus Indien importiert, wo sie in Menge vorkommen.«
Zuletzt eine Charakterisierung der Einwohner Frankens. Für Araber waren letztlich alle Europäer Franken, aber Qazwini schreibt Infrandscha die Hauptstadt Barîza zu, damit ist Franken eingegrenzt. So ist denn Frankreich »ein großes Land und weites

Königreich in den Christenlanden. Seine Kälte ist ganz fürchterlich und seine Luft dick wegen der übergroßen Kälte. Es ist reich an Gütern, Obst und Feldfrüchten, ergiebig an Flüssen und besitzt Ackerbau und Viehzucht, Bäume und Honig; sein Wild ist artenreich; auch gibt es dort Silberbergwerke. Man schmiedet dort sehr scharfe Schwerter, und die fränkischen Schwerter sind schneidiger als die indischen.
Seine Bewohner sind Christen und haben einen König – kühn, mannenreich und voll Herrscherkraft. Ihm gehören zwei oder drei Städte am diesseitigen Meeresstrand inmitten der Länder des Islam, und er beschirmt sie von jener Seite aus; so oft die Muslime ein Heer absenden, sie zu erobern, sendet er von jener Seite Verteidiger für sie. Seine Heere sind außerordentlich tapfer, denken beim Zusammenstoß durchaus nicht an Flucht und achten den Tod für geringer. Aber du siehst nichts schmutzigeres als sie, und sie sind perfide und gemein von Charakter; sie waschen sich nur ein- oder zweimal im Jahr mit kaltem Wasser, ihre Kleider aber waschen sie nicht, nachdem sie die angezogen haben – bis sie in Lumpen zerfallen.«

13 So dicht wie Bienen aus dem Imkerkorb ausschwärmen, schrieb ein Mönch in einer Chronik, so dicht flogen die Heuschrecken aus dem fernen Afrika heran und, durch die Lüfte schwirrend, machten sie ein »feines Geräusch wie kleine Vögelchen«; wenn sie wieder aufstiegen, nachdem sie Felder befallen und kahlgefressen hatten, »konnte man den Himmel kaum noch wie durch ein Sieb sehen«. An der Atlantikküste verwesten die Heuschreckenschwärme haufenweise; durch diese massenhafte Fäulnis im August breitete sich eine Seuche aus unter den Küstenbewohnern.
Wenn im Mittelalter das Gleichmaß des meist in kleinem Lebensraum geführten Lebens unterbrochen wurde, so vor allem durch Katastrophen. Zu den Heuschrecken, zu den Epidemien (Cholera, Pocken), zu den Fehden und Kriegen kamen Mißernten, kamen Hungersnöte. Wolfram hat eine der schlimmsten Hungersnöte des Mittelalters erlebt.
Nur ein Vorspiel war 1177 die Hungersnot in Franken. Zumindest Wolframs Eltern werden sie miterlebt, vielleicht auch miterlitten haben, und bestimmt ist ihm davon erzählt worden.

Ab 1196 dann die große Hungersnot, und zwar, wie ein Chronist vermerkte, »ab Apennino monte usque ad mare Oceanum, per totam Galliam et Germaniam«: von den Apenninen bis zum Atlantik, in ganz Frankreich und Deutschland. Diese Hungersnot wurde eingeleitet vom sehr regnerischen Sommer 1195; die Ernte war miserabel; es folgte ein harter Winter; im Januar 1197 waren schon die Getreidevorräte aufgezehrt; viele der Armen verhungerten; Seuchen. Die nächste Ernte war ebenfalls knapp, und 1198 war die Not noch immer nicht zu Ende: wieder zuviel Regen, wieder eine schlechte Ernte.

Endlose Sommerregen waren nicht die einzige Ursache von Hungersnöten: sie verstärkten, was wir heute »Strukturkrise« nennen. Das Verhältnis zwischen Bevölkerung und Anbauflächen stimmte nicht mehr, es war zu einer (relativen!) Übervölkerung gekommen. Ich weise auf die Brachfeld-Wirtschaft hin: man brauchte ein Drittel mehr Anbaufläche. Und die Erträge waren im Schnitt mager – auf Getreidefeldern wurde oft nur das Doppelte des Saatguts geerntet. In dieser Situation ein Sommer, in dem es fast unablässig regnete (solche Sommer sind in mittelalterlichen Chroniken mehrfach vermerkt), und die magere Ernte wurde zur Mißernte, es herrschte Hunger. Vielfach kamen Viehseuchen hinzu.

Hunger und Not – für Wolfram nicht bloß literarische Formeln. So gab es 1205 wieder eine Hungersnot, diesmal in Thüringen (dessen Anbauflächen weithin verwüstet waren durch einen Feldzug) – Wolfram könnte auch diese Hungersnot miterlebt haben. Im Jahre 1210, nach einem langen, kalten Winter, wurden in weiten Gebieten des Reiches die Nahrungsmittel noch einmal knapp, und im nächsten Jahr vermerkten Chronisten erneut eine Hungersnot, diesmal in Bayern. Und eine Hungersnot 1217. Und falls Wolfram dieses Jahr noch erlebte: 1225 eine Hungersnot im Norden wie im Süden Deutschlands, auch in den Nachbarländern. Diese Hungersnot hielt auch im nächsten Jahr an; zusätzlich eine Viehseuche.

Ich will diese Hungersnöte nicht nur erwähnen, ich möchte skizzieren, was Wolfram miterlebt haben wird.

Eine Hungersnot: in ihr sahen damalige Chronisten fast immer ein Strafgericht Gottes – Mönche waren die Geschichtsschreiber. Gott geißelt die Menschen; Gott zieht sein Schwert und bestraft die Sündigen; Gott schickt Stürme, die die Körner aus den Ähren schütteln. Gottes Gericht wurde durch Vorzeichen des Himmels

angekündigt: eine Sonnenfinsternis, eine Mondfinsternis, ein Nordlicht, und vor allem: ein Komet.
Was einer Hungersnot zwingend vorausging: ein langer, harter Winter, die Aussaat verspätet, ein kalter, regnerischer Sommer, eine schlechte bis miserable Ernte, meist wieder ein harter Winter, zum Teil wurde das Saatgetreide aufgegessen, dann die große Not des folgenden Jahres. Viele Bauern verließen ihre Hütten, zogen bettelnd durchs Land, von Kloster zu Kloster, von Stadt zu Stadt. Die Vorräte in Klöstern und Städten reichten nicht aus bei großen Hungersnöten, es kamen fast immer Epidemien hinzu: Massengräber wurden ausgehoben. Im nachfolgenden Jahr waren Landstriche oft so dezimiert, daß die Ernte für die Überlebenden wieder ausreichte. Und die Preise für Roggen, die Spekulanten und Wucherer um das Zehnfache, Zwanzigfache, ja zuweilen sogar Dreißigfache hochgetrieben hatten, normalisierten sich wieder. Bauern kehrten zu ihren Höfen zurück, zum Teil von Klöstern mit etwas Geld und Werkzeug ausgestattet, sie begannen ihr Land aufs neue zu bebauen. Vorräte schaffen, Rücklagen bilden, das war nicht möglich. Was man produzierte, ging zum Teil an den Grundherrn, wurde zum anderen Teil verbraucht, es blieb kein Körnchen übrig. Durch Handel konnten nur lokal begrenzte Hungersnöte gemildert werden – die äußerst langsamen Transportmittel und ihre geringe Kapazität... Und wer hatte schon Geld für überteuertes Getreide? Eventuelle Ersparnisse hatte man für Kreuzzüge gespendet und für Ablässe ausgegeben.
Helfen konnten letztlich nur die Klöster. Gute Äbte betrieben langfristige Vorratswirtschaft, aber es kam wiederholt vor, daß ein Kloster sich verausgabte, daß die Mönche – nach einer Übergangszeit mit Haferbrot, Spelzbrot – kaum noch zu essen hatten. Zuweilen wurde dann der Abt gewechselt, aber dem Nachfolger blieb meist nichts anderes übrig, als Stücke aus dem Klosterschatz zu verpfänden oder gleich zu verkaufen. Bei den überzogenen Preisen brachte das auch nicht viel. Die Armen, denen solch ein Kloster nicht mehr helfen konnte, zogen in die Stadt. Dort war es meist noch schwieriger, Hilfe zu finden. Arme wurden laut mit ihren Forderungen, aber nur selten kam es zu Übergriffen. So mancher Bäcker hatte an seinem Stand einen Prügel bereitliegen, das genügte meist schon: Hunger macht apathisch. Berichtet wird nur von gelegentlichem Aufflackern: ein Bischof reitet mit seinem Gefolge durch eine Hungerstadt zur Kirche, Arme umdrängen die Herren, bitten, fordern, sie erhalten Geld, für Geld aber können

sie nichts kaufen, sie wollen die gut genährten Pferde haben, der Bischof und sein Gefolge sitzen schießlich ab, die Pferde werden auf der Straße geschlachtet, das Fleisch wird zum Teil roh gefressen. Wiederholt zählen Chronisten auf, was die Menschen in ihrer Not verschlangen: Gras, Pferde, Rinder, Katzen und Hunde, Frösche, Schlangen, Wölfe, Aas. Es kam gelegentlich, etwa im Osten, zu Kannibalismus.

14 Welch märchenhaften Schweif zog ein Komet hinter sich her! Ein Lichtschweif, der in der Erinnerung wuchs, der sich in Erzählungen ausdehnte, der auf Bildern übergroß wurde. Und fast immer deutete man ihn als böses Vorzeichen. Als Ende Dezember 1198 fünf Nächte lang ein Komet über Europa zu sehen war, kam er zu spät für die Ankündigung der großen Hungersnot, und so wurde er zum Zeichen für den Tod des Richard Löwenherz, dessen Leben und Taten die Phantasie vieler Europäer beschäftigt hatten.

Während ich an diesem Buch arbeite, wird die Rückkehr des Halleyschen Kometen als Medienereignis vorweggenommen. Allerdings hält er sich diesmal der Erde so fern, daß man ihn wohl nur mit dem Fernglas sieht, wenn man weiß, wo er zu sehen sein könnte: rechts unterhalb des Sternbildes Wassermann, ein viertel Jahr später rechts unterhalb des Sternbildes Rabe. Es finden Sonderflüge statt über der Irischen See, und an den Scheiben des verdunkelten Passagierraums sucht man mit Ferngläsern den Wanderstern mit Schweifansatz; bei vielen Flügen, so lese ich, wird er nicht gesichtet. Doch sind Weltraumsonden ausgeschickt worden, um den längst entmythologisierten Wanderstern aus gefrorenem Gas und Wasser zu fotografieren, auch seine mehrere Hunderttausend oder einige Millionen Kilometer lange Gas-Schleppe, die vom elektromagnetischen »Sonnenwind« gestreckt, gekrümmt wird.

Kometenbilder, die sich überlagern: der fünf Nächte lang im Himmel »stehende« Komet von 1198, dem 1192 ein Komet vorausgeflogen war, dem 1214 ein Komet folgte; der 1986 enttäuschend kleine Halleysche Komet. Aber es gibt sehr viel mehr Kometen als diesen einen berühmten – an die tausend sollen es sein. Einen von ihnen habe ich gesehen, vom Balkon eines Hotels in den Bergen Portugals: majestätisch flog er heran, mit grellwei-

ßem, kurzem Lichtschweif. Zuerst dachte ich, es sei eine Sternschnuppe, die ausnahmsweise nicht schneller ist als ein Wunsch, eine Sternschnuppe vielleicht in einer letzten, erdnahen Flugphase, oder ein Meteor, aber es muß ein Komet gewesen sein: lautloses Heranschweben vom Horizont auf das Gebirge zu, und als der Flugstern am nächsten war, sahen wir, wie sich aus dem Kugelweiß funkenrote Brocken lösten, und schon war er – erstaunlich lautlos – über uns hinweggeschwebt.
Ständig hingewiesen auf den Halleyschen Kometen, mich an den Kometen über Portugal erinnernd, vom Kometen lesend, der auch über Wolfram hinwegflog, schreibe ich: Nur selten schien ein Komet Günstiges anzukündigen, Glück und Frieden oder wenigstens ein gutes Weinjahr oder zumindest große, auffällig geformte Hühnereier. Der nachgezogene Schweif weist voraus auf Trockenheit und Sturm, auf Hungersnot und Teuerung, auf Krankheit und Pest, auf Krieg und Elend, auf Katzensterben und Raupenfraß, und für Nordseefischer vertreibt ein Komet die Heringsschwärme. Bischof Synesios von Kyrene: »Unglücksfälle für das ganze Volk, Versklavung von Völkern, Aufstände von Städten, Untergang von Königen, nichts Kleines, nichts in mäßigen Grenzen sich Haltendes, sondern alles schlimmer als das Schlimmste.« Denn man sah, vor allem im Mittelalter, im Kometen ein Flammenzeichen, das Gott den Menschen gibt: Sein Bote, Sein Herold, Seine Himmelsrute, Seine Zuchtrute, Sein Racheschwert, Sein brennender Besen. Dieses vieldeutige Zeichen verkündet eindeutig, daß Gottes Geduld mit den Menschen erschöpft ist, daß Er drohend aufruft zur Buße, die Seine Strafe mildern könnte.
Der Komet wurde nicht ausschließlich als Himmelszeichen gesehen, man versuchte auch zu ergründen, was im Feuerschweif, in der Feuerkugel verbrenne. Für Aristoteles war ein Komet die Verbrennungsform trockener, heißer Ausdünstungen, die von der Erde aufsteigen; diese Ausdünstungen werden zu Dunstmassen, die sich wirbelnd drehen, und wenn in diesen Luftzunder ein Funke fällt, entzündet sich das Dunstgemisch, es entsteht ein Komet, wobei dessen Form dem Umriß der Fläche entspricht, von der die Ausdünstungen hochsteigen. Für Albertus Magnus, der dem Kometen eine eigene Schrift widmete, bestand diese Erscheinung aus brennendem Rauch, der langsam am Himmel dahinzieht, und es sind – auch nach seiner Auffassung – die Ausdünstungen weiter Erdgebiete, die dieses Himmelsfeuer nähren. Damit versuchte Albertus, natürliche Ursachen nachzuweisen. Die

meisten seiner Zeitgenossen interessierte der mögliche Ursprung eines Kometen weniger als die wahrscheinlichen Auswirkungen. Vor allem Astrologen versuchten, das Vage zu präzisieren. Eine Rolle spielten dabei auch die Schweifformen: es gab beispielsweise den Balkenkometen, den Faßkometen, den Trompetenkometen. Und wichtig war, in der Nähe welches Planeten, welches Tierkreiszeichens der Komet auftauchte und in welche Himmelsrichtung er flog.
Dies waren Expertenmeinungen; das Volk sah es einfacher: ein Komet ist ein Untier. Die beliebteste, weil eindrucksvollste Version war hier: der Komet als Drache. Der Drache fuhr hernieder zur Erde, leckte Bäche trocken, fraß Äcker und Weiden kahl, hinterließ, wieder zum Himmel aufliegend, ein großes Sterben.
War dieser Drache ein selbständiges Wesen, oder wurde er von Gott ausgeschickt? Diese Frage löste theologische Erörterungen aus. Sind Kometen Engel? Oder sind Engel an Kometen gefesselt, und sie werden erst mit dem Jüngsten Gericht befreit? Oder werden Kometen von Engeln getragen? Können von Engeln getragene Kometen schlimme Vorzeichen sein? Muß man nicht unterscheiden zwischen guten und schlechten Kometen? Und ein schlechter Komet wird von Teufeln getragen oder ist sogar der Satan selbst? Auch wenn dies der Fall sein sollte: ein Komet ist kein selbständiges Wesen, immer setzt Gott dieses Zeichen, als Herr der Schöpfung. So war eine der beliebteren Versionen: ein Komet ist ein Feuer, das ein Engel entzündet, auf Gottes Befehl. Was dort aber abbrennt: ist das neu geschaffene Materie, oder besteht ein Komet aus dem gleichen Stoff wie die Sterne? Ja, die Materie eines Kometen existiert seit Anbeginn der Schöpfung; in diesem geordneten, wohlgerundeten Kosmos wird nichts neu geschaffen; sobald es an der Zeit ist, wird der Komet von Gott aus der Schatzkammer des Himmels hervorgeholt. Denn Gott wohnt in einem Himmelshaus, beobachtet durch ein Fenster die Erdscheibe, stellt fest, daß die wenigsten Menschen auf die Worte der Prediger hören, also zündet Er eine blutigrote Fackel an, steckt sie ans Himmelsfenster; hat sie lange genug gebrannt, holt Gott sie wieder herein, deponiert sie in der Himmels-Schatzkammer.
Und noch eine Interpretation: der Komet als Gottes feurig-lange Zunge, mit der Er die Menschen aufruft zu Buße und Umkehr, mit der Er Tod und Verderben androht, sogar das Ende der Welt. Aber das hat sich wider Erwarten mehrfach verschoben; um so näher stand jeweils endgültig der Weltuntergang bevor.

15 Fast ein Jahrzehnt kämpften ab 1198 im Heiligen Römischen Reich Deutscher Nation zwei gleichzeitig amtierende Könige gegeneinander; in dieser Zeit verfaßte Wolfram seinen Parzival-Roman, begann er sehr wahrscheinlich mit der Arbeit am Willehalm-Epos.

Die wilde, wirre Geschichte des Bürgerkriegs setzte 1197 ein: mit dem Tod des 31jährigen Kaisers Heinrich VI. Seine Regierungszeit habe ich bereits skizziert. Ich nehme hier nur einen Faden auf: die Auseinandersetzungen um die Wahl seines Sohnes zum König, um den Erbreichsplan. Denn hier ist die Vorgeschichte des Bürgerkriegs zwischen Staufern und Welfen.

Bereits in dieser Vorgeschichte tritt der Initiator der Doppelwahl in den Vordergrund: der Kölner Erzbischof Adolf von Altena, 1193 gewählt, 1194 geweiht. Sein vollständiger, offizieller Titel in damaligem Latein: Adolphus Dei Gratia Sancte Coloniensis Ecclesie Archiepiscopus. (Damals stand in Köln übrigens noch der Alte Dom: eine karolingische fünfschiffige Basilika; sie wurde abgerissen, als man Mitte des 13. Jahrhunderts mit dem Bau des gotischen Doms begann.)

Bevor ich dem Erzbischof das Stichwort gebe, erinnere ich daran: es bestand keine Erbfolge unter deutschen Königen; zwar versuchten Könige und Kaiser wiederholt, die Nachfolge im Sinne ihrer Nachkommen zu regeln, die weltlichen und geistlichen Reichsfürsten aber beharrten auf ihrem Gewohnheitsrecht, den König jeweils zu »küren« (daher: Kur-Fürsten). Kaiser Heinrich versuchte jedoch mit großer Entschiedenheit, das Kurfürsten-Kolleg (das Gremium der wahl- und stimmberechtigten Reichsfürsten) auf seinen Sohn einzuschwören. Als der 29jährige Kaiser Weihnachten 1195 in Worms wieder einen Malaria-Anfall hatte, sterbenskrank schien, da ließ er die Reichsfürsten zusammenkommen und schwören, daß sie als Nachfolger seinen Sohn Friedrich Roger wählen würden. Eine lateinische Chronik: »Inzwischen arbeitete der Kaiser darauf hin, daß die Fürsten seinen Sohn, der kaum zwei Jahre alt war, zum König wählten und dies eidlich bekräftigten. Beinah alle – außer dem Erzbischof von Köln – versprachen einzeln, dies zu tun.« Adolf von Altena machte also nicht mit – und gerade der Erzbischof von Köln hatte traditionell die Aufgabe, den König zu salben und zu krönen: das Kölner oder Aachener Recht.

Kaiser Heinrich ließ nicht locker, er ging noch weiter. Ende Februar 1196 proklamierte er in Mainz seinen »Erbreichsplan«, in

dem er über seinen Sohn hinaus die Nachfolge regeln wollte. Im April kamen die Reichsfürsten in Würzburg zusammen. Heinrich übte Druck aus, soll Gewalt angedroht haben: 52 akzeptierten den Plan, besiegelten das Dokument. Adolf von Köln tat es nicht. Nach dieser Verfassungsänderung wurden die Reichsfürsten Weihnachten 96 erneut vorgeladen: diesmal sollten sie einstimmig den unmittelbaren Nachfolger wählen. Fast alle kamen. Nur einer gab dem Kleinkind auch diesmal seine Stimme nicht: Adolf von Köln. So heißt es denn beinah formelhaft bei Chronisten: »preter Adolfum Coloniensem archiepiscopum«... »preter Coloniensis episcopi«... »preter episcopum Coloniensem«... Über seine Motive läßt sich Klarheit nicht mehr gewinnen: es sind keine Sitzungsprotokolle überliefert, keine vertraulichen Aufzeichnungen, keine Briefe. Es läßt sich nur rückschließen: dieser (neue) Erzbischof stand in Opposition zum Kaiser, der seine Macht auf Kosten der Reichsfürsten ausbaute; er lehnte die vorwegnehmende Wahl eines Kleinkindes zum König ab. Adolf muß sich bald isoliert gefühlt haben – bei der Nachwahl in Boppard, Sommer 1197, gab er dem kleinen Friedrich dann doch seine Stimme. Ein Chronist: »Wieder zu Verstand kommend und von den übrigen Fürsten kaum dazu angehalten, beruhigte er sich und anerkannte den Knaben als König.« Seine Zustimmung schloß ein: er mußte in näherer Zukunft das Kleinkind salben und krönen. Wenige Monate nach dem Treffen in Boppard starb Kaiser Heinrich. Der Prinz war drei Jahre alt, lebte bei seiner Mutter in Palermo. Der zukünftige König also? Und damit: eine Regentschaft für lange Jahre? Bedenken wurden geäußert von mehreren Reichsfürsten: unter Druck hatten sie wiederholt ein Treuegelöbnis leisten müssen, sie fühlten sich nicht mehr daran gebunden. Der Königskandidat Friedrich war entschieden zu jung.
Aber wen konnte man an seiner Stelle vorschlagen? Die größten Chancen hätte unter den Staufern Heinrichs ältester Bruder gehabt, aber der war im Heiligen Land verstorben, an einer Seuche. Der zweite Bruder war getötet worden, während er eine Frau vergewaltigte. Der dritte Bruder kam nicht in Frage für das Königsamt, er hatte einen Grafen totgeschlagen, hatte einen anderen Grafen während einer Unterredung ermordet, war in Kriegshändel verwickelt im fernen Burgund. Blieb der jüngste Bruder des Verstorbenen: Philipp, Herzog von Schwaben.
Philipp, etwa 1180 geboren, wurde als Kind zum Probst von Aachen ernannt, mußte dieses Amt dann wieder abgeben – hier

war allzu energisch Familienpolitik betrieben worden. Auch das Bistum Würzburg, das ihm die kaiserliche Bruderhand zuschob, ließ sich nicht halten – der Papst opponierte entschieden. Nach diesen Pannen konstatierte Heinrich, die geistliche Laufbahn seines Bruders sei beendet.

Als Heinrich starb, war Philipp ebenfalls in Italien; mit dreihundert Reitern sollte er den kleinen Friedrich Roger aus Sizilien abholen. Unterwegs erfuhr er vom Tod seines Bruders. Als sich diese Nachricht herumsprach, gab es viel Jubel unter der italienischen Bevölkerung, kam es zu Unruhen, zu Erhebungen gegen die Kaiserlichen. Das bekam auch Philipp mit seinem Reitertrupp zu spüren – er wurde angegriffen, mußte sich nach Deutschland durchschlagen.

Chaos in Italien, Chaos in Deutschland. Zwei Jahre zuvor die Hungersnot. Menschen fraßen Rinden und Wurzeln, Vieh ging ein, immer mehr Räuberbanden zogen umher, Wölfe kamen in Rudeln aus den Ardennen ins Moseltal. Öffentliche Ordnung, »Landfrieden« gab es nicht mehr: Grafen kämpften gegen Grafen, Fürsten gegen Fürsten, jeder wollte jedem so viel wie möglich wegnehmen. »Mit dem Kaiser starben Recht und Frieden im Reich«, vermerkte ein Chronist. Philipp selbst verglich im späteren Rückblick die Lage des Reichs mit einem »von allen Stürmen gepeitschten Meer« und schrieb: »Jedermann lebte ohne Richter und ohne Gesetz und tat, was ihm beliebte.«

Philipp, den Gerüchte totgesagt hatten, kehrte in den deutschen Teil des Heiligen Römischen Reiches zurück. Weihnachten 1197 berief er sein Gefolge nach Hagenau, die Lage sollte besprochen werden. Er plädierte für die Wahl seines kleinen Neffen Friedrich, aber man schlug ihm vor, sich selbst der Kandidatur zu stellen. Philipp ließ sich überzeugen und begann, seine Wahl vorzubereiten: mit Versprechungen, vor allem mit Geldgeschenken. Was bei vielen Reichsfürsten zusätzlich für diesen Kandidaten sprach: dieser schlanke, blonde Jüngling wirkte sanft, ja weich, zumindest konziliant, er würde mit Sicherheit nicht zu stark werden, also konnten die Fürsten in ihren Territorien Macht behalten. Darauf vor allem kam es ihnen an – je schwächer der König, desto mächtiger die Fürsten.

Es lohnt sich, die Situation, die Konstellation genauer zu betrachten, die zur Wahl dieses und (kurz darauf) eines zweiten Königs führte: wie wurde Politik gemacht zu der Zeit, in der Wolfram von den Idealfiguren der Artus-Welt erzählte und in der er begann, sich mit dem heiligen Ritter Wilhelm zu beschäftigen?

Adolf von Altena spielte für kurze Zeit eine entscheidende Rolle: er war es, der den zweiten König gleichsam nachschob. Im Abstand von Jahrhunderten zeigte sich, daß damit Tendenzen zum Partikularismus entschieden gefördert wurden – die lange Entwicklung zur deutschen Kleinstaaterei. Historiker, die sich nachträglich dem staufischen »Reichsgedanken« verpflichtet fühlten, waren in ihrer Verurteilung des Kölner Erzbischofs rigoros: »rücksichtsloser Parteiführer«... »Befriedigung seiner Geldgier«... »schwer an Deutschland versündigt«... »Fluch der Verdammung der Nachwelt«. Und ein komplettes Zitat, ebenfalls aus dem vorigen Jahrhundert: »Adolfs Geld- und Herrschsucht trug die Schuld, daß auf eine lange Reihe von Jahren das deutsche Reich von allen Schrecken des leidenschaftlichsten Bürgerkriegs heimgesucht, das Glück des Volkes vernichtet und Deutschland in wildem Kriegslärm von der höchsten Stufe der Cultur und geistlichen Entwicklung in den Abgrund tiefster Roheit und innerer Zerrüttung zurückgeschleudert wurde.«

Hugo Stehkämper hat 1973 eine Untersuchung dieser Ereignisse veröffentlicht; ich bin ihr bereits in der Skizze der Vorgeschichte gefolgt, werde ihr weiter folgen in der Darstellung der Rolle, die Adolf von Altena bei der Königswahl spielte.

Es hat sich bereits gezeigt: trotz aller Versuche, Dynastien einzuleiten, wurden Könige des Heiligen Römischen Reiches Deutscher Nation vom Kolleg geistlicher und weltlicher Reichsfürsten gewählt. Dabei war besonders wichtig, wer als erster den Namen des Kandidaten in der Fürstenversammlung ausrufen durfte. Diese erste Stimme besaß seit längerem der Kardinal-Erzbischof von Mainz. Ende 1197 war er noch im Heiligen Land – Jahre nach dem Dritten Kreuzzug. Er hatte jedoch vor seinem Aufbruch zwei (gleichrangige!) Stellvertreter ernannt, und zwar für alle Angelegenheiten des Reiches: die Erzbischöfe Adolf von Köln und Johannes von Trier. Adolf wollte nun die führende Rolle übernehmen, und so zahlte er seinem Trierer Kollegen die Abstandssumme von 8000 Mark (also knapp 4000 Pfund Barrensilber). Für diese Bestechung mußte er den Kölner Domschatz verpfänden. Daß eine Wählerstimme schwer wiegt – das war damals sehr konkret, sehr wörtlich zu verstehen. Auch, um zu zeigen, wie hoch Adolfs politische Investition war, schiebe ich einen kleinen Exkurs ein über Geld und Politik im Hohen Mittelalter.

Um einen Vergleichswert zu gewinnen: wie groß war der Etat eines Königs oder Kaisers des Heiligen Römischen Reiches? Der König zog die Juden-Steuer ein: etwa 800 Mark im Jahr; die Städte zahlten dem König Steuern in einer Gesamthöhe von rund 4000 Mark; dazu etwa 7000 Mark Reichseinnahmen; das Budget des Königs lag also bei etwa 12000 Mark. Aus dem italienischen Teil des Reiches konnte man bis zu 60000 Mark beziehen – also umgerechnet knapp 30000 Pfund Silber. Das war einer der Gründe, weshalb deutsche Könige und Kaiser immer wieder über die Alpen zogen – nicht nur, um dort mit dem Papst um die Vormacht zu kämpfen. Allerdings, um an die italienischen Silberpfunde zu kommen, mußte man investieren: Ausgaben für Söldnertruppen. Offenbar ließen sich die königlichen Heere nicht nur aus reichslehenspflichtigen Rittern zusammensetzen – zu viele Kreuzzüge, zu viele Kämpfe und Kriege.

Den größten Teil seiner Einnahmen brauchte ein König meist, um die Schulden zu tilgen, die er für seine Wahl machen mußte. Die wahlberechtigten Fürsten ließen sich ihre Stimmen so hoch bezahlen, weil sie meist tief verschuldet waren. Nun hatte ein König vor seiner Wahl das nötige Silber noch nicht in der Hand – es sei denn, er war ein Kandidat, der aus machtpolitischen Erwägungen von Frankreich oder England unterstützt wurde. War das nicht der Fall, so mußte ein König Reichseinnahmen an Wahlmänner verpfänden. Wenn der König auch nach Jahren der Regierung die Summen nicht auszahlen konnte, so mußte er Reichsbesitz verpfänden. Ein Modell: ein Fürstbischof soll für seine Stimme vom zukünftigen König 4000 Mark erhalten; der König kann nach der Wahl das Geld nicht aufbringen; er muß dem Fürstbischof eine oder zwei Reichsstädte zum Pfand geben – dem Fürstbischof stehen dann sämtliche Steuereinkünfte dieser Städte zu, bis die Schuld getilgt ist.

Zurück zu Adolf von Köln: Er hatte also einen Betrag investiert, der ungefähr zwei Dritteln der Einnahmen entsprach, mit denen ein König im deutschen Bereich rechnen konnte. Dennoch wird er davon ausgegangen sein, daß ihm ›sein‹ König diesen ungeheuren Betrag zurückzahlen würde. Und was erhoffte er darüber hinaus vom König seiner Wahl – für sich persönlich, für sein Amt, für seine Stadt? Es wird ihm doch wohl nicht allein um die Wahrung der Verfassung gegangen sein, hier müssen handfestere Interessen mitgespielt haben – vielleicht waren die formaljuristischen Argumente nur vorgeschoben.

Aus welchen Gründen auch immer – Adolf fühlte sich zur Erfüllung seiner Aufgabe verpflichtet, lud ein zur vorbereitenden Wahlbesprechung: Andernach, Dezember 1197. Die Resonanz auf seinen Aufruf war gering – die meisten Mitglieder des Fürstenkollegs hatten sich schon für den Staufer, für Philipp, entschieden. Nur Herzog Bernhard von Sachsen erschien in Andernach und forderte das Königsamt. Als man ihm den Geldbetrag nannte, den die Stimmen für seine Wahl insgesamt kosteten und weitere Konditionen stellte, reiste er ab. Adolf berief eine zweite Versammlung ein: Köln, 1. März 1198. Auch beim neuen Termin blieb die Mehrheit der Fürsten weg. Kein Wunder, denn zu dieser Zeit versammelte man sich bereits in Erfurt, um den neuen König zu wählen. Gerüchte liefen um: Adolf von Köln wolle einen Welfen, einen Sohn Heinrichs des Löwen, zum König machen. So sollten rasch Tatsachen geschaffen werden: man war »in drei Wochen mit Ladung, Vorverhandlungen, Wahl und Kur fertig«; am 8. März 1198 wurde Philipp von Schwaben zum König gewählt.

Adolf von Köln und sein Gefolgsmann Johannes waren empört: man hatte sie von der Wahl ausgeschlossen, hatte sie übergangen! Und sie fochten die Wahl an: Verfassungsbruch! Denn erstens hatte die Wahl nicht wie gewohnt auf fränkischem Boden stattgefunden, sondern in Thüringen; zweitens fehlten bei dieser »Kür« die geistlichen Reichsfürsten von Mainz, Köln, Trier.

Adolf, der sich zurückgesetzt fühlte, drängte nach vorn: er wollte eine zweite Wahl einleiten, um als Erzbischof von Köln die erste Stimme abzugeben; der Kardinal-Erzbischof von Mainz war noch nicht zurückgekehrt. Adolf suchte einen Kandidaten. Richard Löwenherz setzte sich mit Entschiedenheit für seinen Neffen ein, für Otto von Poitou und Braunschweig, den zweiten Sohn Heinrichs des Löwen. Er wurde am 9. Juni 1198 in Köln gewählt, von Adolf, vom gekauften Johannes, von einigen weltlichen Fürsten aus Sachsen. Philipp war nur ein Vierteljahr alleiniger deutscher König.

Otto, in der Normandie geboren, war englisch-deutscher Herkunft. Sein Onkel Richard Cœur de Lion, ein großer, athletischer Mann, hatte eine besondere Vorliebe für diesen fast zwei Meter großen, athletischen Welfen. Er hatte persönlich dafür gesorgt, daß dieser junge Mann alle Waffentechniken für Turnier und Krieg erlernte – er wurde ein gefürchteter Einzelkämpfer. Indem Richard ihn vorschlug, wollte er sich eine Möglichkeit verschaffen, Politik im deutschen Bereich zu beeinflussen, das heißt: an der Ostflanke Unterstützung zu finden im Krieg mit Frankreich. Philipp wurde, im Gegenzug, vom französischen König Philippe Auguste unterstützt: sie schlossen am 29. Juni einen Allianzvertrag »contra Ricardum Regem Angliae et Comitem Othonem nepotem eius«.

Ein kurzer Blick über die Grenzen. Das Frankreich, das der französische König von Paris aus beherrschte, war damals ungefähr so klein wie die heutigen Benelux-Länder. Zwischen diesem Kernland und dem Heiligen Römischen Reich die Champagne und Burgund. England, das heißt: das große Britannien, das heißt: das Anglo-normannische Reich, war – während Wolframs Kindheit und Jugend – das Angevinische Reich: unter Henry II. aus dem Hause Anjou-Plantagenet reichte es von der schottischen Grenze bis zu den Pyrenäen. Henry, der von 1154 bis 1189 regierte, war also auch Herr über die Normandie, über die heutige Bretagne, über Anjou, Poitou, Aquitaine, die Gascogne – etwa die Hälfte des heutigen Frankreich! (Das erklärt, warum man im Parzival-Roman nie so recht weiß, ob die Handlung in ›Frankreich‹ oder in ›England‹ spielt, und weshalb der Waliser Parzival zugleich als ein Anjou bezeichnet wird – von Eschenbach aus gesehen war dies alles ein fast grenzenloses Reich, in dem die hohen Herren Französisch sprachen.) Mit Richard Löwenherz, der auch in englischer Geschichtsschreibung Richard Cœur de Lion heißt, kam ein Hüne auf den Thron, dem das Kämpfen mehr lag als das Regieren. Er war sich dennoch der großen Aufgabe bewußt: das riesige Angevinische Reich seines Vaters zu erhalten, zu schützen. Auch deshalb waren ihm gute Beziehungen mit dem römisch-deutschen König wichtig. Der König in Paris war in seiner entschieden schwächeren Position noch mehr auf Unterstützung angewiesen, deshalb schloß er den Allianzvertrag mit dem Staufer; Philippe Auguste wollte das Angevinische Reich erobern. So führten zwei französische Dynastien miteinander Krieg: die Anjou und die Kapetinger.

In dieser europäischen Konstellation begannen König Philipp, etwa achtzehnjährig, und König Otto, etwa sechzehnjährig, um ihre Alleinherrschaft zu kämpfen – zunächst politisch. Beide wußten, daß ihre Wahl anfechtbar war: bei Philipps »Kür« war es zum Verfassungsbruch gekommen, und Otto war von einer Minderheit gewählt worden. Auch die Krönungen gaben Anlaß zur Kritik. Die Stadt Aachen, traditioneller Krönungsort, verweigerte Otto den Zutritt, mußte erst einmal erobert werden. Adolf von

Köln salbte und krönte dort seinen Protégé: Krönung am richtigen Ort, vom richtigen Erzbischof, aber nicht mit den richtigen Reichsinsignien. Die waren in der Verfügungsgewalt Philipps. Er ließ sich am 8. September 1198 in Mainz krönen, von einem burgundischen Erzbischof. Also: die richtigen Insignien, aber nicht der richtige Erzbischof, nicht der richtige Krönungsort. Beide Könige versuchten in den nächsten Jahren, weitere Legitimationen einzuholen.
Wichtig war in dieser Frage, wie sich der Papst verhielt. Richard Löwenherz schlug vor, sofort Boten zum Heiligen Vater zu senden, ihm die Wahl des Königs Otto zu melden, ihn um seine Bestätigung zu bitten. Es folgte, 1199, eine große Delegation. Sie trug eine weitere Bitte vor: der Heilige Vater möge Philipp exkommunizieren, möge damit die Reichsfürsten von ihrem Treueeid entbinden. Als Gegenleistung wurden Zugeständnisse an die päpstliche Macht und Vormacht angeboten.
Innozenz III., neu im Amt, verhielt sich zurückhaltend. Die Delegation kehrte ohne klare Ergebnisse zurück: keine Entscheidung des Heiligen Vaters für Otto, keine Exkommunikation Philipps. Nur vage Formulierungen: sobald eine legitime Wahl erfolgt sei, werde der Papst dem Gewählten die Kaiserkrone gewähren.
Klar geäußert hatte sich der neue Papst in einem anderen Punkt: er behalte sich das Recht vor, den Königskandidaten auf Eignung und Würde zu prüfen; bei ihm liege die Entscheidung, ob der König zum Kaiser gekrönt werde; das Priestertum sei über das Königtum erhoben, besitze die Obergewalt. Schon am Tage seiner Weihe hatte er gepredigt: »Mir ist gesagt vom Propheten: Ich will dich über Völker und Königreiche setzen.« Sein Lieblingsvergleich: der Papst als Sonne, der König als Mond...
Klar geäußert hatte er sich vor der Gesandtschaft auch zu folgendem Punkt: in Belange des Kirchenstaates lasse er sich nicht dreinreden. Er hatte, wie sein Vorgänger Coelestin, das Machtvakuum nach dem Tod Kaiser Heinrichs sofort ausgenutzt, hatte das Territorium des Kirchenstaates nahezu verdoppelt – es bildete nun einen breiten Riegel zwischen dem nördlichen Italien und dem Königreich Sizilien. Obwohl die juristischen und militärischen Annexionen des Papstes auf Kosten des Reichs erfolgt waren, sollte sie der deutsche König, der zukünftige römische Kaiser anerkennen.
Die Forderungen des Papstes fanden keine gute Resonanz. Staufische Fürsten schickten ein geharnischtes Schreiben nach Rom,

warfen dem Heiligen Vater Länderraub vor (dies bezeichnete Innozenz als »pestilenzialische Lüge«), verlangten, daß Philipp zum Kaiser gekrönt werde. Mit dieser Forderung machten sie klar: wer zum König gewählt wurde, ist zum Kaiser bestimmt; die Entscheidung liegt beim Fürstenkolleg und nicht beim Papst.
Und Adolf von Köln? Er hatte die Wahl eines Gegenkandidaten gefördert, auch um zu beweisen, daß er derzeitiger Stimmführer sei in der Kür des Königs. Damit waren wieder einmal Macht und Bedeutung der Reichsfürsten bestätigt worden. Daß Innozenz sich über sie erhob, mußte der Erzbischof prinzipiell ablehnen. Als ihn der Papst Monate später in einem Schreiben mahnte, endlich über neue Entwicklungen zu berichten, gab er keine Antwort. Mit Entschiedenheit betonte Innozenz, es läge ihm keineswegs daran, den deutschen Fürsten die Freiheit ihrer Wahl zu rauben – diese Beteuerung glaubte ihm nicht einmal der Erzbischof von Köln. Er schien zu resignieren; Innozenz mußte ihn später sogar auffordern, sich für den König seiner Wahl einzusetzen, er dürfe nicht die Hand vom Pfluge nehmen – Adolf von Köln gab ihm auch diesmal keine Antwort.
Im Spätherbst 1199 kehrte Konrad von Mainz aus dem Heiligen Land zurück. Er schlug vor, die beiden Könige abzusetzen und Friedrich Roger zu krönen. Schließlich hatte er ihm seinerzeit Gefolgschaft geschworen, schließlich hatten die Kreuzfahrer, als sie mit viermonatiger Verspätung vom Tod Heinrichs erfuhren, diesen Eid freiwillig erneuert. Doch Ostern 1200 verhandelte der Kardinal-Erzbischof bereits mit Philipp. Von einer Rücktrittsforderung war nicht mehr die Rede. Immerhin aber erreichte Konrad einen Waffenstillstand für die Dauer eines halben Jahres: Philipp hatte in einem Feldzug die Umgebung von Köln verwüstet. Konrad von Mainz schlug vor: ein Kollegium von acht Fürsten der Stauferpartei, acht Fürsten der Welfenpartei sollte sich am Rhein treffen, um eine Schlichtung zu vereinbaren. Das Treffen fand nicht statt.
Der Papst entschied sich mittlerweile für Otto IV. Er ließ durch einen Legaten einen Reichstag einberufen, auf dem Otto von allen Fürsten als alleiniger König bestätigt werden sollte. Innozenz schickte Briefe an mindestens 42 der Wahlfürsten. Aber die Staufer verweigerten die Annahme dieser Schreiben, ließen die Boten oft gar nicht erst in ihre Burgen, ihre Städte hinein, ließen einige sogar aufhängen. Die Wut war groß über diesen Versuch der Bevormundung. Otto sah in seiner schwachen Position nur eine

Chance, wenn er sich dem Papst unterwarf – er nannte ihn »einzigen Trost und einzige Hilfe«. Am 8. Juni 1201 leistete er in Neuß vor dem päpstlichen Legaten einen Eid: er verzichtete auf Reichsrechte in Italien, auf seine politische Selbständigkeit. Nach dieser Unterwerfung wurde am 3. Juli im Kölner Dom vom Legaten Guido verkündet, Otto sei als König vom Heiligen Vater bestätigt worden: Feinde dieses Königs würden exkommuniziert. Darauf erneuerten am 8. September 1201 beim Hoftag zu Bamberg die dort versammelten Fürsten ihr Treuegelöbnis für Philipp. Und es folgte ein Protest gegen die Intervention des Legaten. Diesen Protest wies der Papst (ein oft heftiger, jähzorniger Mann) mit Vehemenz zurück.

Der Wutschrei in Rom änderte nichts an den Machtverhältnissen. Philipp wurde von der Mehrheit der deutschen Fürsten unterstützt. So wechselte der Papst die Taktik: es wurde versucht, weltliche und geistliche Herren von der staufischen auf die welfische Seite herüberzuziehen. Bei geistlichen Herren ging man so vor: es wurden apostolische Befehle erteilt; es wurden Vorladungen nach Rom ausgesprochen; es wurde mindestens *eine* Disziplinar-Untersuchung eingeleitet; ein Bischof wurde unter Kuratel gestellt, weil er »erblindet« sei. Bei weltlichen Herren setzte man bestechend hohe Geldsummen ein. Das brachte Erfolge. Die spektakulären Übertritte ins Lager der Welfen: Landgraf Hermann von Thüringen und der König von Böhmen lösten sich von Philipp, traten zu Otto über. Darauf marschierte Philipp in Thüringen ein, Sommer 1203. Weitflächige Verwüstungen als Strafe. Aber Philipp war kein großer Feldherr – er mußte sich schließlich in die Stadt Erfurt zurückziehen (eine Mainzer Enklave), wurde dort belagert, zog aus Thüringen ab.

Auf dieses Jahr zurückblickend, stellte Innozenz fest: »Die Lage unseres geliebten Sohnes Otto hat sich durch Gottes Gnade allerdings ziemlich gebessert; aber sie ist noch nicht so fest verwurzelt, daß ich auf seinen baldigen Sieg rechnen könnte.« Es gab auch wieder Rückschläge für den Welfen. So trat sein eigener Bruder, der Pfalzgraf, zum Staufer über. Der rüstete und fiel 1204 noch einmal in Thüringen ein; wiederum weitflächige Verwüstungen; das böhmische Heer setzte sich ab; Hermann von Thüringen hatte militärisch keine Chance mehr, im Kloster Ichtershausen unterwarf er sich König Philipp. Damit stieg Philipps Macht, und es wuchs die Zahl der Überläufer. Jeder von ihnen erhoffte sich Privilegien und ein hohes Geldgeschenk. Caesarius von Heisterbach, ein zeitgenössischer Chronist: »In dieser Zeit des Thronstreites wurde jene grausame Bestie, die Habsucht, den Menschen so vertraut und lieb, daß um ihretwillen christliche Mächte der Gerechtigkeit und Treue absagten, ihre Eide nicht achteten und Meineide für nichts hielten.«

Mit einer direkten Unterstützung durch das Angevinische Reich konnte Otto in dieser Lage nicht rechnen. Richard Löwenherz war schon 1198 an den Folgen einer Pfeilwunde gestorben. Und Philippe Auguste hatte sehr erfolgreiche Feldzüge geführt, hatte Anjou, Maine, Poitou und die Touraine erobert und zuletzt, in diesem Jahr 1204, die Normandie mit all ihren Burgen. Das sehr große Reich der Anjou-Plantagenet war damit schon erheblich reduziert.

Auch deshalb: der Welfe hatte kaum noch eine Chance. Sogar der Kölner Erzbischof ließ von seinen Prinzipien ab, leistete seinen Beitrag zur »Realpolitik«, wie wir heute sagen: im November 1204 schwor er König Philipp die Treue. Papst Innozenz bezeichnete Adolf daraufhin als Drachen, als Betrüger, als neuen Judas Ischariot. Und er schrieb später nach Köln: »Oh, wäre jener Mensch niemals geboren, der eure Kirche und eure Stadt mit dem Gift seiner Schändlichkeiten beschmutzt und sie durch seine höchst verderblichen Taten in vielfache Schwierigkeiten gebracht hat. Wahrhaft ein Sohn Belials, der, da er nun einmal glatt und verschlagen war, wandlungsreich und treulos, täuschend mit immer schlauer Kunst sich durch betrügerische Anknüpfungen an unsere Güter heranmachte, damit er desto leichter darin Böses anrichten konnte.« Domkonvent und Patriziat von Köln folgten ihrem Stadtherrn nicht bei seinem Parteiwechsel, wählten einen Gegenbischof.

16 Wolfram hat im Parzival-Roman mehrere Orte der Umgebung von Eschenbach benannt: Abenberg (östlich), Dollnstein im Altmühltal (südöstlich), Trüdingen (südwestlich), Wertheim (westlich). Im *Willehalm* kommen einige Namen, Angaben hinzu: Nördlingen, »Kizzingen« (Bad Kissingen oder Kitzingen), das Waldgebiet »Virgunt« des Klosters Ellwangen, Beratzhausen an der Laber, das Gebiet »Der Sand« (Richtung Nürnberg). Diese zweite Namensliste hat kaum Forscherimpulse ausgelöst; um so reicher ist die Literatur über die Orte und Herren,

die Wolfram im *Parzival* erwähnt hat. Ich berichte in diesem Kapitel über die Herren dieser Burgen und Orte, lasse mich dabei von Joachim Bumke zur Vorsicht mahnen, ist doch bei einigen der Namen »nicht einmal zu erkennen, ob sich in ihnen Verbindungen zu Orten oder zu Personen spiegeln«.
Ich gehe nicht alphabetisch vor, sondern – wie es dem Mittelalter entspricht – hierarchisch. So benenne ich zuerst einen Mann, den Wolfram nie erwähnt hat, dessen Entscheidungen wohl aber eingewirkt haben auf seine Biographie: der Bischof Hartwig von Eichstätt.
Einleitend ein Hinweis auf ein Werk eines seiner Vorgänger. Kurz vor der Jahrtausendwende hat Bischof Reginold von Eichstätt einen Bericht geschrieben über eine Pilgerreise des Gründers seines Bistums, des Angelsachsen Willibald in das Heilige Land, und dabei wechselten die Sprachen des Buchs mit den Sprachräumen, die der Pilger durchzog: von Eichstätt bis zum Mittelmeer wurde diese Reise lateinisch geschildert; solange der Bischof durch den byzantinischen Bereich zog, wurde griechisch geschrieben; mit der Ankunft im Heiligen Land wechselte die Sprache erneut, ins Hebräische. Und durch das Griechische und das Lateinische fand die Rückreise statt nach Eichstätt.
Der Bischof, der während Wolframs Lebenszeit amtierte, und zwar achtundzwanzig Jahre lang (1196-1223), er trat nicht mit außergewöhnlichen Schriften hervor, muß in seinem Amt aber ein sehr fähiger Mann gewesen sein. Hartwig war »ain geborener grave von Sultzbach«, war Abt des Klosters Plankstetten, war Dompropst, ehe er der 27. Bischof der Diözese wurde. Geistliche und weltliche Aktivitäten waren im Hohen Mittelalter noch nicht grundsätzlich getrennt, und so wird in den Regesten von Eichstätt über verschiedene politische Aktivitäten dieses Bischofs berichtet. Ich brauche das hier nicht auszuführen, erwähne nur: dieser Bischof nahm am Hoftag zu Nürnberg teil; er unterstützte den jungen König Philipp, der mit ihm verwandt war, gegen König Otto; etwa zwei Jahre war er Kanzler, also Leiter der Kanzlei des Königs Philipp; er nahm an seinem Feldzug nach Thüringen teil; er begleitete den Nachfolger dieses Königs zur Kaiserkrönung nach Rom; er hat möglicherweise am Kreuzzug von 1217 teilgenommen.
Einer der Lehnsträger dieses Bischofs war Graf Boppe von Wertheim, den Wolfram als seinen Lehnsherrn bezeichnete, wie wir gesehen haben. Es folgt die entscheidende Formulierung im Kon-

text: Parzival kommt zur belagerten Stadt Beaurepaire, die Bewohner sind sichtlich ausgehungert. (Die Beschreibung der Hungernden und der Hinweis auf den Grafen wird von Wolfram durch eine seiner typischen Reimkombinationen verklammert: er reimt »leim« [also: Lehm!] auf »Wertheim«. – Und gleich noch ein technischer Hinweis: das System der Hinweisziffern am Rand dieses Zitats – und aller folgenden Zitate – erläutere ich im Anhang, im Kleingedruckten.) Und nun der übersetzte Textausschnitt.

> Von allen Seiten kamen 183, 28
> Ritter, teils zu Fuß, zu Pferd.
> Sie hießen ihn willkommen.
> Auch diese Schar: ein Bild des Jammers –
> viele waren fahl wie Asche,
> andre waren gelb wie Lehm.
> Mein Herr, der Graf von Wertheim,
> hätte dort nicht gern gedient,
> er wär vom Sold nicht sattgeworden.
> Aus Mangel wurde Hungersnot,
> es gab nicht Käse, Fleisch und Brot.

In einer der Handschriften (G) findet sich eine interessante Lesart: »der grâve Poppe von Wertheim«. Kein Hinweis also auf ein mögliches Dienstverhältnis, dafür ein Vorname. Damit ist der potentielle Dienstherr aber noch nicht identifiziert, denn zu der Zeit, in der Wolfram diesen Erzählabschnitt formulierte, lebten und regierten Vater Boppe und Sohn Boppe.
Bereits 1165 wurde Boppe I. urkundlich erwähnt; der Vater dieses Grafen war Gerhard von Wertheim, dessen Vater wiederum hieß Wolfram, und damit sind wir schon beim ersten Namen dieses Geschlechts – davor tauchen jedenfalls keine Herren von Wertheim in Urkunden auf. Es könnte also sein, daß es eine junge Grafenfamilie war, zu Wolframs Zeit erst in der dritten und vierten Generation. Vielleicht wollte sich die neue Familie profilieren, indem sie zeitweilig den Dichter unterstützte.
Zumindest aber tat man sich durch fromme Stiftungen hervor. Wolfram von Wertheim und sein Bruder Dieter gehörten zu den Stiftern des Klosters Bronnbach im Taubertal, wenige Kilometer vor Wertheim, ein heute noch einsam gelegenes Kloster – wäre da nicht die kleine Straße im Tal, am Flüßchen entlang. Die Herren

von Wertheim stifteten dem Kloster eine Ortschaft und Güter im Odenwald, die reiche Erträge abwarfen. 1152 wurde die Stiftung durch den Papst bestätigt, und man begann ein paar Jahre darauf mit dem Bau der Klosterkirche. Es gab später einige hausinterne Wirren, ausgelöst auch von den Wirren jener Zeitphase. Schließlich trat Graf Boppe I. als Wohltäter auf, erweiterte die Schenkungen seines Großvaters und Großonkels, wurde damit als Stifter urkundlich nachweisbar.
Was sich weiter über Boppe I. berichten läßt: er war Mitglied des Gefolges von Kaiser Friedrich Barbarossa. Und: 1183 bekundete er tiefe Reue über (so lese ich bei Schreiber) »schändliche Vergehen« und »schwere Verbrechen«, »durch die er Gott heftig erzürnt hatte«. Was war geschehen? Ich weiß es nicht.
Einige Jahre später nahm er (zur Buße, als Sühne?) am Kreuzzug Kaiser Friedrichs teil. Inzwischen hatte er die Leitung der Grafschaft auf seinen Sohn übertragen. Um sich auch den Schutz des Himmels zu sichern, schenkte er dem Kloster Altenberg die Zollfreiheit. Im Heiligen Land soll er den Johanniter-Orden unterstützt haben. Als er zurückkehrte, einigte er sich mit seinem Sohn auf eine gemeinsame Amtsführung.
In der Zeit, in der Wolfram den Grafen von Wertheim erwähnte, freundlich-spöttisch, war Boppe I. ein alter Mann, ja nach damaligen Verhältnissen ein Patriarch. Der Regent war Boppe II. Auch er war nachweislich im Gefolge eines Kaisers, bei Heinrich VI. Auch er nahm an einem Kreuzzug teil, 1189. Auch er wurde Wohltäter eines Ritterordens: des neu gegründeten Deutschen Ordens. Unter seinen Schenkungen war Lehensbesitz in Eschenbach, Lehen damit auch der Familie Eschenbach.
Und hier, auf Stichwort, ein kleiner Nachtrag: »priores nostri« des Boppe hatten auch dem Kloster Heilsbronn Schenkungen gemacht – so hätte Wolfram auch vom Wertheimer Grafen an die Klosterschule in Heilsbronn vermittelt werden können. Oder gab es eine Schule im (kleinen) Kloster Bronnbach? Und weitergefragt: falls es in diesem Kloster ein Skriptorium gab, konnte Wolfram hier später nicht auch Unterstützung finden?
Um das Kloster Bronnbach hat man sich in der Wolfram-Sekundärliteratur nicht weiter gekümmert. Die Grafen von Wertheim werden als potentielle Förderer Wolframs kaum in Betracht gezogen – als fehlten bei ihnen alle Voraussetzungen. Aber ich frage: warum hätte ein Graf von Wertheim diesen Dichter nicht unterstützen können? Die Grafen waren nicht arm. Wertheim, so zeigt

ein Blick auf die Landkarte, liegt etwa 100 Kilometer Luftlinie von Eschenbach entfernt; dies deutet schon an, welche Ausdehnung die Grafschaft hatte – allerdings ist zu bedenken, daß Besitz damals vielfach Streubesitz war. Dennoch, ihr Herrschaftsbereich war groß. Und es kamen zu allen Erträgen, Einkünften die Zolleinnahmen vom Main hinzu. Auch technisch waren die Voraussetzungen gegeben: die Grafen hatten Verbindungen zum großen Kloster Heilsbronn und waren Schirmherren des Klosters Bronnbach, sie konnten einem Dichter also auch Schreibmönche vermitteln.
Und nun Wolframs zweite, noch häufiger erörterte Anspielung: »hie ze Wildenberc«. Der Zusammenhang: es wird der überaus prächtige Festsaal der Gralsburg beschrieben, und hier macht Wolfram eine seiner charakteristischen Anmerkungen:

> Etwas durfte hier nicht fehlen, 230, 6
> das viel Geld gekostet hatte:
> drei quadratische Feuerflächen,
> alle aus Marmorstein gemauert,
> mit Feuern, die den Namen verdienten!
> Das Holz hieß lignum aloë.
> So große Feuer sah noch keiner
> hier auf Wildenberg – noch nie!
> Es waren teure Wunderwerke!

Wolfram sagt unmißverständlich »hier auf Wildenberg«. Und so gibt es für mich keinen Zweifel, daß er auf Wildenberg war, hier den neuesten Erzählabschnitt seines entstehenden Romans vortrug. Sonst hätte er geschrieben oder diktiert: »dort in Wildenberg« oder »in jener Wildenburg« oder »auf einem Wildenberg«. War das ein einmaliger Auftritt, oder hat der Burgherr den Dichter unterstützt, indem er – eine Zeitlang – für seinen Lebensunterhalt sorgte, ihm einen Schreiber vermittelte?
Welcher der Burgherren hätte Wolfram unterstützen können? Es kommen nur Rupert oder Ulrich von Dürn (latinisiert: Durne) in Frage. Beim Vater wäre es plausibler, beim Sohn ist die chronologische Wahrscheinlichkeit größer. Ich berichte von beiden.
Im Odenwald hatte es längere Zeit Unfrieden, Unruhen gegeben: der Schirmherr des Klosters Amorbach hatte Rechte der Mönche eingeschränkt, hatte Klosterbesitz geschmälert; Kaiser Friedrich Barbarossa setzte darauf den Lehnsherrn dieser Region ab, die

Burg des »vexator« wurde zerstört; der Kaiser übertrug das Lehnsgebiet auf Konrad von Alfingen; sein Wohnsitz, Amtssitz wurde die Burg Walldürn; hier residierte auch Rupert von Alfingen-Durne; durch seine Heirat entstand verwandtschaftliche Beziehung zu den Grafen von Wertheim; zur Sicherung des neuen Lehens baute er eine Burg: Wildenberg; sie sollte die Region gegen das expansive Mainz des Kardinal-Erzbischofs schützen; selbstverständlich übernahm Rupert von Alfingen-Durne auch die Vogtei über das Kloster Amorbach. Damit war eine der wichtigsten Voraussetzungen für die Unterstützung eines Epikers gegeben: ein Skriptorium in der Nähe der Burg des Schutzherrn, Schirmherrn.

Rupert (I.) von Durne: etwa hundertfünfzigmal taucht sein Name in Dokumenten auf. Unter den Kaisern Friedrich und Heinrich nahm er teil an Beratungen, Verhandlungen, Hoftagen; er begleitete seinen königlichen, dann kaiserlichen Lehnsherrn Heinrich nach Lüttich, Burgund und wiederholt nach Italien; zuletzt zog er (1194/5) mit Heinrich nach Palermo, nahm dort teil an seiner Krönung zum König Siziliens. Rupert wurde für seine Verdienste mit Lehen belohnt – sein Territorium wuchs. Den Amtssitz verlegte er von Walldürn auf den Wildenberg, in die neue Burg: repräsentatives Ambiente eines angesehenen Mannes. Zur Repräsentation gehörte wohl auch, daß er eine literarisch-chronikalische Arbeit in Auftrag gab: eine Bearbeitung der Vita sancti Amoris, des legendarischen Gründerheiligen von Kloster Amorbach; ausgeführt wurde diese Neufassung von Diaconus Ekbert, Ruperts Hofkaplan. Daß der Graf auch die Arbeit am Parzival-Roman unterstützt hat, wenigstens eine Zeitlang, ist zumindest denkbar. Vielleicht war Wolframs Arbeitspartner dieser Diakon Ekbert – vorausgesetzt, er konnte Französisch.

Im letzten Dokument, das sich mit Ruperts Namen verbindet, wird der Graf nicht bloß unter Vertrags-Zeugen aufgezählt, er läßt es selbst ausfertigen: Rupertus de Durne in Apuliam profecturus – Rupert von Durne, der nach Apulien abreisen wird... In Apulien sammelten sich Kreuzfahrerheere. Rupert vermachte für den Fall seines Todes dem Kloster Amorbach mehrere Bauerngüter; das Dokument ist im Frühsommer 1197 ausgestellt; im Herbst dieses Jahres begann der Kreuzzug; offenbar kehrte Rupert vom Heiligen Land nicht zurück, denn das Kloster Amorbach übernahm diese Güter.

Sohn Ulrich wurde zweiter Herr auf Wildenberg. Ulrichs Name

taucht in Dokumenten nur selten auf. Immerhin zeigen sie aber, daß auch er königlicher Berater wurde: bei König Philipp. Bereits 1204 war Ulrich tot – möglicherweise in einer Nachbarschaftsfehde gefallen. Er wurde im Kreuzgang des Klosters Bronnbach begraben. Schirmherren dieses Klosters waren die Grafen von Wertheim, seine Verwandten: so überschneiden sich die Kreise.
Auf Ulrich folgte Konrad, der den Familienbesitz erheblich erweiterte; dieser Reichtum wurde sichtbar gemacht im Ausbau der Burg seines Großvaters.
Am Tor, in einem »Torgewändestein«, die Inschrift DISE BURHC MAHTE HER RUBREHT VON DURN. In einer Chronik von 1732 (wohl nach alten Dokumenten geschrieben) wird Konrad von Durne von der Burg Wildenberg erwähnt (Cunradus de Durne ex castro Wilenberg), und dessen Großvater habe die Burg erbaut: Wilenberg... quod avus eius Rupertus... construxerat. Baugeschichtliche Untersuchungen bestätigen das. So ist der Bergfried, heute noch ein mächtiger Turm (mit drei Meter dikken Mauern), um 1175 erbaut worden. Und das Entscheidende: der Festsaal mit dem überdimensionierten Kamin gehört ebenfalls zur Burg, die Rupert erbauen ließ. Walter Hotz: »Der Wildenberg-Palas gehört mit seinem unteren Saal notwendig zum Gründungsbau Ruperts I. von Durne, also der Zeit zwischen 1168 und 1197, und dürfte als letzter Bau dieses Unternehmens an das Ende der 70er oder den Beginn der 80er Jahre gehören. Wir kennen auch die führenden Meister.« Auf diesen unteren Festsaal baute der Enkel seinen wahrscheinlich noch repräsentativeren Festsaal im Obergeschoß – von dem ist allerdings nur ein Stück Wand mit drei Fensteröffnungen übriggeblieben. Der Erweiterungsbau dürfte ab 1206 errichtet worden sein, vielleicht verbunden mit Umbauten in der Kernburg. Dieser verschwundene Festsaal wäre für Wolfram zu spät erbaut worden – zumindest wird er in dieser Zeit nicht mehr an dem Kapitel gearbeitet haben, in dem er Wildenberg erwähnte. Im unteren, damit älteren Palas aber konnte, dürfte Wolfram gewesen sein. Also: möglicher Auftritt des Dichters in dem von einem übergroßen Kamin beherrschten Festsaal, und Wolfram spielt prompt auf diesen Kamin an – übrigens der größte Kamin, der aus jener Zeit erhalten ist! Neun Quadratmeter Feuerfläche! Und der Festsaal, in den dieser Kamin so mächtig hereinragt, ist 23 mal 9 Meter groß! In diesem Palas zu verkünden, hier auf

Wildenberg habe man noch nie so große Feuerstätten wie auf der Gralsburg gesehen, das dürfte zugleich Staunen und Gelächter ausgelöst haben.
Weil ich hier gegen wissenschaftliche Skepsis anschreibe, hebe ich zusammenfassend noch einmal hervor: ein Gönner, der ein episches Werk unterstützte, zumindest in einer Arbeitsphase, mußte die Lebenskosten des Dichters übernehmen, die Kosten vielleicht auch für das benötigte Pergament, mußte einen Schreiber vermitteln können. Der Bischof von Eichstätt, der Graf von Wertheim, der Graf von Durne: Herren über weite Gebiete, Herren also mit entsprechenden Einkünften. Falls Hartwig von Eichstätt den jungen Mann aus seiner Diözese unterstützte, so konnte das in Eichstätt geschehen, in der Kanzlei des Hochstifts; ein Graf von Wertheim konnte auf der Stammburg dem Dichter sicherlich keine Kanzlei anbieten, konnte aber Wolfram zum nahe gelegenen Bronnbach oder zum weiter entfernten Heilsbronn vermitteln; auch auf der Wildenburg der Herren von Durne wird es keine Kanzlei gegeben haben, noch nicht, aber vom Wildenberg war es nur etwa eine Wegstunde zum Kloster Amorbach. Möglichkeiten also genug zur literarischen Förderung in Wolframs Region...
Die weiteren lokalen Anspielungen führen uns kaum auf die Spuren (möglicher) Gönner, Förderer, ich will ihnen trotzdem nachgehen. Ich beginne hier mit Abenberg. Der Kontext: Parzival kommt zum ersten Mal in den Hof der Gralsburg.

> So ritt der Tapfre in die Burg,   227, 7
> auf einen ausgedehnten Hof –
> das grüne Gras, es war ganz kurz,
> von Ritterspielen nicht zertrampelt,
> kein Wettkampf zwischen Reitertrupps,
> kein Wimpel-Ritt; so war es gleichfalls
> auf der Wiese von Abenberg.

Zum Zeitpunkt also, an dem Wolfram diesen Erzählabschnitt verfaßte und öffentlich vortrug, wurde die Turnierwiese von Abenberg nicht (mehr) benutzt. Dieser »Anger« wird unterhalb des Bergkegels gelegen haben, der aus der Ebene ragt; als ich das erste Mal auf ihn zufuhr, war er von der Abendsonne rot beleuchtet...
Auch die Herren von Abenberg besaßen einst weite Gebiete – ungefähr zwischen Schwabach und Hirschberg. Sie waren Schutzherren des Klosters Heilsbronn, das zu ihrer und zu Wolframs

Zeit noch Haholdsbrunnen hieß – ein Name, der erst um 1300 zum Heilsbronn, zur fons salutis hochstilisiert wurde. Ein Graf von Abenberg hatte dem Bischof von Bamberg (die Abenberger waren Vögte des Hochstifts) Grundbesitz in Haholdsbrunnen verkauft, wohl zu so günstigen Konditionen, daß dies als Stiftung gelten konnte; auf diesem Abenberger Grund wurde das Kloster gebaut; in der gleichzeitig errichteten Basilika erhielten die Abenberger als Grablege eine Seitenkapelle (östlich des Hauptchors), die allerdings längst abgerissen ist. Aber es gibt in Heilsbronn noch den großen Abenberger Hof.

Kurz vor der Wende vom 12. zum 13. Jahrhundert starb der letzte der Abenberger: Friedrich hatte am Kreuzzug von 1189 teilgenommen, war dabei zum Ritter »promoviert« worden. Der Tanhuser preist ihn als »den jungen Helden von Abenberg«, nimmt ihn auf in seine Liste freigebiger Herren. Für einen Abenberger wäre es beispielsweise besonders leicht gewesen, Wolfram nach Heilsbronn zu vermitteln: die Abenberger als Schirmherren des Klosters...

Freilich, nach 1199 war hier Unterstützung nicht mehr möglich: Friedrich von Abenberg starb ohne Nachkommen, und so fielen die Besitzungen als freigewordene Lehen an den Burggrafen von Nürnberg und den Bischof von Bamberg zurück.

Wolfram lädt uns zu einer weiteren Exkursion ein: nach Trüdingen. Sein Hinweis auf diesen Ort schließt unmittelbar an die Anspielung auf den Wertheimer Grafen an.

>   Aus Mangel wurde Hungersnot, 184, 7
>   es gab nicht Käse, Fleisch und Brot,
>   man gab das Zähnestochern auf,
>   sie machten keinen Wein mehr fettig
>   mit den Lippen – falls sie tranken...
>   Die Wampen waren eingesunken,
>   die Hüften ragten knochig hoch
>   und schrumpelig wie Ungar-Leder
>   lag die Haut auf ihren Rippen;
>   vor Hunger fielen sie vom Fleisch,
>   so hat die Not sie zugerichtet,
>   in Kohlen troff so gut wie nichts.
>   Es wurde kaum noch Met verschüttet
>   aus einer Kanne, einem Krug;
>   es zischten keine Krapfen auf

wie in den Pfannen Trüdingens –
mit diesen Klängen war's vorbei.

Trüdingen: das kann Wassertrüdingen in der Ebene, im Ries sein oder Hohentrüdingen am Hahnenkamm. Wenn Wolfram die Trüdinger Krapfen-Pfanne erwähnt, heißt das schon, daß er diese Anspielung (auch) vor einem der Truhendinger gemacht hat, die auf Hohentrüdingen saßen, vorerst noch? Ich kann mir nicht vorstellen, daß jede der lokalen Anspielungen bedeutet: Wolfram schuldet Dank. Vielleicht hat ein Truhendinger dem Dichter bei einem Besuch Krapfen vorgesetzt, wer weiß, aber ich gehe dieser Anspielung nicht weiter nach, erwähne nur noch, daß auf Hohentrüdingen ein architektonisches Kuriosum zu besichtigen ist: der Burgturm wurde in einen Kirchturm umgewandelt, es wurde eine Turmspitze aufgesetzt mit Glockenstuhl: wenn man bei vollem Mittagsläuten auf dem Turm-Umgang steht, weit in die Ebene hinausblickend, da gerät das Zwerchfell ins Schwingen...
Die Anspielungen auf Orte der näheren Umgebung (und der weiteren) liegen im Romantext recht nah beieinander: fast in einem Atem werden Abenberg und Wildenberg, werden Wertheim und Trüdingen genannt. Daraus läßt sich schließen: Wolfram machte nicht jede seiner Anspielungen ›vor Ort‹. Und doch könnten die Anspielungen ihre dankbaren Zuhörer gefunden haben: bei einer Rezitation vor verschiedenen Adelsfamilien der Region. Es gab zahlreiche verwandtschaftliche Verbindungen und persönliche Beziehungen.
Aufschlußreich sind hier beispielsweise Zeugenlisten von Verträgen zu Schenkungen, Käufen, Verkäufen. Ich nenne (nach Schreibers Dokumentation) einige der Zeugengruppierungen. 1192 trafen sich zur Besiegelung eines Dokuments – unter anderen – diese Herren: Friedrich von Abenberg, Rupert von Durne, Berthold von Henneberg, Friedrich von Truhendingen, Boppe von Wertheim. Im nächsten Jahr: Gebhard von Dollnstein, Rupert von Durne, Boppe von Wertheim. Und im selben Jahre 1193: Friedrich von Abenberg, Rupert von Durne, Berthold von Henneberg. Und im folgenden Jahr wieder: Friedrich von Abenberg, Rupert von Durne, Berthold von Henneberg, Boppe von Wertheim. Zwei Jahre später folgende Kombination: Friedrich von Abenberg, Rupert von Durne, Hermann von Thüringen, Boppe von Wertheim.
Die Krönung Heinrichs VI. zum Kaiser führte in Rom unter ande-

ren Rupert von Durne, Ludwig von Öttingen, Berthold von Vohburg, Boppe von Wertheim zusammen. Und am Kreuzzug des Friedrich Barbarossa nahmen Friedrich von Abenberg, Gebhard von Dollnstein, Boppe von Henneberg, Konrad von Öttingen, Ludwig von Thüringen (der Bruder Hermanns) und Boppe von Wertheim teil.
Bei so vielen verwandtschaftlichen und persönlichen Beziehungen ergab es sich wohl von selbst, daß man einander wechselweise einlud, auch mal zu einer Rezitation oder zu Rezitationen aus einem höfischen Roman. Und es konnte sich ebenso leicht ergeben, daß der Dichter von einer Burg zur nächsten weiterempfohlen wurde. Judy Mendels und Linus Spuler: »Daß Wolfram unter verschiedenen Herren am gleichen Werke arbeitete, darf nicht überraschen, kam es doch auch vor, daß Dichter unter den Fürsten ›ausgeliehen‹ wurden oder ihre Dienste in einer Art ›Austauschverfahren‹ vorübergehend wechselten.«
So läßt sich hier folgendes Denkmodell entwickeln: der Adlige, der Wolfram eine Zeitlang unterstützt hatte, sei es ein Herr von Durne oder von Wertheim, lud Verwandte und Freunde ein, und es trat der Dichter aus Eschenbach auf, rezitierte aus dem entstehenden Artus-Roman, machte dabei Anspielungen, die gebührende Resonanz fanden. Solch eine Veranstaltung (oder Veranstaltungsreihe) mit fränkisch-bayerischem Adelspublikum muß vor Wolframs Ritt nach Thüringen stattgefunden haben. Wann könnte er dort gewesen sein?
Ich übersetze die Anspielung, die für die Bestimmung der Chronologie von Wolframs Leben und Werk sehr wichtig ist, die auch zum Fixpunkt der Datierung anderer literarischer Werke des Hohen Mittelalters wurde: der Hinweis auf die Verheerung der Weinanbaugebiete um Erfurt. Wolfram erzählt vom Aufmarsch der Heere vor Belleroche, und dann heißt es in seiner vertrackten Artikulation:

> Trat man dort Getreidestoppeln 379, 16
> nieder, war's nicht meine Schuld.
> Noch jetzt erzählt das Weingebiet
> bei Erfurt von den gleichen Schäden:
> Spuren vieler Pferdehufe!

In diesem Punkt besteht allgemeiner Konsens unter Wolfram-Forschern: dies bezieht sich auf den Feldzug des Königs Philipp

in Thüringen, auf die Belagerung der Stadt Erfurt, in die er sich zurückziehen mußte.
Bei diesem Feldzug die üblichen Vorgänge: Getreide, Weinstöcke, Obstbäume vernichten; Vieh töten, Häuser, Dörfer, Städte niederbrennen; plündern, was es zu plündern gibt; Menschen verstümmeln, massakrieren. Dies geschah im Juli 1203. Im Herbst 1204 zog König Philipp zwar noch einmal mit einem Heer nach Thüringen, dieser Feldzug aber führte nicht in die Nähe von Erfurt. Es bleibt also bei 1203. »Noch jetzt erzählt das Weingebiet / bei Erfurt von den gleichen Schäden«... Frage: wie ist dieses »noch jetzt« auszulegen? Vielleicht wurden die gröbsten Schäden bereits im Herbst 1203 beseitigt. Bebaut oder: neubebaut wird ein Weinfeld, Weinhang allerdings erst im Frühjahr. Wenn wir den Weinbauern dort mehr Zeit lassen wollen, sich von den Schrecken der Verheerung zu erholen, so können wir das Jahr 1205 ansetzen: »jetzt noch«. Zwischen 1203 und 1205 muß Wolfram also in Thüringen gewesen sein. Das wiederum heißt: er hat in diesem Zeitraum am *Parzival* gearbeitet, wahrscheinlich am Erzählabschnitt, in dem auf Erfurt angespielt wird, hat aus diesem Erzählabschnitt vorgetragen; außerhalb Thüringens hätte man diese Anspielung wohl kaum verstanden, oder: wen hätte solch eine Anspielung interessiert? So berühmt waren die Weine von Erfurt ja wohl nicht! Wäre angespielt worden auf Zerstörungen von Weinhängen am Rhein, so hätte man das auch in Thüringen verstanden – aber umgekehrt wäre der Hinweis auf Erfurt außerhalb Thüringens witzlos gewesen.
So bleibt es dabei: Wolfram war um 1204 in Thüringen. Vielleicht schon 1203: da hätte er die Weinanbau-Gebiete schon kurz nach der Zerstörung sehen können. Das ist aber nicht Voraussetzung, um solche Formulierungen in den Roman einbringen zu können – möglicherweise hat er die Schäden gar nicht selbst gesehen, hat nur von ihnen gehört: Anbauflächen von Hufen zertrampelt, wie üblich... Vorgetragen aber hat er diesen Hinweis und seinen Erzähl-Kontext mit großer Sicherheit im Thüringen des Jahres 1204, spätestens 1205.
Hier stellt sich die Frage: und wie kam Wolfram nach Thüringen? Beliebt ist diese These: Wolfram kam mit dem Heer des Königs Philipp und blieb dann für einige Zeit. Es lassen sich Faktoren nennen, die dies denkbar erscheinen lassen. So hat der oberste Lehnsherr auch der Eschenbacher Region, Bischof Hartwig von Eichstätt (der ja zugleich Kanzler des Königs war!), mit großer

Wahrscheinlichkeit an diesem Feldzug teilgenommen, hat ihn zumindest unterstützt. Beispielsweise, indem er seine Lehnsleute, also auch den Grafen Wertheim, aufforderte, eine Einheit zusammenzustellen, mit ihr am Feldzug teilzunehmen. So hätte wiederum Wolfram (der ja gern betont, daß er ein Mann der Waffe ist und nicht nur des Wortes) als Lehnsmann des Wertheimers teilnehmen müssen. Das heißt: der Dichter wäre nicht als Gast ins Land gekommen, sondern als einer von etwa 2000 schweren Reitern, bei einem Straf-Feldzug gegen den Landesherrn. Und ausgerechnet dieser Landgraf wurde der wohl wichtigste Mäzen und Gönner des Dichters! Wurde Wolfram nach dem Friedensschluß von Ichterhausen, am 17. September 1204, formell vom Feind des Landes zum Gast des Landgrafen? Hätte man damals überhaupt so formaljuristisch gedacht?
Wäre die Anspielung auf die Kriegsschäden bei Erfurt der erste Thüringer Text-Reflex, so müßten wir über diese Frage weiter nachdenken. Es gibt aber einen irritierenden, erheblich früheren Hinweis auf den Landgrafen, und zwar schon 2500 Zeilen vorher.

> Fürst Hermann von Thüringen: 297, 16
> in deinem Gesinde kenn ich manche,
> die »Gesindel« heißen müßten.
> Du bist sehr generös; das brachte
> dir Anhang ein und Anhängsel:
> da gibt es elendes Gebettel
> neben edlem Bittgesuch.

Was sich hier ablesen, heraushören läßt: Wolfram war mit den Verhältnissen am Hof des Landgrafen vertraut. Und: Wolfram hatte bereits so viel Renommee und Rückhalt, daß er sich solch offene Kritik an Schmarotzern im Hofgefolge leisten konnte. Also war er wohl kaum ein Neuling am Hof.
Vorausgesetzt nun, Wolfram hat an seinem Roman nicht vorwegnehmend, nachholend, einschiebend gearbeitet, sondern folgte (schreibend oder diktierend) der Handlung, wie er sie in der Vorlage fand, wie sie uns in der Reihenfolge der Episoden und Anspielungen überliefert ist, so hat er den Erzählabschnitt mit dieser offenen Kritik vor dem Erzählabschnitt mit der Anspielung auf die Erfurter Weingärten verfaßt. Zwischen dem Ansprechen des Landgrafen und der Anspielung auf Erfurt ist eine Text-Distanz von immerhin rund 70 Druckseiten.

Es kommt noch etwas hinzu: philologische Untersuchungen (beispielsweise der Reimstatistik) haben ergeben, daß zwischen diesen beiden Erzählabschnitten eine Arbeitspause entstanden sein muß. Nun wäre es für das beliebte Denkmodell günstig, wenn der Einschnitt zwischen den Erzählphasen mit Anspielungen auf fränkisch-bayerische Orte und den Erzählphasen mit Anspielungen auf Thüringen läge. In dem Fall könnte man schließen: diese Zäsur entstand, weil Wolfram aus der Diözese Eichstätt nach Thüringen reiten, dort kämpfen mußte, und nach einer Pause von unbestimmbarer Länge nahm er die Arbeit am Roman wieder auf, und da war es nach der offenbar einschneidenden Erfahrung des Feldzugs kein Wunder, daß er nun etwas anders reimte...
Diese Arbeitspause aber liegt (ausgerechnet!) zwischen der Erzählphase mit der ersten und der Erzählphase mit der zweiten Thüringer Anspielung – und diese Anspielungen konnten nur sinnvoll sein für Thüringer Publikum. In dieser Zwischenzeit könnte der Feldzug von 1203 stattgefunden haben – aber war er der Grund für die Unterbrechung?
Ein Versuch der Zusammenfassung. Wolfram ist nach Thüringen geritten, wurde als Gast aufgenommen am Hof des Landgrafen. Auch hier könnten Fäden persönlicher Beziehungen für Wolfram gezwirnt worden sein. In einer Fußnote lese ich bei Mendels/Spuler, daß Hermann von Thüringen und Boppe II. von Wertheim befreundet waren: das könnte in diesem Zusammenhang sehr wichtig sein, ich hebe es also gebührend hervor. Wolfram, so schließe, so entwerfe ich, könnte – nach persönlicher oder schriftlicher Vermittlung – mit Arbeitsunterlagen nach Thüringen geritten sein, und er wurde als Gast aufgenommen, lernte das Treiben am landgräflichen Hof kennen, errang eine Position, die es ihm erlaubte, seine Kritik öffentlich vorzutragen, setzte die Arbeit am Roman fort. Dann die Arbeitspause: Querelen? Oder ein direkter Zusammenhang mit dem Krieg in Thüringen? Später setzte Wolfram in etwas verändertem Ton wieder ein, machte im weiteren Verlauf des Romans die Anspielung auf Erfurt.
Das hieße: Wolfram war in gebührender Zeit vor dem Sommer 1203 in Thüringen und blieb dort mindestens bis zum Frühjahr oder Herbst 1204. Bei diesem Aufenthalt könnte er etwa 100 der heutigen Druckseiten des Parzival-Romans verfaßt haben.

17 Während Wolfram in Thüringen war, fand der Vierte Kreuzzug statt, auf dem Christen das christliche Byzanz eroberten.
Eine Delegation der (vor allem französischen) Heerführer hatte mit den Repräsentanten Venedigs folgendes ausgehandelt: gegen Zahlung von 94000 Silbermark (also etwa 47000 Pfund oder 470 Zentner oder 23 Tonnen Barrensilber) verpflichtete sich die Dogenstadt, Schiffe bereitzustellen für den Transport von 4500 Rittern mit Pferden, von 9000 Knappen ohne Pferde, von 20000 Fußsoldaten. Dazu: Provianierung des Kreuzheeres für ein Jahr. Zugesichert wurde weiterhin das militärische Geleit der Flotte durch 50 Galeeren. Als Gegenleistung zusätzlich zur Zahlung der vereinbarten Summe: die Hälfte aller territorialen Eroberungen geht an Venedig.
Man dachte freilich nicht an Eroberungen im Heiligen Land; in einem geheimen Zusatzabkommen wurde als Ziel des Kreuzzugs Ägypten eingesetzt. Davon wußten die Kreuzfahrer nichts, sie sollten vorerst auch nichts davon erfahren – sie hätten nicht verstanden, warum man nicht den Sultan von Jerusalem, sondern seinen mächtigen ägyptischen Verbündeten angreifen sollte, sie hätten womöglich angenommen, dieser Feldzug diene der expandierenden Handelsmacht.
Die Kreuzfahrer in Venedig waren mit einem ganz anderen Problem beschäftigt: der Oberkommandierende, auf den sich die verschiedenen Truppenführer mühsam geeinigt hatten, Graf Thibaut aus der Champagne, wurde krank und starb: ein Nachfolger mußte gewählt werden, es wurde Bonifaz von Montferrant. Nicht alle waren mit dieser Wahl einverstanden, ein Teil des Heeres setzte sich ab, zog Richtung Marseille, wollte von dort aufbrechen.
Damit entstand ein weiteres Problem: nach Abspaltung dieses Heeresteils waren nicht mehr so viele Ritter, Knappen, Fußsoldaten versammelt wie vorgesehen – die Schiffe aber lagen in vereinbarter Zahl bereit, Venedig forderte den Tarif. Es wurde gesammelt, eingetrieben, aber bei allen Anstrengungen der Herren: es fehlten 34000 Silbermark, ein Drittel. Venedig war nicht bereit, angesichts der veränderten Lage Rabatt zu gewähren, es drohte mit Repressalien, schon sahen sich Kreuzfahrer als Geiseln.
Papst Innozenz erfuhr von der schwierigen Lage, es war für ihn undenkbar, daß sich das Kreuzheer in Venedig wieder auflöste; verklausuliert ließ er erkennen, daß er zu Konzessionen bereit sei,

wenn das Heer Jerusalem erreiche und erobere. So schlug Venedig den Verhandlungsführern vor: zum Ausgleich des Zahlungsdefizits erobern die Kreuzfahrer unterwegs die Stadt Zadar an der dalmatinischen Küste; die Verrechnung der Außenstände erfolgt über die Beute. Nun gehörte aber Zadar dem König von Ungarn, und der hatte selbst das Kreuz genommen. Diskussionen, Auseinandersetzungen: eine christliche Stadt angreifen, deren König ebenfalls zum Kreuzzug rüstete? Venedig blieb dabei: Zadar sollte als erstes erobert werden. Eine höchst prekäre Situation für Papst und Prälaten – schließlich war ja wohl allen klar, daß Venedig hier eine konkurrierende Hafen- und Handelsstadt ausschalten wollte. Wieder spaltete sich ein Teil des Kreuzheeres ab.
Am 8. November 1202 schließlich segelte die Flotte von Venedig ab; bereits am 15. wurde Zadar gestürmt. Systematische Plünderung. Drei Tage später Schlägereien zwischen Venezianern und Kreuzfahrern bei der Verteilung der Beute. Freilich, so schrieb ein Chronist, diese Beute »teilten die großen und hochgestellten Barone untereinander, ohne daß die einfachen Soldaten und nicht einmal die kleinen Ritter etwas davon bekamen«.
Was aber alle traf: das Kreuzheer wurde vom Papst exkommuniziert und verfiel dem Kirchenbann. Scharen von Kreuzfahrern kehrten nach Hause zurück.
Ende November; inzwischen – das konnte keine Überraschung mehr sein – war es für eine Fortsetzung des Kreuzzugs zu spät, Winterstürme auf dem Mittelmeer. Man quartierte sich in Zadar ein. Und im fernen Konstantinopel/Byzanz geschah, was dem Kreuzzug erneut eine andere Richtung geben sollte.
Der byzantinische Kaiser Isaak, der Familie und Untertanen vor allem durch Verschwendung herausgefordert hatte, wurde vom eigenen Bruder abgesetzt. Nicht nur dies: dem Kaiser wurden die Augen ausgestochen, er wurde ins Verlies geworfen, mit seinem Sohn. Der neue Herrscher konnte die alten Probleme auch nicht lösen, erst recht nicht durch seine energisch mitregierende Gemahlin: weiterhin Korruption, politische Gegensätze, Kämpfe. Da gelang es Alexios, dem Sohn des abgesetzten Kaisers, aus dem Gefängnis zu fliehen. Er suchte seine Schwester in Deutschland auf. Kaiser Heinrich hatte Irene von Byzanz mit seinem jüngsten Bruder verheiratet, mit Philipp. Ein Erfolg in Byzanz konnte Philipp im eigenen Land nützlich sein, und so erklärte er sich bereit, Alexios zu helfen. Er machte ein wahrhaft schwerwiegendes Angebot: 200 000 Silbermark, also 100 000 Pfund Silber, wenn Alexios

byzantinischer Kaiser wird, wenn die griechische Kirche sich dem Apostolischen Stuhl unterwirft.
Alexios reiste nach Venedig, gab die Offerte weiter, fand starke Resonanz. Erstens: dieses überwältigende materielle Angebot, an dem man partizipieren wollte. Zweitens: es gab in Konstantinopel bereits viele venezianische Händler, und die wollten sich frei entfalten. Drittens: nicht nur der Papst träumte davon, daß sich Byzanz der Römischen Kirche unterwerfe – dieser Traum konnte nun offenbar verwirklicht werden.
Anfang 1203 traf ein Gesandter des Königs Philipp in Zadar ein, übermittelte die offizielle Version der Vorabsprachen: Alexios begleicht die Schulden der Kreuzfahrer bei Venedig, stellt ein Truppenkontingent für die Fortsetzung des Kreuzzugs, zahlt 500 Rittern den Aufenthalt im Heiligen Land. Als Gegenleistung: das Kreuzheer segelt nach Konstantinopel statt nach Ägypten, setzt den Usurpator ab, und Alexios übernimmt die Herrschaft.
Diskussionen, Predigten, Bestechungen – vor allem die Venezianer in Zadar waren mit dem Vorschlag von Philipp und Alexios einverstanden; das Kreuzheer mußte auf das neue Ziel eingeschworen werden. Das konnte nicht heißen: Erweiterung des Handelsraums von Venedig, sondern: Unterwerfung der Christen von Byzanz.
Lateinische Kirche gegen griechische Kirche: das war nun allerdings nicht der geplante Kampf gegen die Heiden! Andererseits: diese legendären Reichtümer von Byzanz... Aber: sollten Christen gegen Christen kämpfen, nur um Beute zu machen? Es wurde im Heer sehr heftig diskutiert, wieder spaltete sich ein Teil ab, marschierte auf dem Landweg Richtung Syrien. Und wie verhielt sich Rom? Der Papst durfte dieses erneute Abschwenken vom Ziel des Kreuzzugs nicht gutheißen, obwohl es ihm andererseits nur recht sein konnte, wenn die zweite Kirchenmacht geschwächt wurde. Die Machtposition des Apostolischen Stuhls war zu dieser Zeit durch die rasch anwachsende Laienbewegung bedroht – vor allem die Katharer waren so stark geworden, daß unter römischen Klerikern die Angst entstand, diese fromme Massenbewegung werde die Kirche ersetzen. Was nun das Problem pointierte: ein Oberhaupt der Katharer residierte in Byzanz. Und es gab weitere Anlässe für Spannungen zwischen Rom und Byzanz. Dennoch: es war eine Stadt von Christen. Wie sollte sich Innozenz in dieser Situation verhalten? Im November erfuhr er vom neuen Plan, im April brach das Heer von Zadar

auf, im Juni schickte der Papst ein Protestschreiben nach Zadar...
Das christliche Heer erreichte Byzanz, griff von See her an. Erst nach größeren Anstrengungen konnte eine Bresche in die Stadtmauer gebrochen werden. Der Usurpator floh. Die Stadtregierung sah den Kampf verloren, holte den blinden Kaiser aus dem Gefängnis, setzte ihn wieder ein, der Sohn des Kaisers wurde zum Mitkaiser gekrönt. Die Kreuzfahrer blieben außerhalb der Mauern der Kaiserstadt, quartierten sich in der Vorstadt und in der Umgebung ein. Das war im Juli 1203.
Nun mußten Kaiservater und Kaisersohn zahlen, aber sie hatten nicht das versprochene Silber. Empörung, als der junge Kaiser Kirchensilber einschmelzen ließ, für Venedig. Aber nicht nur aus diesem Grund: eine Palastrevolution fand statt, der junge Kaiser wurde erdrosselt, der alte starb nach Mißhandlungen. Die Kreuzfahrer fühlten sich nicht mehr an ihre Abmachungen mit dem Doppelkaiser gebunden, sie stürmten am 12. April 1204 die befestigte Stadt. Nach der Eroberung wurde Byzanz zur Plünderung freigegeben. Villehardouin schrieb später, seit Erschaffung der Welt sei noch nie so viel erbeutet worden. (Eins der bekanntesten Beutestücke: die Pferde-Quadriga auf San Marco in Venedig.) Das Beutegut wurde aufgeteilt: drei Achtel für das Kreuzheer, drei Achtel für Venedig, das restliche Viertel für den neuen Kaiser, den das Kreuzheer gewählt hatte – einer der ihren. »Romania« wurde ausgerufen, das latinisierte Byzanz. Es unterstellte sich selbstverständlich Rom. Der Papst war nun bereit, diesen Kreuzzug gegen Christen milder zu beurteilen. Auch hieß es: Byzanz sei ein besonders günstiger Ausgangspunkt für die Eroberung Jerusalems. Der Vierte Kreuzzug aber endete in Byzanz.

18 Wolframs Zeit: Ritter schienen zu dominieren, die ökonomische Macht aber wurde mehr und mehr von Kaufleuten übernommen. Das damals größte Handelszentrum im deutschen Reich war Köln.
Über die Kaufmannschaft dieser Stadt im 12. und 13. Jahrhundert gibt es mehrere Untersuchungen – beispielsweise die detailreiche Arbeit der Luise von Winterfeld. Sie zeigt: die großen Kaufleute der ersten Generationen gingen mit aller Entschiedenheit, aller Energie auf das Ziel los, in kurzer Zeit möglichst reich zu werden.

Für eine der Kaufmannsfamilien wurde ein Spottname zum offiziellen Namen: Hardevust – die harte Faust. Eine andere hieß Overstolz – also überstolz, arrogant. Und es gab die Familie Unmaze – die »mâze« war eine der höchsten ethischen Kategorien dieser Zeit, die in fast jeder Hinsicht unmäßig, maßlos war. Es gab, ein letztes Beispiel, eine Familie Gir – der Name wurde in einem Dokument ins Lateinische übersetzt: avaritia, Habgier, Raffgier... (Später, zu sehr viel Geld gekommen, versuchten die Girs, den Namen wenigstens in »Geier« umdeuten zu lassen – vergebens.)
Die Familien, die in der Gründergeneration der Jahrhundertwende das große Geld erwarben, bildeten bald eine geschlossene Gesellschaft, die »richerzeche«, also die Zunft der Reichen. Hier wurde nur aufgenommen, wer ebenfalls in erstaunlicher Geschwindigkeit zu erstaunlich viel Geld kam. Die Mitglieder dieser exklusiven Vereinigung waren also nicht durch Erbschaften oder günstige Heiraten reich geworden, sondern durch Handel (die Gründerväter der Handelsdynastien reisten durchweg noch selbst mit ihren Waren!) und durch Spekulationen.
Welche Geldmengen diese großen Kaufleute umsetzten, zeigt folgendes Beispiel: der Kölner Erzbischof verpachtete 1174 zwei Zollstationen am Rhein für zwei Jahre und ließ sich dafür 600 Mark auszahlen. (Zur damaligen Geldwirtschaft werde ich in einem späteren Kapitel genauere Informationen bringen, hier vorwegnehmend nur dies: eine Mark entsprach einem Silberbarren von knapp einem halben Pfund Gewicht – die Mark wurde freilich nicht gemünzt, sie war eine Verrechnungseinheit; geprägt wurden nur kleine Geldwerte, beispielsweise die Pfennige – die heute umgerechnet manche Mark wert wären...) Die Pacht kostete also knapp dreihundert Pfund Silber. Oder Gerhard Unmaze: er konnte seinem Erzbischof, der (mit entsprechendem Gefolge) nach Rom reisen wollte, ein Darlehen von 650 Mark geben. Zum Vergleich: Köln, die damals größte und reichste der deutschen Städte, gab ihm für diese Reise 1000 Mark Kredit. Herr Unmaß erwarb übrigens in der Nähe des erzbischöflichen Hofes fünf Grundstücke, »die er wohl zu einem Herrenhof ausbaute«.
Eine der Hardevust-Regeln der Großkaufleute: ein Drittel des Vermögens bleibt im Haus, ein Drittel wird im (Fern-)Handel investiert, ein Drittel in Immobilien. So kauften beispielsweise drei Brüder für insgesamt 300 Mark städtische Verkaufsstände: 14 Verkaufstische, 34 Lagerräume, 79 Fleischbänke, »natürlich mit

der Absicht, hohe Mietgewinne daraus zu ziehen«. Viele der Grundstücks- und Hauskäufe »sind deutlich als Bauspekulationen zu erkennen«. Weil mehrere Kaufleute rasche Gewinne machen wollten, entstand Gedrängel, Gezerre, und die Folge: es wurden immer kleinere Anteile verkauft, eine Vorform der Aktien – ein Achtel eines Lagerraums, die Hälfte eines Goldschmiedehauses, vier Fünftel eines Badehauses; Wohnhäuser in bevorzugten Lagen wurden mit 70-teln, mit 160-teln, mit einem 627-tel verkauft, florierende Verkaufsstände zu 64-teln. Man kaufte sich überall ein: bei »Back-, Brau- und Schlachthäusern, Schmieden, Mühlen, Walk- und Grutmühlen«. Bei solcher Kleinteiligkeit sollte bewußt bleiben, in welchen Größenordnungen Besitz erworben, akkumuliert wurde. Arno Hardevust besaß 1276 (unter anderem) vier Rheinmühlen, und allein deren Wert wurde auf etwa 3000 Mark angesetzt. Das war ungefähr ein Viertel des jährlichen Etats, über den ein König im deutschen Bereich verfügen konnte.
Geld kam zu Geld: wer viel hatte, wollte noch sehr viel mehr haben. Laut Gottfried Hagen (der eine unübersehbar kölnisch eingefärbte Stadt-Chronik schrieb) konnte keiner dieser Herren sagen: »Ich han jenoch.«

19 Mit weit ausgreifenden Schritten geht der Bruder Pförtner vor uns her zur Baustelle, macht eine schwingende, gleichsam zur Verfügung stellende Armbewegung, lächelt uns zu mit schlitzförmigen grünen Augen, schreitet zum Kloster – wahrscheinlich, um dem Abt zu melden, daß die Fremden gekommen seien. So werden wir nicht lange warten müssen.
In diesem Szenario geht es nicht um Baubetrieb, Bauordnung, Bautechnik des Hochmittelalters, es wird ein Gespräch stattfinden auf dem Bauplatz, an diesem Sonntagmorgen eines Sommers nach dem Vierten Kreuzzug.
Ringsum bewaldete Mittelgebirgshänge; das Kloster am Ende eines langgezogenen Tals: diesen Gebäudekomplex brauchen wir nicht näher zu betrachten, auffällig ist nur, im Vergleich: die Baustelle erscheint sehr ausgedehnt. Der Grundriß einer Kirche: Gräben, in denen Teile des Fundaments gemauert sind; in regelmäßigem Abstand Gruben mit den Fundamenten der Säulen von Vierung und Längsschiff; drei oder vier Säulensockel sind bereits

gesetzt; im Chor sind schon erste Quadern gemauert. Ein hohes Kreuz aus Holz an der Stelle des künftigen Altars.
Was bisher auf diesem Bauplatz geschah: als erstes wurde das Kreuz errichtet. Dann wurden nach exakter Vermessung mit Bodenzirkeln und Meßlatten die Baulinien abgesteckt. Die erste Weihe fand statt: der Bischof der Diözese schritt weihrauchschwingend über den Bauplatz, gefolgt von Abt und Prior; die Mönche sangen die Antiphon-»Signum salution pone« und den 83. Psalm: »Quam dilecta tabernacula tua Domine Deus virtutum«. Nach der Weihe begannen die Ausschachtungsarbeiten – die Gräben mußten nicht sehr tief ausgehoben werden, man stieß recht bald schon auf Fels. Im Bereich des Ostchors wurde der Fundament-Sockel gemauert. Hier wurde, wieder mit dem Bischof, die Grundsteinlegung gefeiert: mit gesegnetem Wasser bereitete der Bischof eigenhändig Mörtel zu, setzte mehrere Steine, während die Mönche den Psalm »Fundamenta eius« sangen; nach dem Bischof stiegen Abt und Prior in den Graben, auch sie mauerten mehrere Steine; der Abt drückte einen Amethyst in den Mörtel, der Prior einen Rauchtopas, sie sangen: »Edelsteine sind alle deine Mauern...«; der Bischof sprengte Weihwasser in die Gräben: »universa loca ad fundamenta ecclesie designata«.
Das geschah etwa zwei Wochen zuvor; inzwischen sind die Fundamente oder Außenmauern gesetzt: auch das kreisrunde Fundament eines Turms.
Was hier gebaut wird, ist (noch) eine Kirche im romanischen Stil: »Mauermassen- und Quaderbau«. Zwar werden bereits erste Bauten mit gotischen Stilmerkmalen in Frankreich und England errichtet, doch wird es noch bis etwa 1220 dauern, ehe sich gotische Bauformen klar ausgeprägt zeigen im »Steinmetzgliederbau«; in Deutschland wird sich der neue Stil erst zur Jahrhundertmitte entfalten mit dem Bau des neuen Doms zu Köln.
Noch sind Abt und Besucher im Klostergebäude. Und die Arbeiter schlafen wohl noch in den Hütten am Waldrand. Ein sehr klarer Morgen; Tau auf Steinen, Gräsern, Blumen.
Gearbeitet wird auf einer Baustelle an sechs Tagen; im Sommer sind es elf Stunden, im Winter acht oder neun. Was hier auffällt: es gibt keine Schutzdächer, keine Bauhütten für die Steinmetze, es gehört offenbar zum Ehrenkodex, Quadern und Säulenzylinder unter freiem Himmel zu meißeln – erst im Späten Mittelalter wird es Schutzdächer, Bauhütten geben, so habe ich gelesen. Mich über Baubetrieb im Mittelalter informierend, habe ich Fachbe-

griffe gelernt, die an diesem Morgen frei zur Disposition stehen: die Steinblöcke werden mit der sogenannten Spitz-Fläche bearbeitet – die Spitze »zum groben Abarbeiten der Bosse«, die Fläche zum Ebnen; ebenso werden Schlageisen benutzt mit Holzklöpfeln; Mörtel wird in Holzkästen gemischt, mit der Hacke, wird in Körbe geschaufelt oder in Bottiche; Gerüstbauten, Laufschrägen mit Quersprossen – Steine, Mörtel wird man in den Körben oder Bottichen hinauftragen; später wird man Kräne in Galgenform errichten oder einen »Säulenkran mit T-förmig aufsitzendem Ausleger«; für die bearbeiteten Steine der Hebeklau, die Greifschere, die »schwalbenschwanzförmigen Metallklauen«.
Bezahlt wurde im Tagelohn (»tagewerc«) oder im Akkord (»fürgrif«). Akkordarbeit zum Beispiel beim Herstellen von »Säulen, Kapitellen, Reliefs, Schlußsteinen und Maßwerk«. Beide Zahlungsweisen führten zu Problemen, die damals schon beklagt wurden: im Tagelohn nahm man sich Zeit, beim Akkord drohte Pfusch. Und weitere stereotype Beschwerden: Holz, Steine, Kalk verschwinden spurlos von der Baustelle; Maurer und Baumeister streiten sich; Maurer bezeichnen Handlanger als dumm und aufsässig; Baukräne verrotten; ein Baugerüst bricht zusammen. Dennoch, es ist – trotz vieler Klagen – gute Arbeit geleistet worden, wo strenge Bauaufsicht herrschte, sonst könnten wir nicht heute noch Kirchen aus Wolframs Zeiten besichtigen (beispielsweise in Worms).
Inzwischen ist über einer der Hügelkuppen die Sonne aufgestiegen. Und mit diesem Stichwort treten der Abt und sein Besucher aus dem Klosterbau hervor, kommen herüber – wir setzen uns auf einen Mauersockel. Ich lasse den Abt (Rupert) und den Besucher (Eilhart) langsam heranschreiten, im sichtlich intensiven Gespräch – ich muß noch einige vorbereitende Bemerkungen einbringen. Zuerst zum Alter der beiden: der Abt ist ungefähr vierzig, der Besucher etwa dreißig. Er ist cancellarius des Fürstbischofs, dessen Residenz zwei Tagesritte entfernt liegt. Dieser Leiter der Kanzlei hatte an der Weihe des Baugeländes und an der Grundsteinlegung nicht teilnehmen können wegen einer längeren Reise; er holt jetzt die Besichtigung nach.
Was haben die beiden Männer bisher besprochen? Wichtig war sicher die Frage der Finanzierung dieses Baus – dazu trage ich einige Angaben nach. Die frühere Kirche war in einer Winternacht abgebrannt; auf wundersame Weise konnte das Kopfreliquiar einer Heiligen gerettet werden; mit Hilfe dieser wundertätigen Reliquie

fand man großzügige Stifter; der Name des wichtigsten unter ihnen: Ruodger der Rote; dieser Händler führte – gemeinsam mit seinem Bruder in Lübeck – Gewürze aus dem fernen Indien ein; jeder Einsatz hat den beiden ein Mehrfaches an Gewinn gebracht, vor allem nach dem Verkauf der Gewürze hier im Binnenland; Ruodger möchte sich durch diesen Kirchbau den weiteren Schutz des Himmels sichern, möchte zugleich vorsorgen für die Stunde seines Todes, denn selbstverständlich möchte er im Chor der Kirche begraben werden, in möglichst großer Nähe zur Reliquie; Ruodger ist von der Macht und der Kraft der Reliquie überzeugt, er tut alles, um ihren Glanz zu erhöhen, um damit wiederum der Fürsprache der Heiligen sicher zu sein und der Fürsprache in den Gebeten der Klostergemeinschaft; Ruodger geht es aber nicht nur um die Grablege im Chor, die eigentlich nur Adligen zusteht, er möchte auch im Vorraum der Kirche dargestellt werden, als Steinfigur unter zahlreichen Steinfiguren, für deren Kosten er gleichfalls aufkommen wird, und diese Stifterfigur soll ein Modell der Kirche in Händen halten; man muß die Wünsche, die Bedingungen Ruodgers auch deshalb erfüllen, weil er auf andere Kaufleute eingewirkt und sie zu weiteren Stiftungen bewegt hat; diese Kaufleute wird man auf einer Tafel nennen, Stifterfiguren werden sie allerdings nicht erhalten; um an weitere Subsidien zu kommen, haben Mönche, angeführt vom Prior, die Reliquie in einige der umliegenden Städte getragen – überall erhielten sie Zusicherungen von Geschenken.
Und nun betreten die beiden Kleriker die Baustelle. Der Besucher wird erst einmal den Bau-Grundriß abschreiten. Abt Rupert kommt solange zu uns herüber, spricht vom Kirchenbau. Dabei wird er nicht, wie das in unserer Zeit üblich ist, als erstes die Länge, die Breite, die Höhe nennen, er spricht vom Grundkonzept (welches Wort seiner Sprache würde diesem Begriff am ehesten entsprechen?). Ecclesia materialis significat ecclesiam spiritualem – die Bauform als geistige Sinnfigur. Die vier Ecken symbolisieren die Fleischwerdung, die Passion, die Auferstehung und die Himmelfahrt Christi; die Vorhalle repräsentiert das Volk des Alten Testaments; die Kirchentüre als die Rede der Propheten; durch die Fenster, vor allem im Ostchor, dringt das ewige Licht ein; der kreuzförmige Grundriß ist die göttliche Menschengestalt – das Langschiff der Leib, das Querschiff die Arme, der Altarraum das Haupt; die Menschengestalt auch symbolisiert durch die Säulen – mit dem Säulen-Fuß und dem Kapitell, also Kopf;

diese Säulen haben eine symbolische Zahl: zwölf Säulen im Hauptschiff, sie stehen für die zwölf Apostel, und zwölf Säulen in den Seitenschiffen, stellvertretend für die zwölf Propheten; so wird dieser Kirchenbau getragen von Aposteln und Propheten, und der Grundstein wie der Schlußstein im Gewölbe wird Jesus Christus sein; Er ist zugleich Baumeister und Gesamtgestalt der Kirche – ecclesia spiritualis, ecclesia materialis...
Abt Rupert berichtet, er hätte ursprünglich vorgehabt, diese Kirche und den gesamten Klosterbereich zu einem Abbild der Heiligen Stadt zu machen. In einem Collectar habe er ein Bild dieser Stadt gesehen: die runde, zinnengekrönte Stadtmauer und die bebaute Kreisfläche geviertelt durch das Straßenkreuz: eine Straße führt zur Stephanuspforte, die andere zum Zionstor. Die Rundmauer könnte man im Talkessel bauen, aber wie das für die Heilige Stadt charakteristische Straßenkreuz nachbilden? Die Gebäude ließen sich nicht mehr zurechtrücken! Abgesehen davon: die Stiftungen und Schenkungen reichten für den zusätzlichen Bau einer Ringmauer nun doch nicht aus – es sei denn, die Macht und die Aura der Reliquie brächten auch hier noch die Erfüllung. Dies sei für ihn eine beinah schon zwingende, ja bannende Vorstellung: einen Kreis ziehen, einen Kreis nicht nur als Linie, einen Kreis als Mauer, und alle gefährlichen Mächte werden von ihr zurückgehalten, die Wilde Jagd, die Bösen Geister, und in diesem Schutzkreis Gottes Segen – ja, für ihn sei das Lebenswerk erst vollendet, wenn diese Mauer die Abtei umschließt. Doch immerhin: die bergende Kreisform wird sich hier im kleinen zeigen – er sei stolz auf seinen Einfall, der Baumeister hätte diesen Vorschlag nach längeren Diskussionen freiwillig aufgenommen. Die Kreisform der Heiligen Stadt wiederhole sich ja in der Kreisform des Heiligen Grabes, auch in der Rundform der Grabkirche, und so werde hier ein runder Turm gebaut, damit entstehe in der Basis eine Rotunde, und diese Rotunde werde als Seitenkapelle vielleicht einmal zum geheimen Mittelpunkt der Abtei, denn wahrscheinlich werde man dort das Reliquiar aufstellen. Aber wo immer es später auch stehe – wenn in dieser schön ausgestalteten Kirche erst einmal die Transsubstantiation in Fleisch und Blut des Herrn stattgefunden habe, werde die Heilige Stadt, die Mater ecclesiarum gegenwärtig, und man werde gewiß von sehr weit her zu diesem Kloster, zu dieser Kirche pilgern, und es könnten Pilgerfahrten in dieses Tal letztlich sogar Pilgerreisen ins Heilige Land ersetzen: ein neues Jerusalem!

Dies ist das Stichwort für den Besucher: Eilhart beendet seine Besichtigung, kommt zu Rupert. Die beiden Kleriker gehen redend im Grundriß des Kirchenschiffs auf und ab. Überall, sagt Rupert emphatisch, überall im Land werde in diesen Jahren das himmlische Jerusalem gegenwärtig in neuen Kirchbauten, so daß auch von anderen Regionen aus kaum noch Pilgerfahrten notwendig würden ins Heilige Land, nach Jerusalem, das – selbst wenn es doch einmal zurückerobert werden sollte – stets ein von den Heiden bedrohtes Jerusalem bleiben werde, weil es gar nicht möglich sei, derart viele Ritter und Fußsoldaten über das Meer zu transportieren, daß jederzeit der ungehinderte Zugang zur Heiligen Stadt sichergestellt sei. Der letzte Kreuzzug habe ja nicht einmal mehr das Heilige Land erreicht... Mit diesem Kreuzzug seien alle Voraussetzungen zerstört worden für zukünftige erfolgreiche Aktionen. Es sei für ihn mehr als Verrat gewesen, daß es den Venezianern gelungen sei, das Kreuzheer für die Zwecke ihrer Stadt, ihres Fernhandels einzusetzen, und es eroberte die Handelsstadt Zadar, eroberte sogar Konstantinopel. Hier habe sich auf bedrückende Weise bestätigt, daß sich das Geschehen nicht mehr lenken lasse, daß sich etwas selbständig gemacht habe, zu Ereignissen führend, die man auf das tiefste beklagen müsse.
Er sehe nur zwei Möglichkeiten, sagt der Abt. Die eine wäre, daß die Kirche die Leitung der Kreuzzüge übernehme. Das bedeute: ein päpstliches Söldnerheer müßte Vorhut des Kreuzheeres werden, einer der kriegskundigen Legaten müßte den uneingeschränkten Oberbefehl übernehmen. Das aber würde keiner der Fürsten, erst recht keiner der Könige akzeptieren, sie würden sich auf jede nur erdenkliche Weise solch einem Kreuzzug entziehen. Es bleibe also nur die andere Möglichkeit: nicht mehr zu einem Kreuzzug aufrufen! Eine Erneuerung der Kirche auch in dieser Hinsicht! Überall, und das seit Jahrzehnten schon, die Reformbewegungen, das Streben nach der vita vere apostolica, nach der ursprünglichen Kirche: sie müsse wieder zur ecclesia spiritualis werden, wie sie hier als ecclesia materialis verwirklicht werde. Kein Beschädigen, Besudeln, Zerstören mehr des Menschenbildes und damit des Bildes Gottes – der Baugestalt dieser Kirche müsse die wahre, die innere Gestalt der Kirche entsprechen. Dieser Weg zur wahren ecclesia sei nicht der Weg der Kreuzzüge, schon gar nicht der Schreckensweg der letzten Unternehmungen, die Kirche dürfe nicht mehr das Stichwort geben für solche Aufbrüche ins Verderben – ins Verderben auch der Kirche!

Er trage das vor mit dem sehr innigen Wunsch, Eilhart möge sich diese Gedankengänge zu eigen machen, möge sie dem Fürstbischof unterbreiten, der sie wiederum, als Mitglied der künftigen Rom-Delegation, dem Heiligen Vater vortragen solle, so eindringlich, so überzeugend, daß Innozenz einsehe, es könnte der Kirche nur schaden, wenn wieder zu einem Kreuzzug aufgerufen werde. Dieser Papst, der ebenso mächtig wie machtbewußt, ebenso geschickt wie überzeugend sei, werde gewiß auch das rechte Wort für diese Entscheidung finden – ein Wort, das nach den Ereignissen der letzten Jahre in der Christenheit starke Resonanz, ja einhellige Zustimmung finden werde.
Die beiden Männer stehen voreinander, der Kanzler schaut dem Abt ins gerötete Gesicht: »Du träumst, Bruder, es wird Zeit, daß du wieder aufwachst.« Über die Notwendigkeit von Reformen hätten sie sich gestern abend, heute nacht weithin geeinigt, nur: der Verzicht auf weitere Kreuzzüge sei weder der Beginn noch ein Ersatz für solche Reformen. Auch sei er der Überzeugung, daß man mit einer ex cathedra verkündeten Beendigung aller Kreuzzüge gewiß keine überwiegende Zustimmung finden werde in der Christenheit. Selbst nach dem letzten Debakel bestehe bei vielen Menschen der Wunsch, ins Heilige Land zu ziehen, um Jesu Christo nahe zu sein. Und er sei auch völlig sicher – nach allem, was er auf seinen letzten Reisen gehört habe: wenn ein erneuter Aufruf zu einem Kreuzzug ins Heilige Land erfolge, so werde dies ein starkes Echo finden in der Christenheit. Denn bei einer wachsenden Anzahl von Menschen rege sich der Wunsch, die Grenzen des Gewohnten zu überschreiten, hinauszuziehen in die Fremde – also könnten selbst die schönsten der neuen Kirchenbauten das Verlangen nach einer Pilgerreise oder Heerfahrt ins Heilige Land nicht vergessen machen; immer deutlicher präge sich das Wesen des homo viator aus.
Auch er, sagt Rupert, sehe den Menschen als Wesen, das unterwegs ist – zumindest in einigen Phasen seines Lebens. Und so habe er keineswegs die Vorstellung, daß durch den Bau dieser Kirche bei den Menschen der näheren und weiteren Umgebung der Wunsch nach Pilgerfahrten ins Heilige Land aufgehoben werden könne – das Verlangen der Menschen, den Heiligen Stätten nah zu sein, lasse sich kaum unterdrücken oder ablenken. Er plädiere deshalb dafür, daß die Kreuzzüge eingestellt würden, daß aber weiterhin Pilgerfahrten ins Heilige Land stattfänden – es sei gewiß möglich, durch entsprechende Zahlungen an die Heiden den Zu-

gang zu den Heiligen Stätten sicherzustellen. Er habe kürzlich in einer Chronik von der fast vergessenen, großen Pilgerfahrt gelesen, die allen Kreuzzügen vorangegangen sei – siebentausend, nach einer anderen Quelle sogar zwölftausend, angeführt vom Bischof zu Bamberg, zogen rund dreißig Jahre vor dem Ersten Kreuzzug ins Heilige Land, edle Herren wie einfache Leute, Laien wie Kleriker, Fürsten wie Bischöfe. Was solch einen Pilgerzug von einem Kreuzzug unterscheide, sei vor allem, daß Pilger für ihre Ausgaben selbst aufkommen, daß also nicht wieder Gelder gesammelt, ja eingezogen würden. Jeder, der es wünsche, möge ins Heilige Land ziehen, einzeln, in Gruppen oder in großen Einheiten, nur solle man den Bau von Kirchen wie dieser hier nicht mehr gefährden, indem man zu einem weiteren Kreuzzug aufrufe und gleichzeitig auffordere, Gelder zu spenden für die Ausrüstung des Heeres. Es solle vielmehr dem homo viator freigestellt bleiben, ins Heilige Land zu ziehen oder zu solch einer Wallfahrtskirche zu pilgern: die Töchter der Mater ecclesiae dürften jedenfalls nicht zurückgestellt werden; in jeder Kirche sei man Gott gleich nah. Deshalb müßten alle Kirchen in diesem Land ihr schönstes Hochzeitskleid anlegen! Statt in Sack und Asche zu bleiben, weil alle paar Jahre Gelder eingetrieben werden für Kreuzheere, von denen nur geschlagene und sieche Männer zurückkehrten... Kurzum, die Gelder, die mit dem Handel endlich ins Land fließen, dürfen nicht gleich wieder aus dem Land getragen werden!

Eilhart gibt zwar zu, daß das Heilige Land seit mehr als einem Jahrhundert umkämpft ist, daß sehr viele Ritter und Fußsoldaten ihr Leben opfern mußten, aber er ist sicher, daß sich in einer gemeinsamen Anstrengung die Heilige Stadt letztlich doch erobern läßt, und zwar für immer – vorausgesetzt, es gelingt, mit den Christen im Osten Verbindung aufzunehmen, und sie marschieren mit großer Streitmacht zur gleichen Zeit gegen Jerusalem wie ein neu aufgestelltes Kreuzheer. Eilhart berichtet, er habe vor wenigen Monaten noch einmal den Brief des Priesterkönigs Johannes an den Kaiser von Ost-Rom gelesen – dieser Brief zirkuliere in zahlreichen Abschriften, überall werde von ihm gesprochen. Er habe, wie so mancher andere, mit diesem Sendschreiben wieder Vertrauen gefunden nach einer Zeit der, wie er zugeben müsse, resignatio, ja desperatio. Ob Rupert mittlerweile diesen Brief kennengelernt habe? Nein; er hat zwar gehört, daß es dieses umfangreiche Schreiben gibt, doch wegen der Vorbereitungen zu diesem Kirchenbau, wegen der oft langwierigen Verhandlungen mit den Stiftern, wegen der zahlreichen Gespräche mit dem Baumeister und so weiter, etcetera sei er noch nicht dazu gekommen, dieses Schreiben zu lesen.

Also berichtet Eilhart: dieser Priesterkönig am Ende der Welt habe ein Gelübde getan, mit einem so riesigen Heer, wie es dem Ruhm der göttlichen Größe angemessen sei, zum Grab des Herrn zu ziehen, die Feinde des Kreuzes Christi zu demütigen und Seinen heiligen Namen zu verherrlichen. Dieser Johannes herrsche über die drei Indien, sein Gebiet reiche also vom jenseitigen Indien, ab ulteriore India, in dem der Leib des heiligen Apostels Thomas ruhe, über die Wüste hinweg bis zum Aufgang der Sonne und im Westen bis zur verlassenen Stadt Babylon beim Turmbau zu Babel; ihm seien 72 Provinzen untertan, von denen freilich nur wenige in christlicher Hand seien, eine jede habe einen eigenen König, und sie alle seien ihm tributpflichtig; in seinem Reich flössen Milch und Honig. Und Eilhart gibt wieder, was er an diesem Sendschreiben über einzelne Gebiete des Königs Johannes gelesen hat: durch eine der Provinzen ziehe sich der Fluß Ydonus, der aus dem Paradies komme, an seinen Ufern finde man eine Fülle von Edelsteinen: Smaragde, Saphire, Goldtopase, Onyxe, Berylle, Amethyste. Überhaupt, an Gold und Silber, Edelsteinen und Elefanten, Dromedaren und Kamelen hat dieser König mehr als genug. Wenn er gegen seine Feinde zu Felde zieht, läßt er dreizehn große Kreuze aus Gold und Edelsteinen anstelle von Bannern auf Wagen heranschaffen, und jedem von ihnen folgen 10000 Ritter und 100000 bewaffnete Fußsoldaten, abgesehen von den Männern im Troß und beim Nachschub – wäre mit solch einem Heer der Sieg über die Heiden nicht sicher, ja mehr als sicher, fragt er den Abt, doch der schweigt. Also spricht Eilhart weiter: wenn der König allein ausreitet, wird ihm ein Holzkreuz ohne Gold oder Edelsteinschmuck vorausgetragen, damit er stets der Passion Jesu Christi eingedenk bleibt, dazu ein goldenes Gefäß, gefüllt mit Erde, damit er erkennt, daß unser Fleisch zur Erde zurückkehren wird; man trägt aber auch ein Gefäß aus Silber vor ihm her, gefüllt mit Gold, damit alle erkennen, daß er der Herr der Herren ist, dominum esse dominantium; von den Reichtümern auf Erden hat seine Erhabenheit mehr als genug, und seine Hoheit überragt alle. Das zeige sich schon an seinem Palast. Ob er ihm diesen Palast beschreiben solle, wortgetreu nach dem Zeugnis des Briefs? Ja, Rupert möchte hören, wie der Palast dieses christlichen Herrschers der indischen Reiche aussieht. Dieser Palast ist dem Palast nachge-

bildet, den der Apostel Thomas für den indischen König Gundophoros bestimmt hat; Täfelung, Gebälk und Architrave aus Zedernholz, das Dach des Palastes aus unbrennbarem Holz; an den äußeren Enden über dem First des Palastes zwei goldene Äpfel, in jedem sind zwei Karfunkel eingelassen: so leuchtet das Gold am Tage, leuchten die Karfunkel in der Nacht. Die größeren Tore des Palastes sind aus Sardonyx, vermischt mit dem Horn der Hornschlange, so daß niemand Gift einschmuggeln kann; die anderen Tore sind aus Ebenholz, die Fenster aus Kristall; für den Bau des Palastes sind nur Edelsteine und reinstes Gold – verflüssigt als Bindemittel – verwendet worden; das Dach des Palastes aus lichtesten Saphiren und hellsten Topasen, und zwar in Intarsienarbeit, so daß die Saphire dem Himmel gleichen und die Topase den Sternen; der Fußboden besteht aus Kristallplatten; fünfzig Säulen aus reinem Gold sind innerhalb des Palastes an den Wänden aufgestellt, obendrauf ein Karfunkel wie eine große Amphore, so daß der Palast erleuchtet wird wie die Erde von der Sonne; auf dem Vorplatz des Palastes steht auf einem sehr hohen, säulenreichen Podest ein Spiegel, in dem alles, was für oder gegen den König in den angrenzenden und ihm untertanen Gebieten unternommen wird, von Aufsehern deutlich wahrgenommen werden kann; dieser Spiegel wird Tag und Nacht von 12000 Bewaffneten bewacht. Im Palast gibt es übrigens auch eine äußerst schmackhafte und wohlriechende Quelle, deren Wasser durch den Palast fließt, dann nimmt der Boden es wieder auf, und unterirdisch kehrt es zu seinem Quellpunkt zurück wie die Sonne, die von Westen unter der Erde nach Osten zurückwandert; das Wasser hat für jeden den Geschmack dessen, was er zu essen oder zu trinken wünscht; es erfüllt den Palast mit dem Duft aller Arten von Gewürzen, Aromen und Spezereien; wenn jemand alle drei Jahre, drei Monate, drei Wochen, drei Tage und drei Stunden dreimal von dieser Quelle trinkt, so wird er 300 Jahre, 3 Monate, 3 Wochen, 3 Tage und 3 Stunden nicht sterben, sein bestes Jugendalter bewahrend.
Damit habe er, sagt Eilhart, die wichtigsten, aber noch längst nicht alle Einzelheiten dieses Briefs wiedergegeben, an dessen Schluß der Priesterkönig einen zutreffenden Vergleich bringe: wären die Sterne des Himmels und die Sandkörner des Meeres zu zählen, so ließe sich seine Herrschaft und seine Macht errechnen – si potes dinumerare stellas coeli et harenam mari, dinumera et dominium nostrum et potestatem nostram. Und diese Macht vereint mit der Macht des Abendlandes, zusammengefaßt zu einem endlich sieg-

reichen Kreuzheer, dies müsse den endgültigen Sieg über die Heiden bringen. Und die Stadt Jerusalem werde wieder in altem Glanz erstrahlen, zum Ruhm der christlichen Menschheit, zur höheren Ehre Gottes.
Und er schweigt, läßt nachwirken, was er berichtet hat. Der Abt sagt nach kurzem Nachdenken, mit diesem Brief seien neue Gesichtspunkte der Betrachtung entstanden, er bitte ihn, dieses Schreiben so bald wie möglich zu übermitteln, entweder in einer Niederschrift, die er sogleich im Skriptorium kopieren lasse oder in einer für ihn bestimmten Abschrift – er werde sich sofort in den Text vertiefen. Und er schweigt wieder, sagt endlich: wenn solch eine außerordentliche Heeresmacht gegen die Heiden in Marsch gesetzt wird, und gleichzeitig landet ein Kreuzheer an der Küste des Heiligen Landes, so könnten in der Tat die Heiden zwischen diesen beiden Heeren gleichsam zerdrückt werden. Und er nickt, schweigt, spricht wieder: der Herrscher eines Landes, in dem Flüsse nicht nur Edelsteine mit sich führen, sondern aus Edelsteinen bestehen, lasse sich gewiß dazu bewegen, Geschenke und Stiftungen für den glanzvollen Ausbau der Heiligen Stadt zu machen, so daß die hiesigen Dotationen für den Bau neuer Kirchen freiblieben, ja, es könnten vielleicht sogar Geschenke, Stiftungen aus diesen überreichen indischen Ländern kommen, und ihr Glanz helle die Kirchen auf: Kupfer versilbert, Silber vergoldet, getriebenes und punziertes Silber, getriebenes Goldblech und emaillierte Einlagen und Bergkristalle und Rubine und Perlen und Granatsteine und Saphire und Smaragde – all dieser Glanz würde den Geist des frommen Betrachters in die höhere, die göttliche Sphäre entrücken! Und die Augen des Abtes glänzen.

20 Der *Sängerkrieg auf der Wartburg* – das Werk, das dieser Sammeltitel suggeriert, zerfällt schon bei flüchtigem Überblick in ein Bündel verschiedenartiger Texte. Das erste Erzählgedicht ist das *Fürstenlob;* der zweite Textkomplex als *Rätselspiel,* in dem mehrere Rätsel gestellt und (meist von Wolfram) gelöst werden; zum Schluß die *Totenfeier.*
Erzählt wird im ersten Teil von einem Treffen einiger Dichter am Fürstenhof zu Thüringen. Nur in einer der Überlieferungen wird die Wartburg genannt – der große Festsaal aber, den Moritz von Schwind ausmalte als Stätte des Sängerwettstreits, dieser Saal ist

erst zu einem Zeitpunkt gebaut worden, als sich Wolfram von Eschenbach und Walther von der Vogelweide in Thüringen nicht mehr treffen konnten. Damit habe ich bereits zwei Teilnehmer genannt; hinzu kommt Reinmar – und das muß Reinmar der Alte sein; weiter zwei Lokalgrößen: Biterolf und »Der tugendhafte Schreiber«; eine wichtige Rolle spielt Heinrich von Ofterdingen; es taucht Klingsor persönlich auf. Ein buntes Ensemble.

Es wird ein verbales Turnier ausgefochten: vier Teilnehmer preisen vier hohe Herren. So rühmt Walther von der Vogelweide den französischen König, Heinrich von Ofterdingen den Fürsten von Österreich, Biterolf den Grafen von Henneberg, der »Tugendhafte Schreiber« den Landgrafen Hermann; als Schiedsrichter über Leben und Tod fungieren Reinmar und Wolfram; der Eisenacher Scharfrichter Stempfel steht in den Kulissen dieses Opernlibrettos mit dem Schwert bereit, um den Verlierer wie einen Räuber hinzurichten; es siegt selbstverständlich der Lobredner auf den Landgrafen von Thüringen; es unterliegt Heinrich von Ofterdingen – wie in einer Chronik erzählt wird, flüchtet er unter den Mantel der Markgräfin, Meister Stempfel kann seines Amtes nicht walten. Nach diesem *Fürstenlob* werden in der Textfolge die Rätsel vorgelegt, über die wir uns nicht die Köpfe zerbrechen müssen.

Was im Strophengedicht des *Fürstenlobs* erzählt wird, kann so nicht stattgefunden haben. Aber die Fabel hat offensichtlich einen historischen Kern. Es geschah, was nicht prinzipiell ins »Reich der Fabel« verwiesen werden muß: am Hofe eines zahlungswilligen Fürsten kamen einige Dichter zusammen. Das Treffen war wohl kaum organisiert, es hat sich ergeben. Der Ort? Vielleicht das Gebäude in Eisenach, in dem der Landgraf gelegentlich residierte. Vielleicht die Wartburg, auf der damals der neue Wohntrakt gebaut wurde. Vielleicht auch eine der anderen Burgen des Landgrafen, beispielsweise die Neuenburg über der Unstrut, in der schon Heinrich von Veldeke gearbeitet hatte und die damals eine Art Residenz war. Der Zeitpunkt des Treffens läßt sich einkreisen: 1204 oder 1205.

Und die hier zusammenkamen – warum sollten es nicht die Dichter Reinmar, Walther und Wolfram gewesen sein? Und es ergab sich eine Reihe von Veranstaltungen oder eine einzige Veranstaltung, in der die Dichter aus ihren Werken sangen, rezitierten? Und dies als Konkurrenten? Auch zu Wolframs und Walthers Zeit wurde darum gekämpft, daß man vorne blieb – das beweist

zum Beispiel Walthers Gedicht-Attacke auf Neidhart, dessen Lieder die große Mode wurden. So könnte ein Wettstreit stattgefunden haben: jeder Teilnehmer wollte sich die Gunst, das Wohlwollen des Landesherrn erhalten oder erwerben, wollte (weiterhin) von ihm unterstützt werden.
Diese Situation könnte der historische Kern gewesen sein: der Verfasser des *Fürstenlobs* hat ›Literaturbetrieb‹ mit freien Ausschmückungen und wilden Übertreibungen geschildert, aber wie in einem Palimpsest bleibt die Grund-Konstellation erkennbar. Der kritische Herausgeber und ausführliche Kommentator des *Wartburgkriegs* T. A. Rompelman: »Ausgangspunkt [...] waren die historischen Treffen der Dichter in Thüringen unter Landgraf Hermann.«
Und hier noch einige Bestätigungen. Ich zitiere aus den Annales Reinhardsbrunnenses – Wolframs Name zwar in dubioser Nachbarschaft, aber ausnahmsweise einmal in einem lateinischen Geschichtswerk: »Eodem quoque tempore... magister Clingeshore predictus cum Wolframo de Eschinbach studio conflectionis cantelinarum se exercuit.« Zu deutsch: »In jener Zeit hat sich der erwähnte Wolfram von Eschenbach in der Technik des Gesangwettstreits geübt.« Nach diesem Chronisten muß das Treffen etwa 1207 stattgefunden haben. Und gleich ein weiterer Chronist, der Mönch von Pirna. »Wolfframus von Esschenbach, einer von adel und von den VII sanckmeistern in Duringen (MCC) worn unter einander czweispeldig, holten derhalben meister Clingsern aus Ungarn, brachte ym kegen Eisenach.« Also: »Wolfram von Eschenbach, ein Adliger, und (einer) von den sieben Sangesmeistern in Thüringen, konnten sich nicht einigen und holten deshalb Meister Klingsor aus Ungarn und brachten ihn nach Eisenach.« Und aus dem deutschsprachigen *Chronicon Thuringiae* übersetze ich: »Eintausendzweihundertundsechs nach Christi Geburt waren am Hof des Landgrafen Hermann von Thüringen und Hessen sechs edle und kluge Männer.« Es gibt weitere Belege.
Doch Vorsicht: die Geschichtsschreiber des Mittelalters waren auch Geschichtenerzähler! Außerdem können die Chronisten das (wahrscheinlich um 1230 oder 1260 entstandene) Textkonvolut gekannt haben, zumindest vom Hörensagen. Rompelman hat auch diesen Punkt untersucht und festgestellt, daß es Entsprechungen gibt zwischen Chroniken und Erzählgedichten, daß wir in den Chroniken aber auch Informationen finden, die nicht im *Wartburgkrieg* zu lesen sind. »Mir scheint, man muß als gemein-

schaftlichen Nährboden beider Zweige der schriftlichen Überlieferung der deutschen Gedichte sowohl wie der Chroniken und Viten eine mündliche Überlieferung annehmen, die also älter ist als die Gedichte.«

Vom *Fürstenlob* über das *Rätselspiel* hinweg zur *Totenfeier:* hier finden sich in der Jenaer Handschrift als Anhang zwei Strophen, die für uns inhaltlich besonders interessant sind. Die beiden lokalen Teilnehmer am Dichtertreffen berichten, in je einer Strophe, daß Wolfram in Thüringen zum Ritter geweiht wurde, und zwar durch den Grafen von Henneberg – er wurde im Sängerwettstreit bereits mehrfach genannt, rühmend.

> Du wolueram von eschenbach,
> Des edelen ritt'scaft von hennenberch ich sach
> An dich geleit myt rosse vnde myt gewande.
> Of eyner groner wisen breyt
> Ich tugendhafte scriber truoc das selbe kleit.

Ich übersetze in Prosa, was sowieso nicht weit von Prosa entfernt ist: »Du, Wolfram von Eschenbach – ich sah, wie dich der Edle von Henneberg mit (den Zeichen der) Ritterschaft versah, mit Roß und Gewand. Auf der großen, grünen Wiese trug ich, Der tugendhafte Schreiber, das gleiche Gewand.«

Und Biterolf (»Biterolf so byn ich genant«), der einleitend erklärt, er komme aus Stilla (bei Schmalkalden) erwähnt in ›seiner‹ Strophe, daß ihn der sehr Edle von Henneberg zu einem Fest einlud, und berichtet:

> so werde ritterscaft wart myr noch nye bekant,
> Als ich da sach, vnde edele scone vrouwen
> Tzuo masvelde, da ritter wart von eschenbach der wise.

»So noble Ritterschaft habe ich noch nie erlebt und derart edle, schöne Damen, wie ich sie auf dem Maßfeld sah, als der Weise von Eschenbach Ritter wurde.« Biterolf betont am Schluß, der Henneberger habe für immer Lob verdient.

Wenn das Fabelwerk vom Sängerwettstreit offensichtlich einen historischen Kern hat, warum nicht auch diese beiden Nachtrag-Strophen? Rompelman betont im Kommentar, daß »kein Grund vorliegt, an eine Mystifikation zu glauben.« Warum auch sollte man so etwas erfinden, ausgerechnet in einem Text, der in Thürin-

gen entstand, für Zuhörer und Leser, die vielleicht noch vom Hörensagen informiert waren? Zwar habe ich hier, wie es sich gehört, meine Zweifel, aber die sind gering.
Ich ziehe einige Informationen heran, um die Hinweise von Biterolf und Tugendhaftem Schreiber zu präzisieren. Zuerst zu den beiden ›Zeugen‹. Biterolf konnte nicht identifiziert werden – obwohl der Name Biterolf in Thüringen nicht selten war. Allerdings ist in der Literaturgeschichte der Name eines Autors Biterolf überliefert, der ein (heute verschollenes) Alexander-Epos verfaßt hat – die Bearbeitung antiker Stoffe wurde vom Landgrafen ebenfalls gefördert.
Und damit zum Tugendhaften Schreiber. Das mittelhochdeutsche Wort »tugendhaft« oder »tugendhaftec« entspricht nur in einem Bedeutungs-Aspekt dem heutigen Adjektiv – »tugent« hieß damals unter anderem: Kraft, Macht, Heldentat, »männliche Tüchtigkeit«. Am sinnvollsten wäre also wohl diese Übersetzung: Der tüchtige Schreiber.
Von ihm ist in der Manessischen Liederhandschrift ein Dutzend Liedtexte überliefert; einzelne dieser Texte sind in Anthologien abgedruckt. In einem Lied beklagt Heinrich, Der tüchtige Schreiber, den Verfall der Hohen Liebe, übt also Zeitkritik. In einem anderen Liedtext verkündet er, daß er Liebe immer ehren werde, und ruft aus: Ich kann nicht von dir lassen, Liebe! Und:

> Ich sagte Liebe, fände man
> den wahren Fund – der wäre, schau:
> Männermund an Frauenmund,
> dies ohne Absicht, zu betrügen.

Der tüchtige Schreiber ist also kein Phantom in der Sängerkrieg-Oper, er ist nachweisbar. Es läßt sich wahrscheinlich sogar noch mehr über ihn sagen. Denn es gibt am Thüringer Hof den Schreiber und späteren Leiter der Kanzlei des Landesherrn, den mehrfach bezeugten Henricus scriptor oder Henricus notarius (protonotarius), ab 1208 mehrfach dokumentiert. Dieser Kanzleischreiber, Kanzleileiter hieß Heinrich von Weißensee. Heinrich, genannt Der tüchtige Schreiber, und der Schreiber, der als Henricus scriptor so tüchtig war, daß er zum Kanzleivorsteher aufstieg, sie sind für mich identisch.
Und damit zum Grafen von Henneberg, der Wolfram und Heinrich auf dem Maßfeld zu Rittern machte, gleichzeitig.

Zuerst: der Stammsitz der Grafen war Henneberg an der Werra, südlich von Meiningen; ihr »Kernland« reichte von der Rhön bis zum Thüringer Wald; sie waren Vögte des Klosters Lorsch, Burggrafen zu Würzburg; zu ihren Burgen gehörte auch Botenlauben bei Kissingen; damit waren die Henneberger Nachbarn der fränkisch-bayerischen Region Wolframs. Die Namen Berthold und Boppe von Henneberg tauchten in den zitierten Zeugenlisten auf. Sie waren Brüder; der ältere war Berthold II., der jüngere Boppe VI., sowohl »Der Streitbare« wie »Der Weise« genannt; der jüngste der Brüder war Minnesänger: Heinrich (von Botenlauben).

Ob der Henneberger, der die beiden Dichter zu Rittern machte, (oder gemacht haben soll) Boppe oder Berthold war, läßt sich nicht entscheiden. Dazu könnte eher ein Graf passen, der als streitbar und weise galt, aber wahrscheinlich hatte der ältere Bruder hier Vorrechte. Außerdem: sein Name wurde mehrfach unter Zeugen aus Wolframs Region benannt.

Und nun zu »masvelde«. Es ist Untermaßfeld oder Obermaßfeld – beide Orte südlich von Meiningen und nördlich von Henneberg. Dort könnte auf einer Festwiese Graf Berthold (oder Boppe) von Henneberg auch Wolfram aus Eschenbach zum Ritter gegürtet haben. Und wann könnte das gewesen sein? Zwischen (etwa) 1202 und 1205. Falls Wolfram um 1180 geboren wurde, wäre er dann Anfang bis Mitte Zwanzig gewesen.

21 Ich hatte mir eine Zeitlang überlegt, ob ich Wörter und Wortgruppen aus Wolframs Zeit in die Szenarien aufnehmen soll, um zeitliche Distanz ablesbar zu machen an sprachlicher Fremdheit. Aber diese Methode wäre mir zu didaktisch erschienen. Und: wie leicht überliest man solche Einschiebsel. Die Fremdheit muß kompakter sein: damalige Sprache in (kleinen) erratischen Blöcken. Als Ouvertüre zum folgenden Kapitel der Beginn von Wolframs Parzival-Roman.

> Ist zwiuel herzen nahgebur
> das muoz der sele werden sur
> gesmehet unde gezieret
> ist swa sich parrieret
> unverzaget mannes muot

als agelstern varwe tout
der mac dennoch wesen geil
wand an im sint beidiv teil
des himels vnd der helle
der unstête geselle
hat die swarzen varwe gâr
vnd wirt ouch nah der vinster var
so habt sich an die blanken
der mit steten gedanken
Diz fligende bîspel
ist tumben lîvten gar ze snêl
sine mugens niht erdenken
wand iz kan vor in wenken
rehte alsam ein schelbich hase
zin anderhalb an dem glase
gelichent und des blinden trovm
di gebent antluzes rovm
doh mac mit stête niht gesin
dirre trûbe lihte schin
er machet kuorze froude al war
wer rovfet mich da nîe dehein har
gewuochs innen an miner hant
der hat vil nahe griffe erkant
spriche ih gein den vorhten och
daz glichet miner witze idoch

22 Etwa im ersten Jahrzehnt des dreizehnten Jahrhunderts entstand Wolframs Parzival-Roman. Trifft meine Vermutung zu, daß Wolfram später geboren wurde als bisher angenommen, so arbeitete er also bereits in einem Alter an diesem Roman, in dem Büchner den *Woyzeck* schrieb, in dem Schubert die *Unvollendete* komponierte.

Wolfram dichtete in einer Zeit des großen Aufbruchs der deutschen, der volkssprachigen Dichtung – nachdem jahrhundertelang lateinische Dichtung dominiert hatte. Das Ende des zwölften, der Beginn des dreizehnten Jahrhunderts war eine Blütezeit unserer Literatur; es lassen sich neben Wolfram drei große Epiker benennen (Heinrich von Veldeke, Hartmann von Aue, Gottfried von Straßburg) und mehrere große Liederdichter (Reinmar der Alte,

Heinrich von Morungen, Walther von der Vogelweide, der Tannhäuser, Neidhart ›von Reuental‹). Vielfach wurde künstlerisch gleich das Äußerste verwirklicht, und Wolfram war an der Spitze der Entwicklung. Da er offenbar von Anfang an große Resonanz fand, müssen sein Publikum, seine Gönner die Herausforderung angenommen haben; Wolfram wagte sehr viel in seinem großen Erstlings-Roman.

Sein Roman – dieses Possessivpronomen muß relativiert werden, denn Wolframs erstes episches Werk hat eine Textvorlage: das letzte epische Werk von Chrétien de Troyes.

Schon als ich die ersten Seiten der Übersetzung gelesen, einige Passagen mit der Vorlage verglichen hatte, entstand in meinem seit vielen Monaten auf Wolfram fixierten, ja gleichsam fokussierten Bewußtsein ein zweiter Brennpunkt, und aus dem Kreis, den ich um Wolfram gezogen hatte, wurde eine Ellipse: neben dem bewunderten Roman des Wolfram von Eschenbach nun der bewundernswerte Roman des Chrétien de Troyes. Die Begeisterung sprang über, und ich begann, einige Abschnitte zu übersetzen. Ich werde sie vorlegen, als Hommage an den großen französischen Dichter.

Über Chrétien ist nur wenig bekannt. Er wird um 1140 geboren, um 1190 verstummt oder gestorben sein – wenigstens ein Jahrzehnt also war er Zeitgenosse des jungen Wolfram. Über seinen gesellschaftlichen Status wird gerätselt. »War er Jurist, Waffenherold oder bekehrter Jude?«

Wenn er in Troyes geboren wurde, dort aufwuchs, war seine Ausgangsposition erheblich günstiger als für Wolfram in Eschenbach. Troyes lag an einer der großen Handelsstraßen: der Route von England nach Italien; zweimal im Jahr fand in Troyes eine große Warenmesse statt; hier residierte der Graf der Champagne mit seinem Hofgefolge; Troyes war Bischofssitz, hatte eine angesehene Domschule. Falls Chrétiens Eltern eine entsprechende soziale Position besaßen, konnte der Junge auf die Domschule gehen, hier die Septem artes liberales erlernen, also auch die Kunst der Rhetorik, die damalige Schulpoetik. Und: er hatte Publikum gleich im Ort: Klerus und Hofgesellschaft. Vorgaben, Angebote, Möglichkeiten...

Im Prolog des *Cligés* (um 1176) berichtet Chrétien von mehreren Werken, die offenbar früh entstanden waren. So hat er die *Metamorphosen* und die *Ars amatoria* des Ovid übersetzt, hat Gedichte geschrieben, über die (oder eine) Schwalbe, über die (oder eine)

Nachtigall und die Erzählung über König Marke und die blonde Isolde. Auch dieses Werk konnte bisher nicht nachgewiesen werden.
Rasch berühmt wurde er mit seinen Versromanen auf der Grundlage der »matière de Bretagne«, des englischen, genauer: des walisisch-keltischen Sagenkreises: *Erec et Enide, Lancelot, Yvain*. Wie lernte Chrétien diese »matière« kennen, die bald auch Wolfram übernahm? Trotz zahlreicher Untersuchungen konnten die Verbindungslinien zwischen keltischen Sagen und höfischen Romanen nicht dokumentiert, auch nicht glaubwürdig rekonstruiert werden. Mündliche Überlieferungen? Lateinische oder frühe französische Zwischenfassungen? Hat ihm Marie de Champagne tatsächlich bei der Vermittlung des Stoffs geholfen, wie er im Vorwort zu *Lancelot* betont? Nicht nur die »matière«, auch den »san« verdanke er ihr, also die Konzeption.
Das große Fragment seines Perceval-Romans *(Perceval li Gallois ou Li contes del Graal)* verfaßte er freilich nicht mehr im Auftrag Maries, sondern unter der Protektion des Philipp von Flandern, der ihm, wie Chrétien im Vorwort erklärt, die Vorlage, das »Buch« gegeben haben soll. Was für ein Buch dies sein mochte, darüber wird gerätselt. Wahrscheinlich hat Chrétien den Vorgang stark vereinfacht dargestellt. Es ist eher anzunehmen, daß er nach mehreren Quellen seine Version der Geschichte erarbeitete, die Struktur des Werkes entwickelte.
Und damit gleich zum Beginn des Prologs. Ich übersetze im Metrum dieses Vers-Romans: vier Hebungen, vier Senkungen pro Zeile.

> Wer wenig sät, der erntet schlecht;
> und wenn man sich Erträge wünscht,
> dann säe man auf solchem Boden,
> der hundertfältig Früchte schenkt;
> in einem Acker, der nichts taugt,
> bleibt guter Same trocken, tot.
> Chrétien: er wirft und streut die Saat
> für den Roman, den er beginnt,
> er sät auf derart gutem Boden,
> daß nur eines wächst: Erfolg.
> Er tut es für den Edelsten,
> der im Römischen Reiche lebt:
> Graf Philipp von Flandern.

Die Verbeugung, die der Dichter hier vor dem Gönner macht, der das Werk in Auftrag gab, diese Verbeugung wird in den folgenden 46 Zeilen des Prologs noch ein paarmal wiederholt: Philipp wird mit Alexander dem Großen verglichen, wird über ihn gestellt, weil er großzügiger ist, seine Freigebigkeit wird als christliche Tugend gefeiert, zwei Bibelzitate werden einbezogen, denn Philipp schenkt christlich, allein deshalb ist er höher einzuschätzen als Alexander. Und der Dichter fährt fort:

> So zahlt sich alle Mühe aus,
> der Chrétien sich unterzieht,
> um das beste Werk zu reimen,
> (weil der Graf den Auftrag gab),
> das man je am Hof erzählte:
> die Geschichte von dem Gral;
> der Graf gab ihm das Buch dazu.
> Hört, wie er es übermittelt.

Und es beginnt die erste Episode. Aber ich bleibe noch beim Prolog. Denn hier zeigt sich sofort, wie sehr groß der Unterschied ist zwischen den beiden Dichtern. Chrétien spricht Dank aus, das wird vom Mäzen wohl so erwartet; Wolfram meditiert, attackiert, irritiert.
Zum Vergleich der Beginn von Wolframs Werk, ebenfalls in meiner Übertragung. Ich setze – zum Einlesen – Akzente für das (»pulsierende«) Metrum.

> Lébt das Hérz mit dér Verzwéiflung,
> so wírd es höllisch für die Séele.
> Häßlich íst es únd ist schön,
> wó der Sínn des Mánns von Mút
> gemíscht ist, fárblich kóntrastíert,
> geschéckt wie eine Élstèr...
> Und dóch kann ér geréttet wérden,
> dénn er hát an beídem téil:
> am Hímmel wíe der Höllè.
> Der Freúnd des schwánkenden Gemütes:
> ér ist völlig schwárz gefärbt
> und gleicht auch báld der Fínsternís;
> dagégen hält sich án das Líchte,
> der ínnerlich geféstigt íst.

Dér Vergleích hier, só geflügelt,
íst zu schnéll für Ignoránten –
ihr Dénken kómmt hier nícht mehr mít,
dénn es schlägt vor íhnen Háken
wíe ein Háse áuf der Flúcht.
So táuschen hínterm Glás das Zínn
und áuch des Blínden Tráum: sie zéigen
núr die Mílchhaut dés Gesíchts –
díeser Schímmer trüben Líchts
kánn ja nícht beständig seín;
er mácht zwar Freúde, dóch nur kúrz.
Wer rúpft mich dórt, wo mír kein Háar
gewáchsen, ín der Ínnenhánd?
Der wüßte schón, wie mán es páckt...
Ríef ich »áu«, vor laúter Schréck,
es zeígte meínen Geísteszústand!
Fínd ich féste Bíndung dórt,
wó sie báld verschwínden múß
wie das Feúer im Brúnnenschácht
únd der Táu im Sónnenlícht?
Und dóch: ich kénne keínen Klúgen,
dér nicht állzu gérne wüßte,
woráuf sie raúswill, díe Geschíchte,
wélche Bótschaft sie vermíttelt.
Sie wírd nicht áuf der Stélle tréten:
mal weícht sie aús, mal sétzt sie nách,
zieht sich zurück, greift wíeder án,
sie spricht den Tádel aús, das Lób.
Wer áll den Würfelwürfen fólgt,
der íst schon mit Verstánd geségnet,
sítzt nicht fést und géht nicht féhl,
kommt állenthálben gút zurécht.
Freúndschaft, díe sich nícht bewährt,
sie íst fürs Höllenfeúer réif,
ist Hágelschlág auf Wért und Würde;
verkürzt der Kúhschwanz íhrer Tréue:
nach dem drítten Bíß schlägt síe
die Brémsen nícht mehr wég im Wáld.

Wolfram setzt diesen Prolog noch weitere vierundsechzig Zeilen fort, ehe er die Vorgeschichte einleitet. Dagegen Chrétien: nach seiner vergleichsweise knappen Einleitung springt er gleich mitten in die »matière«.

> Hört, wie er es übermittelt.
> Es war zur Zeit, da Bäume treiben,
> Büsche sprießen, Wiesen grünen
> und die Vögel ihr Latein
> in der Frühe lieblich singen,
> und alles ist vom Glück entflammt –
> da stand der Sohn der Witwe auf
> im tiefen Wald, der einsam war,
> und er legte leichter Hand
> dem Jagdpferd seinen Sattel auf,
> nahm drei kleine Speere mit,
> verließ sogleich das Haus der Mutter,
> wollte zu den Feldarbeitern,
> die mit einem Dutzend Ochsen,
> einem halben Dutzend Eggen
> das Feld zur Hafersaat bestellten.
> So reitet er denn in den Wald,
> und ihm lacht das Herz im Leibe,
> weil so schönes Wetter ist
> und er die Vögel singen hörte,
> die vor Freude jubilierten:
> all dies sagte ihm sehr zu.
> Weil es bei dem schönen Wetter
> milde war, gab er dem Pferd
> die Zügel frei und ließ es weiden
> im grünen, saftig frischen Gras.
> Und er, der mit so viel Geschick
> die kleinen Speere werfen konnte,
> er ging umher und warf herum –
> mal nach hinten, mal nach vorn,
> mal hinab und mal hinauf,
> bis er schließlich aus dem Wald
> fünf Panzerreiter kommen hörte,
> die in voller Rüstung waren;
> die Waffen derer, die da kamen,
> machten einen großen Lärm,
> denn vielfach stießen an die Waffen
> Äste von den Eichen, Buchen,

> Lanzen schlugen an die Schilde,
> und die Kettenhemden klirrten –
> es klang das Holz, es klang Metall
> von Schilden wie von Kettenhemden.
> Der Junge hört, doch sieht er nicht,
> die trabend immer näher kommen,
> er staunt und sagt: »Bei meiner Seele,
> wahr ist, was die edle Mutter
> sagte, nämlich, daß die Teufel
> schlimmer sind als alle andren –
> sie sagte das, um mich zu lehren,
> daß man gegen sie das Kreuz schlägt;
> auf diese Lehre geb ich nichts,
> will mich nicht bekreuzigen,
> werfe einen meiner Speere
> auf den Stärksten, und zwar so,
> daß sich keiner von den andren
> mir zu nähern wagt, bei Gott!«
> So sprach der Junge zu sich selbst –
> bevor er sie erblicken konnte!
> Doch als er nun im Offnen sah,
> die bisher der Wald verborgen,
> sah die Kettenhemden, klirrend,
> und die Helme, hell im Glanz,
> und die Lanzen und die Schilde
> (alles nie zuvor erblickt!)
> und sah das Grün, das Purpurrot
> im Gegenlicht der Sonne leuchten
> und das Gold, Azur, das Silber –
> da wurde er ganz heiter, froh
> und sagte: »Ah, Herr Gott, hab Dank,
> das sind ja Engel, die ich seh!«

Chrétien kommt fast im fliegenden Start zum Vorgang, der ihm wichtig ist: der Begegnung des Jungen mit den Rittern. Wolfram holt hier sehr viel weiter aus – auf etwa hundert Druckseiten erzählt er erst einmal von Parzivals Vater und seinen beiden Frauen Belacane und Herzeloyde, von Parzivals Geburt, von Gahmurets Tod, und wie sich Herzeloyde mit dem Kleinkind in eine Wald-Einöde zurückzieht, damit Parzival nur ja nie mit Rittern, mit der Ritterwelt in Berührung kommt – er soll nicht wie sein Vater im

Ritterkampf sterben. Hier wird also ein entschieden breiteres Fundament geschaffen für den epischen Bau.

Um zu zeigen, wie viel genauer von Wolfram motiviert und verknüpft wird, wie selbstbewußt souverän er mit der berühmten Vorlage umgeht, setze ich kurz vor Parzivals Begegnung mit den Rittern ein.

> Sie nahm mit sich ins Fluchtversteck 117, 14
> das Kind des edlen Gahmuret.
> Die Leute, die dort bei ihr sind,
> sie müssen roden und beackern.
> Sie kümmerte sich liebevoll
> um ihren Sohn. Bevor der denken
> lernte, rief sie ihre Leute,
> verbot den Männern wie den Frauen
> bei Todesstrafe, daß sie je
> von Rittern vor ihm sprächen.
> »Denn falls mein Liebling davon hörte,
> wie das Ritterleben ist,
> da würde mir das Herz sehr schwer.
> So nehmt hier den Verstand zusammen,
> sagt ihm nichts vom Rittertum!«
> Man hielt sich streng an ihr Gebot.
>   Der Junge wurde im Versteck
> der Wüstung Solitude erzogen;
> um königlichen Lebensstil
> betrogen, blieb ihm nur noch dies:
> den Bogen und die kleinen Pfeile
> schnitzte er sich selbst zurecht,
> schoß viele Vögel auf der Pirsch.
> Sobald er einen Vogel traf,
> der vorher laut gesungen hatte,
> heulte er und raufte sich
> das Haar – er rächte sich an ihm!
> Er war schön und gut gewachsen.
> Er wusch sich jeden Morgen
> auf der Wiese, am rivage.
> Er lebte völlig unbeschwert,
> nur: über ihm der Vogelsang –
> die Schönheit bohrte sich ins Herz,
> sie weitete die kleine Brust,

er heulte, lief zur Königin.
Und sie: »Wer hat dir was getan?!
Warst du nicht drüben auf der plaine?«
Er brachte nun kein Wort heraus –
bei Kindern oft noch heute so.
Der Vorfall ging ihr lange nach.
Und eines Tages sah sie ihn
in Bäume starren: Vögel sangen!
Sie sah genau: die Vogelstimmen
dehnten ihrem Kind die Brust –
es war sein Wesen, war die Sehnsucht.
Die edle Herzeloyde haßte
die Vögel, wußte nicht, warum.
Sie wollten den Gesang verscheuchen,
trieb die Ackersleut und Knechte
zur allergrößten Eile an:
Vögel fangen und erdrosseln!
Die Vögel freilich ritten schneller,
es kamen da nicht alle um,
ein Teil von ihnen blieb am Leben,
wurde singend wieder munter.
Der Junge fragte die Königin:
»Was hat man gegen diese Vöglein?«
Er wollte, daß man Frieden schlösse,
augenblicklich. Sie küßte ihn
auf seinen Mund: »Was breche ich
das Gebot des höchsten Gottes?
Darf ich die Vöglein leiden lassen?«
Der Junge fragte darauf prompt:
»Ach Mutter, ›Gott‹, was ist denn das?«
»Mein Sohn, ich wills dir sagen,
ganz im Ernst: Er ist noch heller
als der Tag; Er machte sich
zum Ebenbild des Menschen.
Und merke dir die Lehre, Sohn:
bete zu ihm in der Not.
Schon immer stand er zu den Menschen.
Ein andrer heißt der Herr der Hölle,
ist schwarz und kennt nur den Verrat.
Laß dich nur ja nicht auf ihn ein,
werd nicht schwankend, zweifle nie!«

So zeigte sie den Unterschied
zwischen Finsternis und Licht.
   Sein Ungestüm trug ihn weit fort.
Er übte den Wurf des javelot –
der brachte manchen Hirsch zur Strecke;
das freute Mutter und Gefolge.
Ob bei Schmelze oder Schnee:
durch seine Würfe litt das Wild.
Ihr werdet es kaum glauben wollen:
erlegte er ein großes Wild,
das für das Muli fast zu schwer war –
er trug es unzerlegt nach Hause!
   Eines Tages pirschte er
an einem langgestreckten Abhang,
riß ein Blatt ab, lockte drauf.
In seiner Nähe war ein Steig,
dort hörte er Geräusche: Hufschlag.
Er holte mit dem Jagdspeer aus
und sagte: »Was hab ich gehört?
Ach, käm doch jetzt der Teufel her,
mit seinem Zorn und seiner Wut –
den besieg ich, ganz bestimmt!
Die Mutter sagt, er sei zum Fürchten –
ich glaub, sie hat nur keinen Mut.«
So stand er; er war kampfbereit.
Und siehe da: drei schöne Ritter
galoppierten zu ihm heran,
von Kopf bis Fuß gepanzert.
Der Junge glaubte allen Ernstes,
sie wären Mann für Mann ein Gott.
Und er blieb nicht länger stehen,
fiel in die Knie, auf dem Pfad;
der Junge rief mit lauter Stimme:
»Hilf mir, Gott, Du kannst doch helfen!«
Der Vorderste geriet in Rage –
mitten auf dem Weg der Junge!
»Dieser Blödian aus Wales
hält uns auf, die Zeit ist knapp!«
(Was uns Bayern so berühmt macht,
sprech ich auch Walisern zu:
die sind noch blöder als die Bayern

und stehn im Kampf doch ihren Mann.
Wer aus diesen Ländern kommt,
der ist von allerfeinster Art!)
Daraufhin kam à toute bride
in seinem vollen Waffenschmuck
ein Ritter, dem es sehr pressierte –
voll Ingrimm ritt er Leuten nach,
die weiten Vorsprung vor ihm hatten:
zwei Ritter hatten eine Frau
entführt – und das in *seinem* Land:
für diesen Helden eine Schmach!
Ihn quälte, daß die Jungfrau litt,
die klagend vorn mit jenen ritt.
Die drei hier waren seine Leute.
Er ritt auf einem Kastilianer;
sein Schild war reichlich ramponiert;
sein Name war Carnac-Karnant,
le comte Ulterlec. Er rief:
»Wer versperrt uns hier den Weg?!«
So ritt er auf den Jungen los.
Und dem schien er ein Gott zu sein –
er sah noch niemals solchen Glanz!
Der Waffenrock hing bis zum Tau:
die Riemen seiner Bügel hatten
ganz genau die rechte Länge
und klingelten an beiden Seiten
mit ihren kleinen, goldnen Glöckchen;
auch am rechten Arme Schellen,
klingelnd, wenn er ihn bewegte,
laut bei jedem Hieb des Schwertes –
er war auf schnellstem Weg zum Ruhm.
So ritt der große Fürst daher
mit seinem schön geschmückten Helm.
Der Krone schöner Männlichkeit
stellte nun Carnac die Frage:
»Junker, saht Ihr hier zwei Ritter
auf dem Weg? Den Ritterkodex
haben sie gebrochen!
Sie üben nichts als Notzucht aus,
von Ehre halten sie nicht viel,
ein Mädchen haben sie entführt!«

> Was der auch sprach – der Junge dachte,
> er sei Gott; ihm hatte ja
> die edle Herzeloyde
> Seine Lichtgestalt beschrieben.
> So rief er laut in allem Ernst:
> »Gott, du Helfer, hilf auch mir!«
> Le fils du roi Gahmuret –
> knieend betete er an!
> Da sprach der Fürst: »Ich bin nicht Gott,
> erfüll nur gerne sein Gebot.
> Und machst du recht die Augen auf,
> so wirst du hier vier Ritter sehn.«
> Der Junge fragte ihn darauf:
> »Du sagtest: ›Ritter‹. Was ist das?«

Schon ein erster Vergleich zeigt hier: Wolfram folgt dem französischen Dichter, solange ihm das sinnvoll erscheint, erzählt selbständig (oder nach anderen Vorlagen?), soweit er das für notwendig hält. So sah er deutlich: bei Chrétien ist einiges nicht plausibel, nicht hinreichend motiviert. Zum Beispiel: wo ist das Haus der Mutter Percevals, wieso und seit wann ist sie Witwe, welchen Stellenwert hat diese Begegnung mit den Rittern?

So sehr sich die Parzival-Romane der beiden Dichter auch unterscheiden, Wolfram hat – in etwa zwei Dritteln seines Romans – eine Nacherzählung vorgelegt, frei nach Chrétien de Troyes.

Das war, so muß ich betonen, im Mittelalter üblich. Hartmann von Aue beispielsweise hat – wenige Jahre vor Wolfram – ebenfalls paraphrasierende Übertragungen von Werken Chrétiens verfaßt: *Erec und Enide, Iwein*. Und Hartmann hielt sich entschieden genauer an die Vorlagen! Aber selbst das löst unter Philologen längst keine Diskussionen mehr aus.

Für mich als Schriftsteller aber ist das erstaunlich, ja befremdlich. Es versteht sich heute von selbst, daß ein Roman in Inhalt und Struktur ein Original ist. Unvorstellbar, daß ich einen französischen Roman, der vor zehn oder zwanzig Jahren erschienen ist, übersetze und dabei verändere: hier kürzend, dort erweiternd, und ich benenne Figuren um, führe neue Personen ein, halte mich insgesamt aber an den Ablauf, an die Struktur der Vorlage – da würde ich das Urheberrecht verletzen, man würde mir den Prozeß machen, und das Zentralwort der Anklage lautete »Plagiat«.

Im Mittelalter dachte man hier anders: man hatte als Autor kaum den Ehrgeiz, einen Erzählinhalt auszudenken, eine eigene Romanstruktur zu entwickeln, das Selbstverständnis eines epischen Autors bestätigte sich vielmehr darin, daß er einer Vorlage folgte, und zwar zuverlässig.

Die Frage nach Wolframs Quellen läßt sich allerdings noch nicht vollständig beantworten. Für die ersten 3000 Verszeilen hatte er eine noch nicht ermittelte Vorlage – oder waren es mehrere Quellen? Und: hat Wolfram hier eigene Erfindungen interpoliert? In den nächsten 16000 Verszeilen folgte er Chrétien, das haben Forscher nachgewiesen. Wolfram allerdings wirft Meister Chrétien vor, er habe die Geschichte verfälscht, deshalb folge er einem anderen Autor. Und er bringt hier eine sensationelle Nachricht für Kenner der Artus-Materie: es gibt eine bisher unbekannte Textquelle, den Gralsroman des Heiden Flegetanis!

Es war einmal vor langer, langer Zeit ein arabischer Weiser und Zauberer, der hatte einen arabischen Vater und eine jüdische Mutter, also konnte er in den Sternen lesen, und was las er dort? Die phantastische Geschichte vom Gral! Der alte, weise Araber schrieb diese ihm vom Himmel zugefallene Geschichte auf, vielleicht erst arabisch, dann lateinisch; das Manuskript wurde im spanischen Reich der Mauren oder Mohren gefunden, und zwar in Toledo, dem berühmten Zentrum der Übersetzer. Diese wiedergefundene Textfassung brauchte einen weiteren Vermittler, auf dem üblichen Weg über Frankreich: Kyot oder Guiot übersetzte die lateinische Fassung der arabischen Inspiration ins Provenzalische, und das deutschsprachige Exklusivrecht an diesem französisch-provenzalisch-lateinisch-arabischen Text hat er, Wolfram aus Eschenbach, man höre und staune!

Eine Ente, schön ausgewachsen, mit arabischen Zierfedern, französisch koloriert... Wolfram hat diese Fabel zusammengesetzt aus allem, was damals vertrauenswürdig klang: ein Araber, also eine Autorität... Toledo, Hochburg der Wissenschaft... Das Französische, das in Mode ist – alles höchst plausibel, der Weg ist vorgezeichnet. Wolfram hat, anders formuliert, in Anlehnung an bekannte (unter Gebildeten bekannte) Tatsachen fingiert, um seinem Werk ein arabisches Gütesiegel zu verleihen.

Die Attraktion, die Suggestion des Arabischen war damals so groß, daß man auch außerhalb andalusischer oder sizilianischer Bereiche ›arabisierte‹. Dafür ein anderes Beispiel: mehrere Ärzte, die in Oberitalien ein medizinisches Fachbuch kompilierten, erfanden einen Araber als Verfasser, Masaweih den Jüngeren aus

Bagdad, und der soll ein Schüler des großen Avicenna gewesen sein; in der latinisierten Form lautete dieses Pseudonym: Grabadin Medues der Jüngere. Damit hatte dieses Werk einen Vorschuß an Reputation.
Trotz Wolframs literarischer Mystifikation bleibt es dabei: er hat etwa für zwei Drittel seines Romans den unvollendeten Perceval-Roman des Chrétien de Troyes als Vorlage benutzt.
Es wird nun in deutschsprachiger Sekundärliteratur zuweilen der Eindruck erweckt, Wolframs Roman sei subtiler, tiefsinniger, religiöser, kurzum: bedeutender. Es gibt aber keinen Anlaß, Chrétien abzuwerten, um Wolfram aufzuwerten: Chrétien hat den großen Torso eines Meisterwerks hinterlassen, Wolfram hat ein Meisterwerk geschaffen. Manche Passagen gefallen mir (und nicht nur mir) bei Chrétien besser. Er ist lakonischer, eleganter, zuweilen auch pointierter. Was er erzählt, das wächst bei Wolfram im Umfang durchschnittlich um ein Drittel. Das bedeutet zumeist: es wird genauer motiviert, wird verknüpft. Es gibt aber auch Gegenbeispiele zu diesem Ausdifferenzieren.
Ein charakteristisches Beispiel. Als der junge Perceval vom Einödhof seiner Mutter in die Welt der Ritter hinausreitet, dreht er sich noch mal um und sieht, wie seine Mutter zusammenbricht. Aber er kehrt nicht um, reitet weiter. Damit nimmt er Schuld auf sich.
Bei Wolfram hingegen sieht Parzival nicht, wie seine Mutter (tot) zusammenbricht, er schaut sich gar nicht erst um; viel später erfährt er, daß ihr die Trennung das Herz gebrochen hat. Und hier liegt, das macht ihm der Einsiedler Trevrizent bewußt, seine erste Schuld. Aber er nahm sie ohne Vorsatz auf sich und ohne Wissen. Das bringt Exegeten zuweilen in Verlegenheit, und sie operieren mit der Unterscheidung zwischen persönlicher und allgemeiner Schuld. Solche Kasuistik ist bei Chrétien nicht notwendig: die Schuld wird für Hörer und Leser sofort einsichtig.
Wie Wolfram umerzählt, damit umdeutet, das zeigt ein zweites Beispiel: der erste Besuch des Helden in der Gralsburg. Perceval sitzt im Festsaal beim Burgherrn, dem Roi pêcheur, dem Fischerkönig...

> Als sie von dem und jenem sprachen, 3190
> kam aus einem Raum ein Page,
> der eine weiße Lanze trug –
> er hielt sie in der Mitte fest;
> zwischen dem Feuer und der Liege,

auf der sie saßen, ging er durch;
alle, die dort waren, sahen
die weiße Lanze, das blanke Eisen;
es sickerte ein Tropfen Blut
aus dem Eisen der Lanzenspitze,
und der rote Tropfen lief
hinunter bis zur Hand des Pagen.
Der Junge, der zur Nacht gekommen,
sah den wundersamen Vorgang,
unterdrückte seine Frage,
wie denn dies geschehen konnte,
dachte er doch an die Mahnung
des, der ihn zum Ritter machte,
der ihn lehrte, unterwies,
er solle sich vorm Schwatzen hüten.
Er fürchtete, wenn er sie fragte,
wäre das sehr ungehörig,
und so fragte er sie nicht.
Sieh, zwei andre Pagen kamen,
Kerzenleuchter in den Händen:
Schmelzarbeit aus feinem Gold.
Diese Pagen mit den Leuchtern
waren alle wunderschön.
Und an jedem ihrer Leuchter
brannten Kerzen, zehn zumindest.
Eine edle, schöne Jungfrau,
(festlich war ihr Schmuck) erschien
mit diesen Pagen, und sie hielt
in beiden Händen einen Gral.
Sobald sie eingetreten war
mit dem Gral, den sie da trug,
kam so helles Licht herein,
daß die Kerzen ihren Glanz
verloren wie die Sterne
bei Sonnen- oder Mondaufgang.
Hinter ihr ging eine her,
die einen Silberteller trug.
Der Gral, der ihr vorangetragen,
war aus feinem, lautrem Golde,
und es zeigten sich am Gral
in großer Vielfalt teure Steine –

die edelsten und allerschönsten,
die in Meer und Erdreich sind.
Ohne Zweifel: die des Grales
übertrafen alle Steine!
Wie die Lanze wurde er
vorbeigetragen an der Liege,
dann von diesem Raum zum nächsten.
Und der Junge schaute zu,
und er wagte nicht zu fragen,
wen man mit dem Gral bediene;
was ihn der Edelmann gelehrt,
blieb unauslöschlich eingeprägt.
Ich fürchte sehr, das schadet ihm,
denn ich habe läuten hören:
manchmal kann man zu viel schweigen,
wie auch zu geschwätzig sein.
Ob ihm das schadet oder nützt –
an keinen richtet er die Frage.

Diese Lanze, die vor dem Fischerkönig, dem Gast und dem Hofgefolge durch den Saal getragen wird, bleibt bei Chrétien ein Symbol, das Assoziationen weckt zur Lanze des Longinus. Bei Wolfram wird der Bedeutungsspielraum eingeschränkt, darauf weist Joachim Bumke hin: die Lanzenspitze wird zu einem »medizinischen Instrument« – sie ist blutig, weil sie in die Wunde des Anfortas eingeführt wurde. So wird Wolfram von Romanisten vorgeworfen, er habe aus einem mehrdeutigen Symbol ein eindeutiges Zeichen gemacht, das sei Substanzverlust. Eine der typischen Formulierungen romanistischer Sekundärliteratur: »Wolfram war gewiß ein großer Dichter, aber...«
Reto Bezzola war gewiß ein großer Philologe, aber er hat zu sehr auf diesem Beispiel insistiert. Gerade unser Erzählabschnitt bringt ein Gegenbeispiel: in der Darstellung des Grals hat Wolfram ein vieldeutiges Symbol durch ein mindestens ebenso vieldeutiges Symbol ersetzt. Bei Chrétien ist der Gral eine Goldschale, bei Wolfram ein Stein, vielleicht ein Edelstein. Dieser Stein heißt in mehreren Handschriften lapis exilis, der »kleine, unscheinbare Stein«. Auf seine Form legt sich Wolfram nicht fest, er bezeichnet ihn als »dinc«. Dieses Ding hat allerdings besondere Eigenschaften, von denen ich einige nenne, verstreute Angaben zusammenfassend. Der Stein ist so leicht, daß ihn eine keusche Jungfrau

tragen kann; dieser Stein ist so schwer, daß er sich mit aller Kraftanstrengung nicht aufheben läßt – wenn man sündig ist. Dieser Gral ist eine Art Tischleindeckdich: alle Speisewünsche der Gralsgesellschaft werden von ihm erfüllt; auch ist er eine Quelle guter, vorwiegend geistiger Getränke. Und wiederum: jeden Karfreitag schwebt eine Taube vom Himmel und legt eine Oblate auf den Stein. Und der Stein gibt der Gralsgemeinschaft Anweisungen durch Schriftzeichen. Woher dieser Gral stammt, geht aus Wolframs Text nicht eindeutig hervor: haben ihn Engel auf die Erde gebracht, oder ist er auf der Erde gefunden worden?
Zum Vergleich nun Wolframs Erzählung von der Präsentation der Lanze und des Grales; aus den etwa zwei Seiten von Chrétien werden bei Wolfram rund acht.

> Da saßen viele schöne Ritter, 231, 15
> und man trug das Leid zu ihnen.
> Ein Knappe lief zur Tür herein,
> in seiner Hand war eine Lanze
> (der Vorgang löste Trauer aus),
> Blut entquoll der Schneide, lief
> am Schaft entlang und auf die Hand –
> erst der Ärmel fing es auf.
> Und in der großen Halle oben
> schrie man, brach in Tränen aus –
> die hätten dreißig Völkerschaften
> mit ihren Augen nicht geschafft!
> Er trug die Lanze in den Händen
> rundherum zu den vier Wänden
> und wieder zu der Tür zurück;
> der Knappe lief durch sie hinaus.
> Es verstummte alles Klagen,
> das zuvor der Schmerz geweckt,
> an den die Lanze sie erinnert,
> die er in der Hand getragen.
>   Ich hoff, es wird euch nicht zu lang,
> es geht hier um das Folgende:
> daß ich euch den Ablauf schildre,
> den man höfisch zelebrierte.
> Im Hintergrund des Festsaals wurde
> eine Stahltür aufgeschlossen,
> zwei edle Mädchen traten ein.

Hört euch an, wie sie geschmückt sind.
Wer das mit seinem Dienst verdiente,
dem könnten sie's mit Liebe lohnen –
es waren wunderschöne Mädchen!
Zwei Kränze in ihrem offnen Haar,
aus Blumen (keine Frauenhauben!).
Und jede trug in ihrer Hand
einen goldnen Kerzenleuchter –
die Kerzen waren angezündet.
Blondgelockt und lang ihr Haar.
Wir sollten hier nicht übergehen,
welche Kleidung diese Mädchen
trugen, als sie da erschienen.
Das Kleid der Gräfin von Tenebruc
war aus feinem, dunklem Wollstoff;
ein gleiches Kleid trug die Gefährtin.
An ihren schmalen Taillen
waren beide schön orniert
mit Gürteln, über ihren Hüften.
Es folgte eine Herzogin
mit Gefährtin; beide trugen
kleine Elfenbein-Gestelle.
Ihre Lippen: feuerrot...
Und alle vier verneigten sich.
Die beiden setzten daraufhin
vorm Hausherrn die Gestelle ab:
Dienst in höchster Formvollendung.
Sie stellten sich als Gruppe auf –
alle waren sie sehr schön,
alle vier auch gleich gekleidet.
Nun seht, zum rechten Zeitpunkt kamen
weitere Damen, vier mal zwei.
Sie hatten Folgendes zu tun:
viere trugen große Kerzen,
die vier andren schleppten gerne
einen Stein, der kostbar war:
am Tag durchdrang ihn Sonnenlicht.
Und sein Name hatte Klang:
es war ein Hyazinth-Granat.
War lang und breit. Doch war er leicht:
der ihn zu einem Tisch gemacht,

der hatte ihn sehr dünn geschliffen.
An diesem Prachtstück aß der Hausherr.
Es traten vor ihn alle acht
in einer sehr genauen Ordnung
und verneigten sich zum Gruß.
Sie legten nun den Stein zu viert
aufs Elfenbein so weiß wie Schnee:
die Gestelle, die schon standen...
Formvollendet gingen sie
zurück zu den vier anderen.
Die Kleider, die die Damen trugen,
waren grüner als das Gras,
aus Brokat von Asagouc,
in ihrem Zuschnitt lang und weit,
doch in der Mitte eng geschnallt
durch kostbar schmale, lange Gürtel.
Diese schönen, jungen Damen
trugen – alle acht – im Haar
kleine, schmucke Blumenkränze.
Ah, über wieviel Meilen hinweg
waren die Töchter des Grafen Iwein
von Nonel und Jernis von Reile
hierher zum Dienst berufen worden!
Man sah den Auftritt dieser Damen –
beide wunderschön gekleidet.
Auf zwei Servietten, je für sich,
brachten sie zwei Messer mit –
wahre Wunder, grätenspitz!
Das weiße Silber war gehärtet;
man hat hier Künste spielen lassen,
hat sich nicht geschont beim Schliff,
sie hätten sogar Stahl durchschnitten!
Vorm Silber schritten Adels-Damen,
(auch sie dorthin zum Dienst berufen),
viere ohne Fehl und Tadel;
sie trugen Lichter für das Silber.
So kamen diese sechs heran.
Hört, was sie nun jeweils tun.
Verbeugten sich, und zweie trugen
die Silbermesser zur schönen Tafel,
legten sie auf ihr dann nieder;

gemessen schritten sie darauf
zu den ersten zwölf zurück.
Hab ich richtig mitgezählt,
so stünden hier jetzt achtzehn Damen.
Alors, da kommt ein halbes Dutzend
in Kleidern, die sehr teuer waren:
zur Hälfte jeweils von Brokat
und Seidenstoff aus Ninive.
Diese und die sechs zuvor
trugen Röcke in zwei Farben –
hatten sehr viel Geld gekostet.
Nach ihnen kam die Königin.
Ihr Angesicht war derart hell –
allen schien, es werde Tag.
Wie sich zeigte, trug die Jungfrau
Seidenstoff aus Arabi;
auf einem grünen Achmardi
trug sie das Glück vom Paradies
(war Wurzel und zugleich der Wuchs),
es war ein Ding, das hieß Der Gral,
der die Vollendung übertraf.
Von der Der Gral sich tragen ließ,
sie hieß Repanse de Joie.
Das Wesen dieses Grals war so:
die das Recht hat, ihn zu hüten,
muß von höchster Reinheit sein,
muß frei von jedem Makel bleiben.

   Lichter trug man vor dem Gral,
die stammten nicht von armen Leuten –
sechs Glasgefäße, hoch, hell, schön
und innen Balsam, der gut brannte.
Als sie von der Türe kamen,
nach vorn, in richtiger Distanz,
verneigten sich die Königin
und formgewandt die jungen Damen,
die diese Balsam-Lampen trugen.
Es setzte die reine Königin
den Gral nun vor dem Burgherrn ab.
Die Quelle sagt hier: Parzival
starrte träumend zu der Dame,
die den Gral hereingebracht –

schließlich trug er ihren Mantel!
Die sieben schritten gemessen
zu den achtzehn anderen.
Sie nahmen hier die Edelste
in ihre Mitte. Wie ich höre,
waren zwölf auf jeder Seite.
Die Jungfrau mit der Krone
stand in voller Schönheit da.
Allen Rittern, die dort saßen,
auf den ganzen Saal verteilt,
wurden Kämmrer zugewiesen
mit Becken aus massivem Gold –
einer kam auf jeweils vier,
und dazu ein schmucker Page,
der ein weißes Handtuch trug.
Wahren Luxus sah man dort...
Es waren sicher hundert Tische,
die man durch die Tür hereintrug!
Man stellte jeweils einen auf
vor vier der Adels-Ritter,
und ein Tischtuch, weiß gebleicht,
wurde sorgsam ausgebreitet.
Der Burgherr, dessen Lebensfreude
matt geworden, nahm sich Wasser;
auch Parzival wusch sich die Hände.
Ein schön getöntes Seiden-Handtuch
bot ihm darauf ein Grafensohn –
er kniete rasch vor ihnen hin.
Für jeden dieser Tische dort
stellte man vier Pagen ab,
die die Ritter, die hier saßen,
aufmerksam bedienen sollten.
Zweie knieten, schnitten vor,
die andren beiden, gar nicht faul,
brachten Speisen und Getränke
und bedienten so die Ritter.
Hört noch mehr von diesem Luxus!
Auf vier Karroschen brachte man
sehr viel teures Goldgeschirr,
für jeden Ritter, der dort saß;
man zog die Wagen zu den Wänden.

Vier Ritter stellten nun persönlich
das Goldgeschirr auf alle Tische –
hinter jedem ging ein Schreiber
und der hielt die Augen offen,
zählte sie nach dem Gebrauch
allesamt dann wieder ab.
Hört noch etwas anderes.
Hundert Knappen wies man ein:
die empfingen, in Servietten,
formvollendet Brot vom Gral,
gingen dann gemeinsam los
und teilten sich nach Tischen auf.
Man sagte mir, ich sag es weiter
und zwar bei euer aller Eid:
vor dem Gral lag schon bereit –
mach ich hier einem etwas vor,
so sind wir eben alle Lügner:
wonach man auch die Hand ausstreckte,
man fand es alles fertig vor:
warme Speisen, kalte Speisen,
neue Speisen, altbewährte,
Fleisch vom Stalltier und vom Wild.
»So was hat man nie gesehen!«
wendet wohl so mancher ein,
doch der benimmt sich viel zu forsch.
Der Gral war: Frucht der Seligkeit,
Füllhorn aller Erdensüße,
er reichte nah an das heran,
was man vom Himmelreich erzählt.
   In goldne Schüsseln füllten sie,
was zu jeder Speise paßte:
Saucen, Obst- und Pfefferbrühen.
Der Bescheidene, der Vielfraß,
jeder kam auf seine Kosten;
man bediente sie vollendet.
Ob Brombeerwein, ob Siropel –
welchen Namen man auch nannte,
wonach man auch den Becher streckte –
man sah es gleich darauf in ihm.
Das alles durch die Macht des Grals!
Diese edle Hofgesellschaft

war so bei dem Gral zu Gast.
Parzival nahm alles wahr:
den Luxus und das große Wunder –
er wahrte die Form und fragte nicht.
Er dachte: »Gournemans empfahl –
und das war ihm völlig ernst –
ich soll nicht viele Fragen stellen.
Vielleicht bleib ich so lange hier,
wie ich bei ihm geblieben bin –
dann krieg ich raus, auch ohne Frage,
was mit den suivants hier los ist.«
Bei dieser Überlegung kam
ein Page. Trug ein Schwert herein.
Der Wert der Scheide: tausend Mark;
der Griff des Schwertes: ein Rubin;
die Klinge: sie war ganz gewiß
der Anlaß wahrer Wundertaten.
Der Burgherr reichte es dem Gast
und sagte: »Herr, ich trug es oft
im Kampfgetümmel, eh mich Gott
an meinem Leib verstümmelt hat.
Es möge Euch entschädigen,
falls wir's an etwas fehlen ließen.
Ihr müßt es immer bei Euch tragen.
Wenn Ihr es auf die Probe stellt:
Ihr seid im Kampf damit beschützt.«
Ein Unglück, daß er jetzt nicht fragte:
noch heute leid ich dran – für ihn!
Denn als man ihm das überreichte,
war dies ein Wink: er sollte fragen.
Der Burgherr tut mir gleichfalls leid,
weil er ein schweres Schicksal hat –
die Frage hätte ihn erlöst...

Wolfram erweist sich auch in dieser Schlüsselszene als einer der großen Humoristen unserer Literatur. Auf zwei Pointen habe ich im ersten Kapitel bereits hingewiesen: daß Parzival nicht weiter auf den Gral achtet, sondern sich für die schöne junge Frau interessiert, die den geheimnisvollen Stein trägt. Und die typisch Wolframsche Erfindung: damit im Festsaal nicht geklaut wird, zählen (Kanzlei-)Schreiber das Goldgeschirr nach.

Ich komme zum dritten und letzten Textvergleich. Eine der bekanntesten Episoden dieses Romans basiert auf dem keltischen Märchenmotiv der drei Blutstropfen im Schnee. König Artus und sein Hof haben so viel Rühmliches über Perceval gehört, daß man ihn unbedingt sehen möchte; so bricht Artus mit Gefolge auf, man lagert in einer großen Lichtung; Perceval übernachtet ganz in der Nähe im Wald. Und hier soll wieder Maître Chrétien erzählen in seiner knappen, pointierten Art, mit den für ihn (und seine Zeit) typischen Wechseln zwischen Gegenwart und Vergangenheit.

> Am Morgen hat es sehr geschneit, 4162
> und diese Gegend war sehr kalt.
> Wie gewohnt war Perceval
> in aller Frühe aufgestanden,
> weil er Abenteuer, Kämpfe
> suchen und auch finden wollte.
> Er kam des Wegs auf eine Wiese,
> hartgefroren und verschneit;
> dort lagerte das Königsheer.
> Bevor er zu den Zelten kam,
> flog ein Schwarm von Gänsen auf,
> die der Schnee geblendet hatte.
> Er sah sie, und er hörte sie,
> denn sie flogen kreischend hoch,
> weil ein Falke hinter ihnen
> her war in sehr raschem Fluge,
> bis er eine attackierte –
> sie hatte sich vom Schwarm getrennt.
> Er packte sie und stieß sie so,
> daß sie auf den Boden fiel.
> Es war zu früh, so flog er weg,
> wollte sie jetzt noch nicht reißen.
> Und Perceval beginnt den Ritt
> dorthin, wo er den Flug gesehn.
> Die Wildgans war am Hals verletzt
> und verlor drei Tropfen Blut,
> sie fielen nieder auf das Weiß –
> die Farbe schien hier ganz Natur.
> Die Wildgans, ohne Schmerz und Wunde,
> mußte nicht am Boden bleiben –
> bevor er diesen Fleck erreichte,

war sie auch schon fortgeflogen.
Als nun Perceval den Schnee
zerwühlt sah, wo die Gans gelegen,
und das Blut, das sich dort zeigte,
stützte er sich auf die Lanze
und betrachtete dies Bild;
ihn erinnern Blut und Schnee,
beide, an die frische Farbe
des Gesichtes seiner Freundin.
So sinnt er, daß er sich vergißt:
in ihrem Antlitz lag das Rot
genauso auf dem reinen Weiß,
wie das Blut in den drei Tropfen
auf dem weißen Schnee erschien.
Er versank in der Betrachtung,
und sie machte ihn sehr glücklich:
sah er doch die frische Farbe
im Angesicht der schönen Freundin.
Perceval sinnt vor den Tropfen,
bleibt den ganzen Morgen dort,
bis die Knappen aus den Zelten
kamen und ihn träumen sahen –
sie nahmen an, er schlafe tief.
Bevor der König aufgewacht,
der noch in seinem Zelte schlief,
da trafen diese Knappen schon
vor dem königlichen Prunkzelt
Sagremor: unbeherrscht
und so Der Wilde tituliert.
»Heda«, rief er, »raus damit:
was treibt ihr hier in dieser Frühe?!«
Sie sagten: »Herr, wir sahen draußen
vor dem Lager einen Ritter,
der auf seinem Streitroß schläft!«
»Ist er bewaffnet?« »Allerdings!«
»Ich werde mit ihm reden«, sprach er,
»ich bringe ihn hier an den Hof.«
Sagremor rennt augenblicks
zum Zelt des Königs, weckt ihn auf.
»Herr«, rief er, »da draußen schläft
ein Ritter auf der Heide!«

Der wilde Sagremor reitet zu Perceval, redet ihn an, erhält keine Antwort: Perceval ist völlig versunken in die Betrachtung der drei Blutstropfen. Sagremor, in seiner Ritterehre beleidigt, will dem stummen und reglosen Ritter beweisen, daß er nicht Luft ist, greift an, und in einem fast somnambulen Reflex geht Perceval zur Gegenattacke über, hebt den Gegner aus dem Sattel, wendet sich wieder den drei Blutstropfen zu; erneute Absence. Sagremor kehrt zum Lager zurück. Nun macht sich Keu auf, der Seneschall, bekannt für sein loses Maulwerk, seine lockere Hand – ihm ergeht es wie Sagremor, er bricht sich beim Sturz sogar den Arm. Daraufhin reitet Gauvain los, Neffe des Königs Artus, das Vorbild, Inbild aller Artusritter, und er hat Glück: die Sonne trocknet die drei Blutstropfen weg, zwei sind schon nicht mehr zu sehen, die Intensität der Liebes-Meditation von Perceval läßt nach, er ist ansprechbar für den höflichen, verständnisvollen Ritter, es kommt nicht zum Kampf, man erkennt sich, Perceval wird von Gauvain zum Königslager begleitet.

In einem wichtigen Detail ändert Wolfram hier die Textvorlage: Gawan legt ein syrisches Seidentuch über die drei Blutstropfen. Romanisten wie Bezzola sehen hier eine Vergröberung: bei Chrétien sei das Bild der drei Blutstropfen im Schnee durch einen Naturvorgang entstanden (ein Falke schlägt eine Gans) und durch einen Naturvorgang (die Sonne läßt die Tropfen verschwinden) werde dieses Bild wieder aufgehoben, damit komme Perceval wie von selbst zu sich, während Gawan verhältnismäßig grob eingreife, den jungen Ritter aus der Betrachtung reiße – ich paraphrasiere. Aber: Wolfram hat diese Sequenz im Ton völlig anders durchgespielt; die Spannweite der Artikulation ist größer.

> Wollt ihr jetzt hören, wo er steckt,   281, 10
> der Waliser Parzival?
> Neuschnee war auf ihn gefallen,
> reichlich, während einer Nacht,
> und doch war nicht die Zeit für Schnee,
> sofern ich richtig informiert bin:
> Artus, Mann des schönen Mai –
> was immer man von ihm erzählte,
> es geschah zu Pfingsten oder
> in der Blumenzeit des Mai –
> man spricht ihm linde Lüfte zu!
> Meine Geschichte ist bunt gemischt –

hier kontrastiert sie weißer Schnee.
Seine Falkner aus Charidol
ritten abends zum Plimizol,
zur Beizjagd, doch sie hatten Pech:
ihr bester Falke ging verloren;
er machte sich sehr rasch davon
und blieb die ganze Nacht im Wald.
War überkröpft, das war der Grund –
trotz des Lockfleischs war er weg!
Er blieb die Nacht bei Parzival:
beide kannten nicht den Wald,
beiden war es bitterkalt.
Als Parzival es dämmern sah,
waren Weg und Spur verschneit.
Weite Landschaft, völlig weglos,
durchritt er über Stamm und Stein.
Je länger je heller war der Tag
und immer lichter auch der Wald.
Auf einer Wiese lag ein Baum,
gefällt, zu dem er langsam ritt.
Der Artus-Falke zog mit ihm
dorthin, wo tausend Gänse lagen:
mächtig wurde da geschnattert.
Er flog sie an mit harten Aufprall,
der Falke schlug hier eine Gans,
doch sie entkam mit knapper Not
im Astwerk des gefällten Baums.
Mit hohen Flügen war's vorbei.
Aus ihren Wunden tropfte Blut:
drei rote Tränen in den Schnee.
Und Sehnsucht packte Parzival –
sie kam aus seiner treuen Liebe.
Als er das Blut, die Tränen sah
in diesem völlig weißen Schnee,
dachte er: »Wer setzte seine
Kunst an diese schöne Farbe?
Conduir-amour: allein mit dir
läßt sich dieses Rot vergleichen.
Gottes Segen macht mich reich,
denn ich fand hier, was dir gleicht.
Gepriesen seien Gottes Hand

und Seine ganze Schöpfung.
Conduir-amour: hier liegt dein Bild.
So wie der Schnee dem Blut das Weiße
bot, und es den Schnee hier rötete –
Con   duir   a   mour,
so ist auch dein beau corps;
davon gehe ich nicht ab.«
Und seine Augen übertrugen
maßgerecht, was vor ihm lag:
zwei Tropfen für die beiden Wangen
und der dritte für ihr Kinn.
Er empfand für sie die wahre
Liebe, die sich niemals wandelt.
Er verlor sich in Gedanken,
bis er reglos war, in Trance.
Er war im Bann der Herrin Liebe –
so sehnte er sich nach seiner Frau!
Die Farben glichen ganz genau
der Königin von Beaurepaire:
sie hat ihm den Verstand geraubt...
Er saß zu Pferd, als schlafe er.
Wer es ist, der zu ihm rennt –?
Ein écuyer – geschickt als Bote
nach la Lande, von Cunneware.
Und er sah denn auch sogleich
einen Helm mit vielen Wunden,
einen Schild, im Dienst der Herrin
dieses Knappen ganz zerhackt.
Dort stand im Waffenschmuck der Held
als wär er startbereit zur Tjost,
die Lanze senkrecht aufgerichtet.
Der écuyer lief gleich zurück.
Hätte er gewußt, daß dieser
Ritter seiner Herrin diente,
er hätte nicht so rumgebrüllt.
Er hetzte alle Leute auf,
als wäre der Mann vogelfrei –
er wollte, daß man es ihm zeigte!
Verspielte seine courtoisie...
Nun gut, sie war ja auch nicht ohne,
seine Herrin... Der cri de guerre

des Knappen: »Pfui, bah pfui und pfui!
Alle Schande über euch!
Zählen Gawan und die andren
Ritter, der Britanne Artus
noch immer zu der Riege derer,
die berühmt sind, renommiert?!«
Also schrie der écuyer.
»Die Tafelrunde ist verhöhnt –
man ritt euch schon die Zelte ein!«
Die Ritter schrieen durcheinander,
fragten überall herum,
ob es draußen Kämpfe gebe.
Sie hörten, daß ein Mann, allein,
dort draußen warte, kampfbereit.
Viele reute das Versprechen,
das sie Artus geben mußten.
Und schnell – das war kein Gehen mehr –
rannte Segramors mit weiten
Sprüngen, auf den Kampf versessen.
Wenn er glaubte, es gibt Streit,
mußte man ihn fesseln – sonst
hätte er gleich mitgemischt.
Der Rhein war nirgends breit genug:
säh er am andren Ufer Kampf,
er fühlte nicht erst lange nach,
ob das Bad denn warm sei, kalt,
er stürzte sich sofort hinein!
Eiligst lief der junge Mann
zum Hof des Artus, seinen Zelten –
der edle König schlief noch fest.
Er rannte manche Zeltschnur nieder,
drang zur Tür ins Prunkzelt ein,
riß die Zobeldecke runter
von den beiden, die dort lagen,
dem schönsten Schlafe hingegeben;
sie wurden davon aufgeweckt
und lachten über seine Frechheit.

Es zeigte sich: Wolfram bearbeitete das Werk des französischen Dichters selbstbewußt und souverän, mit Temperament und Witz. Die Freiheiten, die er sich als Dichter nahm, haben Gott-

fried von Straßburg zu seiner berühmten Kritik an einem ungenannten Autor herausgefordert, dessen Namen seine Zuhörer und Leser wohl sofort errieten.
Straßburg, zwischen Troyes und Eschenbach: eine der größten und reichsten Städte des römisch-deutschen Reiches; man hatte damals bereits mit dem Bau des mächtigen Domes begonnen. Gottfried von Straßburg war, so sieht es jedenfalls im Rückblick aus, der große Antipode des Wolfram von Eschenbach. Im Literatur-Exkurs rühmt Gottfried die beiden Epiker Hartmann von Aue und Bligger von Steinach, setzte damit sein Ideal der luziden, eleganten Literatur gegen die dunkle, rauh gefügte Dichtung Wolframs; zwischen diesen Lobgesängen Gottfrieds Attacke.

> Wer es mit dem Hasen hält
> und im offnen Land der Sprache
> loswetzt, weitum Futter sucht
> bei den Hüpf- und Würfelwörtern,
> wer sich auf das Lorbeerkranzje
> Hoffnung macht, doch unbegründet,
> laß *uns* den Anspruch überprüfen –
> wir sprechen bei dem Urteil mit!
> Wir, die Blumen lesen helfen,
> mit denen jener Lorbeerzweig
> blütenbunt durchflochten wird,
> wir wollen seinen Antrag hören.
> Wer hier was wünscht, der hüpfe her
> und flechte seine Blumen ein;
> an diesen Blumen zeigt sich uns,
> ob sie *so* zum Lorbeer passen,
> daß wir ihn von Aue nehmen,
> den Zweig dann jenem überreichen.
> Doch trat bisher noch keiner auf,
> der ihn mit größrem Recht verdiente;
> drum soll er ihn, bei Gott, behalten.
> Des Sprache ungewaschen ist,
> ungehobelt, ungeschliffen,
> den lassen wir den Zweig nicht tragen;
> wessen Gang noch aufrecht ist,
> besonnen und geradeaus,
> den darf sie nicht zum Stolpern bringen.
> Die die wildesten Geschichten

> (er)finden, diese Märenfänger,
> die mit Zauberketten täuschen,
> schwache Köpfe irreführen,
> Gold erzeugen für die Kinder
> aus dem allerletzten Zeug,
> die auch Perlen, die ein Dreck sind,
> aus der Zauberbüchse streuen,
> die spenden uns den Schatten mit
> dem Baumstumpf, nicht mit grünem Laub
> des Mai, mit Ästen und mit Zweigen;
> solch ein Schatten ist den Gästen
> niemals Wohltat für die Augen.
> Um die Wahrheit auszusprechen:
> das erhebt nicht das Gemüt,
> das beglückt auch nicht das Herz,
> ihre Sprache ist nicht so,
> daß sich edle Menschen freuen.
> Die erwähnten Märenfänger
> brauchen auch noch Exegeten
> als Begleiter der Geschichten –
> unsereins versteht sie nicht,
> wenn man sie nur hört und liest.
> Doch haben wir auch nicht die Zeit,
> nach dem Kommentar zu fahnden
> in den schwarzen Zauberbüchern.

Dies ist ein totaler Verriß! Was ihn von heutigen Verrissen unterscheidet: er ist zugleich ein Stück Literatur, ist zornig-intensive Dichtung. Der andere Autor (bei dem es sich offenbar nicht lohnt, den Namen zu nennen) ist ein mieser Alchemist, ein Scharlatan, ist ein Täuscher, ein Blender, ein Pfuscher. Es würde diesen Kapitel-Abschnitt zu sehr aufblähen, wenn ich Gottfrieds Text (der ebenfalls eines Exegeten bedarf!) kommentierte, interpretierte. Ich werde nur die Positionen der Dichter aus Straßburg und Eschenbach akzentuieren, indem ich zwei Abschnitte der Kritik mit zwei Abschnitten aus Wolframs Prolog konfrontiere. Ich hebe noch einmal den Anfang der Attacke hervor.

> Wer es mit dem Hasen hält
> und im offnen Land der Sprache
> loswetzt, weitum Futter sucht,

> bei den Hüpf- und Würfelwörtern,
> wer sich auf das Lorbeerkranzje
> Hoffnung macht, doch unbegründet,
> laß *uns* den Anspruch überprüfen –
> wir sprechen bei dem Urteil mit!

Man muß keine Bezüge konstruieren, um hier eine Entsprechung (eine Antwort?) zu Wolframs Hasen-Gleichnis zu sehen.

> Der Vergleich hier, so geflügelt,
> ist zu schnell für Ignoranten –
> ihr Denken kommt hier nicht mehr mit,
> denn es schlägt vor ihnen Haken
> wie ein Hase auf der Flucht.

Der Hase auf der Flucht, der Hase, der loswetzt – also der Hase, der von Fuchs oder Jagdhund aufgespürt wird. Interessant ist in diesem Zusammenhang auch, daß Gottfried von »bickelworten« schreibt – Wolfram hat in seinem Roman mehrfach Würfelspiel-Metaphern benutzt. In der Etymologie des Isidor werden Würfel übrigens auch »Häslein« genannt, weil sie umherspringen. Der gebildete Gottfried wird auch dies gewußt haben – und ausgerechnet er attackiert Literatur, die Glossare braucht, um verständlich zu werden!
Allerdings, in der Verkürzung, der Verdichtung bis zum Rätselhaften ist ihm Wolfram weit voraus. Wenn Gottfried den Prolog des großen Konkurrenten kennenlernte, wird er seine Meinung bestätigt gesehen haben. Ich zitiere weiter in Wolframs Text.

> ...wie ein Hase auf der Flucht.
> So täuschen hinterm Glas das Zinn
> und auch des Blinden Traum: sie zeigen
> nur die Milchhaut des Gesichts –
> dieser Schimmer trüben Lichts
> kann ja nicht beständig sein;
> er macht zwar Freude, doch nur kurz.

Dies hätte Gottfried bestimmt so kommentiert:

> Die erwähnten Märenfänger
> brauchen auch noch Exegeten

> als Begleiter der Geschichten –
> unsereins versteht sie nicht,
> wenn man sie nur hört und liest.
> Doch haben wir auch nicht die Zeit,
> nach dem Kommentar zu fahnden
> in den schwarzen Zauberbüchern.

Damit ist gesagt: man versteht diese Texte nicht sofort, es lohnt sich aber auch nicht, für sie nach Erläuterungen zu suchen in suspekter magischer Literatur, in Teufelsbüchern. Was Gottfried ablehnte, das haben Generationen von Philologen nachgeholt: fast (!) alles, was beim ersten Hören oder Lesen dunkel erscheint, läßt sich aufhellen.
Wolfram hat sich später im Prolog des *Willehalm* etwas direkter zu dieser Kontroverse geäußert, ein ironischer Reflex.

> Ich, Wolfram aus Eschenbach: 4, 19
> was ich im Parzival erzählte,
> wie mir's überliefert wurde,
> fand bei manchen seinen Beifall,
> haben viele auch verrissen,
> weil sie ›besser‹ dichten konnten.

Weil ich hier schon, im Vorgriff, aus dem *Willehalm* zitiert habe, gleich noch zwei kurze Auszüge aus Wolframs späterem Epos. In beiden Textabschnitten artikuliert sich ein starkes, offenbar unerschütterliches Selbstbewußtsein des Erzählers. Er ist sich seiner Besonderheiten stolz bewußt. So äußert er sich wie folgt zu seinen Französisch-Kenntnissen und zu seinem Deutsch:

> Lagern heißt »campieren« –   237, 3
> soviel versteh ich von der Sprache!
> Ein grober Klotz aus der Champagne
> könnte weitaus mehr Französisch
> noch als ich – so gut ich's kann!
> Und seht, das tu ich denen an,
> für die ich übersetzen soll:
> die hätten gerne gutes Deutsch –
> mein Deutsch ist manchmal derart kraus:
> wem nicht mein rascher Hinweis hilft,
> der kommt bei mir so leicht nicht mit,
> da halten wir uns beide auf.

Die Kritik aus Straßburg hat ihn offenbar nicht irritiert, ja, er insistiert auf seinem »krausen« Deutsch für fixe Hörer und Leser. Dieses Selbstbewußtsein spricht sich noch direkter aus.

> Rums, wie griff man sie da an! 379, 11
> Wie flogen da auf beiden Seiten
> Lanzenhälften durch die Luft –
> um Frauenlohn, aus Überschwang
> führten dies Tjosteure aus!
> Weder heuer noch im Vorjahr
> (ich will hier bei der Wahrheit bleiben)
> sah ich je so viele Männer
> in so schönem Waffenschmuck
> und so kühne Waffengänge.
> Schüchtert mich das etwa ein?!
> Ich trau mir zu, daß ich so gut
> erzähle, wie sie mutig kämpften.

Wenn Gottfried konkreter, genauer geworden wäre in seinem Pauschalverriß, so hätte er beispielsweise den sehr großen Spielraum kritisieren können, den der junge Ritter Gawan im Parzival-Roman erhalten hat. Mit solch einer Kritik hätte mir der Straßburger den Übergang leichter gemacht zum nächsten Thema.
Schon für Chrétiens Perceval-Roman ist die Verbindung zweier Erzählstränge charakteristisch: der Geschichte Percevals und den Gauvain-Episoden. Wolfram hat diese Struktur, diese Erzählfolge übernommen – bis zu dem Punkt, an dem Chrétiens Werk abbricht.
Daß Perceval und Gauvain ungefähr den gleichen Erzählraum erhielten, ist vielleicht auch eine Nachwirkung der Vorgeschichte, die Chrétien aufnahm und umformte. Ursprünglich – so lese ich bei Jessie L. Weston – war die Gralsgeschichte mit dem Namen Gawain verbunden, gälisch: Gwalchmai. Dieser Neffe des Königs Artus ist – nach volkstümlicher Überlieferung – bei Ross in Pembrokeshire begraben, also an der südwestlichen Landzunge von Wales. Gawain kommt in ein »Waste land«: hier fließt kein Wasser mehr in den Bach- und Flußbetten, verdorrt das Grün, hier ist der König krank, ist das Volk zerstritten; Gawain wird, während er neben dem Fischerkönig sitzt (der Fisch als sehr altes Symbol

des Lebens), eine Lanze mit blutiger Spitze gezeigt (auch die Lanze als sehr altes Symbol); Gawain stellt die richtige, die erlösende Frage, und das Wasser fließt, das Grün sprießt wieder, der Fischerkönig wird gesund, im Volk herrscht Frieden. Gawain als Helfer und Heiler: die Zentralfigur in der frühen (später auch schriftlich dokumentierten) Überlieferung der Grals-Sage. Bei Chrétien und Wolfram ist Gauvain/Gawan noch ein Kenner von Heilkräutern, ein Wundarzt; in einer Episode bewahrt Gauvain/Gawan einen verletzten Ritter vor dem inneren Verbluten.
Gwalchmai/Gawain wurde von Peredur/Perlesvaus aus dem Zentrum der Gralsgeschichte verdrängt. Die Geschichte vom Naivling, vom reinen Toren, der in Wäldern aufwächst, der gegen den Willen seiner Mutter mit der Bösen Welt in Berührung kommt, die er zuerst nicht versteht und die für ihn kein Verständnis zeigt – diese Geschichte wurde mit der Grals-Sage verbunden. Es kamen weitere Erzählelemente, Märchenmotive hinzu. Freilich, es gibt keine überlieferte Urform der Gralsgeschichte, und so läßt sich auch nicht beobachten, wie Erzählelemente integriert werden. Am Ende des zwölften, am Beginn des dreizehnten Jahrhunderts sind gleich mehrere Versionen der Geschichte verbreitet.
Trotz aller christlichen Symbolik: das Thema Fruchtbarkeit ist präsent geblieben. Das zeigt sich am Fischerkönig, den Wolfram Anfortas nennt. Ihm, der Damen für den Lohn Hoher Liebe diente, wurde bei einem Kampf eine vergiftete Lanzenspitze in die Hoden gestoßen; die Wunde verheilte trotz aller ärztlichen Bemühungen nicht, sie eiterte ständig; was durch die Lanze verletzt wurde, soll durch eine Lanze geheilt werden: die Lanzenspitze wird rituell in die schwärende, stinkende Wunde eingeführt, aber das steigert nur die Qualen des Fischerkönigs; Parzival, der nicht schuld ist an den chronischen Folgen dieser Verletzung, jedoch schuld wird an der unnötigen Verlängerung dieses Leidens, er stellt schließlich die erlösende Frage, und Anfortas wird nicht nur geheilt, er wird zugleich verjüngt, verschönt.
So wie für die Parzival-Geschichte die Gralsburg auf dem Mont Salvage ständiger Bezugspunkt ist, so ist Mittelpunkt der Gauvain/Gawan-Episoden das Château Merveille, das Wunderschloß. Sein Erbauer war der Zauberer Klingsor: auf dieser Burg liegt ein Bann, der Bewohnerinnen und Bewohner streng getrennt hält. Wolfram läßt Königin Arnive die Vorgeschichte erzählen.

»Wenn ich Euch sein Geheimnis nenne, 657, 3
müßt Ihr das entschuldigen –
eigentlich gehört sichs nicht,
daß ich Euch erzähle, wie
dieser Mann zum Zaubern kam –
Klingsor wurde zum Kapaun
gemacht, und zwar mit einem Schnitt!«
Darüber mußte Gawan
wirklich herzhaft lachen.
Sie erzählte ihm noch mehr.
Auf Caltabellotta (diese Burg
ist berühmt und gilt als sicher)
wurde er zum Spott der Welt.
Der König sah ihn bei seiner Frau;
Klingsor schlief in ihren Armen.
Für die Wärme, die er fand,
ließ er dort wie folgt ein Pfand:
ihn machten königliche Hände
zwischen seinen Beinen glatt.
Der Hausherr sah sich hier im Recht.
Er stutzte ihn dort so zurecht,
daß er nie mehr einer Frau
Lust bereiten kann.
Darunter mußten viele leiden.

 Nicht im Lande Persien,
in Persida – so heißt die Stadt –
war die Zauberkunst erfunden.
Er reiste hin und lernte dort;
er kann mit seinen Zauberkünsten
leicht erreichen, was er will.
Weil ihm Schande angetan war,
zeigte er den Männern und Frauen
(ich meine denen von hohem Rang)
nie mehr wieder guten Willen.
Wenn er Glück entziehen kann,
gefällt ihm das von ganzem Herzen.

 Und genau vor der Gefahr
hatte auch ein König Angst;
er hieß Irot, von Roche Sabins;
er bot ihm an, er schenke ihm
alles, was sein Herz begehre –

wenn er ihn in Frieden lasse!
Klingsor übernahm von ihm
diesen Berg, den keiner stürmt,
und dazu acht Meilen Land –
im gleichen Abstand rundherum.
Auf diesem Berg errichtete
Klingsor dieses Wunderwerk.«

Psychologische Interpretationen finden in diesem Roman leicht ihre Stichworte: ein Junge, der in ausschließlicher Bindung an seine Mutter aufwächst, »overprotected« ... ein Mann, dessen Hodensack schwärt (verhindern Schuldgefühle die Bildung von Abwehrstoffen?)... Folgen einer Kastration... Therapie durch Teilnahme, Mitgefühl... Aber ich will nicht interpretieren, will nur zu erklären versuchen, wie es dazu kam, daß Gauvain/Gawan immer noch so breiten Erzählraum behauptet: er ließ sich offenbar nicht so leicht wegdrängen aus seiner früher zentralen Position. So hat er bei Chrétrien noch sehr weiten Spielraum zur Entfaltung, wenn auch nicht zur Entwicklung: aus der Hauptgestalt wurde eine Komplementär-Figur, die in einer Kontrasthandlung Kontur und Wesen der Hauptfigur deutlicher macht.
Die Hauptfigur freilich bleibt Perceval/Parzival: ihm galt und gilt vor allem das Interesse der Leser. Er ist zuerst der Einfaltspinsel, der Tölpel, er macht Fehler, verstrickt sich in Schuld, wandelt sich, läutert sich, erkämpft sich höchsten Ruhm als Ritter, wird Gralskönig: eine Entwicklungsgeschichte mit der Entfaltung verschiedener Facetten. Dagegen hat Gauvain/Gawan bei Chrétien und Wolfram viel an Dimension verloren – verglichen mit den Angeboten der Überlieferung. Dieser selbstbewußte, selbstsichere, siegessichere junge Mann gerät in wirre oder verwirrende Situationen, verhält sich jeweils richtig und vernünftig, stellt Ordnung her, stiftet Frieden, zieht weiter – was er auch tut, es hat keine (verändernde, womöglich verwandelnde) Rückwirkung.
Für die Romanstruktur bedeutet das: in der Parzival-Geschichte wird motivierend verknüpft, erzählend zugeordnet; in den Gawan-Episoden entspricht der statischen Figur das Prinzip der Aufreihung, der »lockeren Fügung«.
Die Romanstruktur wurde erst in letzter Zeit zum Thema von Untersuchungen – und damit findet Gawan mehr Beachtung. Bis vor ein, zwei Jahrzehnten hatte man sich fast ausschließlich mit Parzival befaßt, mit seiner Entwicklung, seiner Schuld, seiner

Gralssuche. In neueren Untersuchungen sind zahlreiche Bezüge zwischen Parzival-Geschichte und Gawan-Episoden herausgearbeitet worden.

Dabei wird wiederholt gefragt, ob die Komplementärfigur so viel Erzählraum braucht wie die Hauptfigur. Diese Frage nach den Textproportionen wird von Romanisten wie von Germanisten diskutiert. Die Antworten stimmen im Tenor oft erstaunlich überein: die Gawan-Episoden nehmen »einen unverhältnismäßigen Umfang« ein.

Ich werde diese Frage detaillierter im Anhang erörtern, lasse aber hier schon die Katze aus dem Sack: ich habe in diesem Buch den Parzival-Roman um etwa ein Fünftel gekürzt. Und das aus Überzeugung und nicht etwa aus Faulheit, die sich mit Argumenten tarnt: ich habe jede der knapp 25 000 Verszeilen übersetzt, konnte meine Kürzungsentscheidungen also Zeile für Zeile überdenken. Das Ergebnis: keine Kürzungen in den Erzählabschnitten, in denen Parzival die Hauptfigur ist; einige Kürzungen in der Gahmuret-Vorgeschichte und in den Gawan-Episoden; Kürzung eines langen, allzu langen Erzählabschnitts, in dem weder Parzival noch Gawan im Mittelpunkt stehen, sondern König Gramoflans, diese Komplementärfigur einer Komplementärfigur.

Die Kürzungen sind jeweils durch einen Schrägstrich markiert. An den Laufziffern läßt sich ablesen, wieviel gekürzt wurde. Die Neben-Nebenhandlung, die ich gestrichen habe, ist rund 90 Dreißigerabschnitte lang. Kompromisse hätten hier Zwischentexte notwendig gemacht; ich habe aber so gekürzt, daß für den Leser alles folgerichtig bleibt, auch ohne Überleitungen.

Eine komplette Übertragung der von Lachmann edierten Textfassung des Parzival-Romans könnte (für mich) nur einen Zweck haben: Dokumentation. Sie wird später erfolgen.

Als Abschluß dieses Kapitels noch einige Anmerkungen zum außerordentlichen Erfolg des Parzival-Romans: einer der seltenen Fälle, daß ein Werk, ein Dichter von der Mitwelt wie von der Nachwelt geschätzt, geliebt, gerühmt, gefeiert wird! Große literarische Erfolge haben vielfach auch außerliterarische Gründe – vielleicht komme ich einem dieser Gründe näher, wenn ich kurz versuche, diesen Versroman zu charakterisieren.

Schon Chrétien erzählte von einer idealisierten Ritterwelt. Zwar hat es mal einen Artus gegeben, um 500, einen kymrischen Stammeshäuptling, der eine Invasion von Sachsen abwehrte, aber er hat

mit der Romanfigur Artus nur den Namen gemein. Dieser König und seine Ritter sind erdachte Figuren einer bunt ausgemalten Welt. Diese Welt ist im Gegensatz zur sozialen Wirklichkeit des Hohen Mittelalters ungeheuer reich. Nun wird fast ausschließlich von der obersten sozialen Schicht erzählt, und hier kann die Entfaltung von Luxus gelegentliche Entsprechungen finden in der Realität, sonst hätte ein Bernhard von Clairvaux nicht mit solchem Nachdruck den Waffenpomp angeprangert, zumindest unter französischen Rittern. Generell aber war ein höfischer Epiker weder in der Champagne noch in Franken an einer realistischen Darstellung seiner Zeit interessiert. Das vorwiegend adlige Publikum war es offenbar auch nicht. In der höfischen Literaturwelt spielen Personen aus sozial niederen Schichten so gut wie überhaupt keine Rolle; es tauchen zwar Bauern, Pferdeknechte, Fußsoldaten auf, aber: ihr Leben scheint uninteressant, belanglos. Wenn man erzählte oder besang, wie es unterhalb der hochstilisierten Welt von Minnedienst und Rittertat zuging, so waren dafür Literaturgattungen zuständig, die nicht zur feinen höfischen Literatur zählten: der Schwank beispielsweise, das zotige Lied. Aber auch in diesen »niederen« Literaturgattungen wurde stilisiert, vorwiegend ins Deftige: Wie ein Ritter mit einem Bauernmädchen im Heu... Völlerei unter Bauern... Wie ein Priester mit der Frau eines Handwerkers... Hier sind Versatzstücke und literarische Figuren, die *vor* der Realität stehen. Die findet kaum Zugang in die Literatur der Stauferzeit. Es wird noch Jahrhunderte dauern, ehe der realistische Roman entwickelt wird, der Leben auch im sozialen Souterrain beschreibt. Dann aber wird schon längst nicht mehr für ein adliges (und geistliches) Publikum geschrieben!
In düsterer Welt lebend, haben Chrétien und Wolfram die Märchenwelt der Artus-Geschichten aufblühen lassen – unter einem undurchsichtigen Glassturz. Wolfram läßt zuweilen, ein paar Zeilen lang, etwas vom kalten, schneidenden Wind seiner Zeit, seiner Gegenwart herein, aber das künstliche Klima wird dadurch nicht wesentlich gestört.
Dieser Artus-Kreis ist märchenweit entfernt von der Arme-Leute-Welt, die auch Wolfram umgab. Selbst in den Burgen, in denen er Gast war, dürfte sich nur ein ferner, sehr schwacher Abglanz des höfischen Prunks, ja Pomps gezeigt haben, wie er im Roman nimmersatt beschrieben wird. Machte dieser Kontrast die Artus-Fabeln so attraktiv? Auch ihr utopischer Entwurf?
Trotz aller Schwierigkeiten, Vertracktheiten, trotz der hohen In-

tensität der Sprache – Wolframs *Parzival* war das erfolgreichste epische Werk des Mittelalters. Dieser Erfolg hatte ein Vorzeichen im französischen Sprachraum: das große Fragment des Chrétien fand rasch Fortsetzer, es entstand eine weit ausfächernde Perceval- und Gral-Literatur. Das Werk wurde in verschiedene Sprachen übersetzt – als erstes von Wolfram.

Wie erfolgreich sein Roman war, zeigen die überlieferten Handschriften und Handschriften-Fragmente. Zuerst: von Chrétiens Perceval-Roman sind aus dem dreizehnten Jahrhundert 15 Handschriften und Fragmente überliefert. Im gleichen Jahrhundert sind es bei Wolfram 44 Textzeugen – fast dreimal so viel! Aus dem vierzehnten Jahrhundert sind 32 Handschriften und Handschriften-Fragmente des *Parzival* überliefert, aus dem fünfzehnten Jahrhundert immerhin noch 10. Insgesamt sind es 15 vollständige und mehr als 70 fragmentarische Parzival-Handschriften; mit neueren Funden kommt man inzwischen auf knapp 90 Textzeugen! Beim *Tristan* des Gottfried von Straßburg sind es insgesamt 27; beim *Iwein* des Hartmann von Aue 32, bei *Erec* nur 4. Von Wolframs *Willehalm* sind wiederum 70 Handschriften und Fragmente überliefert!

Diese Vergleiche zeigen: Wolfram war der erfolgreichste Dichter des Mittelalters, in unserer Sprache. Die Zahl seiner Textzeugen wird nur übertroffen bei damaligen Sachbüchern: mehr als 200 Textzeugen für das Arzneibuch des Meisters Bartholomäus, der im zwölften Jahrhundert Galen und Hippokrates kompilierte, in der Volkssprache. Die Zahl der Textzeugen für den Sachsenspiegel liegt noch höher. Aber selbst bei diesem Vergleich: es zeigt sich Wolframs eminente Position!

Man muß übrigens einberechnen, daß die meisten Handschriften im Lauf der Jahrhunderte verlorengegangen sind – die breite Brandspur vor allem des Dreißigjährigen Krieges! Die Wissenschaft setzt »Jahrhundertverlustquoten« an; rechnet man diese Quoten hoch, so kommt man auf insgesamt etwa 1500 Parzival-Handschriften. Wem diese Zahl zu hoch erscheinen mag, der wird zumindest von mehreren hundert ausgehen müssen – Bernd Schirok setzt die Zahl 1000 ein, bei der könnte man bleiben. Und jede dieser Handschriften, das müssen wir uns vergegenwärtigen, von Kalligraphen auf Pergament geschrieben.

23 Gehörte es zum Öffentlichkeitsbild des adligen (oder zum Adel aufstrebenden) Mannes, gehörte es zu seinem anerzogenen Selbstverständnis, daß er Lesen und Schreiben den Damen und den Klerikern überließ? Wolfram setzt offenbar als selbstverständlich voraus, daß junge Männer lesen, sogar schreiben können – Scholz weist mit Nachdruck darauf hin.
So können Gahmuret und der ehemalige Ritter Trevrizent lesen und schreiben und selbstverständlich der Heide Fairefis und erstaunlicherweise auch Gawan. Der kann sogar derart geläufig schreiben, daß er eine charakteristische, für die Adressatin sofort erkennbare Handschrift hat.
Und das ist höchst erstaunlich, wenn man bedenkt, daß zum damaligen geistlichen Erziehungskanon gerade das Verhindern individueller Entfaltung gehörte: bei Ansätzen zu Eigentümlichkeiten, ja Eigenwilligkeiten der Handschrift wurde Schreibern, sogar Mönchen auf die Finger geschlagen. Gawan, der junge Ritter, unterscheidet sich also auch in dieser Hinsicht entschieden, ja betont von einem Kleriker.
So etwas hätte denen zu denken geben müssen, die nachbeten, was für die germanistischen Altvordern einmal fraglos selbstverständlich schien: daß ein Knappe, ein Ritter nicht schreiben konnte, weil dies nicht zum Selbstverständnis seines Berufs, seines Standes gehörte. Dagegen setze ich, mit Scholz, einen weiteren Beleg: aus *Der Welt Lohn* des Konrad von Würzburg. Von der Hauptfigur dieser Vers-Erzählung, Wirnt von Grafenberg, wird dies erzählt:

> Es saß der Hochgepriesene
> in einer Kemenate
> und ihm stand das Glück zur Seite:
> er hielt ein Buch in seiner Hand
> und er fand hier die Geschichte
> einer Liebe aufgeschrieben.
> Damit hatte er den Tag
> verbracht bis hin zur Vesperzeit;
> der schöne Inhalt, den er las,
> machte seine Freude groß.

Dieser Wirnt von Grafenberg hat nicht nur gelesen, er hat auch geschrieben, beispielsweise das Epos *Wigalois,* als Zeitgenosse Wolframs. Im *Wigalois* finden sich auch Zeilen, die für ein Zeitalter der mündlichen Verbreitung von Literatur höchst überraschend sind: das Buch spricht den geneigten Leser an.

> Welch Edler hat mich aufgeschlagen?
> Ist es einer, der mich beides:
> lesen und verstehen kann,
> soll er Nachsicht mit mir üben.

Daß Literatur nicht nur akustisch aufgenommen wurde, das zeigen auch viele Pergament-Codices. Warum, so muß man mit Scholz fragen, sind zahlreiche Handschriften jener Zeit graphisch so schön gestaltet, zum Teil sogar illuminiert – etwa für die Ohren? Oder sollen wir annehmen, ein Vortragskünstler erhielt vom Veranstalter einen teuren Codex, und während des Vortrags wurde das verehrte Publikum wiederholt aufgefordert, an das Lesepult heranzutreten, um illustriert zu sehen, was man soeben gehört hatte? Oder sollen wir uns vorstellen, ein Rezitator würde auf Stichwort einen Codex hochheben, damit sein Publikum das jeweils entsprechende Bild sieht? Und dies in Räumen, die tagsüber von kleinen Fenstern, abends vom Kaminfeuer und ein paar Leuchten mäßig erhellt waren?
Gerade die illuminierten Handschriften könnten darauf schließen lassen: sie waren dazu bestimmt, auf das Pult einer Leserin oder eines Lesers gelegt zu werden. Das heißt freilich nicht, daß man stumm gelesen hätte: auch, wer allein im Raum las, mit dem Buch auf dem Lesepult oder in der Hand, sprach zumindest halblaut mit.
Literatur, vor allem epische, wurde vorgetragen *und* gelesen; beides war vorgesehen. Wahrscheinlich aber erreichte Literatur häufiger die Ohren als die Augen von Zeitgenossen eines Dichters des Mittelalters.

24 Der Parzival des Wolfram von Eschenbach: es gibt keine vom Dichter eigenhändig niedergeschriebene oder von ihm autorisierte Fassung des Werks, es gibt verschiedene schriftliche Überlieferungen, und die setzten offenbar erst nach seinem Tode ein. Sechzehn komplette Abschriften des Parzival-Romans sind überliefert – auf welche dieser Handschriften können wir uns am ehesten verlassen? Welche der Textfassungen übersetze ich?

In der *Rede auf Lachmann,* seinem Nachruf in der öffentlichen Sitzung der Berliner Akademie der Wissenschaften, skizzierte Jacob Grimm Leben und Werk des Mannes, der mit 58 Jahren gestorben ist. Lachmann hatte, 1793 geboren, erst Theologie und Philosophie studiert, dann klassische Philologie, schließlich die »neu entstandene deutsche Philologie«, war Gymnasiallehrer, danach Professor in Königsberg, anschließend in Berlin. Die Spezialisierung auf möglichst enge Fachgebiete kannte man damals noch nicht, man schaute weit hinaus über die Grenzen seines Fachbereichs. Lachmann hat lateinische wie mittel-hochdeutsche Werke ediert – das Kommentieren und Interpretieren lag ihm nicht. Ein paar der Namen, die das Spektrum des Philologen und Herausgebers andeuten: Properz, Tibull, Catull, Hartmann von Aue, Lucrez, Gajus, Lichtenstein, Die Nibelungen, das Neue Testament und vor allem: Wolfram von Eschenbach.

Als Arbeitsunterlage für seine Parzival-Edition benutzte er Müllers Ausgabe: so mußte er nicht mehr den ganzen Text abschreiben, konnte sich konzentrieren auf die notwendigen Korrekturen. Er ließ den Parzival-Teil des Sammelbandes in Pappe binden, nahm dieses Exemplar mit nach München und St. Gallen, um die beiden wichtigsten Handschriften Zeile um Zeile mit dem Druck zu vergleichen: seine »Wolframreise«.

Ich habe mir dieses Arbeitsexemplar angesehen, in der Murhardschen Bibliothek zu Kassel. Auf dem Umschlag, wohl nicht von Lachmanns Hand: »Myllers Parcival. Behufs seiner eigenen Ausgabe durchkorrigirt von K. Lachmann«. Der Pappeinband ist innen vollgeschrieben mit Notizen: Lachmanns kleine, spitze Schrift in verschiedenen Tinten. Was dort steht, ist wissenschaftlich (rezeptionsgeschichtlich) erfaßt und aufgearbeitet, ich hebe nur zwei Punkte hervor: seinen ersten Versuch, das Werk aufzugliedern in »Bücher«; seine Additionen der Verszeilen, die von Wolframs Werk überliefert sind – bei der zweiten Berechnung kam Lachmann auf 39 786 Zeilen.

Beim Durchblättern, beim Vergleichen mit meinem Handexemplar war ich überrascht und enttäuscht: die Änderungen von Müllers Druck sind nicht so eingreifend, wie ich mir das vorgestellt hatte. Das hat natürlich auch diesen Grund: Müller hat die Abschrift der St. Gallener Handschrift gedruckt, die Lachmann zu seiner Haupthandschrift machte – daß damit seine Arbeit erheblich erleichtert wurde, hat bei dieser Entscheidung gewiß

mitgespielt. Denn die ebenso bedeutsame Münchner Handschrift hätte er erst einmal transkribieren müssen.
Hauptsächlich, so zeigt sich, hat Lachmann die Schreibweise von Wörtern korrigiert, Lesefehler verbessert (Ipomedon statt sponudon...), hat er Leerstellen ausgefüllt, die Müller offenlassen mußte. Die Änderungen sind mit verschiedenen Tinten teils über, teils neben den Wörtern eingetragen, so klein wie die Druckbuchstaben.
Freilich, die gesamte Arbeit wird in diesem Handexemplar nicht sichtbar, denn Lachmann hat insgesamt sieben Handschriften und neun Bruchstücke zum Vergleich herangezogen – in einem Forschungsbericht fand ich hier das böse Wörtchen »nur«. Aber Lachmann mußte Pionierarbeit leisten, trotz der Vorarbeiten durch den »Unbekannten«, durch Bodmer, durch Müller; er mußte Textvorlagen ausfindig machen; er mußte bei vielen Textstellen erst einmal zu verstehen versuchen, was der Dichter gemeint haben könnte. Es gab noch keine Stellenkommentare, noch nicht unser mittelhochdeutsches Wörterbuch – ohne solche Hilfsmittel mußte er Schwieriges und Schwierigstes zu entschlüsseln versuchen, um zu entscheiden, welche der überlieferten Formulierungen jeweils die beste, treffendste sein dürfte.
Lachmann konnte und wollte nicht alle Probleme allein lösen, er brauchte das kritische Gespräch, das suchte und fand er bei Wilhelm und Jacob Grimm. Er hat sich später mit der Widmung seiner Parzival-Edition bei ihnen bedankt für »treues Mitforschen«. Wer die beiden umfangreichen, großformatigen Bücher liest, in denen der Briefwechsel zwischen den Brüdern Grimm und Karl Lachmann dokumentiert ist, der wird – nicht ohne Ermüdung – sehen, in welche metrischen und grammatischen Details dieses Mitforschen ging. Aber sie alle wußten, welch ein eminentes Werk hier in einer zuverlässigen Edition vermittelt werden sollte. Jacob Grimm 1823 an Lachmann: »Über Ihren Parzival sollen einmal die Leute die Augen aufsperren, und ich freue mich gewaltig, daß Sie an ihn und Wolfram an Sie geraten ist.« Zehn Jahre später, als die Edition veröffentlicht war, bezeichnete er den *Parzival* als den »edelsten und schwersten Text, um den sich bemüht werden konnte«. Und Wilhelm Grimm schrieb, gleichfalls April 1833: »Für den Parzival und das, was in dem Buche mich allein angeht (hier meinte er: die Widmung), hätte ich Ihnen auch besser mündlich gedankt, denn ich kann Ihnen wirklich nicht wohl schriftlich ausdrücken, wie ungemein mich beides freut. Ich habe mir das

Buch in violetten Safian mit Goldschnitt binden lassen, und so denke ich, wird es auch äußerlich so lange halten als ich: an sich geht es doch der Unsterblichkeit entgegen, und das ist ein langer Weg, auf dem man nicht leicht nachkommt. Es ist alles darin so schön, rein, so solid gearbeitet und so ansprechend, daß ich froh bin, daß ich es nicht zu rezensieren brauche, weil ein in Lob und Preis sich abarbeitender Rezensent am leichtesten albern erscheint.«

Lachmann war ein kritischer Herausgeber. Das heißt zuerst: er stellte eine Fassung her, die nicht mehr von Regionalismen der Schreiber verschiedener Landesgegenden geprägt war. Eine offizielle Hochsprache gab es im Mittelalter noch nicht, die wurde erst nachträglich von Philologen herausdestilliert. Und das war notwendig: sonst wäre es schwierig, im Wörterbuch nachzuschlagen – in fast jeder Region wurde ein Wort anders geschrieben, Rechtschreibregeln gab es noch nicht. Es wurde also normalisiert, nachträglich. Und: es wurden Satzzeichen gesetzt – die schon interpretieren.

Die Sprachwissenschaftler gingen noch weiter. So nahm sich Lachmann vor, »verderbte Wörter und Verse zu heilen«, wie Grimm schreibt, der »echten oder echteren Gestalt« der Werke »durch Ausscheidung der entstellenden Zutaten auf die Spur zu geraten«.

Die entstellenden Zutaten: wie kommt es überhaupt zu Varianten, zu unterschiedlichen Versionen? Hat Wolfram verschiedene Fassungen hinterlassen? Gibt es Nachschriften verschiedener Fassungen? Haben Schreiber die Texte verändert? Philologen des vorigen Jahrhunderts gingen von dieser letzten Hypothese aus, sie sagten sich: Es muß einmal die authentische Fassung des Dichters gegeben haben, die aber wurde von Schreibern abgeschwächt, ja korrumpiert; rekonstruieren wir also die authentische Version.

Lachmann formulierte das – etwas vorsichtiger – so: es müßte »uns möglich gemacht werden Eschenbachs gedichte so zu lesen wie sie ein guter vorleser in der gebildetsten gesellschaft des dreizehnten jahrhunderts aus der besten handschrift vorgetragen hätte«. Diese Rekonstruktion geschah durch kritische Auswahl von Lesarten: die besten ins Kröpfchen... Hier bewies Lachmann große sprachliche Sensibilität. Jacob Grimm: »Wo drei oder vier um die rechte Lesart verlegen waren, fand er sie auf der Stelle und hat unzähligemal immer den Nagel auf den Kopf getroffen.« Und gleich noch einmal Jacob Grimm: »Sein ganzer feinhöriger Text ist ein unerreichbares Muster geworden.« Ein Urteil, das heute noch akzeptiert würde?

Ein neuer Editionsversuch trägt den lapidaren Titel *Maschinelle Textrekonstruktion*. Dafür ist der Untertitel um so länger – er läßt sich im Kleingedruckten nachlesen. Kochendörfer und Schirok versuchten, »einen Überlieferungsausschnitt mit einem sehr weitgehend computergestützten Verfahren textkritisch zu bearbeiten«. Um einen Eindruck vom technischen Aufwand zu vermitteln: »Das Rekonstruktionsverfahren umfaßt ca. 5200 Karten COBOL PROGRAMME (FD-ANSI-COBOL). Es können mit dieser Version maximal 20 Textzeugen verarbeitet werden. Maximal erforderliche Kernspeicherkapazität: ca. 25 k Wörter (36 bit), keine nennenswerten besonderen Ansprüche an die Peripherie. Alle Arbeiten wurden auf der UNIVAC 1106-II des Rechenzentrums der Universität Freiburg i. Br. durchgeführt.«

Wie nun die textkritische Auswertung der zahlreichen Textinformationen ablief, kann ich hier nicht erklären: der Daten-Flußplan erscheint mir unübersichtlich komplex; ohne Kenntnisse der Informatik kann ich nicht nachvollziehen, was zwischen input und output geschah, wo also welche Entscheidungen getroffen wurden, vorprogrammiert. Ich habe aber die textkritischen Ergebnisse des aufwendigen Verfahrens mit meiner Übersetzungsvorlage verglichen – und habe gestaunt: die Unterschiede sind minimal. Meist unterscheidet sich die Schreibweise eines Wortes nur in einem einzigen Buchstaben. Und nur selten mal ein anderes Wort als Lesart.

Das hat mich beruhigt: ich übersetze also nach einer verläßlichen Ausgabe. Wahrscheinlich wird es auch in näherer Zukunft so bleiben: die bearbeitete Edition von Karl Lachmann wird bei neuen Auflagen in Details korrigiert – mal werden ein paar Satzzeichen verändert, einige Lesarten werden interpoliert, aber die Textbasis bleibt unangetastet. Und so beende ich dieses Kapitel mit einer Verbeugung vor Lachmann.

25 Wenn im neunzehnten Jahrhundert mittelalterliche Fresken restauriert wurden, begnügte man sich vielfach nicht damit, abgeblätterte Stellen zu ergänzen, Konturen nachzuziehen, man übermalte die Fresken, stilisierte um. Ich nenne diese Technik: Das Verdonck-Verfahren.

Frans Hals, der in der Rigorosität seines Pinselstrichs in assoziative Nähe zu Wolfram rückt, hat etwa 1627 Verdonck gemalt, mit seinem wild abstehenden Haupthaar, mit der schlagbereit angehobenen Esels-Kinnlade in der rechten Faust; dieses wilde Haar, dieser Knochenprügel hat einen Besitzer des Bildes so gestört, daß er beides übermalen ließ: den Kopf bedeckte ein weiter Samthut, aus der Esels-Kinnlade wurde ein Weinglas. Das sieht irritierend aus: als wolle der »stoute gast«, der wilde Mann, der Vagabund das Glas dem Betrachter ins Gesicht stoßen! Dennoch: das Störende, das Befremdende war retuschiert; aus dem aggressiven Mann (den man ins Arbeitshaus einsperrte) wurde ein grimmig-fröhlicher Trinker. Samthut und Weinglas hat in den zwanziger Jahren ein Restaurator wieder entfernt.

Der Übermaler dieses Gemäldes hätte ein Wort wie »Verfälschung« als polemisch übertrieben abgelehnt – man wollte nur Befremdliches mildern, wollte Distanz verkürzen, wollte das Bild schicklicher erscheinen lassen, indem man die Darstellung auf ein etwas höheres Niveau anhob...

Genau das geschah bei den sprachlichen Übermalungen des *Parzival*. Dichtende Professoren des vorigen Jahrhunderts (zum Beispiel Simrock) glaubten, Wolfram die höchsten Ehren zu erweisen, wenn sie beim Übersetzen eine gehobene Tonlage durchhielten, obwohl Wolfram jähe Tonwechsel, harte Kontraste, rasche Wendungen, weite Sprünge liebte. Was mit diesen metrisch gereimten Übersetzungen entstand: pathetische und harmonisierende Schulmeisterdichtung mit (unfreiwilligen) Wilhelm-Busch-Effekten. Es sind hier sprachliche Chimären zu besichtigen in einem Niemandsland zwischen dem Mittelhochdeutschen und einer Philologen-Kunstsprache des vorigen Jahrhunderts. Eine Übermalung, unter der nichts mehr von der ursprünglichen Sprach-Gestalt zu erkennen ist.

Eine andere Technik der Übermalung zeigen Prosa-Übersetzungen unseres Jahrhunderts. Sie sind zwar philologisch genauer als die gereimten Übersetzungen des vorigen Jahrhunderts, haben jedoch einen anderen Nachteil: sie weichen den durchweg knappen Text auf durch allzu große Ausführlichkeit. Hier nur ein Beispiel

aus der neuesten Übersetzung. »Vür wâr daz manger sagte«, heißt es bei Wolfram, eine knappe, ausnahmsweise einfache Aussage, die sich in Prosa etwa so wiedergeben ließe: Viele bezeichneten dies als richtig. Das ist einem Prosaparaphraseur zu wenig, er macht dies aus der Vorlage: »Mancher Ritter konnte die Wahrheit des Berichteten aus eigener Anschauung bestätigen.« Sieben Silben im Mittelhochdeutschen, fünfundzwanzig im Neuhochdeutschen. Um beim einleitenden Vergleich zu bleiben: Wolframs Fresken, mit vitalem, expressivem Pinselstrich gemalt, sie werden in gepflegter akademischer Manier übermalt, mit feinen Dachshaarpinselchen. Das geschieht im guten Willen, alles möglichst klar und verständlich zu machen – aber genau das war nicht Wolframs Absicht, Wolframs Stil! So wird aus einem durchweg sehr knapp formulierenden Dichter ein wortreich erläuternder, logisch verknüpfender, also glatter und verbindlicher Autor.
Eins der Charakteristika, die völlig übermalt wurden: Wolframs Brüche im Satzbau. Ein kurzes Zitat aus *Willehalm*:

> Da sah man hüben und auch drüben,   200, 6
> von den Feldern, aus den Toren –
> ich meine, überall entlang
> der Straße Richtung Orléans –
> marschierte man den ganzen Tag.

Wolfram ist kein Meister der großen, logisch aufgebauten Satzkonstruktionen – immer wieder verheddert er sich, bricht ab, setzt neu an. Vorsichtiger formuliert: immer wieder scheint er sich zu verheddern, scheint er abzubrechen, neu anzusetzen – wenn dies in direkter Rede geschieht, kann es auch Ausdrucksmittel der Spontaneität sein. Es ist gleichgültig, ob Wolfram diese Brüche gewollt hat oder nicht, sie sind jedenfalls charakteristisch für ihn, und davon ist nichts, aber auch gar nichts zu sehen, zu hören in den bisher vorliegenden Übersetzungen. Vor allem die Prosaparaphraseure machen ihn zu einem eleganten, höchst souveränen Autor, der, Sätze mit Sätzen verschachtelnd, weite syntaktische Konstruktionen konsequent aufbaut und abschließt. Dabei geschieht vielfach dies: es werden Wörter, Wortfolgen, ja ganze Sätze in den Text eingeschmuggelt, von denen in der Überlieferung keine Silbe zu finden ist. Spachtelmasse...
Ein weiteres Beispiel für das Verdonck-Verfahren in Vers und Prosa: ungewöhnliche Metaphern des Dichters werden ins Allge-

meine überhöht, werden damit entschärft. Ein Beispiel: »Ir scheiden gap in trûren / ze strengen nâchgebûren.« (332) Sinngemäß übersetzt, in Prosa: Ihr Abschied machte ihnen (jeweils) die Trauer zum gestrengen Nachbarn. Daraus wird: »Der Abschied stimmte beide traurig.« So weit kann man sich von Wolfram entfernen! Aber wie viele Assoziationen kann Wolframs Bild auslösen! Trauerfigur... Trauermiene... Trauergesellschaft... Trauerspiele... Trauerzeit... Nein, den Trauernachbarn kann man nicht einfach aus dem Text herauskomplimentieren!
Was ebenfalls regelmäßig übermalt wird, sind Wolframs eigenwillige Wortformen, Wortbildungen. Auch sie müssen heutige Entsprechungen finden. Beispielsweise als »kerzig« (analog zu »herzig«), als »grüßentlich« (analog zu wissentlich), als »unhelfbar« (analog zu unheilbar), als »verborgenlich«, als »ankünftig« und so weiter.
Ein letztes Beispiel. Wolframs zahlreiche französische Fremdwörter, Lehnwörter, Gallizismen – darf man die einfach wegeskamotieren? »Kurteis« heißt übersetzt zwar inhaltlich richtig »höfisch« oder »höfisch gebildet« oder »höfisch formbewußt«, aber Wolfram wollte nicht »hövesch« sagen, das französische Wort erschien ihm passender, angemessener, also nahm er es.
Etwa 140 Wörter aus dem Französischen wurden in Wolframs Werk zum ersten Mal für den deutschen Sprachbereich nachgewiesen; derart viele Fremdwörter sickern nicht bloß ein, hier hat der Autor bewußt Sprachimpulse des Nachbarlandes aufgenommen. Die deutschsprachige Literatur wurde damals von französischer Literatur beeinflußt, ja geprägt, und Wolfram war offenbar ganz besonders ›frankophil‹, sein Werk zeigt vielfältige sprachliche Symbiose. Er hat französische Wörter übernommen, hat französische Wörter mit deutschen Endungen versehen, hat französische Wörter verballhornt, hat (gewollt oder unfreiwillig) französische Wörter benutzt, die man in keinem Wörterbuch findet – all dies muß Entsprechungen finden in einer Übersetzung, die Wolfram ernst nimmt, also: beim Wort nimmt.

> Auf »Koggen« und porteurs, 668
> auf »Schnecken« und nacelles
> mußten schnelle formations
> (teils zu Pferd und teils zu Fuß)
> mit dem Marschall übersetzen,
> troupiers und écuyers.

Ein wahres Nest französischer Wörter! Wenn Wolfram französisiert, so geschieht es nur selten in solchen Verdichtungen. Es gibt auch weite Erzählstrecken ohne sprachliche Anleihen aus dem Nachbarland. Aber die französischen Wörter sind für Wolframs Stil charakteristisch.

Ich habe auf der Grundlage einer wissenschaftlichen Untersuchung zu Wolframs Fremdwörtern die damaligen Fremdwörter durch heutige Fremdwörer ersetzt, habe also beispielsweise für »fianze« (Ehrenwort, eidesstattliche Versicherung der Unterwerfung) die parole d'honneur eingesetzt, für »sarjant« (Soldat zu Fuß oder Pferd) den troupier, für »garzûn« (Page, Edelknabe) den écuyer oder valet – und vieldutzendfach so weiter. Auch mußte ich gelegentlich Wortformen nachbilden, die Wolfram durch Überlagerungen bildete – in einem Verfahren, das wie eine Vorwegnahme der Methode von James Joyce wirkt. Im Anhang bringe ich zwei Beispiele dazu.

Ich brauchte lange (ich habe einige hundert Seiten erst einmal für den Papierkorb übersetzt), ehe ich mich so weit in Wolframs Stil eingearbeitet hatte, daß es für mich selbstverständlich wurde, sie zu übertragen, wie sie überliefert ist: mit ihren syntaktischen Brüchen, mit ihrem Fehlen von Verbindungswörtern, Überleitungswörtern, Erläuterungswörtern, mit ihren Fremdwörtern, befremdenden Wörtern. Und ich machte es mir zur Maxime: nicht verkitten, nichts reinflicken, die ungewohnten und ungewöhnlichen Wörter nicht durch gewohnte und gewöhnliche ersetzen, die neugeformten nicht durch altgediente, die (französischen) Fremdwörter nicht durch Wörter meiner Sprache.

Wolframs Sprache hat ein Spektrum, das kein Autor seiner Zeit erreichte – es wird noch zwei Jahrhunderte dauern, ehe Oswald von Wolkenstein eine ähnliche Breite und Intensität der Artikulation entwickelt. Die ›Eckwerte‹ des Spektrums bei Wolfram lassen sich durch verschiedene Stichwörter markieren. Beispielsweise: auf der einen Seite altmodische, altertümelnde Wörter, hier ragen gleichsam Findlinge aus früheren sprachgeologischen Schichten ins Werk; diese Wörter müssen auch in unserer Sprache durch altertümelnde Wortformen wiedergegeben werden – so heißt ein Held auch schon mal »Recke« und aus einem Gefecht wird ein »Strauß«. Auf der anderen Seite des Spektrums: die neuesten Wörter aus Frankreich... Und Wörter aus Fachwissenschaften, etwa der arabischen Astronomie... Und Wörter aus der Medizin... Und Formulierungen aus dem Bereich der Jagd, des

Militärs, der Seefahrt... Die Sprachpalette eines Seidenhändlers und die Fachkenntnisse eines Schöffen bei Gericht...
Und all dies in stärkster Konzentration: erzählen in der sprachlichen Intensität eines Gedichts! Erzählen mit allen Risiken! Zumindest in seiner Sprache ist Wolfram ein aufmüpfiger, energischer, ironischer, sarkastischer, unkonzilianter, vertrackter, unbequemer, selbstbewußter, querköpfiger, respektloser, sprunghafter Mann. Ich sehe keinen Zufall darin, daß er so häufig Würfel-Metaphern benutzt: systematisch-kontinuierliches Denken ist ihm fremd, bei ihm herrschen Assoziationen vor, nichtlogische Sprünge – und die möglichst weit! Wolfram setzt alles aufs Spiel. Sechs Würfel-Augen: das noch nie Gehörte, Gelesene; das eine Würfelauge, das ins Auge gehen kann: der Kalauer. Wolframs Sprache reicht von der Höhe der Gralsburg bis zur Niederung von Kalau. So ist nach einem dreiviertel Jahrtausend seine Sprache noch immer eine Herausforderung. Bei etlichen Formulierungen gab es in meinem Kopf, in meinem Sprachzentrum einen Ruck. Aber wenn ich im ersten Entwurf ins Moderate übertrug, was bei ihm disparat oder rabiat war, so habe ich das bald darauf zurückgenommen, mußte wieder – staunend, bewundernd – Meister Wolfram recht geben. Und ich schärfte mir erneut ein: das Sperrige muß sperrig bleiben, das Spröde spröd, das Rauhe rauh, das Eckige eckig, das Kantige kantig.
Und das auch metrisch! Wolfram hat gewußt, daß mechanische Regelmäßigkeit des Metrums sein Werk töten würde. Es läßt sich nicht über Hunderte von Druckseiten, über beinah fünfundzwanzigtausend Verszeilen hinweg im sturen Zweivierteltakt dichten; es darf kein Strafexerzieren von Hebungen und Senkungen stattfinden. Wolfram blieb (bis auf wenige Ausnahmen) bei den vier Versakzenten pro Zeile, aber in den nichtbetonten Verssilben war er variabel. Diese Variabilität, Flexibilität innerhalb des Versschemas habe ich übernommen – im Prinzip, nicht im jeweiligen Detail. Dies hätte sprachliche und metrische Spontaneitäten beim Übertragen unmöglich gemacht: genau dort auf einen Auftakt verzichten, wo Wolfram den Auftakt wegläßt, genau dort jambisch werden, wo er sich eine lockere Versfüllung erlaubt, genau dort synkopisch werden, wo er zwei Versakzente aufeinanderprallen läßt. Metrische Unregelmäßigkeiten müssen sich aus unserer Sprache ergeben, sonst wird es Krampf. Zuweilen wirkt sich in der Übertragung auch meine Vorliebe aus für Synkopen, für den rasanten, auftaktlosen Zeilenbeginn.

Wolfram hat seinen Roman nicht primär zur Lektüre vorgelegt, er wollte den öffentlichen Vortrag, und der wird, der bleibt lebendig durch kleine Unregelmäßigkeiten. Das ist auch so bei der klassischen Musik: was eine lebendige Aufführung von einer mechanischen Reproduktion unterscheidet, das sind die zuweilen winzigen Verzögerungen, geringen Beschleunigungen, die rubati, accelerandi, dieses Aufstauen und Fließenlassen, dieses Zurückbleiben und Vorauseilen im Spielraum des Notierten.

Der Leser ist hier auf den Buchdruck angewiesen, und so wird er schon mal zurechtlesen müssen. Holla, wie geht das jetzt?! Mit Auftakt (da dám), ohne Auftakt (dám da)? Prallen hier wirklich zwei Betonungen ohne Zwischensilbe aufeinander, synkopisch? Folgen hier tatsächlich zwei Senkungen? Im neueren Jazz gibt es einen Terminus, der mir auch hier passend erscheint: »pulsierend«. Der Schlagzeuger spielt den Rhythmus und durchbricht ihn zugleich, umspielend.

Ich will nicht verabsolutieren: bei Wolfram laufen viele Passagen metrisch gleichmäßig – bis wieder eine Störstelle kommt, die unsere Lesegeschwindigkeit drosseln, uns damit zu erneut geschärfter Aufmerksamkeit zwingen kann.

Bei allem, was über Wolframs Stil geschrieben wird, dürfen wir also nicht aus den Augen verlieren, daß primär für die Ohren bestimmt war, was überliefert ist. Es läßt sich am Text ablesen das vielfach Abbrechende, Sprunghafte mündlicher Äußerungen; verbindende Wörter und Wörtlein können durch Betonungen ersetzt werden: ein synkopischer Versübergang kann richtiger sein als ein verknüpfendes, metrisch ausgleichendes Wörtlein wie »wenn«, »weil«, »zuvor«, »danach«; eine Aussage kann komplett sein auch bei syntaktischem Defizit. Solche Hör-Merkmale des Textes wollte ich auch sichtbar machen; bevorzugte Satzzeichen sind für mich der Doppelpunkt (nicht nur vor Zitaten) und vor allem: der Gedankenstrich –

Ein sehr wichtiges Stilmittel findet in meiner Übertragung freilich keine Entsprechung: ich habe auf den Reim verzichtet. Das Reimen hätte mich dabei behindert, den Versroman so genau, so flexibel wie möglich zu übersetzen. Die vorliegenden gereimten Übersetzungen zeigen, daß der Reimzwang auf fast jede Zeile verformend einwirkt. So habe ich das vierhebige, alternierende metrische Schema zwar übernommen, auf die Endreime aber verzichtet.

Aber jedes gute Prinzip hat seine Ausnahmen. Wenn es sich

zwanglos ergab, habe ich Reime eingebracht – gleichsam als gelegentliches Echo auf den früheren ostinaten Reimklang. Ich habe gereimt, wenn Wolfram mit seinen Reimen Pointen setzte, nach dem Muster: Ritter/bitter oder Zier/Bier. Ich habe Reime gesucht, wenn Wolfram in feierlichem Text-Ambiente durch bewußt banale Reime konterkarierte: Reime als Querschläger.

Postskript. Die vertrackten Formen des Humors von Wolfram lösen bei mir diese Assoziation aus: Lawrence Sterne, *Tristram Shandy*. Auch in diesem Roman des 18. Jahrhunderts wird die erzählerische Kontinuität ständig durchbrochen, ja die Durchbrechungen, Abschweifungen, Sprünge sind das eigentliche Erzählkontinuum.
Kurzes, auf Wolfram übertragbares Zitat aus diesem Roman: der Autor zu seinem Leser. »Wenn es dir hier und da schon mal so vorkommt, als würde ich auf der Straße herumschlendern –– oder ich würde mir manchmal die Narrenkappe mit der Schelle aufsetzen, nur für ein Momentchen oder für deren zwei, während wir so dahinziehen –– dann saus nicht weg –– nimm freundlicherweise lieber an, daß ich ein bißchen mehr Weisheit besitze, als es äußerlich den Anschein haben mag –– und während wir so weiterlaufen, lach mich aus oder lach mich an, oder, kurz gesagt, tu irgendwas sonst –– nur bleib bei Laune.«

26 Versetzen wir uns in ein Kloster, beispielsweise im Südwesten der deutschen »Lande«, versetzen wir uns in einen Raum, der zugleich Bibliothek und Schreibstube ist. Eine Bibliothek in einer Schreib-»Stube«? Wenn wir diesen Begriff, der enge Gemütlichkeit assoziiert, austauschen gegen das lateinische »scriptorium«, so wächst der Raum. Die Bibliothek an einer fensterlosen Wand. Die Bücher sind nicht, Rücken neben Rücken, in einem Regal aufgereiht, sie zeigen – schräg angelehnt – ihre ›Titelseiten‹, die aber nicht beschriftet sind. Auch stecken Bücher senkrecht in offenen Bücherkästen, die auf dem Boden stehen. Ein Lesepult, das sich kaum von den vier Schreibpulten im Raum unterscheidet – ich werde sie später beschreiben.
Wenn ich, im unausgesprochenen Auftrag meiner Leser, die Bücher zähle, so ist das rasch geschehen. Dabei hat dieses Kloster eine für damalige Verhältnisse recht große Bibliothek: es sind, so

rufe ich halblaut den Lesern zu, die mir in diesen Raum gefolgt sind, ein-hundert-zwei-und-siebzig Bücher. Und ich nenne aus dem Kopf Vergleichszahlen. Eins der großen Klöster, Murbach im Elsaß, besaß im Hohen Mittelater 335 Bände, das noch größere Kloster St. Gallen und das berühmte Kloster Reichenau jeweils etwa 400. Demnach sind wir in einem der größeren, reicheren Klöster diesseits der Alpen; viele Klöster werden nur etwa 100 oder 80 oder 60 oder 40 Bücher besessen haben. Wiederum: die wahrscheinlich größte Bibliothek des dreizehnten Jahrhunderts war die Sorbonne: 1700 Bände. Welchen (Seltenheits)Wert Bücher hatten, zeigte sich auch daran: Bände in Präsenzbibliotheken waren angekettet: die Ketten so lang, daß man die Bücher aufs Lesepult legen konnte. In dieser Bibliothek allerdings, die fast ausschließlich von Mönchen des Klosters benutzt wird, sind die Bücher nicht angekettet.

Was kostete damals eine Handschrift auf Pergament, illuminiert und gebunden? Es gibt keine Umrechnungstabellen für heutige Buchpreise, ich lege nur zwei Vergleichszahlen vor. In Island kostet, ein Jahrhundert später, ein Psalter mehr als 100 Ellen Tuch. Oder: für ein Antiphonar, also ein liturgisches Gesangbuch, muß ein Universitätsprofessor im italienischen Teil des Reiches ein halbes Jahresgehalt zahlen. Der größte Kostenanteil: das Abschreiben der Texte (und Noten). Dazu die Kosten für Abbildungen, Miniaturen, für das Pergament, für das Binden. Verglichen mit solch einer Handschrift ist selbst dieses Buch spottbillig, in dem jetzt zu lesen ist, daß wir uns in einem Skriptorium aufhalten.

Und was für Bücher stehen hier? Es sind vorwiegend Bibelausgaben, Bibelkommentare, Texte von Kirchenvätern, mit Erläuterungen. Und ein »liber floridus«, eine Blütenlese von Bibelzitaten; exegetische Glossen; liturgisches Schrifttum; Textbücher für Gebete und Gesänge; eine Sammlung von Musterpredigten; Bücher zur Sakramentenlehre. Weiter: kirchenrechtliche Werke; Werke über Römisches Recht; Bücher zur Medizin; Werke antiker Dichter und Historiker; eine der Naturlehren mit dem Titel *De natura rerum;* ein *Imago mundi,* ein Gesamtbild der Welt; Klosterannalen; ein Band Vagantendichtung, mit starken Gebrauchsspuren: lateinische erotische Lieder, auch Trinklieder. Und wiederum: ein Band mit Exempelgeschichten, geeignet zur moralischen Auslegung.

Wir bleiben noch etwas im Bibliotheksbereich dieses Raums. Auf dem Bänkchen des Lesepults sitzt, freilich mit dem Rücken zur

Brettschräge, ein Besucher, erzählt von seiner Anreise. Weil in einem Skriptorium Redeverbot herrscht, muß ich den Mönchen einen Sonderdispens erteilen: ihre Arbeit braucht jetzt nicht mehr schweigend intensiv zu sein, sie kann beiläufig fortgesetzt, kann unterbrochen werden. Solch eine entspannende Unterbrechung wird den Mönchen recht sein: jahrelange Gleichförmigkeiten...
Der den vier Mönchen von seiner Reise berichtet, ist ebenfalls Mönch: Ägidius. Er ist (in einem etwa fünf Tagesreisen entfernten Kloster) magister hospitalis, auch hospitalarius genannt, der Spitalmeister. Er hat bereits am Vorabend, vom Abt begleitet, ›sein‹ Buch aus der Bibliothek geholt, in seinen Raum des Gästehauses gebracht, hat soeben, einem Hinweis in diesem Buch folgend, ein zweites Buch herausgesucht, hat es auf den Oberschenkeln liegen, ist gut gelaunt.

Bücher wurden damals nur äußerst selten verliehen. Zu groß war die Gefahr, daß sie unterwegs Schaden litten oder daß der Überbringer ausgeraubt wurde. (Die sehr wenigen Bücher, die damals auf dem »freien Markt« auftauchten, wurden meist von Räubern angeboten – wohl über Mittelsmänner.) Wenn ein Buch verliehen wurde, so nur gegen Pfand – das war auch unter Klerikern, war selbst zwischen Klöstern üblich. Dabei setzte man das Pfand im Wert meist höher an – fast immer war es ein Buch, und zwar nach Wahl des Verleihers. Trotz aller Absicherungen – es wiederholten sich Klagen über Kirchenmänner, die trotz Pfändern, Bitten und Drohungen entliehene Bücher nicht zurückgaben. Die Folge: brauchte man den Text eines Buches, das nicht ausgeliehen wurde, so schickte man einen Schreiber, der es kopierte – oder man reiste zum Buch.

Der Reisebericht des Ägidius ist keine freie Erfindung: er erzählt Dokumentiertes. Der Mönch hatte für diese Buch-Reise kein Reservepferd erhalten von seinem Abt. So mietete er einen Reitburschen und schloß sich einem Boten an, der in dieselbe Richtung ritt – ein sehr guter Entschluß, wie sich zeigte, denn dieser Mann war erfahren, umsichtig, hilfsbereit; die Aussicht auf ein gutes Reisegeld spielte mit, entscheidend aber war dies nicht. Sie ritten los. Es stellte sich heraus, daß der Bursche noch geschwächt war von einer fiebrigen Krankheit, die etwa zwei Wochen zurücklag – ein Dutzend Würmer war aus ihm herausgetrieben worden, mit purgierendem Kräutertrank. Offenbar teilte sich seine Schlappheit, seine Müdigkeit – die er bis zum Antritt dieser Reise verborgen oder überspielt hatte – dem Packpferd mit, das er ritt, es wurde immer langsamer, störrischer, bewegte sich schließlich nur noch im Eselstrott. Und plötzlich, »wie vom Blitz getroffen«, brach es unter dem Burschen zusammen, zuckte noch ein paarmal und war tot. Dies mehrere Stunden vor dem Ziel der ersten Tagesreise, dem Kloster von R.; andere Möglichkeiten, unterwegs zu übernachten, gab es nicht. Der Bursche war aber zu schwach, um die Reise zu Fuß fortzusetzen, außerdem war da noch das gemeinsame Gepäck: er mußte bei dieser günstigen Gelegenheit eine größere Portion Bienenwachs überführen, der Reiter hatte ebenfalls eine schwere Satteltasche – auch deshalb hatte er sich ihnen angeschlossen. Sie ließen das Gepäck mit dem Burschen zurück, versteckten es abseits vom Weg, schärften dem Jungen ein, nicht einzuschlafen.

Es regnete. Aber sie kamen gut voran – die Pferde nicht zusätzlich vom Gepäck belastet, die Luft kühl. Bei einsetzender Dämmerung erreichten sie den Fluß, die Brücke; von hier aus war es noch etwa eine halbe Stunde zum Kloster. Allerdings, es waren, wie sich dem vorangehenden Reiter zeigte, derart viele morsche Stellen, derart viele Löcher in den Bohlen, daß man es eigentlich nicht wagen konnte, die Brücke zu überqueren. Der Reiter suchte einen Fährmann, ein Boot, vergebens – schließlich war hier eine Brücke! Aber mit Löchern, ja mit fehlenden Bohlen. Und es regnete weiterhin. Und die Nacht würde sehr kalt für den Burschen im Wald. Sie mußten also zusehen, daß sie das Kloster erreichten – der Bote wollte von dort aus zum Jungen zurückkehren. Er legte Aststücke in Lücken und Löcher, legte jeweils den Schild über größere Löcher; viel Zuspruch für sein aufgeregtes Pferd, er schaffte es. Beim zweiten Pferd war es schon leichter – wieder legte der Bote den Schild über die größeren Löcher. Sie ritten weiter. Endlich, endlich in der Ferne ein Licht – es wurde langsam heller, schien Wärme auszustrahlen. Sie wurden sehr freundlich empfangen. Die Brüder bereiteten ihnen einen Trunk. Sie hatten an diesem Feiertag festlich gespeist, hatten sich bei diesem Essen das Kapitel »Vom Kellermeister des Klosters« vorlesen lassen, ihr Umtrunk dehnte sich über die Dämmerstunde aus – wie zu seinem Empfang. Der Bote und er aßen, dann brach der Reiter mit einem Klosterknecht auf, um den Burschen und das Gepäck aus dem Nachtwald zu holen.

Er ließ den Burschen dann im Kloster, im Spital zurück; die Brüder versprachen, ihn gesund zu pflegen. So setzte er mit dem Boten die Reise fort, nun ohne Packpferd, also mußten sie langsamer reiten als geplant. Aber er war gestern, nach einem langen Tagesritt von etwa sechzig Kilometern, wohlbehalten im Kloster angekommen, hat den Boten beschenkt – daß er diesen Begleiter gefunden hatte, erscheint ihm als Gottes Werk. Gestern abend noch hat er mit dem Abt das Manuskript herausgesucht: *Von der Übereinstimmung zwischen Hippokrates, Galen und Suran.* Und sie haben sich abwechselnd vorgelesen, haben Punkte erörtert, die sich aus der Lektüre dieser Kompilation ergaben. Sie ist die Reise wert. Und nun auch noch dieses ergänzende Buch auf seinen Oberschenkeln! Er wird sich jetzt in seinen Raum im Gästehaus zurückziehen, wird studieren.

Die Mönche nehmen die Arbeit wieder auf. Und wir können uns in Ruhe umsehen. Die Brüder tragen Kutten aus Wolle; die beiden älteren haben Wollmützen auf; weil es hier fußkalt ist, stecken die Füße in Filzschuhen. Solche Filzschuhe, ebenso teuer wie begehrt, werden in diesem Kloster auch weltlichen Gästen geschenkt – sie erweisen sich meist als sehr dankbar, hinterlassen ein Geschenk, machen womöglich eine Schenkung. Besonders, wenn die Herren im Winter anreisen oder (bei mehrtägigem Aufenthalt im Gästehaus) von einer Jagd zurückkehren, schlüpfen sie gern in die Filzschuhe, die in der Schusterwerkstatt des Klosters hergestellt werden. Es gibt sogar Herren, die sich jedes Jahr – gegen Bezahlung – Filzschuhe zukommen lassen.

Die Schreibpulte sind nah an die beiden Fenster gerückt. Die Holzflächen sind geschrägt, und zwar in einem Winkel von ungefähr 45 Grad – so schreibe ich auf der waagrechten Fläche meines Arbeitstischs. Die Pergamentblätter, so schreibe ich auf meinem gewohnten Manuskriptpapier, werden von schmalen Stoffbändern festgehalten: unten sind sie befestigt, oben werden sie über die Kante der Schreibfläche gelegt, ein Gewicht zieht sie straff. Dennoch bleibt das Pergament nicht immer plan; wellt es sich, so drückt man mit dem Federmesser in der linken Hand auf die Schreibfläche, möglichst nah am Punkt, an dem man die Feder aufsetzt.

Das Pergament, das im deutschen Sprachraum benutzt wurde, war meist aus Kalbsfell – auf beiden Seiten sorgsam mit Bimsstein abgerieben (diese Arbeitsspuren sind zum Teil heute noch sichtbar). Benutzt wurde häufig auch Pergament von Schafen. Das feinste Pergament, das dünne, weiße, glatte »Jungfernpergament«, wurde aus dem Fell ungeborener Lämmer hergestellt.

Das gröbste und größte Pergament war aus Kuhhaut, auf die so manches nicht paßte...
Die Tinte bestand unter anderem aus Blutserum und Ruß – eine Paste, die vor Arbeitsbeginn mit Wasser verdünnt werden mußte. Sie ist in bearbeitete Tierhörner gefüllt; die Hornspitze wird in ein Loch an der Oberkante des Schreibpults gesteckt.
Es wurde damals unterschieden zwischen Schnellschreibern und Schönschreibern. Die Tachygraphen hatten eine Art Kurzschrift, die für Bücher allerdings nicht benutzt wurde – hier gab es ohnehin Kürzel, um Pergament und Zeit zu sparen. Das Schreiben der Kalligraphen war langsam: eine Seite pro Tag, so schreibe ich mit meinem weißen Kugelschreiber, den ich in China aus einem Hotelzimmer mitnahm, weil er länger ist als die hierzulande üblichen Kugelschreiber, damit besser in meiner Hand liegt. Und ich schreibe weiter, was ich anschließend mit der alten elektrischen Schreibmaschine auf dem Stehpult abtippen werde: das Schreiben wurde als sehr mühsam empfunden. Mehrfach wurde von Schreibern betont, daß sie nicht freiwillig, sondern gezwungen schrieben. Beklagt wurde vor allem die Winterkälte in den Skriptorien. Freilich hatten Schreibmönche neben manchen Privilegien (keine Verpflichtung zur Teilnahme am Chor; landwirtschaftliche Arbeit nur während der Erntezeit) auch diesen Dispens: sie durften, als einzige im Konvent, in die Klosterküche: offiziell, um Wachstafeln zu glätten, um Pergament zu trocknen, inoffiziell aber bestimmt auch, um die klammen Finger aufzuwärmen.
Was die Arbeit zusätzlich erschwerte: nicht jedes Schreibpult stand am Fenster, und im Winter war die Beleuchtung schlecht. Wiederholte Klagen darüber, daß das Augenlicht nachlasse – Brillen gab es zu Beginn des dreizehnten Jahrhunderts noch nicht. Weiter: man legte beim Schreiben offenbar nicht immer die Handkante auf die Pergamentfläche (damit sie nicht fettig wurde und eventuell die Tinte nicht mehr annahm?), man stützte die Hand auf kleinen Finger und Ringfinger. So wird wiederholt über Schmerzen in der Schreibhand geklagt und im Arm.
Einer der Schreiber des Frühen Mittelalters formuliert Last und Plage des Schreibens so, auf Latein: »Wer nicht schreiben kann, meint, das sei keine Arbeit. Aber der (schreiben muß), hat angestrengte Augen und einen krummen Nacken. Drei Finger schreiben – aber der ganze Körper schuftet.« Und ein spanischer Schreiber klagt kurz vor der Jahrtausendwende: »Du hoher, steinerner Tabaresischer Turm, wo Emeterius sich drei Monate lang

krumm gesessen hat und mit jedem Pergamentblatt ein Schreibrohr zuschanden schrieb!« Und ein Zeitgenosse: »Schwer ist die Arbeit, hart auch das Biegen des Halses, um zweimal drei Stunden Pergament zu durchpflügen.« Und Bruder Ludwig in Wessobrunn bringt eine aufschlußreiche Variante: »Während er dieses Buch, das du in Augenschein nimmst, unter freiem Himmel schrieb, hat er sich kaputtgefroren, und was er nicht mit Hilfe des Sonnenlichtes schreiben konnte, vollendete er unterm Licht des Mondes.«

Es heißt denn auch wiederholt, man nehme die schwere Arbeit des Schreibens auf sich, um für seine Sünden und für die Sünden anderer zu büßen. Und: »Wie sich der Kranke Gesundheit wünscht, so wünscht der Schreiber das Ende des Buchs herbei.«

Zahlreich sind denn auch die Stoßseufzer am Ende mittelalterlicher Handschriften.

> Ach, was war ich froh,
> als das Buch zu Ende war!

Ein anderer Zweizeiler:

> Hier hat das Buch ein Ende,
> da freun sich meine Hände.

War ein weltlicher Lohnschreiber der Verfasser des folgenden Zweizeilers, oder artikulierte sich hier der irdische Wunsch eines geistlichen Herrn?

> Amen, sprach Herr Heinrich,
> legte die Jungfrau unter sich.

Manche Schreiber setzten sogar Gedichtlein an den Schluß. Zum Beispiel:

> Ach Gott, in deiner Güte
> schenk uns Kapuzen, Hüte,
> Mäntel und Röcke,
> Geißen und Böcke,
> Schafe und Rinder,
> viele Frauen, wenig Kinder.

Daß diese Produkte schmerzhafter Mühen gestohlen werden könnten, diese Sorge war groß, und so wurde der potentielle Dieb gleich im voraus verdammt. »Wer dieses Buch stiehlt, ist ein Dieb und stirbt als Dieb.« Oder: »Wer es stiehlt oder wer Seiten herausreißt, der wird verflucht.« Immer wieder die Verfluchung, dieses »anathema«. Es gibt auch präzisere Wünsche: der Dieb soll Prügel beziehen; ihm soll ein Buckel wachsen; er soll den Aussatz, die Pest kriegen. Oder soll gleich an den Galgen kommen.

> Wer das Buch hier stiehlt,
> soll mit seinem Hals
> hoch am Galgen droben
> sich zu Tode toben.

Dieser »fromme Wunsch« als Abschluß der Sequenz. Wir gehen nun zu jedem der vier Schreibpulte, und ich stelle die Mönche vor. Ich beginne bei Michael. Er ist der Älteste hier. Er leidet wie die meisten älteren Mönche an Gicht und kann deshalb nicht mehr schreiben. Aber er zieht, mit akkurat geschnittenem Holz, Schreib-Linien und senkrechte Richt-Linien so fein und genau, daß ihm die beiden Schreiber kein Blatt zurückreichen müssen. Dieser Mönch hat schon früh hier im Skriptorium gearbeitet, vor allem als Illuminator. Auch jetzt, nach langen Jahren, wird die von ihm ohne Vorlage entworfene und ausgeführte Initiale »R« des Wortes Resurrexit im Introitus der Ostermesse in einem Graduale gerühmt; dieses »R« ist offenbar nie mehr übertroffen worden, zumindest nicht in diesem Kloster, auch nicht in anderen Klöstern der Region.
Michael hat trotz solcher Leistungen als unruhiger Geist gegolten; eines Tages verabschiedete er sich vom Konvent; es folgte eine lange Wanderschaft, bei der er sich weltlichen Herren als Schreiber verdingte. Schließlich kam er nach Rom. Bei einer Audienz zeigte er dem Heiligen Vater Proben seines Könnens. Die Audienz fand im Freien statt, es war windig, bei der Präsentation störte Michael das flatternde Skapulier, der fußlange Überwurf über der Kutte – der Papst gab ihm »deshalb die Erlaubnis, sein Ordensgewand abzulegen«. Michael erhielt sogar eine Dispensationsurkunde, mit rotem Siegel, er zeigte sie später dem Konvent. Er arbeitete als scriptor im Vatikan, gab sogar eine mappa mundi heraus, eine Weltkarte mit Beschreibungen und Erläuterungen, und als dieses Werk fertig war, zog es ihn nach Santiago de Com-

postela und von dort nach Portugal; hier erwarb er sich »die Freundschaft des Königs«, wurde, weil er außerordentliche geographische und mittlerweile auch außergewöhnliche astronomische Kenntnisse besaß, einem Kapitän empfohlen, der nach Indien segelte: er wurde auf dieser Reise sehr krank; was ihn rettete, war ein Fläschchen mit geweihtem Wasser, das er in Santiago erworben hatte. Nach der Rückkehr wanderte er nordwärts, hielt sich längere Zeit in Utrecht auf, im dortigen Kloster St. Paul; er trug trotz der Dispensations-Urkunde wieder ein Ordensgewand. Schließlich verabschiedete er sich auch dort und kehrte zu seinem Kloster zurück: »der langen Irrfahrt müde, klopfte er an der Pforte an«. Die Mitbrüder hörten ihm gerne zu, wenn er aus der fernen, sehr fernen Welt erzählte. In seiner Zelle baute er an einem astronomischen Gerät, das Kalenderzeichen bewegen sollte, es wurde nie fertig. Michael ist ruhiger, auch schweigsamer geworden. Manchmal kehrt das Fieber zurück, dann liegt er im Klosterspital, läßt den Altar im Krankenraum nicht aus den Augen, bewegt lautlos die Lippen. Ist das Fieber überstanden (neben Gebeten helfen ihm vor allem Umschläge mit Attichsud und Weizenmehl), kehrt er in die Schreibstube zurück, zieht seine Linien, denkt dabei gemächlich in Kreisen.
Der Schreiber Rainald, an dessen Pult wir jetzt treten, arbeitet nicht, es scheint ihm nicht gut zu gehen: er zeichnet mit dem rechten Zeigefinger eine Linie in die Luft, starrt aufs Pergament, auf dem bereits viele Zeilen geschrieben sind, die Augen werden kleiner, er reißt sie auf, zieht wieder eine Linie in die Luft, starrt auf die eng beschriebenen Zeilen, die Augen fallen ihm zu, erschrokken reißt er sie auf, zeichnet erneut Linien in die Luft, wieder werden die Augen kleiner.
Von ihm läßt sich (ebenfalls nach Vorlagen) Folgendes berichten. Seine Mutter, Witwe, hatte ihn und seinen Bruder in die Klosterschule geschickt, als »oblati«, zur Ausbildung als zukünftige Mönche. Sie hatte als »Schulgebühr« dem Kloster ein Stadthaus überschrieben: zu ihren Lebzeiten sollte das Kloster den Wohnzins, nach ihrem Tod das Haus erhalten. Offenbar erschien seiner Mutter diese Übertragung dann doch zu großzügig, vielleicht dachte sie, es genüge, wenn das Kloster dieses Fachwerkhäuschen erbe, und so blieb sie die Zahlung des Mietzinses schuldig, zwei Jahre lang, trotz aller Mahnungen von Prior und Abt. Der Konvent legte den Fall schließlich dem Erzbischof vor, der setzte als Schlichter ihren Gemeindepfarrer ein und den Pfarrer der Nach-

bargemeinde. Nach langen Verhandlungen mit der resoluten »Matrone Cunze« wurde vertraglich vereinbart: das Kloster erhält den Mietzins des Stadthauses; es geht nach ihrem Tod in den Besitz des Klosters über; sollten die Knaben nicht im Kloster bleiben, sondern in die Welt zurückkehren (»Was nicht geschehen möge«), so wird sich das Kloster mit ihnen die Erbschaft teilen. Rainald hat unter diesen Streitigkeiten gelitten; als der Vertrag endlich abgeschlossen war, wurden die Auseinandersetzungen vergessen – schienen vergessen. Sein Bruder blieb ebenfalls im Kloster, er leitet die Gärtnerei.

Nachdem Rainald (er arbeitete inzwischen mehrere Jahre hier im Skriptorium) größere Teile der Historiographie des Gregor von Tours kopiert hatte, begann er eine Chronik zu schreiben, mit dem Kloster als Mittelpunkt; der Abt gab seine Zustimmung, der gesamte Konvent ermutigte ihn. Rainald setzte in der Gegenwart an, wollte sich kapitelweise in die Vergangenheit zurückarbeiten. Aber schon die Beschreibung der Wirren, die erst wenige Jahre zurücklagen, machte ihm Schwierigkeiten, ermüdeten ihn. »Damals stand es so, daß, wer der Stärkste war, der steckte den anderen in den Sack, wenn er konnte und mochte. Die Ritter und Edelleute nährten sich aus dem Stegreif, mordeten, wo sie konnten, verlegten und versperrten die Pässe und Straßen und stellten denen, die ihres Gewerbes halber über Land ziehen mußten, erschreckend nach. Auch war das arme Volk mit übermäßigen, unbilligen Schatzungen hoch beladen und beschwert.« Er brach die Chronik zwischen den Jahren 1200 und 1150 ab. Zwei Mönche warfen ihm vor, er sei wie seine Mutter: führe nicht aus, was abgesprochen worden sei. Es gab eine kurze, heftige Schlägerei, in der ihm sein Bruder, der Gärtner-Mönch, tatkräftig beistand; Prellungen und Quetschungen. Danach wurden die Matrone Cunze und die abgebrochene Chronik nie mehr erwähnt.

(Habe ich mir hier eine wilde Geschichte ausgedacht? Damals wurde allgemein der Verfall der Klosterdisziplin beklagt: Mönche galten als faul, laut, aggressiv. Das zeigt beispielsweise ein päpstliches Mahnschreiben des Jahres 1202 an den Kardinal-Erzbischof von Mainz: es forderte auf, Maßnahmen zu ergreifen gegen Klöster, »in denen Mönche handgemein geworden sind, sie Blut vergossen, einander verstümmelt oder sich an einem Bischof oder Abt vergriffen haben«.)

Rainald schreibt vorwiegend Dokumente. In der Urkunde auf seiner Schreibfläche wird der Nachweis erbracht, daß ein (umstritte-

ner) Zins dem Kloster zustehe und nicht der Dompfarrei; das besagte Widdum muß ergo in den Besitz des Klosters übergehen, der Pfarrer soll dafür jährlich zwei gute Fuhren Heu erhalten, (duo plaustra feni fideliter onerata), und zwar frei Haus (ad domum). Und es wird der Zehent bestimmt: Zehentpfennige (denarios decimales), Blutzehent (decimas de animalibus) Fruchtzehent (decimas agrorum, novalium, ortorum, pratorum, fructuum, vinearum), der Zehnte aus einem Steinbruch etcetera. Ein großer Teil der Dokumente, die ein Skriptorium verlassen, ist Besitzfragen gewidmet, Renditen festlegend, Rechtsstreitigkeiten klärend.
Und jetzt zum neuen Illuminator, zu Bruder Martin. In das Innenfeld eines großen D malt er kunstvoll verflochtene Weinreben, mit roten und braunen Konturlinien. Auch sehen wir in Umrissen einen Vogel, einen Männerkopf. Den gleichen Kopf sehen wir in einem Buch auf seinem Pult: mehrere Köpfe, teils mit, teils ohne Heiligenschein – ein Musterbuch. Solche Musterbücher wurden damals häufig benutzt – es kam nicht auf Entfaltung individueller Phantasie an, sondern auf das Weiterführen von Überliefertem. Es gab Musterbücher mit Ornamenten, mit Tieren und Tierszenen, mit Figuren und Figurenkonstellationen, auch mit Zierbuchstaben. Schlechte Illuminatoren klitterten solche Musterbuch-Zitate, gute integrierten sie in ihre Darstellung, und nur sehr wenige benutzten sie überhaupt nicht, hielten sich aber trotzdem an die ikonographische Überlieferung.
Wir treten jetzt ans Pult des Schreibers Ruodlieb. Er arbeitet an einem geistlichen Epos über den heiligen Norbert.
Mit sieben Jahren kam Ruodlieb in die Klosterschule. Er lernte Lesen und Schreiben nicht in der Sprache, in der er aufgewachsen war: das Lateinische wurde für ihn zur Muttersprache der Kirche. Er lernte Grammatik nach Aelius Donatus, lernte das Lesen mit Bibeltexten (wahrscheinlich in der lateinischen Übersetzung des Kirchenvaters Hieronymus), lernte die lateinische Liturgie, lernte Grammatik, Logik und Rhetorik. Und es begann die Lektüre damaliger Schulautoren. Auch bei ihm: Vergil, Horaz, Homer (in der Ilias Latina, der lateinischen Version des Epos). Einige der weiteren Autoren, die auch Ruodlieb gelesen haben wird und die sein Verständnis von Literatur prägten: Boetius, Juvenal, Lukan, Terenz. Insgesamt etwa zwanzig Schulautoren, zu denen auch Ovid gehören mochte. Sämtliche Bücher klassischer Autoren aber wurden in ihrer Bedeutung weit überragt vom Buch der Bücher,

auf Latein. Wer Wissenschaftler, Theologe werden wollte, mußte auch Griechisch und Hebräisch lernen – wenn man eine Bibelstelle in einer dieser Sprachen nicht verstand, versuchte man es in einer der beiden anderen Sprachen. Und in welcher Sprache hat Gott gesagt: Es werde Licht? Das geschah zu einem Zeitpunkt, als es noch keine Menschen gab, also noch keine Menschensprache. Oder war eine der späteren Menschensprachen die damalige Sprache Gottes? Welche Menschensprache hätte die meisten Anklänge an die Sprache Gottes? Fragen, die unter Theologen diskutiert wurden.
Früh schon wird aufgefallen sein, daß Ruodlieb mit der lateinischen Sprache leichter und freier umgehen konnte als seine Mitschüler und späteren Mitbrüder und: daß er eine besonders schöne Handschrift hatte. Damit wird für seinen Lehrer, für den Abt festgestanden haben: ein zukünftiger scriptor. Man stellte ihn von groben Arbeiten frei, damit seine Finger geschmeidig blieben.
Er mußte vor allem Lehrtexte kopieren, durfte aber auch – was ihn sehr viel mehr interessierte – literarische Werke abschreiben. Was am stärksten auf ihn einwirkte, was am längsten in ihm nachwirkte, was sich (vielleicht) auch bei der Bearbeitung der Norbert-Vita auswirkt: Gedichte, in denen Kritik geübt wird am Zustand der Kirche. Er könnte uns bestimmt mehrere Gedichte auswendig deklamieren, hier genügen drei Strophen. Die erste: »Flete, Syon filie, / Presides ecclesie / Imitantur hodie / Christum a remotis.« Ich übersetze diese vierhebigen, auftaktlosen Zeilen:

> Weint, ihr Töchter Zions, weint,
> denn die großen Kirchenherrn
> folgen heute Jesu Christ
> nur noch aus der Ferne nach.

Und zwei Strophen eines Liedes, das mit den Worten beginnt: Utar contra vivia... Diese Kritik an der Korruption der Römischen Kirche ist ein Text aus Wolframs Jahrhundert...

Rom nimmt jeden in Besitz   und auch alles, was man hat,
denn die Kurie von Rom   ist nichts andres als ein Markt.
Kirchenfürsten-Privilegien   werden dort in Rom erkauft.
Und die Macht des Geldes bricht   einen jeden Widerstand.

Trägt man seine Sache vor   wo die Herrn versammelt sind,
seis die eigne, andre auch   lese man vor allem dies:
wer kein Geld zu geben hat   dessen Antrag lehnt Rom ab,
und je mehr man springen läßt   desto stärker überzeugt man.

Als Ruodlieb die hohen Erwartungen des Konvents nicht nur einlöste, sondern übertraf, wurde er für zwei Jahre nach Paris geschickt, an die Sorbonne. (Auch Rainald wurde, einige Jahre später, auf diese Weise ausgezeichnet – freilich war er nur ein Jahr dort.) In Paris vor allem erwarb Ruodlieb die Fähigkeit, in lateinischen Versen zu formulieren. Sein erstes opus war ein umfangreiches lateinisches Lehrgedicht über Edelsteine, ihre Eigenschaften und Wirkungen; ein bisher letztes opus wird die Norbert-Vita sein. (Er hat bereits mehr als 1800 Verszeilen geschrieben.)
Wie er das gelernt hatte, betonte er im Prolog, er sei eigentlich unwürdig, solch ein Werk zu schreiben; um das Leben dieses Heiligen darzustellen, müsse man mehr besitzen als nur ein kleines Talent, man bräuchte hier die Sprachgewalt eines Vergil; dennoch wage er es, das Leben dieses großen und heiligen Mannes zu beschreiben – wohl wissend, daß er nur ein bäurischer Mensch sei, ein Barbar, der lateinischen Sprache kaum mächtig; dennoch dürfe nichts unterlassen werden, um die Erinnerung an diesen großen Mann zu fördern.
Für den Entwurf dieses Prologs habe ich Formeln benutzt, wie sie in römischer Antike und lateinischem Mittelalter üblich waren. Allerdings: ein geistliches Versepos über Norbert von Xanten ist nicht überliefert – zumindest habe ich keinen Hinweis auf solch ein Werk gefunden.
Weil Norberts Leben als beispielhaft galt über den Bereich seiner Diözese hinaus, könnte seine Vita durchaus in einem Kloster einige hundert Kilometer südlich von Xanten geschrieben werden. In Ruodliebs gegenwärtiger Arbeitsphase könnte erzählt werden, wie Norbert nach Vreden reitet, Frethen nomine, zum Damenstift, zur Äbtissin, der polnischen Prinzessin, und diese Agnes, eine Cousine des Kaisers, ist zwanzig oder fünfundzwanzig Jahre alt, Norbert etwa ein Jahr älter, ein Mann, der weltlich lebt und genießt, der in feinen Seidengewändern zu dieser Frau reitet, auf einem schönen Pferd, doch da zieht eine dunkle Wolke auf, nubes umbrosa, in der es donnert und blitzt, micant fulgura, mugiunt tonitrua, ein Blitz schlägt vor ihm in den Boden, ante eum terram procidit, reißt ein mannstiefes Loch auf, schrecklicher Gestank

steigt hoch, fetor deterrimus, Norbert stürzt vom Pferd, glaubt eine Stimme zu hören: er soll sich vom Bösen abwenden, soll Gutes tun, desine a malo, fac bonum, und er kehrt um, zieht ein Büßergewand an, reitet zum Kloster Siegburg, monasterium Segebergensis, lernt hier ein frommes Leben führen, wird Einsiedler, Klausner, Wanderprediger – nackt müsse man dem nackten Christus folgen, also wandert er barfuß, bekleidet nur mit Schafs- und Ziegenfellen. Und er predigt in einer Zeit, in der die Menschen von Furcht und Schrecken erfaßt sind, sie starren auf das ihnen nah erscheinende Ende der Welt, »beinah geisteskrank« – zu diesem Untergang wird es auch kommen, predigt Norbert, wenn Volk und Klerus sich nicht besinnen, sich nicht bessern.
Schreibt Bruder Ruodlieb hier nieder, was er ausformuliert im Kopf hat? Am Rand seiner Schreibfläche liegt eine Wachstafel, mit winzigen Buchstaben beschriftet.
Wachstafel und Stifte waren ein Erbe der Römer – eine der wenigen Erbschaften, die vom Mittelalter angenommen wurden. Die Wachstafeln maßen beispielsweise 10 mal 15 Zentimeter: sie bestanden aus einem dünnen Scheit, meist Buchenholz (daher das Wort »Buch«), es wurde aber auch Ahorn-, Eichen-, Kastanien-, Linden- und Pappelholz verwendet; diese Täfelchen wurden sorgsam geebnet und »flach ausgetieft« – bis auf einen schmalen Rand; die Holzfläche wurde »rautenförmig geritzt, um dem Wachs mehr Halt zu geben«, dann mit Wachs ausgegossen, das »durch Zusätze von Holzkohle, Talg und Leinöl« gehärtet war; die beliebteste Grundfarbe war grün, es gab aber auch braunes und schwarzes Wachs. (Die Fläche unter dem Wachs ließ sich übrigens für Geheimbriefe benutzen: man schnitt die Nachricht ins Holz, trug die Wachsschicht auf, ritzte einen ablenkenden Text ein.) Auf Wachstafeln wurden nicht nur Notizen gemacht, sondern auch Dichtungen aufgezeichnet – Wachstafeln waren billiger als Pergamentblätter. Zuweilen wurden einige solcher Täfelchen gebunden – mit Schnüren, die man durch Löcher im linken Rand zog. Die erste und letzte »Seite« war selbstverständlich nur innen beschichtet – so entstand, von außen besehen, ein kleiner Holzblock, lateinisch caudex, unser Wort Codex.
Im allgemeinen aber wurde das Wachstäfelchen nur zu vorläufiger schriftlicher Fixierung benutzt. Mit dem spatelförmigen Ende des Schreibstifts strich man das Wachs immer wieder glatt.
Bei Ausgrabungen mittelalterlicher Gebäude und Siedlungen

wurden in den letzten Jahren so viele Schreibstifte gefunden, daß Archäologen den Schluß ziehen: es konnten offenbar mehr Menschen lesen und schreiben, als bisher angenommen wurde.
Dazu ein kurzer Exkurs nach Norwegen, das zu Wolframs Zeit fast an der Grenze der Weltscheibe lag: in Bergen wurden (vorwiegend im Grundriß eines Wirtshauses) mehr als anderthalbtausend Holzstäbchen, Holzplättchen gefunden, in die Runen eingeritzt sind; die Fundstücke verteilen sich auf den Zeitraum zwischen 800 und 1400. Eingeschnitten sind hier nicht nur religiöse Texte und lateinische Vagantenlyrik, es läßt sich auf den Täfelchen auch folgendes entziffern: »Jemand wie dich möchte ich gern küssen.« – »Jetzt gehts aber hoch her!« – »Meine Liebste, küß mich!« – »Gytha sagt, du sollst nach Hause kommen.« Man fand auch Schutzzauber: »Ich ritze Heilrunen, ich ritze Schutzrunen, einfach gegen Alben, zweifach gegen Trolle, dreifach gegen Riesen...« Und es wird eine bestimmte Menge Getreide bestellt bei einem Händler. Und ein Mann beauftragt seine Frau, Stockfisch zu kaufen, aber »er soll nicht zu teuer sein«. Und ein Geschäftsmann berichtet, daß er kaum noch liefern kann, aus dem Bier sei nichts geworden, mit dem Fisch auch nichts, also »fordere du nichts von mir«, und: »schick mir einige Handschuhe«.
Es wird im (vorläufigen) Forschungsbericht der Schluß gezogen, das Schreiben von Runen müsse »allgemein verbreitet gewesen sein, und zwar in allen sozialen Schichten, so weit wir das jetzt übersehen können«.
Nun war das Ritzen von Runen bestimmt nicht leichter als das Schreiben von Buchstaben. Und Bergen in Norwegen war gewiß keines der Zentren schriftlicher Bildung; was also auch um 1200 in einem Wirtshaus zu Bergen selbstverständlich war, wird sich für den deutschen Sprachbereich nicht völlig ausschließen lassen. Wie viele Wachstäfelchen mit ähnlichen Nachrichten und Botschaften sind verlorengegangen?
Für das spätere Mittelalter sind verschiedenste Verwendungszwecke von Wachstäfelchen bekannt: Damen tragen sie (in Elfenbein-Ausführung) am Gürtel; auf einer Wachstafel größeren Formats wurde in einem Kloster die Gottesdienst-Ordnung angegeben; Kaufleute konnten Wachstafeln im Lederfutteral mitnehmen auf Geschäftsreisen; es wurden Gerichtsaufzeichnungen in Wachs geritzt; Wachstäfelchen wurden als Briefe geschickt; in Bibliotheken wurden die Namen von Entleihern in Wachs geritzt und nach Rückgabe des Buchs wieder gelöscht; es wurden, wie in Bergen,

private Aufzeichnungen gemacht – so finden wir auf einer Wachstafel einen Frauennamen notiert mit der Bemerkung: »Und ihr Mann liegt bei einer anderen Frau.«
Ich frage mich, frage uns: wenn diese Funde den Schluß zulassen, daß in Wolframs Zeit mehr Personen schreiben konnten (und sei es notdürftig) als bisher angenommen, wie sah es dann in dieser Hinsicht unter deutschsprachigen Autoren aus? Und wie bei Wolfram selbst? Ich werde diese Frage im siebten biographischen Kapitel wieder aufnehmen.
Pünktlich mit dem Abschluß dieses Exkurses wird die Türe des Skriptoriums geöffnet: ein auch für mittelalterliche Verhältnisse großer Mönch, schwarzhaarig und grünäugig, hält dem eintretenden Abt die Tür auf, zieht sie hinter ihm wieder zu.
Der Abt begrüßt die Mönche mit lateinischem Segensspruch, schaut auf die Pergamentblätter – die Initiale scheint ihm zu gefallen. Wie Ägidius setzt er sich auf das Bänkchen des Lesepults, mit dem Rücken zur Schreibfläche. Er berichtet: der capellanus und notarius des Fürsten hat ihn aufgesucht – um wieder einmal in seinem alten Kloster zu sein, vor allem aber, um einen besonderen Wunsch seines Herrn zu übermitteln. Der Fürst hat durch seine Straßburger Schwägerin ein neues Werk der französischen Dichtkunst kennengelernt, sie hat ihm daraus vorgelesen, in Anwesenheit des cancelarius, hat wichtige Abschnitte frei übersetzt; der Fürst war derart begeistert von diesem Werk, daß er es unbedingt in die deutsche Sprache übersetzt sehen möchte; er hat einen der Dichter kommen lassen, die bereits auf seiner Burg vorgetragen hatten; der cancelarius hat ihm dieses französische Werk vorgestellt; der Dichter bekundete seine Bereitwilligkeit, dieses Werk zum höheren Ruhm des Fürsten zu übertragen; damit stehe Bruder Ruodlieb eine ehrenvolle Aufgabe bevor.
Der Mönch fragt, ob Rainald und er demnach die deutsche Fassung abschreiben müßten? Der Abt: der Fall sei schwieriger. Der Fürst hat einen Autor bestimmt, der kein clericus, kein literatus ist, sondern Ritter; der hat zwar einigermaßen das Lesen erlernt, in einer Klosterschule, ist aber weit davon entfernt, das Lateinische zu beherrschen, kann auch nur wenig Französisch; dennoch wünscht der Fürst, daß dieser Ritter die deutsche Fassung des französischen Werkes erstellt; das setzt voraus, daß ihm das französische Werk vorübersetzt wird; keiner im Konvent sei dazu geeigneter als Bruder Ruodlieb.
Der stellt die Frage, warum sich nun auch noch Ritter im Bereich

der Literatur tummeln müßten! Die clerici beherrschen das Lesen und Schreiben, die milites ihre Jagd- und Kampftechniken, alles bliebe in dieser gegebenen und gewohnten Ordnung, solange man nicht ausgerechnet Rittern den Auftrag gebe, Dichtwerke herzustellen oder: solange sich nicht ausgerechnet Ritter um solche Aufträge drängten. Das Schreiben von Verserzählungen müsse man gelernt haben, systematisch, mit den anderen Künsten und Wissenschaften! Ein Ritter aber, der hier auf Hilfe angewiesen ist, erscheint ihm genauso lächerlich wie ein Mönch, der am Turnier teilnehmen will, und einen Ritter bittet, sich hinter ihm aufs Pferd zu setzen, um ihm den Schild zu halten, die Lanze zu führen. Die Mönche im Skriptorium lachen, der Abt lacht mit. Ja, ruft Ruodlieb, da würde wohl jeder auf der Tribüne oder an den Burgfenstern in Gelächter ausbrechen.

Der Abt wird ernst: der Fürst habe ein gewichtiges Argument für seine Entscheidung: ein großer Teil des Romans bestehe aus Kampfbeschreibungen, und zu ihrer Darstellung, ihrer freien Ausgestaltung sei ein Ritter besonders geeignet. Und generell: wenn der Fürst einmal von etwas überzeugt sei, lasse er sich davon nicht mehr abbringen; das zeige sich auch in der gegenwärtig durchgeführten Erweiterung der Burganlage: gegen entschiedene Vorhaltungen seines Notars werde dieser übergroße, damit übermäßig teure Palast erbaut; der Fürst wolle diesen ehrgeizigen Neubau dann wohl auch feiern durch eine öffentliche Präsentation des neuen Romans; weil die Bauarbeiten so energisch vorangetrieben würden, lasse sich die Übersetzung oder Nachdichtung des französischen Werkes nicht hinausschieben – dank der Vermittlung der Schwägerin befinde sich die Vorlage bereits in der Burg.

Ruodlieb stellt die Frage, ob der Wunsch des Fürsten bedeute, die Arbeit müsse vor Abschluß der Norbert-Vita begonnen werden. Der Abt bestätigt das und versucht nun, den Schreiber für die neue Aufgabe zu begeistern – sein Besucher hat ausführlich vom französischen Roman über Uther Pendragon und dessen Sohn Artus erzählt.

Caesarius von Heisterbach, ein Altersgenosse Wolframs, berichtet im *Dialogus miraculorum,* wie Mönche bei einer Abendpredigt einschlafen, einige schnarchen sogar, da unterbricht der Abt die Predigt, sagt: »Es war einmal ein König, der hieß Artus« – und alle Mönche werden wach!

Michael, Rainald und Martin hören denn auch gebannt zu, Ruodlieb starrt zum Fenster hinaus. Der Abt berichtet, daß der Roman zuerst von den Eltern des Königs Artus erzählt. Sein Vater, Uther Pendragon, ist Herrscher von England, seine Macht aber endet an der Grenze Cornwalls, dort regiert der Herzog von Tintagol; man führt Krieg. Doch eines Tages lädt Uther Pendragon seinen Feind ein, er soll seine Frau mitbringen, sie gilt als schön und klug. Uther Pendragon empfängt seinen Gegner zunächst kühl, doch die Laune des Königs bessert sich zusehends, denn die Frau des Herzogs gefällt ihm, er möchte auch ihr gefallen, ja, er möchte so schnell wie möglich das Lager mit ihr teilen. Igraine aber lehnt höflich ab und sagt ihrem Mann, sie habe den Eindruck, sie seien nur eingeladen worden, damit der König sie entehren könne. Beide fliehen in der Nacht, ziehen sich auf die Burg Tintagol zurück: sie liegt auf einem möwenumkreisten, brandungsumrauschten Felsen vor der Steilküste Cornwalls, nur eine Brücke verbindet Steilküste und Felsturm, die Brücke wird hinter dem Herzogspaar hochgezogen. Der König schickt Boten, es wird verhandelt, aber der Herzog mag seine Frau nicht ausliefern. Also will Uther Pendragon sie erobern. Eine längere Belagerung, Verluste auf beiden Seiten, keine Entscheidung. Und so muß dem König ein Zauberer helfen, Merlin. Der erreicht durch Zauberspruch, daß Uther Pendragon genauso aussieht wie der Gemahl von Igraine. Der echte Gemahl wird bei einem Gefecht getötet, drei Stunden, bevor sein Abbild zu Igraine kommt – aber man weiß auf Tintagol noch nichts von seinem Tod. König Uther schläft mit Igraine, in der Gestalt ihres Gatten. Es ließe sich hier die Frage stellen, sagt der Abt, ob dies als Ehebruch im üblichen Sinn verstanden werden müsse, denn der Ehebrecher sei – während der Dauer dieser Verwandlung – im Ehemann gleichsam ausgelöscht, und so lasse sich weiter fragen, ob der Ehebrecher in Gestalt des Ehemanns den Ehebruch tatsächlich als Ehebruch erlebe oder erfahre oder ob Uther Pendragon mit der Gestalt des Herzogs nicht auch dessen Verhalten übernommen habe, sonst würde Igraine wohl auffallen, daß dieser Mann, der wie ihr Ehemann aussieht, sich nicht wie ihr Ehemann benimmt, und wenn sich erst Zweifel einnisteten zwischen Gestalt und Verhalten, so könnte das zu einem raschen Zerfall der Erscheinung des Ehemanns führen, beziehungsweise, der Ehebrecher könnte sich im Ehemann wie in einem Palimpsest abzeichnen.

Nachdenkliches Kopfnicken im Skriptorium. Und der Abt erzählt weiter, was hier nicht mehr nacherzählt wird. Als er die Vorgeschichte beendet hat, sagen Martin und Michael mit Betonung, daß sie ihnen sehr gefallen hat. Ruodlieb äußert sich nicht. Der Abt fragt, warum er schweige. Ruodlieb denkt nach, sagt dann: gewiß könne diese Geschichte als exemplum aufgefaßt werden, aber gebe es nicht sehr viel deutlichere exempla? Exempla, die nicht derart bunt umrankt sind wie solche Geschichten der Artus-Welt? Für ihn ist das Verfassen von Büchern gleichzusetzen mit dem Verfassen von Heiligenviten und Geschichtswerken, hier sieht er mit Otto von Freising eine klare Aufgabe: »res gestas scribamus ad ostendas mutationes rerum«, wir schreiben Geschichte, um die Unbeständigkeit, die Wandelbarkeit des Geschehens zu zeigen und damit »regni coelestis immutabilitatem«, die Unwandelbarkeit des himmlischen Reiches. Wie aber soll das möglich sein in der Nacherzählung einer Artus-Sage? Besteht hier nicht die Gefahr, der schillernden Unbeständigkeit der Welt zu verfallen? Kommt es denn darauf an, Menschen mit Geschichten zu unterhalten, muß man nicht vielmehr Menschen auf das für ihr Heil Wesentliche lenken? Daß sie Einsichten gewinnen in den Lauf der Weltgeschichte, die übergeht in Heilsgeschichte? In der Norbert-Vita zeigt sich doch auch, wie verfallen diese Welt ist, und daß sie völlig verloren wäre, gäbe es auf dieser heillosen Erde nicht schon Bewohner des Gottesstaates, die auf das kommende, höhere Geschehen vorausweisen. Gottes Erscheinung am Anfang der Geschichte, Gottes Erscheinung am Ende der Geschichte, zwischen diesem Anfang und diesem Ende die Weltgeschichte mit all ihren mutationibus et perturbationibus, Aufstieg und Verblendung der civitas terrena, ihr unabwendbarer Sturz in Nichtigkeit, Verlorenheit, der Mensch als Werkzeug in Gottes Hand, und zuletzt nach allen von Ihm zugelassenen mutationibus et perturbationibus die civitas Dei in ihrer Vollendung, ihrer Vollkommenheit. Und ein Norbert habe dabei mitgewirkt, daß der Gottesstaat seine reine Form gewinne. Was ihm an dessen Geschichte wichtig sei, sagt er dem Abt, das sei die unbeirrbare Entschlossenheit, das Leben eines Heiligen zu führen, Armut nicht nur predigend, sondern auch lebend. Als Norbert, zum Erzbischof von Magdeburg gewählt, zum ersten Mal vor die Stadt kam, stieg er von seinem Esel ab, zog die Schuhe aus, ging barfuß in ärmlicher Kleidung durch die Straßen, wurde vom Türhüter des erzbischöflichen Palastes zurückgewiesen, der einfach nicht glauben wollte, daß dies der neue Erzbischof sei; Bischöfe zogen üblicherweise mit großem Pomp in ihre Residenzen ein, und hier nun dieser hagere, große Mann, barfuß, mit Fellen bekleidet... Später dann der vollständige Ver-

zicht: Norbert als Einsiedler im Wald, und er aß Brot, wilde Früchte, Honig – die Nahrung der Armen. Und er hauste in einer Hütte, schlief auf dem nackten Boden: Norbert sei einer der Armen im Sinne Petri gewesen, in der vita apostolica.
Schweigen im Skriptorium. Dann sagt der Abt, mehr denn je erscheine ihm die Vollendung der Norbert-Vita notwendig, doch sei der Zeitpunkt dieser Vollendung wohl weniger wichtig. Hingegen habe er den Eindruck gewonnen, daß der Zeitpunkt, an dem man mit der Arbeit am Artus-Roman beginnen müsse, nicht hinauszuschieben sei: der Fürst, das habe er ja bereits erwähnt, lasse sich von seinen Plänen nicht abbringen. Und noch ein Gesichtspunkt komme hinzu: wenn der Fürst schon die kostspielige Aufgabe übernehme, ein Werk ins Deutsche übertragen und auf Pergament niederschreiben zu lassen, so sei durchaus möglich, daß er in entsprechender Relation dem Kloster erneut eine Dotation mache, vielleicht sogar dieser Bibliothek. Kurz, er bestehe darauf, daß Bruder Ruodlieb diese ehrenvolle Aufgabe übernehme, selbst wenn seine Arbeit an der Vita zurückgestellt werden müsse.
Ruodlieb starrt zum Fenster. Es will ihm, so sagt er, nicht in den Kopf, wie man überhaupt den Gedanken fassen kann, ein Werk in die Volkssprache zu übersetzen. Wenn diese Herren Ritter im Bereich der Literatur tätig werden wollen, warum lernen sie nicht Latein? Damit wäre man von vielen Problemen der Verständigung und Übermittlung befreit. Beispielsweise: ein Werk über Norbert in der Volkssprache der Region von Xanten wäre hier in der Region kaum noch zu verstehen und auch nicht in Thüringen oder in Bayern, jeder Schreiber färbe den Text mit seiner Sprache ein, ein lateinischer Text aber sei in Xanten ebenso zu verstehen wie in Regensburg, in Köln wie in Meißen, in Straßburg wie in Burgund, in England wie in Irland, Latein sei die Sprache der literati, der clerici, Latein sei die Sprache der Wissenschaft, der Theologie, der Verwaltung, der Justiz, der Diplomatie – warum also die Entfaltung volkssprachiger Dichtungen fördern? Und dies in einer Zeit der Blüte lateinischer Dichtung?!
Rainald beginnt zu sprechen – er, der noch vor einer Stunde kränkelnd gewirkt hat, ist nun entschieden, temperamentvoll. Er sehe den Zustand der lateinischen Literatur mit anderen Augen. Zwar sei er noch einige Jahre jünger, doch habe er schon mehrere lateinische Werke abgeschrieben, habe sogar die Ehre gehabt, Teile der Historiographie des Gregor von Tours zu kopieren – dies vor allem, weil Bruder Ruodlieb wiederholt in Rage geraten sei über das

barbarische Latein dieses Autors; eigentlich, so habe er das von Bruder Ruodlieb noch im Ohr, eigentlich müßte man dieses elende Latein so kopieren, wie es vorliege, aber das bringe er nicht über sich. Ihm selbst, ruft Rainald aus, habe sich zuweilen die Feder gesträubt, beziehungsweise: sie habe sich unter dem zu starken Druck der Wut gespreizt, aber er habe ja nun nicht hier und in Paris studiert, um die ihm zugeteilten Textabschnitte ohne jede Änderung zu kopieren. Schließlich habe Gregor ja auch selbst geschrieben, die literati würden seine Schwächen, ja grammatischen Fehler schon erkennen. Und Gregor habe auch betont: immer weniger verstünden die Kunst der Rhetorik, viele aber die bäuerliche Sprache – philosophantem rethorem intellegunt pauci, loquentem rusticum multi. Und Gregor selbst habe wiederholt über den Verfall der (lateinischen!) Literatur geklagt. Und Gregor habe sich selbst einmal angerufen mit der Formulierung: O rustice et idiota! Er wolle jetzt nicht ausführlich über Gregor reden, betont er, er wolle damit nur deutlich machen, wie sehr das Lateinische verfalle. Nun habe es Gott aber gewiß nicht gewollt, daß damit die Sprache überhaupt verfalle, daß Sein Wort also nicht mehr recht verstanden und nicht mehr genügend verbreitet werde, und er sei denn auch von der ruhigen, gläubigen Gewißheit, daß es hier den notwendigen Ausgleich gebe. Das sei wie in der Natur: ein Verfallen hier und neue Triebe, neue Blüten dort; alles habe seinen Sinn in Gottes Schöpfung. Ita est, sagt der Abt. Bruder Ruodlieb scheint unruhig, er schaut sich um wie ein Vogel mit ruckendem Kopf. Rainald spricht weiter: es müßte selbstverständlich darauf geachtet werden, daß diese Blüte volkssprachiger Dichtung nicht ungebührlich groß werde, das Lateinische müßte weiterhin gepflegt werden. Aber man merke dieser Sprache doch in vieler Hinsicht an, daß sie vor mehr als tausend Jahren von Eroberern übernommen worden sei, die Gott inzwischen vom Angesicht dieser Erde getilgt habe. Und nun sterbe ihnen auch ihre Sprache nach. An ihrer Stelle nun entwickle sich die Sprache, die man als Volkssprache bezeichne: daß diese Sprache sich zu einem Instrumentarium entfalte, mit dem man Gottes Schöpfung angemessen beschreiben könne, dazu wolle er versuchen, einen bescheidenen Beitrag zu leisten. Auch unter diesem Gesichtspunkt sei er – da Bruder Ruodlieb an der Vita des heiligen Norbert weiterarbeiten wolle – bereit, dem Ritter beim Übersetzen und Versifizieren zu helfen; die französische Sprache sei ihm ja noch vertraut. Bruder Ruodlieb blickt auf die Schräge seines Pults, faßt die Seitenkanten an mit seinen breiten Händen, läßt sie wieder sinken. Selbstverständlich werde er den Auftrag ausführen, zu Nutzen und Frommen des Klosters. Und Bruder Rainald dürfe ihm dabei wie gewohnt helfen. Der Abt nickt, steht auf.

27 Zeit ist Kreislauf. Hier ist keine Strecke zwischen dem Zeitpunkt A und einem Zeitpunkt B, einem Zeitpunkt B und einem Zeitpunkt C, von dem sich zurückrechnen ließe zum Zeitpunkt A. Zeit ist Kreislauf. Die Jahre, die Monate, die Wochen, die Tage; die Tage, die Wochen, die Monate, die Jahre. Zeit ist Kreislauf. Zeit kann nicht genau, schon gar nicht auf die Minute genau berechnet werden, mit Zeit kann also auch noch nicht gerechnet werden; um rechnen zu können, braucht man klar abgegrenzte, weithin gültige Einheiten. Wozu aber braucht man sie? Um beispielsweise Bewegungen im Kristallschalen-Weltraum zu messen? Was in diesem von Kreisformen und Kreisbewegungen bestimmten Weltraum geschieht, das braucht man nicht genauer zu beobachten, das hat schon Aristoteles beschrieben – vor wie vielen Jahrhunderten? Das ist fast gleichgültig – ein Gebildeter, ein Sprachenkundiger, kann es nachlesen oder sich vorlesen lassen, kann es abschreiben oder abschreiben lassen, kann es kommentieren, indem er Aussagen der Autorität Aristoteles mit Aussagen der Autorität Ptolemäus kombiniert, kompilierend, und sehr viel weiter kommt man nicht, weiter braucht man auch nicht zu kommen, will man nicht kommen. Zeit ist Kreislauf. Was beispielsweise die Römer schrieben, das bestimmt noch immer Wahrnehmung und Denken des gebildeten Menschen. Und wer eine Biographie beispielsweise über Karl den Großen schreibt, der kann Partien aus der Kaiserbiographie eines Sueton abschreiben, denn was für einen römischen Kaiser bezeichnend ist, das ist auch für einen fränkischen Kaiser bezeichnend. Zeit ist Kreislauf. Das Römische Reich, obwohl längst untergegangen mit den römischen Herrschern und Heeren, das gibt es immer noch, wenn auch inzwischen »Deutscher Nation« und mit dem Zusatzwort »Heilig«. Zeit ist Kreislauf. Wenn die Beschreibung eines römischen Herrschers zutrifft auf die Beschreibung eines mittelalterlichen Herrschers, so kann man auch römischen Herrschern, römischen Helden die Kleidung, die Rüstung eines mittelalterlichen Herrschers oder Helden auf den Leib malen. Und ein römischer Held wie aus dem Buche hat Wörter des Mittelalters im Kopf, auf der Zunge, den Lippen – auch ein Römer kann »courtois« sein, denn: Zeit ist Kreislauf. Also braucht man Geschichte eigentlich nicht neu zu schreiben – man verdeutlicht, man ergänzt, trägt nach. So wie der Gläubige an Gottes Autorität nicht zweifelt, an Gottes Wort, so zweifelt ein mittelalterlicher Dichter auch nicht an der Autorität eines klassischen Dichters, sonst könnte alles ins Gleiten, ins Wanken geraten. Der Mensch erfüllt eine Aufgabe, vorgegeben durch Gottes Ordnung in der Welt, und das bedeutet: er ordnet sich unter, tritt als Person zurück, denn träte er hervor, sich entwickelnd als Individuum, so würde er Zeitläufte aufteilen in Zeitphasen, wie aber wäre das möglich, da sich doch alles wiederholt? Zeit ist kein Element der Entwicklung, Zeit ist Kreislauf. Gottes Schöpfung ist unveränderlich. Und wenn Gott sich nicht verändert, wie sollte sich Sein Werk ändern? Die Himmels- und Weltmaschine, die Gott konstruiert hat, kann durch nichts gestört werden – es gibt Beschädigungen, teuflische Störungen, aber der Ablauf bleibt gleichmäßig. Mit welchem Recht sollten Menschen es wagen, diese Schöpfung zu ändern, und sei es in der Ausdeutung? In der Schöpfung verkörpert sich die göttliche Ordnung, sie wird gesteuert von der Vorsehung. Es geht darum, Gottes Absichten zu erkennen in der Ausgestaltung der Welt, in der man lebt, es geht darum, den Weg zur Hölle zu meiden, den Weg des Heils zu finden, dabei können beispielsweise zeitgenaue Berechnungen über rückläufige Planetenbewegungen keinen Schritt weiterführen. Zeit ist Kreislauf. Die Tage, die Wochen, die Monate, die Jahre; die Jahre, die Monate, die Wochen, die Tage. Zeit ist Kreislauf. Dieser Kreislauf wird erst gesprengt am Jüngsten Tage. Dann gibt es keine Zeit mehr.

28 Ich nehme wieder Wolframs Spur auf, bin dabei sicher, daß ich einer nicht bloß fiktiven Figur folge, daß vielmehr Anspielungen und Hinweise des Erzählers mit der Person des Autors kommunizieren. Wolframs Selbstaussagen müssen nicht gebrochen werden von kritischer Reflexion, sie zeigen bereits erhebliche Brechungswinkel. Direkte Aussagen schätzt er nicht. So gehört er auch nicht zu den Autoren, die sich selbst kommentieren, damit Lesern und Zuhörern die Arbeit erleichternd, sie vor eigenen Entdeckungen bewahrend. Es zeigte sich bereits im Prolog des Parzival-Romans: selbst die kürzeste Verbindung zwischen den Punkten A und B hat bei Wolfram einen Knick. Und häufig sind verschlungene Linien – so definiere ich Wolframs Denken und Formulieren spaßhaft-ernsthaft als brezelförmige Dialektik. Sie verhindert, daß wir ihn in seinen Selbstaussagen allzu direkt beim Wort nehmen.

Ich greife meine Arbeitshypothese auf, ohne die ich nicht weiterkomme: Wolfram hat seinen Roman nicht konzentrisch verfaßt, indem er mal hier, mal dort ansetzte, je nach innerer Disposition, äußerer Lage, und zuletzt wurde zusammenmontiert, sondern: er folgte chronologisch dem Geschehen in Chrétiens Roman. Nach dem Erfurt-Intermezzo finden wir nun keinen Hinweis mehr auf eine Person, einen Ort in Thüringen, statt dessen Anspielungen auf eine Person und einen Ort in Bayern. Hier läßt sich der Schluß ziehen: an diesem Erzählabschnitt arbeitete er nicht mehr in Thüringen.

Etwa siebenhundert Zeilen nach dem Stichwort Erfurt erzählt Wolfram weiterhin von Gawan und Antikonie, dieser auffallend großen, rasch zur Liebe entschlossenen jungen Dame; er vergleicht sie mit der Markgräfin auf der Burg Heitstein.

> War sie schön, so stand's ihr gut. 403, 26
> Und war sie eine reine Seele,
> verhalf ihr das zu hohem Rang.
> Damit glich sie im Benehmen,
> Wesen jener Markgräfin,
> deren voller Glanz vom Heitstein
> übers ganze Land erstrahlte.
> Glücklich, wer es selbst erlebte,
> aus der Nähe. Glaubt mir eins:
> man findet Unterhaltung dort,
> die besser ist als anderswo.
> Ich kann nur von den Damen sagen,
> was mir meine Augen zeigen.

Wer war diese Markgräfin? Sie hieß Elisabeth, war die achte Tochter eines Wittelsbachers, war verheiratet mit einem Diepoldinger, dem Markgrafen Berthold von Vohburg. Er residierte unter anderem auf der Burg Heitstein bei Cham im Bayerischen Wald. Cham war schon seit langem eine niederbayerische Grenzfeste gegen Böhmen; um die Burg des Landesherrn gruppierten sich Burgen

von Ministerialen. In dieser Region residierten Elisabeth und Berthold. Er hatte an Kaiser Friedrichs Kreuzzug teilgenommen, hatte sich dabei ausgezeichnet. Auf einem Italienfeldzug des Kaisers Heinrich »zog er sich ein schweres körperliches Leiden zu, dem er nach längerem Siechtum erlegen zu sein scheint« (Schreiber). Er starb am 25. Mai 1204, kinderlos. So fiel sein Lehensbesitz mit der Burg Heitstein an Elisabeths Bruder, Herzog Ludwig von Bayern. Von da an blieben die Wittelsbacher die Herren auch dieser Region. Elisabeth konnte wahrscheinlich nicht länger auf Heitstein bleiben. Wohin zog sie? Nach Thüringen, an den Hof des Landgrafen, ihres Schwagers? Elisabeths älteste Schwester war die (zweite) Frau des Landesherrn. Eine andere Möglichkeit, für die in diesem Kontext eine größere Wahrscheinlichkeit spricht: sie blieb in Niederbayern, wurde von ihrem Bruder aufgenommen. Er begann ab 1204 Landshut zu einer Residenz auszubauen. Offensichtlich hat Wolfram die Markgräfin kennengelernt: die junge Witwe könnte einen Kreis um sich gebildet haben. Das ist sicher nicht gleich nach dem Tod ihres Mannes geschehen, wir dürfen ihr Zeit dazu lassen, denn Wolfram blieb bis 1204 oder 1205 in Thüringen. Dann ritt er nach Bayern, suchte dort wohl einen neuen Förderer – konnte ihm die Markgräfin helfen, die zuvor auf dem Heitstein residiert hatte? In seiner Anspielung macht Wolfram (oder die Textüberlieferung) einen irritierenden Tempuswechsel. »Glücklich, wer es selbst erlebte...«: Vergangenheitsform. »Der findet Unterhaltung dort...«: Gegenwartsform. So ist auch schon vermutet worden, daß Wolfram mittlerweile wieder von Antikonie spricht. Aber anschließend heißt es: »Ich kann nur von den Damen sagen, was mir meine Augen zeigen.« Antikonie hat er nicht mit eigenen Augen gesehen, auch nicht als fiktive Erzählerfigur. Im Kontext wird klar: Wolfram weist hin auf Vergangenes und suggeriert gemeinsame Gegenwart – man findet Unterhaltung in Elisabeths Kreis. Sie lebt also wieder auf. Es ist schon darüber spekuliert worden, ob die junge Witwe Wolframs unbekannte Geliebte war, also die Dame, die er durch eine unbedachte Äußerung verletzt hat und die sich so entschieden rächte, daß es Wolfram lange nicht verwinden konnte, wie Äußerungen zeigen. Wolfram und Elisabeth, Elisabeth und Wolfram – zu schön, um wahr zu sein.
Ich wage nur diese Vermutung: Wolfram ist auch vor Elisabeths Kreis aufgetreten, vielleicht am Hof ihres Bruders, eventuell auf der Vohburg – genauerer Hinweis folgt. Hier drängt sich die Frage

vor: Läßt sich mit Elisabeth von Vohburg endlich eine Dame benennen, die Wolfram gefördert hat? Es war bisher von (potentiellen) Gönnern die Rede, nie von (ihren) Frauen. Wolfram aber spricht in seinem Werk wiederholt zuhörende, ja einmal sogar lesende Damen an.

> Ich weiß, daß Damen mit Verstand 337
> (sofern sie Liebe, Treue kennen),
> die hier die Geschichte lesen,
> mir ehrlich zugestehen müssen:
> ich erzählte von Frauen besser,
> als ich von der *einen* sang!

Diese Zeilen sind in doppelter Hinsicht interessant. Wolfram setzt voraus, daß man seinen Artus-Roman auch liest. Dieser Punkt ist wichtig, ich werde später auf die (mögliche) Rezeption eingehen. Der zweite Punkt: Wolfram spricht nur Damen an. Es gibt in seinem Roman noch zwei weitere verbale Hinwendungen zu Damen im Publikum (oder: Damen als Publikum). Damit stehen wir vor einer durchaus aktuellen Frage.
Bei fast allen Lesungen, die ich bisher gehalten habe, überwogen Frauen im Publikum. Kein Anlaß, mich entsprechend zu stilisieren, ich habe Kollegen gefragt, Veranstalter, sie alle haben bestätigt: überwiegend Frauen besuchen literarische Veranstaltungen. Blicken wir kurz in die Zeit unserer Weimarer Klassiker: die Literaturzirkel waren vor allem Damenzirkel. Und nun Wolframs Zeit: auch damals scheinen vorwiegend Frauen Literatur rezipiert zu haben, die meist von Männern produziert wurde. In dieser Frage besteht auch weithin Übereinstimmung unter Mediävisten.
Es wird in diesem Zusammenhang gern darauf hingewiesen, daß adlige Herren bei der Beschäftigung mit Literatur immer wieder gestört wurden durch Kreuzzüge, Italienfeldzüge, Privatkriege. Die Kreuzzüge: viele Teilnehmer blieben, nachdem die Kämpfe beendet waren, jahrelang im Heiligen Land – militärische Absicherung, Aufbau und Ausbau der Verwaltung und so weiter. Die Italienfeldzüge oder die obligatorische Begleitung von Königen zu ihren Kaiserkrönungen: Rupert von Durne war allein sechsmal in Italien. Und das bedeutete bei den monatelangen Hinreisen, Rückreisen, bei den meist gemächlichen Verhandlungen: jeweils ein Jahr... Schließlich die Fehden: es gab damals noch nicht so etwas wie einen Reichs-Gerichtshof; wenn ein Regionalherr mit ei-

nem anderen Regionalherrn in Streit geriet (Anlässe gab es genug bei den oft unklaren Besitzgrenzen, den vagen Verträgen), so griff man zur Selbsthilfe (das wird auch von Rechtshistorikern so definiert), eröffnete eine Fehde, und die wurde ausgetragen als Privatkrieg. So mußten Könige und Kaiser immer wieder versuchen, den Landfrieden herzustellen.
Also: sehr viele Ablenkungen von der für einen Autor so wünschenswerten Beschäftigung mit Literatur! Die Frauen der Akteure übernahmen in diesen Zeitläufen vielfach die Verwaltung, aber sie hatten ihre Helfer, es blieb freie Zeit. Sehr beliebt waren damals Handarbeiten. In Mode war zu Wolframs Zeit das Verzieren (Besticken oder Applizieren) von Gürteln, das Herstellen von Borten. Adlige Frauen in Klöstern wie auf Burgen: sie stickten oder benähten Borten – in Klöstern für Pontifikalgewänder, in Burgen für festliche Kleider. Diese Borten waren nicht nur Zierbänder, sie waren vielfach handbreit, es wurden Ornamente, oft auch Figuren aufgestickt, oder sie wurden aus verschiedenen Stoffen zurechtgeschnitten und aufgenäht. Ein beliebter Zeitvertreib war auch das Musizieren. Und man las oder ließ sich vorlesen, vortragen. Ich nehme an, daß auch in Kreuzzugs- oder Kriegszeiten Männer an literarischen Veranstaltungen teilnahmen – die Kleriker in der Burg oder aus der Umgebung, die hoffähigen Ministerialen, die Verwandten...
Adlige Frauen hatten damals eine bessere Schulbildung als adlige Männer: damit entstand Publikum für Dichter! Joachim Bumke: »Literarisch gebildete adlige Damen hat es in diesem Jahrhundert in solcher Zahl gegeben, daß man generell den Frauen einen größeren Anteil am Bildungsleben des Laienadels zuschreiben kann.« Und die Folgerung: »Man wird davon ausgehen können, daß die höfische Dichtung weitgehend dem Geschmack und dem Urteil adliger Damen unterworfen war und daß fürstliche Gönnerinnen eine größere Rolle gespielt haben als die direkten Zeugnisse erkennen lassen.«
Wenn ich die Wertheimer oder Durner Grafen als potentielle Förderer bezeichnete, so könnten damit falsche Akzente gesetzt sein: vielleicht waren es die Frauen dieser Grafen, die dafür sorgten, daß der Dichter aus Eschenbach auftrat, ja daß man ihn und seine Arbeit wenigstens für einige Zeit unterstützte. Das ist leider nirgendwo dokumentiert – die Ehefrauen erscheinen überhaupt nur selten in Urkunden. Wie die Gemahlinnen des Rupert oder Ulrich von Durne hießen, weiß ich nicht. Die Frau des (älteren?) Boppe

von Wertheim hieß Mechtild, das verraten Schenkungsurkunden. Spielte diese Mechtild von Wertheim eine Rolle in Wolframs Dichter-Biographie? Spielte Elisabeth von Vohburg solch eine Rolle?
Der Abstecher nach Cham, nach Landshut könnte sich gelohnt haben: wir sind um einige Fragen reicher geworden. Bevor wir diesen Bereich verlassen, noch eine Anmerkung: falls Wolfram am Hof des Herzogs Ludwig aufgetreten ist, könnte er – direkt oder indirekt – den damals schon berühmten Liederdichter Neidhart (»aus Reuental«) kennengelernt haben, der von Ludwig gefördert wurde.
Doch jetzt nach Dollnstein. Nur etwa 150 Zeilen trennen die Anspielung auf Heitstein von der Anspielung auf Dollnstein, doch etwa 100 Kilometer Luftlinie liegen zwischen diesen Burgen.
Schauen wir uns zunächst wieder den Hinweis an. Der Kontext: weiterhin Gawans Abenteuer mit Antikonie. Rasch, nachdem sie sich kennengelernt haben, entwickeln sie Lust aufeinander, Gawan berührt ihre Hüfte, das wird von einem Hofmann beobachtet, er stimmt Alarmgeschrei an, das Paar muß sich in einen Turm zurückziehen, waffenlos; Gawan nimmt ein großes Schachfeld als Schild, Antikonie bewirft die herandrängenden, erbosten Orts- und Burgbewohner mit steinernen Schachfiguren.

> Ob nun König oder Turm, 408, 28
> sie warf die alle – groß und schwer –
> auf die Feinde, wie's grad kam.
> Und es wird von ihr berichtet:
> wen sie traf mit diesem Wurf,
> der mußte in die Knie gehn.
> Die entschlossene Prinzessin
> kämpfte wie ein Ritter, zeigte
> neben Gawan solche Kraft –
> selbst die Krämerweiber von Dollnstein
> kämpften Fastnacht nicht so gut!
> (Freilich ist dies Narretei –
> sie strengen sich aus Spaß so an.)

Dollnstein zwischen Eichstätt und Pappenheim: eine Burg auf einem Felshügel im Altmühl-Tal, und dieser Kalkfels nah am Fluß: so konnte man die (mit flachen Booten) schiffbare Altmühl, konnte man auch die Straße am Hang unter Kontrolle halten. An

diesen Burgfelsen herangerückt der kleine Ort, in dem wohl etliche Häuser aus dem Gemäuer der (inzwischen vollständig abgerissenen) Burg errichtet wurden.
Die Nähe zu Eichstätt bedeutete: zweieinhalb Jahrhunderte lang waren die Grafen von Dollnstein-Gröglingen-Hirschberg die Schirmherren des Hochstifts. Diese Grafenfamilie stellte zu Wolframs Zeit aber nicht nur den Vogt des Hochstifts, sondern auch den Bischof: so residierte Hartwig in Eichstätt, sein Bruder Gebhard auf Dollnstein.
In Dollnstein gab es aber offenbar während der Fastenzeit ein Kampfspiel von Frauen. Und Wolframs Anspielung dürfte Resonanz gefunden haben bei denen, die diesen Brauch kannten. Bernd Schirok verweist auf die »Tatsache, daß Anspielungen nur dann sinnvoll sind und ihre Wirkung entfalten können, wenn der Autor davon ausgehen darf, daß seine Hörer sie auch verstehen«.
Die körperlich große, leicht entflammbare Antikonie wird auf eine offenbar scherzhaft gemeinte Weise mit Elisabeth von Vohburg verglichen: das könnte in ihrem Umkreis, vielleicht sogar in ihrer Gegenwart geschehen. Und als die ebenso rasch zum Kampf wie zur Liebe entschlossene Antikonie mit Schachfiguren um sich wirft, tauchen die wilden Weiber von Dollnstein auf: war das Dollnsteiner Fastnachtstreiben so bekannt, daß man auch in Landshut über die Anspielung lächeln konnte?
Vohburg liegt an der Donau, östlich von Ingolstadt, etwa 40 Kilometer Luftlinie von Dollnstein entfernt. So wird Elisabeth schon mal was vom Fastnachtstreiben in Dollnstein gehört haben...
In welcher Region, auf welcher Burg Wolfram auch immer diese Anspielungen machte – es wird in Niederbayern gewesen sein. Also läßt sich mit einiger Wahrscheinlichkeit folgern, daß sich Wolfram in dieser Arbeitsphase dort aufhielt, daß er dort Unterstützung fand, neue Förderung der Arbeit.
Ich betone noch einmal: daß Wolfram vor Elisabeth auftrat, eventuell am Hof ihres Bruders, das ist nur eine Möglichkeit. Eine andere Möglichkeit wäre, daß er in der Burg Dollnstein auftrat, und dort war Elisabeth, war Heitstein ein Begriff.
Sollte sich Wolfram, wenigstens für einige Zeit, in Dollnstein aufgehalten haben, so hätte er – durch Vermittlung unter den Grafen-Brüdern – vielleicht auch die Kanzlei oder das Skriptorium im nahen Eichstätt in Anspruch nehmen können.

29 Fortsetzung des Berichtes über den (Bürger)Krieg zwischen den beiden deutschen Königen Philipp (von Schwaben) und Otto (von Poitou und Braunschweig).
Philipp, in starker Position, wollte sich vom Makel des Verfassungsbruchs befreien und trat am 6. Januar 1205 in Aachen vor einer Fürstenversammlung zurück. Eine Chronik: »Der König legte nach Beratung mit den Seinen den königlichen Namen und die Krone nieder und bittet, daß er einmütig von allen gekoren werde.« Philipp wurde nach dieser formellen Abdankung einstimmig zum König wiedergewählt. Der ihm nun als erster seine Stimme gab, war Erzbischof Adolf von Köln. (Mainz war blockiert: dort gab es mittlerweile zwei Erzbischöfe, einen Staufer und einen Welfen.) Caesarius von Heisterbach ist der Meinung, die Nachwahl sei vor allem wegen Adolf erfolgt, seinetwegen »mußte alles ungültig gemacht werden«. Er hatte 1198 auf seinem Wahlrecht bestanden und dafür einen Bürgerkrieg in Kauf genommen; nun endlich konnte er dieses Wahlrecht ausüben – und dafür nahm er seine Absetzung in Kauf. Innozenz schickte einen Legaten nach Köln, ließ Adolf exkommunizieren und dispensieren. Köln blieb eine der letzten Bastionen König Ottos. (Damals wurde am Kölner Dreikönigsschrein gearbeitet; man rückte an der Vorderseite die Figuren der Heiligen Drei Könige zusammen, um Platz zu schaffen für König Otto: vier Könige – wie noch heute zu sehen ist – nähern sich mit Geschenken der ihnen zugewandten Muttergottes mit dem Jesuskind.)
Philipp stellte ein neues Heer auf, um Köln endgültig zu besiegen. Es kam (zum ersten Mal nach all den Jahren) zu einer offenen Feldschlacht der Könige bei Wasserberg, am 27. August 1206. Philipps Truppen siegten. Otto wurde im Kampf verwundet, mußte fliehen, wäre beinahe gefangengenommen worden.
Kurz nach der Schlacht fand das erste Treffen zwischen Philipp und Otto statt – der inzwischen etwa 26jährige und der gerade 24jährige König standen sich gegenüber, vor Köln, aber die Verhandlungen führten nicht zu dem Ergebnis, das Philipp erhofft hatte: Otto verzichtete keineswegs auf seine Ansprüche. Er kehrte in die Stadt zurück, doch hier war er nicht mehr sicher: die Kölner Bürger waren diesen Krieg leid, diese wiederholten Verwüstungen des Umlandes, sie nahmen Verhandlungen auf mit Philipp; der gestand Köln Privilegien zu, Otto setzte sich ab, Philipp zog in die Stadt ein. Der Bürgerkrieg war damit eigentlich beendet: Otto hatte keinen Rückhalt, so gut wie keine eigenen Territorien mehr,

aber er gab noch immer nicht auf, suchte die Unterstützung Dänemarks, versicherte sich der Hilfe des Papstes, verhandelte mit König John. Bei einem zweiten Treffen mit Philipp erklärte Otto, nur der Tod könne ihm die Krone rauben. Freilich, für die meisten Fürsten war er schon tot.
Der päpstliche Legat kehrte nach Italien zurück; deutsche Unterhändler begleiteten ihn. Sie verlangten vom Papst, daß er Philipp zum Kaiser kröne. Eine Forderung! Und Innozenz gab nach. Damit verzichtete er auf seine vor Jahren so entschieden proklamierte Forderung, das letzte Wort zu haben bei der Wahl eines Königs, bei der Krönung eines Kaisers – er erkannte die Entscheidung der Reichsfürsten an. Und er war sogar bereit, dem Reich annektierte Gebiete zurückzugeben!
Es ging jetzt nur noch darum, das Konkursverfahren der Welfen abzuwickeln. Philipp stellte ein neues Heer auf, um Otto endgültig zu besiegen, und zwar in Braunschweig, seiner letzten Bastion. Sammelpunkt der Truppen Philipps war Quedlinburg; es trafen viele Kämpfer ein; die königliche Kriegskasse war gut gefüllt. Mit Braunschweig sollte auch Dänemark geschlagen werden, sollte das England des Königs John einen Denkzettel erhalten. Philipp hatte einen Traum, den erzählte er einem Geistlichen: im Jahre 1208 werde das Ende kommen. Fast jeder im Reich war davon überzeugt, daß Ottos Ende unmittelbar bevorstehe.
Am 21. Juni 1208 residierte König Philipp im bischöflichen Palast zu Bamberg – sein Heer lag vor der Stadt. Nach einem anstrengenden Vormittag wurde er zur Ader gelassen, ruhte sich aus. Gegen drei Uhr drang der bayerische Pfalzgraf Otto von Wittelsbach in den Palast ein, mit Bewaffneten; er ließ sie vor dem Zimmer warten, in dem sich der König und einige Vertraute aufhielten, lief mit gezogenem Schwert hinein, schlug Philipp auf dem Bett die Kehle durch; der Mörder entkam. Er hatte private Rache genommen – Auseinandersetzungen mit Philipp wegen einer Heirat; vereitelte Familienpolitik.
Die Nachricht vom Tod des Königs Philipp verbreitete sich mit der Geschwindigkeit von Fußgängern und Pferden; es folgten Anarchie und Chaos. Königliche Besitzungen wurden überfallen, beraubt, niedergebrannt; Dörfer gingen in Flammen auf; kaum jemand wagte sich ohne Waffen aus dem Haus.
Wie würde sich Otto nun verhalten? Würde er Rache nehmen an seinen Feinden? Papst Innozenz schrieb ihm als Seelenhirte: »Wohlwollen und Herablassung, Ehre und Gnade erweise allen,

teuerster Sohn, und enthalte dich harter Reden und gewalttätiger Werke.« Zugleich rief er die Reichsfürsten auf, diesem König zu dienen: »Da nun durch Gottes Urteil der Zwang enthoben ist, werdet ihr keine begründete Entschuldigung anführen können, wenn ihr ihm fortan Hilfe und Gunst versagen solltet.« Und der Papst schlug vor, Otto sollte Beatrix, die älteste Tochter Philipps, heiraten als Zeichen der Versöhnung zwischen den Welfen und Staufern.

Zu dieser Zeit kamen bereits zahlreiche Gesandtschaften zu Otto, überbrachten Glückwünsche ihrer Herrschaften, boten deren Dienste an. Unter ihnen auch Ottos Bruder, der Pfalzgraf, der zu Philipp übergewechselt war. Die geistlichen und weltlichen Reichsfürsten, die all die Jahre in Otto den großen Feind des Reiches gesehen hatten, traten in rascher Folge zu ihm über. Am 11. November 1208 wurde auf dem Hoftag zu Frankfurt von den Reichsfürsten seine Wahl bestätigt. Und er wurde ein zweites Mal gekrönt, diesmal mit den echten Insignien. Und er heiratete Beatrix – sie war zu dieser Zeit elf. (Ihre Mutter war zwei Monate nach dem Mord an einer Fehlgeburt gestorben; sie hinterließ vier Töchter. Beatrix erhob in einem Gottesdienst der Fürstenversammlung Anklage gegen den Mörder, wurde dabei von Otto unterstützt.)

Otto IV. war unangefochten König des Heiligen Römischen Reiches Deutscher Nation. Er stellte rigoros den »Landfrieden« wieder her, ließ abschreckende Strafen vollziehen – das sprach sich herum, das sollte es auch.

Und nun geschah etwas Überraschendes: Ottos Gelöbnis von Speyer, am 22. März 1209. Er verzichtete schriftlich auf territoriale Rückforderungen des Reiches an den Kirchenstaat, verzichtete auf alte Rechte des Königs bei Bischofswahlen, verzichtete auf politische Selbständigkeit gegenüber dem Papst. Was der konziliante Staufer energisch gefordert hatte, das gab der martialische Welfe kampflos ab. Hauck: »Wenn man sich die tatsächlichen Verhältnisse vergegenwärtigt, so wird man urteilen müssen, daß Ottos Zusagen durch seine Lage nicht gefordert waren. Er räumte so viel ein, wie nur ein Verlorener seinem Retter gewähren konnte. Aber Innozenz war nicht sein Retter.«

Wieder eine Fürstenversammlung, diesmal in Würzburg. »Gekommen bist du, der Ersehnte«, sang ein Chor von Geistlichen zu seiner Begrüßung. Hier in Würzburg beschloß und verkündete er den Heerzug nach Rom, zur Kaiserkrönung. Erste Vorbereitungen.

Otto war inzwischen wohl bewußt geworden, daß er dem Papst zu weit entgegengekommen war: ein halbes Jahr nach dem Gelöbnis zu Speyer löschte er in seinem Titel die Formel »von des Papstes Gnaden«. Dies war schon ein Programm.
Das zeigte sich gleich bei der ersten Begegnung zwischen Papst Innozenz und König Otto, vor der Krönung. Die beiden Männer hatten sich nie zuvor gesehen; nun stellten sie fest, daß sie sich nicht mochten: der hünenhafte, martialisch wirkende, nicht übermäßig intelligente Welfe und der kleine, schmale, agile, juristisch gebildete, musikalisch interessierte Papst. Es kam beim Vorgespräch rasch zur Konfrontation. Innozenz verlangte noch einmal, daß die territorialen Erweiterungen des Kirchenstaates anerkannt würden, Otto war dazu jetzt nicht mehr bereit. Als der Papst auf die Erklärung von Speyer verwies, soll Otto gelacht und erklärt haben, da hätte er nur ein Stück Papier im Kasten.
Trotz des ersten Krachs: Innozenz war bereit, den König zu krönen. Stärkstes Argument war hier offenbar das königliche Heer vor den Mauern Roms – Innozenz schien eine Intervention zu befürchten. Am 4. Oktober 1209 fand die Krönung statt.
Sie war von Unruhen begleitet. Daß ein deutscher König des Heiligen Römischen Reiches in Rom einzog, war für die Römer längst keine Selbstverständlichkeit mehr, dafür sollte er zahlen, Konzessionen gewähren. Otto erschienen diese Forderungen unberechtigt. Es kam zu einem Gefecht zwischen Römern und Kaiserlichen: Verwundete, Tote. Während der Krönung im Petersdom standen deutsche Ritter mit gezogenen Schwertern in den Eingängen – Geschrei, Blut. Nach der Krönung zeigten sich Papst und Kaiser in ihren Festgewändern der gewiß nicht einstimmig jubelnden Menge. Üblicherweise wurde vom Papst nun ein Festessen gegeben, der Weg zum Lateranpalast schien Otto aber zu gefährlich, so lud er den Papst in sein Lager ein, vor der Stadt.
Die Unterredungen wurden fortgesetzt. Otto widerrief nicht nur seine Konzessionen von Speyer, er stellte weitergehende (Rück-)Forderungen an das Patrimonium Petri. Innozenz verwies auf den Eid, den Otto als König geleistet hatte; der Kaiser »berief sich auf seinen Eid, das Gut des Reiches zu wahren«.
Der Konfrontation folgte die Kollision. Ein gutes Jahr nach der Krönung marschierte Otto in Italien ein, um das allzu selbständige Königreich Sizilien zu erobern. Schon in Rom war er von sizilianischen Delegierten aufgefordert worden, das Königreich zu besetzen. Deutsche Fürsten warnten vor diesem Feldzug, Otto hörte

nicht auf sie. »Er wußte«, schreibt Hauck, »daß sein Entschluß einen Kampf mit dem Papst bedeutete, trotzdem hielt er an ihm fest.« Der Kirchenstaat sollte von Norden und von Süden zugleich unter Druck gesetzt werden. Und Otto wollte den jungen Staufer besiegen, der ihm vielleicht einmal gefährlich werden konnte: Papst Innozenz war der Vormund dieses »Knaben aus Apulien«...

Friedrich Roger war nach seinen Großvätern benannt, Kaiser Friedrich Barbarossa und Roger, König von Sizilien. Kurz vor seinem Tod hatte Heinrich VI. seine Frau Konstanze als Regentin eingesetzt. Als Witwe suchte sie päpstliche Protektion, erhielt sie auch – für den Preis der Unterwerfung: der Papst wurde Vormund des kleinen Prinzen, das Königreich Sizilien wurde erneut als päpstliches Lehen deklariert.

Im Gerangel, im Kampf um die Macht auf Sizilien wurde Friedrich rüde behandelt – es heißt, Bürgerfamilien in Palermo hätten ihn durchfüttern müssen, wochenweise. Der Junge übte sich im Reiten, im Kampf mit Schwert und Lanze, er wurde ein großer Leser, ein zäher Jäger, lernte verschiedene Sprachen. Mit fünfzehn wurde er von Papst Innozenz verheiratet, und zwar mit einer fünfundzwanzigjährigen Königinwitwe; was Friedrich an dieser Partie interessierte, waren die fünfhundert schwer bewaffneten spanischen Reiter, die seine Frau in die Ehe brachte – mit ihnen wollte er die alleinige Macht in Sizilien erkämpfen. Aber kurze Zeit, nachdem diese Spanier ausgeschifft waren, raffte die meisten von ihnen eine Epidemie dahin.

Auch solche Rückschläge konnten das Selbstbewußtsein des jungen Mannes nicht brechen, er fühlte sich zu Hohem berufen. Wer ihn sah, war ebenfalls davon überzeugt. Friedrich Roger war nicht groß, aber kräftig; dunkelbraune Haut, rotblondes Haar; Gesichtszüge, die sich eigneten zur Reproduktion in Stein und Metall.

Diesen Jüngling aber wollte Otto ausschalten, bevor er ihm gefährlich werden konnte. Er unterwarf Neapel, marschierte in Kalabrien ein. Auf dem weiteren Vormarsch fand Otto kaum noch Widerstand.

Papst Innozenz nach dem Abfall, dem Verrat seines Schützlings: »Das Schwert, das Wir Uns geschaffen, schlägt Uns schwere Wunden.« Das Leitwort seiner Vorwürfe und Anklagen wurde: Undankbarkeit. Und er bezeichnete Otto als Tyrannen, als Drachen, als brüllenden Löwen, als gottlosen Verfolger, als einen

Verfluchten, er verglich ihn mit dem Leibhaftigen, wollte ihn sogar zum Ketzer erklären. Er schürte die Opposition im deutschen Bereich, fand Resonanz: der Kardinal-Erzbischof von Mainz, der König von Böhmen, der Landgraf von Thüringen und andere schworen, den »Drachen« zu vernichten. Und Innozenz schrieb an den französischen König: »Oh wenn doch, teuerster Sohn, der Charakter Ottos, der sich Kaiser nennt, mir so bekannt gewesen wäre, wie er dir bekannt war! Dann wäre ich von ihm nicht so grausam überlistet worden.«
Der Vatikan exkommunizierte Kaiser Otto. Damit waren nach kirchlichem Verständnis Treueide annuliert, und so rief Innozenz die Fürsten auf, sich gegen seinen früheren Schützling zu erheben, ihn abzusetzen. »Seht zu, daß es Euch nicht so ergeht, daß ihr nicht wollt, wenn ihr könnt und nicht könnt, wenn ihr wirklich wollt!« Freilich nannte er den neuen Königs-Kandidaten noch nicht beim Namen, es war aber allen klar: es konnte nur sein Mündel, der (bisher) kirchentreue Friedrich Roger sein. Mehr und mehr Fürsten fanden sich bereit, den Welfen durch diesen Staufer zu ersetzen: Otto war manchen zu karg, zu streng, zu geizig. Außerdem wollte er Reichssteuern einführen, dies sogar in einem ausgeklügelten System. Und er wollte, so hieß es, die Macht der Fürsten verkleinern, selbstbewußt wie er war. Der junge Mann aus Sizilien dagegen, mit dem würde man schon fertig werden, der kannte sich in Deutschland überhaupt nicht aus, sprach kein Wort Deutsch, war also auf Hilfe angewiesen, und das würde man schon auszunützen wissen. Auch waren von ihm keine Reichssteuern zu befürchten – er wurde ja vom Papst unterstützt und sicher auch vom französischen König. Und es sprach sich herum, daß Friedrich sehr großzügig sei – als höchste Tugend eines Herrschers galt damals Freigebigkeit, Generosität.
Auch Friedrich Roger wird viele tausend Pfund Silber für seine Wahl ausgeben müssen – Charisma allein zählt nicht. Freilich, bis zu den Zahlungsterminen schien es im Jahre 1211 noch weit: Kaiser Otto marschierte südwärts, erreichte die Meerenge von Messina. In Palermo lag eine Galeere bereit für Friedrich Rogers Flucht nach Afrika. Doch kurz vor seinem Sieg erfuhr Otto, daß sich die Mehrheit der deutschen Fürsten von ihm losgesagt hatte – im Eilmarsch zog er nach Norden, vier Monate später kam er in Deutschland an, zwang als ersten den König von Bayern zur Erneuerung seines Treueids, marschierte in Thüringen ein. Während er dort weite Regionen verwüstete, erfuhr er, der junge Mann

sei in Sizilien aufgebrochen, halte sich bereits in Genua auf. Otto soll ironisch reagiert haben: »Hört euch diese Neuigkeit an, der Pfaffenkaiser kommt und will uns vertreiben!« Aber er ahnte offenbar doch die Gefahr. Er hatte, noch in Unteritalien, diesen Traum gehabt: ein kleiner Bär kroch zu ihm ins Bett, und sobald er neben ihm lag, wurde er größer und größer, drängte ihn schließlich hinaus.
Ich skizziere noch den Weg des kleinen, rasch wachsenden Bären: Friedrich Roger wurde März 1212 zum König von Sizilien gekrönt; der Siebzehnjährige ließ seine Frau, sein einjähriges Kind zurück; er reiste mit kleiner Begleitung nach Rom, wurde vom Volk mit Jubel, vom Papst mit inneren Vorbehalten und großem äußerem Glanz empfangen. Vor den Kardinälen mußte Friedrich für Sizilien den Lehnseid schwören, mußte geloben, auf eine Vereinigung des Königreichs Sizilien mit dem Reich zu verzichten. Nach diesen beiden tiefen Verbeugungen stattete der Papst den jungen Mann mit reichen Geldmitteln aus: politisches Kapital. Wenige Tage später brach Friedrich auf, fuhr mit einem bereits größeren Anhang auf Schiffen nach Genua, marschierte von dort aus weiter; die Welfen, mit Mailand verbündet, sperrten ihm den Weg, es kam zum Gefecht am Lambro, Friedrich konnte sich nur retten, indem er den Fluß mit ungesatteltem Pferd durchschwamm – er habe sich »die Hosen im Lambro gewaschen«, spotteten die Gegner. Vormarsch zum Brenner, aber der war von welfischen Truppen besetzt, Friedrich mußte die Alpen im Engadin überqueren. Und er marschierte weiter nach Konstanz. Dort wurde gerade der Einzug von Kaiser Otto erwartet, der ganz in der Nähe, in Überlingen, lagerte; seine Köche hatte er schon vorausgeschickt. Der päpstliche Legat, der Friedrich begleitete, verlas am verschlossenen Stadttor dem Bischof von Konstanz die päpstliche Bulle, mit der Kaiser Otto exkommuniziert worden war – das Tor wurde für Friedrich geöffnet. »Wäre Friedrich drei Stunden später in Konstanz eingetroffen, so wäre er niemals in Deutschland hochgekommen«, schrieb ein Chronist.
Der weitere Vormarsch Friedrichs wurde zum Triumphzug, den er großzügig bezahlte, zumindest mit Versprechen. Otto wollte diesen Vormarsch aufhalten, bei Breisach. Dort kam es zu einem Zwischenfall: die kaiserlichen Söldnertruppen, die in Breisach einquartiert waren, vergewaltigten Mädchen und Frauen, eine Massenorgie; die Männer der Stadt entschlossen sich zur Notwehr: auf ein Zeichen der Kirchenglocke fielen sie gleichzeitig

über die Söldner her, schlugen sie tot, erstachen sie – viele, so berichtet ein Chronist, lagen dabei noch auf den Töchtern und Frauen. Vor diesem Aufruhr war nicht einmal der Kaiser sicher – er mußte aus der Burg fliehen.
Damit war das Gebiet des Oberrheins, vor allem das Elsaß, offen für Friedrich. Das Gefolge des zukünftigen Alleinherrschers wuchs. Eine Zahlungshilfe des französischen Königs in Höhe von 20000 Silbermark wurde umgehend verteilt. Otto saß in Köln fest, wieder einmal. Friedrichs Großzügigkeit lockte weitere Fürsten an.
Friedrich Roger aus Sizilien erreichte Mainz, wurde dort am 9. Dezember 1212 gekrönt. Das war nicht der richtige Krönungsort, und die echten Reichsinsignien waren noch in Ottos Besitz, aber immerhin: eine Krönung. Wieder war ein Achtzehnjähriger deutscher König geworden.

30

Was Wolfram selbst berichtet, wird von einem (späteren) Kollegen bestätigt: Landgraf Hermann von Thüringen erteilte den Auftrag, die deutsche Version eines französischen Guillaume-Epos zu verfassen. Reinbolt von Durne, der für einen bayerischen Herzog arbeitete, berichtet (reichlich kunstlos) in seiner Georgs-Legende:

> Landgraf Hermann von Thüringen
> fand auf Französisch vor,
> was er auf Deutsch vermittelte:
> über Wilhelm von Narbonne.
> Der Himmel dankt ihm nun dafür.
> Er hat dies Buch initiiert,
> indem er diesen Stoff vergab
> an Herrn Wolfram aus Eschenbach;
> daß er von Willehalm erzählte,
> ist vom Landgraf ausgegangen.

Während ich mir Informationen über diesen Landgrafen zusammenlas, entstand so etwas wie eine Doppelbelichtung: Hermann als Landesherr und als Mäzen der Dichter. Der eine war schwankend, rücksichtslos, nur auf seinen Vorteil aus, der andere war ein offenbar begeisterungsfähiger Förderer von Dichtern, war ihnen gegenüber generös. Ein sensibles Rauhbein? Ein musischer Krieger?

Hermann wird um 1155 geboren sein. Wahrscheinlich hat ihn sein Vater (Ludwig II.) mit einem seiner drei Brüder nach Frankreich geschickt, an den Königshof in Paris, damit er dort Lebensart, Sprache und Literatur kennenlernte. Es ist jedenfalls ein Schreiben des Vaters an König Ludwig VII. von Frankreich überliefert, in dem er darum bittet, zwei seiner Söhne am Hof aufzunehmen, er wünsche, daß sie »omnes litteras« erlernten, also eine umfassende literarische Bildung erhielten. Söhne (und auch Töchter) an einen anderen Hof zu schicken, das gehörte zum Erziehungsprogramm der Adligen, die sich das leisten konnten.

Es läßt sich mit hoher Wahrscheinlichkeit annehmen, daß Hermann einer der beiden Prinzen war, die nach Paris geschickt wurden – so läßt sich am leichtesten erklären, wie er später zum großen Förderer der Vermittlung französischer Literatur wurde. Wenn er sie, wie Autoren berichten, persönlich auf französische Vorlagen hinwies, sie ihnen vorstellte, so wird er Französisch gekonnt, sich in der französischen Literatur ausgekannt haben.

In der Zeit, in der er am Königshof gewesen sein konnte, lebte ein Chrétien de Troyes, entstanden Chansons de geste, beispielsweise über Guillaume/Guilhelme, der gegen »Sarazenen« kämpfte, später Mönch und noch später Heiliger wurde. Beliebt waren damals in Frankreich auch höfische Romane mit antiken Stoffen: der Aeneas-Roman, der Alexander-Roman, der Troja-Roman. Auch die Bearbeitung solcher Stoffe wurde von Hermann später gefördert in seinem Sprachbereich.

Um 1172 ist Hermann wieder in Thüringen dokumentiert. 1181 trat sein älterer, regierender Bruder Ludwig III. auf dem Erfurter Hoftag die Pfalzgrafschaft von Sachsen an Hermann ab. Ludwig und Hermann haben viele Dokumente gemeinsam besiegelt. Gemeinsam ritten die Brüder 1189 nach Werra, zu einem der Sammelpunkte des deutschen Kontingents für den Kreuzzug. Ob Hermann tatsächlich mitzog ins Heilige Land? Ludwig jedenfalls nahm am Kreuzzug teil, wurde im Heiligen Land sehr krank, kehrte vorzeitig um, starb auf der Heimreise. So wurde Hermann sein Nachfolger.

Er herrschte über eines der größten Territorien im Reich: ab 1148 gehörte Hessen, ab 1180 die Pfalzgrafschaft von Sachsen dazu, ab 1190 hieß er offiziell Landgraf von Thüringen. Sein Gebiet erstreckte sich »von der oberen Lahn bis zur mittleren Saale«, vom

Frankenwald bis zum Harz. Eine feste Residenz gab es in Thüringen so wenig wie im Reich: man zog in seinem Gebiet umher, residierte hier und dort – erst später wurde Eisenach Residenzstadt. Zu Hermanns Zeit wird es dort eine Art Stadtpalais gegeben haben, meist aber hielt man sich in Burgen auf. Die Wartburg muß als erste genannt werden; sie war für Hermann aber nur eine seiner drei wichtigsten Burgen. Vielfach war er in der Burg Weißensee, vor allem in der Neuenburg an der Unstrut: seine zweitgrößte Burg; sie wurde nach dem Ausbau so etwas wie seine Residenz. Der neue Landesherr nahm Ende 1195 in Gelnhausen das Kreuz auf sich, zog ins Heilige Land – nicht im Gefolge des Kaisers Heinrich VI., sondern auf eigener Reiseroute. Er nahm teil an der Belagerung verschiedener Städte, kehrte Juli 1198 nach Thüringen zurück. Zu dieser Zeit gab es im Heiligen Römischen Reich bereits die beiden jungen Könige.

Es ist nun zu berichten vom mehrfachen Parteiwechsel des Landgrafen. Zuvor eine Anmerkung: Hermanns Verhalten war nicht singulär in seiner Familie, in seiner Position. Sein Vorgänger und Bruder Ludwig (genannt der Fromme) hat nach heutigen Kategorien mehrfach politischen Verrat begangen: er ließ sich vom staufischen Kaiser in Erfurt zum Ritter weihen, sagte sich von ihm los, schloß ein Bündnis mit seinem Gegner, dem Welfen Heinrich dem Löwen, löste sich wieder von ihm, kehrte zum Staufer zurück, verstieß seine Frau, die eine Staufin war, heiratete eine Welfin, verstieß auch sie, unterwarf sich erneut dem Kaiser... Das Spiel »Mal hin, mal her«, wie Walther sang, beherrschte Hermann mindestens ebenso gut. Hauck: »Der unübertroffene Meister des Verrats.«

Nach der Rückkehr aus dem Heiligen Land ließ sich Hermann für Otto IV. gewinnen. Der Welfe soll ihm 8000 Mark geboten haben – offenbar der damalige Höchstsatz für den Erwerb politischer Gefolgschaft. Ob dieser Betrag ausgezahlt wurde, ist fraglich, doch erhielt Hermann sofort zwei Reichsstädte als Lehen: Nordhausen und Saalfeld. Freilich wollten sich diese Städte dem Landgrafen nicht unterwerfen, Hermann mußte sie erst einmal belagern. Sechs Wochen brauchte er, bis er Nordhausen erobert hatte, und auch bei Saalfeld mußte er erheblichen Widerstand überwinden, ließ dann seine eigene Stadt plündern, ließ kirchliche Besitzungen verwüsten – darauf wurde ihm, mit entsprechender Verspätung, der Kirchenbann angedroht. Nun hatte er die beiden Städte, aber das Silber blieb aus – Otto war großzügig im Verspre-

chen, karg im Bezahlen. Außerdem: sein Protektor – Richard Löwenherz – starb, damit blieb auch hier die finanzielle Unterstützung aus. König Philipp dagegen hatte Geld, er wurde weiterhin vom französischen König Philippe Auguste unterstützt, der während Wolframs gesamter Lebenszeit regierte (1180-1223). König Ottokar von Böhmen vermittelte den Kontakt zwischen Landgraf Hermann und König Philipp, die anschließenden Verhandlungen waren erfolgreich, Hermann wechselte zum Staufer über. Er durfte die beiden Reichsstädte behalten, es wurden ihm weitere Reichslehen angeboten und sicher auch Gelder; Ende Mai 1190 gab er König Philipp bei der Nachwahl von Nürnberg seine Stimme; ein knappes Vierteljahr später fand die offizielle Lehens-Übergabe statt.
Zwei Jahre später verhandelte Hermann wieder mit dem Welfen. Inzwischen hatte König Philipp alles Geld ausgegeben, der französische König war nicht immer solvent, für Otto aber kam wieder Geld aus England: King John brauchte einen Verbündeten im Kampf gegen Frankreich. Der Papst erfuhr von den Verhandlungen, pries vorweg den neuen Entschluß Hermanns. Verhandlungen zwischen Philipp und Hermann, wieder vermittelt durch Ottokar von Böhmen, der Absprung sollte verhindert werden, aber im August 1203 sagte sich Hermann von König Philipp los, huldigte Otto auf dem Hoftag zu Merseburg. Und er verheiratete seine Tochter Hedwig mit einem Welfengrafen.
König Philipp stellte ein Heer auf, marschierte mit etwa 2000 Panzerreitern und zahlreichen Fußsoldaten in Thüringen ein, Pfingsten 1203; ein zweites Heer unter Erzbischof Luitpold unterstützte ihn (nicht der einzige hohe geistliche Herr, der auch Heerführer war…). Eine Chronik berichtet von verwüsteten Landstrichen, von niedergebrannten Dörfern, ausgeraubten Klöstern, von Vergewaltigungen – die Schwaben seien wüst gewesen wie Sarazenen. Nach Angaben des Abtes von Lübeck wurden 16 Klöster und 350 Kirchen zerstört. Sengen und Brennen, aber kein militärischer Sieg: Philipp mußte sich in die Mainzer Enklave Erfurt zurückziehen, die Stadt wurde dreißig Tage lang belagert. Also kein Scharmützel, bei dem auch Weinstöcke niedergetrampelt wurden, sondern ein Sommerkrieg, bei dem weite Gebiete Thüringens verheert wurden. Philipp mußte sich mit seinem angeschlagenen Heer zurückziehen.
Im nächsten Jahr kam er wieder, an der Spitze eines neuen Heeres, zusammengekauft aus vielen deutschen Landen. König Philipp er-

oberte die Silber-Stadt Goslar zurück, entriß Hermann Nordhausen. König Ottokar marschierte zu Hermanns Unterstützung aus Böhmen ein; als ihm gemeldet wurde, wie groß das Heer des Staufers sei, schwenkte er ab. Hermann hatte militärisch keine Chance mehr; am 14. September 1204 warf er sich im Kloster Ichtershausen seinem königlichen Vetter zu Füßen; Philipp rügte ihn scharf wegen seines Parteiwechsels, half ihm rituell vom Boden auf, gab ihm den Friedenskuß, nahm allerdings Hermanns Sohn als Geisel mit, das war sicherer als ein erneuter Treueschwur des Eidbrüchigen. Auch Böhmen stellte Geiseln, zahlte 7000 Pfund Silber.
Als Philipp vier Jahre später ermordet wurde, lief Hermann nicht sofort wieder zu Otto IV. über: mit dem König von Böhmen schloß er sich gegen den zahlungsunwilligen Welfen zusammen. Und folgerichtig unterstützte er den großzügigen Staufer Friedrich.
Hermanns Motivation für den mehrfachen Parteiwechsel lag auf der Hand: er brauchte Geld, denn er war einer der großen Bauherren seiner Zeit; er ließ auf der Wartburg einen Palas errichten, ließ zu gleicher Zeit in großem Maßstab auf der Burg Weißensee bauen und auf der Neuenburg; gebaut wurde ebenfalls an Burgen bei Crenzburg, Lohra, Querfurt. Dazu die Kriegsverluste. Dazu sein aufwendiger Lebensstil. Das Geld, das er brauchte, konnten Juden allein nicht beischaffen, und so forderte er abwechselnd die beiden jungen deutschen Könige zur Kasse.
Wir wissen damit einiges über diesen Landesherrn, ich wüßte gern noch Genaueres. Wüßte beispielsweise gern, ob dies stimmt: ein Graf, den Hermann gefangennahm, konnte aus dem Gefängnis entfliehen, darauf ließ der Landgraf die Gefängniswärter einsperren, auch ihre Frauen, folterte die Gefangenen, eigenhändig, brachte sie um, eigenhändig. Ich weise auf Hermanns (mögliche) Brutalität nicht mit der Absicht hin, ihn zu denunzieren und damit indirekt auch Wolfram (Wie konntest du solch einen Mann öffentlich loben?!), sondern um zu zeigen, wie schwer sich unsere Vorstellungen von Mäzenen und Mäzenatentum auf jene Zeit übertragen lassen. Wollte ich eine Analogie bilden zu heutigen Verhältnissen, müßte ich solch ein Beispiel erfinden: ein Autor dankt einem Mafioso (dem Brutalitäten, Morde nachgesagt werden) für die wohlwollende Unterstützung seines Romans. Damit will ich den Landgrafen nicht abwertend festlegen, aber: eine zumindest zweifelhafte Gestalt scheint dieser Fürst der Dichter doch gewesen zu sein.
Hermann von Thüringen also regte Wolfram aus Eschenbach an,

die deutsche Version einer Chanson de geste über Guillaume zu verfassen. Wenn er den Auftrag erteilte, hieß das wohl auch: er bezahlte den Aufenthalt des Dichters und die Schreibarbeiten.
Warum war der Landgraf daran interessiert, daß Wolfram dieses Werk aus dem Französischen übertrug? Erzählt wird, so deutete ich schon an, von einem Grafen (Marquis), der als Heerführer tapfer kämpft – und der ein Heiliger wird. Ein heiliger Fürst: mit diesem Beispiel wollte man sich hochstilisieren lassen. Und das war einigen Herren viel Geld wert.
Das beweisen auch die prunkvollen Willehalm-Codices. Zumindest zwei von ihnen zeigen eine repräsentative Gestaltung, einen Luxus der Illustrierung wie nicht eine der Parzival-Handschriften. Wenn man sich das Faksimile beispielsweise der Münchner Handschrift (G) anschaut: eine Niederschrift unter größtmöglicher Ausnutzung des teuren Pergaments; die akkurate, enge Schrift der verschiedenen Schreiber ist nur aufgelockert durch viele kleine, gelegentliche große Initialen. Hingegen die Codices in Wien und Kassel! Sie beweisen Seite um Seite, wie viel das Epos über den heiligen Fürsten Standesgenossen wert war.
Der Wiener Codex: volle 60 000 Verszeilen (702 großformatige Pergamentseiten!) der Vorgeschichte, des Wolframschen Torsos, der Nachgeschichte hat ein einziger scriptor geschrieben! Ich habe mir das Faksimile der Handschrift mit Lust angesehen: großzügig elegante Aufteilung der Seiten, lesefreundliche Schriftgröße und: insgesamt 117 Miniaturen! Diese »Deckfarbenmalerei(en) auf poliertem Blattgoldgrund« stammen ebenfalls von einem großen Könner.
Während man über den Auftraggeber dieser Prachthandschrift noch diskutiert, ist er beim Kasseler Codex bekannt: Landgraf Heinrich II. von Hessen ließ ihn schreiben – laut Eintragung (bis) 1334. Diesen Codex habe ich im Original gesehen: bei geschlossener Tresortüre und ausgeschalteter Alarmanlage hat der Leiter der Handschriften-Abteilung der Murhardschen Bibliothek, Hartmut Broszinski, Seite um Seite dieser Handschrift für mich umgeblättert. Mehr als 400 Miniaturen waren geplant, aber nur knapp ein Sechstel ist bei diesem ehrgeizigen Projekt realisiert worden: 62 Illuminationen, aber die sind von größter Schönheit. Die halbfertigen oder vorskizzierten Illustrationen sind für Forscher besonders interessant: Rückschlüsse auf die Arbeitsweise eines pictor.
Der Prunk, ja Pomp dieser beiden Codices zeigt, in welchem

Glanz hohe Herren den Willehalm sehen wollten. Möglichst viel von diesem Glanz sollte wohl auf sie selbst fallen. Die Motivation des Landgrafen Hermann wird damit fast greifbar. Der Kontrast zwischen Idealbild und Wirklichkeit könnte freilich nicht größer sein: der rücksichtslose, auf eigene Vorteile konzentrierte Landesherr und der Marquis St. Guillaume. Indirektes Fürstenlob!
Wolfram könnte diesen Auftrag schätzungsweise ab 1210 ausgeführt haben – mit großer Wahrscheinlichkeit in Thüringen. Sein zweiter, nun bestimmt noch längerer Aufenthalt in diesem Land. Wo er in Thüringen arbeitete, ist unbekannt. In Eisenach? Auf der Wartburg? Auf der Neuenburg (ein paar Kilometer nördlich von Naumburg), auf der schon Heinrich von Veldeke im Auftrag des Landesherrn seinen Aeneas-Roman vollendet hatte? Vielleicht hatte sich diese Burg für die Zusammenarbeit eines Dichters mit Schreibern der Kanzlei oder mit Klerikern in Naumburg bewährt. Leider ist von dieser Burganlage nicht mehr viel zu sehen, das Ambiente auf dem Wartberg ist sehr viel eindrucksvoller – deshalb ist die Wahrscheinlichkeit nicht größer, daß Wolfram dort lebte, arbeitete.
Wie war eigentlich sein »Familienstatus«? Wolfram ist hier wortkarg. Aus Andeutungen könnte man – mit allen Vorbehalten – schließen: es gab einen Bruder; Wolfram war verheiratet; er hatte eine Tochter. Im Parzival-Roman jedenfalls schreibt er »meine Frau«. Dies wieder in Wolframscher Brechung: er würde seine Frau nicht gern im bunten Treiben des Artushofes sehen, dort würde ihr so mancher Höfling Komplimente machen wegen ihrer Schönheit, würde ihr in Liebe dienen wollen, aber ehe es so weit komme, würde er mit ihr schleunigst den Hof verlassen.
In der ersten Erzählphase des *Willehalm* erwähnt Wolfram eine Tochter – auch hier ist der Brechungswinkel groß: Wolfram beschreibt im Kontext aufmarschierende Heiden!

> Da war der Spiegelglanz der Sonne 33, 22
> auf so manchem Waffenrock;
> die Puppe meiner Tochter
> ist dagegen kaum so schön –
> ich mach mich über sie nicht lustig.

Ein absonderlicher Vergleich! War es eine fiktive Tochter? Wenn nicht, so wäre sie noch recht klein gewesen, als Wolfram mit der Arbeit am *Willehalm* begann. Von einem Sohn ist in seinem Werk

übrigens nie die Rede. Waren die später dokumentierten Eschenbacher also keine direkten Nachkommen des Dichters?
Wolfram war also vielleicht mit kleiner Familie in Thüringen, beispielsweise auf der Neuenburg an der Unstrut. Der dort (oder woanders) arbeitete, war ein Autor mit großem Selbstbewußtsein – das läßt sich aus einigen seiner Formulierungen heraushören. Es läßt sich aber auch schon mal Resignation ablesen. Das Werk blieb Torso, immerhin mit einem Umfang von zwei Dritteln des Parzival-Romans. Zwangen ihn äußere Gründe, die Arbeit abzubrechen?
Von Landgraf Hermann bleibt zu berichten: er war in seinen letzten Lebensjahren krank (Alters-Debilität?); sein Sohn Ludwig übernahm vorzeitig die Regierungsgeschäfte. 1217 starb Hermann in einer seiner Burgen: auf Grimmenstein bei Gotha.
Damit brach Wolfram die Arbeit am *Willehalm* offenbar nicht sofort ab. Zu Beginn des letzten Viertels findet sich folgende Bemerkung:

> Landgraf Hermann von Thüringen 417, 22
> hätt ihm wohl ein Pferd gegeben –
> solang er lebte, tat er's gerne
> (trotz der vielen Kriege),
> wenn man ihn beizeiten bat.

Wolfram arbeitete nach Hermanns Tod also weiter. Auch Walther von der Vogelweide blieb noch eine Zeitlang in Thüringen. Unterstützte Ludwig III. den Epiker Wolfram und den Liederdichter Walther für eine Übergangszeit? Als Förderer von Literatur hat er sich nicht hervorgetan, er machte sich einen Namen durch Frömmigkeit.
Einige Zeit nach Hermanns Tod dürfte Wolfram (mit kleiner Familie?) das Land wieder verlassen haben. Kehrte er nach Eschenbach zurück, oder suchte er Zuflucht bei einem der Herren, die ihn früher gefördert hatten, gefördert haben könnten?

31 Die Hohe Liebe, der Ritterkampf: die beiden Brennpunkte in der Ellipse ritterlichen (Selbst-)Bewußtseins. Zum Thema Ritterkampf entwerfe ich wieder ein Szenario, mit einem Protagonisten. Ich habe mir ausgedacht, daß er zu Beginn dieses Kapitels noch Knappe ist, und am Schluß reitet er – nach der Schwertleite – seine erste Tjost als Ritter. Auch diesmal ist der Zeitabschnitt kurz: das Szenario setzt ein an einem Nachmittag, endet am folgenden Vormittag.

Die Schwertleite (später erst bezeichnet man diese Zeremonie als Ritterschlag) im Rahmen eines Turniers. Das wird angesetzt oder ausgerufen von einem Burgherrn, einem Grafen beispielsweise, mit dem unser Protagonist verwandt ist. Der Graf ist nicht nur Veranstalter, er fordert einen namhaften Ritter zum Kampf heraus. Diese Herausforderung wird angenommen. So setzt man die Bedingungen fest, dafür gibt es Formeln: Turnier als Sport oder Turnier als ernster Kampf? Um Beute? Für Frauen? Um Ehre? Mit Lösegeld oder ohne? Werden »Kipper« zugelassen oder nicht? Sind die Konditionen festgesetzt, werden Herolde ausgeschickt mit persönlichen Einladungen an turnierfähige Ritter.

Man setzt nach der Einladung mehrere Wochen an bis zum Beginn des Turniers: tagelange, auch wochenlange Anreisezeiten. Unterkünfte werden vorbereitet, es wird vorgekocht, vorgebraten, gebacken, der Turnierplatz wird hergerichtet: eine etwa fußballfeldgroße Fläche, vor der Burg oder unterhalb der Burg; zumindest im Mittelbereich wird Sand gestreut. Wenn das Turnier wie üblich an einem Montag beginnt, sind die Teilnehmer, die Besucher schon Tage vorher da: man sieht sich selten, hat sich entsprechend viel zu erzählen. Und: die Langeweile des Winters ist endlich vorüber, der vielgepriesene Mai ist gekommen, damit die Kampfsaison.

Unser Protagonist trifft ebenfalls ein paar Tage vor dem Turnier ein, im Gefolge seines Lehrmeisters. Dessen (Meister-)Knappe soll nun einen Namen erhalten. Diesmal ein vertrauter, heute noch üblicher Vorname: Konrad. Dafür soll der Herkunftsname fremdartiger klingen, innerhalb unseres Sprachbereichs: Eiserfey. Wolfram zuliebe findet dieses Turnier im deutschen Südwesten statt – der Ortsname aber, den ich mir für Konrad ausleihe, stammt aus der Eifel, von einem kleinen Dorf, das heute zuweilen von archäologisch Interessierten besucht wird, weil hier ein Sammelbecken der römischen Wasserleitung nach Köln war. In Eiserfey hat es nie Ritter gegeben, also bleibe ich bei diesem nachweis-

lich fiktiven Ritternamen. Konrad aus oder: von Eiserfey – für den Meisterknappen wird der Name in dieser Zeitphase besonderen Klang gewinnen, denn: er wird, nach dem offiziellen Festakt, der Name eines Ritters.
Und wo steckt Konrad von Eiserfey? Er sitzt auf einer Holztribüne, unter vielen Zuschauern. Und warum ist er nicht auf dem Turnierplatz? Kurz vor der Schwertleite soll er keine Waffe führen – auch, damit er sich nicht verletzt. Und er soll sich ausruhen für den ersten Kampf, den er vor dieser Öffentlichkeit als Ritter führen wird.
Sonntag nachmittag. Das Vorturnier (mittelhochdeutsch: vesperîe) hat gegen drei begonnen, es soll mit dem Vesperläuten (also um sechs) beendet sein. Es ist gegen fünf Uhr, aber es findet gerade kein Waffengang statt, auf der weiten Turnierfläche formieren sich zwei Reitertrupps zu einem Gruppen-Schaukampf, also kann sich unsere Aufmerksamkeit auf Konrad aus Eiserfey konzentrieren.
Einige Angaben zur Person: neunzehn; einsachtundsechzig; schlank; rotblond; bartlos.
Rechts neben ihm sitzt eine junge Frau, aber sie plaudert mit einem vier- bis fünfschrötigen Mann, der eine fingerlange Narbe über der rechten Braue hat.
Reiter formieren sich zu zwei gleich großen Gruppen; laute Kommandorufe; Knappen und Pferdeknechte stehen herum.
Von der Burg im Wald ist nur ein Teil des Hauptturms, des Bergfrieds zu sehen, mit einer rotweißen Fahne. Zum Himmel hochschauend mit seinem glattgestrichenen Grau, hofft Konrad, daß es am nächsten Morgen nicht regnen wird. Aber da ist Wind, wenn auch aus Westen, der bewegt die Fahne auf dem Bergfried, bewegt Fahnen und Wimpel an der Tribüne, bewegt die beiden Lanzenwimpel auf dem Turnierfeld, den blaugelben, den rotweißen: dieser Wind wird das hohe, dünne Grau über Nacht wegschieben, so hofft er, darum betet er ganz rasch, denn er weiß, vor dem folgenden Waffengang werden viele Stoßgebete gleichzeitig aufsteigen, das könnte zu dicht werden, selbst in Gottes weiten Ohren, die nun bestimmt herablauschen zum Turnierfeld, denn: liebt Gott nicht ebenfalls Turnierkämpfe? Konrad hat das jedenfalls so gelernt. Aber er wird jetzt nicht zurückdenken an die Zeit, in der er mit seinem Lehrmeister umherzog als Schildknappe, auch nicht an die Zeit davor, in der er Page war – Erinnerungen bewahrt er sich für die Nachtwache auf. Konrad schaut zu den beiden Reiter-

trupps hinüber, die noch immer nicht die Kampfordnung gefunden haben, schaut zum rotweißen Wimpel an der aufgerichteten Lanze des Gastgebers, schaut zum blaugelben Wimpel – Konrad wird bei diesem Kampf fast ausschließlich auf seinen Lehrmeister achten. Blaugelb ist auch der Waffenrock, blaugelb das Wappen auf dem Schild. Konrads Lehrmeister muß sich, weil sein Meisterknappe am nächsten Tag geweiht wird, als hervorragender Kämpfer bestätigen – auch, damit der Schüler seinen Meister nicht überstrahlt.

Die Männer, die auf den Pferden sitzen, rufend, gestikulierend, schreiend, sind meist wenig bekannte Ritter, die sich beim Vorturnier auszeichnen wollen, um das nächste Mal im Hauptturnier plaziert zu werden, es sind Ritter ohne Lehen, Glücksritter, Abenteurer, es sind vor allem Knappen, die in Übung bleiben und dazulernen müssen; es sind auch einige Ritter darunter, die nach Turnierverletzungen nicht schon wieder Einzelkämpfe führen wollen. Konrad hofft, daß sich aus dem Gruppenkampf ein Einzelkampf ergibt zwischen den beiden Anführern; diesen Kampf wird er sich besonders genau anschauen, denn so gut wie der bessere der beiden möchte er am nächsten Morgen sein; es wäre blamabel, gleich beim ersten Lanzenstechen nach der Schwertleite »ab-gestochen« zu werden – sein Gegner, nur zwei Jahre älter, soll gesagt haben, er werde Krummrad Einerlei in einem derart hohen Bogen aus dem Sattel heben, daß er mit dem Kopf im Sand steckenbleibe. Konrad will sich nicht nach ihm umschauen; er weiß genau, wo sein Gegner sitzt, zwei Reihen hinter ihm.

Jenseits der Schmalseiten des Turnierfelds jeweils eine Fahne, die Anrittpunkte markierend: 120 oder 150 »Roßlängen« von der Mitte des Feldes entfernt. In einem der Pulks Schreierei, ein Knappe schlägt mit einem Stock auf einen Pferdeknecht, der wahrscheinlich die Sattelgurte nicht richtig festgezurrt hat.

Nun rücken die Reitertrupps in vorläufiger Aufstellung zu den Startmarken vor – rechts, von Konrad aus gesehen, der Trupp, den sein Lehrmeister anführt; beide Trupps stellen sich zum Angriff auf. Vielleicht tritt jetzt ein Herold vor die Tribüne, ruft Namen aus. Und Knappen setzen fanfarenähnliche Instrumente an, blasen helle, scharfe Akkorde – oder ist das schon Ausstattungsfilm? Ich habe keinen Nachweis gefunden für dieses Detail, aber wenn es schon »busunen« gab, diese glattgestreckten, ein bis anderthalb Meter langen Instrumente – warum sie nicht bei solch einer feierlichen Gelegenheit einsetzen?

Ein »buhurt« wird stattfinden, ein Gruppen-Schaukampf zu Pferd. Die Anzahl der Teilnehmer muß auf beiden Seiten ungefähr gleich sein: etwa dreißig gegen dreißig oder fünfzig gegen fünfzig; die Gesamtzahl der Teilnehmer kann bis zu fünfhundert gehen und darüber hinaus. Hieb- und Stichwaffen werden hier nicht eingesetzt; als Schutz- und Angriffswaffe der Schild. Die beiden Anführer senken ihre Lanzen nicht beim Angriff, »legen« sie nicht »ein«: mit den aufgerichteten Lanzen geben sie Kommandozeichen an ihre Formationen, die möglichst geschlossen manövrieren sollen.

Das Turnierfeld ist nun von Pferdeknechten, Pagen, Knappen geräumt, auf der Tribüne ist es wahrscheinlich still geworden, man wird auch hören wollen, was man sieht: Kampflärm als Musik in Ritterohren. So könnte man in der Stille nun einen Ruf hören, dumpf unter der Eisenplatte vor dem Gesicht, zugleich sieht man ein Lanzenzeichen, der Trupp des Herausforderers setzt sich in Bewegung; ein Lanzenzeichen auch mit dem gelbblauen Wimpel, ein dumpfer Ruf, auch hier setzt sich ein halbes Hundert in Bewegung, im Schritt. Knirschen von Leder, Metallgeräusch, Hufschlag, Pferdeschnauben. Wieder ein Lanzenzeichen – diesmal ist es zuerst die Lanze mit dem gelbblauen Wimpel, darauf wird Konrad stolz sein; schon geht der Pulk in Trab über – mit einer kleinen Verzögerung auch der Gegenpulk. Und schon wieder ein Lanzenzeichen, der rechte Trupp beginnt zu galoppieren, schließt dabei dicht auf: Pferdeflanke an Pferdeflanke, Pferdeköpfe fast an Pferdekruppen. Und in gleicher Geschwindigkeit, dicht aufgeschlossen, der Trupp des Burgherrn. Auf der noch feuchten Wiese der dumpfe Hufschlag, und wieder ein Lanzenzeichen, die dicht aufgeschlossenen Trupps gehen in Renngalopp über. Schon gibt die gelbblau markierte Lanze ein weiteres Zeichen, der geschlossene Pulk macht im Renngalopp einen kleinen Schwenk nach rechts, Beifall auf der Tribüne, sofort ein zweites Zeichen der Lanze, der Trupp schwenkt wieder links, anhaltender Beifall, das wird ein vorbildlicher Flankenangriff, schon prallen die beiden Pulks aufeinander, in der Mitte des Turnierfeldes: es wird ungefähr so klingen, als würden märchenhaft große Säcke mit Fleisch, Knochen, Holz, Leder, Metall von zwei Riesen gegeneinander geschwungen. Und Schreie auf der Tribüne, auf dem Turnierfeld, am Rand des Turnierfelds. Es ist dem Trupp hinter dem blaugelben Wimpel nicht gelungen, trotz des geschickten Flankenangriffs, den gegnerischen Trupp auseinanderzusprengen, und so setzt nun Rempeln,

Schieben, Stoßen ein, die Kämpfer versuchen mit Pferden und Schilden die Kämpfer des Gegentrupps zurückzudrängen, aber da ist nur ein Geschiebe nach rechts und wieder nach links und wieder nach rechts, man hört kaum noch das Aufklatschen von Pferdefleisch auf Pferdefleisch, hört nur noch das Dröhnen von Schild gegen Schild. Wenn es gelänge, den gegnerischen Trupp vom Turnierfeld zu drängen oder aufzulösen, das wäre der Sieg. Auch die beiden Anführer kämpfen, zugleich geben sie Lanzenzeichen: die Formationen dürfen sich nicht auflösen. Mal weicht der eine Trupp ein paar Schritt zurück, mal der andere, der Wiesen- und Sandboden wird zerstampft, aufgewühlt. Zuweilen führt ein Kämpfer ein lahmendes Roß vom Feld; einer von ihnen humpelt dabei; einem, der schwer verletzt scheint, eilen Knappen zu Hilfe.

Wie alle Männer auf der Tribüne schaut Konrad fachmännisch zu, aber Finessen der Kampfführung sind im Durcheinander nicht zu erkennen. Als das Schieben, Drängeln, Schilderdröhnen langweilig zu werden beginnt, lösen sich – auf ein simultanes Zeichen der senkrechten Lanzen – die Trupps voneinander, reiten aufschließend nach rechts und nach links, erhalten Beifall: es war ein kraftvoller Buhurt. Beifall auch, weil – so erfinde ich in dieser Modellveranstaltung – nach dem Remis des Gruppenkampfs die Entscheidung im Einzelkampf fallen soll, im Lanzenstechen.

Die Teilnehmer des Buhurts stellen sich am Rand des Turnierfeldes auf. Die beiden Anführer reiten im Schritt zu den Endmarkierungen der Anrittstrecken. Wahrscheinlich werden hier die Pferde gewechselt; speziell für den Einzelkampf trainierten Rössern werden die Turniersättel aufgelegt. Und man nimmt den Kämpfern die Helme ab, sie lassen ihre Köpfe in der Mailuft kühlen. Konrads Lehrmeister ist nur wenige Jahre älter – vielleicht dreiundzwanzig. Auch der Burgherr ist noch jung, wie sich jetzt zeigt.

Weil gleich alles rasch ablaufen wird, noch einige Anmerkungen. Zu Konrads Zeit ist »Turnier« ein Reiter-Gruppenspiel, das den Reiterkampf, ja die Reiterschlacht simuliert: zwei Reiterpulks versuchen sich im direkten Angriff oder in Flankenangriffen aufzusprengen, vom Turnierfeld zu drängen. Ich nehme an, daß man dabei nicht gerade die schärfsten und besten Schwerter benutzt, sondern eher stumpfgewordene oder stumpfgemachte Waffen: die Rüstungen sind äußerst teuer... Und: beim Zusammenprall

der Reiterpulks gibt es schon genug Prellungen, Quetschungen, Knochenbrüche, auch Todesstürze...
Die etwas gemilderte Version dieses Reiterkampfs ist der Buhurt. Elegante Gruppenmanöver sind hier offenbar wichtiger als die Demonstration kompakter Angriffswucht. Und, wie erwähnt: Schwerter werden nicht benutzt. Auch ohne Waffen – es gab genug Unfälle bei Buhurts. Dennoch, sie waren sehr beliebt, vor allem bei Hoffesten.
Der Einzelkampf, das Lanzenstechen, die Tjost gehören offiziell nicht zum »Turnier«: statt des »tourner« (also: des Flankenangriffs, der plötzlichen Wenden, auch der Verfolgungen) das geradlinige Anreiten der Streitrösser; mit waagrecht gehaltenen Lanzen versuchen sich die Tjosteure aus dem Sattel zu heben. Statt des scharfen Lanzeneisens ist bei einem Wettkampf allerdings ein vorne eingekrümmtes Schmiedestück auf den Schaft gesetzt, das »Krönlein«. Turnier und Tjost – zwei eigentlich unvereinbare Begriffe, aber, so nehme ich an: zwei Schwerpunkte im Gesamtprogramm der meist mehrtägigen Veranstaltungen.
In der höfischen Literatur tjostieren Ritter durchweg im Minnedienst einer adligen Dame oder um den Siegesruhm. In der Realität ging es durchweg um Materielles: wer den Gegner besiegte, übernahm dessen Rüstung – es sei denn, der Besiegte zahlte ein Lösegeld, das dem Marktwert der Rüstung (und des Rosses) entsprach.
Wie hart die Realität war, zeigt die weithin übliche Mitwirkung von »kippern«. Zwar gab es Veranstaltungen, bei denen sie nicht zugelassen wurden, aber das waren eher Ausnahmen. War auf einem Turnier das »zoumen« erlaubt, bei dem ein Panzerreiter versuchte, hoch zu Roß das Streitroß mit dem angeschlagenen Gegner am Zügel vom Kampfplatz zu führen, so halfen dabei die Kipper (meist seine Pferdeknechte) sehr energisch nach. Und wenn der abgeworfene Ritter nicht per Ehrenwort seine Niederlage eingestehen, die Auslieferung der Rüstung oder die Zahlung eines Lösegeldes nicht versprechen wollte, so wurde er von den Kippern so lange mit Knüppeln und Keulen geschlagen, bis er mürbe war.
Ein kurzer Blick auf das Turnierfeld: den beiden Tjosteuren werden die Helme aufgesetzt, die eisernen Platten vor das Gesicht geschnallt – wir haben also noch ein paar Sätze Zeit. Und so ergänze ich: das stumpfe Lanzenende wurde auf einen von zwei Punkten gerichtet: auf die Schildmitte oder auf den Helmriemen, am Hals-

und Kinnschutz. Rissen die Schildriemen, ohne daß der Gegner aus dem Sattel gehoben war, so war der Kampf nicht entschieden; der Gegner ließ sich einen neuen Schild reichen, die Tjost wurde wiederholt. Zielte man auf den Helm und traf ihn, so hielt das bei voller Wucht der Attacke kaum eine Helmverzurrung aus – der Helm verrutschte so, daß man nichts mehr sah; manchmal wurde der Helm auch vom Kopf gerissen. Auch hier: noch keine Entscheidung, die Tjost wurde wiederholt.
Und damit gebe ich wieder den Blick frei auf die Kampffläche. Knappen steigen von den Holztreppchen, haben die Helme und Gesichtsplatten befestigt – wir werden uns vor Konrads Kampf genau ansehen, wie das gemacht wird. Konrads Lehrmeister läßt sich den Schild reichen. Von rechts wird die Lanze hochgehoben: sie ist spiralförmig in seinen Farben bemalt, auch jetzt ein blaugelber Wimpel hinter dem stumpfen Lanzen-Ende. Auf der Gegenseite hat der Graf ebenfalls den Schild gepackt, er legt seine Lanze ein.
Er ruft einen Namen aus, dumpf – keiner versteht ihn, aber die Zuschauer wissen, daß der Graf seine Lanze für eine Dame einlegt, die auf der Tribüne sitzt, und daß sein Gegner für die Ehre kämpft. Auch Konrads Lehrmeister stößt jetzt den Angriffsschrei aus, reitet an. Beide Kämpfer gehen gleich darauf in Trab über, wieder ein dumpfer Ruf, auf beiden Seiten, aber der ist kaum noch zu hören, die Rösser galoppieren, auf der Tribüne kein Wort mehr, die Fahnen bewegen sich lautlos in der kühlen Mailuft, die Rösser werden zum Renngalopp gespornt, zur vollen »carrière«, und während ich diese Wörter schreibe, ein dumpfer Aufprall: Konrads Lehrmeister hat den Schild des Herausforderers getroffen, am Rand, die Lanze gleitet ab, der Graf hingegen hat verfehlt. Die Kämpfer galoppieren aneinander vorbei zu den Endmarkierungen der Anrittbahnen, parieren durch, bleiben stehen, rücken ihre Rüstungen zurecht, prüfen den Sitz des Helms, und Konrads Lehrmeister legt gleich wieder die Lanze ein, sein dumpfer Angriffsschrei, schon beginnt sein Pferd zu traben, auch sein Gegner setzt sich in Bewegung, Galopp, Renngalopp, und diesmal treffen beide die Schilde, die Lanzen zerbrechen, Schaftstücke wirbeln durch die Luft, sehr großer Beifall, Konrad ruft begeistert den Namen seines Lehrmeisters, aber der wird das nicht hören, er reitet wieder zur Wendemarke, beiden Kämpfern wird eine neue Lanze überreicht, den Pferden wird der Schaum von Nüstern und Flanken gewischt, wieder Angriffsrufe, die beiden Tjosteure kurz im

Schritt, schon im Trab, im Galopp, im Renngalopp, Konrads Lehrmeister wird in der Mitte des Schilds getroffen, er stürzt, der Trupp des Herausforderers schreit triumphierend, aber Konrad sieht sofort, mit geschärfter Wahrnehmung, daß sein Lehrmeister gestürzt ist, weil die Sattelgurte geplatzt sind; der rappelt sich auf, hebt den Schild hoch, den er nicht verloren hat, geht ein paar Schritte, zeigt auf den Sattel; einer der Knappen hebt den Sattel hoch, die anderen fangen das Pferd ein, der Sattel wird zur Tribüne getragen, zwei Turnierrichter inspizieren die Gurte, geben ein Zeichen, Konrad atmet auf: sein Lehrmeister hat den Kampf nicht verloren, es zählt nicht, wenn die Sattelgurte platzen, nun wird der Kampf ohne Pferd fortgesetzt. Der Gegner hat rasch durchpariert, reitet im Schritt auf die Tribüne zu, springt vom Pferd, ein Knappe führt es weg, die beiden Reiterlinien rücken weiter vor, der Kampf wird auf kleiner Fläche ausgetragen, direkt vor der Tribüne.

Aufregung, Vorfreude: dies ist ein Kampf, wie ihn die Zuschauer wünschen. Die Kämpfer gehen etwas breitbeinig umher, sie ziehen Schwerter – wahrscheinlich wird ein Turnierrichter prüfen, ob sie wirklich stumpf sind. Nach kurzem Eröffnungsritus der Kampf: dumpfes Klatschen, wenn die Schwerter auf das Leder, das Holz der Schilde treffen; metallisches Dröhnen, wenn sie auf die Helme schlagen – mit einem Schräghieb zertrümmert Konrads Lehrmeister den Helmschmuck seines Gegners, schlägt dessen Schwert eine Kerbe in den Schildrand – Beifall. Die Ritter gehen auf Distanz, verschnaufend, und rücken wieder gegeneinander vor, schlagen wuchtig zu. Die Schilde prallen mehrfach aufeinander, die Schwerthiebe werden schwächer, die Turnierrichter beraten, die Kämpfer raffen noch mal ihre Kräfte zusammen, wieder wirbeln die Schwerter, auch Konrads Lehrmeister wird der halbe Schmuckaufsatz vom Helm gefetzt, noch dumpfer das Aufschlagen der Schwerter auf den Schilden, wahrscheinlich eilt nun einer der Turnierrichter auf die Kampffläche, die beiden sichtlich gleichrangigen Gegner sollen im Vorturnier nicht bis zur völligen Erschöpfung kämpfen. In einer regulären Tjost müßten sie allerdings kämpfen, bis die Entscheidung fällt; ist sie im Schwertkampf nicht möglich (oder zerbricht ein Schwert), so geht man zum Ringkampf über.

Großer Beifall auf der Tribüne, Konrad springt auf und läuft zu seinem Lehrmeister, drängt einen Knappen zurück, löst die Riemen der Eisenplatte vor dem Gesicht – ein Knappe hat das

Schwert, ein anderer den Schild übernommen. Konrad wischt Schweiß vom Gesicht des Ritters, ruft in die wohl noch betäubten Ohren, der Kampf sei großartig gewesen, das schreien auch die Knappen – in der anderen Gruppe wird sicher Ähnliches gerufen. Den beiden Kämpfern werden Waffenrock und Kettenhemd noch nicht ausgezogen, die Rösser werden wieder vorgeführt, die Treppchen werden aufgestellt, die Panzerreiter lassen sich, metallschwer und kampfesmüde, in den Sattel helfen, reiten im Schritt: Lanzen, Schwerter, Schilde, Helme werden von den Knappen nachgetragen; die Reiter, das Publikum schließen sich an.
Konrad folgt dem Zug nicht, er geht auf das Turnierfeld hinaus, bleibt in der Mitte stehen, schaut zur Tribüne, zu den beiden Wimpelmasten rechts und links: an einer dieser Markierungen wird er am nächsten Morgen losreiten, als Ritter, und in diesen Sand muß sein Gegner stürzen, allein schon zur Strafe für seinen anmaßenden Spruch. Konrad schaut, ob Knechte ihn beobachten, ritzt mit der Fußspitze ein Zeichen in den Sand – magisches Ritual? Er geht zum linken Mast, schaut zur Sandfläche in der Mitte des Turnierfelds: dort darf er nicht fallen, dort darf er nicht verletzt werden. Wieder ein kleines Ritual. Er schreitet die Anrittstrecke ab bis zum Wimpelmast auf der Gegenseite. Die Reiter und Fußgänger sind inzwischen hinter einer Hügelflanke verschwunden. Die Fahne auf dem Bergfried flattert. Inzwischen ist das Wolkengrau dünner geworden, die Sonne dringt durch, darin sieht Konrad ein gutes Zeichen. Am zweiten Mast bleibt er wieder stehen, schaut zum Mast gegenüber, schaut zur Mitte des Turnierfelds. Wieder ein Ritual?
Daß es Schutzrituale gab, ist zu vermuten – das Kampfspiel Tjost übertraf an Härte und Gefährlichkeit alle heutigen Kampfspiele. Im Renngalopp aufeinander zupreschen – wieviel Kilopond? Hier ließen sich Schätzziffern errechnen, aber sie würden nichts anschaulich machen, also ein neuer Versuch, diesen Ablauf zu vergegenwärtigen: ein Streitroß ist erheblich schwerer als ein Reitpferd, Jagdpferd, es dürfte fast schon das Kaliber eines Kaltblüters haben, der ja – wie sich heute noch beim Ringelstechen zeigt – auf kurzer Strecke großes Tempo entwickeln kann; dieser galoppierende Hengst mit einem Reiter, den Rüstung und Zubehör um zwanzig, dreißig Kilo schwerer gemacht haben: eine hohe kinetische Energie also, fokussiert im Querschnitt der Lanze, also auf wenigen Quadratzentimetern, und dieser Energie-Impact ver-

doppelt durch die gleich hohe kinetische Energie des heranstürmenden Gegners: welch ungeheure Macht beim Auftreffen der Lanzen auf den Schilden (wenn es gutgeht) oder auf den Körpern! Machten die Ritter im Reflex Ausweichbewegungen? War das ehrenhaft?

Aber der Schild – konnte er den Stoß nicht auffangen? Wohl am ehesten, wenn das »Krönlein« den Schild in der Mitte traf; wurde er weiter oberhalb getroffen, so kippte der Schild wohl zurück, das »Krönlein« prallte, kaum abgedämpft, auf den Körper. Vielfach richtete man die Lanzenspitze auch gleich auf den Körper. Wurde der Brustkorb getroffen, konnte es Rippenbrüche geben, Blutungen im Thorax, im Herzbeutel: der Tod. Wurde der Kehlkopf getroffen, so erstickte man sofort – trotz Kettengeflecht und Polsterschicht. Traf es den Hals seitlich, so konnte man bewußtlos stürzen. Wurde der Kopf getroffen, so war eine Gehirnerschütterung das mindeste. Das heißt: Übelkeit, Erbrechen, Kopfschmerzen, eventuell wochenlang Schwindelgefühle, vielleicht Sehstörungen. Wahrscheinlicher aber war eine Hirnprellung: Bewußtlosigkeit und, als eventuelle Folgeschäden, Konzentrationsstörungen oder epileptische Anfälle oder Lähmungen.

Und dann der Sturz – das Stürzen wurde wohl kaum trainiert. Man konnte ja auch – schwer angeschlagen – nicht mehr recht reagieren; vielfach war man beim Sturz auch schon bewußtlos. So konnte es zu Verletzungen der Halswirbelsäule kommen, sie konnte abknicken – eine der möglichen Folgen: Querschnittlähmung. Oder man brach sich das Genick. Daß es häufig zu tödlichen Unfällen kam, ist überliefert. 1175 gab es allein in Sachsen sechzehn Turnier-Todesopfer. Das heißt: im halben Jahr der Kampfsaison. Wenn es schon derart viele Todesfälle gab, im kleinen Kreis turnierfähiger Ritter, wie zahlreich waren dann erst mal die Verletzungen, die Prellungen, Blutergüsse, Stauchungen, Quetschungen? Und die Brüche: Unterschenkel, Rippen, Arme? Panzerreiter, Ritter, die mehrfach an Turnieren teilgenommen haben, dürften ziemlich lädiert gewesen sein: mit Narben am Körper, vor allem an der linken Seite, mit schlecht verheilten Brüchen, und sie hinken oder gehen an Stöcken, und sie hören schlecht nach dem Kesselschmiedelärm unter dem Helm, und sie leiden an chronischen Kopfschmerzen...

Die Kämpfe auf dem Schlachtfeld unterschieden sich von den Kämpfen auf dem Turnierfeld nur dadurch, daß scharfe Waffen eingesetzt wurden. Freilich kam es auch vor, daß die Tjosteure

beim Kampfspiel in Rage gerieten, und es wurden die stumpfen gegen scharfe Waffen vertauscht – da ging es um Kragen und Kopf. Ein Vergleich: als würden sich zwei Boxer nach mehreren Runden entschließen, die Boxhandschuhe gegen Schlagringe auszutauschen.
Konrad ist zwischen diesen Sätzen Richtung Burg losgegangen; wir – mit einem Satz – hinterher. Konrad schaut zur Burgfahne hoch, schnuppernd: Westwind, immer noch, kühler Westwind. Der schiebt die hohe Wolkenschicht weg, aber kann der nicht genauso schnell tiefe Wolken heranblasen? Und mit ihnen Regen für den nächsten Tag? Konrad denkt an den Adler auf der Burg seines Vaters: Rako hat Westwind, nassen Westwind überhaupt nicht gern.
Der Weg schwingt die dicht bewaldete Hügelflanke hinauf; bald schon Mauerwerk. Konrad betritt über die Zugbrücke des trockenen Grabens den Innenhof. Ein Wagen mit zwei Weinfässern ist angekommen, zwei kräftige Pferde stehen im Geschirr. Und der Verwalter redet auf die beiden Kutscher ein – offensichtlich schlecht gelaunt. Am Wagen lehnt ein Mann, der Konrad auffällt: er ist mindestens einen Kopf größer als die Kutscher, der Verwalter, als er selbst. Der Fremde hat beinah schwarzes Haar, grüne Augen, einen Stoppelbart und sehr behaart die Unterarme, die er vor dem einfarbigen Überwurf verschränkt hat, als ginge ihn die Auseinandersetzung nichts an. Dieser Mann scheint von sehr weit herzukommen, könnte beispielsweise ein Schotte sein. Einer der Kutscher sagt etwas, und er nickt. Nach einer zweiten Bemerkung lacht er: die Auseinandersetzung ist beendet. Die Kutscher beginnen, das erste Faß zu lösen, der Fremde packt nicht mit an, Konrad geht weiter – Dutzende von Pferden im Hof, an den Wänden; Pferdeknechte, Mägde, Pagen, Knappen laufen herum in scheinbarer Ziellosigkeit. Konrad denkt sich aus, wie der große Mann, der aus Schottland kommen könnte, vor ihm und seinen berittenen Knappen herschreitet auf dem Weg von der Burg zum Turnierplatz, als Herold – würde sein Name dann nicht sehr viel häufiger genannt als der seines großmäuligen Gegners? Ob er gleich einen Knappen zu diesem Fremden schicken soll? Könnte ihn das Angebot beleidigen? Aber wenn der etwas Besseres wäre, so wäre er kaum auf diesem Weinkarren zur Burg gekommen – er soll sich also freuen, wenn er durch solch ein Angebot geehrt wird. Auch hätte der Fremde nach seiner Rückkehr dann etwas zu erzählen. Freilich, wenn er für diesen Festtag den Schotten in

sein Gefolge aufnimmt – woher soll er einen derart langen Waffenrock nehmen? Oder einen Überwurf, der zu seinem Waffendekor paßt? Erst mal den Knappen suchen, den er ausschicken wird... Und zuallererst: am Essen teilnehmen...
Konrad betritt den Palas. In diesen Saal lasse ich ihn allein gehen. Prassereien, Gelage des Mittelalters (eines fiktiven Mittelalters) sind schon so häufig in Filmen gezeigt worden, daß ich gezwungen wäre, auch gegen diese Klischeebilder anzuschreiben. Aber ich bringe nur ein paar Hinweise. Als erstes eine Worterklärung: der große Raum oder Saal, in dem solch ein Essen stattfindet, wird im Mittelalter »palas« genannt (auf der ersten Silbe betont); der »palas« kann auch der Wohnbau einer Burg sein – und der erreicht im Hohen Mittelalter nur selten Ausmaß und Glanz eines Palastes. Bei festlicher Gelegenheit wird der Boden des Festsaals mit frischem Grün bestreut, mit Blumen; an den Wänden hängen Schilde oder Teppiche. Kurz vor dem Essen tragen Diener kleine Tische in den Saal; nach dem Essen werden sie wieder hinausgetragen.
Mehr schreibe ich nicht dazu. Im Hof könnte während des Banketts ein Bettelmönch auftauchen und zu predigen beginnen – am Rand des Zuhörerkreises der ›Schotte‹. Was der Mönch predigt, erfinde ich nicht, dafür gibt es eine Textvorlage. Dort oben, so ruft er aus und zeigt hinauf, dort oben finde nun eine Prasserei, eine wahre Völlerei statt, dort werde verschlungen, was durch vieler Hände Arbeit entstanden sei; jeder von diesen Gefräßigen schlinge in sich hinein, was drei bis sechs Leute satt machen könnte; dort oben seien an die hundert Menschen, also könnte man mit den gewürzten und parfümierten Speisen ein halbes Tausend Arme satt machen; diese Fresser gebe es nicht nur auf den Burgen, auch in den Städten – dort würden Frauen und Männer immer unmäßiger; der Mann verfresse, versaufe sein Schwert, die Frau ihren Ring und ihr Kopftuch, und so kämen der Mann und die Frau durch Völlerei um ihre Ehre; diese Völlerei beginne in einem Stadthaus schon in frühem Alter: da mache eine Schwester dem kleinen Kind einen Brei und schmiere ihm den ins Mäulchen, bis der kleine Körper so gefüllt sei, daß er überlaufe, und sofort werde Brei nachgeschmiert, und dann komme eine Tante und mache ihm einen Brei und streiche ihn ins Mäulchen, und dann komme die Amme und sage: Ach, mein armes Kind, nichts hast du heute bekommen, gar nichts, und sie mache ihm einen Brei und schmiere ihm den ins Mäulchen, und das kleine Kind weine und

zapple; die Kinder reicher Leute würden um die Wette gefüttert, und die Kinder der Armen bekämen oft nicht einmal das Nötigste, und doch würden die Kinder armer Leute eher überleben als die Kinder reicher Leute – die Sünde der Völlerei, eine schwere Sünde, sei nur selten unter Armen; man müsse diese Sünde meiden um seiner Seele willen, Amen.
Sammelt der Prediger auf dem Hof nun Almosen, oder geht er gleich hinauf in den Palas? Seine Zuhörer jedenfalls setzen ihre Arbeiten fort, der Bettelmönch verschwindet. Nach einem Zeitsprung taucht Konrad wieder auf und trifft in exakter Textregie seinen ersten Knappen; der berichtet, er habe den Auftrag an den Fremden weitergegeben, wisse aber nicht, ob der ihn verstanden habe, aus seinem Kauderwelsch seien nur ein paar Wörter herauszuhören, die reichlich fremdartig klängen, am besten versuche es Konrad einmal selbst.
Konrad ist nicht als einziger vom Festraum des Wohngebäudes herabgestiegen: es folgen ihm ein, zwei Dutzend Männer. Sie haben ein gemeinsames Ziel: die vor jedem Turnier übliche Waffenschau.
Ein Raum, eine Kemenate. Darunter versteht man heute meist ein Zimmer für die Burgdamen des Mittelalters, zu Wolframs Zeit aber war das nur ganz allgemein ein Zimmer mit Kamin, eine caminata – oft der einzige heizbare Wohnraum in einer Burg! Wenig Licht von außen: zwei schmale, leere Fensteröffnungen. Ich lasse, um das Beleuchtungsproblem zu lösen, die Sonne des späten Nachmittags in die beiden Fensteröffnungen scheinen. Und wir sehen einen kunsthistorisch bedeutungslosen Kamin, sehen Schilde aufgehängt an drei Wänden, sehen einen Tisch in der Mitte, auf dem Helme liegen.
Weil Konrad zuerst die Schilde betrachtet, schauen wir ihm über die Schultern. Kurz bleibt er vor dem Schild seines Lehrmeisters stehen: das Wappenfeld blaugelb bemalt, diagonale Trennlinie, in der Mitte ein Hirschgeweih. Falls Ritter dieselben Schilde zu Vorturnier und Turnier benutzen, wird man hier die Kampfspuren begutachten: Kerben am Schildrand, und das bei stumpfen Schwertern – die schlagen ja drein wie Schmiede! Gedrängel auch vor dem Schild des Herausforderers, des Burgherrn: auf dem rotweißen Wappenfeld ein Bienenkorb. In alle Richtungen ausschwärmen? Stechen? Das Gute sammeln? Beide Schilde ohne »Buckel« in der Mitte, also (damals) moderne Schilde: als man den Schild nicht mehr allein an Faustriemen hielt, sondern den Unter-

arm in zwei Lederschlaufen schob, schrumpften die Schildbuckel, die sich über der Faust gewölbt hatten, wurden aufgegeben, und die Schildmaler, Wappenmaler hatten beinah plane Flächen zur Entfaltung – die einzige Art profaner Malerei, die viele Ritter damals zu sehen bekamen, war die von Schildmalern! Sie hatten viele Möglichkeiten, die heraldischen Farben zu kombinieren in den Flächenaufteilungen der Wappen: Rauten und Kugeln, Spitzen und Sparren, Spickel und Göpel – Fachwörter, die Heraldikern geläufig sind.

Wappenzeichen wurden allerdings nicht nur aufgemalt – wenigstens auf einem der hier ausgestellten Schilde sind die heraldischen Zeichen als Pelzwerk appliziert. Das beliebteste Wappenfell lieferte das Hermelin: möglichst makelloses Weiß. Und das Schwarz des Gegenhermelins. Und vielfach verwendete man Feh: Rücken und Bauchfell des grauen Eichhörnchens. Fellausschnitte wurden nicht immer mit Fellausschnitten kombiniert, es kamen auch Metallflächen dazu. Denn wichtig waren Kontraste; die Zeichen mußten sofort erkennbar sein, mußten sich einprägen – eine fast ›schlagende Wirkung‹ des Bildzeichens.

Selbstverständlich wurden auch damals schon Bildelemente in die Wappen aufgenommen, und hier gibt es derart viele Motive, daß sie systematisiert werden müssen, beispielsweise unter dem Sammelbegriff Himmelskörper: die Sonne, natürlich, und der Mond, selbstverständlich, und Sterne, Kometen und Blitz, Regenbogen, Wolken; und es gibt Pflanzenmotive: Birnbaum und Dornbusch, Linde und Weinstock; es werden auch Knollengewächse dargestellt, Blumen in breitem Flor: die heraldische Lilie und die Rose, die Rose, der Mohn, Fingerhut und Sonnenblume; wichtig waren auch Tiere: Ameise, Eidechse, Schlange, und besonders beliebt unter den Vögeln: der Adler, der Falke, die Eule, und Auerhahn, Amsel, Rabe, Strauß, und bei den Raubtieren: der Bär und der Löwe, der Fuchs und der Wolf, und wichtig die Fabelwesen: Drache und Basilisk, Greif und Einhorn, Phönix und Pegasus; aber auch Hausgerät kann abgebildet werden, beispielsweise der Krug: und damit mache ich eine Verbeugung vor Wolfram.

Und nun zu den Helmen auf dem Tisch. Wir werden am kommenden Vormittag dabei sein, wenn Konrad der Helm aufgesetzt wird, also brauchen wir jetzt nur auf die Helmzier zu achten. Der offizielle Terminus: »zimier«. Wie zahlreiche Wörter des Mittelalters ist auch dieses Wort nicht eindeutig festgelegt in seiner Bedeutung: Wolfram bezeichnet mit »zimier« auch den gesamten

Waffenschmuck. Hier jedoch: die Zimier wurde auf die flache Kuppe des Helms montiert, vor festlichen Turnieren: heraldische Plastik aus Holz und/oder Leder, aus Flechtwerk und/oder gesteiftem Leinen, und diese – wie wir schon sahen – zerbrechlichen Gebilde wurden mit Schrauben oder Schnüren, mit Stäbchen oder Riemen am Helm befestigt, in Bohrungen. Besonders beliebt waren damals schon Hörner und Flügel.

Sind in der Kemenate auch Lanzen ausgestellt, mit Wimpeln in heraldischen Farben? Wohl kaum – sie ließen sich nicht an die Wände lehnen, mit ihren drei bis vier Metern Länge. Weil ich das Stichwort Lanze schon mal eingebracht habe, ein paar Sätze zu dieser Waffe. In Wolfram-Übersetzungen, in Wolfram-Sekundärliteratur verwechselt man häufig Lanze und Speer. Der Unterschied aber ist einfach: den Speer wirft man, die Lanze legt man ein. Speere waren erheblich leichter, kürzer als Lanzen, waren für Tjoste damit nicht geeignet. (Eine spezielle Form war das javelot, ein Mittelding zwischen Speer und Pfeil; man trug es im Köcher, warf es als Speer – die Jagdwaffe des jungen Parzival.) Zurück zur Lanze: der Schaft, etwa vier bis sechs Zentimeter dick, bestand meist aus Buche, Esche oder Tanne – dieses Holz brach besonders leicht. Zum Teil waren die Lanzenschäfte auch ausgebohrt, um diesen Schaueffekt sicherzustellen. In den Schaft eingelassen (oder mit einer Tülle aufgesetzt) die Lanzenspitze oder das »Krönlein«. Unterhalb der Lanzenspitze wurde vielfach ein Wimpel aufgehängt. Der Schaft konnte spiralenförmig bemalt sein, auf dem weißen, frischen Holz. Je mehr Lanzenschäfte vor der Kampfentscheidung zerbrachen, desto besser. Eine der beliebtesten Metaphern Wolframs: ein Ritter verbraucht ganze Wälder als Lanzenholz – der Waldverschwender, Waldvernichter! (Diese Bezeichnungen waren damals noch uneingeschränkt positiv; Wald gab es mehr als genug.)

Unterhalb des Krönleins oder, bei einem scharfen Kampf: unterhalb der Lanzenspitze konnte ein (amulettartiges) Geschenk der Dame befestigt sein, für die man kämpfte. Bei einem Kampf »ze ernste« konnte es vorkommen, daß solch ein Liebeszeichen (beispielsweise ein Ring) mit in den Körper des Gegners gerammt wurde. Üblicher, weil auffälliger war dies: man befestigte das Liebeszeichen am Schild. Beispielsweise einen Ärmel vom Kleid der Dame. War man seiner Dame schon nähergekommen, so konnte es auch ein Gürtel sein oder ein Hemd. Allerdings durften die Zeichen nicht verraten, für welche Dame man kämpfte – das sprach

sich sowieso herum. Selbst von stumpfen Lanzenenden, stumpfen Schwertern konnte ein Ärmel oder Hemd durchlöchert, zerfetzt werden – je durchlöcherter, je zerfetzter desto besser: so konnte man seiner Dame zeigen, wie hart man für sie, in ihrem Namen gekämpft hat.
Sind auch Schwerter ausgestellt? Wohl kaum, denn auf Turnieren wurden sicher nicht die kostbaren Kampfschwerter benutzt, sondern, wie erwähnt, stumpfe Waffen – auch zur Schonung der Rüstungen. Das Schwert war Hiebwaffe, wurde erst später (auch) Stoßwaffe – die Spitze war also meist abgerundet. Die Klingen oder zumindest die Schneiden waren gestählt. – Ende der Waffenschau.
Ich setze in diesem Szenario eine Nachtwache an, obwohl sie zu Beginn des dreizehnten Jahrhunderts im deutschen Reich noch nicht allgemein üblich war. Aber der Graf, der dieses Turnier einberufen hat, in dessen Rahmen die Schwertleite seines Neffen stattfindet, könnte vor Jahren über einen Besucher vom Ritual der Schwertleite gehört haben, wie es am englischen Königshof durchgeführt wird: der Knappe, der zum Ritter geweiht werden soll, wird beim Eintreffen in der Königsburg von Kämmerer und Seneschall empfangen, den beiden höchsten Repräsentanten des Hofes; zwei Pagen oder Knappen werden dem Novizen zugeteilt; er bedient den König beim Essen, aber nur zu Beginn: reicht ihm die Schüssel mit Waschwasser, setzt ihm den ersten Gang vor; der Novize wird in ein Zimmer geführt, sein Haar wird geschnitten, ein Bad wird ihm bereitet; während er im Zuber sitzt, erteilen ihm zwei angesehene Ritter eine letzte Belehrung über seine zukünftige Würde; er ruht sich auf einem Bett etwas aus, läßt sich dann für die Nachtwache ankleiden: ein Umhang, schmucklos, mit Kapuze; ein großes Geleit folgt ihm zur Burgkapelle, aber nur zwei Knappen gehen mit hinein; während der Nachtwache betet er.
Nach diesem Modell entwerfe ich: auch Konrad nimmt ein Bad; auch er trägt den einfachen Umhang; auch er wird zur Burgkapelle geleitet, angeführt vom Grafen und von seinem Lehrmeister.
Auf dem Altar ein Kienspan oder ein Fettlicht oder vielleicht sogar eine Kerze. Das Kettenhemd, der Helm, das Schwert, der Schild, die Sporen: die Rüstung, die in der Familie von Generation zu Generation weitergereicht wird. Helm und Schwert sehen im blakenden Licht schöner aus als am Tag. Nur wenn er sich vorbeugt,

genau auf die Schneide schaut, sieht er die Scharten, die sich nicht mehr auswetzen lassen ließen. Und im Helm sind Dellen, die man nicht aushämmern konnte: diesen Helm hat sein Vater nicht nur auf Turnieren, sondern auch im Krieg getragen. Er hat sogar an einem Kreuzzug teilgenommen. Sechsundzwanzig war er, als er aus dem Heiligen Land zurückkehrte: ein kranker Mann.
Es hatte lange gedauert, bis er zu erzählen begann. Schon auf der Schiffahrt waren viele Kreuzfahrer krank geworden, eine Art Faulfieber, daran mußten die Dünste schuld sein, die aus dem Kielraum stiegen, in dem stinkendes Wasser schwappte und Ratten huschten; mehrere Knappen und Ritter hatte man über Bord werfen müssen. Dann die Hitze, die brüllende Hitze im Heiligen Land: die Helme, auch die Kettenhemden unter den Waffenröcken wurden glühendheiß – zuweilen hatte sein Vater die Vorstellung, die Kettenreihen würden sich trotz des gesteppten Leinens unter ihnen einbrennen und er könnte sie nur ablösen mit vielen Fetzen Haut. Und er war halb betäubt von der Hitze unter dem Helm, Schweiß lief ihm übers Gesicht und in den Nacken und die Brust und den Rücken hinab. Man hatte wahrhaftig schon genug mit der Hitze zu kämpfen, aber da tauchten auch noch die sehr raschen Reiter der Heiden auf, allesamt Sarazenen genannt, und die schossen mit großen Bögen Pfeile ab, deren Spitzen sehr schmal waren, und die drangen, wenn man sie nicht rechtzeitig mit dem Schild abwehren konnte, in Ringe des Kettenhemdes ein, damit ins Fleisch. Manchmal waren, so erzählte sein Vater, die Pfeile der heidnischen Bogenschützen so dicht herangeflogen, daß weder Regen noch Hagel den Himmel stärker hätten verdunkeln können; wenn die Schützen ihre Köcher geleert hatten, rückten andere vor, mit vollen Köchern, schossen weiter; vor allem die Pferde wurden getroffen, die man übers Meer herangeschafft hatte.
Und nun verhindert das Fieber aus dem Heiligen Land, daß sein Vater ihn begleitet. Alle paar Monate dieses zum Teil sehr hohe Fieber. Und vierzehn Monate hatte sein Vater nach der Rückkehr krank gelegen. Er war schon im Heiligen Land, während der 27 Monate dort, mehrfach krank gewesen: der arabische Arzt, den er in der Garnison der Küstenstadt kommen ließ, konnte das Fieber lindern, nicht heilen; der Geistliche, den Vater zu Hause heranzog, konnte nicht einmal lindern.
Nein, Konrads Vater hatte nichts Gutes zu berichten von diesem Kreuzzug. Ein Winter dort, und sie wurden drei Tage lang von

kaltem Regen überschüttet und schneidender Wind noch dazu, und sie kriegten die Kleidung nicht mehr trocken und Hunger, Hunger. Viele blieben zurück, entmutigt, entkräftet, man konnte nicht alle mitschleppen. Und im Sommer die Hitze, der Durst. Sie hatten den Heiden eine Stadt abgenommen, wurden in dieser Stadt von den Heiden belagert, die zerstörten die Wasserzuleitung, bald hatten sie nichts mehr zu trinken, sie schnitten Pferden und Eseln die Schlagadern auf, tranken das Blut. Und als der Durst noch größer wurde, warfen sie Lappen in die Latrinen, sie saugten sich voll mit Flüssigkeit und die preßte man aus über dem Mund. Oder man suchte Boden, der etwas feucht war, sich zumindest feucht anfühlte, grub sich ein, deckte sich bis zum Kinn mit Erde zu; auf diese Weise sollte der brennende Durst gedämpft werden. Und wenn sie unterwegs eine Quelle fanden, entstand augenblicklich Streit, man drängte, schlug sich, zu viele wollten gleichzeitig trinken. Wenn es ein Wasserlauf war, so wühlten die vielen Füße den Untergrund auf, das Wasser wurde schlammig, dennoch, man soff es. Und zu essen fand man tagelang auch nichts: Kreuzfahrer rissen Dornsträuche aus, zerbrachen sie in Stücke, zerrieben die zwischen den Händen – auch nicht gerade durstlöschend. Wenn man einen Brunnen erreichte, endlich, endlich, so war der womöglich von Einheimischen verdreckt, verpestet, vergiftet worden, und man mußte viele Meilen weiter, mit geschwollener Zunge, schwärenden Lippen.

Ja, es wurde gedurstet, gehungert, geritten, gefochten, gemetzelt in Vaters – seltenen – Berichten, nur zwischendurch mal Lustiges, von dem sich leichter erzählen ließ: wie ein Ritter achtzehnmal an einem Tag scheißen mußte; wie einem Ritter eine kleine Frau »zulief«; wie sie einem gefangenen Sarazenen Wein einflößten; wie sie sich in einem Garten den Bauch vollschlugen mit Früchten. Das alles mochte ja geschehen sein, aber, so könnte Konrad denken, es muß auch mal einen glanzvollen Kreuzzug geben, und er an der Spitze eines Trupps von Reitern, er trägt einen reich bestickten Waffenrock, einen kunstvoll bemalten Schild, einen Helm mit imponierend großer und abschreckend gestalteter Zimier, und die Pferde fliegen dahin, und die Hitze setzt ihm nicht zu und kein Fieber im Blut, keine Krämpfe im Bauch – leichte, rasche Bewegung, die unweigerlich zum Sieg führt, rechts und links liegen die in Panik weggeworfenen Bögen der Heiden, liegen schließlich ihre Leichen und zuletzt der festliche Einzug in die Heilige Stadt, er auf einem prachtvollen arabischen Hengst und auf Pferden hinter

ihm sein Kettenhemd und sein bemalter Schild, und viele Menschen winken, und Glocken läuten, eine sanfte Brise bläht den Waffenrock.
Das Kettenhemd, der Helm, das Schwert, der Schild, die Sporen im Flackerlicht. Wie oft hatten er und andere Pagen mit Holzschwertern und mit Holzschilden gekämpft – Beulen, Schrunden, Wunden. Sie legten Lanzen ein, die Latten waren, griffen Strohfiguren an, die Lanzenspitzen drangen tief ein, aber rasch war die Strohwunde wieder geschlossen. Und sie schauten zu, wie Erwachsene übten. Liefen mit auf die Jagd. Und im Regen, im Schnee? Am schlimmsten werden auch für ihn die Winter gewesen sein – die oft monatelange Belagerung der Burg durch Frost und Schnee, und es kamen fast überhaupt keine Besucher und damit keine Nachrichten aus der Welt ringsum, da konnten Dörfer überschwemmt werden, Städte abbrennen, da konnte das Mittelmeer austrocknen oder durch einen Spalt der Erdscheibe in die Hölle ablaufen – sie würden nichts davon erfahren vor dem Frühling.
Der Frühling! Der Aufbruch! Mit dreizehn war er Schildknappe geworden. Keine Holzschwerter und Lattenlanzen mehr: die echten Waffen seines Lehrmeisters, dem er mit einem anderen Knappen folgte; auf dem einen Lastpferd der Kettenpanzer, auf dem anderen Helm und Schild; das Schwert hatte der Ritter am Gürtel hängen.
Bei Turnieren trug er für seinen Lehrmeister ein Lanzenbündel, und später durfte er die Lanze mit dem blaugelben Wimpel präsentieren. Noch später durfe er dem Lehrmeister vor der Attacke den Helm aufsetzen. Die Turniere waren die Höhepunkte. Aber zwischen den Turnierstätten: viel Wald, viel zu viel Wald. Auch er mußte Holz sammeln für Feuer, mußte es zurechthacken, mußte das Reh abbalgen und ausnehmen, das sein Lehrmeister geschossen hatte. Aber am Feuer wurde von Jagd, Kampf und Frauen gesprochen, auch gesungen. Aufatmen, sobald sie in einen Ort kamen oder in eine Burg.
Die Burg seines Vaters: Konrad sieht sich im schmalen Garten zwischen Burgmauer und senkrecht abfallender Felswand. In diesem Streifen stehen ein paar Obstbäume, werden Kräuter gezogen, und hier ist denn auch der kniehohe Baumstumpf, auf dem sein Adler sitzt, Rako, mit der Lederfessel um beide Läufe, und er äugt in den Wind, mit ruckendem Kopf. Als Junge war Konrad so oft und so lange wie möglich bei den Jagdvögeln gewesen, mit dem Falkner. Und es war für ihn schon damals selbstverständlich,

daß er einmal einen Jagdvogel dressieren würde, aber nicht einen Falken, den hat schließlich fast jeder Ritter, auch nicht einen Sperber, sondern: einen Adler.
Konrad dreht sich zum Eingang, saugt prüfend die Luft ein: immer noch kühler, feuchter Westwind. Nein, den mag Rako überhaupt nicht. Rako muß aber auch bei kühlem Westwind fliegen, also trägt er ihn erst einmal im Burggarten umher, auf dem Lederhandschuh, und er redet auf ihn ein. In der tiefhängenden Ledertasche hat er tote Mäuse, aber es wird nur eine Maus aus der Tasche gezogen, wenn Rako fliegt! Er steigt auf den Mauersockel, schaut zu den Wolken hoch, blickt in das Tal hinunter mit dem schmalen, mäandernden Fluß, und mit einem Laut, der wie ein Befehl klingt, wird der Adler hinausgeschwungen, talwärts, aber zuweilen fliegt Rako nur einen kleinen Halbkreis, aufwärts, mit raschen Flügelschlägen, setzt sich auf »seinen« Baum. Ja, Rako muß schon sehr hungrig sein, um bei feuchtem oder nassem Westwind zu fliegen. Aber wie kläglich ist manchmal dieses Fliegen! Es kommt vor, daß Rako sich verschätzt, der Wind macht am Steilhang die überraschendsten Richtungswechsel, und Rako sinkt immer tiefer hinab, trotz angestrengter Flügelschläge, wird gleichsam hintergedrückt, da hilft kein aufmunternder oder anfeuernder Ruf. Wenn der Wind aber aus Osten kommt, wenn die Luft warm an der Felswand hochsteigt, schwingt sich Rako immer höher hinauf. Doch selbst in großer Höhe erreicht ihn Konrads Ruf: als Lob, als Locken. Und wenn der Adler so hoch fliegt, daß er kaum noch zu sehen ist – Rako sieht auch aus solcher Höhe, wenn Konrad eine Maus schwenkt: er stößt herab, krallt den hochgeworfenen Mausekörper im Flug. Ja, an solchen Tagen sind sie miteinander zufrieden, und wenn er den Namen seines Adlers ruft, ist das O leicht und hell wie die Luft aus dem Osten.
Daß er Rako so deutlich vor sich sieht, erscheint Konrad als gutes Vorzeichen für den kommenden Tag, für seinen ersten Kampf als Ritter. Und damit habe ich mir das Stichwort zugespielt für die Beendigung der Nachtwache. Prompt krähen Hähne, zwitschern Vögel, bellen Hunde, scharren und schnauben Pferde, verdichten sich Arbeitsgeräusche. Schlaftrunken betreten drei Knappen die Kapelle, knien nieder hinter Konrad. Es wird ein Frühgottesdienst stattfinden; anschließend (oder später) die Schwertleite, zelebriert vom Burgpfarrer, ausgeführt vom Burgherrn, von Konrads Lehrmeister. Ich habe keine exakte Beschreibung einer Schwertleite im Deutschland jener Zeit gefunden, so nehme ich den Bericht über

die englische Schwertleite auf: im ersten Morgenlicht die Frühmesse; der Novize darf danach auf einem weiß bezogenen Bett schlafen; er wird geweckt, zur Schwertleite bekleidet: mit rotem Umhang, schwarzen Beinlingen, weißem Gürtel, das Rot als Symbol des Blutes, das er für die Kirche »vergießen« wird; das Schwarz soll den Novizen an den Tod gemahnen; das Gürtelweiß schützt die Reinheit des Leibes. Nun zieht man in den Festsaal des Königs, ein Page trägt dem Novizen das Schwert voraus, am Griff hängen die Sporen; beim festlichen Akt läßt der König durch zwei angesehene Ritter die Sporen anschnallen, er selbst legt dem Novizen den Schwertgurt um. Kurze Ermahnung, dann geht es wieder zur Kirche, das Schwert wird geweiht; es folgt ein Festessen, bei dem der Ritter den Ehrenplatz einnimmt, aber er darf weder essen noch trinken. – In der Burg eines Grafen im südwestlichen Bereich des römisch-deutschen Reiches wird der festliche Glanz dieser Zeremonie geringer sein. Wie auch immer der Ablauf gewesen sein mochte: mit der Schwertleite wurde man offiziell »wehrbar« und »mannbar«; nach der Schwertleite galt man als volljährig, als heiratsfähig, als geschäftsfähig, auch als regierungsfähig.

Nicht einmal einfachste Fragen nach dem Ablauf der Schwertleite werden in deutschsprachiger Überlieferung verbindlich beantwortet: fand das Umgürten, das Anlegen der Sporen vor oder nach dem kirchlichen Segnen des Schwertes statt? In der Kirche oder anschließend vor der Kirche? Noch in der Burg oder schon auf dem Turnierfeld? Ich vereinfache den Ablauf: das gesamte Ritual findet in der Burgkapelle statt; entsprechend groß wird das Gedränge sein. Konrads Lehrmeister schnallt dem Ritter-Novizen die Sporen an. Und der Burgherr legt ihm den Schwertgürtel um – über dem Umhang, Waffenrock, den er vielleicht gestiftet hat. Aber noch ist die Scheide ohne Schwert – das wird vom Burgpfarrer geweiht, die consecratio ensis, selbstverständlich spricht der Geistliche den Segen in lateinischer Sprache aus, da ist die Rede von defensio atque protectio ecclesiarum, von Verteidigung und Schutz der Kirchen, viduarum, orphanorum, der Witwen und Waisen und vom Dienst contra sevitiam paganorum, gegen das Wüten der Heiden, und so weiter: aliisque insidiantibus sit pavor terror et formido, Furcht und Schrecken allen Feinden. Und das geweihte Schwert wird in die Scheide geschoben. Es ist nun nicht mehr das Schwert eines Knappen, sondern das Schwert eines Ritters. Konrad ist damit verpflichtet, die Waffen stets in vorderster Reihe zu tragen: sich der Auszeichnung würdig erweisen…

Konrad von Eiserfey darf sich nun ausruhen – in der Kemenate der Waffen- und Wappenschau. Dort wurde ein Bett aufgestellt, bezogen mit rauhem Leinen. Und Konrad schläft sofort ein.
Während er schläft, begeben wir uns an den Turnierplatz. Keine sätzelange Wegbeschreibung, wir sind sofort auf der Fläche unterhalb der Burg. Sanfter Westwind, wieder die dünne, hohe Wolkendecke, es wird nicht regnen. Die Tribüne ist fast schon besetzt.
Zu sehen, zu bewundern ist hier die Mode zu Beginn des 13. Jahrhunderts: eine üppige Entfaltung (zumindest beim Adel und gehobenem Bürgertum), in der die spätere Besserung der wirtschaftlichen Lage gleichsam vorweggenommen wird; Wolframs und Konrads Zeit ist karg, ihre Mode aber ist bunt. Weil wir gesehen haben, wie Bligger angezogen wurde, weil wir zuschauen werden, wie Konrad gewappnet wird, will ich nun auch skizzieren, wie die Damen bekleidet waren.
Unterwäsche war damals noch nicht üblich; so konnten die Strümpfe nicht angenestelt werden, sie wurden unterhalb der Knie von einem Strumpfband gehalten; ein Hemd oder gleich ein Unterkleid, darüber das Oberkleid, darüber der offene Mantelumhang; die dünnen, leichten Schuhe sind kaum zu sehen, das Schlupfkleid hängt über die Füße herab.
Das Unterkleid ist gewöhnlich heller als das Oberkleid, es wird sichtbar an Hals, Armen und Saum. Das Oberkleid ist meist nicht auf Taille geschneidert. Beliebt aber war der Kontrast zwischen dem eng anliegenden Ärmel des Unterkleides und dem weiten, trichterförmig geöffneten, dafür kürzeren Ärmel des Oberkleides – diese Ärmelöffnung kann bis zum Knie herabhängen. Manche der Damen haben diese Mode freilich vereinfacht: die Ärmel des Unterkleides sind in den Ärmeln des Oberkleides eingenäht. Oder: die weit herabhängende Ärmelöffnung des Oberkleides ist nur durch Stoffstreifen markiert. Vorherrschend aber ist das Zusammenspiel von Unter- und Oberkleid, auch in der Verschiedenheit der Stoffe und Farben.
Bei den meisten der jungen Frauen ist der weite Ärmel nicht am Oberkleid angenäht, sondern angenestelt; Frauenkleider mit angenähten Ärmeln werden erst viel später üblich. Daß die Ärmel angenestelt sind, hat auch diesen Vorteil: eine Dame kann einem Herrn einen abgenestelten Ärmel überreichen, den er auf dem Schild festnagelt, um ihn nach dem Kampf wieder zu überreichen, durchbohrt und aufgeschlitzt.
Weil nicht genug genestelt werden kann, wenn Nesteln die große

Mode ist, haben viele Damen an den weiten Ärmeln noch Manschetten angenestelt aus besonders kostbaren Stoffen, beispielsweise aus Brokat. Diese Manschetten können sogar mit Edelsteinen geschmückt sein, echten oder falschen. Solche Manschetten aber sind selten auf der Tribüne; größerer Wert wird darauf gelegt, daß die Oberkleider viele Falten zeigen; zum Teil sind sie eingenäht. Und mehrere Damen mit Schleppen. Und fast alle tragen sie einen Mantel; er wird um die Schulter gelegt, wird unter dem Hals mit einer Schnur (oder einem Kettchen) geschlossen, zwischen zwei Tasseln: broschenartige Schmuckscheiben, vielfach aus kunstvoll bearbeitetem Metall. Manche Damen haben lässig zwei Finger hinter Schnur oder Kettchen geschoben; sie wissen, das gilt als besonders elegant. Einige der Mäntel sind, obwohl Mai ist, mit Fell gefüttert.

Die Kleider sind vielfach »mi-parti«: zwei kontrastierende Farben, die jeweils die Hälfte des Kleides beherrschen; senkrecht die Grenzlinie. So verschieden die Farben, so verschieden auch die Stoffe. Meist wird Leinen getragen – im eigenen Land hergestellt. Baumwolle dagegen wird meist importiert, aus dem Morgenland, via Venedig. Man trägt auch Barchent, ein neuer Stoff, der entsprechend oft betrachtet, befühlt wird: ein Mischgewebe aus Leinen und Baumwolle. Geschätzt ist auch »Scharlach«: damit wird feines Wolltuch bezeichnet – es kann verschieden eingefärbt sein, am seltensten scharlachfarben. Das Allerfeinste ist Seide. Sie wird meist aus arabischen Ländern importiert, oder von der Iberischen Halbinsel; auch in Italien wird Seide hergestellt. Es gibt die changierenden oder changeanten Seiden, es gibt die schwere, halbfeste Seide, den Taft (auch Zindel) genannt, es gibt die besonders leichte Palmat-Seide, es gibt Seide, die »Purpur« genannt wird, aber nur selten purpurfarben ist, es gibt eine ganze Palette von Seidennamen, die von Dichtern wie Spielmaterial eingesetzt werden, und es gibt den Brokat, die Seide mit eingewebten Silber- und Goldfäden.

Die Vielfalt, der Reichtum der Kleidung wird gesteigert durch kostbare Borten, prächtige Gürtel. Und durch Schmuckstücke – hier konnten nicht genug Steine eingefaßt sein, und so gibt es auch reichlich Imitationen. Auch falsches Haar wird getragen, vor allem der falsche Zopf, der bis zum Gesäß herunterhängt, ja bis zu den Kniekehlen. Junge Damen, die noch nicht verheiratet sind, tragen ihr Haar lose, schulterlang, gelockt – Natur oder Brennschere? Die Haarfarbe ist meist braun oder blond, denn das gilt nach dem höfischen Kanon als besonders schön. Die meisten unverheirateten Frauen tragen einen Metallreif im Haar; beliebt sind auch schmale Blumenkränze. Die verheiratete Frau aber muß zeigen, daß sie unter die Haube gekommen ist; diese Hauben sind vielfach komplizierte Gebinde aus halb durchsichtigen oder steif undurchsichtigen Tüchern, die um den Kopf drapiert, zum Teil auch unter dem Kinn gebunden sind.

Bevor wir zu Konrad zurückkehren, noch ein paar Hinweise zur Herrenmode, wie sie sich hier präsentiert. Zu dieser Zeit gleicht sich in den Grundzügen die Kleidung von Männern und Frauen. Bei den Männern also die gleichen hemdartigen Kleidungsstücke, nur nennen wir sie Unterrock, Überrock. Und sie tragen ebenfalls Schultermäntel (also Mäntel ohne Ärmel, Capes), die in Höhe des Schlüsselbeins von einfacher oder doppelter Schnur zusammengehalten werden; diese Schnüre sind durch dekorativ gesäumte Löcher gezogen. Einige der jungen Herren haben die Mäntel nur über eine Schulter gehängt – Mäntel schräg zu rücken, gilt als besonders apart. Die Mantelkrägen sind, wie bei den Damen, mit Pelz verbrämt – etliche Mäntel sind mit Pelz gefüttert, hellgrau oder weiß oder braun.

Unter den Mänteln, den Überröcken (die zum Teil seitlich geschlitzt sind) zeigen die Herren Beinlinge in leuchtenden Farben, meist »mi-parti«: ein gelbes und ein grünes, oder ein grünes und ein blaues oder ein blaues und ein schwarzes Hosenbein...

Das Haar der meisten Herren ist knapp schulterlang und hinter die Ohren zurückgestrichen. Haar, das nicht von Natur aus gelockt ist, wurde vor diesem Turnierfest mit Brenneisen gekräuselt. Einige Herren tragen einen Metallreif im Haar oder einen schmalen Blumenkranz – darum vor allem die damals übliche Kritik, Männer sähen wie Frauen aus. Manche haben das Haar gefärbt: rotblond ist die Modefarbe des Herrn zu Wolframs Zeit. Das zeigt sich auch an Perücken. Bei einem der Herren ist das schüttere Haar mit gelber Seide durchflochten. Ende der Modenschau; kleiner Zeitsprung; wir sind in der Burg. Konrad ist bereits aufgestanden, hat eine Mahlzeit eingenommen, wird in der Kemenate gewappnet. »Bruoch«, Beinlinge, Unterrock trägt er schon – wir haben diese Phase des Ankleidens bei Bligger beobachtet. Es wird nun allerdings nichts von dem hereingetragen und scheppernd abgelegt, was wir in Museen besichtigen können: den Plattenharnisch mit Helmglocke, Oberarmzeug, Armkacheln, Brustplatte, Bauchreifen, Schamkapsel, Beintaschen, Kniebuckeln und Eisenschuhen – das wird es erst zwei Jahrhunderte nach Wolfram geben.

Weithin üblich ist zu seiner Zeit der Stepprock: ein eng anliegender Stoffumhang, der aus mehreren, miteinander versteppten Schichten besteht, und diese abpolsternde Schicht ist durch dachziegelförmig übereinander genähte Hornplatten verstärkt. Solch ein Stepprock ist billiger als ein Kettenhemd, dennoch, ich bleibe dabei: zwei Knappen tragen (auf einer Stange?) das Kettenhemd herein, das Hauptstück der Rüstung um 1200 – und noch lange Zeit danach. Die Ringe bestehen aus dickem Eisendraht, rundgebogen; die Drahtenden sind abgeflacht, geschlitzt; durch diese übereinander gelegten Enden wurde je ein keilförmiger Niet gezogen und mit einer Spezialzange zusammengekniffen. Je kleiner der Durchmesser der Ringe, desto kostbarer die Rüstung. Es war äußerst schwierig, ein Kettenhemd auf Glanz zu halten: »schimmernde Wehr« gibt es erst mit den Harnischplatten, die man polieren kann – der Kettenpanzer der Stauferzeit wird meist recht stumpf ausgesehen haben, grauschwarz. Bei den Bewegungen lösten sich Rost und Eisenstaub. Trug man statt des Helms eine Kettenkapuze, so mischten sich Rost und Eisenstaub mit dem Schweiß zu dunkler Schmiere. Die konnte eingeschwärzt werden durch Graphit, mit dem man dem Metall etwas Glanz zu geben versuchte. Meist aber wurde der Ringelpanzer in einen Sack mit Sägespänen gesteckt und stundenlang umgewälzt.

Bevor Konrad dieses Kettenhemd (im damaligen Französisch »haubier«, irreführend eingedeutscht zu »Halsberge«) angelegt wird, zieht er sich eine »jope« an, eine dicke, gesteppte Weste, als Polsterschicht zwischen Unterrock und Kettenpanzer; zusätzlich wird ihm ein »kollier« angelegt, das aussieht wie ein gepolsterter Stehkragen; zuletzt wird ihm der Hüftschutz umgeschnallt – ebenfalls aus gestepptem Leinen, mit Polsterschicht.

Nun wird noch der Knieschoner verzurrt, links: dieses Knie ist beim Anprall besonders gefährdet. Über das Schienbein, über den Beinling wird ein Ringelpanzer-Streifen gelegt, an der Wade mit Lederbändern festgebunden – die Wade wird kein Lanzenstoß treffen. Jetzt erst wird das Kettenhemd, als klirrendes Bündel, über Konrads Kopf gehalten, wird herabgesenkt und mit einem Ruck ist er um zehn bis fünfzehn Kilo schwerer. Die Ärmel des Kettenhemdes reichen bis zu den Handgelenken. Und es bedeckt die Knie – bei einem kürzeren Ringelpanzer wäre eine Maschenhose notwendig zum Schutz der Oberschenkel.

Ein Knappe bringt den metallenen Halsschutz: eine Kettenhemdkapuze, deren Oberteil gekappt ist, in Ohrenhöhe. Der Kragen wird ihm über den Kopf gestülpt, über das »kollier« gestreift; dreiecksförmig hängen Latzstücke an Brust und Rücken über das Kettenhemd herab; durch Ösen werden Lederriemen gezogen, einer vorn, einer hinten, so kann der Metallkragen nicht verrutschen. Konrad wird die gesteppte, gepolsterte Helmhaube aufgesetzt, danach erst der Helm. Der wird mit dem Kettenkragen verbunden: aus dem Helm hängt kranzförmig ein Streifen Lederfutter heraus, durch eingeschnittene Löcher werden von innen nach außen Stifte gedrückt, die ringförmig enden, durch diese Ringe wird ein Lederriemen gezogen, rund um den Helm. Visiere gibt es zu dieser Zeit noch nicht, nur – recht selten – diese Vorform: die Eisenmaske, die auf Bolzen seitwärts geschwenkt wird. Ein Kübelhelm, Vorform des Integralhelms, wäre für Konrad viel zu teuer. Außerdem soll er so gewappnet sein wie die Ritter des Parzival-Romans, des Willehalm-Epos. Also wird ihm nun der »ventail« angeschnallt, ein Kettenpanzer-Streifen vor Kinn und Mund. Von der Nase bis zur Stirn wird ihn die Gesichtsplatte schützen, die freilich erst auf dem Turnierfeld angelegt wird.

Das Kettenhemd wird gegürtet: mit dem breiten Leder wird das Kettengeflecht ein wenig hochgeschoben, dann wird der Gürtel straffgezurrt – nun liegt das Metallgewicht nicht mehr allein auf den Schultern. Der Waffenrock wird über Helm, Kettenkragen, Kettenhemd gestreift; er ist ebenfalls wie ein Hemd zugeschnitten, ist nicht tailliert und reicht über die Knie herab – hinten der Reitschlitz. Dieses Waffenhemd ist leuchtend blau. Solch ein farbiger Rock ist nicht nur Dekoration: weil Ritter in voller Rüstung, bei angeschnallter Gesichtsplatte uniform wirken, Freund und Feind sich nicht unterscheiden lassen im Kampfgetümmel, wird hier Identifizierung ermöglicht, plakativ.

Konrad werden Sporen angeschnallt: ein um das Fußgelenk greifender Bügel mit Sporn. Weil die Stoff-Beinlinge mit den dünnen Ledersohlen keinen Halt gaben, müssen die Sporen mit drei Riemen festgezurrt werden, unter der Sohle, über dem Rist.

Zuletzt wird Konrad der Schwertgurt angelegt: diesmal kein feierlicher Akt. Vom Scheitel bis zu den Fußrücken ist er nun hieb- und stichfest gewappnet. Ist damit etwa zwanzig bis fünfundzwanzig Kilo schwerer geworden. Mit gedämpftem Geklirr, als würde ein Sack Münzen transportiert, verläßt er die Kemenate, geht auf den Hof. Dort wird ihm sein Roß vorgeführt, sorgfältig gestriegelt und gekämmt. Es trägt Schabracke und Turniersattel. Die Schutzdecke reicht von den Ohren bis zur Kruppe, hängt bis

zu den Kniegelenken des Rosses herab. Auch den Roßharnisch, das »volle Roßzeug«, wird es erst ein Vierteljahrtausend später geben – zu Wolframs Zeit sind die Rösser mit einer gesteppten Decke geschützt. Der mit den beiden Bauchriemen, dem Oberriemen und dem kräftigen Brust- oder Bugriemen rutschfest verzurrte Turnier- und Kampfsattel zeigt vorn und hinten einen Widerrist, einen Wulst, etwa eine Handbreit hoch: die Sattelbögen. Der Reiter saß also sehr fest *im* Sattel. Wer fest im Sattel sitzt, läßt sich nicht mit dem stärksten Lanzenstoß vom Sattel schieben, den muß man schon aus dem Sattel »heben«. Dieses Verb bezeichnet genau den Vorgang: der Ritter muß durch den Lanzenstoß gleichsam gelupft werden, über den hinteren Sattelbogen hinweg, ehe er in den Sand der Stechbahn stürzt.
Konrad besteigt ein gemauertes Podest, grätscht in den Sattel, ruckt sich zurecht. Die Knappen schieben seine Füße in die Steigbügel, damals Stegreife genannt. Konrad zieht Fausthandschuhe an.
Etliche Zuschauer auf dem Hof – auch Konrads Lehrmeister. Der überprüft noch mal alles, wünscht einen siegreichen Lanzenstoß. Konrad reitet los, im Schritt. Seine drei Knappen folgen ihm auf ihren Pferden. Einer trägt die Gesichtsplatte, einer den Schild, einer die Lanze für die erste Tjost, weitere Lanzen werden von Pagen hinterhergetragen.
Der kleine Zug bewegt sich langsam; wer Konrad bewundern will, soll Muße dazu haben. Vorneweg schreitet (oder reitet) vielleicht auch ein Herold, der Konrads Namen ausruft.
Ich setze voraus: wenn er den Turnierplatz erreicht, ist die Tribüne besetzt, wartet sein Gegner bereits. Es wird nun wohl ausgelost, vor dem Turniergericht, auf welcher Seite er anreiten wird. An den markierten Endpunkten des Turnierfelds wird das Holztreppchen neben das Roß gestellt: die Gesichtsplatten werden vorgebunden – Lederriemen durch Metallösen. Luftschlitze, Augenlöcher – Konrads Gesichtsfeld ist begrenzt, er sieht kaum noch die Tribüne, kaum noch die Fahne auf dem Bergfried, sieht nur noch den Gegner. Dem wird die Lanze gereicht. Konrad feuert seine Knappen an, mit dumpf tönender Stimme. Er klemmt das hintere Lanzenende unter die rechte Achsel, faßt den Schaft im Untergriff, schwenkt die Lanze prüfend über den Pferdekopf hinweg. Der Schild wird hochgereicht, Konrad packt ihn.
Konrad streckt die Beine schräg nach vorn, stemmt sie in die Steigbügel, wird nun allen Halt brauchen. Die Tjost wird vielleicht noch einmal ausgerufen, womöglich noch ein kurzes Fanfaren-

spiel. Konrad reitet an, im Schritt, geht in Trab, in Galopp über. Seine Knappen feuern ihn an. Konrad packt den Schild noch fester, preßt den Lanzenschaft noch härter unter die Achsel, in die Armbeuge. Wie durch ein Rohr sieht er den Ritter auf sich zugaloppieren, sandwirbelnd, sieht die wippenden Federn auf dem Helm, sieht das Emblem auf dem Schild, auf den Konrad nicht zielt, er hat sich längst vorgenommen, den Gegner am Hals, am Kinn zu treffen, er spornt das Pferd zum Renngalopp an, beide Rösser nun in voller »carrière«, der Gegner wird rasch sehr groß im kleinen Blickfeld, Konrad stößt seinen Angriffs-Schrei aus, und schon ein riesiger Hammerschlag an seinen Hals, ein jähes Zurückreißen seines Kopfes, ein Blitz durchs Hirn.

32 Nachgeschichte: ein Zeitsprung in die Zukunft des Konrad von Eiserfey.
Nach seinem ersten Stechen als Ritter hatte er wochenlang im Bett liegen müssen: Hirnprellung, Bruch des linken Arms und einiger Rippen beim Sturz des Bewußtlosen vom Pferd. Monatelang hatte er Nackenschmerzen, Kopfschmerzen, Schwindelanfälle.
Zu dieser Zeit tat er bereits Dienst: in einer Burg (die seinem Lehnsherrn als Lehen vom Landesherrn übergeben worden war) mußte Konrad den Wachdienst übernehmen, die »Burghut«. Er leistet sie vor allem als Türmer, auf dem Bergfried. Sein Dienst beginnt (in Zeiten ohne Fehde oder Krieg) am frühen Morgen: er besteigt den Burgturm, hält Ausschau ringsum, gibt mit einem Horn ein Zeichen; darauf wird, unter den üblichen Vorsichtsmaßnahmen, der »Mannschlupf« des Tores geöffnet, der Torhüter und ein Knecht durchsuchen das Vorgelände; drei Knechte sichern solange das Tor; erst wenn festgestellt ist, daß sich nirgends Verdächtiges zeigt, wird das Tor ganz geöffnet, bleibt jedoch bewacht – Konrad kontrolliert das zuweilen. Zwischendurch reitet er sein Kampfpferd zu, übt die Volten, die rasche Beschleunigung der Gangarten, greift mit eingelegter Lanze Strohfiguren an. Abends wieder das Hornsignal vom Bergfried, daraufhin schließen Torhüter und Knechte das Tor; er teilt die Nachtwache ein – vier Knechte lösen sich während der Nacht ab.
Für seinen Dienst hat Konrad ein Lehen erhalten, Ackerland mit einem Bauernhaus: sein castellanum beneficium, aus dem er eine Rendite bezieht, die aber für den Unterhalt nicht ausreicht. Er ißt

mit in der Burg. Und hofft auf zusätzliche Einkünfte, beispielsweise durch Beute.
Dazu scheint sich nach einigen Jahren eine Chance zu ergeben. Sein Lehnsherr, Graf Johann Wilhelm, unternimmt einen Feldzug gegen einen Erzbischof.
Ich entwerfe, vorgefundene Materialien arrangierend, das Modell der Entstehung eines Konflikts. Im Macht-Vakuum der Jahre des Bürgerkriegs zwischen den beiden jungen deutschen Königen hat – wie andere Regionalherren auch – Johann Wilhelm an Selbstbewußtsein und Macht gewonnen. Diese Situation hat ebenfalls das Selbstbewußtsein, wenn auch nicht die Macht des Erzbischofs Gerhard gefördert, dessen Residenz etwa vierzig Kilometer von der Haupt-Burg des Grafen entfernt liegt. Streitigkeiten zwischen Grafschaft und Diözese seit Generationen. Bezeichnend für das Verhältnis zwischen Erzbischof und Graf ist beispielsweise, daß auf keinem der zahlreichen Dokumente, die in der erzbischöflichen Kanzlei ausgefertigt werden, Graf Johann Wilhelm als Zeuge aufgeführt wird; fast jeder, der siegelberechtigt ist in der näheren und weiteren Umgebung, wird herangezogen – bei einem Landtausch beispielsweise können bis zu zwei Dutzend Zeugen aufgeführt werden, nie aber ist der Graf dabei.
Erzbischof Gerhard galt schon immer als ehrgeizig, zugleich aber als schwach. Er wollte stets die für ihn und seine Stadt beste Entscheidung treffen, konsultierte ausführlich seine Ratgeber, konnte sich nicht zu einer Entscheidung durchringen; wenn er sie schließlich fällte, war sie in der inzwischen veränderten Situation nicht mehr richtig, konnte, bei aller Verspätung, voreilig wirken: er glaubte, mit einem Sprung einholen zu können, was er versäumt hatte. Aus solchen falschen Entscheidungen zog er den Schluß, es sei besser, Entwicklungen vollends ausreifen zu lassen. Die langsamsten Tiere leben am längsten, pflegte er zu sagen, vergleich doch den Hasen und die Schildkröte.
Diese Schwächen nutzt Graf Johann Wilhelm aus. Er übernimmt in dieser Zeit als Erbe eine weitere Burg, die (mit zugehöriger Vogtei über einen Wildbannbezirk) im Gebiet des Erzbischofs liegt. Diese Burg beleiht er bei einem Kaufmann, der rasch zu Reichtum gekommen ist, erwirbt den Hof Holzweiler als Pfand, und zwar zu einem Preis, der den Verkehrswert des Hofes weit übersteigt – der Erzbischof, in einer schwierigen wirtschaftlichen Lage, muß das zulassen; es soll ihm auch für die weitere Zukunft unmöglich sein, dieses Pfand auszulösen. Das ist das erste, das ihn

bei diesem Vorgang ärgert. Das zweite: dieser Hof und seine Ländereien liegen an der Grenze zwischen Grafschaft und Erzbistum, der Graf dehnt sich damit auf Herrschaftsgebiet der erzbischöflichen Stadt aus – und sitzt dazu mitten im Diözesan-Wald! Erzbischof Gerhard will diese Expansion nicht länger hinnehmen, erhebt Einspruch, droht einen Feldzug an. Der Graf will dem Erzbischof zuvorkommen, plant die Belagerung ausgerechnet der Burg, in der Gerhard geboren und aufgewachsen ist und deren Namen er trägt. Auch diese Burg liegt im Grenzbereich. Für diese militärische Aktion muß der Graf alle seine Leute zusammentrommeln, und so wird die Belagerung zum ersten militärischen Einsatz für Konrad, als Lehnsmann, als Vasall.

Graf Johann Wilhelm belagert (»in odium archiepiscopi«, im Haß auf den Erzbischof, wie es denn in einer Chronik heißen könnte) die Stammburg, zweieinhalb Monate lang. Es kommt nur zu Geplänkeln; kein Ausfall aus der Burg, kein Sturmangriff, eher Drohgesten und in größeren Zeitabständen ein Felswurf einer Belagerungsmaschine – keiner der Felsbrocken trifft die Burg. Es kommt zu einer vorläufigen Verständigung. Die Belagerung wird abgebrochen, der Erzbischof stellt seine Forderungen fürs erste zurück, Konrad konnte sich nicht hervortun, nicht auszeichnen – also hat sein Dienstherr keinen Anlaß, sein Lehen zu vergrößern. Und nicht die geringste Beute.

Der Erzbischof kann die Repräsentanten der Bürgerschaft seiner Stadt davon überzeugen, daß es sinnvoll ist, Gelder aufzunehmen und den Grafen mit seinen eigenen Mitteln zu schlagen. Gerhard erwirbt Anteile an insgesamt drei Burgen, die im möglichen Expansionsbereich von Johann Wilhelm liegen – hier wenigstens soll er zu spät kommen! Und der Erzbischof fordert den Grafen auf, zwei Burgen herauszugeben, die er nach Meinung seiner Berater unrechtmäßig besitzt. Dieser Aufforderung kommt der Graf nicht nach. Der Erzbischof entschließt sich nach langem Zögern (zwischen dem Pfanderwerb des Holzweiler Hofes und dieser Auseinandersetzung vergehen fünf Jahre) zu einem Feldzug gegen den Grafen, er selbst führt einen Söldnertrupp von zweihundert Mann. Die Überraschung ausnutzend, kann er tief in das Gebiet des Grafen eindringen; es kommt zu einer Feldschlacht, an der auch Konrad von Eiserfey teilnimmt.

Dabei wird der Kampf anders geführt, als ihn Konrad für Tjost und Buhurt eingeübt hatte. Er ist denn auch anders gewappnet und bewaffnet. Sein Gesicht ist nicht hinter einer vorgeschnallten

Eisenplatte verborgen – zu begrenzt das Sichtfeld, zu rasch wird unter der Eisenplatte die Luft knapp. Konrad trägt eine Kettenkapuze, zusätzlich einen »Eisenhut« mit schmaler Eisenkrempe. Der Eisenhut ist nicht für Ritter, schon gar nicht für adlige Ritter vorgesehen, hat sich aber als praktisch erwiesen.
Er kämpft auch nicht mit der Lanze, sondern mit einer eisernen Keule. Auch dies keine Waffe, die im Ritterkodex des dreizehnten Jahrhunderts vorgesehen ist, sie läßt sich jedoch im Gedrängel einer Feldschlacht besser einsetzen als die lange Lanze.
Zwei Waffen fürchtet der Panzerreiter ganz besonders: die neu eingeführte Hellebarde und die Armbrust. Die breite, beilartige Schneide an der Stangenwaffe der Fußsoldaten kann schräg oder waagrecht in die Pferdeläufe geschwungen werden, Gelenke, Knochen zertrümmernd; sie kann senkrecht niedersausen auf die vorgestreckte Lanze, und sie wird durchhackt; sie kann mit dem zusätzlichen, eingekrümmten, dolchlangen Sporn in Schulter oder Oberschenkel eindringen, und der Reiter wird vom Pferd gerissen, Fußsoldaten werfen sich über ihn, erschlagen, erstechen ihn, reißen ihm die Rüstung vom Leib.
Die andere, meist tödlich wirkende Waffe, die Armbrust. Die etwa dreißig, vierzig Zentimeter langen Bolzen kann der Holz- und Lederschild überhaupt nicht, der Maschenpanzer kaum aufhalten, wenn sie aus geringer Entfernung abgeschossen werden. Den Rittern lag seit Erfindung dieser Waffe sehr daran, daß sie gebannt wurde, man suchte den Beistand der Kirche; auf dem zweiten Laterankonzil, 1139, wurde die Armbrust denn auch offiziell verboten – sie durfte nur gegen Heiden eingesetzt werden. Dieses Verbot aber war wirkungslos: der christliche Fußsoldat schießt weiterhin mit der Armbrust auf den miles christianus.
Auch bei dieser Feldschlacht wird die Armbrust eingesetzt: Söldner gelten als rücksichtslos, sie wollen Sold und Beute, und das höchste, kostbarste Beutegut sind Pferd und Rüstung. So greift auch Konrad entschieden an, damit bei der Attacke möglichst wenige Armbrustbolzen auf ihn abgeschnellt werden, und er schlägt mit der eisernen Keule zu, Schulterknochen zerbrechend, Schädel knackend. Vielleicht benutzt auch Konrad im Nahkampf das lange Kriegsmesser: abschlachten! So viele Soldaten, Kriegsknechte um sich herum erschlagen, erstechen, so viel Angst um sich verbreiten, daß man sich kaum noch an ihn heranwagt!
Gerhard, schon allzu siegessicher, damit unvorsichtig, erleidet bei diesem Gefecht eine Niederlage, wird gefangengenommen. Ge-

hört Konrad zum Trupp, dem diese Gefangennahme gelingt? Oder wird er verwundet? Keine Chronik wird das vermerken. Höchstens dies: Graf Johann Wilhelm kerkert Erzbischof Gerhard für mehr als dreieinhalb Jahre in seiner Burg ein, aber es wird ihm nicht gelingen, »den starren Sinn des Prälaten zu beugen«, wie es in einer Chronik heißen könnte.

33 Am Hof des französischen Königs in Saint Denis erschien im Mai 1212 ein zwölfjähriger Hirtenjunge; er wünschte zum König vorgelassen zu werden; er überreichte ihm einen Brief, in dem es hieß, Christus sei ihm erschienen, habe ihn aufgerufen, für einen Kreuzzug zu predigen. Der König schickte Stephan nach Hause. Der Junge aber war von seiner Mission überzeugt, begann zu predigen, und zwar gleich in Saint Denis, am Portal der Abtei. Er redete sich und seine Zuhörer in Begeisterung; mehr und mehr Kinder und auch Erwachsene kamen aus der Stadt zusammen, aus der Umgebung. In jeder Predigt rief Stephan die Gleichaltrigen auf, mit ihm die Heiligen Stätten zu befreien, ohne Waffen; das Meer werde sich teilen wie damals vor Moses, trockenen Fußes werde das Kreuzheer der Kinder durch das Mittelmeer ins Heilige Land schreiten.

Stephan zog predigend durch Frankreich. Kinder, die seine Anhänger geworden waren, riefen mit ihm zum Kreuzzug auf; als Sammelpunkt wurde Vendôme genannt. Dort kamen Ende Juni Tausende von Kindern zusammen; die Stadt konnte nicht alle aufnehmen, vor den Mauern wurde ein Feldlager errichtet. Es waren meist Jungen, es gab aber auch Mädchen in diesem Heer. Und ein paar ältere Pilger.

Wie sahen Erwachsene diesen Kreuzzug? Er wurde nicht zum offiziellen Kreuzzug erklärt – auch deshalb hat er in der Geschichtsschreibung keine Zahl. Doch wurde er damals von Geistlichen nicht nur geduldet, sondern zum Teil auch gefördert, gefeiert – vor allem, weil die Bevölkerung so begeistert war. Diese Begeisterung wurde stimuliert von Predigten: die Reichen und die Mächtigen kommen so wenig in den Himmel wie das Kamel durchs Nadelöhr; Christus ist nicht bei den Prälaten, die Handel treiben mit kirchlichen Ämtern und Pfründen; Christus ist nicht bei den Rittern, die den Raub rechtfertigen; bei den Bürgern wohnt der Wucher, die Kaufleute beherrscht die Lüge; Christus hat keinen

Platz in den Gemeinden, weil dort der Diebstahl vorherrscht; Christi Platz kann nur bei den Armen sein und bei den Kindern, über die geschrieben steht: Selig sind, die arm sind im Geiste; die Armen und die Kinder werden das irdische und das himmlische Jerusalem erobern.
Als das Heer sich versammelt hatte, zog es südwärts, durchs Rhônetal. Voran, in einem buntgeschmückten Karren, Stephan. Mit ihm die Fahne, die er für diesen Kreuzzug entworfen hatte: drei goldene Lilien auf blauem Grund. Sein Karren wurde begleitet von adligen Kindern auf Pferden. Das Kind im Karren erregte unterwegs größtes Aufsehen, Stephan wurde fast wie ein Heiliger verehrt, Haarlocken und Fetzen seiner Kleidung galten als Reliquien. Der Sommer 1212 war sehr trocken und heiß, und so hatten die Dörfer und kleinen Städte, durch die das Kinderheer zog, nicht genug Wasser – Kinder blieben zurück, kehrten um, Kinder brachen zusammen. Das reduzierte Heer erreichte Marseille. Am Hafen warteten die Jungen und Mädchen darauf, daß sich das Meer teilte, aber alle Gebete und Lieder änderten nichts an der Gleichmäßigkeit des Wellenschlags. Hatte sie Stephan betrogen? Kindergruppen, Kinderscharen machten sich auf den Heimweg. Jeden Morgen wartete das Heer darauf, daß sich endlich das Meer teilte. Schließlich machten zwei Händler der Stadt ein Angebot, das günstig schien: zur höheren Ehre Gottes würden sie die Kinder kostenlos ins Heilige Land transportieren. Sieben Schiffe wurden gechartert von diesen Kaufleuten; sie heißen in der Überlieferung Hugo der Eiserne und Wilhelm das Schwein. Sie verfrachteten die Kinder, die bis dahin durchgehalten, ausgeharrt hatten.
Mittlerweile sprach sich in Deutschland herum, französische Kinder seien aufgebrochen zu einem Kreuzzug. Ein Junge namens Nikolaus begann in Köln zu predigen, am Reliquiar der Heiligen Drei Könige. Nikolaus wollte nicht – wie Stephan – das Heilige Land waffenlos erobern, er wollte die Heiden bekehren. Auch Nikolaus war ein großer Prediger, auch er fand Anhänger; sie zogen im Rheinland umher, riefen ebenfalls zum Kreuzzug auf. Wochen später sammelte sich in Köln das Kinderheer. Es war so groß, daß es sich teilen mußte – unterwegs wäre sonst die Versorgung zu schwierig geworden. Der eine Teil zog unter Führung von Nikolaus den Rhein entlang nach Basel, überquerte die Alpen in der Westschweiz – viele Kinder kehrten um, sehr viele Kinder blieben erschöpft zurück. Nur etwa ein Drittel erreichte Genua. Auch hier wollte sich das Meer nicht teilen. Nikolaus zog weiter. Etliche

Kinder blieben in Genua, wurden dort seßhaft. Auch bei Pisa wollte sich das Meer nicht teilen. Doch gab es hier Schiffe, die Kinder an Bord nahmen – was aus ihnen wurde, ist unbekannt. Nikolaus zog mit kleinem Heer weiter nach Rom, Papst Innozenz erteilte den Kindern eine Audienz, mahnte zur Heimkehr.
Inzwischen war der andere Teil über Ascona nach Brindisi gezogen – das Meer wollte sich auch an dieser Küste nicht teilen. Viele Kinder kehrten um. Etliche wurden von Schiffen aufgenommen. Nur wenige Kinder schafften den monatelangen Rückmarsch ins Rheinland. Dort hatte man den Vater von Nikolaus inzwischen gehängt.
Und die französischen Kinder? Sie wurden von Hugo dem Eisernen und Wilhelm dem Schwein an Araber verkauft, die sie auf tunesischen und ägyptischen Sklavenmärkten feilboten. Viele der Mädchen kamen in Bordelle.
Von all dem erfuhr man in Frankreich erst mehr als anderthalb Jahrzehnte später, als ein Priester zurückkehrte, der die Kinder begleitet hatte. Gerüchte werden das Scheitern auch dieses Kinderkreuzzugs freilich längst vorweggenommen haben.
Ein Jahr nach der Katastrophe rief Papst Innozenz zu einem neuen Kreuzzug auf.

34 Christentum und Waffendienst – Wolfram wird versuchen, diese Gegensätze in einer literarischen Figur zu versöhnen, in Willehalm. Diese Vereinigung der Gegensätze fand ihre Entsprechung in damals zeitgenössischer Realität: der Gründung und dem (raschen) Wachstum der drei großen Ritterorden. Sie prägten Bild und Vorbild der Ritter im dreizehnten Jahrhundert. Und so hat Wolfram in seinem Parzival-Roman die »templeisen«, Templer eingeführt, als Wächter der Gralsburg.
Nach dem Ersten Kreuzzug, mit dem Jerusalem erobert worden war (der einzige Kreuzzug mit einem klaren militärischen Erfolg), mußte gesorgt und vorgesorgt werden für die Pilger, die ins Heilige Land kamen: sie wurden vielfach krank, sie mußten untergebracht werden, sie brauchten Beratung und geistliche Führung. Es wurden Gemeinschaften gegründet, die diese Aufgaben übernehmen wollten.
Als erste dieser Laienbruderschaften formierten sich die Tempelritter: 1119 erfolgte ein Zusammenschluß einiger französischer

Ritter; Hugo von Payns war der Initiator dieser Gruppierung, die noch keine Organisationsform, keine Statuten hatte. Doch drei Grundtugenden waren von Anfang an prägend: Armut, Keuschheit, Gehorsam.
Die Mitglieder nannten sich Templer, weil sie ihren Sitz in Jerusalem hatten, und zwar in der Nähe der Felsenkuppel, der Moschee al-Aqsa: dort soll der Tempel Salomonis gestanden haben. So hießen sie »Die armen Brüder vom Tempel«. Armut ja, Schwäche aber: auf keinen Fall! Vor allem dieser Ritterorden widmete sich dem Waffendienst.
Beim später gegründeten Ritterorden der Johanniter war die innere Spannung nicht so groß: auch er erfüllte militärische Aufgaben (die landwirtschaftlichen Gebiete der Bruderschaft mußten bewacht werden; militärischer Schutz für anreisende Pilger; Grenzwacht), aber die Hauptaufgabe war die Pflege kranker Pilger im Hospital (zuerst) von Jerusalem. Wer hier die fraternitas unterstützte, konnte sich »durch diese Wohltat die Teilnahme an der Himmelsglorie verdienen« – so hieß es in den Statuten. Recht bald gab es allerdings Waffenbrüder, für die der Dienst mit der Waffe attraktiver war als die Arbeit im Hospital. So mußte schon 1178 der Papst warnen: das Hospital werde besser durch Barmherzigkeit gegenüber den Armen als durch die Macht der Waffen verteidigt.
Diese und weitere Neugründungen versuchten, Aufmerksamkeit auf sich zu ziehen, um mehr Geschenke, Stiftungen zu erhalten als die konkurrierenden Bruderschaften; auch brauchte man Privilegien, suchte Protektion. Hugo hatte einen Schirmherrn gefunden, um den ihn die späteren Rittergemeinschaften beneidet haben werden: Bernhard von Clairvaux.
Er verfaßte eine kleine Schrift: *De laude novae militiae*, »Zum Lob der Neuen Ritterschaft«, in der er für die Tempelritter warb, seine Entscheidung begründete. Dies vor allem durch Kritik an der Präsentation von Reichtum, der Entfaltung von Luxus in der ›alten‹ Ritterschaft: »Ihr behängt eure Pferde mit seidenen Decken; prunkvolle Gewänder reichen von eurer Rüstung bis auf den Boden; eure Sporen und Zügel glitzern von Juwelen und erregen die Gier eurer Feinde, auf die ihr euch tollkühn und wie von Sinnen stürzt – und so reitet ihr in den sicheren Tod.« Bernhard geht mit den Rittern streng ins Gericht: »Nicht in edler Absicht stürzt ihr in die Schlacht, sondern mit tierischer Wut und wilder Ruhmsucht. Oder ihr reitet in den Kampf, weil ihr den Reichtum und die Habe des Nächsten begehrt.« Und Bernhard preist das Gegen-

bild der Tempelritter, »der Krieger Christi und des Himmels«: sie kommen nicht mit Frauen zusammen, haben auf persönlichen Besitz verzichtet, leben »fröhlich und nüchtern«, sind nie müßig, verfallen nicht weltlichen Freuden, lehnen Schach- und Würfelspiel ab, mögen keine Gaukler, keine ausgelassenen Lieder; »sie legen niemals ihre Kleidung ab und waschen sich selten. Meist sind sie mit Staub bedeckt und sonnverbrannt.« Wenn diese fast romantisch idealisierten Männer in die Schlacht ziehen, »tragen sie im Herzen den Glauben und in der Hand das Schwert«. Und: »Sie vereinen in sich die Sanftmut des Lammes mit der Kühnheit des Löwen, so daß man nicht weiß, ob man sie Mönche oder Ritter nennen soll. Beide Namen tragen sie mit Recht, denn sie besitzen die Sanftmut des Mönchs und die Kühnheit des Ritters. Das ist des Herrn Werk und wunderbar in unseren Augen. Doch genug davon.«

Bernhard pries den Templerorden, weil er in den Grundtugenden dem Mönchsorden glich, den er gegründet hatte: die Zisterzienser. Zuviel Reichtum, Luxus, Pomp auch in der Kirche, vor allem römische Prälaten wurden immer wieder kritisiert, und in wie vielen Gemeinden wurde erzählt von hurenden Priestern und wie viele Klöster waren nachlässig geworden in Moral und Ordnung. Das Bunteste hörte man von Kirchenmännern, die längere Zeit im Heiligen Land residierten: sie sollen sich nach Landessitte sogar Harems zugelegt haben. Reiche Ritter waren ihnen hier mit gutem Beispiel vorangegangen. Denn sie hatten rasch gelernt, den Luxus zu schätzen: seidene Gewänder, Pelzverbrämungen, und man hielt Sklaven, Tänzerinnen, gab Trinkgelage, würfelte um immer höhere Einsätze, gab reichlich Geld aus für die Falkenjagd. Die Tempelritter waren dagegen lebendes Beispiel neuer christlicher Tugend – solche Vorbilder schienen vor allem im Heiligen Land notwendig. Nicht immer waren die Besten dorthin gekommen – schon im Ersten Kreuzzug waren, laut Bernhard, Abenteurer, sogar Verbrecher mitgezogen. Diese allgemeine Aussage wird von einem Chronisten jener Zeit aufgefächert: das Heilige Land sei zu einem Refugium geworden der »Verbrecher und Schurken, der Bösewichter und Gottlosen, der Kirchenräuber, Diebe und Landstreicher, der Totschläger, Vatermörder, Meineidigen, der Ehebrecher, der Verräter, Seeräuber, der Hurenbeutel, Trunkenbolde, Spielleute, Würfelspieler, Possenreißer und Schauspieler, der abgefallenen Mönche, der Nonnen, die gemeine Huren geworden waren, der Weiber, die ihre Männer verlassen hatten und

in Bordellen hausten, oder der Männer, die ihren Ehefrauen davongelaufen waren und an ihrer Statt andere genommen hatten. Derartiges schlechtes Volk kam aus dem Abendland übers Meer und suchte Zuflucht im Heiligen Land.«
Die Tempelritter zeichneten sich im Zweiten Kreuzzug (zu dem vor allem Bernhard aufgerufen hatte) militärisch aus. Sie entwickelten sich zu einer Elitetruppe – die weißen Umhänge mit den roten Kreuzen auf den Schultern waren bald gefürchtet. Diese geistlich-militärische Bruderschaft zog viel Aufmerksamkeit auf sich, die Dotationen wuchsen. Die Bruderschaft kaufte Wachtürme, Festungen im Heiligen Land – oder ließ sie sich schenken. Ihr Besitz wuchs auch in den Heimatgebieten der erst christlichen, nun geistlichen Ritter: Adlige schenkten den Tempelrittern Bauernhöfe, Kirchen, ganze Dörfer. Das heißt: sie vergaben die Nutzungsrechte, die Einkünfte aus diesen Schenkungen. Damit kamen immer neue Mittel zusammen für den Kampf gegen die Heiden, für die Versorgung von Pilgern. Die Ritterorden waren bald die eigentliche ›Besatzungsmacht‹ im Heiligen Land. Freilich, 1187 wurde Jerusalem von den ›Heiden‹ zurückerobert, auch die Ritterorden mußten sich in Küstenstädte zurückziehen.
1198 dann die Gründung des Deutschen Ordens, der Ordo Theutonicorum. Man übernahm von Johannitern und Templern Organisationsform und Statuten, von den Tempelrittern sogar das Dekor: den weißen Waffenrock (Zeichen der Reinheit) – allerdings mit schwarzem Kreuz (Zeichen der Passion). Das führte zu ergebnislosen Auseinandersetzungen: rotes Kreuz gegen schwarzes Kreuz. Die Konkurrenz verschärfte sich, dennoch: beide Organisationen wuchsen.
Schon zu Wolframs Zeit begann der Deutsche Orden in deutschen Landen Grundbesitz zu erwerben, zu erweitern – auch in Eschenbach und Umgebung.

35 Als kleine Ouvertüre zum folgenden Kapitel über *Willehalm* noch einmal eine Präsentation der Sprache, wie sie nach Wolframs Zeit schriftlich fixiert wurde: Aushub einer Bohrung in mehr als sechshundert Jahren Tiefe.

>Hie an bergen dort an talen
>Sach man rotte prechen fur.

> Die banier inder maze chvr.
> Als ob alle die stvden sidin.
> Waeren dennoch die helm schin.
> Gaben vnverdechet.
> Dar wart hin nach getrecchet.
> Mit manniger svnder storie groz.
> Die fursten svnder niht verdroz.
> Sine manten ellens vaste ir man.
> Vn gahten fur einander dan.
> Die man da wert erchande.
> Ritter Sariande.

Mittelhochdeutsche Sprache in »Bohrproben«: ich habe hier ein Transkript einer Passage aus den Altöttinger Bruchstücken von Wolframs Willehalm-Epos zitiert, lasse gleich einen weiteren Ausschnitt folgen.

> Daz iemen dar abe erschreche.
> Der zage vn der kecche.
> Eteswenne bi ein ander sint.
> Ich gelovbe wol daz miniv chint.
> Dem ellen niht entwichen.
> Dar mach ich niht gelichen.
> Die man vnz fur genoze zelt.
> Eteslich furste ist niht erwelt.
> Zer scharpfen angestlichen tat.
> Wir svln hohes mvotes rat.
> Den livten chvnden vn sagen.
> Guot trost erschvenet manegen zagen.

36 Zwischen 1210 und 1217 wird Wolfram an der Übersetzung und Bearbeitung eines französischen Epos über Saint Guillaume gearbeitet haben. Vom heiligen Wilhelm (die mittelhochdeutsche Namensform lautet Willehalm) ist in Frankreich wiederholt erzählt worden. Diese Epen besitzen einen historischen Kern: Graf Wilhelm war ein Vetter Karls des Großen; er wurde von ihm eingesetzt über die Grafschaft Toulouse an der Grenze des arabisch-spanischen Reiches; ein ›sarazenisches‹ Heer eroberte die Provinzstadt Gerona in der Nähe der Pyrenäen, er-

reichte bald darauf Narbonne; Wilhelm, Guillaume versuchte, den weiteren Vormarsch aufzuhalten, lieferte den Arabern eine Schlacht am Fluß Orbieu, zwischen Narbonne und Carcassone; wie eine lateinische Chronik vermerkt, kämpfte Wilhelm sehr tapfer, mußte aber das Schlachtfeld räumen; dennoch, das Araberheer kehrte um, mit reicher Beute. Das war 793.
Im Jahre 801 trat Wilhelm noch einmal hervor, als Heerführer Ludwigs des Frommen, der im arabisch besetzten Spanien einmarschierte, Barcelona belagerte. Drei Jahre später stiftete Wilhelm von Toulouse ein Kloster: Gellone bei Montpellier; 806 trat er in dieses Kloster ein, bescheiden als Mönch, starb hier 812 oder 813. Kloster und Ort sind nach ihm benannt: St. Guilhelm-le desert. Wilhelmus wurde als wundertätiger Heiliger verehrt.
Erst im 12. Jahrhundert begann man, sich auch an den Landgrafen, an den Heerführer zu erinnern, es wurden Wilhelm-Epen geschrieben. Dabei wurde die Schlacht gegen die Araber nach Arles verlegt, auf den Friedhof des Städtchens: die Elysii campi, Les Aliscans, heute Les Alyscamps (die antiken Sarkophage dort werden im Epos erwähnt). Wolframs Textvorlage ist *Aliscans*, wahrscheinlich in einer nicht erhaltenen Version, um 1180 oder 1190 verfaßt. Landgraf Hermann von Thüringen machte, wie berichtet, seinen Dichter mit dem neuen Werk aus Frankreich bekannt – wir wissen nicht, ob in einer schriftlichen Vorlage oder durch einen Rezitator. Auch diesmal hat Wolfram die Vorlage umformuliert, er hat Teile gestrichen, Partien hinzugefügt, hat Akzente gesetzt, eine differenzierte Binnenstruktur entwickelt mit Querverweisen, Symmetrien, Kontrastbildungen. Wie souverän er auch bei diesem Werk vorging, zeigt schon der Prolog der Heldendichtung, die zugleich Legende ist – dieser Prolog ist einer von Wolframs schwierigsten Texten; ich mußte einige Kommentare heranziehen, um ihn wiedergeben zu können. Ich stelle den Prolog und den Beginn der Erzählung vor.

> Der Du rein bist, ohne Makel,
> dreifach und doch einer,
> Schöpfer, größer als die Schöpfung:
> Deine Macht bleibt – ohne Anfang,
> ohne Ende – immer gleich.
> Befreit sie mich von einem Denken,
> das mein Seelenheil gefährdet,
> so bist Du Vater, bin ich Sohn.

Der Du von höchstem Adel bist,
zeig Erbarmen in Deiner Liebe,
Herr, erweis mir Deine Gnade,
wenn ich vor Dir sündig werde.
Und mir bleibe, Herr, bewußt,
welcher Segen mir geschenkt ist,
Freude, die kein Ende nimmt.
Ich bin Dein Sohn, mit Dir verwandt
(ich zweifle keineswegs daran),
bin arm, und Du bist mächtig, reich.
Du wurdest Mensch, mit mir verwandt.
Das Pater noster sagt es völlig
klar, daß Du die Gottheit bist
und meine Kindschaft anerkennst.
So schenkt die Taufe mir Vertrauen,
das mir alle Zweifel nimmt.
Und daran hält mein Glaube fest:
daß ich Dein wahrer Bruder bin.
Weisheit, höher als Vernunft...
Du bist Christus, ich bin Christ.
   Deine Höhe, Deine Weite,
Deine Ordnung in die Tiefe
waren stets schon unermeßlich.
Und Du hältst in Deiner Hand
den Rundlauf der Planeten –
der Fixsternhimmel fängt ihn auf.
Luft und Wasser, Feuer, Erde
bleiben fest in Deiner Macht;
wo Tiere leben, wild und zahm,
da ist Dir alles untertan.
Und Deine Gottesmacht hat auch
den hellen Tag, die finstre Nacht,
beide, durch den Lauf der Sonne
unterschieden, abgegrenzt.
Nichts reichte, reicht an Dich heran.
Wirkungskraft der Edelsteine,
Kräuterduft: das alles kennst Du!
Der Wortlaut und der Sinn der Bibel:
inspiriert von Deinem Geist.
Als Dichter spür ich Deine Macht:
was man in Büchern lesen kann,

verhalf mir nicht zu meinem Können;
gelehrt bin ich in *diesem* Punkt:
aus Deinem Geist lebt meine Kunst.
Die Hilfe Deiner Gnade schenke
meinem Herzen Kraft des Glaubens
und der Weisheit, denn ich will
in Deinem Namen einen Ritter
preisen, der Dich nie vergaß.
Wenn er Deinen Zorn verdiente,
weil er sich versündigt hat,
so erwirkte Dein Erbarmen
Heldentaten; er war willens,
sie in Gnade umzutauschen.
Du halfst ihm oft in der Gefahr.
Er legte beides auf die Waage:
den Tod des Körpers und der Seele.
Weil ihn eine Frau geliebt,
geriet sein Herz sehr oft in Not.
  Landgraf Hermann von Thüringen
stellte mir dessen Geschichte vor:
Comte Guillaume d'Orange –
so heißt er en français.
Jeder Ritter sei hier sicher:
wer bedrängt ist, ihn um Hilfe
bittet, der erhält sie auch –
er ist sein Fürbitter vor Gott.
Der edle, mutige Vermittler
kennt sich aus in Rittersnöten:
ihn machte oft die Rüstung schmutzig.
Der Riemen war ihm wohlvertraut,
mit dem man einen Helm befestigt,
um sein Leben zu beschützen.
Man attackierte ihn in Tjosten,
sah ihn häufig vor dem Feind.
War schildbewehrt durch seinen Stand.
Wer es kannte, sein Adelsgeschlecht,
den hörte man in Frankreich sagen:
es war den Fürsten dieses Reiches
ebenbürtig in der Macht –
die Verwandtschaft ersten Ranges!
Es gab nach Kaiser Karl noch nie

einen edleren Franzosen,
dessen Ruhm so groß war, ist...
Du hast und hattest höchste Würde,
als du mit deiner edlen Haltung
und Demut Gott dazu bewegtest,
dir zu helfen – und dies offen.
Hilf denen und auch mir, du Helfer,
die auf deine Hilfe bauen.
Aus sichren Quellen wissen wir:
du warst ein Fürst auf dieser Erde,
und du bist es nun im Himmel.
Hoher Herr, Sankt Willehalm,
erhöre gnädig meine Bitte –
mit meinem Mund, der sündig spricht,
ruf ich, Heiliger, zu dir:
da du von allen Höllenbanden
frei gewesen bist, beschütze
nun auch mich vor dem Verderben.
  Ich, Wolfram aus Eschenbach:
was ich von Parzival erzählte,
wie mir's überliefert wurde,
fand bei manchen seinen Beifall,
haben viele auch verrissen,
weil sie ›besser‹ dichten konnten.
Läßt mir Gott noch Zeit genug,
erzähl ich eignes, fremdes Leid,
das Menschen stets ertragen mußten,
seit man Jesus bei der Taufe
in den Jordan eingetaucht.
Eine andre deutsche Dichtung
läßt sich schwer mit der vergleichen,
die ich jetzt erzählen werde:
dies vom Anfang bis zum Ende.
Wer Sinn für das Besondre hat,
der lade dieses Abenteuer
in sein Haus ein, zum Kamin:
er kommt aus einem andren Land.
Die angesehensten Franzosen
stimmen hierin überein:
das Schönste, das bisher erzählt –
erhebend und dazu noch wahr...

Nicht verlängert, ungekürzt
ist die Geschichte unverfälscht;
hört sie hier, wie dort erzählt:
sie ist unglaublich, aber wahr.
  Graf Aimery von Narbonne
enterbte alle seine Söhne,
versagte ihnen Burgen, Land
und viel bebauten Grundbesitz.
Ein Mann hat sehr für ihn gekämpft,
bis er im Dienst sein Leben ließ;
er adoptierte dessen Sohn –
aus treuer Liebe hatte er
diesen Jungen taufen lassen.
Seine Söhne ließ er ziehn
und selbst für ihren Reichtum sorgen –
dies in Ländern ihrer Wahl.
Taugten sie zum Ritterdienst,
so bringe sie das Glück ans Ziel:
sie würden reichen Lohn erringen.
»Wenn Euer Leben Zinsen bringt,
belohnen dies die edlen Frauen!
Ihr findet sicher einen Herrn,
der Dienste reich belohnen wird
mit Lehen und auch mit Besitz.
Sucht ihr edlen Enthusiasmus,
so öffnet euer Herz den Frauen,
verpflichtet euch zu ihrem Schutz.
Der Kaiser Karl ist höchst vollkommen –
unterstellt euch seiner Herrschaft
mit eurer Stärke, schönen Jugend.
Nur große Not kann ihn dran hindern,
euren Reichtum zu vermehren.
Der Ruhm des Hofes wächst mit euch.
Seid ihr bereit, für ihn zu dienen,
so erkennt er euren Adel.«
Dies war sein Wille, war sein Wunsch.
So schieden sie von ihrem Vater.
  Laßt mich euch die Helden nennen,
lernt sie bitte alle kennen.
Der erste hieß Guillaume,
der zweite war Bertrand;

man nannte seinen dritten Sohn
Buovun, den Schönen, Guten;
Aimery, so hieß der vierte,
sein Glanz verschönte manches Land;
Arnault und Bernard
brachen auch mit ihnen auf;
der siebente – er hieß Guibert –
war edel, höfisch formgewandt.
Was sie an Mühsal tragen mußten,
aber auch: welch Glück sie fanden,
wie sie, tapfer und geschickt,
mit Ritterkämpfen Herzensneigung,
Liebe bei den Frauen fanden,
wie lang sie in dem Stile lebten:
all dies wurde sehr gerühmt.
Wenig Muße, reichlich Mühe
ward den Helden da zuteil –
sie waren ausgeschickt nach Ruhm!
Die Reisen und den Dienst der andren
spare ich von jetzt an aus
und wende mich dem einen zu,
um den es geht in der Geschichte:
sein Name lautet Willehalm.
Welch ein Jammer, daß er nicht
auf Vaters Erbteil bleiben durfte!
Wenn ihn dies sein Leben kostet,
wird die Sünde schwerer wiegen
als die Wohltat Aimerys
am Mann, der einst für ihn den Tod fand –
das gleicht sich, denke ich, nicht aus.
Ihr habt es früher schon gehört
(es wird euch jetzt nicht mehr erzählt),
wie sich durch Ritterdienst ergab,
daß große Herzen glücklos blieben.
Willehalm nahm Arabel –
drum starben schuldlos viele Menschen.
Sie liebte ihn, verlobte sich,
ließ sich taufen, hieß nun Gyburc.
Heere mußten dafür sterben!
Ihr Mann, der König Tybalt, klagte,
weil man ihre Liebe geraubt.

Ihn trieb sein Herz mit aller Macht
aus dem Glück heraus ins Unglück.
Er klagte um die Frau, die Ehre,
sowie um Städte, Ländereien –
sein Jammern, Klagen hörte man
bis ins fernste Indien!

Was für uns die Hauptgeschichte wäre: ein Mann aus dem Abendland verliebt sich in die Frau eines Mannes aus dem Morgenland, entführt sie – das ist in 13 Zeilen verknappt (oder verdorrt) zur Inhaltsangabe. Und es folgt sofort die Beschreibung des Aufmarschs, des Kampfdekors der Helden; etwa 350 Zeilen nach Beginn die erste der ausführlichen Schlachtbeschreibungen. Dies aber nicht mit Blick auf den Helden des Epos – immer neue Mitstreiter marschieren auf, kämpfen mit aufmarschierten Helden. Und jeder dieser Nebenfiguren werden (vor allem in der Beschreibung ihres Kampfdekors, ihrer Embleme) mindestens so viele Zeilen gewidmet wie der gesamten Liebes-Vorgeschichte dieser Kämpfe in der Provence. Ein Auslöser (fast) wie im Trojanischen Krieg, doch im Fußnoten-Format.
Offenbar projiziere ich hier nicht nur meine Leseerwartungen in Wolframs Zeit, denn: wenige Jahrzehnte nach Wolframs Tod verfaßte Ulrich von dem Türlin die Vorgeschichte zum *Willehalm*. Hier wird beispielsweise auch erzählt, wie der junge Willehalm an den Hof des Kaisers Karl kommt, dort aufwächst, acht Jahre später das »schildes ampt« empfängt, also Ritter wird, wie Kaiser Karl stirbt, wie Willehalm für dessen Sohn die Nachfolge erkämpft, wie der Heidenkönig Terramer mit einem großen Heer angreift. Es wird mutig gekämpft, der mutigste ist Willehalm – er prescht so weit vor, daß er vom Heer abgeschnitten wird, die Heiden überwinden ihn. Als Gefangener des Königs Tybalt wird er nach Arabien transportiert, dort in einem Turmverlies in Ketten gelegt, acht Jahre lang. Die Gemahlin des Königs Tybalt, die Tochter des Königs Terramer sorgt freundlich für den Gefangenen. Als ihr Mann zu einem Feldzug aufbricht, holt Arabel den als besonders gefährlich bezeichneten Gefangenen aus dem Kerker, läßt ihn gut kleiden, höflich bewirten, spielt Schach mit ihm, unter Aufsicht eines Wächters. Arabel setzt den Gefangenen matt, dennoch betet er in seiner Sprache für sie, überraschenderweise versteht sie Französisch, sie sprechen über das Gebet, damit über das Christentum. Jeden Abend wird Willehalm in das Verlies zurückgebracht, jeden

Tag werden Schachspiel und Glaubensgespräch fortgesetzt. Arabel liebt den Christen. Mit vier Fürstinnen, die ihr Vertrauen besitzen, überlegt sie, wie sie mit ihm fliehen könnte. Ein Schiff wird mit allem Notwendigen ausgestattet, dem Gefangenen wird eine Feile zugeschmuggelt. Vor der Flucht vereinigen sich die Liebenden. Gemeinsam segeln sie ab. Es folgt die spannende Geschichte der Flucht, doch erzähle ich nicht weiter nach, wollte nur andeuten, wie diese Vorgeschichte ausgemalt wurde. So lang sie ist – es fehlt noch ein Verbindungsstück zu Wolfram.

Nach diesem Blick in die märchenbunte Vorgeschichte muß freilich betont werden, daß Wolfram diesmal nicht mehr nach der Vorlage eines höfischen Romans arbeitete, sondern nach einer Chanson de geste, einem erzählenden Lied über die Taten eines Helden.
Es handelt sich hier um einen Komplex von Erzählungen. Die heutige, offizielle französische Bezeichnung: »Les Chansons de geste du cycle de Guillaume d'Orange«. Die Untertitel: *La Chanson de Guillaume, Aliscans, La Chevalerie Vivien, La Prise d'Orange.* Diese Chansons sind schon vor Wolframs Zeit mehrfach umerzählt worden, und das setzte sich über seine Zeit hinaus fort. Charakteristisch für das Wilhelm-Epos: es verbindet sich mit der Heiligenvita.
In der Chanson de geste wie in der Heiligenvita: ein Kern von historischer Realität. Der wird in einer Chanson freilich meist dicht von Fiktion umhüllt und so in seiner Substanz verändert – historische Realität, dokumentierbare Authentizität hat Zentraleuropäer des Mittelalters nicht interessiert. Es war damals in der Historiographie wie in der Geographie: alles durchwachsen, überwuchert von Fabel-haftem. Die historische Realität eines frühen Kampfes zwischen Christen und Heiden war so etwas wie ein Ferment, das ein Phantasieprodukt entstehen ließ.
Als Wolfram die französische Chanson in eine deutsche Fassung umsetzte, war eine ganz andere Gattung in Mode: der höfische Roman mit seinen Sagengestalten, mit all den märchenhaften Vorgängen in einem Keltenland, in einem Orient. Die Wissenschaft stellt zwei Begriffe zur Unterscheidung bereit: eine Chanson (wie über einen Willehalm) ist ein Epos; eine Artus-Fabel (über einen Parzival oder einen Lanzelot) ist ein Roman. Der Roman als eine damals (fast) alles überstrahlende Supernova.
Dennoch: Wolframs *Willehalm* war sehr erfolgreich. Wir erin-

nern uns: es gibt fast 90 Textzeugen für den Parzival-Roman – beim Willehalm-Epos sind es immerhin 70. Und noch einmal dagegengehalten: 25 Textzeugen für Gottfrieds Tristan-Roman. *Willehalm* war fast so erfolgreich wie *Parzival*. Heute ist das anders: der Roman steht im Vordergrund, das Epos ist in den Hintergrund gerückt. Das zeigt sich schon an der Wolfram-Forschung: die Zahl der wissenschaftlichen Arbeiten über *Willehalm* ist immer noch gering, verglichen mit dem Gebirge der Parzival-Sekundärliteratur. Zwar wird von *Willehalm*-Adepten gelegentlich vermerkt: Es geht aufwärts, die Zahl der Arbeiten über dieses Epos wächst, das aber ist ein eher zögerndes Wachstum. Zuweilen auch gibt sich ein Mediävist einen Ruck und deklariert: eigentlich ist *Willehalm* das »reifere und tiefgründigere Epos«. Und noch einmal: »Der *Willehalm* ist durchaus die reifere, die geformtere und auch die gewaltigere Dichtung.« Solche Rufe werden außerhalb der Expertenzirkel nicht vernommen, das Werk ist so gut wie unbekannt. Grund genug, das zweite große Erzählgedicht Wolframs ausführlich vorzustellen, mit größeren Ausschnitten.

Um Wolframs Vorgeschichte zu rekapitulieren: der christliche Ritter Willehalm lernt im Morgenland die heidnische Königsgattin Arabel kennen und entführt sie; Tybalt, ihr Mann, und Terramer, ihr Vater, stellen ein Heer auf; Arabel läßt sich in Südfrankreich taufen, heißt nun Gyburc (Guiborc), wird Willehalms Frau; Gatte und Vater landen in der Provence mit einem Heer; es kommt zur ersten Schlacht.

> Die Heidenriege wurde schartig: 22
> nach vorn, zurück und kreuz und quer
> durchritt man voller Kampfesmut
> das Heer des kühnen Haucebier.
> In eine Barke hätte man
> nicht so viel Wimpel legen können,
> wie die Christen sie im Wind
> flattern sahen, als das Heer kam.
> Zu diesem Zeitpunkt zogen
> frische Ritter in den Kampf,
> in vielen großen formations,
> angeführt von einem Mann,
> der Kampf und Rittertaten liebte.
> Sein Ruf wirkt noch lebendig fort,

den er als Ritterruhm erkämpfte;
Noupatris war sein Name;
jung war er und strahlend schön;
in Oraste Gentesin
(dies war sein Land) trug er die Krone;
Frauenliebe hatte ihn
von dort verjagt, nach hier getrieben;
sein Herz mit aller seiner Kraft
kämpfte um den Lohn der Frauen;
eine Krone aus Rubin
saß auf seinem blanken Helm:
ungetrübt wie Spiegelglas
war der lichte Glanz des Helmes.
Gegen ihn zog Vivien,
der Schwesternsohn des Markgrafen;
auch er bewies sehr hohen Rang.
Dies schützte seinen Jugendglanz:
an keiner seiner guten Seiten
faule Stellen, Moosbelag.
Denn die Königin Gyburc hatte
ihn von Kindheit an erzogen,
hatte ihn gelehrt, sich nie
vom Glanz des Ruhmes abzuwenden.
Nun sah der kampferfahrne Jüngling
wie, voller Stolz, der auf ihn zukam,
nach dessen Tjosten immer nur
von Jammer, Leid zu hören war.
Es war ein Kampf auf Tod und Leben.
Auch ich, wenn man davon erzählt,
beklage ihren Tod mit Recht –
der eine war getauft, berühmt,
der andre stets auf dies hinaus:
er war jung und wollte Ruhm,
und so trieb ihn denn sein Herz
zu ritterlichen Heldentaten.
Sein Lanzenschaft ein Bambusrohr,
die Eisenspitze scharf und breit.
Vor seinen Truppen ritt der Heide
mit voller Stoßkraft auf ihn zu.
Bei keinem Sarazenen gab es
einen derart schönen Wimpel,

wie ihn der König voller Stolz
in seiner Hand emporgereckt.
Er trieb sein Pferd mit Sporen an,
als reite er in eine Tjost.
Mit Edelsteinen und mit Gold
trieb er wahrlich großen Aufwand!
Zu Ehren der Hohen Liebe
war Amor mit dem schönen Pfeil
auf seinem Wimpel appliziert,
denn Noupatris wollte Liebe.
Sein Streitroß griff im Renngalopp
den jungen Mann aus Frankreich an –
auch er war tapfer und courtois
und zeigte edlen Enthusiasmus,
wie jeder, der heut Ruhm erstrebt.
Aus Liebe zur Verwandtschaft hatte
Königin Gyburc ihn sehr reich
mit Helm- und Waffenschmuck versehn.
Zu vollem Angriffschwung gespornt,
ritten beide die attaque.
Ob ihre Lanzen heilgeblieben –?
Nein, der Lanzenstoß ging so:
durch die Schilde, durch beide Männer!
Sie durchbohrten wechselseitig
ihre Rüstung, ihre Brust,
die Lanzen brachen durch beim Ritt,
sie kappten ihre Lebensfäden,
Bürgschaft übernahm der Tod.
Vivien, schon sehr geschwächt,
schlug dem König durch den Kronhelm,
daß unter ihm das Gras, der Sand
von seinem Blut befeuchtet wurden.
Der Heide gab sein Leben auf.
Und es war ein schlimmer Anblick
für die Seinen, die das sahen –
sie wollten ihm zu Hilfe eilen,
ihre Hilfe kam zu spät.
Viele Heiden sahen, hörten
nichts von seinem Tod –
er hat sein Leben eingesetzt
für Ruhm und weibliche Belohnung.

Wichard, Samson (die von Blavi)
eilten zu Vivien und halfen,
doch er litt schon Todesnot:
Amor, Gott der Liebe,
und sein Köcher und sein Pfeil
hatten auf dem Lanzenwimpel
ihren Weg, ja die Passage
stracks durch ihn hindurchgenommen,
so daß man sie am Rücken sah –
von diesem König eigenhändig
durch den Vivien gebohrt
(was vielen Männern, vielen Frauen
Schmerz und Leid bereitete),
so daß ihm seine Eingeweide
nach dem Stoß am Sattel hingen.
Er zog den Lanzenwimpel raus
und schob die Därme wieder rein,
als könnte ihm in einer Schlacht
nichts mehr an die Nerven gehen.
Der junge, sehr berühmte Mann
stürmte vorwärts in den Kampf.
Tybalts Haß und seine Rache
stehen damit auf dem Spiel.
Wem dieser Verlust nicht reicht,
kriegt noch mehr davon zu hören,
doch edle Frauen schätzen nicht
solch Erzählen von dem Sterben
derer, die für sie den Dienst tun.
Die sich tapfer, todesmutig
zu den Tjosteuren zählten,
waren meistens Liebesritter.
Viele sehr berühmte Heiden
waren dort nach vorn gestürmt.
Namen der Kämpfer des Noupatris
werden hier nicht aufgezählt,
die jedoch den höchsten Ruhm
und ihr größtes Können
dem Tjostieren zollten,
die nenne ich euch geradheraus,
die Herzöge und Könige
und so manchen Almansur.

> Ich habe viele Nachbarn, denen
> bleiben diese Namen fremd,
> auch, wenn ich sie zweimal nenne.

Zu diesen Nachbarn gehöre ich auch: zu viele Namen, zu viele Wappenzeichen auf Schilden und Helmen, auf Wimpeln und Fahnen, zu viele Verwandtschaftsbezeichnungen, zu viele Schlachtenbeschreibungen... Und damit bin ich bei meinen Leseerfahrungen mit *Willehalm*. Zuerst war dieses Buch für mich Pflichtlektüre – schließlich hatte ich mir vorgenommen, das Werk des Wolfram von Eschenbach zu skizzieren, also war auch ein *Willehalm*-Kapitel notwendig.

Im Parzival-Roman steht die Hauptfigur deutlich im Mittelpunkt – bis auf die Abschnitte, in denen Gawan dominiert, doch hier gibt es ja zahlreiche Bezüge, Korrespondenzen. Mit diesem Erzählmuster im Kopf hatte ich bei *Willehalm* Schwierigkeiten; ich dachte zuweilen an Vexierbilder, die ich als Kind zu entschlüsseln versucht hatte: Wo ist der Kapitän? Seitenlang verschwindet Willehalm aus dem Text – selbst in Kapiteln, in denen er Hauptfigur ist.

Ich habe mich intensiv mit dem Werk befaßt und lernte seine Qualitäten sehen. Dabei halfen mir Kommentare, Analysen. Besonders hilfreich war hier der Aufsatz von Alois Wolf über *Kampfschilderungen in Wolframs Willehalm*. Was für Wolfram bezeichnend ist, wird hier herausgearbeitet in ständigem Vergleich mit der französischen Vorlage. Und es zeigt sich wieder in Details, welch ein eminenter Autor dieser Wolfram von Eschenbach war.

Das wird am deutlichsten (ausgerechnet!) in seinen Kampf- und Schlachtbeschreibungen. Ich konnte mir zuerst trotz aller aufgebotenen Details kein genaues Bild machen von der Doppelschlacht. Und ich sagte mir: wenn man zuerst die Aufmärsche auf beiden Seiten beschreibt, die Schlachtordnung, dann – in vereinfachten Zügen – die Bewegungen der Kampfeinheiten auf dem Schlachtfeld, so müßte es möglich sein, ein ungefähres Bild einer Schlacht zu vermitteln, vor allem in einer Zeit, in der Krieg auch Kriegstheater war, die Aufmärsche als Gruppenauftritte, und die Protagonisten präsentierten sich ganz vorn in besonders schönen Kostümen... Offenbar sind die Kämpfe so farbig-übersichtlich in der Chanson de geste dargestellt worden, Wolfram hat das aber nicht nachgebildet. Statt dessen hat er eine raffinierte »Verflech-

tungstechnik« entwickelt, verbindet also beispielsweise die Schilderung der Ausrüstung eines Kämpfers mit einem Hinweis auf die allgemeinere Thematik des Werks, bringt eine Reflexion ein, arbeitet mit Leitmotiven, versucht Vorgänge, Abläufe bei Christen und Heiden fast simultan zu sehen und zu vermitteln: seine »Doppelschau«. Mehrfach umging oder unterlief er damit Erwartungen des Publikums, das orientiert war an früheren Kampfbeschreibungen. Dort war besonders beliebt der große Zweikampf – das ist heute im Kino auch noch so. Es hätte für Wolfram Anlässe genug gegeben zur Beschreibung großer Duelle, während der – zumindest im Text – das übrige Kampfgeschehen schweigt; beispielsweise der lang erwartete Kampf zwischen Willehalm und Terramer, doch: »dieser Schlagwechsel wird in wenigen Versen abgetan; schon sind andere Heerhaufen da, die Kämpfenden werden getrennt.« Das ist auch so (kurz darauf) beim Kampf des zweiten Haupthelden (Rennewart – ich werde ihn noch ausführlich vorstellen) mit seinem Bruder: ein paar Zeilen und gleich wieder das allgemeine Getümmel.
Ich übersetze diese Sequenz mit den beiden wichtigen, von Wolfram jedoch entschieden heruntergespielten Duellen. Und damit mache ich einen weiten Vorgriff: zur Schlußphase des großen Werk-Fragments. Das heißt also: Wolframs Publikum sind drei der vier Tjosteure inzwischen hinreichend bekannt; um so größer werden die Erwartungen sein, wenn es unter ihnen zu Zweikämpfen kommt.

> Ich erzähle euch vom Mut, 440
> mit dem der Fürst der Provenzalen,
> Willehalm, der Herr Marquis,
> und seine Helfer Ruhm erkämpften.
> Viele Franzosen folgten ihm:
> der Herzog von Vermendois
> und sein Bruder Herzog Bernard
> hetzten auf der Spur des Wilds
> und gaben dabei Laut, sehr hoch –
> auch der tapfre Buovon,
> der Landgraf von Comarci;
> in wilder Jagd dicht neben ihm
> die Fahne des alten Aimery.
> Der Heeresweg der Heiden war
> durch Hufschlag breit betont –

so war er deutlich zu erkennen.
Die Fahne des Königs von Tandarnas
war als erste von den Christen
durch die Furt – den Heiden nach!
Bertrand und mit ihm Guibelin
hieben schon die ersten Lücken!
Los gehts! Und frisch aufgeschlossen!
Wie viele Wimpel, viele Fahnen
sah man auf der Spur dort folgen!
Das halbe Dutzend Christenfahnen –
teils zerfetzt, teils klein geworden –
hatte schon die Furt passiert.
Das kriegt ihr nicht in Jahren mit:
so harte Abwehr, scharfen Angriff –
wie rechts und links von Terramers
riesigem navire de guerre.
Da wurden Ritter invalid!
Der Markgraf ließ es sich nicht nehmen,
den Admiral zu attackieren –
den Befehl gab ihm sein Herz.
Nun sah er den gemalten Gott
Cahu auf einem Greifen – einst
von Baligan bei Roncesvalles
gegen Kaiser Karl geführt.
Jedoch: der Schild des Terramer
war noch weitaus mehr geschmückt.
Viele Helden traf es hart,
als Willehalm dies Wappen sah,
unter dem schon Baligan
gefallen war, sowie sein Sohn
Palprimes. – Ihr edler Gott Cahu
ritt den Greif auf ihren Schilden:
Kampf-Emblem des Terramer.
Das Wappen stand ihm durchaus zu:
er hatte Reichtum, Macht geerbt.
Die Sporen trieben Volatin
dorthin, wo viele Schwerter klangen.
Könige im Heidenheer
verteidigten den Admiral –
viele Söhne, mehr Verwandtschaft.
Hier durch Stich und dort durch Hieb

entstanden Wunden, und zwar zahlreich;
die Gesunden wurden siech.
Dort waren Pausen knapp bemessen;
je mehr attaques auf dieser plaine,
desto kleiner wurde sie!
Auf Brahane preschte nun
Terramer zu Willehalm,
dies in vollem Angriffsschwung,
und er schlug durch seinen Helm –
weitaus härter als Oukin,
der ihn zuvor getroffen hatte.
Und es zeigte sich sogleich:
das Kettenhemd aus Jascerant
war klaffend aufgeschlagen.
Durch den Greifen, durch Cahu
traf's den Sohn von Canabeus,
einen großen, edlen Helden –
die Klinge von Joiouse
durchschnitt ihm seine Rüstung.
Der König von Lancesardin
fuhr mit scharfer attaque dazwischen.
Canliun bewies damit:
er schaute gar nicht gerne zu,
wenn sein Vater so bedroht war.
An den geriet nun Rennewart,
und seinen Bruder traf es auch –
er erschlug den Canliun;
sie konnten sich nicht mal zuvor
ihre Kampfparolen sagen.
Rennewart spaltete Gibue –
dies hinunter bis zum Schwertgurt;
durch die Nieten der Panzerringe
traf er – tödlich – Malakin;
Cador war als vierter dran;
auch dem König Tampasté
versetzte er den Todesstreich.

Mit diesem verwirrenden Text macht Wolfram eine klare Aussage: in einer Massenschlacht kommt es auf den einzelnen Kämpfer kaum noch an, Duelle allein sind nicht entscheidend, also werden sie vom Erzähler nur ganz kurz in den Vordergrund gerückt; es domierten Tausende kleiner Vorgänge, die Wahrnehmung gleichsam atomisierend: die Realität einer Schlacht. Die hat Wolfram umgesetzt in die Realität eines Erzähltextes. Wolframs Perspektive war anders als die seiner Kollegen, also erzählte er anders. Er ist der erste Autor unserer Sprache, der Abläufe einer Massenschlacht adäquat darstellt.

Solch ein Satz liest sich rascher und leichter als die Beschreibungs-Sequenzen, von denen er abgeleitet wurde. Der Text soll uns hier noch etwas Widerstand leisten – über das bloße Zitat, die Textprobe, den allerersten Leseeindruck hinaus. Gewiß, dieses Werk ist, grob gerechnet, etwa 300 Druckseiten lang, und so können nur ein paar Sichtschneisen entstehen. Weil Kämpfe und damit Kampfbeschreibungen dominieren, bringe ich eine weitere Sequenz – auch, um zu zeigen, wie Wolfram immer wieder die Perspektive ändert: von beinah statistischen Vorgängen zur Konzentration auf wenige Figuren. Ich mache im Textverlauf einen Zeitsprung zurück.

> Nun flutete das Heer heran. 96, 6
> Akarin, König von Marokko,
> kam mit vielen détachements,
> Terramer, der Herrscher Bagdads,
> eilte in der vollen Rüstung
> so rasch wie möglich nach Orange.
> Was im Heere tauglich war,
> ob zu Pferde, ob zu Fuß,
> mußte vor Orange erscheinen.
> Der Wimpel-Aufmarsch war so groß,
> als wären alle Spessart-Bäume
> mit Seidenstoff behängt gewesen.
> Dennoch, man empfing sie nicht
> mit dem Konterschlag des Heeres;
> Willehalm – er war courtois –
> übergab vielmehr die Tore
> und den Wehrgang jenem Heere,
> das er im Gefecht beim Troß
> befreit und übernommen hatte.
> Er machte diesen Männern Mut
> und rief sie auf, daran zu denken –
> sobald die Heiden näherrückten –
> wem sie die Befreiung dankten.

Die Frauen und die Kinder trugen
viele Steine auf den Wehrgang –
jeder, was er schleppen konnte:
sie wollten hohen Blutzoll fordern!
Terramer ritt eine Runde
um Orange und kognoszierte,
wie er der Tochter schaden könnte.
Als das Heer nicht mehr marschierte,
keins der starken détachements,
und vor den Mauern, vor den Toren
sah und hörte man nicht mehr
Ritter kämpfen, hoch zu Roß,
da zeigte der Sohn des Terramer,
Fabor, jedem König, wo er
nach Vaters Plänen lagern sollte.
Terramer und roi Tybalt
stellten sich mit ihren Truppen
stolz am Tor auf, zum Palast –
Gyburc selber war dort oben.
Zwei Könige mit großer Macht,
Buhures sowie Korsant,
lagerten auf der andren Seite:
ihre Zelte in weiten Kreisen.
Viele Fürsten campierten
in ihrer Nähe; für Waffenschmuck
hatten sie viel ausgegeben –
ich denk, mit Blick auf heimische Damen.
Zwei Seiten sind damit besetzt,
doch wer bewacht das dritte Tor,
das sich zum freien Felde öffnet?
Der König von Griffane,
le roi Magot von Possidante,
Gorhant, geschützt von Hornlamellen,
bewachten dieses dritte Tor.
Der vierten Seite zugeteilt:
Fabor und Emerais,
Morgan und Passegues,
drei Brüder Gyburcs, und ein Sohn.
Die jungen, stolzen Könige
standen dort nur äußerst ungern.
Wer das fünfte Tor bewachte –?

Das tat der Könige Haucebier.
Doch finde ich noch weitere Namen:
Amis und Kordais,
und der König Matribles,
Josues mit großer Macht.
Man sah schon seinem Lager an,
daß Matusales sein Vater war:
der jätete die Schlechten aus
wie die Disteln in der Saat.
Sein Vater half mit Rat und Tat,
und so zog er ehrenvoll
von seinem Land aus übers Meer,
und bei ihm waren viele Helden,
vor dem Feinde ausgezeichnet –
ihm folgten dreißig Könige,
so mancher mächtige Eskelir,
Almansur und Admiral.
Sie alle schworen ohne Zaudern,
die Stadt ein Jahr lang zu belagern –
Tybalt bat sie drum, aus Rache.
Orange war derart dicht umzingelt,
als hätte wochenlanger Regen
nichts als Ritter abgetropft.
Wir haben nie zuvor gehört,
daß derart viele, schöne Zelte
vor einer Stadt auf weitem Feld
so prächtig aufgeschlagen waren.
  Die besorgte Gyburc führte
den abgekämpften Markgrafen
hinein; sie wollte ihn versorgen.
Das Außenheer war abgestrampelt,
das Stadtheer war davongekommen –
keiner gab Befehl zum Angriff,
es war die Ruhe nach dem Kampf.
So ging Gyburc in ein Zimmer
und sie tat das Folgende
mit   ih   rem   ami:
voll Umsicht half sie ihm aus seiner
Rüstung, schaute dabei nach,
ob Willehalm verwundet war –
er war von vielen Pfeilen verletzt.

Die weiße Hand der Königin
nahm dictamnum, eingeblaut
(das hatte vinaigre blaugefärbt),
dazu Bohnen in der Blüte –
die haben gleichfalls diese Wirkung:
steckt die Spitze in der Wunde,
wird sie damit ausgeschwärt.
Sie verband ihn gut: Anfortas
hätt nicht besser versorgt sein können.
Und sie umarmte ihn liebevoll.
Ob sie nun ein Liebesspiel –?
Wie soll ich mich jetzt dazu äußern?
Wollten beide die Eherechte
in gleicher Weise geltend machen,
so hat sie sich nicht lang gewehrt,
denn er gehörte ihr, sie ihm.
Ich nehme mir dies Recht mit Recht!
Sie sanken beide, ohne Feindschaft,
auf die Liege mit weicher Seide.
Die Königin war auch sehr weich –
genauso wie ein junges Gänslein
sanft ist, wenn man es berührt.
Bestimmt gewann er seinen Kampf
gegen die Tochter Terramers –
so wütend der auch draußen war
und König Tybalt ebenfalls.
Ich glaube, weder Hieb noch Stich
taten Willehalm jetzt weh.
Und dann dachte die Königin
an seine große Plackerei,
und an sein Leid, das seufzen ließ
und den Verlust, der furchtbar war:
sie legte seinen Kopf auf ihre
linke Brust; dort schlief er ein.

Wolfram hatte sich mit *Willehalm* für eine Gattung entschieden, die in Frankreich aus der Mode kam, in Deutschland bereits aus der Mode gekommen war; in seiner Schreibmethode war er trotz des Rückgriffs zukunftsweisend. Und inhaltlich: Wolfram hat in historischem Muster Phänomene seiner Zeit beschrieben.
In diesem Epos werden zwei der wichtigsten Probleme gespiegelt,

die zu Wolframs Zeit im Brennpunkt des Bewußtseins derer waren, die öffentlich agierten oder öffentliche Aktionen reflektierten. Als erstes: die Vereinigung von Christentum und Rittertum; als zweites: der Kampf (und die mögliche Versöhnung) mit dem Islam.
Was heute unablässig diskutiert wird und für den einzelnen nur durch persönliche Entscheidungen lösbar ist, das war ein Problem schon zu Wolframs Zeit. Noch Jahrzehnte zuvor schien alles einfach: Wer zum Schwert greift, kommt durch das Schwert um. So hatte die Kirche Krieg und Kriegsdienst rigoros abgelehnt. Mit dem Ersten Kreuzzug jedoch (und vor allem mit der Eroberung Jerusalems) war damals für viele eine Entscheidung gefallen: Christentum und Waffendienst lassen sich vereinen – im Kampf gegen den Islam. Um die Jahrhundertwende entstand hier ein neues Ideal: der christliche Ritter, miles christianus. Dieses Ideal verkörperte sich in Rittern der großen Laien-Bruderschaften, den Ritterorden, es fand seine Spiegelung auch in einem Willehalm.
Wolfram ruft ihn im Prolog an als Heiligen, kommt bald darauf zu seinen Kämpfen in der Provence. Je nach Position konnte man sagen: Wilhelm wurde Heiliger, *obwohl* er mit dem Schwert gekämpft hat; er wurde Heiliger, *weil* er mit dem Schwert gekämpft hat – gegen die Heiden, wie gleich ergänzt werden muß. In diesem Kampf errang er irdischen Ruhm und himmlischen Lohn.
Freilich, Wolfram idealisiert diesen christlichen Ritter nicht. Das unterscheidet ihn beispielsweise von einem Verfasser einer Heiligenvita – hier werden (frühe!) Schwächen höchstens erwähnt, kaum aber episch dargestellt. Dieser Willehalm verkörperte nicht nur die vorbildliche Vereinigung von Ritter und Christ (und, im Rückblick, von Feldherr und Heiligem), er wurde auch dargestellt als Mann, der Schwächen zeigt, Gewalt anwendet, einen Mord begeht. Dies führen zwei Sequenzen vor, die häufig kommentiert wurden, weil sie, in der Tat, herausfordernd sind. Zuerst Willehalms Wutanfall.
Was ihm vorausgeht: Willehalm kehrt nach der ersten, verlorenen Schlacht durch die feindliche Linie in die Stadt zurück, zu seiner Frau; sie fordert ihn auf, seinen Schwager, den König von Frankreich, um ein Entsatzheer zu bitten, sie will Orange so lange verteidigen; Willehalm kann sich von der belagerten Stadt wieder absetzen; auf dem Weg zum Königshof hat er Probleme mit Zöllnern, löst sie blutig; am Hof wird ihm der Empfang verweigert; ein Kaufmann nimmt ihn über Nacht bei sich auf; am nächsten

Tag gelingt es Willehalm, vom Hof empfangen zu werden, aber auf seine Bitte um ein Entsatzheer will man nicht eingehen; Willehalm wird wütend auf den König, und der entgegnet:

>»Kein Grund für Eure Wut auf mich! 147
> Ihr wißt: was Ihr auch haben wollt
> in meinem Reich, es steht Euch zu.
> Was es auch sei: Besitz und Lehen –
> nutzt es, wenn es Euch nur hilft!«
> Darauf die königliche Schwester:
> »Ah, was blieb uns dann noch übrig?
> Er würfe mich als erste raus!
> Mir ist es lieber, er braucht uns –
> ich mag ihn nicht um Gnade bitten.«
> Was sie hier sagte, rächte sich –
> was er dem König vorgeworfen,
> wurde nun für sie verzehnfacht!
> Er sagte, sie sei arrogant.
> Und dies geschah vor allen Fürsten:
> die Krone riß er ihr vom Kopf
> und warf sie hin, daß sie zerbrach.
> Der wütende Besucher packte
> die Königin an ihren Zöpfen,
> hätte sie mit seinem Schwert
> fast enthauptet, wäre nicht
> Ermengard dazwischengefahren,
> die Mutter dieser beiden –
> und so überlebte sie.
> Die Köngin riß ihre Zöpfe
> mit letzter Kraft aus seiner Faust
> und machte sich sogleich davon
> in ihre Kemenate.
> Die Türe war kaum hinter ihr,
> da ließ sie die sofort verschließen,
> mit einem starken Eisenriegel.
> Und doch versteckte sie sich furchtsam.

Der Tobsuchtsanfall eines Mannes, den der Prolog als Heiligen gefeiert hat... Es kommt nicht nur zu einem handgreiflichen Familienkrach, Willehalm begeht in einer Aufwallung seines Zorns sogar einen Mord an einem Wehrlosen.

Damit mache ich im zeitlichen Ablauf dieses Werks einen Sprung zurück. Eine Kampfpause, zumindest für Willehalm; er reitet vom Schlachtfeld, findet seinen schwerverwundeten Neffen; Vivien/ Vivianz stirbt in seinen Armen, es steigt auf der süße Duft des Märtyrertods; Willehalm nimmt Rache durch einen Mord.
Ich beginne mit der Übertragung schon vor dieser Szene, um auch zu zeigen, wie Wolfram einen Heiden darstellt. Vorwegnehmend: es ist nicht selbstverständlich, daß in einem Epos, das den Kampf zwischen Christen und Heiden darstellt, und dies für ein Publikum, das sich als christlich verstand – daß in solch einem Werk wohlwollend ausführlich und positiv wertend von einem Heidenkönig erzählt wird. So soll diese Passage nicht nur ein weiterer Beitrag sein zur Charakterisierung Willehalms, sie soll uns auch das Stichwort geben zum zweiten Problem: dem Kampf (und der möglichen Versöhnung) mit dem Islam.

> Von denen ritt darauf der Markgraf 76, 3
> fort, in einen neuen Kampf
> mit zwei sehr stolzen Königen.
> Beim Kämpfen waren diese Ritter
> wahrlich hart wie Felsgestein.
> Sie hatten viele Siegespreise
> für sich errungen – nun jedoch
> war ein hoher Zinssatz fällig!
> Der eine war Nugruns von Liwes,
> der edle König Tenebrun;
> der zweite Arofel von Persien,
> der ein Onkel Gyburcs war;
> sie hatten nicht ihr Heer dabei.
> Wenn im Mai betautes Gras
> beblümt wird, in der milden Luft –
> diese beiden, ruhmreich, eitel,
> standen weitaus mehr in Flor,
> und ihr Waffenschmuck war so,
> daß dies der Liebe Ehre machte!
> Wollte ich den Waffenschmuck
> genau beschreiben, müßte ich
> um meinen Meister trauern,
> von Veldeke – der war hier besser!
> Der wäre nicht so arm im Geist,
> erzählte, besser als ich's kann,

wie die Freundinnen von beiden
sie geschmackvoll ausstaffiert.
Auf die Rösser! In die Tjost!
Als der Markgraf auf sie losritt,
wurden ihre beiden Lanzen
abgesenkt, im Renngalopp,
und von ihm nicht weggeschwenkt –
er ritt sie an in der attaque.
Der starke Markgraf wehrte
ihre Lanzenstöße ab.
Er machte seine Richtung klar:
er wollte weiter nach Orange,
wo die königliche Gyburc
sein Herz ins Herz geschlossen hatte.
Die Könige schlugen auf ihn ein
wie die Schmiede auf dem Amboß.
Er zog Joiouse aus der Scheide,
schwang sie voller Tapferkeit,
und er setzte beide Sporen
in die Weichen von Pussat.
Es war ein rechter Männerkampf!
Der König Tenebruns lag tot!
Der Perser brachte den Franzosen
nun erst richtig in Bedrängnis –
immer drauf! Da ging es rund!
Es flogen Fetzen von den Schilden!
Einst hatte König Pantanor
sein Schwert an Salatré gegeben,
der gab es König Antikote,
der gab es Admiral Essere,
der gab es (und es glänzte noch!)
Arofel, dem kühnen Mann –
der war kaum auf Versöhnung aus!
So war das Schwert von Mann zu Mann
gelangt, bis hin zu Arofel,
dem Perser, und der führte es
als Held, benutzte es mit Mut –
er verstand etwas vom Kämpfen,
und er ließ bei keinem zu,
daß der vor ihm den Sieg errang.
Ich könnte euch hier viel erzählen

über seinen großen Ruhm,
wie er sein Renommee erkämpfte
unter all den Sarazenen,
daß er Schweres auf sich nahm,
wenn dies Frauen von ihm wünschten,
wenn es Freunden schlecht erging,
und, ganz klar, wenn er sich wehrte.
Im ganzen Heer des Terramer
gab es keinen beßren Ritter
als den Perser Arofel.
Gyburcs offne Hand – die hatte
sie von ihm. Er schaffte es,
daß man zu seiner Zeit keinen
kannte, der so gerne gab.
Dieser reiche Arofel
kämpfte wirklich heldenhaft –
und war schon vorher sehr berühmt.
Das Streitroß prallte derart auf,
daß Arofel am Knie die Riemen
platzten, vorn und hinten dran –
der Ketten-Beinling löste sich
in der attaque vom Hüftschutz ab
und rutschte runter an den Sporn:
so war sein bloßes Bein verloren!
Kettenhemd, surtout und Schild
verrutschten auch in dem Moment –
sein Bein lag völlig ungeschützt.
Den starken, nackten Oberschenkel
hackte ihm der Markgraf ab.
Der König konnt sich nicht mehr wehren;
nach seinem heldenhaften Kampf
bot er die Unterwerfung an –
und einen riesengroßen Schatz.
Er war vom Roß gestoßen worden,
und so saß der Markgraf ab –
daß der gefällt war, freute ihn!
Ihm bot – mit Würde – Arofel
dreißig Elefanten an
(im Hafen Alexandria),
auch dürften sie so viel an Gold
mitnehmen, wie sich schleppen

ließe – bei sicherem Geleit
des ganzen Schatzes bis Paris!
»Raubst du mir den Rest des Lebens,
bringt dir das keinen Ruhm, du Held –
du hast mein Glück schon umgebracht!«
Als dies der Markgraf so verstand,
daß er für sein lädiertes Leben
derart große Schätze bot,
dachte er an Viviens Tod
und wie der sich nun rächen ließe,
und daß ihm von der Last des Schmerzes
etwas abgenommen würde.
Er fragte diesen König aus:
der sollte seine Herkunft nennen,
und in welchem Land die Reise
in sein Leid begonnen habe.
»Ich bin ein Perser«, sagte er,
»bis heute herrschte dort meine Krone
machtvoll über alle Fürsten.
Nun bleibt mir nichts als Schande.
Ha, Nichte, daß mir solches Unglück
zustieß, und das nur für dich!
Wenn ihr, Arabel und Tybalt,
statt meiner hier erschlagen lägt,
euer Tod wär nicht so schlimm.«
Der König sagte, was er dachte.
Der Markgraf äußerte im Zorn:
»Du büßt für meinen tiefen Schmerz!
Und daß dein Bruder Terramer
die Besten meines Stamms getötet,
und daß du hier mit Rat und Tat
in vollem Maß beteiligt warst.
Könntest du den Kaukasus
verschenken, seine goldnen Berge,
niemals nähme ich dies an –
die Verluste an Verwandten
wiegt nur eins auf: dein Tod!«
Arofel: »Besäße jemand,
wofür du mich halbierten Mann
leben ließest, so verstümmelt,
der gäb es reichlich für mich hin.

> Schau doch, hier steht Volatin,
> mein Roß: allein schon damit wäre
> meine Schuld an dir vergolten.
> Voller Treue sorgte ich
> für zehn der königlichen Neffen,
> die hier mit großem Anhang sind;
> für sie verließ ich Persien.
> Gibt es dort in meinem Reich,
> was du statt meines Todes wünschst –
> so nimm's und laß mich elend leben.«
> Was soll ich viele Worte machen?
> Da wurde Arofel ermordet!
> Die Rüstung und der Waffenschmuck,
> die der Markgraf an ihm vorfand,
> alles wurd ihm ausgezogen,
> und sein Kopf – es ist die Wahrheit –
> wurde ihm gleich abgeschlagen:
> sein Dienst für Damen, sein Glücks-Ertrag
> waren damit liquidiert.
> Ein schwarzer Tag dies für die Liebe.
> Noch heute müßten Christenfrauen
> um den Ungetauften trauern.

Der diesen Mord an einem noblen Heidenkönig begeht, diese Leichenfledderei, ja Leichenschändung, er hat, das muß noch einmal hervorgehoben werden, eine heidnische Königsgemahlin entführt und geheiratet. Wie steht sie eigentlich zu diesem Krieg? Als neugetaufte Christin wünscht Gyburc, daß die Christen siegen, auch wenn ihr erster Mann, ihr Vater das feindliche Heer anführen; zugleich aber wünscht sie, daß die Christen nicht allzu blutig siegen, und so ruft sie zur Mäßigung auf, zur Versöhnung – Gyburcs »Toleranzrede«.

> Hört den Rat einer schlichten Frau: 306, 27
> verschont Geschöpf aus Gottes Hand!
> Ein Heide war der erste Mensch,
> den Gott erschaffen hat. Elias
> und der Enoch, glaubt es mir,
> sie sind zwar Heiden, doch erlöst.
> Auch Noah zählte zu den Heiden:
> er überlebte in der Arche.

> Hiob: ganz gewiß ein Heide,
> doch hat Gott ihn nicht verstoßen.
> Nun denkt an die drei Könige:
> Balthasar und Melchior,
> und der dritte namens Kaspar –
> wir müssen sie als Heiden sehen,
> dennoch sind sie nicht verdammt.
> Gott selbst, noch an der Mutterbrust –
> von ihnen wurde er zuerst
> beschenkt. Nicht alle Heiden sind
> bestimmt zur ewigen Verdammnis.
> Wir sehen außerdem ganz klar:
> die Mütter, die seit Evas Zeiten
> Kinder kriegten, haben damit
> Heiden in die Welt gesetzt,
> auch wenn sie Christen-Gürtel trugen;
> das Heidenkind der Christenfrau
> umschloß damit bereits die Taufe.
> Bei Juden ist die Taufe anders:
> sie wird mit einem Schnitt vollzogen.
> Wir alle waren einmal Heiden.
> Wer selig wird, den schmerzt es sehr,
> wenn ein Vater seine Kinder
> der Verdammnis überläßt,
> doch auch ihrer nimmt sich an,
> Der schon stets Erbarmen zeigte.

Viele Wissenschaftler stimmen hier überein: dies ist Wolframs Botschaft, dies ist der Kern dieses Werks – Ausgangspunkt und Zielpunkt aller Erzählimpulse. Nun geniert sich Wolfram keineswegs, in seinem Werk Erklärungen abzugeben – warum hätte er also nicht auch dies im eigenen Namen sagen sollen? Doch er läßt eine Figur sprechen – allerdings so überzeugend, daß man den Eindruck gewinnen muß: damit gibt Wolfram seine persönliche Meinung wieder. Und ich bin nicht der erste, der hier die Assoziation hat: Lessing, Nathan der Weise, Ringparabel.
Daß Wolfram keine wohlfeile Meinung versifiziert, keinen Gratis-Mut dokumentiert, das zeigt ein Blick in die Zeit, in der dies formuliert wurde: drei Kreuzzüge in der Vergangenheit, der besonders schmähliche Vierte Kreuzzug in jüngerer Zeit, der Kinderkreuzzug in jüngster Zeit, ein weiterer Kreuzzug ist geplant.

Immer wieder also Aufrufe zum Kampf gegen die Heiden, zur Eroberung des Heiligen Landes. Und man konnte seine Seele trotz vieler Sünden retten, wenn man gegen Heiden kämpfte – je mehr man von ihnen tötete, desto größer der himmlische Lohn oder Ablaß. Vor diesem Hintergrund, in diesem Umfeld gewinnt Gyburcs Aufruf eine noch weit größere Bedeutung.
Toleranz wird in diesem Werk aber nicht bloß proklamiert, sie wird realisiert in erzählerischer Gerechtigkeit. Um in wilhelminischem Pathos zu reden: es ging in dieser Verteidigungsschlacht um den Bestand des christlichen Abendlands; wie nahe läge es hier, die Feinde feindlich darzustellen, den Kampf gegen das Böse zur guten Tat zu machen – und damit auch das Töten, das Auslöschen der Gegner. Davon finden wir nichts bei Wolfram. Im Gegenteil: schmückende Beiwörter und gute Eigenschaften werden gleichmäßig verteilt auf Getaufte wie Ungetaufte. Wolfram ist als Erzähler wahrhaft gerecht: heidnische und christliche Ritter treten auf im gleichen Glanz der Ausstattung, sie kämpfen im Namen gleicher Werte: der Liebe, der Ehre, des Ruhms. Diese Heiden können freilich auch niederträchtig sein wie Christen.
Haug weist darauf hin, daß Gyburcs Aufruf zur Toleranz wirkungslos bleibt: die Christen richten ein Massaker an unter den Heiden. Überhaupt verhalten sich in diesem Epos die Christen brutaler als die Heiden. Hierzu gab es genügend Entsprechungen in der Realität – das Massaker nach der Eroberung Jerusalems im Jahre 1099, das Massaker, das (etwa zwei Jahrzehnte vor Wolframs Arbeit an diesem Werk) der so hochgerühmte Richard Löwenherz an dreitausend wehrlosen Arabern vollstrecken ließ. Solche Fakten finden ihre Spiegelung in Wolframs Version der Chanson de geste. Und auch hier: er zeigt höchsten Kunstverstand. So nimmt er in der folgenden desillusionierenden Bemerkung eine Formulierung der Rede Gyburcs auf:

> Die nie Bekanntschaft mit der Taufe 450, 15
> schlossen – ist's nicht eine Sünde,
> daß man sie wie Vieh erschlug?
> Ich sage, dies war große Sünde!
> Ganz Geschöpf aus Gottes Hand...

Ein böses Echo also auf den hochherzigen Aufruf der Heidenkönigin, die Christenkönigin wurde:

> Hört den Rat einer schlichten Frau:
> verschont Geschöpf aus Gottes Hand!

Wenn man solche Zusammenhänge sieht, muß man den Eindruck gewinnen, daß Wolfram zwar mit Recht gerühmt wird, aber in diesem Fall nicht aus dem rechten Grund: nicht die Tatsache, daß in seinem Kriegsepos Toleranz gefordert wird, macht dieses Werk zu einem großen Werk, sondern: wie Wolfram diese Deklaration in den Erzählzusammenhang integriert – durch den Mord, den Gyburcs Mann an Arofel begeht, durch das Massaker.

Die Beziehungen zu damaliger Realität gehen über die Anspielungen im Parzival-Roman weit hinaus, es zeigen sich nicht nur Berührungspunkte, sondern Berührungsflächen mit der Wirklichkeit jener Zeit. Aber, das muß hier gleich betont werden: *Willehalm* ist kein realistisches Werk – es ist weitaus mehr Produkt der Phantasie als Reflex auf Realitäten. So erzählt Wolfram auch hier ein Märchen nach, mit Lust: das Märchen vom edlen persischen Königssohn, der als Gefangener unerkannt in einer Königsküche arbeitet, dem aber die Chance geboten wird, sich im Kampf zu bewähren, glanzvoll auszuzeichnen. Der ihm das ermöglicht, ist ausgerechnet Willehalm, der einen persischen König ermordet hat.

Diese Geschichte einer Begegnung zwischen einem Christen und einem Mohammedaner erzählt Wolfram ausführlich – auch wenn er in den Rennewart-Episoden nicht so ausschweifend ist wie seine Vorlage(n). Dennoch, die Figur tritt in der zweiten Hälfte des Werks entschieden in den Vordergrund, wirkt auch sehr viel plastischer als Willehalm, von dem sich nur ein paar starke Gesten einprägen – Rennewart ist eine der Figuren der Literatur, die mit Recht »unvergeßlich« genannt werden, und es ist bezeichnend, daß die spätere Fortsetzung des fragmentarischen Epos vor allem von Rennewart erzählt.

Ich übersetze einen längeren Ausschnitt; was Wolfram uns hier zu erzählen hat, ist auf weite Strecken vergnüglich – auch wenn der sarkastische Humor, der für ihn (und seine Zeit) typisch ist, zuweilen krasse Pointen findet.

> Eines Abends war der König 187
> an einem Fenster hoch im Palas,
> mit seiner Frau und seiner Tochter;

er hätte in der ganzen Zeit
kein schönres Schauspiel sehen können;
das mußte auch der Markgraf sagen,
der dort bei Alice saß.
Zwischen Palas und der Linde
wurd das Treiben immer bunter:
edle Knappen sah man dort
tjostieren, Schäfte gegen Schilde,
mal zu zweit und mal zu viert,
hüben ritten sie Attacken,
drüben kämpften sie mit Stöcken,
Ritter sprangen möglichst weit,
und zugleich ein Ehrenpreis
für den Weitwurf mit dem Speer –
so mancher war dabei nicht faul;
auch rannten welche auf der Reitbahn.
Wer den Hof durchqueren wollte,
stieß auf manches Hindernis,
das sich als aufhaltsam erwies.
Dort machten Knechte viel Geschrei,
die chevaux an Zügeln hielten;
es wurden viele tambours geschlagen.
Ein unbeliebter Bauer wäre
bei diesem Treiben sicherlich
als Spielball rumgestoßen worden.
Der Markgraf sah nun Folgendes:
ein Knappe kam heranmarschiert,
der einen Bottich Wasser trug –
der wurde zum Empfang verhöhnt.
Ich darf zu ihm das eine sagen
(und man nehm mir das nicht übel):
dieser eine war so stark
wie ein halbes Dutzend Männer.
Sein Königsküchen-Dienst war so:
er holte ganz allein das Wasser,
das die Köche – und zwar alle –
für die Zubereitung brauchten.
Was drei Mulis mit aller Kraft
gerade noch er-tragen konnten,
trug er zwischen seinen Händen
wie ein kleines Federkissen.

Seine Kleidung, seine Haare
sahen sehr nach Küche aus.
Man schätzte ihn nicht richtig ein
in seinem Aussehn, seiner Herkunft.
Doch man weiß es ja schon längst:
fällt das Goldstück in den Schlamm,
so bildet sich auf ihm kein Rost,
und wer es sich genau beschaut,
dem zeigt dann ein gewisser Schimmer,
daß hier etwas Edles ist.
Wer obendrein Hyacinth-Granat
hineinwirft in den schwarzen Ruß
und ihn erneut von ihm befreit,
dem zeigt er wieder all sein Rot.
Beim küchenfahlen Rennewart
hat Not das Gute überdeckt.
Nun bedenkt hier, wie der Adler
seine junge Brut erprobt:
sobald sie aus der Schale ist,
stellt er sich hinein ins Nest,
sucht zuerst das Stärkste aus,
nimmt es sanft in seine Krallen,
hält es in die Sonne hoch –
schaut es nicht in sie hinein,
weil es sich als feig erweist,
wirft er es aus seinem Horst;
so geschiehts mit allen andren –
und wenn es ihrer tausend wären!
Das jedoch mit beiden Augen
ins Licht der heißen Sonne schaut,
das erkennt er rückhaltlos
als seinen wahren Nachwuchs an.
Rennewart, der starke Mann,
wuchs sicher auf im Adlerhorst;
der flog nicht raus, flog selber ab
und landete auf dürrem Ast.
So vermißten ihn die Vögel,
die sich um ihn kümmern müßten –
glücklich machte sie das nicht.
Ich könnte euch noch vieles sagen
zu dem, der diesen Bottich trug,

jedoch – ihr schätzt ihn niedrig ein.
Und schon kam es auf ihn zu:
die attaque und der combat –
man stieß ihm seinen Bottich um.
Das nahm er wie ein Mädchen hin,
formvollendet, klagte nicht.
»Sowas macht man bloß zum Spaß«,
dachte er und füllte ihn.
Jedoch, ihr Spiel war nicht vorbei,
denn teils zu Pferd und teils zu Fuß
ward er heftig tirailliert
und auch derart bouscouliert,
daß sein schwerer, voller Bottich
wieder ohne Wasser war.
Die Formvollendung kam ins Rutschen:
der Starke – keiner von den Schlappen! –
packte einen dieser Knappen,
schleuderte ihn in vollem Schwung
an eine Säule – sie war aus Stein –
so daß der Knappe, wie verfault,
bei diesem Wurf total zerplatzte.
Er war bis dahin dicht umdrängt,
doch ließ man ihn nun ganz allein –
die Flucht war nämlich allgemein.
Der Markgraf fragte drauf den König:
»Saht Ihr, Herr, was auf dem Hof
mit dem troupier geschehen ist,
der die Küchenkleidung trägt?«
Der König sprach: »Ich hab's gesehn.
Bisher passierte es noch nie,
daß er sich so grob benahm.
Seit seiner Kindheit lebt er hier
sehr formbewußt an meinem Hof –
solchen Mißgriff tat er nie!
Ich weiß genau, er ist von Adel.
Ich fand bisher noch nicht den Kniff
(sei's direkt, sei's indirekt,
sei's durch Schmeicheln oder Schmähen),
wie ich es bei ihm erreiche,
daß er sich endlich taufen läßt.
Ich hab ihn ungehörig behandelt.

Gott weiß sehr wohl, ich bin bereit,
mich seines Unglücks anzunehmen –
falls er sich bekehren läßt.
Ihn brachten Händler übers Meer;
sie hatten ihn im Land der Perser
seinerzeit im Kauf erworben.
Kein Auge sah je solche Schönheit
eines Körpers und Gesichts.
Die Frau, die ihn geboren hat,
sie wäre hoch geehrt, wenn er
die Taufe nicht verweigern würde.«
Der Markgraf trat zum König,
bat ihn, daß er ihm den Knappen
zur Erziehung anvertraue.
»Ich lenkte, Herr, so gut ich's kann,
sein Leben in die rechte Bahn.«
Der König schlug die Bitte ab.
Alice bat ihn ebenfalls
so lange und so eindringlich,
bis der König ihm den Wunsch
nach dem Knappen doch erfüllte.

Der Markgraf rief nun Rennewart
zu sich – der war noch ohne Bart.
Als er in den Palas kam,
war sein Benehmen formbetont,
jedoch genierte er sich sehr,
daß seine Kleidung derart schlecht war –
die hätt auch den valet entehrt.
Als der Markgraf in Arabien
prisonnier gewesen war,
hatte er dabei die Sprachen
Koptisch und Chaldäisch erlernt.
Dagegen wollte dieser Knappe
bei seiner Muttersprache bleiben –
obwohl er gut Französisch konnte.
Als ihn der Markgraf kommen sah,
sprach er ihn französisch an
(die Königin war einverstanden),
doch tat der so, als wär er taub,
als könnte er das nicht verstehen –
dabei kriegte er gut mit,

was Männer oder Frauen sagten.
Dennoch brachte er keine Antwort
über seine stolzen Lippen.
Der Markgraf sprach ihn daraufhin
chaldäisch und arabisch an.
»Die Sprachen kenne ich sehr gut«,
gab der Knappe drauf zur Antwort.
Darüber war der Markgraf froh,
er sprach: »Mein lieber Freund,
ich glaub, du bist ein Sarazene.
Berichte mir von deiner Herkunft
und genau, wie du hierher kamst.«
Er wollte alles von ihm wissen.
Da sagte er: »Ich bin aus Mekka,
wo die Heiligkeit Mohámmeds
seinen Leichnam schweben läßt,
ohne jeden Untersatz.
Wenn er das Herz eines Gottes hat,
wird er mich gut entschädigen
für alles, was mich hier beengte.
Doch hab ich ihm so oft geklagt,
daß ich an seiner Hilfe zweifle;
so halte ich mich jetzt an Christus,
dem du untertänig bist.
Mir scheint es sehr, du bist getauft.
Seit man mich hierher verkauft,
mußt ich elende Plackerei
ertragen. Selbst der König drängte
mich und ließ mich missionieren –
ich sollt' den rechten Glauben finden.
Doch ist mir die Taufe nicht geheuer.
Und so hab ich Tag und Nacht
dahingelebt wie einer,
dessen Vater machtlos ist.
Manchmal, mitten in der Arbeit,
werd ich fast verrückt vor Scham –
ich lebe hier ganz dissolu.
Wollte mich eine edle amie
je in ihre Arme schließen,
so wird sie davon Abstand nehmen:
es fehlt mir noch an äußrem Rang –

so sehr ich das auch wünschen möchte.«
Es gefiel dem Markgrafen sehr,
daß der Junge – ungebrochen
trotz des Lebens tief in Schande –
Form bewahrte, Ruhm erstrebte.
Er sprach: »Hör auf, dich zu genieren!
Der König hat dich mir geschenkt –
wenn du mir dafür dienen willst,
geb ich dir gerne, was du wünschst.«
Der Sarazene, sich verbeugend:
»Nehmt Ihr mich in Euren Dienst,
so werde ich Euch Ehre machen.
Herr, seid Ihr es, der Marquis,
der dieses exzellente Heer
im Kampf verloren hat mit denen,
die übers Meer gekommen waren,
so ward ich Euch zur rechten Zeit
als Euer Helfer übergeben –
so lang ich lebe, räch ich sie,
verpflichte mich bei Euch zur Hilfe!
Weist mich bitte streng zurecht,
wenn ich über die Stränge schlage –
Jugend ist noch schwach im Kopf.
Und laßt mir geben, was ich brauche.«
Darauf der Sohn des Aimery:
»Was immer du auch wünschst und willst –
sofern ich's habe, sollst du's gerne
kriegen.« Er war generös...
»Es wird Euch kaum zu sehr belasten
(sei auch Euer Land verheert),
was ich mir von Euch erbitte.«
Man verstand die beiden nicht –
obwohl man ihre Stimmen hörte.
Der unterm Schmutz so schön erblühte,
dessen Haut – von Herdruß frei –
wie die betaute Rose war,
er sagte: »Herr, was tu ich jetzt?
Was Ihr auch immer mir befehlt,
ich führ es aus, so gut ich's kann.
Ihr seid mein allerbester Herr.

Wollt Ihr mir wohl, bin ich belohnt.«
Nun stellte Fürstin Ermengart
einen Juden aus Narbonne frei,
um die Leute Willehalms
für den Feldzug auszurüsten.
Wen der Mangel dazu zwang,
sich an ihn zu wenden,
dem beschaffte dieser Jude
mit dem großen Geldbesitz
alles, was ein jeder brauchte.
Er schickte Rennewart dorthin
mit dem Auftrag an den Juden,
daß er diesem jungen troupier
Rüstung, Streitroß und Gewänder
gebe, bis der selber sage,
daß ihm wirklich nichts mehr fehle.
Rennewart ging zu ihm hin
und wollte nichts als einen Balken,
um die Feinde zu bekämpfen.
Der sollte fest beschlagen werden
mit starken, stählernen Bändern.
Und ein Umhang aus Kamelhaar.
Mit festem Schuhwerk, wollner Hose
wurden seine strammen Beine
angemessen ausgestattet.
Er ging zu Schneidern, und die nähten
weite, weiße Leinenkleidung –
der Jude kam für alles auf.
Und zu Ehren des Marquis
offerierte er noch dies:
Rüstung, Streitroß, starke Lanze.
Er machte diesen Punkt ganz klar:
was er auch immer haben wolle,
das sei zu guten Konditionen –
wie bei andren Söldnerherren.
Da sprach der Knappe, grad heraus:
»Ich zieh zu Fuß in diesen Kampf.
Mein Herr soll Rüstung und cheval
denen geben, die sie brauchen.
Verschafft mir einen Balken,
vierkant und aus Buchenholz;

versucht ein halbes Dutzend Männer,
diesen Balken wegzuschleppen,
muß die Last sie ächzen lassen;
und sollten's ihrer sieben sein –
sie könnten ihn nicht heimlich stehlen,
das Gewicht wär viel zu groß.
Der Schmied soll ihn mit harten Bändern
rundherum beschlagen – nur
der Handgriff bleibe blank und glatt.«
Auf diese Weise wurd vom Juden
Rennewart mit vielen andren
für den Feldzug ausgerüstet.
   Den Panzerreitern, den troupiers
gab der Markgraf chefs de groupe.
Die Vereinigung des Heeres
ward anberaumt zum elften Tag.
In der plaine, am Fuß des Berges
sah man, schönstens aufgeschlagen:
toiles sowie toulantes,
alcubes und premeriuns;
der Sohn des Aimery sah auch
viele hohe, weite Zelte,
bereit zur Ankunft all der Fürsten,
die das Reich zur Fahne rief.
Gyburc hätte Gott gepriesen,
hätt sie gesehen und gehört,
wie dieses Ritterheer sich traf.
Der König ritt mit Falken hinab;
auf der weiten und breiten plaine
begrüßte er die Fürsten einzeln.
Die fühlten mit, die wollten hören:
von der Verwandtschaft Willehalms,
warum er sich dem Kampf gestellt
mit einem derart kleinen Heer
und nicht die Kriegsmacht seines Königs
im eignen Land erwartet hätte,
als man erfuhr, daß Terramer,
der Mächtige, mit derart vielen
navires de guerre gelandet sei.
Als der Markgraf sie empfing,
zeigte mancher edle Haltung,

und beklagte von ganzem Herzen
all das Unglück, das er nannte.
Die Edelleute sagten drauf,
sie würden das mit Freude rächen,
für ihn und für das Reich – sie seien
ohnedies dazu verpflichtet.
Nun befahl der Königsherold
allen Trupps, daß sie am Morgen
Richtung Orléans marschierten.
Der König war ein gutes Stück
mit seinen Falken ausgeritten,
hielt sich nun nicht länger auf.
Laôn, das ist ein hoher Berg:
bevor die Sonne sich verbarg,
ritt er hinauf; es war noch hell.

Der Markgraf traf dort seinen jungen
strammen troupier, der sich beklagte:
man hatte ihm Haare und Gewand
in der Küche angesengt!
Er fackelte nicht, vergalt sogleich
das böse Spiel mit bösem Spiel,
durchstieß die Kessel mit dem Balken;
kein Topf war eisenhart genug –
er wurde kurz und klein geschlagen;
der Oberkoch kam knapp davon –
so zornig war der große Junge!
Der Markgraf kühlte ihm sein Mütchen
(das ist so unter Freunden üblich),
sprach: »Ich geb dir andre Kleider.
Dein Haar war außerdem zu lang –
das sollten wir herunterkämmen
und auf der Höhe deiner Ohren
rundherum begradigen.
Und zeig, daß du die Form bewahrst,
halt dich nicht mit Jammern auf.
Morgen früh, beim ersten Licht,
wenn man die Wimpel an die Lanzen
bindet, und wenn meine Männer
aus der Stadt heruntertrecken,
lasse dich vom Hausherrn wecken
und mache dich gleich auf den Weg.«

Der junge Rennewart versprach's.
Der König blieb in dieser Nacht
in Laôn. Er hatte diesen Plan:
nach Orléans zu reiten,
wohin von allen Seiten
zum Aufgebot die Truppen kommen,
und ein jeder – jung wie alt –
leistet ihm den Eid, daß er
den Glauben und das Christentum
kämpfend unterstützen wird.
  Mit eignen Mitteln unterhielt
die Königin eine formation,
sie sparte dabei nicht an Geld –
da griffen Edle gerne zu!
Sie war am frühen Morgen bereit,
mit vielen jungen Damen;
sie wollte in Orléans erleben,
wie der König sich dort zeigte
und dem Heer den Marsch befahl,
und wer es kommandieren sollte.
Die Nacht ging doch einmal zu Ende,
man nahm den grauen Morgen wahr;
da sah man hüben und auch drüben,
von den Feldern, aus den Toren –
ich meine, überall entlang
der Straße Richtung Orléans –
marschierte man den ganzen Tag.
Die Königin brach gleichfalls auf
und ihre Tochter, die von solcher
Schönheit war, daß ich die Wiese
mit ihrer Mannigfaltigkeit,
die sie zeigte, heute noch zeigt,
nicht mit ihr vergleichen kann.
  Die zu Pferd und die zu Fuß
wurden ehrenvoll begrüßt –
der Markgraf selber übernahm dies;
man sah ihn dabei hoch zu Roß
(auf Volatin) am Straßenrand;
er schaute aus, ob all die Seinen
aus Laôn gekommen seien.
Die hatten sich auch vorgenommen,

jedes Bummeln zu vermeiden –
bis auf seinen jungen Freund!
Es approchierte Rennewart
in einem derart großen Abstand,
daß ihm jeder weit voraus war –
er hatte sich verschlafen.
Er war von ganzem Herzen froh,
als er Willehalm dort sah,
wie er vor ihm zu Pferde saß
und ihn ebenfalls begrüßte.
Er fragte: »Und wo ist dein Balken?«
»Lieber Herr«, rief Rennewart,
»den habe ich dort liegenlassen!
Daß Ihr nach dem Balken fragtet,
dieser Hinweis war sehr nützlich!
Herr, es bringt Euch keine Schande,
wenn Ihr hier noch auf mich wartet;
wenn ich meinen Balken hole,
schlägt dies zu Buch, wo Ihr auch kämpft!«
Da sagte er zum großen Jungen:
»Ich wart auf dich, wenn du dich sputest.
Hast du bemerkt, daß hinter dir
jemand folgt, der zu mir will,
so sag ihm, wo ich auf ihn warte.
Bring Panzerreiter, andre Söldner
auf dem schnellsten Weg hierher.
Und vergiß den Balken nicht!«
»Nur nicht die Geduld verlieren!«
rief der schnelle Rennewart.
  Auf einer Hackbank hatte er
(im Küchen-Teint) die Nacht verbracht –
den Köchen war das gar nicht recht;
seinen Balken hatten sie
weggeschleppt; er schrie ihm nach;
er ließ kaum eine Türe aus –
er trat sie mit den Füßen ein!
Der Oberkoch erlitt den Tod;
die andren Köche in der Klemme –
soweit sie nicht geflohen waren.
Das alles ging dort Schlag auf Schlag,
bis er seinen Balken fand –

den warf er sich von Hand zu Hand
wie eine elastische Gerte...
Am Treffpunkt hatte der Marquis
tatsächlich auf den Freund gewartet.
Der war der Meinung, dieses Holz
sei zum Jonglieren viel zu schwer,
für einen Schwächling viel zu groß!
Der stramme Söldner kam wie folgt:
ein Wild, das Hunde hetzen,
hätt nicht schneller laufen können!
Man hielt sich da nicht weiter auf:
Willehalm ritt hinterher,
Rennewart lief vor – es eilte!

Was zwischen dem vorigen und dem folgenden Abschnitt erzählt wird: es findet ein Eilmarsch statt nach Orange; Gyburc verteidigt diese Stadt, aber das morgenländische Heer ist in der Übermacht; in Kampfpausen finden an der Stadtmauer Religionsgespräche statt zwischen Vater Terramer und Tochter Gyburc, sie will jedoch Christin bleiben; auf der Seite der Christen kämpft nun auch Rennewart: der Sohn Terramers, der Bruder Gyburcs! Als Willehalm mit seinem Heer Orange erreicht, haben sich die Araber vorübergehend zurückgezogen, zur Auffrischung; Willehalm und Gyburc sind wieder glücklich beisammen. Willehalms Vater und seine Brüder treffen ein mit Truppen, es folgen weitere Helfer – das wird in der Stadt gefeiert, mit Essen, mit Gelagen. Rennewart tut sich dabei durch besonders guten Appetit hervor – er nimmt das Maul so voll, daß nicht mal mehr eine Schneeflocke reinpassen würde, meint Wolfram.

Heißhungrig war der Rennewart – 276, 3
was er vom Tisch aus weiterreichte,
lohnte die Verbeugung nicht.
Pigmentierter Siropel,
clairet, dazu auch Brombeerwein –
die schweren Weine mochte er
weit mehr als Wasser in der Küche.
Ihm schmeckte alles, was er aß.
Ihm fehlte Übung, und die Folge:
das Saufen übermannte seine

Haltung, er geriet in Rage,
der edle Junge von hohem Adel.
Viele von den jungen Knappen
drängten sich um seinen Balken,
dabei warfen sie ihn um,
daß der ganze Palas dröhnte.
Rennewart: vom Tisch hoch, hin!
Die Knappen rissen vor ihm aus,
keinen kriegte er zu packen.
Er nahm den Balken in die Hand;
ein Knappe hatte bei der Flucht
ein Versteck gefunden hinter
einer blauen Marmorsäule,
aber trotzdem sah er ihn,
schlug nach ihm mit solchem Schwung,
daß die Funken von der Säule
bis hinauf zur Decke stoben;
der andre wetzte aus dem Raum.
Darauf war's im Festsaal so:
keine Spur mehr von den Knappen –
sie drängten sich zur Tür hinaus,
einer schneller als der andre!
Die Tischtücher wurden nur gerafft
aber nicht hinausgetragen –
die's sonst taten, waren weg!
Sie alle trauten sich nicht mehr
hinauf zu diesem Rennewart
mit seiner rüden Zärtlichkeit.
　Es erhob sich, wer dort satt war.
Die Königin blieb nicht mehr sitzen,
bat die Fürsten, in ihr Lager
zurückzukehren, sagte allen:
»Weist doch Eure Leute an,
von den Getränken und den Speisen
mitzunehmen, was sie wollen.«
Da sagte der kluge Aimery:
»Wessen Wagen noch nicht hier sind,
der bedien sich ungeniert –
das empfehle ich euch allen;
ihr kriegt reichlich, was ihr wollt.«
Die Fürsten ritten zu den Zelten;

der Markgraf forderte sein Pferd
und er ritt mit ihnen hinunter.
Teils auf Wiesen, teils auf Feldern
ritt er drunten hin und her;
waren Zelte nicht versorgt,
ließ er hier den Männern bringen,
was den Hunger vergessen ließ.
Sobald er hinuntergeritten war,
rief der Markgraf alle edlen
Herren seines Heeres auf:
sie sollten reichlich essen,
sich den ganzen Tag erholen.
»Hört beim ersten Morgenlicht
die Messe in der Burgkapelle.
Dort halte ich mit euch dann Rat.«
Sie stimmten zu und taten es.
Alle Fürsten, alle Grafen
und die im Range des Barons
und die Führer der formations
waren auf das Feld geritten.

   Gyburc sorgt nun in der Stadt
für ihr Väterchen Aimery;
in einem Zimmer, vor seinem Bett,
standen viele schöne Damen,
die im Dienst Erfahrung hatten –
sie nahmen ihn auch gerne wahr.
Aimery, er legte sich;
vor dem alten Manne nahm
Gyburc auf dem Teppich Platz;
sie zogen ihm die Schuhe aus,
damit Gyburc seine Beine
massieren konnte, eh sie ging:
er war (mit Rüstung!) nachts geritten;
die Mühsal und die Müdigkeit
brachten ihm sofort den Schlaf,
noch bevor man ihn verließ...

   Der Landesherr (sprich: Willehalm)
kam zurück, und ohne Aufschub
suchte er sie auf, die ihm
schon mehrfach Glück und Leid geschenkt.
Man legte sich sogleich ins Bett:

der Markgraf und die Königin
liebten sich darin so sehr,
daß sie beiderseits ersetzten,
was die Schlacht von Alyscamps
an Verwandten gekostet hatte.
So lagen sie – vergelt es Bett.
  Als der generöse Anfortas
im Dienst der Orgeluse stand,
bevor ihn dann sein Glück verließ
und der Gral sein Volk versorgte –
als die Königin Secundille,
wie das Herz es von ihr wollte,
ihm in Liebe näherkam,
und sie schickte ihm Cundrie
mit Geschenken, derart kostbar,
daß er sie, aus Liebe, nahm
und, aus Liebe, weitergab –
was alle Kronen eingebracht,
und alle Länder Secundilles,
und alles, was der Gral gewährte:
das hätte die Verluste nicht
ersetzen können, die der Marquis
auf Alyscamps erlitten hatte.
In seinem Arm erblühte nun
ein zartes Reis aus süßer Liebe.
In Gattenliebe preßte sich
Gyburc fest an seine Brust –
so fand für ihn der Ausgleich statt:
für alles, was er je verloren,
wurde sie ihm zum Geschenk.
Solchen Trost gab ihre Liebe,
daß die Trauer Willehalms
von Freude unterfüttert wurde.
Der Kummer floh ihn – dies so weit,
daß ihn kein Speer erreichen konnte.
Gyburc schenkte, schützte Glück.
Nach Trauer kommt zuweilen Freude:
in dieser Hinsicht folgt das Glück
einem altbekannten Brauch,
den alle Menschen nachvollziehn.
An unsrem Anfang steht die Klage,

> klagend sinken wir ins Grab.
> Ich weiß nicht, was im Jenseits ist,
> doch dieser Ordnung folgt das Leben!
>   Diese Geschichte zeigt wenig Glück –
> ich müßte sehr viel Spürsinn haben,
> wollte ich hier Glück entdecken.

Wolfram hat auch *mit* diesem Epos wenig Glück gehabt: er konnte es nicht vollenden. Im fünften Abschnitt der biographischen Rekonstruktion habe ich einige der möglichen Gründe benannt. Hier bleibt nur nachzutragen, daß Wolfram dieses Werk offenbar nicht überraschend abbrechen mußte, es lassen sich Vorzeichen ablesen – zum Beispiel:

> Dort gab es wütende Duelle!   402, 17
> Wer sie aufeinander losläßt,
> wie bei Ritterkämpfen üblich,
> der nehme sich – mit meinem Segen –
> der Geschichte an, erzähle:
> im Getümmel, an den Flanken
> und wo auch immer Helden ritten –
> wie hart bekämpfte man sich da
> um Frauengunst und Frauenlohn,
> wie dicht die Folge der attaques
> nach sehr kurzem Rekreieren!
> Wer die Geschichte des Geschehens
> von hier an nicht verfallen ließe,
> dem fühlte ich mich sehr verbunden.

Ein Punkt der Resignation? Eine Krise des Erzählens? Suchte Wolfram einen Fortsetzer, der das große Erzählfragment abschließt?

> Wie man da die Flucht ergriff!   443, 3
> Wie der Sohn vom Vater schied!
> Wie schied der Vater von dem Sohn!
> Seht nur, wie der Sturm den Sand
> nach hier und dort verwirbelt!
> Wer dabei sein Leben ließ,

wer noch zu den Schiffen ritt:
all dies kann ich euch nicht mehr
erzählen bis zu seinem Schluß.

Wolfram setzte sein Erzählgedicht freilich noch fort, bis zum Abbruch. »Sus rûmt der Provenzâlen lant – so verließ er die Provence«: so lakonisch endet ein Erzählabschnitt, nicht aber ein Epos.
Die Fortsetzung, die Ulrich von Türheim ein paar Jahrzehnte später verfaßte, ist so umfangreich wie die Vorgeschichte Türlins und der *Willehalm*-Torso zusammen. Eine kurze Sequenz aus der Einleitung dieser Fortsetzung habe ich für das erste Kapitel dieses Buchs bereits übertragen: Ulrich knüpft hier bewußt an der letzten Zeile des unvollendeten Epos an und betont, welche Skrupel er hat, das Werk fortzuführen.
Als erstes nimmt er den Faden der Rennewart-Geschichte auf. Rennewart war am Schluß des Willehalm-Epos verschollen. Ulrich erzählt nun, wie Rennewart seinen Vater Terramer verfolgt, um ihn zum Christen zu machen – das gelingt ihm nicht. Dafür wird er selbst erst einmal getauft, erhält in der Schwertleite die Ritterwürde, wird mit Alice vermählt; in der Hochzeitsnacht wird ihm die Geburt eines Sohnes prophezeit, der noch stärker sein soll als er selbst. Dieser Sohn heißt Malifer; Alice stirbt bei seiner Geburt. Während ihrer Beerdigung wird das Baby von heidnischen Kaufleuten entführt und ausgerechnet an Terramer verkauft, seinen Großvater. Rennewart wird nach etlichen Abenteuern in ein Kloster aufgenommen; Bruder Rennewart darf aber kämpfen, sooft es nötig wird. Es kommt zu einem erneuten Feldzug Terramers, zu einer erneuten Belagerung von Orange, wieder kämpfen Willehalm und Gyburc. Malifer taucht auf, erkämpft sich Ruhm, verliebt sich in Penthesilea... Ich erwähne nur noch, daß Gyburc zum Schluß Einsiedlerin, Klausnerin wird, daß Willehalm in Rennewarts Kloster geht.

37 Christen und Heiden: Wolfram hat nicht nur Toleranz predigen, erzählerische Gerechtigkeit walten lassen, er hat im Parzival-Roman brüderliche Versöhnung entworfen. Ein Märchen? Eine Utopie?
Der erste Erzählabschnitt des Romans führt Parzivals Vater in den Orient; Gahmuret heiratet die schwarze Königin Belacane; das

gemeinsame Kind wird der schwarz-weißgefleckte Fairefis; am Schluß des Romans kommt er ins Abendland, die Stiefbrüder kämpfen miteinander, erkennen und versöhnen sich; Parzival führt Fairefis vor den Gral; der Stiefbruder heiratet eine der Gralshüterinnen. Orient und Okzident brüderlich verbunden, unter dem Zeichen des Kreuzes.

Eine Utopie im Zeitalter der fortgesetzten Kreuzzüge, der Reconquista, der Rückeroberung der maurischen Reiche auf der Iberischen Halbinsel, aber: auf Sizilien hatte ein Normanne diese Utopie verwirklicht. Und diese Utopie war zwei Jahrzehnte lang Wirklichkeit: während der Regierungszeit von König Roger, zwischen 1130 und 1154.

Roger II. ist der erste König von Sizilien, aus dem Normannen-Geschlecht der Hauteville. Sein Vater, Roger I., war noch Graf von Sizilien. Dessen Onkel, Robert Guiscard, hatte Sizilien erobert – Normannen waren aber bereits ein Jahrhundert vor der Königskrönung in Unteritalien. In Jahrzehnten war es Graf Roger gelungen, divergierende Bevölkerungsgruppen zusammenzuführen: die Normannen und die Lombarden, die Italiener und die Juden, die Griechen und die Araber. Rogers jahrzehntelanges Werk des Ausgleichs wurde mit seinem Sohn in der Tat gekrönt. Roger II., Sohn dieses Normannen und einer Italienerin, aufgewachsen vor allem unter Arabern, führte das Werk seines Vaters weiter, verwirklichte das normannisch-sizilianische Wunder.

Roger war einer der großen Könige des Mittelalters. Und das auch in territorialer Hinsicht: Sizilien war das drittgrößte Königreich – die Eroberungen der Normannen reichten über die Insel weit hinaus, zum Königreich gehörten die nordafrikanische Küste und beinah der halbe Stiefel Italiens. So war auf Rogers Schwert eingraviert: »Apulus et Calaber, Siculus mihi servit et Afer« – Der Apulier und Kalabrier, der Sizilianer dient mir und der Afrikaner. Roger war nicht zimperlich, wo er zu militärischen Interventionen herausgefordert wurde, aber soweit wie möglich vermied er militärische Auseinandersetzungen, nahm auch nicht teil am Zweiten Kreuzzug – der Kampf gegen die »Heiden« hätte Spannungen geschaffen zwischen Christen und Mohammedanern in seinem Reich. Roger setzte wie sein Vater auf Verhandlung, Ausgleich, Harmonisierung. In seinem Königreich wurden Minderheiten anerkannt, ja integriert. Eine höchst prekäre Balance: die jederzeit latenten Spannungen zwischen Christen und Muslims, zwischen Eroberern und Besiegten mußten neutralisiert werden,

und die normannischen Barone mußten besänftigt werden, denen es nicht gefiel, daß Araber die höchsten Staatspositionen einnahmen: Araber kommandierten Heer und Flotte; der Handel florierte vor allem unter Arabern; das Schatzamt, die königliche Münze wurde von Arabern geleitet; Araber waren die persönlichen Berater des Königs.
Der Balanceakt gelang freilich nur im Kerngebiet des Königreichs, auf Sizilien: im Süden der italienischen Halbinsel, im Norden Afrikas hatte der sizilianische König nichts als Probleme. Vor allem in Apulien gab es ständig Aufruhr – Barone, die nicht Untertanen des Königs im fernen Palermo bleiben wollten, und so waren Feldzüge in dieses Gebiet notwendig. Und an der afrikanischen Küste befehdeten sich Regionalherren, der König wurde in die Auseinandersetzungen, Kämpfe hereingezogen. Bei der politischen Instabilität der Randgebiete ist es um so erstaunlicher, daß im Zentrum Stabilität möglich war, wenigstens während der Regierungszeit des Rogerios Rex.
Ein Mehr-Völker-Staat. Und die Zusammensetzung der Bevölkerung änderte sich von Stadt zu Stadt: vorwiegend Araber in Palermo, vorwiegend byzantinische Christen in Messina. Und es gab mehrere Landessprachen: Arabisch, Griechisch und die Regionalsprachen. Es gab drei offizielle Sprachen in Regierung und Verwaltung: Arabisch, Griechisch und Latein. Jedes wichtige Dokument wurde in diesen drei Sprachen ausgefertigt. Dabei geschah oft das Kuriose, daß griechische Texte mit arabischen Buchstaben geschrieben wurden, lateinische ebenfalls. Und in einer Kirche wurden christliche Texte der griechischen Sprache in arabischen Buchstaben an die Wände gemalt. Es gab zwei königliche Kanzleien: eine für Mohammedaner, eine für Christen. Es gab zwei juristische Codices: den Koran für die Araber, den Codex justinianus für die Christen.
Die Schwierigkeiten, diese Balance zu erhalten, waren nicht nur verwaltungstechnisch. Daß Rogers Armee vor allem aus Sarazenen bestand, förderte die Bildung wilder Gerüchte: mit diesen Sarazenen begehe der König Grausamkeiten gegen Christen; arabische Chronisten wiederum klagten die Christen an, sie hätten gegen die Sarazenen gewütet. Versteckte und offene Vorwürfe, Anklagen, Anfeindungen – aber Roger sorgte dafür, daß es nicht zu Übergriffen, zum Bürgerkrieg kam, er setzte sein Werk des Ausgleichs konsequent fort. Die das am entschiedensten bezeugten, waren Araber. Dagegen fanden Mönche, die über das König-

reich Sizilien schrieben, kein gutes Wort für diesen Ausgleich, für diesen König. Man denke: arabische Berater! Arabische Diener! Die arabische Leibwache! Dieser arabische Harem! Und mit Arabern ging der König zur Erholung auf die Jagd. Er unterstützte arabische Dichter. Er diskutierte mit arabischen Wissenschaftlern.
Einen der berühmtesten, den Geographen Idrisi, ließ er aus Nordafrika, aus Ceuta nach Palermo kommen, erteilte ihm den Auftrag, das Königreich Sizilien zu vermessen, mit allen Städten und Dörfern, Flüssen und Bergen, und es sollte jeweils notiert werden, welche Nutzpflanzen vorherrschten und welche Handwerke und Künste, und die Religionen und die Sitten und die Kleidung und die Sprache – alles war dem König wichtig. Nach vielen Jahren Arbeit überreichte ihm der arabische Geograph siebzig genaue Karten vom Königreich Sizilien, zusätzlich ein umfangreiches Buch und auch noch eine Weltkarte, eingraviert auf eine Silberscheibe von etwa zwei Metern Durchmesser. Idrisis geographisches Werk wurde in der arabischen Welt rasch bekannt als *Buch Rogers, Kitab al-Rudschoni*. Von Idrisi stammen auch einige der schönsten Beschreibungen des damaligen Sizilien. »Wir sagen, daß Sizilien die Perle des Jahrhunderts ist an Reichtum und Schönheit, das erste Land der Welt an Fruchtbarkeit des Bodens, Volkszahl und Alter der Kultur.« Und zur Hauptstadt: »Palermo, der alte Königssitz, ist sonnig und heiter am Meer gelegen, von Bergen umkränzt und dazu mit Gebäuden geschmückt, daß die Reisenden von weither kommen, um ihre Architektur, die auserlesene künstlerische Ornamentik zu bewundern, die turmgekrönten Paläste, die prächtigsten, stolzesten Bauwerke, Moscheen, Kaufhäuser, Bäder und Läden der Handelsleute... Ringsum ist das Land von Wasserläufen durchzogen, allenthalben sprudeln Quellen hervor. Palermo ist überreich an Früchten. Seine Gebäude, seine zierlichen Villen kann man nicht beschreiben in ihrer berückenden Pracht. Mit einem Wort – diese Stadt wirkt sinnbetörend auf den Beschauer.«
Der Balanceakt, ja die blühende Symbiose zwischen Christentum und Islam auf Sizilien konnte vom wirren Deutschland, vom chaotischen Italien aus nur mit Staunen betrachtet werden. Mit Mißtrauen wurde das Königreich vom Nachbarn beobachtet, vom Kirchenstaat. Und ständige Gefährdungen: die fast permanenten Kriege in Italien konnten übergreifen, die Auseinandersetzungen zwischen Kaiser und Papst. Nur mit Geschick und Behutsamkeit

konnte die Balance erhalten werden, und Roger hatte die Größe dazu. Ein Mann, der Pracht liebte – die königliche Selbstrepräsentation half aber auch, die gegensätzlichen Gruppen und Kräfte zusammenzuhalten. Ein gewissenhafter, pflichtbewußter König, der sich besonders intensiv dem Staatshaushalt widmete. Idrisi schreibt, König Roger regiere sein Volk »gerecht und unparteiisch«, und er preist die »Schönheit seiner Handlungen, die Erhabenheit seiner Gefühle, die Tiefe seiner Einsicht, die Süße seines Charakters und die Ausgewogenheit seines Geistes.« Unter diesem »getauften Sultan«: der Anfang und zugleich der Höhepunkt des Königreichs Sizilien – nach ihm ging es mit dem Reich stetig abwärts.

Was hier skizziert ist, ließe sich detaillierter berichten, aber dieses Kapitel soll nur ein (rühmender) Hinweis sein: für gute zwei Jahrzehnte ist auf Sizilien ein Traum des Wolfram aus Eschenbach verwirklicht worden – und er wußte wahrscheinlich nichts davon!

38 Zwar wurde der Tag eingeteilt in zwölf Stunden, aber dabei war es gleichgültig, wie lang oder kurz der Tag war: die erste Stunde, wenn es hell wurde, die letzte Stunde, wenn es dunkel wurde. Und selbst beim längsten Sommertag, der nach unserer Rechnung etwa sechzehn Stunden zählt, und selbst beim kürzesten Wintertag mit seinen knapp acht Stunden – der Tag hatte 12 Stunden. Die waren im Sommer denn länger, nach unserer Zeitrechnung bis zu 80 Minuten, und im Winter entschieden kürzer, nach unserer Zeitrechnung etwa 40 Minuten. Mit diesen verlängerten und verkürzten Stunden aber wurde kein Zeit-Raster geschaffen, und sei es ein variables, flexibles. Von den Pfarrkirchen der Städte und Dörfer wurde bestimmt aus sehr viel mehr Anlässen geläutet als heute, aber volle Stunden wurden nicht geschlagen. Wonach hätte sich der Pfarrer, der Küster auch jeweils richten sollen? Es gab die Sonnenuhr – aber die zeigt bloß einen Ausschnitt der gesamten Tageszeit an, und nicht immer scheint die Sonne. Und es gab Sanduhren – aber die sind zum Messen längerer Zeitläufe nicht geeignet, es kann schon mal eine Zwischenphase entstehen, in der man nicht auf die Sanduhr achtet, und es läuft kein Sand mehr nach. Und die Brenndauer einer Kerze? Selbst, wenn man eine Kerze akkurat nach der anderen abbrennt – es hängt auch von der Temperatur ab, wie lang eine Kerze brennt, und selbst bei gleicher Größe hätte ihr Wachs kein genormtes Gewicht. Am zuverlässigsten waren noch die Wasseruhren der Klöster – aber hatte jede Pfarrkirche ein Kloster in Hörnähe?

Wasseruhren – für sie war jeweils einer der Klosterbrüder verantwortlich, der Uhrenwärter. Ihn weckte die Wasseruhr mit einem kleinen Schellenwerk, darauf läutete er zum ersten Mal die Glocke oder die Glocken. Dieser Klosterbruder konnte die Wasseruhr so einstellen, daß sie – ungefähr – die verlängerten Sommerstunden, die verkürzten Winterstunden angab. Im Winter freilich, im ungeheizten Kloster fror solch eine Wasseruhr wiederholt ein. Zeit des Eises, Zeit als Eis. Auf zugeschneiten Straßen keine Reisenden mehr, die Welt schrumpfte ein auf den sichtbaren Umkreis, und hier stand die Wasseruhr still, Zeit hatte keine Markierungen mehr oder nur ungefähre. Zeit nach Gefühl.

Im Frühling, im Sommer, im Herbst wurden die kanonischen Stunden wohl mit einiger Zuverlässigkeit eingeläutet: der Tag begann bei Sonnenaufgang mit der Prim, endete mit dem Sonnenuntergang, dem Nachtgesang, der Komplet – siebenmal insgesamt wurde in vierundzwanzig Stunden die Zeit angegeben, zu den Gebeten, den Messen. Damit wurden für die Menschen im Hörbereich der Klöster Zeitmarkierungen gesetzt, wenn auch nach besonderer Zeitrechnung: die Prim war nicht der Zeitpunkt, an dem man seinen Laden öffnete, vielleicht aber machte man ihn zu beim Ave-Läuten. Und wonach richtete man sich in den vielen kleinen Städten, in deren Mauer- oder Palisadenbereich kein Kloster lag, und es war auch keins in der Nähe? Und in den vielen Dörfern, in denen man überhaupt keine Klosterglocken hörte?

Noch war die Zeit zwei Jahrhunderte entfernt, in der mechanische Uhren erfunden werden, auch als Kirchenuhren, die die Stunden schlagen – dazu muß erst einmal mit dem Vatikan ausgehandelt werden, daß nicht mehr die Zeitpunkte der Gottesdienste entscheidend sind, sondern die jeweils vollen Stunden, und daß eine Stunde sechzig Minuten hat und daß eine Minute genauso lang ist wie die andere Minute, gleichgültig, ob das Holz des Glockenstuhls in der Sommerhitze knackt oder ob Schnee auf der Kirche lastet.

Es gab zu Wolframs Zeit also noch nicht die Handwerker, die »Schlag« soundsoviel Uhr den Frontladen ihres Ladens hochklappten, und die Lohnarbeiter, die sich »auf die Minute pünktlich« einfanden – alles war noch vage, gleitend. Man konnte Zeit noch nicht sparen, konnte auch niemandes Zeit stehlen, Zeit war noch kein Besitz, mit dem sich rechnen ließ, also ließ sich auch keine Zeit verlieren und keine Zeit vergeuden – es war noch lange nicht die Zeit, in der Zeit Geld ist. Da war ein langsames Aufblähen von Zeit: die satten Sonnenstunden, da war ein langsames Schrumpfen von Zeit: die mageren, die hungrigen Winterstunden. Und Zeit glitt, Zeit stand still – was war auch schon der Ablauf von Zeit angesichts der Ewigkeit? Eine noch nicht vermessene Welt mit sehr vagen, zwischen Erfahrung und Phantasie oszillierenden Konturen, und Zeit, die sich kaum aufteilen ließ, die Zeit war wie ein langsames Einatmen, Ausatmen...

39 Wir nähern uns dem Schauplatz des letzten Szenarios: Mainz. Leichfüßig, ja gewichtlos bewegen wir uns auf einer der Straßen, die in unseren Augen heruntergewirtschaftete Feldwege sind. Staub unter Füßen, Staub unter Hufen, Staub unter Rädern. Noch ist die Stadt hinter Bodenwellen, hinter Bäumen verborgen. Da wir von Osten kommen, werden wir zuerst ihre Wasserfront sehen. Deshalb skizziere ich zum Ausgleich die Annäherung an eine beliebige mittelalterliche Stadt vom Lande her, mache dies gleichsam zur Reiseerzählung auf unserem Weg zum Rhein.
Schon einige Kilometer vor der Stadt würden wir die ersten Vorzeichen sehen: einen Turm an einer Straße. Und: langgezogene Gräben, Hecken – die Landwehr, der vorgeschobene Verteidigungsbereich der Stadt. Diese Gräben, Hecken, Türme sollen auch verhindern, daß Kaufleute mit ihren Waren die Stadt umfahren – sie müssen durch die Stadt hindurch, müssen Zoll bezahlen, zumindest Gebühren entrichten. So kann das Landwehrsystem weit ins Land hinausreichen.
Zwischen Landwehr und Stadtmauer: Weideflächen, Felder, einige Höfe, Mühlen, die Hinrichtungsstätte. Wir würden schließlich den Graben überqueren, der auch Abfallgraben ist – Fäulnis, süßlicher Verwesungsgestank. Droht ein Krieg, so müssen die Gräben leergeräumt werden: je tiefer der Graben, desto schwerer hat es der Feind.
Wir kämen ans Stadttor. Hier würden wir befragt: woher, wohin? Wir müßten eventuell einen Stadtbewohner nennen, der hergerufen wird, um für uns zu bürgen. Hinter dem Mauerring, an der

Wallstraße: Handwerksbetriebe, die mit offenem Feuer arbeiten – vor allem Schmiede. Oder Betriebe, die Gestank verbreiten, vor allem Gerbereien. Und »kleine Bauern, Gärtner, Tagelöhner«. Je näher wir dem Zentrum kämen, desto gehobener der soziale Status. Freilich, es gibt keine Straßen, in denen die besitzenden Bürger unter sich sind: arme Leute dürfen vor Bürgerhäusern ihre Hütten errichten, die sogenannten Gottesbuden: der Platz ist kostenlos. Wo Menschen wohnen in dieser weithin noch menschenleeren Welt, da wohnen sie eng zusammengerückt.

Diese Gottesbuden reihen sich freilich nicht vor Geschäften, vor Läden: die Händler brauchen Platz, um ihre großen Geschäfts-Fensterläden zu öffnen. Die Läden werden nicht beiseitegeschwenkt, sondern hoch- und heruntergeklappt; die obere Hälfte wird mit einem Seil an einem Haken arretiert, hängt schräg vor, schützt ausgestellte Waren vor Regen; die untere Hälfte wird waagrecht herausgeklappt, auf Böcken oder Stützen abgelegt: der Ladentisch. Auch Bänke als Verkaufsstände und Waren an Schragen, also an Gestellen aufgehängt oder auf dem Boden ausgebreitet. Gassenzüge, die jeweils gleichen Branchen vorbehalten sind: Metzger neben Metzgern, Steingutverkäufer neben Steingutverkäufern, Altkleiderhändler neben Altkleiderhändlern (und das war eine florierende Branche im Hohen Mittelalter!). Ein Hühnermarkt: Geflügel, Wild und Eier, auch frische Häute. Und Stände für Gewürze, für Heilmittel, für Kurz- und Lederwaren, Hausgeräte, Tonwaren, Drechslerwaren. Und Marktstände für Wolltuchweber, Bettdeckenweber. Und eine »Brothalle«. In den Wohnstraßen wie in den Ladenstraßen: die üblichen Abfälle, der übliche Kot. Zwischen den Schweinen, die suhlen, wühlen, fressen, auch Schweine mit Glöckchen: Antonius-Schweine des Antoniter-Ordens.

In der Mitte der Stadt das Rathaus. Das ist noch kein dominierendes Gebäude: die prachtvollen Rathäuser werden erst später gebaut. Aber wie klein das Rathaus auch sein mag – ein Pranger steht davor. Dort findet auch das öffentliche Auspeitschen statt, das Straf-Amputieren von Händen. In der Stadtmitte vielfach auch ein Spital – es ist zugleich »Krankenhaus, Altersheim, Armenhaus, Pilgerherberge und Obdachlosenasyl« (Ennen). Die größten Gebäude einer mittelalterlichen Stadt sind die Kirchen. Die Weite und Stille, die wir in (renovierten) romanischen Kirchen gewohnt sind, wären uns hier fern: Dutzende von Altären, von reichen Bürgern gestiftet, und wenn an den Wänden, in den Seitenschiffen

kein Platz mehr ist, werden sie in das Hauptschiff gestellt, und dazu: Grabmäler, Chorstühle, Emporen und hölzerne Trennwände. Irgendwo wird in solch einer vollgestellten Kirche immer eine Messe gelesen, oft sind es mehrere gleichzeitig: jede Zunft, jede Innung, jede bürgerlich-städtische Organisation hat ihren Winkel, ihren Altar, ihren eigenen Priester – manchmal sind in solch einer Pfarrkirche ein, zwei, drei, ja vier Dutzend Pfarrer tätig, also bilden sich an Sonntagen überall Gruppen und Grüppchen – ein hoher Stimmpegel. Und der Geruch von Urin und Wachs, von Weihrauch-Ersatz und beizendem Kienspan.
Während ich das berichte: Staub unter Füßen, Staub unter Hufen, Staub unter Wagenreifen. Noch immer ist die Stadt nicht zu sehen. Wir sollten in Gedanken noch kurz am Ostufer verweilen. Denn in einem Jahr, in dem Wolfram Kind war, fand hier – gegenüber von Mainz – die größte Selbstdarstellung der kaiserlich/königlichen und fürstlichen Macht des Mittelalters statt: der Hoftag von 1184.
Mehr als 20 000 Ritter sollen an diesem Fest teilgenommen haben, aber diese Zahl wird mit Recht bezweifelt: der Chronist wollte mit ihr ausdrücken, daß unvergleichlich viele Teilnehmer zusammengeströmt waren, aus dem deutschen, aus dem italienischen Reichsgebiet, aus Burgund und Frankreich, von der Iberischen Halbinsel, aus England. Es waren so viele, daß die Stadt sie nicht aufnehmen konnte, und so wurde hier bei Kostheim eine Zelt- und Hüttenstadt errichtet. Das Hoffest begann (wie viele der großen Veranstaltungen und Turniere des Mittelalters) am Pfingstsonntag, und zwar mit einer Festkrönung von Kaiser und Kaiserin. Anschließend ein Festbankett, bei dem Gaukler, Jongleure, Tänzerinnen, Musiker, Dichter auftraten.
Am Pfingstmontag, nach der Frühmesse, wurde die Schwertleite von zwei Söhnen des Kaisers Friedrich Barbarossa zelebriert: des 16jährigen Friedrich und des 18jährigen Heinrich (später Kaiser Heinrich VI.) Und generös machten sie Geschenke (Pferde, Kleidungsstücke, Gold und Silber), und das nicht nur an Ritterkollegen, auch an Spielleute. Anschließend ein großes Turnier. Und fortgesetzt die Selbstrepräsentation in Festakten. Ah, die Spangen und Broschen, die Helmzierden und Schildbemalungen, die bewimpelten Lanzen und polierten Schwerter, die Brokatkleider der Frauen, die seidenen Waffenröcke der Männer...
Auch am nächsten Tag wurden die Kampfspiele fortgesetzt, und, so würden wir heute sagen: die Rahmenprogramme. Den Haupt-

auftritt aber hatte an diesem Tag der Wettergott. Ein Chronist: »An diesem Dienstag aber gegen Abend kam ein starker Wind auf und warf die Kapelle des Herrn Kaisers und ein paar Häuser zu Boden, die dort auf den Rheinwiesen für die Volksmenge neu errichtet worden waren. Bei ihrem Einsturz starben einige Menschen; der Wind zerriß viele Zelte und jagte allen Schrecken ein.« Geistliche sahen hier einen entschiedenen Wink des Himmels: zuviel Eitelkeit, Pomp, Prunk, Hochmut, da mußte ja der Blitz dreinschlagen! Ein Zusatzturnier, das bei Ingelheim stattfinden sollte, wurde abgeblasen.

Damit habe ich genug über diesen Hoftag berichtet. Staub unter Füßen, Staub unter Hufen, Staub unter Wagenrädern. Ein Frühsommertag, die Sonne steht über den Höhen westlich von Mainz. Zur Jahreszeit auch gleich die Jahreszahl: 1219.

Wir achten nicht auf Fußgänger, Reiter, Karren, erreichen schon das rechte Rheinufer, sehen drüben Mainz liegen, auf sanft ansteigender Fläche – die Stadt in ihrer ganzen Ausdehnung.

Vor uns eine Brücke; parallel zu ihr, im Abstand von etwa fünfzig Metern, Stümpfe einer römischen Steinbrücke. Sie ist – fast ein Jahrtausend zuvor erbaut – schon seit langem nicht mehr benutzbar; von den insgesamt anderthalb Dutzend Pfeilern ragen noch die meisten aus dem Wasser; nur wenige sind abgetragen oder weggeschwemmt.

Die Brücke, auf der wir den Rhein überqueren werden, ist – wie damals üblich – eine Pontonbrücke. Rheinkähne wurden parallel zueinander verankert (in diesem Fall: mit Tauen an den Stümpfen der römischen Brücke befestigt), wurden mit Balken und Bohlen gekoppelt. So wackelig die Brücke auch aussehen mag – uns wird sie noch tragen, dafür stehe ich ein.

Aber noch betreten wir sie nicht – zuviel, das wir uns erst einmal ansehen müssen! Da sind vor allem die schwimmenden Kornmühlen, schwimmenden Walkanlagen, und vielleicht ist hier sogar ein schwimmender »Eisenhammer«. Auf jedem der verankerten oder vertäuten Flöße ein Holzhaus, in dem der Gewerbebetrieb arbeitet, seitlich das beinah ebenso breite Wasserrad – ähnlich wie die riesigen Schaufelräder der Mississippi-Steamer. Viel Geplatsche und Gepladder also. Und auf einigen dieser Rheinflöße: das rasche, dumpfe Stampfen der Walkmühlen. Gemeinsam mit fünf Kornmühlen ist auch eine dieser Walkmühlen zwischen Römerpfeilern und Pontonbrücke vertäut, wir werden also ganz nah an einer Walkmühle vorbeikommen. Zu den Kornmühlen schon

dies: wäre die Bogenbrücke noch benutzbar, so würde auf ihr das Korn herangeschafft, das Mehl wegtransportiert; von jedem dieser Flöße ragte eine Leiter hoch, man würde die Lasten aber auch durch Seilwinden hinunterlassen, heraufziehen. An einer Pontonbrücke lassen sich schwimmende Kornmühlen und Walkbetriebe nicht vertäuen, also sind die meisten Kornmühlen weiter oben im Fluß verankert, und das Korn wird mit Booten hingeschafft, die das Mehl abholen. Rufe hin und her.
An einer dieser Kornmühlen sind mehrere Boote vertäut, man sitzt dicht beisammen auf dem Deck – eine offenbar beliebte oder preiswerte Mühle; beim Warten läßt sich viel erzählen, Mühlen waren schon auf dem Land beliebte Treffpunkte, und was dort üblich war, das wird auch auf dem Floß so sein: Dirnen bieten sich den Wartenden an.
Wir hören Holzknarren, Mühlsteinknirschen auf dem Fluß, hören das Stampfgeräusch der Walken – als wären die Flöße und ihre Holzbauten Resonanzkörper für die unablässig niederrammenden Balken, die »Pochstempel« – dumpfes Tamtam auf dem Rhein, das sich überlagert, verdichtet zu raschem Paukenwirbel.
Die Brücke führt zur Nord-Ost-Ecke der ummauerten Stadt – wir haben also, während wir auf die Brücke zugehen, die Stadt links vor uns liegen. Ringmauer, Kirchtürme und Hausgiebel – alles ist eng zusammengeschoben in der Nähe des Rheins, aber hangaufwärts rücken die Häuser auseinander, oben ist Platz genug für mehrere Weingärten. Und wir sehen die Stephanskirche und die Schottenkirche St. Brigida; in der rechten oberen Ecke des Stadtgebietes das Altmünster. Und rechts von der Stadt, außerhalb der Mauern, das Stift St. Peter. Und links von der Stadt, flußaufwärts, die St.-Alban-Kirche. Und dort drüben in der Rheinmauer die Heimenschmiedspforte und in der Mitte das Eis-Tor und rechts die Mühlpforte, auf die unsere Brücke zuführt.
Dieses Mainz war damals eine der wichtigsten, mächtigsten Städte des Reichs; es wurde nur von Köln übertroffen. Mainz war einer der Haupt-Handelspunkte, Mainz produzierte auch: vor allem Wein (zum kleinen Teil innerhalb des Mauerrings gezogen) und das bekannte Mainzer Tuch. Was in Mainz ebenfalls gehandelt wurde: Pelzwaren aus Skandinavien und Rußland, Felle und Häute, die meist nach Straßburg weiterverkauft wurden, zur Herstellung von Lederwaren.
Beherrscht wurde die Stadt vom Klerus: das Erzstift, die Biblio-

theken und Schulen, das Klerikerstift, das Domkapitel – alle wichtigen Posten von Geistlichen besetzt. Es gab aber auch hohe weltliche Positionen, beispielsweise den Stadtkämmerer, camarius.
Während ich dies berichte, wird ein Brückensektor aus der Vertäuung gelöst, wird beiseite gerudert; ein Boot wird durch die Brückenlücke gesteuert, flußabwärts – so geht es für uns schneller. Dieses Zwischenspiel gibt mir das Stichwort zur Anmerkung, daß im Jahresdurchschnitt die Stadt von etwa 30 Schiffen pro Tag passiert wird – jetzt, im Frühsommer, können es fünfzig bis sechzig sein. Mit Geschrei wird die Lücke wieder geschlossen. Und weil sich das etwas hinzieht, gleich eine weitere Notiz. Von Mainz bis Köln brauchte man vier Tage; stromaufwärts ging es erheblich langsamer: von Rotterdam nach Köln fünf bis sechs Wochen, von Köln nach Mainz ungefähr zwei Wochen, von Mainz nach Straßburg zwei bis drei Wochen. Also im Schnitt fünfzehn Kilometer pro Tag. Es wurde in der Regel getreidelt, von Pferden oder Treidelknechten. Wurden die Boote, die Schiffe nicht geschleppt, sondern von Stakrudern oder Schiffsstangen flußaufwärts bewegt, so ging es genauso langsam.
Was das Reisen zusätzlich verlangsamte: zwischen Mainz und Köln – zum Beispiel – lagen rund zwanzig Zollstationen. Weil sie von Burgen gesichert waren, gab es keine Möglichkeit, sich vorbeizumogeln – einige Zollstationen konnten die (damals von Felsen und Sandbänken meist eingeengte) Fahrrinne durch eine Kette sperren: die wurde erst abgesenkt, wenn die Pauschalgebühr entrichtet war. Handelswaren wurden während eines Transports auf dem Rhein ungefähr fünfzig bis sechzig Prozent teurer.
Nach solchen Vor-Informationen wird es nicht weiter überraschen, daß die Hauptperson dieses Szenarios ein Kaufmann ist: sein Schiff liegt bereits vor der Stadt, an der Schiffslände, deren Beschreibung ich noch etwas aufschiebe, denn nun kommen wir an der Walkmühle vorbei, die zwischen zwei Pfeilern der alten römischen Brücke vertäut ist. Es dröhnt, als würden Riesenfrauen mit senkrecht niederrammenden Balken Getreide in Holzmörsern kleinstampfen – und dies mit ungeheurem Tempo. Denn: zur Walkmühle gehört die Nockenwelle. Überraschende Begegnung zweier Wörter: Mittelalter und Nockenwelle. Möglichst rasch laufende Kornmühlen, Walkmühlen, Pochwerke, Schmiedemühlen – es muß eine Faszination gewesen sein: mechanisierte Arbeit! Wo früher vierzig Arbeiter »nackt und außer Atem« in den Wan-

nen der Walkhäuser die tierischen Fasern stampften, da steht nun ein einziger Arbeiter. Und dem wird es in den Ohren gedröhnt haben, dem werden die Pochstempel der Pochwerke im Pochspiel die Ohren taub gepocht haben. Während Wolfram am Parzival-Roman arbeitete und am Willehalm-Epos, drehten sich auf dem Rhein vor Straßburg, vor Mainz, vor Köln die Nockenwellen der Walkmühlen, ebenso auf der Seine vor Paris, auf der Themse vor London. Und während viele der verarmenden und verarmten Ritter zu Raubrittern wurden, stampften Kaufleute immer mehr Geld zwar nicht aus dem Boden, aber aus Walkwannen. Und hohe Herren ließen sich neue Walkmühlen bauen oder ließen schwimmende Kornmühlen umrüsten, weil sich mit Walkmühlen noch mehr Geld verdienen ließ.

Und damit ist die Annäherung an die Stadt Mainz beendet, wir versetzen uns – in einem Satz – von der Schiffsbrücke auf die Schiffslände, den eigentlichen Schauplatz des Szenarios.

Eine Schiffslände... Es gab damals zwei Möglichkeiten, mit einem Boot, einem Schiff zu landen: es legte an einem Kai an oder wurde auf Land gezogen. In der Binnenschiffahrt war die Schiffslände üblich – die Boote waren, verglichen mit Seeschiffen, recht klein. Schwer beladene Schiffe mußten geleichtert werden: Arbeiter gingen hüfttief ins Wasser, ließen sich Fässer oder Ballen oder Bündel oder Kisten aufhucken; war das Schiff leicht genug, wurde es an Tauen auf einer Schleifbahn (dem »Durchlaß«) Richtung Bootsschuppen gezogen; vor dem Ablegen wurde es mit Tauen oder von einer Seilwinde wieder ins Wasser geschleift – diese zweite Winde war über dem Wasserspiegel an Pfählen angebracht.

Die Durchlässe: Schlick, Schlamm, Abfälle. Parallel zu den Durchlässen erhöhte, befestigte Rampen: Faschinen aus Flechtwerk oder »waagrecht liegende, fest verpflockte Stämme, teilweise in mehreren Schichten, auch treppenartig«. Von diesen Rampen aus die Laufbretter zu den Schiffen, den Booten. Hier oben werden auch Zelte aufgeschlagen, wenn Ruderknechte, Steuermänner, Kaufleute bei ihren Schiffen übernachten. Auf Menschen- und Pferderücken werden Ballen und Kisten, Bündel und Säcke transportiert; an Feuern werden Fische gebraten – Innereien, Köpfe, Gräten in die Durchlässe geworfen; vom Rhein her unaufhörlich das Stampfen der Walkmühlen.

Wir gehen zu einem der Boote in den gestaffelten Durchlässen: es ist breit und recht flach, hat einen Mast, aber keinen Kiel; Ruder-

dollen, zwei Ruder; vorn Halterungen für Schlepptaue und Windenseile; am Heck ein Dach auf Pfosten, damit Steuermann und Kaufmann vor Regen geschützt sind, aber freien Blick haben; bei schlechtem Wetter werden hier auch meist die Ruderer sitzen – flußaufwärts wird sowieso getreidelt, flußabwärts wird nur bei schwierigeren Streckenabschnitten gerudert. Ob flußaufwärts oder flußabwärts: übernachtet wird unterwegs am Ufer; der Fluß hatte damals viele Mäander, Nebenarme, tote Arme, so gab es genügend Landeplätze, an denen man sein Zelt aufschlagen, Feuer machen konnte. Zelt und Feuer auch hier. Die beiden Ruderknechte sind freilich nicht zu sehen, sie werden in der Stadt sein, der Steuermann ebenfalls. Nur der Kaufmann ist an Bord; in der Mitte des Boots hat er Waren ausgelegt: Seide, Brokat.
Warum bringt er diese teuren Waren nicht in die Stadt? Constantin Flakko macht nur Zwischenstation, er will die Stoffe, die Tuche in Köln verkaufen, dort kann er höhere Gewinne machen. Er hat hier angelegt, um (nach schriftlicher Verabredung) ein Gespräch zu führen mit dem Kämmerer dieser Stadt – für ihn und seine Frau sind die Ballen und Bahnen ausgelegt. Weshalb er sie nicht in die Stadt transportieren läßt, kann mehrere Gründe haben: sein Geschäftspartner, mit dem er zuweilen Landeplatz und Geschäftsräume tauscht, ist zu dieser Zeit nicht auf Reisen; er muß hier draußen keine oder nur geringe Gebühren zahlen; bei kurzem Aufenthalt tritt eventuell das Stapelrecht nicht in Kraft; er hat hier seine Waren im Blick.
Ein auffallend großer, schwarzhaariger Mann kommt auf das Boot zu – Flakko bleibt lässig sitzen. Der Mann betritt das Boot, erstattet Bericht: der Kämmerer ist am Morgen zu einem Hof geritten, eine strittige Zinsfrage muß geregelt werden, er ist noch nicht zurückgekehrt. Constantin Flakko hebt Brauen und Hände. Der Mann geht in die Hocke, streicht über Seide, dreht sich um, schaut uns an mit seinen grünen Augen, knautscht Seide, fragt, ob wir das hören: den Seidenschrei... dieses Geräusch, als betrete man frisch gefallenen Schnee... der bekannte, der berühmte Seidenschrei...
Und der Fremde, der sich damit als der Autor zu erkennen gibt, berichtet: er hat sich im Kölner Schnütgen-Museum Stoffproben aus dieser Zeit angesehen und dabei wurde er, obwohl sie hinter sicherem Glas waren, von einem Museumswärter keine Sekunde aus den Augen gelassen: die Intensität des Betrachtens machte ihn verdächtig. Leider ist die Farbe dieser Seidenstücke im Laufe der Jahrhunderte blasser geworden, die eingewebten Goldfäden im

Brokat haben an Glanz verloren, und so hat seine Phantasie versucht, die Farben wieder aufzufrischen, den Metallglanz zu erneuern: goldschimmernde Muster, eingewebt in leuchtkräftiger Seide: Lilien oder Löwen... Doch die Seide, hinter dem sicheren Glas, blieb stumm. Erst hier: der Seidenschrei! Er knautscht die Seide, hält den Kopf schräg. Er würde auf dieser Schiffslände oder in der Stadt gern jemanden kennenlernen, der ihm Genaues zu erzählen weiß über den Transport von Seide aus Arabien oder womöglich aus China hierher an den Rhein. Die Seidenstraße! Und die führt durch die große, geheimnisvolle Wüste Táklamakán! Er wiederholt beschwörend den Namen: Taklamakan. Ein endlos gesponnener Seiden-Erzählfaden zwischen Xian und Mainz – wie gerne nähme er ihn auf! Seidenschrei in China, Seidenschrei in der Wüste Taklamakan, Seidenschrei in Persien, Seidenschrei in den Alpen, Seidenschrei am Rhein...
Der Kaufmann weist ihn an, wieder zum Haus des Kämmerers zu gehen – er muß sofort nach dessen Rückkehr mit ihm sprechen! Der Mann nickt, schaut uns alle noch mal mit seinen grünen Augen an, geht über die Laufplanke, breitet balancierend die Arme aus: Seidenschrei und Taklamakan! Er wiederholt das, auf der Rampe stehenbleibend: Taklamakan und Seidenschrei! Und geht fort mit weiten Schritten.
Constantin Flakko schaut ihm nach, sagt halblaut: Aus dem, zum Beispiel, würde nie ein Ritter! Und er berichtet: dieser Mann ist ihm gleichsam zugelaufen, er hat, zwei Treidelstrecken unterhalb von Speyer, an einem der Anlegeplätze gewartet, an denen Boots-Mannschaften ihre Zelte aufschlagen, wollte mitgenommen werden – eine ungewöhnliche Art zu reisen, aber er habe sofort angeboten, sich nützlich zu machen, und er würde, falls erwünscht, auf dieser Reise auch Geschichten erzählen. Ein Mann, der sich in fränkischen Wäldern aufgehalten hat, der in einem Kloster war und in einer Burg, und nun will er unbedingt nach Köln zurück, tut alles, um weiter mitgenommen zu werden, erweist sich allerdings nicht immer als geschickt, zum Ausgleich aber erzählt er abends am Feuer und tagsüber an Deck die buntesten Geschichten, von Uther Pendragon und vom jungen Artus, von Norbert aus Xanten, von Guillaume, von Gawan und dem Grünen Ritter, von einem Jagdhund, dessen Leine noch länger sein soll als sein gewiß nicht kleines Boot hier, und auf dieser Leine steht der kurzgefaßte Roman einer Liebe – und so weiter, und so fort. Jedenfalls, er wird ihm den Gefallen tun und ihn mitnehmen zum

kirchturmreichen Köln, in dem er geboren ist, und wenn ihm keine Geschichte mehr einfällt, wird er mit an den Bug gesetzt, um Ausschau zu halten nach Sandbänken und Felsriffen, er scheint gute Augen zu haben. Aber während er dort sitzt, wird er bestimmt wieder von Köln reden und von der Wüste Taklamakan, vom Seidenschrei...
Taklamakan und Seidenschrei, sage ich echohaft und: daß der Kämmerer nicht auftritt, macht mir den Entwurf dieses Szenarios leichter. So muß ich nicht seine Position beschreiben, und zwar ausführlicher als durch den Hinweis, daß er noch nicht für das gesamte Rechnungswesen, für den Finanzhaushalt der Stadt verantwortlich war, sondern vor allem die Zoll-Einnahmen verwaltete. Und ich brauche nicht seine Kleidung zu beschreiben und die seiner Frau, falls sie mitkäme. Und ich brauche nicht zu beschreiben, wie sich ein Kaufmann und ein Kämmerer-Ehepaar begrüßen. Müßte ich einen historischen Roman schreiben, wäre ich hier schon in Verlegenheit. Reichte man sich die Hand? Gab es ritualisierte Umarmungen? Und dann die Reihenfolge: der Frau wurde in der Literatur jener Zeit eine höhere Rolle zugewiesen als dem Mann, aber wirkte sich das so aus, daß ein reicher Händler zuerst die Frau einer Kämmerers begrüßte?
Als wolle er sich alles (noch einmal?) zurechtlegen, sagt uns nun Constantin Flakko, was er dem Kämmerer vortragen wird: sein Wunsch, daß König Friedrich diese Stadt Mainz, in der er vor mehr als sieben Jahren gekrönt worden ist, zu seiner festen Residenz macht. Er hat Sorge, es könnten Gerüchte zutreffen, der König werde sich (gleich anschließend an seine Krönung zum Kaiser in Rom) nach Apulien oder Sizilien zurückziehen – und dann könnte es lange dauern, ehe er sich noch einmal nördlich der Alpen zeige. Er hatte schon kurz nach der Königskrönung hier befürchtet, Friedrich Roger werde wieder ins Königreich Sizilien zurückkreisen – schließlich war er in Palermo aufgewachsen, und nördlich der Alpen war ihm alles fremd. Bezeichnend war ja, daß er mehrere Sprachen beherrschte, das Deutsche ihm aber völlig fremd war. Außerdem soll sich der König mehrfach recht abfällig über Sitten, Lebensart, Einrichtungen der Deutschen geäußert haben, über die Häßlichkeit vieler Städte und Dörfer, über die Rauheit des Klimas. Und das kann er durchaus verstehen, nach allem, was Kollegen über Sizilien erzählt haben: dort wachsen Datteln und Orangen, Baumwolle und Zuckerrohr, Pistazie und Myrrhe und rings um Palermo die schönsten Gärten, von Wasser durch-

rieselt, schattig kühl, blumenbunt und die prachtvollsten Schlösser, Paläste mit all ihren Brunnen und Bädern – der König muß entsetzt gewesen sein über den Schmutz hier. Dennoch, das Überraschende ist geschehen: der König hat sich immerhin einige Jahre hier nördlich der Alpen aufgehalten, mit dem wie üblich wechselnden Wohnsitz – von Jagd zu Jagd, von Reichstag zu Reichstag. Jetzt aber will er offenbar nicht länger die Erfüllung seiner Wünsche aufschieben, im Süden zu regieren, zu studieren, zu jagen, und das womöglich für die nächsten Jahre, Jahrzehnte. Zwei beunruhigende Vorzeichen. Als erstes der Entschluß, sich vom Papst zum Kaiser krönen zu lassen – von Rom ist es wahrhaftig nicht mehr weit zur nördlichen Grenze seines Südreichs, zu dem von ihm offenbar besonders geliebten Apulien – es ist ja bestimmt kein Zufall, daß man ihn früher als »Sohn Apuliens« bezeichnet hat. Der zweite Punkt: es sollen Pläne bestehen, Friedrichs noch kleinen Sohn Heinrich zum König wählen zu lassen, ihm einen Vormund zu geben, voraussichtlich den Kölner Erzbischof. Solch eine Regentschaft muß unbedingt vermieden werden, nach den noch gar nicht lange zurückliegenden Erfahrungen des Krieges zwischen den beiden deutschen Königen. Also wird er dem Kämmerer vorschlagen (sie kennen sich seit Jahren, flicht er ein, denn in regelmäßigen Zeitabständen legt er hier an, und wenn sein hiesiger Geschäftspartner auf Reisen ist, bringt er seine Waren in dessen Haus, lebt dort einige Zeit, treibt seinen Handel, während dieser Geschäftspartner wiederum seine Einrichtungen in Straßburg benutzt. Diesmal, so ergänzt Flakko, kann er nicht lange bleiben, er hat in Köln eine Verabredung mit einem flandrischen Kaufmann), er wird also dem Kämmerer vorschlagen, eine Mainzer Gesandtschaft zu bilden und zu König Friedrich zu schicken mit der entschieden vorgetragenen Bitte, diesseits der Alpen zu bleiben. Diese Bitte muß sich mit einem Angebot verbinden, das ein Gegengewicht schafft zu den Verlockungen Apuliens und Siziliens. Man muß ihm eine Residenz bauen oder zumindest den Bau einer Residenz anbieten, die ihn den Glanz Siziliens ein wenig vergessen läßt – obwohl das wahrhaftig nicht leicht sein wird! Eine Dame (über seine Beziehung zu dieser Dame will er sich hier nicht äußern, will nur bemerken, daß sie standesgemäß in einer Klosterschule gewesen ist, sehr gut lesen und sehr schön singen kann, und so weiter...) diese Dame hat ihm einen alten Bericht über den Besuch einer Gesandtschaft in einem morgenländischen Königspalast vorgelesen, er kann zwar nicht mehr genau sagen, wann und wo das gewesen ist, aber behalten hat er das Wichtigste: überall hingen herrlich bestickte Vorhänge aus Goldbrokat, waren die allerschönsten Teppiche ausgebreitet, Hunderte insgesamt, und vor einem der Paläste im Inneren der weitläufigen Anlage standen vier Elefanten mit Decken aus Pfauenseidenbrokat, und in einem der Höfe ein künstlicher Teich aus Bleiweiß, um den herum ein Bach floß, ebenfalls aus Bleiweiß, das glänzte mehr als poliertes Silber, und an den Rändern dieses Teichs lagen vier prächtige Boote bereit mit golddurchwebten Segeln, und rings um diesen Teich Grasflächen, auf denen Palmen standen, deren Stämme von wertvollen Hölzern eingefaßt waren, voller Schnitzereien, und all diese Palmen trugen Datteln. In der Mitte dieser Anlage der »Palast des Baumes«: ein Baum ganz aus Silber, mit achtzehn großen Ästen, die wiederum zahlreiche kleinere Äste hatten, ebenfalls aus Silber, und es saßen Hunderte von silbernen und goldenen Vögeln auf den Ästen mit den bunten Blättern, und schon beim geringsten Lufthauch begannen die Vögel zu pfeifen und zu singen... Er weiß nicht, sagt Flakko, ob einer der Paläste des Königs Friedrich derart schön sei, aber ungefähr so schön sei einer von ihnen bestimmt, also müsse man dem König eine ansehnliche Residenz bauen, hier in Mainz. Dazu ist genug Platz in der Stadt, besonders im oberen Bereich mit seinen Weinbergen – dort oben kann ein weitläufiger Palast gebaut werden, mit Blick auf die Stadt, auf den Rhein, in die Ebene hinaus. Selbst wenn der Bau solch eines Palastes hohe Ausgaben verlangt, sie sind notwendig, denn ein erneuter Krieg in diesem Land, womöglich wieder zwischen Staufern und Welfen, ist sehr viel teurer in seinen Folgen, nicht allein für den Handel. Und nur diesem König, aufgewachsen in einem Land des Ausgleichs, kann es gelingen, auch hier den notwendigen Ausgleich zwischen den widerstrebenden Kräften zu schaffen und zu erhalten. Wenn er sich jedoch nach Apulien oder nach Sizilien zurückzöge, wie könnte er von dort aus beeinflussen, was diesseits der Alpen geschieht? Selbst der schnellste Bote braucht auf dem Landweg vier Monate, bis er in Apulien, auf Sizilien ist, und wenn der König ihm sofort eine Antwort mitgibt, vergehen insgesamt acht Monate, ehe er wieder hier ist, und ehe Friedrich berichtet werden kann, ob seine Anweisungen befolgt wurden, ist schon ein Jahr vorbei. In solch einem Jahr könnte ein Welfe die Macht an sich reißen – oder Fürsten nützten aus, daß der kleine Heinrich noch nicht regierungsfähig sei, vergrößerten wieder einmal ihre Macht auf Kosten des Reichs – wie rasch, meint Constantin

Flakko, wie sehr rasch könnte es wieder zu Fehden, zu Feldzügen kommen. Kurzum, der König, der ja ein sehr intelligenter, energischer Mann sei, müsse hier im deutschen Bereich bleiben. Und wäre Mainz nicht sehr geeignet als Residenz? Schließlich haben hier schon mehrere Reichstage stattgefunden und der überall gerühmte Hoftag. Und man ist von dieser Stadt aus schnell an Niederrhein und Oberrhein, von hier aus führen Straßen nach Frankreich und ins Innere des Landes.

Für das Gedeihen der Stadt sei eine königliche Residenz natürlich äußerst günstig: es würden zahlreiche ansehnliche Häuser, ja Stadtpaläste erbaut. Und vielleicht auch noch weitere Kirchen. Und sicher würde Mainz dann von der schönsten und wehrhaftesten Mauer nördlich der Alpen umgeben. Und vor allem: diese Stadt würde sehr reich… Flakko rückt näher an uns heran. Er will dem Kämmerer folgenden Vorschlag machen: Mainz soll als königliche Residenz auch Münzstätte werden für eine Währung, die endlich im ganzen Land akzeptiert wird und im Ausland ebenfalls. Der gegenwärtige Zustand ist für einen Fernhandels-Kaufmann fast unerträglich: beinah jede Stadt hat ihre eigene Währung. Der Kölnische Münzfuß unterscheidet sich bereits vom Aachener und beide vom Koblenzer und alle drei vom Mainzer und alle vier vom Straßburger und der Straßburger wiederum vom Baseler… Die Kölner Mark als Barren Feinsilber von 233 Gramm Gewicht, aber in der einen Stadt ist es etwas mehr, in der anderen etwas weniger, und zu diesen Gewichts-Differenzen auch noch der unterschiedliche Silbergehalt, mal werden die Barren mit 15, mal mit 14, mal nur mit 9 Lot Feinsilber hergestellt: wie soll man das jeweils umrechnen? Aber nun gebe es, so könnten wir einwenden, die geprägten Münzen! Aber hier ist die Lage genauso unübersichtlich. Zwar gibt es die Silberpfennige, aber die unterscheiden sich in schwere und in leichte Pfennige. Und weil der Kölner Denar seit einiger Zeit an Wert und Bedeutung verliert, kommt der Aachener Pfennig mehr in Umlauf, wenigstens im Rheinland, und es gebe den Aachener Sterling und Heller und Turnospfennig – und so weiter! Weil viele Städte daran interessiert sind, eine allgemein anerkannte Währung zu schaffen, wird die Schaffung einer allgemein anerkannten Währung auch von vielen Städten verhindert, und es gibt Währungen, die letztlich nur zwischen einer Stadt und ihrer näheren Umgebung benutzt werden. Das Ergebnis: der Handel mit dem Ausland wird kaum noch über Valuta abgewickelt, man hat wieder den Warentausch eingeführt – und damit sind langwie-

rige Auseinandersetzungen vorgegeben über den Wert der jeweils zum Tausch angebotenen Waren...
Wenn hier aber erst einmal die königliche und kaiserliche Residenz ist, wird es sich fast von selbst ergeben – bei einigem Geschick der Verantwortlichen – daß der Mainzer Münzfuß als Richtwert anerkannt wird in Aachen wie in Koblenz wie in Basel und in voller Rheinlänge ostwärts, und sobald der Mainzer Pfennig überall anerkannt wird als Zahlungsmittel, und sobald man den Wert der Mark umrechnet nach Mainzer Gewicht und Silbergehalt, wird diese Währung selbst von Engländern und Franzosen anerkannt. Die Mainer Residenz, die Mainzer Münze – die Stadt wird dann sehr rasch aufblühn!
Warum ist dieser Straßburger Kaufmann daran interessiert, daß die Konkurrenzstadt Mainz so entschieden an Bedeutung gewinnt, ja vielleicht zur größten Handelsstadt nördlich der Alpen wird? Flakko schaut uns mit seinen südländisch dunklen Augen an und nickt – diese unausgesprochene Frage scheint ihm begründet.
Seine ganze Begeisterung, sagt er nach einer kurzen Pause, gehöre den Seidenstoffen, doch könne aus verschiedensten Gründen diese Ware plötzlich knapp für ihn werden: im fernen China sterben Seidenraupen an einer Krankheit... Karawanen werden in der Taklamakan-Wüste ausgeraubt... ein Schiff aus Arabien, an dessen Ladung er beteiligt ist, geht unter... Deshalb führt er zusätzlich eine Ware, die er selbst herstellt: Filztuche. Er hat vor Straßburg eine Walkmühle, will seit längerem eine zweite anlegen, stößt damit aber auf erhebliche Schwierigkeiten. Wer sich eine teure Walkmühle bauen läßt, wer die hohen Gebühren und Steuern für sie zahlt, der ist auch daran interessiert, daß das Walken innerhalb der Stadtmauern untersagt wird. So hat er durchsetzen müssen, daß einige Walkereien in Straßburg geschlossen wurden – damit hat er sich Probleme eingehandelt, das muß er zugeben. Es ist natürlich auch hier sehr schwierig geworden, die Erlaubnis für einen Floßbetrieb zu erhalten, aber wenn diese Stadt auf seinen Vorschlag hin erst einmal Residenz geworden ist, können Widerstände von königlicher und demnächst kaiserlicher Hand leicht für ihn weggeräumt werden. Denn auch hier gehe es nicht anders: das Walken in der Stadt müsse endgültig verboten werden, wenn er hier eine neue Walkmühle anlege.
Verdrängungswettbewerb im Hohen Mittelalter? Übertrage ich hier Verhaltensmuster aus meiner Zeit in jene Zeit? Daß die Aus-

einandersetzungen, die Kämpfe hart waren, erfinde ich nicht, davon berichten Chroniken. Das Beispiel Windmühlen, das Beispiel England. Ein Dekan ließ sich eine Windmühle bauen; als der Abt der Region davon erfuhr, »stieg in ihm eine derartige Wut auf, daß er kaum noch essen oder sprechen konnte. Kaum hatte er am Morgen die Messe gehört, befahl er dem Sakristan, den Zimmermann ohne Verzug dorthin zu schicken mit dem Auftrag, die Mühle abzubrechen.« Der Dekan, informiert oder alarmiert, suchte den erbosten Abt auf, bestand auf seinen Rechten: das Gebiet als sein Lehen; der Wind gehöre allen; er werde nur eigenes Korn mahlen. Der Abt darauf: »Ich danke Euch wie einem, der mir beide Füße abgehackt hat. Ich schwöre beim Antlitz Gottes, nicht eher einen Bissen zu mir zu nehmen, als bis dieser Bau niedergerissen ist!« Ohne seine Zustimmung dürfe in diesem Gebiet nichts verändert werden. Und er sehe voraus, daß die Anwohner das Getreide nicht mehr zur Abtei brächten, sondern zum Dekan, und er könnte sie nicht daran hindern! Noch immer war der Abt wütend. Der Dekan verließ ihn, suchte seinen Sohn auf, einen Magister; der riet ihm, nicht auf seinem Recht zu beharren, sondern die Mühle abzureißen, bevor sie abgerissen werde. Als der Dekan zurückkehrte, hatten Männer des Abts die Mühle bereits abgerissen. Konkurrenzkampf unter Klerikern.
Er habe übrigens, sagt Constantin Flakko, einem notarius diesen Vorschlag diktiert, Mainz zur königlichen Residenz zu machen. Dieses datierte und von Zeugen besiegelte Dokument habe er bei einem Geschäftspartner deponiert, habe zusätzlich eine Abschrift bei einem befreundeten Abt hinterlegt – es müsse schließlich nachgewiesen werden können, wer als erster diesen entscheidenden Vorschlag gemacht habe!
Zu diesem Vorschlag wird der Kämmerer Stellung nehmen. Was könnte er sagen, hier an Deck? Beispielsweise dies: er halte es ebenfalls für notwendig, daß der König seßhaft werde, und man wisse genau, wohin man sich zu wenden habe, wenn man etwas von ihm wünsche, statt ihm nachzuziehen von Stadt zu Stadt, von Burg zu Burg. Und er sei ebenfalls davon überzeugt, daß die Fürsten ihre Machtansprüche zurückstellen müßten, aber hier, gerade hier sei der Punkt, an dem der Plan scheitern werde, und zwar völlig. Die Fürsten hätten in den Jahren des Thronkrieges durchweg an Macht gewonnen, und diese Fürsten würden eher noch einmal einen Gegenkönig unterstützen, als einen König allzu mächtig werden zu lassen. Nein, es sei leider nicht vorstellbar: daß die Für-

sten von ihrer Macht abgäben. Und es wäre ebensowenig vorstellbar, daß sie auf ihre Münzrechte verzichteten, somit auf eine sichere Quelle des Einkommens.
Sicher hat Flakko auch über diese Frage nachgedacht, auf seinen langen Rheinfahrten, vor allem beim wochenlangen Treideln stromaufwärts. Und er könnte in solch einer Gesprächssituation erklären, man müsse den Verzicht der Fürsten auf eigene Prägung wahrscheinlich ausgleichen durch Anteile an der Mainzer Münze. Selbst dann aber werde der Gewinn für die Stadt immer noch so groß sein, daß im Lauf der Zeit nicht nur sämtliche Kosten für den Bau einer königlichen Residenz getilgt würden, sondern daß sich für die weitere Zukunft auch reichliche Einkünfte für die Stadt ergäben!
Aber nicht nur wirtschaftliche Gesichtspunkte sprechen für Mainz als Hauptstadt. Dort drüben, sagt er, und zeigt zum Ostufer, dort drüben hat vor dreieinhalb Jahrzehnten die größte Versammlung von Rittern stattgefunden, die es jemals gegeben habe. Zwanzigtausend Ritter, zwan-zig-tau-send... Und wie viele schöne Damen... Und die Festbankette... Und die Turniere... Schon in Erinnerung daran muß Mainz zur königlichen Residenz werden. Außerdem: es haben hier schon mehrere Reichstage stattgefunden. Wenn der König hier erst einmal residiert, wird sich in der Stadt wieder der alte Glanz ritterlichen Lebens entfalten! Und er ist sicher, daß etwas von diesem Glanz auf denjenigen fallen wird, der durch seinen Vorschlag diese Glanzentfaltung ermöglicht hat. Kurzum, er hofft, ja erwartet, daß er (und sei es als erster Kaufmann!) vom König zum Ritter geweiht werde.
Einige der Vorbedingungen erfüllt er bereits, seinen weiteren Weg zu diesem Ziel sieht er klar vor sich: über Pfandbesitz wird er zu Lehnsbesitz kommen, mit dem Lehnsbesitz gelangt er in den Stand des Ministerialen, als Ministerialer wird er Ritterrang und Ritterwürde gewinnen können.
Weil er den Eindruck hat, daß er sich hier verkürzt ausgedrückt hat, will er das deutlicher machen, und das tut er offenbar gern, auf so geduldige Zuhörer wie uns hat er wohl schon lange gewartet. Er bezeichnet dies als Kreislauf: man dient im Adelsbereich, erhält dafür ein Lehen, von diesem Lehen darf man Einkünfte einziehen, und weil man diese Lehnseinkünfte hat, ist man als Gegenleistung wiederum zum Dienst verpflichtet. Als Kaufmann steht er außerhalb dieses Kreislaufs: er verdient sein Geld direkt, läßt Geld arbeiten.

Um diese Konstellation noch deutlicher herauszuarbeiten, ergänze ich: das Lehnswesen, Lehnssystem ist Ergebnis der damals noch weithin vorherrschenden Naturalwirtschaft; Dienste konnten nicht mit Bargeld bezahlt werden, der Geldumlauf war gering, also wurden Lehen vergeben mit ihren Nutzungsrechten; die Abgaben der Bauern an ihren Lehnsherrn, Dienstherrn erfolgten meist in Naturalien; in Münzen ausgezahlt wurde zu Beginn des dreizehnten Jahrhunderts nur wenig. Ritter und Kaufleute (oder Ministeriale und Bürger) gehörten, um es pointiert zu sagen, zwei verschiedenen Wirtschaftssystemen an: im einen dominierte Naturalwirtschaft, im anderen Geldwirtschaft.
Und Flakko fährt fort: was den Adligen, ob hoch oder niedrig, ob alt oder neu durchweg fehlt, ist Geld. Das aber haben die Kaufleute – zumindest die guten, die großen. Auch er hält es mit dieser goldenen Kaufmannsregel: ein Drittel des Vermögens zu Hause aufbewahren in Silber und Gold, ein Drittel des Vermögens in Grundbesitz anlegen, das letzte Drittel arbeiten lassen – beispielsweise mit solch einem Boot, mit der Walkmühle vor Straßburg. Aus dem Bargeld-Drittel kann man nun einem in Not oder zumindest in Verlegenheit geratenen Adligen mit einem Darlehen helfen; dabei läßt man sich, rechtlich gültig, zur Sicherheit ein Pfand verschreiben, also: Grundbesitz des Gläubigers. Er hat das schon zweimal gemacht, und beide Male kam es so, wie es zu erwarten war: die Adligen konnten die Darlehen nicht zurückzahlen, die verpfändeten Ländereien wurden sein Besitz, und dieser Besitz ist Adelslehen oder Ritterlehen. Damit, sagt er, komme er aus dem Bereich des Erwerbs in den Bereich des Lehnswesens, damit des Lehnsrechtes. Und er berichtet weiter: kürzlich hatte er wieder ein Darlehen gegeben (sein bisher größtes!) und ihm wurde als Sicherheit ein Dorf verpfändet, mit Ländereien; während das Darlehen läuft, darf er statt der Zinsen alle Einkünfte dieses Dorfs einziehen; wird ihm das Darlehen nicht zurückgezahlt – und hier ist er fast sicher – so geht dieses Dorf in seinen Besitz über; wenn ihm nun dieses Dorf zufällt, so hat er nicht nur Grundbesitz mit Bauernhäusern, sondern: die Bauern sind verpflichtet, ihm dann die Abgaben zu leisten, die sie bisher dem adligen Grundherrn leisten mußten. Freilich übernimmt er mit dem Besitz auch Verpflichtungen für die Dorfbewohner: sie leisten dem Herrn zum einen Abgaben, weil sie als Pächter seinen Boden bearbeiten, zum anderen, weil er sie im Notfall beschützt. Wiederum müßten sie ihn, wenn ein Krieg kommt, als Fußknechte, Fußsoldaten unter-

stützen – so hänge eins am anderen. Zuletzt, sagt er, müsse ihm das Entscheidende gelingen: daß ihm ein Adliger seine Burg verpfände. Er hat auch hier schon seine Fühler ausgestreckt. Er wird in diesem Fall ein noch größeres Darlehen aufbringen müssen, wird dafür eigene Ländereien verkaufen, aber: auch dieser Pfandbesitz wird ihm so gut wie sicher sein. Und dann gibt es gleichsam einen großen Ruck. Denn mit der Burg übernimmt er nicht nur weitere Pächter, auch die zugehörige Gerichtsbarkeit. Und dann wird man schon viele kluge Männer befragen müssen, um sich den wirklichen Unterschied erklären zu lassen zwischen seiner Position und der eines Landadeligen, denn mit dem Lehnsbesitz erhält er Herren-Rechte, übernimmt er Herren-Pflichten – diese vor allem als Lehnsmann des Grafen, der das als Pfand erworbene Gebiet seinerzeit als Lehen vergeben hat. Und damit ist er endlich im Kreislauf, in dem der Adel lebt. Sein Sohn wird es dann sehr viel einfacher haben: er wird in den Dienst gleichsam hineingeboren, kann sich früh schon zum Ritter gürten lassen.
Sich zum Ritter gürten lassen... Damit würden für ihn ohne Zweifel einige Schwierigkeiten entstehen. Denn ein Ritter muß ständig in Übung bleiben, um die Kampftechniken, um sein Streitroß zu beherrschen. Er lernt den Lanzenkampf zu Pferd, den Schwertkampf zu Fuß – sobald er sich länger in Straßburg aufhält, nimmt er einen Ritter in Sold, der ihm dies beibringt. Freilich, das wird auch in Zukunft so bleiben, wenn er zum Ritter geweiht ist: er braucht viel Zeit für seine Tätigkeit als Kaufmann. Aber er wird jede freie Stunde den Waffenübungen widmen.
Ebenso wichtig, ja vielleicht noch wichtiger: daß er als Ritter einen entsprechenden Lebensstil entfaltet. Noch bevor der Plan bekannt wird, hier eine königliche Residenz zu bauen, wird er zu günstigen Bedingungen größere Grundstücke erwerben, oben, im weniger bebauten Gebiet der Stadt, wird sich dort einen standesgemäßen Herrensitz anlegen: das steinerne Haus vorne, das Fachwerk-Wohnhaus hinten und ein Obstbaumgarten und ein Weingarten und alles von einer wehrhaften Mauer umgeben. Ja, er sieht das schon genau vor sich: im Erdgeschoß seine Handelsniederlassung, im Speicher das Seidenlager und im ersten Geschoß der Festraum, ja Festsaal: ein großer Kamin und an den Wänden ein Fresko mit Darstellungen des berühmten Hoftags... In diesem Saal wird er Bankette geben, Feste veranstalten, auch werden dort Sänger ihre Lieder vortragen und Dichter ihre Werke – er wird vielleicht sogar einen Versroman, einen viele tausend Zeilen langen Versroman in

Auftrag geben über diesen Hoftag, an dem die zwanzigtausend Ritter teilnahmen, zwan-zig-tau-send, und die konnten hier in der Stadt nicht alle untergebracht werden, und so errichtete man drüben am Ufer eine Zeltstadt, dort fand auch am Pfingstsonntag die Festkrönung statt und die Schwertleite der beiden Kaisersöhne und das Festbankett, und dabei traten Gaukler und Jongleure und Tänzer und Spielfrauen auf, Musiker und Dichter und danach wieder einer der Festakte, der glanzvollen Repräsentationen: all die Spangen und Broschen, die Helmzierden und Schildbemalungen, die bewimpelten Lanzen und die polierten Schwerter, die Seiden- und Brokatkleider der Damen, die seidenen Waffenröcke der Männer – ja, so ruft er, er werde solch ein Werk in Auftrag geben, und das werde dann einmal vorgetragen in seinem Festsaal, und man sehe an den Wänden zugleich die Bilder dieses Hoftags, könnte so den Eindruck gewinnen, das alles sei erst gestern gewesen... Er bricht ab. Das Stampfen der Walkmühlen.

40 Bevor ich Wolframs wohl letztes (fragmentarisches) Werk vorstelle, ist es Zeit zu fragen: wie hat er gearbeitet? Hat er diktiert? Wenn ja: gleich die Reinschrift oder erst einmal Fassungen auf Widerruf? Hat er Entwürfe selbst geschrieben?
Gesucht werden Indizien. Gefunden werden könnten sie beispielsweise im *Willehalm*, in der Schreibweise französischer Namen. Philologisch-detektivische Methoden der Untersuchungen des Lautstandes der französischen Eigennamen haben Fritz Peter Knapp zu einigen Ergebnissen, nein: Thesen geführt.
Erstens: Wolfram muß einen Vorleser gehabt haben, der auch schon mal falsch las; solche Mißverständnisse hinterließen Spuren im Text.
Zweitens: Wolfram konnte nur notdürftig lesen. Laut Knapp liegt es »recht nahe, uns den zeitweilig von seinem Vorleser verlassenen Dichter mühsam einzelne Namen entziffernd – zu ganzen Stellen mag's vielleicht gar nicht gereicht haben – vorzustellen«.
Wenn aus einem französischen Aimery ein deutscher »Heimerich« wurde, aus dem englischen Richard ein »Ritschart«, so könnte dies in der Tat zeigen: die Vorlagen wurden akustisch übermittelt. Nur muß dann gefragt werden: wieso gaben sich die Skriptoren mit solch einer phonetischen Schreibweise zufrieden? Konnten sie, gebildet und selbstbewußt, nicht nachfragen: Wie

bitte schreibe ich das? Konnte Wolfram in so einem Fall nur antworten: So, wie ich's sage? Und da fielen denn im Lauf der Arbeit (und auch: bei verschiedenen Schreibern) die Namen unterschiedlich aus? »Meleagans« wird im Parzival-Roman beispielsweise auch folgendermaßen geschrieben: Meljahkanz, Meljacanz, Melyacanz, Meliahganz...
Mögliche Schlußfolgerung: Wolfram rezipierte Literatur akustisch, konzipierte literarische Werke im Kopf, diktierte sie.
Hier stellt sich sogleich die Frage: ist es möglich, so umfangreiche und komplexe Werke wie *Parzival* und *Willehalm* zu diktieren?
Ich rufe einen berühmten Zeugen auf: Goethe. Der Vierzehnjährige diktierte seinen *Joseph*, dieses umfangreiche »biblische prosaische Gedicht«, dem Sekretär seines Vaters, und zwar in Fortsetzungen. Diktierte es so, »wie ich es mir selbst gleichsam in die Luft erzählte«, diktierte gleich die Reinschrift; »nur wenige Blätter« brauchten »von Zeit zu Zeit umgeschrieben zu werden«. Wichtig für uns die Formulierung: »Wie ich es mir selbst gleichsam in die Luft erzählte.« Hat sich auch Wolfram seinen Roman (in Fortsetzungen) gleichsam in die Luft erzählt, vielleicht sogar auf Reisen, und bei der jeweils nächsten Gelegenheit diktierte er weiter?
Bleiben wir bei Goethe: der Fünfundzwanzigjährige trug Lavater auf einer Rheinfahrt große Partien eines Caesar-Dramas vor, das er im Kopf hatte, das schriftlich aber nie ausgeführt wurde. Ich lese bei Anselm Maler, daß sich solche Rezitationen des ungeschriebenen Dramas noch zweimal wiederholten. Was das Kind gelernt hatte, behielt Goethe im Alter bei. So wurden auch *Die Wahlverwandtschaften* diktiert, im Sommer 1808. Und ein letzter, hoffentlich vollends überzeugender Hinweis: der alte Goethe diktierte seinem Schreiber John Passagen aus *Faust II*.
Wenn Wolfram Erzählabschnitte seines Romans vortrug – geschah das auswendig, oder hatte er Stichworte vor sich?
Wir entwickeln immer perfektere Methoden, Texte zu speichern – außerhalb unserer Köpfe. Ältere Menschen haben zum Teil noch die (von jüngeren Menschen bewunderte) Fähigkeit, längere Texte auswendig hersagen zu können, die sie vor Jahrzehnten gelernt hatten: die berühmten Balladen. Das Gedächtnis wurde früher umfassend trainiert.
Ich rufe hier wieder den Zeugen Goethe auf. Ein Gedicht, dessen Autograph verlorenging, schrieb er (vier Jahre später) aus dem Gedächtnis noch einmal nieder: *Mit einem gemalten Band*. Und: auf einer Kutschfahrt von Jena nach Leipzig trug er dem Kunstrat

Meyer lange Passagen aus den *Wahlverwandtschaften* auswendig vor, »als ob er ein Buch abgelesen habe«. Die Memoria, darauf weist Maler hin, war eins der fünf Teilfächer der Rhetorik, die im achtzehnten Jahrhundert noch in Schulen unterrichtet wurde. Auch wenn Wolfram das Memorieren nicht speziell erlernt hatte – die Fähigkeit, längere Texte zu behalten, war zu seiner Zeit entschieden größer als bei uns. Wir sollten uns zu unserem Trost bewußt machen, wie wenige Texte im Hohen Mittelalter die Aufmerksamkeit selbst eines gebildeten Zeitgenossen forderten!
Je länger ich mich mit diesen Fragen befasse, desto wahrscheinlicher wird für mich, daß Wolfram seinen Roman in Fortsetzungen diktierte und daß er größere Erzählabschnitte frei rezitierte. Wir bekommen heute ja an Klavierabenden vorgeführt, daß selbst komplexe Werke in dichter Folge auswendig gespielt werden können. Wolfram dürfte sein Werk im Kopf gehabt haben, und niedergeschrieben wurde es von anderen für andere. Wahrscheinlich hat Wolfram keine eigene (Pergament-) Handschrift seines Parzival-Romans und seines Willehalm-Epos besessen: kein ›Belegexemplar‹. Das hätte schon ein äußerst großzügiger Gönner sein müssen, der eine so teure Handschrift ›nur‹ für den Dichter herstellen ließ!
Damit sind wir wieder beim Thema Schreiben. Ich bin sicher, auch nach Knapps philologisch-detektivischen Untersuchungen: Wolfram brauchte einen Partner beim Lesen, beim Erarbeiten der Vorlage(n). Und hier muß bedacht werden: weil man das Lesen nur an lateinischen Texten erlernte, mußte man sich umstellen, wenn man volkssprachige Texte las. Im Lateinischen gab es nur die eine genormte Schreibweise, in der Volkssprache prägte sie jeweils schriftlich aus, wie der Schreiber zu sprechen gewohnt war: gefilterte Literatursprache. Das war so im deutschen wie im französischen Sprachbereich – man sieht dem Lautstand eines Textes an, ob er in der Champagne oder in der Normandie kopiert wurde.
War der Vorleser zugleich der Schreiber, dem Wolfram diktierte? Könnte sein. Wichtiger ist hier die Frage: hat Wolfram auch Entwürfe diktiert, Arbeitsfassungen?
Geschrieben wurde damals in Zentraleuropa – wir haben es beobachtet – auf Pergament; Papier wurde nur in arabischen Ländern hergestellt. Mußte ein abendländischer Dichter seinen Text also im Kopf durchformulieren, um ihn schließlich in Reinschrift auf Pergament zu diktieren?

Vorläufige Diktate ließen sich auf Wachstafeln schreiben; das war in Klöstern so üblich. Die Schreibstifte, mit denen man Texte ins Wachs ritzte, hatten den Durchmesser einer besonders dicken Stricknadel, waren etwa fünfzehn Zentimeter lang, zugespitzt, und am oberen Ende eine Art Spatel, keilförmig angesetzt: mit dieser Schabkante ließ sich Wachsschrift wieder löschen. Es waren also Revisionen des Textes möglich.
Ich bin nicht der einzige, der Wolfram als Genie bezeichnet, aber ich halte es für unwahrscheinlich, daß er ohne Vor- und Zwischenfassungen partienweise die insgesamt rund 40 000 Verszeilen seines Œuvre im Kopf ausarbeitete und gleich ins reine diktierte, auch wird er entworfen, revidiert, neu formuliert haben.
Bei dieser Arbeit war er nicht angewiesen auf Schreibstuben oder Kanzleien. Mit Wachstafel und Stift konnte ein Mönch zur benachbarten Burg reiten, und man arbeitete im Zimmer oder, bei entsprechender Witterung, im Freien. Der schreibende, mitarbeitende Mönch brauchte nur eine Sitzgelegenheit, und er legte die Wachstafel auf einen Oberschenkel. Zahlreiche Abbildungen zeigen die beiden Phasen der Arbeit: eine Schreiberfigur macht die erste Niederschrift auf einer Wachstafel, eine weitere Schreiberfigur stellt die Reinschrift auf Pergament her.
Wahrscheinlich hat Wolfram seine Erzähltexte im Kopf entwickelt, hat sie aber schon vor der Reinschrift diktiert – dann hätte ein Mönch, ein Kleriker auf einer Wachstafel mitgeschrieben, hätte das Notierte wohl vorgelesen zur Bestätigung oder als Vorlage zur Revision.
War Wolfram im Stadium der Entwürfe auf einen Skriptor angewiesen? Könnte er nicht wenigstens phasenweise, partienweise allein gearbeitet haben – und das heißt: selber schreibend?
Ich erinnere hier an die Ergebnisse der Mittelalter-Archäologie. Heiko Steuer: »Die Schriftlichkeit scheint im Mittelalter doch wesentlich weiter verbreitet gewesen zu sein, als gemeinhin angenommen wird. Dafür sprechen [...] auch die zahlreichen Funde von Schreibgriffeln, hergestellt aus Knochen, Elfenbein, Bronce oder Eisen, die bei Ausgrabungen in mitteleuropäischen Städten, Burgen und Klöstern entdeckt werden konnten.«
Wenn auch Wolfram lesen und schreiben konnte, so schränkt das seine Genialität nicht ein – es erleichterte ihm die Arbeit, die schwer genug war.
Ich entwerfe: Wolfram benutzte Griffel und Wachstafel, um seine oft äußerst komprimierten, im Kopf ausgearbeiteten Texte zu fi-

xieren – die Wachstafel als Vorform des Sudelblatts, Konzeptblatts. So konnte er seine Entwürfe kritisch prüfen, konnte mit dem Spatel löschen, was ihm nicht mehr gefiel, konnte Neuformuliertes niederschreiben.
Griffel und Wachstäfelchen ließen sich leicht im Reisebeutel mitnehmen, und so hat er ohne Skriptorien Notizen machen, erste Fassungen notieren können. So hat er vielleicht auch bei Aufenthalten in Eschenbach arbeiten können – warum soll er nicht Phasen seines Lebens dort verbracht haben? Und er diktierte später auf der Grundlage schriftlicher Vorformen? Man konnte damals erstaunlich viel Text auf einer Wachstafel unterbringen, in der oft winzigen, ›gestochenen‹ Schrift – durchaus denkbar, daß es jeweils rund dreißig Zeilen waren... Wolfram, der mit Stift und Wachstafel arbeitete – damit ist eine Möglichkeit entworfen. Eine Möglichkeit, die einen nicht geringen Grad von Wahrscheinlichkeit hat.
Nun wird Wolfram wiederholt als Kronzeuge des genialen Analphabetentums aufgerufen – ist das angesichts der neuen Erkenntnisse noch möglich? Gewiß, er hat gesagt: »ine kan decheinen buochstap«. Aber sollte das wirklich heißen: Obwohl ich, wie jeder meiner Hörer und Leser weiß, sehr viel Bildung besitze, bin ich totaler Analphabet? Dies könnte einer seiner Winkelzüge sein, seiner Hakenschläge, seiner Beiträge zur brezelförmigen Dialektik. Vielleicht hat er hier kokettiert; vielleicht hat er einen Überraschungseffekt ausgekostet; vielleicht hat er sich hier betont von einer Literatur distanziert, die allein aus Literatur entsteht. Ein Distanzieren etwa in diesem Sinne: Bei mir kommt Entscheidendes hinzu, schließlich bin ich Wolfram! Oder: Für einen Kleriker mag ich ungebildet, sogar Analphabet sein, aber ich setze nicht aufs Latein, sondern auf die Volkssprache! Zumindest dies läßt sich von Wolframs Texten ablesen: sein Selbstbewußtsein war kräftig entwickelt. Ein Selbstbewußtsein, das ein an klassischer lateinischer Literatur geschulter clericus kaum aufgebracht hätte – wie viele Bescheidenheitsformeln, Devotionsfloskeln hätte er während seiner Lehrzeit absorbieren müssen!
Die lateinisch gebildeten »Kleriker« und die volkssprachigen »Laien«: hier läßt sich nur begrifflich sauber trennen, in der gesellschaftlichen Realität verwischten sich die Grenzen. Ich deutete bereits am Schluß des Schreibstuben-Szenarios an: über den durchschnittlichen Stand der Lateinkenntnisse von Klerikern zu Wolframs Zeit dürfen wir uns keine Illusionen machen. Wenn

zum Teil selbst Gelehrte krauses Klosterlatein schrieben, wie sah es dann erst beim Bruder Gärtner, beim Bruder Schuhmacher, beim Bruder Pförtner aus? Es ist belegt, daß bei Lesungen in den Refektorien lateinische Texte zum Teil nicht mehr verstanden wurden, daß man zum Vorlesen volkssprachiger Texte übergehen mußte. Die Zeit war reif für die volkssprachige Literatur – und da war es leicht und naheliegend, zu betonen: Mit der lateinischen Bildungsliteratur habe ich nichts gemein, in diesem Sinne bin ich völlig unbedarft, um so besser...

41 Parzival, etwa vierzehn oder fünfzehn Jahre alt, verläßt seine Mutter auf der Waldlichtung von Solitaire (dem Einöd-Hof, wie man heute sagen würde), reitet hinaus ins Unbekannte, stößt auf ein prächtiges Zelt, in dem eine junge Dame liegt, allein, er zwingt ihr, allzu wortgetreu die Anweisungen seiner Mutter befolgend, Küsse auf, nimmt ihr einen Ring ab, reitet weiter, trifft in der Waldwildnis ein Mädchen, neben ihm die Leiche eines sehr jungen Ritters, kurz zuvor in einer Tjost getötet; sein Gegner war Orilus, der Mann der Herzogin, die Parzival in der Zwischenzeit überfallen hat; das Mädchen ist Sigune, seine Cousine; sie wurde als Waise eine Zeitlang von Parzivals Mutter aufgezogen.

Anderthalb Jahre später: Parzival verläßt die Gralsburg, hat es dort versäumt, die teilnehmende Frage zu stellen, die Gralskönig Anfortas von seinem schwärenden Leiden befreit hätte: er trifft Sigune wieder. Sie sitzt diesmal in einem Baum, in ihren Armen der inzwischen einbalsamierte Ritter Schionatulander: eine Pietà im Lindenbaum. Sigune hat diesen Jüngling geliebt, ist aber nicht seine Geliebte geworden; so beklagt sie, was sie allzulang hinausgeschoben hat. Und macht Parzival vom Baum herab bewußt, daß er die Mitleidsfrage versäumt hat; sie beklagt nun auch dieses Unglück.

Viereinhalb Jahre später: Parzival, der den Glauben an Gott verloren, ja aufgesagt hat, zieht umher, ziellos, findet im Wald eine Einsiedelei, hier hat sich eine junge Frau einmauern lassen, im Raum mit dem Grab des geliebten Ritters. Wieder ein Gespräch: es ist Sigune, sie wird von der nahen Gralsburg aus mit Nahrung versorgt. Parzival folgt ihrem Hinweis, sucht die Burg, findet sie aber nicht.

Am darauffolgenden Karfreitag entdeckt Parzival, nach Hinweisen von Pilgern, die Einsiedelei des Trevrizent; der nimmt ihn in seiner Höhle auf, erteilt ihm religiöse Unterweisung. Etwa sechs Wochen später ist Parzival Gralskönig, er reitet seiner Frau, seinen beiden Kindern entgegen; gemeinsam kommen sie auf dem Rückweg zur Gralsburg an Sigunes Einsiedelei vorbei: sie kniet auf dem Sarg Schionatulanders, tot. König Parzival läßt auch sie in das Grab des Ritters legen.
Vier Begegnungen mit Sigune, jeweils in einer entscheidenden Phase seines Weges zu sich selbst, zum Gral.
Zur Vorgeschichte des Todes von Schionatulander bringt der Parzival-Roman nur Andeutungen: er starb für eine kostbare Hundeleine, die er – im Liebesdienst – für Sigune suchte. Wolfram beginnt nach *Parzival* und *Willehalm* mit der Arbeit an einem Werk, das diese Vorgeschichte erzählen soll. Sein erstes Erzählgedicht hat Wolfram vollenden können, das zweite blieb unvollendet, das dritte Rudiment.
Der Titel dieses Projekts: *Titurel*. Dieser Gralskönig wird in der ersten Zeile genannt, Titurel hält eine Abdankungsrede, gibt eine Rücktrittserklärung ab (aus gesundheitlichen Gründen), spielt danach keine Rolle mehr im Text. Es war im Mittelalter aber weithin üblich, ein Werk nach dem ersten Namen zu benennen, der im Text auftaucht. Wenn das Werk schon einen männlichen Titelnamen haben soll, so müßte der eigentlich lauten: »Schionatulander«; Wolfram betont, er sei die Hauptfigur. Heute würden wir dem Epos eher diesen Titel geben: »Sigune und Schionatulander«; die traurig-schöne Geschichte einer Kinderliebe.
Wolfram wollte nun also eine Vorgeschichte zur Hauptgeschichte machen – unter wiederholten Hinweisen, Anspielungen auf sein erstes Erzählwerk. Und zahlreich die inhaltlichen Verknüpfungen. Beispielsweise: Schionatulander war Page und Knappe bei Gahmuret, dem Vater Parzivals; Sigune war, wie schon erwähnt, Pflegekind bei Herzeloyde, der Mutter Parzivals; Sigune ist etwa gleich alt wie ihre Spielgefährtin Conduir-amour, die spätere Frau Parzivals. 32 Namen werden von Wolfram in den beiden Bruchstücken dieses Epos genannt, 29 von ihnen sind aus seinem Parzival-Roman bekannt.
Man könnte hier den Eindruck gewinnen: Wolfram versuchte ein Werk mit Erfolgsaussichten zu verfassen, indem er von Personen erzählte, die seinem Publikum bereits bekannt waren. Aber dieses Erzählfragment ist alles andere als Anlehnung an Bekanntes –

Wolfram wagt das für ihn und seine Zeit Neue. Nach den beiden Erzählgedichten im vierhebigen, gereimten Kurzvers entwickelte er hier ein Epos in Strophenform – eine Variante der Nibelungenstrophe. Die Titurel-Strophe hat frühere Generationen von Sprachwissenschaftlern zur Verzweiflung gebracht, denn: wo immer man auch ansetzte mit Versuchen, das Schema dieser Strophe herauszupräparieren, »idealtypisch« – die Strophen entzogen sich durch geradezu herausfordernde Unregelmäßigkeiten. Mit zum Teil rigiden Eingriffen versuchte man, der Überlieferung das Schema einer abstrahierten Titurel-Strophe aufzuzwingen: die erste Zeile mit acht, die zweite mit zehn, die dritte mit sechs, die vierte wieder mit zehn Hebungen; variable Zäsuren. Aber Wolfram entwickelte eine höchst elastische, flexible Versform, hier mit lockerer, dort mit dichter Versfüllung – maximale Vielfalt.

Dieser Dichter war nicht an einem Endpunkt, als er (inhaltlich) zu seinem Anfang zurückkehrte – die Sprache zeigt, daß Wolfram keineswegs konventioneller oder glatter wurde: zahlreich die neuen Wortbildungen, die bis zum Rätselhaften verdichteten Formulierungen, aber auch, das muß gesagt werden: die Manierismen.

»Als der starke Titurel sich noch tummeln konnte«: so beginnt das erste Fragment. Die Zeit seiner siegreichen Kämpfe auf Turnieren und in Kriegen ist vorbei, wehmütig malt er sich aus, wie schön es wäre, noch tjostieren zu können, da würde er der Luft so viele Lanzensplitter »schenken«, daß die Sonne verdüstert wird. Und Titurel beklagt, daß auch die Zeit der Liebe, der Lust vorbei ist. Dafür hat er sich aber seine Tugenden bewahrt, seine Beständigkeit vor allem, seine Loyalität. Und: er ist berühmt. Freilich ist er auch gefördert worden: ein Engel hatte ihn zum Gralskönig ernannt. Erstaunt darüber, daß er dennoch alt und siech werden konnte, übergibt er das höchste aller Ämter seinem Sohn Frimutel: der hat sich als Ritter bewährt, ist frei geblieben von Schuld und Sünde – entscheidende Voraussetzungen für die Würde des Gralskönigtums.

Die Abdankungsrede eines alten Königs: dies war bestimmt nicht der geplante Beginn. Was hätte dieser Rede vorausgehen können im geplanten Strophen-Roman?

Ein feierlicher Prolog hätte sicherlich auch dieses Werk eröffnet, die Anrufung und Preisung Gottes in Seiner Allmacht. Dann wäre sehr wahrscheinlich von den Ahnen Titurels erzählt worden und damit von den Vorfahren des Liebespaares. Für diese mögliche

Vorgeschichte zu Wolframs Vorgeschichte nehme ich als Modell die spätere Ergänzung der beiden Werkfragmente durch Albrecht von Scharfenberg.
Also: in sehr alter Zeit lebte in Kleinasien ein Heide namens Senabor; er hatte mehrere Söhne, einer von ihnen hieß Barille. Der war bereits ein Christ, kämpfte als Ritter gegen Heiden, und zwar auf der Iberischen Halbinsel. Diesen Kampf führte Barilles Sohn weiter: Titurison. Man hört es schon seinem Namen an: er wird der Vater Titurels. Zuvor muß er heiraten: beispielsweise Elisabel von Aragon. Der erste Gralskönig wird aber noch lange nicht gezeugt; Elisabel ist jahrelang unfruchtbar, das Ehepaar macht eine Pilgerfahrt zum Heiligen Grab. Dort erscheint ein Engel und verkündet: Titurel werde geboren, er sei zu Höchstem bestimmt, werde in den Himmel eingehen. Titurel kommt auf die Welt, wächst auf, wird Ritter. Auch er muß sich bewähren im Kampf gegen die Heiden: beispielsweise in Südfrankreich, der Stätte zahlreicher Kämpfe zwischen Christen und Mauren. Titurel zeichnet sich aus; bald schon überstrahlt er in seinem Glanz alle anderen Ritter. Wieder erscheint ein Engel: er überbringt den himmlischen Gral. Titurel nimmt Abschied von seinen Eltern, zieht mit Engel und Gral nach Salvaterre in Galizien, im Nordwesten Spaniens – dort, auf dem Mont Salvatsch, will er einen Tempel für den Gral bauen, einen Palast für die Gralskönige. Als Fundament des Baus kein gewöhnlicher Fels, sondern Onyx – auf dieser Onyxfläche zeichnet sich der Grundriß des Tempels ab, man führt den himmlischen Bauplan aus. Die Baumaterialien müssen nicht mühsam und langwierig den Berg hinaufgeschafft werden, sie sind Emanationen des schwebenden Grals. Der Gralstempel wird ein Rundbau, mächtig, prachtvoll. Das Gewölbe ist blau bemalt, mit goldenen Sternen; an den Wänden Fresken von Bäumen, Vögeln, Wild; der gläserne Boden stellt das Meer dar, in dem sieht man Fische und Fabelwesen.
Sobald der Tempelbau fertig ist (und das geht mit Gottes Hilfe rasch) wird der Gral vom Engel in die Sakristei geleitet – schwebend. Auf dem Gral erscheint eine Schrift: Titurel soll heiraten, und zwar Richaude. Es wird eine fruchtbare Ehe – eins der vielen Kinder setzt den Stammbaum der Gralskönige fort, es ist diesmal eine Tochter, sie schließt eine Ehe, einer ihrer Söhne heißt Frimutel. Dieser Enkel Titurels heiratet Clarisse von Granat.
Und hier endet die mögliche Vorgeschichte des ersten Textfragments; ich berichte weiter, was Wolfram erzählte. Frimutel wird

Vater von fünf Kindern. Das erste: Anfortas, den Parzival sehr spät von seinem Leid befreien wird, durch die nachgeholte Mitleidsfrage; das zweite: Trevrizent, genannt »der Schnelle«, der nach Kampf- und Liebesjahren Einsiedler wird, religiöser Lehrer Parzivals; schließlich die drei Töchter Urrepanse, Schoysiane und Herzeloyde – Parzivals Mutter. Die Geschwister wachsen auf in der Gralsburg auf dem Muntsalvatsch oder Munsalvaesche; hier herrscht Frimutel als mächtigster aller Könige; sein Herrscheramt als »das Höchste, erhaben über alles Irdische«.

Seine Tochter Schoysiane heiratet Kyot von Katelangen (Guiot von Katalonien). Ein Kind wird gezeugt und geboren: Sigune. Die Mutter stirbt bei der Geburt dieser Urenkelin Titurels, dieses Begründers der Familiendynastie und der Gralsgemeinschaft mit ihrem strengen Reglement. Schoysiane hat den Gral tragen dürfen, eine hohe Auszeichnung, vor dem Tod im Wochenbett aber kann sie das nicht bewahren. Der Witwer verzichtet auf die Königswürde.

In den ersten fünf Lebensjahren wächst Sigune am Hof eines Onkels auf – gemeinsam mit Kondwiramurs (im Romanischen: conduier amurs, »Liebesgeleit«), die später Parzival heiratet. Nach dem Tod des Onkels nimmt Herzeloyde die Halbwaise zu sich – Sigune und Kondwiramurs müssen sich trennen. Sigune will auf diese Reise ihre Puppen mitnehmen, um Geschenke zu haben für Ritter, die ihr kämpfend dienen werden. Ihre Pflegemutter Herzeloyde herrscht in der Burg Kanvolais über ihre Länder Wales und Norgals. Sigune wächst auf Kanvolais heran; ihr blondes Lockenhaar wird braun, Brüste »drechseln sich heran«.

Zu diesem Zeitpunkt, mit diesen Stichworten führt Wolfram Schionatulander ein: »er wird der Held dieser Geschichte«, »dieses Romans«. Wolfram begründet, warum er dennoch zuerst Sigune vorgestellt (und damit gegen einen erzählerischen Brauch verstoßen) hat: Sigune stammt, als Mitglied der Gralsdynastie, aus einer noch edleren Familie als Schionatulander; sie gehört zu den »Auserwählten«, den »Glückseligen«.

Freilich kommt Schionatulander auch nicht aus schlechtem Haus: er ist Dauphin der Grafschaft Graisivaudan (an der Isère), ist fürstlichen Geblüts. Er wächst als Page auf am Hof der französischen Königin Amphlise. Die übergibt ihn Gahmuret von Anjou, den sie selbst zum Ritter gemacht hat. Gahmuret wird Söldner (wenn auch in höchster Rangposition) beim Kalifen von Bagdad: der »baruc« als geistliches Oberhaupt der Heiden, ein Pendant

zum Papst – so sahen es Wolfram und Zeitgenossen. Von Gahmurets Kämpfen im Morgenland erzählt Wolfram freilich nicht, das hat er bereits im Parzival-Roman getan. In einer einzigen Strophe: die Hinreise, der Aufenthalt, die Rückreise nach Wales!
Hier – auf Kanvolais – treffen sich Sigune und Schionatulander. Wolfram preist die Stätte der Begegnung: »Hier begann früh schon die Liebe zwischen zwei sehr jungen Leuten«, eine »reine« Liebe. Beide wachsen weiterhin auf in der nächsten Umgebung Gahmurets, der Sigunes bisherige Pflegemutter heiratet. Die Liebe zwischen Schionatulander und Sigune wächst. Aber, so betont der Dichter, der Junge ist noch viel »zu unerfahren für diesen beängstigenden Zustand«, und er fragt: »Ach, Liebe, was kann dir schon die Macht über Kinder bringen?« Es folgt eine dichterische Reflexion: Liebe ist irdische und himmlische Liebe zugleich (Wissenschaftler helfen hier nach mit den lateinischen Begriffen amor und caritas), an der Liebe haben Mönch wie Ritter teil, der eine geht für sie in Klausur, der andere zieht in ihrem Namen in den Kampf; beide Formen der Liebe führen »mit Sicherheit vor Gott«. Die Liebe, von der in diesem Epos erzählt wird, ist »chintliche minne«. »So hört nun von Mädchensorgen und von männlichem Mut im Liebesdienst.«
Als Schionatulander einmal mit Sigune allein ist, gesteht er ihr trotz Hemmungen seine Liebe, dies aber höchst formell: er redet sie an als Herzogin von Katelangen, bittet sie um Erhörung, weist hin auf ihre hohe Herkunft, auf die Güte, die ihr Erbe sei. Und sie, ebenfalls formell, redet ihn an als »beas amis«, als »doux amis«, und es entwickelt sich ein höchst artifizieller Liebesdialog: eigentlich wird mehr das Phänomen Liebe erklärt, als daß die beiden sich die Liebe erklären. Hier ist nichts von der unsicheren Artikulation eines Mädchens, nichts vom Idiom eines Knappen: ein Ritual läuft ab. Schionatulander ist sich dessen bewußt, daß Herzogin Sigune Herrscherin eines Landes und seiner Bewohner ist, auf diesen Besitz reflektiert er aber nicht, er wünscht sich nur dies: »Daß mich dein Herz durch deine Augen sieht.« Und Sigune antwortet lehrbuchartig: »Wer so liebt, daß sein Leben...« Es könnte naheliegen, die offizielle Sprache zweier junger Leute, die fast noch Kinder sind, so zu interpretieren: weil sie zur eigenen Artikulation der neuen Erfahrung nicht fähig sind, müssen sie das Idiom von Erwachsenen übernehmen – aber das wäre psychologisierend, auch wenn sich in dieser Ge-

schichte, dieser Liebesnovelle zeigt, daß die beiden der Liebe im wahrsten Wortsinn: noch nicht gewachsen sind.
Der sprachlich weiterhin vorgefertigte Liebesdialog zieht sich über mehrere Strophen hin, zuletzt nennt Sigune die damals üblichen Konditionen: Schionatulander muß ihr Minnedienst, also Ritterdienst leisten; das gelobt er.
Zur Erfüllung des Gelöbnisses ergibt sich gleich in den nächsten Strophen eine Gelegenheit: Krieg im Morgenland. Der Kalif von Bagdad wird überfallen; Gahmuret bricht wieder auf (im Parzival-Roman wird ausführlich davon erzählt), Schionatulander muß Gahmuret wieder begleiten, und damit beginnt die schmerzhafte Trennung der Liebenden. »Ein sehr geliebtes Wesen blieb zurück, ein liebes Wesen zog dahin. Ihr habt noch nie zuvor von Mädchen, Frauen, von mutigen Männern gehört, die sich herzlicher geliebt hätten. Das hat dann später Parzival sehr genau festgestellt an Sigune, auf der Linde.«
Herzeloyde gibt Gahmuret ein Seidenhemd mit, das er (als Liebeszeichen) im Kampf über dem Ringelpanzer tragen soll; dies Hemd hat sie auf der bloßen Haut getragen, es hat, wie Wolfram betont, ihre Scham berührt.
Auch von der zweiten Morgenlandreise wird nicht weiter erzählt – schon findet die Rückkehr nach Wales statt, die Weiterreise nach Sevilla. Schionatulander, in der Fremde, ist in einem Zustand innerer Unsicherheit, ja Verwirrung. Wolfram dazu sprichwortartig: »Wenn Kinder das Aufstehen an Stühlen lernen, müssen sie erst mal zu ihnen hinkriechen.« Gahmuret, als erfahrener Mann, spricht mit seinem Knappen: »Ich sehe dir an, daß du verliebt bist – allzu deutlich sind die Zeichen!« Schionatulander gesteht, daß er Sigune liebt, »sie hat mein Herz besiegt«. Gahmuret sieht kommen, daß sein Knappe viel Wald abholzen wird, in Lanzenkämpfen, ehe er bei Sigune Erhörung findet. Doch Gahmuret freut sich »darüber, daß sein Herz so hoch abhebt«.
Parallel dazu erkennt Herzeloyde an ihrem Pflegekind deutliche Einwirkungen des gestrengen Regiments der Herrscherin Liebe, und sie ist darüber erschrocken. Aufgefordert, sich zu äußern, gesteht Sigune, daß ihr ängstlich zumute sei, daß sie sich nach Schionatulander sehne: Sigunes Liebesklage.

> Ich habe viele Abende Ausschau gehalten 117
> am Fenster: über die Heide, zu den Straßen
> und hinaus zu den lichten Wiesen –

es war umsonst: er kommt nicht zu mir her.
So müssen meine Augen teuer mit Tränen bezahlen –
   für die Liebe zu meinem Freund.

Dann gehe ich vom Fenster weg an die Zinnen,
schaue aus nach Osten und nach Westen,
   ob ich den sehen kann,
der schon so lang mein Herz erobert hat.
Man sagt mit Recht: volljährig sei ich
   in der Liebe, sei nicht mehr Kind.

Zuweilen fahre ich aufs Meer hinaus
und schaue in die Ferne
   mehr als dreißig Meilen weit –
vielleicht, daß mir zu Ohren kommt,
was mich befreit: vom Liebeskummer
   um den schönen, jungen Freund.

Was blieb mir vom beschwingten Glück? Und wie
verlor ich nur das stolze Hochgefühl des Herzens?
   Seufzen folgt uns beiden –
ich nähm es gern auf mich allein, für ihn.
Ich weiß genau: Sehnsucht treibt ihn zu mir her,
   doch er bleibt fern.

Er macht sich mir, ach, viel zu rar –
ich friere oft und gleich darauf:
   als läge ich in loderndem Feuer.
So versetzt er mich in Glut, Schionatulander,
ich bin entflammt in seiner Liebe –
   wie am Agrimont der Salamander.

Ein Klagelied im exakten Wortsinn: dieser Roman in Strophen sollte gesungen werden. Ich füge hinzu: es könnte auch sein, daß dieses Strophen-Epos deklamiert werden sollte, im Sprechgesang, von einem Instrument begleitet.
Zur Begründung muß ich einen Zeitsprung machen zu Albrecht von Scharfenberg, der etwa ein halbes Jahrhundert nach Wolfram die Titurel-Fragmente aufnimmt und ausführt in seinem umfangreichen Strophen-Roman, dem *Jüngeren Titurel* (das heißt: dem Neueren Titurel). Der Fortsetzer bittet Gott in einer der Stro-

phen, es möge ihm vergönnt sein, das Werk zu vollenden, schließlich soll es die Menschen bessern, »die es lesen oder hören«, und es ist von dem die Rede, »der iz sag odr in dem done singe«, also »der es vorträgt oder nach der Melodie vorsingt«. Dies hat Wolfram nicht vorformuliert, aber es ist denkbar, daß der Nachfahre über Wolframs Pläne genauer informiert war. Aus der Strophenform läßt sich allerdings eher der Schluß ziehen, daß Gesang die eigentliche Darbietungsform sein sollte. Die Originalmelodie der Titurel-Fragmente ist nicht überliefert, dafür aber die Melodie des *Jüngeren Titurel*. Über den Versuch, Wolframs Fragmente zu komplettieren, werde ich nachher berichten, hier nur soviel: da Albrecht so betont, so bewußt die Nachfolge Wolframs angetreten hat, ist nicht unwahrscheinlich, daß die Melodie des *Jüngeren Titurel* zumindest ein Nachklang von Wolframs Titurel-Melodie ist, vielleicht sogar eine Adaptation. Ich habe in einem Funkkonzert den wohl ersten öffentlichen Versuch gehört, die Titurel-Strophe zu singen (freilich mit der Strophe einer Zwischenüberlieferung), habe diese Erst- oder Uraufführung aufgenommen und mir wiederholt angehört: eine Melodie, die nur schwer ins Ohr geht (zumindest in mein Ohr), die sich nicht einprägen will. Mit Adjektiven läßt sich diese, auch diese Musik nicht beschreiben, so kann ich nur den (wiederholten) Höreindruck zu formulieren versuchen. Diese weitgespannte, feierlich rhapsodische Melodie mit zwei Schluß-Melismen (mehrere Noten auf einer Silbe) macht dieses Epos noch künstlicher als es im Text bereits erscheint. Daß sich die Melodie nicht als ›charakteristisch‹ einprägt, hängt wohl auch mit ihrer Funktion zusammen: sie muß viele Wiederholungen aushalten können, ohne daß man sie totsingt; sie muß vom Sänger in Phrasierung und Agogik mit großen Varianten vorgetragen werden können, gleichsam in verschiedenen Beleuchtungen: in Klage und Jubel, im dramatischen Weitereilen, im lyrischen Verweilen. Das heißt: diese Melodie muß ›neutral‹ sein. Dennoch, ich hörte hier eine Melodie des Abschiednehmens – für ein Epos, in dem von der Zerstörung einer Liebe erzählt wird, von Untergang und Tod: eine große Abschiedsklage. Als ich, um meinen subjektiven Eindruck kritisch zu überprüfen, Fachliteratur konsultierte, entdeckte ich bei Mohr die Formulierung: »Gattung der romanhaften Rückblickselegien«. Ja: eine Elegie...
Bei allen subjektiven Reaktionen – eins läßt sich objektiv sagen: durch das Singen wird die Darbietung des Textes verlangsamt. Hier kann es nicht geschehen, daß ein Wort, eine Formulierung

unbetont rasch weggesprochen wird: alles wird nach dem Melodie-Schema ausgesungen. Wolframs Text wirkt – wie sich zeigen wird – artifiziell; diese Künstlichkeit wird durch Gesang noch gesteigert. Und hier wird noch deutlicher, daß ein Element, das im *Parzival* sehr wichtig ist, im *Titurel* fast vollständig fehlt: der Humor. Hier wird ernste Kunst zelebriert.

Ich setze die Inhaltsangabe des ersten Titurel-Fragments fort. Herzeloyde ist nach der Liebesklage, dem Klagelied mit Recht erstaunt über die frühreife Artikulation der kleinen Sigune. Heute würde man sie vielleicht Kindfrau nennen, aber damit entstünden falsche Assoziationen: die Kindfrau verkörpert frühe Erotik, Sexualität – die Liebe aber zwischen Sigune und Schionatulander übernimmt von Erwachsenen die Sprache für Gefühle, doch körperlichen Ausdruck findet sie nicht: Sigunes Zögern wird zu lange dauern. Herzeloyde klagt: diese Liebe ist »zu früh« entstanden, Sigune wird großen Liebeskummer erleiden. Und Schionatulander wird großen Ruhm für sie erkämpfen müssen – die Funken, die er aus feindlichen Helmen schlägt, werden zum wahren Funkenregen! Aber er ist ja nun auch ein Inbild des Ritters. Sigune sieht sich (liebend) in Übereinstimmung mit der Gesellschaft: »Welches Glück, Tante, daß ich den von Graisivaudan mit Erlaubnis der ganzen Gesellschaft so sehr liebe.« Joachim Heinzle hebt diese Äußerung hervor: die jungen Liebenden schließen sich nicht aus der Gesellschaft aus, werden von ihr nicht ausgeschlossen.

Mit dem ›Schlußwort‹ endet das erste, 131 Strophen lange Fragment. Was hätte Wolfram zwischen diesem und dem folgenden Fragment erzählt? Wahrscheinlich vom Kampf um Bagdad. Und wie Gahmurets letzte Stunde naht: er trägt einen Helm aus Diamant, den keine Waffe durchdringt, das kann nur gelingen mit heidnischer Kriegslist – Bocksblut weicht ihn auf, Hippomedon bohrt Gahmuret eine Lanze in den Schädel. Er stirbt nicht sofort auf dem Schlachtfeld, er kann noch beichten und seinem Knappen Schionatulander fünf Länder übergeben – wohl zur Verwaltung.

Nach der Beerdigung reist Schionatulander zu Kaylet in Spanien, dann zu Herzeloyde; er berichtet vom Tod ihres Mannes. Sie ist hochschwanger; kurz nach dieser Todesnachricht setzen Wehen ein, sie gebiert Parzival. Sie will vermeiden, daß ihr Sohn ebenfalls Ritter wird und den Rittertod findet, sie zieht sich mit kleinem Gefolge in eine Einöde zurück, Soltane, im heutigen Französisch: Solitaire.

Und in Wales: Fortsetzung der hochstilisierten, ritualisierten Beziehung zwischen Sigune und Schionatulander. Gemeinsam reiten sie nach Soltane/Solitaire, um Herzeloyde zu besuchen. Bei der Gelegenheit sehen sie den kleinen Parzival, er wird zu dieser Zeit etwa ein Jahr alt sein. Auf dem Rückritt erleben sie die Episode mit dem entlaufenen Jagdhund und seiner außergewöhnlichen Leine. Etwa anderthalb Jahre erzählter Zeit trennen das erste vom zweiten Fragment.

Diese Liebesgeschichte ist von ihrem tödlichen »Ende her erzählt« (Haug) – Wolframs (potentielle) Zuhörer kannten es aus dem höfischen Roman: die vier Begegnungen Parzivals mit Sigune. Hat Wolfram in diesem Strophen-Epos zum erstenmal eine eigene Geschichte erfunden? Oder gab es eine preziöse Liebesnovelle aus Frankreich, die er adaptierte, von der er zumindest Erzählelemente übernommen hat? Bisher ist keine Vorlage gefunden worden, obwohl es literarische Entsprechungen gibt zur beschrifteten Hundeleine mit dem meterlangen, kurzgefaßten Liebesroman im Liebesroman.

Der Bracke, der gleich auftauchen wird, ist ein kleiner Jagdhund, etwa in der Größe eines Spaniels. Um so länger die Leine am Halsband. Diese aus vier (verschiedenfarbenen) Seidenbändern hergestellte, im Abstand von jeweils einer Spanne mit einem Ring gekoppelte oder untergliederte Leine beschreibt Wolfram etwas vage; Joachim Heinzle hat herausgefunden, daß sie in Brettchenweberei hergestellt wurde – das läßt sich nur mit Brettchen und Fäden erläutern, die habe ich hier im Text nicht zur Hand.

Bevor ich zum Beginn des zweiten überlieferten, 38 Strophen langen Fragments komme, eine kurze Einstimmung: hier ist eine extreme, zuweilen extravagante Erzählweise! Kaum erzählerische Kontinuität in der Chronologie der Ereignisse, sondern: Wolfram springt – nachholend – zurück in die Vergangenheit, springt – vorwegnehmend – in die Zukunft, spricht die Zuhörer an, beklagt das künftige Geschick der Hauptfiguren, schiebt allgemeine Sentenzen ein – solche Perspektivwechsel zuweilen innerhalb einer Strophe! Ich habe versucht, diese Struktur nachzubilden mit ihren abgebrochenen Sätzen, mit ihren Einschüben, Verschachtelungen, Sprüngen. Wolfram nimmt hier kaum Rücksicht auf Zuhörer, Leser – da will ich ihn in der Übertragung nicht konzilianter machen. Dazu hätte ich auch keinen Raum, denn ich wollte mich an das (ungefähre) Versschema halten.

Trotz des vorwiegend alternierenden Rhythmus werden diese Strophen beim Lesen zum Teil wie Freie Verse wirken. Nahm sich Wolfram in später Radikalität bewußt solche (metrischen) Freiheiten? Oder haben sie sich ergeben, weil diese Werkfragmente literarische Skizzen sind? Diese These hat Wolfgang Mohr aufgestellt. Demnach hätte Wolfram dichtend ausprobiert, wie weit das Versschema, die Strophenform trug, welche Ausdrucksmöglichkeiten sich hier entwickeln ließen, und er achtete dabei nicht weiter auf strenge Einhaltung des Schemas – das er sich erst zurechtsang. Nach mehr als 30000 Kurzversen nun Langzeilen, mit wechselnder Zahl von Hebungen und Senkungen – da waren metrische Unregelmäßigkeiten vielleicht noch Unsicherheiten.

Hier also nun das zweite Fragment, so wie es überliefert wurde (in der Münchner Handschrift G). Um inhaltlich wieder anzuknüpfen: Sigune und Schionatulander haben Königin Herzeloyde in ihrer Einöde besucht, haben den kleinen Parzival gesehen, kehren zurück, machen unterwegs Rast.

Sie lagerten kaum, da hörten sie plötzlich:
mit lautem, schönem Bellen folgte
    auf rotmarkierter Spur dem wunden Wild
ein Bracke: gab hoch Laut und trieb es auf sie zu –
und wurde dort ein Weilchen aufgehalten.
    Noch heut beklage ich das, als ihr Freund.

Als sie im Wald den Widerhall des Bellens hörten –
Schionatulander (von Kindesbeinen an bekannt
    als einer, der die Schnellsten
überholte – außer Trevrizent, den Edlen:
der war im Laufen, Springen allen voraus,
    die dies auf Ritterbeinen taten),

dachte nun: »Holt einer diesen Jagdhund ein,
so wär der gut zu Ritterfuß.«
    Und damit wird er Glück verkaufen,
handelt sich für immer Unglück ein.
Sprang auf und dem Gebell entgegen –
    als wollte er im Lauf den Bracken fangen.

Weil dem Wild auf seiner Flucht der Weg verwehrt war
in den Wald, doch offen zum Dauphin –
   das vergrößert nur sein Elend,
bringt ihm für die Zukunft reichlich Leid.
Er versteckte sich nun hinter einem dichten Busch.
   Da kam – mit seiner Leine – der Bracke

eines Fürsten angejagt: er war ihm aus dem Arm
gesprungen, runter an die Spur des Pfeileinschnitts!
   Die schicken nie mehr einen Hund los,
die ihn zum Mann mit dem hohen Herzen geschickt:
von dem aus jagte er zum Stolzen von Graharce –
   das hat ihn seither reichlich Glück gekostet.

Als der so auf der Spur durchs Dickicht brach
(sein Halsband war arabisch: ein Geflecht,
   mit äußerst hartem Webscheit hergestellt,
und darauf sah man Edelsteine, kostbar, funkelnd,
die gleißten wie die Sonne durch den Wald),
   da fing er nicht bloß diesen Bracken ein!

Was er mit dem Bracken packte, darf ich euch erklären:
er lernte unerschrocken Liebeskummer kennen,
   von der Not konterkariert,
und immer größer wurde auch sein Drang zum Kampf.
Das Bracken-Halsband war für ihn denn in der Tat
   ein Anfang: für Verlust an Glück.

Er trug im Arm den Jagdhund zu Sigune, dieser Schönen.
Die Leine, sie war gut zwölf Klafter lang:
   Bortenseide in vier Farben –
gelb und grün und rot, das vierte violett;
nach jeder Spanne ein Verbindungsglied,
   als Schmuckstück hergestellt:

darüber je ein Ring befestigt, den Perlen zierten;
jeweils zwischen diesen Ringen (kaum entwertet
   durch die Steine!) eine Spanne:
vier Streifen in vier Farben, gut einen Finger breit.
Fing ich je an solcher Leine einen Hund:
   ich ließ ihn frei, sie blieb bei mir.

War sie aufgedröselt, sah man zwischen diesen Ringen
Lettern, außendran und innendrin –
   kostbar war ihr Material.
Hört nur, wenn es euch beliebt, was sie berichten.
Die Edelsteine waren auf der Leine fest umnietet:
   mit Nägeln ganz aus Gold.

Die Lettern waren aus Smaragd – in Verbindung mit Rubin.
Da gab's Granate, Diamanten, Chrysolithe.
   Keine Leine war zuvor so gut
behundet, auch war der Hund sehr gut beleint.
Ihr werdet leicht erraten, was ich nähme –
   und wär der Hund im Gegen-Angebot!

Auf dieser Seide, grün wie maiender Wald,
war das Halsband festgenäht, als Borte;
   viele, sehr verschiedne Edelsteine
darauf befestigt; der Text von einer Frau verfaßt;
»Gardevias« hieß der Hund – im Deutschen sagt man:
   »Bleib auf der Spur!«

Die Herzogin Sigune las den Anfang der Schrift:
»Es ist dies zwar ein Brackenname, doch:
   dies Wort gilt auch für edle Menschen.
Männer und Frauen mögen auf rechter Fährte bleiben!
Sie wandeln hier in der Gunst der Welt,
   erhalten dort als Lohn die Seligkeit.«

Auf dem Halsband – nicht der Leine – las sie weiter:
»Wer auf rechter Fährte bleibt,
   des Ehre wird man nicht verkaufen:
die wohnt im reinen und so starken Herzen,
daß sie keiner übersehen kann
   auf jenem Markt der wechselnden Bewertung.«

Der Bracke und Leine waren einem Fürsten aus Liebe
zugeschickt: sie war als Königin geboren,
   trug schon jung die Krone.
Signune las nun auf der Leine den Bericht:
wer diese Königin und wer der Fürst war –
   beide waren namentlich genannt.

Sie war in Kanedic geboren. Flori, ihre Schwester,
schenkte dem Britannen Ilinot alles, was sie hatte:
    ihr Herz, ihr Denken
und sich selbst – doch nicht die Liebe im Bett.
Sie hatte ihn erzogen: von Kind an bis zum Aufbruch
    als Ritter. Er war ihr ein und alles.

Im Kampf um ihre Liebe fand er unterm Helm den Tod.
Würd ich damit nicht die Form verletzen,
    so verfluchte ich die Hand noch heute,
die ihm im Lanzenstoß den Tod gebracht.
Bei dieser Tjost starb auch Florie –
    und keine Lanzenspitze kam ihr nah!

Eine Schwester hinterließ sie, die ihre Krone erbte;
dieses Mädchen hieß Clauditte;
    ihre Reinheit, Güte fanden ihren Lohn
im Lob des Fremden wie auch des Vertrauten.
So ward ihr Ruhm in vielen Ländern verbreitet –
    keiner machte ihr den streitig.

Auf der Leine las die Herzogin von dieser Jungfrau.
Ihre Fürsten wünschten von ihr einen Herrn,
    und das war legitim.
Sie setzte einen Hoftag an, zu Beaufremont.
Reich und arm traf zahlreich ein;
    sogleich gewährte man ihr freie Wahl des Gatten.

Duc Ecunat de Sauvage fleurie –
den hatte sie bereits ins Herz geschlossen
    ihn, nur ihn erwählte sie sich zum ami.
So war sein Herz ihr mehr als ihre Krone wert.
Als Fürst erstrebte er Vollkommenheit;
    er ging mit edler Haltung seinen Weg.

Entscheidend war für sie sein edler Anstand
und ihr Landesrecht der freien Wahl:
    die Jungfrau wählte denn mit Würde.
Wollt ihr wissen, wie ihr Freund auf deutsch heißt?
Herzog Ekunaver von der Blumen-Wildnis;
    ja, ich hörte, daß man ihn so nennt.

Die Wildnis gab ihm seinen Namen, in die Wildnis
schickte sie ihm diesen Wildnis-Brief,
  den Bracken, der die Spur durch Feld und Wald
verfolgte, weil sein Wesen dies erzwang.
Die Inschrift auf der Leine sagte noch:
  sie geht bedachtsam ihren Weg als Frau.

Schionatulander fing mit einem Fliegenköder
(während sie las) Forellen und Äschen –
  und den Verlust seines Glücks.
Er wurde seither kaum noch einmal froh.
Die Herzogin machte den Knoten auf, um den Text
  zu Ende zu lesen, auf der Leine –

die war an der Zeltstange festgebunden.
Daß sie die löste, macht mir das Herz schwer –
  ach, hätte sie es unterlassen!
Gardevias streckte sich und riß sich los,
bevor die Herzogin sein Futter kommen ließ –
  sie wollte ihm zu fressen geben.

Zwei junge Damen rannten aus dem Zelt heraus.
Ich klage um die weißen, zarten Hände der Herzogin –
  wenn die Leine sie aufschürft:
meine Schuld? Die Steine hatten scharfe Kanten!
Gardevias riß sich los und suchte
  rasch die Spur des Hundwilds.

Genauso war er diesen Tag Fürst Ecunat entwischt!
Sie rief's den jungen Damen zu,
  (sie hatten Futter für den Bracken mitgebracht),
die eilten augenblicklich in das Zelt zurück.
Er war schon unterm Zelttuch durchgeschlüpft –
  man hörte ihn sofort darauf im Wald.

Er hatte mit der Plane ein paar Pflöcke rausgerissen!
Als er die frische, rote Spur nun wieder aufnahm,
  hielt er's keineswegs geheim:
er jagte völlig öffentlich – kein leises Wildern...
Und damit, seither mußte er viel Not erleiden,
  der Sohn des edlen Gursgri.

Schionatulander fing die großen und kleinen
Fische mit der Angel,
    stand mit seinen nackten, weißen Beinen
(weil das kühlte), im klaren raschen Bach.
Nun vernahm er das Bellen von Gardevias:
    damit hörte er sein Unheil.

Er warf die Angel aus der Hand und rannte schnell
über Stämme und durch Ranken –
    und kam doch nicht dem Bracken näher:
den hatte Wildnis derart weit von ihm entfernt,
daß er nicht Wild, nicht Hund aufspürte –
    der Wind trug alle Laute von ihm fort.

Brombeerranken kratzten seine nackten Beine auf
und seine bloßen Füße wurden bei dem Lauf
    ein ›bißchen‹ verletzt, an den Stubben,
man sah mehr Blut von ihm als von dem wunden Wild!
Er ließ sie waschen, ehe er das Zelt betrat.
    Sigune bot ihm diesen Anblick:

die Hände innen wie von Reif befallen,
grau wie die Hand eines Tjosteurs,
    wenn im Aufprall der Lanzenschaft verrutscht –
die schrammt dann über bloße Haut und fetzt sie auf:
genauso war die Leine durch die Hand
    der Herzogin gerissen worden.

An Beinen und Füßen sah sie bei ihm viele Wunden,
beklagte ihn, und er beklagte sie ebenfalls.
    Die Geschichte wird jetzt bitter:
die Herzogin begann mit ihm von dieser Schrift
auf der Leine zu sprechen –
    ihr Verlust wird viele Lanzen brechen.

Er sprach: »Beschriftete Leinen?! Nie gehört!
Briefe, Bücher auf französisch kenne ich durchaus.
    Diese Kunst ist mir nicht fremd –
ich könnte alles lesen, was da aufgeschrieben wäre.
Sigune, schönes Mädchen, gib nichts auf die Schrift
    auf dieser Leine!«

Sie sagte: »Spannendes stand auf dem Strang!
Darf ich es nicht zu Ende lesen,
    geb ich nichts mehr auf mein Katalonien.
Was immer mir an Reichtum angeboten würde –
(wär ich es wert, ihn anzunehmen)
    ich hätte lieber diese Schrift!

Edler Freund, das geht nicht gegen dich und andre!
Wenn wir beiden auch in unsrer Zukunft
    jung an Jahren bleiben sollten,
du weiterhin um meine Liebe dienen willst –
beschaff mir erst die Leine,
    mit der hier Gardevias angebunden war.«

Er sagte: »Wenn es so ist, hole ich die Leine gern!
Muß man sie im Kampf erobern,
    geb ich mein Leben, meine Ehre hin,
wenn ich sie nicht wiederbringen kann.
Sei mir gewogen, schönes Mädchen;
    halt mein Herz nicht allzu lang gefesselt.«

»Erhörung – alles, was ein Mädchen seinem edlen
schönen Freund gewähren darf,
    das geb ich dir und keiner bringt mich davon ab,
solang du dich um diesen Strang bemühst,
den dieser Bracke, den du mir gefangen brachtest,
    nachzog, auf der Spur.«

»Ich werde mich in deinem Dienste stets darum bemühen.
Du bietest reichen Lohn. Erleb ich je die Zeit,
    in der ich es erreichen werde,
daß ich deiner Neigung sicher bin?
Das wird erstrebt – ob nah, ob fern!
    Mir helf das Glück – und deine Liebe.«

So haben sie sich mit Versprechungen getröstet
und mit gutem Willen. Dieser Anfang großen Leids –
    zu welchem Ende führte er!
Man wird nun hören, Jung und Alt,
vom kühnen Mann des Ehrenworts:
    hält sein Ruhm die Höhe, stürzt er ab?

42 Etwa 1220, so wird allgemein geschätzt, dürfte Wolfram gestorben sein. Zumindest wird er in diesem Zeitraum die Arbeit an *Willehalm* und *Titurel* endgültig aufgegeben haben. Weil ihn der Nachfolger Hermanns nicht unterstützte? Weil er krank wurde, nicht mehr arbeiten konnte? Eine Krankheit, die zum Tode führte? Und er starb in seinem Haus, also wahrscheinlich in Eschenbach?

Plötzlich zu sterben, bei einem Unfall, an einem Herzschlag, das wird heute als leichter, damit als guter Tod bezeichnet. Es war zu Wolframs Zeit der häßliche, der bittere Tod. Man fürchtete nicht so sehr das Sterben, man fürchtete den einsamen Tod »ohne Zeugen oder Zeremonien«, wie Philippe Ariès in seiner *Geschichte des Todes* schreibt, der dieses Kapitel folgt, bis zur Totenfeier.

Ein guter Tod war damals: rechtzeitig zu wissen, daß es auf das Ende zugeht. Und in einem Raum zu sterben, der voller Menschen ist: der Sterbende als Mittelpunkt, und nicht wie bei uns abgedrängt an den Rand der Gesellschaft. Das Sterbebett, der Todeskampf oder das Entschlafen: in keiner Minute will und soll der Sterbende allein gelassen werden. In den damals sehr kleinen Zimmern der kleinen Häuser wird sich Körper an Körper drängen – wie ein Schutzwall um den Sterbenden. Und wenn ein Passant auf der Straße sieht, daß ein Priester mit dem Allerheiligsten in ein Haus eilt, so kann er ihm ohne weiteres folgen: es ist jeder willkommen, der Teilnahme zeigt.

Der Sterbende soll auf dem Rücken im Bett liegen, die Hände auf Bauch oder Brust gekreuzt, der Kopf nach Westen, die Füße nach Osten. Und es werden Gebete gesprochen: Gott, der Lazarus vom Tode und Daniel aus der Löwengrube gerettet hat, Er möge auch die Seele des Sterbenden retten, trotz der Sünden, die er in seinem Leben begangen habe. Nach dem Sterbegebet erteilt der Priester die Absolution, besprengt den Sterbenden mit Weihwasser, reicht ihm die Hostie; die Letzte Ölung ist noch nicht üblich.

Mit dem Tod ein allgemeiner Aufschrei, und man schlägt die Hände zusammen, reißt sich an Bart und Haaren, zerfetzt sich die Kleider, umarmt und küßt ekstatisch den Leichnam, mehrere fallen in Ohnmacht. Davon berichten Epen jener Zeit stereotyp: daß der Trauernde »ohnmächtig zusammensinkt« oder »betäubt zur Erde sinkt«, daß man »länger in seiner Ohnmacht verharrt, als man braucht, um eine halbe Meile zu Fuß zurückzulegen«.

Rückhaltlos will man sich vom Geschehen überwältigen lassen; die Ohnmacht des Menschen vor dem Tode wird sichtbar im Hinsinken, Zusammenbrechen.
Dieser allgemeinen, ungehemmten Bekundung des Schmerzes folgt (wohl in einer Phase der Erschöpfung) die Lobrede auf den Verstorbenen. Sie wird vom nächsten der Verwandten gehalten. Danach ein Klagelied, ein Gebet: Deine Seele möge den Weg ins Paradies finden. Nun wird der Verstorbene in Leinen gehüllt, ins Leichentuch, wird vor der Haustür aufgebahrt und schließlich zur eigentlichen Grabstelle überführt, »und zwar mit einigen Unterbrechungen«.
So entwerfe ich hier eine größere Unterbrechung: die Bahre wird aus dem Oberen Eschenbach hinausgetragen zur Höhe der Fliehburg, der Burgruine. Freilich, dort findet meine Totenfeier nicht statt, auch nicht an einem anderen charakteristischen Ort, der Wiedererkennen möglich macht: irgendwo auf dem Höhenrükken wird die Bahre abgesetzt, mitten im Wald. Und ich lasse Klingsor auftreten, von dem im Roman bloß berichtet wird, er bleibt (ich sehe ihn nur von hinten) wenige Schritte vor der Bahre stehen, hebt langsam beide Arme, schon weichen Bäume und Büsche, und weil seine Arme, seine Hände eine gleichmäßig schwingende Bewegung vollziehen, entsteht eine wie ausgezirkelte Lichtung, mit Gras, Moos, Waldblumen; in der Mitte die Bahre mit dem Leichnam. Und aus dem Wald ringsum kommen gleichzeitig alle Gäste dieser Totenfeier, umgehen die Bahre. Aus dem Kreis tritt Constantin Flakko hervor mit gefalteter grüner Seide in den Händen, überreicht sie zwei Frauen, zwei Männern, die zur Familie gehören, sie breiten das Seidentuch über Leinen und Bahre: Seide, die aufleuchtet wie ein riesiger Smaragd – Achmardi aus der Seidenstadt Arabi in Arabien. Zwei Männer treten auf die Bahre zu, der eine in azurblauem, der andere in rubinrotem Seiden-Waffenrock, und sie halten weiße, drei Meter lange Schäfte senkrecht, an denen Wimpel flattern, obwohl es windstill ist. Und es tritt eine Spielfrau hervor mit ihrer kleinen Harfe, sie spielt auf meinen Wunsch das Lamento di Tristano. Und es entsteht die Akustik eines weiten Innenraums, der Klangraum einer romanischen Basilika: auch dies könnte Klingsor bewirken, der reglos dasteht, ein paar Schritt vor der smaragdgrün leuchtenden Seide, unter der sich Kopf und Hände ausprägen. Nach der melancholischen Melodie senken Bligger und Konrad die weißen Schäfte, der azurblaue und der rubinrote Wimpel berühren kurz das Smaragdgrün, die beiden

Männer treten in den Kreis zurück, auch die Spielfrau. Nun gehen Männer in Kutten auf die Bahre zu, ich erkenne sie wieder: Abt Rupert, mit ihm Eilhart, der alte Michael und Rainald und Martin und Ruodlieb, auch Ägidius, der sie besuchte, auch ihr Abt, und ich höre, was in diesem Buch bisher nie erwähnt wurde und was doch so etwas wie eine musikalische Grunddünung der Zeit war, in der Wolfram gelebt hat: Gregorianischen Gesang. Das sonore, beinah statische Singen der Mönche und Äbte scheint Gestalten und Schemen in der Walddämmerung anzulocken, sie bleiben stehen im Schatten der ersten Bäume. Nach der Litanei hält Abt Rupert eine kurze Totenpredigt, auf Latein – oder ist es ein Nachklang des Lateinischen? Höre ich nur echohaft das Wort »mors« und das Wort »resurrectio«? Es treten sieben Frauen hervor, singen die Strophen von Sigunes Liebesklage, in der Melodie des *Titurel*, und auch jetzt klingt es, als sängen sie in einem Dom. Noch immer stehen zwischen den Bäumen die Gestalten, festlich bunt gekleidet. Im Wald Hundebellen, es kommt sehr rasch näher, schon taucht am Rand der Lichtung etwas Weißes auf, ein Hirsch, er flieht mit raschen Sprüngen wieder in den Wald, ein Jagdhund hinter ihm her, eine lange Leine schleifend. Im selben Augenblick, in dem der weiße Hirsch auftaucht, steht, wie hergezaubert, ein Mann rechts neben mir: breit, mit massigem Schädel, und ohne ihn genauer anzusehen, weiß ich, daß sein rechtes Augenlid gesenkt ist. Nun beginnt die Spielfrau, wieder an die Bahre herantretend, Neidharts »Abschied von der Welt« zu spielen; mit den ersten Worten (Alles das den sumer her in freuden was) steht, wie hergezaubert, zu meiner Linken ein Mann, der nur aus Aura zu bestehen scheint. Zu dritt gehen wir auf die Bahre zu mit der smaragdgrün leuchtenden Seide, der breite Mann zu meiner Rechten, die schemenhafte Figur zu meiner Linken verbeugen sich mit mir; als ich mich aufrichte, sind sie nicht mehr da. Und alle, die an der Bahre standen, gehen auf den Wald zu, ein wachsender Kreis, und gleichzeitig treten aus dem Wald die bunt gekleideten Gestalten hervor; der innere Kreis schreitet auf den äußeren Kreis zu, im inneren Kreis wächst, im äußeren Kreis schrumpft der Abstand von Person zu Person, die beiden Kreise durchdringen sich, bilden für einen Atemzug einen geschlossenen Kreis, und der innere Kreis wird zum äußeren Kreis, der äußere zum inneren, die bunt gekleideten Gestalten stehen nun dort, wo die Teilnehmer der Totenfeier standen. Ich schaue auf den smaragdgrünen Achmardi aus Arabi, höre wieder das Bellen im Wald, es nähert sich rasch, diesmal aber bricht nicht der weiße Hirsch hervor, der in einer Sage über Oswald von Wolkenstein auftaucht, der Jagdhund hechelt auf mich zu, huscht vorbei; ich bücke mich, packe die lange Hundeleine, die er nachschleift, schon bleibt, wie auf einen Wink Klingsors, der Bracke stehen, und ich sehe Silberbuchstaben auf dem gestreiften Seidenband: die Totenfeier sei beendet, lese ich, Wolfram lebe weiter in seinen Gestalten. Ich lasse die Leine los, der Hund jagt mit einem Aufblaffen davon, zieht die Leine wie einen dünnen Kometenschweif hinter sich her, ein Funkenwirbel von Buchstaben; als ich den Blick aus dem Walddämmer löse, sind vier Männer in seidenen Überröcken an die Bahre herangetreten, haben sie angehoben; neben jedem dieser Männer eine Frau in festlichem Kleid, und ich weiß sofort, wer sie sind: vorne links Parzival und Conduiramour, vorne rechts Willehalm und Gyburc, dahinter ihr Vater Terramer mit Gemahlin, neben dem Heiden ein sehr junger Mann: Gawan, mit Orgeluse. Langsam tragen die drei jungen Männer und der ältere Mann die Bahre zum Waldrand der noch kreisrunden Lichtung, es schließen sich Dutzende von Gestalten an: als erstes ein junger Mann, barfuß, mit verletzten Füßen, neben ihm ein schönes Mädchen, halb Kind, halb Frau, es folgt ein Greis, den eine Frau, ein Mann stützen. Ich schaue auf das smaragdgrüne Seidentuch; schon macht Klingsor mit beiden Armen eine langsam schwingende, seine erste Geste gleichsam zurücknehmende Bewegung, schon wächst der Wald zurück in die Lichtung, Klingsor ist hinter einem mächtigen Stamm verschwunden, im Walddämmer sehe ich nur den smaragdgrünen Schimmer, dessen Leuchtkraft mit der Entfernung zu wachsen scheint.

Zweiter Teil
Der Parzival des Wolfram von Eschenbach

Lebt das Herz mit der Verzweiflung,
so wird es höllisch für die Seele.
Häßlich ist es und ist schön,
wo der Sinn des Manns von Mut
gemischt ist, farblich kontrastiert,
gescheckt wie eine Elster.
Und doch kann er gerettet werden,
denn er hat an beidem teil:
am Himmel wie der Hölle.
Der Freund des schwankenden Gemütes:
er ist völlig schwarz gefärbt
und gleicht auch bald der Finsternis;
dagegen hält sich an das Lichte,
der innerlich gefestigt ist.
  Der Vergleich hier, so geflügelt,
ist zu schnell für Ignoranten –
ihr Denken kommt hier nicht mehr mit,
denn es schlägt vor ihnen Haken
wie ein Hase auf der Flucht.
So täuschen hinterm Glas das Zinn
und auch des Blinden Traum: sie zeigen
nur die Milchhaut des Gesichts –
dieser Schimmer trüben Lichts
kann ja nicht beständig sein;
er macht zwar Freude, doch nur kurz.
Wer rupft mich dort, wo mir kein Haar
gewachsen, in der Innenhand?
Der wüßte schon, wie man es packt…
Rief ich »au!« vor lauter Schreck,
es zeigte meinen Geisteszustand.
Find ich feste Bindung dort,
wo sie bald verschwinden muß
wie Feuer in dem Brunnenschacht
und der Tau im Sonnenlicht?
Und doch: ich kenne keinen Klugen,
der nicht allzu gerne wüßte,
worauf sie rauswill, die Geschichte,
welche Botschaft sie vermittelt.
Sie wird nicht auf der Stelle treten:
mal weicht sie aus, mal setzt sie nach,
zieht sich zurück, greift wieder an,

sie spricht den Tadel aus, das Lob.
Wer all den Würfelwürfen folgt,
der ist schon mit Verstand gesegnet,
sitzt nicht fest und geht nicht fehl,
kommt allenthalben gut zurecht.
Freundschaft, die sich nicht bewährt,
sie ist fürs Höllenfeuer reif,
ist Hagelschlag auf Wert und Würde;
verkürzt der Kuhschwanz ihrer Treue:
nach dem dritten Biß schlägt sie
die Bremsen nicht mehr weg im Wald.
   Was ich als Unterschied betonte,
trifft nicht bloß für Männer zu:
ich setze Zeichen auch für Frauen.
Die meinen Rat befolgen will,
die sollte sich schon überlegen,
wen sie rühmen, ehren will
und wem sie daraufhin die Liebe
schenkt und ihren Ruf, die Würde,
damit sie dann nicht klagen muß
um ihre Tugend, Liebe, Treue.
Ich bitt bei Gott die edlen Frauen,
sie möchten Augenmaß bewahren;
Takt und Anstand schützen Tugend.
Mehr Segen brauch ich nicht zu wünschen.
Betrügt die Frau, so trügt ihr Lob.
Wie fest ist denn ein dünnes Eis,
wenn im August die Sonne brennt?
So schmilzt ihr Ruf ganz rasch dahin.
Schöne Frauen rühmt man sehr,
doch ist das Herz bloß imitiert,
so kann ich es nur loben wie
ein Stück in Gold gefaßtes Glas.
Ich halt es keineswegs für Talmi,
wenn man in den schlichten Messing
den Rubin, den noblen, faßt,
mit aller seiner Zauberkraft –
so seh ich wahre Weiblichkeit.
Bleibt die Frau dem Wesen treu,
bewerte ich nicht nach dem Äußren
und der Brüstung überm Herzen –

ist alles gut in ihrer Brust,
so wird ihr Ruf nicht angekratzt.
Was Mann und Frau sind: wollte ich
das definieren (was ich könnte!),
so würde dies sehr umfangreich.
   Nun hört euch die Geschichte an!
Von beidem wird sie euch erzählen:
von der Freude wie vom Leid;
Lust und Sorge spielen mit.
Nehmt an, ich einer wäre drei,
und jeder hätte meinen Rang
im Können (nötig wäre hier
dann freilich noch Erfindungskraft!),
wenn *die* euch gut erzählen wollten,
was ich *allein* erzählen will,
sie hätten ihre liebe Not!
   Erzähl euch die Geschichte neu,
die von treuer Liebe handelt,
von echter Weiblichkeit der Frau
und wahrer Männlichkeit des Manns,
die sich bei keinem Schlag gekrümmt.
Sein Mut ließ ihn da nicht im Stich:
war Stahl! Wo immer er auch kämpfte,
dort errang er sieggewohnt
viele hohe Ruhmestitel.
War beherzt, reifte langsam –
so stelle ich den Helden vor.
In Frauenaugen war er schön,
er machte Frauenherzen krank,
war vor der Schande auf der Flucht.
Der Held, den ich mir auserwählt,
um den es geht in der Geschichte,
in der Erstaunliches geschieht,
er lebt hier im Roman noch nicht.
   Man hält's noch so, wie man es hielt,
wo Frankreichs Erbrecht galt und gilt
(man hält es auch an einem Ort
in Deutschland so, ihr wißt es schon):
wer immer in dem Lande herrschte,
der verfügte völlig rechtens
(ist zwar seltsam, doch es stimmt),

daß dem Ältesten der Brüder
des Vaters Erbe gänzlich zufiel!
Für die Jüngren war das schlecht;
was sie besaßen, als er lebte,
nahm der Tod des Vaters weg;
vorher hatten sie gemeinsam,
was jetzt der Älteste besaß.
Dies hat ein kluger Mann erdacht,
denn: das Alter braucht Besitz –
die Jugend lebt voll schöner Kraft,
im Alter klagt und leidet man.
Das Allertraurigste ist dies:
Alter und dazu noch Armut.
Ich sag euch ehrlich meine Meinung:
daß man Herzog, Graf und König
nicht den Grundbesitz vererbt,
sondern stets dem Ältesten –
diese Regelung ist seltsam.
Gahmuret, der große Kämpfer,
couragiert, doch selbstbeherrscht,
verlor so Burgen und das Land,
in dem sein Vater, voller Glanz,
das Zepter und die Krone trug
mit großer königlicher Macht –
bis er fiel, im Ritterkampf.
Es wurde sehr um ihn getrauert:
bis zu seinem Tode blieb er
pflichtbewußt und hoch geehrt.
Sein erster Sohn ließ alle Fürsten
kommen, aus dem ganzen Reich.
Sie traten dort in Gala auf,
denn sie erwarteten mit Recht
die große Lehensübergabe.
Als sie nun am Hofe waren
(Privilegien bestätigt,
Lehen sämtlich übertragen),
hört euch an, was sie da taten!
Sie zeigten, wie loyal sie waren,
baten alle – reich und arm –
bescheiden, mit Entschiedenheit,
der König möge Gahmuret

noch größre Bruderliebe zeigen
und zugleich sich selber ehren,
indem er ihn nicht ganz enterbe,
ihm von seinem Land ein Stammgut
schenke, dies vor aller Welt,
das ihm, als seinem eignen Herrn,
den Namen gebe, freien Stand.
Der König war ganz einverstanden:
»Eure Bitte ist berechtigt.
Ich sag hier zu – und noch viel mehr:
warum nennt Ihr meinen Bruder
nicht Gahmuret von Anjou?
Anjou ist mein Land: diesen Namen
werden wir gemeinsam tragen.«
Der edle König sagte weiter:
»Ich werde meinem Bruder helfen –
dies weit mehr, als ich es jetzt
mit kurzen Worten sagen kann.
Er soll mein Hausgenosse sein.
Ja, ich werd euch allen zeigen,
daß wir *eine* Mutter hatten!
Er hat nur wenig, ich genug,
ich geb ihm so viel davon ab,
daß ich nicht mein Heil verpfände
Dem, Der alles gibt und nimmt –
zu beidem hat Er ja das Recht.«
Als die großen Fürsten merkten,
allesamt, daß ihren Herrscher
Bruderliebe handeln ließ,
war dies für sie ein Jubeltag.
Und sie verbeugten sich vor ihm.
Gahmuret verschwieg nicht länger,
was sein Herz bereits bejahte,
freundlich sagte er zum König:
»Herr, mein Bruder, wollte ich
in einem Haushalt unterschlüpfen,
bei Euch, bei einem andren Herrn,
so hätte ich wohl ausgesorgt.
Doch denkt hier auch an meine Ehre
(Ihr seid loyal und klug dazu)
und gebt mir, nach dem Stand der Dinge,

Euren Rat und Eure Hilfe.
Ich habe nichts als eine Rüstung –
hätt ich mehr in ihr geleistet,
das mir weithin Ruhm einbrächte,
und man meiner auch gedächte!«
Weiter sagte Gahmuret: 8
»Sechzehn Knappen habe ich –
sechs von ihnen tragen Rüstung;
gebt vier Pagen noch dazu,
gut erzogen, hochgeboren –
ich werde nicht bei ihnen knausern
mit der Beute, die ich mache.
Ich werde in die Ferne ziehen –
schließlich war ich viel auf Reisen!
Bleibt das Glück mir weiter treu,
find ich die Neigung einer Dame.
Wenn ich für sie dienen darf
(und ich dessen würdig bin),
so sagt mir dieser kluge Kopf:
ich tue das aus wahrer Liebe.
Gott führe mich den Weg des Glücks.
Wir zogen einst gemeinsam los
(damals herrschte noch Gandin,
unser Vater, in Eurem Reiche),
litten viele Seelenqualen,
beide, weil wir Frauen liebten.
Ihr wart ein Ritter und ein Dieb,
Ihr habt umworben – und verhehlt.
Ah, könnt auch *ich* mal heimlich lieben,
wär hier so geschickt wie Ihr
und fänd Erhörung bei der Dame.«
Der König seufzte, sagte dann:
»Ach, hätte ich dich nie gesehn!
Mit deinem Leichtsinn hast du mir
das Herz zerrissen, das noch ganz war.
Und tust es noch mal, wenn du gehst. 9
Mein Vater hat uns beiden
sehr viel Erbe hinterlassen:
ich steck das Gleiche für dich ab –
bin dir von Herzen zugeneigt.
Edelsteine, rotes Gold,

Männer, Waffen, Pferde, Kleider –
von allem geb ich dir so viel,
daß du tun kannst, was du willst,
und auch genug zum Schenken hast.
Dein Mut ist außerordentlich.
Und wär selbst Gylstram dein Geburtsort
oder kämst aus Hromgla her –
du wärst doch stets an meiner Seite,
an der ich dich so gerne sehe.
Denn, wahrhaftig, bist mein Bruder!«
»Herr, Ihr *müßt* mich einfach loben,
weil das Eure Haltung fordert.
So helft mir bitte auch entsprechend.
Teilt Ihr und Mutter das Vermögen,
das bewegliche, mit mir,
so steig ich auf und niemals ab.
Mein Herz will ohnedies nach oben –
ich weiß nicht, warum pocht es so,
mir wird die Brust, hier links, ganz weit!
Wohin, ach, reißt es mich nur fort?!
Ich geb hier nach, soweit ich's kann.
Nun steht der Abschiedstag bevor.«
Der König gab ihm darauf alles –
mehr, als er erbeten hatte:
fünf Rösser, ausgewählt, erprobt, 10
die besten seiner Länder,
mutig, kräftig, gar nicht lahm,
viele teure Goldgefäße
und so manchen Barren Gold.
Dem König fiel es gar nicht schwer:
er füllte ihm vier Saumtierkisten,
auch mit vielen Edelsteinen –
sie waren bis zum Rand gefüllt.
Die Knappen, die den Dienst versahen:
gut gekleidet und beritten.
   Trauer war dann unvermeidlich,
als er zu seiner Mutter ging –
sie drückte ihn ganz fest an sich.
»Fils du roi Gandin –
willst du nicht länger bei mir bleiben?«
sprach die Frau, die fraulich war.

»Ach, ich hab dich doch geboren –
bist zugleich der Sohn Gandins.
Ist denn Gott, der Helfer, blind,
oder ist Er taub geworden,
daß Er mich nicht mehr erhört?
Kommt neuer Kummer auf mich zu?
Begraben ist die Kraft des Herzens
und die Sehlust meiner Augen;
will Er mich noch mehr berauben –
Er, als der gerechte Richter?!
Läßt Er mich hier so im Stich,
träfe all das gar nicht zu,
was man von Seiner Hilfe sagt.«
Da sprach der junge Herr Anjou:
»Gott tröste Euch für meinen Vater –
wir beide trauern hier mit Recht.
Doch keiner wird von mir berichten,
was Euch Grund zur Trauer gäbe.
Ich ziehe in die Welt hinaus
zu Ritterkämpfen für den Ruhm –
mein Leben nahm jetzt diese Wendung.«
Darauf sprach die Königin:
»Weil du nach Hoher Liebe strebst
mit deinem Herzen, deinem Dienst –
mein lieber Sohn, schätz nicht gering,
was ich dir für die Reise gebe.
Befiehl nun deinen Kämmerern,
daß sie schwere Saumtierkisten
bei mir holen sollen – vier!
In denen liegen breite Bahnen
Seide, noch nicht zugeschnitten,
viel Brokat, der teuer ist.
Liebes Kind, laß mich den Zeitpunkt
wissen, wann du wiederkommst –
du wirst mich damit glücklich machen.«
»Ich habe keine Ahnung, Herrin,
welche Länder mich sehen werden.
Wohin ich jetzt auch reisen mag –
nobel habt Ihr mich behandelt,
es entspricht der Ritterehre.
Auch der Abschied von dem König

hat mich zu Dank und Dienst verpflichtet.
Ich bin bei Euch drum völlig sicher,
daß Ihr ihn um so lieber habt –
was immer aus mir werden mag!«
   Wie uns die Geschichte sagt,
erhielt der große Held darauf –
weil ihn eine Dame liebte,
sich mit ihm verbunden fühlte –
Schmuck im Wert von tausend Mark.
Noch heute: will ein Jude Pfand,
so nähm er ihn für diesen Preis –
gar kein Grund, hier abzulehnen!
Die Geliebte schickte ihm das.
Ihm brachte Liebesdienst Erfolg:
die Frauen schätzten, liebten ihn –
doch Liebeskummer blieb ihm treu.
Seinen Abschied nahm der Recke.
Mutter, Bruder und das Land:
er sah sie nie im Leben wieder.
Damit verlor so mancher viel.
Wer ihm vor seinem Aufbruch eine
Reverenz erwies und ihm
irgend etwas Gutes tat,
dem dankte er in reichem Maß.
Es schien ihm alles viel zu viel!
Er meinte – höfisch edel – nie,
sie täten es aus Pflichtgefühl.
Er dachte ehrlich, gradheraus.
Wenn einer sich gern selber lobt,
so stellt sich leicht die Skepsis ein;
laßt es seine Nachbarn sagen,
auch die Zeugen seiner Taten,
als er in der Fremde war:
da wird man das viel eher glauben.
Gahmuret: er lebte so,
wie dies dem rechten Maß entsprach
und nicht, wie das der Würfel wollte.
Er gab mit sich nur wenig an,
er blieb bei Ehrungen gelassen,
Übermut war ihm ganz fremd.
Doch dachte dieser edle Mann:

bei keinem, der die Krone trägt,
ob König, Kaiser, Kaiserin,
wird er jemals ein suivant,
nur bei dem, der äußerst mächtig
über alle Länder herrscht.
Das befahl ihm so sein Herz.
Nun hörte er, in Bagdad sei
ein Herrscher von so großer Macht,
daß ihm zwei Drittel dieser Erde
und noch mehr gehorchen müßten.
Sein Name hatte höchsten Klang,
auf Arabisch: der Kalif!
Er übte solche Zugkraft aus:
viele gekrönte Könige
dienten ihm als seine Vasallen.
Das Kalifen-Amt: noch heute
(ähnlich wie die Christen-Ordnung
Rom bestimmt, so lehrt der Glaube)
setzt man dort die Heidenregeln.
Bagdad übt sein Papstrecht aus –
da ist nichts schief, das nimmt man an.
Und der Kalif gewährt den Ablaß
für die Sünden, nach der Reue.
Zwei Brüdern der Stadt ›Babylon‹,
Pompeius und Hippomidon,
entriß der Kalif das Ninive,
das ihren Ahnen schon gehörte –
so wehrten sie sich vehement.
Es kam der junge Anjou dorthin,
den mochte der Kalif bald sehr.
Gahmuret, der edle Herr,
nahm denn Sold für Kriegsdienst an.
Gesteht ihm zu, daß er hier nun
ein andres Wappen braucht, als ihm
Gandin, sein Vater, einst gegeben:
er trug, als Zeichen seiner Hoffnung,
auf der Satteldecke einen
Anker, weiß, aus Hermelin;
entsprechend auch die Wappenzeichen
auf dem Schild und an der Kleidung.
Grüner noch als der Smaragd

war sein Zaumzeug, überall,
farblich wie der Achmardi:
Bezeichnung eines Seidenstoffs
(der übertrifft sogar Brokat!),
aus dem er sich den Waffenrock
schneidern ließ und den surtout.
Weiße Anker aufgenäht,
goldne Kordeln drangeknüpft!
Seine Anker fanden noch
kein Festland, keine Landesspitze –
hatten nirgends Grund gefaßt!
So mußte ihr Besitzer, Herr,
die Wappenlast noch weiter schleppen,
als Fremdling in so manches Land;
er hatte zwar dies Ankerzeichen,
dennoch fand er keine Bleibe,
konnte nirgends Ruhe finden.
Wie viele Länder er durchritt,
wie viele er umschiffte –?
Wenn ich das beeiden müßte,
ich sagte euch an Eidesstatt
als Ritter, mit dem Ehrenwort:
soviel, wie die Geschichte nennt;
ein andres Zeugnis hab ich nicht.
Sie sagt: der Held in seiner Kraft
blieb ruhmvoll in den Heidenländern
Persien sowie Marokko;
er war auch siegreich andernorts:
in Aleppo und Damaskus;
wo immer Ritter sich bekämpften,
vor Arabí und in Arabien,
da war kein Mann mehr, nicht mal einer,
der mit ihm den Kampf aufnahm –
er hatte *solchen* Ruf errungen!
Sein Herz war gierig nach dem Ruhm.
Vor ihm verblaßten ihre Taten,
wurden beinah ausgelöscht –
das kriegte jedermann zu spüren,
der mit ihm tjostierte.
In Bagdad sagte man ihm nach,
ihn treibe stets sein Mut voran.

Von dort zog er nach Sasamanc,
in das Reich der Königin.
Jeder klagte: Isenhart
war gefallen, und zwar deshalb,
weil er einer Dame diente.
Er stand im Bann der Belacane
der Schönen, völlig Makellosen.
Sie schenkte ihm nicht ihre Liebe,
deshalb starb er, voller Liebe.
Das rächten seine Blutsverwandten,
in offnem Kampf, im Hinterhalt;
sie war bedrängt von deren Heer
und wehrte sich energisch, als
Gahmuret ihr Land betrat,
das der Schotte Friedebrand
gebrandschatzt hatte mit der Flotte,
um es darauf zu verlassen.
  Nun hört, wie's unserm Ritter ging:
das Meer trieb ihn mit Sturm zum Land,
er kam davon mit knapper Not;
sein Segelschiff fuhr in den Hafen,
vor den Palast der Königin –
es schauten viele zu ihm runter.
Er sah sich die Umgebung an:
viele Zelte standen um
die Stadt herum, doch nicht am Meer –
dort lagerten zwei große Heere.
Er holte sich gleich Auskunft ein,
wer die feste Stadt besitze –
er hatte nie von ihr gehört,
auch keiner von der Schiffsbesatzung.
Man richtete den Boten aus,
es sei Patalemunt;
die Auskunft war sehr freundlich.
Sie baten ihn, bei ihren Göttern,
er möge helfen: große Not,
ein Kampf auf Leben und auf Tod.
Als der junge Herr Anjou
von ihrer schlimmen Lage hörte,
bot er seine Dienste an,
für Sold – noch heute Ritterbrauch –

oder was auch sonst sie böten,
falls er sich den Feinden stelle.
Ob verwundet, ob gesund,
sie sagten wie aus einem Mund,
ihr Gold und ihre Edelsteine
sollten ihm gehören, alle,
er könne über sie verfügen,
auch werde er als Gast verwöhnt.
Doch er brauchte keinen Sold:
er hatte aus Arabien
viel Gold in Barren mitgebracht.
Und so finster wie die Nacht
war das Volk von Sasamanc –
hier wollte er nicht lange bleiben,
befahl jedoch, Quartier zu machen.
Das war ganz in ihrem Sinn,
sie boten ihm das beste an.

Die Damen lagen immer noch
in den Fenstern, schauten zu – 18
sie besahen sich genaustens
seine Knappen, seine Rüstung,
und wie diese embelliert war.
Der Schild des generösen Helden
war mit Hermelin besetzt,
mit wundersvielen Zobelbälgen:
der Marschall ihrer Königin
erkannte darin einen Anker –
das nahm er mit Vergnügen wahr,
denn seine Augen sagten ihm,
er hätte diesen Ritter schon
gesehen – oder sein Pendant,
und zwar bei Alexandria,
das vom Kalif belagert war;
sein Ruhm dort: ohne Konkurrenz!
So zog er auch voll Selbstbewußtsein
in die Stadt ein, stilgerecht.
Er ließ zehn Pferde Saumlast tragen,
und sie zogen durch die Gassen,
zwanzig Knappen ritten nach.
Vor ihnen sah man seinen Troß:
écuyers marschierten vorne,

auch die Köche, Küchenjungen.
Es war ein prächtiges Gefolge:
zwölf Pagen, alle hochgeboren,
ritten hinter jenen Knappen –
formvollendet, gut erzogen;
so mancher war ein Sarazene.
Am Zügel führte man sodann
acht Rösser: Seidendecken
waren über sie gelegt;
das neunte, das trug seinen Sattel.
Den bereits erwähnten Schild
trug ein besonders schöner Knappe
neben ihm. Und ihnen folgten
die üblichen Fanfarenbläser.
Ein tambour schlug seine Trommel,
warf sie in die Luft, ganz hoch.
Das war dem Herrn noch nicht genug:
Flötisten ritten auch noch mit,
drei gute Fiedler ebenfalls.
Und alles hübsch gemächlich...
Er selber ritt am Schluß des Ganzen
und mit ihm sein Kapitän –
der war erfahren, sehr geschätzt.
Alle Menschen in der Stadt,
jede Frau und jeder Mann
waren Mohrinnen und Mohren.
Der junge Herr entdeckte nun
viele arg lädierte Schilde,
von Lanzen durch- und durchgebohrt;
sie waren zahlreich aufgehängt
an den Wänden, an den Türen.
Es gab Gejammer und Geschrei:
an den Fenstern – frische Luft! –
schwer Verwundete in Betten;
sie alle konnten nicht genesen,
selbst, wenn sie ein Arzt versorgte.
Sie hatten vor dem Feind gestanden –
so geht es dem, der nicht gern flieht.
An ihm vorbei zurückgeführt:
Rösser, hieb- und stichverletzt.
Frauen, zahlreich, dunkelhäutig,

sah er rechts und links von sich:
alle glänzten rabenschwarz.
  Sein Wirt empfing ihn freundlich –
das brachte ihm auch später Glück.
Es war ein Mann von großem Mut:
er hatte manchen Hieb und Stich
eigenhändig ausgeteilt,
als er ein Tor verteidigte.
Bei ihm sah er viele Ritter:
die Arme steckten in den Schlingen,
verbunden waren ihre Köpfe;
die Wunden waren aber so,
daß sie noch weiterkämpfen konnten,
sie hatten nicht die Kraft verloren.
Der Burggraf dieser Stadt
bat sehr freundlich seinen Gast,
er möge sich zu Hause fühlen,
über alles frei verfügen:
über ihn und den Besitz.
Er führte ihn zu seiner Frau,
sie küßte Gahmuret, zum Gruß –
das machte ihm recht wenig Spaß.
Es folgte eine kleine Mahlzeit.
Sobald sie eingenommen war,
ritt der Marschall unverzüglich
von Gahmuret zur Königin,
verlangte reichen Botenlohn.
Er sagte: »Herrin, unsre Not
hat sich in Freude aufgelöst.
Den wir hier aufgenommen haben,
ist ein Ritter solchen Schlags,
daß wir den Göttern, die so freundlich
an uns gedacht und ihn geschickt,
für immer Dankgebete schulden.«
»Sag, bei deiner Treuepflicht,
um welchen Ritter es sich handelt.«
»Madame, er ist ein kühner Held,
ein Söldner des Kalifen,
von bester Herkunft, ein Anjou.
Mon dieu, der schont sich keineswegs,
wenn der mal losgelassen wird!

21

Und wie der, nach dem Reglement,
ausweicht und dann attackiert!
Er zeigt dem Feind, wie man verliert.
Ich sah ihn kämpfen, glorios,
als die von ›Babylon‹ versuchten,
Alexandria zu befreien,
und von dort mit aller Macht
den Kalif vertreiben wollten –
wie viele gingen da zu Boden,
bei dieser défaitage...
Der schöne Mann vollbrachte dort
solche Taten, daß dem Feind
nur eines übrigblieb: die Flucht.
Ich habe außerdem gehört,
man sei sich einig in dem Urteil,
daß er in vielen Ländern ganz
allein den höchsten Ruhm genießt.«
»Nun sieh bloß zu – wie, ist egal –
nur schaff es, daß wir uns hier sprechen.
Wir haben heute Waffenstillstand –
da könnte dieser Held zu mir
herreiten. Oder ich zu ihm?
Seine Farbe ist nicht unsre –
ach, wenn ihn das bloß nicht stört!
Ich hätt es gern zuvor gewußt.
Falls meine Leute es mir raten,
möcht ich ihn ehrenvoll begrüßen.
Geruht er zu mir herzukommen –
wie soll ich ihn empfangen?
Ist er in gleichem Rang wie ich?
Wär' mein Kuß auch nicht verschenkt?«
»Sein Geblüt ist königlich,
man weiß es, dafür bürge ich.
Ich werde Euren Fürsten sagen,
sie sollen sich nun festlich kleiden
und dann warten, hier bei Euch,
bis wir zu Euch geritten kommen.
Sagt das gleichfalls Euren Damen.
Denn reite ich jetzt gleich hinab,
so bring ich Euch den edlen Gast,
dem es an Höflichkeit nicht fehlt.«

Es wurde keine Zeit vertan.
Der Marschall führte flink, geschickt
den Willen seiner Herrin aus.
Es wurden Gahmuret denn rasch
Prachtgewänder vorgelegt.
Er zog sie an. Ich hab gehört,
daß sie wirklich kostbar waren.
Die Anker, die schweren,
aus arabischem Golde –
aufgenäht nach seinem Wunsch.
So stieg er, der die Liebe lohnt,
aufs Roß. Ein ›Babylonier‹
hatte drauf mit ihm tjostiert –
ward abgeworfen, war sein Schade...
Ob sein Wirt da mit ihm ritt –?
Ja, und seine Ritter auch.
Und sie tun es wirklich gern!
So ritten sie denn miteinander,
saßen vor dem Palas ab.
Viele Ritter waren droben,
die ihre beste Kleidung trugen.
Vor ihm schritten seine Pagen,
jeweils paarweis, Hand in Hand.
Viele Damen sah ihr Herr,
die wunderschön gekleidet waren.
Die Königin, in ihrer Macht,
sie wurde augen-blick-lich schwach,
als sie ihn sah, den von Anjou,
sein Anblick war so liebesschön;
ob sie es wollte oder nicht,
ihr ging das Herz vor Liebe auf –
das hatte bisher Scham verschlossen.
Ein Stückchen ging sie ihm entgegen,
bat ihn um den Begrüßungskuß.
Sie nahm ihn selber an die Hand –
vor der Wand zur Feindesseite,
in der weiten Fensterwölbung,
setzten sie sich auf ein weiches
Lager aus gestepptem Atlas.
Was ist »heller als der Tag«?
Nein, nicht diese Königin!

In ihrem Wesen war sie fraulich,
entsprach dem Wunschbild eines Ritters –
glich nicht der »Rose, frisch betaut«,
hier zeigte sich ein tiefes Schwarz.
Die Krone aus Rubin, luzid –
man sah durch ihn sehr schön ihr Haupt.
Die Herrin sagte ihrem Gast,
daß er hier sei, freue sie.
»Herr, ich habe viel gehört
von Euren großen Rittertaten –
bewahrt Geduld und so die Form,
wenn ich Euch meine Not hier klage,
die mir sehr zu Herzen geht.«
»Meine Hilfe ist Euch sicher;
was Euch bedrängte und bedrängt –
kann ich Euch davon befreien,
stehe ich Euch gern zu Diensten;
wer Euch was antut oder tat,
dem halt ich meinen Schild entgegen.
Doch bin ich nur ein einzelner –
so wird's den Feind nicht weiter stören...«
Höflich sagte drauf ein Fürst:
»Wär bei uns ein Kommandeur,
so schonten wir die Feinde nicht,
denn Friedebrand ist abgesegelt, 25
befreit zu Haus sein eignes Land.
Einen König namens Hernand
erschlug er wegen Herlinde;
dessen Verwandte greifen ihn an,
sie stecken dabei nicht zurück.
Er hat hier Helden hinterlassen –
den Herzog Hüteger und sein
Gefolge: dessen Rittertaten
fügten uns Verluste zu;
sie sind im Kampf geschickt und stark.
Außerdem hat der Normanne
Gauchier – ein Held, erfahren, klug –
noch viele Söldner mitgebracht.
Kaylet aus Hoscurast
verfügt noch über sehr viel mehr –
Fremde, zahlreich, kampfentschlossen.

446

Die alle brachte Friedebrand,
der Schottenkönig, in dies Land
mit noch vier von gleichem Rang,
die alle reichlich Söldner haben.
Im Westen, drüben an der Küste,
liegt das Heer von Isenhart,
und alle Augen gehen über;
seit ihr Herr im Kampf gefallen,
gab es nur noch dies bei allen,
ob heimlich oder öffentlich:
sie jammern außer Rand und Band,
ihr Herzens-Regen überschwemmt sie.«
Der Gast sprach zu der Königin, 26
und zwar in ritterlicher Art:
»Wenn's Euch recht ist, sagt mir doch,
aus welchem Grund man Euch bekämpft,
so voller Zorn, mit solcher Macht.
Ihr habt so viele kühne Kämpfer –
mich bedrückt, daß sie der Feind
mit Haß verfolgt und ihnen schadet.«
»Ich sag's Euch, Herr, weil Ihr es wünscht.
Ein edler Ritter diente mir:
er stand in der Blüte, war vollendet.
Der Held war mutig, dazu klug,
die wahre Wurzelfrucht der Liebe!
In seiner Haltung höchst beherrscht,
war er noch reiner als ein Weib.
Kühnheit, Kampflust wuchsen in ihm.
Es gab noch keine Ritterhand,
nirgendwo, die *so* gern schenkte.
(Was *nach* uns kommt, das weiß ich nicht,
da mögen sich dann andre äußern.)
War ungeschult in Perfidie.
Er war so schwarz wie ich, ein Mohr.
Sein Vater, der hieß Tánkanis,
ein König, gleichfalls hochberühmt.
Isenhart, so hieß mein Liebster.
Als Frau war ich nicht gut beraten:
die Liebesdienste nahm ich an,
jedoch versagte ich mich ihm.
Das werd ich stets beklagen müssen.

Es heißt, ich trieb ihn in den Tod –
Betrug ist meinem Wesen fremd,
doch werfen mir's die Seinen vor!
Ich hab ihn mehr geliebt als sie.
Ich bin hier nicht ganz ohne Zeugen,
mit denen ich's beweisen kann:
die volle Wahrheit wissen
meine Götter und die seinen.
Er ließ mich leiden, an der Liebe.
Weil ich als Frau so schamhaft war:
sein Lohn zu spät, mein Leid zu lang!
Ich trieb ihn, weil ich Jungfrau blieb,
zu großem Ruhm durch Rittertaten.
Ich prüfte, ob er wirklich liebt –
das hat sich rasch herausgestellt:
er legte seine Rüstung ab,
nur wegen mir. – Was dort wie ein
Palast steht, ist sein Zelt,
das brachten Schotten auf dies Feld. –
Als der Held sie abgelegt,
schonte er sich keineswegs –
er wurde derart lebensmüde,
daß er ohne Rüstung kämpfte.
In dieser Lage
ritt ein Fürst, als mein suivant
(Prothisilas war sein Name
und er kannte keine Feigheit),
ritt los und suchte Abenteuer –
Unheil wich ihm da nicht aus!
Tjost im forêt von Asagouc,
dabei log der Tod nichts vor:
mit einem Helden kämpfte er,
der fand dort ebenfalls den Tod –
es war mein Liebster, Isenhart!
Lanzen drangen in sie ein –
durch den Schild und durch den Leib.
Darüber klag ich Allerärmste –
der Tod der beiden quält mich ständig;
aus meiner Liebe wächst mein Leid.
Ich hab noch keinem Mann gehört.«
Da erschien es Gahmuret –

448

obwohl sie eine Heidin war –
als wären Fraulichkeit und Liebe
noch nie so in sein Herz geschlüpft.
Ihre Taufe war die Tugend
und der Regen, der sie näßte,
die Flut, die aus den Augen lief,
auf ihren Zobel, ihre Brust.
Trauern war ihr ganzes Glück,
die Hohe Schule großen Leids.
Belacane sagte weiter:
»Da kamen zu mir übers Meer
der Schottenkönig und sein Heer;
es war der Vetter Isenharts.
Die konnten mir nicht schlimmres Leid
antun – kann es nur so sagen –
als ich's mit Isenhart erlitt.«
Die Herrin seufzte wiederholt.
Und durch die Tränen schaute sie
oft zu Gahmuret: verschämt
wie unter Fremden. Doch nun sagten
ihre Augen ihrem Herzen,
daß er wirklich gut aussehe.
Sie kannte sich im Weißen aus,
schließlich hatte sie zuvor
weiße Heiden oft gesehen.
So entstand denn zwischen beiden
ein Verlangen voller Liebe –
sie schaute hin, er schaute her.
Den Abschiedstrunk, sie ließ ihn reichen –
und hätte lieber drauf verzichtet.
Sie war verstimmt, weil man gehorchte –
so was treibt ja Ritter fort,
die gerne mit den Frauen sprechen.
Ihr Leben war nun *seins* geworden –
er hatte ihr sein Herz geschenkt,
sein Leben war damit auch ihres.
Doch stand er auf und sagte ihr:
»Ich falle Euch jetzt lästig, Herrin,
sitze wieder mal zu lang,
ich bin wohl nicht mehr ganz bei Trost.
Es tut mir, Eurem Diener, leid,

daß Ihr so große Sorgen habt.
Verfügt nur, Herrin, über mich!
Ich räche Euch an wem Ihr wollt,
ich leiste Dienste, die Ihr wünscht.«
Sie sprach: »Das glaube ich Euch gern.«
  Der Burggraf, der sein Wirt ist,
will es sich nicht nehmen lassen,
er möchte ihm die Zeit vertreiben.
Und er stellte ihm die Frage,
ob er sich mouvieren wolle: 30
»Seht Euch unsern Kampfplatz an,
und wie wir unsre Tore sichern.«
Gahmuret, der große Kämpfer,
sagte ihm, er sähe gern
die Stätten ihrer Ritterkämpfe.
Mit dem Helden ritt hinaus
so mancher Ritter voller Hoffnung –
teils mit, teils ohne Kampferfahrung.
So führten sie ihn ringsherum
vor alle sechzehn Tore
und erklärten ihm genau,
man habe keines zugemacht,
»seit man Isenhart an uns
so grimmig rächte, Tag und Nacht.
Unser Kampf blieb unentschieden,
dennoch: keins war abgeschlossen!
Vor den Toren, all den acht,
kämpft das Heer des Isenhart,
es fügte uns Verluste zu.
Die Fürsten aus den hohen Häusern,
die Männer des Königs von Asagouc,
sie kämpfen mit Entschlossenheit.«
Vor jedem Tore flatterte
die helle Fahne kühner Trupps;
auf ihr war ein durchbohrter Ritter:
ein Bild des Todes Isenharts –
sein Heer nahm ihn als Wappenzeichen.
»Dagegen setzen wir nun dies,
und damit dämpfen wir ihr Leid:
man erkennt auf unsren Fahnen 31
die zwei Finger einer Hand,

die sich zu diesem Schwur erhebt:
sie hätte nie so sehr gelitten
wie nach dem Tode Isenharts;
der größte Schmerz für meine Herrin!
Seit wir deren Fahne sahen,
steht das Bild der Königin,
unsrer Herrin Belacane
(die Liebe heimst den Kummer ein)
auf einer weißen Atlas-Fläche
als Schattenriß in schwarzer Farbe
über Toren aufgesteckt.
Die andren acht bestürmt noch immer
das Heer des stolzen Friedebrand:
Getaufte, kamen übers Meer...
Ein jedes Tor bewacht ein Fürst;
der zieht mit seinem Banner
hinaus, um dort zu kämpfen.
Wir haben dem Gauchier dabei
einen Grafen weggeschnappt;
der bietet uns viel Lösegeld.
Er ist ein Neffe Kaylets;
für Schäden, die uns jener zufügt,
muß er nun den Ausgleich zahlen –
wir haben selten solch ein Glück...
Vom Graben bis zu deren Lager
dreißig Anrittstrecken Land –
Sand und kaum ein bißchen Grün:
dort wird sehr viel tjostiert!«
Sein Wirt fuhr fort mit dem Bericht: 32
»Ein Ritter kann es gar nicht lassen,
draußen einen Kampf zu suchen.
Bleibt sein Liebesdienst vergeblich
für die Dame, die ihn schickte,
was nützt ihm alle Kampfeslust?
Es ist der stolze Hüteger!
Ich muß noch etwas zu ihm sagen:
seit wir hier belagert sind,
steht dieser Ritter voller Mut
jeden Morgen kampfbereit
am Tor in Höhe des Palasts.
Man hat dem kühnen Mann bereits

so manches Schmuckstück abgenommen,
das er uns durch die Schilde stieß –
die brachen die crieurs heraus;
man schätzt sie hoch, in ihrem Wert.
Er warf uns viele Ritter ab.
Er hat es gern, schaut man ihm zu –
auch unsre Damen rühmen ihn;
durch Frauenlob wird man bekannt,
man hat den Ruhm schon in der Hand
und alles, was das Herz begehrt.«
   Die müde Sonne hatte schon
ihre Strahlen eingesammelt –
Zeit, den Ausritt zu beenden.
Der Gast ritt heim mit seinem Wirt.
Das Abendessen stand bereit.
Ich muß euch was zur Mahlzeit sagen:
sie wurde höfisch aufgetragen,
Bedienung nach dem Ritterbrauch.
Die Königin, in ihrem Glanz,
trat selbstbewußt an seinen Tisch –
hier gab's Reiher, dort gab's Fisch.
Sie war aus diesem Grund gekommen:
sie wollte selber dafür sorgen,
daß man ihn ganz nach Wunsch bediene!
Junge Damen folgten ihr.
Sie kniete hin – es war ihm peinlich;
eigenhändig schnitt sie ihm
einen Teil der Speisen vor.
War glücklich über ihren Gast.
Sie reichte ihm auch seinen Trunk,
verwöhnte ihn. Er paßte auf:
wie waren ihre Worte, Gesten?
Am untren Ende dieser Tafel
saßen seine Musiker –
und gegenüber sein Kaplan.
Er sah beschämt die Herrin an
und sagte sehr verlegen:
»Ich bin das keineswegs gewöhnt,
wie Ihr mich, Herrin, hier behandelt:
Ehren war noch nie zuvor!
Falls ich dies bemerken darf –

ich hätt mir heut von Euch gewünscht,
daß Ihr mich nach Verdienst behandelt
und nicht hergeritten wärt.
Falls ich Euch drum bitten darf:
laßt mir die Bescheidenheit –
Ihr habt mich viel zu sehr geehrt.«
Doch sie ließ es sich nicht nehmen: 34
ging zu seinen Pagen, bat sie,
beim Essen tüchtig zuzulangen;
das tat sie ihrem Gast zu Ehren.
Alle Edelknaben waren
dieser Königin sehr dankbar.
Und die Herrin tat noch dies:
sie ging zum Hausherrn an den Tisch,
zu seiner Frau, der Burggräfin –
die Königin erhob den Becher,
sagte: »Nimm dich unsres Gastes
an, du ehrst dich selbst damit.
Ich bitt Euch beide sehr darum.«
Sie nahm Abschied, ging noch mal
zu ihrem Gast hinüber:
sein Herz war schwer, er liebte sie,
bei ihr das gleiche, er war's schuld –
das zeigten bei ihr Herz und Augen,
beide eng mit ihr im Bunde.
Formvollendet sprach die Herrin:
»Befehlt nur, Herr. Was Ihr auch wünscht,
erfülle ich. Ihr seid es wert!
Nun laßt mich von Euch Abschied nehmen.
Wenn Ihr hier gut behandelt werdet,
freuen wir uns sehr darüber.«
Golden waren ihre Leuchter –
vier Kerzen trug man vor ihr her.
Wo sie hinritt, gab's noch mehr!

    Das Essen war damit beendet.
Glücklich, traurig war der Held.
Die große Ehrung freute ihn, 35
er fühlte sich zugleich bedrückt –
es war die Macht der Liebe:
sie beugt den hohen, frohen Sinn.
Die Königin zog sich zurück.

Dies geschah nun äußerst flink:
dem Helden machte man sogleich
das Bett, und zwar mit aller Sorgfalt.
Der Hausherr sagte seinem Gast:
»Nun schlaft Euch bitte tüchtig aus
heut nacht – Ihr werdet es noch brauchen.«
Der Wirt wies seine Leute an,
dieses Zimmer zu verlassen.
Die Matratzen seiner Pagen
in Kreisform um sein Bett herum –
die Köpfe zu ihm hin, wie üblich.
Da standen schwere, hohe Kerzen,
brannten hell. Es quälte sich
der Held in allzu langer Nacht;
die Königin des Landes,
die schwarze Mohrin, brachte ihn
ganz und gar um den Verstand;
er bog sich wie die Weidenrute,
und es knackten die Gelenke.
Kampf und Liebe wollte er:
so wünscht ihm, daß sich dies erfüllt.
Sein Herz, es schlug ganz hart und laut,
es wurde weit vor Kampfbegierde
und dem Helden wölbte sich
der Brustkorb immer höher auf –
wie die Sehne an der Armbrust. 36
Sein Verlangen war zu groß!
So lag er ohne allen Schlaf,
bis er das Morgengrauen sah.
Es war noch nicht recht hell geworden,
da mußte sein Kaplan bereits
die Messe vorbereitet haben,
die er für Gott sang und für ihn.
Dann brachte man ihm die armure;
er ritt dorthin, wo man tjostierte.
Dort wurde auch gleich umgesattelt
auf ein Streitroß, gut in beidem:
in der äußerst raschen Gangart
seines Anritts zur attaque;
im Parieren leicht zu wenden.
Seinen Anker hoch am Helm

sah man nun in Richtung Tor –
bei Frauen, Männern hieß es da:
der schönste Held, den man je sah,
ihm würden ihre Götter gleichen.
Schwere Lanzen nahm man mit.
Welchen Waffenschmuck er zeigte –?
Sein Roß trug eine Panzerdecke,
die schützte es vor Schwerthieben;
darüber eine zweite Decke,
leicht, sie hatte kaum Gewicht –
sie bestand aus grünem Atlas.
Sein Waffenhemd und sein surtout:
ganz aus grünem Achmardi,
gewebt im fernen Arabí;
ich sage hier die reine Wahrheit.
Die Riemen seines Schildes,
mit allem ihrem Drum und Dran,
waren farbenfrohe Borten
mit Edelsteinen, äußerst kostbar.
Die Beschläge seines Schildes:
rotgold, geläutert im Feuer.
Er kämpfte nur um Liebeslohn;
ein harter Kampf war keine Last.
Die Königin – sie saß im Fenster,
viele Damen neben ihr.
Nun seht: dort stand schon Hüteger
auf der Stätte seiner Siege.
Als der sah, wie dieser Ritter
auf ihn losritt, galoppierend,
dachte er: »Wann und wie
kam der Franzose in dies Land?
Wer hat den Helden hergeschickt?
Hielt ich ihn für einen Mohren,
hätt ich den Verstand verloren!«
Die sich ohnedies nicht bremsten,
spornten beide ihre Rösser
vom Galopp zum Renngalopp.
Sie zeigten wahren Rittermut,
es gab bei dieser Tjost kein Mogeln:
von der Lanze Hütegers
flogen Splitter in die Luft,

37

und der Gegner dieses Stechens
stieß ihn hinters Pferd, ins Gras –
völlig neu für Hüteger!
Und der andre ritt ihn nieder.
Mehrfach raffte er sich auf,
zeigte, daß er kämpfen wollte,
doch in seinem Arme steckte
die Lanzenspitze Gahmurets:
der wollte die parole d'honneur.
Hüteger fand seinen Meister!
»Wer hat mich überwunden?«
fragte dieser tapfre Kämpfer,
und der Sieger gab zur Antwort:
»Ich bin Gahmuret von Anjou.«
»Ich unterwerf mich, Ehrenwort.«
Das nahm er an und schickte ihn
in die Stadt – voll des Lobes
alle Damen, die das sahen.
Von drüben preschte nun Gauchier
heran, der Mann der Normandie,
der stolze Held in seiner Kraft –
seine Stärke war die Tjost.
Und hier der schöne Gahmuret,
bereit zum zweiten Waffengang.
Die Schneide seiner Lanze breit,
und der Schaft war stämmig.
Die Fremden kämpften miteinander –
ungleich waren die Gewichte!
Im Zusammenprall der Tjost
ging Gauchier zu Boden
mit samt dem Pferd –
er mußte sich ergeben,
ob er wollte oder nicht.
Der reckenhafte Gahmuret:
»Unterwerft Euch! Reicht die Hand –
sie hat sich ehrenvoll geschlagen!
Nun reitet zu dem Schottenheer
und richtet aus, sie sollen jetzt
bitte diesen Krieg beenden.
Und folgt mir dann in diese Stadt.«
Was er befahl, worum er bat,

es ward genauso ausgeführt:
die Schotten hörten auf zu kämpfen.
   Kaylet kam angeritten:
Gahmuret wich vor ihm aus,
denn der andre war sein Neffe:
er hätte ihm nichts antun können.
Der Spanier schrie ihm fordernd nach.
Es war ein Strauß auf seinem Helm,
und das Waffenhemd des Mannes
(ich muß auch diesen Punkt erwähnen)
war aus Prunkstoff, weit und lang.
Fernhin war der Held zu hören
mit den Klängen seiner Glöckchen.
Die Blüte aller Männlichkeit!
Seine Schönheit: konkurrenzlos,
bis auf zwei, die nach ihm lebten:
Beaucorps, der Sohn des Lot,
und Parzival – sie gibt's noch nicht,
die beiden sind noch nicht geboren;
ihre Schönheit wird berühmt.
   Gauchier packte seinen Zügel:
»Euer Mütchen wird noch kühl –
fühl mich verpflichtet, das zu sagen –   40
wenn Ihr mit dem Anjou dort kämpft;
ich habe mich ihm unterworfen.
Hört unbedingt auf meinen Rat
und auch auf meine Bitte, Herr –
ich habe Gahmuret versprochen,
daß ich euch allesamt versöhne;
er hat darauf mein Ehrenwort.
Gebt den Kampf auf, tut's für mich!
Er ist Euch weitaus überlegen.«
Da sagte König Kaylet:
»Ist dies mein Vetter Gahmuret,
fils du roi Gandin,
verzicht ich auf den Kampf mit ihm.
Nun laßt den Zügel los.« »O nein,
das tu ich erst, sobald ich seh,
Ihr nehmt den Helm vom Kopf.
Der meine ist noch ganz betäubt.«
Und er löste sich den Helm.

Für Gahmuret gab's weitre Kämpfe –
der Morgen war erst halb vorbei.
Die Städter, die den Kampf gesehen,
waren alle froh darüber,
und sie zogen eilig los
zum Vorwerk der Befestigungen.
Sie sahen ihn als Vogelnetz:
was drunterkam, ward eingefangen.
Wie ich höre, stieg der Held
auf ein andres Streitroß um.
Das flog, berührte kaum den Boden,
in beider Hinsicht sehr geschickt:
mutig, wenn's zum Angriff ging,
leicht parierbar, schnell zu wenden.
Was er auf dem Pferd vollbrachte –?
Ich kann es nur als Mut bezeichnen:
er ritt, bis ihn die Mohren sahen –
sie lagen draußen mit dem Heer,
westwärts, drüben an dem Meer.
Da war ein Fürst, hieß Rasalic;
der Mächtigste von Asagouc
versäumte hierin keinen Tag –
und darin zeigte sich sein Adel,
er hatte königliches Blut –
er ritt von dort aus jedesmal
vor die Stadt, zur Tjost bereit.
Der Held aus dem Hause Anjou
setzte seine Kräfte matt –
und eine schwarze Dame klagte
(sie hatte ihn dorthin geschickt),
weil ihn dort einer überwand.
Unaufgefordert gab ein Knappe
seinem Herren Gahmuret
die Lanze mit dem Bambusschaft,
und mit ihr stach er den Mohren
hinters Pferd in den Sand.
Dort ließ er ihn nicht lange liegen,
erzwang von ihm die Unterwerfung –
damit lief die Fehde fest.
Und bei ihm war großer Ruhm.
   Gahmuret sah nun acht Fahnen

flattern, Richtung Stadt, und bat
den Mann, der mutig unterlegen,
sie zur Umkehr zu bewegen.
Und befahl auch, daß er ihm
dann folge, in die Stadt zurück.
Das tat er auch, es mußte sein.
Gauchier muß gleichfalls kommen.
Über ihn erfuhr der Burgherr,
daß sein Gast dort draußen war –
daß er nicht nach Straußenart
Eisen, harte Kiesel fraß,
lag nur daran: er fand sie nicht.
Sein Zorn begann zu knirschen
und brüllte wie ein Löwe;
er riß sich an den Haaren,
rief: »Nach all den Jahren
bin ich immer noch nicht schlau!
Mir hatten meine Götter
einen kühnen Gast geschickt –
liegt alle Last des Kampfs auf ihm,
so erlang ich nie mehr Ruhm.
Was nützen mir noch Schild und Schwert?
Wer dran erinnert, muß mich tadeln!«
Er verließ sofort die Seinen,
galoppierte Richtung Tor.
Ein Knappe trug ihm einen Schild
entgegen (außen, innendrin
bemalt: ein Schemen-Mann, durchbohrt),
gemacht im Lande Isenharts.
In seiner Hand ein Helm, ein Schwert –
das hatte Rasalic zum Kriege
mitgebracht, als Mutbeweis.
Er hat sich davon trennen müssen,
dieser kühne, schwarze Heide.
Sein Ruhm war groß und reichte weit.
Stirbt er später, ungetauft,
erbarme sich des Helden Der,
Dem alle Wunder möglich sind.
  Als der Burggraf dies erblickte,
war seine Freude groß wie nie:
die Wappen waren ihm bekannt.

Er galoppierte aus dem Tor
und sah dort, wartend, seinen Gast
(der war so jung, noch längst nicht alt!)
voller Lust auf scharfe Tjost,
jedoch sein Wirt, Lac, fils du Rost,
zog ihn energisch mit herein:
der stach nun keinen mehr vom Pferd!
Lac, fils du Rost, le burgrave,
sagte: »Herr, berichtet mir:
habt Ihr Rasalic besiegt?
Dann wäre unserm Land der Frieden
sicher, für den Rest der Zeit:
er ist der Herrscher aller Mohren,
die dem Isenhart gedient
und uns so sehr geschadet haben.
Doch jetzt ist unsre Not zu Ende.
Ein Gott befahl in seinem Zorn,
daß uns dies Heer hier überfalle –
défaitiert ist ihre Kriegsmacht!«
Er führte ihn trotz Protest hinein. 44
Die Königin ritt ihm entgegen,
nahm seinen Zügel in die Hand,
löste die Riemen des ventail.
Sie übernahm vom comte den Gast.
Seine Knappen blieben ihm
dicht auf seinen Fersen.
Man sah die kluge Königin
den Gast geleiten, durch die Stadt,
ihn, der Siegesruhm errungen.
Als man da war, stieg sie ab.
»Ah, ihr pflichtbewußten Knappen,
glaubt ihr, daß ihr ihn verliert?
Ihm wird es gut gehn – ohne euch.
Nehmt sein Pferd und führt es weg –
ich werd hier die Begleitung sein.«
    Viele Damen sah er droben.
Die Königin half ihm mit schwarzer
Hand aus seinem Kettenpanzer.
Und ein schön verziertes Bett –
seine Decke war aus Zobel –
hier wurde er noch sehr viel mehr

geehrt, auch wenn es heimlich war.
Es war sonst niemand mehr im Raum:
die jungen Damen waren draußen,
die Tür war hinter ihnen zu.
Da gaben sich die Königin
und Gahmuret, ihr Herzensliebster,
der hohen, süßen Liebe hin.
Verschieden war nur ihre Haut.
 Die Städter brachten ihren Göttern   45
Opfer. König Rasalic:
was hatte er versprechen müssen,
als er von dem Schlachtfeld ging?
Er hielt seine Verpflichtung ein.
Doch dies erneuerte die Trauer
um seinen Herrn, den Isenhart.
 Der Burggraf merkte, daß er nahte:
großer Jubel – Gahmuret!
Fürsten kamen aus dem ganzen
Königreich von Sasamanc
und dankten ihm für seine Taten,
die er zum großen Ruhm vollbracht:
er hatte in perfekten Tjosten
zwei Dutzend Ritter abgeworfen,
fast alle Pferde konfisziert.
Drei Fürsten als Gefangene –
denen folgten viele Ritter
hinauf zum Palas, an den Hof.
 Nach dem Schlafen, einem Imbiß
wurde er, der Landesherr,
festlich eingekleidet:
alles war sehr fein geschneidert.
Die früher Jungfrau, war nun Frau;
sie führte ihn an ihrer Hand
hinaus und sprach: »Ich und mein Reich
sind diesem Ritter untertan.
Hat der Feind noch was dagegen?!«
Gahmuret erbat nun höflich,
was man gleich darauf erfüllte:
»Tretet näher, Rasalic,   46
gebt meiner Gattin einen Kuß.
Ihr ebenfalls, Monsieur Gauchier.«

Auch Hüteger, den stolzen Schotten
(er war noch von der Tjost verletzt)
bat er, ihren Mund zu küssen./
   Nun drängten die von Sasamanc
heran, mit wahrhaft großem Pomp,
empfingen, nach dem Wunsch der Herrin,
von ihm die Länder und Erträge,
jeder nach dem Rechtsanspruch –
ihr Herr war jetzt nicht länger arm./
Auch wenn sein Land verwüstet war –
Gahmuret warf eigenhändig
derart mit Geschenken um sich,
als wüchs auf allen Bäumen Gold;
er schenkte wahrhaft opulent.
Die Vasallen, die Verwandten
empfingen von ihm reiche Gaben –
das war der Wunsch der Königin.
   Vor dieser festlichen Vermählung
viele ausgedehnte Kämpfe,
doch nun söhnte man sich aus.
Ich hab es mir nicht ausgedacht:
man sagte mir, daß Isenhart
königlich bestattet wurde –
seine Leute taten dies.
Was seine Länder eingebracht
im Laufe eines Jahres,
das bezahlten sie dafür:
sie taten es aus freien Stücken.
Gahmuret gab diesen reichen
Besitz dem Volk des Isenhart,
das drüber frei verfügen konnte.
   Am Morgen zogen alle Fremden
fort, vom Festungsring der Stadt –
die Wege führten auseinander;
man trug sehr viele Bahren mit.
Kein Zelt mehr auf der Ebene,
bis auf eins – das war sehr groß.
Gahmuret: Aufs Schiff damit!
Er ließ darauf den Leuten sagen,
er bringe es nach Asagouc –
und damit legte er sie rein.

54

So blieb der stolze, kühne Mann,
bis in ihm das Fernweh wuchs.
Daß er nicht als Ritter kämpfte:
Trauerpfand der Lebenslust.
Doch war ihm diese schwarze Frau
lieber als sein eignes Leben.
Kein Weib war je so wohlgeformt!
Und immer war bei ihrem Herzen
ein Gefolge noblen Stiles:
reine, edle Weiblichkeit.
Er stammte aus der Stadt Sevilla,
der Mann, den er nach einer Weile
bat, mit ihm davonzusegeln;
der hatte ihn schon viele Meilen
navigiert – und hergebracht; 55
der hatte nicht die Mohrenfarbe.
Der lebenskluge Seemann sagte:
»Haltet das sehr streng geheim
vor denen mit der schwarzen Haut.
Meine Koggen sind so schnell,
die holen uns dann nicht mehr ein.
Wir segeln schleunigst von hier weg.«
Er ließ das Gold zur Kogge bringen.
Vom Abschied muß ich euch berichten:
der edle Held fuhr nachts davon,
sie führten dies ganz heimlich aus.
Als er sein Eheweib verließ,
da regte sich in ihrem Leibe
zwölf Wochen schon ein Kind.
Mächtig schob der Wind ihn fort...
Die Herrin fand in ihrem Täschchen
einen Brief von seiner Hand.
Auf Französisch – das sie sprach –
hieß es in dem Brief wie folgt:
»Ein Liebesgruß an die Geliebte!
Ich bin mit dieser Fahrt ein Dieb:
stahl mich davon, weil ich es mußte –
Angst vor Tränen! Ich sag dir offen:
wenn du meinen Glauben hättest,
käm ich nicht mehr von dir los –
ich sehn mich schon genug nach dir!

Wenn das Kindchen von uns beiden
ein Junge ist, so wird es sicher
einmal ganz besonders stark –
als ein gebürtiger Anjou!
Er wird der Liebe dienen müssen,
wird im Kampf ein Hagelschlag,
harter Nachbar seiner Feinde./
Herrin, ließest du dich taufen,
so könntest du mich noch gewinnen.«
Sie wollte es auch gar nicht anders:
»Ach, das kann sehr bald geschehen!
Wenn er mir nur wiederkommt,
werde ich das rasch vollziehn.
Wem hat denn dieser edle Mann
die Frucht der Liebe anvertraut?!
Ach, die Zweisamkeit der Liebe!
Soll mich die volle Wucht der Trauer
jetzt, in alle Zukunft beugen?«
Sie sagte: »Seinem Gott zu Ehren
würd ich mich gern taufen lassen
und so leben, wie er's wünscht.«
Der Kummer rang mit ihrem Herzen,
die Freude »fand den dürren Zweig« –
die Turteltaube macht es so,
noch heut. Es liegt in ihrem Wesen:
sie sucht, wenn ihr der Liebste fehlt,
aus Treue einen dürren Ast.

    Zur rechten Zeit gebar die Edle
einen zwiegefärbten Sohn.
Gott vollbrachte hier ein Wunder:
er war schwarz und weiß zugleich!
Vergnügt und immer wieder küßte
die Königin die weißen Stellen.
Die Mutter nannte dieses Kindchen
Fairefis von Anjou.
Ein Waldverschwender wurde der:
er zerbrach bei seinen Tjosten
eine große Zahl von Lanzen,
bohrte Löcher in die Schilde.
Die ganze Haut und seine Haare
waren scheckig wie die Elster.

In jenem Land, in Spanien,
kannte Gahmuret den König:
es war sein Vetter Kaylet.
Er reiste zu ihm nach Toledo,
doch der war unterwegs: Turniere
mit sehr großem Schildverschleiß!
Da ließ auch er sich Waffen bringen,
so versichert mir die Quelle:
schön bemalte Lanzen,
an jeder war ein grüner Wimpel
aus Zindeltaft; drei Anker drauf
aus Hermelin und groß genug,
daß dies für seinen Reichtum sprach.
Die Wimpel waren lang und breit,
sie reichten gut bis an die Hand –
eine Spanne unterhalb
der Eisenspitze festgebunden.
Es wurden für den kühnen Helden
von den Leuten seines Vetters
hundert Lanzen vorbereitet,
in schöner Ordnung nachgetragen.
Mit Respekt und Freundlichkeit
wurde er behandelt, nobel –
der König hatte nichts dagegen!

 Dem folgte er (weiß nicht, wie lange),
bis er dann im Lande Wales
ein Lager sah, mit fremden Rittern:
Zelte zahlreich aufgeschlagen
auf den Wiesen vor Kanvolais –
ich phantasiere wirklich nicht,
wenn ihr es wollt, so ist es wahr!
Er ließ gleich sein Gefolge halten
und schickte seinen sehr gewandten
Meisterknappen in die Stadt:
Gahmuret befahl, er solle
dort schon mal Quartiere machen.
Der beeilte sich auch sehr –
man führte Lastenpferde nach.
Bei jedem Haus sah er das Gleiche:
Schilde stets als zweites Dach,
die Wände waren allesamt

umfaßt von aufgehängten Lanzen.
Zum Turnier von Kanvolais
hatte die Königin geladen,
dies mit solchen Konditionen,
daß heute noch ein Feigling scheut,
wenn er Entsprechendes erfährt,
der nimmt an so was niemals teil!
Sie war noch Jungfrau, keine Frau
und bot zwei Länder und sich selber
dem an, der den Sieg erränge.
Das Angebot warf manchen um:
hinters Pferd, auf den Boden!
Wer auf diese Weise strauchelt:
Würfelwurf mit wenig Punkten!
Helden nahmen daran teil,
demonstrierten Ritterkraft:
zu attaques im Renngalopp
ließ man Pferde vorwärtspreschen
und man ließ die Schwerter klingen.
 Ein Pontonsteg zwischen Wiesen
führte über einen Fluß;
den Abschluß bildete ein Tor.
Der Knappe, unbekümmert, stieß
es auf, weil ihm das richtig schien:
oberhalb stand der Palast!
Und an seinen Fenstern saßen
die Königin von Wales und viele
Edeldamen. Sie begannen
sich gemeinsam anzuschauen,
was die Knappen da so taten.
Die hatten sich bald abgesprochen,
und so schlugen sie ein Zelt auf:
weil seine Liebe keinen Lohn fand,
war Isenhart es losgeworden –
Belacane wollt' es so.
Mit großer Mühe schlug man auf,
was dreißig Pferde tragen mußten –
es war ein sichtlich teures Zelt.
Die Wiese war grad groß genug,
daß sich die Schnüre spannen ließen.
Indessen nahm Herr Gahmuret

ein wenig zu sich, vor der Stadt;
danach die planerische Planung
seines hofgerechten Einzugs.
Es wurde denn nicht lang gefackelt:
seine Knappen bündelten
unverzüglich seine Lanzen –
jeweils fünfe fest verschnürt,
die sechste trug man separat,
mit   seinem   Wimpel.
So ritt er ein, der stolze Mann.

   Am Hof der Königin erfuhr man
von der Ankunft eines Fremden
aus einem fernen Lande,
allen sei er unbekannt.
»Sein Gefolge ist courtois,
teils arabisch, teils französisch;
manche dürften nach der Sprache
aus Anjou sein, höchstwahrscheinlich.
Sind selbstbewußt und gut gekleidet:
bester Zuschnitt, zweifellos.
Ich hielt mich bei den Knappen auf:
tadellos ist ihr Benehmen.
Sie meinten, wer in Not gerate
und sich an ihren Herren wende,
den befreie er von Armut.
Ich habe mich nach ihm erkundigt
und sie sagten mir sofort,
er sei der König von Sasamanc.«
Dies sagte ihr ein écuyer.
»Olala, was für ein Zelt!
Eure Krone, Euer Land –
kaum die Hälfte davon wert!«
»Nun übertreib dein Lob nicht so!
Doch immerhin, ich räum dir ein:
das muß ein edler Herr besitzen,
der nicht weiß, was Armut ist.«
So sprach die Königin. »Doch ach,
weshalb kommt er nicht selber rein?«
Sie schickte ihn zum Fragen los.

   Da begann der Held mit Pomp
seinen Einzug in die Stadt –

wer da noch schlief, der wachte auf!
Viele Schilde sah er glänzen.
Die lautklingenden Fanfaren
zogen schmetternd vor ihm her,
und – hoch geworfen, hart geschlagen –
machten noch zwei Trommeln Krach,
in der ganzen Stadt zu hören.
Diese Klänge mischten sich
beim Einzug mit dem Flötenspiel:
sie bliesen einen Kriegermarsch.
Wir sollten hier nicht übersehen,
wie ihr Herr sich präsentierte,
berittne Fiedler neben ihm:
es hatte dieser Held ein Bein
vor seinem Sattel aufgelegt,
Stiefelchen an nackten Beinen.
Seine Lippen wie Rubin –
so rot, als wären sie entflammt;
die Lippen voll und gar nicht schmal.
Er war in jeder Hinsicht schön.
Sein Haar war blond und auch gelockt –
soweit es nicht sein Hut bedeckte;
die Kopfbedeckung war sehr teuer.
Sein Umhang ganz aus grünem Atlas –
Besatz von Zobel, schimmernd schwarz;
sein Hemd darunter war sehr weiß.
Und alle Gaffer drängten sich!
Man wollte wissen, überall:
wer ist der Ritter ohne Bart,
der solche Prachtentfaltung zeigt?
Das sprach sich äußerst schnell herum –
sie teilten hier die Wahrheit mit.
Man rückte auf die Brücke zu –
sein Gefolge und die Menge.
Angesichts des hellen Glanzes,
der von der Königin ausging,
schlug es ihm das Bein herab –
hochgereckt der edle Held
wie ein Falke, beutegierig!
Das Quartier erschien ihm gut –
so war die Stimmung dieses Helden.

Und sie ließ es sich gefallen,
die Königin des Landes Wales.
   Der König von Spanien hörte nun,
auf der Ebene von Leo
stehe das Zelt, das Gahmuret
auf Wunsch des Königs Rasalic
seit Patalemunt gehörte.
Dies berichtete ein Ritter –
schon schnellte er hoch wie ein Reh!
Er war nun ein Soldat im Glück!
Und der Ritter sagte weiter:
»Ich sah den Einzug Eures Vetters –
mit einem Pomp wie eh und je!
Hundert Wimpel sind vor seinem
hohen Zelt, bei einem Schild,
in das Wiesengrün gerammt –
und auch sie sind alle grün!
Auch zeigt der Held, der kühne,
drei Anker, weiß, aus Hermelin,
und zwar auf jedem seiner Wimpel.«
»So ist er hier im Waffenschmuck?!
Voilà, da wird man sehn,
wie der beim Anritt, der attaque
alles durcheinander wirbelt!
Hardice, der stolze König,
hat mir mächtig zugesetzt
mit seiner Kampflust, seiner Wut –
der wird von Gahmuret persönlich
in der Tjost zu Fall gebracht!
Mich hat mein Glück doch nicht verlassen!«
Und er schickte einen Boten
dorthin, wo der Normanne lag,
Gauchier, mit großem Hofgefolge,
und der schöne Killiriacac –
er hatte beide eingeladen.
Sie ritten darauf, als Begleitung,
mit Kaylet zu seinem Zelt,
begrüßten dort voll Herzlichkeit
den edlen König von Sasamanc.
Viel zu lang war's, schien es ihnen,
seit sie ihn zuletzt gesehn –

sie sagten das ganz ehrlich so.
Nun wollte er von ihnen wissen,
wer die andren Ritter seien,
und sein Vetter sagte es.
»Hier sind, aus fernen Ländern,
Ritter, die nur Liebe treibt –
lauter Helden ohne Furcht.
Hier ist, mit etlichen Britannen,
König Uther Pendragon;
ein Vorfall plagt ihn wie ein Dorn:
ihn hat sein Eheweib verlassen –
die Mutter des Königs Artus.
Ein Kleriker und Zauberer,
mit dem ist sie davongelaufen;
Artus ist ihm nachgeeilt.
Es ist nun schon das dritte Jahr,
seit er Frau und Sohn verlor.
Weiter ist hier König Lot
aus Norwegen, sein Schwiegersohn:
auch er versteht sich auf den Kampf!
Der kühne und der kluge Held
ist faul in punkto Lug und Trug,
ist fleißig, was den Ruhm betrifft.
Außerdem ist hier noch Gawan,
dessen Sohn – er ist zu klein,
um an Turnieren teilzunehmen.
Er war bei mir, der hübsche Bub,
er meint, er würde gerne wie
ein Ritter kämpfen – wäre er
stark genug zum Lanzenbrechen!
So klein und schon so scharf darauf!
Der König von Patrigal hat hier
einen ganzen Wald von Lanzen.
Doch wie der auftritt, zählt nicht weiter –
die aus Portugal sind hier!
Wir nennen sie die ›heißen Sporen‹:
wollen durch die Schilde bohren!
Und die Männer der Provence
haben schön bemalte Schilde.
Die aus Wales sind gleichfalls hier:
die halten stur geradeaus

in die Reiterpulk-Attacken –
sie haben hier den Heimvorteil.
Hier gibt's noch viele Damenritter,
die ich nicht persönlich kenne.
Alle, die ich aufgezählt –
wir wohnen (und das ist die Wahrheit)
mit großem Anhang in der Stadt,
als Gäste ihrer Königin.
   Ich nenn die Gegner vor der Stadt,
die unsre Kampfkraft kaum beeindruckt.
Der edle König von Ascaloun
und der stolze König von Aragon,
Cidegast von Logrois,
der König von Pont Tortois,
namens Brandelidelin.
Und auch der König Llewelyn.
Auch ist Morolt hier, aus Irland:
Gefangne machte er bei uns,
als Pfand. Auch lagern auf der plaine
die stolzen Allemands.
Der Herzog von Brabant
kam ebenfalls in dieses Land,
und zwar für König Hardice.
Seine Schwester, die Alice,
gab ihm der König der Gascogne:
vorausbezahlter Liebesdienst...
Sind alle gegen mich, verbissen!
Doch bau ich ganz und gar auf dich.
Bedenk, daß wir Verwandte sind
und steh mir bei, weil du mich liebst.«
Da sprach der König von Sasamanc:
»Ich will hier gar nicht deinen Dank,
sofern mein Dienst dir Ehre bringt.
Wir ziehen hier an einem Strang.
Ist dein Wappen-Strauß noch ledig?
Trage den serpent à tête
gegen seinen halben Greifen.
Ich werfe meinen Anker aus,
find festen Grund bei der attaque,
und er muß hinter seinem Roß
im Wasser eine Sandbank suchen.

Wenn man uns erst kämpfen läßt –
ich werf ihn ab, falls er's nicht tut!
Dies erklär ich eidesstattlich!«
Kaylet ritt zum Quartier,
nicht schlecht gestimmt, sehr gut gelaunt.
Schon hörte man den cri de guerre
für zwei Helden voller Stolz:
Giolarce von Poitou
und Gournemans von Graharce –
sie tjostierten auf der plaine,
das Turnier-Vorspiel begann!
Hier ritten sechs auf, drüben drei
und ein peloton schloß auf.
Das Kampfspiel war damit eröffnet,
da gab es nichts mehr zu beschließen.
 Dies alles war zur Mittagszeit –
Gahmuret lag noch im Zelt.
Der König von Sasamanc erfuhr:
die attaques auf freiem Felde
fanden in jeder Richtung statt –
nach dem Reglement der Ritter.
Da machte er sich dorthin auf,
mit vielen hellen Lanzenwimpeln.
Er nahm nicht teil an Galoppaden,
wollte erst in Ruhe sehen,
was auf beiden Seiten lief.
Sein Teppich wurde ausgebreitet,
wo sich die Reiterpulks verkeilten –
Sporen ließen Pferde wiehern!
Er war umringt von seinen Knappen –
Schwerterkling und Schwerterklang!
Wie die kämpften, um den Ruhm,
deren Klingen so erklangen!
Dazu ein großes Lanzenkrachen –
er brauchte nicht zu fragen, wo.
Die Reit-Attacken waren Wände,
die Ritterfäuste um ihn bauten!
 Dieses Kampfspiel war so nah –
die Damen sahen vom Palast,
wie sich die Helden müde machten.
Doch war die Königin enttäuscht,

weil sich der König von Sasamanc
nicht in das Getümmel warf.
Sie sagte: »Ach, wo bleibt der nur,
von dem ich soviel Großes hörte?«
Viele Lohnritter voller Mut
setzten sich dort völlig ein
und kämpften doch nicht um das Höchste,
das die Königin versprochen:
sich selbst und ihre Länder –
sie wollten lieber Beute machen.
    Inzwischen war auch Gahmuret
in seiner armure – ein Geschenk
an seine Frau: Versöhnungszeichen,
das ihr der Schotte Friedebrand
als Ausgleich für Verluste geschickt:
er hatte ihr Kriegslast aufgebürdet.
Die schönste Rüstung hier auf Erden!
Er musterte den Diamant:
das war ein Helm. Ein Anker war
darauf befestigt: Edelsteine
(große, keineswegs zu kleine)
lagen darin eingefaßt;
der hatte ziemliches Gewicht!
So sah der Helmschmuck bei ihm aus.
Und wie sein Schild beschaffen war –?
Aus Gold (arabisch) und sehr kostbar
die aufgenagelten Beschläge –
er hatte daran schwer zu schleppen.
Das rote Gold, es glänzte so, 71
daß man sich darin spiegeln konnte.
Darunter war der Zobel-Anker.
Womit man ihn dort ausgerüstet,
das besäße ich schon gern,
das war ein hübsches Sümmchen wert.
Sein Waffenrock war weit und lang
(ich glaube, niemand trug seither
solche Qualität im Kampf),
und er reichte bis zum Teppich.
Falls ich darin kompetent bin:
er sah so aus, als brenne hier
ein quickes Feuer in der Nacht.

Gedämpfte Farben gab's da nicht.
Der Glanz zog jeden Blick auf sich,
der schnitt sich ein in kranke Augen.
Er war bebildert, dies mit Gold,
das in der Kaukasus-montagne
Greifenkrallen aus den Felsen
schlugen. Sie bewachten es,
bewachen es auch heute noch.
Leute kommen aus Arabi,
die rauben listig dieses Gold
(es ist von höchstem Reinheitsgrad)
und bringen es nach Arabi,
der Stadt, wo man den Achmardi,
den grünen, webt, und den Brokat.
Nichts gleicht diesem Waffenrock!
Er trug den Schild auf seinem Rücken.
Da stand ein äußerst schönes Roß,
die Panzerdecke bis zum Huf –
er war bereit, er schwang sich drauf.
Die Pagen: Schreie, Feldgeschrei!
Bei den attaques zerbrach der Held
eine große Zahl von Lanzen,
ritt in Reiterpulks hinein
und mittendurch und hinten raus.
Dem Anker folgte stets der Strauß.
Gahmuret stieß hinters Roß
Baudouin de Prend-la-Cour
und viele renommierte Männer:
Unterwerfung, Ehrenwort!
Die Ritter dort, mit ihren Kreuzen,
profitierten von den Kämpfen,
kriegten seine Beutepferde,
machten einen guten Schnitt.
Vier Wimpel mit dem selben Zeichen
führte man nun gegen ihn –
kühne Scharen folgten ihnen,
ihr Herr im Kämpfen sehr versiert.
Auf jedem Wimpel der Greifenschweif,
und was ihm folgte, war im Kampf
der reinste Hagelschlag, jawohl.
Den Vorderteil des Greifen trug

der König der Gascogne
auf dem Schild; ein wahrer Könner.
Und sein Waffenschmuck war so,
daß er bei Frauen Beifall fand.
Als er den Strauß sah, hoch am Helm,
preschte er dem Trupp voraus –
doch vorher war der Anker dort! 73
Der edle König von Sasamanc
warf ihn ab, von seinem Roß,
nahm ihn gefangen. Kampfgetümmel!
Ackerfurchen glattgetennt!
Schwerter zogen viele Scheitel!
Und die reinste Holzverschwendung!
Viele Ritter abgeworfen!
Ich hör, sie machten sich davon,
nach hinten, ab zur Feiglings-Stellung.
Die Kämpfe waren jetzt so nah –
die Frauen sahen ganz genau,
wer dort preisverdächtig wurde.
Von der Lanze Riwalins,
des Königs, der um Liebe kämpfte,
schneiten Splitter: frischer Schnee...
Wenn der angriff, gab es Krach!
Morolt schnappte einen Ritter,
klaubte ihn sich aus dem Sattel
(nicht die allerfeinste Art!);
das Opfer hieß Killiriacac;
der hatte vorher König Lac
ausgezahlt, und zwar mit Sold,
den man im Sturz vom Boden holt;
er kam dabei ganz groß heraus!
Der starke Morolt hatte Lust,
ihn ohne Schwertstreich zu besiegen,
so fing er diesen Helden ein.
Den Herzog von Brabant
stieß Kaylet vom Pferd herab –
der Fürst hieß Lambekin. 74
Was darauf seine Leute taten –?
Sie deckten ihn mit ihren Schwertern.
Die Helden waren scharf auf Kampf.
Nun stieß der König von Aragon

den alten Uther Pendragon,
den König der Britannen,
hinters Streitroß auf die Wiese:
viele Blumen rings um ihn...
Ach, wie bin ich zart besaitet,
daß ich den Edlen der Britannie
vor Kanvolais so lieblich bette,
wo kein Bauernfuß getrampelt
(ich will's Euch sagen, wie es ist),
das wird wohl kaum nochmal geschehn!
Das Roß, das er zuvor be-saß,
das durfte er nicht mehr be-sitzen.
Man ließ ihn da nicht lang in Stich,
die höher kämpften, schützten ihn –
es fehlte nicht an scharfen attaques.
Nun kam der König von Pont Tortois
und wurde hier vor Kanvolais
vom Pferd gestoßen, auf die Hufspur –
so, daß er dort liegen blieb.
Die Tat des stolzen Gahmuret!
»Pack ihn, Herr, so pack ihn, pack!«
Sie waren ganz vom Kampf gepackt...
Nun schnappten die von Pont Tortois
seinen Vetter Kaylet –
die Gangart wurde sehr viel rauher.
Als Brandelidelin, der König, 75
geschnappt war, aus dem Trupp heraus,
da fing der einen andren König.
Edle Ritter gingen, rannten
dort in ihrem Eisenzeug:
denen gerbte man das Fell
mit Hufen und mit Keulen –
das gab denn blaue Beulen.
Und die Blüte dieser Ritter
kriegte Kontusionen ab.
Ich sag es nicht, um auszuschmücken:
Ruhe war da nicht gefragt,
die Edlen trieb die Liebe an.
Und viele bunte Schilde
und viele schön geschmückte Helme
wurden da vom Staub bedeckt.

Die Ebene war teils beblümt,
teils gab es hier ganz kurzes Gras –
die hohen Herren fielen drauf,
mit allem Recht auf diese Ehre.
Ich kann den Ehrgeiz gut verstehn –
solang ich auf dem Fohlen sitz!/
    Die in der Stadt vertrieben rasch
die draußen, in das offne Feld.
In diesem Vorspiel: Kampf genug!
Es ließ sich als Turnier bewerten:
Lanzen-Kleinholz gab es reichlich!
Da packte Llewelyn die Wut:
»Sind wir wirklich so blamiert?
Der mit dem Anker ist dran schuld!
Noch heute: einer von uns wird
den andren betten, wo's nicht weich ist.
Die haben uns ja fast besiegt!«
Sie griffen an und schufen Raum –
aus war's mit dem Kinderspiel!
Sie hantierten wild drauflos,
es sah nach Waldvernichtung aus!
Und beiden wurde eines knapp:
»Ihr Herren, hier sind Lanzen, Lanzen!«
Jedoch erlebte Llewelyn
eine schlimme Niederlage;
ihn stieß der König von Sasamanc
hinters Roß, in Lanzenweite –
der Schaft bestand aus Bambusrohr;
er kassierte sein Ehrenwort.
Die Ritter plumpsten vor ihm hin –
ich würde lieber Birnen sammeln...
Die in seiner Angriffsrichtung
zahlreich standen, riefen aus:
»Der Anker kommt, o Schreck, o Graus!«
    Ein Fürst aus dem Hause Anjou
galoppierte auf ihn zu;
seine Herrin war der Schmerz.
Er trug den Schild verkehrt herum –
er mußte das aus Trauer tun.
Der König kannte dieses Wappen.
Warum er sich nun abgewendet –?

Wenn ihr es wünscht, so sag ich's euch:
dies Wappen hatte Galoës
vergeben, fils du roi Gandin,
sein sehr geliebter Bruder,
bevor die Herrin Liebe wollte,
daß er fiel, in einer Tjost.
Da löste Gahmuret den Helm,
und seine Kampflust schlug nicht mehr
Schneisen, über Gras und Staub:
dies verbot die große Trauer.
Er war nun auf sich selber böse:
hätte er bloß Kaylet,
seinen Neffen, ausgefragt,
weshalb sein Bruder dem Turnier
fernblieb, was dies heißen solle.
Ach, er wußte nicht, wie der
gefallen war, bei Monthory.

    Obwohl er nun in Trauer war –
er hatte an dem halben Tag
sehr viele Lanzen kleingemacht;
wär jetzt noch das Turnier gefolgt,
so wär ein ganzer Wald dahin!
Sein Kontingent von hundert Stück,
bemalt: er hatte es verbraucht.
Und seine hellen Fähnchen:
sie gehörten den crieurs –
das war ihr angestammtes Recht.
Zu seinem Zelt ritt Gahmuret.
Der valet der Frau von Wales
folgte ihm bei diesem Ritt
und hielt den teuren Waffenrock:
der war durchstochen und zerfetzt.
Er legte ihn der Herrin vor:
er war noch immer reich an Gold
und glänzte wie die Glut, die glüht;
ein Beweis für seinen Reichtum.
Da sprach die Königin, erleichtert:
»Dich und diesen Ritter schickte
eine edle Frau ins Land.
Doch, um hier die Form zu wahren,
setz ich die andren nicht herab,

die dieser Wettkampf hergelockt;
gute Wünsche für sie alle,
sind sie doch mit mir verwandt,
und zwar von Adams Rippe her.
Doch meine ich, daß Gahmuret
den Siegespreis errungen hat.«
   Die andren kämpften weiterhin
mit solchem Schwung und solcher Wut –
sie walkten sich bis in die Nacht!
Die innen warfen die von außen
im Kampf zurück bis an ihr Lager;
wären nicht der Ire Morolt,
der König Ascalouns dort gewesen,
so hätten sie es überrannt.
Da gab es Siege, Niederlagen –
viele machten hier Verluste,
andre fanden Sieg und Ruhm.
Nun ist es Zeit, daß man sie trennt –
sie erkennen sich nicht mehr!
Hier bringt der Spielerwirt kein Licht –
wer wollte schon im Finstern würfeln?!
Die Müden hatten längst genug!
   Doch man vergaß die Finsternis,
wo Gahmuret nun saß, mein Herr –
als wär es Tag! Das war es nicht:
dort standen riesenhafte Leuchten,
Bündel vieler dünner Kerzen.
Auf Olivenblättern lagen
gesteppte Polster, courtepointes,
große Teppiche vor ihnen,
alle sorgsam ausgebreitet.
Mit vielen edlen Damen ritt
die Königin vor dieses Zelt –
sie wollte ihn gern kennenlernen,
den edlen König von Sasamanc.
Ihr folgten müdgekämpfte Ritter.
Die Tische waren abgeräumt,
bevor sie dieses Zelt betrat;
der hier Wirt war, sprang gleich auf,
mit ihm vier Könige, gefangen,
viele Fürsten noch dazu.

Er empfing sie äußerst höflich.
Sie sah ihn an, und er gefiel ihr.
Die Waliserin, erfreut:
»Ich bin als Gast in Eurem Zelt,
Ihr seid als Gast in meinem Land;
wünscht Ihr den Begrüßungskuß,
so bin ich gern dazu bereit.«
Er sprach: »Ich nehm ihn gerne an,
wenn Ihr auch diese Herren küßt.
Muß Fürst und König drauf verzichten,
wag ich nicht, Euch drum zu bitten.«
»Da habt Ihr recht, das soll geschehn.
Ich sehe sie zum ersten Mal.«
So küßte sie nach Protokoll –
das hatte Gahmuret gewünscht.
Er bot der Königin nun Platz an.
Monsieur de Brandelidelin
nahm höflich Platz an ihrer Seite.
Grüne Binsen, feucht von Tau,
auf jedem Teppich ausgestreut –
hier setzte sich, der diese edle
Waliserin sehr glücklich stimmt – 84
sie war bereits in Liebesnot!
Er setzte sich so nah zu ihr,
daß sie ihn fassen, zu sich ziehen
konnte, dicht an ihre Seite.
Die dafür sorgte, daß er so nah
bei ihr saß, war eine Jungfrau.
Wollt ihr jetzt hören, wie sie hieß?
Königin Herzeloyde.
Und ihre Tante war Richoyde,
vermählt mit König Kaylet;
Gahmuret war dessen Vetter.
So heller Glanz ging von ihr aus:
wär'n alle Kerzen ausgegangen,
sie hätte Licht genug gegeben!
Sein hohes Glück auf breitem Sockel
war vom Schmerz herabgedrückt –
sonst hätte er sie gern geliebt.
Sie tauschten Höflichkeiten aus.
Nach einer Weile brachten Schenken

Ziergefäße aus Asagouc –
die täuschten nicht bloß Reichtum vor!
Junker trugen sie herein.
Die Becher selbstverständlich kostbar:
jedes Stück ein Edelstein,
und der war groß und gar nicht klein,
sie brauchten keine Gold-Einfassung:
der Gegenwert vom Landeszins,
den Isenhart Frau Belacane
voll Sehnsucht angeboten hatte.
Es wurden nun Getränke gereicht 85
in bunten Edelsteingefäßen:
aus Smaragd, aus Karneol,
manche waren aus Rubin./
Die Königin trug Gahmuret
die zarte Herzensbitte vor:
»Ich habe jetzt ein Recht auf Euch, 87
das Ihr mir nicht verweigern dürft:
ergeben bitt ich Euch um Gunst.
Doch falls es Euren Ruhm gefährdet,
wenn Ihr mir beides zugesteht,
so laßt mich Abschied nehmen.«/
Und mit wahrer Formvollendung
sprach sie weiter zu Gahmuret:
»Ehrt mit mir nun alle Frauen
und gewährt mir hier mein Recht.
Bleibt hier, bis ich ein Urteil höre,
sonst gebt Ihr mich der Schande preis.«
Der edle Mann versprach es ihr. 89
Und sie nahm Abschied, ging hinaus.
Kaylet, der noble Kämpfer,
half ihr – ohne Schemel – auf
ihr Pferd und ging zurück
in die Versammlung seiner Freunde./

Den Hausherrn stachelte die Liebe,
er sehnte sich nach ihr zurück –
der Sehnsucht spitzer Stachelstock!
Und ein jeder sah ihm an,
daß er mit Liebeskummer rang;
die Lebensfreude half nur schwach.
Da wurde ihm sein Vetter böse,

sagte: »Du benimmst dich schlecht.«
»Nein, es ist, weil ich so leide.
Ich sehn mich nach der Königin.
Ich ließ dort in Patalemunt
die Frau zurück, die mir das Herz
gebrochen hat, die reine, süße...
Weil sie edel, sittsam ist,
muß ich um ihre Liebe klagen.
Die edle Belacane gab mir
Land und Leute, und sie nimmt mir
alles Liebesglück als Mann.
Und doch ist der sehr männlich,
der sich schämt, wenn Liebe schwankt.
Sie nahm mich streng an die Kandare:
ich durfte nicht als Ritter kämpfen.
Ich dachte mir: in Ritterkämpfen
werd ich meinen Mißmut los –
ich hab hier einiges vollbracht.
Viele Ahnungslose meinen,
mich hätt die schwarze Haut verjagt –
sie erschien mir wie die Sonne!
Ihr Wert als Frau läßt mich so leiden –
Glanzpunkt auf dem Schild der Würde.
Darum klag ich. Und auch deshalb:
ich sah, wie man den Schild des Bruders
umgekehrt getragen hat.«
Wie tun mir diese Worte leid –
eine traurige Geschichte!/
Voll Jammer sagte er die Worte:
»Meine Ankerspitze faßte
Grund im Hafen Leidenlands.«
Er legte dieses Wappen ab.
Sein Leiden stimmte ihn verzweifelt.
Er sprach in wahrer Bruderliebe:
»Von Anjou... Und: Galoës...
Das steht wohl völlig außer Frage:
solch ein mannhaftes Verhalten
gab's noch nie! War generös –
dies wuchs als Frucht aus seinem Herzen.
Es tut mir leid um seine Güte.«
Er fragte darauf Kaylet:

»Und wie geht es Schoette,
meiner unglücklichen Mutter?«
»So, daß Gott Erbarmen zeige!
Als Gandin gestorben war
und dein Bruder Galoës,
und als du nicht mehr bei ihr warst,
hat ihr der Tod das Herz gebrochen.«
Hardice, der König, sagte ihm: 93
»Zeigt jetzt bitte Männlichkeit.
Wenn Ihr Männlichkeit besitzt,
beklagt das Leid nicht grenzenlos.«
Doch ach, sein Schmerz war viel zu groß –
ein Strom, der aus den Augen floß.
Er sorgte noch für seine Ritter,
zog sich zurück in sein Quartier:
ein kleines Zelt, es war aus Atlas.
Die Nacht durchlitt er: Zeit der Klagen.
  Als der neue Tag erschien,
faßten alle den Entschluß,
Innen-Heer wie Außen-Heer,
jeder, der hier unter Waffen
stand, egal, ob jung, ob alt,
ob ängstlich oder couragiert,
es würde jetzt nicht mehr tjostiert.
Da war es heller Vormittag.
Sie waren derart abgekämpft,
die Rösser derart abgehetzt –
selbst die härtesten der Ritter
gaben der Erschöpfung nach.
Die Königin ritt höchstpersönlich
ins Feld hinaus, zu diesen Edlen,
führte sie in ihre Stadt.
Drinnen bat sie dann die Besten,
zur Leo-plaine hinauszureiten;
man schlug ihr nicht die Bitte ab;
sie kamen hin, wo man die Messe
sang für Gahmuret in Trauer.
Nach dem Benedictus 94
erschien die edle Herzeloyde,
erhob ihren Anspruch auf Gahmuret –
was sie wünschte, war berechtigt.

Er sprach: »Ich habe eine Frau,
die ist mir lieber als mein Leben.
Selbst, wenn ich sie nicht besäße –
ich wüßte auch in diesem Fall,
wie ich mich Euch entziehen könnte,
falls einer noch mein Recht vertritt.«
»Ihr müßt von dieser Mohrin lassen
und zwar um meiner Liebe willen.
Was Taufe segnet, hat ein Vorrecht.
Löst Euch von dem Heidentum
und liebt mich nach dem Christgesetz.
Ich sehne mich nach Eurer Liebe.«/
»Ich verdiente Euer Mitleid:
ich verlor den edlen Bruder.
Wahrt die Form und drängt mich nicht.
Wo Freude ist, sei Eure Liebe,
denn bei mir ist nichts als Jammer.«
»Muß ich mich denn ganz verzehren?!
Sagt, wie wollt Ihr Euch hier wehren?«
»Ich sag Euch, was Ihr wissen wollt.
Wozu hier eingeladen wurde,
war ein Turnier – es fand nicht statt.
Ich habe dafür viele Zeugen.«
»Das Vorspiel legte es schon lahm.
Die stärksten Kämpfer wurden zahm –
so hat sich das Turnier erübrigt.«
»Ich habe Eure Stadt verteidigt,
mit andren, die sich hier bewährten –
erspart mir drum das Plädoyer.
Viele Ritter waren besser –
Euren Anspruch hebt das auf!
Nichts als Höflichkeit und Huld
darf ich hier von Euch erwarten.«
Wie mir die Erzählung sagt,
erhob die Herrin darauf Klage;
beide nahmen einen Richter.
Da ging es schon auf Mittag zu.
Das Urteil wurde rasch gefällt:
»Der Ritter, der zum Kampfspiel kam
und der sich seinen Helm aufsetzte
und den Siegespreis errang,

der soll der Königin gehören.«
Der Urteilsspruch erlangte Rechtskraft.
Sie sagte: »Herr, nun seid Ihr mein.
Ich diene Euch, bis Ihr mich liebt.
Ich werde Euch so glücklich machen,
daß Ihr das Trauern ganz vergeßt.«
Jedoch: die Trauer blieb bei ihm.
　Nun war die Sonne des April
vergangen und gewachsen war
kurzes, dünnes, grünes Gras –
die Fluren waren völlig grün:
den scheuen Herzen gibt das Mut,
es macht sie froh- und hochgestimmt.
Und es blühten viele Bäume,
weil die Luft des Mai so mild war.
Er stammte von den Feen ab:
er mußte lieben, Liebe wünschen –
die wollte ihm die Freundin schenken.
Er schaute Herzeloyde an,
der Schöne sagte formbetont:
»Soll ich mit Euch glücklich werden,
übt nicht strenge Aufsicht aus.
Gibt mich die Trauer jemals frei,
so würd ich gern als Ritter kämpfen.
Laßt Ihr mich nicht auf Turniere –
ich kenne noch den alten Schlich,
mit dem ich meiner Frau entfloh,
die ich im Ritterkampf gewonnen.
Als sie mein Kämpfen unterband,
verließ ich Land und Leute.«
»Herr, so steckt Euch selbst ein Ziel.
Ich werd Euch Euren Willen lassen.«
»Ich will noch viele Lanzen brechen!
Jeden Monat ein Turnier,
an dem ich mich beteilige –
das müßt Ihr, Herrin, schon erlauben.«
Sie versprach es, wie ich hörte.
Er bekam das Land – und sie./
　Im Felde draußen sprach ein Freund
zu denen mit verdrehtem Schild:
»Die edle Königin Herzeloyde

hat nun den Anjou gekriegt.«
»Welcher von Anjou war dort?
Unser Herr ist leider fort,
sucht Ritterruhm bei Sarazenen –
das ist ja unser ganzes Leid!«
»Der hier den Siegesruhm errang
und so viele Ritter warf
und so mächtig stach und schlug
und den schönen Anker trug
auf dem hell besteinten Helm –
der ist's, von dem Ihr grade redet!
Mir sagte König Kaylet:
der Anjou sei Gahmuret.
Der hat hier viel Erfolg gehabt.«
Sie rannten darauf zu den Pferden;
als sie ihren Herrn erreichten,
war ihre Kleidung tränenfeucht.
Sie begrüßten ihn, er sie.
Glück und Kummer waren hier.
Er küßte die Getreuen, sagte:
»Ihr dürft nicht ohne Maß und Ziel
um meinen Bruder trauern.
Ich kann ihn euch sehr wohl ersetzen.
Dreht den Schild jetzt wieder um,
begebt euch auf den Pfad des Glücks.
Ich nehm das Wappen meines Vaters –
ich lieg in seinem Land vor Anker.
Der Anker paßt zu Abenteuern –
den nehm und trage, wer da will,
ich wende mich dem Leben zu.
Ich bin reich, ich habe Macht.
Soll ich des Volkes Herrscher sein,
so darf mein Leid es nicht bedrücken.
Drum helft mir, edle Herzeloyde,
und wir bitten – ich und Ihr –
die Fürsten hier, die Könige
noch zu bleiben, mir zu dienen,
bis Ihr mir gewähren wollt,
was Lieben von der Liebe wünscht.«
Die Bitte sprachen beide aus,
die Edlen stimmten zu, sofort.

Jeder zog in sein Quartier.
Die Königin zu ihrem Liebsten:
»Ich will nun etwas für Euch tun.«
Sie führte ihn diskret hinaus.
Wohin er auch verschwunden war,
für seine Gäste war gesorgt.
Verdoppelt war jetzt ihr Gesinde,
und doch ging er alleine fort,
nur mit zwei der jungen Herren.
Die Königin, die jungen Damen
führten ihn zum Ort des Glücks,
zum Endpunkt aller Trauer:
sein Kummer wurde défaitiert,
und er lebte wieder auf –
wie es sein soll, bei der Liebsten!
Die edle Königin Herzeloyde
verlor hier ihre Jungfernschaft.
Sie schonten ihre Lippen nicht,
machten sie mit Küssen müde,
hielten Glück vom Unglück fern.

Er zeigte höfisches Verhalten:
die Gefangnen ließ er frei.
Und seht: Hardice und Kaylet,
die versöhnte Gahmuret.
Man feierte ein solches Fest:
wer später pari bieten wollte,
mußte große Macht besitzen.
Gahmuret tat dies sehr gern:
er schonte nicht sein Eigentum.
Gold aus Arabien teilte man
an Ritter ohne Lehen aus,
und Gahmuret verteilte selbst
Juwelen an die Könige
und an Fürsten, die dort waren.
Das Spielmannsvölkchen lebte auf –
es wurde nicht zu knapp beschenkt.

Nun laßt sie ziehen, all die Gäste,
mit Abschiedsgrüßen vom Anjou.
Den Panther, seines Vaters Wappen,
schlug man – aus Zobel – auf den Schild.
Und ein Hemd der Königin,

sehr fein, aus weißer Seide,
das sie auf bloßem Leib getragen –
sie war ja seine Frau geworden –
zog er über seine Rüstung.
Achtzehn Stück sah man durchstochen
und von Schwertern ganz zerhackt,
bevor er von ihr Abschied nahm.
Sie zog die an, auf bloßer Haut,
wenn ihr Liebster vom Turnier kam.
Er stieß so manchem Schild ein Loch;
sie hielten ihre Liebe hoch.
 Er hatte Ruhm genug errungen,
als ihn Männlichkeit und Mut
zum Kämpfen trieben, übers Meer –
diese Reise läßt mich trauern.
Was er hörte, traf auch zu:
seinen Dienst-Herrn, den Kalifen,
überfielen ›Babylonier‹.
Der eine hieß Hippomidon,
der andere Pompeius –
ja, die Quelle nennt ihn so!
Nicht der Pompeius, der aus Rom
vor Caesar einst geflohen war –
er war ein nobler, stolzer Mann;
der König Nebukadnezar war
sein Onkel mütterlicherseits;
in Lügenbüchern hatte der
gelesen, er sei selbst ein Gott –
da würden heut die Leute lachen!
Die Brüder schonten nicht ihr Leben,
nicht ihr Gut. Hochgeboren
stammten sie von Ninus ab:
Herrscher vor der Gründung Bagdads,
Gründer der Stadt Ninive.
Beide Städte zahlten Tribut
an den Kalifen: Last und Schmach,
die schmerzten! Und für beide Seiten
Verluste und Gewinne – reichlich;
man sah dort wahre Helden kämpfen.
So fuhr im Schiff er übers Meer,
traf den Kalifen und sein Heer;

es war ein herzlicher Empfang –
so sehr ich diese Fahrt beklage.
Was dort geschieht, wie es dort läuft,
wie sich Gewinn, Verlust verteilen,
das weiß Frau Herzeloyde nicht.
War wie die Sonne strahlendhell,
die Liebe machte sie so schön,
genoß den Reichtum und die Jugend,
ein Übermaß an Glücksgefühl –
es übertraf selbst ihre Wünsche!
Ihr Herz entdeckte die wahre Güte,
sie wurde überall beliebt.
Die edle Königin Herzeloyde:
ihr Wesen wurde sehr gepriesen,
ihre Haltung hoch geschätzt.
Als Königin in drei Regionen
beherrschte und regierte sie
Anjou und Wales, trug außerdem
die Krone von Norgals
mit seiner Hauptstadt Kingrivals.
Sie liebte ihren Gatten sehr.
Fand eine Dame einen edlen
Freund, sie nahm's mit Gleichmut hin,
sie kannte hierin keinen Neid.

   Doch er blieb fort, ein halbes Jahr:
sie wartete voll Ungeduld,
ihr Leben hing an dieser Hoffnung.
Da brach die Klinge ihres Glücks
mitten in dem Griff entzwei.
Ohweh und ach und ach, ohweh –
aus Güte wächst die Kummerfrucht,
und Liebe läßt das Leiden reifen.
So geht's nun mal im Menschenleben:
heute Lust und morgen Leid.

   Die Herrin schlief an einem Mittag,
es war ein alptraumhafter Schlaf:
sie schreckte hoch, war voller Angst!
Ihr war, als wenn ein Meteor
sie emporriß in die Lüfte,
und sie trafen voller Wucht
Feuerblitze, mit Gedonner,

alles kam auf sie herab,
und es knisterten und knackten
Funken in den langen Zöpfen.
Man hörte, dröhnend, Donnerschläge:
ein Wolkenbruch von Feuertränen.
Sie kam zu sich. Ein Drache
riß an ihrer rechten Hand –
und damit wechselte das Bild.
Es kam ihr sehr befremdlich vor:
sie war die Amme eines Lindwurms,
der zerfetzte ihren Schoß
und sog als Drache an den Brüsten
und flog dann von ihr weg, sehr rasch,
sie sah ihn nicht mehr wieder.
Er riß das Herz aus ihrer Brust –
auch dies, so grauenvoll, sie sah es!
Wohl kaum hat eine Frau zuvor
im Schlaf so Schreckliches erlebt.
Sie war so, wie es Ritter wünschen,
doch ach, das ändert sich nun ganz,
sie wird ein Bild des Jammers sein.
Ihr Unglück wächst, wird lang und breit,
das Leid der Zukunft rückt heran.
Die Herrin tat nun etwas, das
ihr bisher fremd gewesen war:
sie warf sich hin und her und stöhnte,
und sie schrie im Schlaf ganz laut.
Die jungen Damen, die dort saßen,
sprangen auf und weckten sie.

    Nun ritt Tampanis heran, 105
der Knappenmeister ihres Mannes,
ihm folgten viele schmucke Pagen.
Das war der Endpunkt allen Glücks –
sie sagten, klagten, ihr Herr sei tot.
Der Schmerz kam über Herzeloyde,
besinnungslos brach sie zusammen.
Die Ritter fragten: »Wie konnte bloß
unser Herr trotz Rüstung fallen,
gut gewappnet, wie er war?«
So sehr auch dieser Knappe litt,
er teilte doch den Rittern mit:

»Unser Herr starb viel zu früh.
Er nahm sich seinen Kopfschutz ab –
er hielt die Hitze nicht mehr aus;
verfluchte Heiden-Hinterlist
hat ihn geraubt, den großen Helden.
Ein Ritter hatte Blut vom Bock
in einer Flasche abgefüllt,
zerschlug sie auf dem Diamant:
der Helm ward weicher als ein Schwamm!
Den man noch heute als das Lamm
darstellt, Kreuz in seinen Läufen,
Den erbarme, was dort geschah.
   Bei den Reitertrupp-Attacken –
mon dieu, was wurde da gekämpft!
Die Reiter des Kalifen
wehrten sich mit Heldenmut;
vor Bagdad, auf dem Feld der Schlacht,
durchbohrte man sehr viele Schilde –
beide Seiten griffen an!   106
Die Reiterpulks verkeilten sich,
die Wimpel waren bald verheddert,
viele stolze Kämpfer starben.
Mein Herr vollbrachte dabei Taten,
vor denen all ihr Ruhm verblaßte.
Da kam Hippomidon geritten:
den hatte seinerzeit mein Herr
vor Alexandria besiegt,
vor Tausenden von Ritteraugen:
das zahlte der nun tödlich heim!
Mein Herr (er war ganz ohne Falsch)
visierte diesen König an –
ihm brachte diese Tjost den Tod:
die Lanzenspitze drang in seinen
Helm, durchbohrte seinen Kopf –
man fand in ihm ein Stück vom Schaft.
Dennoch blieb der Held im Sattel;
vom Schlachtfeld ritt er, sterbend,
auf die freie, weite plaine.
Es kam sein Kaplan und beugte sich;
dem legte er die Beichte ab,
mit wenig Worten, schickte dann

dies Hemd und auch die Lanze her,
die ihn von uns genommen hat.
So starb er, völlig frei von Sünden.
Seine Pagen und die Knappen
befahl er seiner Königin.
 Man überführte ihn nach Bagdad.
Der Kalif sah nicht auf Kosten:
man schmückte seinen Sarg mit Gold
und stattete ihn prächtig aus
mit edelsten Juwelen;
so ruht er, der Vollkommene,
sein junger Leichnam balsamiert.
Bei vielen Leuten Schmerz und Trauer.
Ein herrlicher Rubin als Platte
auf dem Grab: so sieht man ihn.
Man kam hier unsren Bitten nach:
ein Kreuz, als Zeichen der Passion,
mit der uns Christi Tod erlöste,
wurde auf dem Grab errichtet,
als Schutz und Hilfe für die Seele;
es war ein kostbarer Smaragd –
auch den bezahlte der Kalif.
Wir machten alles ohne Heiden,
denn sie glauben nicht ans Kreuz,
an dem uns Christi Tod erlöste.
Die Heiden beten Gahmuret
allen Ernstes an, als Gott –
doch nicht das Kreuz verehrend,
nicht im Glauben an die Taufe,
die uns, am Jüngsten Tage,
von allen Banden lösen wird.
Daß er als Mann so loyal war,
daß er so reuevoll gebeichtet,
verleiht ihm einen Glorienschein.
Das Böse war in ihm versickert.
In seinen Helm aus Diamant
schnitt man ihm ein Epitaph,
brachte es am Grabkreuz an.
Es besagt im Wortlaut dies:
›Ein Lanzenstoß durch diesen Helm
tötete den edlen Helden.

Sein Name lautet Gahmuret,
mächtiger König dreier Länder;
ein jedes gab ihm eine Krone,
die Gefolgschaft großer Fürsten.
Geboren war er in Anjou,
vor Bagdad wurde er getötet,
im Dienste des Kalifen.
Sein Ruhm schwang sich so hoch empor,
daß keiner diesen Rang erreicht,
wo Ritterschaft bewertet wird.
Den gebar noch keine Mutter,
dessen Mut vergleichbar wäre,
ich meine dies: im Ritterdienst.
Er war in Rat und tapfrer Tat
stets für seine Freunde da.
Für Frauen litt er Liebesqualen.
Er war getauft und lebte christlich.
Sein Tod war auch für Sarazenen
schmerzvoll, das ist wirklich wahr.
In den bewußt gelebten Jahren
strebte all sein Mut nach Ruhm,
er starb als ein berühmter Ritter.
Er hatte Lug und Trug besiegt –
so wünscht dem Heil, der hier jetzt liegt.‹«
Es war so, wie der Knappe sagte.
Da weinten viele Leute aus Wales,
sie hatten allen Grund dazu.
   Die Königin war schwanger,
das Kind bewegte sich in ihr –
und man ließ sie hilflos liegen!
Achtzehn Wochen Lebenszeichen –
die Königin Herzeloyde,
die Mutter, rang nun mit dem Tode.
Die andren waren ganz konfus,
und so half keiner dieser Frau –
dabei trug sie *den* im Leib,
der Krone aller Ritter wird –
falls der Tod ihn hier verschont.
Als sie mit dem Tode rang,
kam ein altweiser Mann
zur Herrin, wollte mit ihr trauern.

Er zwang die Zähne voneinander,
man goß ihr Wasser in den Mund,
so kam sie wieder zu Bewußtsein.
»Ach, wo ist denn nur mein Liebster?«
Die Königin klagte überlaut.
»Es war der herrliche Gahmuret
das große Glück in meinem Herzen!
Doch seine Kampflust nahm ihn mir.
Obwohl ich sehr viel jünger war –
bin seine Frau und seine Mutter,
denn ich trage ihn in mir,
zugleich auch seinen Lebenskeim –
das war ein Geben und ein Nehmen
meiner Liebe, seiner Liebe!
Zeigt Gott Beständigkeit und Treue,
so läßt Er diese Frucht hier reifen –
ich hab mit meinem edlen Mann
schon allzuviel verloren.
Was hat der Tod mir angetan!
Schenkte eine Frau ihm Liebe,
stimmte all ihr Glück ihn froh,
machte ihn ihr Kummer traurig.
Das tat die treue Liebe dieses
Mannes. Böses war ihm fremd.«
   Doch hört von etwas anderem,
was die Königin nun machte:
mit ihren Händen, ihren Armen
umfaßte sie das Kind, den Bauch
und sagte: »Gott gewähre mir
die edle Frucht des Gahmuret;
von Herzen bitte ich darum.
Gott behüte mich vor Panik –
da stürbe Gahmuret noch einmal,
legte ich die Hand an mich,
solange ich hier in mir trage,
was mir seine Liebe schenkte.
Er hat sich männlich treu gezeigt.«
Ihr war egal, ob jemand schaute:
sie riß das Hemd von ihrer Brust
und sie faßte immer wieder
die zarten, weißen Brüste an,

drückte sie an ihren Mund –
es war sehr fraulich, was sie tat.
Die verständig war, sie sagte:
»In dir ist Speise für das Kind,
die hat es sich schon vorbereitet,
seit ich spürte, wie sich's regt.«
Die Frau sah ihren Wunsch erfüllt
durch die Speise überm Herzen,
durch die Milch in ihren Brüsten.
Sie drückte Milch heraus und sprach:
»Aus treuer Liebe kommst du her.
Wäre ich noch nicht getauft,
wärst *du* das Zeichen meiner Taufe;
ich werde mich nun ganz besprengen,
allein und vor den anderen,
mit dir und mit dem Augennaß –
so will ich Gahmuret betrauern.«
Die Königin ließ jenes Hemd,
das blutbefleckte, zu ihr bringen,
in dem, im Heere des Kalifen,
Gahmuret gefallen war –
er fand dabei den Heldentod
in seinem Mut, der Kampfbegierde.
So ließ sie auch die Lanze holen,
die Gahmuret den Tod gebracht.
Hippomidon von Ninive,
der stolze Held aus ›Babylon‹,
der zahlte *so* das Wehrgeld aus:
das Hemd von Hieben ganz zerfetzt.
Sie wollte es gleich überstreifen,
wie zu den Zeiten, als ihr Mann
von den Turnieren heimgekehrt –
sie nahmen es ihr aus der Hand.

   Die Edelsten des Landes senkten
im Münster Lanzenspitze, Bluthemd
statt des Toten in das Grab.
Im Land des Königs Gahmuret
empfand man tiefe Trauer.

   Und vierzehn Tage später
gebar die Frau ein Kindchen,
einen Sohn, der war so groß,

daß sie beinah daran starb.
Der Würfel fällt für die Geschichte,
der Anfang ist damit gemacht:
denn *nun* erst wurde der geboren,
dem sich die Erzählung widmet.
Von Lust und Leid des Vaters,
von seinem Leben, seinem Tod
habt ihr so einiges gehört;
erfahrt jetzt auch, woher zu euch
die Hauptfigur des Werkes kommt,
wie sehr man sie behütete –
er sollte nichts von Rittern wissen,
bevor er reif und mündig wäre.
   Als die Königin erwachte,
ihr Kindchen wieder an sich nahm,
begannen sie und andre Damen
den Schnibbel zwischen seinen Beinen
sehr genau zu inspizieren.
Da mußten sie ihn einfach streicheln –
er war schon wie ein Mann gebaut!
Er wurde später Schmied, mit Schwertern,
und schlug Feuer aus den Helmen –
sein Herz war voller Männermut.
Es machte Herzeloyde Spaß,
ihn zu küssen, immer wieder,
und überschwänglich rief sie aus:
»Bon fils, cher fils, beau fils.«
Die Königin nahm ohne Zögern
die Punkte fahlen Rots, ich meine:
die Schnabelspitzen ihrer Brüste
und schob sie ihm ins Mäulchen rein.
Die ihn im Leib getragen hatte,
wurde selber seine Amme,
sie nährte ihn an ihren Brüsten,
vermied den Fehler andrer Frauen.
Ihr schien, sie hätte Gahmuret
in ihren Arm zurückgebetet.
Sie machte es sich nicht zu leicht,
in Demut nahm sie alles auf sich.
Herzeloyde dachte, sprach:
»Die Himmelskönigin gab Jesus

ihre Brust. Er starb für uns
dann später einen herben Tod
am Kreuz als Mensch, und Er erwies
uns damit Seine treue Liebe.
Doch nimmt man Seinen Zorn zu leicht,
so wird die Seele schwer verurteilt,
auch wenn man schuldlos ist und war.
Ich weiß genau, daß dies so ist.«
Die Landesherrin wurde naß
vom Tränentau des Herzeleids.
Und Augen-Regen auf den Jungen.
Sie zeigte wahre Mutterliebe.
Und beides kam von ihren Lippen: 114
das Seufzen und das Lachen.
Sie freute sich: ihr Sohn war da!
(Doch wird ihr Glück im Leid ertrinken.)

Wer von Frauen besser spricht,
soll's tun – ich kenn hier keinen Neid,
ich höre gern, wenn sie sich freuen.
Einer nur verweigre ich
den Liebesdienst in Treue:
seit sie mich betrogen hat,
erfüllt mich immer wieder Zorn.
Ich bin Wolfram, aus Eschenbach,
und ich kann auch Lieder machen!
Bin eine Zange: die hält fest
am Zorn auf diese eine Frau –
dies mußte ich mir bieten lassen:
den Affront, an mir persönlich!
Mir bleibt nur eines: sie zu hassen.
Und deshalb hassen andre mich.
Weshalb nur, bitte, tun sie das?
Obwohl ihr Haß mich wirklich trifft –
als Frauen können sie nicht anders:
ich hab mich unbedacht geäußert,
und mir selbst damit geschadet –
dies wird mir kaum noch mal passieren!
Man sollte meine Palisaden

nicht zu vorschnell attackieren –
man stößt auf harte Gegenwehr!
Dies habe ich noch nicht verlernt:
Frauen richtig einzuschätzen
in ihrem Wesen, im Benehmen. 115
Wenn eine Frau die Würde wahrt,
so kämpf ich für ihr Renommee.
Was sie schmerzt, das trifft auch mich.
Setzt jemand alle Frauen matt
nur wegen seiner einen Frau,
so hinkt sein Lob mit dickem Knie!
Will eine nun mein Standesrecht
mit eignen Augen, Ohren prüfen,
so täusche ich ihr gar nichts vor:
ich bin zum Ritterdienst geboren.
Wenn eine meinen Mut nicht fordert,
mich wegen meiner Liedkunst liebt,
so scheint die mir nicht klar im Kopf.
Umwerb ich eine edle Frau
und kann mit Schild und Lanze nicht
den Liebeslohn bei ihr erringen,
so entsprech dem ihre Gunst...
Der setzt auf hohe Würfelzahl,
der Liebe sucht im Waffengang!

 Hielten es die Damen nicht
für Schmeichelei, so brächte ich
euch neue Folgen der Geschichte,
und setzte den Roman hier fort.
Doch wer so etwas von mir wünscht,
erwarte hier nur ja kein ›Buch‹ –
denn ich bin nicht *schrift*gelehrt!
Bücher: Sauerteig für viele,
doch sie lenken *nicht bei mir*
den Ablauf der Geschichte!
Und eh man dies als ›Buch‹ bezeichnet, 116
säß ich lieber ohne Handtuch
nackt im Bad, solang ich nur
das Reisigbüschel nicht vergäße.

Mich betrübt, daß man so viele
schlicht und einfach »Frauen« nennt.
Sie alle haben helle Stimmen,
viele werden sehr schnell untreu,
wenige sind frei von Falschheit –
darin besteht der Unterschied.
Daß man alle gleich benennt,
empfind ich als beschämend.
Wo sich Frauentum erfüllt,
ist stets die Treue mit dabei.
Nun erklären viele: Armut
sei zu überhaupt nichts gut.
Doch wer sie duldet, liebend, treu,
entkommt dem Höllenfeuer.
Dies tat – aus Liebe – eine Frau;
doch was sie hingab, fand sie neu
im Himmel: Lohn, der ewig währt.
Ich fürchte, es gibt kaum noch jemand,
der jung auf irdischen Besitz
verzichtet für die Himmelsglorie –
mir ist kein solcher Fall bekannt!
Mir scheinen Mann und Frau hier gleich:
sie scheuen allesamt zurück.
   Die mächtige Herzeloyde besaß
drei Länder, ließ sie nun zurück.
War leer an Freude: ihre Last!
Falschheit war ihr völlig fremd,
man sah und hörte nichts davon;
die Sonne war für sie ein Nebel;
sie floh die Freuden dieser Welt;
Tag und Nacht, sie zählten gleich –
in ihrem Herzen nichts als Trauer.
Die edle Frau zog leiderfüllt
aus ihrem Land zu einem Wald,
in die Wüstung Solitude;
sie dachte nicht an Blumenwiesen;
ihr Herz war so von Schmerz gequält,
sie hatte keinen Sinn für Kränze,
ganz gleich, ob farbig oder fahl.
Sie nahm mit sich ins Fluchtversteck
das Kind des edlen Gahmuret.

Die Leute, die dort bei ihr sind,
sie müssen roden und beackern.
Sie kümmerte sich liebevoll
um ihren Sohn. Bevor der denken
lernte, rief sie ihre Leute,
verbot den Männern wie den Frauen
bei Todesstrafe, daß sie je
von Rittern vor ihm sprächen.
»Denn falls mein Liebling davon hörte,
wie das Ritterleben ist,
so würde mir das Herz sehr schwer.
So nehmt hier den Verstand zusammen,
sagt ihm nichts vom Rittertum!«
Man hielt sich streng an ihr Gebot.
 Der Junge wurde im Versteck
der Wüstung Solitude erzogen;
um königlichen Lebensstil
betrogen, blieb ihm nur noch dies:
den Bogen und die kleinen Pfeile,
schnitzte er sich selbst zurecht,
schoß viele Vögel auf der Pirsch.
Sobald er einen Vogel traf,
der vorher laut gesungen hatte,
heulte er und raufte sich
das Haar – er rächte sich an ihm!
Er war schön und gut gewachsen.
Er wusch sich jeden Morgen
auf der Wiese, am rivage.
Er lebte völlig unbeschwert,
nur: über ihm der Vogelsang –
die Schönheit bohrte sich ins Herz,
sie weitete die kleine Brust,
er heulte, lief zur Königin.
Und sie: »Wer hat dir was getan?!
Warst du nicht drüben auf der plaine?«
Er brachte nun kein Wort heraus –
bei Kindern oft noch heute so.
Der Vorfall ging ihr lange nach.
Und eines Tages sah sie ihn
in Bäume starren: Vögel sangen!
Sie sah genau: die Vogelstimmen

dehnten ihrem Kind die Brust –
es war sein Wesen, war die Sehnsucht.
Die edle Herzeloyde haßte
die Vögel, wußte nicht, warum.
Sie wollte den Gesang verscheuchen,
trieb die Ackersleut und Knechte
zur allergrößten Eile an:
Vögel fangen und erdrosseln!
Die Vögel freilich ritten schneller,
es kamen da nicht alle um,
ein Teil von ihnen blieb am Leben,
wurde singend wieder munter.
Der Junge fragte die Königin:
»Was hat man gegen diese Vöglein?«
Er wollte, daß man Frieden schlösse,
augenblicklich. Sie küßte ihn
auf seinen Mund: »Was breche ich
das Gebot des höchsten Gottes?
Darf ich die Vöglein leiden lassen?«
Der Junge fragte darauf prompt:
»Ach Mutter, ›Gott‹, was ist denn das?«
»Mein Sohn, ich will's dir sagen,
ganz im Ernst: Er ist noch heller
als der Tag; Er machte sich
zum Ebenbild des Menschen.
Und merke dir die Lehre, Sohn:
bete zu Ihm in der Not.
Schon immer stand Er zu den Menschen.
Ein andrer heißt Der Herr der Hölle
ist schwarz und kennt nur den Verrat.
Laß dich nur ja nicht auf ihn ein,
werd nicht schwankend, zweifle nie!«
So zeigte sie den Unterschied
zwischen Finsternis und Licht.

    Sein Ungestüm trug ihn weit fort.
Er übte den Wurf des javelot –
der brachte manchen Hirsch zur Strecke;
das freute Mutter und Gefolge.
Ob bei Schmelze oder Schnee:
durch seine Würfe litt das Wild.
Ihr werdet das kaum glauben wollen:

erlegte er ein großes Wild,
das für das Muli fast zu schwer war –
er trug es unzerlegt nach Hause!
    Eines Tages pirschte er
an einem langgestreckten Abhang,
riß ein Blatt ab, lockte drauf.
In seiner Nähe war ein Steig,
dort hörte er Geräusche: Hufschlag.
Er holte mit dem Jagdspeer aus
und sagte: »Was hab ich gehört?
Ach, käm doch jetzt der Teufel her
mit seinem Zorn und seiner Wut –
den besieg ich, ganz bestimmt!
Die Mutter sagt, er sei zum Fürchten –
ich glaub, sie hat nur keinen Mut.«
So stand er; er war kampfbereit.
Und siehe da: drei schöne Ritter
galoppierten zu ihm heran,
von Kopf bis Fuß gepanzert.
Der Junge glaubte allen Ernstes,
sie wären Mann für Mann ein Gott.
Und er blieb nicht länger stehen,
fiel in die Knie, auf dem Pfad;
der Junge rief mit lauter Stimme:
»Hilf mir, Gott, Du kannst doch helfen!«
Der Vorderste geriet in Rage –
mitten auf dem Weg der Junge!
»Dieser Blödian aus Wales
hält uns auf, die Zeit ist knapp!«
(Was uns Bayern so berühmt macht,
sprech ich auch Walisern zu:
die sind noch blöder als die Bayern
und stehn im Kampf doch ihren Mann.
Wer aus diesen Ländern kommt,
der ist von allerfeinster Art!)
Daraufhin kam à toute bride,
in seinem vollen Waffenschmuck
ein Ritter, dem es sehr pressierte –
voll Ingrimm ritt er Leuten nach,
die weiten Vorsprung vor ihm hatten:
zwei Ritter hatten eine Frau

entführt – und das in *seinem* Land:
für diesen Helden eine Schmach!
Ihn quälte, daß die Jungfrau litt,
die klagend vorn mit jenen ritt.
Die drei hier waren seine Leute;
er ritt auf einem Kastilianer;
sein Schild war reichlich ramponiert.
Sein Name war Carnac-Karnants,
le comte Ulterlec. Er rief:
»Wer versperrt uns hier den Weg?!«
So ritt er auf den Jungen los.
Und dem schien er ein Gott zu sein –
er sah noch niemals solchen Glanz!
Der Waffenrock hing bis zum Tau:
die Riemen seiner Bügel hatten
ganz genau die rechte Länge
und klingelten an beiden Seiten
mit ihren kleinen, goldnen Glöckchen;
auch am rechten Arme Schellen,
klingelnd, wenn er ihn bewegte,
laut bei jedem Hieb des Schwertes –
er war auf schnellstem Weg zum Ruhm.
So ritt der große Fürst daher
mit seinem schön geschmückten Helm.
Der Krone schöner Männlichkeit
stellte nun Carnac die Frage:
»Junker, saht Ihr hier zwei Ritter
auf dem Weg? Den Ritterkodex
haben sie gebrochen!
Sie üben nichts als Notzucht aus,
von Ehre halten sie nicht viel,
ein Mädchen haben sie entführt!«
Was der auch sprach – der Junge dachte,
er sei Gott. Ihm hatte ja
die edle Herzeloyde
Seine Lichtgestalt beschrieben.
So rief er laut in allem Ernst:
»Gott, du Helfer, hilf auch mir!«
Le fils du roi Gahmuret –
kniend betete er an!
Da sprach der Fürst: »Ich bin nicht Gott,

erfüll nur gerne sein Gebot.
Und machst du recht die Augen auf,
so wirst du hier vier Ritter sehn.«
Der Junge fragte ihn darauf:
»Du sagtest: ›Ritter‹. Was ist das?
Wenn deine Macht nicht göttlich ist,
so sage mir, wer Ritter macht.«
»Das Recht übt König Artus aus.
Kommt Ihr, Junker, an seinen Hof,
verleiht er Euch den Ritter-Titel,
und Ihr habt Grund, drauf stolz zu sein.
Ihr seid scheint's ritterlicher Herkunft.«
Die Helden musterten ihn nun:
hier zeigte sich die Kunst des Schöpfers!
Ich halte mich an meine Quelle,
die mir dies an Wahrheit bot:
seit Adams Zeiten war noch nie
ein Mann so unvergleichlich schön.
Weithin priesen ihn die Frauen.
Der Knappe sagte wieder etwas,
das die Herren lachen ließ:
»Ach, Ritter Gott, was bist du bloß?
An deinem Körper sind so viele
Finger-Ringlein angebunden –
da oben und hier unten auch!«
Schon tastete die Hand des Jungen
nach all dem Eisen an dem Fürsten,
er musterte sein Kettenhemd.
»Die jungen Damen meiner Mutter
reihen Ringe auf die Schnüre –
die liegen nicht so dicht an dicht.«
Der Junge sprach so, wie er dachte:
»Was hier derart schön aussieht,
wozu ist das alles gut?
Ich kriege hier nichts abgezwickt!«
Da zeigte ihm der Fürst sein Schwert:
»Schau her. Will einer Streit mit mir,
den wehre ich mit Hieben ab.
Und gegen *seine* trag ich dies!
Gegen Pfeilschuß, Lanzenstich
muß ich so gewappnet sein!«

Der Junge sagte darauf prompt:
»Hätten Hirsche solch ein Fell,
mein Jagdspeer käme da nicht durch.
Schon viele brachte ich zur Strecke!«
Die Ritter wurden ungeduldig –
hält sich mit dem Tölpel auf!
Doch sprach der Fürst: »Gott schütze dich.
Ach, wär ich nur so schön wie du.
Du wärest Gottes Meisterstück,
wenn du auch noch Verstand besäßest.
Gott behüte dich vor Leid.«
Er ritt mit seinen Männern los,
und sie erreichten dann sehr bald
ein Feld, das tief im Walde lag.
Dort sah der höfisch-edle Ritter
Herzeloydes Bauern pflügen –
da kam ihr allergrößtes Leid!
Er traf sie bei der Feldarbeit:
sie säten erst, dann eggten sie,
schwangen Stecken über Ochsen. 125
Guten Morgen, sprach der Fürst.
Und fragte, ob sie eine junge
Dame sahen, sehr in Not.
Sie sagten (und warum auch nicht?)
alles, was er wissen wollte.
»Zwei Ritter und ein junges Mädchen
ritten heute früh vorbei.
Es war verängstigt, war bedrückt.
Die Männer, die sie mit sich führten,
spornten ihre Pferde sehr!«
(Der Täter war Meleagans.
Carnac-Karnants holt ihn dann ein,
gewinnt im Kampf die Frau zurück –
sie ist bis dahin flügellahm.
Ihr Name lautet Inaine
von der Belle Fontaine.)
Als die Helden weiterpreschten,
kriegten diese Bauern Angst:
»Wie konnte uns das bloß passieren?!
Wenn unser kleiner Junker sah,
wie schartig ihre Helme waren,

haben wir schlecht aufgepaßt!
Mit Recht wird uns die Königin
deshalb äußerst böse sein –
lief er doch mit uns hierher,
heute früh, als sie noch schlief.«
    Dem Jungen war jetzt ganz egal,
wer Hirsche schoß, ob groß, ob klein,
er rannte zu der Mutter heim,
berichtete. Sie brach zusammen –
was er sagte, war ein Schock,
sie lag vor ihm, besinnungslos.
Als die Königin dann wieder
zur Besinnung kam, da sprach sie
(die vorher außer Fassung war):
»Mein lieber Sohn, wer hat dir bloß
vom Rittertum erzählt?
Wie konntest du davon erfahren?!«
»Vier Männer sah ich, Mutter,
die haben mehr als Gott geglänzt!
Die sprachen mir vom Rittertum.
Artus, mit der Macht des Königs,
soll mich zu der Ritterehre
leiten und zum Ritterdienst.«
Sie brach erneut in Klagen aus.
Die Herrin brauchte dringend
eine rettende Idee,
um ihn vom Vorsatz abzubringen.
Der edle Junge, unerfahren,
bestand bei ihr auf einem Pferd.
Ihr blutete das Herz. Sie dachte:
»Ich kann es ihm nicht vorenthalten,
doch es soll ein Klepper sein.«
Und die Mutter dachte weiter:
»Die Leute spotten allzu gern –
Narrenkleider soll mein Sohn
auf seinem schönen Körper tragen.
Wenn er geknufft, geschlagen wird,
kommt er vielleicht zu mir zurück.«
Welch ein Leid, wie jammervoll!
Die edle Frau nahm nun ein Sacktuch,
schnitt ihm Hemd und Hose zu,

doch beides war in einem Stück,
bedeckte halb die weißen Beine –
die bekannte Narrenkleidung!
Obendran noch die Kapuze.
Vom frischen, noch behaarten Fell
des Kalbes wurden Bauernstiefel
auf seine Fußform zugeschnitten.
Mit Klagen hielt man nicht zurück.
Die Königin, sie dachte nach
und bat ihn, diese Nacht zu bleiben.
»Brich nicht auf, bevor ich dir
guten Rat gegeben habe.
Wenn du nicht auf Straßen reitest,
sollst du dunkle Furten meiden;
sind sie aber seicht und klar,
so reite ohne Zögern durch.
Und nimm die gute Sitte an,
entbiete aller Welt den Gruß.
Wenn dich ein grauer, weiser Mann
belehren will – das kann er gut –
gehorche ihm aus freien Stücken
und begehre nur nicht auf.
Mein Sohn, ich geb dir noch den Rat:
kannst du bei einer lieben Frau
die Neigung und den Ring gewinnen,
tu's! Es macht dir Schweres leicht.
Fackel nicht und küsse sie,
nimm sie fest in deine Arme –
wenn sie keusch, gesittet ist,
bringt das Glück und Hochgefühl!

 Mein Sohn, ich muß dir noch was sagen:
Llewelyn, so stolz wie dreist,
eroberte von deinen Fürsten
zwei Länder, die dir untertan
sein sollten: Wales sowie Norgals.
Dein Vasall, Fürst Turkentals,
wurde von ihm umgebracht,
und er besiegte deine Leute.«
»Das räch ich, Mutter, so Gott will –
mit meinem Jagdspeer treff ich ihn!«
 Am Morgen, als der Tag anbrach,

128

war der Junge rasch entschlossen:
er wollte möglichst schnell zu Artus!
Herzeloyde küßte ihn und lief
ihm nach. Großes Leid für alle:
als sie den Sohn nicht länger sah
(er ritt davon, wen konnt' das freuen?)
sank die Frau (so gut war sie!)
auf den Boden, und der Schmerz
so schneidend, daß sie sterben mußte.
Ihr Tod aus Liebe, starker Bindung
schützt sie vor der Höllenqual.
Wohl ihr, daß sie Mutter wurde!
Sie ging den Pfad des Himmelslohns –
die Wurzel der Güte,
ein Baumstamm der Demut...
Ach, daß ihre Sippe nicht
weiterlebt ins elfte Glied –
so sind denn viele ganz verdorben!
Doch treue Frauen sollten unserm
Jungen Heil und Segen wünschen,
der soeben von ihr fortritt.

    Der hübsche Junge wandte sich
zum forêt von Brisilian.
Er kam an einen Bach geritten,
den hätte leicht ein Hahn durchquert;
obwohl nur Blumen und das Gras
den Wasserlauf beschattet haben –
der Junge nahm nicht diese Furt.
Er ritt den Tag am Bach entlang,
und seinem Kopf erschien das richtig.
Die Nacht verbracht so gut es ging,
bis ihm der helle Tag erschien.
Da brach denn unser Knabe auf,
fand eine Furt, bequem und klar.
Die Wiese auf dem andren Ufer
war mit einem Zelt geschmückt –
das war schon ein Vermögen wert:
Brokat in drei verschiednen Farben;
es war hoch und sehr geräumig;
schöne Borten auf den Nähten;
es hing dort eine Lederhülle,

die man darüberziehen konnte,
falls es regnen sollte.
Duc Orilus de la Lande –
dessen Frau sah er darunter
in ihrer ganzen Schönheit liegen,
die reiche, mächtige Herzogin,
Traumbild einer Ritter-Geliebten...
Ihr Name war Jeschute.
Sie lag in tiefem Schlaf und zeigte
die Embleme der Liebe:
leuchtend rote Lippen –
Herzensnot verliebter Ritter!
Im Schlafe hatten sich die Lippen
der edlen Dame leicht geöffnet,
sie strahlten Liebeshitze aus.
So lag sie: Lockung, Abenteuer...
Schneeweiß wie das Elfenbein,
dicht gereiht und zierlich klein
standen glänzend ihre Zähne.
Ich fürchte, es wird nie geschehn,
daß ich mal solche Lippen küsse –
ich erlebte so was nie!
Ihr Deckbett, das aus Zobel war,
reichte an die zarten Hüften –
zu heiß geworden, weggeschoben,
als sie ihr Mann alleine ließ.
Sie war von rechter Form, Figur,
hier wurde nicht an Kunst gespart,
Gott selber formte diesen Leib.
Auch hatte diese Liebesschöne
schlanke Arme, weiße Hände.
Der Junge sah hier einen Ring,
der zog ihn magisch an das Bett,
er raufte mit der Herzogin,
denn er dachte an die Mutter:
sie empfahl ihm Frauenringe...
So war denn dieser hübsche Junge
vom Teppich auf ihr Bett gesprungen.
Als er in ihren Armen lag,
fuhr sie (schön und züchtig) auf:
das hatte sie ja wecken müssen!

Sie lachte nicht, sie schämte sich.
Die höfisch edle Dame rief:
»Wer ist es, der mich hier entehrt?!
Ihr treibt es, Junker, gar zu arg –
bitte sucht ein andres Opfer.«
Die Dame klagte laut – doch ihn
bekümmerte ihr Reden nicht,
er preßte seinen Mund auf ihren,
und es dauerte nicht lang,
da riß er sie an sich heran,
raubte ihr auch noch den Ring,
sah an ihrem Hemd die Spange,
riß sie runter, mit Gewalt;
sie wehrte sich mit Frauenkraft –
er war ein ganzes Heer für sie!
Und trotzdem zog der Kampf sich hin.
Der Junge klagte, er sei hungrig.
Die Herzogin, verlockend schön,
sagte: »Freßt mich bloß nicht auf!
Wenn Ihr wüßtet, was Euch nützt,
Ihr würdet etwas andres essen.
Dort stehen Brot und Wein
und noch dazu zwei Rebhühnlein,
die brachte meine Dienerin –
sie hat die kaum für *Euch* bestimmt!«
Ihm war egal, wo die Wirtin saß,
er stopfte sich die Backen voll,
trank darauf in großen Schlucken.
Die Zeit erschien ihr endlos lang,
die er bei ihr im Zelte war;
sie dachte, dieser écuyer
hätte den Verstand verloren.
Sie begann vor Scham zu schwitzen.
Und doch, die Herzogin sprach so:
»Junker, laßt hier meinen Ring
zurück, die Spange ebenfalls.
Verschwindet jetzt! Denn: kommt mein Mann,
so kriegt Ihr seinen Zorn zu spüren –
da wär es besser, auszuweichen!«
Der edle Junge sagte drauf:
»Ha, was fürcht ich seinen Zorn?!

Doch wenn das Eurer Ehre schadet,
werde ich mich jetzt empfehlen.«
Er ging sogleich zu ihrem Bett
und gab ihr nochmals einen Kuß –
die Herzogin war sehr dagegen.
Er fragte vorher nicht, brach auf,
doch sagte er: »Gott schütze dich.
Mutter riet mir, das zu sagen...«
Der Bursch war stolz auf seine Beute!
  Er ritt so eine Zeit dahin –
schätzungsweise eine Meile –
da kam, von dem ich jetzt erzähle.
Er sah an Spuren in dem Tau,
daß seine Frau Besuch gehabt –
so manche Zeltschnur abgefetzt,
ein Bursche war durchs Gras getrampelt.
Der edle und berühmte Fürst
sah seine tief betrübte Frau.
Da sprach der stolze Orilus:
»Ach, Herrin, hab ich Euch gedient,
damit hier *so etwas* geschieht?!
Mein großer Ruhm als Ritter
endet nun in tiefer Schmach –
Ihr habt da einen andren amis!«
Die edle Frau verneinte das
mit Tränen in den Augen:
sie sei ohne jede Schuld.
Er glaubte ihr kein Wort davon.
Darauf sagte sie, voll Angst:
»Es kam ein Narr hierher geritten!
Ich lernte viele Menschen kennen –
keinen sah ich, der so schön war!
Gegen meinen Willen nahm er
meinen Ring und meine Spange.«
»Aha, der Mann gefällt Euch sehr,
Ihr seid mit ihm ins Bett gegangen!«
Sie sagte: »Gott bewahre!
Sein javelot und seine bottes –
die konnte ich nicht übersehen!
Schämt Euch, so zu reden!
Es paßte schlecht zu einer Fürstin,

133

sich mit so was einzulassen.«
Doch der Fürst, er sagte brüsk:
»Ich hab Euch, Herrin, nichts getan!
Es sei denn, es beschämt Euch noch,
daß Ihr für mich den Königstitel
dem Herzogs-Rang geopfert habt.
Bei diesem Handel zahl ich drauf!
Doch bin ich noch als *Mann* sehr quick!
Deshalb ist Euer Bruder Erec,
mein Schwager, fils du roi Lac,
auf Euch so schlecht zu sprechen.
Jeder Mann vom Fach gesteht mir
einen solchen Rang zu, daß
den nichts in Frage stellen kann –
außer daß mich Erecs Tjost
abgeworfen hat, vor Prurin.
Ich hab's ihm später heimgezahlt,
und dies reichlich, vor Karnant;
ich stieß ihn in perfekter Tjost
hinters Pferd – parole d'honneur!
Euer Kleinod an der Lanze
rammte ich ihm durch den Schild!
Ich konnte damals noch nicht ahnen,
daß Ihr einen andren liebt,
Jeschute, ›sehr verehrte Herrin‹!
Bitte nehmt auch noch zur Kenntnis,
daß ich den stolzen Galoës,
fils du roi Gandin,
in einer Tjost getötet habe.
Ihr wart auch ganz in meiner Nähe,
als mich Plihopliheri
mit seiner Lanze attackierte –
er wollte unbedingt den Kampf!
Meine Tjost stieß ihn vom Roß –
den wird nie mehr ein Sattel drücken.
Hab oft den Siegespreis errungen,
warf viele Ritter auf das Kreuz!
Von all dem hab ich jetzt nichts mehr,
das macht mir diese Schande klar.
Auch hassen sie mich, Mann für Mann,
die in der Tafelrunde sitzen –

acht von denen warf ich ab!
Da schauten junge Damen zu,
in Kanedic; als Preis der Sperber!
Für Euch der Ruhm, für mich der Sieg.
Ihr habt's gesehen, Artus auch,
der meine Schwester bei sich aufnahm,
die liebe Cunneware.
Ihr Mund wird nie mehr wieder
lachen können, ehe sie
den höchst gerühmten Ritter sieht.
Wenn ich diesen Mann nur fände –
das gäbe hier gleich einen Kampf
wie heute morgen, als ich kämpfend
einen Fürsten fertigmachte.
Er forderte zur Tjost heraus,
da griff ich an – es war sein Tod.
Ich will nicht davon reden, daß
im Zorn schon viele ihre Frauen
bei kleineren Vergehen schlugen.
Wenn ich Euch etwas schuldig blieb
an Dienst sowie an Zuneigung,
so müßt Ihr künftig drauf verzichten.
Ich werde nie mehr wieder warm 136
in Euren weißen Armen,
in denen ich voll Liebe lag
so manchen wunderschönen Tag.
Mach Eure roten Lippen blaß,
und Eure Augen färb ich rot!
Ich wandle Euer Glück in Schmach
und lehre Euer Herz das Seufzen!«
Die Fürstin sah den Fürsten an
und sagte voller Traurigkeit:
»Erweist Euch auch vor mir als Ritter –
Ihr seid verläßlich und sehr klug.
Auch bin ich ganz in Eurer Macht –
Ihr könnt mich schmerzlich quälen.
Daß ich mich erst rechtfertige –
erlaubt's, im Namen aller Frauen.
Danach könnt Ihr mich schlecht behandeln.
Würde mich ein andrer töten
(dann wird es Eurem Ruf nicht schaden) –

ich wäre schnell bereit zu sterben;
dieser Augenblick wär schön,
weil Ihr mich ja doch nur haßt.«
Darauf sagte ihr der Fürst:
»Herrin, spielt Euch nicht so auf!
Ich werde Euch zu dämpfen wissen!
Beim Essen und beim Trinken
werdet Ihr alleine sein;
ich werde nicht mehr mit Euch schlafen;
Ihr bekommt kein andres Kleid
außer dem, das Ihr da tragt.
Als Zügel nur ein Seil aus Bast;
Euer Pferd soll Hunger leiden;
Euer Sattel, schön verziert,
wird von mir jetzt défaitiert!«
Augenblicklich zerrte, fetzte
er die Seide von dem Sattel,
und danach zerschlug er ihn.
Sie war als Frau ganz unbescholten –
und mußte seinen Zorn ertragen!
Er flickte ihren Sattel zurecht
mit Riemen aus Bast. Sein Wutanfall
war für sie überraschend gekommen.
Dann sprach er, ließ ihr keine Zeit:
»Herrin, jetzt wird losgeritten.
Wenn ich den kriege, der mit Euch
gebuhlt hat, geht's mir wieder gut!
Ich werd ihn fordern, so oder so,
selbst wenn sein Atem Feuer wäre
wie bei einem wilden Drachen.«
Ihr verging das Lachen. Weinend,
voller Jammer brach die Frau
nun auf, in großer Traurigkeit.
Was sie erlitt, war keine Last,
jedoch das Unglück ihres Mannes:
sein Leiden war ihr großer Schmerz,
sie wäre lieber tot gewesen.
Zeigt Mitgefühl, beklagt sie nun,
sie wird sehr schwer am Elend tragen.
Und wenn mich alle Damen hassen –
mich schmerzt, wie sie zu leiden hatte.

Sie ritten los, auf seiner Spur – 138
dem Jungen vorn hat's auch pressiert.
Doch dieser, unbekümmert kühn,
wußte nicht, daß man ihn jagte.
Vielmehr: wen er auch immer sah –
wenn er in dessen Nähe kam,
so grüßte ihn der gute Junge,
sprach: »Die Mutter riet mir dies.«
Unser Junge, der Naivling,
ritt an einem Hang hinab,
er hörte eine Frauenstimme
vor dem Abbruch eines Felsens:
aus Not schrie eine edle Frau,
das ganze Glück war ihr zerbrochen.
  Der Junge ritt sogleich zu ihr.
Was diese edle Dame tut,
hört euch das an: Sigune riß
ihre langen, braunen Zöpfe
vor Jammer aus der Kopfhaut raus.
Der Junge sah genauer hin:
Schionatulander,
den Fürsten, sah er tot
im Schoß der jungen Dame.
Sie konnte nie mehr heiter sein.
»Ist jemand traurig oder fröhlich –
Mutter riet mir, stets zu grüßen.
Gott mit Euch!« so sagte er.
»Was ich hier find, in Eurem Schoß,
ist ein bejammernswerter Fund.
Wie kommt Ihr an den wunden Ritter?«
Der Junge, unbekümmert, fragte 139
weiter: »Wer hat ihn getroffen?
Passierte das mit einem Jagdspeer?
Mir kommt's so vor, als wär er tot.
Herrin, wollt Ihr mir nicht sagen,
wer Euch den Ritter totgemacht?
Hol ich den zu Pferde ein,
will ich gerne mit ihm kämpfen!«
Und der famose Junge griff
zu seinem großen Köcher
mit vielen scharfen javelots.

Auch hatte er noch beide Pfänder,
die er Jeschute abgenommen,
und dies aus lauter Unverstand.
(Hätt er den Lebensstil des Vaters
– würdig angelegt – erlernt,
hätt er das Hügelchen Jeschutes
attackiert, als sie allein war...
Viel Kummer litt sie wegen ihm:
mehr als ein Jahr hat sie ihr Mann
überhaupt nicht mehr berührt.
Ihr wurde Unrecht angetan.)
   Doch hört jetzt wieder von Sigune:
sie gab der Trauer schmerzhaft Ausdruck.
Sie sprach: »Du zeigst Vollkommenheit.
Preis sei deiner Jugend-Schönheit,
dem Antlitz, das die Liebe weckt.
Du wirst noch reich an Glück und Segen.
Diesen Ritter traf kein Jagdspeer,
er fand bei einer Tjost den Tod.
Die Liebe selbst hat dich geboren,   140
weil du ihm Mitgefühl erweist.«
Bevor sie den Jungen reiten ließ,
fragte sie ihn, wie er heiße –
man sehe Gottes Hand an ihm.
»Bon fils, cher fils, beau fils –
so haben alle mich genannt,
denen ich daheim bekannt war.«
Er hatte das kaum ausgesprochen,
da wußte sie schon seinen Namen!
Nun hört den in korrekter Form,
damit ihr alle wißt, genau,
wer Hauptheld der Geschichte ist
und bei der jungen Dame war.
Sie sagte gleich, mit rotem Mund:
»Dein Name lautet: Par-zi-val,
und dies bedeutet: Durch-das-Tal!
Bei deiner Mutter zog die Liebe
mitten durch das Herz die Furche.
Dein Vater hinterließ ihr Schmerz.
Dies soll dich nicht eitel machen:
deine Mutter ist meine Tante.

Ich sage dir geradheraus
die ganze Wahrheit: wer du bist.
Dein Vater war ein Anjou,
deine Mutter stammt aus Wales,
dein Geburtsort ist Kanvolais.
Was ich hier weiß, trifft völlig zu:
du bist auch König von Norgals;
in deiner Hauptstadt Kingrivals
solltest du die Krone tragen.
Man schlug dort einen Fürsten tot,
als er dein Land verteidigte:
seine Treue blieb ohne Scharten...
Du schöner, junger, lieber Mann,
zwei Brüder taten dir viel Böses:
Llewelyn raubte dir zwei Länder;
Orilus tötete deinen Ritter
in der Tjost – und deinen Onkel.
Er stieß damit auch mich ins Leid.
Hier der Fürst – aus deinem Land –
er diente mir in wahrer Liebe.
Deine Mutter zog mich groß.
Mein lieber, guter Vetter,
höre nun, was hier geschah:
ein Brackenseil bracht' ihm den Tod.
In unser beider Dienst ist er
gestorben. Mir bleibt nur Schmerz,
die Sehnsucht nach der Liebe.
Ich war nicht richtig bei Verstand,
als ich ihm nicht die Liebe schenkte:
das war der Sauerteig des Unheils;
es hat mein Glück ganz kleingefetzt.
Ich lieb ihn noch, so tot er ist.«
Er sprach: »Cousine, ich trag schwer
an deinem Leid und meiner Schmach.
Wenn ich das jemals rächen kann,
begleich ich gerne diese Rechnung.«
Er war bereit, sofort zu kämpfen!
Sie wies ihn auf den falschen Weg:
sie hatte Angst, man würd ihn töten,
und sie verlöre so noch mehr.
  Er erreichte eine Straße,

die zu den Britannen führte.
Sie war planiert und breit. Wer ihm
zu Fuß, zu Pferd entgegenkam,
sei es Ritter, sei es Kaufmann –
er grüßte jedermann sofort
und sagte: »Mutter riet mir dies.«
Sie hatte es doch gut gemeint.
   Als es auf den Abend zuging,
überfiel ihn Müdigkeit.
Schließlich sah der Einfaltspinsel
ein Haus von angemessner Größe.
Der Hausherr war ein übles Stück –
das wächst noch heut aus krummem Holz.
Ein Fischer war der Mann,
er kannte keine Güte.
Den Burschen trieb der Hunger
und er ging zu diesem Haus,
klagte, daß er Hunger leide.
»Du kriegst von mir kein Stückchen
Brot, da kannst du lange warten!
Wer von mir milde Gaben will,
der hofft umsonst, vertut bloß Zeit.
Ich sorge nur für mich allein,
danach für meine Kinderlein.
Ich lasse Euch bei mir nicht rein.
Doch wenn Ihr Geld besäßt, ein Pfand –
ich nähm Euch augenblicklich auf.«
Da offerierte ihm der Junge
die Kleiderspange von Jeschute.
Als sie der paysan erblickte,
lachte er. »Mein lieber Junge,
wenn du bleiben willst – wir alle
werden dir Respekt erweisen.«
»Gibst du mir ein Abendessen,
und zeigst mir morgen meinen Weg
zu Artus, den ich sehr verehre,
kannst du dieses Gold behalten.«
Der paysan: »Das geht in Ordnung.
Ich sah noch keinen, der so schön war.
Ich bringe dich zur Tafelrunde,
damit du was zu staunen kriegst.«

So blieb der Junge über Nacht.
Man sah ihn früh schon auf den Beinen,
er konnte kaum den Tag erwarten.
Da machte sich der Wirt bereit,
lief vor ihm her, der Junge ritt
ihm nach; den beiden hat's geeilt.
　Monsieur Hartmann von Aue,
zu Eurer Dame Ginover,
zu Eurem Herrn, dem König Artus,
kommt ein Gast von mir ins Haus –
treibt nur ja kein Spiel mit ihm:
ist keine Fiedel, keine Zither!
Macht ihn nicht zum Hampelmann –
zeigt doch höfische Erziehung!
Eure Dame, die Enite,
ihre Mutter Karsnafite
drehen wir sonst durch die Mühle,
und ihr Ruhm wird kleingeschrotet!　　　144
Treib ich schon mal meinen Spott,
so soll mein Spott ihn auch beschützen.
　Inzwischen nahten sich der Fischer
und mit ihm der gute Junge
der Hauptstadt dieses Landes:
was sie vor sich sahn, war Nantes.
Er sprach: »Mein Sohn, Gott schütze dich.
Schau hin – dort reitest du hinein.«
Der Junge sagte ahnungslos:
»Du mußt mich aber weiterführen.«
»Lieber nicht, ich werd mich hüten!
Die suivants sind derart vornehm –
wenn ein paysan zu ihnen käme,
das würde übel aufgenommen.«
Der Junge ritt alleine weiter,
erreichte eine kleine Wiese,
dort standen farbenfrohe Blumen.
Ihn hat kein Curnewal erzogen,
er wußte nichts von courtoisie,
er war noch nicht herumgekommen.
Sein Zaumzeug war aus Bastgeflecht
sein kleines Pferd war elend dran,
es stolperte, es knickte ein.

Auch war sein Sattel keineswegs
von neuem Leder überzogen.
Von Atlas, Pelz aus Hermelin
war nicht die Spur an ihm zu sehn.
Er brauchte keine Mantelschnüre;
kein surtout, kein survêtement –
statt dessen trug er javelots.
Sein Vater, dessen Lebensart
man pries, war besser angezogen
auf dem Teppich vor Kanvolais;
er hatte nie vor Angst geschwitzt.
    Ein Panzerreiter kam heran,
den grüßte er wie üblich: »Gott
mit Euch. So riet mir meine Mutter...«
»Gott belohne Euch und sie«,
sagte er, ein Artus-Neffe,
von Uther Pendragon erzogen.
Zudem: der Recke hatte einen
Erbanspruch auf die Britannie.
Sein Name: Ither von Gahevice;
man nannte ihn den Roten Ritter.
Seine Rüstung war so rot –
es wurde einem rot vor Augen!
Sein Roß war rot und rasch,
der Kopfputz, der war völlig rot,
der caparaçon aus rotem Atlas,
der Schild war mehr als feuerrot,
sein Überrock war überrot
und maßgeschneidert elegant,
sein Schaft war rot, die Spitze rot,
so rot, wie es der Held gefordert,
war sein Schwert gerötet worden,
doch die Schneiden stahlgehärtet –:
der König von Cucumberland!
In seiner Hand ein Kugelbecher
aus rotem Gold und schön graviert –
der Tafelrunde weggenommen!
Die Haut war weiß, das Haar war rot...
Er sprach zum Burschen, gradheraus:
»Gratuliere zu der Schönheit!
Dich hat ein edles Weib geboren –

Glück und Segen deiner Mutter!
Solche Schönheit sah ich nie!
Du bist der Lichtblick wahrer Liebe,
ihr Sieg und ihre Niederlage.
Beglückst du viele Frauen: Sieg!
Weckst du Sehnsucht: Niederlage...
Mein lieber Freund, willst du dort rein,
würdest du mich sehr verpflichten,
wenn du Artus und den Seinen
meldest, ich sei nicht geflohen.
Ich werd hier gerne auf den warten,
der sich zum Zweikampf rüsten will.
Der Vorfall war nicht so befremdlich:
ich ritt vor diese Tafelrunde,
erhob den Anspruch auf mein Land.
Ungeschickt riß ich den Becher
hoch, und dabei schwappte Wein
auf den Schoß der edlen Ginover –
so machte ich den Anspruch klar!
Den Feuer-Strohwisch runterhalten,
das hätte meine Haut verrußt,
so ließ ich's«, sprach der große Held.
»Ich habe keinen Raub begangen,
als König hab ich das nicht nötig.
Freund, drum sag der Königin: 147
mein Verschütten war nicht Absicht –
dort, wo die edlen Herren saßen,
die das Verteidigen vergaßen.
Jedoch: ob König oder Fürst –
will man den Wirt verdursten lassen?
Wann holt man ihm den Goldpokal?!
Andernfalls vergeht ihr Ruhm!«
Der Junge sprach: »Ich richte aus,
was du jetzt zu mir gesagt hast.«
Er ritt von ihm hinein nach Nantes;
ihm liefen kleine Kinder nach,
bis zum Hof und vor den Palas –
dort ging es ziemlich munter zu.
Man drängte sich sofort um ihn.
Iwánet eilte auf ihn zu –
ein Page, dem man trauen konnte;

der bot ihm seine Hilfe an.
Der Junge sprach: »Gott schütze dich.
Bevor ich aus dem Hause ging,
riet mir Mutter, dies zu sagen.
Ich sehe Artus hier gleich mehrfach –
welcher macht mich denn zum Ritter?«
Iwanet lachte auf und sagte:
»Den echten siehst du hier noch nicht,
doch soll das jetzt sofort geschehn!«
Er führte ihn darauf zum Palas.
Dort waren vornehme suivants –
er drang bei dem Geschrei kaum durch,
doch rief: »Gott schütz euch allesamt,
speziell den König, seine Frau.
Die Mutter legte mir ans Herz,
ich sollte sie besonders grüßen.
Und die in dieser Tafelrunde
sitzen, weil sie so berühmt sind,
die grüße ich in ihrem Namen.
Ich seh in einem Punkt nicht klar:
ich weiß nicht, wer hier Hausherr ist.
Dem hat ein Ritter ausgerichtet –
bei dem hab ich nur Rot gesehn –
er wolle draußen auf ihn warten.
Ich hab den Eindruck, er will kämpfen.
Auch tut ihm leid, daß er den Wein
auf die Königin verschüttet.
Ach, würde mir der König bloß
dessen Rüstung überreichen,
da würde ich mich mächtig freun;
die paßt so gut zu einem Ritter!«
Um den Knaben, diesen Wildfang,
drängte man sich äußerst dicht,
er wurde hin- und hergestoßen.
Man besah ihn sich von Nahem,
und es wurde augenfällig:
ein Kind von größrem Liebreiz wurde
nie zuvor ge-herrt, er-damt!
Gott war bestens aufgelegt,
als er Parzival erschuf,
den Erschreckendes nicht schreckte.

Ihn, den Gott vollkommen machte,
führte man vor König Artus.
Ihm konnte keiner böse sein. 149
Auch seine Gattin sah ihn an,
bevor sie aus dem Palas ging,
wo sie begossen worden war.
Artus musterte den Jungen,
sagte zu dem Einfaltspinsel:
»Gottes Lohn für Euren Gruß –
ich möcht mich würdig, dankbar zeigen
mit allem, was ich bin und habe.
Ich bin sehr gern dazu bereit.«
»Wollte Gott, es wäre so!
Es kommt mir vor, als wär's ein Jahr –
solange wurde ich nicht Ritter!
Das will mir überhaupt nicht passen.
So haltet mich nicht länger auf,
erhebt mich in den Ritterstand!«
Der Hausherr sagte: »Aber gern.
Ich hab dazu den Rang, die Würde...
Du bist so trefflich und so schön –
das Geschenk wird kostbar sein,
das ich dir zu Füßen lege.
Ich will mir dies nicht nehmen lassen.
Doch warte bitte noch bis morgen –
ich will dich bestens ausstaffieren!«
Der edle Junge balzte darauf
wie der große Trapphahn, rief:
»Ich will hier nichts erbetteln!
Ein Ritter ritt mir in den Weg –
krieg ich seine Rüstung nicht,
pfeif ich was auf Königsgaben!
Die kann mir auch die Mutter schenken. 150
Ich mein doch, die wär Königin!«
Artus sagte zu dem Jungen:
»Die Rüstung trägt ein solcher Mann –
ich trau mich nicht, sie zu verschenken.
Ich hab's schon schwer genug mit ihm,
er hat sich von mir losgesagt –
ich gab ihm keinen Grund dazu!
Er ist Ither von Gahevice –

er rammte Unglück durch mein Glück.«
»Ihr wärt kein generöser König,
wär Euch dies Geschenk zu groß –
gebt's ihm doch!« rief Keye.
»Und laßt ihn auf den los, im Feld!
Wenn wir den Becher haben wollen –
die Peitsche hier, der Kreisel dort,
der Junge bringt ihn zum Rotieren!
Das werden dann die Frauen rühmen.
Er wird noch öfter kämpfen und
den coup de chance riskieren müssen.
Wer dabei stirbt, egal! Man soll
mit Würsten nach dem Schinken werfen!«
»Ich schlag ihm ungern etwas ab,
nur fürchte ich, man schlägt ihn tot –
ich will ihn doch zum Ritter machen«,
sagte Artus, höchst loyal.
Jedoch: der Junge kriegte das
Geschenk; es sollte Unglück bringen...
Schon eilte er vom König fort,
und ein jeder drängte nach.
Iwanet nahm ihn an der Hand
und führte ihn zum Säulengang,
der gut zu überblicken war –
die Galerie lag ziemlich tief,
so daß er hörte und auch sah,
was ihn traurig stimmen sollte.
Auch die Königin geruhte
auf die Galerie zu kommen,
mit Rittern und mit Damen –
alle starrten sie zu ihm.
Dort saß auch Cunneware,
die stolze, schöne Dame:
die konnte nichts zum Lachen bringen,
bevor sie *den* sah, dessen Ruhm
am größten wurde oder war –
lieber würde sie sonst sterben.
Drum hatte sie noch nie gelacht –
bis dieser Junge vor ihr ritt:
ihr schöner Mund, er lachte auf!
Das war für ihren Rücken schlecht.

Schon packte Keye, Seneschall,
Frau Cunneware de la Lande
an ihren Lockenhaaren
und die langen, blonden Zöpfe
drehte er um seine Faust –
so schob er ihr den Riegel vor!
Ihr Rücken war kein Trommelfell,
doch schlug er mit dem Schlegel drauf.
Als er den Trommelwirbel stoppte,
war es durch Kleid und Haut gegangen!
Er war nicht bei Verstand. Er rief:
»Damit habt Ihr Ruf und Ehre
– welche Schmach – davongejagt!
Ich bin das Treibnetz, fange sie
und bläue sie Euch wieder ein,
daß Ihr's in allen Gliedern spürt!
Viele renommierte Herren
sind zum Vorhof, zum Gebäude
des Königs Artus hergeritten –
keiner brachte Euch zum Lachen!
Nun lacht Ihr wegen eines Mannes,
der nichts von einem Ritter hat!«
Im Zorn geschehen schlimme Dinge.
Diese Jungfrau zu verprügeln,
hätt ihm der Kaiser nie erlaubt!
So klagten ihre Freunde sehr.
Und trüge sie den Schild als Ritter –
dieses Prügeln ging zu weit!
Sie war aus fürstlichem Geschlecht!
Ihre Brüder Orilus
und Llewelyn – hätten sie's gesehn,
die Zahl der Schläge wäre kleiner!

   Antanor, der niemals sprach,
und deshalb schon als Narr erschien –
sein Sprechen und ihr Lachen,
beides lief auf eins hinaus:
kein Wörtchen wollte er mehr sagen,
bevor sie lachte, die man schlug.
Kaum hatte sie da aufgelacht,
sagte Antanor zu Keye:
»Gott ist Zeuge, Seneschall,

daß Cunneware de la Lande
wegen ihm verprügelt wurde;
dafür treibt Euch noch der Junge
die Freude eigenhändig aus –
und reist er noch so weit dafür!«
»Das erste, was Ihr sagt: Ihr droht!
Da habt Ihr, schätz ich, wenig von!«
Ihm wurde gleich das Fell gegerbt:
der ließ die Fäuste sprechen
in die Ohren dieses Narren,
der durchaus Verstand besaß!
Keye tat dies unverzüglich.
Und der junge Parzival
mußte zuschaun: soviel Leid
für Antanor und diese Dame!
Die Not der beiden traf ihn sehr –
er faßte mehrmals an den Speer;
Gedrängel vor der Königin –
so unterließ er diesen Wurf.

    Iwanet sagte nun Ade
zum fils du roi Gahmuret:
der zog zum Kampf alleine los,
hinaus zu Ither auf dem Feld.
Dem überbrachte er die Nachricht,
daß dort drinnen niemand wäre,
der mit ihm tjostieren wolle.
»Der König gab mir ein Geschenk.
Ich habe alles ausgerichtet:
daß es kein böser Wille war,
als du den Wein verschüttet hast,
daß du die Grobheit nun bereust.
Kein einziger hat Lust zum Kampf!
Nun gib mir schon, worauf du reitest,
und die Rüstung gleich dazu –
im Palas ward mir das geschenkt,
ich muß darin ein Ritter werden.
Ich nehme meinen Gruß zurück,
wenn du mir das nicht gerne gibst.
Doch wenn du schlau bist, rück es raus!«
Der König von Cucumberland
sagte: »Wenn dir König Artus

meine Rüstung schenkte,
gab er mein Leben gleich dazu –
falls du es mir nehmen kannst!
Wie muß der seine Freunde lieben!
Hat er dir seine Gunst bezeugt,
so wird dein Dienst sehr rasch belohnt!«
»Ich verdien, was mir gebührt.
Er hat es mir sehr gern geschenkt.
Gib's her! Und höre auf zu rechten!
Ich will nicht länger Knappe sein,
ich muß jetzt in den Ritterdienst!«
Und schon griff er nach dem Zügel.
»Womöglich bist du Llewelyn –
Mutter klagte über ihn!«
Der Ritter wendete den Schaft
und stieß den Bub mit solcher Kraft,
daß er mitsamt dem kleinen Pferd
in die Blumen stürzen mußte.
Es hatte dieser Held vor Wut 155
so zugestoßen, daß das Blut
unterm Schaft aus seiner Haut
hochsprühte. Parzival
stand wütend auf der plaine,
griff zu seinem javelot.
Wo der Spalt ist zwischen Helm,
Ringkapuze und Gesichtsschutz,
stieß der javelot durchs Auge,
durchs Genick, so daß er tot
herunterfiel. Den Feind der Falschheit
beklagen Frauen: es zerriß
ihre Herzen, daß Ither starb;
er hinterließ hier nasse Augen.
Die ihn liebten, für die war's
ein Ritt der Sieger durch das Glück:
Lust und Freude défaitiert,
zu Schmerz und Trauer conduiert.
   Parzival, der Einfaltspinsel,
wälzte ihn da um und um,
er kriegte ihn nicht ausgezogen –
die Prozedur war kurios.
Helmverzurrung und den Beinschutz

konnte er bei ihm nicht lösen
mit den weißen, schönen Händen,
kriegte sie nicht abgezwickt.
Probierte dies, probierte das –
ihm fehlte einfach der Verstand.
Das Streitroß und das kleine Pferd
begannen, derart laut zu wiehern,
daß es am vorgeschobnen Graben
vor der Stadt Iwanet hörte,
Verwandter, Page Ginovers.
Als er das Roß so wiehern hörte
und keinen auf ihm sitzen sah,
lief der hübsche Page los,
denn er fühlte sich Parzival
zugetan, mit ihm verbunden.
Er sah den toten Ither
und Parzival, der hilflos war;
er eilte rasch zu ihnen hin.
Und gratulierte Parzival,
daß er den Siegesruhm errungen
über den König Cucumberlands.
»Gott lohn es dir. Was soll ich tun?
Ich komm hier einfach nicht zurecht –
wie zieh ich ihm das aus, mir an?«
»Ich kann's dir zeigen, ganz genau«,
so sprach der stolze Iwanet,
zum fils du roi Gandin.
Er löste die Rüstung von dem Toten
auf der plaine dort vor Nantes,
und legte sie dem Lebenden an,
der trotzdem voller Einfalt ist.
Iwanet: »Bauernstiefel sehen
unterm Eisen nicht gut aus –
du mußt dich wie ein Ritter kleiden.«
Das hörte Parzival nicht gerne,
und der edle Knappe sagte:
»Was mir meine Mutter gab,
das lege ich höchst ungern ab,
egal, ob's schadet oder nützt.«
Iwanet, der ganz höfisch dachte,
kam dies reichlich seltsam vor,

dennoch ging er darauf ein,
er verlor nicht die Geduld.
Zwei lichte Ringelpanzerstrümpfe
zog er über den Stiefeln an.
Zwei Sporen gehörten auch dazu;
sie waren golden; er schnallte sie
mit Borten (nicht mit Leder) an.
Und festgezurrt der Schienbeinschutz;
er reichte ihm das Kettenhemd.
So wurde er in kurzer Zeit
mit bester Rüstung ausgestattet –
Parzival war ungeduldig!
Nun wollte der famose Knappe
seinen Köcher wiederhaben.
»Ich reich dir keinen javelot,
der ist im Ritterkampf verboten!«
sprach Iwanet, der edle Page.
Ein scharfes Schwert kam an den Gürtel;
er zeigte ihm, wie man es zieht,
und untersagte ihm die Flucht.
Dann führte er ihm den Kastilianer
des getöteten Mannes vor –
es war ein hochgebautes Pferd.
In voller Rüstung sprang er in
den Sattel, brauchte keinen Bügel,
der heut noch Schnelligkeit verleiht.
Iwanet wurde nichts zuviel:
er zeigte, wie man hinterm Schild
geschickt agiert und darauf lauert,
seine Feinde zu besiegen.
Und er reichte ihm die Lanze.
Die wollte er schon gar nicht haben,
rief: »Wozu ist die denn gut?!«
»Will jemand eine Tjost mit dir,
so mußt du sie nur schnell zerbrechen,
indem du seinen Schild durchbohrst.
Wenn man das sehr häufig macht,
rühmt man dich vor allen Damen.«
  Die Erzählung sagt uns hier:
kein Maler, sei's in Köln, in Maastricht,
könnte ihn so schön entwerfen,

wie er auf dem Streitroß saß.
Er sagte zu Iwanet:
»Lieber Freund, mein Weggefährte,
ich hab erreicht, was ich gewollt.
Sag König Artus in der Stadt,
ich sei zu seinem Dienst bereit.
Bring ihm den Goldpokal zurück.
Beklag auch meine große Schmach:
ein Ritter hat mich schwer beleidigt,
als er die junge Dame schlug,
weil sie wegen mir gelacht hat.
Ihr Klagen hat mich sehr bedrückt,
es rührt mir nicht nur an das Herz,
nein, es trifft mich hier zutiefst,
wie diese Dame schuldlos litt.
Tu's als Zeichen deiner Freundschaft,
zeig Mitgefühl mit meiner Schmach.
Ich breche auf. Gott sei mit dir –
Er hat die Macht, uns zu beschützen.«
   Ither von Gahevice ließ er
in jammervollem Zustand liegen.
Er war im Tod noch liebenswert.
Reich an Segen war sein Leben.
Wär er den Rittertod gestorben,
in der Tjost, durch eine Lanze,
wer würd den Untergang beklagen?
Ein Jagdspeer hat ihn umgebracht!
Iwanet pflückte lichte Blumen,
streute sie ganz dicht auf ihn,
stieß den Speerschaft neben ihm
ins Erdreich. Zeichen der Passion:
der edle, stolze Page preßte
die Jagdspeer-Schneide durch das Holz –
dies als Zeichen eines Kreuzes.
Er wollte das nicht unterlassen:
er brachte in die Stadt die Meldung,
die manche Frau verzweifeln,
viele Ritter weinen ließ –
im Klagen zeigte sich die Treue,
tiefe Trauer erfüllte sie.
Der Tote würdig überführt:

die Königin ritt aus der Stadt,
bat, mit der Monstranz zu folgen.
Vor dem König Cucumberlands,
den Parzival ermordet hatte,
stimmte die edle Ginover
ihre Totenklage an.
»Weh, und ewig Ach und Weh,
was hier Unfaßliches geschah,
zerstört den großen Ruhm des Artus.
Von allen in der Tafelrunde
war *ihm* der höchste Ruhm bestimmt,
der hier vor Nantes erschlagen liegt.
Sein Erbteil hatte er gefordert,
man gewährte ihm den Tod.
Er war suivant an meinem Hof,
und war es so, daß keiner je
vernahm, daß er ein Unrecht tat.
Wo Bosheit wild ist, war er zahm;
er hat sie völlig weggewischt.
Ich muß ihn viel zu früh begraben,
diesen Schrein des Ruhmes.
Sein Herz, das höfisch klug war
(dessen Schloß war noch versiegelt),
gab ihm stets den besten Rat,
wie man, auf Frauenliebe aus,
bei aller Tapferkeit die treue
Liebe eines Mannes zeigt.
Frische Saat für Trauerfrüchte:
auf die Frauen ausgestreut...
Aus deiner Wunde haucht die Klage.
Dein Haar war doch wohl rot genug,
da mußtest du die schönen Blumen
mit deinem Blut nicht röter färben!
Du tötest Frauenlachen ab.«
Ither, mit dem großen Nachruhm,
wurde königlich bestattet.
Sein Tod stieß Stöhnen in die Frauen.
Die Rüstung forderte sein Leben –
daß sie der Tölpel Parzival
gewollt hat, brachte ihm den Tod.
Als er später klüger war,

hätt er's lieber nicht getan...
    Das Streitroß war von solchem Schlag:
Strapazen machten ihm nichts aus,
es mochte heiß sein oder kalt;
und ging es über Stein und Stamm,
so wurde es nicht feucht von Schweiß.
Und wenn man es zwei Tage ritt:
man mußte ihm den Sattelgurt
nicht enger schnallen, um kein Loch.
In voller Rüstung ritt nun dieser
Narr an *einem* Tag so weit,
wie es ein Könner, ohne Rüstung,
nicht in *zwei* getrieben hätte.
Viel Galopp und selten Trab –
er konnte es nicht recht parieren.
    Es wurde Abend und er sah
die Spitze eines Turms, sein Dach.
Der Tölpel hatte sehr den Eindruck,
dort sprössen Türme, mehr und mehr;
sie standen zahlreich in der Burg.
Er hielt sie für die Saat des Artus
und schloß, er müsse heilig sein,
die größte Wunderkraft besitzen.
Der Einfaltspinsel sagte sich:
»Mutters Bauern können nichts –
aus ihrer Saat im Wald daheim
wächst ja längst nicht derart Großes!
Dabei regnet es dort reichlich.«
    Gournemans de Graharce hieß
der Herr der Burg, zu der er ritt.
Eine Linde stand vor ihr
auf grüner Wiese, weit im Wuchs,
doch nicht zu hoch und nicht zu breit,
die Maße waren angemessen.
Das Pferd sowie die Straße führten
ihn zum Platz, an dem der Herr
der Burg und auch des Landes saß.
Er war sehr müde, und so kam es,
daß der Schild ihm viel zu weit
nach vorne und nach hinten schwang –
das war nicht nach dem Reglement,

das zum Renommee verhilft.
Fürst Gournemans saß ganz alleine
und die Lindenkrone warf
ihren Schatten auf den Meister
wahrer höfischer Erziehung.
Der Mann, der jeden Fehltritt scheute,
empfing den Gast; das war sein Recht;
kein Ritter war bei ihm, kein Krieger.
Unbefangen und naiv
gab ihm Parzival zur Antwort:
»Meine Mutter riet mir, Lehren
bei dem zu suchen, der schon grau ist.
Ich biet Euch dafür meine Dienste – 163
meine Mutter will es so.«
»Kamt Ihr mit dem Wunsch nach Lehren
her zu mir, so brauche ich
Geneigtheit für die Lehren
und daß Ihr diesen Lehren folgt.«
Darauf ließ der edle Fürst
einen ausgewachsnen Sperber
von der Hand zur Burg hochfliegen;
ein goldnes Glöckchen klang an ihm:
so war er Bote. Und schon kamen
mehrere adrette Pagen.
Er wies sie an, hier seinen Gast
hinaufzuführen, zu versorgen.
Der sagte: »Mutter hat ganz recht –
alten Männern kann man trauen.«
Sie führten ihn sogleich hinein;
er sah dort viele edle Ritter.
An einem Sockel auf dem Hof
baten sie ihn abzusitzen.
Er sprach, erwies sich als naiv:
»Zum Panzerreiter machte mich
ein König, also bleib ich hoch
zu Roß, egal, was drauf geschieht!
Mutter riet mir, euch zu grüßen.«
Sie dankten ihm und ihr zugleich.
Nachdem das Grüßen absolviert war
(das Pferd war müde, auch der Reiter),
dachten sie sich diese, jene

Bitte aus, bis sie ihn schließlich
vom Roß in eins der Zimmer lotsten.   164
Sie alle redeten ihm zu:
»Laßt Euch aus der Rüstung helfen,
den müden Knochen tut das gut.«
Man löste rasch die Rüstung ab;
als nun seine Helfer die
groben Bauernstiefel sahen,
das Narrenkleid, erschraken sie.
Man machte Meldung, sehr verlegen –
sein Wirt war fassungslos vor Scham.
Ein Ritter sagte wohlgesetzt:
»Wahrlich, meine Augen sahen
nie so edle Leibesfrucht!
Er ist von allererster Herkunft,
an ihm wird höchster Segen kund.
Der Liebe Lichtblick – und was trägt er?!
Ich werde nie verwinden können,
daß sich das Glück der Welt so kleidet!
Seine Mutter war gesegnet,
die den Vollendeten gebar.
Sein Waffenschmuck ist voller Pracht.
Die Rüstung machte ihn zum Ritter –
bis man sie dem Schönen auszog!
Ich sah hier auf den ersten Blick
den Bluterguß der Prellung,
die tumescence der contusion.«
Der Burgherr sagte diesem Ritter:
»Er hat für eine Frau gekämpft.«
»Bestimmt nicht! Denn bei solcher Kleidung
ließ sich keine Frau erweichen,
seine Dienste anzunehmen.   165
Und doch: er ist so liebesschön!«
Der Burgherr: »Schaun wir ihn mal an,
dessen Kleidung so kurios ist...«
So gingen sie zu Parzival;
er war verwundet von der Lanze,
die nicht im Kampf zerbrochen war.
Und Gournemans versorgte ihn.
Er sorgte derart gut für ihn –
ein Vater, liebevoll besorgt,

könnte das bei seinen Kindern
ganz bestimmt nicht besser machen!
Er wusch die Wunde aus, verband sie –
der Hausherr tat das höchstpersönlich.
    Inzwischen war der Tisch gedeckt.
Das war dem jungen Gast sehr recht,
er hatte einen Riesenhunger –
er war am Morgen völlig nüchtern
mit dem Fischer losgeritten.
Die Wunde und die schwere Rüstung
die er vor Nantes erbeutet hatte,
riefen: Hunger, Müdigkeit!
Dazu der lange Tagesritt
von Artus her und überall
hatte man ihn hungern lassen.
Der Burgherr lud ihn ein zum Essen,
und er ließ es sich gut schmecken;
er ging am Futtertrog so ran,
daß kaum noch etwas übrigblieb.
Der Burgherr hatte Spaß daran –
der treu besorgte Gournemans
munterte ihn ständig auf,
sich doch rundum sattzuessen,
die Erschöpfung zu vergessen.
Man hob die Tafel schließlich auf.
»Ich hab den Eindruck, Ihr seid müde«,
sprach der Burgherr, »lang schon auf?«
»Weiß Gott, da schlief noch meine Mutter.
Die braucht noch etwas mehr an Schlaf.«
Da begann sein Wirt zu lachen
und führte ihn zu seinem Bett.
Er bat ihn, sich doch auszuziehen.
Er wehrte ab; es mußte sein.
Auf seinen nackten Körper legte
man ein Deckbett – Hermelin!
Das schönste Kind der ganzen Welt!
Große Müdigkeit, tiefer Schlaf
erlaubten es ihm einfach nicht,
sich im Bett mal umzudrehen.
So läßt sich leicht der Tag erwarten...
Und da befahl der edle Fürst,

daß zum späten Vormittag
ein Bad bereitet werde,
am Rand des Teppichs vor dem Bett.
Das muß am Morgen auch so sein...
Man streute Rosen auf das Wasser.
Zwar wurde da nicht laut geredet,
doch der Gast erwachte nun.
Der junge, edle, schöne Mann
ging zum Zuber, stieg hinein.
Ich weiß nicht, wer sie darum bat – 167
junge Damen, reich gekleidet,
und von lieblicher Erscheinung,
traten sehr respektvoll ein.
Sie wuschen ihn, massierten ihm
mit weißen, zarten Händen
die Schwellung weg, die tumescence.
Er, ein Waisenkind an Schlauheit,
fühlte sich nicht ausgesetzt,
war vielmehr entspannt, zufrieden;
den jungen Damen, keusch und keck,
die ihn pansierten, striegelten,
kam er auf keine Weise dumm;
wovon sie auch parlieren mochten –
er schwieg, und dies sehr ausdrucksvoll.
Die Dämmerung erschien ihm fern;
sie leuchteten – ein neuer Tag!
Im Wettstreit lag hier Licht mit Licht,
doch seine Schönheit glänzte heller –
er war kein Stiefkind der Natur.
Man reichte ihm ein Badetuch –
er schien es gar nicht wahrzunehmen:
er schämte sich so vor den Damen,
wand es nicht um seine Hüfte!
Die jungen Damen mußten gehen,
wagten nicht mehr dazubleiben.
Ich glaub', sie hätten gern geprüft,
ob ihm dort unten was passiert war;
Frauen sind hier sehr besorgt:
sie klagen, wenn dem Freund was fehlt.
Der Gast ging zu dem Bett zurück; 168
völlig weiße Unterkleidung

lag bereit; man flocht den Gürtel
ein aus golddurchwirkter Seide;
man zog dem Tapfren Hosen an,
hauteng und aus roter Wolle.
Mon dieu, wie ragten seine Beine!
Er erstrahlte in voller Schönheit.
Elegant und lang, aus dunklem
Wollstoff waren Rock und Mantel,
beide üppig unterfüttert
mit weißem Hermelin,
auch zeigte sich hier Brustbesatz
aus breitem Zobel, schwarz und grau.
Dies alles zog der Schöne an.
Mit einem kostbaren Gürtel
wurde er jetzt équipiert,
mit einer kostbaren Spange
herrlich embelliert.
Da glühten seine Lippen rot!
    Es kam der sehr getreue Hausherr
mit einem stolzen Rittertrupp
zur Begrüßung seines Gastes.
Da waren sich die Ritter einig:
der schönste Mann, den sie je sahn!
Ganz ehrlich lobten sie die Frau,
die solche Frucht der Welt geschenkt.
Aus Höflichkeit, und weil es stimmte,
sagten sie: »Der wird erhört,
wenn er um eine Dame wirbt.
Neigung, Liebe sind ihm sicher –
wenn er höchsten Ruhm erlangt.«
Das sagten von ihm allesamt –
auch jeder, der ihn später sah.
Der Burgherr nahm ihn bei der Hand
und ging gemeinsam mit ihm fort.
Es fragte der berühmte Fürst,
wie er in der vergangnen Nacht
in seiner Burg geschlafen habe.
»Herr, ich hätt nicht überlebt,
hätt Mutter mich nicht hergeschickt,
am Tag, an dem ich von ihr schied.«
»Gott belohne Euch und sie.

Herr, Ihr seid zu mir sehr gütig.«
Nun ging der Held, so arm an Geist,
dorthin, wo man die Messe sang;
der Burgherr lehrte ihn dabei,
was heute noch viel Segen bringt:
wie man opfert, sich bekreuzigt
und so am Teufel Rache nimmt.
Sie gingen in den Saal hinauf,
dort war bereits der Tisch gedeckt.
Zum Burgherrn setzte sich der Gast,
er aß mit gutem Appetit.
Der Burgherr sagte, sehr formell:
»Herr, Ihr seht es mir wohl nach,
wenn ich Euch die Frage stelle,
woher Ihr jetzt gekommen seid.«
Und er berichtete genau,
wie er von seiner Mutter ritt,
von dem Ring und von der Spange 170
und wie er an die Rüstung kam.
Der Wirt schloß gleich: der Rote Ritter!
Er seufzte, beklagte seinen Tod.
Doch er bestand darauf und nannte
seinen Gast den Roten Ritter.

 Die Tafel wurde aufgehoben –
Wildwuchs wurde nun gestutzt!
Der Burgherr sagte seinem Gast:
»Ihr redet wie ein kleines Kind.
Wann schweigt Ihr endlich von der Mutter
und geht auf andre Themen ein?
Haltet Euch an meine Lehre,
denn so macht Ihr keine Fehler.
Ich fange an, erlaubt es mir:
verliert nur nie den Sinn für Scham.
Wer sich nicht schämt, was taugt der noch?
Das ist wie Mauser, Federfall:
Wert und Würde sinken nieder,
zeigen ihm den Weg zur Hölle.
Mit Eurem Aussehn, Eurer Schönheit
könntet Ihr ein Herrscher werden.
Seid Ihr edel, strebt nach oben,
so bleibt Euch in dem Punkte treu:

helft den Vielen in der Not,
kämpft gegen ihre Armut an
mit Güte, Generosität,
gebt niemals Eure Demut auf.
Gerät ein edler Mann in Not,
so hat er mit der Scham zu kämpfen
(und das ist ein bittrer Kampf!) –
seid bereit, auch ihm zu helfen.
Er ist noch übler dran als jene,
die vor Fenstern Brot erbetteln.
Rettet Ihr ihn aus der Not,
kommt Gottes Gnade auf Euch zu.
Doch ob Ihr arm seid oder reich –
zeigt stets das rechte Augenmaß.
Ein Herr, der den Besitz verschleudert,
benimmt sich gar nicht wie ein Herr;
doch wenn er dauernd Schätze häuft,
so ist dies auch nicht ehrenvoll.
Haltet immer Maß und Ziel.
   Ich habe Anlaß, festzustellen,
daß Ihr Unterweisung braucht.
Seid nicht mehr so ungehobelt!
Ihr sollt nicht viele Fragen stellen!
Gewöhnt Euch an zu überlegen,
was Ihr zur Antwort geben wollt;
sie geh auf dessen Frage ein,
der etwas von Euch hören will.
Ihr könnt doch hören, sehen,
schmecken, riechen – all dies bringe
Euch so langsam zu Verstand!
Verbindet mit dem Mut das Mitleid –
so befolgt Ihr meine Lehre.
Wenn einer sich Euch unterwirft,
per Ehrenwort, so nehmt es an
und laßt ihn leben – falls er Euch
nichts antat, was das Herz zerbricht.
Ihr werdet oft die Rüstung tragen;
sobald die von Euch abgelegt ist,
wascht Euch Hände und Gesicht –
sobald sich Rost zeigt, wird es Zeit!
Ihr wirkt dann wieder angenehm –

und das bemerken Frauen gleich!
Seid mutig und seid hochgestimmt,
das fördert Euren schönen Ruhm.
Und haltet stets die Frauen hoch –
so steigt ein junger Mann im Rang.
Bleibt hier fest, an jedem Tag –
hier zeigt sich männliche Gesinnung.
Wenn Ihr sie belügen wollt,
da könnt Ihr viele leicht betrügen!
Doch Betrug ist nicht von Dauer –
anders als der Ruhm, die Liebe.
Der Mann der Seitensprünge klagt
das dürre Holz im Walde an,
weil es zerbricht und dabei knackt –
und schon wacht der Wächter auf!
Im Versteck und im Verhau
gerät man häufig aneinander.
Doch vergleicht dies mit der Liebe:
ist sie echt, so hat sie Mittel
gegen Finten des Betrugs.
Ist Euch die Liebe nicht mehr hold,
verliert Ihr unvermeidlich Ehre,
leidet in der Schande Not.
Nehmt Euch diesen Rat zu Herzen.
Ich sag noch etwas zu den Frauen.
Mann und Frau sind völlig *eins* –
wie die Sonne, die heut schien
und das, was man als ›Tag‹ bezeichnet.
Hier läßt sich keins vom andren trennen:
aus *einem* Kerne blühn sie auf!
Merkt Euch das, denkt drüber nach.«
Der Gast verneigte sich, zum Dank.
Und er schwieg von seiner Mutter –
mit dem Mund, doch nicht im Herzen.
Noch heute so, bei wahrer Bindung...
Der Burgherr sagte, was ihn ehrte:
»Ihr müßt noch vieles, vieles lernen
an Waffenhandwerk, Ritterwesen.
Wie kamt Ihr bloß zu mir geritten!
Ich hab so manche Wand gesehn,
an der ein Schild weit grader hing

173

als bei Euch, an Eurem Hals!
Es ist noch nicht zu spät für uns,
wir reiten rasch hinaus ins Freie –
ich leite Euch zur Könnerschaft.
Holt ihm sein Roß und mir das meine
und einem jeden Ritter seines,
auch Knappen sollen dorthin kommen;
jeder nehme sich zuvor
eine starke Lanze mit –
die sollte aber möglichst neu sein.«
So zog der Fürst hinaus zur plaine,
man übte Reit-Manöver ein.
Er instruierte seinen Gast,
wie man das Roß aus dem Galopp,
indem man hart die Sporen setzt 174
und flügelrasch mit Schenkeln pumpt,
in die Attacke lenkt, die Lanze
richtig senkt, den Schild hochnimmt
für den Gegen-Lanzenstoß:
»Nun macht das bitte einmal nach.«
Er trieb ihm seine Fehler aus –
besser als mit schlanker Gerte,
die bösen Kindern Haut zerstriemt.
Er ließ die Ritter kommen, rasch,
die gegen ihn tjostieren sollten.
Und er gab ihm die conduite
zu einem Ritter auf dem Kampfplatz.
Da stieß der junge Mann die Lanze
in erster Tjost durch einen Schild,
das fanden alle wirklich stark,
und daß er ihn vom Pferde stieß,
den Ritter, der nicht grade schwach war.
Ein zweiter Tjosteur stand gleich bereit.
Da hatte Parzival auch schon
einen neuen, starken Schaft –
Jugend voller Mut und Kraft!
Den jungen Schönen ohne Bart
trieb das Erbe Gahmurets,
die angeborne Tapferkeit:
er ritt das Pferd im Renngalopp
mit vollem Schwung in die attaque

und zielte mitten auf den Schild.
Der Ritter hielt sich nicht im Sattel,
maß der Länge nach den Acker.
Da mußte es ja Kleinholz geben – 175
alle seine Lanzensplitter!
Und so stieß er fünf vom Pferde!
Der Burgherr führte ihn zurück.
Ihm stand der Preis im Wettkampf zu –
im Krieg bewährt er sich dann auch.
Die seine Reitmanöver sahen,
die Experten, meinten alle,
er zeige Können, habe Mut.
»Nun wird mein Herr vom Leid befreit,
jetzt wird er sicher wieder jung.
Er soll ihm seine Tochter geben,
unsre Herrin, sie vermählen,
da würde er vernünftig handeln,
und sein Elend wär vorbei.
Für seine drei gefallnen Söhne
ist ihm Ersatz ins Haus gekommen.
Das Glück hat ihn nicht aufgegeben.«
    So kam der Fürst am Abend heim.
Er gab Befehl, den Tisch zu decken.
Und lud gleich seine Tochter ein,
zu Tisch, so sagt es mir die Quelle.
Als er die Jungfrau kommen sah –
hört euch an, was Gournemans
zu der schönen Liace sagte:
»Empfange einen Kuß von ihm,
dem Ritter, und erweis ihm Ehre;
Fortuna selbst geleitet ihn! –
Und von Euch erwarte ich,
daß Ihr dem Mädchen seinen Ring
nicht raubtet – falls es einen hätte. 176
Hat sie nicht! Auch keine Spange!
Wer sollte sie so reich beschenken
wie jene Dame im forêt?
Die hatte einen, der ihr schenkte,
was Ihr dann – übernommen habt.
Liace könnt Ihr gar nichts rauben.«
Obwohl der Gast verlegen wurde,

küßte er sie auf den Mund –
der war tatsächlich feuerrot.
Voller Liebreiz war Liace,
und ihr Herz war völlig rein.
   Der Tisch war niedrig und war lang,
der Burgherr mußte sich nicht drängeln,
er saß allein am obren Ende.
Zwischen sich und seiner Tochter
bot er seinem Gast den Platz an.
Und ihre zarten, weißen Hände
schnitten, seinem Wink gehorchend,
ihm – genannt der Rote Ritter –
vor, was er zu essen wünschte.
Keiner störte sie dabei,
wenn sie Vertraulichkeiten zeigten.
Das Mädchen, höfisch formvollendet,
tat alles, was sein Vater wünschte.
Sie und der Gast: ein schönes Bild!
   Danach zog sie sich rasch zurück.
Seither versorgte man ihn gut,
den Helden, dies zwei Wochen lang.
Kummer drückte ihm das Herz,
doch nur aus diesem einen Grund: 177
er wollte erst mal tüchtig kämpfen,
eh er sich erwärmen mochte
für sogenannte Frauenarme.
Er war der Meinung, großer Ehrgeiz
führe zu dem höchsten Ziel
im Leben hier – und jenseits auch.
Das trifft noch immer völlig zu.
   Eines Morgens nahm er Abschied
und verließ die Stadt Graharce;
der Burgherr ritt mit ihm ins Freie
und neues Herzensleid brach auf.
Der höchst getreue Fürst: »Mit Euch
verlier ich meinen vierten Sohn.
Ich hoffte schon, ich wär entschädigt
für dreifach schlimmen Unglücksfall!
Bis heute waren es ›nur‹ drei...
Wenn jetzt mein Herz geviertelt würde,
von einer Hand, die es danach

verteilte und dies Stück für Stück –
ich hielte das für großes Glück!
Ein Stück für Euch (Ihr reitet weg!),
und drei für meine edlen Söhne,
die heldenhaft gestorben sind.
Das ist der Lohn der Ritterschaft:
als dickes Ende kommt das Leid.
  Sein Tod hat ganz mein Glück gelähmt:
er war mein wunderschöner Sohn,
er trug den Namen Gentilfleur.
Als Conduir-amour sich selbst
sowie ihr Land verweigert hat,
und er ihr half, da haben ihn
Kingrun und Clamidé getötet.
Mein Herz ist davon ramponiert –
wie ein Zaun, der Lücken hat.
Ihr reitet viel zu früh von mir,
jetzt bleibt mir keine Hoffnung mehr!
Ach, wenn ich nur sterben könnte...
Ihr habt Liace, diese Schöne,
und mein Land dazu verschmäht.
Mein zweiter Sohn hieß Comte Lascoyt,
den schlug mir Ider, fils Noyt,
im Wettkampf um den Sperber tot.
Drum kenn ich keine Freude mehr.
Gurcegri, so hieß mein dritter Sohn;
an seiner Seite ritt Mahoude,
die sehr schön gewachsen war –
ihr stolzer Bruder Ecunat
hatte sie ihm zur Frau gegeben.
Beim Ritt zur Hauptstadt Brandigan
kam er zum Garten Joie de la Court,
da war sein Sterben unvermeidlich,
Mabonagrin schlug ihn dort tot.
Mahoude verlor so ihre Schönheit.
Und seine Mutter starb, mein Weib –
sie folgte ihm voll Schmerz ins Grab.«
Dem Gast tat nun der Burgherr leid,
als der ihm alles so erzählte,
er sagte: »Noch bin ich nicht mündig.
Erwerb ich jemals Ritterruhm

und darf ich dann um Liebe werben,
so gebt Liace mir zur Frau,
das schöne Mädchen, Eure Tochter.
Zu großes Leid habt Ihr beklagt –
kann ich Euch vom Leid befreien,
werd ich Eure Last erleichtern.«
Der junge Mann nahm Abschied
vom getreuen Gournemans
und seinen zahlreichen suivants.
Der düstern Drei des Fürsten
folgte eine finstre Vier:
zum vierten Mal jetzt ein Verlust.

Parzival brach von dort auf.
In seiner Haltung und Erscheinung
war er formvollendet Ritter.
Doch es gab da leider was,
das machte ihm das Herz sehr schwer.
Das Weite war ihm viel zu eng
und selbst das Breiteste zu schmal,
was grün war, das erschien ihm fahl,
die rote Rüstung schien ihm weiß:
dies zwang sein Herz den Augen auf.
Er war jetzt kein Naivling mehr,
doch das Wesen Gahmurets
ließ sein Denken um Liace
kreisen, ohne Unterlaß,
dies schöne Mädchen voller Anmut:
sie ehrte ihn mit Freundlichkeit,
doch schenkte ihm nicht ihre Liebe.
Wohin sich auch sein Pferd bewegt,
ob trabend oder im Galopp –
er ließ es ziehn, im Liebesschmerz.
Kreuze und geflochtne Zäune,
die eingefurchte Wagenspur –
sein Waldweg führte dran vorbei;
durch weite Wildnis ritt er hin,
kein Wegrand und kein Wegerich,
er kannte weder Berg noch Tal.

Ein oft zitiertes Sprichwort heißt:
Wenn man seinen Weg verliert,
so findet man im Wald die Axt.
Wenn große Stämme auf dem Boden
Zeugen wären für die Axt –
sie lagen zahllos dort herum.
Und doch verirrte er sich nicht,
schnurstracks ritt er in die Ferne,
kam von Graharce am selben Tage
in das Königreich Brobarce,
durchs Gebirge, hoch und rauh.
Der Tag ging auf den Abend zu.
Er erreichte ein wildes Wasser,
brausend toste es dahin,
die Felsen warfen es sich zu.
Er ritt daran entlang, bergab –
so fand er Beaurepaire, die Stadt.
Die hatte König Tampentaire
vererbt, an seine Tochter –
und vielen bei ihr geht es schlecht!
Das Wasser schoß dahin wie Bolzen,
gut gefiedert und geschnitzt,
abgeschossen von der Armbrust
mit der Schnellkraft ihrer Sehne.
Darüber führte eine Brücke,
auf ihr viele Weidengerten;
es floß von hier direkt ins Meer.
Beaurepaire war wehrbereit.
Seht, wie Kinder auf den Schaukeln
schwingen, wenn man es erlaubt,
so schwang die Brücke – ohne Seil,
und nicht im Überschwang der Kindheit!
Am Ufer gegenüber standen
mit ihren festgeschnallten Helmen
sechzig Ritter oder mehr;
sie alle riefen: »Zurück, zurück!«,
schwangen dabei ihre Schwerter,
kampfbereit auf weichen Knien.
Sie hielten ihn für Clamidé,
der schon oft erschienen war –
er ritt auch königlich heran

zur Brücke, auf dem weiten Feld.
Als sie diesen jungen Mann
mit so lauten Stimmen warnten –
so hart der auch dem Pferd die Sporen
gab, es scheute vor der Brücke.
Vor dem die Feigheit stets geflohen
war, er saß nun ab und zog
sein Pferd auf diesen Schaukelsteg –
ein Feigling wäre viel zu schwach,
sich solcher Übermacht zu stellen.
Er konzentrierte sich auf eins:
er hatte Angst, sein Pferd stürzt ab. 182
Das Rufen drüben – es erstarb;
die Ritter zogen sich zurück
mit Helmen, Schilden, Schwerterglanz,
und schlossen ihre Tore zu
aus Angst vor einem größeren Heer.
So zog Parzival hinüber
und gelangte auf ein Schlachtfeld
(viele hatten dort im Kampf
um Ritterruhm den Tod gefunden)
vor dem Tor zu dem Palast,
der hoch war und sehr schön verziert.
Er sah hier einen Ring am Tor,
den packte er und klopfte fest.
Keiner hörte auf sein Rufen –
außer einer jungen Dame;
das Mädchen sah vom Fenster aus
den Helden warten, unbeirrt.
Die Schöne sagte formvollendet:
»Kommt Ihr als Feind zu uns, mein Herr –
kein Bedarf! Auch ohne Euch
hatten wir genug der Feinde,
dies zu Wasser und zu Lande –
ein starkes, kampfentschlossnes Heer!«
Er rief hinauf: »Hier steht ein Mann,
der will Euch dienen – wenn ich's kann.
Ein lieber Gruß von Euch: mein Sold!
Ich stehe ganz zu Euren Diensten.«
Das Mädchen dachte nach und ging
darauf zu seiner Königin,

verschaffte ihm damit den Einlaß;
die große Not ging so zu Ende.
Man öffnete für ihn das Tor.
Es stand auf beiden Straßenseiten
eine große Menge Volk.
Schleuderer und batailleurs
waren dorthin aufmarschiert,
standen da in langer Reihe,
auch viele üble Armbrustschützen.
Und er sah, mit einem Blick:
sehr viele tapfere troupiers,
die Besten dieses Landes,
mit langen, starken Lanzen:
scharf geschliffen und noch ganz.
Auch entnehme ich der Quelle:
es standen viele Händler dort
mit Beilen und mit javelots –
Aufgebot der Gildenmeister.
Sie waren alle ausgemergelt.
Der Marschall ihrer Königin
mußte ihm, es war nicht leicht,
den Weg zum Burghof bahnen.
Man war verteidigungsbereit:
Türme über Kemenaten,
und Wehrbau, Bergfried, Bastion –
das alles gab's in solcher Zahl,
wie er's noch nie gesehen hatte.
Von allen Seiten kamen
Ritter, teils zu Fuß, zu Pferd.
Sie hießen ihn willkommen.
Auch diese Schar: ein Bild des Jammers –
viele waren fahl wie Asche,
andre waren gelb wie Lehm.
Mein Herr, der Graf von Wertheim,
hätte dort nicht gern gedient,
er wär' vom Sold nicht satt geworden.
Aus Mangel wurde Hungersnot,
es gab nicht Käse, Fleisch noch Brot,
man gab das Zähnestochern auf,
sie machten keinen Wein mehr fettig
mit den Lippen – falls sie tranken...

Die Wampen waren eingesunken,
die Hüften ragten knochig hoch,
und schrumpelig wie Ungar-Leder
lag die Haut auf ihren Rippen;
vor Hunger fielen sie vom Fleisch,
so hat die Not sie zugerichtet,
in Kohlen troff so gut wie nichts.
Ein edler Herr war schuld daran,
der stolze König Clamidé:
sein Werben brachte all dies ein!
Es wurde nicht mehr Met gegossen
aus einer Kanne, einem Krug;
es zischten keine Krapfen auf
wie in den Pfannen Trüdingens –
mit diesen Klängen war's vorbei.
Ich werfe ihnen das nicht vor –
da wäre ich nicht klar im Kopf!
Denn: wo ich oft vom Pferd gestiegen,
wo man mich den Hausherrn nennt,
daheim in meinem eignen Haus,
da haben Mäuse nichts zu lachen,
wenn sie sich ihr Futter stehlen –
man muß es nicht vor mir verstecken,
weil dort nichts vorhanden ist.
Dies passiert mir viel zu oft:
daß ich, Wolfram aus Eschenbach,
in solchem Luxus leben muß!

 Jetzt habe ich genug gejammert,
ich komm zurück auf die Erzählung
von der Not in Beaurepaire –
die Freude war dort hoch besteuert.
Die tapfren, sehr loyalen Leute
führten dort ein schweres Leben:
Folgen ihres großen Muts.
Zeigt Mitgefühl mit ihrer Not:
ihr Leben ist bereits verpfändet,
wenn es Gottes Hand nicht einlöst.
Hört noch mehr von diesen Armen –
zeigt endlich euer Mitgefühl!
Sie empfingen sehr verlegen
diesen fremden, tapfren Mann;

185

sie hielten ihn auch für zu nobel,
als daß er sich, in dieser Lage,
bei ihnen einquartieren wollte –
ihr Elend war ihm unbekannt.
Wo – zwischen Mauern – eine Linde
stand, gespreizt zum Schattenspenden,
kam ein Teppich auf das Gras;
ihm halfen Diener aus der Rüstung.
Er sah ganz anders aus als sie,
sobald er sich den Rüstungsschmier
an einem Brunnen abgewaschen –
er hätte fast den hellen Glanz
der Sonne matt erscheinen lassen.
Sie sahen jetzt: ein hoher Gast!
Man bot ihm einen Mantel an:
er glich dem Rock, den dieser Held
noch kurz zuvor getragen hatte –
der Zobel roch noch wild nach neu.
Sie fragten: »Wollt Ihr unsre Herrin
sehen, unsre Königin?«
Darauf gab der tapfre Held
zur Antwort, er sei gern bereit.
Sie gingen auf den Palas zu –
es führten viele Stufen hoch.
Ein Antlitz voller Anmut, leuchtend,
dazu die Schönheit ihrer Augen –
der helle Glanz der Königin
erreichte ihn vor ihrem Gruß.
Guiot von Katalonien
und der edle Manphiliot
(sie beide waren Herzöge)
gaben hierbei ihrer Nichte
das Geleit, der Königin.
(Sie hatten, ganz aus Gottesliebe,
ihren Schwertern längst entsagt.)
So schritten diese edlen Fürsten
(graues Haar und schöne Züge),
führten, streng nach Protokoll,
die Herrin bis zur Treppenmitte.
Dort küßte sie den edlen Helden –
beide Münder waren rot.

Die Königin bot ihm die Hand
und führte Parzival hinauf;
beide nahmen oben Platz.
Die edlen Damen und die Ritter,
die dort standen oder saßen,
waren alle sehr geschwächt;
die Herrscherin und ihr Gefolge
kannten keine Freude mehr.
Conduir-amour in ihrem Glanz
war dennoch konkurrenzlos schön:
Jeschute und Enite,
Cunneware de la Lande
und die man als die Besten rühmt
im Wettbewerb der schönen Frauen,
die ließ ihr Glanz zu Boden gehen,
selbst Isolde eins und zwei.«
Ja, sie kriegt den höchsten Preis:
Con   duir   a   mour!
Sie hatte wahrhaft: le beau corps,
das heißt auf deutsch: den schönen Leib.
Die hatten ein großes Werk vollbracht,
die diese zwei geboren hatten,
die hier beieinander saßen.
Und so konnte keiner anders,
nicht die Frauen, nicht die Männer,
als die beiden anzustarren.
Er fand dort gutgesinnte Freunde. 188
Ich sag euch, was der Fremde dachte:
»Liace hier... Liace dort...
Gott will meinen Kummer lindern!
Ja, ich sehe hier Liace,
Tochter des edlen Gournemans!«
Doch war Liaces Schönheit nichtig,
verglichen mit dem Mädchen hier –
mit ihm schuf Gott Vollkommenstes!
Dies war die Herrscherin des Landes:
es war, wie wenn im süßen Tau
die Rose aus der Knospenhülle
in ihrem frischen Schimmer bricht,
und zwar zugleich in Weiß und Rot –
das brachte ihn in Herzensnot.

Doch er beherrschte sich vollendet,
seit ihm der edle Gournemans
die Einfalt ausgetrieben und
die Fragerei verboten hatte
(falls sie nicht vernünftig ist) –
so kam denn vor der Königin
nicht ein Laut von seinen Lippen!
(Und saß ganz nah, nicht irgendwo...)
Auch wer mit Damen Umgang pflegt,
dem fiele hier das Sprechen schwer.
Die Königin, sie dachte gleich:
»Ich fürchte, ich gefall ihm nicht,
weil ich so abgemagert bin.
Nein – er tut es mit Bedacht:
schließlich ist er Gast bei mir,
so muß ich das Gespräch eröffnen.
Seit wir uns hier hingesetzt,
schaute er mich freundlich an
und zeigte höfisches Verhalten.
Ich bin zu lange stumm geblieben,
hier darf nicht mehr geschwiegen werden!«
So sagte ihm die Königin:
»Wer einen Gast hat, muß auch sprechen.
Ich küßte Euch, Ihr grüßtet mich.
Auch botet Ihr uns Dienste an,
sagte mir die junge Dame.
So kam uns *nie* ein Gast entgegen,
doch hatt ich schmerzlich drauf gehofft.
Herr, ich bitte Euch, berichtet,
woher Ihr jetzt gekommen seid.«
»Herrin, heute ritt ich los
von einem Mann, den ich im Leid
zurückließ – er ist die Treue selbst.
Dieser Fürst heißt Gournemans
von Graharce – wie sein Landesname.
Ich komme heute von dort her.«
Die edle Jungfrau gab zur Antwort:
»Hätt das ein anderer erzählt,
ich hätt es ihm nicht abgenommen,
daß dies an *einem* Tage ging.
Meinen allerschnellsten Boten

wär das Doppelte zu wenig! –
Die Schwester Eures Wirtes war
meine Mutter. Seine Tochter
ist wohl auch vom Leid gezeichnet.
Ich und Liace, jenes Mädchen,
haben viele harte Tage
mit nassen Augen durchgeklagt.   190
Seid Ihr Gournemans gewogen,
so nehmt für heut mit dem vorlieb,
womit wir uns schon lang bescheiden.
Ihr ehrt damit zugleich auch ihn.
Ich klage Euch von unsrer Not:
wir nagen hier am Hungertuch.«
Guiot, ihr Onkel, sagte nun:
»Ich schicke Euch ein Dutzend Brote
und drei Schulterstücke, Schinken;
acht Käse kommen noch dazu
und zwei kleine Fässer Wein.
Mein Bruder soll Euch ebenfalls
heut abend helfen in der Not.«
Manphiliot erklärte drauf:
»Ich schicke Euch genauso viel.«
Das machte ihre Freude groß,
sie zeigte ihre Dankbarkeit.
Sie nahmen Abschied, ritten los
zu ihrer Hütte in der Nähe;
an einer Alp, in wilder Schlucht,
wohnten die Alten, ohne Waffen,
und unbehelligt von den Feinden,
Ihr Bote kam zurückgetrabt
und so gab's Essen für die Schwachen.
Bis dahin war ja für die Städter
das Essen derart opulent,
daß viele schon vor Hunger starben,
ehe sie das Brot erreichte.   191
An die geschwächten Leute ließ
die Königin das Brot verteilen,
Käse, Fleisch und Wein dazu;
dies schlug ihr Gast vor, Parzival.
Den beiden blieb kaum eine Schnitte –
friedlich teilten sie die auf.

Dies Essen, wenn auch rasch vorbei,
hat viele vor dem Tod bewahrt,
die die Hungersnot verschonte.
Man machte drauf dem Gast ein Bett,
ein weiches, wie ich meinen will.
Wenn die Städter Falken wären,
so wären sie nicht überkröpft;
auch heute: wenig auf dem Tisch...
Vom Hunger waren sie gezeichnet,
bis auf den jungen Parzival.
Der empfahl sich, um zu schlafen.
Ob ihm ein Strohwisch leuchten mußte –?
Nein, es waren gute Kerzen!
So schritt der schöne, junge Mann
zu einem Bett, das üppig war,
wie für Könige geschmückt,
nicht bestimmt für arme Leute.
Ein Teppich war davorgelegt.
Er ließ die Ritter nicht lang warten,
bat sie, sich zurückzuziehen.
Entschuht von Pagen. Schlief gleich ein.
Bis ihn der Ruf der Not erreichte:
den edlen Helden weckte
Herzensregen aus hellen Augen.
Und das kam so, ich sag es euch. 192
Sie überschritt nicht Frauengrenzen;
rein und keusch blieb diese Jungfrau,
von der ich hier erzähle.
Das Elend, das der Krieg bewirkte
und das Sterben vieler Helfer,
dies bedrückte so ihr Herz,
daß sie nicht mehr schlafen konnte.
Die Königin brach auf, zur Liebe –
freilich nicht von jener Art,
die dazu führt, daß man die Jungfrau
dann als Frau bezeichnen muß;
sie suchte Freundesrat und -hilfe.
Sie war zu einem Kampf gerüstet:
weiß und seiden war ihr Hemd.
Die Frau, die zum Geliebten kommt –
säh sie kampfbereiter aus?

Sie hatte sich noch einen Mantel
umgehängt – aus Brokat.
Sie ging, weil dies die Not erzwang.
Junge Damen, Kammerpagen
und was sonst zu Diensten war,
die ließ sie schlafen, ringsumher.
Sie schlich auf Zehenspitzen lautlos
zur besagten Kemenate.
Man hatte es so eingerichtet,
daß Parzival alleine schlief.
An seinem Bett war es so hell
von Kerzen wie bei Tageslicht.
Sie kam des Wegs zu diesem Bett
und kniete nieder auf dem Teppich. 193
Er und diese Königin –
die beiden hatten nichts im Sinn
mit Liebe, die den Beischlaf will.
Hier geschah nur Folgendes:
die Lust war für die Jungfrau tot,
sie folgte dem Gebot der Scham.
Ob er sie nun an sich zog –?
Ach, davon versteht er nichts.
Dennoch tut er's, ohne Absicht,
mit einem Friedensschluß wie folgt:
die Glieder, die sich gern versöhnen,
müssen sich nicht erst verbünden.
Die beiden dachten an ganz andres.
Des Mädchens Jammer war so groß,
ihm flossen Tränen aus den Augen
auf den jungen Parzival.
Der hörte ihr lautes Schluchzen,
schaute sie erwachend an.
Das war ihm lieb, das tat ihm weh.
Der junge Mann, er richtete
sich auf und sprach zur Königin:
»Herrin, treibt Ihr mit mir Spott?
Nur vor Gott dürft Ihr so knien!
Geruht Euch bitte herzusetzen
(das wünschte er, das wollte er),
oder legt Euch, wo ich lag.
Ich find schon einen Platz für mich.«

»Wenn Ihr Eure Ehre wahrt
und Euch so bei mir beherrscht,
daß Ihr mit mir nicht rangeln wollt,
so lege ich mich neben Euch.«
Er bot ihr sichren Frieden an;
sie kuschelte sich in sein Bett.
Es war so tief noch in der Nacht,
daß man kein Hähnekrähen hörte;
die Hühnerstangen waren leer –
der Hunger schoß den Vogel ab!
Die edle Frau in ihrem Jammer
fragte ihn in aller Form,
ob er ihr Klagen hören wolle.
»Ich fürchte, wenn ich's Euch erzähle,
tut Euch das weh, raubt Euch den Schlaf.
Mir haben König Clamidé,
sowie Kingrun, sein Seneschall,
die Burgen und das Land verheert –
ausgenommen Beaurepaire.
Mein Vater Tampentaire
ließ mich armes Waisenkind
in schrecklicher Gefahr zurück.
Verwandte, Fürsten und Gefolgschaft,
reich und arm: mir unterstand
ein großes, kampfentschlossnes Heer,
doch fiel bei der Verteidigung
die Hälfte und vielleicht noch mehr.
Was kann mich Ärmste da noch freun?
Es ist mit mir so weit gekommen,
daß ich mich lieber töten will,
als mich und meine Jungfernschaft
zu opfern und ich werd die Frau
von Clamidé, denn er erschlug mir
Gentilfleur: bis ins Herz
war er ein Ritter, rühmenswert,
war in der Blüte seiner Schönheit,
setzte aller Bosheit Grenzen:
der Bruder von Liace...«
Liace – als der Name fiel,
wurde große Sehnsucht wach
in Parzival, der dienen wollte.

Sein Hochgefühl sank in ein Tal.
Denn er liebte die Liace.
Er fragte: »Herrin, könnte Euch
jemandes Hilfe nützlich sein?«
»Ja, Herr – würde ich Kingrun,
den Seneschall, nur endlich los!
Er hat mir in perfekten Tjosten
viele Ritter abgeworfen.
Und morgen kommt er wieder her;
er denkt sich, daß sein Herr sehr bald
in meinen Armen liegen wird.
Meinen Palas kennt Ihr ja:
er ist an keinem Punkt zu hoch –
ich stürzt mich lieber in den Graben,
als daß ich mich von Clamidé
entjungfern ließe, mit Gewalt.
So richt ich seinen Ruhm zugrunde.«
Da sprach er: »Herrin, ob Kingrun
Franzose ist, Britanne oder
welch ein Landsmann sonst auch immer –
meine Hand wird Euch beschützen,
dies mit meiner ganzen Kraft!«   196
Die Nacht verging, es wurde Tag.
So stand sie auf, verneigte sich,
verhehlte nicht den großen Dank.
Dann schlich sie wieder leise weg.
Und keiner hielt die Augen auf,
so daß er merkte, daß sie ging –
nur Parzival, der strahlend Schöne.
Er schlief darauf nicht wieder ein.
Die Sonne stieg sehr rasch empor,
ihr Licht durchdrang die Wolken.
Er hörte viele Glocken läuten –
in Kirchen, Münster lief das Volk,
das Clamidé die Not verdankte.
Der junge Mann stieg aus dem Bett.
Der Hofkaplan der Königin
sang für die Herrin eine Messe.
Der Gast behielt sie stets im Auge,
bis das Benedictus kam.
Er verlangte seine Rüstung;

sie wurde sorgsam angelegt.
Er zeigte dann auch Ritterkraft,
indem er kämpfte wie ein Mann.
Nun kam das Heer des Clamidé
mit vielen Fähnlein anmarschiert;
Kingrun beeilte sich besonders,
er war den andren weit voraus
auf seinem Pferd aus Iserterre –
dies entnehme ich der Quelle.
Doch da stand vorm Tor bereits
le fils du roi Gahmuret.
Die Städter beteten für ihn.
Sein erster Schwertkampf stand bevor.
Er nahm den Anritt derart weit,
daß in seiner Tjost-attaque
beide Pferde entgurtet wurden:
es platzten alle Sattelriemen,
die Rösser knickten hinten ein.
Die eben noch auf ihnen saßen,
vergaßen ihre Schwerter nicht,
entdeckten sie in ihren Scheiden.
Das brachte Wunden für Kingrun:
durch den Arm und in die Brust.
Er verlor in dieser Tjost
den Ruhm, den er gewonnen hatte;
es war der letzte Tag des Hochmuts.
Es hieß, er sei so stark gewesen,
daß er sechs Ritter auf dem Feld
in *einem* Angriff niederstach.
Ihm zahlte Parzival nun heim
mit einem derart starken Arm,
daß Kingrun, der Seneschall,
nicht wußte, wie ihm da geschah:
als schlügen Felsen auf ihn nieder,
von der Blide abgeschleudert!
Doch ihn besiegte andre Kampfart:
ein Schwert durchdröhnte seinen Helm.
Parzival rang ihn dann nieder,
setzte auf die Brust ein Knie.
Der andre bot – zum ersten Mal
geschah ihm das – sein Ehrenwort.

Jedoch der Sieger lehnte ab,
gab ihm Befehl, zu Gournemans
die parole d'honneur zu bringen.
»Nein, Herr. Bring mich dann doch lieber
um! Ich habe seinen Sohn
Gentilfleur entleibt, getötet.
Gott hat dich hoch genug geehrt –
wenn man sich erzählen wird,
daß du so gut bei Kräften warst,
daß du mich unterwerfen konntest,
hast du viel Erfolg gehabt!«
Da sprach der junge Parzival:
»Du hast noch eine andre Wahl –
gib dein Wort der Königin,
der dein Herr in seiner Feindschaft
schwere Leiden auferlegt hat.«
»Da zöge ich den Kürzeren!
Die hackten mich mit ihren Schwertern
derart klein – wie Sonnenstäubchen!
Ich habe manchem kühnen Mann
dort drinnen Schlimmstes angetan.«
»So bringe denn von dieser plaine
dein Ehrenwort der Unterwerfung
in die Britannie, einem Mädchen,
das wegen mir erleiden mußte,
was sie nicht erleiden durfte –
wüßte man, was sich gehört.
Und sag ihr: was mir auch geschieht,
sie sieht mich nimmermehr vergnügt,
bevor ich mich nicht für sie rächte,
indem ich einen Schild durchstieß.
Und sage Artus, seiner Frau,
den beiden, daß ich ihnen diene,
der Hofgesellschaft ebenfalls.
Und: ich kehre nicht zurück,
bevor ich meine Schmach getilgt,
die ich gemeinsam mit der trage,
die *mir* einmal ihr Lachen schenkte –
was sie schmerzhaft büßen mußte.
Sage ihr, ich sei ihr Diener,
leiste dienstbereit den Dienst.«

Die Forderung erlangte Rechtskraft.
Man sah, wie sich die Helden trennten.
　Er ging dorthin zurück, wo man
sein Streitroß eingefangen hatte.
Der Helfer in der Not der Städter
wird sie später auch befreien.
Das Heer der Belagerer war ganz
verzweifelt, weil Kingrun im Kampf
schmählich défaitiert worden war.
Man brachte darauf Parzival
mit conduite zur Königin.
Sie umarmte ihn, man sah es,
preßte ihn ganz fest an sich
und sagte: »Mich bekommt als Frau
kein einziger Mann auf dieser Welt –
nur der allein, den ich umarmte.«
Und sie half ihm aus der Rüstung,
schonte sich nicht bei dem Dienst.
Nach seiner großen Plackerei
stand nur ein karges Mahl bereit.
Die Städter taten Folgendes:
sie schworen ihm Gefolgschaft zu
und baten ihn, ihr Herr zu werden.
Darauf sprach die Königin:
weil er durch Kingrun so hohen
Ruhm errungen habe,
möge er nun ihr amis sein.
　Auf dem Wehrgang wurden
zwei helle Segel ausgemacht –
die trieb der Sturm zum Hafen herein.
Die Schiffe trugen eine Fracht,
die alle Städter glücklich stimmte –
sie brachten lauter Nahrungsmittel!
Gott fügte dies in Seiner Weisheit.
Sie stürzten sich hinab vom Wehrgang,
alle wetzten zu den Schiffen –
die Hungermeute wollte plündern!
Abgemagert, ausgedörrt
und leicht im Fleisch – sie hätten
fliegen können wie das Laub;
in ihren Bälgen war nichts drin.

Der Marschall ihrer Königin
übernahm den Schutz der Schiffe:
verbot, bei Strafe durch den Strang,
jede Form des Übergriffs.
Er geleitete die Händler
in die Stadt, zu seinem Herrn.
Parzival befahl: der Preis
der Waren soll verdoppelt werden. 201
Den Händlern schien das überzogen,
doch so bezahlte man die Waren.
Es troff den Städtern in die Kohlen...
Dort wär ich gern im Sold als Ritter:
denen ist das Bier zu bitter,
denn sie haben Wein! Und Speisen!
Ich erzähl euch, was der edle
Parzival als erstes tat:
das Essen teilte er persönlich
in kleine Portionen auf,
er lud die Edlen an den Tisch;
er wollte nicht, daß sie dabei
die leeren Mägen überkröpften,
teilte sehr besonnen aus;
die Regelung war gut für sie.
Er ließ sie abends nochmal essen.
War freundlich und dabei bestimmt.
 Man fragte, ob sie sich vermählten.
Ein Ja von ihm, der Königin.
Im Bett hielt er sich so zurück,
daß heutzutage manche Frauen
davon nicht sehr befriedigt wären.
Sie wecken Qual der Lust – so wird
edle Haltung konterkariert:
sie machen sich dafür noch schön!
Vor Fremden sind sie keusch und rein;
was den Gesten folgen könnte,
hat ihr Herz bereits gekappt.
Mit ihren Zärtlichkeiten wecken
sie beim Freund geheime Qual. 202
Der Mann, der treu, verläßlich ist,
stets die Selbstbeherrschung wahrt,
nimmt viel Rücksicht auf die Freundin,

denkt (das mag schon richtig sein...):
»Ich hab in dieser Zeit der Frau
gedient, für ihren Liebeslohn,
sie bot mir die Erfüllung an
und deshalb lieg ich neben ihr.
Früher hätte mir's genügt,
hätte ich mit bloßer Hand
ihr Gewand berühren dürfen...
Geb ich der Begierde nach,
so werde ich mir selber untreu.
Darf ich sie damit belasten
und uns beiden Schande machen?
Vor dem Schlafen zärtlich plaudern –
dies entspricht dem Stil der Dame.«
So lag der Mann aus Wales herum...
Den man den Roten Ritter nennt,
er war da als Bedrohung klein –
er ließ die Königin Jungfrau sein.
Doch glaubte sie, sie wär sein Weib.
Weil sie ihn liebte, band sie sich
am Morgen Frauen-Kopfputz um.
Die junge Frau, die Jungfrau war,
sie gab ihm Burgen, Ländereien,
denn er war ihr Herzensliebster.
Sie lebten miteinander so:
für *sie* war diese Liebe Glück
zwei Tage lang, die dritte Nacht. 203
Er dachte häufig ans Umarmen –
die Mutter hatte es empfohlen!
Auch hatte Gournemans erklärt:
Mann und Frau sind völlig eins.
Sie verflochten Arme, Beine...
Wenn ich's euch so sagen darf:
er fand, was dicht bei ihm war, schön.
Dem alten, immer neuen Brauch
folgte hier auch dieses Paar.
Und so fühlten sie sich glücklich.

    Nun hört euch an, wie Clamidé
beim Anmarsch seines großen Heers
erfuhr, was ihm den Mut geraubt.
Ein Knappe, der die Pferdeflanken

aufgefetzt, berichtete:
»Auf der plaine vor Beaurepaire
gab es edlen Ritterkampf,
äußerst hart; ein Ritter hat
dabei den Seneschall besiegt;
Kingrun, der unser Heer befiehlt,
reitet zum Britannen Artus;
die Söldner lagern vor der Stadt
wie er's befahl, bevor er ritt;
Beaurepaire hat nun Verstärkung
gegen Euch und Eure Heere –
dort drinnen ist ein edler Ritter,
der nur eines will: den Kampf.
Ein jeder Eurer Söldner glaubt:
die Königin hat aus der Tafelrunde 204
Ither von Cucumberland
zu ihrer Hilfe kommen lassen –
sein Wappen sah man bei der Tjost,
es wurde rühmenswert geführt.«
Der König sagte drauf zum Knappen:
»Conduir-amour bekommt nur *mich*!
Und ich krieg *sie*, ihr Land dazu!
Mir hat mein Seneschall Kingrun
versichert, hoch und heilig,
die Stadt gäb auf, aus Hungersnot,
auch würde mir die Königin
ihre Hohe Liebe schenken.«
Nur Undank erntete der Knappe.
   Der König zog weiter, mit dem Heer.
Ein Panzerreiter kam entgegen –
auch dessen Pferd war strapaziert.
Er brachte ihm die gleiche Meldung.
Das drückte auf die Lebenslust,
den Rittermut des Clamidé;
ihm schien doch der Verlust zu groß.
Ein Fürst vom Hof des Königs sagte:
»Es gibt keinen, der Kingrun
für unsre Sache kämpfen sah,
er kämpfte nur für sich allein.
Nehmt an, man hätte ihn erschlagen –
soll das zwei Heere mutlos machen,

dieses, und das vor der Stadt?«
Er bat, hier nicht zu resignieren.
»Wir müssen das noch mal versuchen.
Belieben die sich noch zu wehren,
werden wir verbissen kämpfen, 205
stürzen sie aus ihrem Glück.
Spornt Verwandte und Vasallen!
Teilt das Heer und stürmt die Stadt!
Entlang des Berghangs können wir
ganz leicht in ihre Nähe reiten,
marschieren dann bis vor die Tore.
Und damit wird die Schmach gerächt!«
Diesen Rat gab Galogandres,
der Herzog von Giponnes;
die Städter brachte er in Not,
fand vor den Mauern seinen Tod.
Das gleiche Schicksal traf Narant,
den Fürsten aus dem Uckerland
und viele edle Söldnerritter –
als Leichen trug man sie davon.

   Hört nun von der Gegenseite:
wie die Leute in der Stadt
ihre Mauern präparierten.
Lange Stämme nahmen sie,
setzten spitze Stangen ein
(die taten den Belagrern weh!),
hängten diese Stämme dann
mit Seilen – über Rollen – auf.
Man hatte das schon ausprobiert
vorm Sturmangriff des Clamidé,
der défaitage des Kingrun.
Zudem, das Griechenfeuer war
mit dem Proviant ins Land gekommen:
Belagerungsgeräte brannten!
Die Angriffstürme, Wurfmaschinen, 206
die man auf Rädern rangerollt,
die Schutzdächer der Mauerbrecher –
alles fraß dies Feuer weg.

   Inzwischen war der Seneschall
in der Britannie angekommen,
und Kingrun fand König Artus

im Walde Brisilian, im Jagdhaus –
es trug den Namen Karminal.
Dort tat er, was ihm Parzival
als Gefangnem auferlegt hat:
Frau Cunneware de la Lande
gelobte er die Unterwerfung.
Die junge Dame war erfreut,
daß er, genannt der Rote Ritter,
an ihrem Leid treu Anteil nahm.
Das sprach sich überall herum.
Und der besiegte, edle Mann
stellte sich dem König vor,
sagte ihm und dem Gefolge,
was ihm aufgetragen war.
Keye erschrak und wurde rot,
fragte dann: »Bist du's, Kingrun?!
Mon dieu, wie viele der Britannen
hast du – der Seneschall
des Clamidé – schon défaitiert!
Wenn dein Besieger mich auch haßt –
du sollst von deinem Amt was haben:
uns beiden untersteht die Küche –
mir hier und dir in Brandigan.
Verschaff mir Cunnewares Gunst
mit Noblesse und dicken Krapfen!«
Das war sein ganzes Schmerzensgeld…

    Genug davon! Hört, was geschah,
seit wir den Ablauf unterbrachen.
Clamidé vor Beaurepaire –
er scheute nicht den Sturmangriff;
die drinnen kämpften gegen die
von draußen mutig und entschlossen;
die Helden wußten sich zu wehren,
blieben auf dem Schlachtfeld Sieger.
Parzival, ihr Landesherr,
kämpfte weit vor seinen Leuten;
die Tore standen dabei offen.
Er schlug mit beiden Armen zu,
sein Schwert durchdröhnte harte Helme.
Die Ritter, die er niederschlug,
kriegten ziemlich Schwierigkeiten:

sie wurden ihnen zugefügt
am Halsausschnitt der Kettenhemden –
die Städter rächten sich an ihnen,
stachen unter den Laschen durch.
Parzival verbot es ihnen.
Als sie hörten, er sei wütend,
machten sie Gefangne, zwanzig,
ehe sie das Schlachtfeld räumten.
Parzival sah völlig klar,
daß Clamidé mit seinem Heere
Kämpfe vor den Toren mied
und an andrer Stelle kämpfte.
Der junge, sehr beherzte Mann 208
ritt in schwieriges Gelände,
wollte rasch den Feind umgehen,
nahte sich den Königsfahnen.
Seht: der Sold des Clamidé
wurde fällig – um welchen Preis!
Die Städter kämpften derart wild,
daß die Schilde in den Händen
zertrümmert wurden, trotz der Stärke.
Schwerterhiebe, Steinbeschuß
zerstörten Parzival den Schild.
Die Belagrer, die das sahen,
hatten letztlich nichts davon,
doch sagten sie, er sei der Sieger.
Der Fahnenträger Galogandres,
der sein Heer sehr gut geführt,
lag schon tot, bei seinem König.
Auch Clamidé kam in Gefahr –
ihm und den Seinen ging's dort schlecht.
Er brach den Sturmangriff denn ab.
Für die kampfbewährten Städter:
Überlegenheit und Ruhm!
Parzival, der edle Kämpfer,
ließ die Gefangnen gut versorgen,
und zwar bis an den dritten Morgen.
Im Heere draußen herrschte Furcht.
Der glücklich-stolze Landesherr
erhielt von den Gefangenen
das Ehrenwort. »Ihr edlen Herren,

kommt zurück, wenn ich's befehle.«
Ihre Rüstungen behielt er.
Sie zogen ab, zum Außenheer;
ihre Wangen rot vom Wein,
doch hieß es draußen: »Ach, ihr Armen,
Hunger habt ihr leiden müssen!«
»Kein Grund, uns zu bedauern«,
sagten die gefangnen Ritter,
»dort drin ist soviel Proviant,
die könnt ihr noch ein Jahr belagern,
da würden sie euch mitverpflegen. –
Die Herrin hat den schönsten Mann,
der jemals Ritterdienst geleistet.
Er ist bestimmt von edler Herkunft,
Inbegriff der Ritterehren.«
Als dies Clamidé erfuhr,
wurden ihm die Mühen sauer.
Er schickte Boten in die Stadt
und ließ sie melden: Wer auch immer
mit der Königin im Bett war –
»ist er zum Einzelkampf berechtigt,
weil sie ihn so akzeptiert,
daß er es wagen darf, im Kampf
mit mir sie selbst, ihr Land zu schützen,
so schließen die Heere Waffenstillstand.«
Es stimmte Parzival sehr froh,
daß er herausgefordert wurde,
und zwar zu einem Einzelkampf.
Der unerschrockne junge Mann:
»Ich bürge mit dem Ehrenwort,
daß keiner aus dem Heer der Stadt
im Notfall für mich kämpfen wird.«
Man schloß den Waffenstillstand ab
zwischen Schanzwerk, Außenheer.
Die Kämpferschmiede wappneten sich.
Schon schwang sich König Clamidé
auf einen Kastilianer namens
Guverior; er war gepanzert.
(Den hatte ihm sein Neffe Gregor,
der König von Hippotente,
mit weiteren reichen Präsenten

aus dem Norden und über den
Uckersee bringen lassen.
Dies hatte Comte Narant vermittelt,
dazu noch tausend troupiers,
gewappnet, ohne Ritterschild.
Ihr Sold war ausgezahlt wie folgt:
zwei volle Jahre im voraus –
falls die Quelle hier ganz stimmt...
Gregor schickte ihm fünfhundert
schöne Ritter – jeder hatte
seinen Helm schon festgezurrt;
sie waren äußerst kampferfahren.
So hatten Clamidé, sein Heer
auf dem Land und auf dem Meer
Beaurepaire so hart belagert,
daß die Städter Not erlitten.)
Parzival kam angeritten
auf den Schauplatz der Entscheidung,
wo Gott ihm offenbaren sollte,
ob Er ihm das Kind des Königs
Tampentaire lassen wollte.
Er ritt da voller Stolz heran,
selbstverständlich galoppierend –
vor dem Renngalopp des Rosses.
Das war vor der Gefahr geschützt:
die Schabracke aus rotem Brokat
lag auf einer Kettendecke.
Er selber zeigte sich im Glanz
des roten Schildes, roten surtout.
Den Kampf eröffnete Clamidé.
Mit einer kurzen und noch rohen
Lanze wollte er tjostieren;
er nahm die Anrittstrecke lang;
Guverior preschte zur attaque.
Die jungen Männer, beide bartlos,
zeigten eine schöne Tjost –
es gab da kein Fallieren!
Ein unvergleichlich harter Kampf
für Mensch und Tier – die beiden Rösser
dampften schließlich vor Erschöpfung!
Doch setzten sie das Kämpfen fort,

bis ihre Pferde nicht mehr konnten;
da sprangen sie von ihnen ab –
dies zugleich, nicht nacheinander!
Die beiden wollten nur das eine:
Feuer schlagen, aus dem Helm!
Sie hatten noch nicht Feierabend –
alle Hände voll zu tun!
Es zerstoben ihre Schilde –
als würde einer fröhlich spielen,
würfe Federn in den Wind.
Und doch, der Sohn des Gahmuret
wurde nicht ein bißchen müde.
Dagegen wähnte Clamidé,
der Waffenstillstand sei gebrochen,
von der Stadt; er bat, der Gegner
möge seine Ehre retten,
den starken Steinbeschuß verbieten –
Riesenschläge trafen ihn,
schwer wie Brocken von der Schleuder!
Der Landesherr gab ihm zur Antwort:
»Glaub kaum, daß du beschossen wirst –
davor schützt dich mein Ehrenwort!
Nähmst du meine Friedenshand,
so würde dir kein Schleuderschwengel
Kopf und Brust und Bein zerbrechen!«
Den Gegner packte Müdigkeit –
die kam ihm freilich viel zu früh!
Wer hier gewann, wer hier verlor,
entschied für beide nur der Kampf.
Doch war bei König Clamidé
die défaitage offenkundig:
nach seiner Überwältigung
ein Würgegriff von Parzival,
es sprühte Blut aus Nase, Ohren,
rötete die grüne Wiese.
Er riß ihm gleich den Helm vom Kopf,
den Schädelschutz. Der Besiegte
erwartete den Todesstreich.
Der Sieger sagte: »Meine Frau
wird jetzt Ruhe vor dir haben.
Lerne nun, was Sterben heißt.«

»Bitte nicht, du edler Held!
Deine Ehre ist bereits
dreißigfach an mir gewachsen,
denn du hast mich unterworfen!
Wie könnt dein Ruhm noch größer werden?
Conduir-amour sagt nun mit Recht,
daß ich hier Verlust gemacht;
dir hat Glück Gewinn gebracht.
Und damit ist dein Land gerettet.
Das ist, als leichtre man sein Schiff
und bekommt es wieder flott –
doch ich lief auf mit meiner Kraft;
mit meinem Hochgefühl als Held
sitze ich im Seichten fest.
Weshalb willst du mich noch töten?
Ich vererbe schon die Schmach
an alle, die jetzt nach mir kommen.
Du hast den Ruhm und den Gewinn,
hast keinen Grund, mir mehr zu tun.
Ich lebe noch und bin schon tot,
bin ich doch von der getrennt,
die mir Herz und alle Sinne
in den Bann geschlagen hat –
sie hat mich nie dafür belohnt.
Und so muß ich Mann des Unglücks
dir die Frau, ihr Land gewähren.«
Der siegreich war, dem fiel jetzt ein,
was ihn Gournemans gelehrt;
daß Männlichkeit, gepaart mit Mut, 214
sich dem Erbarmen nicht verschließe.
Und so folgte er der Lehre,
wandte sich an Clamidé:
»Ich kann dir eines nicht erlassen:
daß du dem Vater von Liace
deine Unterwerfung schwörst.«
»Nein, Herr, tu mir das nicht an!
Ich habe ihm sehr großes Leid
getan, erschlug ihm seinen Sohn.
Gentilfleur hat auch mit mir
um Conduir-amour gekämpft!
Er hätte mich dabei getötet,

hätt Kingrun mir nicht geholfen.
Den hatte Gournemans de Graharce
ausgeschickt ins Land Brobarce,
mit exzellenter Heeresmacht:
neunhundert gute Panzerreiter
(Kettendecken auf den Rössern),
anderthalbtausend troupiers
(ich sah auch sie zum Kampf gerüstet,
es fehlten nur die Ritterschilde) –
sie alle hatten gut gekämpft.
Mir wurde dieses Heer zu stark:
die Aussaat größer als die Ernte...
Seither verlor ich noch mehr Helden.
Glück und Ehre fehlen mir –
was willst du denn von mir noch mehr?«
»Ich nehm dir was von deiner Angst:
zieh hin in die Britannie
(Kingrun ist vor dir hingereist) 215
und zu Artus, dem Britannen.
Dem richte aus, ich stünd zu Diensten.
Und bitte ihn um Mitgefühl
für die Schmach, die auf mich fiel –
das Mädchen hat mich angelacht,
man hat es wegen mir verbläut,
das hat mich äußerst hart getroffen.
Sage ihr, es tut mir leid.
Gelob ihr deine Unterwerfung,
führe aus, was sie befiehlt.
Wenn nicht, so findest du den Tod!«
»Habe ich nur diese Wahl,
dann fecht ich das nicht weiter an«,
so sagte König Clamidé.
»Ich wähl die Reise weg von hier!«
Dies versprach er und brach auf –
ihn hatte Hochmut tief gestürzt.
Parzival, ein wahrer Recke,
schritt zu seinem müden Roß –
der nie am Bügel aufgestiegen,
sprang vom Boden in den Sattel,
daß die Splitter des zerhackten
Schildes nur so wirbelten!

Die Städter waren sehr beglückt,
das Außenheer war tief betrübt.
Man führte König Clamidé
(die Muskeln, Knochen taten weh!)
zu denen, die ihn unterstützt.
Er ließ die Toten auf den Bahren
zur letzten Ruhestätte tragen.
Die Fremden räumten dieses Land.
So ritt der edle Clamidé
nach Leuver, ins Gebiet des Artus.

Vollzählig – keiner fehlte –
waren die der Tafelrunde
in Dianasdron, am Hof
von König Artus, dem Britannen.
Sofern ich bei der Wahrheit bleibe:
die plaine von Dianasdron
zeigte viel mehr Zeltgestänge
als der Spessart Stämme hat.
Mit entsprechendem Gefolge
und mit vielen edlen Damen
feierte hier Artus Pfingsten.
Man konnte dort besichtigen:
viele Wimpel, viele Schilde,
Fürstenwappen appliziert,
viele Kreise schöner Zelte.
Das wirkte heute übertrieben!
Wer könnte noch die Reisekleidung
des Frauen-Heeres produzieren?!
Auch meinte damals jede Dame,
sie würde ihren Ruf verlieren,
wenn sie kein amis begleitet.
Dies täte ich um keinen Preis
(so mancher junge Spund war dort!):
ich brächt nicht gern mein Eheweib
zu einem derart großen Treffen –
ich fürchte: Fremde drücken sich
dabei herum, und mancher sagt,
ihr Liebreiz steche ihn ins Auge,
blende seine Lebensfreude,
doch wenn sie ihn erhören würde,
diene er ihr immerdar.

Da wär ich vorher mit ihr weg!
Ich habe von mir selbst geredet...
Nun hört, woran der Artus-Zeltkreis
vor allem zu erkennen war:
es speisten vor ihm die suivants,
sie zeigten alle große joie,
viele Herren, adlig, aufrecht,
viele stolze junge Damen.
Statt Lanzenstechen Armbrustschießen:
sie bolzten Freunde auf die Feinde!
Erging's den Freunden schlecht im Kampf,
so waren sie vielleicht geneigt,
dies ihnen huldvoll zu versüßen.
Clamidé, der junge Mann,
ritt in diesen Kreis hinein –
Roß gepanzert, Mann gewappnet,
und sein Helm, sein Schild lädiert:
dies sah an ihm die Frau des Artus,
sahen alle diese Damen.
So war sein Auftritt vor dem Hof.
Ihr habt ja schon zuvor gehört,
daß er dazu gezwungen war.
Er saß ab und schob sich durchs
Gedrängel vor, bis er sie fand:
Frau Cunneware de la Lande.
Er fragte: »Herrin, seid Ihr's selbst, 218
der ich nun gerne dienen muß?
Ein Kampf ist ziemlich daran schuld.
Der Rote Ritter will Euch dienen.
Er nahm es auf die schwere Schulter,
was Ihr an Schmach erlitten habt –
ich glaub, man schlug Euch seinetwegen.
Vor Artus soll ich dies beklagen.
Ich unterwerfe mich Euch, Herrin –
der mit mir kämpfte, will es so.
Ich tu es gerne, falls erwünscht.
Ich war dem Tod schon ausgeliefert.«
Frau Cunneware de la Lande
griff nach seiner Panzerhand;
hier saß die edle Ginover,
sie aß mit ihr, nicht mit dem König.

Keye, der den Tischdienst hatte,
hörte hier die Neuigkeit,
die ihm überhaupt nicht paßte –
das machte Cunneware Spaß.
Er sagte: »Daß Euch dieser Mann
sein Ehrenwort gegeben hat,
das ist ihm aufgezwungen worden.
Ich fürcht, man band ihm Lügen auf!
Ich hielt mich an die Form des Hofes,
hab Euch so erziehen wollen –
deshalb seid Ihr bös auf mich.
Wie dem auch sei – ich schlage vor:
laßt den Gefangenen entwappnen.
Das Stehen wird ihm hier zu lang.«
Die junge Dame bat, ihm Helm
und Ringkapuze abzunehmen;
man band den los, hob jene ab –
und man erkannte Clamidé.
Kingrun – er starrte ihn da an,
es zeigte sich bei ihm Erkennen,
und er begann in diesem Zustand,
seine Hände so zu ringen,
daß ihm die Gelenke knackten
wie das dürre Ofenholz.
Der Seneschall des Clamidé
schob sofort den Tisch beiseite,
bat seinen Herrn um den Bericht –
der wirkte wie von Glück verlassen.
Er sprach: »Ich bin ein Unglücksmensch.
Hab solch ein schönes Heer verloren!
Noch niemals hat ein Menschenkind
derart viel Verlust erlitten!
Das Heer vernichtet. Weitaus schlimmer:
unerfüllt blieb meine Liebe
und das macht das Herz so schwer,
daß Freude, Glück mir Fremde bleiben.
Conduir-amour macht mich noch grau.
Jener Pontius Pilatus
und der ganz verworfne Judas,
der in der Stunde des Verrats,
als Jesus ausgeliefert wurde,

mit seinem Kuß beteiligt war –
wie immer dies der Schöpfer rächt:
ich nähm die Höllenqualen hin,
wäre mir Conduir-amour
bloß zugeneigt, würd meine Frau,
so daß ich sie umarmen könnte –
was immer mir danach geschähe!
Mir, dem Herrscher Iserterres,
bleibt leider ihre Liebe fern!
Mein Land, mein Volk zu Brandigan
werden's stets beklagen müssen.
(Mabonagrin, mein Neffe,
hat dort gleichfalls lang gelitten...)
Nun bin ich, König Artus,
zu deinem Hof hierhergeritten,
weil ein Ritter mich besiegt hat.
Du weißt sehr wohl: in meinem Land
hat man dir Schlimmes angetan –
vergiß das jetzt, du edler Mann,
solang ich hier gefangen bin,
erspar mir den verdienten Haß.
Mich soll die edle Cunneware
vor jeglicher Vergeltung schützen –
ich habe mich ihr unterworfen,
als ich, gefangen, vor sie trat.«
Artus, der die Treue selbst war,
vergab ihm seine Schuld sofort.

Nun erfuhren Frauen und Männer,
daß der König von Brandigan
ins Lager eingeritten sei –
das sprach sich äußerst rasch herum.
Nur immer her! Und drängt euch, los!
Clamidé, vom Glück verlassen,
bat formvollendet um Gesellschaft.
»Falls ich es wert bin, edle Frau,
so empfehlt mich bitte Gawan.
Ich weiß sehr wohl, er wünscht das auch.
Erfüllt er Eure Bitte, ehrt
er Euch und auch den Roten Ritter.«
Artus bat drauf seinen Neffen,
dem König Gesellschaft zu leisten –

220

221

es wäre sowieso geschehn.
Das edle Hofgefolge nahm
den König freundlich bei sich auf –
er war besiegt, doch nicht entehrt.
Kingrun darauf zu Clamidé:
»Schlimm ist, daß dich die Britannen
hier als den Besiegten sahen.
Du warst noch mächtiger als Artus:
mehr Gefolgschaft, mehr Besitz;
die Jugend hast du ihm voraus.
Soll Artus dadurch Ruhm gewinnen,
daß Keye in seinem Wutanfall
die edle Fürstin prügelte,
die mit der Stimme ihres Herzens,
mit ihrem Lachen den erwählte,
dem der allerhöchste Ruhm
zugesprochen wird, mit Recht?
Die eingebildeten Britannen
setzen ihren Ruhm sehr hoch an!
Es hat sie keinen Schweiß gekostet,
daß Ither von Cucumberland
tot zurückgetragen wurde,
und daß mein Herr, der mit ihm kämpfte,
über Euch den Sieg errang.
Parzival bezwang auch mich,
ohne Finten, ohne Tricks.
Man sah dort Flammen aus den Helmen
schlagen, sah die Schwerter wirbeln!«
Alle stimmten überein,
ob man arm war oder reich:
Keye hat sich schlecht benommen.

   Doch brechen wir hier besser ab
und folgen wieder dem Verlauf.
Man baute das zerstörte Land
des Königs Parzival nun auf –
es gab dort wieder Freuden, Feste.
Sein Schwiegervater Tampentaire
hatte ihm in Beaurepaire
Edelsteine, Gold vererbt –
die teilte er so auf, daß man
ihn liebte, weil er gerne gab.

Und viele Banner, neue Schilde
verliehen seinem Lande Glanz.
Er und sein Gefolge nahmen
häufig an Turnieren teil.
Der junge Kämpfer ohne Furcht
zeigte mehrfach großen Mut
an der Grenze seines Landes;
wie er die Feinde dort bekämpfte,
galt als Gipfel allen Ruhms.
   Nun hört auch von der Königin.
Der konnte es nicht besser gehen!
Die Junge, Schöne, Edle fand
alle irdische Erfüllung.
Und ihre Liebe war so groß,
daß nichts sie wanken machen konnte.
Sie sah, ihr Mann war hier nicht anders,
sie glichen sich in diesem Punkt:
er liebte sie, wie sie ihn liebte.
Ich bin gezwungen, zu erzählen,
daß sie sich dennoch trennen müssen:
wie groß wird beiden der Verlust!
Mit tut die edle Frau sehr leid.
Ihr Volk, ihr Land und auch sie selbst
hat er aus großer Not befreit;
sie belohnte ihn mit Liebe.
   Eines Morgens sagte er
(dies hörten, sahen viele Ritter):
»Wenn's Euch recht ist, hohe Frau,
brech ich auf und forsche nach,
wie es um meine Mutter steht –
mir ist völlig unbekannt,
ob's ihr gut geht oder schlecht.
Ich will zu ihr für kurze Zeit
und suche dann das Abenteuer.
Wenn ich Euch Waffendienste leiste,
belohnt mir das mit Eurer Liebe.«
So erbat er seinen Abschied.
Sie liebte ihn, erzählt die Quelle,
so konnte sie ihm nichts verweigern.
Und von sämtlichen Vasallen
ritt er fort – dies ganz allein.

Wer hören will, wohin der kommt,
   den das Abenteuer trieb,
der wird Erstauntliches erfahren,
und zwar in allen Einzelheiten.
So laßt ihn reiten, Gahmurets Sohn!
Und jeder Mensch, der Anteil nimmt,
wünsch ihm Glück, denn unausweichlich
wird er große Not erfahren,
gelegentlich auch Glück und Ehre.
   Was ihn besonders quälte:
er war von jener Frau getrennt,
die schöner, edler war als alle,
von denen vorgelesen wurde
oder – ohne Buch – erzählt.
Die Sehnsucht nach der Königin
raubte ihm fast den Verstand;
den hätte er wohl ganz verloren,
wär er als Mann nicht so beherzt.
Sein Roß ließ wild die Zügel schleifen
über Stämme und durch Sumpf –
es war da keine Hand, die lenkte.
In der Erzählung heißt es nun:
er ritt an einem Tag so weit –
ein Vogel hätte größte Mühe,
fliegend derart weit zu kommen.
Wenn hier meine Quelle stimmt,
war diese Reise sehr viel weiter
als am Tag, an dem er Ither
getötet hat, und von Graharce
dann später nach Brobarce geritten.
Wollt ihr hören, wie's ihm geht?
Er kam des Abends an einen See,
Angler lagen dort vor Anker,
denen dieser See gehörte.
Als sie ihn zu Pferde sahen,
waren sie so nah am Ufer,
daß sie hörten, was er sagte.
Einer fiel ihm auf im Boot:
der hatte eine Kleidung an –
wär er der Herr der ganzen Welt,
sie könnte kaum viel schöner sein!

Sein Hut: gefüttert; Pfauenfedern!
Er bat den Fischer, er möge ihm
im Namen Gottes und gemäß
den Formen höfischer Erziehung
die Auskunft geben, wo für ihn
Unterkunft zu finden sei.
Die Antwort dieses Mannes voller
Trauer: »Herr, ich wüßte nicht,
wo hier im Kreis von dreißig Meilen
jemand wohnt. Bloß Land und Wasser.
Nur ein Gebäude in der Nähe,
und das möcht ich Euch empfehlen.
Wo kämt Ihr heute sonst noch hin?
Dort hinter jener Felsenflanke
haltet Euch sofort nach rechts.
Erreicht Ihr vor der Burg den Graben,
werdet Ihr wohl halten müssen.
Bittet, daß man Euch die Brücke
niederläßt, den Eingang öffnet.«
Er nahm den Rat des Fischers an, 226
grüßte ihn und brach gleich auf.
Der rief ihm nach: »Wenn Ihr das findet,
sorg ich heut abend selbst für Euch.
Vergeßt nicht Euren Dank dafür.
Seht Euch vor: dort führen Wege
in die Irre; an diesem Hang
verliert man leicht die Richtung.
Ich wünsch Euch das wahrhaftig nicht!«
Und so ritt Parzival davon,
er trabte zügig auf dem Weg,
der richtig war, bis an den Graben.
Die Brücke war hinaufgezogen.
Die Burg nicht grade schwach befestigt –
sie stand, als wäre sie gedrechselt.
Nur auf Flügeln, windgetragen,
ließe sich die Burg erstürmen.
Viele Türme, manchen Palas
sah er, staunenswert befestigt.
Griffen alle Heere diese
Burg an, dreißig Jahre lang –
es würd sie nicht die Bohne kümmern!

Ein Knappe war so freundlich,
ihn zu fragen, was er wünsche,
woher des Weges er jetzt komme.
Er gab zur Antwort: »Dieser Fischer
hat mich hierher vorausgeschickt.
Ich hab ihm meinen Gruß entboten,
weil ich mir Unterkunft erhoffte.
Er wünscht, daß man die Brücke senkt,
und wies mich an, hier einzureiten.«
»Herr, dann seid Ihr uns willkommen.
Wenn es der Fischer selbst empfahl,
könnt Ihr als Ehrengast hier wohnen –
dem zuliebe, der Euch schickte.«
Der Knappe ließ die Brücke runter.
So ritt der Tapfre in die Burg,
auf einen ausgedehnten Hof –
das grüne Gras, es war ganz kurz,
von Ritterspielen nicht zertrampelt,
kein Wettkampf zwischen Reitertrupps,
kein Wimpel-Ritt; so war es gleichfalls
auf der Wiese von Abenberg.
Solch vergnügliche Aktionen
lagen schon sehr weit zurück –
Trauer herrschte in den Herzen.
Doch man ließ ihn das nicht spüren:
Empfang durch Ritter, jung und alt.
Und viele schmucke Pagen
grapschten nach den Zügeln,
jeder wollte schneller sein.
Sie hielten ihm die Bügel fest,
so blieb ihm nichts, als abzusteigen.
Die Ritter baten ihn herein,
sorgten für seine Bequemlichkeit.
Augenblicklich, doch sehr förmlich
zog man ihm die Rüstung aus.
Als sie den Jüngling vor sich sahen,
noch ohne Bart und voller Anmut,
hieß es, auf ihm ruhe Segen.
Der junge Mann ließ Wasser bringen
und er wusch den Rüstungsschmier
von den Händen, vom Gesicht.

Da hatte jedermann den Eindruck,
es würde wieder Tag mit ihm.
So saß er, zum Verlieben schön
und völlig frei von jedem Makel.
Man trug ihm einen Mantel her –
der Prunkstoff kam aus Arabi;
den legte sich der Schöne um
die Schultern, ließ ihn vorne offen –
das brachte Komplimente ein.
Da sprach der schmucke Kämmerer:
»Repanse de Joie hat ihn getragen,
meine Herrin und Königin,
sie leiht ihn Euch persönlich aus –
man muß noch Eure Kleidung schneidern.
Ja, ich bat sie hier mit Recht,
Ihr seid ein wirklich edler Herr,
wenn ich mich nicht völlig täusche.«
»Für diese Worte dank Euch Gott.
Habt Ihr mich richtig eingeschätzt,
so wär das Glück auf meiner Seite –
auch das verdank ich Gottes Macht.«
Man goß ihm ein, man unterhielt ihn
und vergaß dabei die Trauer.
Man tat ihm alle Ehre an.
Die Versorgung war hier besser
als in Beaurepaire, das er
damals von der Not befreit hat.

    Die Rüstung wurde rausgetragen –
das begann ihn bald zu ärgern.
Ein Spaß, den er ganz falsch verstand:
ein Witzbold in der Hofgesellschaft
zitierte diesen tapfren Gast
energisch vor den Herrn der Burg –
als sei der wütend über ihn!
Parzival, der junge Mann,
hätte ihn fast umgebracht!
Als der sein schön verziertes Schwert
nicht an seiner Seite fand,
ballte er die Hand zur Faust,
daß das Blut von seinen Nägeln
schoß, auf seinen Ärmel lief.

Die Ritter darauf: »Nein, Herr, nein,
der Mann hier hat ein Recht, zu spaßen,
so traurig wir auch alle sind!
Zeigt ihm Euren Edelmut!
Ihr habt das *so* verstehen sollen:
der Fischer ist jetzt heimgekehrt.
Geht zu ihm: Ihr seid willkommen.
Und schüttelt Eure Wut jetzt ab.«
Sie gingen in den Saal hinauf.
Die Burgbewohner waren dort,
hundert Kronleuchter über ihnen,
viele Kerzen aufgesteckt,
dünne Kerzen an den Wänden.
Hundert Ruheliegen sah er,
hundert gesteppte Decken drauf,
von den Dienern ausgebreitet;
auf einer saßen jeweils vier; 230
es gab genügend Zwischenraum;
vor jeder lag ein runder Teppich.
Le fils du roi Frimutel:
er konnte sich das alles leisten.
Etwas durfte hier nicht fehlen,
das viel Geld gekostet hatte:
drei quadratische Feuerflächen,
alle aus Marmorstein gemauert,
mit Feuern, die den Namen verdienen!
Das Holz hieß lignum aloë.
So große Feuer sah noch keiner
hier auf Wildenberg – noch nie!
Es waren teure Wunderwerke!
An der mittleren Feuerstätte
ließ sich nun der Herr der Burg
auf ein Tragbett niedersetzen.
Er und seine Lebensfreude
waren miteinander quitt:
er lebte nicht, er starb dahin.
Der wunderschöne Parzival
trat in diesen Festsaal ein;
sehr freundlich wurde er empfangen
vom Fischer, der ihn hergeschickt.
Der ließ ihn nicht erst lange stehen,

bat ihn, doch heranzutreten,
sich zu setzen: »Nah zu mir!
Denn ließ ich Euch dort hinten sitzen,
hieße das, Ihr seid ein Fremder.«
So sprach der Burgherr voller Schmerz.
Er brauchte wegen seiner Krankheit
große Feuer, warme Kleidung;
weit und lang aus Zobelpelzen
mußten außen sowie innen
der Rock sein und der Mantel drüber.
Noch der geringste Balg war schön:
es mischten sich da Schwarz und Grau.
So war es auch bei seiner Kappe
auf dem Haupte: außen, innen
Zobel, der sehr teuer war;
eine Borte aus Arabien
oben rundherum gelegt
und mittendrin als kleiner Knauf
ein lichtdurchleuchteter Rubin.

    Da saßen viele schöne Ritter,
und man trug das Leid zu ihnen.
Ein Knappe lief zur Tür herein,
in seiner Hand lag eine Lanze
(der Anblick löste Trauer aus),
Blut entquoll der Schneide, lief
am Schaft entlang und auf die Hand –
erst der Ärmel fing es auf.
Und in der großen Halle droben
schrie man, brach in Tränen aus –
die hätten dreißig Völkerschaften
mit ihren Augen nicht geschafft!
Er trug die Lanze in den Händen
rundherum zu den vier Wänden
und wieder zu der Tür zurück;
der Knappe lief durch sie hinaus.
Es verstummte alles Klagen,
das zuvor der Schmerz geweckt,
an den die Lanze sie erinnert,
die er in der Hand getragen.

    Ich hoff, es wird euch nicht zu lang,
es geht hier um das Folgende:

daß ich euch den Ablauf schildre,
den man höfisch zelebrierte.
Im Hintergrund des Festsaals wurde
eine Stahltür aufgeschlossen,
zwei edle Mädchen traten ein.
Hört euch an, wie die geschmückt sind.
Wer das mit seinem Dienst verdiente,
dem könnten sie's mit Liebe lohnen –
es waren wunderschöne Mädchen!
Zwei Kränze in ihrem offnen Haar,
aus Blumen – keine Frauenhauben!
Und jede trug in ihrer Hand
einen goldnen Kerzenleuchter –
die Kerzen waren angezündet.
Blondgelockt und lang ihr Haar.
Wir sollten hier nicht übergehen,
welche Kleidung diese Mädchen
trugen, als sie da erschienen.
Das Kleid der Gräfin von Tenebruc
war aus feinem, dunklem Wollstoff;
ein gleiches Kleid trug die Gefährtin.
An ihren schmalen Taillen
waren beide schön orniert
mit Gürteln über ihren Hüften.
Es folgte eine Herzogin
mit Gefährtin. Beide trugen
kleine Elfenbein-Gestelle.
Ihre Lippen: feuerrot...
Und alle vier verneigten sich.
Die beiden setzten daraufhin
vorm Hausherrn die Gestelle ab:
Dienst in höchster Formvollendung.
Sie stellten sich als Gruppe auf –
alle waren sie sehr schön,
alle vier auch gleich gekleidet.
Nun seht, zum rechten Zeitpunkt kamen
weitere Damen, vier mal zwei.
Sie hatten Folgendes zu tun:
viere trugen große Kerzen,
die vier andren schleppten gerne
einen Stein, der kostbar war:

am Tag durchdrang ihn Sonnenlicht.
Und sein Name hatte Klang:
es war ein Hyazinth-Granat.
War lang und breit. Doch war er leicht:
der ihn zu einem Tisch gemacht,
der hatte ihn sehr dünn geschliffen.
An diesem Prachtstück aß der Hausherr.
Es traten vor ihn alle acht
in einer sehr genauen Ordnung
und verneigten sich zum Gruß.
Sie legten nun den Stein zu viert
aufs Elfenbein (so weiß wie Schnee):
die Gestelle, die schon standen...
Formvollendet gingen sie 234
zurück zu den vier anderen.
Die Kleider, die die Damen trugen,
waren grüner als das Gras,
aus Brokat von Asagouc,
in ihrem Zuschnitt lang und weit,
doch in der Mitte eng geschnallt
durch kostbar schmale, lange Gürtel.
Diese schönen, jungen Damen
trugen – alle acht – im Haar
kleine, schmucke Blumenkränze.
Ah, über wieviel Meilen hinweg
waren die Töchter des Grafen Iwein
von Nonel und Jernis von Reile
hierher zum Dienst berufen worden!
Man sah den Auftritt dieser Damen –
beide wunderschön gekleidet.
Auf zwei Servietten, je für sich,
brachten sie zwei Messer mit –
wahre Wunder, grätenspitz!
Das weiße Silber war gehärtet;
man hat hier Künste spielen lassen,
hat sich nicht geschont beim Schliff,
die hätten sogar Stahl durchschnitten!
Vorm Silber schritten Adels-Damen
(auch sie dorthin zum Dienst berufen),
viere ohne Fehl und Tadel;
sie trugen Lichter für das Silber.

So kamen diese sechs heran.
Hört, was sie nun jeweils tun.
Verbeugten sich und zweie trugen
die Silbermesser zur schönen Tafel,
legten sie auf ihr denn nieder;
gemessen schritten sie darauf
zu den ersten zwölf zurück.
Hab ich richtig mitgezählt,
so stünden hier jetzt achtzehn Damen.
Alors, da kommt ein halbes Dutzend
in Kleidern, die sehr teuer waren:
zur Hälfte jeweils von Brokat
und Seidenstoff aus Ninive.
Diese und die sechs zuvor
trugen Röcke in zwei Farben –
hatten sehr viel Geld gekostet.
Nach ihnen kam die Königin.
Ihr Angesicht war derart hell –
allen schien, es werde Tag.
Wie sich zeigte, trug die Jungfrau
Seidenstoff aus Arabi;
auf einem grünen Achmardi
trug sie das Glück vom Paradies
(war Wurzel und zugleich der Wuchs),
es war ein Ding, das hieß Der Gral,
der die Vollendung übertraf.
Von der Der Gral sich tragen ließ,
sie hieß Repanse de Joie.
Das Wesen dieses Grals war so:
die das Recht hat, ihn zu hüten,
muß von höchster Reinheit sein,
muß frei von jedem Makel bleiben.

    Lichter trug man vor dem Gral,
die stammten nicht von armen Leuten –
sechs Glasgefäße, hoch, hell, schön
und innen Balsam, der gut brannte!
Als sie von der Türe kamen,
nach vorn, in richtiger Distanz,
verneigten sich die Königin
und formgewandt die jungen Damen,
die diese Balsam-Lampen trugen.

Es setzte die reine Königin
den Gral nun vor dem Burgherrn ab.
Die Quelle sagt hier: Parzival
starrte träumend zu der Dame,
die den Gral hereingebracht –
schließlich trug er ihren Mantel!
Die sieben schritten gemessen
zu den achtzehn anderen.
Sie nahmen hier die Edelste
in ihre Mitte. Wie ich höre,
waren zwölf auf jeder Seite.
Die Jungfrau mit der Krone
stand in voller Schönheit da.
Allen Rittern, die dort saßen,
auf den ganzen Saal verteilt,
wurden Kämmrer zugewiesen
mit Becken aus massivem Gold –
einer kam auf jeweils vier,
und dazu ein schmucker Page,
der ein weißes Handtuch trug.
Wahren Luxus sah man dort...
Es waren sicher hundert Tische,
die man durch die Tür hereintrug!
Man stellte jeweils einen auf
vor vier der Adels-Ritter,
und ein Tischtuch, weiß gebleicht,
wurde sorgsam ausgebreitet.
Der Burgherr, dessen Lebensfreude
matt geworden, nahm sich Wasser;
auch Parzival wusch sich die Hände.
Ein schön getöntes Seiden-Handtuch
bot ihm darauf ein Grafensohn –
er kniete rasch vor ihnen hin.
Für jeden dieser Tische dort
stellte man vier Pagen ab,
die die Ritter, die hier saßen,
aufmerksam bedienen sollten.
Zweie knieten, schnitten vor,
die andren beiden, gar nicht faul,
brachten Speisen und Getränke
und bedienten so die Ritter.

Hört noch mehr von diesem Luxus!
Auf vier Karroschen brachte man
sehr viel teures Goldgeschirr
für jeden Ritter, der dort saß;
man zog die Wagen zu den Wänden.
Vier Ritter stellten höchstpersönlich
das Goldgeschirr auf alle Tische –
hinter jedem ging ein Schreiber
und der hielt die Augen offen,
zählte sie nach dem Gebrauch
allesamt dann wieder ab.
Nun hört noch etwas anderes.
Hundert Knappen wies man ein:
die empfingen, in Servietten,
formvollendet Brot vom Gral,
gingen dann gemeinsam los
und teilten sich nach Tischen auf.
Man sagte mir, ich sag es weiter
und zwar bei euer aller Eid:
vor dem Gral lag schon bereit –
mach ich hier einem etwas vor,
so sind wir eben alle Lügner:
wonach man auch die Hand ausstreckte,
man fand es alles fertig vor:
warme Speisen, kalte Speisen,
neue Speisen, altbewährte,
Fleisch vom Stalltier und vom Wild.
»So was hat man nie gesehen!«
wendet wohl so mancher ein,
doch der benimmt sich viel zu forsch.
Der Gral war: Frucht der Seligkeit,
Füllhorn aller Erdensüße,
er reichte nah an das heran,
was man vom Himmelreich erzählt.

In goldne Schüsseln füllten sie,
was zu jeder Speise paßte:
Saucen, Obst- und Pfefferbrühen.
Der Bescheidene, der Vielfraß,
jeder kam auf seine Kosten;
man bediente sie vollendet.
Ob Brombeerwein, ob Siropel –

welchen Namen man auch nannte,
wonach man auch den Becher streckte –
man sah es gleich darauf in ihm.
Das alles durch die Macht des Grals!
Diese edle Hofgesellschaft
war so bei dem Gral zu Gast.
Parzival nahm alles wahr:
den Luxus und das große Wunder –
er wahrte die Form und fragte nicht.
Er dachte: »Gournemans empfahl –
und das war ihm völlig ernst –
ich soll nicht viele Fragen stellen.
Vielleicht bleib ich so lange hier,
wie ich bei ihm geblieben bin –
dann krieg ich raus, auch ohne Frage,
was mit den suivants hier los ist.«
Bei dieser Überlegung kam
ein Page, trug ein Schwert herein.
Der Wert der Scheide: tausend Mark;
der Griff des Schwertes: ein Rubin;
die Klinge: sie war ganz gewiß
der Anlaß wahrer Wundertaten.
Der Burgherr reichte es dem Gast
und sagte: »Herr ich trug es oft
im Kampfgetümmel, eh mich Gott
an meinem Leib verstümmelt hat.
Es möge Euch entschädigen,
falls wir's an etwas fehlen ließen.
Ihr müßt es immer bei Euch tragen.
Wenn Ihr es auf die Probe stellt: 240
Ihr seid im Kampf damit beschützt.«
Ein Unglück, daß er jetzt nicht fragte!
Noch heut leid ich dran – für ihn!
Denn als man ihm das überreichte,
war dies ein Wink: *er sollte fragen.*
Der Burgherr tut mir gleichfalls leid,
weil er ein schweres Schicksal hat –
die Frage hätte ihn erlöst...
Man hatte jetzt genug serviert –
wer im Dienst war, packte zu,
lud die vier Karroschen voll

und trug die Tische wieder raus.
Auch jede Dame leistet Dienst –
wer zuletzt kam, nun zuerst.
Und sie geleiteten noch mal
die Alleredelste zum Gral.
Hofgerecht verneigten sich
die Königin, die jungen Damen
vorm Burgherrn und vor Parzival.
Was sie feierlich gebracht,
das trugen sie zur Tür hinaus.
Parzival sah ihnen nach.
Im Nebenraum erblickte er –
bevor die Türe wieder zuging –
auf einem Tragbett ausgestreckt
den allerschönsten alten Mann,
den er je gesehen hatte.
Ich sag es ohne Übertreibung:
er war noch grauer als der Nebel.
Um wen es sich hier handelt,
das hört ihr später im Roman.
Und auch: der Burgherr, Burg und Land,
die werden euch von mir benannt,
sobald es an der Zeit ist, später –
ganz genau, aus freien Stücken,
ohne es hinauszuschieben.
Mein Wort ist Sehne – und nicht Bogen!
Diese Sehne ist ein Gleichnis:
der Bogen mag euch schnell erscheinen,
was die Sehne schießt, ist schneller.
Trifft dies zu, bedeutet »Sehne«:
ganz geradheraus erzählen.
Und das gefällt dem Publikum.
Wer euch in krummer Tour erzählt,
der führt euch an der Nase rum.
Ihr wißt, daß beim gespannten Bogen
die Sehne ganz gerade ist,
es sei denn, sie wird eingewinkelt,
um den Pfeil dann abzuschnellen.
Schießt man sein Wort auf Leute ab,
die es nur verärgern kann,
so bleibt nicht das geringste haften,

es nimmt den breit-bequemen Weg:
in ein Ohr rein, zum andren raus.
Wollt ich mich um *die* bemühn,
wär mein Erzählen ganz umsonst,
da könnte ich genauso gut
vor einem Geißbock rezitieren
oder einem faulen Strunk.
Doch, ich will euch mehr erzählen 242
von diesen Menschen tief im Leid.
  Hier, wo Parzival jetzt war,
gab es keine Fröhlichkeit
bei Reiter-Kampfspiel oder Tanz;
dem Klagen hielten sie die Treue,
dachten nicht an das Vergnügen.
Auch bei noch so armen Leuten
tut ein Späßchen schon mal gut...
Und dort am Hofe: jeder Winkel
übervoll, wohin man sah!
Der Burgherr sagte seinem Gast:
»Man hat wohl Euer Bett gemacht.
Seid Ihr müde, schlag ich vor,
Ihr geht und legt Euch schlafen.«
Nun müßt ich schreien: Weh und ach!
Sie trennen sich auf diese Weise!
Für beide wird's ein Unglück sein!
Parzival, von edlem Wesen,
erhob sich von der Ruheliege,
betrat den Teppich, der davorlag.
Der Burgherr wünschte Gute Nacht.
Die Ritter sprangen alle auf,
ein Teil von ihnen drängte sich
zum jungen Mann und führte ihn
sogleich in eine Kemenate.
Die war so üppig ausgestattet,
mit einem Bett so luxuriös,
daß mich die Armut *noch* mehr drückt –
ein solcher Reichtum blüht auf Erden! 243
Dem Bett lag alle Armut fern.
Als lodre es in einem Feuer,
so leuchtete darauf die Seide!
Parzival bat da die Ritter –

er sah nur dieses Bett im Raum –
sich zum Schlaf zurückzuziehen.
So entlassen, gingen sie.
Doch traten andre in den Dienst.
Viele Kerzen strahlten hier
im Wettbewerb mit seiner Schönheit –
kam das Tageslicht noch mit?
Vor seinem Bett stand eine Liege
mit einer Decke – er setzte sich.
Schon eilten viele edle Pagen
auf ihn zu, sehr flink, nicht faul,
und zogen ihm die Schuhe aus –
die Beine waren weiß. Die Pagen
nahmen ihm die Kleidung ab.
Die Bürschlein waren sehr adrett.
Darauf erschienen in der Türe
vier strahlend schöne junge Damen.
Sie sollten unter andrem prüfen,
ob man alles für ihn tat
und ob er weich gebettet sei.
Ich entnehme meiner Quelle:
vor einer jeden trug ein Page
eine Kerze, die hell brannte.
Parzival, flink wie er war –
im Hechtsprung unter seine Decke!
Sie sagten zu ihm: »Bleibt für uns
doch bitte noch ein bißchen wach.« 244
Seinen Wettkampf mit der Eile
hatte er nicht ganz gewonnen –
sie hatten etwas schimmern sehn,
das machte ihre Augen froh,
bevor er sie willkommen hieß.
Schon der Gedanke verwirrte sie:
seine Lippen derart rot,
und: weil er so jung war, sah man
nicht ein halbes Schnurrbarthaar!
Hört, was diese schönen Mädchen
jeweils brachten: Brombeerwein,
Rebenwein, gewürzten Wein –
sie trugen dies in weißen Händen.
Und die vierte junge Dame

trug auf weißer Serviette
Früchte à la Paradies.
Die Schöne kniete vor ihn hin.
Er bat die Dame, sich zu setzen.
Sie sprach: »Verdreht mir nicht den Kopf!
Sonst werdet Ihr nicht so bedient,
wie man dies von mir verlangt.«
Er plauderte charmant mit ihnen,
trank dabei und naschte was.
Ein Abschiedsgruß – sie gingen wieder.
Parzival legte sich ins Bett.
Als sie sahen, daß er schlief,
stellten diese jungen Herren
seine Kerzen auf den Teppich,
und schon huschten sie hinaus.
Parzival lag nicht allein: 245
eine drückend schwere Last
ruhte auf ihm, in der Nacht.
Denn das Leid der Zukunft schickte
Boten in den Schlaf voraus –
für den schönen jungen Mann
ein Gegenbild zum Traum der Mutter,
als ihr Gahmuret gefehlt hat.
So wurde ihm sein Traum gesteppt:
Schwerterhiebe säumten ihn
und innen schöne Lanzenstiche.
Renngalopps in die attaque
setzten ihm im Schlaf sehr zu.
Lieber dreißig Tode sterben –
das schien leichter, als er wach war.
So zahlte Störenfried den Sold...
Von diesem Alpdruck wurde er
unausweichlich aufgeweckt –
Schweiß brach ihm aus Fleisch und Bein.
Durch das Fenster schien der Tag.
Da rief er: »He, wo sind die Pagen?
Weshalb sind die nicht bei mir?
Wer soll mir die Kleider reichen?«
So wartete der Held auf sie –
bis er schließlich noch mal einschlief.
Keiner sprach da oder rief,

sie waren ganz und gar versteckt.
Erst zu später Morgenstunde
erwachte unser junger Mann,
und er setzte sich sofort.
Der edle Held sah auf dem Teppich
seine Rüstung und zwei Schwerter.
Eins war Gastgeschenk des Burgherrn,
das andre stammte noch von Ither.
Da sagte er so zu sich selbst:
»Ja, was soll das hier denn heißen?
Eins ist klar: ich soll mich wappnen.
Im Schlaf durchlitt ich solche Qualen –
sehr wahrscheinlich droht mir heute
manche Plackerei im Wachen.
Ist mein Burgherr in Bedrängnis,
tu ich gern, was er befiehlt,
und treu erfüll ich, was sie wünscht,
die mir diesen neuen Mantel
in ihrer Güte überließ.
Wäre sie doch bloß bereit,
meine Dienste anzunehmen.
Ich täte es um ihretwillen
und nicht für ihren Liebeslohn,
denn meine Frau, die Königin,
ist gewiß genauso schön –
eher schöner. Ja, das stimmt!«
Und er tut, was jetzt zu tun ist.
Er legte sich die Rüstung an,
komplett, war somit kampfbereit;
er gürtete die beiden Schwerter;
der edle Held verließ den Raum.
Und an der Treppe war sein Roß
angebunden; Schild und Lanze
angelehnt – genau nach Wunsch.
Bevor sich Parzival, der Recke
seines Pferds bemächtigte,
rannte er durch viele Räume,
dabei rief er nach den Leuten.
Nichts zu hören, nichts zu sehen.
Das verstimmte ihn doch sehr,
schließlich war er voller Zorn.

Er lief dorthin, wo er am Abend
bei seiner Ankunft abgestiegen –
dort war der Boden, war das Gras
von vielen Hufen aufgewühlt
und der Tau war ganz zertrampelt.
Laut rufend lief der junge Mann
gleich zu seinem Roß zurück.
Er schimpfte vor sich hin und schwang
sich in den Sattel. Und er sah:
das Tor war weit geöffnet, eine
breite Hufspur führte raus.
Da hielt er sich nicht länger auf,
er trabte zügig auf die Brücke.
Ein Knappe, der versteckt war, zog
am Seil, das Brückenstück schlug hoch,
die Kante warf ihm fast das Pferd.
Da drehte Parzival sich um –
er hätte gerne was gefragt.
»Der Sonne Fluch auf Euren Wegen!«
rief der Knappe. »Gänserich!
Hättet Ihr doch bloß den Schnabel
aufgemacht, den Wirt gefragt!
Ihr habt den großen Ruhm vertan!«
Der Gast verlangte lautstark Auskunft, 248
doch die Antwort, sie blieb aus.
So laut er auch zum Knappen schrie,
der tat, als schlafe er im Gehen,
und er warf das Burgtor zu.
Der zog sich viel zu früh zurück
in diesem Zeitraum des Verlusts
für Parzival, der nun den Zins
des Glückes zahlt, das ihn verließ.
Es war ein Würfelspiel um Leid,
als er den Gral gesehen hatte –
mit eignen Augen, nicht mit denen
auf dem Würfel in der Hand.
Wenn ihn jetzt das Unglück treibt,
so war ihm das bisher ganz fremd,
ihn hatte kaum etwas belastet.
Parzival verfolgte rasch
die Hufspur, die er aufgenommen.

Er dachte: »Die hier vor mir ritten,
kämpfen, schätz ich, heute tapfer
für die Sache meines Wirtes.
Wenn sie's wollen, wird die Schar
mit mir nicht grade schwächer werden.
Da gäbe es für mich kein Weichen,
ich hülfe ihnen bei dem Kampf,
entgälte so das Abendbrot
und das wunderschöne Schwert,
das mir der edle Herr geschenkt.
Noch trage ich es unverdient.
Die denken wohl, ich wäre feig.«
Der Gegenpart zu Lug und Trug
folgte dieser Hufschlagspur.
Daß er dort wegritt, tut mir weh.

    Jetzt wird es erst so richtig spannend!
Die Spur begann sich aufzulösen –
die Reiter hatten sich verteilt,
der breite Hufschlag wurde schmal,
verlor sich ganz. Er war verärgert.
Der junge Mann erlebte nun,
was ihm sehr das Herz bedrückte.
Der große Kämpfer hörte da
die Stimme einer Frau, die klagte.
Noch immer war es feucht vom Tau.
Vor ihm, in einer Linde, saß
die Jungfrau, der die Liebe Leid
gebracht: in ihren Armen lag
ein toter Ritter, balsamiert.
Wer sie dort so sitzen sähe
und dabei kein Mitleid spürte,
ich glaub, ihm fehlte jede Liebe.
So lenkte er sein Pferd zu ihr –
sie erschien ihm völlig fremd,
obwohl sie seine Nichte war.
Irdische Liebe ist ein Nichts
vor der Treue, die sie zeigte!
Parzival begrüßte sie:
»Edle Frau, Ihr tut mir leid
in Eurem großen Seelenschmerz.
Wenn ich Euch irgend helfen kann,

so sieht man mich in Eurem Dienst.«
Sie dankte ihm, in ihrer Trauer,
fragte ihn, woher er komme:
»Es ist doch reiner Widersinn,
daß jemand sich die Mühe macht,
diese Wildnis zu durchreiten!
Wer hier fremd ist, sich nicht auskennt,
dem stößt hier leicht ein Unglück zu.
Ich hab's gehört und auch gesehn:
hier kamen viele Menschen um,
sie fanden ihren Tod im Kampf.
Ist Euch das Leben lieb, kehrt um!
Zuvor: wo wart Ihr heute nacht?«
»Da hinten, etwa eine Meile –
so reich und herrlich ausgestattet
hab ich noch keine Burg gesehn!
Vor kurzem ritt ich von ihr weg.«
»Wenn jemand Euch Vertrauen schenkt,
belügt ihn nicht, und das mit Vorsatz!
Nach Eurem Schild seid Ihr hier fremd.
Ihr kommt aus der bewohnten Welt,
da hätt der Wald Euch umgebracht!
Im Kreis von dreißig Meilen wurde
kein Holz, kein Stein zurechtgehauen –
außer für die *eine* Burg.
Die ist das Schönste auf der Welt.
Wer die bewußt, mit Absicht sucht,
der wird sie leider niemals finden.
Und doch versuchen es sehr viele.
Es muß ganz absichtslos geschehn –
nur so erblickt man diese Burg.
Ich glaube kaum, daß Ihr sie findet.
Sie trägt den Namen: Mont Salvage.
Das royaume des Herrn der Burg
nennt sich Terre de Salvage.
Das hat der alte Titurel
dem Sohn vermacht; roi Frimutel,
so hieß der Held von hohem Adel;
er hat sich reichlich Ruhm erkämpft;
er fand den Tod in einer Tjost –
die Liebe wollte dies von ihm;

er hinterließ vier edle Kinder –
drei zwar reich, doch tief in Not,
das vierte blieb freiwillig arm,
für Gott, als Sühne einer Sünde;
sein Name lautet: Trevrizent.
Anfortas ist sein Bruder: lehnt –
er kann nicht reiten und nicht gehen,
auch nicht liegen und nicht stehen.
Er ist der Herr auf Mont Salvage.
Das Unheil schont ihn keineswegs.
Wärt Ihr wirklich dort gewesen,
in diesem Hofstaat voller Trauer,
so wäre jetzt sein Herr erlöst
von der schweren, langen Krankheit.«
Darauf meinte der Waliser:
»Riesenwunder sah ich dort
und viele wirklich schöne Damen!«
Sie erkannte seine Stimme
und sagte: »Du bist Parzival.
Erzähle mir: sahst du den Gral,
den Burgherrn ohne jedes Glück?
So laß die gute Nachricht hören!
Wenn sein Leid beendet ist,
war deine Reise segensreich!
Alles, was die Luft umweht,
das wirst du weitaus überragen!
Die ganze Tierwelt wird dir dienen!
Und Macht, soviel wie du dir wünschst!«
Da fragte Parzival, der Held:
»Woran habt Ihr mich erkannt?«
»Ich bin das Mädchen, das dir einmal
seinen großen Schmerz geklagt hat,
dir auch deinen Namen nannte.
Wir sind verwandt – kein Grund zur Scham –
denn deine Mutter ist meine Tante.
Die Blüte reiner Weiblichkeit
ist sie, auch ohne Tau ganz licht.
Gott lohne dir dein Mitgefühl
für meinen Freund – er starb beim Kampf.
Ich halt ihn hier. Du siehst das Leid,
das Gott mir mit ihm auferlegte,

weil er nicht länger leben durfte.
Er war von höchster Tapferkeit.
Sein Tod hat mich sehr hart getroffen –
seither hatt ich jeden Tag
immer neuen Grund zur Klage.«
»Ach, wo blieb dein Rot der Lippen?
Bist du's wirklich, du, Sigune,
die mir sagte, wer ich bin?
Das braune, lange Lockenhaar,
du hast es völlig ausgerauft.
Im forêt von Brisilian
sah ich dich so liebesschön,
obwohl du voller Jammer warst.
Farbe, Kraft hast du verloren.
Müßt ich so schmerzliche Gesellschaft
haben wie du – ich könnt es nicht!
Den Toten müssen wir begraben.«
Da benetzten Tränen ihr Kleid.
Nein, was einst Lunete riet,
das lag ihr völlig fern – die sagte
ihrer Herrin: »Laßt den leben,
der Euren Mann erschlagen hat –
da hättet Ihr Ersatz genug!«
Sigune brauchte nicht Ersatz,
wie viele flatterhafte Frauen –
ich geh nicht weiter auf die ein.
Hört mehr noch von Sigunes Treue.
Sie sprach: »Nur eines könnte mich
noch freuen: wenn der Mann des Grams
befreit wird von der Todeskrankheit.
Wenn du ihm dort geholfen hast,
so hast du höchsten Ruhm verdient.
Und du trägst ja auch sein Schwert!
Kennst du die Zauberkraft des Schwertes,
kannst du furchtlos sein im Kampf.
Seine Schneide ist so grade –
Trebuchet, aus edlem Stamm,
hat's mit eigner Hand geschmiedet.
Bei Karnant ist eine Quelle –
nach ihr heißt jener König: Lac.
Das Schwert bleibt ganz beim ersten Hieb,

beim zweiten Hieb zerbricht's in Stücke.
Bringst du es dann dorthin zurück,
so wird es heil, im Wasserlauf –
du mußt am Fels, am Quellpunkt sein,
bevor die Sonne ihn bescheint.
Auch diese Quelle nennt man: Lac.
Ging kein Stück vom Schwert verloren,
setzt man es genau zusammen,
benetzt man es an dieser Quelle,
so werden Hohlschliff und die Schneiden
wieder ganz – sogar noch härter!
Gravierte Muster schimmern noch.
Doch braucht das Schwert sein Zauberwort;
ich fürcht, du hast es dort gelassen.
Doch lerntest du, es auszusprechen,
würden Glück und Segen immer
in dir wachsen, Samen tragen.
Lieber Vetter, glaube mir:
was du an Wundern dort gesehen,
das wird alles dir gehören.
Du wirst die Heils- und Segenskrone
für immer tragen, würdevoll
und im allerhöchsten Rang,
dir wird, was du auf Erden wünschst,
erfüllt, und zwar in vollem Maß,
und keiner, sei er noch so mächtig,
wird so glanzvoll leben können –
wenn du nur die Frage stelltest!«
Er sprach: »Ich habe nicht gefragt.« 255
»Oh Jammer, daß ich Euch hier sehe«,
rief die leiderfüllte Jungfrau,
»Ihr habt es dort versäumt, zu *fragen*!
Obwohl Ihr solche Wunder saht!
Trotzdem mochtet Ihr nicht fragen –
selbst im Angesicht des Grals!
Und viele Damen, höchst vollkommen,
die edle Garciloie, und auch
Repanse de Joie, das scharfe Silber
und die Lanze mit dem Blut...
Ach, was wollt Ihr bloß bei mir?
Seid ehrlos, seid ein Mann des Fluchs!

Ihr habt den Eiterzahn des Giftwolfs,
seit bei Euch die Gallgeschwulst
so früh schon in der Liebe wuchs!
Ihr hättet *Mitleid* zeigen müssen
mit ihm, den Gott gezeichnet hat,
ihn nach dem Leiden fragen müssen!
Ihr lebt, doch Euer Heil ist tot!«
Da sprach er: »Meine liebe Nichte,
seid nicht gar so streng mit mir;
tat ich Unrecht, werd ich büßen.«
»Dafür gibt es keine Buße!«
rief die Jungfrau, »denn ich weiß,
Ihr habt seit Mont Salvage nicht mehr
den Rang, die Ehre eines Ritters.
Von nun an werdet Ihr von mir
nicht die geringste Antwort hören.«
Und so ging Parzival von ihr. 256
Daß er zu träg zum Fragen war,
als er beim Burgherrn saß, der litt –
dies bereute er sehr heftig,
der Held, dem es an Mut nicht fehlte.
Und Selbstvorwürfe, starke Hitze
brachten ihn sehr stark zum Schwitzen.
Er brauchte Luft – so band er sich
den Helm ab, trug ihn in der Hand.
Und er löste den ventail.
Trotz Rüstungsschmier: er leuchtete!

 Er stieß auf eine neue Spur,
denn es zogen vor ihm her
ein Roß, das gut beschlagen war,
und ein Reitpferd, ohne Eisen.
Er sah auf ihm dann eine Dame;
er folgte ihr, weil sich's ergab.
Ihr Pferd war Opfer großer Not:
man hätte durch sein Fell sehr leicht
die Rippen zählen können;
es war so weiß wie Hermelin;
ein Bastseil-Halfter angelegt;
die Mähne schwang bis an die Hufe;
die Augen tief, die Höhlen weit;
das cheval der Dame war auch

ungepflegt und ganz erschöpft;
der Hunger hat es oft geweckt;
es war so dürr wie Zunder;
ein Wunder, daß es da noch lief –
die edle Dame, die es ritt,
verstand nichts von der Pferdepflege.
Es lag ein schmaler Sattel auf –
der Sattelbogen war zerbrochen,
die Glöckchen waren abgefetzt –
an großer Armut war er reich...
Die Dame traurig, ohne Hoffnung,
ein Seil als obrer Sattelgurt –
dafür war sie zu hochgeboren!
Auch hatten Äste, viele Dornen
ihr Hemd zerfetzt; überall,
wo hier jetzt die Risse klafften,
sah er viele Schnüre, Knoten;
darunter war ein helles Schimmern –
Haut, noch mehr als schwanenweiß.
Sie hatte nur ein Knüpfwerk an.
Wo es ihre Haut bedeckte,
sah er sie in hellem Weiß –
die andre Haut mit Sonnenbrand.
Die Lippen rot – wie kam das bloß?!
Und dieses Rot war derart stark –
man hätte Feuer fangen können!
In jeder Angriffsrichtung waren
ihre Flanken ungedeckt...
Wer sagt, sie trug viel Filigran,
der fügt ihr reichlich Unrecht zu:
sie hatte beinah gar nichts an.
Doch glaub mir, wertes Publikum,
sie wurde unverdient gehaßt;
ihr blieb die Güte einer Frau.
Von Anmut war hier viel die Rede –
warum? Weil hier ein Reichtum ist.
Mir wär ein so entblößter Körper
lieber als manche Frau in Schale.
Als Parzival sie nun begrüßte,
traf ihn ihr Erkennungsblick –
er war der Schönste aller Länder,

so erkannte sie ihn gleich.
»Ich sah Euch früher schon einmal –
das brachte mir viel Kummer ein.
Und trotzdem schenk Euch Gott
an Glück und Ehre sehr viel mehr
als Ihr es – denkt an mich – verdient.
So ist denn meine Kleidung schlechter
als Ihr sie zuletzt gesehn.
Wenn Ihr zu jenem Zeitpunkt nicht
zu mir gekommen wäret,
so wär mein Ruf nicht angefochten.«
Da sagte er: »Wägt bitte ab,
wem Ihr solche Feindschaft zeigt!
Seit ich diesen Schild hier trage,
seit ich wie ein Ritter lebe,
seither hab ich weder Euch
noch irgendeiner andren Dame
angetan, was sie beschämt –
da hätte ich mich selbst entehrt.
Doch tut mir Euer Jammer leid.«
Da weinte diese Frau zu Pferde,
ihre Brüstlein wurden naß:
sie ragten rund und weiß und hoch,
als wären sie gedrechselt worden;
kein noch so guter Dreher hätte
je so schöne drechseln können!
Da ritt die Dame voller Liebreiz
und weckte Mitgefühl in ihm.   259
Mit den Händen und den Armen
versuchte sie sich zu bedecken
vor dem Helden Parzival.
Da sagte er: »In Gottes Namen,
hängt Euch den surtout hier um –
mein Angebot ist gut gemeint.«
»Und hing' mein Glück ganz davon ab,
und gäb's hier keinen Zweifel, Herr,
ich wagte nicht, ihn anzunehmen.
Wenn Ihr nicht wollt, daß man uns tötet,
so reitet auf Distanz zu mir.
Mein Tod wär nicht so schlimm für mich,
doch fürchte ich Gefahr für Euch.«

»Wer sollte uns das Leben nehmen?!
Gott selber hat es uns geschenkt.
Und kostet es ein ganzes Heer –
ich werd für unser Leben kämpfen!«
»Ein edler Ritter fordert es.
Er ist derart kampfentschlossen –
sechs wie Ihr, die hätten's schwer!
Ich will nicht, daß Ihr mich begleitet.
Ich war mal früher seine Frau.
In diesem schlimmen Zustand könnte
ich nicht mal seine Dienstmagd sein.
So voller Zorn ist er auf mich!«
Da fragte er die edle Frau:
»Wer ist denn noch bei Eurem Mann?
Befolg ich Euren Rat und fliehe,
müßte Euch das schmählich scheinen.
Würd ich das Fliehen je erlernen, 260
wär ich sehr viel lieber tot.«
Da sprach die entblößte Herzogin:
»Bloß *ich* begleite meinen Mann –
wenig Grund, auf Sieg zu hoffen!«
Nur die Knoten und der Kragen
waren heil an ihrem Hemd –
in ihrem Elend trug sie freilich
den Lorbeerkranz der Frauentugend;
sie verkörperte das Gute
und das Böse war ihr fremd.
Er schnallte den ventail vors Kinn;
er wollte Kampf; so zurrte er
mit Riemen seinen Helm zurecht,
damit er richtig sehen konnte.
Sein Streitroß schnupperte indes
an ihrem Pferd und wieherte.
Das hörte, der vor Parzival
und der entblößten Dame ritt,
er wollte unverzüglich wissen,
wer mit seiner Gattin reite;
er riß das Pferd herum, voll Wut –
es kam erst mal vom Pfade ab.
In Erwartung eines Kampfes
stand der Herzog Orilus

mit männlicher Entschlossenheit
zu einer scharfen Tjost bereit;
die Lanze kam aus Gahevice
und war bemalt, so bunt es ging –
genau in seinen Wappenfarben.
Seinen Helm schuf Trebuchet; 261
der Schild war in Toledo
im Land des Königs Kaylet
für diesen Recken hergestellt –
Beschläge, Ränder äußerst hart;
in Alexandria, Arabien,
war das Seidentuch gewirkt,
das der selbstbewußte Fürst
als Umhang trug und Waffenrock;
aus Tenabroc die Pferdedecke,
hergestellt aus harten Ringen;
hier zeigte sich sein großer Stolz:
auf dieser Kettendecke lag
eine seidene Schabracke –
wie es hieß, war sie sehr teuer.
Kostbar, doch nicht schwergewichtig:
Hosen, Kettenhemd, Ringkapuze;
zudem trug dieser kühne Held
Schienbeinschutz aus Eisen,
in Beaugenan geschmiedet,
in der Hauptstadt von Anjou –
da war denn die entblößte Dame,
die hinter ihm so traurig ritt,
etwas anders angezogen...
Doch sie hatte keine Wahl.
Die Panzerbrust aus Soisson;
sein Streitroß von Brumbane
de Sauvage à Montagne hatte
König Llewelyn, sein Bruder,
in einer Tjost erbeutet.
Auch Parzival war kampfbereit! 262
Er ritt sein Streitroß im Galopp
gegen Herzog Orilus.
Und er sah auf dessen Schild
einen lebensechten Drachen;
ein zweiter Drache aufgerichtet

auf dem festgezurrten Helm;
er sah denn auch mit einem Blick
viele kleine, goldne Drachen
(selbstverständlich waren sie
geschmückt mit vielen Edelsteinen,
ihre Augen aus Rubin!)
auf dem surtout und der Schabracke.
Die beiden Helden ohne Furcht
nahmen einen weiten Anritt –
keiner rief die Fehde aus,
sie waren sich zu nichts verpflichtet.
Harte, frische Lanzensplitter
stoben hoch, auf beiden Seiten.
Hätt ich solche Tjost gesehen,
wie die Quelle sie mir darstellt,
ich würd mich dessen gerne rühmen!
So ritten sie im Renngalopp,
wichen vor dem Stoß nicht aus.
Die edle Jeschute sagte sich:
die schönste Tjost, die ich je sah!
Da stand sie, und sie rang die Hände.
Vom Glück verlassen, wünschte sie
keinem dieser Helden Unglück.
Die Pferde waren schweißbedeckt.
Beide wollten Sieg und Ruhm.
Das Blitzen ihrer Schwerter,
die Funken von den Helmen,
das wilde Waffenschwingen –
das alles leuchtete weithin.
Es waren Meister ihres Faches,
die hier aufeinanderstießen –
auf Gedeih und auf Verderb
der beiden renommierten Helden.
Wie willig auch die Pferde waren,
auf denen beide Kämpfer saßen –
sie vergaßen nicht die Sporen
und die schön verzierten Schwerter.
Der Preis gebührt hier Parzival:
der wehrte sich dort mutig gegen
einen Mann und hundert Drachen!
Ein erster Drache ward verwundet

auf dem Helm des Orilus,
seine Wunden mehrten sich –
so mancher Edelstein (luzide,
daß die Sonne durch ihn schien!)
wurde von ihm abgehackt.
Und dies zu Pferd und nicht zu Fuß!
Der Held erkämpfte ohne Furcht
in diesem Tanz und Spiel der Schwerter
Gattenliebe für Jeschute.
Sie prallten derart aufeinander,
daß von den Knien Ringe flogen –
und das, obwohl die eisern waren!
Mit Verlaub: das war ein Kampf!
  Ich sag Euch was zum Zorn des einen: 264
seine Frau, von edler Herkunft,
war Opfer von Gewalt geworden;
er war ihr Schirmherr, ganz zu Recht,
sie hatte Anspruch auf den Schutz;
er glaubte freilich, ihr Gefühl
für ihn, das hätte sich verändert
und sie hätte ihre Ehre,
die Reinheit, ihren Ruf verletzt –
mit einem andren als amis.
Ihre Schande war die seine;
er sprach ein Urteil über sie
von solcher Härte, wie keine Frau
sie – außerm Tod – erleiden mußte.
Und doch war sie ganz ohne Schuld.
Er meint, er könne ihr die Liebe
durchaus entziehen, wenn er wolle,
da habe niemand einzuschreiten,
denn der Mann beherrscht die Frau.
Nun forderte Held Parzival
mit seinem Schwert von Orilus
Gattenliebe für Jeschute.
Ich hörte nur, daß man drum bittet –
doch Freundlichkeit war nicht gefragt.
Mir scheint, sie haben beide recht.
Der beides, Krummes wie Gerades
erschaffen hatte – wenn Er schlichten
kann, so möge Er verhindern,

daß hier einer sterben muß.
Sie tun sich ohnedies schon weh.
Es war ein harter, scharfer Kampf! 265
Jeder hat hier seinen Ruhm
mit Entschiedenheit verteidigt.
Fürst Orilus de la Lande
kämpfte völlig schulgerecht –
ich glaube, keiner hat so oft
gekämpft. Er hatte Kraft und Technik,
hatte deshalb oft gesiegt –
vielerorts, wo sich's ergab.
Im Vertrauen darauf riß er
den starken Parzival an sich,
jedoch: der packte ihn sofort
und riß ihn hoch aus seinem Sattel,
nahm ihn fest in seine Arme,
als wär er eine Hafergarbe,
sprang mit ihm von seinem Pferd
und preßte ihn auf einen Baumstamm.
Das sah nach défaitage aus –
für ihn, der sowas noch nicht kannte.
»Jetzt erntest du, was diese Frau
durch deinen Zorn erleiden mußte!
Gewährst du ihr nicht Gattenliebe,
ist es völlig aus mit dir!«
»*So* schnell geht das hier ja nicht«,
sagte Orilus, der Herzog,
»ich fühle mich noch nicht besiegt.«
Darauf drückte ihn der Held
derart fest an sich, daß Blut
durch den Gesichtsschutz sprühte.
Da blieb dem Fürsten nur noch eins:
die Forderungen akzeptieren. 266
So handelt, wer nicht sterben will.
Schon sagte er zu Parzival:
»Ach, du kühner, starker Mann,
wie habe ich es bloß verdient,
daß ich zu deinen Füßen sterbe?«
»Ich werd dich gerne leben lassen,
wirklich, wenn du dieser Dame
deine Gattenliebe schenkst.«

»Kommt nicht in Frage! Ihre Schuld
an mir ist dafür viel zu groß.
Ihr Ansehn war einmal sehr hoch,
doch hat sie's ganz und gar lädiert
und mich in tiefe Not gestürzt.
Ich tu sonst alles, was du willst,
wenn du mich nur am Leben läßt.
Das gab mir früher einmal Gott,
mit starkem Arm vertrittst du ihn:
nun hängt mein Leben von dir ab.«
Und weiter sprach der kluge Fürst:
»Mein Leben wird mir teuer sein.
Mein Bruder, der sehr mächtig ist,
trägt, mit unbeschränkter Vollmacht,
die Krone zweier Länder –
such dir eines davon aus
und lasse mich dafür am Leben.
Er hat mich gern. Er kauft mich frei
für den von uns bestimmten Preis.
Auch nehme ich mein Herzogtum
von dir zum Lehen. Dein Siegesruhm
hat neuen Glanz durch mich erhalten.
Nur: erlaß mir, großer Held,
die Versöhnung mit der Frau da,
stelle andre Konditionen,
die dir Ehre machen werden.
Mit der entehrten Herzogin
werde ich mich nicht versöhnen –
was immer auch mit mir geschieht!«
Parzival, in edlem Stolz:
»Vasallen, Länder und Besitz –
das alles wird dir gar nichts nützen,
falls du mir nicht fest versprichst,
daß du sofort in die Britannie
reiten wirst, zu einer Jungfrau,
die wegen mir ein Mann verbläute.
Sollte sie nicht für ihn bitten,
ist ihm meine Rache sicher.
Schwöre ihr die Unterwerfung,
sage ihr, ich steh zu Diensten
oder du wirst hier erschlagen!

Erweise Artus, seiner Gattin,
beiden, meine Reverenz:
sie mögen meinen Dienst belohnen
durch Vergütung für die Prügel.
Außerdem will ich hier sehen,
wie du dich mit deiner Frau
ohne Vorbehalt versöhnst.
Falls du dich hierin widersetzt,
wirst du dich auf einer Bahre,
tot, von hier entfernen müssen.
›Vernimm, versprich, verbürge es‹ – 268
so gib mir schon dein Ehrenwort!«
Da sprach der Herzog Orilus
zum König Parzival wie folgt:
»Da mich hier wohl niemand freikauft,
geb ich nach. Ich will noch leben.«
Jeschute, edel und sehr schön,
hatte Angst vor ihrem Gatten,
griff so in den Streit nicht ein,
beklagte ihren Peiniger.
Weil der sich versöhnen wollte,
ließ ihn Parzival nun aufstehn.
Da sagte der besiegte Fürst:
»Herrin, nur um Euretwillen
erlitt ich diese défaitage –
so kommt, ich geb Euch einen Kuß.
Mein Ruhm ist wegen Euch geschmälert,
was soll's, die Sache ist verziehn.«
Die Dame mit der bloßen Haut
war überraschend schnell im Sprung
vom Pferd herab und in das Gras.
Obwohl das Blut aus seiner Nase
seine Lippen rot gefärbt hat,
küßte sie ihn wunschgemäß.

 Sie hielten sich nicht weiter auf;
die beiden und die Dame ritten
zu einer Klause, in der Felswand.
Parzival fand ein Reliquiar;
hier lehnte eine bunte Lanze;
der Eremit hieß Trevrizent.
Parzival sprach sich nun frei; 269

er nahm das Reliquiar,
schwor darauf mit eigner Formel:
»Bei meinem Rang und meiner Würde
(ob ich sie habe oder nicht) –
wer mich mit dem Schilde sieht,
der rechnet mich zur Ritterschaft;
sie hat, auf ihr Gesetz verpflichtet
(drum heißt dies auch der Ritterdienst)
schon häufig großen Ruhm erlangt;
das Wort hat heut noch hohe Geltung.
Möge ich denn immerdar
in Schanden leben vor der Welt,
möge all mein Ruhm vergehen –
für die Wahrheit dieser Worte
verpfände ich mein Heil der Höchsten
Hand – ich mein, der Gotteshand.
Er lege mir in Seiner Allmacht
Spott und Schande auf, in diesem
wie im nächsten Leben, falls
sich diese edle Frau verging,
als ich die Spange von ihr riß;
noch weitren Goldschmuck nahm ich ihr.
Ich war ein Tölpel, noch kein Mann;
mein Verstand war noch zu klein.
Sie mußte sehr viel weinen
und vor Schande heftig schwitzen –
wahrhaftig, diese Frau ist schuldlos!
Ich meine das in jeder Hinsicht;
dafür verpfänd ich Glück und Ehre.
Ja, gestattet, sie ist schuldlos! 270
Hier, gebt ihr diesen Ring zurück.
Ihre Spange ist verloren,
das verdank ich meiner Dummheit.«
Der Herzog nahm die Gabe an.
Er wischte sich das Blut vom Mund
und küßte seine Herzensliebste,
bedeckte dann auch ihre Blößen –
Orilus, der große Fürst,
schob den Ring auf ihren Finger,
legte ihr seinen Umhang um –
der war weit, aus teurer Seide,

und von der Heldenhand zerfetzt.
Ich sah noch nie an einer Dame
einen Waffenrock, der so
zerschlitzt war nach dem Kampf.
Dabei hat sie kein Turnier
criiert, sie hat auch keine Lanze
zerbrochen, wo und wie auch immer.
Der Gute Knappe und Lambekin
hätten es besser arrangiert...
Die Edle wurde frei von Leid.
Wieder sprach Fürst Orilus
zu Parzival, und zwar wie folgt:
»Held, dein Eid aus freien Stücken
schwächt mein Leid und stärkt die Freude;
die erlittne défaitage
brachte mir das Glück zurück.
Ja, ich kann nun ohne Schande
die edle Frau entschädigen,
der ich meine Gunst entzog.
Als ich die Gute so allein ließ,
wie hätte sie sich wehren können?
Doch als sie sagte, du seist schön,
da mußt ich denken: eine Liebschaft!
Sie blieb mir treu, Gott danke dir.
Ich habe schlecht an ihr gehandelt,
als ich im ›jeune bois‹ geritten
vor dem forêt von Brisilian.«
Parzival ergriff die Lanze
(die aus Troyes) und nahm sie mit.
(Die hatte der wilde Taurian,
der Bruder des Dodine, vergessen...)
Jetzt sagt mal selber, wie und wo
die Helden ihre Nacht verbringen.
Die Helme, Schilde schwer lädiert,
jeder sah hier Kampfesspuren.
Abschied nahm nun Parzival
von der Dame, dem amis.
Da lud ihn dieser kluge Fürst
an seine Feuerstelle ein –
so sehr er bat, es nützte nichts;
so trennten sich die Helden dort.

Meine Quelle sagt mir weiter:
als Orilus, der große Fürst,
zurück zu seinem Prunkzelt kam,
zu einem Teil seiner suivants,
da wurden seine Leute froh;
man sah: er hatte sich versöhnt
mit der glückseligen Herzogin.
Man schob's nicht auf die lange Bank
und zog ihm seine Rüstung aus;
er wusch sich: Blut und Rüstungsschmier.
Er führte die schöne Herzogin
zur Stätte der Versöhnung hin.
Und ließ zwei Bäder vorbereiten.
Da lag die edle Frau Jeschute
bei dem geliebten Mann und weinte –
nicht aus Kummer, nur vor Glück!
Noch heute so bei lieben Frauen...
Die meisten Leute wissen ja:
»Weint das Auge, lacht der Mund.«
Ich sag dazu noch etwas mehr:
aus Freud und Leid wird große Liebe.
Wer Geschichten von der Liebe
auf die Waage legt – so oft
er sie auch immer wiegen mag:
Freud und Leid sind bunt gewürfelt.
Sie versöhnten sich – und wie!
Zunächst das Bad, jedoch getrennt.
Zwölf junge Damen, alle schön,
sah man um die Frau herum –
als ihr Mann sie grundlos quälte,
sorgten die bereits für sie:
wie nackt sie auch am Tage ritt,
sie war doch in der Nacht bedeckt.
Sie badeten die Herrin gern.
Geruht ihr jetzt zu hören, wie
Orilus davon erfuhr,
daß Artus aufgebrochen war?
Ein Panzerreiter meldete:
»Ich sah auf einer plaine mehr
als tausend Zelte aufgeschlagen;
der mächtige, edle König Artus,

Herrscher der Britannen,
lagert gar nicht fern von uns –
mit einem Heer von schönen Damen!
Nur eine Meile durch die Wildnis:
Jubeltrubel seiner Ritter!
Am Plimizol, den Fluß hinab,
lagern sie, an beiden Ufern.«
Da sprang der Herzog Orilus
rasch aus seinem Zuber raus;
die edle Jeschute tat das gleiche;
die sanfte, süße, schöne Frau
ging nach dem Bad sofort zu ihm
ins Bett – und war den Kummer los!
Ihr Körper hatte dies verdient:
Umhüllung wie schon lang nicht mehr!
Die Fürstin und der Fürst, ein Könner,
sie umarmten sich sehr fest:
sie fanden höchste Liebesfreude.
Man kleidete die Herrin an,
die Rüstung brachte man zum Mann;
Beifall für Jeschutes Kleidung.
Vögel – die das Spaltholz fing –
verspeisten sie mit Appetit
und saßen dabei auf dem Bett.
Dort bekam die edle Jeschute
von Orilus so manchen Kuß.
Man führte ihr ein Reitpferd vor,   274
edel, kräftig, gute Gangart,
schön gesattelt und gezäumt;
man half ihr hoch; sie sollte
mit ihrem Helden weiterreiten.
Sein Roß ward rasch gepanzert –
als reite er in einen Krieg.
Sein Schwert, mit dem er gut gekämpft,
hing vorne dran am Sattelbogen.
Von Kopf bis Fuß in Eisen schritt
Orilus zu seinem Roß
und sprang vor ihren Augen auf.
So ritt er mit Jeschute fort.
Und wies noch sein Gefolge an,
zurückzukehren, nach la Lande –

ausgenommen nur der Ritter,
der ihn zu Artus führen sollte;
er bat die Leute, auf den zu warten.
Als sie sich Artus näherten
und schon die Zelte sehen konnten,
flußabwärts, eine Meile weit,
da schickte Orilus den Ritter,
der ihn hergebracht, zurück.
So war die edle, schöne Jeschute
sein Gefolge – und sonst keiner.
Artus – gestreng, doch nicht zu stolz –
war schon, nach dem Abendessen,
auf der Wiese; um ihn her
die ganze noble Hofgesellschaft.
Orilus, befreit von Bosheit, 275
ritt zu diesem Kreis von Zelten.
Sein Helm, sein Schild so sehr zerhackt,
daß man kein Wappenzeichen sah –
die harten Schläge Parzivals!
Von seinem Streitroß stieg der Held;
die edle Jeschute nahm den Zügel.
Schon kamen Pagen angerannt
und drängten sich um ihn, um sie:
»Wir müssen für die Pferde sorgen!«
Nun legte Orilus die Trümmer
seines Schildes in das Gras
und fragte gleich darauf nach ihr,
für die er hergekommen war.
Da zeigte man ihm, wo sie saß:
Cunneware de la Lande.
Man rühmte ihren edlen Anstand.
In voller Rüstung trat er dicht
vors Königspaar, das ihn begrüßte.
Er dankte ihnen, unterwarf sich
der Gnade seiner schönen Schwester.
Sie erkannte ihn am Drachen
auf dem surtout – und wieder nicht.
Sie sagte ihm: »Du bist mein Bruder.
Ob Orilus...? Ob Llewelyn...?
Ich will nicht eure Unterwerfung,
denn beide wart ihr stets bereit

zur Hilfe, wenn ich sie erbat.
Würde ich euch Feindschaft zeigen,
wäre Sippschaft mattgesetzt,
mein Adel durch mich selbst verraten.«
Er kniete vor dem Mädchen nieder,
sagte: »Du hast völlig recht –
ich bin's, dein Bruder Orilus.
Daß ich mich unterwerfen muß,
erzwang von mir der Rote Ritter –
so kaufte ich mein Leben frei.
Drum nimm mein Wort. Jetzt wird erfüllt,
was ich ihm versprechen mußte.«
So nahm sie sein Gelöbnis an,
und gab den frei, der als Emblem
den Drachen zeigte. Daraufhin
erhob er sich: »Familientreue
zwingt mich, Klage zu erheben.
Pfui, wer hat dich so geschlagen?!
Diese Schläge schmerzen mich.
Und wenn die Zeit der Rache kommt,
beweis ich jedem, der das will,
daß mich das sehr getroffen hat.
Mit mir klagt an der kühnste Mann,
den eine Mutter je gebar –
der Rote Ritter nennt er sich.
Herr König, edle Königin:
er entbietet Euch und meiner
Schwester seine Reverenz.
Er bittet, seinen Dienst zu lohnen
und ihre Schläge zu vergelten.
Hätte dieser harte Held
gewußt, wie nahe sie mir steht,
wie mir ihr Leid zu Herzen geht,
er hätt mir nicht so zugesetzt.«
   Keye zog da frischen Zorn
auf sich, von allen Rittern, Damen
im Uferlager am Plimizol.
Gawan, Jofreit (fils d'Idoel),
der gefangne König Clamidé
(ihr hörtet von der Niederlage)
und viele andre Edelleute

(die ich durchaus benennen könnte,
doch das führte wohl zu weit) –
sie alle drängten sich heran.
Sie nahm die Dienste höflich an.
Man brachte die edle Jeschute her –
auf dem Pferd, auf dem sie saß.
Artus ließ es sich nicht nehmen,
auch nicht die königliche Gattin,
Jeschute zu begrüßen;
viele Küsse unter Damen.
Artus sagte zu Jeschute:
»Ich schätze Euren Vater sehr,
Lac, den König von Karnant,
und so hatte ich gleich Mitleid,
als ich hörte, was Euch zustieß.
Außerdem: Ihr seid so schön –
er hätt Euch das ersparen müssen!
Schließlich wurde Eure Schönheit
preisgekrönt, in Kanedic:
Eure weitgerühmte Schönheit
brachte Euch den Sperber ein –
den nahmt Ihr mit, auf Eurer Hand.
Zwar hat mich Orilus verletzt, 278
doch gönnt' ich Euch das Unglück nicht –
nie und nimmer tät ich das!
Ich freu mich über die Versöhnung
und daß Ihr, nach der schweren Zeit,
herrschaftlich gekleidet seid.«
»Herr, das mög Euch Gott vergelten.
Damit erhöht Ihr Euren Ruhm.«
Cunneware de la Lande
führte nun sogleich Jeschute
mit sich fort, und den amis.
Am Rand des Königslagers stand
ihr tente pompeuse auf einer plaine
und mitten über einer Quelle;
oben griffen Drachenkrallen
halb um einen Apfelknauf;
vier Seile hochgespannt zum Drachen –
als würde er, lebendig, fliegen,
das Zelt so in die Lüfte tragen!

Daran erkannte es der Fürst:
der Drache war ja auch sein Wappen.
Man half ihm dort aus seiner Rüstung.
Die hübsche Schwester ehrte ihn
und sorgte für Bequemlichkeit.
Sein gesamter Hofstaat sprach
vom Roten Ritter, seinem Mut,
der mit dem Ruhm verbündet sei.
Da wurde keineswegs geflüstert!
Keye bat Kingrun, für ihn
am Tisch des Orilus zu dienen –
darin war Kingrun perfekt:
er hatte oft, in Brandigan,
den Tisch von Clamidé bedient.
Doch Keye wollte nicht. Sein Unstern
hatte ihn des Fürsten Schwester
mit dem Prügel gerben lassen,
nun hielt er sich dezent zurück.
Die hochgeborne junge Dame
hatte ihm auch nicht verziehn.
Und doch: er brachte reichlich Speisen –
Kingrun servierte sie dem Fürsten.
Cunneware, sehr versiert,
schnitt mit zarter, weißer Hand
das Essen für den Bruder vor.
Die edle Jeschute von Karnant
speiste weiblich formvollendet.
Artus ließ es sich nicht nehmen,
zu den beiden hinzugehen,
die dort als Verliebte speisten.
»Sollte man Euch schlecht bedienen,
wär das gegen meinen Willen.
Keiner hat Euch je bewirtet,
der Euch derart gerne gab,
und das keineswegs berechnend.
Cunneware, werte Dame,
bedient hier Euren Bruder gut.
Gott segne Euch. Und Gute Nacht.«
Damit begab er sich zur Ruhe.
Orilus ward gut gebettet:

Jeschute nahm sich seiner an,
in Liebe, bis zum nächsten Tag.

Wollt ihr hören, weshalb Artus
seinen Hof zu Charidol
und danach sein Land verließ,
wie sein Gefolge ihm das riet?
Er ritt da mit den Adligen
seines Landes, andrer Länder
acht Tage lang – so sagt die Quelle –
und dies, weil er nach jenem suchte,
der sich der Rote Ritter nannte.
Der hatt' ihm Ehren angetan,
indem er ihn von Not befreite
und König Ither tödlich traf,
und Clamidé und auch Kingrun
nacheinander an seinen Hof
in die Britannie schickte.
Er wollte ihn als neues Mitglied
in die Tafelrunde bitten –
deshalb ritt er nach ihm aus.
Er setzte vorher Konditionen:
seine Leute, arm wie reich,
die Ritterdienste leisteten,
versprachen Artus in die Hand:
sollte sich ein Ritterkampf
ergeben, würden sie hiermit
geloben, keinen Kampf zu liefern,
es sei denn, daß sie ihn zuvor
um die Kampferlaubnis bäten.
Und sein Grund: »Uns führt der Ritt
durch viele Länder, deren Ritter
sich gegen uns zu wehren wissen –
man zeigt uns hochgestellte Lanzen!
Wenn ihr dann mit Gedrängel loshetzt
wie die wilden Rüden, die
der Jäger von der Leine läßt –
sowas werde ich nicht dulden,
ich werde den Rabatz verhindern!
Doch läßt der Kampf sich nicht vermeiden,

verlaßt Euch ganz auf meinen Mut.«
Und damit kennt ihr dies Gelöbnis.
Wollt ihr jetzt hören, wo er steckt –
der Waliser Parzival?
Neuschnee war auf ihn gefallen,
reichlich, während einer Nacht,
und doch war nicht Saison für Schnee,
sofern ich richtig informiert bin:
Artus, Mann des schönen Mai –
was immer man von ihm erzählte,
es geschah zu Pfingsten oder
in der Blumenzeit des Mai –
man spricht ihm linde Lüfte zu.
Meine Geschichte ist bunt gemischt –
hier kontrastiert sie weißer Schnee.
Seine Falkner aus Charidol
ritten abends zum Plimizol,
zur Beizjagd, doch sie hatten Pech:
ihr bester Falke ging verloren;
er machte sich sehr rasch davon
und blieb die ganze Nacht im Wald.
War überkröpft, das war der Grund –
trotz des Lockfleischs war er weg!
Er blieb die Nacht bei Parzival:
beide kannten nicht den Wald,
beiden war es bitterkalt.
Als Parzival es dämmern sah,
da waren Weg und Spur verschneit.
Weite Landschaft, völlig weglos,
durchritt er, über Stamm und Stein.
Je länger, je heller war der Tag
und immer lichter auch der Wald.
Auf einer Wiese lag ein Baum,
gefällt, zu dem er langsam ritt.
Der Artus-Falke zog mit ihm
dorthin, wo tausend Gänse lagen:
mächtig wurde da geschnattert.
Er flog sie an mit harten Aufprall,
der Falke schlug hier eine Gans,
doch sie entkam mit knapper Not
im Astwerk des gefällten Baums.

Mit hohen Flügen war's vorbei.
Aus ihren Wunden tropfte Blut:
drei rote Tränen in den Schnee.
Und Sehnsucht packte Parzival –
sie kam aus seiner treuen Liebe.
Als er das Blut, die Tränen sah
in diesem weißen, weißen Schnee,
dachte er: »Wer setzte seine
Kunst in diese schöne Farbe?
Conduir-amour: allein mit dir
läßt sich dieses Rot vergleichen.
Gottes Segen macht mich reich,
denn ich fand hier, was dir gleicht.   283
Gepriesen seien Gottes Hand
und Seine ganze Schöpfung.
Conduir-amour: hier liegt dein Bild.
So wie der Schnee dem Blut das Weiße
bot, und es den Schnee hier rötete –
Con   duir   a   mour,
so ist auch dein beau corps;
davon gehe ich nicht ab.«
Und seine Augen übertrugen
maßgerecht, was vor ihm lag:
zwei Tropfen für die beiden Wangen
und der dritte für ihr Kinn.
Er empfand für sie die wahre
Liebe, die sich niemals wandelt.
Er verlor sich in Gedanken,
bis er reglos war, in Trance.
Er war im Bann der Herrin Liebe –
so sehnte er sich nach der Frau!
Die Farben glichen ganz genau
der Königin von Beaurepaire:
sie hat ihm den Verstand geraubt...
Er saß zu Pferd, als schlafe er.
Wer es ist, der zu ihm rennt –?
Ein écuyer – geschickt als Bote
nach la Lande, von Cunneware.
Und er sah denn auch sogleich
einen Helm mit vielen Wunden,
einen Schild, im Dienst der Herrin

dieses Knappen ganz zerhackt.
Dort stand im Waffenschmuck der Held,
als wär er startbereit zur Tjost,
die Lanze senkrecht aufgerichtet.
Der écuyer lief gleich zurück.
Hätte er gewußt, daß dieser
Ritter seiner Herrin diente,
er hätte nicht so rumgebrüllt.
Er hetzte alle Leute auf,
als wär der Mann da vogelfrei –
er wollte, daß man es ihm zeigte!
Verspielte seine courtoisie...
Nun gut, sie war ja auch nicht ohne,
seine Herrin... Der cri de guerre
des Knappen: »Pfui, bah pfui und pfui!
Alle Schande über euch!
Zählen Gawan und die andren
Ritter, der Britanne Artus
noch immer zu der Riege derer,
die berühmt sind, renommiert?!«
Also schrie der écuyer.
»Die Tafelrunde ist verhöhnt –
man ritt euch schon die Zelte ein!«
Die Ritter schrieen durcheinander,
fragten überall herum,
ob es draußen Kämpfe gebe.
Sie hörten, daß ein Mann, allein,
dort draußen warte, kampfbereit.
Viele reute das Versprechen,
das sie Artus geben mußten.
Und schnell – das war kein Gehen mehr –
rannte Segramors mit weiten
Sprüngen, auf den Kampf versessen.
Wenn er glaubte, es gibt Streit,
mußte man ihn fesseln – sonst
hätte er gleich mitgemischt.
Der Rhein war nirgends breit genug:
säh er am andren Ufer Kampf,
er fühlte nicht erst lange nach,
ob das Bad nun warm sei, kalt,
er stürzte sich sofort hinein!

Eiligst lief der junge Mann
zum Hof des Artus, seinen Zelten –
der edle König schlief noch fest.
Er rannte manche Zeltschnur nieder,
drang zur Tür ins Prunkzelt ein,
riß die Zobeldecke runter
von den beiden, die dort lagen,
dem schönsten Schlafe hingegeben;
sie wurden davon aufgeweckt
und lachten über seine Frechheit.
Da sagte er zu seiner Tante:
»Ginover, edle Königin –
wir beiden sind so eng verwandt,
daß man in allen Ländern weiß:
ich warte nur auf deine Gunst.
So steh mir, Herrin, bei und sprich
mit Artus, deinem Ehemann:
er muß mir unbedingt erlauben –
ein Abenteuer vor der Tür! –
daß ich die Tjost eröffnen darf.«
Artus sagte Segramors: 286
»Ich hab von dir das Ehrenwort,
daß du nur tust, was ich befehle
und dich in deiner Tollheit bremst.
Wenn du hier kämpfst, in einer Tjost,
so verlangen viele andre,
daß ich sie gleichfalls reiten lasse
in den Kampf um Sieg und Ruhm –
das schwächt mir meine Heeresmacht.
Anfortas und sein Heer sind nah,
das kommt vom Mont Salvage und will
den Zutritt zum forêt verwehren.
Weil wir nicht wissen, wo die Burg ist,
kann die Lage schwierig werden.«
Nun bat ihn Ginover sehr dringend –
Segramors war überglücklich.
Sie holte ihm die Kampferlaubnis.
Da wär es fast so weit gekommen,
daß ihn der Schlag – vor Freude – traf.
Äußerst ungern hätte er
den Zukunfts-Ruhm für diesen Kampf

einem andren überlassen.
Der Junge, Stolze ohne Bart –
man wappnete sein Roß, den Reiter.
Segramors, le roi, ritt los,
galoppierte im ›jeune bois‹,
sein Roß sprang über hohe Büsche.
An der Schabracke und am Mann
erklangen viele goldne Glöckchen.
Hätte man ihn zum Fasan
in den Dornbusch fliegen lassen,
so fänd man diesen Falken leicht
bei so viel Glöckchenklingelei –
die waren wirklich laut genug!
So ritt der wilde Held zu ihm,
der an die Liebe ganz verkauft war.
Doch stach und schlug er nicht gleich zu,
er sagte erst die Fehde an.
Parzival zu Pferd, in Trance –
ausgelöst vom Blut im Schnee
und von der Übermacht der Liebe.
Die verdreht mir oft den Kopf,
sie quält so sehr mein armes Herz –
ach, die Frau läßt mich so leiden!
Will sie mich noch hörig machen
und mich nicht einmal erhören,
so ist sie selber schuld daran,
wenn ich auf ihre Gunst verzichte.

   Hört jetzt weiter von den beiden:
wie die sich trafen und sich trennten.
Segramors: »Mein Herr, es scheint
für Euch ein Jux zu sein, daß hier
ein König lagert, mit dem Heer.
Auch wenn es Euch nicht imponiert,
so werdet Ihr das büßen müssen,
oder ich verlier mein Leben.
Ihr steht zu nah hier, wollt den Kampf.
Doch höfisch nobel, wie ich bin,
bitte ich: Ergebt Euch mir!
Sonst kriegt Ihr das so heimgezahlt,
daß Euer Sturz den Schnee zerwühlt.
Ergebt Euch lieber ehrenhaft.«

Parzival, bedroht, blieb stumm –
die Liebe quälte ihn genug.
Nun warf der kühne Segramors
sein Roß herum, die Tjost begann.
Da wendete der Kastilianer,
auf dem der schöne Parzival
in seiner tiefen Trance saß,
und er sah das Blut nicht mehr,
sein Blick war davon abgezogen,
das kam seinem Ruhm zugute:
als er den Tropfen nicht mehr sah,
gab ihm Vernunft Verstand zurück.
Schon nahte Segramors, le roi!
Und seine Lanze (die aus Troyes),
die fest und doch elastisch war,
und auch noch kunstvoll bunt bemalt
(sein Fund vor jener Felsenklause),
die senkte Parzival herab.
Ein Lanzenstoß durch seinen Schild;
sein Gegenstoß so gut plaziert,
daß Segramors, der große Kämpfer,
seinen Sattel räumen mußte –
seine Lanze war noch ganz,
als er lernte, wie man stürzt.
Und wortlos kehrte Parzival
zu den drei Tropfen Blut zurück.
Sobald er sie nun wieder sah,
schlug die Liebe ihn in Fesseln.
Er sprach nicht, weder dies noch das, 289
denn schon verließ ihn sein Verstand.
Der Kastilianer des Segramors
trabte heim zur Futterkrippe.
Er selber mußte sich erheben,
um einen Ruheplatz zu finden –
normalerweise legt man sich
zur Ruhe hin, das kennt ihr ja –
fand er dort Ruhe, tief im Schnee?
Höchst ungern läge ich darin.
Wer Schaden hat, dem fehlt nicht Spott;
dem Segensreichen, dem hilft Gott.
    Das Heereslager war so nah –

man sah von dort aus Parzival,
der reglos stand, wie schon zuvor.
Er unterwarf sich ganz der Liebe,
die schon Salomon besiegt hat.
Eine kurze Weile später
kehrte Segramors zurück.
Ob man ihn gut, ob schlecht empfing,
er war zu allen äußerst ›freundlich‹:
er zahlte mit Geschimpfe heim!
»Ihr habt das oft genug gehört:
Ritterkampf ist Würfelspiel!
Bei jeder Tjost verliert ein Mann.
Selbst die großen Schiffe sinken.
Ich will das nicht bestreiten, nein:
er hätt sich nicht dem Kampf gestellt,
hätt er mich am Schild erkannt!
Das hat mich schwer an ihm geärgert.
Er will dort immer noch den Kampf. 290
Andrerseits: er ist nicht schlecht...«
Keye, mutiger Gefolgsmann,
meldete sogleich dem König:
Segramors vom Roß geworfen,
ein strammer Bursche wartet draußen,
hat vom Kampf noch nicht genug.
»Herr, ich könnt es nie verwinden,
wenn der siegessatt davonzieht.
Falls Ihr etwas von mir haltet –
laßt mich fragen, was er will.
Er wartet, und ihm steht die Lanze –
vor den Augen Eurer Gattin!
Wenn man ihm das nicht sofort
verbietet, werde ich in Eurem
Dienst nicht länger bleiben können:
das entehrt die Tafelrunde!
Der schmarotzt von unserm Ruhm!
Drum erlaubt mir diesen Kampf.
Und wärn wir alle taub und blind –
höchste Zeit, hier einzugreifen!«
Artus gab ihm Kampferlaubnis.
Man wappnete den Seneschall;
er wollte einen Wald verschwenden

im Lanzenkampf mit diesem Fremden.
Der trug die schwere Last der Liebe;
der Grund dafür: das Blut im Schnee;
sein Los verschlimmern, wäre Sünde;
es ist kein Ruhmesblatt der Liebe,
daß sie auf ihm die Fahne hißte.
 Herrin Liebe, warum schenkt Ihr
einem Menschen voller Trauer
Glück, das nicht von Dauer ist?
Viel zu schnell bringt Ihr den Tod.
Wie paßt es eigentlich zu Euch,
daß Ihr das männliche Bewußtsein
und den couragierten Ehrgeiz
so schmählich défaitieren laßt?
Was gemein ist und was fein ist
und was auch immer auf der Erde
sich mit Euch im Kampf befindet –
Ihr habt es nur zu schnell besiegt.
Wir müssen Eure Übermacht
anerkennen – rückhaltlos.
 Ihr habt ein einziges Verdienst,
Herrin Liebe, und sonst keines:
Anmut, Freude sind bei Euch –
sonst wäre Eure Macht durchbohrt.
 Herrin Liebe, Ihr betrügt
auf alte, immer neue Weise,
raubt Frauen ihren Rang und Ruf,
macht Verwandte zu Geliebten.
Wo Ihr die Macht habt, taten viele
Herren den Vasallen Unrecht
und die Freunde den Gefährten,
die Vasallen ihren Herren –
eine höllische Methode!
Ihr sollt Euch schämen, Herrin Liebe,
daß Ihr den Leib so lüstern macht –
welche Qualen für die Seele!
Gebieterin, weil Ihr erreicht,
daß die Jugend altern muß,
deren Jahre viel zu kurz sind,
ist alles, was Ihr tut, infam.
 So zu reden steht dem zu,

der nur Enttäuschung bei Euch fand;
hättet Ihr mir mehr geholfen,
bekämt Ihr auch mehr Lob von mir.
Ihr habt mir Leiden auferlegt,
das Würfeln ging bei mir ins Auge –
deshalb trau ich Euch nicht mehr.
Für Euch wog all mein Leid gering.
Doch seid Ihr von zu hohem Stand,
als daß mein Zorn in seiner Ohnmacht
Euch mit Erfolg verklagen könnte.
Wo Ihr bedrängt, dort wird es hart;
Ihr ladet schwere Last aufs Herz.
Von Veldeke hat seinen Baum
auf Euer Wesen abgestellt;
ach, hätte er uns auch erklärt,
wie man Euch bewahren kann;
er zeigte uns nur splitterhaft,
wie Ihr Euch gewinnen laßt.
So mancher Tor macht seinen Fund
und verliert ihn dann aus Dummheit.
Was ich erlebte, noch erlebe,
das klagt Euch an, Gebieterin.
Ihr versiegelt den Verstand.
Vor Euch schützt weder Schild noch Schwert,
noch schnelles Roß, noch starke Burg,
denn Ihr brecht jeden Widerstand.
Und auf der Erde und im Meer
ist nichts vor Eurem Angriff sicher,
es mag schwimmen oder fliegen.
Genauso übtet Ihr Gewalt,
als Parzival, der tapfre Kämpfer,
wegen Euch von Sinnen kam –
die treue Liebe war dran schuld.
Die gute, schöne, edle Frau,
die Königin von Beaurepaire,
schickte Euch zu ihm, als Botin.
Auch ihrem Bruder, dem Gardais,
raubtet Ihr das Leben, Herrin.
Zahlt man Euch als Zins den Tod –
wie gut, daß *ich* Euch gar nichts schulde
(es sei denn, Ihr kämt mir entgegen...).

Ich hab gesagt, was alle denken.
Nun hört, wie es dort weiterging.
Der starke Keye brach jetzt auf,
gerüstet wie ein Ritter,
der nur eines will: den Kampf.
Der Sohn des Königs Gahmuret
hat ihm diesen Kampf geliefert!
Wo Damen sind, die hörig machen,
wünsche man ihm alles Glück:
die Liebe hackte ihm Verstand weg –
eine Frau war schuld daran!
Keye hielt sich noch zurück,
bis er mit ihm gesprochen hatte.
»Herr, Ihr nahmt es Euch heraus,
den König zu beleidigen – 294
wenn Ihr mir folgt (ich rat es Euch,
es ist das beste, das Ihr tun könnt),
legt Euch selbst die Brackenleine
an und laßt Euch vor ihn führen.
Denn mir könnt Ihr nicht entfliehen,
ich bring Euch als Besiegten hin –
das wird kein freundlicher Empfang!«
Dem Waliser zwang die Liebe
Schweigen auf. Keye hob
die Lanze, schlug ihm derart auf
den Kopf, daß ihm der Helm erdröhnte.
Und schon rief er: »Aufgewacht!
Du kriegst hier eine Ruhestätte
ohne jedes Laken.
Ich will auf etwas andres raus,
du wirst hier in den Schnee gelegt!
Der den Sack zur Mühle trägt –
würde er verbläut wie du,
den würde seine Trägheit reuen!«
Herrin Liebe, aufgepaßt –
ich glaub, Ihr werdet hier beschimpft!
(Selbst ein Bauer würd hier sagen:
»Ihr tut dies meinem Herren an!«
Der klagte an, sobald er spräche.)
Herrin Liebe, laßt doch zu,
daß der Waliser sich hier rächt.

Ich mein, er wüßte sich zu wehren –
gäb's nicht Eure Grausamkeit,
und Euren bittren, harten Druck.
Keye attaquierte ihn heftig,
drängte ihm das Roß so weg,
daß der Waliser nun nicht mehr
sein bittersüßes Leiden sah,
das Bild, das seiner Frau so glich,
der Königin von Beaurepaire –
ich meine den gefärbten Schnee.
Wie schon zuvor kam die Vernunft
und gab ihm die Besinnung wieder.
Keye trieb sein Streitroß zum
Galopp – er wollte eine Tjost.
Und Renngalopp! Und Lanzensenken!
Keye stieß mit seiner Lanze –
dies genau nach Augenmaß –
ein großes Fenster in den Schild.
Doch dieser Kampfakt rächte sich!
Den Seneschall von König Artus
warf der Gegenstoß vom Roß
über den Stamm der entflohenen Gans,
so daß der Reiter und sein Pferd
beide schweren Schaden nahmen:
der Mann verwundet, tot das Roß.
Zwischen Stein und Sattelbogen
brachen Keye bei dem Sturz
rechter Arm und linkes Bein.
Und Sattel, Glöckchen, sangle –
ganz zerstört bei der attaque!
Parzival nahm doppelt Rache:
an Schlägen für die junge Dame,
am Hieb, der so ihn selbst getroffen.
Parzival – der Böses rodet –
ihn zog die treue Liebe wieder
zu den Tropfen Blut im Schnee;
die versetzten ihn in Trance.
Die Erinnrung an den Gral
und das Bild der Königin,
beides weckte große Sehnsucht;
die Last der Liebe überwog.

»Die Liebe und das Liebesleid
zerbrechen selbst das starke Herz« –
läuft *darauf* Rittertat hinaus?!
Beides nennt man besser Qual.
Die Tapfren sollten Keyes Not
beklagen, oft schon hatte ihn
sein Mannesmut zum Kampf getrieben.
Es heißt in vielen großen Ländern:
Keye, Seneschall von Artus,
benehme sich wie ein voyou.
Mein Roman spricht ihn hier frei:
er bewahrte edle Würde.
Auch wenn man dies nicht gerne hört:
Keye war als Mann loyal
und mutig. Das ist meine Meinung.
Ich sage euch noch mehr von ihm:
der Hof des Artus war ein Ziel
für viele Leute aus der Fremde,
teils sehr fein und teils gemein,
mit pittoreskem Lebensstil.
War einer als Betrüger tätig,
entzog ihm Keye seine Achtung.
Jedoch: ein Mann von courtoisie
und aus der bonne société,
dem erwies er stets die Achtung,
für den war er bereit, zu dienen.
Ich sage überdies von ihm:
er war sehr kritisch eingestellt.
Er zeigte eine rauhe Schale,
um seinen König zu beschützen.
Er teilte auf: in brave Leute
und in Lügner und Betrüger –
er verhagelte ihr Treiben,
war spitzer als ein Wespenstachel.
Klar, die machten ihn dann schlecht.
Er wußte, was tapfre Treue war,
und machte sich sehr viele Feinde.
Fürst Hermann von Thüringen:
in deinem Gesinde kenn ich manche,
die »Gesindel« heißen müßten.
Du bräuchtest dringend einen Keye!

297

Du bist sehr generös; das brachte
dir Anhang ein und Anhängsel:
da gibt es elendes Gebettel
neben edlem Bittgesuch.
Und so muß Herr Walther singen:
»Guten Tag euch, Bös und Gut!«
Wo man dieses Lied noch singt,
dort tut man Falschen Ehre an –
dies hätte Keye nie gelehrt!
Heinrich von Reisbach gleichfalls nicht.
   Hört weiter, was am Plimizol
höchst Erstaunliches geschah.
Man holte Keye gleich zurück,
trug ihn in das Zelt von Artus;
seine Freunde – viele Damen,
viele Männer – klagten sehr.
Mein Herr Gawan kam da auch,
beugte sich zu Keye nieder,
sagte: »Welch ein Unglückstag!
Mußte diese Tjost denn sein?!
Sie hat mir einen Freund geraubt.«
Er bedauerte ihn sehr.
Keye, der cholerisch war:
»Mitleid, Herr, und das mit mir?
So jammern höchstens alte Weiber!
Ihr seid der Sohn der Schwester
meines Herrn; ich würd Euch gerne
dienen, jeden Wunsch erfüllen.
Solange Gott mir heile Knochen
gönnte, hab ich nie gezögert,
jederzeit für Euch zu kämpfen –
ich tät es noch, wenn's nötig wär.
Laßt mich leiden, jammert nicht.
Euer Onkel, unser König,
findet nie mehr einen Keye!
Ihr seid zu fein, um mich zu rächen.
Verlört Ihr dort nur einen Finger –
ich setzte meinen Kopf aufs Spiel!
Es liegt an Euch, ob Ihr das glaubt.
Gebt nichts auf meine Schimpferei...
Der draußen teilt nicht übel aus,

298

er wartet, will partout nicht fliehn,
nicht im Galopp und nicht im Trab.
Hier gibt's bestimmt kein Frauenhaar,
und sei es noch so dünn, ja brüchig,
das als Fessel nicht so stark wär,
Euch vom Kampf zurückzuhalten.
Ein Mann, der solche Sanftmut zeigt,
macht seiner Mutter alle Ehre,
vom Vater aus wär Mut vonnöten.
Herr Gawan, kehrt zu Muttern heim,
dann macht Euch Schwerterblitzen blaß
und harter Männerkampf ganz weich.«
So wurde der berühmte Mann
an offner Flanke attackiert –
mit Worten. Doch er nahm nicht Rache,
denn einem höfisch noblen Mann
verschließt die Scham den Mund;
dem Unverschämten ist das fremd.
Gawan sagte Keye dies:
»Wo immer ich gefordert wurde
mit Schwertkampf oder Lanzenstechen –
wer da auf meine Farbe schaute,
sah mich wahrlich niemals bleich,
bei keinem Hieb, bei keinem Stich.
Du beschimpfst mich ohne Grund.
Ich war immer schon bereit,
dir zu dienen!« Gawan ging
aus dem Zelt, befahl, ihm gleich
das Pferd zu bringen. Er saß auf –
ohne Sporen, ohne Schwert.
Er ritt hinaus zum Mann aus Wales:
sein Verstand als Pfand der Liebe;
drei Tjoste hatten seinen Schild
durchbohrt, von Helden anvisiert,
bereits von Orilus lädiert.
So ritt Gawan auf ihn zu,
ohne zu galoppieren,
ohne zu attaquieren;
er wollte fragen, und zwar friedlich,
wer den Kampf verursacht habe.
So sprach er Parzival ganz freundlich

grüßend an. Der reagierte
nicht. Das mußte auch so sein:
die Herrin Liebe zeigte ihre
Macht am Sohn der Herzeloyde.
Es war das Erbteil seiner Eltern,
das ihn in Trance fallen ließ,
Leidenschaft und Leid als Erbe
der Vater- wie der Mutterlinie.
Der Waliser hörte nichts
von all dem, was ihm mein Herr Gawan
mit Worten übermitteln wollte.
Der Sohn des Königs Lot sprach so:
»Mein Herr, Ihr sucht Konfrontation,
denn Ihr verweigert meinen Gruß.
Das macht mir freilich wenig Angst –
ich kann die Frage anders stellen!
Ihr habt Gefolgschaft und Verwandtschaft
und den König selbst beleidigt,
uns mit Schande, Schmach bedeckt.
Und doch: ich setz mich dafür ein, 301
daß der König Euch verzeiht –
Ihr müßt nur tun, was ich Euch sage:
so begleitet mich zu ihm.«
Doch für den Sohn des Gahmuret
war Bitten, Drohen nichts als Luft.
Gawan, Zier der Tafelrunde,
kannte diesen Zustand gut,
nach einer schmerzlichen Erfahrung:
er stach sich selber durch die Hand –
dies erzwang die Macht der Liebe,
die Nähe einer hohen Dame;
ihn hat die Königin gerettet,
als ihn der kühne Llewelyn
mit einer grandiosen Tjost
bezwungen, unterworfen hatte;
die zarte, liebe, schöne Dame
bot ihm da ihr Haupt als Pfand –
la reine Ingouse de Bachterlice:
so hieß die Frau, die ihn geliebt.
»Und wenn der Mann im Bann der Liebe
ist – wie ich es damals war?

Und weil er liebt, ist all sein Denken
von der Liebesmacht besiegt?«
Der Blick des Fremden fiel ihm auf –
wo starrten dessen Augen hin?
Ein Seidentuch aus Syrien
mit gelbem Zindel unterfüttert,
schwang er über diese Flecken.
Als das Tuch das Blut verdeckte,   302
Parzival es nicht mehr sah,
ließ ihn die von Beaurepaire
wieder zur Besinnung kommen,
auch wenn sein Herz noch bei ihr war.
Bitte hört nun seine Worte.
»Ach«, so sprach er, »Herrin, Frau,
wer hat dich mir entrissen?
Das Land, die Krone, deine Liebe –
erkämpfte ich dies je als Ritter?
War ich's, der dich von Clamidé
befreit hat? Reichlich Ach und Weh
und Seufzerei bei deinen tapfren
Helfern. Nebel vor den Augen
hat dich bei hellem Tageslicht
von mir entführt, ich weiß nicht, wie.«
Er fragte: »Ach, wo steckt bloß meine
Lanze, die ich mitgebracht?«
Mein Herr Gawan gab zur Antwort:
»Herr, sie ist im Kampf zerbrochen.«
»Gegen wen denn?« sprach der Held,
»Ihr tragt ja weder Schild noch Schwert –
wie hätt ich triumphieren können?!
Ihr habt gut spotten über mich;
Ihr werdet schon noch höflich werden.
Ich blieb bei vielen Tjosten im Sattel!
Wenn Ihr Euch dem Kampf nicht stellt,
so ist die Welt doch weit genug,
ich finde da schon Kampf und Ruhm,
erleb Bedrängnis, hab Erfolg.«
Darauf sagte mein Herr Gawan: 303
»Was ich eben zu Euch sagte,
war das reinste Kompliment –
da war nichts brackig oder trüb.

Ich will hier wahrlich nichts geschenkt.
Ein König lagert hier mit vielen
Rittern und sehr schönen Damen –
ich möchte Euch dorthin geleiten,
falls ich mit Euch reiten darf;
so beschütz ich Euch vor Kämpfen.«
»Meinen Dank, Herr. Ihr sprecht so,
daß Ihr mich zum Dienst verpflichtet.
Da Ihr mich begleiten wollt:
wer ist der Herr, wer seid Ihr selbst?«
»Ich habe einen Mann als Herrn,
von dem ich reichlich Einkunft kriege –
ich will Euch einen Teil benennen.
Er hat sich so zu mir verhalten,
wie das zu einem Ritter paßt.
König Lot nahm seine Schwester
und die brachte mich zur Welt.
Was mir Gott verliehen hat,
damit steh ich ihm zu Diensten.
Sein Name lautet: König Artus.
Auch ich bin nicht ganz unbekannt,
man verschweigt nicht meinen Namen.
Wer mich kennt, der nennt mich Gawan.
Ich und dieser Name möchten
Euch zu Diensten stehen. Bitte
sagt nicht Nein, beschämt mich nicht.«
»Du bist Gawan?!« fragte er. 304
»Daß du so freundlich zu mir bist –
kaum Grund für mich, drauf stolz zu sein;
ich habe von dir sagen hören,
du seist zu allen Leuten freundlich.
Doch nehm ich deine Dienste an,
entgelte sie mit Gegendiensten.
Sag, von wem sind all die Zelte,
die dort aufgeschlagen stehen?
Ist es Artus, kann ich leider
nicht zu ihm, aus Ehrengründen,
auch nicht zu der Königin –
ich muß mich erst für Prügel rächen,
die mich seit langer Zeit beschämen.
Es war so: ein edles Mädchen

grüßte mich mit Lachen; wegen
mir verbläute sie Herr Keye –
da ging ein ganzer Wald zu Bruch!«
»Das ist gerächt – und hart genug«,
sagte Gawan. »Ihm zerbrachen
rechter Arm und linkes Bein.
Reit her und schau: das Roß, der Stein!
Hier liegen auch im Schnee die Splitter
der von dir vermißten Lanze.«
Als Parzival die Wahrheit sah,
da fragte er nicht weiter, sagte:
»Gawan, ja, ich glaube dir,
daß es sich um jenen handelt,
der mir diese Schmach antat.
So folg ich dir, wohin du willst.«
»Was ich sage, ist die Wahrheit. 305
Ihr habt Segramors – ein großer
Streiter – in der Tjost besiegt;
er war berühmt durch seine Taten.
Das schafftest du vor Keyes Sturz.
An beiden hast du Ruhm errungen.«
Gemeinsam ritten sie zum Lager,
Gawan und der Mann aus Wales.
Viel Volk – zu Pferd, sowie zu Fuß –
begrüßte drinnen ehrerbietig
Gawan und den Roten Ritter –
ihr Verhalten war sehr förmlich.
Gawan ritt zur tente pompeuse;
das Zelt der edlen Cunneware
de la Lande direkt daneben.
Die war sehr glücklich und empfing
voll Freude ihren Ritter, denn
er hatte sie gerächt, an Keye.
Sie nahm den Bruder bei der Hand
und auch Jeschute von Karnant:
so gingen sie zu Parzival.
Unterm Rüstungsschmier war Glanz –
wie Rosen, taufrisch ausgestreut...
Man zog ihm seine Rüstung aus.
Die Damen kamen, er sprang auf.
Nun hört, was Cunneware sagte:

»Seid willkommen – erst bei Gott
und dann bei mir. Ihr habt hier ja
großen Kampfesmut gezeigt.
Ich hatt das Lachen unterdrückt,
bis mein Herz Euch kennenlernte;
Keye pfändete mein Glück,
gab mir damals viele Schläge –
Eure Rache war nicht klein.
Ich würd Euch küssen, wär ich's wert.«
»Bei Eurem freundlichen Empfang
hab ich mir das gleich gewünscht,
doch ich hab es nicht gewagt.«
Sie küßte ihn und bot ihm Platz.
Sie schickte eine junge Dame,
die sollte schöne Kleider holen.
Sie waren fertig zugeschnitten:
Prachtgewebe aus Ninive!
Die hätte König Clamidé,
ihr Gefangner, tragen sollen.
Das Mädchen brachte sie, bedauernd:
es sei noch keine Schnur am Mantel.
Da löste Cunneware von
der weißen Haut der Taille eine
Kordel, zog sie für ihn ein.
Er bat um die Erlaubnis, wusch sich:
Rüstungsschmier! Es zeigte sich
der rote Mund auf weißer Haut.
Man kleidete den Helden ein;
stattlich sah er aus und schön.
Wer ihn sah, der sagte ehrlich:
die schönste aller Männerblüten!
Er verdiente dieses Lob.
Die Kleidung stand ihm wirklich gut;
sie schlossen seinen Halsausschnitt
mit einer Spange – ein Smaragd.
Und weiter gab ihm Cunneware
einen teuren, schönen Gürtel:
viel Getier aus Edelsteinen
auf der Borte appliziert;
an der Schnalle ein Rubin.
Wie sah der bartlos junge Mann

nun aus, als er umgürtet war?
Die Geschichte meint: sehr gut!
Ein jeder war ihm zugetan;
wer ihn sah, ob Frau, ob Mann –
alle ehrten seine Schönheit.
   Nach der Messe sah man dort
König Artus näherkommen,
mit Männern aus der Tafelrunde,
alle ohne Fehl und Tadel.
Jeder hatte schon gehört,
der Rote Ritter sei in Gawans
Zelt gegangen. So begab sich
König Artus auch dorthin.
Der verbläute Antanor
sprang vor seinem König her,
bis er den Waliser sah.
Er fragte ihn: »Seid Ihr's, der mich
gerächt hat, und auch Cunneware?
Es heißt, Herr Keye hätte Euch
sehr viel von seinem Ruhm verpfändet!
Sein Drohen ist auf Sand gelaufen.
Ich fürchte nicht mehr seine Prügel –
sein rechter Arm ist viel zu schwach.«
Der junge Parzival sah aus 308
wie ein Engel, ohne Flügel –
aufgeblüht auf dieser Erde.
Artus und die edlen Herren
begrüßten ihn sehr freundschaftlich;
alle, die ihn hier so sahen,
waren ihm ganz zugetan;
die Herzen stimmten zu mit: Ja,
zu seinem Lob sprach niemand: Nein –
so bezaubernd sah er aus!
Artus sprach zum Mann aus Wales:
»Ihr habt mir Freud und Leid bereitet,
doch habt Ihr mich weit mehr geehrt
(durch die Gefangnen, durch Euch selbst)
als jeder andre Mann zuvor.
Ich hätte dies nicht mal verdient,
hättet Ihr nur eins geleistet:
daß die Herzogin Jeschute

wieder Gattenliebe fand.
Auch wäre Keyes Schuld gesühnt,
dies ohne Rache, wenn ich Euch
vorher hätte sprechen können.«
Artus trug ihm die Bitte vor,
die ihn durch die verschiednen Länder
hier an diesen Ort geführt.
Sie baten Parzival, er möge
jedem aus der Tafelrunde
geloben, daß er nun mit ihnen
gemeinsam Ritterdienste leiste.
Diese Bitte war ihm recht
(er hatte Anlaß, froh zu sein!),
und Parzival erfüllte sie.
Nun hört und sprecht ein Urteil aus:
hat an dem Tag die Tafelrunde
ihre Satzung eingehalten?
Der Brauch des Schirmherrn Artus war:
kein Ritter durfte bei ihm speisen,
wenn am Tag Frau Abenteuer
seinen Hof gemieden hatte.
Eben dies war hier geschehn –
die Tafelrunde ist zu loben.
Der Rundtisch war in Nantes geblieben,
man schuf ein Abbild auf der Wiese;
dort störten keine Sträucher, Zelte.
Dies befahl der König Artus
als Ehrung für den Roten Ritter;
so empfing sein Ruhm den Lohn.
Ein Seidentuch aus Acraton,
aus fernem Heidenland gebracht,
diente hier dem einen Zweck:
nicht eckig, sondern rund geschnitten
war es wie die runde Tafel,
denn der Kodex forderte:
ein Ehrenplatz wird nicht vergeben,
jeder Platz ist ehrenvoll.
König Artus wünschte weiter,
daß edle Damen, Adels-Ritter
hier in seinem Kreis erschienen;
was da Rang und Namen hatte,

speiste so an seinem Hof.
Nun kam die Herrin Ginover
dorthin, mit vielen schönen Damen,
vielen edlen Fürstinnen,
die voller Liebreiz waren.
Der Hof-Kreis war so weit bemessen,
daß es kein Drängeln gab, Gezänk –
sehr viele Damen saßen hier
mit dem amis. Der hehre Artus
führte Parzival dorthin;
Cunneware de la Lande
schritt an seiner andren Seite –
die Zeit des Trauerns war vorbei.
Artus schaute zum Waliser;
ihr sollt hören, was er sprach:
»Meine alte Dame gebe
Eurer Schönheit einen Kuß.
Um Küsse braucht Ihr nicht zu bitten,
denn Ihr kommt aus Beaurepaire –
dort ist die Krönung aller Küsse.
Doch will ich Euch um eines bitten:
komm ich mal an Euren Hof,
so möchte ich den Kuß zurück.«
»Ich erfüll Euch jede Bitte,
zu Hause und auch anderswo.«
Die Königin, nach kleinem Schritt,
begrüßte ihn mit einem Kuß:
»Ich vergebe Euch von Herzen
den Verlust, den ich durch Euch
erleiden mußte, als Ihr Ither,
le roi, das Leben raubtet.«
Bei der Versöhnung wurden ihr
die Augen feucht. Denn Ithers Tod
hat allen Frauen wehgetan.

Man setzte König Clamidé
ans Ufer, an den Plimizol,
Jofreit daneben, fils d'Idoel.
Zwischen Clamidé und Gawan
mußte Parzival niedersitzen.
Wie mir meine Quelle sagt,
saß in diesem Kreise keiner

(der an Mutterbrust gesogen),
dessen Rang bescheiden war.
Beides zeigte der Waliser:
Körperkraft und Jugendschönheit.
Wenn man ihn so recht beschaute:
gegen seine Lippen waren
viele Damenspiegel trübe!
Ich sprech zu euch von seiner Haut
am Kinn, an seinen Wangen:
seine Schönheit wär als Zange
gut, die treue Liebe packt.
Und Wankelmut wird wegradiert.
Ich sprech von flatterhaften Frauen;
sie denken immer an den Nächsten.
Sein Glanz hielt Frauentreue fest,
ihr Wankelnmut verging vor ihm.
Sie sahen ihn mit treuer Liebe:
durch die Augen in ihr Herz!
Die Männer, Frauen mochten ihn.
Und so genoß er die Verehrung –
bis zum seufzerschweren Punkt.
   Hier kam, von der ich reden will:
eine Jungfrau, rühmlich treu,
doch ihr Benehmen: Raserei!
Ihre Botschaft schmerzte viele.
Hört, wie dieses Mädchen ritt:
ein Muli, kastilianerhoch,
falb, dazu mit Nüstern-Narben,
und das Brandmal wies es aus
als Gaul, wie er aus Ungarn kommt.
Das Zaumzeug, das gesamte Reitzeug
waren kunstvoll hergestellt,
waren kostbar, reich geschmückt.
Das Muli zeigte gute Gangart.
Sie wirkte nicht sehr damenhaft.
Ach, weshalb kam sie hierhin?
Sie kam – es mußte also sein.
Sie brachte Leid zum Hof des Artus.
Die junge Frau war so gebildet,
daß sie viele Sprachen konnte:
Latein, Arabisch und Französisch.

Sie war bewandert auf dem Gebiet
der Dialektik, Geometrie,
und ebenso beherrschte sie
die Wissenschaft Astronomie.
Ihr Name lautete: Cundrie.
Man nannte sie auch »la sorcière«.
Sie war nicht auf den Mund gefallen,
redete in einem fort,
war Niederschlag auf hohes Glück.
Die junge Dame, hochgebildet, 313
zählte nicht zu den beaux gens
in ihrer äußeren Erscheinung.
Dieser Hagelschlag aufs Glück
trug feines Tuch – es kam aus Gent –
das war noch blauer als Lasur:
geschnitten als Kapuzenmantel,
völlig à la mode aus Frankreich;
darunter trug sie feine Seide.
Aus London kam ihr Pfauenhut,
der doubliert war mit brocart;
der Hut war neu, und auch die Schnur,
jedoch, sie trug ihn auf dem Rücken.
Ihre Botschaft: eine Brücke
übers Glück – es kam das Leid.
Sie raubte alle Lebenslust.
Ein Zopf hing über ihren Hut
herab zum Muli: derart lang!
War schwarz und starr und häßlich –
›weich‹ wie Schweine-Rückenborsten.
Auch war sie wie ein Hund benast;
aus ihrer Schnauze ragten
spannenlang zwei Eberzähne;
ihre beiden Brauen reichten
verzopft bis an das Haarband hoch.
Verletze ich bei ihr die Form,
so nur, weil ich die Wahrheit sage;
sonst braucht sich keine zu beklagen!
Cundrie mit Ohren wie ein Bär,
und ihr Gesicht war ganz behaart – 314
nicht so wie sich's ein Liebster wünscht!
Sie hielt in ihrer Hand die Peitsche –

die Schnüre waren seiden
und der Griff war ein Rubin.
An diesem wunderhübschen Liebchen:
Hände wie mit Affenfell.
Die Fingernägel wuchsen wild:
wie mir meine Quelle meldet,
ragten sie wie Löwenkrallen.
Wer kämpfte schon um ihre Liebe?
Setzt Freude fest, läßt Trauer frei...
So ritt sie in den Zeltring ein
und suchte gleich den König auf.
Cunneware de la Lande
saß zu Tisch mit Artus;
mit der edlen Ginover
aß die Königin von Janfuse;
Artus saß im Königsglanz.
Cundrie ritt zum Britannen hin
und sprach ihn auf Französisch an –
auch wenn ich's für euch verdeutsche,
will es mir nicht recht gefallen.
»Fils du roi Uther Pendragon –
was du tatest, hat dich selbst
entehrt und viele der Britannen.
Die Besten aller Länder könnten
hier in hohen Ehren sitzen –
doch ihr Ruhm hat einen Schandfleck!
Die Tafelrunde ist zerstört –
sie nahm bei sich die Falschheit auf.
König Artus: warst gefeiert –
mehr als alle deinesgleichen!
Dein Ruhm stieg an, nun stürzt er ab;
dein Ruf, beflügelt, humpelt jetzt;
mit deiner Würde geht's bergab;
dein Ruhm erweist sich als gefälscht.
Macht und Glanz der Tafelrunde
wurden durch die Mitgliedschaft
des Herren Parzival zerstört.
Der zeigt Insignien des Ritters!
Den Roten Ritter nennt Ihr ihn –
nach dem Ermordeten vor Nantes.
Ihr Leben läßt sich nicht vergleichen:

man hörte nie aus einem Buch
von derart hoher Ritterehre!«
Vom König ritt sie zum Waliser:
»Ihr seid schuld, wenn ich die Form
verletze, Artus und dem Hof
den ehrenvollen Gruß versage.
Schande über Eure Schönheit,
Eure männliche Erscheinung!
Könnt ich versöhnen, Frieden schließen –
beides wäret Ihr nicht wert!
In Euren Augen bin ich häßlich,
und bin doch schöner als Ihr selbst!
Gebt mir Antwort auf die Frage,
Herr Parzival, warum Ihr nicht
den Fischer, als er traurig dasaß,
ohne Zuversicht und Freude,
erlöst habt aus dem tiefen Seufzen.
Er zeigte Euch sein schweres Leid – 316
daß Ihr als Gast so herzlos wart!
Sein Leid hätt Euch erbarmen sollen!
Es werde Euer Mund so leer –
die Zunge weg, so mein ich das –
wie Euer Herz gefühlsleer ist.
Im Himmel, vor dem Höchsten Gott,
sieht man Euch schon in der Hölle;
es wird auch so auf Erden sein,
sobald die Edlen Euch durchschauen.
Heilsvernichter, Glückszerstörer!
Seid ohne Sinn für wahren Ruhm!
Ihr scheut die Ehre aller Tapfren,
Eure Würde siecht dahin,
kein Arzt wird Euch da helfen können.
Ich schwöre Euch, bei Eurem Haupt
(falls jemand meinem Eide glaubt):
so große Falschheit gab es nie
bei einem derart schönen Mann.
Köderfliege, Natternzahn!
Der Burgherr schenkte Euch sein Schwert –
Ihr seid es überhaupt nicht wert!
Ihr habt gesündigt, als Ihr schwiegt!
Flötenspiel des Höllenhirten!

Herr Parzival, Ihr seid verflucht!
Man trug sogar den Gral vor Euch,
das schneidende Silber, die blutige Lanze!
Ihr nehmt das Glück, Ihr gebt das Leid.
Hättet Ihr auf Mont Salvage
gefragt, Ihr hättet mehr gewonnen
als Tabronit im Heidenland –
die Stadt der irdischen Erfüllung.
Fairefis von Anjou errang
in einem harten Ritterkampf
die Königin von jenem Land;
in ihm erhielt sich noch der Mut,
den Euer Vater einst besaß.
Euer Bruder ist ein Wunder,
wahrlich, er ist schwarz und weiß,
der Sohn der Königin Sasamancs.
Ich denke hier an Gahmuret,
der Falschheit aus dem Herz gejätet.
Ein Anjou war Euer Vater,
hat ein Erbe hinterlassen,
dem Eure Taten nicht entsprechen;
Euer Ruhm ist ganz dahin.
Hätt Eure Mutter einen Fehltritt
je begangen, dächte ich:
Ihr seid niemals dessen Sohn!
Doch ihre Treue schuf ihr Leid.
So glaubt an ihren guten Ruf
und auch, daß Euer Vater wußte,
was treue Liebe heißt, beim Mann.
Ein starker Greifer hohen Ruhms...
Auch konnte er sehr fröhlich sein.
Ein großes Herz in seiner Brust,
jedoch die Galle war nur klein.
War eine Reuse, ja ein Fischwehr,
wenn er mit Geschick und Mut
seinen großen Ruhm-Fang machte.
Doch Euer Ruhm hat sich verfälscht.
Ach, ich mußte es verkünden,
daß der Sohn der Herzeloyde
Ruhm und Ehre so verfehlte!«
Cundrie, ein Opfer ihres Kummers,

rang nun schluchzend ihre Hände,
Tränen tropften auf die Tränen,
der Kummer preßte sie heraus.
Treue Liebe zwang die Jungfrau
so sehr ihr Herzeleid zu klagen.
Sie wandte sich dem König zu
und sagte ihm noch Folgendes:
»Ist hier denn kein edler Ritter,
dessen Mut den Ruhm begehrt
und dazu noch Hohe Liebe?
Vier Königinnen kenne ich
und viermal hundert junge Damen –
eine Lust, sie anzuschauen!
Sie sind auf dem Château Merveille –
was man dort bestehen muß,
zählt mehr als jedes Abenteuer;
der Lohn dafür ist Hohe Liebe.
Noch heute abend bin ich dort –
auch wenn mir diese Reise schwer wird.«
Die junge Dame – freudlos, traurig –
ritt ohne Abschied aus dem Kreis;
schluchzend blickte sie zurück.
Nun hört, was sie zuletzt noch rief:
»Ach, Mont Salvage, du Ort des Leids –
keiner wird dir Hilfe bringen!«
Cundrie, la sorcière, 319
die Häßliche, zugleich doch Stolze,
stimmte Parzival sehr traurig.
Was half ihm da sein tapfres Herz,
die Männlichkeit, die Hoferziehung?
Und, was weiter für ihn spricht:
die Reinheit, Gipfel aller Tugend.
Die wahre Falschheit kennt er nicht,
denn die Reinheit lohnt mit Ruhm,
sie ist zugleich die Seelenkrone.
Reinheit: hier erfüllt sich Höchstes.

    Als erste weinte Cunneware,
weil Cundrie, la sorcière,
dieses wahre Fabelwesen
Parzival so sehr beschimpft hat.
Und der Herzenskummer machte

Damenaugen tränennaß:
alle sah man sie dort weinen.
Cundrie, nach der Trauergabe,
ritt nun fort. Es ritt heran
ein Ritter, der war hochgesinnt.
Von den Füßen bis zum Helm
war seine Rüstung derart gut,
daß jeder merkte: mächtig teuer!
Sein Waffenschmuck war opulent;
sein Roß und er persönlich waren
nach dem Ritterbrauch in Eisen.
Er sah hier Männer, Mädchen, Frauen
trauern, in dem Kreis der Zelte;
er ritt heran – so hört gleich, wie.
Sein Herz war stolz, doch leiderfüllt. 320
Ich zeig den doppelten coup de chance:
aus seinem Mut entstand sein Stolz,
aus seiner Trauer wuchs sein Leid.
Er ritt von außen an den Kreis.
Ob man ihn dort nicht umdrängte –?
Viele Knappen rannten hin,
zum Empfang des edlen Herrn.
Er selbst, das Wappen: unbekannt.
Er löste nicht am Helm den Riemen;
der Mann, den alles Glück verlassen,
hielt das Schwert in seinen Händen,
das noch in der Scheide steckte.
Und er fragte nun nach beiden:
»Wo ist Artus? Und wo Gawan?«
Die Pagen zeigten sie ihm gleich.
So schritt er durch den weiten Kreis.
Kostbar war sein Waffenrock,
schmuck in seinem Seidenglanz.
Vor dem Herrn der Tafelrunde
blieb er stehen, sprach wie folgt:
»Gott beschütze König Artus
und die Damen, die Vasallen.
Alle, die ich hier jetzt sehe,
grüß ich voller Ehrerbietung –
nur *einen* schließ ich dabei aus,
niemals werde ich ihm dienen!

Ich will in seiner Feindschaft leben –
der Feindschaft, die er mir erweist,
gibt meine Feindschaft schlagend Antwort.
Ich sage Euch, um wen es geht. 321
Ach, ich armer Söldnerritter –
daß er mir das Herz zerriß!
Das Leid durch ihn ist allzu groß.
Es geht hier um Herrn Gawan,
der sehr viel Rühmenswertes tat
und hohes Renommee errang.
Die Schande hatte ihn im Griff,
als ihn sein Ehrgeiz dazu trieb,
beim Grüßen meinen Herrn zu töten –
der Kuß, den einst der Judas gab,
brachte ihn auf den Gedanken.
Daß mein Herr den bittren Tod
durch Mörderhand erlitten hat,
macht abertausend Herzen schwer.
Streitet dies Herr Gawan ab,
so kämpfe er, zur Rechenschaft,
in einer Frist von vierzig Tagen
vor dem König Ascalouns,
in der Hauptstadt Champ Fançon;
ich lade ihn zum Zweikampf vor –
er komme zu mir, kampfbereit.
Scheut er nicht davor zurück,
dort den Ritterdienst zu leisten,
so weise ich auf beides hin:
auf die Ehre seines Helms,
auf den ritterlichen Kodex.
Zwei Güter leisten hier den Zins:
wahre Reinheit, edle Treue
bringen Ruhm, dies einst und jetzt.
Herr Gawan darf sich nicht entehren, 322
wenn er noch am Runden Tisch –
dort drüben ist er, abgerückt –
in der Gesellschaft sitzen will.
Die Satzung wäre außer Kraft,
säße an ihr ein Verräter.
Ich kam nicht, um nur anzuklagen –
glaubt mir, was Ihr selbst gehört habt:

ich will nicht Klage, sondern Kampf.
Dabei geht es mir um Tod
oder ehrenvolles Leben –
falls das Glück es so vergönnt.«
Der König schwieg, er war bedrückt.
Dann gab er Antwort auf die Rede.
»Herr, es geht um meinen Neffen!
Wär Gawan tot, so würd ich selber
kämpfen; sein Gebein dürft' nicht
den Makel tragen des Verrats.
Mit etwas Glück soll Gawan selbst
im Kampf beweisen – dies als Zeugnis –,
daß er völlig loyal ist,
nicht Verrat begangen hat.
Falls Euch ein andrer Unrecht tat,
posaunt nicht seine Schande aus,
ohne Grund, doch weit und breit.
Wenn er seine Unschuld nachweist
und Ihr Euch mit ihm versöhnt,
habt Ihr ihn, in dieser Stunde,
so verleumdet, daß Ihr selbst
den guten Ruf verliert, bei Klugen.«
Beaucorps, ein Mann mit großem Stolz
(dessen Bruder war Herr Gawan),
er sprang auf und rief sogleich:
»Herr, ich werde Bürge sein –
wo immer Gawan kämpfen soll!
Daß er entehrt wird, bringt mich auf.
Macht Ihr nicht endlich Schluß damit,
so haltet Euch an mich, den Bürgen –
ich werd an seiner Stelle kämpfen.
Es geht nicht an, mit bloßen Worten
solchen hohen Ruhm zu schmälern,
den Gawan zweifellos besitzt.«
Er wandte sich dem Bruder zu,
ja, er kniete sogar nieder,
bat ihn – hört nur selber, wie:
»Bedenke, Bruder, daß du stets
für meinen hohen Ruhm gesorgt hast.
Ich nehm die harte Pflicht auf mich:
laß mich im Zweikampf Geisel sein.

Wenn ich diesen Kampf gewinne,
bringt dir das für immer Ruhm.«
Und er bat ihn dringlich weiter –
für den Ritterruhm des Bruders.
Gawan sprach: »Ich muß dir, Bruder,
diesen brüderlichen Wunsch,
besonnen wie ich bin, verweigern.
Ich kenne nicht den Grund zum Kampf,
auch macht mir Kämpfen nicht viel Spaß,
ich sag dir deshalb ungern ab.
Doch so verlör ich meine Ehre.«
Beaucorps bat ihn sehr nachdrücklich. 324
Der Fremde stand noch wie zu Anfang,
sprach: »Mich fordert hier ein Mann,
von dem ich nie etwas gehört,
dem ich in nichts verpflichtet bin.
Er mag ja stark und kühn und schön sein,
mächtig, reich, vertrauenswürdig,
dies auch noch in hohem Maße –
alles gut für einen Bürgen,
doch hab ich keinen Streit mit ihm!
Für den ich diese Fordrung stelle,
der ist mein Herr, mit mir verwandt.
Unsre Väter waren Brüder,
die sich nie im Stiche ließen.
Ich bin jedem ebenbürtig,
jedem, der die Krone trägt –
zieh ihn im Kampf zur Rechenschaft,
übe Rache an ihm aus.
Ich bin ein Fürst von Ascaloun,
bin der Landgraf von Champ Fançon,
mein Name lautet Kingrimorcel.
Liegt Herrn Gawan an seiner Ehre,
muß er sich so rechtfertigen:
daß er sich mir im Kampfe stellt.
Keiner lege Hand an ihn
im ganzen Lande, außer mir –
ich geb ihm sicheres Geleit
bis zur Stätte unsres Kampfes.
Gott behüte, die hier bleiben –
nur *einen* nicht; er weiß, warum.«

So verließ der edle Mann
die plaine von Plimizol.
Kingrimorcel – sobald sein Name
fiel, erkannte man ihn gleich!
Dieser kluge Fürst besaß
weit und breit den besten Ruf.
Man war der Meinung, daß Herr Gawan
den Kampf mit diesem tapfren Mann,
mit diesem Fürsten, der da fortritt,
entsprechend ernst zu nehmen habe.
Das große Leid verhinderte,
daß man ihn ehrenvoll empfing –
schließlich gab es Neuigkeiten
(ihr habt sie eben ja gehört),
die erschweren, daß ein Fremder
den Willkommensgruß erhält.

   Man wußte durch Cundrie den Namen
Parzivals und seine Herkunft,
daß ihn die Königin geboren,
die der Anjou gewonnen hatte.
Viele sagten: »Ja, ich weiß noch,
daß er sie vor Kanvolais
mit attaques eroberte,
in vielen wuchtigen combats;
so gewann sein fester Mut
das Mädchen, das ihm Glück verhieß.
Auch Amphlise, viel gefeiert,
hatte Gahmuret erzogen –
sie lenkte ihn zur courtoisie.
Daß der Waliser zu uns kam,
muß jeden der Britannen freuen –
an ihm, wie schon an Gahmuret,
zeigt sich hochverdienter Ruhm;
Wert und Würde sind mit ihm.«
An diesem Tag war Freud und Leid
ins Heer des Artus eingezogen –
solch ein Leben in Kontrasten
war das Los für diese Helden.
Überall erhob man sich;
unermeßlich war die Trauer.
Die Edlen gingen darauf eilig

zum Waliser und zu Gawan –
beide standen beieinander –
und trösteten, so gut es ging.
Clamidé, von hohem Adel,
meinte, er hätt mehr verloren
als ein jeder andre Mensch,
und sein Schmerz sei allzu herb.
So sagte er zu Parzival:
»Und wenn Ihr bei dem Grale wärt,
ich sagte doch, in vollem Ernst:
all der sagenhafte Reichtum –
Tribalibot im Heidenland,
und das Kaukasus-Gebirge
und sogar der Glanz des Grals –
wög mein schweres Leid nicht auf,
das mir vor Beaurepaire geschah.
Ach, mir fehlen Heil und Segen!
Ihr habt mir das Glück geraubt.
Hier, Cunneware de la Lande,
diese edle Fürstin wird Euch   327
in solchem Maß ergeben sein,
daß andre ihr nicht dienen können –
auch wenn sie Dienst entgelten kann!
Daß ich als ihr Gefangener
schon derart lange hier verweile,
hat sie sicher schon gelangweilt.
Soll ich wieder glücklich werden,
helft mir nur, daß ihre Liebe
mich zum Teil für das entschädigt,
was ich durch Euch verloren habe.
Mir ist das große Glück entwischt;
ich hatt es schon – doch dann kamt Ihr!
Verhelft mir jetzt zu dieser Frau.«
»Das will ich tun«, sprach Parzival,
»falls sie uns courtois erhört.
Ich gleich gern aus, denn sie ist mein,
die Euch – so sagt Ihr – leiden ließ.
Ich sprech von der mit dem beau corps:
Con   duir   a   mour...«
   Die Heidin von Janfuse,
König Artus und Gemahlin,

Cunneware de la Lande,
die edle Jeschute von Karnant,
sie gingen hin, um ihn zu trösten.
Was könnte man auch Bessres tun?
Sie gaben Clamidé darauf
Cunneware, die er liebte.
Und er schenkte ihr sich selbst,
setzte ihr die Krone auf.
Das sah die Heidin von Janfuse
und sie sagte zum Waliser:
»Cundrie hat einen Mann erwähnt,
den seh ich gern als Euren Bruder.
Sein Machtbereich erstreckt sich weit;
über Land und über Meer
beherrscht er große Königreiche,
sie gehorchen ihm voll Furcht:
Asagouc und Sasamanc –
beide Länder sind gewaltig.
Mit seinem Reichtum mißt sich keiner –
ausgenommen der Kalif
und die Stadt Tribalibot.
Wie ein Gott wird er verehrt.
Seine Haut ist wunderlich:
er sieht nicht aus wie andre Menschen,
er ist weiß und schwarz zugleich.
Ich bin durch eines seiner Länder
hergereist – er hätt mir gerne
diese Reise ausgeredet,
doch mißlang ihm der Versuch.
Ich bin die Tochter von der Schwester
seiner Mutter. Ein edler König!
Ich sag Euch mehr von ihm, an Wundern.
Seine Tjost wirft jeden ab;
er läßt sich seinen Ruhm was kosten,
kein Menschenkind schenkt derart gern;
sein Handeln löscht die Falschheit aus.
Fairefis von Anjou: er kämpft
und leidet für die Frauen.
Wie fremd mir hier auch alles ist,
so kam ich doch, weil ich Geschichten
hören, Taten sehen will.

An Euch erweist sich höchste Fügung,
die die ganze Christenheit
von Schmach befreit, zur Glorie führt –
wenn Euer Handeln edel ist.
Man rühmt an Euch mit vollem Recht
die lichte Schönheit, Tapferkeit –
Kraft und Jugend wirken mit.«
Die reiche, kluge Heidin
hatte viel dazugelernt,
und so sprach sie gut français.
Der Waliser gab ihr Antwort,
sagte ihr das Folgende:
»Edle Frau, Gott lohn es Euch,
daß Ihr mich so freundlich tröstet.
Ich bin noch nicht vom Leid befreit,
und das will ich Euch erklären.
Ich kann den Schmerz noch nicht so zeigen,
wie ich ihn als Schmerz empfinde,
weil mir viele Unrecht tun,
die nichts von meiner Not begreifen
und mich noch dazu verspotten.
Ich will nie mehr glücklich sein,
ehe ich den Gral gesehen –
wie lange das auch dauern mag.
Mein Denken treibt mich zu dem Ziel;
ich weiche nicht mehr davon ab,
in meinem ganzen Leben nicht!
Wenn mir höfisch edle Haltung 330
vor der Welt nur Spott einbringt,
so war die Lehre unvollkommen;
mich lehrte der edle Gournemans:
ich soll nicht vorlaut Fragen stellen,
soll die Grobheit stets bekämpfen.
Ich seh hier viele edle Ritter:
gebt mir hofgerechten Rat,
wie ich Eure Gunst gewinne.
Man ist bei mir ja äußerst streng
mit Worten ins Gericht gegangen –
wer mir deshalb die Gunst entzog,
dem will ich keinen Vorwurf machen.
Doch erring ich einmal Ruhm,

so behandelt mich entsprechend.
Ich muß jetzt eiligst von Euch fort.
Als ich in hohem Ansehn stand,
nahmt Ihr mich auf in Euren Kreis –
dies sei erst bindend, wenn ich gutmach,
was mein Glück verdüstert hat.
Das Unheil bleibe mir so nah,
daß mein Herz die Augen näßt.
Ich ließ am Mont Salvage zurück,
was mir das wahre Glück entzog –
hélas, so viele schöne Mädchen!
Was immer man an Wundern nennt –
sie alle übertrifft der Gral.
Der Burgherr harrt dort seufzend aus.
Anfortas, der du Hilfe brauchst,
was half dir, daß ich bei dir war?«
Sie können hier nicht länger bleiben,
und so heißt es, Abschied nehmen.
So sagte denn der Mann aus Wales
zu Artus, dem Britannen,
zu den Rittern und den Damen:
mit ihrer freundlichen Erlaubnis
breche er zur Reise auf.
Keinem wollte es gefallen,
daß er losritt, derart traurig –
ich glaub, es tat dort allen leid.
Artus versprach ihm in die Hand:
gerate sein Land in Kriegsgefahr –
wie zuvor durch Clamidé –
so treffe ihn die Tat persönlich.
Und: er bedaure, daß Llewelyn
ihm zwei Königreiche raubte.
Man erwies ihm Reverenzen.
Die Trauer wollte, daß er aufbrach.
Die schöne Jungfrau Cunneware
nahm den Helden bei der Hand
und sie führte ihn hinaus.
Gawan gab ihm den Abschiedskuß;
dann sagte, der so tapfer war,
zu unserm Helden voller Mut:
»Ich weiß genau, mein Freund, dein Weg

führt zu Kämpfen, unausweichlich –
Gott beschenke dich mit Glück
und helfe mir, daß ich dir so
dienen kann, wie ich es will.
Dies gewähr mir Gottes Allmacht.«
Der Waliser: »Ach, was ist Gott?!
Wenn Er so allmächtig wäre,
Seine Macht auch offenbarte,
hätt Er uns die Schmach erspart.
Seit ich von Seiner Gnade weiß,
bin ich Ihm im Dienst ergeben –
ich künde Ihm den Dienst nun auf!
Haßt Er mich, so nehm ich's hin!
Mein Freund, steht dir ein Kampf bevor,
so fechte eine Frau ihn aus,
für dich, und leite deine Hand;
bei der du weißt, daß sie die Reinheit,
die Güte einer Frau besitzt –
deren Liebe sei dein Schutz.
Ich weiß nicht, wann ich dich noch seh –
was ich dir wünsch, erfülle sich.«
Diese Trennung machte ihnen
Trauer zum gestrengen Nachbarn.
Cunneware de la Lande
führte ihn zur tente pompeuse,
und man brachte ihm die armure.
Ihre hellen schönen Hände
legten ihm die Rüstung an.
»Ich habe allen Grund dazu,
denn Ihr habt bewirkt, daß mich
König Clamidé erwählte.
Die Belastung Eures Ansehns
läßt mich seufzen, voller Schmerz.
Seid Ihr gegen Trauer schutzlos,
raubt mir Euer Leid das Glück.«
 Nun lag auf seinem Roß die Decke –
das steigerte noch seinen Schmerz.
Der schöne Ritter trug auch schon
die glänzend helle Eisenrüstung,
kostbar, ohne jedes Blendwerk;
sein surtout, sein Waffenrock

mit Edelsteinen reich verziert;
nur hatte er den Helm noch nicht
aufgesetzt und festgezurrt –
so küßte er nun Cunneware,
diese Jungfrau, die beauté –
so wurde mir von ihr erzählt.
Es war ein Abschied voller Schmerz
zwischen beiden, die sich mochten.
Der Sohn des Gahmuret ritt fort.
Bisher erzählte Abenteuer
wird man nicht bewerten dürfen,
eh man hörte, was er tut,
wohin er kommt, wohin er zieht!
Wer ritterliche Kämpfe scheut,
der denk im weitren nicht an ihn –
falls sein Stolz ihm das erlaubt.
Con duir a mour,
dein beau corps, so liebenswert:
wie oft wird nun an ihn gedacht!
Wie viele Taten gelten dir!
Ritterdienste für den Gral
wird der Sohn der Herzeloyde
von dieser Zeit an häufig leisten;
er hat den Gral auch mitgeerbt./
 Herr Gawan machte sich bereit   335
zu seinem Aufbruch in den Kampf
mit dem König von Ascaloun.
Das stimmte viele Britannen traurig,
viele Mädchen, viele Frauen;
herzlich klagte man darüber,
daß er in den Zweikampf ritt.
Mit ihm verlor die Tafelrunde,
was ihr bisher Glanz gegeben.
Gawan dachte nach, genau,
was er brauchte für den Sieg.
Auf Lastenpferden hatten Händler
Schilde mitgebracht; sie waren
alt, robust (ihm war egal,
wie sie aussahn), doch nicht käuflich;
dennoch erwarb er drei davon.
Dann kaufte noch der große Kämpfer

sieben kampferprobte Rösser;
Freunde gaben ihm ein Dutzend
scharfe Lanzen: Angram-Spitzen
auf den starken Bambusschäften
aus dem Sumpfgebiet der Heiden
bei Oraste Gentesin.
Er bat um Abschied und brach auf
mit völlig ungebrochnem Mut.
Artus gab viel aus für ihn,
beschenkte ihn mit großem Aufwand:
rotes Gold und lichte Steine,
viele Silber-Sterlings. Gawans
Zeichen standen auf Gefahr.
 Die jugendliche Hekuba   336
(ich spreche von der reichen Heidin)
zog zum Hafen, ging an Bord.
Und man ritt vom Plimizol
in alle Richtungen davon.
Artus zog nach Charidol;
Cunneware und Clamidé
nahmen vorher von ihm Abschied.
Orilus, der große Fürst,
die edle Jeschute von Karnant,
nahmen gleichfalls von ihm Abschied,
doch blieben sie noch auf der plaine
drei Tage lang bei Clamidé,
der die Vermählung feierte;
die eigentliche Hochzeit fand
daheim in großem Rahmen statt.
Und weil er wirklich generös war,
blieben Ritter, verarmte Leute
im Gefolge Clamidés,
dazu das ganze Spielmannsvolk.
Er nahm sie in die Heimat mit,
verschenkte den Besitz an sie
in Ehren, ohne Peinlichkeit,
wies keinen ab, mit einem Vorwand.
Weil Clamidé sie darum bat,
zog Jeschute mit dem geliebten
Orilus nach Brandigan.
 Ich weiß, daß Damen mit Verstand   337

(sofern sie Liebe, Treue kennen),
die hier die Geschichte lesen,
mir ehrlich zugestehen müssen:
ich erzählte von Frauen besser,
als ich von der *einen* sang!
Die Königin Belacane,
vom (verstorbnen) König belagert,
wich keinen Schritt vom rechten Pfad,
blieb von jeder Falschheit frei.
Der Traum der edlen Herzeloyde
ließ sie tief von Herzen seufzen.
Und wie klagte Ginover
am Todestag des Königs Ither!
Auch habe ich sehr mitgelitten,
als Jeschute, Königstochter,
bekanntlich ohne jeden Makel,
doch in Schande reiten mußte.
Und wie wurde Cunneware
beim Haar gepackt und durchgebläut!
Doch beides wurde wettgemacht:
erst erniedrigt, dann erhöht.
  Einer, der erzählen kann
und Verse dichten, gut gereimt,
Zeilen bindend, Zeilen brechend,
der setze den Roman hier fort.
Ich würde ihn gerne weiterführen,
wenn mir dies ein Mund beföhle,
der auf andren Füßchen steht,
als sie in meinen Bügeln pendeln.

Der niemals tat, was schändlich war:
die Erzählung wird sich nun
für eine Zeit mit ihm befassen:
dem edlen und berühmten Gawan;
ganz unbefangen stellt sie andre
neben Parzival, den Helden
des Romans, ja über ihn;
wer seinen Liebling unablässig
mit Worten in den Himmel hebt,

der verliert die Resonanz.
Wer ohne Übertreibung lobt,
der bräuchte Publikums-Applaus,
denn was er sonst auch sagt und sagte,
käm nicht unter Dach und Fach.
Wer nimmt die Dichtersprache auf,
wenn es die Kenner nicht mehr tun?
Erzählung, die belügt, betrügt,
die bliebe besser, meine ich,
als ungebetner Gast im Schnee,
dort fährt der Frost ihr übers Maul,
das Lüge noch als wahr ausgibt;
so hätte Gott für sie getan,
was sich edle Menschen wünschen,
die mühsam um die Wahrheit ringen.
Wer mit Nachdruck Werke wünscht,
die nur Fehler, Schwächen zeigen –
der Gönner, der hier Beifall zollt,
beweist damit: ihm fehlt Kritik.
Er lehn sie ab, kennt er noch Scham –
das mache er sich zum Prinzip.

    Gawan zeigte feste Haltung,
war mutig und doch selbstbeherrscht,   339
so daß echte Feigheit nie
seinen Ruhm erschüttern konnte.
Sein Herz war eine Burg im Kampf,
tat sich im harten Kampf hervor –
im Kampfgetümmel fiel er auf.
Ihm sagten Freunde, Feinde nach:
sein cri, sein Kampfruf wollte Ruhm –
den hätte ihm Kingrimorcel
im Kampf am liebsten abgenommen!

    Gawan, dieser tapfre Mann,
war von Artus weggeritten –
vor wieviel Tagen, weiß ich nicht.
So ritt der edle, kühne Held
mit seinem Troß auf rechtem Weg
aus dem Wald und durch das Tal;
er entdeckte von einem Hügel
etwas, das die Furcht erregte,
doch seinen Mut verdoppelte.

Es sah der Held, ganz zweifelsfrei:
Marschieren hinter vielen Wimpeln,
dies in wahrlich großem Stil.
Er dachte sich: »Der Weg, die Flucht
zum Wald zurück ist mir zu lang.«
So ließ er rasch das Streitroß satteln.
(Ein Geschenk von Orilus –
er hatte nicht drum bitten müssen!
Und sein Name lautete:
Gringalet, »mit roten Ohren«.
Es stammte von dem Mont Salvage;
am See Brumbane hatte es
Llewelyn im Kampf erbeutet –
die Tjost tat einem Ritter weh,
der fiel als Leiche aus dem Sattel!
Trevrizent wird dies erzählen...)
Gawan dachte: »Wer feige ist
und flieht, bevor man ihn verjagt,
der freut sich seines Ruhms zu früh.
Was immer dort geschehen mag,
ich mach mich langsam an sie ran –
die meisten haben mich gesehn!
Es wird schon eine Lösung geben...«
Und er saß vom Pferde ab –
als hätte er hier einen Stall.
Es waren endlos viele Scharen,
die dort in Formationen ritten;
er sah viel elegante Kleidung
und viele Schilde mit Emblemen,
die er ganz und gar nicht kannte –
und auch keins der Wimpelzeichen.
»Diesem Heer bin ich ganz fremd«,
so dachte sich der edle Gawan,
»schließlich kenn auch *ich* sie nicht.
Ist das für die ein Grund zum Kampf,
so lege ich die Lanze ein –
eigenhändig tu ich das –
und schwenk erst dann von ihnen ab.«
Nun war Gringalet gesattelt –
er war auf mancher Schreckensbahn
zur scharfen Tjost getrieben worden;

das stand ihm jetzt auch hier bevor.
Gawan sah Helme in großer Zahl,
décoré, mit schönem Aufputz –
all der Aufwand war beträchtlich.
Zu ihrem Kampfspiel brachten sie
viele neue, weiße Lanzen;
die bunt bemalten separat –
mit Wimpelzeichen ihrer Herren –
in den Händen junger Knappen.
   Gawan, fils du roi Lot,
sah ein schreckliches Gedrängel:
Mulis schleppten Rüstungsstücke,
Wagen waren hoch beladen –
alles schnellstens zum Quartier!
Und Marketender folgten ihnen,
es war ein riesiges pêle-mêle,
doch es mußte wohl so sein.
Auch ›Damen‹ gab es dort genug –
so manche trug ein Dutzend Gürtel:
Pfänder für die Liebesdienste.
Es waren keine Königinnen:
die besagten Tripplerinnen
nannte man Soldatendirnen.
Es folgten zahlreiche voyous,
diese jung und jene alt,
die hatten sich ganz müdgetippelt –
mancher sollte besser hängen,
statt das Heer noch zu vergrößern
und Ehrenleute zu beschämen.
Gawan stand dort, bis das Heer   342
vorbeimarschiert, -geritten war;
er wandte damit eine List an:
wer den Helden stehen sah,
nahm an, daß er zum Heer gehöre.
So stolze Ritter zogen nie
durchs Abend- oder Morgenland;
sie waren sehr beherzt und stark.
   In kurzem Abstand folgte ihnen
auf der Spur – es eilte ihm –
ein Page, dem war Grobheit fremd.
Ein zweites Pferd lief neben ihm;

er hatte einen neuen Schild;
mit beiden Sporen trieb er
das cheval an, schonungslos –
er wollte möglichst rasch zum Kampf.
Sein Kleid war gut geschneidert.
Gawan ritt zum Knappen hin,
grüßte ihn und wollte wissen,
von wem dies Heergefolge sei.
Der Knappe sagte: »Ihr mokiert Euch!
Hab ich diesen Hohn verdient,
weil ich etwa Grobheit zeigte?!
Dann wär mir andre Strafe lieber,
die wäre für mein Ansehn besser.
Bei Gott, seid nicht so aufgebracht!
In Euren Kreisen kennt man sich –
was soll es, wenn Ihr mich hier fragt?
Ihr müßtet all dies tausendmal
und noch einmal viel besser wissen!«
Gawan wollte das beschwören:
er kenne niemand in dem Heer,
das hier vorbeigeritten war.
»Ich reiste weit – so ist es schlimmer,
daß ich ehrlich sagen muß:
bis heute habe ich von denen
keinen irgendwo gesehn –
wo immer auch mein Dienst gefragt war.«
Der Knappe sagte drauf zu Gawan:
»Herr, ich hab mich schlecht benommen;
ich hätt's Euch eher sagen sollen.
Mein bessres Ich ließ mich in Stich.
Ich unterwerfe mein Vergehen
Eurem Urteil, doch übt Nachsicht.
Ich geb Euch gern die Auskunft – gleich.
Zuvor: entschuldigt meine Grobheit.«
»Ihr habt das sehr formell bedauert,
und nun sagt mir, wer die sind.«
»Herr, der Mann, der vor Euch reitet,
dessen Vormarsch keiner aufhält,
heißt Boidiconience, le roi.
Auch Duc Astor de Lanvaironce.
Ein Schuft ist mit von der Partie,

dem keine Frau je Liebe schenkte –
er trägt die Krone aller Grobheit,
sein Name ist Meleagans.
Ob bei Frauen oder Mädchen –
alle Lust, die er hier fand,
die hat er mit Gewalt geraubt.
Er hat dafür den Tod verdient.
Er ist der Sohn von Boidiconience, 344
auch er will Ritterkämpfe liefern –
die vollführt der Mutige
unablässig, unerschrocken.
Was hilft sein mutiges Gebaren?!
Das Mutterschwein verteidigt auch
sein Ferkelchen, das mit ihm läuft...
Ich hörte nie ein Lob auf Männer,
die mutig waren, aber grob.
Von solchen folgen mir noch viele!
König Meleans von Lis
kommt mit großem Heer heran
zu Euch. Auch den spornt Grobheit an.
Er zeigt Hoffart, tobt vor Wut,
doch ohne einen rechten Grund –
Liebe auf dem falschen Weg! /
Die Wut hat sich so weit gesteigert, 349
daß die beiden Könige
Belleroche belagern wollen –
dort kämpft man um die Gunst der Frauen,
dort heißt es viele Lanzen brechen
beim Attaquieren und beim Stechen!
Belleroche ist so befestigt –
selbst wenn wir *zwanzig* Heere hätten,
jedes größer noch als dieses,
wir könnten nicht die Stadt verwüsten!

Im Heer da hinten weiß man nichts
von meinem Ritt; ich nahm den Schild
trotz all der Pagen heimlich mit,
falls mein Herr – genau gezielt –
den ersten Schild durchstoßen will,
attaquierend au combat.«
Der Page wandte sich zurück:
sein Herr war dicht auf seiner Spur.

Drei Rösser und zwölf neue Lanzen
kamen rasch mit ihm heran.
Ich glaub, die Jagdlust sah hier jeder:
er wollte, gierig vorwärtsfliegend,
die erste Tjost für sich erjagen!
Dies entnehme ich der Quelle.
Der Page sagte Gawan: »Herr,
gestattet, daß ich Abschied nehme.«
Er wandte sich zu seinem Herrn.
Was wünscht ihr, soll jetzt Gawan tun?
Doch wohl, daß er der Sache nachgeht.
Sein Schwanken machte es ihm schwer.
Er dachte: »Schau ich zu beim Kampf
und greife ich dabei nicht ein,
so ist mein ganzer Ruhm dahin.
Gerate ich dort in den Kampf
und werde dadurch aufgehalten,
so sitzt mein ganzer Erdenruhm
nicht mehr auf dem hohen Roß.
Ich tu es nicht, auf keinen Fall –
ich muß erst meinen Zweikampf führen!«
Sein Konflikt rang mit sich selbst –
in Hinblick auf den Ritt zum Zweikampf
war es zu riskant, zu bleiben,
aber: einfach weiterreiten?!
Er sagte sich: »Nun walte Gott,
daß ich hier Kraft und Mut bewahre.«
Gawan ritt nach Belleroche.

    Es zeigten sich ihm Burg und Stadt –
keiner konnte besser wohnen!
Es lag vor ihm in vollem Glanz
die Krone aller Burgen,
reich bestückt mit Türmen.
Auf der plaine vor dieser Stadt
war bereits ein camp fürs Heer;
mein Herr Gawan sah sehr viele
Zelte, die in Kreisen standen.
Es überbot sich stolze Pracht:
staunenswerte Lanzenwimpel
sah er dort in großer Zahl
und fremde, buntgemischte troupes.

Der Zweifel hobelte sein Herz,
sein ganzer Kummer schnitt sich ein.   351
Gawan ritt durch sie hindurch.
Die Zelte standen äußerst dicht
und doch: ihr Heer war ausgedehnt!
Er sah dort, wie sie lagerten,
was diese und was jene taten.
Wenn einer sagte: »Bien venu«,
gab er zur Antwort: »Grand merci«.
Als formation am Lagerrand:
troupiers aus Semblidace;
ganz in der Nähe, doch für sich:
turquople-Schützen aus Kaheti.
Wo Fremdheit ist, fehlt Freundlichkeit:
da ritt der Sohn von König Lot
und keiner bat ihn dazubleiben.
Er dachte, auf dem Weg zur Stadt:
»Bin ich vielleicht ein Beutegeier?!
Dann wär ich vor Verlusten besser
in der Stadt geschützt als hier.
Doch will ich keine Beute machen,
will nur mein Eigentum behalten –
sofern das Glück es mir vergönnt.«
Gawan ritt zu einem Tor.
Die Aktionen der Bewohner
und ihr Aufwand störten ihn:
jedes Stadttor war vermauert,
jeder Wehrturm war verteidigt,
jede Zinne war bewacht
von einem dieser Armbrust-Schützen;
alle waren schußbereit –
ambitioniertes Kriegsgewerbe!   352
Gawan ritt den Berg hinan.
Zwar kannte er sich dort nicht aus,
doch ritt er zu der Burg hinauf.
Dort erspähten seine Augen
viele edle Damen.
Die Frau des Burgherrn war zum Palas
hochgestiegen, hielt dort Ausschau,
die beiden schönen Töchter auch;
ein Leuchten ging von ihnen aus.

Er hörte bald schon, was sie sagten:
»Wer ist es, der dort zu uns kommt?«
Da sprach die alte Herzogin:
»Was für ein Aufzug ist das nur?«
Die ältre Tochter gleich darauf:
»Das ist ein Kaufmann, liebe Mutter.«
»Man trägt für ihn doch Schilde mit!«
»Das ist bei vielen Händlern üblich.«
Die jüngre Tochter sagte nun:
»Du wirfst ihm vor, was gar nicht stimmt.
Du solltest dich was schämen, Schwester –
der war bestimmt noch nie ein Kaufmann!
Sein Aussehn ist so liebenswert,
ich werd ihn mir zum Ritter nehmen.
Wenn er mir dient und Lohn erwartet,
bekommt er ihn, denn er gefällt.«
Nun entdeckten seine Pagen:
Olivenbäume, eine Linde
standen unten an der Mauer –
die Entdeckung freute sie.
Was, meint ihr, sollen sie jetzt tun?
Wohl dies: der Königssohn saß ab,
wo er den schönsten Schatten fand.
Gleich holte ihm sein Kämmerer
Ruheliege und courtepointe,
der stolze Ritter nahm drauf Platz.
Über ihm ein Heer, ein Meer
von Frauen! Hausgewand und Rüstung
lud man von den Pferden ab.
Etwas abseits, unter andren
Bäumen lagerten die Pagen,
die mit ihm gekommen waren.
Die alte Herzogin darauf:
»Liebe Tochter, welch ein Kaufmann
könnte solchen Stil entfalten?
Du darfst ihn nicht beleidigen.«
Da sprach die kleine Obilot:
»Ihre Grobheit ist weit größer!
Zum König Meleans von Lis
war sie äußerst überheblich,
als er sie um Liebe bat.

353

Schändlich, wer sich so verhält!«
Obie entgegnete darauf –
sie war dabei nicht frei von Zorn:
»Wie der sich aufführt – mir egal!
Das ist ein Wechsler, der dort sitzt!
Der macht hier einen guten Schnitt.
Seine Fracht wird gut bewacht:
er selber hält ein Auge drauf –
das ist dein ›Ritter‹, dumme Schwester!«
Jede Silbe dieser Worte   354
drang in Gawans Ohren ein./
Obie war äußerst bös auf ihn –
er hatte keine Schuld daran;
sie wollte ihn erniedrigen.
Sie schickte einen écuyer
hinab zu Gawan, wo der saß;
sie sagte zu ihm: »Frage dann,
ob man die Pferde kaufen kann
und ob in seinen Saumtier-Kisten
gute Tuche, Kleider sind –
wir Damen kaufen sie sofort.«
Der écuyer ging zu ihm hin –
wütend wurde er empfangen!
Gawans Augen funkelten –
das lähmte fast vor Angst sein Herz,
der Page war so eingeschüchtert,
daß er nicht fragte und nicht sagte,
was ihm aufgetragen war.
Gawan schluckte nichts hinunter,
schrie ihn an: »Halunke, packt Euch!
Kommt Ihr noch einen Schritt heran,
dann gibt es Schläge auf das Maul,
die werdet Ihr nicht zählen können!«
Der Page ging, nein, rannte weg.
Hört euch an, was jetzt Obie tat.
Einem Junker trug sie auf,   361
mit dem Burggrafen der Stadt
zu reden; sein Name war Geroles.
Sie sprach: »Du mußt ihn darum bitten,
hier entschieden durchzugreifen –
er soll es tun, weil *ich* das will.

Unter den Olivenbäumen
stehn am Graben sieben Rösser:
er soll sie nehmen, auch die Waren!
Der Händler will uns hier betrügen –
er soll das bitte unterbinden.
Was ich von ihm erwarte, ist,
daß er dies alles einzieht, gratis;
er hat das Recht, es zu behalten.«
Der Knappe runter, und er trug
die Klagen seiner Herrin vor.
»Ich muß uns vor Betrug beschützen«,
sprach Geroles, »ich reite hin.«
Er ritt hinauf, wo Gawan saß,
den nie der Mut in Stich gelassen.
Dort sah er Mangel – doch an Schwäche:
schönes Antlitz, breite Brust,
es war ein wirklich schöner Ritter.
Geroles betrachtete ihn prüfend:
seine Arme, seine Hände,
die Erscheinung insgesamt.
Er sagte: »Herr, Ihr seid hier fremd.
Wir haben uns sehr dumm benommen,
Ihr seid noch ohne Unterkunft.
Betrachtet dies als unsre Schuld.
Ich werde Euer Marschall sein: 362
was ich besitze, meine Leute –
ich stell Euch alles zur Verfügung.
Kein Gast ritt je zu einem Wirt,
der ihm so sehr ergeben war.«
»Ihr seid zu gütig«, sagte Gawan,
»zwar habe ich's noch nicht verdient,
doch nehme ich es gerne an.«
Der vielgepriesene Geroles
sagte, weil er sehr loyal war:
»Die Sache fiel nun mal an mich;
so schütze ich Euch vor Verlust.
Wenn die Belagrer Euch berauben,
kämpfe ich an Eurer Seite.«
Und lachend sagte er den Pagen,
die er alle vor sich sah:
»Packt die Rüstungsstücke auf,

es geht jetzt runter in die Stadt.«
Gawan ritt mit seinem Wirt.
  Obie gibt immer noch nicht auf:
sie schickte eine Gauklerin,
die ihrem Vater gut bekannt war,
und sie ließ Libaut berichten,
ein Falschmünzer sei unterwegs –
»was der besitzt, ist gut und teuer;
als wahrer Ritter soll mein Vater
dies als nächste Löhnung nehmen,
bezahlt er doch die vielen Söldner
mit Pferden, Silber und mit Kleidung.
Dies reicht für sieben Kriege aus!«
Dem Fürsten sagte die Gauklerin, 363
was ihr die Tochter aufgetragen.
Wer jemals einen Krieg geführt hat,
weiß, wie sehr es nötig ist,
daß er an reiche Beute kommt.
Libaut, in seinem Pflichtverhältnis,
belasteten die Söldner sehr
und so dachte er sofort:
»Ich nehme den Besitz an mich,
im Guten oder mit Gewalt.«
So machte er sich auf den Weg.
Geroles kam ihm entgegen,
fragte ihn, wohin so rasch.
»Ich reit zu einem Gauner hin.
Man hat mir über ihn berichtet,
daß er ein Falschmünzer sei.«
Herrn Gawan traf hier keine Schuld,
der Grund lag nur bei seinen Pferden
und dem anderen Besitz.
Geroles, er lachte auf und sagte:
»Herr, man hat Euch angeführt.
Wer Euch das sagte, hat gelogen –
ob Mann, ob Mädchen oder Frau.
Mein Gast ist ohne jede Schuld.
Drum schätzt ihn bitte anders ein.
Wenn Ihr die Wahrheit wissen wollt:
der hatte niemals Prägestöcke,
trug niemals eine Wechsler-Tasche!

Schaut ihn an und hört ihm zu –
er ist in meinem Hause dort.
Kennt Ihr den Lebensstil von Rittern, 364
so müßt Ihr ihn auch anerkennen.
Der war nie scharf auf den Betrug.
Wer ihm das trotzdem unterstellt –
es sei mein Vater, sei mein Sohn,
ein Vetter oder selbst mein Bruder,
und alle, die ihm böse sind,
die müssen sich im Kampf mit mir
kräftig in die Ruder legen;
ich schütze ihn vor Unterstellung –
solange Ihr mir gnädig bleibt.
Ich zöge mich vom Ritterdienst
zurück, in Sack und Asche,
verließe meinen Adelssitz
dorthin, wo ich ein Fremder wär,
bevor ich zuließ, daß Ihr ihn
ungerecht behandeln würdet.
Es wäre weitaus passender,
alle freundlich aufzunehmen,
die von Eurer Not erfuhren
und dann kamen – statt sie hier
auszunehmen! Gebt das auf!«
Und Fürst Libaut: »So zeigt ihn mir.
Das wird kaum schlimme Folgen haben...«
So ritt er, bis er Gawan sah.
Die Augen, die Libaut im Kopfe
hatte, und sein Herz erkannten:
dieser Fremde war sehr schön,
und wie er sich verhielt, das zeigte
die Haltung eines tapfren Mannes.
Er sagte: »Euer Kommen, Herr,
ist für uns der reinste Segen.
Ich bin wahrhaftig weitgereist:
bis heute hat noch nie ein Anblick
meine Augen so beglückt.
Bei diesem widrigen Ereignis
wird uns Euer Ankunftstag
eine Hilfe sein, höchst hilfreich!«
Er bat um ritterlichen Beistand.

»Ist Eure Rüstung nicht komplett,
so statten wir Euch gerne aus.
Wenn Ihr es wollt, Herr: kämpft mit uns!«
Der edle Gawan gab zur Antwort:
»Ich wäre gern dazu bereit,
ich bin gerüstet und bin stark,
jedoch: ich habe Waffenruhe
bis zu einem festen Zeitpunkt.
Ihr mögt obsiegen, unterliegen –
ich würde alles mit Euch teilen,
doch halte ich mich hier heraus
bis zu meinem Zweikampf, Herr.
Mein Ansehn ist als Pfand versetzt
(es geht um den Respekt der Edlen!),
das löse ich im Zweikampf ein
(nur deshalb bin ich unterwegs), 367
oder ich verlier mein Leben.«
Das tat Libaut von Herzen leid,
er sagte: »Herr, bei Eurem Rang,
der höfisch-noblen Freundlichkeit –
hört die Beweise meiner Unschuld.
Ich hab zwei Töchter und die sind
mir äußerst lieb, als eigne Kinder.
Was mir Gott mit ihnen schenkte,
dessen will ich mich erfreuen.
Welch ein Glück, daß sie mir auch
großes Leid bereitet haben.
Das will jedoch die eine Tochter
mit mir teilen, und zwar ganz.
Doch ist die Last nicht gleich verteilt:
mein Herr tut ihr mit Liebe weh
und mir, weil er so lieblos ist.
Wenn ich die Sache richtig seh,
greift Meleans mich deshalb an,
weil mir *eines* fehlt: ein Sohn.
Doch sind mir Töchter weitaus lieber –
was soll's, wenn mir das Unglück bringt?
Ich betrachte dies als Glück.
Wer mit der Tochter eine Wahl trifft,
wird – obwohl für sie das Schwert
verboten ist – doch Hilfe finden,

die genauso zählt, denn: keusch
gewinnt sie einen Sohn voll Mut.«
»Das walte Gott«, bemerkte Gawan.
Dringlich bat Libaut, der Fürst.
»Bei Gott, Herr, redet nicht davon!«
so rief der Sohn von König Lot,
»verlangt bei Eurer Haltung nicht,
daß ich hier mein Gelöbnis breche.
Doch *eins* will ich Euch zugestehn:
ich sag Euch heute abend noch,
wie ich mich entschieden habe.«
Libaut bedankte sich und ging.

    Im Hof traf er auf seine Tochter
und das Burggraf-Töchterlein:
die beiden spielten Finger-Raten.
Da sagte er zu Obilot:
»Töchterchen, wo kommst du her?«
»Ich komme, Vater, von dort oben.
Ich trau ihm zu, daß er es tut:
ich werd den fremden Ritter bitten,
daß er mir dient – um Lohn, wie üblich.«
»Tochter, es ist leider so:
er hat nicht zu-, nicht abgesagt.
Führ meine Bitte zum Erfolg.«
Das Mädchen eilte zu dem Fremden.
Als es bei ihm ins Zimmer trat,
sprang Gawan auf. Er grüßte sie,
nahm Platz bei diesem süßen Kind.
Er dankte ihr für ihren Beistand,
als man ihn so schlecht behandelt.
»Geriete ein Ritter in Liebesnot
durch eine derart junge Dame,
so wäre das bei mir der Fall...«
Die Kleine, Süße, Schöne sagte,
und sie meinte es auch so:
»Gott wird es am besten wissen –
Herr, Ihr seid der erste Mann
für mich, als Partner im Gespräch.
Und wird dabei die edle Form,
auch nicht mein Schamgefühl verletzt,
so wächst mir große Freude zu.

Mir sagte meine Lehrerin,
Gespräch sei Hülle für den Geist.
Herr, ich bitt um Euch – um mich,
und dazu zwingt mich große Not,
von der ich Euch berichten darf.
Schätzt Ihr mich geringer ein,
so halte ich doch Maß und Ziel:
ich bat um Euch, damit um mich.
Ihr seid, in Wirklichkeit, ich selbst –
nur gehn die Wörter auseinander.
Ihr sollt jetzt meinen Namen tragen,
seid dann ein Mädchen und ein Mann.
Ich hab um Euch und mich gebeten.
Wenn Ihr das nicht erfüllt, mein Herr,
mich von Euch gehen laßt, beschämt,
muß Euer Ruhm vor das Gericht
Eurer höfisch edlen Haltung,
denn als Jungfrau suche ich
meine Zuflucht in Eurer Gunst.
Falls Ihr dies, mein Herr, so wünscht,
so werde ich Euch herzlich gerne
meine ganze Liebe schenken.
Wenn Ihr männlich mutig seid,   370
so bin ich sicher, daß Ihr mir
dienen wollt. Ich bin es wert...
Auch wenn mein Vater Hilfe sucht
bei Freunden und Verwandten –
es sei kein Hindernis für Euch,
daß Ihr uns dient, für meinen Lohn.«
»Herrin, Eure Sprachmusik
lockt mich vom Gelöbnis weg.
Wer ehrlos ist, sei Euch verhaßt;
meine Ehre ist verpfändet –
bleibt sie das, so bin ich tot.
Versuchte ich, mit Herz und Diensten
Eure Liebe zu gewinnen –
bevor Ihr sie gewähren könntet,
müßtet Ihr fünf Jahre warten –
erst *dann* seid ihr zur Liebe reif.«
Nun fiel ihm ein, daß Parzival
den Frauen mehr vertraut als Gott –

die Empfehlung wurde Botin
dieses Mädchens in sein Herz,
und er versprach dem kleinen Fräulein,
er werde für es Waffen führen.
Er sagte weiterhin zu ihr:
»In Euren Händen sei mein Schwert.
Will einer gegen mich tjostieren,
müßt Ihr dann reiten, zum combat,
und für mich die Waffe führen.
Auch wenn man mich da kämpfen sieht:
es gescheh – für mich – durch Euch!«
Sie sprach: »Das macht mir gar nichts aus. 371
Bin Euer Schutz und Euer Schild,
bin Euer Herz und Eure Hilfe,
denn Ihr nahmt mir alle Zweifel.
Ich bin Begleiter und Gefährte
gegen alles Mißgeschick,
bin gegen Unglücks-Ungewitter
Dach für Euch, bequemer Schutz.
Meine Liebe bring Euch Frieden,
Glück beschütz Euch vor Gefahr,
so daß Ihr nicht den Mut verliert,
Euch wehrt – bis Euer Burgherr fällt.
Bin Herr und Herrin dieser Burg
und will im Kampfe bei Euch sein.
Wenn Ihr darin Vertrauen habt,
so bleiben Mut und Heil bei Euch.«
Der edle Gawan gab zur Antwort:
»Ich stehe Euch zu Diensten, Herrin,
und so wünsche ich mir beides:
daß Ihr Liebe und Hilfe schenkt.«
Ihr Händchen war die ganze Zeit
zwischen seinen beiden Händen.
Sie sagte: »Herr, ich muß jetzt gehn.
Ich muß noch was erledigen –
wie könnt Ihr losziehn ohne Lohn?
Dazu lieb ich Euch zu sehr!
Ich will mir Mühe geben, Euch
mein Liebeszeichen zu beschaffen.
Wenn Ihr das tragt, wird keiner Euch
an Ruhm je übertreffen können.«

So brach sie mit der Freundin auf; 372
sie erwiesen noch dem Gast
wiederholte Reverenzen,
huldvoll. Er verneigte sich
und sagte: »Werdet Ihr erst groß –
bestünde dann der Wald aus Lanzen
statt aus üblichem Gehölz:
der Aufwuchs wär für Euch zu klein!
Wenn Ihr als Kinder so bezaubert
und Euch diesen Charme bewahrt,
wird Eure Liebe Ritter zwingen,
mit Lanzen Schilde zu vernichten.«
Die beiden Mädchen gingen fort,
und sie waren wunschlos glücklich.
Da sprach das Burggraf-Töchterlein:
»Meine Herrin, sagt mir bitte,
was Ihr ihm da schenken wollt.
Wir haben gar nichts außer Puppen –
sollten meine schöner sein,
so gebt sie ihm; ich wär nicht bös,
wir würden uns darum nicht zanken.«
Der Fürst Libaut kam angeritten
auf halber Höhe dieses Bergs;
er sah Clauditte, Obilot
vor sich her nach oben steigen;
er bat die beiden, stehnzubleiben.
Da sprach die kleine Obilot:
»Ich brauche dringendst deine Hilfe.
Vater, gib mir deinen Rat –
der Ritter hat mir zugesagt.«
»Liebe Tochter, jeden Wunsch 373
erfüll ich dir, sofern ich's kann!
Welch ein Glück ist's, daß du lebst.
Dein Geburtstag: Tag des Segens!«
»So will ich es dir sagen, Vater,
dir leis den Kummer anvertraun –
sei so gütig und berat mich.«
Ein Wink; man hob sie auf sein Pferd.
»Und wo kommt meine Freundin hin?«
Dort standen viele seiner Ritter,
die stritten sich, wer sie bekam,

jeder hätt sie gern genommen,
freilich kam sie nur zu einem;
auch Clauditte war sehr schön.
Ihr Vater sprach beim Ritt zu ihr:
»Nun sag mir, Obilot, ein wenig
von dem, was dir so Kummer macht.«
»Dem fremden Ritter habe ich
ein Liebeszeichen zugesichert.
Ich glaub, ich hab den Kopf verloren!
Wenn ich ihm nichts geben kann,
wie soll ich da noch weiterleben?
Er hat mir Ritterdienst gelobt!
Ich werd vor lauter Scham ganz rot,
wenn ich ihm gar nichts geben kann.
Kein Mädchen liebte je so sehr!«
»Verlaß dich, Tochter, ganz auf mich,
ich beschaff es dir bestimmt.
Du wünschst von ihm den Ritterdienst,
drum geb ich dir, was du ihm schenkst –
selbst, wenn Mutter hier nicht mitmacht. 374
Gott geb, daß mir dies alles hilft.
Ah, der edle, stolze Mann –
was ich an Hoffnung auf ihn setze!
Ich hatte ihn noch nicht gesprochen –
doch sah ich ihn heut nacht im Schlaf!«
Libaut trat vor die Herzogin,
mit seiner Tochter Obilot,
er sagte: »Herrin, helft uns beiden.
Mein Herz schrie auf vor lauter Glück,
als Gott mir dieses Mädchen schenkte
und mir allen Mißmut nahm.«
Die alte Herzogin: »Und was
braucht ihr da von meinen Sachen?«
»Herrin, wenn Ihr's geben wollt:
Obilot braucht bessre Kleidung.
Sie meint, sie sei dies wirklich wert,
weil sie ein edler Mann um Liebe
bittet und ihr dienen will,
sich auch ein Liebeszeichen wünscht.«
Da sprach die Mutter unsres Mädchens:
»Dieser liebe, edle Mann...

Ich glaub, Ihr meint den fremden Gast,
strahlend wie das Licht im Mai.«
Auf Befehl der klugen Frau
brachte man Brokat aus Ethnise,
Prachtgewebe von Tabronit
(aus dem Land Tribalibot),
das noch nicht zugeschnitten war.
Das Gold im Kaukasus ist rot,
und das verarbeiten die Inder 375
äußerst kunstvoll zu Geweben:
Brokat von höchster Qualität.
Unverzüglich ließ Libaut
seiner Tochter Kleider schneidern;
er gab alles, mit Vergnügen,
sei es billig, sei es teuer.
Den Brokat, ganz steif von Gold,
schnitt man auf das Mädchen zu;
ein Arm blieb nackt, das mußte sein:
man nahm den Ärmel wieder ab,
den sollte man zu Gawan bringen.
Und dieses war denn ihr Präsent:
Prachtgewebe aus Nourient,
eingeführt vom Morgenland –
hat ihren rechten Arm berührt,
war aber nicht ans Kleid genäht;
kein Faden war dazu gezwirnt.
Clauditte brachte diesen Ärmel
zum wunderschönen Gawan –
da vergaß er allen Kummer.
Drei Schilde hatte er; auf einem
wurde er gleich festgenagelt.
All sein Leid war jetzt vorbei.
Er sparte nicht mit seinem Dank
und segnete den Weg, auf dem
das Mädchen hergekommen war,
das ihn so schön willkommen hieß
und ihn, voll Liebenswürdigkeit,
mit Freude, Glück so reich beschenkte.

Der Tag verging, die Nacht begann. 376
Auf beiden Seiten große Heere:
viele kampferfahrne Ritter.

Das Außenheer war eine Flut –
das Innenheer hielt sich zurück.
Doch legte es – der Mond schien hell –
vorgeschobnes Schanzwerk an;
von Verzagtheit und von Angst
war bei ihnen keine Spur./
 Die Nacht verhielt sich wie gewohnt:
an ihrem Ende kam der Tag –
man hörte nicht die Lerchen singen,
sondern viele Waffen klingen:
Attacken, daß es nur so krachte!
Man hörte da die Lanzen donnern,
als platzten alle Wolken auf:
der junge Meleans von Lis
kämpfte mit denen von Lirivoin
und dem König von Avendroin.
Gloriose Tjoste klangen,
als würfe man Kastanien
in die Feuersglut hinein.
Mon dieu, wie ritten auf der plaine
die Belagerer heran
und wie wehrten sich die Städter!
 Ein Pfarrer las nun eine Messe
für Gawan und den châtelain:
die Gefahren für die Seele,
der Beginn der Seligkeit...
Er sang für sie, sang Gott zu Ehren.
Für beide wachsen bald der Rang,
die Würde; dies war so bestimmt.
Sie ritten zu dem Außenwerk;
die Schanzen waren schon besetzt
von vielen edelwerten Rittern;
es waren Männer von Geroles;
sie alle gaben dort ihr Bestes.
 Was soll ich noch mehr erzählen?
Nur dies: Boidiconience war stolz,
er ritt mit so viel Truppen an –
wär jeder Schwarzwald-Ast ein Schaft,
so wär für einen, der das Heer sah,
dieser Lanzenwald nicht kleiner!
Er ritt hier mit sechs Fahnen auf –

der Abwehrkampf begann schon früh.
Fanfaren schmetterten die Klänge –
wie der Donner, der ja stets
Furcht und Schrecken mit sich bringt.
Viele tambours verstärkten noch
dies Getöse der Fanfaren.
Trat man dort Getreidestoppeln
nieder, war's nicht meine Schuld.
Noch jetzt erzählt das Weingebiet
bei Erfurt von den gleichen Schäden:
Spuren vieler Pferdehufe!
   Mein Herr Gawan erblickte dies: 380
die eignen Truppen, die der Feinde
waren auf der plaine verkeilt.
So ritt er los, in den combat;
ihm zu folgen, war nicht leicht;
obwohl Geroles und seine Leute
ihre Pferde wenig schonten,
brachte Gawan sie ins Schwitzen.
Was er da an Rittern warf!
Was er da an Lanzen brach!
Der Mann der edlen Tafelrunde –
hätt er nicht die Kraft von Gott,
so hätt man andre mehr gerühmt.
Dort erklangen viele Schwerter.
Beide Heere griff er an,
das von Meleans, von Gors,
und beide waren sie ihm eins!
Von beiden Heeren führte er
in schneller Gangart viele Pferde
zum Wimpel seines Wirts Libaut;
er fragte, wer sie haben wollte –
viele riefen darauf: Ich!
So wurden alle reich dadurch,
daß er auf ihrer Seite war./
Er ritt zum Heer des Meleans.
Dort mußten sich die Städter wehren,
daß man sie nur rühmen kann,
jedoch bei solcher Übermacht
war ihre Stellung nicht zu halten –
sie setzten sich zum Graben ab.

Die Städter griff in vielen Tjosten
ein Ritter an, der war ganz rot;
man nannte ihn den Namenlosen –
keinem war er dort bekannt.
Ich sag es euch, wie ich es hörte.
Er war, drei Tage vorher,
zu Meleans gekommen, hatte
sich entschlossen, ihm zu helfen –
der Grund, weshalb die Städter klagten.
Ihm hatte Meleans zwölf Knappen 384
zugeteilt; sie halfen ihm
bei Tjosten, Reiter-Gruppenkämpfen.
Wie viele Lanzen sie auch reichten –
er verstach sie allesamt.
Als er den König Chirniel
gefangennahm und dessen Bruder,
dröhnten seine Tjost-attaques.
Und er vollbrachte noch viel mehr:
dem Herzog von Maranglice
erließ er nicht die Unterwerfung.
Sie gehörten zum harten Kern.
Ihre Leute kämpften weiter.
Es focht auch Meleans persönlich.
Alle mußten eingestehen,
seine Freunde wie die Feinde,
daß ein derart junger Mann
noch niemals solche Wundertaten
vollbracht hat wie dort Meleans.
Er spaltete die festen Schilde.
Vor ihm zersplitterten die Lanzen,
als sich Pulk in Pulk verkeilte.
Sein junges Herz war mutgeschwellt,
er brauchte unbedingt den Kampf –
den konnte ihm, zu seinem Ärger,
keiner überzeugend liefern –
bis zu seiner Tjost mit Gawan!
Und dessen Knappen reichten ihm
eine der zwölf Angram-Lanzen,
die er am Plimizol gekauft. 385
Der cri de guerre des Meleans
war »Barbigol!« (wie seine Hauptstadt).

Gawan plazierte seine Tjost:
der starke Lanzenschaft von Bambus
aus Oraste Gentesin
drang durch den Schild des Meleans
in dessen Arm: die Schmerz-Lektion!
Diese Tjost war grandios:
wie beflügelt traf ihn Gawan,
durchbrach den hintren Sattelbogen,
den eigenen, so daß die Helden
hinter ihren Pferden standen!
Mit ihren teuren Schwertern
schlugen sie aufeinander ein –
dort wäre für zwei Bäuerlein
reichlich ausgedroschen worden!
Jeder hielt die Garbe hin:
drisch, der Flegel traf sie schon!
Und Meleans trug noch die Lanze,
die in seinem Arme steckte!
Ihn machten Blut und Schweiß ganz heiß.
Und schon riß ihn mein Herr Gawan
zum Ausfalltor Brevigarice
und erzwang die Unterwerfung;
der andre war dazu bereit.
Der große Junge war verwundet –
sonst wär es nicht so rasch gegangen,
daß er sich unterworfen hätte,
da hätte man noch warten müssen...
Fürst Libaut, der Landesherr,
zeigte große Tapferkeit: 386
mit ihm kämpfte der von Gors.
Da hatten Pferde wie auch Reiter
unter Pfeilbeschuß zu leiden,
als die Männer aus Kahetin
und die troupiers aus Semblidace
ihre Kriegskunst demonstrierten –
sie manövrierten sehr geschickt.
Die Städter mußten überlegen:
Was treibt die Feinde aus dem Vorwerk?
Es kämpften dort troupiers au pied.
Ihr Schanzwerk war so gut verteidigt,
wie es heut noch optimal wär.

Die edlen Männer, die dort fielen:
Opfer des Zornes der Obie –
ihr unbedachter Übermut
brachte viele in Bedrängnis.
  Die Truppen wurden langsam müde,
noch immer raste Meleagans!
Ob sein Schild noch ganz gewesen –?
Von dem war keine Handbreit übrig!
Denn der Herzog Gardefablet
hatte ihn zurückgeschlagen.
Auf der blumenreichen plaine
kommt nun das Turnier zum Stillstand.
Mein Herr Gawan rückte an,
und Meleagans war in der Klemme.
(Ihm hatte nicht mal Lancelot
derart zugesetzt, als er
die Schwerterbrücke überquert
und ihn angegriffen hat;
daß die Herrin Ginover
gefangen war, hat ihn erzürnt –
er holte sie im Kampf heraus.)
Es attaquierte der Sohn des Lot;
Meleagans blieb da nur eins –
auch er gab seinem Roß die Sporen.
Viele sahen diese Tjost.
Und wer dann hinterm Pferde lag –?
Der andre, den der Norweger
in das Gras gestoßen hat.
Viele Ritter und auch Damen
schauten zu bei dieser Tjost,
und sie rühmten Gawan sehr.
Die Damen konnten es bequem
von oben sehen, aus dem Palas.
Gawan ritt den Gegner nieder!
In dessen blutgetränktem surtout
wateten noch viele Pferde,
die nicht mehr lange Grünes fraßen.
Da war ein großes Pferdesterben,
die Geier machten ihre Beute.
  Das Turnier war so zu Ende.
Wer alles nach dem Ruhm ausritt

und sich Frauenlohn erstritt –?
Ich gebe sie hier nicht bekannt;
wenn ich euch alle nennen müßte,
hätte ich sehr viel zu tun.
Beim Stadtheer zeichnete sich aus
der Held der kleinen Obilot,
beim Außenheer der Rote Ritter –
vor allen anderen erhielten
diese zwei den Siegeslorbeer.
  Als der Rote Ritter sah,
daß für ihn der Söldnerlohn
entfallen mußte, weil sein Herr
in der Stadt gefangen war,
ritt er zu den Knappen hin,
und sagte den Gefangnen dort:
»Ihr Herren habt Euch unterworfen.
Mir widerfuhr ein Mißgeschick –
die haben Meleans gefangen.
Versucht mit allen Euren Kräften,
daß er freigegeben wird –
vielleicht kann ich ihm soweit helfen.«
So sprach er zum König von Avendroin
und zu Chirniel von Lirivoin
und zum Herzog Maranglice.
Er wies sie an, zur Stadt zu reiten,
mit der eidlichen Verpflichtung:
sie sollten Meleans befreien,
andernfalls den Gral beschaffen.
Doch sie konnten überhaupt nicht
sagen, wo der war, nur dies:
ein König hüte ihn, Anfortas...
So erklärten sie ihm das.
Der Rote Ritter sprach darauf:
»Wird dieser Auftrag nicht erfüllt,
so zieht ihr hin nach Beaurepaire
und schwört der Königin Unterwerfung.
Und sagt ihr: der für sie gekämpft
mit Clamidé und mit Kingrun,
der habe Sehnsucht nach dem Gral,
aber auch nach ihrer Liebe.
Ich denke ständig an die beiden.

Und richtet aus, ich schickte euch.
Ihr Helden, mag Euch Gott beschützen.«
Sie nahmen Abschied, ritten fort.
Da sagte er zu seinen Knappen:
»Es steht nicht schlecht um den Gewinn,
so nehmt euch alle Beutepferde –
nur eins von ihnen möcht ich haben.
Ihr seht ja: meins ist schwer verwundet.«
Die Knappen gaben ihm zur Antwort:
»Herr, wir danken Euch, weil Ihr
uns wirklich sehr geholfen habt –
wir sind in alle Zukunft reich!«
Er suchte sich für seinen Ritt
dies aus: »Kurzohr« Ingliard.
(Als Gawan Meleans gefangen,
war es ihm davongelaufen...)
Der Rote Ritter übernahm es –
das führte zu zerkerbten Schilden...
Er nahm Abschied vor dem Aufbruch.
Mehr als fünfzehn unversehrte
Pferde ließ er hier zurück;
die Knappen wußten ihm zu danken.
Sie baten herzlich, dazubleiben,
doch sein Ziel war weitgesteckt.
Der Mann, im Umgang angenehm,
er nahm den nicht bequemen Weg,
er wollte nur dies *eine*: Kampf!
Ich glaube, daß zu keiner Zeit
ein Mann so viele Kämpfe führte.

    Nun zog das ganze Außenheer
ins Lager, denn es brauchte Ruhe.
In der Stadt erfuhr Libaut,
der Fürst, daß Meleans
gefangen war; er wollte hören,
wie sich dies ereignet hatte.
Er war darüber sehr beglückt –
es wird bald gute Folgen haben.

    Gawan löste leichter Hand
von seinem Schild den Ärmel ab
(er hatte Höheres im Sinn)
und übergab ihn der Clauditte:

an den Rändern, in der Mitte
war er durchhauen und durchbohrt.
Er wurde Obilot gebracht –
da war das Mädchen hoch erfreut;
ihr Arm war noch entblößt und weiß –
sie heftete den Ärmel an.
Sobald sie ihre Schwester traf, 391
fragte sie: »Wer gab mir das?!«
Die machte dieses Necken wütend.
   Die Ritter brauchten dringend Ruhe –
die Erschöpfung zwang dazu.
Geroles nahm Gawan mit nach Haus
und den Grafen Laheduman,
auch weitere Ritter, die er sah,
die Gawan an dem Tag im Feld
eigenhändig eingefangen,
als viele scharfe attaques erfolgten.
Allen bot der reiche Burggraf
Platz an, wie für Ritter üblich.
Er und sein erschöpfter Trupp
blieben vor dem König stehn,
bis Meleans gegessen hatte –
er tat alles für den Gast./
Da sprach der junge Meleans: 392
»Nun helft mir bitte, Graf Geroles,
(ich bau auf Euch in diesem Punkt),
bei meinem Herrn, der mich besiegt hat
und bei Libaut, dem zweiten Vater
(beide hören bestimmt auf Euch),
daß man mir edle Haltung zeige.
Libaut wär mir noch wohlgesonnen,
hätt dies die Tochter so gewollt.
Jedoch: sie machte mich zum Narren,
benahm sich gar nicht damenhaft.«
Der edle Gawan daraufhin:
»Hier findet ein Versöhnen statt,
dem nur der Tod ein Ende setzt.«
   Es kamen, die der Rote Ritter
vor der Stadt gefangen hatte,
traten vor König Meleans,
sagten, was geschehen war.

Als da Gawan von der Rüstung
ihres Gegners draußen hörte,
wem sie sich dort unterworfen,
was sie ihm gesagt, vom Gral,
da wußte er: Parzival
mußte hinter all dem stehen.
Er bedankte sich beim Himmel,
weil sie Gott an diesem Tag
trotz Kampflust auf Distanz gehalten.
Es war das Pfand der Diskretion,
daß keiner ihre Namen nannte.
Man erkannte sie auch nicht –
was andernorts durchaus geschah!
Geroles, an Meleans gewendet:
»Herr, ich darf Euch darum bitten,
zu meinem Herrn Libaut zu gehn.
Bitte nehmt den Ratschlag an,
den Freunde beider Seiten geben:
beendet Euren Zorn auf ihn.«
Alle pflichteten ihm bei.
Die Verteidiger der Stadt
gingen hoch zum Königs-Saal:
der Wunsch des Marschalls von Libaut.
Mein Herr Gawan nahm darauf
den Grafen mit, Lahedamun,
und alle die Gefangenen,
die dazugekommen waren
und bat sie denn, das Ehrenwort,
zu dem er sie am Tag gezwungen,
auf Geroles zu übertragen.
Keiner sucht hier eine Ausflucht,
alle gehen, wie versprochen,
hinauf zum Palas Belleroches.
Die Wirtin gab dort Meleans
reiche Kleidung und ein Halstuch
als Schlaufe für den wunden Arm,
durchbohrt von Gawans Lanzenstoß.

    Gawan schickte nun Geroles
zu Obilot, mit dieser Botschaft:
er würde sie gern wiedersehen,
wolle ihr bestätigen,

daß er ganz ihr Diener sei,
und wolle von ihr Abschied nehmen.
»Und sagt: ich liefre ihr den König
aus; sie möchte überlegen,
wie sie ihn behandeln wird,
so daß man ihr Verhalten preise.«
Das hörte Meleans und sagte:
»Alle Tugenden der Frauen
werden durch Obilot gekrönt.
Muß ich ihr Gefangner sein,
so bin ich ganz und gar beruhigt:
ich leb dann unter ihrem Schutz.«
»Nehmt bitte über sie zur Kenntnis:
sie allein nahm Euch gefangen«,
sagte ihm der edle Gawan,
»mein Ruhm steht ihr alleine zu.«
   Geroles ritt schon voraus.
Man zeigte sich am Hof nicht kleinlich:
Mädchen, Männer und die Frauen
wurden alle so bekleidet,
daß man schlichte, simple Kleidung
an diesem Tag leicht missen konnte.
Es ritten mit Meleans zum Hof,
die im Feld ihr Ehrenwort
gegeben und verpfändet hatten.
Dort oben saßen alle vier:
Libaut, sein Weib und seine Töchter. 395
Wer zum Hof ritt, ging hinauf.
Libaut lief gleich zu Meleans;
im Palas gab es viel Gedrängel,
als er Freund und Feind empfing.
Meleans ging neben Gawan.
»Wenn Ihr nichts dagegen habt,
so wird Euch den Willkommenskuß
Eure alte Freundin geben –
ich mein' die Herzogin, mein Weib.«
Meleans darauf zum Hausherrn:
»Ich hätte gerne Gruß und Kuß
von zwei der Damen, die ich sehe –
doch kein Versöhnen mit der dritten!«
Da weinten die Herzogin und Obie,

doch Obilot war sehr beglückt.
Begrüßungsküsse für Meleans,
für noch zwei Könige ohne Bart
und für Herzog Maranglice.
Gawan kam nicht am Kuß vorbei;
er hob die kleine Dame hoch,
und drückte dieses schöne Kind
wie eine Puppe an die Brust:
die zarte Neigung machte das.
Er sagte König Meleans:
»Ich habe Euer Ehrenwort –
ich sprech Euch frei. Nun gebt es ihr.
Alles was mich glücklich macht,
halt ich hier in meinem Arm.
So seid denn ihr Gefangener.«
Meleans trat darauf näher – 396
das Mädchen preßte sich an Gawan.
Dennoch gab er Obilot
sein Wort; als Zeugen viele Ritter.
»Herr König, das war gar nicht recht,
daß Ihr Euch ihm ergeben habt –
mein Ritter soll ein Kaufmann sein,
so sagte boshaft meine Schwester.«
Dies sprach das Mädchen Obilot
und befahl Meleans, dem König,
die Unterwerfung, die er ihr
in die Hand versprochen hatte,
auf Obie zu übertragen:
»Nehmt sie als amie,
im Namen ritterlicher Ehre.
Sie soll Euch stets gewogen bleiben
als ihrem Gebieter, ihrem amis.
Ich kann's Euch beiden nicht erlassen.«
Aus ihrem jungen Mund sprach Gott;
die beiden taten, was sie wünschte.
Da schufen denn die Herrin Liebe
(mit ihrer großen Kunst und Macht)
und die Treue (aus dem Herzen)
die Liebe dieser beiden neu.
Die Hand der Obie schlüpfte aus
dem Mantel, faßte Meleans

am Arm und schluchzend küßte sie
ihn dort, wo ihn die Tjost verwundet;
Tränen fielen auf den Arm,
stürzten aus den hellen Augen.
Was gab ihr vor den Leuten diesen
Mut? Die Liebe, alt und neu...
Libaut sah seinen Wunsch erfüllt,
Bessres konnt' ihm nicht geschehen;
weil ihn Gott so sehr geehrt hat,
nannte er die Tochter »Herrin«.
   Wie das Hochzeitsfest verlief –?
Fragt *den* danach, den man beschenkte.
Und auch: wohin so mancher ritt,
nach Hause oder in den Kampf,
das weiß ich leider nicht genau.
Man erzählte mir, daß Gawan
im Palas oben Abschied nahm;
er war deshalb hinaufgegangen.
Es weinte Obilot sehr heftig,
schluchzte: »Nehmt mich bitte mit!«
Die Bitte dieser schönen Kleinen
konnte Gawan nicht erfüllen.
Ihre Mutter riß sie nur
mit Mühe von ihm los; er nahm
von allen Abschied; äußerst huldvoll
erwies Libaut ihm Reverenzen.
Geroles, der Wirt, und seine Leute
wollen sich's nicht nehmen lassen,
dem kühnen Held Geleit zu geben.
Gawans Straße führte hinauf
zum Wald. Er gab ihm Jäger mit
und auch Proviant für lange Zeit.
Geroles, der Edle, nahm dann Abschied.
Gawan war zum Leid bestimmt.

Viele waren in Belleroche,
doch Gawan hätte ganz allein
den Ruhm als Sieger, wär da nicht
der Ritter vor der Stadt gewesen,
unbekannt trotz roter Rüstung:
man hißte dessen Ruhm sehr hoch.
Gawan hatte reichlich teil
an Ehre, Glück. Jedoch: es naht
der Termin für seinen Zweikampf.
Der Wald lag mächtig ausgedehnt,
doch er mußte ihn durchreiten,
wenn er sich nicht drücken wollte;
der Zweikampf war ihm aufgezwungen.
Zu alldem hatte er sein Roß
»Kurzohr« Ingliard verloren.
Selbst die Mohren von Tabronit
preschten nie auf einem bessren!
Inzwischen war der Wald gelichtet:
hier Gehölz und dort ein Feld –
zumeist so klein, daß da ein Zelt
mit knapper Not sein Plätzlein fand.
Er hielt Ausschau und er sah
bebautes Land: hieß Ascaloun.
Leute, die entgegenkamen,
fragte er nach Champ Fançon;
Hochgebirge, viele Sümpfe
hatte er dorthin durchritten.
Er entdeckte eine Burg –
mon dieu, war hier ein nobler Glanz!
Der Fremde ritt gleich auf sie zu.

Nun hört von seinem Abenteuer
und helft mir währenddes dabei,
die Leiden Gawans zu beklagen.
Ob Ignoranten oder Kenner,
man möge mir Gesellschaft leisten,
und wir bedauern ihn gemeinsam.
Ach, ich sollte lieber schweigen...
Nein doch, laßt ihn weiterfallen;
der seinem Glück zu danken hatte,
nähert sich nun seinem Unglück.
Diese Burg war derart schön –

dem Äneas schien Karthago
längst nicht derart majestätisch;
Dido starb dort, Pfand der Liebe.
Was für Säle drinnen waren,
wie viele Türme sich erhoben –?
Sie reichten auch für Acraton,
das ja, bis auf Babylon,
den weitaus größten Umfang hatte –
so behaupten es die Heiden.
Sie war so hoch, auf allen Seiten,
grenzte auch noch an das Meer:
sie fürchtete keinen Sturmangriff,
keine noch so starke Feindschaft!
Die plaine vor ihr lag stundenweit,
Herr Gawan überquerte sie.
Ein gutes halbes Tausend Ritter
kam da auf ihn zugeritten
in schöner, eleganter Kleidung –
einer war besonders vornehm.
Wie mir meine Quelle sagte, 400
jagten ihre Falken dort
den Kranich und was sonst noch flog.
Auf einem cheval de bataille aus Spanien
ritt der König Vergulaht:
sein Glanz war Tag in tiefer Nacht.
Vor dem Berge Fei-Morgan
hat Mazadan den Stamm begründet –
er stammte von den Feen ab.
Wer ihn sah, in seiner Schönheit,
dem kam es vor, als sehe er
den schönsten Mai im Blumenschmuck.
Als der König ihm so hell
entgegenstrahlte, dachte Gawan,
dies sei der zweite Parzival,
er sehe aus wie Gahmuret,
als er, wie zuvor berichtet,
zu Pferd einzog in Kanvolais.

Durch Flucht entzog ein Reiher sich
zu einem Teich, der sumpfig war –
ihn jagten Falken, hart im Aufprall.
Der König ritt durch falsche Furt:

er half den Falken, wurde naß,
verlor dabei auch noch sein Pferd
und seine Kleidung ebenfalls –
die übernahmen seine Falkner,
doch den Falken war geholfen.
Ob die Sache rechtens war –?
Die Falkner nahmen dies mit Recht,
bei diesem Recht muß es auch bleiben.
Man lieh ihm dann ein andres Pferd –
der König gab das seine ab.
Man zog ihm frische Kleidung an –
die andre im Besitz der Falkner.
Währenddes ritt Gawan her.
Eh bien, man ließ es sich nicht nehmen,
ihn noch besser zu empfangen,
als es Erec seinerzeit
auf Charidol ergangen war,
als er sich nach seinem Kampf
dem König Artus näherte,
und als Enite, seine Herrin,
seinem Glück conduite gab,
nachdem der Zwerg Maliclisier
mit einer Peitsche seine Haut
vor Ginovers Augen aufgefetzt,
woraus sich dann der Kampf ergab
in Tulmein, auf weitem Felde,
um den ausgesetzten Sperber;
der große Ider, fils du Noyt,
gelobte ihm dort Unterwerfung –
gelobte es, um nicht zu sterben.
 Genug davon, hört wieder dies:
ich glaub, es gab noch nie zuvor
eine noblere Begrüßung.
Doch ach, der Sohn des edlen Lot
wird teuer dafür zahlen müssen.
Wenn ihr es wünscht, so hör ich auf
und erzähl euch hier nicht weiter,
geh nach Haus, weil's traurig wird.
Nein doch – hört euch bitte an,
wie ein reines Herz befleckt wird
durch die Bosheit eines Fremden.

Setz ich die Geschichte fort
und erzähl euch, wie es war,
so stimmt ihr in mein Klagen ein.
  Es sprach der König Vergulaht:
»Herr, mir scheint am allerbesten,
Ihr reitet schon mal in die Stadt.
Wenn Ihr Verständnis dafür habt,
so trenne ich mich jetzt von Euch.
Doch wollt Ihr, daß ich nicht mehr jage,
verzichte ich auf meinen Plan.«
Der edle Gawan gab zur Antwort:
»Euer Wunsch sei mir Befehl,
es ist schon richtig, was Ihr macht.
Ich habe wirklich nichts dagegen,
bin mit allem einverstanden.«
Da sprach der König von Ascaloun:
»Herr, Ihr seht ja Champ Fançon.
Auf der Burg ist meine Schwester.
Was man je an Schönheit rühmte,
sie besitzt's in reichem Maße.
Wenn Euch das wünschenswert erscheint,
wird sie sich entschließen, Euch
zu unterhalten, bis ich komme.
Ich käm Euch immer noch zu früh!
Wenn Ihr erst meine Schwester seht,
wartet Ihr sehr gern auf mich
und seid nicht gram, wenn's später wird.«
»Ich seh Euch gern, sie ebenfalls.   403
Doch hohe Damen haben mich
noch nie so feierlich empfangen«,
sagte Gawan, voller Stolz.
Der König schickte einen Ritter,
um der Jungfrau auszurichten:
sie soll den Gast so unterhalten,
daß lange Weil zur Kurzweil wird.
Der König wies ihn auf den Weg.
Nun wird's gefährlich – soll ich schweigen?
Nein, ich will euch mehr erzählen.
Sowohl die Straße wie das Pferd
brachten Gawan vor das Tor
an einer Ecke des Palastes.

Wer je zu bauen unternahm,
der kann wohl besser als ich selbst
die Festigkeit des Baus beschreiben.
Die Burg dort war die allerbeste
unter allen »Erdenbauten«.
Ihr Umfang war schier unermeßlich!
Genug des Lobs für diese Burg –
ich habe euch jetzt viel zu sagen
von der jungen Königsschwester.
Vom Bauen war genug die Rede –
ich stell sie dar, wie sich's gehört.
War sie schön, so stand's ihr gut.
Und war sie eine reine Seele,
verhalf ihr das zu hohem Rang.
Damit glich sie im Benehmen,
Wesen jener Markgräfin,
deren voller Glanz vom Haidstein 404
übers ganze Land erstrahlt.
Glücklich, wer es selbst erlebte,
in ihrer Nähe. Glaubt mir eins:
der findet Unterhaltung dort,
die besser ist als anderswo.
Ich kann nur dies von Damen sagen,
was mir meine Augen zeigen.
Wenn ich Lob zur Sprache bringe,
muß edler Anstand dominieren.
Ihr Getreuen und ihr Schönen,
hört euch die Geschichte an!
Die Treulosen sind Luft für mich –
mit ihrer heuchlerischen Reue
haben sie ihr Heil verspielt,
ihre Seele leidet Qualen.

   Auf den Hof, vor den Palast
ritt Gawan hin zur Unterhaltung,
zu der der König ihn geschickt,
der sich dann vor ihm entehrte.
Der Ritter, der ihn hergeleitet,
führte ihn zum Platz der schönen
Königin Antikonie.
Ist Frauenehre Handelsware,
so hat sie viel davon gekauft;

Verfälschtes hat sie abgelehnt.
So hatte Reinheit Ruhm erworben.
Wie schade, daß der große Könner
von Veldeke so früh verstarb –
er hätt sie höher preisen können!
Gawan starrte auf das Mädchen – 405
der Bote trat zu ihr und gab
die Botschaft ihres Bruders weiter.
Sie ließ es sich darauf nicht nehmen,
ihm zu sagen: »Tretet näher.
Herr, Ihr lehrt mich edle Haltung –
so befehlt mir, schreibt mir vor.
Wollt Ihr unterhalten werden,
soll es sein, wie Ihr es wünscht.
Mein Bruder hat Euch mir so sehr
anbefohlen, daß ich Euch
küssen werde – falls ich darf.
Befehlt – Ihr seid ja selbstbeherrscht –
ob ich es tun soll oder nicht.«
Und sie erhob sich, formvollendet.
Gawan sagte: »Eure Lippen
sind zum Küssen wie geschaffen –
ich wünsch mir den Begrüßungskuß.«
Auf die vollen heißen Lippen
drückte Gawan seinen Mund –
war mehr als ein Begrüßungskuß...
Dann setzte sich der Gast von Adel
zu dem höfisch edlen Mädchen.
Beiden fiel es nicht sehr schwer
zu plaudern, voll Vertraulichkeit.
Sie wiederholten sich sehr gern:
er bat sie drum, sie lehnte ab.
Da begann er sehr zu klagen,
flehte, daß sie ihn erhöre.
Ich sag euch, was die Jungfrau sprach.
»Seid Ihr wirklich gut erzogen, 406
so sei es jetzt für Euch genug!
Auf Geheiß des Bruders war ich
so lieb zu Euch, wie es Amphlise
zu Onkel Gahmuret nie war.
Falls man richtig wägen will,

wiegt meine Liebe – ohne Beischlaf –
letztlich doch ein Quäntchen mehr.
Ich weiß noch nicht mal, wer Ihr seid,
und doch wollt Ihr nach kurzer Zeit
schon meine ganze Liebe haben!«
Da sagte ihr der noble Gawan:
»Es ist die Neigung zur Verwandtschaft!
Ich sag Euch, Herrin, wer ich bin:
der Brudersohn der Vaterschwester.
Wenn Ihr mich erhören wollt,
soll meine Herkunft Euch nicht stören;
die ist, mit Euch verglichen, so:
wir beiden sind von gleichem Rang,
es ist die rechte Relation.«
Ein Mädchen schenkte ihnen ein
und zog sich gleich darauf zurück.
Es saßen da noch andre Damen:
sie versäumten nicht zu gehen,
hatten alle was zu tun...
Auch war der Ritter aus dem Weg,
der ihn hierhergeleitet hatte.
Als sie alle draußen waren,
ging es Gawan durch den Kopf,
daß den großen Vogel Strauß
oft ein kleiner Adler fängt. 407
So griff er unter ihren Mantel,
berührte, glaub ich, ihre schmale
Hüfte – und er litt noch mehr!
Die Liebe weckte solche Lust
beim Mädchen und beim Mann,
sie hätten fast ein Ding gedreht –
da fiel ein böser Blick auf sie.
Bei beiden war die Absicht klar,
doch seht, ihr Unglück naht sich schon!
Ein altersgrauer, weißbehaarter
Ritter trat zur Türe ein,
erkannte augenblicklich Gawan:
sein Name – und der Waffenruf!
Und er schrie mit aller Kraft:
»Ooohwei und jeijeijei –
daß Ihr meinen Herrn erschlugt,

das reicht Euch offensichtlich nicht,
Ihr vergewaltigt noch die Tochter!«
Der Waffenruf – da reagiert man,
das war in diesem Fall genauso.
Gawan sagte zu der Jungfrau:
»Herrin, gebt mir Euren Rat –
wir sind nicht grade gut bewaffnet.
Hätte ich doch bloß mein Schwert!«
Darauf die edle, junge Dame:
»Wir setzen uns zur Abwehr ab
und fliehen dort auf diesen Turm,
der nah bei meinem Zimmer steht;
vielleicht verläuft die Sache glimpflich.«

    Hier ein Ritter, dort ein Kaufmann!   408
Und schon hörte die junge Dame,
wie le peuple aus der Stadt kam.
Sie lief mit Gawan hin zum Turm;
es wurde hart für ihren Freund.
Sie befahl, zurückzuweichen –
das Geschrei, der Lärm so groß,
daß sie keiner hören konnte!
Angriffslustig drängte man
zur Türe – Gawan stand vor ihr
und verwehrte hier den Zutritt.
Den Riegel, der den Turm versperrte,
riß er aus dem Mauerwerk –
die aufgebrachte Nachbarschaft
wich vor ihm vereint zurück!
Auf dem Turm lief die Prinzessin
hin und her und suchte etwas
zum Bekämpfen der Verräter.
Da fand das Mädchen Schachfiguren
und ein großes Intarsien-Brett;
sie gab es Gawan für den Kampf;
es hing an einem Eisenring –
so nahm es Gawan in den Griff.
Auf dem Schild mit den vier Ecken
hatte man viel Schach gespielt –
der wurde rücksichtslos zerhackt.

    Hört jetzt wieder von der Dame.
Ob nun König oder Turm,

sie warf die alle – groß und schwer –
auf die Feinde, wie's grad kam.
Und es wird von ihr berichtet:
wen sie traf, mit ihrem Wurf,
der mußte in die Kniee gehen.
Die entschlossene Prinzessin
kämpfte wie ein Ritter, zeigte
neben Gawan solche Kraft –
selbst die Krämerweiber von Dollnstein
kämpften Fastnacht nicht so gut!
(Freilich ist dies Narretei –
sie strengen sich aus Spaß so an.)
Rüstungsschmier an einer Frau:
bewertet man nach Hofessitte,
so vergaß sie, was sich ziemt –
falls sie nicht aus Liebe handelt.
Antikonie in Champ Fançon:
sie lernte dort Betrübnis kennen
und man beugte ihren Stolz –
sie weinte bitterlich beim Kampf
und damit zeigte sich sehr deutlich:
Verliebtheit, Neigung halten stand.
Wie Gawan sich dabei verhielt –?
Entstand beim Kämpfen eine Pause,
starrte er das Mädchen an,
den Mund, die Augen, ihre Nase.
Schlanker als am Spieß der Hase!
Den habt ihr, glaube ich, noch nie
so rank gesehen, wie sie zwischen
Hüfte und den Brüsten war.
Ihr Körper war dazu geschaffen,
Liebeslüste zu erregen.
Ihr saht nicht mal bei einer Wespe
eine derart schmale Taille,
wie ihr Gürtel sie umschloß.
Dies gab ihrem Kampfgefährten
Gawan neuen Mut, als Mann.
Sie hielt zu ihm in der Gefahr.
Bürgschaft gab ihm nur der Tod –
und keine andren Konditionen...
Wenn Gawan dieses Mädchen sah,

wog der Haß der Feinde wenig –
das zahlten viele mit dem Leben!
   Nun kam der König Vergulaht
und sah, wie diese Schar von Kämpfern
eine Schlacht mit Gawan schlug.
Nur wenn ich euch belügen wollte,
würd ich hier beschönigen:
im Verhalten zu dem Gast,
der sich sehr entschieden wehrte,
schnitt er sich die Ehre ab.
Er verging sich – als sein Wirt!
Mir tut deshalb Gandin sehr leid,
der König von Anjou, weil eine
edle Dame, seine Tochter,
einen Sohn geboren hat,
der diesem Haufen von Verrätern
den verschärften Kampf befahl.
Gawan mußte so lang warten,
bis der König gewappnet war
und sich in den Kampf begab.
Gawan wich der Übermacht,   411
doch das war nicht ehrenrührig –
man trieb ihn in die Tür des Turms.
Doch schaut: da kommt derselbe Mann,
der ihn zum Kampf gefordert hatte
in der Gegenwart von Artus:
Kingrimorcel, der Landgraf,
kratzte sich die Kopfhaut blutig,
rang die Hände: Gefahr für Gawan!
Er hatte ihm das freie Geleit
ehrenwörtlich zugesichert,
bis zum Zeitpunkt, wo er ihn
zu jenem Zweikampf zwingen würde.
Er jagte alle weg vom Turm –
der König hatte den Befehl
gegeben, ihn gleich abzureißen!
Kingrimorcel rief dort hinauf,
wo er Gawan stehen sah:
»Gib mir freies Geleit zu dir!
Ich will dein Kampfgefährte sein,
ich teil dein Leid in der Gefahr.

Und wenn ich dich nicht retten kann,
soll der König mich erschlagen!«
Gawan gab ihm freies Geleit –
der Landgraf rannte zu ihm hoch.
Das verstörte die Belagrer,
schließlich war er ja ihr Burggraf!
Ob man grau war oder jung –
sie ließen nun im Kämpfen nach,
Gawan lief hinaus ins Freie,
Kingrimorcel tat's ebenfalls –
die beiden waren mutig, rasch.
Der König trieb die Seinen an:
»Wie lange sollen wir uns hier
mit diesen beiden Männern plagen?!
Mein Vetter gab sich dazu her,
diesen Mann dort zu erretten,
der mir so geschadet hat,
daß er mich lieber rächen sollte –
falls er Mut genug besitzt!«
Nun wählten mehrere, loyal,
einen, der zum König sprach.
»Herr, wir müssen es Euch sagen:
es sind hier viele unter uns,
die den Landgrafen nicht töten.
Gott gebe Euch, daß Ihr so handelt,
daß man besser von Euch denkt.
Erschlagt Ihr Euren Gast, so ist
die Antwort allen Ruhms: der Haß.
Ihr nehmt auf Euch die Last der Schmach.
Der andre ist ein Blutsverwandter,
gegen dessen Schützling Ihr
den Kampf beginnt; drum stellt den ein,
andernfalls seid Ihr verflucht.
Gewährt uns einen Waffenstillstand,
der für heute gültig ist
und ebenso für diese Nacht.
Was immer Ihr beschließen mögt –
es liegt bei Euch, ob Ihr es tut,
es bring Euch Ehre oder Schmach.
Meine Herrin Antikonie,
die Lug und Trug seit je verschmäht,

412

413

sie steht dort schluchzend neben ihm.
Wenn's Euch nicht zu Herzen geht,
bedenkt: Ihr habt dieselbe Mutter.
Also macht Euch, Herr, doch klar:
Ihr selber schicktet ihn zu ihr.
Hätt keiner ihm Geleit gewährt –
schon wegen ihr muß man ihn schützen.«
Der König gewährte Waffenruhe,
bis er gut beraten sei,
wie er seinen Vater räche.
Herrn Gawan traf hier keine Schuld –
ein andrer hat die Tat begangen,
es war der stolze Ecunat!

    Der Waffenstillstand war vereinbart,
alle hörten auf zu kämpfen,
jeder ging zurück nach Hause.
Antikonie, die Königin,
umarmte heftig ihren Vetter
und sie gab ihm viele Küsse,
weil er Gawan rettete
und sich selbst vor Schmach bewahrte.
Sie rief: »Bist wahrlich mein Cousin!
Du kannst für niemand Unrecht tun!«/
Herr Gawan stand an ihrer Seite
mit vielen andren Edelleuten.
Der König sagte seiner Schwester:
»Nimm deinen Kampfgefährten mit
und ebenso Kingrimorcel.
Mir folge, wer mein Bestes will,
und wäge ab, was mir zu tun bleibt.«
»Dann wieg dein Ehrenwort mit ab!«
Der König geht zur Ratsversammlung.
Die Prinzessin war begleitet
von ihrem Vetter und vom Gast
und drittens von der Sorgenlast.
Ohne jede Peinlichkeit
nahm sie Gawan bei der Hand
und führte ihn, wohin sie's wollte.
Sie sagte: »Wärt Ihr nicht gerettet,
wäre alle Welt nun ärmer.«
Hand in Hand mit der Prinzessin

schritt der Sohn des edlen Lot –
er tat das gern, und dies zu Recht.
Antikonie, die beiden Männer 423
gingen in die Kemenate –
andre kamen nicht hinein,
die Kammerherren wiesen ab.
Freilich: schöne junge Damen
mußten zahlreich drinnen bleiben.
Die Prinzessin sorgte vollendet
für Gawan, den sie herzlich liebte.
Der Landgraf war zwar mit dabei,
doch er störte hier nicht weiter.
Freilich hatte das edle Mädchen
Angst um Gawan, wie ich höre.
So blieben diese beiden Männer
in einem Raum mit der Prinzessin –
bis der Tag den Kampf aufgab.
Es wurde Nacht und Zeit zum Essen.
Mädchen (*hier* mit schlanken Taillen!)
brachten Würz- und Brombeerwein,
dazu noch viele gute Speisen:
Fasane gab es und perdreaux,
schöne Fische, weiße gâteaux.
Gawan und Kingrimorcel
waren der Gefahr entronnen...
Weil Antikonie das wünschte,
aßen sie, soviel sie mußten
(andere, soviel sie konnten).
Antikonie schnitt ihnen vor,
doch den beiden war es peinlich.
Keinem Schenken, der dort kniete,
rissen Nesteln an den Hosen –
es waren Mädchen in dem Alter, 424
das nach wie vor als schönstes gilt.
Ich würde mich nicht weiter wundern,
wenn sie sich gemausert hätten
wie der Falke im Gefieder –
ich hätte wahrlich nichts dagegen.
 Nun hört (gleich ist die Sitzung aus),
was man dem Landesherrscher riet –
er hatte Männer mit Erfahrung

zur Beratung einberufen.
Viele sagten ihre Meinung
nach bestem Wissen und Gewissen,
man überlegte hin und her,
dann bat der König um Gehör.
»Es fand ein Zweikampf mit mir statt.
Ich ritt, um etwas zu erleben,
nach Les Tamris, in den forêt;
in dieser Zeit errang ein Ritter
höchsten Ruhm auf meine Kosten –
hob mich, ohne lang zu fackeln,
wie im Fluge aus dem Sattel,
erzwang von mir das Ehrenwort,
daß ich für ihn den Gral erringe.
Und wenn das meinen Tod bedeutet –
ich bleib bei diesem Ehrenwort,
das er mir abgerungen hat.
Drum gebt mir Rat, ich brauche ihn.
Es war mein bester Schutz vorm Tod:
daß ich ihm in die Hand versprach,
was ich euch eben mitgeteilt.
Er ragt heraus als Mann von Mut. 425
Der Held befahl mir außerdem:
falls ich binnen Jahresfrist
nicht den Gral erringen kann,
muß ich, ohne jede Finte,
die aufsuchen, die bekanntlich
in Beaurepaire die Krone trägt –
ihr Vater, der hieß Tampentaire;
sobald ich sie dort sehe, muß ich
ihr die Unterwerfung schwören.
Er läßt ihr sagen: denke sie
an ihn, so steigre dies sein Glück.
Und: daß er sie seinerzeit
vom König Clamidé befreit.«
Als man dies vernommen hatte,
sagte darauf Liddamus:
»Ich dank den Herren für das Wort,
ich bitte sie um ihre Meinung.
Was jener Mann von Euch verlangte,
dafür soll Herr Gawan bürgen –

an Eurem Fangholz flattert er!
Er soll Euch schwören, vor uns allen,
daß er für Euch den Gral erringt.
Laßt ihn denn in aller Freundschaft
von hier aus in die Ferne reiten,
und sich dort den Gral erstreiten.
Würd er in Eurer Burg erschlagen –
die Schande müßten wir beklagen!
Nun verzeiht ihm sein Vergehen,
weil ihm Eure Schwester hold ist.
Er hat hier in Gefahr geschwebt –
nun zieht er in den sichren Tod.
Was auch das Meer an Land umschließt –
es gab noch niemals eine Burg
so fest wie Mont Salvage; zu ihr
führt ein rauher Weg der Kämpfe.
Gönnt ihm Ruhe heute Nacht,
und nennt ihm morgen den Beschluß.«
Die Ratsmitglieder stimmten zu;
Herr Gawan blieb damit am Leben.
Man sorgte für den Held so gut
in dieser Nacht, wie ich erfuhr,
daß er die schönste Ruhe fand.
Am späten Vormittag sodann
und als die Messe zelebriert war,
gab's im Palas viel Gedrängel:
le peuple und die Edelleute.
Der König folgte der Empfehlung
und lud Gawan vor; er wollte
nur das eine von ihm fordern,
das euch allen schon bekannt ist.
Nun seht, wie dort Antikonie,
die Schöne, ihn hereingeleitet!
Ihr Vetter kam mit ihr dorthin,
es kamen viele Königsvasallen.
Die Prinzessin führte Gawan
vor den König – an der Hand.
Ihr Kopfputz war ein Blumenkranz –
ihr Mund ließ Blütenglanz verblassen:
es gab in der couronne de fleurs
auch nicht *eine*, die so rot war.

Wenn sie einen freundlich küßte,
führte das zur Holzverschwendung
in Tjosten, die nicht zählbar sind!
Feiern und lobpreisen wir
die höfisch edle, wunderschöne
An ti ko nie,
die von Lug und Trug ganz frei war.
Die Schöne, auf der Segen lag,
sagte da in feiner Form:
»Ich bring dir, Bruder, diesen Helden,
den ich nach deinem Wunsch umsorgte.
Sei gut zu ihm, um meinetwillen –
es fechte dich nicht weiter an;
denke an die Bruderliebe
und tu dies ohne jeden Gram.
Dir steht die Treue eines Mannes
besser als der Haß der Welt,
und meiner – falls ich hassen kann.
Zeig mir, wie mein Haß beherrscht wird.«
Da sprach der edle, schöne Mann: 428
»Gerne, Schwester, wenn ich's kann.
Gib mir deinen Rat dazu.
Du hast den Eindruck, mein Vergehen
warf die Würde auf das Kreuz,
verdrängte mich vom guten Ruf.
Wie stünd ich dann vor dir, als Bruder?!
Und wenn mir alle Kronen dienten,
ich gäb sie weg, wenn du es wünschtest.
Das Schlimmste wär für mich dein Haß.
Glück und Ehre zählen nur,
soweit dies deinen Beifall findet.
Ich bitte Euch um eins, Herr Gawan:
Ihr kamt hierher und wolltet Ruhm –
so macht Euch diesen Ruhm zum Freund
und helft, daß meine Schwester mir
die Missetat verzeihen möge.
Bevor ich ihre Gunst verliere,
verzeih ich Euch, womit Ihr mir
wehgetan – falls Ihr gelobt,
daß Ihr Frieden mit mir haltet
und für mich den Gral erringt.«

Damit fand die Versöhnung statt.
Und zu diesem Zeitpunkt wurde
Gawan auf den Weg geschickt,
weil er den Gral erkämpfen sollte.
Kingrimorcel verzieh dem König;
er hatt sich von ihm losgesagt,
als der das Schutzgelöbnis brach./
Alle, die dort saßen, standen,
ließen ihn nicht aus den Augen,
stellten fest: Herr Gawan ist
ein Mann des Muts, der Formvollendung.
Er bat um den Dispens zur Reise,
den gewährte ihm der König,
die Versammlung ebenfalls,
ausgenommen nur der Landgraf.

 Nach der kleinen Mahlzeit Gawans 431
(ich sag euch, was Kyot erzählte)
wurden Klagen angestimmt
aus herzlicher Verbundenheit.
Zur Prinzessin sagte er:
»Ist mir Geisteskraft gegeben
und erhält mir Gott das Leben,
so widme ich den Weg zum Kampf
und mein ganzes Herz als Ritter
Euren Tugenden als Frau
in einem Dienst, der ewig währt.
Euch lehrt ein glückliches Geschick,
alles Böse zu besiegen;
Ihr habt den allerbesten Ruf;
Fortuna schenk Euch Seelenheil.
Herrin, ich darf Abschied nehmen,
gewährt ihn mir und laßt mich ziehen.
Edle Haltung bewahr Euren Ruf.«
Die Trennung wurde ihr sehr schwer;
mit ihr weinten viele schöne
junge Damen, aus Mitgefühl.
Die Prinzessin sagte ehrlich:
»Hätt ich mehr für Euch getan,
mein Glück wär höher als das Leid.
Der Friedensschluß ist für Euch günstig.
Glaubt es mir: geht es Euch schlecht

und bringt Euch eine Rittertat
in eine qualvoll schlimme Lage,
so sollt Ihr wissen, mein Herr Gawan:
ich bin mit meinem Herz bei Euch,
im Sieg wie in der Niederlage.« 432
Und die edle Antikonie
küßte Gawan auf den Mund.
Da siechte all sein Glück dahin –
er mußte sie zu rasch verlassen!
Ich glaub, es fiel den beiden schwer.
 Die Knappen hatten vorgesorgt:
seine Rösser standen schon
auf dem Hof vor dem Palast,
dort, wo der Lindenschatten war.
Abschied nahm der kühne Held.
Gringuilet, sein Streitroß, wurde
rasch gewappnet – Gawan auch.
Er küßte seine Pagen, Knappen.
Sein Versprechen trieb ihn fort
zum Gral. So ritt er, ganz allein,
der äußersten Gefahr entgegen.

Macht auf!« Wem? Wer seid Ihr denn? 433
»Ich will zu dir ins Herz hinein.«
Da wird es aber eng für Euch!
»Selbst, wenn ich's nur mit Mühe schaffe,
du wirst es nicht beklagen müssen –
ich erzähl dir Wundersames!«
Ach, *Ihr* seid es, Frau Aventiure?!
Wie geht es dem Vortrefflichen?
Ich mein, dem edlen Parzival,
den Cundrie mit scharfen Worten
auf den Weg zum Gral geschickt hat.
Der Aufbruch war ja unvermeidlich –
das beklagten viele Damen.
Von Artus, dem Britannen,
zog er los – wie geht's ihm jetzt?
Fangt schon an mit dem Bericht!
Verlor er Hoffnung auf das Glück?

Hat er das hohe Ziel erreicht?
Ist seine ganze Ritterehre
groß und zugleich weit geworden,
oder ist sie klein und schmal?
Erzählt uns schon, wie viele Taten
er vollbracht hat, eigenhändig.
Hat er den Mont Salvage gesehen
und den gütigen Anfortas
mit dem seufzerschweren Herzen?
Seid so gut und tröstet uns:
ist er von seinem Schmerz erlöst?
Erzählt uns doch, ob Parzival
(der Euer Held ist, meiner auch)
den Weg zu ihm gefunden hat. 434
Und klärt mich auf, wie's ihm ergeht,
dem Kind der schönen Herzeloyde.
Was hat der Sohn des Gahmuret
erlebt, seit er von Artus ritt?
Hat er sich im Kampf das Glück
errungen oder schweres Leid?
Steckte er die Ziele weit,
lag er auf der faulen Haut?
Sagt, wie lebt er und was tut er?

    Es erzählt uns die Geschichte,
wie er durch die Länder zog,
mit Schiffen auf den Meeren fuhr.
Wer Tjost-Attacken auf ihn ritt,
ganz gleich, ob Landsmann, ob Verwandter,
alle hob er aus dem Sattel.
Er drückte auf den Waagebalken,
und sein hoher Ruhm stieg höher,
bei den andren sank er ab.
In den vielen harten Kämpfen
ließ er sich nicht défaitieren –
so setzte er sich ein im Kampf!
Wer Ruhm bei ihm zu borgen wünschte,
tat dies nur in größter Angst.
Sein Schwert, das ihm Anfortas
schenkte, beim Besuch des Grals,
zerbrach, als man mit ihm gekämpft;
es wurde in der Quelle Lac

(bei Karnant) dann wieder ganz;
dies Schwert verhalf zu seinem Ruhm.
Wer das nicht glaubt, versündigt sich. 435
  Die Erzählung teilt uns mit,
daß Parzival, der kühne Held,
zu einem Wald geritten kam –
zu welcher Stunde, weiß ich nicht.
Er entdeckte eine Klause,
neu erbaut; ein muntrer Bach
lief durch sie hindurch,
denn sie war über ihm erbaut.
Der junge, unerschrockne Held
war auf dem Weg ins Abenteuer.
Ihm wollte Gott nun helfen:
er traf auf eine Klausnerin,
die – aus Gottesliebe – Jungfrau
blieb, aufs Lebensglück verzichtend.
Was die Frauen leiden läßt,
erblühte neu in ihrem Herzen:
Liebe, war sie auch schon alt.
Schionatulander und
Sigune: beide fand er dort.
Ihr toter Held war drin begraben;
sie führte, über seinem Grab,
ein Leben voller Schmerz. Duchesse
Sigune hörte nie die Messe –
veneratio war ihr Leben.
Die vollen, roten, heißen Lippen:
blaß geworden, völlig bleich –
das Erdenglück war ganz dahin.
Keine Jungfrau litt so sehr!
Sie brauchte Einsamkeit, zum Klagen.
Weil mit ihm die Liebe starb, 436
die der Fürst niemals erfahren,
liebte sie ihn nun als Toten.
Wär sie seine Frau geworden –
was Lunete ihrer Herrin
voreilig geraten hatte,
damit hätte sie gezögert.
(Noch heute kann man's oft erleben:
eine Frau Lunete kommt

und erteilt verfrühten Rat...)
Wenn eine Frau aus Herzensbindung,
aus edler Haltung ihre Liebe
keinem andren Manne schenkt,
solang ihr Ehemann noch lebt,
so hat der, sehe ich das richtig,
das Ideal mit ihr gefunden.
Kein Verzicht steht ihr so gut!
Das will ich, falls erwünscht, beeiden.
Stirbt er, mag sie's anders halten.
Bleibt sie ihm dann trotzdem treu,
leuchtet solch ein Kranz weit mehr
als der, den sie zum Tanze trüge.
Doch was red ich vom Vergnügen –
bei Sigunes Liebesleid!
Ich werd es tunlichst unterlassen.
 Parzival ritt – ohne Weg –
über Stämme an das Fenster,
allzu nah – das sollt ihn reuen.
Er wollte fragen, wo er sei
in diesem Wald, wohin er komme.
Er erhoffte eine Antwort.   437
»Jemand drinnen?« Sie drauf: »Ja«.
Als er die Frauenstimme hörte,
riß er gleich sein Pferd herum,
zurück ins unbetretne Gras.
Doch da war es schon zu spät –
daß er nicht abgestiegen war,
erfüllte ihn mit brennender Scham.
Er band sein Pferd an einen Ast
eines gestürzten Baumes, hängte
den zerkerbten Schild dazu.
Es legte der kühne, edle Mann
sein Schwert ab, höfisch formvollendet,
ging zum Fenster an der Wand:
er wollte dort um Auskunft bitten.
In der Klause war kein Glück,
Vergnügen gab es nicht darin,
nichts als Jammer fand er dort.
Er bat, daß sie ans Fenster komme;
die junge Dame, völlig bleich,

erhob sich höflich vom Gebet.
Ihm war auch jetzt noch völlig unklar,
wer sie war, eventuell.
Auf bloßer Haut, unter grauem Kleid,
trug sie ein härenes Gewand.
Der bittere Schmerz war ihr Geliebter,
der beugte ihr den hohen Stolz,
es stiegen Herzensseufzer auf.
Sehr förmlich trat sie an das Fenster,
begrüßte ihn mit schönen Worten.
Sie hielt in ihrer Hand den Psalter –
so entdeckte Parzival
den schmalen Ring; den hatte sie
trotz allen Leids nicht abgelegt,
sie trug ihn immer noch aus Liebe.
Der kleine Stein war ein Granat,
der schickte Strahlen durch das Dunkel –
eine wahre Funkelei!
Auch der Kopfputz zeigte Trauer.
»Draußen an der Wand, mein Herr,
steht eine Bank. Nehmt bitte Platz –
falls dies in Eurem Sinne ist
und die Zeit Euch das erlaubt.
Daß Ihr mir den Gruß entboten,
vergelt Euch Gott. Denn Er entgilt
jede wahre Freundlichkeit.«
Er ging auf ihren Vorschlag ein
und setzte sich dort vor das Fenster,
bat sie, drinnen Platz zu nehmen.
Sie sprach: »Ich habe hier noch nie
mit irgendeinem Mann gesessen.«
Nun stellte ihr der Held die Frage,
was sie tue, wie sie lebe.
»Daß Ihr hier in dieser Wildnis
haust, so fern von jeder Straße,
will mir gar nicht in den Kopf.
Ich sehe hier kein Feld, kein Haus –
Herrin, wovon lebt Ihr denn?«
Sie sagte ihm: »Mein Essen wird
mir jeweils hergebracht, vom Gral.
Cundrie la sorcière –

sie selber hat es so bestimmt –
bringt mir von dort zur rechten Zeit,
und zwar an jedem Samstag Abend,
das Essen für die ganze Woche.
Ich mach mir darum keine Sorgen,
ich habe alles, was ich brauche –
wär ich nur sonst so unbeschwert...«
Da schien es Parzival, sie schwindle,
lege ihn mit Lust herein;
spöttisch sagte er zu ihr:
»Für wen tragt Ihr denn diesen Ring?
Ich weiß sehr wohl, vom Hörensagen:
die Klausnerinnen und die Klausner
darf Amouröses nicht verbinden.«
»Wär überzeugend, was Ihr sagt,
Ihr machtet mich zur Heuchlerin.
Lern ich jemals, zu betrügen,
weist drauf hin – falls Ihr es seht.
Bin frei, will's Gott, von allem Trug,
ich bin zum Lügen gar nicht fähig.
Ich trage den Verlobungsring«
sprach sie, »für einen lieben Mann.
Ich habe ihn nie *so* geliebt,
wie's unter Menschen üblich ist.
Mein jungfräuliches Herz rät mir,
ihm meine Hohe Liebe zu schenken.«
Sie sprach: »Er ist bei mir, hier drinnen;
seit ihn die Tjost des Orilus
getötet, trag ich seinen Ring.
In allen meinen Jammerjahren
werde ich die Liebe hüten. 440
Ich schenke ihm die wahre Liebe,
weil er für sie als Ritter kämpfte,
mit der Lanze, mit dem Schild –
bis er in meinem Dienste fiel.
Auch wenn ich Jungfrau bin und ledig,
so ist er doch vor Gott mein Mann.
Wo Gedanken Taten tun,
dort verbirgt sich nichts in mir,
das die Ehe lösen könnte.
Sein Tod verwundete mein Leben.

Dieser Ring, als Ehe-Zeichen
soll mich dann vor Gott geleiten.
Dies ist das Schloß für meine Treue:
das Herzenswasser in den Augen.
Hier innendrin bin ich zu zweit:
Schionatulander
ist der eine, ich die andre.«
Damit wurde Parzival
klar, daß es Sigune war;
er trug an ihren Schmerzen schwer.
Er nahm die Kettenhemdkapuze
ab, entblößte seinen Kopf,
bevor er wieder zu ihr sprach.
Unter seinem Rüstungs-Schmier
sah sie seine ganze Schönheit –
so erkannte sie den Helden.
»Ihr seid es! Herr Parzival!
Wie steht's mit Euch und mit dem Gral?
Wißt Ihr endlich, was er ist? 441
Wie ging denn Eure Reise aus?«
Er sagte zu der edlen Jungfrau:
»Mir ging mein ganzes Glück verloren,
der Gral blieb mir als schwere Sorge.
Ich ließ ein Königreich zurück,
dazu die liebevollste Frau –
solch eine Schönheit ward noch nie
von einem Menschenkind geboren!
Mir fehlt, die höfisch edel ist,
ich traure ihrer Liebe nach
und mehr noch jenem hohen Ziel,
den Mont Salvage, den Gral zu sehen –
bisher gelang mir das noch nicht.
Du tust mir Unrecht an, Sigune,
wenn du mir feindlich bist, obwohl
du weißt, was ich erlitten hab.«
Das Mädchen sagte: »Lieber Vetter,
ich mach dir keinen Vorwurf mehr.
Hast schon so viel an Glück verloren,
seit du keine Lust zur Frage
hattest, die dich ehren würde,
seit der freundliche Anfortas

dein Wirt – und deine Chance war.
Damals hätte dir die Frage
höchstes Glück gewährt. Doch nun:
die Freude flieht, der Stolz wird lahm.
Du machtest dir die Sorge häuslich,
die dir sonst fremd geblieben wäre,
hättest du dort nachgefragt.«
»Wer den Schaden hat, wie ich…
Liebe Cousine, hilf mit Rat.
Bedenk, daß wir Verwandte sind
und sag mir auch, wie es dir geht.
Ich würde deinen Schmerz beklagen,
wär mein Leiden nicht viel größer
als Menschen je ertragen mußten –
mein Leiden ist erdrückend schwer.«
Sie sagte: »Möge Er dir helfen,
der von allen Nöten weiß,
damit es dir gelingen wird,
endlich eine Spur zu finden,
die dich zum Mont Salvage hinführt:
du sagst ja selbst, er sei dein Heil.
Cundrie la sorcière: erst eben
ritt sie von hier weg, doch leider
fragte ich sie nicht, ob sie
zurückritt oder sonstwohin.
Wenn sie hier ist, steht ihr Muli,
wo der Bach dem Fels entspringt.
Ich schlage vor, du reitest nach –
sie kommt wohl kaum so schnell voran,
daß du sie nicht schon bald erreichst.«
Da wurde nicht mehr lang gewartet,
der Held empfahl sich gleich von ihr
und folgte dieser frischen Spur.
Doch nahm das Muli einen Weg,
daß ihm die Spur, die es verfolgte,
im Dickicht ganz verlorenging.
Der Gral entzog sich ihm erneut;
die ganze Hoffnung war dahin.
Wär er zum Mont Salvage gekommen,
er hätte, mein ich, diesmal gut
gefragt – und nicht so, wie bekannt.

Nun laßt ihn reiten. Doch – wohin?
Ein Mann kam auf ihn zugeritten,
dessen Kopf war unbehelmt;
sehr kostbar war der Waffenrock,
die Rüstung drunter blink und blank,
jedoch sein Kopf war nicht geschützt.
Er ritt sehr rasch zu Parzival:
»Herr, ich bin empört! Ihr trampelt
durch den Wald von meinem Herrn!
Ihr kriegt dafür gleich eine Quittung,
die tut noch beim Erinnern weh!
Der Mont Salvage ist's nicht gewöhnt,
daß jemand ihm so nahe kommt,
ohne daß er heftig kämpft
oder jenes Bußgeld zahlt,
das ›Der Tod‹ heißt, vor dem Wald.«
Er hielt in einer Hand den Helm
(dessen Riemenwerk bestand
ganz allein aus Seidenschnur)
und eine lance, deren Spitze
auf einen neuen Schaft gesteckt war.
Es setzte sich der Held voll Wut
den Helm auf – und der saß genau!
Für sein Drohen, seine Kampflust
mußte er in diesem Falle
einen hohen Preis bezahlen –
doch machte er sich kampfbereit.   444
Viele gleichfalls teure Lanzen
hatte Parzival verbraucht.
»Ich wär verloren«, dachte er,
»ritte ich auf dessen Saatfeld –
was hülf dann gegen seine Wut?
Ich reit hier bloß durch wilden Farn.
Gehorchen mir die Arme, Hände,
zahl ich für den Trampel-Schaden
so, daß er mich nicht kassiert.«
Dies geschah auf beiden Seiten:
die Rösser galoppierten los,
verhängte Zügel, Sporenstiche,
Attacken dann im Renngalopp,
exakt geführter Lanzenstoß.

Die breite Brust des Parzival
war nietenfest trotz vieler Tjoste.
Er richtete den Lanzenstoß
mit Können und mit Lust zum Kampf
direkt auf den Helmschnur-Knoten.
Er traf ihn Oberkante Schild –
wie beim ritterlichen Kampfspiel;
der Tempelritter vom Mont Salvage
fiel vom Roß in eine Schlucht,
tief und tiefer in den Abgrund –
und fand noch immer nicht sein Bett!
Ihm folgte, in der Angriffsrichtung,
Parzival. Sein Pferd – zu schnell! –
es stürzte ab, zerschmetterte.
Und Parzival: mit beiden Händen
griff er zu – ein Zedernast! 445
Bitte nehmt es ihm nicht krumm:
er hängte sich, und ohne Henker!
Er suchte mit den Füßen Boden
unter sich am nackten Fels.
Tief unten lag sein totes Roß
im unzugänglich wilden Tal.
Der Tempelritter – nichts wie weg –
stieg rasch den Gegenhang hinauf.
Hätt er die Beute teilen wollen,
die er bei Parzival gemacht,
da hätt der Gral ihm helfen müssen!
Parzival stieg wieder hoch.
Der Zügel hing herab zum Boden,
das Pferd war durch ihn durchgetreten,
stand, als wär das so befohlen –
vom andren Ritter glatt vergessen!
Als Parzival sich auf das Roß schwang,
war sein Verlust nur eine Lanze –
das wurde, mit Gewinn, verschmerzt.
Als dieses Pferd erbeutet wurde –
ich glaub, der starke Llewelyn
und der stolze Kingrisin
und der König Gramoflans
und Lascoyt, fils de Gournemans,
sie hatten niemals so tjostiert!

Er ritt nun weiter, ohne Ziel –
die Ritterschar vom Mont Salvage
kam deshalb nicht zum Kampf mit ihm.
Der Gral blieb fern: das war sein Leid.

W er es hören will, dem sag ich,   446
wie es ihm darauf erging.
Ich zähle nicht die Wochen nach,
die Parzival – wie schon zuvor –
weiterritt, zu Kampf und Sieg.
Es lag an einem Morgen Schnee
in dünner Schicht, doch dick genug,
daß man noch heute frieren möchte.
Es war in einem großen Wald,
er traf auf einen alten Ritter,
dessen Bart war grau in grau,
doch seine Haut war hell und schön.
Seine Frau sah auch gut aus.
Sie trugen auf der bloßen Haut
graue, grob gewebte Röcke –
sie befanden sich auf Wallfahrt.
Seine Töchter, beides Jungfraun
(sie konnten sich wohl sehen lassen!)
gingen in der gleichen Kleidung;
ihr reines Herz trieb sie dazu:
mit nackten Füßen liefen sie.
Es begrüßte Parzival
den grauen Ritter, der dort kam
(und dessen Rat ihm später half) –
er war bestimmt ein Herr von Adel.
Kleine Bracken liefen mit.
Bescheiden, ohne jeden Hochmut,
gemessnen Schrittes folgten ihnen
Ritter, Knappen auf der Wallfahrt –
viele jung, noch ohne Bartwuchs.
Parzival, der edle Held,   447
hat für sein Äußres so gesorgt:
in seinem reichen Waffenschmuck
war er das Inbild eines Ritters;

die Rüstung, die er trug, beim Ritt,
die sah wahrhaftig anders aus
als der Rock des grauen Mannes.
Sofort, mit einem Zügelruck,
wich er aus und machte Platz.
Die edlen Leute fragte er
teilnahmsvoll, wohin es gehe.
Man teilte es ihm freundlich mit.
Jedoch beklagte der graue Ritter,
daß nicht einmal die Heilige Zeit
ihn dazu bewegen konnte,
ohne Waffen auszureiten,
ja, daß er nicht barfuß gehe,
zur Feier dieses heiligen Tages.
Parzival darauf zu ihm:
»Herr, ich weiß doch überhaupt nicht,
wann der Jahresanfang war,
welche Wochenzahl erreicht ist,
welchen Wochentag wir haben –
all das ist mir unbekannt.
Ich diente jemand, der heißt Gott,
bevor Er dann in seiner Güte
Spott und Schande auf mich goß.
Ich hatte fest an Ihn geglaubt –
man sagte mir, er helfe stets,
doch *mir* hat Er noch nie geholfen.«
Da sagte ihm der graue Ritter: 448
»Meint Ihr Gott, den Sohn der Jungfrau?
Glaubt Ihr, daß Er, Mensch geworden,
für uns litt – an diesem Tage,
den wir feierlich begehen –
so dürft Ihr nicht die Rüstung tragen.
Wir haben heute den Karfreitag –
alle Welt soll sich dran freuen,
soll auch leiden, seufzertief.
Wo zeigte sich je größre Liebe,
als sie Gott an uns erwies,
den man für uns ans Kreuz geschlagen?
Wenn Ihr ein wahrer Christ seid, Herr,
so müßt Ihr diesen Tausch beklagen:
sein Leben, das so kostbar war,

gab Er, im Tod, für unsre Schuld –
denn die Menschheit war verloren
und der Hölle ausgeliefert.
Wenn Ihr nicht ein Heide seid,
Herr, heiligt diesen Feiertag.
Reitet jetzt auf unsrer Spur;
es haust, nicht allzu weit von hier,
ein Heiliger – der kann Euch helfen,
er legt Euch Sündenbuße auf.
Und wenn Ihr wahre Reue zeigt,
so spricht er Euch von Sünden frei.«
Seine Töchter fingen an:
»Weshalb bist du so streng mit ihm?
Wir haben derart übles Wetter –
und du erteilst ihm solchen Rat?
Warum führst du ihn denn nicht
ins Warme? Seine Eisenarme
zeigen wahre Ritterkraft,
doch fürchten wir, die sind ihm kalt.
Und wär er dreifach stark – er fröre.
Du hast doch, ganz hier in der Nähe,
das Lager mit den Baumwollzelten.
Selbst den König Artus könntest
du dort gut genug verpflegen –
so gewähre Gastfreundschaft,
nimm diesen Ritter dorthin mit.«
Da sprach erneut der graue Mann:
»Herr, die Töchter haben recht.
Jedes Jahr, bevor die Zeit
der Leiden unsres Herrn beginnt,
der unsre Dienste ewig lohnt,
brech ich auf, nicht weit von hier,
ob es warm ist oder kalt,
und zieh in diesen wilden Wald.
Ich geb Euch gern vom Proviant,
den ich zur Wallfahrt mitgebracht.«
Sie taten dies in lautrer Absicht:
die jungen Damen baten ihn
sehr herzlich, daß er bleiben möge,
er wär für sie ein Ehrengast.
Und beiden kam dies ganz von Herzen.

449

Was Parzival an ihnen sah:
die vollen Lippen rot und heiß,
auch wenn der Frost nicht sehr erhitzt!
Sie wirkten nicht gerade traurig,
wie das dem Tag entsprochen hätte.
Müßt ich hier Lappalien strafen, 450
würde ich das gerne tun
und einen Kuß als Buße nehmen –
falls sie die ›Strafe‹ akzeptierten.
Frauen bleiben immer Frauen...
Selbst den wirklich starken Mann
haben sie sehr rasch besiegt –
wie oft ist ihnen das gelungen!
Ringsum hörte Parzival,
wie er von Vater, Mutter, Töchtern
freundlichst eingeladen wurde.
Er überlegte: »Ob ich umdreh?
Ich ging nicht gern zu Fuß mit ihnen.
Diese Mädchen sind so schön,
da säh es schlecht aus, wenn ich ritte –
alle gehen sie zu Fuß.
Ist doch besser, ich reit weiter.
Vor allem auch: ich hasse Ihn,
den sie von ganzem Herzen lieben,
von dem sie glauben, daß Er hilft.
Die Hilfe hat Er mir verweigert,
hat mich vor Unheil nicht beschützt.«
So sagte ihnen Parzival:
»Mein Herr und meine Dame, laßt
mich ziehn. Ein gütiges Geschick
verleih Euch reichlich Glück und Heil.
Ihr schönen jungen Damen wolltet
mir wahre Gastfreundschaft erweisen –
Edelmut belohnt sich selbst.
Erlaubt, daß ich hier Abschied nehme.«
Verneigung hier, Verneigung dort; 451
sie unterdrückten nicht das Klagen.

    Dort reitet Herzeloydes Sohn.
Seine männliche Haltung führte
zu Formgewandtheit, Mitgefühl;
die junge Herzeloyde

gab ihm als Erbe treue Liebe.
Und so wuchs das Leid in ihm.
Jetzt erst dachte er an Ihn,
Der diese Welt erschaffen hat,
an seinen Schöpfer, welche Macht
Ihm damit zu Gebote stand.
Er sagte: »Ob Gott helfen könnte,
meine Schwermut zu besiegen?
War Er je Rittern wohlgesonnen,
belohnte Er je Ritterdienst,
sind für Ihn der Schild, das Schwert
und der harte Kampf von Männern
Seiner Hilfe wert, so sei Er
bereit, in meiner Not zu helfen;
ist heut der Tag, an dem Er hilft,
so helf Er – wenn Er helfen kann.«
Er schaute seinen Weg zurück:
sie standen dort noch immer,
traurig, weil er weggeritten –
sie hatten ihn ins Herz geschlossen.
So schauten ihm die Mädchen nach,
und sein Herz gestand sich ein,
daß ihr Anblick ihn erfreue –
der Glanz, der aus der Schönheit kam.
Er sprach: »Ist Gottes Macht so groß,   452
daß Er die Pferde, alle Tiere
und die Menschen lenken kann,
so preise ich denn Seine Macht.
Kann mir Seine Weisheit helfen,
so lenke sie den Kastilianer
auf den besten Weg für mich –
so beweist Er Seine Güte.
Lauf zum Ziel, das Gott dir setzt!«
Er verhängte nun den Zügel
vor den Ohren seines Pferdes,
setzte hart die Sporen an.
So kam er zur Fontane de Salvage –
dort schwor er einst dem Orilus...
Der fromme Trevrizent saß dort,
der montags meistens Reste aß,
in allen Wochen ebenfalls.

Auf Brombeer-, Rebenwein und Brot
hatte er Verzicht geleistet.
Noch härter war sein frommer Sinn:
er lehnte alle Speisen ab
wie Fisch und Fleisch: nur nichts mit Blut!
Er lebte wie ein Heiliger.
Dies hatte Gott ihm eingegeben:
er bereitete sich vor
zum Eintritt in die Himmelsscharen.
Das Fasten peinigte ihn sehr:
Askese kämpfte gegen Satan.
   Das Geheimnis um den Gral
wird Parzival von ihm erfahren.
Wer mich früher danach fragte
und mir deshalb böse war,
weil ich nichts davon verriet,
der hat sich auch schon selbst blamiert.
Mich bat Kyot, davon zu schweigen,
denn schon *ihm* verbot die Quelle,
das Geheimnis zu erwähnen,
bis schließlich die Erzählung *selbst*
das Stichwort dazu geben würde,
daß nun davon zu sprechen sei.
Kyot, der hochberühmte Meister,
fand in Toledo den verschollnen
Urtext unserer Geschichte.
Geschrieben war er auf Arabisch.
Das ABC der Zauberschrift
mußte er zuerst mal lernen –
ohne die Kunst der Nekromantie,
alleine aus der Kraft des Glaubens,
sonst wär das Buch noch unbekannt;
Heidenwissen könnt uns nicht
offenbaren, was der Gral ist,
wie man sein Geheimnis fand.
Ein Heide namens Flegetanis
war als Gelehrter sehr berühmt
und der besagte Physiosoph
stammte ab von Salomon,
aus israelischem Geschlecht
von alters her – bis uns die Taufe

vor dem Höllenfeuer schützte.
Und der schrieb die Grals-Geschichte.
Er war, vom Vater her, ein Heide:
Flegetanis betete
ein Kalb an, so, als wär's sein Gott.
Wie kann der Teufel kluge Menschen
solcher Art so sehr verwirren,
daß sie das Allerhöchste Wesen,
das doch alle Wunder kennt,
von so was nicht befreit, befreite?
Dieser Heide Flegetanis
war fähig, uns dies darzustellen:
die Deszendenz von jedem Stern
und seine Rückkehr, Aszendenz,
wie lang jeweils der Umlauf ist,
bis er den Ausgangspunkt erreicht.
Verbunden mit dem Sternenrundlauf
ist das menschliche Gewimmel.
Flegetanis sah – als Heide –
mit eignen Augen im Gestirn
(er sprach davon mit großer Scheu)
das verhohlene Mysterium:
er sprach vom Ding, genannt Der Gral –
diesen Namen hat er deutlich
von den Sternen abgelesen.
»Den ließ ein Engelstrupp auf Erden,
flog dann höher als die Sterne –
zog die Vergebung sie hinauf?
Christen müssen ihn jetzt hüten,
dies mit äußerst strenger Reinheit:
wer zum Gral berufen wird,
der hat als Mensch stets hohen Rang.«
So schrieb darüber Flegetanis.
Kyot, der hochgelehrte Meister,
begann, nach dem Beleg zu suchen
in Büchern, die lateinisch waren:
wo hat es ein Geschlecht gegeben,
das dazu berufen war,
den Gral zu hüten, sich somit
der Askese hinzugeben?
Er las in Chroniken verschiedner

Länder – aus Britannia,
aus Irland und aus Frankreich,
und fand den Nachweis in Anjou.
Er las da über Mazadan,
was über jedem Zweifel steht;
alles über seine Herkunft
wurde dort exakt berichtet,
ebenso, wie Titurel
und dessen Sohn Frimutel
den Gral vererbten, auf Anfortas –
der Bruder jener Herzeloyde,
die Gahmuret den Sohn gebar,
von dem unsre Geschichte handelt:
der reitet auf der frischen Spur,
auf der der graue Ritter kam.
Und trotz des Schnees erkannte er
die Stelle: damals bunt beblümt.
Vor jener Felswand hatte er
mit starkem Arm der edlen Jeschute
die Gattenliebe zurückerobert,
und Orilus war nicht mehr zornig.
Doch führte diese Spur ihn weiter. 456
Fontane de Salvage: so hieß
die Einsiedelei, die er erreichte.
Ihr Herr war da und grüßte ihn.
Der Eremit sprach so zu ihm:
»Herr, daß Ihr Euch *so* benehmt
in dieser Zeit, die heilig ist!
Zwang Euch denn ein harter Kampf,
diese Rüstung anzulegen?
Oder habt Ihr nicht gekämpft?
Dann stünd Euch andre Kleidung besser,
falls Euch nicht die Hoffart blendet.
Mein Herr, geruht nun abzusitzen –
sicher habt Ihr nichts dagegen –
wärmt Euch hier am Feuer auf.
Hat Euch die Abenteuerlust
losgeschickt, um Liebeslohn?
Doch neigt Ihr wahrer Liebe zu,
so zeigt jetzt Liebe, die dem Tag
entspricht, im Zeichen Seiner Liebe,

dient später dann um Frauengunst.
Steigt ab, wenn ich Euch bitten darf.«
Parzival, der Held, sprang gleich
vom Pferde und blieb ehrerbietig
vor ihm stehn, berichtete
von den Leuten, die ihn geschickt,
ihm seinen Rat empfohlen hatten.
»Herr, ich brauche Rat und Hilfe –
ich bin ein Mann, der sündig ist.«
Als er das ausgesprochen hatte, 457
sprach zu ihm der fromme Mann:
»Ich geb Euch gerne meinen Rat,
doch zuerst: wer schickte Euch?«
»Mir begegnete im Wald
ein grauer Mann, der freundlich grüßte,
sein Anhang tat es ebenfalls.
Und er, von jedem Tadel frei,
hat mich zu Euch hergeschickt.
Ich ritt auf seiner Spur zu Euch.«
Der Wirt: »Dann war das Gahenis!
Ein Mann von würdigem Verhalten;
er ist ein Fürst, ein Pont Tortois;
der große König von Garais
hatte zur Gattin dessen Schwester.
Kinder von so edler Reinheit
wie die Töchter, denen Ihr
begegnet seid, gab es noch nie.
Ein Fürst von königlichem Blut;
er pilgert jedes Jahr zu mir.«
Parzival zu seinem Wirt:
»Als ich Euch sah und zu Euch ritt –
bekamt Ihr's mit der Angst zu tun?
Wolltet Ihr nicht, daß ich komme?«
Er sagte: »Herr, Ihr könnt mir glauben,
daß mich der Bär und auch der Hirsch
öfter schreckten als die Menschen.
Ich will es Euch ganz offen sagen:
ich habe keine Angst vor Menschen,
Menschliches ist mir nicht fremd.
Nehmt es nicht als Prahlerei: 458
stand meinen Mann in Kampf und Liebe.

Ich bin noch nie so schlapp gewesen,
bei einem Kampf zurückzuweichen.
Vor Zeiten, als ich Waffen trug,
war ich ein Ritter ganz wie Ihr,
der auch nach Hoher Liebe strebte.
Ich hab die Keuschheit manches Mal
mit Sündendenken konterkariert.
Und meinem Leben gab ich Glanz,
damit mich eine Frau erhörte.
Doch das ist jetzt schon längst vergessen.
Reicht mir bitte Euren Zügel.
Unter jenem Felsvorsprung
soll sich Euer Pferd erholen.
Nach einer Weile ziehn wir los
und sammeln Fichtensprossen, Farn –
andres Futter gibt's hier nicht.
Wir kriegen Euer Pferd schon satt.«
Nun wollte Parzival verhindern,
daß er sich den Zügel griff.
»Es entspricht nicht Eurer Haltung,
daß Ihr mit dem Hausherrn streitet –
Höflichkeit schließt Grobheit aus!«
Dies sagte ihm der Edelmann.
Er gab den Zügel seinem Wirt,
der zog das Pferd zum Fuß des Felsens –
nie kam dort die Sonne hin.
Ein Pferdestall, naturgeschaffen;
von oben lief ein Bach herab.
Parzival – er stand im Schnee; 459
einem Schwächling tät das weh,
wenn er eine Rüstung trüge,
die Kälte derart attackierte!
Es führte ihn der Wirt zur Höhle –
selten kam ein Windhauch rein.
Dort lagen Kohlen, die noch glühten –
das war dem Gaste äußerst recht.
Man steckte eine Kerze an,
der Held zog seine Rüstung aus.
Den Boden deckten Stroh und Farn
und seine Glieder wurden warm –
so, daß seine Haut erglänzte.

Er war jetzt waldmüd, das mit Recht:
er konnte nicht auf Straßen reiten,
die Nacht im Freien, bis zum Morgen –
das war schon häufig so gewesen.
Nun fand er diesen guten Wirt!
Der lieh ihm einen Rock zum Anziehn,
führte ihn darauf in eine
zweite Höhle, und hier lagen
Bücher, die der Fromme las.
Ein Altarstein: nicht bedeckt,
dem Tag entsprechend. Auf ihm stand
ein Reliquiar, von Parzival
sofort erkannt: er hatte hier
die Hand zum Eide aufgelegt,
als er das Leid der edlen Jeschute
in Gattenliebe umgewandelt
und ihr sehr viel Glück gebracht.
Nun sagte Parzival dem Wirt: 460
»Ich kenne dieses Reliquiar –
ich schwor einst einen Eid darauf,
als ich hier vorbeikam. Herr,
daneben fand ich eine bunte
Lanze, und ich nahm sie mit.
Ich setzte sie erfolgreich ein –
man sagte mir das hinterher.
Ich dachte so sehr an mein Weib,
daß ich nicht mehr bei Sinnen war;
ich ritt damit zwei schöne Tjoste,
ich kämpfte zweimal wie in Trance.
Damals war ich noch geachtet.
Doch heute bin ich mehr bedrückt
als je ein andrer Mann zuvor.
Ihr seid so höflich – sagt mir doch,
wie lange ist es denn jetzt her,
mein Herr, seit ich die Lanze nahm?«
Der edle Mann gab ihm zur Antwort:
»Die hatte mein Freund Taurian
hier vergessen; er hat's beklagt.
Viereinhalb Jahre und drei Tage
sind es her, seit Ihr sie nahmt.
Hört zu, ich rechne Euch das vor.«

Er rechnete anhand des Psalters
die Zahl der Jahre, Wochen vor,
die seither vergangen waren.
»Jetzt erst wird mir völlig klar,
wie lange ich schon richtungslos
umherzieh, ganz vom Glück verlassen.
Das Glück ist nur ein Traum für mich,
ich trag die schwere Last des Leids.
Herr, ich sage Euch noch mehr:
in allen Kirchen oder Münstern,
in denen Gott gepriesen wurde,
hat mich in der ganzen Zeit
keiner jemals angetroffen.
Ich wollte nur das eine: Kampf.
Auch heg ich großen Haß auf Gott:
Er ist der Pate meines Leids,
Er hob es allzu hoch empor.
Mein Glück ist lebend eingegraben.
Würde Gottes Macht mir helfen,
welch ein Anker wär mein Glück!
Er sinkt in bodenlose Trauer...
Mein starkes Herz ist mir verwundet –
wie könnte es auch anders sein,
wenn das Leid die Dornenkrone
auf mein hohes Ansehn setzt,
das ich im Ritterdienst erlangte
gegen kampferprobte Männer –
und das werfe ich Ihm vor,
Der Hilfe stets gewähren kann,
Des Hilfe schnell im Helfen ist
und Der mir doch nicht helfen will,
obwohl man Seine Hilfe rühmt.«
Sein Gastherr seufzte, sah ihn an
und sagte: »Wenn Ihr Einsicht zeigt,
so müßt Ihr ganz auf Gott vertrauen.
Er hilft Euch, denn er ist die Hilfe.
Möge Gott uns beiden helfen.
Herr, Ihr solltet mir berichten –
setzt Euch bitte vorher nieder –
erzählt mir, doch mit kühlem Kopf,
wie Euer Zorn entstanden ist,

aus dem der Haß auf Gott erwuchs.
Doch wahrt die Form und zeigt Geduld:
ich beweis Euch Seine Unschuld,
bevor Ihr Ihn vor mir verklagt.
Er ist zur Hilfe stets bereit.
Obwohl ich nur ein Laie war,
konnte ich die Heilige Schrift
lesen, und ich schrieb dazu:
Der Mensch verharre stets im Dienst
für Ihn, der groß im Helfen ist,
Des Hilfe nie ermüdete,
wo Seelen in die Hölle sinken.
Erweist Ihm Treue, unverbrüchlich,
ist doch Gott die Treue selbst –
Betrug war Ihm schon immer fremd.
Wir müssen uns bei Ihm bedanken:
Er hat sehr viel für uns getan,
Er nahm, in seinem hohen Adel,
die Gestalt des Menschen an.
Gott heißt und ist die Wahrheit,
Lug und Trug sind Ihm verhaßt –
daran solltet Ihr stets denken.
Keinen ließ Er je im Stich.
So prägt das Eurem Denken ein
und hütet Euch, an Ihm zu zweifeln.
Ihr könnt Ihn nicht durch Zorn erpressen – 463
wer Euch sieht, wie Ihr Ihn haßt,
der meint, Ihr wärt nicht bei Verstand.
So bedenkt, was Luzifer
erreichte, mit den Kampfgenossen!
Sie waren Engel, ohne Galle –
mein Gott, woher dann bloß der Haß
und dieser Kampf, der niemals endet
und bittren Lohn der Hölle findet?
Astiroth und Belcimon,
Belet und der Radamant –
ich wüßte auch noch weitere Namen –
dieser lichten Himmelsschar
gab der Haß die Höllenfarbe.
Als Luzifer mit seinem Trupp,
hinabgefahren war zur Hölle,

kam der Mensch: Gott erschuf
den edlen Adam, aus der Erde.
Aus seinem Körper brach er Eva,
durch sie gerieten wir ins Unheil,
weil sie nicht auf den Schöpfer hörte,
damit unser Heil zerstörte.
Sie waren fruchtbar, hatten Söhne;
einer war so unersättlich,
daß er aus Habgier und aus Ruhmsucht
seine Großmutter entjungfert.
Es gibt gewiß genügend Leute,
die, bevor sie so was schlucken,
fragen, wie das möglich sei.
Es geschah – die Sünde zeigt es!«
Parzival darauf zu ihm: 464
»Ich glaube nicht, daß dies geschah.
Hat man so was je gehört:
ein Mann, der seine Großmutter
entjungfert hat, wie Ihr da sagt?!
Das könnt Ihr mir doch nicht erzählen!«
Der Wirt sprach wiederum zu ihm:
»Ich befrei Euch von dem Zweifel.
Sag ich nicht die volle Wahrheit,
so wehrt Euch gegen meine Lügen.
Adams Mutter war die Erde,
von Erdenfrüchten lebte er,
dennoch war die Erde Jungfrau,
und so will ich Euch denn sagen,
wer ihr die Jungfernschaft geraubt.
Adam war der Vater Kains,
und der schlug Abel tot – für nichts;
das Blut, das auf die reine Erde
lief, nahm ihr die Jungfernschaft;
dies geschah durch Adams Sohn.
Und so entstand der Haß der Menschen,
und er dauert fort bis heute.
In dieser Welt ist nichts so rein
wie eine Jungfrau ohne Fehl.
Bedenkt, wie rein die Jungfrau ist:
Gott selbst war einer Jungfrau Kind –
die zweite jungfräuliche Geburt.

Gott selber nahm das Antlitz an
vom Kind der ersten Jungfrau;
Sein hoher Adel ward Gestalt.
Es entstanden mit Adams Sippe
Leid und Heil. Das Heil ist: Er,
der über allen Engeln steht,
leugnet nicht die Vaterschaft;
das Leid: es liegt auf Adams Karren,
mit dem wir unsre Sünden ziehen.
Hier erbarm sich Dessen Macht,
bei Dem stets das Erbarmen ist,
weil Er, der liebend Mensch geworden,
getreu bekämpft, was untreu ist.
Ihr dürft mit Ihm jetzt nicht mehr hadern,
sonst verliert Ihr Euer Heil.
Tut für Eure Sünde Buße.
Nehmt Euch bei Wort und Werk in acht.
Denn wer sein Unglück dadurch rächt,
daß er mit Worten aufbegehrt –
ich sage Euch, was den erwartet:
den verdammt der eigne Mund!
Alte Weisheit ist noch gültig,
wenn sie von Gottes Liebe spricht.
Plato, le prophète, er sprach
bereits zu seiner Zeit davon,
auch Sibylle, prophétesse,
ohne Irrtum, sans faillir –
sie sagten lange Zeit voraus,
man werde für die schweren Schulden
einmal einen Bürgen stellen.
So riß uns die Hand des Höchsten
in Gottesliebe aus der Hölle –
nur die Bösen ließ Er drin.
Die Frohe Botschaft kündet uns
von Dem, Der nichts als Liebe ist.
Er ist ein überhelles Licht;
in Seiner Liebe wankt Er nicht.
Wem Er die Liebe offenbart,
der wird in ihr Erfüllung finden.
Alles ist hier aufgeteilt,
unsre Welt kann beides haben:

die Liebe oder Seinen Haß.
Nun überlegt, was besser hilft.
Wer schuldig ist und nicht bereut,
entzieht sich Gottes treuer Liebe;
doch wer für Schuld und Sünde büßt,
der dient um Seine hohe Gnade.
Der sie gewährt, durchdringt Gedanken.
Die Sonne sieht das Denken nicht;
Denken ist auch ohne Schloß
vor aller Kreatur geschützt;
Denken läuft im Dunkeln ab.
Doch Gottes Wesen ist ganz hell,
durchstrahlt die Wand der Finsternis.
Er macht den Sprung, den niemand sieht –
kein Hufschlag und kein Glöckchenklingen,
wenn er vom Herzen wieder abschnellt.
So rasch ist wirklich kein Gedanke:
noch bevor er aus dem Herzen
nach außen dringt, ist er geprüft!
Gott nimmt nur reines Denken an.
Wo Gott Gedanken so durchschaut –
wie erbärmlich, was wir tun!
Verwirkt es so die Gnade Gottes
und schämt Er sich um unsretwillen,
was hilft da alle edle Form?
Wohin soll sich die Seele wenden?!
Wenn Ihr Gott so leiden laßt,
in dessen Wesen beides ist:
die Liebe, aber auch der Zorn –
seid Ihr zum Untergang bestimmt.
Wendet Euren Sinn zu Gott –
seid Ihr gut, belohnt Er das.«
Da sagte Parzival zu ihm:
»Herr, ich werd stets glücklich sein,
daß Ihr von Dem gesprochen habt,
der allem Seinen Lohn erteilt:
der Untat wie der guten Tat.
Ich verbrachte meine Jugend
bis zu diesem Tag im Leid:
war liebend treu – und litt doch Not.«
Der Wirt zu ihm: »Wenn Ihr es nicht

verschweigen wollt, so laßt nun hören,
was Ihr für Sorgen, Sünden tragt.
Falls Ihr mein Urteil dazu wünscht,
erteil ich Euch – wenn möglich – Rat,
den Ihr alleine wohl nicht findet.«
Das sagte wieder Parzival:
»Den größten Schmerz macht mir der Gral,
dazu auch noch mein Eheweib.
Auf Erden nährte keine Mutter
je zuvor solch eine Schönheit.
Nach beiden sehnt sich all mein Wünschen.«
»Herr, das war sehr gut gesagt. 468
Ihr leidet hier mit Recht an Sehnsucht,
ist es doch die eigne Frau,
um die Ihr Euch in Sorge quält.
Führt Ihr eine gute Ehe
und leidet später in der Hölle,
so sind die Qualen rasch beendet,
die Fesseln werden Euch gelöst
durch Gottes Hilfe, und das bald.
Ihr sagt, Ihr sehnt Euch nach dem Gral –
oh Unverstand! Ihr tut mir leid!
Denn niemand kann den Gral erreichen,
den nicht der Himmel ausersehen,
und daraufhin zum Gral berufen.
Soviel sei Euch vom Gral gesagt –
ich weiß Bescheid, ich sah ihn selbst.«
Parzival: »Wart Ihr denn dort?!«
»Ja, Herr«, sagte ihm sein Wirt.
Parzival verschwieg es völlig,
daß auch er schon mal dort war,
er fragte, was er von ihm wisse,
was es mit ihm auf sich habe.
Der Wirt darauf: »Ich weiß das gut.
Es wohnen viele tapfre Ritter
auf dem Mont Salvage, beim Gral.
Sie reiten immer wieder aus
um Abenteuer zu erleben –
ob nun diese Tempel-Ritter
unterliegen oder siegen:
sie büßen damit ihre Sünden.

Die Truppe ist sehr kampferprobt.
Ich sage Euch, wovon sie leben:
alle dort ernährt ein Stein,
in seinem Wesen äußerst rein.
Ist Euch dies noch unbekannt,
so wird er hier für Euch benannt:
›lapis exilis‹ ist sein Name.
Die Wunderkraft des Steins verbrennt
den Phönix, macht ihn ganz zu Asche;
die Asche gibt ihm neues Leben.
Und so mausert sich der Phönix,
erstrahlt danach in hellstem Glanz,
ist nun wieder schön wie früher.
Weiter: einem Menschen kann es
noch so schlecht ergehen – sieht er
an einem Tage diesen Stein,
so stirbt er nicht die Woche drauf,
ja, er verliert noch nicht mal Farbe.
Und schaut man zwei Jahrhunderte
(ob junge Frau, ob junger Mann)
den Stein an, bleibt die Farbe so
(und das läßt sich nicht bestreiten)
wie zur Zeit der schönsten Blüte,
nur die Haare werden grau.
Solche Kraft verleiht der Stein
dem Menschen: daß sich Fleisch und Bein
von dem Moment an jung erhalten.
Der Stein wird auch Der Gral genannt.
Es senkt sich heute eine Botschaft
auf ihn herab, schenkt größte Fülle.
Heute haben wir Karfreitag,
und so wird man sehen können,
wie vom Himmel eine Taube
schwebt: sie legt auf diesen Stein
eine Oblate, weiß und klein,
die läßt sie auf dem Stein zurück;
die Taube – allerhellstes Weiß –
fliegt wieder in den Himmel hoch.
In jedem Jahre am Karfreitag
bringt sie zu dem Stein herab,
was ihn empfänglich werden läßt

für alles, was auf Erden duftet
an Speisen und Getränken:
paradiesische Erfüllung,
alles, was auf Erden wächst.
Der Stein beschenkt sie ebenfalls
mit dem Fleisch von allen Tieren,
die da fliegen, laufen, schwimmen.
So wird die Kraft des Grals zur Pfründe
der ritterlichen Bruderschaft.
Hört nun, wie man es erfährt,
wer zum Gral berufen ist.
Eine Lettern-Inschrift zeigt
ganz außen, an dem Rand des Steins,
mit Namen und mit Herkunft an –
ganz gleich, ob Mädchen oder Junge –
wer den Pfad des Heiles geht.
Man braucht die Schrift nicht wegzukratzen –
sobald man diesen Namen las,
löst er sich im Hinsehn auf.
Die jetzt erwachsne Menschen sind –
als Kinder kamen sie dorthin.
Glückliche Mutter, deren Kind
zum Dienst dorthin berufen wird!
Ob man arm ist oder reich –
alle freuen sie sich gleich,
wenn man sie bittet, ihre Kinder
zu der Gemeinschaft hinzuschicken.
Aus vielen Ländern holt man sie.
Vor der Schande jeder Sünde
sind sie für die Zukunft sicher,
ihr Lohn im Himmel ist sehr reich.
Wenn sie hier ihr Leben lassen,
bringt das Jenseits die Erfüllung.
  Die zu keiner Seite hielten,
als Luzifer und Trinität
ihren großen Kampf begannen –
die Gesamtheit dieser Engel
voller Ehre, Wert und Würde
mußte herunter auf unsre Erde
und zu dem besagten Stein;
dieser Stein bleibt immer rein.

Ob ihnen Gott verzieh, ob Er
sie verstieß, ich weiß es nicht.
War Er gerecht, nahm Er sie auf.
Und seither hüten diesen Stein,
die Gott dazu berufen hat
und denen Er die Engel sandte.
Herr, so steht es um den Gral.«
Nun sagte wieder Parzival:
»Kann Ritterschaft den Erdenruhm
und auch das Seelenparadies
erkämpfen, mit dem Schild, der Lanze,
so wollt ich stets als Ritter leben!
Ich kämpfte, wo sich Kampf ergab –
so hat sich meine starke Faust
an den Ruhm herangekämpft.
Wenn Gott etwas von Kampf versteht,
so muß er mich dorthin berufen –
sie werden mich da schätzen lernen!
Ich scheu vor keinem Kampf zurück.«
Der fromme Gastgeber zu ihm:
»Eure Sanftmut wird Euch dort
vor Eurem Hochmut schützen müssen.
Vielleicht reißt Euch die Jugend hin,
die Selbstbeherrschung zu durchbrechen.
Man weiß: die Hoffart steigt – und stürzt.«
So sprach der Wirt. Und seine Augen
wurden naß, denn ihm fiel ein,
was er noch erzählen mußte.
»Herr, es war einmal ein König,
und der hieß – und heißt – Anfortas.
Ihr müßt Euch (und ich Armer auch)
dieses Mannes stets erbarmen:
herzzerreißend ist die Not,
mit der die Hoffart ihn belohnte.
Mit seiner Jugend, seinem Reichtum
brachte er den Menschen Unglück,
und auch: daß er die Liebe wollte
außerhalb der Eheliebe –
so was schickt sich nicht beim Gral;
dort dürfen Ritter, dürfen Knappen
nicht den Leidenschaften frönen.

Nur Demut überwindet Hoffart.
Dort lebt die edle Bruderschaft;
sie hat die Männer vieler Länder
mit dem Einsatz ihrer Waffen
und mit Mut zurückgeschlagen,
so daß den Gral nur jene sehen,
die zu dieser Grals-Gemeinschaft
des Mont Salvage berufen wurden.
Nur einer kam dorthin, der nicht
berufen war – ein Unbedarfter!
Der lud dort schwere Schuld auf sich,
denn: er fragte nicht den Burgherrn
nach dem Leid, das er ihm ansah.
Ich mache niemand einen Vorwurf,
doch *er* wird für die Sünde büßen:
er fragte nicht nach seiner Krankheit!
Der Burgherr hat so sehr gelitten,
solche Qualen gab's noch nie!
  Zuvor war Llewelyn, le roi,
an den See Brumbane geritten;
ihn erwartete zur Tjost
der tapfre Kämpfer Libeal
aus dem Haus Prienlascors –
er fand den Tod in dieser Tjost.
Darauf führte Llewelyn
das Pferd des Helden mit sich fort –
der Leichenraub war offenkundig!
Herr, seid Ihr der Llewelyn?!   474
Es steht dies Pferd in meinem Stall,
das wie eins der Pferde aussieht,
die dem Grals-Trupp angehören:
am Sattel eine Turteltaube,
also stammt's vom Mont Salvage.
Dies Wappenzeichen gab Anfortas
weiter – in der Zeit des Glücks;
es ist schon länger auf den Schilden:
Titurel vererbte das
an seinen Sohn, roi Frimutel;
der Held verlor in einer Tjost
sein Leben unter diesem Zeichen.
Der hatte seine Frau geliebt,

wie noch kein Ehemann zuvor
seine Ehefrau geliebt hat –
ich spreche hier von treuer Liebe.
Ihr solltet seinem Beispiel folgen
und Euer Weib von Herzen lieben.
Nehmt Euch diesen Mann zum Vorbild,
der auch mal Herr des Grales war,
schließlich seid Ihr ihm sehr ähnlich –
ach, mein Herr, wo bracht Ihr auf?
Und Eure Herkunft, nennt sie mir!«
Da starrten sich die beiden an.
Parzival zum Eremiten:
»Ich bin von einem Mann gezeugt,
der in der Tjost sein Leben ließ,
weil er wie ein Ritter dachte.
Bitte habt die Freundlichkeit
und schließt ihn ein in das Gebet. 475
Mein Vater, er hieß Gahmuret,
in seiner Herkunft ein Anjou.
Herr, ich bin nicht Llewelyn!
Beging ich jemals Leichenraub,
so fehlte mir noch der Verstand.
Jedoch – ich habe es getan,
ich muß Euch diese Sünde beichten:
Ither aus Cucumberland
erschlug hier meine Frevelhand;
die Leiche legte ich ins Gras
und raubte, was sich rauben ließ.«
»Ach Welt, wie kannst du das nur tun?!«
Der Wirt war tief erschüttert.
»Du gibst den Menschen Herzeleid
und Schmerzen (die sie stöhnen lassen)
mehr als Glück. Das ist dein Lohn!
So ist das Ende deines Lieds.«
Und weiter sprach er: »Lieber Neffe,
wie könnt ich dir jetzt raten, helfen?
Erschlugst dein eigen Fleisch und Blut!
Erscheinst du mit der Schuld vor Gott,
fällt Er den rechten Urteilsspruch,
so mußt du mit dem Leben büßen –
denn ihr wart ja blutsverwandt!

Was willst du Ihm an Sühne leisten
für einen Ither von Gahevice?
Schließlich zeigte Gott an ihm
die Frucht der wahren Würde,
die die Welt geläutert hat.
Ihn bedrückte alles Unrecht; 476
er war Balsam-Öl auf Treue;
ihn floh die Schande dieser Welt;
in seinem Herzen wohnte Würde.
Dich müßten edle Frauen hassen –
er war als Mensch so liebenswert.
Er diente Frauen rückhaltlos –
wenn sie ihn sahen, seine Schönheit,
leuchteten die Augen auf!
Möge Gott es dir verzeihen,
daß du soviel Unglück brachtest.
Deinetwegen starb meine Schwester
Herzeloyde, deine Mutter.«
»Nein, oh nein, mein guter Herr«,
rief Parzival, »was sagt Ihr da?!
Und wäre ich der Herr des Grals,
so wäre das kein Trost für mich
nach dem, was Ihr mir jetzt gesagt!
Wenn ich Euer Neffe bin,
so zeigt hier auch Familienehre,
sagt mir ganz geradheraus:
ist dies beides wirklich wahr?!«
Da sagte ihm der Edelmann:
»Ich bin zur Lüge gar nicht fähig.
Als du gingst, starb deine Mutter –
das brachte ihr die Liebe ein!
Du warst das Tier, das an ihr sog,
der Drache, der da von ihr flog –
das hatte sie im Schlaf erlebt,
bevor die Schöne dich gebar.
Ich habe jetzt noch zwei Geschwister. 477
Joisiane, meine Schwester,
starb, als sie ein Kind gebar.
Deren Ehemann war Herzog
Guiot von Katalonien –
der sagte dann dem Glück ade.

Sigune, ihre kleine Tochter,
übergab man deiner Mutter.
Der Tod Joisianes trifft mich sehr:
mitten in mein Herz hinein.
Ihr Frauenherz war voller Tugend:
Arche auf der Sündenflut...
Meine Schwester ist noch Jungfrau,
lebt zusammen mit der Keuschheit:
Repanse de Joie ist Hüterin
des Grales. Und der wiegt so schwer,
daß ihn die Sünden-Menschheit nicht
von seiner Stelle rücken könnte.
Unser Bruder ist Anfortas,
von Geburt aus Herr des Grals –
das war er und das ist er noch.
Dem ist das Glück nun leider fern,
dem bleibt allein die Hoffnung übrig,
daß ihn all sein Leid zuletzt
zur Seligkeit geleiten wird.
Durch ein befremdliches Geschehen
kam er zum dunklen, wunden Punkt –
ich will es dir berichten, Neffe.
Wenn du dich treu verbunden fühlst,
so erbarme dich sein Schmerz.

    Als Frimutel, mein Vater, starb,   478
berief man seinen ersten Sohn
dorthin zum König und zum Schirmherrn
des Grales und der Grals-Gemeinschaft;
das war mein Bruder Anfortas,
der Krone und der Macht schon würdig –
damals waren wir noch klein.
Doch als er in das Alter kam,
in dem das erste Bärtchen sprießt,
da kämpfte Liebe mit der Jugend:
die unterwirft sich ihr Gefolge,
daß es eine Schande ist!
Liebt ein Gralsherr eine Frau,
die ihm nicht die Inschrift nannte,
muß es zur Belastung kommen
und zu seufzerschwerem Leid.
Mein Herr und Bruder suchte sich

eine edle Freundin aus,
die ihm charaktervoll erschien –
wer sie war, muß offen bleiben.
In ihrem Dienste zog er los,
er ließ die Feigheit hinter sich.
Er hat mit seiner starken Hand
so manchen Schildrand eingekerbt.
Der schöne, angenehme Mann
war ständig hinter Kämpfen her –
daß einer noch mehr Ruhm errang
in Ländern mit dem Ritterstand,
das ließe sich bei ihm nicht sagen!
»Amor!« war sein cri de guerre;
dieser Ruf ist nicht der beste
der Beweise für die Demut!
 Eines Tages ritt der König –
was seinem Anhang gar nicht recht war –
alleine in das Abenteuer:
die Liebe übernahm die Führung,
Liebeslust zwang ihm das auf.
Er wurde als Tjosteur verwundet,
die Lanzenspitze war vergiftet,
und so wurde denn dein guter
Onkel niemals mehr gesund –
der Stoß ging durch die Hoden.
Es war ein Heide, der dort kämpfte,
diesen Lanzenangriff ritt –
geboren war er in Ethnise,
dort, wo aus dem Paradiese
der Tigris in die Weite strömt.
Und dieser Heide war ganz sicher,
daß sein Mut den Gral erringe.
In der Lanze stand sein Name.
Er suchte, angelockt vom Gral,
in fernen Ländern Rittertaten,
reiste auf dem Land, dem Meer.
Sein Kampf hat unser Glück zerstört.
In dieser Tjost errang dein Onkel
Siegesruhm; die Lanzenspitze
brachte er im Körper mit.
Als dieser edle, junge Mann

nach Hause zu den Seinen kam,
zeigte sich das ganze Elend.
Den Heiden hat er dort erschlagen – 480
das können wir nicht sehr beklagen.
Als der König zu uns kam,
so bleich und ohne jede Kraft,
da untersuchte gleich ein Arzt
die Wunde, fand die Lanzenspitze;
ein Fragment des Bambusschafts
stak da noch in seiner Wunde –
beides zog der Arzt heraus.
Ich kniete nieder zum Gebet
und gelobte Gott, dem Herrn,
ich würd in meinem ganzen Leben
niemals mehr als Ritter kämpfen,
wenn nur Gott, zur eignen Ehre,
dem Bruder hülfe in der Not.
Und schwor: kein Fleisch mehr, Wein und Brot,
nichts von dem, was Blut enthält –
ich hätte nie mehr Lust darauf.
Man beklagte es, auch dies –
mein lieber Neffe, glaub es mir:
daß ich meinem Schwert entsagte.
Es hieß: ›Wer soll jetzt Schirmherr sein
des Mysteriums vom Gral?‹
Und es weinten schöne Augen.
Man trug den König unverzüglich
vor den Gral, daß Gott ihm helfe.
Als der König den Gral erblickte,
war dies für ihn ein zweites Unglück,
denn: er konnte jetzt nicht sterben.
Er hätte auch nicht sterben dürfen:
ich hatte mich ja einem Leben 481
in größter Armut hingegeben,
hatte so die Herrschermacht
des edlen Stammes sehr geschwächt.
   Des Königs Wunde eiterte.
Man las in Büchern der Medizin –
die Mühe wurde nicht belohnt.
Mittel gegen Schlangenbisse
(sehr gefährlich durch heiße Gifte

sind Aspis, Ecidemon, Lisis,
Echontius, Jecis und Meatris
und andre giftige Reptilien) –
was hier auch studierte Ärzte
mit der Kunst der Physio-
logie
an Kräuterwurzeln eruierten
(ich fasse mich hier kurz für dich) –
keine davon konnte helfen,
Gott selber hat es nicht vergönnt.
Wir suchten Hilfe an den Flüssen
Gihon, Pison und am Euphrat
wie am Tigris: diese viere
fließen aus dem Paradies
(wir kamen dort ganz nah heran,
der süße Duft, er war noch da) –
schwamm hier eine Wurzel mit,
die uns alle Sorgen nahm?
Auch diese Mühe war umsonst,
und das hat unser Leid verstärkt.
Wir machten andere Versuche.
Wir beschafften uns den Zweig,
auf den Sibylle einst Äneas 482
hinwies, gegen Höllenqualen
und den Dunst des Phlegeton
und andrer Flüsse der Unterwelt.
Wir nahmen uns viel Zeit dafür,
bis wir den Zweig auch schließlich fanden;
er sollte helfen, falls die böse
Lanze, die in uns die Freude
tötet, in dem Höllenfeuer
vergiftet oder gehärtet war –
jedoch, das traf bei ihr nicht zu.
Ein Vogel, der heißt Pelikan:
hat er Junge ausgebrütet,
liebt er sie im Übermaß –
ihn zwingen Liebe, Lust dazu,
sich selber in die Brust zu beißen;
er flößt das Blut dann in die Schnäbel
seiner Brut – und stirbt sogleich.
Um zu prüfen, ob seine Liebe
hilft, beschafften wir sein Blut,

strichen es ihm auf die Wunde,
mit der allergrößten Sorgfalt,
doch es konnte uns nicht helfen.
Das Einhorn, monicirus, liebt
die Reinheit einer Jungfrau so,
daß es in ihrem Schoße schläft –
wir besorgten uns sein Herz
als ein Mittel gegen Schmerz,
und nahmen den Karfunkelstein
(der auf dessen Stirne wächst,
unterm Ansatz seines Horns)
bestrichen außen seine Wunde,
steckten ihn zuletzt hinein,
doch blieb die Wunde weiter giftig.
Das tat uns mit dem König weh.
Wir holten uns auch Drachonté
(von diesem Kraut berichtet man:
wird ein Drache totgeschlagen,
wächst es, wo sein Blut hinfloß;
auch hat es diese Eigenschaft:
es ist ätherisch wie die Luft) –
in der Hoffnung, daß der Rundlauf
dieses »Drachen« helfen könnte
gegen den Rücklauf der Planeten
und den Tag des Mondenwechsels,
denn der löst den Wundschmerz aus.
Es war von hohem Pflanzenadel,
dennoch konnte es nicht helfen.
   Wir knieten nieder vor dem Gral
und sahen plötzlich eine Schrift
auf ihm: ein Ritter komme her;
wenn der seine Frage stelle,
wär das schwere Leid beendet;
würd ihm freilich irgend jemand
diese Frage nahelegen,
so hülfe diese Frage nicht,
das Leiden wäre wie zuvor,
ja, die Schmerzen würden stärker.
Die Schrift: ›Ist Euch das klargeworden?
Euer Hinweis könnte schaden!
Fragt er nicht am ersten Abend,

so erlischt die Kraft der Frage;
stellt er sie zur rechten Zeit,
erhält er dieses Königreich
und es wird der Allerhöchste
diese Leidenszeit beenden:
Anfortas ist damit gesund,
doch wird er nicht mehr König sein.‹
Somit lasen wir am Gral,
daß die Qualen des Anfortas
dann ein Ende finden werden,
wenn die Frage auf ihn zukommt.
 Wir rieben seine Wunde ein
mit allem, was nur lindern konnte:
mit der guten Nardensalbe,
auch mit Theriakisiertem,
Ruß des lignum aloë –
er hatte unablässig Schmerzen.
Da zog ich mich hierher zurück.
Meine Jahre sind sehr freudlos.
Ein Ritter kam zur Burg geritten –
er hätt es besser bleiben lassen.
Ich hab dir schon von ihm berichtet:
Ruhm erwarb er sich dort nicht –
obwohl er sah, wie schwer er litt,
fragte er Anfortas nicht:
›Woran leidet Ihr denn, Herr?‹
Es lag an seiner großen Einfalt,
daß er nicht diese Frage stellte;
er war zu träge für sein Heil.«
Von Herzen kamen ihre Klagen; 485
es ging bereits auf Mittag zu.
»Kümmern wir uns um das Essen.
Dein Pferd, es ist noch nicht versorgt.
Ich habe nichts für uns zu speisen –
es sei denn, Gott gewährt es uns.
Es gibt bei mir nur kalte Küche –
du wirst es heut ertragen müssen,
und solang du bei mir bleibst.
Ich sollt dich heute Pflanzenkunde
lehren – läge nicht der Schnee.
Gebe Gott, daß er bald schmilzt.

So laß uns Eibensprossen brechen.
Ich denke, auf dem Mont Salvage
gab's bessres Futter für dein Pferd.
Du, dein Roß, ihr wart bisher
bei keinem, der so gastlich ist –
stünd nur alles zur Verfügung...«
So gingen sie auf Nahrungssuche.
Parzival besorgte Futter,
sein Wirt grub kleine Wurzeln aus –
das war für sie das ganze Festmahl!
Er hielt sich an die Ordensregeln:
von allen Wurzeln, die er ausgrub,
aß er keine vor der None;
er hängte sie gewissenhaft
an Büschen auf und suchte weiter.
(Er vergaß an vielen Tagen,
wo die ganze Nahrung hing
und fastete, in Gottes Namen.)
Den zwei Gefährten war's nicht lästig: 486
sie gingen zu der Quelle hin
und reinigten die Wurzeln, Kräuter –
lautes Lachen gab es nicht.
Beide wuschen sich die Hände.
Ein Büschel Eibensprossen brachte
Parzival zu seinem Pferd.
Dann kehrten sie zum Kohlenfeuer,
zu den Schütten Stroh zurück.
Hier wurde nichts mehr nachgereicht –
in der leeren Küche wurde
nichts gesotten, nichts gebraten.
Doch Parzival, ganz einsichtig,
und mit der treuen Zuneigung,
die er für seinen Wirt empfand,
schien es, alles schmecke besser
als am Tisch des Gournemans
oder auf dem Mont Salvage,
als er vom Gral bewirtet wurde,
angesichts der schönsten Frauen.
Sein Wirt, der klug und freundlich war,
sagte: »Neffe, bitte sei nicht
unzufrieden mit dem Essen,

denn du findest nicht so bald
noch einen Wirt, der dir so gerne
eine gute Mahlzeit gönnte.«
»Herr«, so sagte Parzival,
»wenn mir jemals besser schmeckte,
was ich als Gast verzehren durfte,
entziehe Gott mir Seine Huld.«
Wenn sie sich – nach dieser Mahlzeit –   487
doch das Händewaschen sparten,
machte das den Augen nichts –
es war kein Fischsalz an den Fingern!
Ich will in eigner Sache sagen:
ginge man mit mir auf Beizjagd
und man säh in mir den Falken,
würde ich, nach solchen Häppchen,
gierig starten von der Faust,
und zeigen, was es heißt: zu fliegen!
Ich mach mich über Edle lustig...
Da zeigt sich meine alte Unart.
Ihr habt ausführlich ja gehört,
wodurch sie Reichtum, Macht verloren,
warum sie all ihr Glück verließ –
reichlich Kälte, keine Wärme...
Weil Liebe, Treue sie verband,
litten sie aus tiefstem Herzen –
doch vergaben sie sich nichts.
Sie empfingen Lohn fürs Leiden
aus der Hand des Allerhöchsten:
Er war – und wurde – ihnen gnädig.
Der edle Mann und Parzival
standen auf und gingen beide
zum Stall hinüber, seinem Pferd.
Und im Ton der matten Freude
sagte Trevrizent zum Pferd:
»Daß du hungerst, tut mir leid,
weil dieser Sattel auf dir liegt,
mit dem Wappen des Anfortas.«
Während sie das Pferd versorgten,   488
gab es neuen Grund zum Klagen;
Parzival zu seinem Wirt:
»Herr, und auch: mein lieber Onkel,

wagte ich vor Scham zu sprechen,
müßt ich Euch mein Unheil klagen.
Ihr wahrt die Form, deshalb verzeiht mir –
Ihr, die Zuflucht meiner Liebe.
Ich habe mich so schwer vergangen –
wenn Ihr mich dafür büßen laßt,
so bleibt mir keine Hilfe mehr
und ich komm von Schmerz und Trübsal
nie mehr los in meinem Leben.
Ich war noch völlig unerfahren –
beklagt das, steht mir bitte bei.
Der zum Mont Salvage hinaufritt
und den ganzen Jammer sah
und dennoch keine Frage stellte,
das bin ich – das Kind des Unheils.
Herr, so hab ich mich vergangen.«
»Neffe, wie – was sagst du da?!
Du hast dein Heil gezielt zerstört.
Und so heißt es für uns beide:
es fahre alles Glück dahin,
stimmen wir die Klage an.
Fünf Sinne hat dir Gott verliehen –
sie haben dir nicht helfen können,
haben in entscheidender Stunde
vor der Wunde des Anfortas
Mitleid nicht entstehen lassen!
Dennoch helfe dir mein Rat: 489
du darfst nicht zu verzweifelt sein.
Du solltest dich nur angemessen
grämen – dann das Grämen lassen.
Die Menschheit ist im Wesen wirr.
Manchmal sucht die Jugend Weisheit;
will Alter andrerseits naiv sein,
alle Klarheit wieder trüben,
so wird damit das Weiße fleckig,
wird der grüne Wuchs ganz fahl,
wo er Wurzeln fassen müßte,
damit Wert und Würde sprießen.
Ich möchte dich ergrünen lassen
und dein Herz so sehr erkühnen,
daß du Ehre, Ruhm erringst

und an Gott nicht mehr verzweifelst –
dann wäre der Erfolg bei dir
von einem derart hohen Rang,
daß sich von Ausgleich reden ließe.
Gott selber wird dich nicht verlassen –
mit Gottes Hilfe helf ich dir.
Nun sage mir, sahst du die Lanze
in der Burg auf Mont Salvage?
Daß der Planet Saturn erneut
den höchsten Stand erreicht hat,
merkten wir an seiner Wunde
und am sommerlichen Schnee.
Noch nie tat ihm der Frost so weh,
deinem liebenswerten Onkel.
Die Lanze muß dann in die Wunde:
so half der Gegenschmerz dem Schmerz.   490
Drum war die Lanze rot von Blut.
Die Aszendenzen von Planeten
(die sehr großen Abstand haben,
verschieden schnelle Umlaufzeiten)
ließen dort die Leute jammern;
auch wenn der Mond im Wechsel ist,
schadet das der Wunde sehr.
In diesen Phasen, die ich nannte,
kann er keine Ruhe finden;
ihm tut der starke Frost so weh,
sein Fleisch wird kälter als der Schnee.
Doch seit bekannt ist, daß das Gift
an jener Lanzenspitze heiß ist,
legt man sie dann auf die Wunde:
sie zieht den Frost aus ihm heraus –
der bildet an ihr Eis wie Glas.
Und das war auf keine Weise
von der Lanze abzulösen –
bis Trebuchet, der große Könner,
zwei Silbermesser schmiedete:
die lösten es, und blieben hart.
Das lehrte ihn ein Zauberspruch,
der auf dem Schwert des Königs stand.
Mancher sagt, mit Überzeugung,
das Holz Asbest, es brenne nicht –

doch fielen Splitter drauf vom Glas,
so loderten die Flammen auf,
es verbrannte das Asbest.
Mit diesem Gift geschehen Wunder. –
Er kann nicht reiten und nicht gehen,
der König, auch nicht liegen, stehen –
lehnt, und sitzt dabei doch nicht,
stöhnt, und das mit allem Grund.
Beim Mondeswechsel leidet er.
   Brumbane heißt der See; dort ist
die Luft sehr mild; man trägt ihn hin,
weil er aus seinem Wundloch stinkt;
das nennt er seinen Anglertag.
So viel er dort auch fangen mag,
unter allergrößten Qualen –
es hält zu Haus nicht lange vor.
So entstand auch das Gerücht,
daß der König Fischer sei.
Er hat sich dran gewöhnen müssen –
dennoch: Salme und Lampreten
hat er kaum im Angebot,
der Mann der großen Traurigkeit.«
Parzival berichtete:
»Ich sah den König auf dem See,
wie er dort vor Anker lag;
mir scheint, es ging um einen Fischzug
oder andren Zeitvertreib.
Ich war an diesem Tag bereits
viele Meilen schon geritten,
und hatte Beaurepaire doch erst
am späten Vormittag verlassen!
Am Abend überlegte ich,
wo ich übernachten könnte –
bis mein Onkel mich dann einlud.«
»Deine Route war gefährlich,
weil von Posten gut gesichert.
Und jeder ist so stark bemannt,
daß Kriegslist hier nicht weiterhilft,
niemand kommt bei ihnen durch.
Wer auf dem Weg hierher zu denen
ritt, der stieß auf sein Verderben.

Keinem geben sie Pardon,
sie setzen Leben gegen Leben –
so müssen sie die Sünden büßen.«
»Und doch: genau in diesem Zeitraum
bin ich ohne jeden Kampf
zum Sitz des Königs hingeritten«,
sprach Parzival. »Den Palas fand ich
an diesem Abend voller Jammer.
Hatten sie das Jammern gern?
Ein Knappe lief zur Tür herein –
schon füllte Jammern diesen Saal.
Vor jede der vier Wände trug er
einen Schaft, und in ihm steckte
eine rote Lanzenspitze –
nun war der Jammer grenzenlos!«
»Neffe, nie zuvor, danach
litt der König solche Qualen,
denn damals zeigte der Planet
Saturn die nahe Aszendenz
durch Kälte an, und die war groß.
Die Lanze auf die Wunde legen,
wie früher üblich, half nicht mehr –
so stach man sie in seine Wunde.
Saturnus stieg sehr hoch empor – 493
die Wunde spürte es voraus,
eh der Frost von außen folgte;
der Schnee ließ etwas auf sich warten,
fiel erst in der nächsten Nacht –
der Sommer war in höchster Pracht.
Als man des Königs Kälte so
bekämpfte, litten seine Leute.«
Der fromme Trevrizent sprach weiter:
»Sie erhielten Sold vom Jammer.
Die Lanze stieß die Freude weg,
berührte ihren Lebensnerv.
Der Jammer, der von Herzen kam,
bekräftigte das Taufbekenntnis.«
Parzival zu seinem Wirt:
»Fünfundzwanzig Mädchen sah ich,
die dort vor dem König standen –
sie zeigten höchste Formvollendung.«

»Jungfrauen hüten dort den Gral,
so hat es Gott für ihn bestimmt;
sie haben vor ihm Dienst getan.
Der Gral setzt hohen Rang voraus;
so dürfen ihm nur Ritter dienen
in der Strenge der Askese.
Das Aszendieren der Planeten
löst beim Burgvolk Jammern aus,
ganz gleich, ob Junge oder Alte.
Allzu lange schon hat Gott
Seinen Zorn auf sie bewahrt –
wie sollen wir noch Glück bejahen?
Ich will dir etwas sagen, Neffe,
was du mir schon glauben darfst:
es kommt hier oft zum jeu de hazard –
sie verlieren und gewinnen.
Man nimmt dort kleine Kinder auf
von hoher Herkunft, gutem Aussehn;
verliert ein Land sein Oberhaupt
und man sieht hier Gottes Wirken,
wünscht sich einen neuen Herrscher
aus der Bruderschaft des Grals,
erhält man ihn. Er sei geehrt,
denn Gottes Segen ruht auf ihm.
Die Männer schickt Gott heimlich hin,
die Mädchen gibt man offen fort.

   Du kannst mir hier getrost vertrauen:
es war der König Castis, der einst
um Herzeloyde warb, die man
ihm gerne gab; deine Mutter
machte man zu seiner Frau.
Er wohnte ihr jedoch nicht bei,
denn ihn trug der Tod zu Grabe.
Zuvor noch gab er deiner Mutter
Wales als Erbschaft und Norgals
(mit Kanvolais und Kingrivals);
das wurd ihr rechtens übertragen.
Der König durft nicht länger leben;
er reiste heim und da geschah es:
er legte sich zum Sterben nieder.
Sie trug die Kronen beider Länder –

dort errang sie Gahmuret.
　So vermittelt man vom Gral
die Männer heimlich, Mädchen offen;
sie sollen sich vermehren und
durch den Dienst auch ihrer Kinder
die Grals-Gemeinschaft größer machen.
Gott bringt sie auf den rechten Weg.
Wer sich zum Dienst am Gral entschloß,
verzichtet auf die Frauenliebe.
Nur dem König steht gesetzlich
eine Frau zu, wenn sie keusch ist,
und: den Herrschern, die Gott selbst
in herrscherlose Länder schickte.
Ich übertrat dieses Gebot,
diente einer Frau um Liebe.
Dies machten meine muntre Jugend
und der hohe Rang der Frau:
ich ritt in ihrem Dienste los
und führte viele harte Kämpfe.
Diese wilden Abenteuer
waren derart schön für mich,
daß ich Turnieren immer fernblieb.
Ihre Liebe conduierte
mir das Glück ins Herz hinein.
Ich habe viel für sie gekämpft.
So trieb mich diese Leidenschaft
zu Ritterkämpfen in die Ferne.
Und so erwarb ich ihre Gunst:
ob Heide oder Christ – es war
für mich im Kampf kein Unterschied.
Ihr Lohn erschien mir vielversprechend.
So war ich – für die edle Frau –
in den drei Teilen dieser Welt:
in Europa und in Asien
und im fernen Afrika...
Ich suchte elegante Tjosts
und ritt am Gaurion vorbei;
auch habe ich sehr viel tjostiert
am Fuß des Berges Fei-Morgan;
ich vollbrachte schöne Tjoste
am Fuß des Berges Agrimonte:

kämpft man an der einen Flanke,
treten Feuermänner auf,
die Kämpfer an der andren Flanke
sind dagegen flammenlos.
Und als ich, Abenteuer suchend,
zum Fuß des Rohitsch-Berges kam,
da ritten edle Slaven los
zum Konterangriff in der Tjost.
Ich reiste, von Sevilla aus,
auf dem Meer umher nach Cilli,
von Aquileja durch Friaul.
Oweh, oje, ojemine –
daß ich je deinen Vater sah,
den ich dort kennenlernen mußte!
Als ich in Sevilla einritt,
hatte der Edle von Anjou
vor mir bereits Quartier gemacht.
Daß er später nach Bagdad reiste,
wird mich lebenslang bedrücken –
dort hat ihn eine Tjost getötet.
Was du mir von ihm erzählt hast,
wird mein Herz stets traurig stimmen.
Mein Bruder hat sehr viel Besitz:
er gab mir, was ein Ritter braucht
und schickte mich oft heimlich los.
Als ich den Mont Salvage verließ,
nahm ich von dort sein Siegel mit
und brachte es nach Karcobra,
wo sich, im Bistum Barbigol,
der Plimizol zum See erweitert.
Dem Burggraf zeigte ich das Siegel,
und er gab mir vor dem Abschied
Ausrüstung und Knappen mit
für Tjoste auf der freien Wildbahn
und andre Ritter-Unternehmen.
Er hat hier wahrlich nicht geknausert.
Ganz allein kam ich dorthin;
auf meinem Rückweg hinterließ ich
bei ihm mein sämtliches Gefolge,
ritt von dort zum Mont Salvage.
Lieber Neffe, hör weiter zu.

Als ich damals in Sevilla
erstmals deinen Vater sah,
erkannte er in mir sofort
den Bruder Herzeloydes,
obwohl er mein Gesicht noch nie
zuvor gesehen hatte. Freilich
wird mir nachgesagt, mit Recht,
daß ich das schönste Mannsbild war –
damals sproß mir noch kein Bart.
Er kam zu mir in das Quartier.
Ich bestritt, was er da sagte,
schwor viele – nicht formelle – Eide.
Doch setzte er mir derart zu,
daß ich ihm das Geheimnis nannte –
da war denn seine Freude groß!
Er überreichte mir sein Kleinod;
meine Geschenke gefielen ihm sehr.
Mein Reliquiar, du kennst es ja,
(es ist noch grüner als der Klee)
ließ ich aus einem Steine meißeln,
den mir dieser Edle schenkte.
Als Knappen überließ er mir
Ither, der sein Neffe war
und König von Cucumberland:
sein Herz ließ Lug und Trug nicht zu.
Der Aufbruch war nicht abzuwenden
und so mußten wir uns trennen.
Er begab sich zum Kalifen,
zum Rohitsch führte mich mein Weg –
ich ritt von Cilli aus zum Berg.
Ich nahm an drei Turnieren teil;
mir schien, ich hätte gut gekämpft.
Danach ritt ich mit großem Tempo
in das weite Gandin hinein –
von dorther stammt der Name
deines Großvaters Gandin.
Ither war dort wohlbekannt.
Das Gebiet liegt an der Mündung
der Grajena in die Drau –
dieses Wasser führt auch Gold.
Ither fand dort seine Liebe;

die er dort traf, war deine Tante.
Sie war Herrscherin des Landes.
Es war Gandin von Anjou,
der sie zur Königin gemacht hat.
Ihr Name lautet Lamire
und ihr Land heißt Steiermark.
Wer Ritterdienste leisten will,
muß durch viele Länder ziehn.
Mir tut mein Roter Knappe leid –
sie ehrte mich nur ihm zuliebe.
Mit Ither bist du ja verwandt –
was euch verband, das trenntest du.
Die Tat hat Gott noch nicht vergessen,
Er kann dich noch dafür bestrafen.
Willst du gottgefällig leben,
mußt du dafür Buße leisten.
Ich sage dir mit großem Schmerz:
du hast dich zweifach schwer versündigt –
Ither hast du totgeschlagen,
mußt um deine Mutter trauern.
Es geschah aus treuer Liebe:
als du damals von ihr aufbrachst,
ist sie gleich darauf gestorben.
Tu, wozu ich dir jetzt rate:
du mußt für die Verfehlung büßen;
denke auch an deinen Tod,
damit dein Mühen hier auf Erden
der Seele jenseits Ruhe gibt.«
Dann fragte Trevrizent noch einmal 500
in einem Ton, der freundlich blieb:
»Ich weiß noch immer nicht, mein Neffe,
woher du dieses Pferd hier hast.«
»Herr, ich hab es mir erkämpft,
als ich von Sigune kam –
vor einer Klause sprach ich sie.
Danach warf ich seinen Reiter
flugschnell ab und nahm es mit.
Vom Mont Salvage war dieser Mann.«
Der Wirt: »Hat er das überlebt,
dem dieses Pferd zu Recht gehört?«
»Herr, er nahm vor mir Reißaus.

Und sein Pferd blieb vor mir stehn.«
»Wenn du das Gralsvolk so beraubst
und dessen ungeachtet glaubst,
daß du dort Freunde finden kannst,
dann spaltet sich dein Denken auf!«
»Herr, ich nahm es mir im Kampf.
Wer darin ein Vergehen sieht,
der prüfe erst den Sachverhalt.
Ich hatt zuvor mein Roß verloren.«
Und weiter sagte Parzival:
»Wer war die Jungfrau, die den Gral
trug? Man lieh mir ihren Mantel.«
»Mein Neffe, hat er ihr gehört?
Sie ist deine Tante. Sie
verlieh ihn nicht zum Renommieren.
Sie hoffte, daß du Herrscher würdest
über Gral und sie und mich.
Dein Onkel gab dir auch das Schwert; 501
dabei nahmst du Schuld auf dich,
weil dein Mund, der sonst gut redet,
leider nicht die Frage stellte.
Lassen wir die Sünden ruhen –
wir müssen heute auch mal schlafen...«
Man brachte keine Betten, Decken,
sie legten sich auf eine Schütte.
Diese Lagerstätte hat
ihrem Adel nicht entsprochen.

   Vierzehn Tage blieb er dort,
bewirtet, wie ich euch schon sagte:
Kräuter und Würzelchen
waren ihre besten Speisen.
Parzival ertrug den Mangel,
weil es gute Botschaft gab:
der Wirt verzieh ihm seine Sünden,
gab ihm als Ritter dennoch Rat.

   Parzival fragte eines Tages:
»Wer war der Mann, der vor dem Gral lag?
Der war ganz grau – bei frischer Haut.«
Der Wirt sprach: »Das war Titurel.
Er ist der Großvater deiner Mutter.
Als erstem übertrug man ihm

die Fahne und den Schutz des Grals.
Er leidet an der Krankheit namens
Podagra; diese Lähmung
ist nicht heilbar. Er wirkt noch frisch,
weil er den Gral so häufig sieht.
Deshalb kann er auch nicht sterben.
Ans Bett gefesselt, berät er sie.
Er ritt als junger Mann durch Furten,
über Wiesen, suchte Tjoste. –
Soll dein Leben Glanz erhalten,
soll es Wert und Würde zeigen,
werde nie zum Feind der Frauen.
Die Frauen und die Kleriker
sind ja immer unbewaffnet;
Priester vermitteln Gottes Segen.
Sei den Priestern stets gewogen,
diene ihnen treu ergeben,
damit dein Ende gnädig wird.
Was immer du auf Erden siehst,
reicht an den Priester nicht heran.
Er predigt über die Passion:
sie zerstört unsre Verdammnis.
Und: mit der geweihten Hand
berührt er das höchste Unterpfand,
das jemals von der Schuld befreite.
Ein Priester, der ein Leben führt,
das die Reinheit übermittelt,
der ist so heilig wie sonst keiner.«
Dies war der Abschiedstag, für beide.
Trevrizent entschloß sich, sagte:
»Gib mir deine Sünden her;
ich bürg vor Gott für deine Buße.
Befolge, was ich dir gesagt,
halte fest an dem Entschluß.«
Sie trennten sich. Wenn ihr es wollt,
so denkt euch aus, wie das geschah.

Was nun folgt, sind bunte Geschichten: 503
sie können alle Freude rauben,
wecken auch Begeisterung –
auf beides wollen sie hinaus./
  Eines Morgens kam Herr Gawan
auf eine grüne plaine geritten,
sah das Glänzen eines Schildes,
den ein Lanzenstoß durchbohrt hat,
sah ein Pferd mit Frauen-Reitzeug:
Halfter, Sattel äußerst kostbar.
Neben diesem Schilde war es
an einem Ast fest angebunden.
Er dachte sich: »Wer mag die Frau sein,
die sich so kriegerisch gebart,
daß sie mit einem Schild hantiert?
Falls sie mit mir kämpfen will –
wie soll ich mich verteidigen?
Zu Fuß werd ich wohl mit ihr fertig;
will sie länger mit mir rangeln,
wirft sie mich vielleicht aufs Kreuz;
leg ich zu Fuß die Lanze ein,
bringt mir das Feindschaft – oder Gunst.«
Der Schild war übrigens zerhackt; 505
Gawan ritt zu ihm heran
und beschaute ihn genauer:
es hatte eine breite lance
ein Fensterloch hineingestoßen –
in diesem Stile malt der Kampf!
Wer hätte Geld für Wappenmaler,
wenn sie solche Farben nähmen?
Der Lindenstamm war umfangreich;
dahinter saß im grünen Klee
eine Dame, ganz verzweifelt.
Sie litt so sehr an ihrem Schmerz,
daß sie das Glück vergessen hatte.
Er ritt herum und zu ihr hin.
Ein Ritter lag in ihrem Schoß –
deshalb war ihr Schmerz so groß.
Gawan gewährte seinen Gruß;
sie dankte ihm und neigte sich.
Er merkte, daß sie heiser war

vom Schreien in der großen Not.
Mein Herr Gawan sprang vom Pferd.
Der Mann, der dalag, war durchbohrt –
das Blut lief ihm nach innen.
So fragte er die Frau des Helden,
ob der Ritter denn noch lebe
oder mit dem Tode ringe.
Sie sagte ihm: »Er lebt noch, Herr –
ich fürcht, es dauert nicht mehr lang.
Gott schickte Euch zu mir als Helfer –
seid so freundlich, steht mir bei.
Ihr habt mehr Leid als ich erlebt –
gewährt mir bitte Euren Beistand
und erweist mir Eure Hilfe.«
»Mach ich, Herrin«, sagte er.
»Den Ritter könnte ich vorm Tod
bewahren, könnt ihn völlig heilen,
wenn ich nur ein Röhrchen hätte;
dann könntet Ihr ihn lange Zeit
gesund erblicken – und auch hören.
Seine Wunde ist nicht tödlich,
nur: das Blut drückt auf sein Herz.«
Er nahm sich einen Lindenast
und zog die Rinde ab, als Hülse;
erfahren in der Wundbehandlung,
steckte er sie in den Einstich
und er bat die Frau, zu saugen,
bis ihr das Blut entgegenfließe.
Der Held erwachte aus der Ohnmacht
und er konnte fließend reden.
Als er von unten Gawan sah,
bedankte er sich sehr und sagte,
er hätte sich verdient gemacht,
weil er ihm aus der Ohnmacht half,
und fragte, ob er in Logrois
den ritterlichen Zweikampf suche.
»Ich kam vom fernen Pont Tortois
hierher, um etwas zu erleben,
doch ich werde stets bereuen,
daß ich allzu nah heranritt.
Laßt das bleiben, wenn Ihr klug seid!

506

Ich hab mir das nicht träumen lassen:
Le Choix Guellious –
er hat mich schwer verwundet,
hat mich hinters Roß gesetzt
mit einem schönen Lanzenstich:
beim Attaquieren führte der
durch meinen Schild und meinen Leib.
Dann half mir diese edle Frau
aufs Pferd und brachte mich hierher.«
Er flehte, Gawan möge bleiben.
Gawan sagte, er wolle schauen,
wo ihm das zugestoßen sei.
»Liegt Logrois in solcher Nähe,
und ich hol ihn vorher ein,
so werd ich eine Antwort fordern –
ich frag ihn, wen er an dir rächte.«
Der wunde Kämpfer: »Tu es nicht!
Ich will dir hier die Wahrheit sagen:
dort führt kein Kinder-Ausflug hin;
man spricht mit Recht von Todesnot.«
Gawan verband ihm die Wunde mit
dem Kopfgebinde dieser Dame,
besprach die Wunde mit dem Segen,
bat Gott um Hilfe für die beiden.

Er sah viel Blut auf ihrer Spur,
als hätt man einen Hirsch geschossen –
so ritt er nicht den falschen Weg.
Er sah schon kurze Zeit darauf
Logrois, mit seinem großen Namen –
viele Menschen priesen es.
Die Burg war rühmenswert gebaut:
um ihren Berg ein Kreiselweg –
wenn sie ein Narr von weitem sah,
schien es dem, sie drehe sich...
Man sagt noch heute von der Burg,
ein Sturmangriff sei fehl am Platz,
sie habe keine Angst vor ihm –
wo immer man sie auch berenne.
Diesen Berg umgab ein Hain
aus lauter edlen Bäumen:
Granatäpfel, Feigen, Oliven,

Wein und andre Nutzgewächse
gediehen äußerst üppig dort.
Gawan ritt die Straße hinauf
und sah dann etwas unterhalb
sein Herzensglück, sein Herzeleid.
Aus dem Fels floß eine Quelle;
dort sah er – was ihm sehr gefiel –
eine Frau von solcher Schönheit,
daß er einfach hinschaun *mußte:*
belle fleure der weiblichen Erscheinung.
Solch eine Schönheit gab's noch nie –
außer bei Conduir-amour.
Die Frau war hübsch, war voller Anmut,
war wohlgeformt und courtois;
sie hieß Orgeluse de Logrois.
Weiter sagt uns die Geschichte,
sie sei ein Köder der Liebeslust,
sei eine Wohltat für die Augen,
sei Schleudersehne für das Herz.
Gawan grüßte sie und sagte:
»Ist es gestattet abzusitzen,
mit Eurer freundlichen Erlaubnis,
und seid Ihr, Herrin, so gestimmt,
daß Ihr mich gerne bei Euch seht,
so weicht die Trübsal vor der Freude,
war kein Ritter je so glücklich.
Noch im Sterben werd ich sagen:
Ihr seid für mich die Allerschönste!«
»Na schön, jetzt weiß ich auch noch das«,
sagte sie und sah ihn an.

   Ihr schöner Mund sprach darauf weiter:
»Lobt mich nur nicht allzusehr,
das bringt Euch keine Ehre ein.
Ich mag es nicht, wenn jedermann
ein Urteil abgibt über mich.
Mein Ansehn wäre doch recht klein,
wenn alle mich gemeinsam lobten,
der Kluge wie der Dumme,
der Grade wie der Krumme –
wie könnte ich da andere
an hohem Rang noch überragen?

Nur *so* erhalt ich meinen Ruf:
wenn mich allein die Klugen preisen.
Ich weiß ja gar nicht, wer Ihr seid –
drum reitet fort. Wird höchste Zeit!
Doch nehmt zuvor mein Urteil mit:
Ihr liegt mir sehr am Herzen –
weit draußen, nicht hier drinnen!
Falls Ihr meine Liebe wünscht –
woher nehmt Ihr das Recht auf sie?
Wenn er nicht den Anblick meidet
dessen, was sein Herz zerschneidet,
wirft so mancher seine Blicke –
die würde er mit einer Schleuder
sicher weitaus sanfter werfen!
Drum wälzt Euch mit der schlappen Lust
auf andre Liebe, nicht auf meine.
Wollt Ihr der Liebe wegen dienen
und treibt Euch Abenteuerlust
zu Rittertaten für die Liebe,
belohne ich Euch *nicht* dafür.
Was Ihr hier erntet, ist nur Schmach –
ich will ganz ehrlich zu Euch sein.«
Er sagte: »Herrin, Ihr habt recht –
Gefahr fürs Herz sind meine Augen!
Sie haben Euch so angesehen,
daß ich Euch gestehen muß:
ich komme nicht mehr von Euch los.
Drum zeigt das Mitgefühl der Frau!
Auch wenn es Euch so gar nicht paßt:
Ihr habt mich bei Euch eingekerkert –
befreit mich oder bindet mich!
Ihr seht, daß ich entschlossen bin:
wenn ich Euch hätte, wo ich wollte,
wär mir der höchste Wunsch erfüllt.«
Sie sagte ihm: »Dann nehmt mich mit.
Wenn Ihr die Beute teilen wolltet,
die Ihr aus Liebe bei mir machtet,
so ließ Euch die Enttäuschung klagen.
Ich wüßte gern, ob Ihr der Mann seid,
der es wagt, für mich zu kämpfen.
Braucht Ihr Ehre, laßt es sein!

Falls ich Euch noch raten darf
und Ihr das akzeptieren wollt,
so sucht die Liebe anderswo.
Denn falls Ihr meine Liebe wünscht,
verliert Ihr Liebe, Lebensglück.
Nehmt Ihr mich von hier aus mit,
so wird Euch großes Unglück treffen.«
Mein Herr Gawan sagte ihr:
»Wer findet Liebe ohne Dienst?
Der nähme einzig Schuld auf sich –
muß ich Euch das wirklich sagen?
Wer die Hohe Liebe wünscht,
muß vorher, nachher um sie dienen.«
Sie sprach: »Wenn Ihr mir dienen wollt,
so heißt das, Ihr müßt kämpfend leben,
und das wird Euch Schande bringen.
Dienst für mich schließt Feigheit aus.
Dieser Pfad – es ist kein Reitweg –
geht auf ihm und diesem Steg
in den Garten mit den Bäumen,
kümmert Euch denn um mein Pferd.
Ihr hört und seht dort viele Leute,
die da tanzen, Lieder singen,
tambourieren und flûtieren.
Auch wenn sie Euch conduite anbieten,
geht mittendurch zu meinem Pferd
und bindet's los; es wird Euch folgen.«
Gawan sprang vom Pferd herab.   512
Er überlegte hin und her,
wie es auf ihn warten sollte;
bei dieser Quelle gab es nichts,
woran er's hätte binden können.
Er überlegte, ob das ginge:
daß sie solang den Zügel halte,
ob er sie drum bitten dürfte.
»Ich seh, daß Ihr verlegen seid«,
sprach sie, »laßt das Pferd bei mir.
Ich halt es, bis Ihr wiederkommt.
Doch der Dienst bringt Euch nichts ein.«
Mein Herr Gawan nahm darauf
den Zügel seines Pferds und sagte:

»Herrin, haltet ihn so fest.«
»Ich seh schon, wie naiv Ihr seid!
Den hat dort Eure Hand berührt,
da fasse ich jetzt nicht mehr hin.«
Darauf der Mann, der Liebe wollte:
»Ich halt ihn nie da vorne, Herrin.«
»Na schön, dann gebt ihn mir schon her«,
sagte sie, »und jetzt beeilt Euch,
bringt mir möglichst rasch mein Pferd –
ich bin bereit, Euch zu begleiten.«
Er sah hier glücklichen Erfolg;
augenblicklich eilte er
über den Steg und durch das Tor.
Da sah er viele schöne Damen
und auch viele junge Ritter,
wie sie tanzten, wie sie sangen.
Mein Herr Gawan zeigte hier 513
einen solchen Waffenschmuck,
daß sie alle traurig wurden;
in dem Garten mit den Bäumen
zeigte sich Verbundenheit:
die dort standen oder lagen
oder in den Zelten saßen,
alle stimmten Klagen an,
weil Gefahr für ihn bestand;
viele dieser Männer und Frauen
waren unwirsch, wiederholten:
»Unsre Herrin ist sehr schlecht,
denn sie will hier diesen Mann
zu großer Plackerei verlocken.
Wie schlimm, daß er ihr folgen muß –
nur leidvoll kann dies alles enden.«
Viele edle Herren kamen
auf ihn zu, umarmten ihn –
welch ein freundlicher Empfang.
Er ging zu dem Olivenbaum,
an dem das Damen-Reitpferd stand.
Es waren Zaum- und Sattelzeug
viele Silberpfunde wert.
Auf eine Krücke aufgestützt,
stand ein Ritter neben ihm –

der hatte einen großen Bart,
grau war der und schön geflochten.
Als Gawan zu dem Reitpferd schritt,
brach der Mann in Tränen aus,
dennoch grüßte er sehr freundlich.
»Wenn Ihr Euch raten lassen wollt, 514
so verzichtet auf dies Pferd,
auch wenn es keiner Euch verwehrt.
Das Klügste, was Ihr machen könnt,
ist, dieses Pferd hier stehn zu lassen.
Meine Herrin sei verwünscht,
weil sie auf diese Weise viele
Edle um ihr Leben bringt.«
Gawan sprach, er gäb nicht auf.
»Wie schlimm, was dann geschehen wird!«
sprach der edle, graue Ritter,
nahm dem Pferd das Halfter ab
und sagte: »Bleibt nicht länger hier,
geht jetzt diesem Pferd voran.
Dessen Hand die Meere salzte,
Er steh Euch bei in der Gefahr.
Paßt auf, daß ihre Schönheit Euch
nicht zum Gespött der Leute macht.
Sie ist beides: süß und bitter,
Hagelschauer, Sonnenglanz.«
»Da sei Gott vor«, sagte Gawan,
nahm Abschied von dem grauen Manne,
tat dies auch bei dem und jenem.
Alle äußerten Bedauern.
Auf schmalem Weg zum Tor hinaus
ging hinter ihm das Pferd, zum Steg.
Er traf die Herrin seines Herzens –
sie war die Herrscherin des Landes.
Zwar flüchtete sein Herz zu ihr,
doch senkte sie viel Leid hinein.
Die Haubenbänder hatte sie 515
unter ihrem Kinn gelöst
und auf ihrem Kopf verschränkt –
klar zum Gefecht ist eine Frau,
die man in diesem Zustand trifft,
sie möchte gern ihr Kämpfchen haben.

Womit sie sonst bekleidet war –?
Wenn ich mich entschließen würde,
ihre Kleidung zu beschreiben –
ihre Schönheit wäre stärker.
Als Gawan zu der Dame schritt,
empfing ihr schöner Mund ihn so:
»Seid willkommen, Gänserich!
Wenn Ihr mir wirklich dienen wollt,
so übertrifft das jede Dummheit!
Ihr solltet's lieber bleiben lassen.«
Er sagte: »Seid Ihr rasch im Zorn,
so folgt die Gnade auf dem Fuß.
Weil Ihr mich so sehr beschimpft,
ist Euer Ausgleich ehrenvoll.
Inzwischen werde ich Euch dienen,
bis Ihr Lust habt, mir's zu lohnen.
Ich hebe Euch auf Euer Pferd,
falls erwünscht.« »Ich wünsch es nicht.
Die Hand, im Dienst noch nicht bewährt,
sie greife nicht gleich nach dem Höchsten!«
Sie drehte ihm den Rücken zu,
sprang aus den Blumen auf das Pferd.
Sie bat ihn, vor ihr herzureiten:
»Es wäre schade, den Gefährten
solchen Schlages zu verlieren! 516
Gott bringe Euch zu Fall.«
  Wer mir hier weiter folgen will,
der spreche nicht zu schlecht von ihr.
Keiner nehm den Mund zu voll,
bevor er weiß, was er verdammt,
bevor er Kenntnis davon nimmt
wie's in ihrem Herzen aussieht.
Ich könnte mich hier leicht entrüsten
über diese schöne Dame,
jedoch: was immer sie auch Gawan
in ihrem Zorn an Unrecht tat
und was sie ihm noch antun wird –
ich spreche sie von allem frei.
Die mächtige Orgeluse
führte sich nicht freundlich auf:
sie kam auf Gawan zugeritten

mit solchen Zeichen ihres Zornes,
daß ich wenig Hoffnung hätte,
sie würde mich einmal erhören.
Beide ritten sie dahin –
auf eine blütenhelle Heide.
Gawan sah hier eine Pflanze,
deren Wurzel, wie er wußte,
Wunden heilt. So sprang der Edle
aus dem Sattel auf den Boden,
grub sie aus, saß wieder auf.
Der Dame fiel es schwer zu schweigen,
sie sagte ihm: »Ist mein Gefährte
Arzt und Ritter, wird er leicht
genug verdienen, wenn er lernt,
Salbenbüchsen feilzubieten.«
Gawan sprach: »Ich kam vorbei
an einem schwerverletzten Ritter.
Dessen Dach ist eine Linde.
Wenn ich ihn noch wiederfinde,
wird ihn diese Wurzel heilen,
ihn erneut zu Kräften bringen.«
»Das schaue ich mir gerne an –
vielleicht kann ich die Kunst erlernen.«/
  Sie erreichten bald die Stelle,
an der der wunde Ritter lag.
Voller Sorgfalt band ihm Gawan
die Wurzel auf der Wunde fest.
Der Verletzte: »Wie erging's dir,
seit du mich verlassen hast?
Dich begleitet eine Dame,
die nichts als deinen Schaden will.
Nur ihretwegen geht's mir schlecht:
sie trieb mich in Estroite malvoie
in eine Tjost mit scharfen Waffen;
es ging um Leben und Besitz.
Wenn du am Leben bleiben willst,
so laß die Frau voll Lug und Trug
reiten; reiß dich von ihr los.
Du siehst an mir, was sie vermag. –
Wenn ich mich ganz kurieren will,
brauche ich vor allem Ruhe –

verhilf mir dazu, lieber Mann.«
Mein Herr Gawan sagte ihm:
»Verfüge über meine Hilfe.«
»Nicht weit von hier ist ein Spital«,
sagte der verletzte Ritter,
»käme ich recht bald dorthin,
fände ich genügend Ruhe.
Das robuste cheval der Freundin
steht hier schon die ganze Zeit –
so hebt sie drauf, mich hinter sie.«
Der Fremde mit der edlen Herkunft
band am Ast ihr Reitpferd los,
um es zu ihr hinzuführen.
Der Verletzte: »Weiter weg!
Wollt Ihr denn, daß es mich tritt?!«
Im Bogen führte es Gawan zu ihr;
auf einen Wink des Mannes folgte
nun die Dame, ganz geruhsam.
Gawan half ihr auf das Pferd –
in dem Moment sprang der Verletzte
auf den Kastilianer Gawans.
Ich finde, das war ziemlich übel!
Er ritt mit seiner Dame fort –
Bosheit machte dort den Schnitt.
Gawan schimpfte sehr darüber – 523
Orgeluse lachte mehr,
als ihm der grobe Spaß gefiel.
Da ihm sein Roß genommen war,
sagte ihm der schöne Mund:
»Ich sah in Euch zunächst den Ritter;
eine kleine Weile später
wurdet Ihr zu einem Wundarzt;
jetzt seid Ihr ein écuyer.
Wo man von seinem Können lebt,
dürft Ihr auf Eure Schlauheit bauen.
Wollt Ihr auch jetzt noch meine Liebe?«
»Ja doch, Herrin!« rief Herr Gawan.
»Könnt ich Eure Liebe haben,
wär's das Schönste von der Welt!
Die Ungekrönten, die Gekrönten
auf dem Weg zu Ruhm und Glück –

771

böte mir die ganze Welt
den Reichtum an als Preis für Euch,
so riete mir die Herzensklugheit,
auf den Reichtum zu verzichten.
Ich will *nichts* als Eure Liebe.
Sollte ich die nicht erringen,
wird sich bald darauf schon zeigen:
ich sterbe einen bittren Tod.
Ihr vernichtet nur Euch selbst!
War ich als Adliger je frei,
so werd ich Euer Eigentum;
Euer Recht ist unbestritten.
Nennt mich Panzerreiter, Kriegsknecht,
écuyer ou paysan – 524
wie immer Ihr mich auch verhöhnt
oder meinen Dienst verschmäht,
Ihr nehmt hier schwere Schuld auf Euch.
Würd ich für meinen Dienst belohnt,
so tät Euch Euer Hohn noch leid.
Auch wenn's mich nicht geärgert hat,
so schadet es doch Eurer Ehre.«/
Mein Herr Gawan musterte
das cheval des feinen Herrn:
das war für einen Kampf zu schwach.
Bevor er von der Höhe kam,
hatte es der Knappe dort
einem paysan geraubt;
Gawan sah sich jetzt gezwungen,
es als Streitroß hinzunehmen, 530
als Ersatz zu akzeptieren.
Sie sagte ihm – ich glaub, als Spitze:
»Wollt Ihr nicht ein Stückchen weiter?«
Mein Herr Gawan sagte ihr:
»Ich breche von hier auf, erfülle
liebend gerne Euren Wunsch!«
»Da könnt Ihr aber lange warten!«
»Dennoch dien ich Euch dafür.«
»Dann seid Ihr ein Narr für mich!
Gebt Ihr das nicht endlich auf,
so löst Ihr Euch von allem Frohsinn,
wendet Euch dem Trübsinn zu.

Euer Leid bleibt ständig frisch...«
Da sprach der Mann, der Liebe wollte:
»Ich leiste meinen Dienst für Euch,
es bringe Unglück oder Glück;
weil ich Euch liebe, muß ich Euch
ständig zur Verfügung stehen –
sei's im Reiten oder Gehen.«
Neben seiner Dame stehend
schaute er sein ›Streitroß‹ an.
Das war für eine scharfe Tjost
ganz und gar nicht ausgerüstet –
die Bügelriemen waren Bast;
der edle und berühmte Fremde
besaß wohl früher bessre Sättel;
er saß aus diesem Grund nicht auf:
er fürchtete, daß er dabei
das Sattelzeug zerfetzen würde;
dem Reitpferd hing der Rücken durch –
wäre er hinauf gesprungen,
wär der Rücken eingekracht,
davor mußte er sich hüten.
Was ihm sonst zuviel gewesen:
er führte es, und trug den Schild
und die Lanze ebenfalls.
Daß sein Zustand elend war,
ließ die Dame herzlich lachen –
sie machte ihm das Leben schwer.
Er schnallte seinen Schild aufs Pferd.
»Wollt Ihr diese Handelswaren
in meinem Lande offerieren?!
Wer gab mir als Begleiter
einen Arzt und einen Händler?
Achtet auf den Zoll am Wege!
Manche meiner Zöllner werden
Euch um Euer Glück erleichtern.«
Ihre Schärfen, bien salées,
erschienen ihm so angenehm,
weil er nur die *Stimme* hörte.
Sobald er sie betrachtete,
war er den Pfand des Kummers quitt.
Sie war für ihn die Maienzeit,

war die allerschönste fleur,
den Augen süß, dem Herzen bitter.
Sie war Erfüllung und Verlust;
der siechen Freude ging es gut;
er war in dieser ganzen Zeit
völlig frei und streng gefesselt.
   So mancher meiner Meister sagt,   532
daß Amor und daß Cupido
und auch ihre Mutter Venus
mit dem Pfeil und mit der Fackel
Liebe zu den Menschen bringen –
solche Liebe ist verwerflich.
Wessen Herz die Treue kennt,
der kommt von Liebe nicht mehr los;
sie bringt ihm Glück, zuweilen Leid.
Echte Liebe ist wahre Treue.
Cupido, dein Bogenpfeil
fliegt jedesmal an mir vorbei,
ebenso Herrn Amors Speer.
Bestimmt ihr beiden über Liebe,
und auch Venus mit der Fackel,
so ist mir Liebeskummer fremd.
Wenn ich die echte Liebe will,
so ist sie für mich eins mit Treue./
Wenn Liebe ihre Liebe findet,
dies in ungetrübter Reinheit,
wenn keiner sich dagegen wehrt,
daß Liebe ihm das Herz verschließt
mit Liebe, die beständig bleibt,
so ist das allerhöchste Liebe! –
Wie gern ersparte ich ihm das,   534
jedoch wird mein Herr Gawan nicht
vor einer Liebe sicher sein,
die ihn an Freude ärmer macht.
Was hilft's, daß ich dazwischenfahre
mit allem, was ich hierzu sage?
Ein Edler wehrt nicht Liebe ab,
denn er lebt von dieser Liebe.
   Die Liebe brachte Gawan Mühsal –
die Dame ritt, er ging zu Fuß.
Orgeluse und ihr Held

erreichten einen großen Wald –
die ganze Zeit war er gegangen!
Er zog das Pferd zu einem Stamm;
den oben festgeschnallten Schild,
den er im Ritterdienste führte,
hing er sich um und saß dann auf.
Ihn trug das Pferd mit Müh und Not
zum Wald heraus ins Felder-Land.
Und er entdeckte eine Burg:
sein Kopf und seine Augen meinten,
sie hätten eine solche Burg
noch nie gefunden, nie erblickt.
Sie zeigte rundum Ritterstil.
Sei es Palas, sei es Turm –
diese Burg war reich bestückt.
In den Fenstern viele Damen –
die waren nicht zu übersehen!
Es waren mehr als viermal hundert,
darunter vier von hohem Adel.
　Die zertrampelte Passage　　　　　　535
führte dort an einen Fluß:
der war schiffbar, schnell und breit.
Er ritt dorthin, die Dame auch.
Am Landeplatz war eine Wiese –
dort hatte man schon oft tjostiert.
Hoch überm Wasser das Kastell!
Gawan, dieser tapfre Held,
sah, wie ihm ein Ritter folgte,
der niemals Schilde, Lanzen schonte.
Die mächtige Orgeluse
sagte ihm in ihrem Hochmut:
»Falls Ihr nichts dagegenhabt,
so halt ich mich an mein Gelöbnis:
ich hab Euch oft genug gesagt,
Ihr werdet nichts als Schande ernten.
Wehrt Euch jetzt, so gut Ihr könnt –
andres kann Euch hier nicht retten.
Der dort kommt, der wird Euch derart
niederstoßen – wenn dabei
Eure Unterhose platzt,
so schämt Euch vor den Damen, die

dort oben sitzen und Euch zuschaun –
solln sie Eure Scham erblicken?!«
Auf den Ruf der Orgeluse
setzte nun der Fährmann über;
sie ging von Land sogleich an Bord –
Gawan stimmte das sehr traurig.
Die Reiche, Mächtige und Edle
rief zurück, es klang gereizt:
»Ihr steigt jetzt nicht zu mir ins Boot,
Ihr bleibt dort draußen, als ein Pfand!«
Er rief ihr voll Verzweiflung nach:
»Warum so eilig von mir weg?
Darf ich Euch nie wieder sehen?«
»Euch mag die Ehre widerfahren;
ich will gestatten, mich zu sehen,
doch wird das, glaub ich, lange dauern!«
So nahm die Dame von ihm Abschied.

    Und es kam Le Choix Guellious!
Erzählte ich euch, daß er flog,
so wär's ein wenig übertrieben,
doch er war ganz kurz davor.
Er preschte durch das grüne Gras,
daß sein Roß wohl Lob verdiente,
denn es zeigte Schnelligkeit!
Mein Herr Gawan dachte sich:
»Wie tret ich diesem Mann entgegen?
Was mag hier wohl das Beste sein?
Zu Fuß? Auf diesem kleinen Pferd?
Greift er an mit voller Wucht,
mit ungebremstem Angriffsschwung,
so reitet er mich einfach nieder –
sein Roß wird gar nicht anders können,
als über meinen Gaul zu stürzen.
Stellt er sich mir auch im Kampf,
sobald wir auf den Füßen stehen,
kriegt er den Kampf, wenn er ihn wünscht –
auch ohne jeden Lohn der Dame,
die mich in diesen Kampf hier trieb.«
Nun, da ließ sich nichts mehr ändern –
der da kam, war kampfentschlossen,
der auf ihn wartete, war's auch.

Der machte sich zur Tjost bereit:
er legte seine lance vorn
am Filz des Sattelfutters ein –
es war ihm grad noch eingefallen.
Schon erfolgten ihre Tjoste –
die zerbrachen beide Lanzen,
und man sah die Helden fallen –
der gut Berittene gestrauchelt,
so daß er, mein Herr Gawan auch,
mitten in den Blumen lag.
Was die beiden darauf taten –?
Sprangen auf, mit ihren Schwertern:
beide wollten diesen Kampf.
Die Schilde wurden nicht geschont,
sie wurden derart kleingehackt,
daß kaum was in den Händen blieb;
der Schild ist stets das Pfand im Kampf.
Funken, Flammen von den Helmen!
Wem Gott dabei den Sieg vergönnt,
für den ist das ein wahres Wunder.
Er muß sich sehr viel Ruhm erkämpfen!
Die beiden waren zähe Kämpfer
auf der weiten Wiesenfläche;
selbst zwei Schmiede würden müde
von so vielen harten Schlägen,
und wären beide noch so stark.
Sie kämpften um den Siegespreis.
Doch wer will sie dafür rühmen, 538
daß sie – völlig unvernünftig –
ohne wahren Anlaß kämpfen,
auf nichts als ihren Ruhm hinaus?
Die beiden kämpften nicht ums Recht;
kein Zwang, das Leben preiszugeben –
einer tat dem andren kund,
er sehe wirklich keinen Grund.
  Gawan war im Ringen stark,
im Bezwingen nach dem Wurf –
wessen Schwert er unterlief
und wen er in die Arme preßte,
von dem bekam er, was er wollte.
Weil er sich hier wehren mußte,

wehrte er sich sehr entschieden;
der Edle mit dem großen Mut
packte diesen jungen Helden,
der gleichfalls kräftig, mutig war,
und hatte ihn bald unter sich.
»Wenn du am Leben bleiben willst,
versprich, daß du dich unterwirfst.«
Le Choix, der dabei unten lag,
war keineswegs dazu bereit –
er hatte sich noch nie ergeben!
Und er wunderte sich sehr,
daß die Oberhand ein andrer
hatte, der von ihm verlangte,
was er keinem je gewährt hat;
er selber hatte schon sehr oft
Unterwerfung aufgezwungen.
Wie immer es hier auch verlief –
er hatte reichlich abgekriegt,
was er nicht vererben wollte.
Lieber tot, als sich ergeben!
Er sagte, was ihm auch geschehe,
er würde niemals unter Druck
die Unterwerfung eingestehen –
lieber für den Tod plädieren!
Und weiter sprach, der unten lag:
»Soll das heißen, du bist Sieger?!
Ich blieb's, solang es Gott gefiel
und ich den Ruhm behalten durfte.
Du hast mit deiner edlen Hand
meinen ganzen Ruhm zerstört.
Wer auch immer dies erfährt,
daß ich überwunden wurde,
trotz des Ruhms in höchsten Höhen –
bevor denn meine Freunde hören,
was sie schmerzlich treffen wird,
nehme ich den Tod in Kauf.«
Gawan bestand auf Unterwerfung,
doch der andre wollte, wünschte
nur noch eines: die Vernichtung,
einen möglichst raschen Tod.
Mein Herr Gawan dachte sich:

»Weshalb sollte ich ihn töten?
Wenn er mir gehorchen würde,
könnte ich ihn laufen lassen.«
Und er schlug ihm das so vor –
der andre ging darauf nicht ein.
Und doch ließ er den Helden los,   540
ohne Ehrenwort per Handschlag.
Beide saßen in den Blumen.

    Gawan ärgerte noch immer,
daß sein Gaul so elend war;
in seiner Schlauheit kam er drauf,
das Roß des anderen zu spornen,
dessen Gangart zu erproben.
Die Kettendecke schützte es,
darüber eine couverture
aus Prachtgewebe und Brokat.
Er hatte es, mit Glück, erobert –
weshalb sollte er's nicht reiten,
da es ihm als Sieger zustand?
Er saß auf; es legte los
in weiten Sprüngen; er war beglückt.
Er fragte: »Gringuilet, bist du's?!
Wer hat dich seither so gepanzert?
Wenn du es bist, so hat dich Gott,
der oftmals von der Not befreit,
verschönert zu mir hergeschickt.«
Und er saß ab. Er fand ein Zeichen:
das Grals-Emblem, die Turteltaube,
als Brandmal vorne auf der Brust.
(In einer Tjost hat Llewelyn
Prienlascor auf ihm getötet;
dann erhielt es Orilus,
der es Gawan weitergab   541
auf der plaine am Plimizol.)
Sein gutes, sein bedrücktes Herz
war nun wieder hochgestimmt,
jedoch: es blieben noch der Gram,
die liebende Ergebenheit,
die er für seine Dame zeigte,
die ihn sehr beleidigt hatte –
sein Denken jagte ihn ihr nach.

Inzwischen sah Le Choix, der stolze,
wo sein Schwert lag, rannte hin –
das hatte Gawan, dieser Held,
im Kampf aus seiner Hand geschlagen.
Den zweiten Kampf sahn viele Damen.
Die Schilde waren derart stark
ramponiert, daß diese beiden
ohne sie den Kampf begannen.
Sie gingen ran, und beide zeigten
beherzten Kampfesmut von Männern.
Viele Damen über ihnen
in den Fenstern des Palasts;
sie schauten auf den Kampf herab.
Der Furor wurde neu geschürt.
Die beiden waren so erlaucht,
daß ihr Ruhm es nicht gern hinnahm,
wenn der andre ihn besiegte.
Den Helmen, Schwertern ging es schlecht –
nur sie beschirmten vor dem Tod.
Ich glaub, wer sie dort kämpfen sah,
dem wurde klar: die hatten's schwer.
Le Choix Guellious – 542
der Junge, Schöne kämpfte so:
sein edles Herz verlangte
Kühnheit, Taten voller Mut –
schnell und häufig schlug er zu,
sprang vor Gawan oft zurück,
griff ihn wieder heftig an.
Gawan blieb bei seiner Absicht,
dachte: »Kriege ich dich fest
gepackt, wird alles heimgezahlt!«
Feuerfunken sah man dort,
Schwerter hoch- und hochgerissen
von den Armen voller Kraft.
So trieben sie sich wechselweise
seitwärts, vorwärts, wieder rückwärts.
Es war ein Rechtsstreit ohne Grund,
es wär auch ohne Kampf gegangen.
Herr Gawan setzte seinen Griff an,
warf sich wuchtig auf ihn drauf.
Freundschaft, die sich so umhalst,

auf die verzichte ich sehr gern,
mit so was bleib man mir vom Leibe!
Gawan wollte, daß der aufgab;
Le Choix, noch immer unter ihm,
war keineswegs dazu bereit –
das war schon so beim ersten Kampf.
»Du verlierst nur sinnlos Zeit –
nimm mein Leben, nicht mein Wort!
Was ich je an Ruhm errang,
sei ausgelöscht von deiner Hand!
Vor Gott bin ich ein Mann des Fluchs, 543
Er gibt nichts mehr auf meinen Ruhm.
Mir mußte mancher Mann von Adel,
weil er Orgeluse liebte,
die hochgeborne Herzogin,
den Ruhm zu treuen Händen lassen;
du kannst den ganzen Ruhm jetzt erben,
wenn du mir das Leben nimmst.«
Der Sohn von König Lot, er dachte:
»Nein, ich tu das lieber nicht.
Wenn ich ihn ohne Grund erschlüge,
diesen unerschrocknen Helden,
bliebe mir der Ruhm nicht hold.
Er kämpfte hier, weil er sie liebt,
in deren Bann ich gleichfalls bin,
und die mich sehr viel leiden läßt.
Und wenn ich ihn am Leben lasse,
ihr zuliebe? Gewinn ich sie,
so wird er das nicht ändern können,
wenn mein Schicksal es so will.
Hätt sie unsern Kampf gesehen,
so müßte sie mir zugestehen,
denk ich, daß ich für die Liebe
kämpfen kann.« Und Gawan sagte:
»Im Namen unsrer Herzogin
will ich dich am Leben lassen.«
Sie spürten, wie erschöpft sie waren.
Gawan ließ ihn sich erheben;
sie setzten sich, doch auf Distanz.
 Der Fährmann kam herüber, ging
an Land und trug auf seiner Hand 544

ein völlig graues Sperberweibchen,
das sich schon gemausert hatte.
Sein Lehen gab ihm diesen Anspruch:
wer auf dieser plaine tjostierte
und dabei verlor, von dem
durfte er das Roß behalten;
vor dem Sieger dieses Kampfes
sollte er sich dann verbeugen,
sollte dessen Ruhm verkünden.
Dies war sein Zins fürs Blumenfeld,
war seine beste Grundrendite –
außer, wenn sein Sperberweibchen
eine Haubenlerche schlug.
Mehr konnte ihm sein Pflug nicht bringen,
die Erträge reichten ihm.
Er war von ritterlicher Herkunft,
in seiner Haltung formvollendet.
So ging er auf Herrn Gawan zu,
bat mit großer Höflichkeit
um den Zins für seine plaine.
Gawan, dieser Mann voll Mut:
»Herr, ich war noch nie ein Händler,
so erhebt auch keinen Zoll!«
Der Fährmann gab zur Antwort:
»Herr, es sahn so vielen Damen,
wie Ihr den Sieg errungen habt,
daß ich auf meinem Recht bestehe.
Und so räumt es mir auch ein.
Mit einer regulären Tjost
habt Ihr das Roß für mich erbeutet; 545
Euren Ruhm ficht niemand an:
Ihr habt den Mann vom Roß gestoßen,
der mit Recht den höchsten Ruhm
besessen – bis zu diesem Tag.
Euer Sieg – ein Schicksalsschlag
für ihn – beraubte ihn des Glücks.
Ein großer Segen ruht auf Euch.«
Gawan sprach: »Er warf mich ab,
das habe ich dann wettgemacht.
Erhebt Ihr für die Tjost Gebühr,
so muß der andre sie entrichten.

Herr, dort drüben steht sein Pferd,
mein Gegner hat's im Kampf erbeutet –
wenn Ihr es wollt, so nehmt es Euch.
Wer auf dies Streitroß Anspruch hat,
bin ich – es muß mich weiterbringen.
Ihr müßt auf dieses Roß verzichten.
Ihr sprecht vom Recht: wenn Ihr es nehmt,
so wird es Euch gewiß nicht recht sein,
daß ich von jetzt an nur noch laufe.
Der Verlust wär mir zu groß,
wenn Ihr jetzt dieses Roß bekämt –
noch bis heute morgen früh
war's unbestritten mein Besitz.
Liegt Euch an Bequemlichkeit,
so reitet brav ein Steckenpferd...
Weitaus eher kriegtet Ihr 546
ein Fohlen, das ein Wallach zeugte!
Ich mach ein andres Angebot:
da es Euch so wertvoll scheint,
bekommt Ihr, als Ersatz fürs Roß,
den Mann, der mich auf ihm bekämpfte.
Ob ihm das recht ist oder nicht,
das spielt für mich hier keine Rolle.«
Der Fährmann zeigte sich entzückt,
er sagte, dabei lachte er:
»Die reichste Gabe, die ich sah!
Vorausgesetzt nur, daß ein Mann
berechtigt wäre, sie zu nehmen.
Doch wenn Ihr mir dies garantiert,
so ist mein Anspruch überzahlt.
Denn sein Ruhm hat solchen Klang –
ein halbes Tausend bester Rösser
nähm ich nicht als Gegenwert –
das erschien mir ungebührlich.
Wenn Ihr mich reicher machen wollt,
so verhaltet Euch als Ritter,
bringt ihn mir auf meine Kogge,
falls dies in Euren Kräften liegt;
da würdet Ihr sehr edel handeln.«
Nun sprach der Sohn von König Lot:
»Ich bring Euch den Gefangenen

auf das Schiff, von dort herab
und noch dazu in Euer Haus.«
»Dort würdet Ihr willkommen sein!«
rief der Fährmann und als Dank
verbeugte er sich wiederholt.
Er sagte: »Lieber Herr, geruht
überdies noch heute nacht
in meinem Hause Gast zu sein.
Keinem Fährmann meinesgleichen
wär größre Ehre widerfahren;
ein derart edler Herr als Gast
in meinem Haus, da würde man
mich glücklich preisen!« Gawan sagte:
»Was Ihr vorschlagt, war mein Wunsch –
Strapazen haben mich erschöpft,
ich brauche Ruhe, unbedingt.
Die mir die Mühsal auferlegte,
kann sehr gut das Süße bitter,
das Herz an Lebensfreude arm
und an Kummer reicher machen –
sie belohnt nicht angemessen!
Ach Verlust, der sie gefunden –
du drückst *hier* auf meine Brust,
die mir früher hoch geschwellt war,
als mir Gott noch Glück gewährte.
Darunter lag einmal ein Herz –
ich fürcht, es hat sich aufgelöst.
Wo finde ich nun Zuversicht?
Muß ich, um der Liebe willen,
ohne jede Tröstung leiden?
Wenn sie liebt wie eine Frau,
soll sie – die mich so verwundet –
mir auch einmal Glück gewähren.«
Der Fährmann hörte so, daß ihn
Kummer quälte, Liebe drängte,
und er sagte: »Herr, es heißt hier
auf der plaine und im forêt
und überall, wo Klingsor herrscht:
›Heute traurig, morgen froh‹.
Weder Feigheit noch Courage
können daran etwas ändern...

Vielleicht ist Euch das unbekannt:
ein reines Wunder ist dies Land!
Das ist so nachts – und auch am Tage.
Das Glück lacht nur den Mutigen.
Die Sonne steht schon ziemlich tief –
Herr, so kommt zu mir an Bord.«
Soweit die Bitte dieses Fährmanns.
Gawan führte nun Le Choix
an das Wasser, auf das Boot;
der Held erhob nicht Widerspruch,
leistete nicht Widerstand;
der Fährmann folgte mit dem Roß.
So fuhren sie zum andren Ufer.
Der Fährmann lud dort Gawan ein:
»Fühlt Euch wie zu Haus bei mir.«
Dieses Haus war so, daß Artus,
der in Nantes oft residierte,
kein bessres hätte bauen können.
Dort führte er Le Choix hinein.
Der Hausherr und die Dienerschaft
nehmen sich gleich seiner an.
Der Fährmann trug zur gleichen Zeit 549
der Tochter seine Bitte vor:
»Sorge für das Wohlbefinden
meines Herrn, der bei uns weilt.
Ihr beiden geht hinauf, gemeinsam.
Bediene ihn mit Freundlichkeit,
er hat uns wirklich sehr geholfen.«
Sein Sohn versorgte Gringuilet.
Worum er seine Tochter bat,
das tat sie äußerst formvollendet.
Gawan ging mit diesem Mädchen
hinauf in eine Kemenate.
Der ganze Estrich war bedeckt
mit frischem Schilf und schönen Blumen,
zurechtgeschnitten als Belag.
Die Schöne half ihm aus der Rüstung.
»Möge Gott Euch dafür danken –
ich hab es bitter nötig. Freilich:
hätt dies der Vater nicht verlangt,
so tätet Ihr zuviel für mich.«

»Wenn ich Euch diene, ist es nur,
um Eure Gunst zu finden, Herr,
und nicht aus einem andren Grund.«
Ein Knappe, Sohn des Wirtes, legte
viele weiche Ruhepolster
vor die Gegenwand des Eingangs;
ein Teppich wurde ausgebreitet.
Gawan sollte sich hier setzen.
Der Knappe legte, höchst gekonnt,
aufs Lager eine courtepointe –
die Decke war aus rotem Zindel.
Man machte auch dem Wirt ein Lager.
Und schon bringt ein zweiter Knappe
das Tischtuch und das Brot herein;
der Hausherr hatte das befohlen.
Es trat die Frau des Hauses ein.
Als sie Gawan dort erblickte,
empfing sie ihn mit Herzlichkeit.
Sie sagte ihm: »Ihr habt uns erst
in vollem Maße reich gemacht;
unser Glück ist aufgelebt.«
Der Hausherr kam; man brachte Wasser.
Als Gawan sich gewaschen hatte,
sprach er eine Bitte aus,
er bat den Hausherrn um Gesellschaft:
»Laßt mich mit dem Mädchen speisen.«
»Es war bisher kein Thema, Herr,
daß sie mit einem Herren speist
und ganz in seiner Nähe sitzt –
das stiege ihr vielleicht zu Kopf.
Doch wir sind Euch sehr verpflichtet.
Erfülle, Tochter, seine Wünsche;
ich bin mit allem einverstanden.«
Die Schöne wurde rot vor Scham,
doch sie befolgte sein Gebot –
Bene setzte sich zu Gawan.
Der Hausherr hatte freilich auch
zwei stramme Söhne aufgezogen.
An diesem Abend hatte noch
das Sperberweibchen drei Haubenlerchen
im Flug geschlagen. Alle drei

setzte man nun Gawan vor
mit einer Obst-Gewürze-Sauce.
Die junge Dame tat auch dies:
sie schnitt Gawan formgewandt
leckere morceaux zurecht
und legte sie mit zarter Hand
auf eine weiße Scheibe gâteau.
Dann sagte sie: »Ihr solltet bitte
einen der gebratnen Vögel
meiner Mutter schicken, Herr;
sie hat noch nichts gegessen.«
Er sagte zu dem schönen Mädchen,
er tu sehr gerne, was sie wünsche –
in dieser Hinsicht und auch sonst.
Man schickte eine Haubenlerche
zur Frau des Hauses; sie verneigte
sich vor Gawan, höchst formell;
auch der Wirt sprach seinen Dank aus.
Nun brachte einer seiner Söhne
Portulak und Latterich,
in vinaigre angemacht.
Solche Nahrung ist auf Dauer
nicht gerade kräftigend,
man sieht dann auch nicht blühend aus –
am Aussehn zeigt sich ganz genau,
was man sich in den Mund gestopft.
Doch Farbe, auf die Haut geschmiert,
fand noch niemals Lobeshymnen;
ist eine Frau die Treue selbst,
ich mein, die säh am schönsten aus.
Hätte Gawan guten Willen   552
essen können, wär er satt –
noch keine Mutter hat dem Kinde
mehr gegönnt als ihm der Wirt.
Man trug danach den Tisch hinaus
und die Frau des Hauses ging.
Viel Bettzeug brachte man herauf,
es wurde Gawans Bett gemacht.
Dazu gehörte ein Plumeau,
der Überzug in grünem Atlas –
der war nicht von bester Herkunft,

war ein Bastard, dieser Atlas.
Um es ihm bequem zu machen,
kam die courtepointe aufs Bett:
die Seide (ohne Fadengold,
aus fernem Heidenland geholt)
war auf Palmat aufgesteppt.
Ein weicher Überzug kam drüber:
zwei Leinenlaken, weiß wie Schnee.
Man legte noch ein Kissen drauf
und einen Mantel der jungen Dame:
neuer, reiner Hermelin.
Der Hausherr nahm von ihnen Abschied,
bevor er sich zum Schlafen legte.
Gawan blieb, so hörte ich,
allein im Zimmer – mit dem Mädchen.
Hätte er sich was erlaubt –
ich glaub, sie hätt es ihm erlaubt.
Doch er muß schlafen – wenn er kann.
Gott schütze ihn. – Es kommt der Tag...

Erschöpfung schloß ihm nun die Augen; 553
er schlief bis in den frühen Morgen,
da erwachte unser Recke.
In einer Wand der Kemenate
waren Fenster – dies mit Glas!
Eins der Fenster war geöffnet –
davor der Garten mit den Bäumen.
Er ging hinüber, schaute raus –
die frische Luft, der Vogelsang!
Kaum saß er, da erkannte er
jene Burg, entdeckt am Abend,
als er den Kampf bestehen mußte.
Oben im Palas viele Damen –
so manche Schönheit unter ihnen.
Es erschien ihm höchst erstaunlich,
daß sie gar nicht müde wurden
wachzubleiben und nicht schliefen.
Es war die Zeit des Morgengrauens.
Er dachte sich: »Um sie zu ehren,

lege ich mich wieder schlafen.«
So ging er in das Bett zurück.
Der Mantel des Mädchens bedeckte ihn –
er hatte keine andre Decke.
Ob man ihn denn gar nicht wecke –?
Nein, das tät dem Hausherrn leid.
Die Jungfrau wollte bei ihm sein –
sie lag zu Füßen ihrer Mutter,
erwachte dort aus tiefem Schlaf
und ging hinauf zu ihrem Gast,
jedoch: der schlief schon wieder fest.
Das Mädchen war bereit zum Dienst:
die junge Schönheit setzte sich
auf den Teppich vor das Bett.
Zu Haus erlebe *ich* es nie,
daß zu mir – sei's abends, morgens –
solch ein Abenteuer schleicht.
Er wachte auf nach einer Weile,
sah sie an und lachte, sprach:
»Gott mit Euch, mein kleines Fräulein,
weil Ihr – und das mir zuliebe –
Euren Schlaf so sehr verkürzt
und von Euch ein Opfer fordert,
das ich keineswegs verdiene.«
Da sagte ihm das hübsche Mädchen:
»Auf Euren Dienst hab ich kein Recht,
hab nur den Wunsch nach Freundlichkeit.
Herr, gebietet über mich –
was Ihr befehlt, das führ ich aus.
Und alle, die beim Vater leben,
meine Mutter, ihre Söhne,
solln Euch stets als Herrn verehren –
Ihr wart sehr gütig zu uns allen.«
Er sprach: »Seid Ihr schon lange hier?
Wär mir das früher aufgefallen,
hätt ich gerne was gefragt –
falls es Euch nicht lästig ist
und Ihr mit Antwort geben wollt.
Gestern abend, heute morgen
sah ich dort oben viele Damen –
hättet Ihr vielleicht die Güte,

554

mir zu sagen, wer die sind?«
Da erschrak die kleine Dame,
sagte: »Herr, fragt nicht danach!
Kein Wort darüber – nicht von mir!
Ich darf Euch nichts von ihnen sagen;
auch wenn ich's weiß, ich muß hier schweigen.
Bitte, nehmt es mir nicht übel –
stellt lieber eine andre Frage.
Dies ist mein Rat, befolgt ihn bitte.«
Doch Gawan sprach erneut zu ihr,
er stellte bohrend seine Fragen
nach den Damen, die er droben
sitzen sah, in dem Palast.
Das Mädchen meinte es so gut,
daß es nun von Herzen weinte,
seinen Jammer nicht verbarg.

   Noch immer war es reichlich früh.
Inzwischen kam ihr Vater her.
Der hätte sich nicht aufgeregt,
wenn die wunderschöne Jungfrau
zu was gezwungen worden wäre,
wenn man da gerangelt hätte –
sie machte diesen Eindruck, denn:
das Mädchen, sonst die Formen wahrend,
saß ganz nah an seinem Bett.
Ihr Vater war deshalb nicht böse:
»Tochter, weine nicht darüber.
Was da so aus Spaß passiert –
auch wenn das erst mal zornig macht,
so ist es bald darauf verschmerzt.«
Gawan: »Hier ist nichts geschehen,
was wir Euch nicht sagen könnten.
Ich wollte etwas von ihr wissen,
doch sie sah darin mein Unglück,
bat mich, davon abzulassen.
Falls Ihr nichts dagegen habt –
ich würd mich Euch verpflichtet fühlen,
lieber Hausherr, wenn Ihr sagtet,
wer über uns die Damen sind.
Ich fand noch nirgends einen Ort,
an dem so viele schöne Damen

zu sehen sind, und das auch noch
mit Kopfputz, der so glanzvoll ist.«
Der Hausherr rang die Hände, rief:
»Um Gottes willen, fragt das nicht!
Dort herrscht das allergrößte Leid!«
»So muß ich ihren Schmerz beklagen«,
meinte Gawan. »Ihr müßt sagen,
warum Euch meine Frage stört.«
»Weil Ihr so tatendurstig seid!
Wenn Ihr bei dieser Frage bleibt,
so wollt Ihr wohl noch mehr erfahren,
und das wird Euer Herz bedrücken,
wird uns alle Freude rauben,
mir und allen meinen Kindern,
die Euch zum Dienst geboren sind.«
Gawan sprach: »Ich muß es wissen!
Auch wenn Ihr das verschweigen wollt
und mir die Auskunft vorenthaltet –
ich krieg schon raus, was dort geschieht!«
Der Hausherr sagte, treu besorgt:
»Euch wird das Fragen nicht zuviel –
das ist für mich sehr schmerzhaft, Herr.
Doch leihe ich Euch einen Schild –
und so rüstet Euch zum Kampf.
Ihr seid in Terre Merveille,
und hier ist das Lit Merveille.
Noch keiner wagte es bisher,
Château Merveille herauszufordern.
Der Tod ist Eurem Leben nah.
Ist Euch das Wagnis auch vertraut
und habt Ihr noch so viel gekämpft,
so war das nur ein Kinderspiel,
Ihr steht vorm Tiefpunkt allen Leids!«
Gawan sprach: »Ich würd's bedauern,
bequem und kampflos von den Damen
fortzureiten, statt zuvor
herauszufinden, was dort los ist.
Ich hörte früher schon von ihnen –
jetzt bin ich einmal in der Nähe,
da gibt es kein Zurück für mich.
Ich will es für sie wagen!«

Dem Hausherrn tat das ehrlich leid,
und er sprach zu seinem Gast:
»Alle Not, im Kampf erlitten,
läßt sich nicht mit *dem* vergleichen,
was dieses Abenteuer bringt;
das ist, ich sag die reine Wahrheit,
sehr gefährlich, höchst unheimlich.
Glaubt mir's, Herr, ich bin kein Lügner.«
Gawan, überall berühmt,
gab auf solche Ängste nichts.
»Beratet mich vor diesem Kampf.
Wenn Ihr's gestattet, werd ich hier
als Ritter kämpfen – so Gott will.
Was Ihr mir ratet und empfehlt,
das soll mir stets willkommen sein.
Herr, es wär nicht angebracht,
daß ich mich einfach so empfehle –
meine Freunde, meine Feinde
hielten mich für einen Feigling.«
Der Hausherr klagte nun erst recht –
solchen Schmerz erlitt er nie.
Er richtete an ihn das Wort:
»Zeigt sich Gottes Wille darin,
daß Ihr hier nicht sterben müßt,
so werdet Ihr der Landesherr.
Die Damen, die gefangen sind,
hierher gebannt von starkem Zauber
(den kein berühmter Ritter brach),
dazu troupiers und edle Herren –
wenn Ihr sie alle dort befreit,
so bedeckt Ihr Euch mit Ruhm,
so werdet Ihr von Gott geehrt.
Dann könntet Ihr, in Eurem Glück,
über sehr viel Schönheit herrschen:
Damen aus verschiednen Ländern!
Doch wer trüge Euch das nach,
wenn Ihr kampflos weiterzögt?
Immerhing hat Euch Le Choix
seinen Ruhm hier lassen müssen!
Dieser schöne Mann vollbrachte
viele ritterliche Taten;

ich preise ihn mit vollem Recht,
er ist ein Ritter voller Mut;
Gottes Allmacht senkte niemals
so viel Tugend in ein Herz –
von Ither einmal abgesehen.
  Der Ither einst vor Nantes erschlug,
er setzte gestern mit mir über.
Fünf Rösser hinterließ er mir –
Gott verleih ihm Glück und Heil –
aus Herzogs- und aus Königshand.
Was er dort erbeutet hat,
wird nach Beaurepaire gemeldet;
sie mußten sich ihm unterwerfen.
Sein Schild ist reichlich tjost-lädiert.
Er zieht umher und sucht den Gral.«
Gawan fragte: »Wo zog er hin?
Da er so in der Nähe war –
ob ihm hier was zu Ohren kam
über dieses Abenteuer?«
»Herr, er hörte nichts davon.
Ich hab mich streng zurückgehalten,
hab ihm nichts davon gesagt –
sonst hätt ich fahrlässig gehandelt.
Hättet Ihr nicht selbst gefragt,
so hättet Ihr von mir kein Wort
erfahren über die Geschichte.
Ein finstrer Zauber, furchterregend!
Falls Ihr bei Eurer Absicht bleibt   560
und Ihr findet hier den Tod,
so wär's für mich und meine Kinder
das größte Leid, das wir erlebten.
Doch erringt Ihr hier den Sieg
und werdet Herrscher unsres Landes,
so hört auch meine Armut auf.
Ich trau Euch nämlich zu, daß Ihr
mich reich beschenkt, somit erhöht.
Völlig ungetrübtes Glück
wird Euch Euer Sieg verschaffen –
falls Ihr nicht getötet werdet.
Es wird gefährlich, wappnet Euch.«
Gawan war noch unbewaffnet:

»Bringt mir meine Rüstung her.«
Der Hausherr kam der Bitte nach.
Vom schönen Mädchen wurde er
von Fuß bis Kopf gewappnet.
Der Hausherr schaute nach dem Roß.
Es hing ein Schild in seinem Haus,
der dick war und so hart, daß er
Gawans Leben retten sollte.
Man brachte ihm den Schild, das Roß.
Der Hausherr hatte nachgedacht,
und so stand er wieder vor ihm.
»Herr, ich sag Euch jetzt, was Ihr
am besten tut, um die Gefahr
von Eurem Leben abzuwenden.
Nehmt hier den Schild; er ist
nicht durchbohrt und nicht zerhackt –
ich ziehe niemals in den Kampf,
wie sollte er da Schaden nehmen?
Wenn Ihr dort hinaufkommt, Herr,
so wäre eines gut fürs Pferd:
vor dem Burgtor sitzt ein Händler,
dem gebt Ihr draußen Euer Roß.
Und kauft ihm irgend etwas ab –
wenn Ihr das Roß dafür versetzt,
behandelt er's mit aller Sorgfalt.
Werdet Ihr nicht – aufgehalten,
bekommt Ihr's anstandslos zurück.«
Mein Herr Gawan fragte ihn:
»Darf ich nicht zu Pferd einziehen?«
»Nein, Herr, all der Damenglanz
wird vor Euch verborgen bleiben –
es naht die Stunde der Gefahr.
Den Palas findet Ihr ganz leer –
ob er groß ist oder klein,
kein Lebewesen wird dort sein.
Betretet Ihr die Kemenate,
in der es steht, das Lit Merveille,
so möge Gott Euch gnädig sein.
Dieses Bett und sein Gestell:
die Krone und der ganze Reichtum
des Emir al-Muminin

von Marokko wögen
seinen Gegenwert nicht auf.
Ihr werdet auf dem Bett erdulden,
was von Gott für Euch bestimmt ist.
Gebe Gott, es ende gut.
Herr, bei Eurem hohen Rang – 562
seid auf der Hut und trennt Euch nie
von meinem Schild, von Eurem Schwert.
Sobald Ihr nämlich glaubt, Ihr hättet
das Allerschlimmste hinter Euch,
fängt der Kampf erst richtig an.«

 Gawan schwang sich auf sein Roß –
da verließ das Glück das Mädchen.
Alle, die dort waren, weinten,
keiner unterdrückte das.
Er sprach zum Hausherrn: »Will es Gott,
so werde ich den treuen Dienst,
mit dem Ihr mich bewirtet habt,
zu belohnen nicht versäumen.«
Abschied nahm er von dem Mädchen;
es hatte allen Grund zu klagen.
So ritt er fort; sie weinten sehr.
Wenn ihr nun gerne hören wollt,
wie es Gawan dort ergeht,
so will ich euch das gerne sagen;
ich erzähl es, wie ich's hörte.

 Als er vor dem Burgtor eintraf,
fand er dort den Händler vor
und das gefüllte Kaufmannszelt.
Was hier so zum Verkauf auslag –
wenn ich solchen Reichtum hätte,
wäre ich ein Mann im Glück.
Gawan saß vom Pferde ab.
Ein derart reiches Angebot
sah er dort zum ersten Mal.
Das Kaufmannszelt bestand aus Atlas, 563
quadratisch, hoch und weit.
Und was darin an Waren lag –?
Wöge man sie auf mit Geld,
so könnte der Kalif von Bagdad
nicht bezahlen, was dort lag.

Der Patriarch von Hromgla auch nicht!
Als Byzanz (noch nicht erobert!)
voll von großen Schätzen war,
da hätt's der Kaiser nicht bezahlen
können – auch nicht mit der Hilfe
dieser beiden. Teure Waren...
Gawan grüßte jetzt den Händler.
Als er all die Wunderdinge
ausgelegt sah, ließ er sich
vom Händler – den bescheidenen
Verhältnissen entsprechend –
nur Gürtel zeigen, Kleiderspangen.
Der Händler sprach: »Ich habe hier
schon viele Jahre rumgesessen,
und es wagte nie ein Mann,
sich meine Waren anzuschauen –
das taten nur die edlen Frauen.
Schlägt in Euch ein Herz voll Mut,
so soll dies alles Euch gehören.
Es kommt aus fernen Ländern her.
Wollt Ihr den Siegesruhm erringen,
seid Ihr zum Kampf hierhergekommen,
Herr, und habt dabei Erfolg,
so werdet Ihr rasch handelseins
mit mir; mein ganzes Angebot
wird Euch dann zu Füßen liegen.
Geht weiter und vertraut auf Gott.
Hat Euch Plipalinot,
der Fährmann, hergeschickt?
Es werden viele Damen Eure
Ankunft hier im Lande preisen,
wenn Ihr sie erlösen könnt.
Sucht Ihr hier das Abenteuer,
so vergönnt dem Pferd nun Ruhe.
Wenn Ihr es hierlaßt, paß ich auf.«
Mein Herr Gawan sagte ihm:
»Ich ließ es gern bei Euch zurück,
entspräche das nur Eurem Stand.
Mich schüchtert Euer Reichtum ein.
Es hatte nie so einen reichen
Pferdeknecht – solang ich's ritt.«

564

Der Händler sagte, äußerst höflich:
»Herr, ich selbst und mein Besitz
(muß ich das nochmal erwähnen?)
sind Euer, falls Ihr überlebt.
Wer hätte größeres Anrecht drauf?«
Gawan, angeführt vom Mut,
ging hinein, und zwar zu Fuß,
wahrhaft tapfer, unerschrocken.
   Wie ich euch bereits erzählte,
war die Burg vor ihm sehr groß,
und sie war auf jeder Seite
gebäudemäßig gut befestigt.
Wollte man die Burg bestürmen,
und sei es drei Jahrzehnte lang,   565
es würd sie überhaupt nicht kratzen.
Die Zinnen überragt von Türmen.
Mittendrin war eine Wiese –
nur das Lechfeld ist noch länger...
Die Quelle teilt uns weiter mit:
als Gawan den Palast erblickte,
glich sein Dach auf allen Seiten
dem Gefieder eines Pfauen,
schillernd, und so eingefärbt,
daß weder Regen noch der Schnee
den Glanz des Daches trüben konnten.
Der Saal war schönstens ausgestaltet,
er war reichlich embelliert;
die Fenstersäulen kanelliert;
die Gewölbe hoch hinaus.
Mit weiten Zwischenräumen standen
ungezählte Ruheliegen;
gesteppte Decken lagen drauf,
sehr verschieden, reich verziert;
die Damen hatten hier gesessen,
doch hatten sie es nicht versäumt,
zur rechten Zeit hinauszugehen.
So konnten sie ihn nicht empfangen:
es kam ihr Glück, der Tag des Heils –
alles hing von Gawan ab!
Hätten sie ihn sehen dürfen –
was hätte sie noch mehr beglückt?

Das durfte keine unter ihnen,
obwohl er ihnen dienen sollte.
Sie trugen keine Schuld daran.
Mein Herr Gawan schlenderte
hin und her und her und hin
und schaute sich den Palas an.
Er sah in einer der vier Wände
(auf welcher Seite, weiß ich nicht)
eine Tür weit offenstehn;
dort drinnen wartete auf ihn
eins von beidem: daß er Ruhm
erkämpfte oder für ihn starb.
    Er betrat die Kemenate.
Der Estrich darin schimmerte
rein und glatt, er war wie Glas.
Und dort stand das Lit Merveille,
das Wunderbett. Unter ihm
drehten sich vier Scheibenräder:
Rubine, rund und transparent,
in die Stollen eingefugt –
es war noch schneller als der Wind.
Den Estrich muß ich vor euch rühmen:
er war aus Jaspis, Chrysolith,
Sardin – wie es Klingsor wollte,
der dies alles ausgedacht;
aus vielen Ländern hatte er
mit seiner Schlauheit, Zauberkunst
hergeschafft, was er hier brauchte.
Der Estrich war so glatt poliert,
daß Gawan auf ihm seine Schritte
nur mit Mühe lenken konnte –
also ging er auf gut Glück.
Und bei jedem großen Schritt
fuhr das Bett von seiner Stelle
weg, auf der es grade stand.
Gawan wurde es bald lästig,
den schweren Schild mit sich zu schleppen,
den ihm sein Wirt empfohlen hatte.
Er fragte sich: »Wie komme ich
zu dir, wenn du so vor mir fliehst?
Wenn ich dich im Sprung erreiche,

werde ich es dir schon zeigen!«
Vor ihm stand das Bett bereit;
er schnellte ab zu seinem Sprung
und sprang genau auf seine Mitte.
Die Schnelligkeit, mit der das Bett
herumfuhr, suchte ihresgleichen.
Ließ keine der vier Wände aus –
er rammte jede, attaquierend,
daß die ganze Burg erdröhnte.
So ritt er häufig au combat!
Was an Donner je ergrollt war,
und sämtliche Fanfarenbläser,
dies vom ersten bis zum letzten –
wären sie in diesem Raum
und bliesen dort für Honorar,
es hätt nicht lauter tösen können!
Gawan lag zwar auf dem Bett,
aber Ruhe fand er nicht.
Was der Held dort unternehme –?
Ihm wurde dieser Krach zuviel,
er verkroch sich unterm Schild:
er lag und überließ nun alles
Dem, Der Hilfe leisten kann, 568
Den das Helfen nie ermüdet,
wenn man sich, in großer Not,
hilfesuchend an Ihn wendet.
Sobald er in Gefahr gerät,
wendet sich der kluge Mann,
der Held an den Allmächtigen,
Der ihm Hilfe bringen kann,
Der voll Hilfsbereitschaft hilft.
Und so war es auch bei Gawan –
Dessen reicher Gnade er
seinen ganzen Ruhm verdankte,
Den bat er, ihn hier zu beschützen.
Da hörte das Getöse auf.
Der Abstand war jetzt völlig gleich
zu jeder der vier Wände:
so blieb das wunderhübsche Bett
mitten auf dem Estrich stehn.
Noch größer wurde die Gefahr:

ein halbes Tausend Stangenschleudern,
reichlich listig eingebaut,
war jetzt zum Schleuderwurf bereit –
die Schleudern zielten alle auf
das Bettgestell, auf dem er lag.
Sein Schild war aber derart stark,
daß er das kaum zu spüren kriegte –
Kieselsteine waren es,
rund und hart; hier und da
wurde doch der Schild durchschlagen.
Die Steine waren jetzt verschleudert;
daß er so scharf beworfen wurde,
das war völlig neu für ihn.
Nun die Armbrust: fünf mal hundert
waren schußbereit gespannt,
sie alle auf das Bett gerichtet,
ganz genau, auf dem er lag.
Wer solche Drangsal je erlebte,
weiß sehr wohl, was Pfeile sind!
Es dauerte nur kurze Zeit,
schon waren alle losgezischt.
Wer sich nach der Ruhe sehnt,
der meide lieber solch ein Bett,
es gönnt ihm einfach keine Ruhe.
Was Gawan dort auf diesem Bett
an Ruhe fand, das machte selbst
den jüngsten Männern graue Haare!
Und doch: sein Herz und seine Hand,
sie waren ohne jede Angst.
Die Pfeile und die Kieselsteine
hatte ihn nicht ganz verschont:
Kontusionen und auch Schnitte –
durch die Ringe seiner Rüstung!
Gawan hegte schon die Hoffnung,
er hätte die Gefahr bestanden,
doch: er mußte eigenhändig
seinen Siegesruhm erkämpfen!
Ihm gegenüber eine Tür,
die ging zu diesem Zeitpunkt auf,
ein Riesen-Grobian trat ein,
der war ganz grauslich anzuschaun;

sein surtout und sein bonnet
und die weiten Hosenbeine
waren nur aus Meertier-Fellen;
seine Hand hielt eine Keule,
vorne dicker als ein Krug.
Und so schritt er auf Gawan zu;
das war dem überhaupt nicht recht,
dem war sein Kommen unerwünscht.
Er dachte: »Der ist ohne Rüstung,
wird sich nicht gut wehren können.«
Er richtete sich auf und saß,
als wenn er keine Schmerzen hätte;
der andre machte einen Schritt
zurück, als wenn er fliehen wollte,
dennoch rief er, voller Zorn:
»Habt nicht solche Angst vor mir!
Ich lasse jetzt nur auf Euch los,
was Euch das Leben kosten wird.
Ihr lebt bloß durch die Macht des Teufels;
auch wenn er Euch bisher beschirmte,
kann Euch nichts vorm Tode schützen.
Sobald ich Euch verlassen habe,
werdet Ihr das selbst erleben!«
Der rustaud zog sich zurück.
Gawan schlug mit seinem Schwert
vom Schild die Schäfte ab;
alle diese Pfeile
hatten ihn durchschlagen,
daß die Panzerringe klirrten.
Da vernahm er ein Gebrumm, 571
als würde man zu einem Tanz
auf zwanzig große Trommeln schlagen.
Sein ganzer Mut, den er besaß,
der durch Feigheit keine Scharte,
keinen Schnitt erhalten hatte,
dachte: »Was wird mir geschehn?
Ich gebe zu, es war gefährlich –
soll die Gefahr noch größer werden?
Ich mache mich jetzt kampfbereit.«
Er schaute zu der Rüpel-Türe:
ein starker Löwe sprang herein –

von einer Höhe wie ein Roß!
Gawan, der die Flucht nicht liebte,
packte seinen Schild am Riemen,
tat, was richtig war zur Abwehr,
sprang hinunter auf den Estrich.
Dieser große, starke Löwe
war vor Hunger völlig wild,
doch er wurde hier nicht satt.
Er griff den Mann mit Ingrimm an,
jedoch Herr Gawan paßte auf.
Dem hätt er fast den Schild entrissen;
sein erster Prankenhieb war so:
mit allen Klauen durch den Schild!
Es gab wohl nie zuvor ein Tier,
das derart Hartes so durchschlug.
Gawan rettete den Schild,
hackte eins der Beine ab –
der Löwe hüpfte auf drei Tatzen;
die vierte Tatze blieb im Schild. 572
Das Blut schoß derart stark heraus,
daß Gawan kaum noch stehen konnte.
Es wogte hin, es wogte her;
der Löwe sprang ihn mehrfach an,
schnaubte mächtig durch die Nüstern
und er fletschte seine Zähne.
Dressiert man ihn auf solche Nahrung,
daß er brave Leute frißt,
säß ich ungern neben ihm.
Gawan dachte hier genauso,
und er kämpfte um sein Leben.
Der Löwe war derart verwundet,
daß die ganze Kemenate
mit seinem Blut besudelt war.
Grimmig sprang der Löwe los,
wollte ihn nun niederwerfen,
Gawan stieß mit seinem Schwert
in die Brust – bis an den Griff!
Damit erlosch der Grimm des Löwen,
er fiel um und war gleich tot.
Gawan hat die Hauptgefahr
mit diesem Kampf nun abgewendet.

Er fragte sich in dem Moment:
»Was soll ich jetzt am besten tun?
Ich sitz nicht gern in diesem Blut.
Bin ich noch ganz klar im Kopf,
so bleib ich weiter auf der Hut,
setz und lege mich nicht drauf –
das Bett kutschiert so wild herum!«
Gawans Kopf war wie betäubt 573
von allen diesen Würfen,
und es begannen seine Wunden
derart stark zu bluten,
daß ihn seine Heldenkraft
ganz und gar verließ –
ihm wurde schwindlig, er fiel hin;
der Kopf sank auf den Löwen,
sein Körper auf den Schild.
Seine Kräfte, sein Bewußtsein –
alles wurde ihm geraubt.
Es hatte ihn sehr schlimm erwischt,
er fiel in eine tiefe Ohnmacht.
    Man entdeckte im Versteck
daß der Kemenaten-Estrich
ganz betaut war von dem Blut.
Die beiden sahen aus wie tot:
Herr Gawan und der Löwe.
Ein wohlgeformtes edles Mädchen
lugte oben ängstlich rein – 574
ihr schönes Antlitz wurde bleich.
Die Junge war derart verschreckt,
daß die Alte heftig schimpfte:
Arnive, die erfahrene –
ich lob sie heute noch dafür,
daß sie diesem Ritter half
und ihn vom Tod errettete.
Auch sie ging hin, um reinzuschauen;
was die Dame von dort oben
durch das Fenster sah, war so,
daß sie nicht entscheiden konnte:
war dies der Tag des Zukunftsglücks
oder schweren, ewigen Leids?
Sie fürchtete, er wäre tot

(und der Gedanke schmerzte sie),
weil er so auf dem Löwen lag,
als hätte er kein andres Bett.
»Es wär für mich der größte Schmerz,
wenn dich dein getreuer Mut
das edle Leben gekostet hätte.
Wenn du für uns verbannte Leute,
weil du dich verpflichtet fühltest,
hier den Tod gefunden hast,
so traure ich um deine Güte,
da spielt das Alter keine Rolle.«
Als sie den Helden liegen sah,
sagte sie den andren Damen:
»Ihr Frauen, die ihr christlich seid,
bittet Gott um Seinen Segen.«
Zwei Mädchen schickte sie hinein
und wies sie an, darauf zu achten,
daß sie möglichst leise seien,
bis sie diesen Raum verließen,
ihr die Nachricht überbrächten,
ob er noch am Leben
oder schon verstorben sei.
Das trug sie diesen beiden auf.
Ob da eins von diesen schönen,
reinen Mädchen weinen mußte –?
Ja, sie beide, und zwar sehr –
das lehrte sie das große Elend,
als sie ihn so liegen sahen:
das Blut aus seinen Wunden
schwappte in dem Schild.
Sie untersuchten, ob er lebte.
Eine löste mit schönen Händen
seinen Helm und hob ihn ab,
gleich darauf auch den ventail:
es war ein kleines bißchen Schaum
auf seinen roten Lippen.
Sie begann, darauf zu achten,
ob er noch Atemzüge machte,
ob der Schein von Leben täuschte –
das war noch keineswegs entschieden.
Es zeigten sich auf dem surtout

zwei kleine Echsen, dies aus Zobel –
ein Mädchen zupfte mit den Fingern
dort ein Zobelhaar heraus,
hielt es ihm dann vor die Nase,
um zu sehen, ob noch Atem
aus ihm käm, das Haar bewegend.
Und Atem wurde aufgespürt!
Augenblicklich machte sie
dem andren Mädchen Beine –
sie sollte reines Wasser holen.
Und ihre schöne Freundin
brachte es ihr rasch herbei.
Das Mädchen schob den zarten Finger
zwischen seine Zähne,
doch es war nicht ungebührlich.
Sie flößte ihm das Wasser ein,
langsam, und dann etwas schneller,
bis er die Augen öffnete.
Er sagte ihnen Freundlichkeiten,
dankte beiden schönen Mädchen.
»Doch daß Ihr mich so liegen seht,
wie es gar nicht schicklich ist...
Wenn Ihr nicht darüber sprächet,
wäre das von Euch sehr gütig;
bitte wahrt hier streng die Form.«
»Ihr lagt und liegt als jemand da,
der sich mit größtem Ruhm bedeckte.
Ihr habt hier solchen Ruhm errungen,
daß Ihr Euch noch im Alter freut –
dies ist Euer Siegestag!
Wir armen Wesen brauchen Trost:
steht's mit Euren Wunden so,
daß wir uns mit Euch freuen können?«
»Wenn ihr mich gern am Leben seht,
werdet ihr mir helfen müssen.«
Und er bat die jungen Damen:
»Laßt jemand, der sich drauf versteht,
meine Wunden untersuchen.
Doch wenn ich weiter kämpfen muß,
so bindet mir den Helm fest, geht –
ich will mich gern verteidigen.«

»Ihr seid von diesem Kampf erlöst.
Herr, so laßt uns bei Euch bleiben;
eine freilich holt sich jetzt
bei den vier Königinnen
Botenlohn, weil Ihr noch lebt.
Ihr sollt dann auch ein Ruhelager
kriegen, gute Arzeneien,
sollt liebevoll behandelt werden
mit einer derart milden Salbe,
daß sie alle Kontusionen
und auch alle offnen Wunden
mit sanfter Wirkung heilen wird.«
Ein Mädchen lief sogleich hinaus –
so rasch, daß es kein Hinken gab!
Sie brachte an den Hof die Nachricht,
daß er noch am Leben sei,
»und das mit solchem Lebenswillen –
er wird uns noch viel Freude machen,
freudig, wenn es Gott so will.
Doch er braucht nun dringend Hilfe.«
Sie riefen alle: »Dieu merci.«
Die alte, kluge Königin
ließ für ihn ein Bett bereiten
(dies an einem schönen Feuer),
einen Teppich davor legen.
Sie besorgte teure Salben,
sachverständig hergestellt
für Wunden und für Kontusionen.
Sie befahl zur gleichen Zeit
vier Damen, daß sie zu ihm gehen,
seine Rüstung übernehmen,
sie behutsam von ihm lösen,
dabei so verfahren sollten,
daß er sich nicht schämen müßte:
»Nehmt dazu ein Seidentuch,
zieht sie ihm dahinter aus.
Soweit er dann noch gehen kann,
laßt es zu. Sonst tragt ihn her –
ich werde euch am Bett erwarten,
in dem der Held dann liegen wird.
Wenn der Kampf nur so verlief,

daß es ihn nicht tödlich traf,
so wird er mir auch bald gesund;
ist eine seiner Wunden tödlich,
wär's ein Strich durch unser Glück,
da wären auch wir selbst getroffen,
wären dann lebendig tot.«
Alles wurde so gemacht... 579
Man entwappnete Herrn Gawan,
führte ihn von dort hinweg;
wer vom Helfen was verstand,
ließ ihm Hilfe angedeihen.
Fünfzig Wunden hatte er –
vielleicht sogar noch etwas mehr!
Jedoch: die Pfeile waren nicht
tief durchs Kettenhemd gedrungen –
der Schild war ja davorgehalten.
Da nahm die alte Königin
dictamnum, warmen Wein,
einen Streifen blauen Zindel –
damit wischte sie das Blut
soweit vorhanden aus den Wunden,
verband ihn so, daß er genas.
Unter Dellen seines Helmes
waren Beulen an dem Kopf –
hier zeigten sich die Treffer an.
Mit der Heilkraft ihrer Salbe
und mit ihrer Könnerschaft
ließ sie Schwellungen verschwinden.
»Ich schaffe Euch bald Linderung.
Cundrie la sorcière geruht
mich häufig zu besuchen;
wirkungsvolle Arzeneien
stellt sie mir gerne zur Verfügung.
Seit Anfortas gräßlich Schmerzen
litt und man ihm helfen mußte,
half die Salbe – er blieb am Leben.
Man brachte sie vom Mont Salvage.« 580
Als Gawan hörte, wie sie hier
den Mont Salvage erwähnte,
keimte große Freude auf:
er glaubte, er sei nahe dran.

Gawan, der stets ehrlich war,
sagte zu der Königin:
»Die Besinnung, die ich ganz
verloren hatte, hohe Frau,
die habe ich durch Eure Hilfe
in vollem Maß zurückerlangt...
Verfüg ich über Kraft, Verstand,
so hab ich das – ergebner Diener! –
nur Euch alleine zu verdanken.«
Sie gab zur Antwort: »Herr, wir alle
streben Eure Gnade an,
beeilen uns, sie zu verdienen.
Hört auf mich und redet wenig.
Ich werd Euch eine Wurzel geben,
die ist gut, da schlaft Ihr ein.
Ihr dürft bis zum Beginn der Nacht
nicht essen und nicht trinken wollen,
dann kommt Ihr wieder ganz zu Kräften.
Ich bring Euch später was zu essen,
damit Ihr's durchsteht bis zum Morgen.«
So legte sie ihm eine Wurzel
in den Mund – er schlief gleich ein.
Sie deckte ihn behutsam zu.
Er schlief den ganzen Tag hindurch –
an Ehre reich, an Schande arm
lag er weich und ihm war warm.
Er fröstelte im Schlaf zuweilen,
schnaufte und dann nieste er –
so wirkte sich die Salbe aus.
Es war ein Kommen und ein Gehen
ganzer Damengruppen;
alle waren schön und vornehm.
Die betagte Arnive
verlangte als Respektsperson,
daß sie alle leise seien,
solange dieser Held da schliefe.
Sie befahl auch, den Palast
abzuschließen; alle Ritter
und troupiers und Burgbewohner
hörten, was geschehen war,
erst am nächsten Tage.

Dann gab es neuen Grund zur Klage...
Der Held schlief bis zum Abend.
Die Königin faßte den Entschluß,
nahm ihm die Wurzel aus dem Mund.
Er wachte auf. Und hatte Durst.
Da ließ ihm denn die kluge Frau
Getränke, gute Speisen bringen.
Er richtete sich auf und saß;
er aß mit gutem Appetit.
Vor ihm standen viele Damen,
die unvergleichlich gut bedienten;
formvollendet war ihr Dienst.
Mein Herr Gawan schaute sich
mal diese und mal jene an – 582
da war erneut die alte Sehnsucht
nach der schönen Orgeluse.
Ihm war in seinem ganzen Leben
keine Frau so nah gewesen –
wo immer man ihm Liebe schenkte
oder auch: ihn nicht erhörte.
Da sprach der unerschrockne Held
zu seiner Pflegerin,
der alten Königin:
»Es widerstrebt meiner Erziehung
(denkt ruhig, ich sei zu anspruchsvoll!),
daß diese Damen vor mir stehen;
weist sie an, sich doch zu setzen
oder laßt sie mit mir speisen.«
»Es wird sich hier nicht hingesetzt –
von keiner außer mir allein!
Herr, sie müßten sich ja schämen,
wenn sie Euch nicht recht bedienten –
Ihr seid für uns das höchste Glück.
Doch was Ihr, Herr, von ihnen wünscht,
das wird verständnisvoll erfüllt.«
Die edlen, hochgebornen Damen
wahrten formbewußt die Haltung,
taten es aus freien Stücken:
sie baten ihn voll Freundlichkeit,
stehn zu dürfen statt zu sitzen,
bis das Mahl beendet sei.

Als es vorbei war, gingen sie.
Er legte sich zum Schlafen hin.

Wer ihn in seiner Ruhe störte,
da er doch die Ruhe brauchte,
ich mein, der hätte sich vergangen.
Nach dem Zeugnis der Geschichte
hatte er sich abgemüht
und seinen Ruhm in schwerem Kampf
gesteigert und sehr weit verbreitet.
Was der edle Lancelot
auf der Schwerterbrücke erlitten,
danach im Kampf mit Meleagans,
das war vor diesem Kampf ein Nichts!
Trüg ein Muli all die Pfeile,
die Gawan – der sehr tapfer war,
wie ihm sein Männerherz befahl –
auf seinen Körper zischen ließ,
es wäre damit überladen.
Le gué perilleux, die Furt,
und wie Erec einst Mabonagrin
Joie de la court entriß,
und wie der stolze Iwein
unbedingt das Wasser auf
den Stein der Wunder schütten mußte –
das alles war nicht so erschöpfend!
Faßt man all die Mühn zusammen,
schätzt man Qual ein, wägt sie ab,
sind Gawans Leiden weitaus schwerer!
Welche Leiden ich hier meine –?
Wenn's euch nicht verfrüht erscheint,
werde ich sie euch beschreiben.
Es drang dort Orgeluse in
das Herzensdenken Gawans ein.
(In der Feigheit war er schwach,
war stark in wahrer Tapferkeit.)
Wie kam's, daß ein so großes Weib
sich in so kleinem Raum verbarg?
Sie zog auf einem schmalen Pfad

in das Herz von Gawan ein
und damit schwanden seine Schmerzen
restlos vor der Liebesqual.
So groß auch diese Dame war,
sie saß in einer kleinen Kammer;
so lang er wachte, war er stets
in treuer Liebe zum Dienst bereit.
Keiner darf darüber lachen,
daß ein Kämpfer seines Schlags
von einer Dame défaitiert wird.
Achja ach, wie kommt das nur?
Die Herrin Liebe ist dem feind,
der Siegesruhm errungen hat.
Jedoch, sie traf auf einen Mann,
der kampfbereit und mutig war.
Sie sollte die Gewalt verschmähen
gegen ihn, der krank und wund ist; 585
er sollte etwas davon haben,
daß sie ihn – er wehrte sich –
besiegte, als er noch gesund war.
Herrin Liebe, wünscht Ihr Ruhm,
so müßt Ihr Euch schon sagen lassen:
dieser Kampf bringt keine Ehre!
Gawan lebte immer so,
wie Eure Gunst es ihm befahl –
ebenso sein Vater Lot.
Auch stand Euch völlig zu Gebote
die Familie seiner Mutter –
seit der Zeit des Macadan,
den die Terre de la joie
fortgeführt nach Fei-Morgan;
ihn hetzte Euer Einfluß auf.
Von den Erben Macadans
habt Ihr, wie man vielfach hörte,
auch nicht einen ausgespart!
Ither aus Gahevice
war von Euch gezeichnet;
wenn man ihn auch nur erwähnte,
wenn man seinen Namen nannte,
empfanden Frauen nichts als Stolz,
Eurer Liebesmacht gehorchend.

Ich nenne Euch noch mehr Verwandte,
die durch Liebe leiden mußten.
Wie bannte einst das Blut im Schnee
Parzival – weil er so liebte!
Schuld daran war seine Frau.
Und Ihr setztet Euren Fuß
auf Galoës und Gahmuret,
habt sie so dem Tod geweiht.
Keinen der Verwandten Gawans,
nicht den einen, nicht den andren,
wolltet Ihr vom Dienst verschonen,
Herrin Liebe. Und nun wollt Ihr
auch an ihm noch Ruhm erringen!
Ihr solltet stark bei Starken sein
und deshalb Gawan leben lassen
mit der Krankheit, seinen Wunden –
unterwerft doch die Gesunden!
So manchem, der von Liebe singt,
dem setzte Liebe nie so zu!
Ich müßte eigentlich verstummen –
es sollten Liebende beklagen,
was mit dem Norweger geschah:
nachdem er die Gefahr bestanden,
traf ihn Liebes-Hagelschlag
allzu hart, denn er war schutzlos.
Er sagte: »Ach, weshalb nur sah ich
diese Ruhe(losen)betten?
Jenes hat mich sehr verwundet,
dieses hier verstärkte noch
all mein Denken an die Liebe.
Orgeluse, die Herzogin,
muß mir ihre Gunst gewähren –
wenn ich glücklich bleiben soll.«
Er warf sich heftig hin und her,
daß mehrere Verbände rissen –
so aufgewühlt lag er im Bett!
Doch seht, nun kam für ihn der Tag,
den er voll Ungeduld erwartet.
Er hatte früher oft genug
scharfen Schwertkampf führen müssen –
diese ›Ruhe‹ war viel schlimmer!

Wenn ein Liebender behauptet,
seine Qual wär auch so groß,
da soll er erstmal als Gesunder
von Pfeilen so verwundet werden –
das tut ihm wohl genauso weh
wie zuvor die Liebesqualen.
Bei Gawan kam Schmerz zum Liebesschmerz!
   Es begann der Tag zu leuchten
und das Licht der großen Kerze
konnte nicht mehr viel erhellen.
Er richtete sich auf, der Recke.
Seine Leinen-Unterkleidung
beschmutzt von Wunden, vom Metall;
Unterhose, Hemd aus Buckram
lagen frisch für ihn bereit –
da zog er sich sehr gerne um.
Dazu eine tunique aus Marder,
ein Wämslein aus dem gleichen Fell;
über beides Schürbrant-Wolltuch,
das aus Arras eingeführt war.
Zwei leichte Stiefel lagen da –
die waren keineswegs zu eng!
Er zog die neue Kleidung an.
Mein Herr Gawan trat sodann
vor die Kemenatentüre
und spazierte so umher,
bis er den großen Palas fand;
Prachtentfaltung, wie man sie
mit dieser hier vergleichen konnte,
hatte er noch nie gesehen.
An einer Seite des Palastes
führte ein breiter und gestufter
Gewölbegang – er zog sich rund
um sich herum – zum Dach hinauf.
Dort oben glänzte eine Säule,
die nicht aus morschem Holz bestand:
sie war so hell und fest und dick,
daß der Sarg der edlen Camille
bequem darauf gestanden hätte.
Der kluge Klingsor hat das Werkstück
aus dem Reich des Fairefis

mitgebracht; es ragte hoch,
im Grundriß eines runden Zeltes.
Hätte Meister Geometras
dieses Werk erschaffen wollen,
das Können hätte ihm gefehlt.
Es war durch Zauberkraft errichtet.
Mit Diamant und Amethyst,
so berichtet uns die Quelle,
mit Topas und Granat,
mit Rubin, Chrysolith,
mit Sardonyx und Smaragd
waren die kostbaren Fenster geschmückt,
deren Breite der Höhe entsprach.
Dem Anblick dieser Fenstersäulen
glich im Stil das ganze Dach.
Doch war darunter keine Säule,
die sich mit der vergleichen ließ,
die mitten zwischen ihnen ragte.
Welch ein Wunderwerk sie war,
das teilt uns die Erzählung mit. 590
Allein stieg Gawan auf die Warte
mit ihren vielen Edelsteinen,
um sich einmal umzuschauen,
und erblickte solch ein Wunder,
daß er sich nicht sattsehn konnte.
Ihm schien, er könnte alle Länder
in der großen Säule sehen,
und daß sie dabei kreisen würden
und daß die hohen Berge sich
wie im Kampfgetümmel drängten.
Und er sah in dieser Säule
Menschen reiten, Menschen schreiten,
diesen gehen, jenen stehen.
Er nahm in einem Erker Platz,
um dieses Wunder zu studieren.
   Da erschien die alte Arnive
mit ihrer Tochter Sangive
und ihren beiden Enkelinnen;
sie kamen zu ihm alle vier.
Als er sie sah, sprang Gawan auf.
Die Königin Arnive sagte:

»Herr, Ihr solltet jetzt noch schlafen!
Um auf Ruhe zu verzichten,
seid Ihr viel zu sehr verwundet –
falls Euch mehr Verdruß bevorsteht.«
Er sagte: »Herrin, Könnerin,
durch Eure Hilfe bin ich so
bei Sinnen und bei Kräften –
ich diene Euch, solang ich lebe.«
»Verstehe ich Euch richtig, Herr,
daß Ihr Euch so geäußert habt:
ich sei für Euch die Gönnerin –
nun, so küßt hier diese Damen!
Es wird Euch keine Schande machen,
sie sind von königlichem Stamm.«
Er folgte dem Gebot sehr gern
und küßte die schönen Damen
Sangive und Itonje,
auch die liebliche Gundrie.
Er setzte sich als fünfter hin.
Er sah die hübschen Mädchen an –
mal die eine, mal die andre,
doch dies erzwang die eine Frau,
die in seinem Herzen wohnte:
neben Orgeluse war
der Mädchenglanz ein Nebeltag.
Die Herzogin, die von Logrois,
erschien ihm derart wunderschön,
daß sein Herz ihn zu ihr jagte.
Doch es war nun mal geschehn:
diese Damen – die drei jungen! –
hatten Gawan zart begrüßt.
Ihre Schönheit war so groß,
sie hätte jedes Herz gebrochen,
das bisher frei von Sehnsucht war.

Er fragte die gelehrte Dame
nach der Säule, die er sah,
und er bat sie um die Auskunft,
was es mit der auf sich hätte.
Sie sagte ihm: »Seit ich den Stein
zum ersten Mal gesehen habe,
leuchtet er bei Tag und Nacht

in dieses Land, sechs Meilen weit.
Was auch jemals dort geschieht,
sei's zu Wasser, sei's zu Lande,
all das sieht man in der Säule.
Sei es Vogel oder Wild,
sei es Fremder oder Förster,
Bekannter oder Unbekannter –
sie erscheinen auf der Säule.
Es reicht ihr Licht sechs Meilen weit.
Sie ist so fest und so vollkommen,
daß kein Hammer und kein Schmied
gegen sie gewinnen könnten,
auch nicht mit Geschick und Kraft.
Man nahm sie Secundille weg,
der Königin von Tabronit –
sie hat das sicher nicht gewollt.«
    Gawan sah in dem Moment,
wie jemand in der Säule ritt –
einen Ritter, eine Dame
konnte er in ihr erkennen.
Die Dame schien ihm wunderschön;
Mann und Roß in voller Rüstung,
auf dem Helm war das Zimier.
Beide kamen mit Effet
durch die passage auf die plaine –
dieser Ritt galt ihm allein!
Sie ritten auf dem Weg durchs Moor,
auf dem Le Choix gekommen war,
der Stolze, den er défaitiert hat.
Die Dame führte, en conduite,
am Zügel diesen Ritter mit;
was er wollte, war tjostieren.
Gawan drehte sich jetzt um –
sein Liebeskummer wurde größer.
Erst dachte er, die Säule täuschte,
doch er sah, was richtig war:
Orgeluse von Logrois
und ein Ritter, sehr courtois,
Richtung Landeplatz der Wiese.
Wie Nieswurz durch die Nase
einwirkt, schnell und stark,

593

so ähnlich kam die Herzogin
von oben her durch seine Augen
in sein enges Herz hinein.
Ein Mann, ganz schutzlos gegen Liebe –
ja und ach, dies ist Herr Gawan!
Als er den Ritter kommen sah,
sagte er zu seiner Herrin:
»Dort kommt ein Ritter auf uns zu,
der hat die Lanze aufgerichtet –
der läßt vom Suchen nicht gern ab,
so soll er das Gesuchte finden!
Was er will, ist Ritterkampf,
also werde ich mich stellen.
Sagt, wer mag die Dame sein?«
Sie sprach: »Es ist die Herzogin,
die von Logrois, la belle. 594
Auf wen hat sie es abgesehen?
Der Türkoyte ist bei ihr –
von dem heißt es ja oft genug,
daß sein Herz die Furcht nicht kennt.
Er hat mit Lanzen Ruhm erkämpft,
der reichte für drei Länder aus.
Verzichtet besser auf den Kampf
mit diesem Mann der starken Hand.
Zum Kämpfen wär es viel zu früh,
Ihr seid zum Kampf noch nicht genesen.
Und wäret Ihr auch kerngesund,
Ihr solltet auf den Kampf verzichten.«
Mein Herr Gawan sagte darauf:
»Ihr meint ja, ich sei hier Gebieter –
wenn einer so in meiner Nähe
als Ritter einen Kampf begehrt,
bei dem es um die Ehre geht,
dann brauch ich meine Rüstung, Herrin!«
Da begannen die vier Damen
bitterlich zu weinen.
Sie riefen: »Wollt Ihr Glück und Ruhm
in ihrem vollen Glanz bewahren,
so kämpft auf keinen Fall mit ihm!
Wenn Ihr ihm tot zu Füßen lägt,
so würde unsre Not noch größer!

Selbst, wenn Ihr bei ihm davonkämt –
die Wunden, die Ihr jetzt schon habt,
brächten Euch im Harnisch um.
Das wäre auch für uns der Tod.«
  Gawan rang mit dem Problem –
hört euch an, was ihn bedrängte: 595
durch die Ankunft des Türkoyten
fühlte er sich sehr verletzt;
ihn quälten außerdem die Wunden
und noch weitaus mehr die Liebe;
dazu die Trauer der vier Damen –
er spürte hier Verbundenheit.
Er bat, mit Weinen aufzuhören,
und verlangte gleich darauf
Rüstung, Roß und Schwert.
Die schönen und die edlen Damen
führten Gawan jetzt hinunter.
Er bat sie, vor ihm herzugehen,
hinab zu jenen andren Damen,
die so schön und lieblich waren.
Für den Aufbruch in den Kampf
wurde Gawan rasch gewappnet,
während schöne Augen weinten.
Man führte es ganz heimlich aus,
keiner sollte es erfahren,
abgesehn vom Kämmerer,
der sein Roß gleich striegeln ließ.
Gawan ging auf leisen Sohlen
zu Gringuilet; er war so sehr
verwundet, daß er seinen Schild
nur mit großer Mühe trug,
obwohl der ganz durchlöchert war.
Mein Herr Gawan stieg aufs Roß.
Darauf ritt er von der Burg 596
zu seinem sehr getreuen Wirt,
der ihm nichts von dem verwehrte,
was sein Herz von ihm begehrte.
Und er gab ihm eine Lanze,
die stark und ungeglättet war –
er hatte auf der Wiese draußen
viele davon eingesammelt.

Mein Herr Gawan bat ihn dann,
er möge ihn rasch übersetzen.
In einer porteuse
fuhr er ihn zum andren Ufer,
wo er den Türkoyten fand,
der edel war und selbstbewußt.
Er war vor Schande so gefeit,
daß alles Unglück vor ihm floh.
Sein Ruhm besaß sehr hohen Rang:
wer gegen ihn zur Tjost antrat,
der lag bald hinter seinem Roß,
vom Lanzenstoß gefällt.
Alle, die ihn attackierten,
weil sie nach dem Ruhm verlangten,
hatte seine Tjost besiegt.
Auch hatte dieser Held erklärt:
nur mit Lanzen, ohne Schwert
würd er Siegesruhm erringen –
oder seinen Ruf riskieren;
würf ihn jemand ab, errängt
damit in der Tjost den Sieg,
so zöge er nicht mehr sein Schwert,
würde sich sofort ergeben.

   Gawan hörte den Bericht   597
des Beute-Pfänders nach den Tjosten.
Der zog sein Roß ans andre Ufer,
bat ihn, sich zurechtzusetzen,
reichte ihm den Schild, die Lanze.
Schon kam der Türkoyte her,
galoppierend wie ein Mann,
der seine Tjosts plazieren kann –
nicht zu hoch und nicht zu tief.
Gawan ritt ihm auch entgegen.
Gringuilet vom Mont Salvage
tat, was Gawan ihm befahl,
reagierte auf den Zügel.
Und so ritt er auf die plaine.

   Ran! So laßt sie schon tjostieren!
Hier kam der Sohn des Königs Lot
mutig und mit festem Herzen.
Wo hat die Helmschnur ihren Knoten?

Diesen Punkt traf der Türkoyte.
Gawan traf ihn freilich durch
die Eisenplatte vorm Gesicht.
Und es zeigte sich sogleich,
wer hier wen zu Fall gebracht:
Herrn Gawans kurze, starke Lanze
übernahm den Helm des andren –
der Helm ritt fort, der Mann lag dort;
er war die Blüte aller Würde –
bevor er sich im Grase streckte
nach dem Lanzenstoß, dem Sturz;
die ganze Gala seines Helmschmucks
lag im Wettstreit mit den Blumen.
Gawan ritt ihn nieder,
bis er sich formell ergab.
Der Fährmann forderte das Roß;
das war sein Recht – wer leugnet das?
Die schöne Orgeluse sagte
Gawan, überhaupt nicht freundlich:
»Ihr freut Euch! Habt Ihr einen Grund?
Weil Euch die Pranke jenes Löwen
in Eurem Schild begleiten muß?!
Weil Ihr glaubt, es bringt Euch Ruhm,
daß all die Damen sehen konnten,
was Euer Lanzenstoß bewirkte?
Nun, wir gönnen Euch den Spaß...
Seid Ihr deshalb übermütig,
weil das Lit Merveille an Euch
nur so geringe Rache nahm?
Zumindest ist der Schild durchlöchert –
als hättet Ihr dort echt gekämpft.
Doch seid Ihr viel zu sehr verwundet
für den Hickhack eines Kampfs.
Erst ›Gänserich!‹, dann *dieser* Schmerz!
Der Schild durchlöchert wie ein Sieb,
weil viele Pfeile ihn durchbohrten –
so habt Ihr's gern, aus Prahlerei!
Doch jetzt, in dieser Zeit des Unglücks,
würdet Ihr am liebsten fliehen!
Laßt Euch doch den Finger melken!
Reitet rauf zu diesen Damen!

Gesetzt den Fall, daß Euer Herz
um meine Liebe dienen wollte
und ich schickt' Euch in den Kampf –
dem säht Ihr niemals in das Auge!«
Er gab der Herzogin zur Antwort:
»Herrin, was die Wunden angeht,
so ist mir hier geholfen worden.
Falls Ihr hilfsbereit geruhtet,
mich in Euren Dienst zu nehmen,
wär mir keine Gefahr zu groß,
Euch meine Dienste zu erweisen.«
Sie sagte ihm: »Ich lasse zu,
daß Ihr in meiner Nähe reitet
und Euch weitren Ruhm erstreitet.«
Damit machte sie den edlen,
stolzen Gawan überglücklich.
Er schickte den Türkoyten fort
mit seinem Wirt Plipalinot
und ließ ihn auf der Burg bestellen:
alle schönen Damen sollten
ihn sehr ehrenvoll behandeln.

Gawans Lanze war noch ganz 600
(trotz der vollen Angriffswucht
der beiden angespornten Rösser)
und so nahm er sie denn mit
von der blumenbunten Wiese.
Daß es zu diesem Aufbruch kam,
das beweinten viele Damen.
Die Königin Arnive sagte:
»Unser Retter fand mit ihr
die Augenweide, den Dorn im Herzen.
Wie schrecklich, daß er Orgeluse,
der Herzogin nun folgen muß
hin zur Schlucht Le gué perilleux –
für seine Wunden ist das schlimm.«
Vier mal hundert Damen klagten:
er verließ sie, suchte Ruhm.

Der Glanz der Schönheit Orgeluses
hatte ihn die Qual, den Schmerz
der Wunden ganz vergessen lassen.
Sie sprach: »Ihr müßt mir einen Kranz

von einem Ast an einem Baum
beschaffen; wenn Ihr mir den bringt,
so rühm ich Eure Tat; Ihr dürft
mich dann um meine Liebe bitten.«
Er sagte: »Herrin, wo der Kranz
auch sei, der mir den hohen Ruhm,
das große Glück gewähren kann,
daß ich Euch meinen Liebeskummer
beichten darf, die Gunst erhoffend –
den hol ich, wenn's der Tod erlaubt.«
    Was dort an schönen Blumen stand,
war nichts, verglichen mit der Schönheit,
die Orgeluse offenbarte.
Gawan dachte so an sie,
daß er die Schmerzen seiner Wunden
gar nicht weiter spürte.
So ritt sie mit dem Krieger
von dieser Burg auf einer breiten,
glatten Straße eine Stunde
bis zu einem schönen forêt;
weil es der Wald des Klingsor war,
standen dort ganz selbstverständlich
tamariscus und prisilium.
Der tapfre Gawan fragte sie:
»Wo krieg ich, Herrin, diesen Kranz,
der mein durchbohrtes Glück kuriert?«
Ah, hätt er sie aufs Kreuz gelegt,
wie das viele schöne Damen
später oft genug erlebten!
Sie sagte ihm: »Ich zeige Euch,
wo Ihr den Ruhm erringen könnt.«
Über Felder ritten sie
so nah an eine Schlucht heran,
daß sie den Kranz-Baum sehen konnten.
Sie sprach: »Der Hüter dieses Baums
hat mir das Lebensglück geraubt.
Bringt Ihr mir einen Zweig von ihm,
so hat kein Ritter je zuvor
aus Liebe solchen Dienst geleistet.«
Weiter sprach die Herzogin:

»Ich mach an dieser Stelle halt.
Zieht Ihr weiter, walt es Gott...
Doch Ihr dürft nur ja nicht zögern –
nehmt allen Euren Mut zusammen,
springt mit Eurem Pferd direkt
über Le gué perilleux.«
Orgeluse hielt auf der Wiese,
Herr Gawan ritt zur Schlucht.
Er hörte rasches Wasser tosen –
das hatte sich ein Tal gebrochen,
weit und tief und wegelos.
Gawan, dieser Mann voll Mut,
setzte seinem Pferd die Sporen,
trieb es an, der edle Held –
nur mit seinen Vorderläufen
fußte es dann drüben auf,
ein Sturz war damit unvermeidlich.
Da weinte selbst die Herzogin...
Die Strömung war sehr rasch und stark;
Gawan half zwar seine Kraft,
doch seine Rüstung war sehr schwer;
ein tiefer Ast an einem Baum,
der in der Wasserströmung stand –
den packte dieser starke Mann,
weil er am Leben bleiben wollte.
Neben ihm trieb seine Lanze,
unser Recke griff sie sich.
Und er kletterte ans Ufer.
Gringuilet schwamm drüber, drunter –
er machte sich zur Hilfe auf.
Das Pferd war so weit weggetrieben –
dorthin zu laufen, war zu weit,
trug er doch die schwere Rüstung,
hatte all die vielen Wunden.
Ein Wirbel trug es ihm nun zu,
er kam mit seiner Lanze ran.
Der Regen und ein Sturzbach hatten
dort an einem steilen Hang –
das Ufer war hier unterbrochen –
das Bett des Flusses ausgeweitet:
dies war die Rettung für sein Roß.

Er lenkte es mit seiner Lanze
so nah zu sich aufs Ufer zu,
daß er den Zügel packen konnte;
mein Herr Gawan führte so
das Roß hinauf auf eine Wiese.
Es schüttelte sich; es war gerettet.
Und der Schild war nicht verloren.
Er zog dem Pferd die Gurte fest
und nahm den Schild. Wem er nicht
leid tut bei der Plackerei,
der laß es sein. Dazu der Kummer,
den ihm die Liebe auferlegte.
Die Schöne jagte ihn zum Kranz.
Man brauchte Mut bei diesem Ritt.
So gut bewacht war dieser Baum:
wär Gawan doppelt, müßten beide
für den Kranz ihr Leben opfern –
als Wächter König Gramoflans!
Doch Gawan holte sich den Kranz.
Severn hieß der Fluß; als Gawan
und sein Roß hineingestürzt,
da zahlte er Tribut, sehr hohen.
So blendend Orgeluse aussah –
zu teuer wär mir ihre Liebe!
Ich kenne meine Grenzen gut.
Als Gawan den Ast gebrochen hatte,
der Kranz auf seinem Helme saß,
kam zu ihm ein schöner Ritter.
Der war genau im rechten Alter,
nicht zu jung, nicht zu betagt.
Sein Herz erzwang von ihm durch Hoffart:
was immer ihm ein Mann auch tat,
er führte keinen Kampf mit ihm,
wenn er nicht *zwei* war oder mehr.
So voller Hochmut war sein Herz:
wenn ihm ein *einzelner* was tat,
so war ihm das den Kampf nicht wert.
Le fils du roi Irot entbot
Gawan einen Guten Morgen –
er war es, König Gramoflans.
Er sprach: »Ich gebe diesen Kranz

noch keineswegs verloren, Herr.
Ich hätt mein Grüßen unterlassen,
wenn es Eurer zweie wären,
die es sich nicht nehmen ließen,
von meinem Baum auf diese Art
aus Ruhmsucht einen Ast zu rauben –
da hätten die schon kämpfen müssen!
Jetzt wär's unter meiner Würde!«
Auch Gawan kämpft nicht gern mit ihm:
der König reitet ohne Waffen.
Statt dessen trug der große Held
einen Sperber (nach der Mauser),
der stand auf seiner schönen Hand –
Itonje hat ihm den geschickt,
Gawans lieblichschöne Schwester.
Auf seinem Haupte saß ein Hut
aus Chichester mit Pfauenfedern,
auch trug der König einen Mantel,
der war aus Atlas, grün wie Gras –
auf beiden Seiten hing der Saum
tief herab, bis auf den Boden;
die Pelzverbrämung aus Hermelin.
Das Pferd, auf dem der König saß,
war nicht sehr groß, doch stark genug;
die Pferdeschönheit war vollendet;
man hatte es aus Dänemark
hierher geführt – vielleicht verschifft.
Völlig schutzlos ritt der König:
er hatte nicht sein Schwert dabei.
»Euer Schild verrät den Kampf«
sagte König Gramoflans,
»von Eurem Schild blieb nicht viel übrig –
Ihr habt es mit dem Lit Merveille
zu tun gekriegt. Und damit ist
die Abenteuer-Tat vollbracht,
die eigentlich für mich bestimmt war.
Doch der kluge Klingsor wollte
mir Vorbild sein in Friedlichkeit,
auch führ ich einen Krieg mit jener,
die, allein durch ihre Schönheit,
den wahren Liebessieg errang.

Ihr Zorn auf mich ist heute noch
völlig frisch. Der Grund ist zwingend:
ich erschlug einst Cidegast,
Ihren Mann – und drei dazu!
Dann entführte ich Orgeluse,
bot ihr die Krone und mein Reich;
wie immer ich ihr dienen wollte –
sie blieb feindlich eingestellt.
Ein Jahr lang hab ich sie bekniet,
doch ihre Liebe fand ich nicht.
Ich klag Euch das aus tiefstem Herzen.
Ich weiß genau, sie bot Euch Liebe,
denn Ihr wollt hier meinen Tod.
Wärt Ihr hier selbzweit gekommen,
hättet Ihr mich töten können
oder wärt zu zweit gestorben –
das hättet Ihr davon gehabt!
Ihr braucht hier keinen Kampf zu führen,
den gäb es nur, wenn Eure Einheit
größer wäre – zwei und mehr...
Erschlüg ich oder unterwürf
ich Euch – wer würd mich dafür rühmen?
Ich lehnte solchen Kampf stets ab.«/
  Und so trennte sich Herr Gawan
von diesem edlen Manne, ritt
erleichtert weiter, á toute bride,
der Kranz zimierte seinen Helm.
Er wollte nicht sein Roß parieren,
trieb's mit Sporen an die Schlucht;
es sprang im rechten Zeitpunkt ab
und derart weit, daß Gawan diesmal
einen Sturz vermeiden konnte.
Die Herzogin ritt zu der Stelle,
an der Gawan aus dem Sattel
in das Gras gesprungen war
und die Sattelgurte nachzog.
Die Herzogin, so reich und mächtig,
saß, sobald sie bei ihm war,
rasch von ihrem Pferde ab,
warf sich ihm zu Füßen,
sagte: »Herr, daß ich von Euch

ein derart großes Wagnis wollte,
war ich bei allem Rang nicht wert.
Glaubt mir, Eure ganze Mühsal
tat mir so von Herzen leid –
nur eine Frau, die liebt und treu ist,
fühlt so mit dem guten Freund.«
»Herrin, meint Ihr's wirklich so,   612
ohne bösen Hintersinn,
seid Ihr auf dem Weg zur Ehre.
Ich weiß doch immerhin so viel:
haben Ritter ihre Rechte,
wurden sie durch Euch verletzt;
der Ritterdienst hat höchsten Rang:
wer ritterliche Tat vollbrachte,
blieb vor Spott und Hohn geschützt.
Falls ich das so sagen darf:
wer mich im Ritterdienste sah,
muß mich als Ritter anerkennen.
Seit Ihr mich zuerst gesehen,
habt Ihr dies oft aberkannt!
Ich laß es gut sein. Nehmt den Kranz.
So blendend Eure Schönheit ist,
Ihr dürft von jetzt an niemals mehr
einen Ritter so entehren.
Wenn Ihr mich verhöhnen wollt,
verzicht ich eher auf die Liebe.«
Die Schöne und die Mächtige
sagte herzzerreißend weinend:
»Wenn ich Euch vom Leid erzähle,
das mein Herz ertragen muß,
so gebt Ihr zu: ich leide mehr!
Wen ich mit Unverstand behandle,
der wahr die Form, verzeih es mir.
Ich kann nicht mehr an Glück verlieren
als ich es verloren habe
mit dem edlen Cidegast.
Mein beau amis, so lieb, so gut –   613
er strebte nach dem höchsten Rang
und sein Ruhm war derart glanzvoll,
daß zu seiner Lebenszeit
wirklich keiner einen Grund

entdeckte, zu bezweifeln,
daß er in seinem Wert, der Würde
nicht zu übertreffen war.
Er war ein quicker Quell der Tugend,
war so blühend in der Jugend,
daß er nicht zum Schlechten neigte.
Aus der Finsternis ins Licht
war er hoch emporgewachsen,
hat seinen Ruhm so weit gesteckt,
daß ihn keiner, den das Böse
weichgemacht, erreichen konnte.
Aus dem Samenkorn des Herzens
wuchs sein Ruhm so hoch hinauf,
daß jeder andere zurückblieb.
Über den Planeten kreist
am allerschnellsten der Saturn!
Als monicirus treuer Liebe
war mein Freund – ich sage hier
die Wahrheit – ganz vollkommen;
doch man schlägt das Einhorn tot,
weil es rein ist. Grund zur Trauer...
Ich war sein Herz, er war mein Leib,
verlor ihn und ging selbst verloren.
König Gramoflans erschlug ihn.
Und von ihm bringt Ihr den Kranz.
Wenn Euch verletzte, was ich sagte, 614
geschah das aus dem einen Grund:
ich wollte so herausbekommen,
ob Ihr dessen würdig seid,
daß ich Euch meine Liebe schenke.
Ich weiß sehr wohl, ich tat Euch weh –
es war nur eine Liebesprobe.
Bitte habt die Freundlichkeit,
Euren Zorn jetzt aufzugeben
und mir gänzlich zu verzeihen.
Ihr seid ein so beherzter Mann!
Ich vergleich Euch mit dem Gold,
das in der Glut geläutert wird –
so ist nun Euer Herz geläutert.«
Mein Herr Gawan sagte ihr:
»Ich habe Euch verziehen, Herrin.

Falls Euch mein bescheidner Vorschlag
aus edler Haltung nicht mißfällt,
so schlag ich vor, und zwar im Namen
Eures guten Rufs als Frau –
es ist hier keiner außer uns:
Herrin, schenkt mir Eure Gunst!«
Sie sprach: »In einem Eisenarm
wurde ich noch nie recht warm.
Ich will mich nicht dagegen wehren –
Ihr könnt recht gern ein andermal
den Lohn für Euren Dienst erhalten.
Ich bedaure Eure Leiden,
bis Ihr wieder ganz gesund seid,
dies in jedem wunden Punkt,
und die Verletzungen geheilt sind.
Und nun ziehe ich mit Euch
zum Château Merveille.«
»Ihr macht mich damit überglücklich!«
rief der Mann voll Lust auf Liebe,
hob die schöne Frau aufs Pferd
und drückte sie dabei an sich.
Sie hätte ihm das nicht erlaubt,
als sie ihn an der Quelle sah
und sie so durcheinander sprach.

 Glücklich ritt Herr Gawan los.
Sie hielt die Tränen nicht zurück,
bis er gemeinsam mit ihr klagte.
Er bat sie, ihm zu sagen,
warum sie weine und damit
um Gottes willen aufzuhören.
»Herr, ich muß mich noch beklagen
über den, der mir den edlen
Cidegast erschlagen hat.
Der Jammer greift mir in mein Herz,
in dem das Glück war, während ich
Cidegast noch lieben durfte.
Ich bin noch nicht so ganz am Ende –
ich hab es mich was kosten lassen,
König Gramoflans zu schaden:
scharfe Tjoste ließ ich führen,
die ihm ans Leben gehen sollten.

Wie, wenn Hilfe von Euch käme,
die mich entschädigt und mich rächt
fürs Leid, das mir das Herz zerreißt?
Um Gramoflans den Tod zu geben,
nahm ich den Dienst des Königs an,
der das Herrlichste gehütet –
Herr, sein Name ist Anfortas.
Er schenkte mir in seiner Liebe
die thabroniter Handelswaren,
die vor Eurem Tore liegen –
im Gegenwert von sehr viel Geld.
Dem König stieß in meinem Dienste
zu, was mir das Glück zerstörte.
Wo ich ihm Liebe schenken sollte,
löste ich neue Leiden aus:
er hat sich in meinem Dienst verletzt!
Was ich durch Cidegast erlitt –
der gleiche, ja noch größre Schmerz
bei der Verwundung des Anfortas!
Nun sagt, wie soll ich armes Weib,
das nichts als treue Liebe will,
bei solcher Qual vernünftig bleiben?
Zuweilen wird mein Kopf ganz wirr,
weil der Mann so hilflos liegt,
den ich nach Cidegast erwählte,
mich zu rächen, zu beglücken.
    Herr, vernehmt nun den Bericht,
wie Klingsor all die Handelswaren
vor Eurem Tor erworben hat.
Als Anfortas, diesem Schönen,
der mir alles dies geschenkt hat,
Liebe, Lust entzogen wurden,
hatt ich Angst vor meiner Schande.
Die Zauberkunst Nekromantie
steht Klingsor ständig zu Gebot,
er unterwirft mit Zaubermacht
die Frauen wie die Männer!
Was er an edlen Menschen sieht –
alle stürzt er sie ins Leid!
Ich wollte Frieden und gab Klingsor
meine teuren Handelswaren;

wer im Château das Abenteuer
mit Ruhm bestand, dem sollte ich
meine Liebe anerbieten;
lehnt er meine Liebe ab,
gehört die Ware wieder mir;
das wurde allerseits beeidet.
(Uns beiden wird das nun gehören!)
So wollte ich mit dieser List
Gramoflans die Falle stellen –
leider ist's noch nicht gelungen.
Hätt er im Château gekämpft,
er hätte es nicht überlebt.
Klingsor ist höfisch und sehr klug:
er erlaubt – für seinen Ruhm! –
meinen geachteten suivants,
in seinem ganzen Reich zu kämpfen,
ritterlich, mit Schwert und Lanze.
Ich hab, um Gramoflans zu töten,
eine eigne formation,
die teilt sich tags und nachts den Dienst,
in jeder Woche eines Jahres;
ich hab es mich was kosten lassen,
den stolzen Gramoflans zu jagen!
Er führt mit ihnen viele Kämpfe –
was beschützt ihn eigentlich?!
Ich ging ihm so geschickt ans Leben!
Wer für meinen Sold zu reich war,
sich anders nicht gewinnen ließ,
der durft um meine Liebe dienen –
obwohl ich keinen Lohn versprach.
Alle Männer, die mich sahen,
konnt ich für mich dienen lassen –
nur nicht den in Roter Rüstung.
Der setzte meinen Leuten zu –
kam angeritten, nach Logrois,
und nahm sie derart auseinander,
streute sie nur so umher –
ich hatte wenig Freude dran.
Fünf meiner Ritter verfolgten ihn
zwischen Logrois und Landeplatz,
die er alle défaitierte;

er gab dem Fährmann ihre Pferde.
Als er die Meinen überwunden,
ritt ich selber zu dem Helden,
bot mein Reich, mich selber an.
Er sagte, seine Frau sei schöner,
außerdem sei sie ihm lieber –
dies zu hören, fiel mir schwer.
Ich fragte ihn, wer sie denn sei.
›Man nennt die blendende Erscheinung
Königin von Beaurepaire.
Ich selber heiße Parzival.
Ich wünsche Eure Liebe nicht –
der Gral belastet mich genug.‹
So sprach der Held, er war gereizt.
Der Auserwählte ritt davon.
Bitte sagt mir Eure Meinung:
hatte ich mich falsch verhalten,
als ich in meiner Herzensnot
dem edlen Ritter Liebe bot?
Schwächt das meine Liebe ab?«
Gawan sprach zur Herzogin:
»Dessen Liebe Ihr gewünscht habt,
den schätze ich so *sehr* hoch ein,
daß seine edle Liebe Eurer
Ehre nicht geschadet hätte.«

    Gawan – er war sehr courtois –
und die Herzogin Logrois
schauten sich tief in die Augen.
Sie ritten so nah an die Burg heran,
daß man sie oben sehen konnte:
die Stätte seines Abenteuers...
Er sagte: »Herrin, seid so gut,
wenn ich Euch darum bitten darf –
gebt nicht meinen Namen preis.
Falls Euch jemand nach ihm fragt,
so sagt nur: ›Mein Begleiter
ist mir leider unbekannt,
er wurde mir nie vorgestellt.‹«
»Da Ihr nicht wollt, daß ich ihn nenne,
werde ich ihn gern verschweigen.«
    Er und diese schöne Dame

ritten weiter auf die Burg zu.
Die Ritter hatten dort erfahren:
es war ein Ritter angekommen,
hat das Abenteuer bestanden,
hat den Löwen überwunden,
hat danach auch den Türkoyten
in regulärer Tjost besiegt.
Mittlerweile ritt Herr Gawan
über die plaine zum Landeplatz –
von den Zinnen sah man das.
Sie eilten aus der Burg heraus
und machten fröhlich Lärm dabei.
Da trugen sie alle
herrliche Wimpel
und kamen sehr rasch
auf wendigen Pferden.
Als er sie von weitem sah, 621
dachte er, sie wollten kämpfen,
sagte zu der Herzogin:
»Kommt der Trupp zum Kampf mit uns?«
Sie sagte: »Das ist Klingsors Heer,
es hat Euch kaum erwarten können.
Sie reiten voller Freude her
und wollen Euch willkommen heißen.
Weist sie bitte nicht zurück,
sie tun es doch aus lauter Freude.«
Auch Plipalinot war nun
mit seiner schönen, stolzen Tochter
angekommen, auf dem porteur;
sie schritt über die weite plaine zu ihm
und Bene grüßte ihn beglückt;
Gawan grüßte sie zurück;
sie küßte ihm den Fuß, den Bügel,
begrüßte auch die Herzogin.
Sie nahm den Zügel in die Hand
und bat den Mann, doch abzusitzen.
Gawan und die Herzogin
gingen zu dem Bug des Schiffs.
Ein Teppich, eine courtepointe
lagen dort; weil er sie bat,
setzte sich an diesem Platz

die Dame neben Gawan hin.
Die Fährmann-Tochter half ihm gleich
aus seiner Rüstung. Wie ich hörte,
brachte sie ihm ihren Mantel,
der nachts auf ihm gelegen hatte,
als er ihr Gast gewesen war.
Und er brauchte ihn auch gleich;
Herr Gawan schlüpfte in seinen surtout
und legte sich den Mantel um;
seine Rüstung trug sie fort.
Erst jetzt, als sie beisammen saßen,
sah die schöne Herzogin
zum ersten Male sein Gesicht.
Das hübsche Mädchen brachte
auf einer weißen Serviette
zwei gebratne Haubenlerchen,
geschlagen von dem Sperberweibchen,
einen Glaskrug voller Wein,
dazu zwei weiße, feine gâteaux.
Gawan und die Herzogin
konnten selbst das Wasser schöpfen,
als sie sich die Hände wuschen –
sie beide taten es im Fluß.
Es erfüllte ihn mit Glück,
daß er mit ihr speisen durfte,
war er doch für sie bereit,
Glück und Leiden zu erfahren.
Bot sie ihm den Glaskrug an,
frisch berührt von ihren Lippen,
brachte ihm das neues Glück,
weil er nach ihr trinken durfte.
Bald lahmte seine Traurigkeit,
sein hohes Glück war frisch und munter.
Ihr schöner Mund, die helle Haut
vertrieben ihn aus seinem Leid
und er verschmerzte seine Wunden.
Alle Damen auf der Burg
konnten dieses Gastmahl sehen.
Am Landeplatz des andren Ufers
tauchten viele Ritter auf:
sie zeigten im Buhurt ihr Können.

Hier am Ufer sagte Gawan
dem Fährmann, seiner Tochter Dank –
die Herzogin schloß sich ihm an –
für ihre freundliche Bewirtung./
   Und so machten sie sich auf,
setzten ans andre Ufer über.
Gawan hob die rühmlich schöne
Herzogin dort auf ihr Pferd.
Viele edle, würdige Ritter
empfingen ihn, die Herzogin.
Und sie zogen zu der Burg.
Dort ritt man mit Begeisterung
und verbarg das Können nicht,
erwies so dem Buhurt die Ehre.
Was soll ich hier noch mehr erzählen?
Dieses: daß der edle Gawan
und die schöne Herzogin
auf Château Merveille
von Damen so empfangen wurden,
daß sie beide fröhlich waren.
Ihr könnt schon sagen: er ist im Glück,
bei derart freundlichem Geschick.
Zu einem Zimmer führte ihn
Arnive. Wer sich drauf verstand,
versorgte seine Wunden./
Nach den Strapazen machte nun   628
Gawan einen Mittagsschlaf.
Man hatte seine Wunden
so geschickt verbunden:
hätt die Freundin bei ihm gelegen,
und er hätte sie geliebt,
es hätte ihm nur gutgetan.
Er konnte besser schlafen
als zur Nacht, da Orgeluse
ihn mit Qualen reich beschenkte.
Er wachte abends auf, zur Vesper.
Doch auch diesmal hatte er
im Schlafe einen Kampf geführt:
mit der Herzogin, der Liebe.
   Einer seiner Kammerdiener
legte ihm die Kleidung vor,

835

schwer von teurem Fadengold
in heller Seide, wie ich hörte.
Inzwischen war's soweit: man trug
so manches äußerst weiße Tischtuch,
reichlich Brot zum Festsaal hoch
mit seiner Fülle schöner Damen.
Es gab dort eine klare Trennung:
die Ritter saßen abgerückt
an einer Wand, ganz unter sich.
Gawan bestimmte die Sitzordnung:
der Türkoyte kam zu ihm;
bei der schönen Sangive,
Gawans Mutter, saß Le Choix;
mit der Königin Arnive
aß die Herzogin, la belle;
alle taten, was er sagte.
Mein Können reicht nicht halbwegs aus, 637
ich bin nicht solch ein Küchenmeister,
daß ich die Speisen nennen könnte,
die man formbetont servierte.
Den Hausherrn, ebenso die Damen
bedienten wunderschöne Mädchen;
zahlreiche troupiers servierten
den Rittern drüben an der Wand.
Gestrenge Ordnung wollte es,
daß sich keiner von den Knappen
an die jungen Damen drängte,
vielmehr sah man sie getrennt
die Speisen bringen und den Wein;
so mußten sie die Form bewahren.
Es war für alle dort ein Festschmaus,
sie hatten so was nie erlebt,
die Damen und die Herren Ritter,
seit sie Klingsors Macht besiegt
mit allen seinen Zauberkünsten.
Sie hatten unter einem Dach
gelebt und sich doch nicht gekannt;
es hatte zwischen Damen, Herren
kein Wechselsprechen stattgefunden.
Mein Herr Gawan sorgte nun,
daß sich die Leute sehen konnten –

sie waren äußerst froh darüber.
Auch Gawan hatte Grund zur Freude:
er mußte immer wieder heimlich
die schöne Herzogin betrachten;
sein Herz, das war an sie verloren.
    Der Tag ging langsam in die Knie,   638
er verlor schon seinen Glanz
und zwischen Wolken zeigten sich
die bekannten Abendboten:
Sterne zogen rasch dahin,
Quartier bestellen für die Nacht.
Hinter ihren schwarzen Wimpeln
zog eilig dann die Nacht herauf.
Viele teure Lichterkronen
hingen überall im Festsaal,
es war prächtig anzuschaun.
Sie wurden flink und reich bekerzt.
Zu all den Tischen brachte man
auch noch wundersviele Kerzen.
Hierzu berichtet die Geschichte:
die Herzogin erstrahlte so –
wäre keine Kerze da,
so wäre doch nicht Nacht um sie;
ihr Schönheitsglanz war tageshell –
so hörte ich von dieser Lieben.
Will man ihr nichts unterstellen,
saht ihr bisher nie zuvor
einen Hausherrn so im Glück.
Er strahlte gute Laune aus.
Man schaute sich mit wahrer Lust –
die Ritter hin, die Damen her –
immer wieder in die Augen.
Wer erst noch scheu war, fremdelte,
kommt sich hier nun immer näher –
das laß ich liebend gern geschehen...
    Wenn ihr es wünscht, so sind sie satt –   639
falls dort nicht ein Vielfraß ist.
So trug man alle Tische raus.
Mein Herr Gawan fragte drauf
nach guten Fiedelspielern –
ob es hier denn keinen gäbe.

Ja, es gab da Edelpagen,
die das Saitenspiel beherrschten,
doch etwas fehlte ihrer Kunst:
sie fiedelten nur alte Tänze;
man kannte nicht die neuen Tänze,
die zu uns in großer Zahl
aus Thüringen gekommen sind.
Dankt dem Hausherrn, weil er nicht
den Spaß verdarb. Viele schöne
Damen tanzten an ihm vorbei.
Ihr Tanz erhielt den rechten Glanz:
in die Schar der Damen wurden
Ritter bunt dazugemischt.
So wurde Traurigkeit bekämpft.
Und zu all dem sah man dort
jeweils zwischen zwei der Damen
einen schönen Ritter schreiten;
sie zeigten sich durchaus vergnügt.
Wenn ein Ritter nun so klug war,
Dienst für Liebe anzubieten,
fand er auch sogleich Gehör.
An Sorgen arm, an Freuden reich
vertrieb man sich sehr schön die Zeit;
viele Münder plauderten...
Gawan und Sangive 640
und die Königin Arnive
saßen vor der Schar der Tänzer.
Die schöne Orgeluse ging
zu Gawan, setzte sich zu ihm;
er nahm in seine Hand die ihre;
sie sprachen dies und sprachen das;
ihn freute, daß sie bei ihm war.
Sein Kummer wurde schmal, die Freude
breit; es schwand da all sein Leid.
So groß beim Tanz die Freude war –
bei Gawan war sie nicht geringer!
Die Königin Arnive sagte:
»Ihr braucht Ruhe, denkt daran.
Herr, Ihr solltet doch schon längst
im Bett sein, wegen Eurer Wunden.
Ist die Herzogin bereit,

Euch behutsam zuzudecken
und heut nacht bei Euch zu bleiben,
so wird sie wissen, was zu tun ist.«
Gawan sagte: »Fragt sie selber –
Ihr entscheidet über mich.«
Die Herzogin sprach daraufhin:
»Ich werd ihn eigenhändig pflegen.
Schickt jetzt all die Leute schlafen.
Ich bin heut nacht so lieb zu ihm
wie keine Freundin je zuvor.«
Der Tanz war bald darauf beendet;
junge Damen, sanft gerötet,
nahmen Platz, wo sich's ergab;
die Ritter setzten sich zu ihnen.
Wer sich Hohe Liebe wünschte,
rächte sich beglückt am Kummer,
wenn er liebe Antwort fand.
Nun hörte man den Hausherrn sagen,
man bringe ihm den Abschiedstrunk.
Da klagten, die um Liebe warben,
doch warb der Hausherr wie die Gäste,
auch *sein* Herz war von Liebe schwer.
Sie saßen ihm zu lang herum –
sein Herz im Griff der edlen Liebe!
Sie waren mit dem Trunk entlassen.
Knappen trugen vor den Rittern
viele kerzige Bündel her.
Mein Herr Gawan legte allen
zwei der Gäste an das Herz:
Le Choix und den Türkoyten –
beiden war das durchaus recht.
Sie gingen, um sich hinzulegen.
Die Herzogin, sehr aufmerksam,
wünschte ihnen Gute Nacht.
Die Schar der Damen verneigte sich
in erlernter Formvollendung,
zog sich daraufhin zurück,
um sich zur Ruhe zu begeben.
Sangive und Itonje gingen,
Gundrie tat es ebenfalls.
Bene und Arnive sorgten

nun dafür, daß ihrem Hausherrn
alles schön gerichtet wurde;
die Herzogin ließ sich's nicht nehmen,
hilfreich bei der Hand zu sein.
Diese drei geleiteten
Gawan, der nun ruhen sollte.
Er sah in einer Kemenate
zwei Betten stehen – keines mehr.
Ich will euch nichts davon erzählen,
wie geschmückt die Betten waren –
es geht um wahrhaft anderes!
Arnive sprach zur Herzogin:
»Sorgt dafür, daß dieser Ritter,
den Ihr brachtet, sich auch wohlfühlt.
Wenn er von Euch Hilfe wünscht,
so wird Euch diese Hilfe ehren.
Ich sage Euch jetzt nur noch dies:
es wurden alle seine Wunden
mit Geschick so gut verbunden,
daß er zu jedem Kampf bereit wär.
Und doch: bedauert seine Qual.
Wenn Ihr die lindert, wär das gut;
wenn Ihr ihn auch noch glücklich macht,
so wären wir dadurch beglückt.
Ich hoff, es wird Euch nicht zuviel.«
Die Königin Arnive ging,
sobald der Burgherr das erlaubte;
Bene trug ein Licht voran.
Gawan schloß die Türe ab.
Wenn die zwei sich heimlich lieben, 643
möcht ich das nicht gern verschweigen;
würd gern erzählen, was hier vorging,
gält es nicht als ungehörig,
Bettgeschichten zu verbreiten.
Wer höfisch ist, der lehnt das ab,
noch heut; man schadet sich damit.
Wer die Form wahrt, schützt die Liebe.
   Die Herrin Liebe und die schöne
Herzogin: sie hatten beide
Gawan um sein Glück gebracht.
Er wäre rettungslos verloren

oh ne amie.
Trotz der Philosophen und
all der andren, die im Sitzen
Zauberkünste überdachten
(Kancor und Thebrit; der Schmied
Trebuchet, der das Schwert
des Frimutel gravierte,
was zu Wundertaten führte),
trotz des Könnens aller Ärzte
(hätten sie ihm helfen wollen
mit Mixturen guter Kräuter) –
er hätte Qual und Liebesnot
erlitten bis zum bittren Tod,
wäre nicht die Frau bei ihm.
Ich will euch nicht zu lang erzählen:
er fand das echte Hirschwurz-Kraut,
das ihm half, gesund zu werden,
völlig frei von den Beschwerden;
das Kraut war – zwischen Weißem – braun./

Viele Leute sind verstimmt: 734
der Roman blieb hier verschlossen,
gab die Lösung noch nicht preis.
Ich schiebe das nicht länger auf,
ich teil es jetzt gebührend mit,
denn ich trag in meinem Munde
Schloß und Schlüssel der Geschichte:
wie der liebenswerte, schöne
Anfortas seine Heilung fand.
Doch erst berichtet uns die Quelle:
die Königin von Beaurepaire
bewahrte weiblich edle Haltung
bis zur Stätte der Belohnung,
an der sie höchstes Glück erfuhr.
Parzival wird dafür sorgen;
ich hoff, mein Können hält hier mit.
    Zuerst erzähle ich vom Kampf.
Was er bisher an Kämpfen führte,
das war alles Kinderspiel.

Könnt ich die Geschichte ändern,
setzte ich ihn nicht aufs Spiel –
das würde mich ja selbst belasten.
So lege ich ihm sein Geschick
ans Herz, und seinen Teil am Glück.
Dies Herz war mutig, selbstbeherrscht,
es ließ sich nie auf Feigheit ein.
Das alles geb ihm Sicherheit,
damit er nun am Leben bleibt,
denn für ihn war dies bestimmt:
er stößt auf einen Meisterkämpfer,
der unerschrocken Kämpfe sucht.
Dieser courtoise Mann
war ein Heide, der von Taufe
niemals was erfahren hat.

   In einer weiten, öden Gegend
ritt Parzival in raschem Trab
zu einem großen Waldgebiet,
zu einem Fremden, reich und mächtig.
Ich frag mich, ob ich armer Mann
euch den Reichtum schildern kann,
den sein Waffenschmuck gezeigt hat.
Erzähl ich euch zuviel davon,
so muß ich euch noch mehr erzählen –
sonst wär vom Reichtum nichts gesagt.
Was immer Artus an Tribut
erhielt, in England, der Britannie,
wög nicht die Edelsteine auf
(mit ihren guten Wirkungskräften),
die er am Waffenrocke trug.
Die waren ohne Zweifel teuer –
Rubine, Chalzedone
wären schwache Zahlungsmittel...
Der Waffenrock erglänzte hell.
Im Gebirge Argrimonte
hatten ihn in starkem Feuer
Salamander-Drachentiere
ohne Webstuhl hergestellt.
Die echten und die teuren Steine
lagen hell und dunkel auf;
ich kann die Wirkkraft nicht beschreiben.

Er wünschte sich in seiner Jagdlust
Liebe und Erfolg durch Ruhm.
Es waren überwiegend Frauen,
die dem Helden das geschenkt,
was seine Rüstung embellierte.
Und die Liebe conduierte
Enthusiasmus in sein Herz –
sie tut's bei Liebenden noch heute.
Er trug, als Zeichen seines Ruhms,
ein Ecidemon auf dem Helm;
das kleine Tier hat große Wirkung:
Reptilien, die sehr giftig sind,
sterben auf der Stelle,
sobald sie es gerochen haben.
Zum caparaçon auf seinem Roß:
in Thopedissimonte
und Assigarcionte,
in Thasmé und Arabi
gibt es solche Seide nicht!
Dieser ungetaufte Schöne
kämpfte um die Gunst von Frauen,
deshalb schmückte er sich so.
Ihn zwang sein stolzes Herz dazu,
daß er für Hohe Liebe kämpfte.
Dieser kampferfahrne Bursche
hat in einer Bucht geankert –
auf dem Meere beim forêt.
Er hatte fünfundzwanzig Heere
(jedes eine andre Sprache!),
wie es seiner Macht entsprach;
genauso viele Länder zollten
diesem edlen Mann Tribut,
Mohren, andre Sarazenen –
die einander gar nicht glichen.
In seinem Heer aus vielen Ländern
gab es kuriose Waffen.
Er war vom Heer in den forêt
geritten, um sich ›zu mouvieren‹ –
doch er suchte Abenteuer.
Da sie sich die Freiheit nehmen,
auf sich gestellt um Ruhm zu kämpfen,

lasse ich die Herren reiten...
Parzival ritt nicht allein:
er war im Bunde mit sich selbst
und seinem edlen Enthusiasmus,
der ihn so mutig kämpfen läßt,
daß es die Frauen preisen müßten –
wenn sie nicht toll sind, Unsinn reden.
Hier werden sich im Kampf begegnen,
die so sanft sind wie die Lämmer
und so mutig wie die Löwen.
Ach, die Erde ist so groß –
warum verpaßten sie sich nicht,
die dort so grundlos kämpfen werden?
Ich führt' ihn her! Ich hätte Angst,
dächte ich nicht an die Hilfe,
die ihm die Macht des Grals gewährt;
auch die Liebe wird ihn schützen.
Es war sein Dienst für Gral und Liebe
unbeirrbar, rückhaltlos.
   Mein Können gibt mir nicht die Kunst,   738
von diesem Kampf so zu erzählen,
wie er im einzelnen verlief.
Als sie einander kommen sahen,
leuchteten die Augen auf;
Freude war in ihren Herzen –
doch lauerte bereits das Leid.
Die beiden makellosen Männer
hatten je das Herz des andren –
nicht bekannt und doch vertraut.
Ich kann jetzt diesen Heiden nicht
auf Distanz zum Christen halten –
sie wollen unbedingt den Kampf.
Frauen, die sehr edel sind,
wird das nur bedrücken können:
für seine Freundin setzte jeder
dem harten Kampf sein Leben aus.
Das Glück entscheide – ohne Tod!
   Das Löwenkind wird tot geboren,
doch brüllt sein Vater, lebt es auf.
Die zwei: vom Stamme Lanzenkrach,
nach vielen Tjosten sehr berühmt.

beide waren große Tjosteurs,
die keineswegs an Lanzen sparten.
Sie laissierten ihre Zügel,
kürzten sie und paßten auf,
daß sie richtig attaquierten
und dabei auch nicht faillierten.
Sie machten alles wie geübt:
im Sattel fest zurechtgesetzt
und die Lanze eingelegt 739
und das Roß dann angespornt.
So wurde hier die Tjost geritten:
mit starken Lanzen, die nicht brachen,
ward beider Halsschutz aufgesetzt –
der Lanzenstoß ließ Splitter stieben.
Den Heiden packte sehr die Wut,
weil dieser Mann im Sattel blieb –
noch keiner hatte das geschafft,
den er zum Kampf herausgefordert.
Ob sie Schwerter bei sich führten,
als sie zur Attacke spornten –?
Die breiten Klingen waren scharf!
Beide zeigten bei dem Kampf
großen Mut und hohes Können.
Ecidemon, jenes Tier,
kriegte viele Wunden ab –
der Helm darunter stöhnte auf.
Die Kämpfer machten viele Volten,
die Pferde strapaziert, erhitzt.
Die beiden sprangen von den Rössern –
jetzt erst klangen ihre Schwerter!
Der Heide setzte dem Christen zu.
»Thasmé!« so war sein cri de guerre.
Und schrie er »Thabronit!«
so rückte er gleich vor: ein Schritt.
Es parierte der Getaufte
wiederholten raschen Ausfall –
wechselweise fand der statt.
Ihr Kampf hat sich so sehr gesteigert,
daß ich mich hier äußern muß: 740
ich beklag den Kampf mit Recht,
weil sich hier *ein* Fleisch und Blut

845

so erbarmungslos bekämpft.
Die beiden hatten den selben Vater –
das Fundament der schieren Treue.
  Des Heiden Liebe: nie gerostet,
so war sein Herz im Kämpfen stark.
Er wollte Ruhm, in ihrem Namen:
der königlichen Secundille;
sie hatte ihm Tribalibot,
das Land geschenkt. Sie war sein Schild.
Der Heide errang Überlegenheit –
was kann ich für den Christen tun?
Wenn er nicht an die Liebe denkt,
so gibt es keinen Ausweg mehr,
und dieser Kampf bringt ihm den Tod –
zu den Füßen dieses Heiden.
Du Macht des Grals, und du, die schöne
Conduir-amour: verhindert das!
Euer beider Diener war
noch nie so schrecklich in Gefahr!
Der Heide riß das Schwert sehr hoch,
schlug zu, schlug zu – die Folge war:
Parzival ging in die Knie.
Man könnte sagen: »So kämpften sie« –
will man in der Mehrzahl sprechen,
wo die beiden *einer* waren.
Mein Bruder und ich: wir sind *eins* –
wie braver Mann und liebe Frau.
Der Heide setzte dem Christen zu.   741
Sein Schild aus Holz; es hieß: Asbest,
das fault nicht und es brennt auch nicht;
die ihm den schenkte, glaubt es mir,
die liebte ihn von ganzem Herzen.
Türkise, Chrysopase,
Smaragde und Rubine – viele
Steine von speziellem Glanz,
eingesetzt im Schildbeschlag:
Pracht, die man bestaunen sollte!
Auf der Buckelkuppe war
ein Edelstein, ich stell ihn vor:
Anthrax wird er dort genannt,
ist als Karfunkel hier bekannt.

Die Königin Secundille,
in deren Gunst er leben wollte,
hat ihm als Liebesamulett
das hübsche Tierchen Ecidemon
als Emblem verliehn – es war
ihr Wunsch, daß er dies Wappen trug.
Dort kämpfte allerreinste Treue:
große Treue gegen Treue.
Aus Liebe setzten sie ihr Leben
zum Gottesurteil ein im Kampf –
per Handschlag hatten sie's versprochen.
Der Christ vertraute sehr auf Gott,
seitdem er Trevrizent verlassen,
der ihm von ganzem Herzen riet,
er solle Den um Hilfe bitten,
Der Bedrängten Beistand leistet.
Der Heide war sehr stark gebaut; 742
stieß er den Ruf aus: »Thabronit!«
(vor der montagne des Kaukasus
lebte Königin Secundille)
so faßte er gleich frischen Mut
gegen den, der nie zuvor
solche Übermacht erlebt;
dem waren défaitagen fremd,
der hatte sie noch nie erlitten,
doch vielen andren zugefügt.
Sie schwangen sehr gekonnt die Arme,
Funken stoben von den Helmen,
die Schwerter machten scharfen Wind.
Gott helf den Söhnen Gahmurets!
Dieser Wunsch gilt ihnen beiden,
dem Getauften wie dem Heiden –
ich sagte eben: sie sind *einer*.
Sie schlössen sich der Meinung an,
wenn sie sich besser kennen würden –
da wär ihr Einsatz nicht so hoch.
Der Preis für diesen Kampf: nicht mehr
als Freude, Segen, Glück und Ehre...
Wer hier den Siegespreis erringt
und in aller Treue liebt,
der hat das Glück der Welt verloren,

für immer dieses Leid erkoren.
Was säumst du hier noch, Parzival,
du denkst nicht an die reine Schöne
(ich spreche hier von deiner Frau) –
willst du nicht am Leben bleiben?!
Der Heide hatte zwei Begleiter,
die gaben ihm die meiste Kraft:
zum einen war es, daß er liebte
(von Herzen, mit Beständigkeit),
zum anderen: die Edelsteine,
die, mit reiner Wirkungskraft,
den edlen Enthusiasmus schufen,
seine Kräfte wachsen ließen.
Mich bedrückt, daß der Getaufte
vom Kämpfen, von den raschen Sprüngen,
den starken Hieben so ermüdet.
Wenn die ihm keine Hilfe sind:
Conduir-amour, auch nicht der Gral,
so müßte dir ein Ansporn sein,
Parzival, du großer Kämpfer,
daß die schönen, lieben Knaben
Gardais und Lohengrin
so früh noch nicht verwaist sein dürfen!
Seine Frau empfing die beiden,
als er sie zuletzt umarmte.
Im Ehebett gezeugte Kinder
sind das Glück des Mannes, mein ich.
Der Getaufte wurde stärker,
er dachte – keineswegs zu früh! –
an seine Frau, die Königin,
an ihre Hohe Liebe,
die er im Schwerterspiel erkämpft
von Clamidé vor Beaurepaire,
wo Hiebe Helmesfunken schlugen.
»Thrabonit!«, »Thasmé!« erhielten
Gegengewicht im Gegenruf,
denn nun schrie auch Parzival
seinen Kriegsruf: »Beaurepaire!«
Conduir-amour kam ihm zu Hilfe
mit Liebesmacht – zur rechten Zeit
und das vier Königreiche weit!

Da sprangen, sehe ich das richtig,
Splitter ab vom Heidenschild
im Wert von vielen hundert Mark.
Das starke Schwert des Gahevice
zerbarst im Hieb am Heidenhelm,
sodaß trotz Mut und Kraft der Fremde
strauchelnd einen Kniefall tat.
Gott ließ es nicht länger zu,
daß in der Hand des Parzival
der Leichenraub noch nützlich war:
das Schwert, das er einst Ither nahm,
als er sich wie ein Tor verhielt.
Den nie ein Schwerterhieb gefällt –
der Heide schnellte wieder hoch!
Noch fiel die Entscheidung nicht,
das Urteil über diese beiden
liegt allein in Gottes Hand,
und die bewahre sie vorm Tode.
Der Heide zeigte wahren Großmut,
sagte höfisch elegant
auf Französisch (das er konnte,
doch arabisch ausgesprochen):
»Ich sehe klar, du tapfrer Mann,
du kämpftest auch noch ohne Schwert,
doch welchen Ruhm erräng ich so?   745
Stell den Kampf ein, sage mir,
wer du bist, du tapfrer Held.
Du hättest wahrlich meinen Ruhm
errungen, der mir lang schon zusteht,
wär dir nicht dein Schwert zerbrochen.
Zwischen uns sei Waffenstillstand,
bis wir etwas ausgeruht sind.«
So setzten sie sich in das Gras:
beide mutig, edelmütig,
beide auch im selben Alter:
als Kämpfer nicht zu alt, zu jung.
Der Heide sagte zum Getauften:
»Glaub mir, Held, ich sah noch nie
in meinem Leben einen Mann,
dem mehr der Siegesruhm gebührt,
den man im Kampf erringen kann.

Sei so gut, du Held, und nenn mir
deinen Namen, deine Herkunft –
dann lohnte sich mein Weg hierher.«
Da sprach der Sohn der Herzeloyde:
»Soll ich das tun, weil ich mich fürchte,
soll ich's unter Druck verraten,
so braucht man gar nicht erst zu fragen!«
Der Heide aus Thasmé erklärte:
»Ich stelle mich als erster vor –
dann liegt der Vorwurf ganz bei mir.
Ich heiße Fairefis von Anjou –
so mächtig, daß mir viele Länder
den Tribut entrichten müssen.«
Als er dies gesprochen hatte, 746
sagte Parzival zum Heiden:
»Wieso seid Ihr denn ein Anjou?!
Anjou, das habe *ich* geerbt,
mit Burgen, Städten, Ländern!
Herr, ich bitte Euch doch sehr:
sucht Euch einen andren Namen.
Sollte ich mein Land verlieren
und Beaugenan, die schöne Stadt,
geschähe mir durch Euch ein Unrecht.
Ist *einer* von uns ein Anjou,
so bin das *ich,* durch meine Herkunft!
Jedoch ist mir berichtet worden,
und dies glaubhaft, daß ein großer
Held im Morgenlande lebe,
der mit seinen Rittertaten
Liebe, Ruhm errungen habe,
beides immer noch besitze –
und den nennt man meinen Bruder.
Wird dort gerühmt und ist berühmt.«
Und Parzival fuhr fort:
»Wenn ich die Züge des Gesichtes
einmal sehen könnte, Herr,
da würde ich gleich sagen können,
ob sie zur Beschreibung passen.
Falls Ihr mir soweit vertraut,
so entblößt, Herr, Euer Haupt.
Und wenn Ihr mir das glauben wollt:

ich nehm den Kampf erst wieder auf,
wenn es erneut der Helm beschützt.«
Da sprach der Mann vom Morgenland: 747
»Ich fürcht mich nicht vor deinem Kampf.
Und hätt ich keine Rüstung an –
mein Schwert wär deine défaitage,
weil dein Schwert zerbrochen ist.
So geschickt du dich auch wehrst,
das wird dich nicht vorm Tode schützen –
falls ich dich nicht schonen will.
Eh du anfingst, hier zu ringen,
ließe ich mein Schwert erklingen –
durch das Eisen, durch die Haut!«
Der starke und der rasche Heide
erwies sich als ein Mann von Mut:
»Keinem von uns soll das Schwert
gehören!« Und in weitem Bogen
warf der Held es in den Wald.
»Wird der Kampf nun fortgesetzt,
so stehen unsre Chancen gleich!«
Und weiter sagte Fairefis:
»Held, bei deiner edlen Haltung –
da du wohl einen Bruder hast,
so sage mir: wie sieht er aus?
Beschreibe mir mal sein Gesicht,
so wie es dir geschildert wurde.«
Da sprach der Sohn der Herzeloyde:
»Wie beschriebnes Pergament,
wechselweise schwarz und weiß.
So hat's mir Hekuba geschildert.«
Der Heide sagte: »Das bin ich!«
Die beiden zögerten nicht lang –
rasch, und dies zur gleichen Zeit, 748
entblößten beide ihre Häupter,
nahmen Helm und Kopfschutz ab.
Parzival fand nun den schönsten,
liebsten Fund des ganzen Lebens!
Der Heide wurde gleich erkannt:
er war gescheckt wie eine Elster.
Fairefis und Parzival:
ein Kuß beendete den Kampf.

Die Freundschaft paßte sehr viel mehr
zu den beiden als die Feindschaft –
sie endete in treuer Liebe.
Der Heide sagte voller Freude:
»Welch ein Glück für mich – ich seh
den Sohn des edlen Gahmuret!
Meine Götter ehrt dies sehr!
Meine Göttin Juno darf sich
dieses Ruhms zu Recht erfreuen.
Jupiter, mein starker Gott,
hat mir dieses Glück gewährt.
Ihr Götter und ihr Göttinnen:
ich bet Euch an in Eurer Macht.
Ich preise des Planeten Licht,
unter dem ich meine Fahrt
ins Abenteuer unternahm
zu dir, du schlimmer, lieber Mann –
es hat mir erst sehr wehgetan.
Ich preise auch die Luft, den Tau,
der heute morgen auf mich fiel.
Du schließt courtois die Liebe auf.
Die Frauen, die dich sehen dürfen –
welches Glück erleben die!«
»Ihr redet gut! Ich spräche besser,
könnte ich's – in aller Freundschaft.
Doch bin ich leider nicht gewandt
genug, um Euren edlen Ruhm
mit meiner Sprache noch zu steigern.
Doch Gott kennt meinen guten Willen.
Was Herz und Augen leisten können
in meinem Fall, das tun sie auch:
sie sind das Echo Eures Ruhms.
Kein Ritter hat mich je zuvor
derart hart bedrängt wie Ihr –
ich muß das ja am besten wissen.«
Da sprach der große Fairefis:
»Mit dir, du Held, hat Jupiter
ein wahres Meisterwerk vollbracht.
Doch sag zu mir jetzt nicht mehr ›Ihr‹.
Wir hatten doch den selben Vater.«
So bat er ihn aus Bruderliebe,

ihm dieses Ihrzen zu ersparen
und ihn duzend anzureden.
Das hörte Parzival nicht gern,
er sagte: »Bruder, Eure Macht
ist so groß wie beim Kalifen!
Außerdem seid Ihr noch älter.
Meine Jugend, meine Armut
lassen nicht die Freiheit zu,
daß ich wage, du zu sagen –
wenn ich hier die Form bewahre.«
 Der aus Tribalibot
pries nun in den höchsten Tönen   750
seine Gottheit Jupiter
und er feierte darauf
den hohen Ruhm der Göttin Juno,
weil sie das Wetter so gemacht,
daß er und sein gesamtes Heer
vom Meere aus das feste Land
an *jenem* Punkt betreten mußten,
an dem sie aufeinandertrafen.
 Sie setzten sich noch einmal hin.
Beide ließen sich's nicht nehmen,
sich alle Ehren zu erweisen.
Der Heide sagte weiterhin:
»Ich schenke dir zwei reiche Länder
(dies mit voller Dienstbarkeit),
die mein Vater – und der deine –
erhielt, als Isenhart verschied:
Sasamanc und Asagouc.
Auf diesen Mann war stets Verlaß –
nur ließ er mich allein zurück!
Ich habe Vater dieses Unrecht
noch immer nicht verzeihen können.
Seine Frau, die mich gebar,
starb aus Sehnsucht, als er fort war –
mit ihm verlor sie ihre Liebe.
Ich säh zu gerne diesen Mann!
Es wurde mir erzählt: noch niemals
gab es einen bessren Ritter.
Ich reis ihm nach, mit großem Aufwand.«
Da sagte Parzival zu ihm: 751

»Auch ich hab ihn noch nie gesehn.
Man sagt ihm große Taten nach,
ich hörte dies an vielen Orten:
daß er mit ihnen gut gekämpft,
entsprechend seinen Ruhm verbreitet,
seinen Rang erhoben habe.
Jede Untat floh vor ihm.
Er war den Frauen ganz ergeben;
wenn sie treue Liebe kannten,
belohnten sie das ohne Finten.
Was heute noch die Taufe ehrt,
erfüllte er: die wahre Treue.
Er drängte Falschheit und Verrat
in sich zurück: das lehrte ihn
sein Herz, das sehr verläßlich war.
Das teilten die mir freundlich mit,
denen dieser Mann bekannt war,
den Ihr so gerne sehen wollt.
Ich glaub, Ihr würdet ihn auch sehr
rühmen – wär er noch am Leben,
denn er kämpfte für den Ruhm.
Für ihn, das Glück der Frauen, hatte
der Dienst zur Folge: Hippomedon
kämpfte eine Tjost mit ihm;
vor Bagdad fand der Zweikampf statt.
Weil er liebte, hat der Tod
sein edles Leben fortgerafft;
wir verloren mit der Tjost
ihn, der dich und mich gezeugt.«
»Welch unersetzlicher Verlust!«
rief der Heide. »Mein Vater tot?!
So muß ich vom Verlust des Glückes
angesichts des Glückes sprechen.
Ja, ich hab in diesen Stunden
Glück verloren, Glück gefunden.
Wenn ich die Wahrheit ganz erfasse:
mein Vater und auch du, ihr beiden,
und ich, wir waren völlig eins –
doch wir erschienen dreigeteilt.
Jeder Mann, der Einsicht hat
und der die Wahrheit finden will,

der weiß: ein Vater und die Kinder
sind nicht im ersten Grad verwandt.
Du hast hier mit dir selbst gekämpft!
Ich ritt zum Zweikampf mit mir selbst,
mich selber hätt ich gern erschlagen,
doch du verlorst da nicht den Mut,
du hast mich selbst vor mir verteidigt.
Notier dies Wunder, Jupiter!
Deine Macht erwies uns Hilfe,
indem sie uns vorm Tod beschützte.«
Er lachte und er weinte – heimlich.
Aus seinen ungetauften Augen
begann das Wasser abzutropfen –
wie zur Ehrung für die Taufe!
Die Taufe lehrt uns treue Liebe.
Und so trägt der Neue Bund
den Namen Christi, denn in Ihm
offenbarte sich die Liebe.
Der Heide sprach – ich sag euch was: 753
»Wir sollten hier nicht länger sitzen –
reit mit mir, es ist nicht weit.
Ich hol vom Meer das größte Heer,
dem Juno je die Segel blähte,
laß es campieren auf der terre,
so kannst du es besichtigen.
Ich sag die Wahrheit, prahle nicht:
ich zeig dir viele Edelleute,
die mir untertänig dienen.
Reite jetzt mit mir dorthin.«
Parzival zu ihm: »Habt Ihr
so viel Einfluß auf die Leute,
daß sie auf Euch warten – heute
und solange Ihr nicht da seid?«
Der Heide sagte: »Kein Problem.
Bin ich ein halbes Jahr nicht dort,
so wartet jedermann auf mich,
die wagen nicht, sich zu entfernen.
Die Schiffe sind mit Proviant
sehr gut versorgt in dieser Bucht,
Roß und Reiter müßten nicht
ans Land – es sei denn, zur fontaine

und, wegen guter Luft, zur plaine.«
Parzival zu seinem Bruder:
»Dann solltet Ihr auch schöne Damen
(die reinste Augenweide) sehen,
und viele courtoise Ritter
aus Eurem adligen Geschlecht.
Artus, der Britanne lagert
hier ganz nah, mit edlen Herren 754
(die ich heute erst verließ),
mit großer, lieblichschöner Schar:
dort sehn wir wundervolle Damen!«
Als der Heide hörte: Frauen
(die er liebte wie sich selbst),
rief er: »Nimm mich mit dorthin!
Ich habe hier noch eine Frage,
du mußt mir etwas dazu sagen:
werden wir unsre Verwandten sehen,
wenn wir dort zu Artus kommen?
Zu dessen Lebensstil erfuhr ich,
daß er großen Ruhm besitzt
und in Rang und Würden lebt.«
Da wiederholte Parzival:
»Wir sehen dort die schönsten Damen!
Unser Ritt ist nicht en vain:
wir treffen Leute unsres Stammes,
mit denen wir die Herkunft teilen –
gekrönte Häupter unter ihnen!«
Die beiden saßen da nicht länger.
Parzival vergaß dies nicht:
er holte seines Bruders Schwert
und schob es diesem tapfren Helden
wieder in die Scheide.
Sie beendeten damit
die Feindschaft, die erbittert war,
und ritten als zwei Freunde fort.
   Bevor sie noch zu Artus kamen,
erzählte man bereits von ihnen.
Man hatte im gesamten Heer 755
am Tage allgemein beklagt,
daß Parzival, der edle Mann,
so heimlich fortgeritten war.

Artus beriet sich und beschloß,
er werde eine Woche lang
nicht aus diesem Lager reiten,
er warte hier auf Parzival.
   Zu diesem Zeitpunkt kam ein Bote
vom Château Merveille geritten:
in der Säule auf der Warte
hätt man einen Kampf gesehen;
was man mit Schwertern je vollbracht,
»ist nichts, verglichen mit dem Kampf!«
Vor Gawan, der bei Artus saß,
gab er Bericht von diesem Vorfall.
Viele Ritter disputierten,
wer wohl diesen Kampf geführt.
Der König Artus sagte gleich:
»Ich kenne einen dieser Kämpfer –
mein Neffe ist's, aus Kanvolais,
der uns heute früh verließ.«
Da ritten schon die zwei heran!
Als Hommage des Ritterkampfes   756
hatten Schwerter ihre Helme,
Schilde heftig attackiert,
sie waren von dem Kampf gezeichnet –
ausgeführt von Könnerhänden!
(Auch im Kampf braucht man die Kunst.)
Beide trabten entlang am Ring
der Artus-Zelte. Wo der Heide
ritt, erregte er viel Aufsehn –
er zeigte ja auch solchen Reichtum!
Voller Zelte war das Feld.
Sie ritten auf das Hochzelt zu,
das in Gawans Lager stand.
Ob man ihnen deutlich machte,
daß sie hier willkommen seien –?
Ich denke, das geschah durchaus!
Gawan eilte ihnen nach:
bei Artus hatte er gesehn,
daß sie zu seinem Zelt geritten.
Er empfing sie, zeigte Freude.
Beide trugen noch die Rüstung;
Gawan – Mann des Hofs – befahl,

die beiden schnellstens zu entwappnen.
Das Tierchen Ecidemon hatte
etwas abgekriegt beim Kampf.
Der Heide trug einen surtout,
dem hätten Schläge wehgetan;
es war ein echter Saran-Thasmé,
mit vielen teuren Edelsteinen.
Darunter war ein Waffenrock,
weiß wie Schnee, mit Bilder-Borten;
überall war er bestückt
mit teuren Steinen; miteinander
webten ihn einst Salamander-
Drachentiere, dies im Feuer.
Die Königin Secundille hatte
ihm den Waffenschmuck gegeben,
hatte ihm – ein großer Glücksfall –
Liebe, Land, sich selbst geschenkt;
so tat er gern, was sie gebot,
ob im Glück, ob in der Not.
Es war ihr ganzer Herzenswunsch:
er sollte ihren Reichtum haben;
sein Ruhm erkämpfte ihre Liebe.
Gawan bat, darauf zu achten,
daß der schöne Waffenschmuck
nicht woanders hingebracht,
daß nichts davon gestohlen würde:
der surtout, der Helm, der Schild...
Allein der Waffenrock: zu teuer
für eine Frau geringen Standes –
die Edelsteine äußerst kostbar
an jedem der vier Rüstungsstücke.
Hohe Liebe kann gut schmücken,
kommt zum guten Willen Reichtum
und auch noble Kennerschaft.
Der stolze, reiche Fairefis
strebte dienend sehr entschieden
nach der Gunst der Frauen; deshalb
blieb der Lohn bei keiner aus.
Beiden half man aus der Rüstung –
da sah man den gescheckten Mann.
Wer sonst gern von Wundern sprach,

konnte hier ein *echtes* sehen:
kurios gefleckt der Fairefis.
Gawan sagte Parzival:
»Stell mir den Begleiter vor.
So eine vornehme Erscheinung –
ich hab sowas noch nie gesehen!«
Parzival zum Herrn des Zeltes:
»Bin *ich* mit dir verwandt, so ist
er's *auch;* das bürg dir Gahmuret.
Dies ist der König von Sasamanc.
Dort hatte mein Vater Belacane
im Sieg errungen; sie gebar ihn.«
Da küßte Gawan diesen Heiden
immer wieder. Fairefis
war auf seiner ganzen Haut
schwarz und weiß – bis auf die
Lippen: die waren halbwegs rot.
Aus Gawans Garderobenzelt
wurden Samtgewänder geholt,
die sichtlich viel gekostet hatten.
Nun kamen blendend schöne Damen!
Orgeluse ließ Gundrie
und Sansive beim Kuß den Vortritt,
dann gab sie ihm den Kuß, nach ihr
Arnive. Fairefis war froh,
daß er so schöne Damen sah –
ich denk, das war ihm durchaus lieb.
Gawan sprach zu Parzival:
»Mir zeigen Helm und auch der Schild,
du hattest wieder mal Verdruß.
Euch hat ein Kampf sehr mitgespielt,
dir und gleichfalls deinem Bruder –
wer hat euch denn so zugerichtet?«
»Es wurde nie so hart gekämpft!
Mich zwang mein Bruder, mich zu wehren –
in der Klemme! Ein Zaubermittel
gegen Tod ist, sich zu wehren.
Mein starkes Schwert zerbrach beim Hieb
auf diesen sehr vertrauten Fremden.
Er zeigte Schwäche – in der Furcht!
Er warf sein Schwert weit von sich weg.

Er wollte sich nicht schuldig machen,
bevor nicht die Verwandtschaft klar war.
Nun besitz ich seine Liebe –
gerne will ich sie verdienen.«
    Gawan sprach: »Ich hörte hier
von einem unerschrocknen Kampf.
Man sieht auf dem Château Merveille
in der Säule meiner Warte
was rings geschieht, sechs Meilen weit.
Mein Onkel Artus meinte darauf:
wer zu jener Zeit dort kämpfte,
warst *du,* Cousin aus Kingrivals.
Du brachtest die Bestätigung –
schon vorher sah man dich als Kämpfer.
Glaub mir bitte, was ich sage:
acht Tage hätten wir auf dich
gewartet – und dabei gefeiert!
Daß ihr gekämpft habt, tut mir leid;
erholt euch hier bei mir davon.
Euer Kampf fand nun mal statt –
um so besser kennt ihr euch...
Aus der Feindschaft werde Freundschaft.«
    Am Abend speiste Gawan früher,
weil sein Vetter Fairefis
bisher noch nichts gegessen hatte,
das war auch so bei Parzival.
Dicke, große Ruhepolster
legte man in einen Kreis;
sehr verschiedne courtepointes,
und zwar aus schwerer Palmatseide,
kamen dann auf diese Polster;
in ganzer Länge, ganzer Breite
war teure Seide aufgesteppt.
Klingsors Reichtum wurde hier
zum Bewundern ausgelegt...
Wie ich höre, hängte man
Gobelins aus Seide auf,
vier, an jeder Seite einen;
sie alle boten viel zu sehen.
Davor, darunter weiche Plumeaus,
auf ihnen die gesteppten Decken,

oberhalb die Gobelins...
Der Zeltring war so weit gesteckt,
da paßten leicht sechs Zelte rein,
ohne jeden Zeltschnur-Wirrwarr.
Ließe ich hier der Beschreibung
freien Lauf, es wär nicht klug.
Mein Herr Gawan schickte nun
eine Botschaft an den Hof
des Artus: der mächtige, reiche Heide
sei inzwischen eingetroffen,
den die Heidin Hekuba
am Plimizol gepriesen hatte.
Jofret, le fils d'Idoel
brachte Artus den Bericht,
der große Freude in ihm weckte.
Jofret schlug vor: er esse früher,
bereite alles schönstens vor,
ziehe mit den Damen, Herren
höfisch formgerecht dorthin,
damit sie dann im rechten Rahmen
den Sohn des stolzen Gahmuret
ehrenvoll empfangen könnten.
Der Britanne sprach: »Ich bringe
jeden Edelmann hier mit.«
Jofret: »Er ist sehr courtois,
ihr seht ihn alle mit Vergnügen!
Sein Anblick ist ein wahres Wunder.
Er kommt aus großem Reichtum her.
Sein gesamter Waffenschmuck
ist mit Geld nicht zu bezahlen,
keiner brächte so viel auf.
Leuver, die Britannie, England,
von Paris bis nach Wissant –
wög man all die Länder auf,
so wär ihr Gegenwert zu klein.«
Jofret zog sich danach zurück;
er hatte Artus vorgeschlagen,
wie er sich verhalten sollte,
wenn er dem Heiden, seinem Neffen,
den Empfang bereiten wollte.
  In Gawans Zeltkreis wurde

nach dem Protokoll des Hofs
bestimmt, wie man zu sitzen habe.
Das Gefolge der Herzogin
und die Gruppe der Begleiter
setzten sich zur Rechten Gawans;
auf der andren Seite speisten
Klingsors Ritter mit Genuß;
Gawan gegenüber wies man
Damen ihre Sitze an;
sie waren aus der Burg des Klingsor –
strahlende Erscheinungen;
Fairefis und Parzival
saßen mitten zwischen Damen –
viel Schönheit gab es hier zu sehen;
die Herzogin (die Augen glänzten!)
aß mit Königin Arnive;
keine dieser beiden wollte
es versäumen, sich gegenseitig
möglichst gut zu unterhalten;
bei Gawan saß die Großmutter –
Orgeluse ein Stück weiter.
Benehmen, das den Hof nicht ehrte,
floh aus diesem Kreis sehr schnell.
Den Rittern und den Damen
trug man nun die Speisen auf –
dies in höchster Formvollendung.
Fairefis, der Mächtige,
sagte Parzival, dem Bruder:
»Jupiter hat meine Fahrt
zu meinem Heile ausgedacht,
indem er mir hierher verhalf:
ich sehe würdige Verwandte.
So rühme ich mit besten Gründen
meinen Vater, der mir starb:
er stammt aus rühmlichem Geschlecht.«
Der Waliser: »Ihr werdet auch
bei Artus, ihrem Oberhaupt,
viele tapfre Ritter sehen,
Männer, die Ihr rühmen müßt.
Ist die Mahlzeit erst beendet,
wird es nicht mehr lange dauern,

bis Ihr die Edlen kommen seht,
die sich rühmlich ausgezeichnet.
Von denen aus der Tafelrunde
sitzen hier nur drei der Ritter,
der Hausherr und Jofret; und ich
hatte auch einmal die Ehre,
daß man mich bat, dabei zu sein –
ich kam damals der Bitte nach.«
  Vor all den Damen und den Rittern
entfernte man die Tischtücher;
die Mahlzeit war damit beendet.
Gawan stand als Hausherr auf,
bat die Herzogin und seine
Großmutter sehr nachdrücklich,
daß sie als erste die Sangive
und die schöne Gundrie
geleiten und sie an den Platz
des gescheckten Heiden führen,
ihm Gesellschaft leisten möchten.
Fairefis von Anjou
sah die Damen zu sich kommen
und erhob sich gleich vor ihnen;
sein Bruder Parzival tat's auch.
Die blendend schöne Orgeluse
nahm Fairefis nun bei der Hand,
bat die Herren und die Damen,
alle wieder Platz zu nehmen.
Es ritten Artus und Gefolge
mit festlicher Musik heran –
Fanfaren waren da zu hören,
Trommeln, Flöten und Schalmeien;
der Sohn Arnives ritt heran
mit tschingderassabum!
Der Aufzug, der so fröhlich war,
erschien dem Heiden feierlich.
So ritten Artus, seine Gattin
heran zu Gawans Kreis der Zelte.
Dort saßen die Herren der Tafelrunde
ab, mit vielen schönen Damen./
Artus sprach: »Ich danke Gott,
denn Er erwies uns diese Ehre:

daß wir dich bei uns sehen können.
Noch keiner kam vom Morgenland
in diese Länder der Christenheit,
dem ich derart dienstbereit
meine Dienste leisten würde –
was immer du von mir erwartest.«
Zu Artus sagte Fairefis:
»Alles Unglück war vorbei,
als die Göttin Juno
mich mit ihrem Segelwetter
in dies Land im Westen schickte.
Dein Verhalten ähnelt sehr
dem eines Mannes, dessen Wert
sich weit herumgesprochen hat.
Wenn dein Name Artus lautet,
so kennt man ihn auch in der Ferne.«
Artus sprach: »Der mich vor dir
und anderen gepriesen hat,
der tat sich selber Ehre an.
Höfische Haltung war der Grund
und kaum mein eigenes Verdienst –
er tat es, um die Form zu wahren.
Ja, mein Name lautet Artus.
Und ich würde gern erfahren,
wie du in dieses Land gekommen.
Hat dich die Freundin ausgeschickt,
so ist sie ganz bestimmt sehr schön,
weil du aus Abenteuerlust
derart weite Reisen machtest.
Wich sie vor dem Lohn nicht aus,
wird Frauendienst noch aufgewertet;
doch werden alle Diensterweiser
ihren Damen Feindschaft zeigen,
falls sie dir den Lohn versagte.«
»Die Sache sieht ganz anders aus.
Höre, wie ich hergekommen.
Ich habe ein so starkes Heer,
daß die Verteidiger von Troja
und die Belagrer noch dazu
vor mir die Straßen räumen müßten –
wären alle noch am Leben,

würden Widerstand erheben;
sie könnten nicht den Sieg erringen,
sie erlitten défaitagen
von mir und von den Meinen.
Ich hab in mancher schweren Prüfung
durch ritterliche Tat erreicht,
daß die Königin Secundille
mir doch ihre Gunst erweist.
Ihr Befehl ist ganz mein Wille.
Meinem Leben gab sie Richtung:
sie riet mir, generös zu schenken,
edle Ritter um mich zu scharen,
das wäre gut für mich – und sie.
Ich habe es auch so gemacht:
viele reputierte Ritter,
bewehrt mit ihren Schilden,
gehören zum Gefolge.
Dafür lohnt mich ihre Liebe.
Weil sie es wünschte, trage ich
auf dem Schild ein Ecidemon.
Geriet ich seither in Gefahr
und dachte ich sogleich an sie,
kam ihre Liebe mir zu Hilfe.
Sie half mir denn auch weitaus mehr
als meine Gottheit Jupiter.«
Artus sprach: »Daß du so weit 769
im Frauendienst umhergereist,
ist Wesens-Erbe deines Vaters,
meines Vetters Gahmuret.
Von Ritterdienst erzähl ich dir,
der nie auf Erden einer Frau,
ihrer herrlichen Erscheinung
in solchem Maß geleistet wurde –
ich spreche von der Herzogin,
die hier sitzt. Für ihre Liebe
wurde reichlich Holz verschwendet;
bei vielen edlen Rittern hat
ihre Liebe Glück gepfändet
und den stolzen Sinn gebeugt.«
 Und er erzählte von Orgeluses
Fehde und von Klingsors Leuten,

die hier an allen Wänden saßen,
und dann von den beiden Kämpfen,
die auf der Wiese am Plimizol
sein Bruder Parzival geführt.
»Und was er weiteres durchgemacht,
als er sich nicht schonen wollte,
soll er dir mal selbst erzählen.
Er strebt nach einem hohen Ziel:
er bemüht sich um den Gral.«/
   Der mächtige Heide wurde
der Obhut der Damen anvertraut.
Artus ließ ein großes Fest
vorbereiten, das am Morgen
auf dem Feld beginnen sollte:
hier erfolge der Empfang
für seinen Neffen Fairefis.
»Sorgt mit aller Energie
und allem Geisteswitz dafür,
daß er in unsrer Tafelrunde
seinen Platz einnehmen wird.«
Man versprach ihm, dies zu tun –
falls er nichts dagegen habe...
Doch der mächtige Fairefis
gelobte ihnen, teilzunehmen.
Der Nachttrunk wurde eingeschenkt,
der Hof begab sich drauf zur Ruhe.
   Am Morgen wurden viele glücklich,
als – ich darf es so zitieren –
»der liebe, schöne Tag erstrahlte«.
Den Sohn des Uther Pendragon,
Artus, sah man dieses tun:
er ließ mit großem Kostenaufwand
eine schöne Tafelfläche
machen, aus Drianthasmé.
Ihr habt ja schon zuvor gehört,
wie auf der plaine Plimizol
die runde Tafel entstanden war;
genau wie diese schnitt man sie
zurecht aus Seide, völlig rund;
hier zeigte sich sehr große Pracht.
Auf frisch betautem, grünem Gras

legte man um sie herum
einen Kreis von Sitzen an –
im Abstand einer Anrittstrecke!
So stand die Tafel ganz allein –
nicht zur Nutzung, nur als Zeichen.
Ein Mann vom Volke müßt sich schämen,
säße er dort bei den Edlen –
er würd sich, speisend, schuldig machen.
In der Mondnacht hatte man
den Kreis gesteckt, so weit bemessen,
daß sich Pracht entfalten konnte.
    Es gab bisher noch keine Nacht,
nach der die Sonne nicht – ihr Lauf! –
den nächsten Tag herbeigebracht;
genau dies war jetzt hier der Fall:
sie strahlte für sie hell, klar, schön.
Viele Ritter kämmten sich
und setzten Blumenkränze auf;
viel ungeschminkte Damenhaut
sah man dort, mit roten Lippen –
falls Kyot die Wahrheit sprach;
die Ritter, Damen trugen Kleider
in den Moden vieler Länder;
wie hoch, wie tief der Kopfputz saß,
entsprach jeweils der Landessitte –
es waren Menschen vieler Länder,
so unterschieden sich die Bräuche.
War eine Dame ohne amis,
so durfte sie auf keinen Fall
an die Runde Tafel kommen;
doch hat sie Dienste angenommen,
hat sie Liebeslohn versprochen,
ritt sie zum Ring der Tafelrunde;
den andren war das untersagt:
sie hockten in der Unterkunft...
    Mit sehr großer Prachtentfaltung
zog man Richtung Tafelring.
So manche Dame ward gestoßen –
bei Sätteln ohne feste Gurte
wären sie zu Fall gekommen.
Viele schöne Lanzenfähnchen

sah man ringsum näherrücken.
Außerhalb des Tafelringes
war viel Raum für den Buhurt;
es war laut Hofgesetz verboten,
daß man in den Ring eintritt;
das Feld war draußen weit genug,
sie ließen Pferde galoppieren,
attaquierten sich in Pulks,
zeigten, wie sie reiten konnten –
die Damen schauten gerne zu!
   Dann ritten sie zu ihren Plätzen
und die Edlen speisten dort.
Kämmrer, Truchseß, Mundschenk
mußten alle darauf achten,
daß man hofgerecht servierte.
Ich glaube, alle wurden satt.
Mit dem amis, der bei ihr saß,   778
fand jede Dame reiches Lob;
vielen dienten kühne Taten,
weil Jagdlust in den Herzen saß.
Fairefis und Parzival
schauten sich die Damen an –
sie hatten hier die schönste Auswahl.
Auf keinem Feld und keiner Wiese
sah man je so weiße Haut
und so viele schöne Lippen
wie an diesem Tafelring –
der Heide hatte Spaß daran.
   Heil dem ankünftigen Tag!
Gepriesen sei die frohe Botschaft,
die man aus ihrem Mund vernahm!
Es nahte eine junge Dame,
die teuren Kleider schön geschnitten
nach der Mode der Franzosen.
Ihr Mantel war aus reichem Brokat,
schwärzer noch als die civette;
arabisch Gold erglänzte auf ihm,
schön gestickte Turteltäubchen –
genau wie das Emblem des Grals.
Sie wurde angesichts des Zeichens
mit großer Neugier angestarrt.

Nun laßt sie erst mal approchieren...
Ihr Kopfgebinde hoch und weiß:
ihr Antlitz war von derart vielen
dichten Hüllen eingefaßt,
daß es dem Blick entzogen war.
Gelassen, doch in raschem Paßgang, 779
kam sie übers Feld geritten.
Zaumzeug, Sattel, das cheval:
alles ohne Zweifel kostbar.
Man erlaubte ihr sogleich,
in den Ring hineinzureiten;
sie war sehr klug und gar nicht dumm,
ritt um die Tafel ringsherum.
Man zeigte ihr, wo Artus saß
und sie begrüßte ihn sofort.
Ihre Sprache war Französisch.
Sie sagte, ein Verschulden
möge ihr verziehen werden
und: man höre ihre Botschaft.
Sie bat den König, die Königin,
ihr zu helfen, ihr beizupflichten.
Sie wandte sich von ihnen ab
und sogleich zu Parzival:
sie sah ihn neben Artus sitzen.
Sie setzte an zu raschem Sprung
vom Pferd herunter in das Gras;
mit der ihr eigenen Gewandtheit
fiel sie Parzival zu Füßen,
bat ihn schluchzend um Geneigtheit:
er möge seinen Zorn vergessen
und ihr – ohne Kuß – verzeihen.
Artus und auch Fairefis
unterstützten diese Bitte.
Parzival war ihr noch böse;
die Freunde baten, er verzieh –
ohne jeden Vorbehalt. 780
Die Edle, allerdings nicht Schöne,
erhob sogleich sich auf die Füße,
verneigte sich und dankte ihnen:
sie hätten ihr trotz schweren Fehlers
erneut zu seiner Gunst verholfen.

Eigenhändig löste sie
das Kopfgebinde ab und warf es,
wie es war, mitsamt der Haube,
der Verschnürung in den Kreis:
Cundrie la sorcière
wurde nun sofort erkannt,
auch an ihrem Grals-Emblem –
das wurde weidlich angestarrt.
Sie sah auch noch genauso aus
wie sie viele Ritter und Damen
am Plimizol gesehen hatten.
Ihr Gesicht ist euch bekannt:
die Augen waren noch wie früher,
gelb wie ein topasius;
die Zähne lang; und ihre Lippen
bläulich leuchtend wie ein Veilchen.
Es ging ihr einzig um ihr Ansehn,
sonst hätte sie den teuren Hut
am Plimizol nicht tragen müssen –
die Sonne hätt ihr nichts getan,
sie konnte die behaarte Haut
mit ihren Strahlen nicht mehr bräunen.
Höfisch förmlich stand sie da
und redete – man merkte gleich,
daß es besonders wichtig war.
Sie begann wie folgt zu sprechen:
»Heil dir, Sohn des Gahmuret –
ich mein das Kind der Herzeloyde:
Gott erweist dir seine Gnade.
Den buntgescheckten Fairefis
soll ich namens meiner Herrin
Secundille hier begrüßen,
wegen vieler hoher Ehren,
die er von Jugend an erkämpft.«
Sie sagte dann zu Parzival:
»Freue dich – und wahr die Form!
Gepriesen sei dein hohes Los,
du Krone allen Menschenheils!
Von der Inschrift las man ab:
du sollst der Herr des Grales sein.
Deine Gattin Conduir-amour

und dein Söhnchen Lohengrin
sind mit dir dorthin berufen.
Als du Brobarce verlassen hattest,
war sie schwanger, mit zwei Söhnen.
Gardais hat dort Besitz genug.
Wäre dies dein höchstes Glück:
daß du, der stets die Wahrheit sagt,
mit dem edlen, liebenswerten
Anfortas freundlich sprechen wirst –
wer erreichte je dies Glück?!
Deine Frage wird Anfortas
retten, wird damit den König
von seufzerschwerem Leid befreien.«
    Sieben Sterne nannte sie, 782
auf Arabisch. Fairefis –
der große, edle – kannte sie;
er saß da vor ihr, schwarz und weiß.
Sie sagte: »Parzival, gib acht!
Zuhal, der höchste der Planeten,
und der schnelle al-Muschtari,
al-Mirrih, der helle Schams
erweisen dir das Glück, das Heil.
Den fünften nennt man al-Zuhari
und den sechsten al-Utarid;
uns am nächsten ist al-Qamar.
Was ich hier sage, ist kein Traum:
sie sind des Firmamentes Zaum,
sie zügeln seine Schnelligkeit,
den Umlaufschwung, sind gegenläufig.
Sorge ist bei dir verwaist:
was diese Bahnen der Planeten
umschließen, was ihr Licht bescheint,
ist alles für dich abgesteckt,
du sollst es haben und behalten.
Dein Leiden wird beendet sein.
Allein das Unmaß könnte dich
um den verdienten Anteil bringen.
Der Gral, die Macht des Grales schließen
trügerische Freundschaft aus.
Du zogst von klein an Sorgen groß –
die Freude kommt und treibt sie fort.

Du hast dir Seelenheil erkämpft,
hast dir im Leid das Glück verdient.«
  Dies hörte Parzival sehr gern –
vor Freude tropften Tränen aus
den Augen, diesem Herzensquell.
Er sagte: »Herrin, wenn das alles,
was Ihr eben hier genannt habt,
mir von Gott gewährt sein soll,
sodaß ich, dieser Sündenmensch,
mit meinem Weib (vielleicht den Kindern)
daran Anteil haben werde,
hat Gott mir Gutes angetan.
Soweit Ihr mir den Ausgleich bringt,
beweist Ihr Eure treue Liebe.
Hätte ich dort nicht versagt,
Ihr hättet mir nicht zürnen müssen.
Mir lagen Glück und Hilfe fern.
Nun gebt Ihr mir so viel davon,
daß all mein Leid beendet ist.
Daß Ihr nicht lügt, zeigt Euer Kleid:
als ich auf dem Mont Salvage
beim leidenden Anfortas war,
da sah ich viele Schilde hängen
mit den Emblemen Eures Kleids:
Ihr zeigt hier viele Turteltauben...
Herrin, sagt nun, wann und wie
ich meinem Glück entgegenreise –
laßt mich nicht zu lang drauf warten.«
Da sagte sie: »Mein werter Herr,
nur einer soll dich hier begleiten,
such ihn aus. Ich führ dich gut.
Beeile dich, denn du mußt helfen!«
  Man hörte überall im Lager:
»Cundrie la sorcière ist da«,
und auch: was ihre Botschaft war.
Vor Freude weinte Orgeluse,
weil die Frage Parzivals
den Qualen des Anfortas
ein Ende machen sollte.
Artus (mutig auf den Ruhm aus)
sagte förmlich zu Cundrie:

»Herrin, reitet zum Quartier,
wünscht Euch, wie man Euch verwöhne.«
Sie sagte: »Ist Arnive hier –
wo immer sie mich unterbringt,
ich werde dort die Zeit verbringen
bis zum Aufbruch meines Herrn.
Wenn sie nicht mehr gefangen ist,
so erlaubt, daß ich sie sehe,
die andren Damen ebenfalls,
die Klingsor in den langen Jahren
mit Gefangenschaft gequält hat.«
Zwei Ritter hoben sie aufs Pferd;
die edle Jungfrau ritt zu Arnive.
Inzwischen war auch Essenszeit.
Parzival saß bei dem Bruder,
bat ihn, daß er ihn begleite;
Fairefis war gleich bereit,
mit zum Mont Salvage zu reiten.
Zu dieser Zeit erhob man sich
im ganzen Ring. Fairefis
hatte große Dinge vor: 785
»Ihr und Gawan müßt mir helfen,
die Könige und Fürsten hier,
Barone, Ritter ohne Lehen –
daß keiner von hier weiterzieht,
bevor er meine Schätze sah.
Mein Abschied ohne ein Geschenk,
das würde mir nur Schande bringen.
Und auch hier das Spielmannsvolk –
sie sollen auf Geschenke warten.
Ich habe eine Bitte, Artus:
unterstütze mich dabei,
damit die Edlen sich nicht zieren –
verbürg, daß sie sich nichts vergeben.
Sie fanden keinen, der so reich ist!
Und gib mir Boten; in der Bucht
sollen sie Präsente holen.«
Man versprach darauf dem Heiden,
man würde dieses Lager erst
nach dem vierten Tage räumen.
Wie ich hörte, war er froh.

Artus gab ihm kluge Boten,
die er zum Hafen schicken sollte;
Fairefis, Sohn Gahmurets,
nahm sich Tinte, Pergament:
was er schrieb, war sichtlich echt;
kein Brief hat je so reich gemacht!
Die Boten machten sich gleich auf. 786
    Parzival hielt eine Rede,
sagte allen en français,
was Trevrizent zuvor erklärt hat:
von keinem und zu keiner Zeit
lasse sich der Gral erkämpfen,
»wenn Gott ihn nicht dorthin beruft«.
Von Land zu Land ging diese Botschaft:
er läßt sich nicht durch Kampf erringen.
Die schlaue Suche nach dem Gral
gaben viele deshalb auf –
so ist er heute noch verborgen...
    Parzival und Fairefis
lösten Frauenklagen aus.
Sie wollten sich's nicht nehmen lassen:
sie ritten zu den Heeresgruppen,
allen vieren, nahmen Abschied.
Die beiden brachen glücklich auf,
gewappnet zur Verteidigung.
Am dritten Tage brachte man
vom Heidenheere nach Joflance
Geschenke, unvorstellbar schön.
Was ein König dort empfing,
das half für immer seinem Reich;
jeder Mann – nach seinem Rang –
erhielt Geschenke wie noch nie;
für die Damen schönste Präsente
aus Triande und Nouriente.
Ich weiß nicht, wie das Heer aufbrach.
Cundrie ritt mit beiden fort...

Anfortas und die Seinen quälten
immer noch die schlimmen Schmerzen.
Weil sie ihn liebten, litt er weiter –
oft bat er, ihn sterben zu lassen.
Das wäre auch recht früh geschehen,
hätten sie ihm nicht so oft
den Gral gezeigt, die Macht des Grals.
So sagte er zu seinen Rittern:
»Ich weiß genau – wärt Ihr loyal,
ihr hättet Mitleid mit der Qual.
Wie lange soll's mir so ergehn?
Wollt ihr für euch Gerechtigkeit,
müßt ihr vor Gott auch für mich büßen.
Seit ich die ersten Waffen trug,
stand ich euch willig zu Gebot.
Ich hab genug für das gebüßt,
was mir an Schande widerfuhr –
auch wenn dies keiner von euch sah.
Wenn ihr noch treue Liebe kennt,
erlöst mich! Ihr erfüllt damit
Gebot, Gesetz von Helm und Schild.
Falls euch das nicht lästig würde,
konntet ihr ja oft bemerken:
ich habe mutig Helm und Schild
in Ritterkämpfen eingesetzt;
mein Weg ging über Berg und Tal,
häufig habe ich tjostiert;
ich war sehr gut im Schwerterspiel,
das machte meinen Feinden Ärger –
doch fand ich wenig Dank bei euch!
Der ich so fern der Freude bin:
am Tag des letzten Urteilsspruchs
verklage ich euch allesamt;
ihr nähert euch dem Höllensturz,
wenn ihr nicht zulaßt, daß ich scheide.
Habt doch Mitleid mit der Qual!
Ihr habt gesehen und gehört,
wie mir dies Unglück zugestoßen.
Was bin ich euch als Herrscher wert?
Wollt ihr wirklich meinetwegen
euer Seelenheil verlieren?!

Wie verhaltet ihr euch denn?!«
Sie hätten ihn vom Leid erlöst,
doch war da hilfreich jene Hilfe,
die Trevrizent zuvor erwähnt,
als er die Schrift am Gral gesehen.
Sie warteten erneut auf ihn,
dem hier sein Glück entflohen war,
und auf die Stunde der Erlösung
durch die Frage, die er stellt.
   Häufig tat der König dies:
er machte seine Augen zu –
manchmal war's vier Tage lang.
Doch dann trug man ihn zum Gral,
ob er's wollte oder nicht;
seine Krankheit zwang ihn denn,
die Augen wieder aufzumachen,
und statt zu sterben mußte er
gegen seinen Willen leben.
So verfuhren sie mit ihm –
bis zum Tag, da Parzival
und der gescheckte Fairefis
froh auf Mont Salvage zuritten.
Der Zeitpunkt war herangerückt,
an dem Jupiter oder Mars
voll Zorn auf ihren Umlaufbahnen
jeweils ihren Punkt erreichten,
von dem sie anfangs aufgebrochen:
da war er völlig ausgeliefert,
da tat Anfortas seine Wunde
derart weh, da litt er so,
daß die Jungfraun und die Ritter
häufig seine Schreie hörten.
Und sie sahen in den Augen
seine flehentlichen Blicke.
Seine Wunde war ›unhelfbar‹,
sie alle konnten ihm nicht helfen;
das ganze Elend packte sie.
Jedoch berichtet uns die Quelle,
daß die Hilfe näherkam.
   Wenn ihm höllisch-starke Schmerzen
größte Leiden auferlegten,

würzte man im Raum die Luft,
beseitigte den Wundgestank.
Auf dem Teppich vor ihm lagen
Spezereien und Therebinthe,
Moschus, Aromatisches.
Auch waren dort, die Luft verbessernd,
Theriak und teures Ambra –
angenehm war der Geruch!
Wo man den Teppich auch betrat: 790
Nelken, Kardamom, Muskat
lagen zerstoßen unter den Füßen,
alles, um die Luft zu würzen.
Indem man sie beim Gehn zerpreßte,
vertrieb man bösen Wundgeruch.
Sein Feuer: lignum aloë –
ich hab es euch bereits erzählt.
Die Pfosten seines Tragebetts
bestanden aus dem Horn der Viper.
Gegen Gift-Belästigungen
war viel Pulver von Gewürzen
auf die courtepointe gestreut;
und das, worauf er lehnte,
war gesteppt und nicht genäht:
Seidenstoff aus Nourient;
auf der Matratze Palmat-Seide.
Dieses Spannbett war zudem
geschmückt mit Edelsteinen –
mit echten, und sonst keinen.
Auch war das Tragebett bespannt
(das heißt: der Rahmen unter ihm)
mit Riemen aus Salamanderhaut.
Sein Glücksanteil war höchst gering,
sein Bett hingegen war sehr prächtig –
keiner wird behaupten dürfen,
daß er je ein bessres sah!
Es war kunstvoll und so wertvoll
durch die Wesenheit der Steine;
sie werden euch hier aufgezählt.
Karfunkel und der Mondstein, 791
der Balas und Gagat,
Onyx, Chalzedon,

Koralle und Asbestos,
Perle und Ophtalmius,
Keraun und Hephaistit,
Hierarchit und Heliotrop,
pantherus, androdragma,
prasius und sadda,
Haimatit und dionysia,
Achat und celidon,
Sardonyx, Chalcophonus,
Karneol und Jaspis,
aetitis und Iris,
gagates und lincurion,
Asbestos und cegolitus,
galactides und Hyazinth,
orites und enhydrus,
absyctus und alabanda,
chrysolectrus, hiennia,
Smaragd und Magnes,
Saphir und pyrites,
gleichfalls sah man, hier und da:
Türkise und Liparea,
Chrisolte, Rubine
balas und Sardonyx,
Diamant und Chrysopas,
melochites und diadochos,
peanites und medus,
Beryll und Topas.
Manche wirkten sehr belebend; 792
die Eigenschaften vieler Steine
brachten Heilung, Wohlbefinden;
wer's mit Kennerschaft erprobte,
fand viel Wirkungskraft in ihnen.
So erhielten sie Anfortas,
den sie liebten, noch am Leben.
Er brachte seinem Volk viel Leid,
doch nun hörte man vom Glück.
Von Joflance zur Terre de Salvage
(ich habe nicht genau erfahren,
wie groß hier die Entfernung war)
ist der gekommen, der von Sorgen
ganz befreit ist: Parzival,

mit ihm sein Bruder und die Jungfrau.
Es stünde ihnen nun ein Kampf
bevor, doch führte sie Cundrie,
die ihnen diese Müh ersparte.
Sie ritten auf den Posten zu:
schon preschten viele Tempelritter
auf sie los, sehr gut zu Pferd,
in voller Rüstung, doch courtois:
sie sahen an der Führerin,
daß ihnen große Freude nahte.
Als der Kommandant des Trupps
auf der Kleidung von Cundrie
die Turteltauben schimmern sah,
rief er: »Der Kummer ist vorbei!
Mit diesem Grals-Emblem erscheint,
was wir die ganze Zeit ersehnt,
seit uns die Elendsfesseln banden. 793
Das Ganze halt! Die Freude naht!«
   Fairefis von Anjou
stachelte jedoch bereits
seinen Bruder Parzival
zum Kampf an, stürzte los – jedoch
Cundrie hielt seinen Zügel fest,
und so fand die Tjost nicht statt.
Die stark behaarte Jungfrau rasch
zu ihrem Herrn, zu Parzival:
»Schild und Wimpel werdet Ihr
gleich erkennen! Die dort stehn,
sind alle aus der Gralsgemeinschaft!
Sie möchten Euch sehr gerne dienen.«
Darauf sprach der edle Heide:
»In diesem Fall wird nicht gekämpft.«
   Parzival erbat von Cundrie,
den Pfad zu denen hinzureiten;
sie ritt hinüber, teilte mit,
welch Glück für sie gekommen sei.
Und im selben Augenblick
sprangen alle Tempelritter
von den Pferden in das Gras,
nahmen ihre Helme ab,
empfingen Parzival im Stehen.

Ihnen allen schien sein Gruß
ein wahrer Segen. Sie begrüßten
den schwarzen, weißen Fairefis.
Man ritt zum Mont Salvage –
schluchzend und doch sichtlich froh.
Sie trafen viele Menschen an:
alte, würdig-schöne Ritter,
Edelpagen und troupiers;
die betrübte suivitude
war glücklich über diese Ankunft.
Fairefis von Anjou
und Parzival – sie beide
hieß man sehr willkommen
auf der Treppe vor dem Palas.
Man ging dann in den Saal hinauf.
Drinnen lagen, wie dort üblich,
hundert Teppiche, groß und rund,
auf jedem war ein Daunenkissen
mit seidener, gesteppter Decke.
Verhielten sich die beiden richtig,
so setzten sie sich irgendwo,
bis man ihre Rüstung holte.
Ein Kämmerer schritt auf sie zu
und brachte ihnen reiche Kleidung –
die eine war der andren gleich.
Und alle Ritter nahmen Platz.
Man brachte viele Trinkgefäße,
teuer, golden – nicht aus Glas!
Fairefis und Parzival
tranken und dann gingen sie
zum tief betrübten Anfortas.
Ihr habt schon längst erfahren, daß
er lehnte und schon nicht mehr saß,
und auch: wie schön sein Tragbett war.
Dort empfing Anfortas beide,
hoch beglückt und tief bedrückt.
»Mit Schmerzen habe ich gewartet,
ob Ihr mich jemals glücklich stimmt.
Ihr ließt mich letzthin so zurück,
daß Ihr jetzt Reue zeigen müßtet –
falls Ihr noch lieben, helfen könnt.

Hat man Euch je einmal gerühmt,
so sorgt dafür, daß mich die Ritter
und die Jungfraun sterben lassen,
daß meine Qual ein Ende findet.
Ist Euer Name Parzival,
verhindert eine Woche lang,
daß ich den Gral erblicken muß –
damit endet meine Qual.
Ich wag nicht, deutlicher zu werden –
wohl Euch, wenn man Euch Helfer nennt.
Euer Begleiter ist mir fremd –
ich will nicht, daß er vor mir steht.
Drum sorgt dafür, daß er sich setzt.«
Schluchzend sagte Parzival:
»Sagt mir, wo der Gral hier liegt.
Wenn Gottes Liebe an mir siegt,
so wird das die Gemeinschaft spüren!«
Er kniete dreimal hin, in Richtung
Gral, der Trinität zu Ehren,
und erflehte die Befreiung
des armen Mannes von der Qual.
Er richtete sich auf und fragte:
»Oheim, sag, was quält dich so?«

    Der Sankt Silvester einen Stier
vom Tod erwecken und gehen ließ,   796
Der Lazarus erstehen hieß,
Derselbe half hier, daß Anfortas
gesundete, ja ganz genas.
Franzosen nennen es »fleuri« –
auf seine Haut trat solch ein Glanz!
Parzivals Schönheit: jetzt ein Nichts!
Und Absolon, der Sohn des David,
und Vergulaht von Ascaloun,
und alle von Geburt aus Schönen,
und wie man Gahmuret gerühmt,
als man diese Augenweide
in Kanvolais beim Einzug sah –
sie erreichten nicht die Schönheit
des Anfortas – nach der Krankheit!
Auch heut ist Gottes Weisheit groß.
    Nun gab es keine andre Wahl

zum Herrscher, als sie auf dem Gral
die Inschrift zeigte: Parzival –
er wurde dort sehr rasch als König
und als Herrscher anerkannt.
  Ich bin der Meinung, daß noch keiner
zwei derart reiche Männer sah
(falls ich von Reichtum was versteh),
wie Parzival und Fairefis.
Für den Hausherrn und den Gast
tat man alles, was man konnte.
  Dies weiß ich nicht: wie viele Meilen
Conduir-amour zum Mont Salvage
gut gelaunt geritten war.
Sie wußte schon die Wahrheit,
die Nachricht hatte sie erreicht:
ihr jammervolles Elend sei
vorbei. – Der Herzog Guiot
und viele andre Edelleute
hatten sie nach Terre de Salvage
geleitet, in den Wald hinein,
wo die Tjost den Segramors
gefällt und wo ihr einst der Schnee
mit Blut so sehr geglichen hatte –
dort sollte Parzival sie treffen.
Die Reise nahm er gern auf sich!
Ein Tempelritter sagte ihm:
»Viele courtoise Ritter
geben der Königin nobles Geleit.«
Parzival beschloß darauf,
mit einem Teil der Gralsgemeinschaft
zu Trevrizent zu reiten.
Den freute herzlich der Bericht
zum Befinden des Anfortas:
daß er am Lanzenstoß nicht starb
und nach der Frage Ruhe fand.
»Gott ist ein Mysterium!«
sprach Trevrizent zu Parzival.
»Wer hat denn je mit Ihm beraten,
wer kennt die Grenzen Seiner Macht?
Auch die Engel-Himmelsscharen
kommen Ihm nicht auf den Grund.

Gott ist Mensch, des Vaters Wort,
Gott ist Vater und der Sohn,
Sein Geist kann große Hilfe bringen.
Ein größres Wunder gab es nie
als Ihr es hier von Gott ertrotzt:
Seine ewige Trinität
ist Eurem Willen nachgekommen!
Um Euch vom Grale abzulenken,
beschrieb ich Euch sein Wesen falsch;
laßt mich die Verfehlung büßen.
Mein lieber Neffe und mein Herr –
ich muß Euch jetzt Gehorsam leisten.
Ihr habt es ja von mir gehört:
die Engel, die verstoßen waren,
hielten sich, mit Gottes Willen,
in der Nähe des Grales auf
und harrten dort der Gnade...
Gott bleibt in dieser Hinsicht streng:
Er setzt den Kampf fort gegen sie,
die ich Euch begnadigt nannte.
Wer Lohn von Ihm erhalten will,
muß denen seinen Kampf ansagen.
Sie sind in Ewigkeit verloren,
sie wollten selbst den Untergang.
Eure Mühsal tut mir leid:
es ist noch nie zuvor geschehn,
daß irgend jemand irgend wann
den Gral im Kampf errungen hat –
ich hätt Euch gern davor bewahrt.
Doch alles kam mit Euch ganz anders:
Euch hat sich der Gewinn erhöht.
Nun wendet Euch der Demut zu.«
    Parzival zu seinem Oheim:
»Ich will die sehn, die ich nicht sah
fünf   Jah   re   lang.
Solange wir zusammen lebten,
war sie mir lieb; sie ist es noch.
Dennoch brauch ich deinen Rat –
solange uns der Tod nicht trennt;
du halfst mir einst in großer Not.
Ich will meiner Frau entgegenreiten –

wie ich hörte, kam sie schon
zu einem Platz am Plimizol.«
Und er bat ihn, gehn zu dürfen;
der edle Mann befahl ihn Gott.
   Parzival ritt durch die Nacht –
die Begleiter kannten den Wald.
Als es tagte, sah er Schönes:
viele Zelte aufgeschlagen.
Aus Brobarce, so hörte ich,
waren Wimpel hergekommen,
die Schilde hinterhergetreckt;
dort lagerten seine Landesfürsten.
Da fragte Parzival, wo hier
die Königin persönlich lagre,
ob das ein eigner Zeltkreis sei.
Man führte ihn zu ihrem Lager:
sie hatte einen schönen Zeltkreis,
eingefaßt von vielen Zelten.
Nun war Guiot von Katalonien
schon früh am Morgen aufgestanden:
sie ritten alle zu ihm hin.
Zwar war das Tageslicht noch grau, 800
doch der Herzog sah sogleich
die Grals-Embleme dieses Trupps:
Turteltauben in den Wappen.
Da seufzte dieser alte Mann,
denn Joisiane, seine Frau,
hat ihn zu Mont Salvage beglückt;
sie starb bei der Geburt Sigunes.
Guiot ging Parzival entgegen,
hieß ihn, die Seinen sehr willkommen.
Er schickte einen Pagen aus
zum Marschall seiner Königin,
bat um gute Unterkunft
für die Ritter, die dort hielten.
So führte er ihn an der Hand
zur Kleiderkammer der Königin:
ein kleines Zelt, es war aus Buckram;
man nahm ihm seine Rüstung ab.
Die Königin ahnte nichts von allem.
Lohengrin und Gardais

sah Parzival bei ihr liegen –
ihn überwältigte die Freude.
Es war ein hohes, weites Zelt;
hier und dort und ringsumher
lagen viele schöne Damen.
Guiot schlug auf das Deckbett drauf,
bat die Königin, aufzuwachen
und nach Herzenslust zu lachen.
Sie schaute auf, sah ihren Mann.
Sie hatte nur ein Hemdchen an –
sie schwang die Decke um sich rum, 801
sprang auf den Teppich vor dem Bett:
Conduir-amour, die Schöne!
Und Parzival umarmte sie;
man sagte mir, sie küßten sich.
Sie sprach zu ihm: »Mein liebes Herz,
dich hat das Glück zu mir geschickt!«
Und so hieß sie ihn willkommen.
»Ich müßt dir böse sein – ich kann's nicht!
Gepriesen seien Tag und Stunde,
die mir die Umarmung schenken –
mein ganzer Kummer schmilzt dahin.
Ich hab jetzt, was mein Herz begehrt
und Trauern laß ich nicht mehr zu.«
Die Kinderchen erwachten nun,
Gardais und Lohengrin –
sie lagen nackt in ihrem Bett.
Parzival tat es von Herzen:
er küßte beide liebevoll.
Guiot, der höfisch edel dachte,
wies an, die Buben rauszutragen,
sagte darauf all den Damen,
sie möchten nun das Zelt verlassen.
Das taten sie – nach der Begrüßung
ihres weitgereisten Herrn.
Taktvoll überließ Guiot
der Königin ihren Gemahl und führte
alle jungen Damen hinaus.
Noch immer war es reichlich früh –
Kämmerer schwangen die Zeltwand zu.
Hatten ihm einst Blut und Schnee 802

(gesehen auf der selben Wiese!)
ganz um den Verstand gebracht,
so schuf Conduir-amour Ersatz
für den Verlust – das konnte sie!
Er hatte nirgends Liebeslust
erhalten für die Lust auf Liebe –
trotz vieler Liebes-Angebote.
Ich denk, er hatte sein Vergnügen
bis zum späten Vormittag.

Von allen Seiten kam das Heer,
um sich die Templer anzuschaun:
sie trugen vollen Waffenschmuck,
sie waren schön zerattackiert,
die Schilde reichlich tjost-durchbohrt,
von Schwertern obendrein zerhackt.
Und jeder trug noch den surtout
aus Prunkstoff oder aus Brokat;
die Beine auch im Eisenschutz,
der Rest der Rüstung abgelegt.

Die Schlafenszeit ist nun vorbei!
Der König und die Königin
standen auf; ein Priester sang
die Messe; in den Ring der Zelte
drängte sich sehr dicht die Schar,
die gegen Clamidé gekämpft.
Nach dem Benedictus empfingen
seine Vasallen Parzival
höchst ehrenvoll und sehr loyal –
viele Ritter, reich an Mut.
Man nahm vom Zelt die Wände ab.   803
Der König: »Welcher dieser Knaben
soll König Eurer Länder sein?«
Und er verkündete den Fürsten:
»Wales – mit Kanvolais –,
Norgals – mit Kingrivals –,
Anjou – mit Beaujenan –
soll Gardais besitzen, rechtens.
Ist er zum Mann herangereift,
so leistet ihm dorthin Gefolgschaft.
Mein Vater, er hieß Gahmuret,
vererbte mir legal die Länder.

Mit Gottes Segen erbte ich
den Gral. Empfangt denn auf der Stelle
von meinem Sohne Eure Lehen –
vorausgesetzt, Ihr zeigt mir Treue.«
Dies fand volles Einverständnis.
Viele Fahnen trug man her,
und zwei kleine Hände gaben
als Lehen große Ländereien.
Man krönte daraufhin Gardais.
(Er wird später Kanvolais
und weitres Erbe rückerobern.)
 Auf der Wiese am Plimizol
stellte man in weitem Kreis
Stühle auf für eine Brotzeit;
der Imbiß dauerte nicht lang.
Dann brach man alle Zelte ab,
das Heer begab sich auf den Rückmarsch:
die Heimkehr mit dem jungen König.
Junge Damen, die Gefolgschaft   804
trennten sich von der Königin;
sie zeigten offen ihren Schmerz.
Die Tempelritter nahmen
Lohengrin und seine Mutter,
die so schön war, in die Mitte,
ritten rasch zum Mont Salvage.
»Es war einmal in diesem Wald«,
erzählte Parzival, »da sah ich
eine Klause stehen, die
ein schneller, klarer Bach durchfloß;
wenn ihr die kennt, so führt mich hin.«
Die Begleiter kannten sie:
»Eine Jungfrau lebt dort, ständig
klagend überm Sarg des Freundes.
Sie ist ein Schrein der wahren Tugend.
Unser Weg führt nah vorbei.
Man kennt sie nur als Trauernde.«
Der König: »Wir besuchen sie!«
Da stimmten sie ihm alle zu.
Sie ritten rasch geradeaus
und entdeckten spät am Abend
Sigune, knieend – sie war tot.

Die Königin sah erschütterndes Leid.
Man durchbrach die Wand zu ihr;
für die Cousine ließ Parzival
vom Sarg den steinernen Deckel heben:
Schionatulander sah man
unverwest und balsamfarben.
Die ihn im Leben keusch geliebt,
sie legte man an seine Seite, 805
nah genug, und schloß das Grab.
Von ihrem Glück verlassen, stimmte
Counduir-amour (so hörte ich)
Klagen an um die Cousine,
hatte sie doch Joisiane
(die Mutter dieser Toten und
zugleich die Tante Parzivals)
aufgezogen, als sie Kind war.
Erzählt der Provenzale richtig?
  Der Herzog von Katalonien,
Erzieher des Königs Gardais,
wußte nichts vom Tod der Tochter.
Die Geschichte ist nicht krumm
wie ein Bogen, ist grad und wahr.
Sie gingen dieser Reise nach,
ritten nachts zum Mont Salvage.
Dort hatte Fairefis gewartet:
Zwischenzeit mit Zeitvertreib...
Man steckte viele Kerzen an —
genau, als brenne dort der Wald!
Ein Tempelritter aus Patrigalt
ritt nah der Königin, gewappnet.
Der Burghof war sehr lang und breit:
hier standen viele Einzel-Gruppen,
empfingen ihre Königin,
den neuen Burgherrn, seinen Sohn.
Darauf trug man Lohengrin
zu seinem Onkel Fairefis;
weil der weiß und schwarz zugleich war,
wollte ihn der Bub nicht küssen. 806
(Noch heut sind edle Kinder ängstlich!)
Der Heide lachte nur darüber.
Als die Königin abgesessen,

trennte man sich auf dem Hof;
durch ihre beglückende Ankunft
fühlte jeder sich beschenkt.
Man führte sie dorthin, wo Scharen
edler schöner Damen waren.
Fairefis und Anfortas standen
mit den Damen auf der Treppe,
beide höfisch formgewandt.
  Fairefis trat zur Königin,
sie erbat von ihm den Kuß.
Sie küßte daraufhin Anfortas,
freute sich, daß er erlöst war.
Sie nahm die Hand des Fairefis, 807
und sie führte ihn zur Tante
des Burgherrn, zu Repanse de Joie.
Dort erfolgten viele Küsse.
Ihr Mund war vorher schon so rot,
ward nun von Küssen drangsaliert –
es tut mir leid, es tut mir weh,
daß ich's nicht übernehmen kann
für sie: sie kam schon müde an...
Mädchen führten sie hinaus.
Die Ritter blieben allerdings
im Saal; er war sehr reich bekerzt,
darum war das Licht so hell.
Man traf in höchster Formvollendung
die Vorbereitung für den Gral.
Den brachte man nicht jedesmal,
um ihn dem Hof zu präsentieren –
nur aus Anlaß eines Festes.
Als ihnen die blutige Lanzenspitze
an jenem Abend die Freude raubte,
sie Trost erhofften, Hilfe brauchten,
da wurde in der selben Stunde
der Gral für sie hereingetragen –
doch Parzival ließ sie im Leid.
Nun bringt man ihn aus Freude her;
ihr Leid ist völlig überwunden.
  Die Königin legte das Reisekleid ab
und band sich ihren Kopfputz um,
trat auf, wie sich's gebührte.

Fairefis erwartete sie.
Nun, da gab es keinen Streit:
man hörte und man sprach noch nie
von einer derart schönen Frau.
Sie trug zu alledem noch Seide,
die eine sehr geschickte Hand
gewirkt hat, wie sie einst Sarant
mit großer Kunst entworfen hatte
in der Seidenstadt Thasmé.
Fairefis von Anjou
führte sie, die strahlend Schöne,
in der Mitte durch den Saal.
Drei große Feuer brannten dort:
Duft von lignum aloë.
Vierzig Teppiche, Sitze mehr
als zur Zeit, da Parzival
den Gral vorbeigetragen sah.
Es war die Bank sehr schön geschmückt,
auf der Anfortas und Fairefis
mit dem Burgherrn sitzen sollten.
Höchste Formvollendung zeigte,
wer hier Dienst versehen wollte,
wo der Gral erscheinen sollte.
Ihr habt genug davon gehört,
wie man ihn zu Anfortas trug –
man tut es nun auf gleiche Weise
für den Sohn des Gahmuret
und die Tochter Tampentaires.
Die jungen Damen säumten nicht,
sie traten schön geordnet auf,
fünfundzwanzig an der Zahl.
Die ersten, mit gelockten Haaren,
schienen dem Heiden wunderhübsch,
und die er gleich drauf folgen sah,
alle in sehr teuren Kleidern,
schienen ihm noch weitaus hübscher –
lieblich, zum Verlieben schön
war hier jedes Mädchenantlitz.
Nach ihnen kam die strahlende
Erscheinung der Repanse de Joie.
Der Gral ließ sich, wie ich erfuhr,

allein von ihr persönlich tragen
und von keiner andren sonst.
In ihrem Herzen wohnte Reinheit,
auf ihrer Haut war Glanz: »fleuri«.
Würd ich vom Dienst-Beginn erzählen,
wie viele Kämmrer Wasser brachten,
wie viele Tische man hereintrug
(mehr als ich zuletzt erwähnte),
wie Grobheit jetzt den Saal verließ,
wie man dort Karroschen zog
mit dem teuren Goldgeschirr,
wie verteilt die Ritter saßen –
die Fabel würde allzu lang.
Ich faß mich kurz, ich mach es rasch:
man holte formbetont vom Gral
Fleisch von wilden, zahmen Tieren,
Met für diesen, Wein für jenen
(ganz so, wie er es gewohnt war),
Brombeerwein, Siropel, clairet.
Als le fils du roi Gahmuret
seinerzeit in Beaurepaire war, 810
sah's dort nicht so üppig aus!
    Der Heide wollte nun erfahren,
was das leere Goldgeschirr
vor der Tafel wieder füllte –
dieses Wunder sah er gern!
Der schöne Anfortas, der gemeinsam
mit ihm speiste, fragte ihn:
»Seht Ihr nicht den Gral vor Euch?«
Der gefleckt-gescheckte Heide:
»Ich seh ein Tuch von Achmardi,
das brachte meine junge Herrin,
die dort mit der Krone steht.
Sie läßt mein Herz viel höher schlagen.
Ich hielt mich schon für derart stark,
daß mir kein Mädchen, keine Frau
die Kraft des Glückes rauben konnte.
Fand ich jemals Hohe Liebe,
so stößt die mich jetzt nur noch ab.
Was formlos ist, besiegt die Form:
ich klage Euch mein Liebesleid

und habe Euch doch nie gedient.
Was hilft mir meine reiche Macht,
und was ich je erkämpft, für Frauen,
und was ich je verschenken mochte,
wenn ich so qualvoll leiden muß?
Ach Jupiter, du mächtiger Gott,
hast du mich hergesandt zum Leiden?«
Die Liebe stark, die Freude schwach –
die weißen Stellen wurden blaß!
Conduir-amour, berühmt durch Schönheit, 811
fand hier fast den Gegenpart
in der strahlend schönen Jungfrau:
Fairefis, der edle Gast,
verstrickte sich in Liebesbande.
Seine erste Liebe erlosch –
willentlich vergaß er sie.
Was halfen da noch Secundille,
ihre Liebe und ihr Land?
Das Mädchen weckte seine Sehnsucht!
Clauditte und Olimpia,
Secundille und die andren,
die ihn für Liebesdienst belohnten
und seinen Ruhm verbreiteten –
dem Sohn des Königs von Sasamanc
schien ihrer aller Liebe schwach.
Dies fiel dem schönen Anfortas auf:
sein Tischnachbar litt Liebesnot.
Die weißen Stellen wurden bleich:
also schwand sein stolzer Sinn.
Er sagte: »Herr, es tut mir leid,
wenn die Schwester Euch leiden läßt –
noch niemals litt ein Mann für sie.
Kein Ritter ritt in ihrem Dienst,
so fand auch niemand Lohn bei ihr.
Sie hat, im Schmerz, bei mir gelebt;
so wirkt sie denn auch etwas blaß,
weil man sie selten fröhlich sah.
Euer Bruder ist ihr Neffe –
so wird er Euch wohl helfen können.«
»Ist die Jungfrau Eure Schwester«, 812
sagte Fairefis von Anjou,

»die mit der Krone im offenen Haar,
so verhelft mir zu ihrer Liebe.
Ich wünsch sie mir von ganzem Herzen.
Was ich je an Ruhm erkämpfte,
mit der Lanze – wär das bloß
für *sie* geschehn, für *ihren* Lohn!
Die fünf Attacken des Turniers
hab ich sämtlich ausgeführt!
Eins: frontale Pulk-attaque;
zwei: der Pulkangriff en flanc;
drei: der Einzelritt auf Pulk;
vier: die reguläre Tjost,
die ich in scharfem Tempo ritt;
fünf: der Anritt im Verfolgen.
Seit mich der Schild zuerst geschützt –
so schlimm wie heute war's noch nie!
Am Agrimonte tjostierte ich
mit einem Feuerritter:
ohne surtout aus Salamander
und auch ohne den Asbest-Schild
wäre ich im Kampf verbrannt.
Wo ich mit Einsatz meines Lebens
Ruhm erkämpft – ach, hätte mich
nur Eure Schwester hingeschickt!
Noch heute wäre ich ihr Bote
in den Kampf. – Gott Jupiter
werde ich stets Feindschaft zeigen,
befreit er mich nicht von der Qual.«

 Ihr beider Vater hieß Frimutel: 813
Anfortas zeigte, neben der Schwester,
gleiche Haut und gleiches Antlitz –
der Heide starrte sie lange an
und blickte wiederholt zu ihm.
Wieviel man dort auch, hin und her,
an Speisen trug – er aß sie nicht;
er saß nur da, als würd er essen.
Anfortas sagte zu Parzival:
»Euer Bruder hat den Gral,
soweit ich weiß, noch nicht gesehn.«
Und Fairefis bestätigte,
daß er den Gral nicht sehen könne.

Das kam den Rittern seltsam vor.
Dies erfuhr auch Titurel,
ans Bett gefesselt, alt und lahm,
er sprach: »Wenn er ein Heide ist,
so darf er, ungetauft, nicht hoffen,
daß sich ihm die Augen öffnen
und er findet zur Gemeinschaft,
die den Gral beschauen darf:
davor ist eine Dornenhecke!«
Die Botschaft schickte er zum Palas.
Parzival und Anfortas baten
Fairefis, darauf zu achten,
wovon die Hofgesellschaft lebe –
dies entziehe sich den Blicken
eines jeden Heidenmenschen;
sie empfahlen ihm die Taufe,
die ewigen Gewinn verschaffe.
»Wenn ich mich für euch taufen lasse – 814
bringt mir die Taufe Liebe ein?«
fragte der Heide, Gahmurets Sohn.
»Was ich durch Kampf und Liebe litt,
das hatte bisher kaum Gewicht.
Ob das nun kurz war oder lang –
seit mich der erste Schild beschützt,
war ich noch nie in solcher Not!
Wer die Form wahrt, schweigt von Liebe –
doch kann mein Herz sie nicht verbergen.«
Parzival: »Und welche ist es?«
»Da, die blendende Erscheinung,
die Schwester meines Nebenmanns.
Willst du mir zu ihr verhelfen,
so vermittel ich ihr Reichtum:
den Tribut von großen Ländern.«
»Wenn du dich taufen lassen willst,
so darfst du ihre Liebe wünschen.
Nun werd ich dich wohl duzen dürfen;
unser Reichtum gleicht sich fast –
auf meiner Seite kraft des Grales«,
sprach Parzival. Und Fairefis:
»Bruder, so verhilf mir doch
zur Freundschaft, Liebe deiner Tante.

Erringt man Taufe mit der Waffe,
so schicke mich gleich in den Kampf
und laß mich ihren Lohn erstreiten.
Ich liebte stets schon die Musik:
wenn im Kampf die Splitter springen,
Schwerter auf den Helmen klingen...«
Der Burgherr lachte sehr darüber
und Anfortas noch viel mehr.
»Willst du *so* zur Taufe kommen?!«
rief Parzival. »Durch *wahre* Taufe
mache ich sie dir gefügig.
Von deiner Gottheit Jupiter
mußt du ihr zuliebe lassen,
dich von Secundille trennen.
Morgen früh schlag ich dir vor,
was deine Absicht fördern kann.«

Bevor Anfortas verwundet wurde,
hatte sich sein Ruhm verbreitet
durch Ritterkampf im Liebesdienst.
Verstand, der aus dem Herzen kam,
und Güte, Generosität
verschafften ihm sein Renommee.
So saßen damit vor dem Grale
drei der allerbesten Ritter,
die jemals einen Schild getragen –
sie zeigten echten Wagemut.

Ist es euch recht, so sind sie satt.
Jedes Tischtuch, jede Tafel
trug man formbetont hinaus.
Wie es sich beim Dienst gehört,
verneigten sich die jungen Damen.
Fairefis von Anjou, er sah,
wie sie sich von ihm entfernten –
sein Liebeskummer nahm noch zu.
Sein Herzweh trug den Gral hinaus –
Parzival ließ alle gehen.
Wie sich die Königin zurückzog,
und wie man darauf alles tat,
damit der gut gebettet lag,
den Liebe doch nicht ruhen ließ,
wie das Gefolge der Tempelritter

nach Unruhe für Ruhe sorgte –
dies würde die Geschichte dehnen,
drum erzähl ich euch vom Tag.
   Als der am Morgen hell erstrahlte,
waren sich Parzival, der edle
Anfortas einig: beide wollten
sie's beenden. Und sie luden
Fairefis von Sasamanc,
den so sehr die Liebe quälte,
in den Tempel ein, zum Gral.
Parzival rief ebenfalls
die weisen Tempelritter dorthin.
Hier standen viele Ritter und
troupiers. Der Heide ging hinein.
Das Taufgefäß war ein Rubin;
es stand auf Jaspis, einem runden
Stufensockel; Titurel
hat ihn für teures Geld gestiftet.
Parzival zu seinem Bruder:
»Willst du meine Tante haben,
mußt du dich, in ihrem Namen,
von allen deinen Göttern lösen,
mußt den Feind des höchsten Gottes
stets bekämpfen, und zwar freudig,
mußt die Gebote streng befolgen.«
»Ich tue alles«, sprach der Heide,   817
»wenn ich sie gewinnen kann;
ich werde mich als treu erweisen.«
Man schrägte nun das Taufgefäß
ein wenig in die Richtung Gral,
und es war – mit einem Mal –
voll Wasser, nicht zu kalt, zu warm.
Hier stand ein grauer, alter Priester,
der hatte viele Heidenkinder
in dieses Becken eingetaucht;
der sagte zu ihm: »Ihr müßt glauben
(dem Teufel so die Seele rauben!)
an den Einen, Höchsten Gott;
überall, in gleicher Weise
bringt die Dreifaltigkeit Gewinn.
Gott ist Mensch, des Vaters Wort.

Weil Er Vater ist und Sohn,
die man beide ehrt und preist
im gleichen Range mit dem Geist,
beendet – das mit ihrer Hilfe
und der Macht der Trinität –
dies Wasser Euer Heidentum.
Der Adam nach Seinem Bild erschuf,
Der schritt zur Taufe in das Wasser.
Wasser steht als Saft im Baum,
Wasser macht die Wesen fruchtbar,
die man die Geschöpfe nennt,
Wasser läßt die Augen sehen,
Wasser gibt den Seelen Glanz,
den nicht mal Engel überstrahlen.«
Zum Priester sagte Fairefis:
»Wenn mir das gegen Kummer hilft,
so glaub ich alles, was Ihr sagt.
Wenn ihre Liebe mich belohnt,
befolg ich gerne Sein Gebot.
Hat deine Tante einen Gott,
mein Bruder, glaube ich an ihn
und sie – ich bin in größter Not.
Ich schwöre meinen Göttern ab.
Ich geb auch Secundille auf –
so sehr sie sich mit mir erhöhte.
Beim Gott der Tante, laß mich taufen!«
Man nahm sich seiner christlich an,
sprach über ihm die Taufesformel.
Als der Heide nun getauft war,
das Taufhemd wieder abgelegt,
führte man ihm die Jungfrau zu –
ihm war das Warten schwergefallen.
Man gab ihm die Tochter Frimutels.
   Den Gral zu sehen, war er blind,
bevor das Wasser ihn berührte,
doch nun sogleich: vor seinen Augen
offenbarte sich der Gral.
Als die Taufe beendet war,
sah man auf dem Gral geschrieben:
ein Tempelritter, der durch Gott
zum Herrscher fernen Volkes werde,

verhelfe dem zu seinen Rechten,
doch untersage alles Fragen
nach seinem Namen, seiner Herkunft;
sobald man ihm die Frage stelle,
sei der Anspruch schon verloren.
Weil der gütige Anfortas
so lang die Höllenqualen erlitten,
so lang auf die Frage gewartet hat,
lehnen sie künftig das Fragen ab;
die Pflicht-Gemeinschaft für den Gral
will sich nicht mehr fragen lassen.
  Der getaufte Fairefis
bat mit Nachdruck seinen Schwager,
mit ihm fortzureisen, und:
er solle gänzlich frei verfügen
über seinen ganzen Reichtum.
Jedoch Anfortas brachte ihn
von diesem Vorschlag höflich ab:
»Meine Absicht, Gott zu dienen,
will ich keineswegs vereiteln –
des Grales Krone hat gleichen Wert.
Durch Hoffart ging sie mir verloren,
Demut hab ich mir erkoren.
Reichtum, Liebe zu den Frauen
rücken mir vom Herzen ab.
Ihr nehmt ein edles Weib mit Euch –
sie wird Euch reinen Herzens dienen
in noblem weiblichem Verhalten. –
Ich halte die Statuten ein:
ich werde viele Tjoste reiten,
werd im Dienst des Grales streiten.
Für Frauen kämpfe ich nicht mehr –
eine Frau ließ mich sehr leiden.
Dennoch: Feindschaft gegen Frauen
wird sich nie in mir entwickeln –
sie schenken Männern hohes Glück;
nur hatte ich nicht viel von ihnen...«
  Bei der Ehre seiner Schwester
bat ihn Fairefis sehr dringlich,
gemeinsam mit ihm fortzureisen;
Anfortas wehrte, lehnte ab.

Fairefis von Anjou
bat draufhin, daß Lohengrin
mit ihm auf diese Reise gehe;
die Mutter konnte das verhindern.
Und König Parzival erklärte:
»Mein Sohn ist für den Gral bestimmt,
muß ihm mit ganzem Herzen dienen –
läßt ihn Gott verständig werden.«
   Elf Tage lang amüsierte
und vergnügte sich Fairefis
und brach am zwölften Tage auf:
es wollte der reiche, mächtige Mann
seine Frau zum Heere führen.
Das Elend packte Parzival
in seiner treuen Bruderliebe;
die Nachricht ließ ihn klagen.
Er beschloß mit seinen Leuten,
eine große Schar von Rittern
solle ihn durch den Wald begleiten.
Der gütige, mutige Held Anfortas
ritt mit ihm, als conduite.
Viele Mädchen weinten Tränen.
   Sie ritten eine neue Spur   821
hinaus in Richtung Carcobra.
Anfortas schickte eine Botschaft,
zu dem, der dort der Burggraf war:
er mög sich dran erinnern lassen –
falls er jemals reiche Gabe
von seiner Hand erhalten habe –
daß er seine Treuepflicht
im Dienste über alles stelle,
und er führe seinen Schwager
und seine Schwester, dessen Frau,
durch den Forêt le Prisin
zur großen, wilden Hafenbucht.
Damit kam die Zeit zum Abschied;
die Ritter durften hier nicht weiter.
Cundrie la sorcière mußte
diese Botschaft überbringen.
Die Tempelritter trennten sich
vom Mann, der reich und mächtig war

und auch courtois. So ritt er fort.
Der Burggraf unterließ es nicht,
Cundries Auftrag zu erfüllen;
Fairefis, der Mächtige,
wurde dort in großem Stil
empfangen und mit Ritterehren.
Langeweile kam nicht auf,
man führte ihn sehr bald schon weiter,
die conduite war ehrenvoll.
Ich weiß nicht, wieviel Länder er
durchritt, zur Wiese von Joflance.

    Sie fanden dort nur einen Teil
der Männer vor. Und gleich
erkundigte sich Fairefis,
wohin das Heer gezogen sei.
Jeder war zurückgekehrt
zum ihm bestimmten Reiseziel –
Artus Richtung Chamilot.
So konnte der von Tribalibot
ohne weiteres sofort
zu seinem Heere reiten.
Das lagerte – betrübt – im Hafen,
weil sein Herr nicht bei ihm war.
Die Lebensgeister vieler Ritter
wurden munter, als er kam.
Der Burggraf Carcobras
und all die Seinen wurden nun
mit reichen Gaben heimgeschickt.
Cundrie erfuhr, was wichtig war
(Boten waren zum Heer gekommen):
Secundille sei gestorben.
Erst von jetzt an konnte sich
Repanse de Joie der Reise freuen.

    Sie gebar in Indien später
einen Sohn, der hieß Johannes.
Priester Johannes nannte man ihn,
und dort gibt man seit jener Zeit
jedem König diesen Namen.
Fairefis ließ in schriftlicher Form
im ganzen Indien verbreiten,
was man vom Christenleben wußte,

das es damals dort kaum gab.
(Hier nennen wir es Indien,
dort nennt man es Tribalibot.)
Fairefis ließ durch Cundrie
seinem Bruder auf Mont Salvage
berichten, wie es ihm erging,
daß Secundille nicht mehr lebte.
Und so freute sich Anfortas,
daß seine Schwester ohne Einspruch
in vielen großen Ländern herrschte.

Ihr kennt damit die wahre Geschichte
der fünf Kinder Frimutels –
daß sie wahre Güte zeigten,
und wie zwei von ihnen starben:
Joisiane war die erste,
vor Gott von jedem Makel frei,
Herzeloyde hieß die zweite,
und ihr Herz war ohne Falsch.
Sein Schwert, das ritterliche Leben
hatte Trevrizent aufgegeben
für die reine Gottesliebe.
Im Herzen des edlen, schönen Anfortas
waren Tapferkeit und Reinheit;
getreu der Satzung ritt er Tjoste,
focht für den Gral und nicht für Frauen.

Lohengrin wurde ein tapfrer, starker
Mann, der keine Feigheit zeigte;
seit er – bewußt – ein Ritter war,
erwarb er Ruhm im Dienst des Grales.

Soll ich euch noch mehr erzählen?
Zur Herrscherin des Landes wurde
später eine edle Frau.
Reichtum, Macht und Adel –
dies alles hatte sie geerbt.
Sie verhielt sich immer so,
daß sie streng die Form bewahrte;
an ihr ging Menschenlust zuschanden.
Adlige Herren umwarben sie,
so mancher von ihnen war gekrönt,
und viele Fürsten ihres Standes;
ihre Demut war so groß,

daß sie gar nichts darauf gab.
Viele Grafen ihrer Länder
lehnten dies entschieden ab;
weshalb versäumte sie es nur,
sich einen Ehemann zu nehmen,
der als Gebieter zu ihr paßte?
So sehr man ihr auch zürnen mochte –
sie hatte sich Gott anheimgegeben;
ihr zürnten viele ohne Grund.
Zum Hoftag rief sie ihre Fürsten.
Es kamen zu ihr Boten ferner
Länder; sie schwor den Männern ab –
es sei denn, Gott bestimme einen;
nur *dessen* Liebe nehme sie an.
Sie war die Fürstin von Brabant.
Man schickte ihr vom Mont Salvage
den Mann, den Gott ihr zugedacht –
er wurde mit dem Schwan gebracht.
Er legte in Antwerpen an. 825
Sie wurde nicht von ihm enttäuscht –
er wußte stets, was sich gehörte;
man mußte ihn als einen schönen,
einen tapfren Mann bezeichnen –
dies geschah in allen Ländern,
in denen man von ihm erfuhr;
ein Mann des Hofes und der Form;
er schenkte ohne Wimperzucken;
er war ohne Fehl und Tadel.
Die Landesherrin empfing ihn freundlich.
Nun hört euch seine Rede an –
die vernahmen all die reichen
und armen Leute, die dort standen.
Er sagte: »Edle Herzogin,
werde ich Herrscher in diesem Land,
entspricht mein Opfer diesem Rang.
Hört, was ich von Euch erwarte:
Fragt mich niemals, wer ich bin!
Nur *so* kann ich hier bei Euch bleiben.
Doch richtet Ihr an mich die Frage,
so verliert Ihr meine Liebe.
Wenn Euch dies nicht warnen kann,

so warnt mich Gott – Er weiß, wovor.«
Sie gab ihr Ehrenwort als Frau
(und brach es später, weil sie liebte):
sie wolle ihm Gehorsam leisten
und werde niemals unterlassen,
das zu tun, was er verlange –
solang ihr Gott Verstand gewähre.
   In dieser Nacht gab sie sich hin.   826
Er wurde Herrscher von Brabant;
die Hochzeit wurde groß gefeiert;
vielen Herren verlieh er Lehen –
soweit sie Anspruch darauf hatten;
er wurde auch ein guter Richter;
er führte viele Ritterkämpfe,
behielt beim Ruhm die Oberhand;
sie bekamen schöne Kinder.
   Es gibt noch viele in Brabant,
die von dem Paar Genaues wissen:
ihr Empfang und dann sein Aufbruch,
weil ihre Frage ihn vertrieb,
wie lange er dort bei ihr blieb...
Er brach denn auch höchst ungern auf,
doch brachte ihm sein Freund, der Schwan,
die kleine, schmucke nacelle zurück.
Er hinterließ, was ihm gehörte:
ein Schwert, ein Horn und einen Ring.
Und Lohengrin war fort...
Verstehn wir die Geschichte recht,
war er ein Sohn von Parzival.
Er reiste über Land und Meer
und hütete erneut den Gral.
   Wenn Meister Chrétien de Troyes   827
dieser Geschichte Unrecht tat,
so ist Kyot mit Recht empört:
die echte Fassung stammt von ihm.
Der Provenzale erzählt genau,
wie Herzeloydes Sohn den Gral
errang (so war ihm das bestimmt),
nachdem Anfortas ihn verwirkt hat.
Aus der Provence in deutsche Lande
kam die wahre Geschichte zu uns –

auch der Endpunkt des Romans.
Ich will euch jetzt nicht mehr erzählen,
ich, Wolfram aus Eschenbach,
als der Meister dort erzählt hat.
Parzivals Herkunft, seine Söhne
habe ich euch vorgestellt;
ich führte ihn zum Punkt, den ihm
das Heil zuletzt doch zugedacht.
Wenn man sein Leben so beschließt,
daß die Seele nicht schuldig wird
und Gott entrissen werden kann,
und wenn man sich die Gunst der Welt
erhält, und dabei würdig bleibt,
so hat die Mühe sich gelohnt.
  Edle Frauen mit Verstand
schätzen mich jetzt höher ein
(sofern mir eine Gutes gönnt),
weil ich dies Werk vollendet habe.
Ist dies für eine Frau geschehn,
so muß sie sagen: Schön erzählt!

Anhang

Dies ist der erste Band einer Trilogie des Mittelalters. Der zweite Band ist Neidhart gewidmet, genannt »von Reuental«; ich arbeite an einer erheblich erweiterten Neufassung dieses Buchs. Der dritte Band liegt als Taschenbuch vor: *Ich Wolkenstein*.
Wolfram ist der – chronologisch – erste dieser drei Dichter; Neidhart hat ihn um etwa zwei Jahrzehnte überlebt; Oswald von Wolkenstein folgte im Abstand von zwei Jahrhunderten. Für jedes der drei Bücher entwickelte ich eine andere Schreibmethode.
Drei große Repräsentanten unserer Literatur im Mittelalter: Wolfram von Eschenbach, Neidhart von Reuental, Oswald von Wolkenstein. Was sie verbindet: eine jeweils spezifische Form des Humors. Und: jeder von ihnen hat die literarische Artikulation seiner Zeit entschieden erweitert, hat hier Neues gewagt. Ihr Œuvre weist jeweils in eine literarische Zukunft, und das intensiviert ihre Präsenz.

Anmerkungen und Nachweise

Eine allgemeine Bibliographie wäre in diesem Buch für den Autor am einfachsten, wäre aber am unergiebigsten für Leser, die verifizieren, vergleichen, weiterarbeiten wollen. So werde ich zu jedem Kapitel die Quellen benennen. Diese bibliographischen Angaben bedeuten freilich nicht, daß für das jeweilige Kapitel nur die angegebenen Bücher wichtig waren – es gibt vielfältige Überschneidungen, zahlreiche zusätzliche Detail-Informationen.

1

Zu Seite 12: Eduard Hanslick, der große Musikkritiker, hat bereits 1882 einen sehr erhellenden, heute noch höchst lesenswerten Aufsatz über *Parsifal* geschrieben; hier äußert er sich auch zu Wagners privater Etymologie. »Wagner, der es wahrlich nicht bedarf, wohl aber liebt, in Kleinigkeiten groß, in Nebendingen originell zu sein, leitet den unanfechtbar französischen Namen gewaltsam aus dem Arabischen her, um ihm die Bedeutung ›reiner Tor‹ aufzuzwingen. Er läßt seinen Helden im zweiten Akt von der Verführerin Kundry philologisch aufklären: ›Dich nannt' ich, tör'ger Reiner, *Fal parsi* – dich, reinen Toren: *Parsifal!*‹ Uns scheint der Umstand, daß der Name Parcival seit sechshundert Jahren durch einen unserer größten Dichter in der Literatur eingebürgert ist, ausreichend, um daran festzuhalten und jede willkürliche Abänderung zu ignorieren. Den Titel des *Wagnerschen* Festspieles hat man natürlich buchstabengetreu ›*Parsifal*‹ zu zitieren; im übrigen wird die nichtwagnersche Welt nach wie vor ›Parcival‹ schreiben.«
(in: *Parsifal*. Texte, Materialien, Kommentare. Hrsg. von Attila Csampai und Dietmar Holland. Reinbeck 1984.)

Zu Seite 38: Sehr wahrscheinlich ist Wolfram in der damaligen Eschenbacher Kirche begraben worden: ein Privileg der ersten Familie im Ort. Wenig wahrscheinlich dagegen, daß Wolfram eine Grabplatte erhielt, auf der sein Name eingemeißelt war. Grabplatten mit Namen waren damals noch Ausnahmen, blieben es sehr lange. Nur Personen, die als heilig galten, nur sehr wichtige Persönlichkeiten wurden auf Grabplatten benannt – zu Wolframs Zeit und noch lange danach waren fast alle Gräber anonym. Eine Familie wußte, wo der Tote begraben lag, der Hinweis wurde Generation um Generation weitergegeben. Als Wolfram, Jahrhunderte später, dieser Grabstein gesetzt wurde mit Namen und Wappen, hatte man Wolframs Gebeine wahrscheinlich schon längst aus der Kirche getragen. Die Eschenbacher Kirche ist wenige Jahrzehnte nach Wolframs Tod ausgebaut, ja neu gebaut worden. Selbst, wenn dabei das Grab des Dichters nicht ausgehoben worden wäre, irgendwann einmal wird man seine Gebeine aus der Kirche entfernt haben. Philippe Ariès (Studien zur Geschichte des Todes im Abendland, München 1976): »Man hat Mühe, sich die Zusammenpferchung von Leichnamen vorzustellen, die unsre Kirchen und Klöster jahrhundertelang bargen! In regelmäßigen Abständen hob man, um Platz zu schaffen, die kaum ausgebleichten Gebeine aus dem Erdreich der Friedhöfe und den Böden der Kirchen aus, schichtete sie in den Galerien der Beinhäuser, in den Söllern der Kirchen oder unter den Gewölbezwickeln auf oder verscharrte sie in unbenutzbaren Lücken, an Pfeiler- und Mauerwerk.«

Richard Wagner an Mathilde Wesendonck, Tagebuchblätter und Briefe. Hrsg. von W. Golther. Leipzig 1920.

Johann Jacob Bodmer, Schwierigkeiten, den Homer zu verdeutschen (1778). In: Meister der deutschen Kritik. I: Von Gottsched zu Hegel. Hrsg. von Gerhard F. Hering. München 1961.
W. J. C. G. Casparson, Ankündigung eines deutschen epischen Gedichts der altschwäbischen Zeit, aus einer Handschrift der Fürstlich Hessen-Casselischen Bibliothek. Cassel 1780.
Wilhelm der Heilige von Oranse. Erster Theil, von Turlin oder Ulrich Turheim, einem Dichter des schwäbischen Zeitpuncts. Aus einer Handschrift herausgegeben durch W. J. C. G. Casparson. Cassel 1781.
Allgemeine Deutsche Biographie. Artikel Casparson und Müller. Leipzig 1885.
Das Nibelungenlied. Hrsg. von Friedrich Zarncke. Leipzig 1871. (Einleitung, III: Die Ausgaben)
Johann Baptist Kurz, Heimat und Geschlecht Wolframs von Eschenbach. Ansbach 1916. (Anhang: Eschenbacher Bilderzyklus.)
Johann Püterich von Reichertshausen, Der Ehrenbrief. Hrsg. von Fritz Behrend, Rudolf Wolkan. Weimar 1920 (Gesellschaft der Bibliophilen 31 a)
Dichter über Dichter in mittelhochdeutscher Literatur. Hrsg. von Günther Schweikle. Tübingen 1970.
Wolf-Rüdiger Schleidgen, Kanzleiwesen. In: Land im Mittelpunkt der Mächte. Die Herzogtümer Jülich, Kleve, Berg. Kleve 1984.
Die Eichstätter Bischofschronik des Grafen Wilhelm Werner von Zimmern. Hrsg. von Wilhelm Kraft. Würzburg 1956. (Veröffentlichungen der Gesellschaft für Fränkische Geschichte, I. Reihe, 3. Band)

2
Aaron J. Gurjewitsch, Das Weltbild des mittelalterlichen Menschen. Dresden 1978.
Anna-Dorothee v. den Brincken, Mundus figura rotunda. In: Ornamenta Ecclesiae, Kunst und Künstler der Romanik, Bd. 1. Köln 1985.

3
Johann Baptist Kurz, Heimat und Geschlecht Wolframs von Eschenbach. Ansbach 1916.
Albert Schreiber, Neue Bausteine zu einer Lebensgeschichte Wolframs von Eschenbach. Frankfurt 1922. Neudruck Hildesheim 1975. (Deutsche Forschungen. Hrsg. von Friedrich Panzer und Julius Petersen, Band 7)
Arno Borst, Lebensformen im Mittelalter. Frankfurt-Berlin 1973.
Manfred Günter Scholz, Hören und Lesen. Studien zur primären Rezeption der Literatur im 12. und 13. Jahrhundert. Wiesbaden 1980.
Georg Muck, Geschichte vom Kloster Heilsbronn. Nördlingen 1879. (Erster Band)

4

Peter Wapnewski, Die Lyrik Wolframs von Eschenbach. München 1972. (Nach dieser Edition habe ich die Liedtexte übertragen; die Prosa-Übersetzungen und die Kommentare halfen mir dabei.)

5

Aus dem Alltag der mittelalterlichen Stadt. Handbuch zur Sonderausstellung. Hefte des Focke-Museums Nr. 62. Bremen 1982.
S. Schütte u. a., Das neue Bild des alten Göttingen. 5 Jahre Stadtarchäologie. Göttingen 1984.
Stadtspuren – Denkmäler in Köln. Die romanischen Kirchen. Hrsg. von Hiltrud Kier und Ulrich Krings. Köln 1984.
Otto Kunkel, Ein mittelalterlicher Brunnenschacht zwischen Dom und Neumünster in Würzburg. In: Mainfränkisches Jahrbuch für Geschichte und Kunst 5. Würzburg 1953.
Aus dem Wirtshaus zum Wilden Mann. Funde aus dem mittelalterlichen Nürnberg. Nürnberg 1984.
Felix Schlösser, Andreas Capellanus. Seine Minnelehre und das christliche Weltbild um 1200. Bonn 1960.
Arnold Hauser, Sozialgeschichte der mittelalterlichen Kunst. Reinbek 1957.
Friedrich Ohly, Diamant und Bocksblut. Zur Traditions- und Auslegungsgeschichte eines Naturvorgangs von der Antike bis in die Moderne. In: Wolfram-Studien III. Berlin 1972.
Waldemar Haberey, Die römischen Wasserleitungen nach Köln. Bonn 1972.
Paul Post, Das Kostüm und die ritterliche Kriegstracht. Berlin 1928-1939. (Deutscher Kulturatlas, Erg. Bd.)
Horst Appuhn und Jürgen Wittstock, Mittelalterliche Hausmöbel in Norddeutschland. In: Aus dem Alltag der mittelalterlichen Stadt.
Alfred Falk, Hausgeräte aus Holz. In: Aus dem Alltag der mittelalterlichen Stadt.
Joachim Bumke, Ministerialität und Ritterdichtung. Umrisse der Forschung. München 1976.
Xenja von Ertzdorff, Rudolf von Ems. Untersuchungen zum höfischen Roman im 13. Jahrhundert. München 1967.
Sven Schütte, Spielen und Spielzeug in der Stadt des späten Mittelalters. In: Aus dem Alltag der mittelalterlichen Stadt.
Antjekathrin Graßmann, Wachstafel und Griffel. In: Aus dem Alltag der mittelalterlichen Stadt.
Alwin Schultz, Das höfische Leben in der Zeit der Minnesinger. Osnabrück 1965. (Neudruck der Ausgabe von 1889)
Dieter Hennebo, Gärten des Mittelalters. Hamburg 1962.
Eileen Power, Als Adam grub und Eva spann, wo war da der Edelmann? Das Leben der Frau im Mittelalter. Berlin 1984.

6
Handwörterbuch des Deutschen Aberglaubens. Stichwort Liebestrank. Berlin und Leipzig 1932-1933.
Paul Martin, Waffen und Rüstungen von Karl dem Großen bis zu Ludwig XIV. Frankfurt 1967.
H. M. Zijlstra-Zweens, Kostüm und Waffen. In: Kommentar zum Tristan-Roman Gottfrieds von Straßburg, von Lambertus Okken. 2. Band. Amsterdam 1985.
Werner Myer, Erich Lessing, Deutsche Ritter Deutsche Burgen. München 1976. (Kap. »Kampf um Burgen«.)

7
Urkunden und Regesten zur Heimatgeschichte Wolframs von Eschenbach. Hrsg. J. B. Kurz. Wolframs-Eschenbach 1967.
Horst Brunner, Wolfram von Eschenbach. In: Fränkische Lebensbilder, 11. Band. Neustadt 1984.
Karl Bertau, Neidharts Bayrische Lieder und Wolframs Willehalm. ZfdA 100, 1971.
Hans Georg Reuter, Die Lehre vom Ritterstand. Zum Ritterbegriff in Historiographie und Dichtung vom 11. bis zum 13. Jahrhundert. Köln-Wien 1975.
Joachim Bumke, Ministerialität und Ritterdichtung. Umrisse der Forschung. München 1976.
Peter Opladen, Groß St. Martin. Geschichte einer stadtkölnischen Abtei. Düsseldorf 1954. (Studien zur Kölner Kirchengeschichte, 2. Band. Stichwort: Verwaltungsarbeiten)
Wilhelm Altmann und Ernst Bernheim, Ausgewählte Urkunden zur Erläuterung der Verfassungsgeschichte Deutschlands im Mittelalter. Berlin 1904.
Friedrich Neumann, Wolfram von Eschenbach auf dem Wildenberg. ZfdA 100, 1971.

8
Johannes Haller, Kaiser Heinrich VI. Oldenburg 1915.
Albert Hauck, Kirchengeschichte Deutschlands. Berlin 1958. Vierter Teil.
Hugo Stehkämper, Der Kölner Erzbischof Adolf von Altena und die Deutsche Königswahl (1195-1205). München 1973. (Gesellschaft für Rheinische Geschichtskunde, Vorträge Nr. 19)

9
Aaron J. Gurjewitsch, Das Weltbild des mittelalterlichen Menschen. Dresden 1978.
Anna-Dorothee v. den Brincken, Mundus figura rotunda. In: Ornamenta Ecclesiae, Bd. 1.

10
Sigrid Hunke, Allahs Sonne über dem Abendland. Unser arabisches Erbe. Frankfurt 1965.
Oleg Grabar, Die Entstehung der islamischen Kunst, Köln 1977
Titus Burckhardt, Die maurische Kultur in Spanien. München 1980.

Zu Seite 136: Als Inhaber eines Lehrstuhls hätte ich es entschieden leichter bei der Arbeit an diesem Buch: ich könnte Mitarbeiter heranziehen, wissenschaftliche Hilfskräfte, könnte Seminararbeiten verteilen, könnte lesen und exzerpieren lassen. Zum Beispiel: eine Studentin oder ein Student würde angesetzt auf Rezeptionsgeschichte Teil 2: Sie konzentrieren sich auf Bodmer, Casparson, Müller/Myller, Stoff genug für eine umfangreichere Arbeit... Und Sie widmen sich heraldischen Aspekten und Überlieferungen... Und diese Gruppe erarbeitet die Sekundärliteratur über Landgraf Hermann von Thüringen, konsultiert dabei vielleicht – interdisziplinär – Kollegen der Geschichtswissenschaft... Und die Komparatisten im Seminar werden angesetzt auf das Verhältnis zwischen Chrétiens und Wolframs Texten... Und eine Gruppe befaßt sich mit der Sekundärliteratur zur Textstruktur, damit zum Verhältnis Parzival-Gawan... Und eine Arbeit beschäftigt sich mit den Namensformen... Und die Übersetzungen erörtere ich mit meinem Oberseminar, bilde eventuell ein Kolloquium von Doktoranden, Assistenten... Und eine wissenschaftliche Hilfskraft setze ich ein für das systematische Erfassen aller Quellenangaben und für das Auflisten der Sekundärliteratur...
Ich aber muß mir alles selbst erarbeiten, muß alles selbst auswerten – ein Mont Sauvage an Sekundärliteratur, und zwar zu den verschiedensten Themen und Arbeitsbereichen! Und so frage ich mich, ob ich beispielsweise auf solch eine Exkursion in den arabischen Bereich nicht doch besser verzichten soll, denn hier, wo ich keine wissenschaftliche Vorbildung, keine Sprachkenntnisse besitze, könnte ich Fehleinschätzungen übernehmen. Also abbrechen? Aber wieviel würde mir und meinem Buch damit entgehen? Ich schreibe keine wissenschaftliche Monographie, muß also nicht ängstlich Fachgrenzen einhalten, auch Grenzen der Disziplin genannt, ich setze mir meine Grenzen selbst, also kann ich sie ausweiten. So wage ich mich denn auf dieses Gebiet vor, sichere mich jedoch ab: gegenlesend ziehe ich weitere Fachliteratur heran, und es wächst, Detail um Detail, das Bild einer arabischen Zivilisation und Kultur, mit der verglichen Wolframs Welt ärmlich erscheint.

11
Ibn al-Wassa, Das Buch des buntbestickten Kleides. Leipzig und Weimar 1984.

12
Georg Jacob, Arabische Berichte von Gesandten an germanische Fürsten-

höfe aus dem 9. und 10. Jahrh. Berlin 1927. (Quellen zur dt. Volkskunde, Erstes Heft.)

13
Fritz Curschmann, Hungersnöte im Mittelalter. Ein Beitrag zur deutschen Wirtschaftsgeschichte des 8. bis 13. Jahrhunderts. Leipzig 1900.

14
Handwörterbuch des deutschen Aberglaubens. Band V.

15
Eduard Winkelmann, Philipp von Schwaben und Otto IV. von Braunschweig. Leipzig 1873-1878. Zwei Bände.
Hugo Stehkämper, Der Kölner Erzbischof Adolf von Altena und die deutsche Königswahl (1195-1205). München 1973.
Albrecht Hauck, Kirchengeschichte Deutschlands, Vierter Teil. Berlin 1958.
Regesta Chronologico-Diplomatica. Frankfurt und Leipzig 1740.

16
Johann Baptist Kurz, Heimat und Geschlecht Wolframs von Eschenbach. Ansbach 1916.
Albert Schreiber, Neue Bausteine zu einer Lebensgeschichte Wolframs von Eschenbach. Hildesheim 1975.
Die Regesten der Bischöfe von Eichstätt, bearb. von Franz Heidingsfelder. 1. Lieferung, Innsbruck 1915.
Joseph Aschbach, Geschichte der Grafen von Wertheim. Erster Teil, Frankfurt 1843. Zweiter Teil: Wertheimisches Urkundenbuch, Frankfurt 1843.
Peter P. Alberg, Die Edelherrn von Dürn. Ein Grundriß ihrer Geschichte. Buchen 1936.
Elisabeth Grünenwald, Die Grafen von Oettingen und ihre Burgen und Schlösser. Oettingen 1979.
Walter Hotz, Burg Wildenberg im Odenwald. Ein Herrensitz der Hohenstauferzeit. Amorbach 1963.
Theodor Knochenhauer, Geschichte Thüringens zur Zeit des ersten Landgrafenhauses (1093-1247). Gotha 1871.
Joachim Bumke, Mäzene im Mittelalter. Die Gönner und Auftraggeber der höfischen Literatur in Deutschland 1150-1300. München 1979.

Zu Seite 162: Die Randziffern stammen nicht von einem der Schreiber der Wolfram-Tradierung, sondern vom Herausgeber Karl Lachmann.
In einer der Parzival-Handschriften (der St. Gallener) hat Lachmann im Verlauf seiner textkritischen Arbeit entdeckt: etwa ab der Hälfte des Werks untergliedern kleine Initialen den Text im Abstand von jeweils dreißig Zeilen – sonst sind die kleinen Initialen, wie bei allen anderen

Handschriften, in unregelmäßigen Abständen eingesetzt, um das Schriftbild aufzulockern. Ich betone: nur in einem Teil einer der beiden »Haupthandschriften« Lachmanns findet sich diese Klein-Gliederung. Was solch eine Portionierung bedeutet, wissen wir nicht. Vielleicht war sie eine Arbeitshilfe für den oder die Schreiber: man brauchte nach der Abschrift nicht mehr Zeile für Zeile zu kontrollieren (wie leicht kann versehentlich eine Zeile ausgelassen werden!), sondern man zählte nur jeweils den »Packen« nach – waren es dreißig Zeilen, so war alles in Ordnung, man konnte weiterschreiben.

Lachmann hat diese Untergliederung eines Teils einer der Handschriften zum starren Prinzip erhoben, hat hier ein preußisches Exerzier-Reglement eingeführt. Jacob Grimm hat dieses Dreißiger-System mit Skepsis beurteilt. Denn es führte in Extremfällen zu fragwürdigen Ergebnissen: Lachmann holte zwei Zeilen aus einer anderen Handschrift herüber, um einen unvollständigen Dreißiger zu komplettieren, brachte damit eine Wiederholung in den Text.

Diese Aufgliederung ist seit mehr als einem Jahrhundert kanonisiert; alle Textverweise der Sekundärliteratur erfolgen nach diesem System. Heißt es also beispielsweise: 183, 28, so bedeutet das: die 28. Zeile der 183. Dreißiger-Sequenz.

Dieses System gefällt mir nicht. Ich hielte es für einfacher und sinnvoller, die Zeilen durchzuzählen, wie etwa beim Perceval-Roman. Aber wenn ich dieses System aufgäbe – wie sollte man sich in meiner Übertragung zurechtfinden? Wie sollte man verifizieren, wie vergleichen können ohne endloses Suchen? Also setze ich im Zweiten Teil wenigstens die Dreißiger-Ziffern an den Rand, nicht aber die zusätzlichen Zwischenzählungen im üblichen Fünfer-Abstand. Wer meine Übersetzung überprüfen will, wer Literaturhinweise aufgreift, findet trotzdem rasch die angegebene Textstelle.

17
Johannes Haller, Das Papsttum. Idee und Wirklichkeit. Band III. Reinbek 1965.
Steven Runciman, Geschichte der Kreuzzüge. 3 Bände. München 1957-1960.

18
Luise von Winterfeld, Handel, Kapital und Patriziat in Köln bis 1400. Lübeck 1925.
Horst Wenzel, Aristokratisches Selbstverständnis im städtischen Patriziat von Köln, dargestellt an der Kölner Chronik Gottfried Hagens. Berlin 1977. (In: Literatur Publikum Historischer Kontext. Hrsg. von Joachim Bumke und anderen)
Heiko Steuer, Zur Erforschung des Alltagslebens im mittelalterlichen Köln. In: Stadtspuren – Denkmäler in Köln. Köln 1984.

19
Günther Binding, Baumeister und Handwerker im Baubetrieb. In: Ornamenta Ecclesiae, Bd. 1
Peter Opladen, Groß St. Martin. Geschichte einer stadtkölnischen Abtei. Düsseldorf 1954.
Franz Nienhoff, Umbilicus mundi – Der Nabel der Welt. Jerusalem und das Heilige Grab im Spiegel von Pilgerberichten und -karten, Kreuzzügen und Reliquiaren. In: Ornamenta Ecclesiae, Bd. 3. Köln 1985.
Anna-Dorothee v. den Brincken, Presbyter Johannes, Dominus Dominantium – ein Wunsch-Weltbild des 12. Jahrhunderts. In: Ornamenta Ecclesiae, Bd. 1. Köln 1985.

20
Der Wartburgkrieg. Hrsg. von Tom Albert Rompelman. Amsterdam 1939.

21
Wolfram von Eschenbach, Parzival (Teilausg.) Abbildungen und Transkriptionen zur gesamten handschriftlichen Überlieferung des Prologs. Hrsg. von Uta Ulzen. Göppingen 1974.
Parzival, Titurel, Tagelieder. Cgm 19 der Bayerischen Staatsbibliothek München, Faksimileband, Textband. Transkriptionen der Texte von Gerhard Augst, Otfried Ehrismann und Heinz Engels. 1970.

22
Chrétien de Troyes, Der Percevalroman (Li Contes del Graal). In Auswahl hrsg. von Alfons Hilka. Tübingen 1966.
Chrestien de Troyes, Perceval oder Die Geschichte vom Gral. Aus dem Altfranzösischen übersetzt von Konrad Sandkühler. Stuttgart 1957.
Max Wehrli, Wolfram von Eschenbach: Erzählstil und Sinn seines Parzival. In: Formen mittelalterlicher Erzählung. Aufsätze. Zürich 1969. (Zum Vergleich Chrétien/Wolfram)
Gottfried von Straßburg, Tristan und Isolde. Hrsg. von Friedrich Ranke. Berlin 1963.
Gottfried Weber, Gottfried von Straßburg. Stuttgart 1962.
Lambertus Okken, Kommentar zum Tristan-Roman Gottfrieds von Straßburg, 1. Band. Amsterdam 1985.
Wolfgang Mohr, Parzival und Gawan. In: Wege der Forschung, Band LVII. Wolfram von Eschenbach. Hrsg. von Heinz Rupp. Darmstadt 1966.
Jessie L. Weston, From Ritual to Romance. New York 1957.
Reto Bezzola, Liebe und Abenteuer im höfischen Roman. Reinbek 1961.
Hans Zimprich (Hrsg.), Kinderpsychosomatik. Stuttgart-New York 1984.

Gisela Zimmermann, Kommentar zum VII. Buch von Wolfram von Eschenbachs (!) Parzival. Göppingen 1974. (Göppinger Arbeiten zur Germanistik Nr. 133)
Bernd Schirok, Parzivalrezeption im Mittelalter. Darmstadt 1982.
Hartmut Broszinski, Medizinische Handschriften in Kassel. Festschrift zum 86. Deutschen Ärztetag in Kassel. Kassel 1983. (Zu Meister Bartholomäus)
Wolfgang Mohr, Namensregister. In: Wolfram von Eschenbach, Parzival. Übersetzt von Wolfgang Mohr. Göppingen 1979.

Zu Seite 205: Carnac-Karnant, alias Karnahkarnanz... Ich habe im Parzival die Namen vielfach wieder ›französisiert‹, habe mich dabei weithin an Wolfgang Mohr gehalten (dessen Übersetzung ich mich freilich fern gehalten habe). Bei den Namen wird deutlich, daß Wolfram den französischen Text nur gehört, nicht gelesen hat, und so hat er den Schreibern (die offensichtlich auch nicht viel Französisch konnten oder die keine Rückfragen stellten), so etwas wie phonetische Umschriften diktiert, die zum Teil bizarr, zum Teil skurril, zum Teil aber auch nur albern wirken.
Einige, hoffentlich überzeugende, Beispiele. Der schöne junge Mann, der je nach Handschrift Beakurs, Beacurs, Beachurs, Beachors oder Beahcors heißt, er heißt Beaucorps, ein sprechender Name. Und Poytewin de Prienlascors dürfte ein Baudouin de Prend-la-Court sein. Und ein drittes, sehr wichtiges Beispiel: Feirefiz oder Feirafiz oder Ferefiz oder Veirafiz, der Stiefbruder Parzivals – dieser Name ist mir, im Schriftbild, immer schon albern erschienen, ich hatte Assoziationen an Fidibus oder Firlefanz, das wollte ich nicht dutzendfach schreiben und lesen, also habe ich die französisierende Kompromißform Fairefis entwickelt.
Das Erarbeiten französischer Versionen (oder, vorsichtig gesagt: annäherungsweise französischer Namensformen) findet natürlich seine Grenzen. Zum Beispiel dort, wo Meister Wolfram offenbar verballhornte Namen erfunden hat, mit seinem fränkischen Querkopf. Oder wo er deutsche Namen erfand. Wichtigstes Beispiel ist hier Parzivals Mutter Herzeloyde; für diesen Namen kann kein französisches Pendant ausgetüftelt werden! Aber sonst: französische Namensversionen so weit es sinnvoll ist.
Ich war in dieser Technik noch konsequenter bei topographischen Bezeichnungen. Aus dem albern wirkenden Namen Schampfazun, Scampfanzun, Tachenfanzun, Tschanfenzun ist ein Champ Fançon herauszuhören, das gefällt mir weitaus besser. Oder das Schastel oder Scastel oder Schateil oder Tschahtel und so weiter, mit dem Zusatznamen Marveil oder Marvale oder Marfeile oder Mervile – dies ist wohl kaum ein Chastel Merveille, wie Mohr das transkribiert, sondern ein Château Merveille, für heutige Leser. Und der Gralsberg Munsalvaesche oder Monsalvaese oder Muntsalvatsche und so weiter, das ist der Mont Salvage.

Es könnte auch ein Mont Sauvage sein, ein Wilder Berg, für diese Version sprechen ebenfalls gewichtige Gründe, aber: bei der Wildenberg-These winke ich ab.
Ich bringe drei weitere Beispiele für die notwendige Übertragung von Ortsnamen. Gahmuret sagt seinem Bruder (ich paraphrasiere): Und selbst, wenn du aus Gylstram kämst oder aus Ranculat, du wärst mein Bruder, ich bliebe an deiner Seite. (9, 12) Ich habe Gylstram und Ranculat für Erfindungen gehalten: mal ein nordisches, mal ein südliches, auf jeden Fall aber ein exotisches Hintertupfingen.
Jedoch: in Ranculat ist ein arabischer Name verpuppt, und die Orientalistik macht den Schmetterling flügge: Hromgla heißt es im Armenischen, Qal'at ar-Rum im Arabischen. (Paul Kunitzsch, Die Arabica im »Parzival« Wolframs von Eschenbach. In: Wolfram-Studien II. Berlin 1974.) Damit gewinnt Gahmurets Äußerung eine ganz andere Bedeutung: Selbst, wenn du aus einem Ort des arabischen Heidenlandes kämst, ich hätte brüderliche Gefühle für dich.
Ein zweites, scheinbar simples Beispiel: Babylon. Hier schien alles eindeutig, bis ich lernte, daß es zu Wolframs Zeit zwei Babylons gab. Otto von Freising in seiner lateinischen Chronik: »Es ist nämlich, wie wir von zuverlässigen Gewährsmännern von jenseits des Meeres erfahren haben, von dem alten Babylonien ein Teil noch bewohnt, Bagdad mit Namen, der übrige Teil aber, der sich zehn Meilen weit bis zum Turm Babel erstreckt, ist, wie es beim Propheten heißt, ›wüst und öde‹. Die Stadt aber, die, wie schon gesagt, jetzt allgemein Babylon genannt wird, liegt nicht am Euphrat, wie jene glauben, sondern am Nil, etwa sechs Tagesreisen von Alexandria entfernt: es ist Memphis.« (Chron. VII, 3.) (Otto Bischof von Freising. Chronik oder Die Geschichte zweier Staaten. Übersetzt von Adolf Schmidt. Hrsg. von Walther Lammers. Darmstadt 1960.)
Aller guten Beispiele sind drei. Kalot enbolot heißt eine Burg der Klingsor-Sage. Was wurde hier verballhornt? In diesem Namen steckt Caltabellota, eine Burg in Südsizilien, die für kurze Zeit eine Rolle spielte in der Geschichte des normannisch-sizilianischen Königreichs. Und der arabische Kern ist hier: Qal'at al-Ballut, das »Eichenschloß«. Auch dieses Beispiel zeigt, wie sehr Namen bei den Filterungen verändert werden konnten.
Die Übertragung in heutige Sprachformen darf freilich nicht rigoros konsequent sein – schwebende Unklarheiten sind für Wolframs Werk vielfach bezeichnend. So habe ich einerseits die Wortform Champ Fançon übernommen, nicht aber die Wortform Camp Volais für Kanvoleiz. Ebenso blieb ich bei Personennamen inkonsequent: Le Choix Guellious neben Llewelyn (Lähelin). Denn das weite Reich der Artus-Fabel umfaßt bei Wolfram Wales wie Anjou: beides wohl pars-pro-toto-Bezeichnungen für das riesige Angevinische Reich seiner Gegenwart, das sich von der schottischen Hochebene bis zu den Pyrenäen erstreckte. Die

Sprache der Oberschicht dieses anglo-normannischen Reiches war Französisch: auch das spiegelt sich in Wolframs Werk.
Wolfram hat die Figuren des Artus-Sagenkreises zwar zu seinen Zeitgenossen gemacht, und dies in jeder Hinsicht, aber das Angevinische Reich der Anjou-Plantagenet wird für ihn eher Modell gewesen sein – ein Modell, das vage Weiträumigkeit vorgab. Für ihn ist König Artus ein »Bertûn« (die Mehrzahl: »Berteneisen«) und das Gebiet, das Land heißt »Britanje«. In den ersten beiden Fassungen der Übersetzung habe ich – wie in bisherigen Übersetzungen und in der Sekundärliteratur weithin üblich – »Bretone«, »Bretagne« eingesetzt. Aber als ich in G. M. Trevelyans *Shortened History of England* las, kamen mir Bedenken. Die Bretagne ist heute die Halbinsel im Westen Frankreichs, und dort spielen die Artus-Sagen ja nun nicht! Die heutige Bretagne ist höchstens ein Teil des weiten anglo-normannischen Reichs; sein Zentrum ist selbstverständlich die englische Insel. Zitat aus der Fachliteratur, aufgelesen bei Okken: »Bretagne bezeichnet das heutige Großbritannien (mit Einschluß oder Ausschluß des schottischen Hochlandes) vor, z. Th. noch während der germanischen Eroberung; also z. B. das Reich König Arthurs in der Sage.« Wie diesen Ländernamen nun übersetzen? Mit »Britannien«? Da wäre es nur noch ein Schritt zu »Groß-Britannien«, und dieser Begriff ist auch wieder zu festgelegt, damit eingeengt. Auch würde König Artus damit zum »Briten«, und das geht nicht, schließlich residiert er auch im heutigen französischen Bereich, beispielsweise in Nantes. So habe ich »die Bretagne«, und »Britannien« sprachlich gekreuzt, und es entstand »die Britannie«. Artus ist demnach ein »Britanne«, das Adjektiv lautet »britannisch«. Und damit ist alles wieder in der Schwebe, in der es bei Wolfram war.

Zu Seite 231: Ich spiele hier an auf eine Publikation im Sammelband medizinischer Untersuchungen zur *Kinderpsychosomatik*. P. Scheer veröffentlichte hier einen Aufsatz über Parzival: »Ein interaktionelles Modell der Entstehung, Erhaltung und Therapie von psychosomatischen Krankheiten in der Familie – am Beispiel des Helden«. Hier wird Parzival als Psychoneurotiker charakterisiert, seine Krankheit ist die der »Gefühlsstummheit«, es wird seine »Patientenkarriere« skizziert, »die in ihrer Länge und Qual vielen heutigen Verläufen und oft ungenügenden Versorgungsmodellen psychosomatischer Krankheiten ähnlich ist«. Als eine der Ursachen die sehr starke Mutterbindung: »Die Schwäche Parzivals und aller Kinder mit einer überlangen und überstarken Mutterbindung zeigt sich beim plötzlichen Abbruch dieser Beziehung, wenn sie unvorbereitet dem männlichen Prinzip ausgeliefert werden.«
In diesem Aufsatz weist der Arzt und Psychologe auch darauf hin, daß bei der chronischen Krankheit des Anfortas psychosomatische Faktoren mitwirken: »Die Aufrechterhaltung der Beschwerden könnte man als psychodynamisch mitbedingt auffassen, da er aufgrund seiner Schuld-

problematik nicht genügend Abwehrstoffe produziert, um seine Heilung selbst herbeizuführen.«
Hier sind einerseits überraschende Interpretationsansätze, andererseits: die Vorgänge werden unhistorisch interpretiert, der Versroman wird wie eine Fallstudie behandelt.
Das wird besonders deutlich beim Stichwort »Gefühlsstummheit«. Parzival beweist in einigen Situationen (vor allem bei der ersten Begegnung mit Sigune!) spontanes Mitgefühl, artikuliert es auch, nur in der Gralsburg ist er nicht fähig, die therapeutische Frage zu stellen. Das hat wohl zwei Gründe. Da ist einmal das neue Ambiente des Festsaals mit dem großen Ausstattungs-Defilee, der exakten Choreographie schöner junger Damen, mit all dem Glanz von Silber und Gold, mit den wundersamen Emanationen des höchst geheimnisvollen Grales – hier ist so viel Befremdendes, auch Einschüchterndes für den sehr jungen Besucher, daß er gar nicht darauf kommt, hier könnte, dürfte, müßte er eine Frage stellen, ständig werden ihm ja höchst geordnete Abläufe vorgeführt, zeigt sich ihm eine strenge Hierarchie, die Spontaneität offenbar nicht zuläßt. Und der zweite Grund, auf den auch Friedrich Maurer hinweist: Parzival hält sich zu sehr, zu eng an die Lehre, die ihm Gournemans erteilt hat: nicht zuviel reden, nicht zuviel fragen. Nun ließe sich diskutieren, warum er diese Lehre angenommen, verinnerlicht hat, aber solchen Fragen will ich nicht nachgehen: eine Interpretation des Versromans müßte sich zwangsläufig verbinden mit kritischer Erörterung vorliegender Interpretationen – und daraus würde allzu leicht ein weiteres Buch.

Zu Seite 232: In der Romanistik wird kritisch auf den großen Umfang der Gauvain-Episoden hingewiesen, ja es ist sogar die These aufgestellt worden, sie wären Zutaten eines anderen Autors. Im deutschsprachigen Raum war es Paetsch, der konstatierte, daß die Gawan-Episoden »einen unverhältnismäßigen Umfang« einnähmen. Und Gisela Zimmermann, nach zusammenfassender Motivierung der Gawan-Handlung: »Fraglich bleibt, ob die Berufung auf dieses Kunstprinzip ausreicht, die ungewöhnliche Quantität der Gawanpartien zu rechtfertigen.«
In diesem Zusammenhang müssen besonders das 13. und das 14. »Buch« kritisch befragt werden (genauer: die Erzählphasen zwischen 644 und 732). Hier sind weder Parzival noch Gawan die Hauptfiguren, hier dominiert König Gramoflans.
Zuvor erzählten Chrétien und Wolfram die drei ›Liebesgeschichten‹ des Gawan: die zum Kind Obilot, die zur großen, resoluten Antikonie, die zur jungen Witwe Orgeluse, deren Name ein Eigenschaftswort ist: orgueilleuse, die stolze. Um deren Liebe zu gewinnen, soll Gawan mit ihrem Feind, dem König Gramoflans, kämpfen; dieser Kampf findet bei der ersten Begegnung jedoch nicht statt, er wird verschoben auf einen späteren Termin. Das verbindet die beiden Figuren im weiteren Erzählablauf. Es kommt eine zweite erzählerische Verknüpfung hinzu: Gramoflans

liebt Itonje, die Schwester Gawans, obwohl er sie noch nie gesehen hat, und dieses junge Mädchen liebt ihn ebenfalls. So ist die Gramoflans-Handlung mit der Gawan-Handlung doppelt verbunden. Aber wie auch immer man die Beziehung zwischen den beiden Figuren interpretieren will: Gramoflans macht sich allzu breit im Doppel-Roman.

Dafür können wir nicht mehr Chrétien mitverantwortlich machen; sein Werk bricht etwa beim Beginn der Gramoflans-Handlung ab. Und als wollte uns Wolfram beweisen, wie sehr er sich an die straffe Textführung durch Chrétien gewöhnt hat, verliert er sich hier in die Darstellung einer Nebenfigur und ihrer Liebe zur Schwester der Komplementärfigur.

Innerhalb der Gramoflans-Protuberanz kommt es zu einem Lanzenstechen zwischen Gawan und Parzival. Damit werden die beiden Handlungsstränge zusammengeführt, zumindest äußerlich. Daß Parzival auftaucht, wird vom Erzähler nicht weiter motiviert: Gawan will sich etwas Bewegung verschaffen, um in Form zu bleiben für einen bevorstehenden Rechtskampf mit Waffen, er reitet aus – und trifft auf Parzival!

Es wiederholt sich nun eine der Stereotypien im Verhalten der Ritterfiguren dieses Romans: sobald sich zwei Ritter sehen, legen sie ihre Lanzen ein, geben sie ihren Streitrössern die Sporen. Da wird nicht erst gefragt, wer man sei und woher des Weges, sofort wird gekämpft, und wenn sich schließlich beim Abnehmen der Helme herausstellt, daß man sich kennt, vielleicht sogar miteinander verwandt ist, so wird der Kampf bedauert. Diese erzählerische Konstruktion setzt voraus: die Panzerreiter tragen unterwegs ständig ihre Rüstung, sogar mit der Eisenplatte vor dem Gesicht, also kann man sich nicht erkennen – es sei denn durch Wappenzeichen oder Helmschmuck. Die Realität war zu Wolframs Zeit auch hier anders: die schweren, unbequemen Rüstungen wurden von Knappen auf Lastpferden mitgeführt oder zuweilen auf einachsigen Karren; die Rüstungsteile wurden erst unmittelbar vor dem Kampf angelegt. Nur im Krieg, in Erwartung eines feindlichen Überfalls oder Angriffs, wird man in der Rüstung geritten sein, die Eisenplatte vor das Gesicht geschnallt, den ventail, also Kettenlatz, vor Kinn und Mund verzurrt. – So ähnlich waren hier wohl auch Gawan und Parzival gewappnet.

> Am Fluß mit Namen Severn 678, 28
> sah er einen Ritter warten,
> von dem wir sagen, ganz zu Recht:
> sein Mannesmut war kieselhart.
> Ein Hagelschlag im Ritterkampf!
> Bosheit drang ihm nie ins Herz.
> Er war in dieser Hinsicht schwach:
> was man so die Schande nennt,
> das kriegte er nicht angehoben,
> nicht spannen-, nicht mal fingerhoch.
> Von diesem edlen Manne

habt ihr früher schon gehört:
wir sind beim Hauptstamm des Romans.

Aber dieser Stamm erhebt sich in einem Erzählterrain, in dem weiterhin König Gramoflans dominiert. Wahrscheinlich wird Wolfram gespürt haben, daß sich eine Nebenhandlung (mit Neben-Nebenhandlungen!) allzu selbständig machte, und weil er das nicht mehr korrigieren konnte, wollte er das wenigstens kaschieren – mit dieser Erklärung. Aber was er hier programmatisch verkündet, das löst er als Erzähler nur phasenweise ein. Erst mehr als anderthalb Tausend Verszeilen später wird Parzival wieder unangefochtene Hauptfigur der Geschichte, gemeinsam mit seinem Halbbruder. Und so setze ich in der Lesefassung der Übertragung erst wieder bei diesem Finale ein.

Aber noch sind wir bei Parzival und Gawan: hier erfüllt sich die Begegnung im Kampfritual. Aber auch dies wirkt enttäuschend: eine eher lakonisch erzählte Tjost nach mehreren erzählerisch groß inszenierten Tjosten.

>   Sie stammten von dem Mont Salvage,   679, 23
>   die beiden Rösser, die sich hier
>   in rascher Gangart näherten
>   zur attaque, in den combat –
>   Sporen trieben dazu an.
>   Auf grünem Klee mit Tau, und nicht
>   auf Sand mit Staub tjostierten sie.
>   Der Kampf der beiden tut mir leid.
>   Sie combattierten schulgerecht:
>   schließlich waren diese beiden
>   vom Geschlechte der »von Tjost«.
>   Wer hier den Siegespreis erringt,
>   macht kaum Gewinn und viel Verlust;
>   wenn er klar sieht, wird er klagen.
>   Treue traf hier auf die Treue,
>   und die war wie eh und je
>   ohne Scharten, ohne Löcher.
>   Nun hört, wie diese Tjost verlief:
>   mit Elan, und dennoch so,
>   daß beide sich nicht freuen konnten –
>   edle Verwandtschaft, stolze Freundschaft
>   prallten hier in voller Feindschaft,
>   in hartem Kampfe aufeinander.
>   Wer dabei den Ruhm verliert,
>   verpfändet Freude an den Kummer.
>   Die Lanzenstöße so plaziert,
>   daß sie – befreundet und verwandt –
>   sich gegenseitig niederstießen

mit Rössern, allem Drum und Dran.
Die beiden taten dies danach:
Keile wurden eingetrieben,
und sie holzten mit den Schwertern.
Seit dem Anfang ihres Kampfes:
Schildersplitter, grüne Halme
apothekenfein vermischt!

Wolfram bricht hier erst einmal ab, schiebt einen Bericht ein über eine Botenmission zu König Gramoflans.

Es gab da keinen Aufschub mehr: 688, 4
die Artus-Boten brachen auf
und kamen auf dem Ritt zurück
dorthin, wo Gawan kämpfte.
Die Pagen, so entsetzt wie nie,
schrieen laut – Gefahr für ihn!
Sie fühlten sich mit ihm verbunden.
Es wäre fast dazu gekommen,
daß Gawans Gegner ihm den Sieg
in diesem Kampf entrissen hätte.
Er war ihm derart überlegen,
daß Gawan, dieser edle Held,
völlig unterlegen wäre –
doch die Pagen, die ihn kannten,
riefen klagend seinen Namen.
Der andre, vorher stark im Kampf,
verlor nun seine Angriffslust,
er warf das Schwert weit von sich fort.
»Ich hab kein Glück und keine Ehre«,
rief der Fremde, und er weinte,
»ich bin ganz vom Glück verlassen,
deshalb hat auch meine Hand,
so entehrt, den Kampf geführt!
Schlimmer konnte es nicht kommen.
Ich nehme alle Schuld auf mich.
Mein Unstern zeigte sich erneut,
drum konnte mich das Glück nicht wählen.
Mein altes Unglückswappen wurde
wieder sichtbar, dies sehr deutlich:
ich hab hier mit dem edlen Gawan
wahrhaftig einen Kampf geführt!
So habe ich mich selbst besiegt;
das Unglück harrte meiner hier.
Als der Kampf eröffnet wurde,
hat sich mir das Glück entzogen.«

> Gawan hörte diese Klage,
> und er sagte seinem Gegner:
> »Schrecklich! Herr, wer seid Ihr denn?!
> Ihr sprecht so freundschaftlich zu mir.
> Wär vorher so gesprochen worden,
> als ich noch bei Kräften war,
> da hätt ich nicht den Ruhm verloren!
> Ihr habt den Siegesruhm errungen.
> Ich wüßte gerne, wer Ihr seid,
> bei wem mein Ruhm zu suchen ist,
> wenn ich ihn einmal suchen sollte.
> Solange es das Schicksal wollte,
> hielt ich in Einzelkämpfen stand.«
> »Ich stelle mich dir vor, mein Vetter,
> jetzt und immerdar zu Diensten:
> ich bin's – dein Vetter Parzival!«
> Gawan sagte: »So war's recht...
> Was dumm und krumm ist, wird nun grad!
> Hier haben sich zwei lautre Herzen
> voller Feindschaft angegriffen.
> Du hast uns beide überwunden –
> du solltest das für uns bedauern.
> Zeigt dein Herz noch treue Liebe,
> so hast du dich hier selbst besiegt.«
> Als dies ausgesprochen war,
> konnte mein Herr Gawan sich
> nicht länger auf den Beinen halten;
> Schwäche, er begann zu taumeln,
> denn ihm dröhnte noch der Kopf,
> er brach zusammen, fiel ins Gras.

Gawan wird aus der Ohnmacht erweckt, aber auch jetzt kommt es nicht zum Gespräch zwischen den beiden, auf dem Ritt zum Zeltlager des Königs Artus oder in einem der Zelte dort. Und schon gar nicht kommt es zu einer Unterredung, wie sie Parzival beispielsweise mit Sigune, mit Gournemans, mit Trevrizent geführt hat. Dabei sind die beiden jungen Männer miteinander verwandt, sie schätzen, mögen sich – wäre es nicht denkbar, ja naheliegend, daß der Dichter sie miteinander sprechen läßt? Schließlich haben sie zwei verschiedene Wege zum Gral eingeschlagen (zumindest ist Gawans Suche nach Abenteuer und ritterlicher Bewährung dieses Motiv zusätzlich mit auf den Weg gegeben worden), der eine hat viele Kämpfe geführt, und der andere, der nicht so gerne kämpft, hatte Begegnungen mit einem kleinen Mädchen, mit einer Jungfrau, mit einer jungen Frau. Sie werden sich also viel mitzuteilen haben, sie könnten wechselweise reagieren auf ihre Erlebnisse und Erfahrungen, aber nichts davon –

es findet die soundsovielte Tjost statt. Dies ist ein eher mechanisches Zusammenführen der Handlungsstränge, aus dem sich für die Figuren nichts weiter ergibt – wieviel dagegen ergibt sich aus der späteren Kampfbegegnung zwischen Parzival und Fairefis! In der Erzählphase des 14. ›Buchs‹ ist Gawan zwar mit Parzival im Königslager, und Parzival wird wieder in die Tafelrunde aufgenommen, aber koordinierende Hauptfigur bleibt König Gramoflans. Parzival tjostiert denn auch (stellvertretend für Gawan, der nichts davon weiß, nichts davon wissen darf) mit Gramoflans, aber dann verschwindet Parzival wieder einmal im Erzählhintergrund, mehr als ein halbes Tausend Verszeilen lang. Und erzählt wird von Gramoflans und Itonje, und daß Artus die beiden schließlich als Ehepartner zusammenführt. Wie in einer Shakespeare-Komödie gibt es gleich noch weitere Eheschließungen – Anlaß für Parzival, an seine Ehefrau zu denken.

> Nun dachte Parzival erneut 732
> an seine strahlend schöne Frau
> und ihre sanfte Lieblichkeit.
> Ob er um eine andre wirbt,
> indem er Dienst für Liebe bietet,
> ihr damit untreu werden will –?
> Sein Herz voll Mut, sein ganzes Wesen
> blieben in der Liebe treu,
> so sehr, daß keine andre Frau
> zur Herrin seiner Liebe wurde –
> nur die Königin allein,
> Con   duir   a   mour,
> belle fleur in vollem Flor...
> Er dachte: »Seit ich Liebe kenne –
> wie ging die Liebe mit mir um?
> Ich stamme von der Liebe ab –
> wie verlor ich da die Liebe?!
> Kämpfend suche ich den Gral,
> doch beherrscht mich stets der Wunsch,
> daß sie mich ehelich umarmt –
> schon viel zu lang sind wir getrennt.
> Sehen meine Augen Glück,
> und leide ich im Herzen Qual,
> so paßt dies beides nicht zusammen.
> Keiner wird in solcher Lage
> reich an Hochgefühlen sein.
> Möge mir das Schicksal zeigen,
> was für mich am besten ist.«
> Die Rüstung lag ganz nah bei ihm...
> Er dachte weiter: »Seit mir fehlt,

> worüber Glückliche verfügen –
> was ich meine, ist die Liebe,
> die manches Herz, das traurig ist,
> mit Glückes Hilfe fröhlich macht –
> weil ich hier keinen Anteil habe,
> schert mich nicht, was mir passiert.
> Gott will nicht, daß ich glücklich bin.
> Sie zwingt mir Liebessehnsucht auf.
> Stünd es *so* um unsere Liebe,
> daß Trennung in ihr möglich wäre,
> weil uns Wankelmut verstört,
> so fänd ich sicher andre Liebe.
> Doch lieb ich sie, und das verhindert
> andre Liebe, Glückserfüllung.
> Ich bin vom Leiden nicht befreit.
> Das Schicksal schenke allen Freude,
> die Freude wünschen von Bestand;
> ich reit von diesen Freuden weg.«
> Und er griff zu seiner Rüstung,
> legte sie sich an, behend –
> er hat dies oft allein getan.
> Als der Mann, so freudenflüchtig,
> seine ganze Rüstung trug,
> sattelte er selbst das Pferd.
> Er fand den Schild, die Lanze vor.
> Er brach früh auf – ein Grund für Klagen.
> Als er losritt, begann es zu tagen.

Um diese schöne Sequenz im Textzusammenhang vorzustellen, hätte ich in die Lesefassung viele, viele Seiten einbeziehen müssen, die ich mit Überzeugung gestrichen habe. Oder ich hätte doch Zwischentexte einfügen müssen. Aber Wolfram dazwischenreden, und sei es noch so kurz? Das kam für mich nicht in Frage.

23
Manfred Günther Scholz, Hören und Lesen. Studien zur primären Rezeption der Literatur im 12. und 13. Jahrhundert. Wiesbaden 1980.

24
Jacob Grimm, Rede auf Lachmann. In: Kleinere Schriften I. Reden und Abhandlungen. Hildesheim 1965.
Briefwechsel der Brüder Jacob und Wilhelm Grimm mit Karl Lachmann. Hrsg. von Albert Leitzmann. 2. Bde. Jena 1927.
Friedrich Neumann, Karl Lachmanns »Wolframreise«. Eine Erinnerung an die Königsberger Zeit. In: Wege der Forschung Band LVII. a.a.O.

Myllers Parzival. Behufs seiner eigenen Ausgabe durchkorrigirt von K. Lachmann. (Murhardsche Bibliothek Kassel)
Maschinelle Textrekonstruktion. Theoretische Grundlegung, praktische Erprobung an einem Ausschnitt des »Parzival« Wolframs von Eschenbach und Diskussion der literaturgeschichtlichen Ergebnisse. Von Günther Kochendörfer und Bernd Schirok. Göppingen 1976 (Göppinger Arbeiten zur Germanistik Nr. 185)
Gottfried Weber, Wolfram von Eschenbach, Parzival. Text, Nacherzählung, Worterklärungen. Darmstadt 1981.
Wolfram von Eschenbach, Parzival. Studienausgabe. Berlin 1965. (Ich habe mich zuweilen für eine – noch – nicht allgemein akzeptierte Lesart der Überlieferung entschieden.)

25
H. P. Baard, Frans Hals. New York 1981
Wolfram von Eschenbach, Parzival. Übersetzung und Nachwort von Wolfgang Spiewok. Stuttgart 1981.
Parzival von Wolfram von Eschenbach. Neu bearbeitet von Wilhelm Hertz. Stuttgart und Berlin 1911.
Wolfram von Eschenbach. Die großen Klassiker. Literatur der Welt in Bildern, Texten, Daten. Band 19. Salzburg 1983. (Auszüge der Übersetzung von Karl Simrock.)
Jürgen Vorderstemann, Die Fremdwörter im »Willehalm« Wolframs von Eschenbach. Göppingen 1974. (Göppinger Arbeiten zur Germanistik Nr. 127)
Laurence Sterne, Tristram Shandy. London 1959.

Zu Seite 241: Im Nachdruck des Jahres 1983 (!) schlage ich die Teil-Übersetzung von Karl Simrock an beliebiger, ich schwöre: an beliebiger Stelle auf und lese beispielsweise dies:

> »Euch verführte leicht die Jugend,
> daß Ihr brächt der Demut Tugend.
> Noch mußte stets der Hochmut fallen!«
> Ein Tränenstrom begann zu wallen
> bei dem Gedanken an die Kunde,
> die da kam aus seinem Munde.

Was sich hier ins Vage entzieht, ja verflüchtigt, muß wieder griffig, damit greifbar werden.

Zu Seite 242: Ein Seitenblick zur Übersetzung eines Autors, der zu meinen literarischen Hausheiligen gehört: Flaubert. Der erste Satz der *Madame Bovary* liest sich in einer der zahlreichen Übersetzungen knapp und prägnant so: »Wir saßen an unseren Aufgaben, als der Rektor eintrat. Ein Neuer folgte in bürgerlicher Kleidung, und ein Schuldiener mit einem

großen Pult folgte ihm.« Und gleich eine zweite Version: »Wir waren eben im Lehrerzimmer, als der Vizedirektor des Instituts eintrat und einen neuen Zögling hereinführte, der noch nicht die Uniform des Kollegiums, sondern einen gewöhnlichen Anzug trug; ein Schuldiener, ein großes Pult auf dem Rücken schleppend, folgte ihnen auf dem Fuße.« Die Erläuterung zur Frage Schuluniform/bürgerliche Kleidung, die eigentlich in eine Fußnote oder in eine Anmerkung gehört, sie wird hier in den Text mit hereingenommen, wird als Text von Flaubert ausgegeben. Und genau nach diesem Prinzip wird Wolfram in Prosa übersetzt! Ständig Ergänzungen, Erweiterungen, eingeschmuggelte Wörter, Nebensätze, ja komplette Sätze.
Es gibt nur *eine* Methode, dieses Ausweiten und Aufweichen zu verhindern: indem man Wolframs Versmaß übernimmt. Wie auch immer er komprimiert, man muß mit sieben, acht, manchmal neun Silben pro Zeile auskommen. Zwar läßt sich innerhalb einer kurzen Zeilensequenz schon mal ausgleichen, aber zuletzt: die Zeilenzahl der Übertragung muß identisch sein mit der Zeilenzahl der Textedition.
Es wäre leichter, Wolframs Werk ins Englische zu übersetzen als ins Neuhochdeutsche, denn hier sind vielen Wörtern im Lauf der Jahrhunderte Silben hinzugewachsen, vor allem als Flexionsendungen, Tempusbezeichnungen, und diese Silben kann ich nicht weglassen. Also muß ich beim Übertragen zum Teil noch knapper werden als Wolfram – aber im Stile Wolframs.

26
Wilhelm Wattenbach, Das Schriftwesen im Mittelalter. Leipzig 1875.
Rolf Sprandel, Gesellschaft und Literatur im Mittelalter. Paderborn-München-Wien-Zürich 1982.
Anton Legner, Illustres manus. In: Ornamenta Ecclesiae, Bd. 1
Peter Opladen, Groß St. Martin. Geschichte einer stadtkölnischen Abtei (= Studien zur Kölner Kirchengeschichte 2) Düsseldorf 1954.
Helmut Beumann, Gregor von Tours und der Sermo Rusticus. In: Wissenschaft vom Mittelalter. Ausgewählte Aufsätze. Köln-Wien 1972.
Norbert von Xanten. Adliger Ordensstifter Kirchenfürst. Hrsg. von Kaspar Elm. Köln 1984.
Peter Springer, Unvollendete Arbeiten. Modelle und Muster, Vorlage und Kopie, Serien. In: Ornamenta Ecclesiae Bd. 1.
Ernst Robert Curtius, Europäische Literatur und Lateinisches Mittelalter. Bern 1954.
Aslak Liestöl, Runeninschriften von der Bryggen in Bergen. Zeitschrift für Archäologie des Mittelalters. Köln 1973.

27
Aaron J. Gurjewitsch, Das Weltbild des mittelalterlichen Menschen. Dresden 1978.

28
Johann Pöhnlein, Dollnstein. Vergangenheit und Gegenwart. Eichstätt o. J.

29
Eduard Winkelmann, Philipp von Schwaben und Otto IV. von Braunschweig. Darmstadt 1968.
Albert Hauck, Kirchengeschichte Deutschlands, Vierter Teil. Berlin 1958.
George Macaulay Trevelyan, A Shortened History of England. Harmondsworth 1960.
Herbert Nette, Friedrich II. von Hohenstaufen. Reinbek 1975.
Georgina Masson, Das Staunen der Welt. Friedrich II. von Hohenstaufen. Tübingen 1976.

30
Theodor Knochenhauer, Geschichte Thüringens zur Zeit des ersten Landgrafenhauses (1039-1247). Gotha 1871.
Willehalm. Vollständige Faksimile-Ausgabe. Graz 1974.

31
Felix Niedner, Das deutsche Turnier im XII. und XIII. Jahrhundert. Berlin 1881.
Wappenfibel. Handbuch der Heraldik. Neustadt 1970.
Alexander Freiherr von Reitzenstein, Rittertum und Ritterschaft. München 1972 (Bibliothek des Germanischen Nationalmuseums Nürnberg zur deutschen Kunst und Kulturgeschichte, Band 32).
Arno Borst (Hrsg.), Das Rittertum im Mittelalter. Darmstadt 1976 (Wege der Forschung, Band CCCIL).
Max von Boehn, Die Mode. Eine Kulturgeschichte vom Mittelalter bis zum Barock. München 1976.
Heinrich Müller und Hartmut Kölling, Europäische Hieb- und Stichwaffen. Berlin 1981.
Paul Post, Das Zeughaus. Die Waffensammlung. 1.) Kriegs-, Turnier- und Jagdwaffen vom frühen Mittelalter bis zum Dreißigjährigen Krieg. Berlin 1929.
Paul Post, Das Kostüm und die ritterliche Kriegstracht im deutschen Mittelalter von 1000-1500. Berlin 1928-1939.

Zu Seite 297: Männer, die sich mit aufgerichteten Lanzen herausfordern, die sich mit starren Lanzen stoßen – daß hier psychologisierende Witze nicht ganz unberechtigt wären, deutet schon Hartmann von Aue an, im *Erek.*

> Sie küßten sich mit Lanzenschäften
> durch die Schilde auf die Brust

und dies mit solcher Leidenschaft,
daß die Schäfte aus Eschenholz
bis zur Hand in Kleinholz wurden
und die Splitter nur so stoben!

32
Land im Mittelpunkt der Mächte. Die Herzogtümer Jülich Kleve Berg. Kleve 1984. (Modelle Fehden)

33
Steven Runciman, Geschichte der Kreuzzüge. München 1957-1960

34
George Archibald Campbell, Die Tempelritter. Aufstieg und Verfall. Stuttgart o. J.

35
Hans-Friedrich Rosenfeld, Neue Fragmente von Wolframs »Willehalm«. In: Wolfram-Studien II. Hrsg. von Werner Schröder. Berlin 1974.

36
Wolfram von Eschenbach, Willehalm. Text der 6. Ausgabe von Karl Lachmann. Übersetzung und Anmerkungen von Dieter Kartschoke. Berlin 1968.
Aliscans. Krit. herausgegeben von Gustav Rolin. Wiesbaden 1967 (Nachdruck von 1897).
Joachim Bumke, Wolframs »Willehalm«. Studien zur Epenstruktur und zum Heiligkeitsbegriff der ausgehenden Blütezeit. Heidelberg 1959.
Walter Haug, Parzivals zwivel und Willehalms zorn. Zu Wolframs Wende vom höfischen Roman zur Chanson de geste. In: Wolfram-Studien III. Berlin 1975.
Alois Wolf, Kampfschilderungen in Wolframs »Willehalm«. In: Wolfram-Studien III. Berlin 1975.
Werner Schröder, Die Hinrichtung Arofels. In: Wolfram-Studien III.
Fritz Peter Knapp, Der Lautstand der Eigennamen im »Willehalm« und das Problem von Wolframs »Schriftlosigkeit«. In: Wolfram-Studien III.
Joseph W. Duggan, Die zwei »Epochen« der Chansons de geste. In: Epochenschwellen und Epochenstrukturen im Diskurs der Literatur- und Sprechhistorie. Hrsg. von Hans-Ulrich Gumbrecht und Ursula Link-Heer. Frankfurt 1985.

Zu Seite 333: Noch einmal eine Anmerkung zu den Namen. Wie es zu Wolframs Versionen kam, habe ich bereits angedeutet: er nahm sie so auf, gab sie so weiter, wie er sie von seinem Vorleser hörte. Dabei entstanden Namensformen, die für uns – im Druckbild! – eher albern als kurios oder exotisch klingen. Beispielweise »Heimrich« – das lesen wir automatisch zurecht zu »Heinrich«. Aber der ist nicht gemeint. In der Vorlage heißt es Aimeri. Ich habe das übernommen, in heutiger französischer Schreibweise. Oder: »Halzebier« – auch hier haben wir falsche Assoziationen. Malzbier... Halsbier... Gemeint ist aber »Haucebier« – in französischer Aussprache. Drittes und letztes Beispiel: »Pohereiz« – das ist eher ein Buhurez.

Ich habe mich so weit wie möglich für solche Namensformen entschieden – ich höre (und rezitiere) sie in französischer Aussprache. Auch als Hommage an die namenlosen Dichter der Vorlagen, nach denen Wolfram arbeitete. Es zeigt sich ja auch an einigen Stellen, daß es Wolfram daran lag, die Namen in möglichst französischer Form zu verwenden. Sogar beim Namen des Titelhelden: Willehalm ist eine nachträgliche Germanisierung von Guillaume – Wolfram diktierte aber auch schon mal: Gwillâm. Eigentlich müßte es in unserer Sprache Wilhelm heißen, aber bei einem Titelhelden weckt das zu viele Assoziationen an die Kaiser der wilhelminischen Zeit. Und Wilhelmus? Das klänge angestrengt stilisiert. So bin ich bei Willehalm geblieben.

Ein anderes Problem: der christliche Name der Gemahlin Willehalms. Es gibt einen 20 Druckseiten langen Aufsatz über die Frage, ob es nicht »Kyburg« statt Gyburg heißen müßte, und die Statistik der Textzeugen spricht sich in größerer, wenn auch nicht überwiegender oder überwältigender Mehrheit für Kyburg aus. (Gunda Dittrich/Jürgen Vorderstemann, Gyburc oder Kyburc. Zur Rückentlehnung ursprünglich germanischer Namen aus dem Französischen in Wolframs »Willehalm«. Wolfram-Studien II) Ob Kyburg oder Gyburg – auch hier gibt es eine französische Version der Vorlage(n): Guiborc. Ich bleibe bei Gyburg; diese Schreibweise gefällt mir besser als die philologisch exaktere – die klingt mir zu kriemhildisch... Eine private Assoziation, ich gebe es zu, aber auch Lautformen von Namen gehören zur Klangsinnlichkeit eines Textes.

Bei den Hauptfiguren also Kompromisse. Bei den anderen Namen so weit wie möglich heutige französische Formen – ich schreibe ja auch heutiges Deutsch. Bei den vielen Namen, bei denen sich eindeutige Entsprechungen zu heutigen französischen Namen nicht nachweisen lassen, habe ich eine möglichst französische Schreibweise gewählt, habe dabei auch schon mal, in Wolframs Technik, erfunden.

Denn: für Wolfram und sein Publikum sollten viele der Namen möglichst französisch *klingen*, also wurden sie in einer Art phonetischer Umschrift fixiert; weil heute solch ein Text mehr gelesen als akustisch rezipiert wird, habe ich – wenn ich keine französischen Namen einsetzen konnte – Namensformen entwickelt, die möglichst französisch *aussehen*.

Nachtrag. Wir dürfen in der ungenierten Wiedergabe verballhornter Wortformen, Namensformen, von mißverstandenen oder fehlgedeuteten Überlieferungen nicht eine persönliche Nonchalance des Dichters sehen, vielleicht sogar eine bewußte Widersetzlichkeit, hier ist vielmehr Zeittypisches. Das zeigt ein Seitenblick auf einen nicht-poetischen, einen ›wissenschaftlichen‹ Text, auf die Weltchronik des Otto von Freising. In den »Philologischen Anmerkungen« des Übersetzers Adolf Schmidt finde ich interessante Hinweise. So zitiert Otto von Freising mehrfach griechische Autoren (und die waren ja damals Autoritäten!), dies aber in lateinischen Übersetzungen anderer Autoren. Das heißt: der Chronist hat sich nicht weiter um die Textüberlieferung im griechischen Sprachbereich gekümmert; der Übersetzer aber hat hier verglichen und »mußte dabei feststellen, wie wenig man sich auf deren Wiedergabe durch mittelalterliche Schriftsteller verlassen kann«. Die Texte, die sie zitieren, »weisen schon vielfach Mißdeutungen, Entstellungen und z. T. absichtliche Fälschungen von christlicher Hand auf«. Zwar betont Otto von Freising, er schreibe »quamvis indoctus«, obwohl er kein Fachmann sei, wie es in der Übersetzung heißt, aber solch eine Bescheidenheitsformel hat bei einem so ablesbar Gebildeten, also: lateinisch Gebildeten, einen ganz anderen Stellenwert als bei einem Wolfram von Eschenbach (Ich bin Analphabet...) Also: selbst ein Otto von Freising hat nicht nur ungeprüft übernommen, der Übersetzer weist ihm darüber hinaus »Nachlässigkeit in der Benutzung seiner Quellen nach: er verkürzt sie oft allzu stark, läßt Zwischenglieder aus, so daß der Zusammenhang gestört wird, und mitunter mißversteht er sie auch«. Mitunter verfälscht er sie auch.

Ich lasse es bei diesen allgemeinen Bemerkungen, gehe nicht ins Detail, resümiere: daß ein Autor kritisch gegenprüft, wo ihm etwas entstellt, verfälscht oder verballhornt erscheint, das ist damals nicht üblich – man läßt all dies, wohl achselzuckend, auf sich beruhen. Dieses Zeittypische ist bei Wolfram vielleicht nur etwas deutlicher ausgeprägt.

Zu Seite 357: Jahrzehnte später wird Wolfram im *Sängerkrieg* wiederholt als »der wîse« bezeichnet. Das hieß damals nicht nur »der Weise«, sondern auch: der Kluge, der Verständige, der Gelehrte. So wird Klingsor vom unbekannten Dichter in den Mund gelegt, was ich nicht metrisch wiedergebe, sondern ausnahmsweise in einer interpretierenden Prosa-Übersetzung: »Man sagt dem von Eschenbach rühmend nach, daß kein Mann ohne lateinische Bildung besser erzählt habe; Herr Wolfram erdichtete schöne Geschichten.« Die berühmte, oft zitierte Formulierung also: »leien munt nie baz gesprach«.

Herr Wolfram darf sich in mehreren Strophen dieses Erzählgedichts äußern, und auf eine der Strophen reagiert Heinrich von Ofterdingen mit dem Ausruf: »her Terramêr, sît willekomen«. Das ist hochinteressant: Wolfram wird mit dem Namen einer ›seiner‹ Figuren angesprochen, wird mit ihr identifiziert. Um daran zu erinnern: Terramer (»Land und Meer«?) ist einer der beiden Feldherren des heidnischen Heeres, mit dem Marquis Guillaume kämpft. Wolframs gerechte Darstellung auch des

Heidenkönigs Terramer (und die »Toleranz-Rede« seiner Tochter!) wurde offenbar als Parteinahme des Dichters für die Heiden verstanden.

37
John Julius Norwich, Die Normannen in Sizilien 1130-1194. Wiesbaden 1971.
Adolf Friedrich von Schack, Geschichte der Normannen in Sicilien. Zwei Bände. Stuttgart-Leipzig-Berlin-Wien 1889.

38
Hans-Friedrich Rosenfeld und Hellmut Rosenfeld, Deutsche Kultur im Spätmittelalter 1250-1500. Wiesbaden 1978.

39
Ludwig Falck, Mainz im frühen und hohen Mittelalter. Geschichte der Stadt Mainz II. Düsseldorf 1972.
Hartmut Boockmann, Die Lebensverhältnisse in spätmittelalterlichen Städten. In: Aus dem Alltag der mittelalterlichen Stadt.
Heiko Steuer, Zum Lebensstandard in der mittelalterlichen Stadt. In: Aus dem Alltag der mittelalterlichen Stadt.
Jean Gimpel, Die industrielle Revolution des Mittelalters. Zürich-München 1980.
Edith Ennen, Die europäische Stadt des Mittelalters. Göttingen 1979.
Detlev Ellmers, Frühmittelalterliche Handelsschiffahrt in Mittel- und Nordeuropa. Neumünster 1972.
Zwei Jahrtausende Kölner Wirtschaft, Bd. 1. Hrsg. von Hermann Kellenbenz und Klara van Eyll. Köln 1975.
Xenja von Ertzdorff, Rudolf von Ems. Untersuchungen zum höfischen Roman im 13. Jahrhundert. München 1967.
Oleg Grabar, Die Entstehung der islamischen Kunst. Köln 1977.

40
Fritz Peter Knapp, Der Lautstand der Eigennamen im »Willehalm« und das Problem von Wolframs »Schriftlosigkeit«. In: Wolfram-Studien II. Berlin 1974.
Anselm Maler, Goethes Jugendlektüre. In: Anselm Maler (Hrsg.) J. W. Goethe – Fünf Studien zum Werk. Frankfurt 1983. (Kasseler Arbeiten zur Sprache und Literatur 15)
Antjekathrin Graßmann, Wachstafel und Griffel. In: Aus dem Alltag der mittelalterlichen Stadt.
Heiko Steuer, Zur Erforschung des Alltagsleben im mittelalterlichen Köln. In: Stadtspuren – Denkmäler in Köln. Köln 1985.

41
Wolfram von Eschenbach, Titurel. Lieder. Mittelhochdeutscher Text und

Übersetzung. Hrsg. von Wolfgang Mohr. Göppingen 1978. (Göppinger Arbeiten zur Germanistik Nr. 250.)
Alison G. Thornton, Weltgeschichte und Heilsgeschichte in Albrechts von Scharfenberg Jüngerem Titurel. Göppingen 1977. (Göppinger Arbeiten zur Germanistik Nr. 211).
Joachim Heinzle, Stellenkommentar zu Wolframs »Titurel«. Tübingen 1972.
Walter Haug, Erzählen vom Tod her. Sprachkrise, gebrochene Handlung und zerfallende Welt in Wolframs »Titurel«. In: Wolfram-Studien VI. Berlin 1980.
Albrecht von Scharfenberg, Der Jüngere Titurel. Ausgewählt und hrsg. von Werner Wolf. Bern 1952.

Zu Seite 411: Wer hören will, wie ein mittelalterliches Strophen-Epos geklungen haben könnte, dem empfehle ich eine Doppel-LP, die der Bariton Eberhard Kummer eingespielt hat, sich wechselweise mit Schoßharfe und Drehleier begleitend. (PAN 15 000 5/6, Wien 1983). Zwar wurde hier der Hildebrandston übernommen, als Kontrafaktur (die ›Originalmelodie‹ des Nibelungenliedes konnte bisher nicht nachgewiesen werden), aber das akustische Ergebnis ist sehr überzeugend – für meine Ohren: Eberhard Kummer hat in Konzerten auch Ausschnitte aus einem Kurzzeilen-Epos gesungen, aus Wittenwilers *Ring*. So läßt sich die Frage stellen, ob nicht auch der Kurzzeilen-Versroman *Parzival* gesungen oder im Sprechgesang vorgetragen wurde. Das würde bedeuten, das Melodieschema müßte – symmetrisch gebaut – jeweils für zwei Kurzzeilen und ihre Endreime konzipiert sein, und das würde – selbst bei größter Variationsbreite der Phrasierung und Agogik und Akzentuierung und Instrumentation und eventuell auch der Gestik und Mimik des Vortragenden – einen textlähmenden Wiederholungseffekt erzeugen. So kann ich mir nicht vorstellen, daß man große Erzählabschnitte des Parzival-Romans (oder des Willehalm-Epos) dem damaligen Publikum vorgesungen hat. Selbst, wenn dies nachgewiesen werden könnte: ich zöge heute einer musikalischen Präsentation eine gute Rezitation dieser beiden Werke entschieden vor. Sie schließt nicht aus, daß phasenweise Sprechgesang möglich ist, auch Gesang, aber: an die 25 000 Verszeilen singen – und sei es auf noch so viele Termine verteilt – das wäre eine musikalische Zwangsjacke für Parzival und Gawan.

Zu Seite 417: Einen langen Text nicht auf Pergament vermitteln, sondern dort, wo es gar nicht erwartet wird, beispielsweise auf einem Hundehalsband und einer Hundeleine – dies scheint eine Vorstellung zu sein, wie sie mittelalterliche Dichter faszinierte.
Im *Erek* des Hartmann von Aue gibt es ein ähnliches Beispiel: ein ganzes Epos auf den freien Flächen eines intarsienbedeckten Sattels aus Elfenbein und Gold.

> In den Sattel eingeschnitzt
> das lange Epos über Troja.

Lachmann hat den Roman auf der Hundeleine offenbar ironisiert; am 30. Mai 1827 schrieb er an die Grimms: »Ich werde aber nun über den Titurel lesen und zeigen, daß im Brackenseil die ganze Hegelsche Philosophie steckt. Das wird ein schwer Stück werden.«

Zu Seite 421: Als Schionatulander aufbricht, um für Sigune die Leine des Jagdhundes zu suchen, hat Albrecht erst ungefähr ein Viertel seines Magnum opus geschrieben oder diktiert – es sind zuletzt über 6000 Strophen!
Erst gegen Schluß gibt er zu, daß er nicht Wolfram selbst ist – bis dahin heißt es zweimal »Ich, Wolfram« und mehrere Male »Wolfram« und »Herr Wolfram«, und es gibt ein Wortspiel: »mîn friunt ein ram der wolfe« – Wolfram als Wolfsrabe. Ganz zum Schluß erst heißt es »Ich, Albrecht« – es wurde notwendig, das Pseudonym zu lüften, weil er einen neuen Gönner brauchte. Als das Rollenspiel aufgegeben ist, wird auch Wolframs Tod beklagt. »Ach, daß er nicht unter den Lebenden blieb, bis er die Geschichte in voller Pracht zu Ende erzählen konnte.« Aber, so meint er: »Soll die Welt dafür büßen, soll ein Kunstwerk verlorengehen, weil der aus Pleinfeld, Herr Wolfram, so lange schon verstorben ist?« Das zugleich bescheidene und selbstbewußte Nein auf diese Frage wächst sich aus zu einem Werk, das lange Zeit als Wolframs Vermächtnis galt (den Namen Albrecht überlas man wohl einfach…). Inzwischen ist dieses Riesen-Epos in der Einschätzung der (wenigen) Kenner erheblich geschrumpft: die beiden Titurel-Fragmente des Wolfram von Eschenbach sind der Philologie wichtiger als der gesamte Jüngere Titurel des Albrecht von Scharfenberg. Was Albrecht in sein umfangreiches Werk eingearbeitet hat, steht für uns wieder isoliert: zwei erratische Blöcke.

42
Philippe Ariès, Geschichte des Todes. München 1980.

Zur Übertragung

Ich hätte die lustvolle Mühe der Übertragung des Parzival-Romans nicht auf mich genommen ohne die Anregung, ohne die entschiedene Motivation durch Walter Haug. Dafür habe ich ihm – in Wolframs Namen – zu danken. Auch dafür, daß er große Teile der Übertragung lektoriert hat; freilich, was ich aus seinen kritischen Hinweisen, aus seinen Vorschlägen machte, das blieb meine Entscheidung; ich habe Walter Haug die Druckfassung dieser Übertragung nicht vorgelegt. So übernehme ich auch allein die Verantwortung für die Kürzungen.

Die vollständige Übertragung wird im Deutschen Klassiker Verlag erscheinen, in den Bänden 7 und 8 der »Bibliothek des Mittelalters«.

Welch eine sprachliche Herausforderung dieser Versroman noch immer ist, nach einem dreiviertel Jahrtausend, das habe ich Zeile für Zeile, Satz für Satz zu spüren bekommen. Das Schwierigste war, wie schon angedeutet, die knappe Sprache des Hochmittelalter in unsere Sprache zu übertragen, die reicher an Endungen ist – und trotz dieser Erweiterungen das Versmaß einzuhalten. Zuweilen kam es mir während der Arbeit so vor, als wäre mir eine Schraubzwinge ins Hirn gesetzt, von Wolfram persönlich, und er drehte die Schraube immer enger, und es tobten die zusammengepreßten grauen Zellen meines Sprachzentrums, und aus meiner früheren Fontanelle stieg ein dünnes Rauchwölkchen auf... Selbstverständlich dramatisiere ich hier, denn es überwog die Lust. Sonst hätte ich nicht durchgehalten.

Ich nenne meine wichtigsten Arbeitsmittel. Grundlagen für das Dechiffrieren waren die beiden Stellenkommentare:

Wolframs von Eschenbach Parzival und Titurel, hrsg. und erklärt von Ernst Martin, Bd II, Kommentar, 1903, Neudruck 1976.

Karl Bartsch, Parzival, 3 Bde, 1927-1932, besorgt von Marta Marti.

Daß ich unablässig in Lexers Mittelhochdeutschem Wörterbuch geblättert habe, versteht sich von selbst: der Bedeutungsfächer der meisten Wörter des Mittelalters ist groß, da mußte ich die jeweilige Bedeutungsnuance heraussuchen.

Nur zu Beginn der Arbeit habe ich hilfesuchend in deutsche Übersetzungen geschaut; das habe ich bald aufgegeben, denn, um es kurz und grob zu sagen: es gibt keine genaue Übersetzung des mittelhochdeutschen Versepos ins Neuhochdeutsche. Ich habe nur eine einzige Übersetzung gefunden, die präzise ist:

Parzival. Wolfram von Eschenbach. Translated by A. T. Hatto, Harmondsworth 1980 (= Penguin Classics).

Auch er hat die Prosaform gewählt, hat im Vorwort alle Nachteile selbst aufgezählt, ich wiederhole das nicht, betone dafür noch einmal: für diese Übersetzung ins Englische gibt es in unserer Sprache bisher kein Pendant. Indirekt hat mir Arthur T. Hatto vielfach Hilfestellung geleistet beim Entschlüsseln schwieriger und schwierigster Textpassagen – Thank you, Sir.

Was mir beim Übertragen weiter geholfen hat: daß ich mich für das Wolfram-Buch genau über damalige Waffen und über Kampftechniken, über damalige Kleidung, damalige Weine und Speisen, über damaligen Schiffsbau und so weiter et cetera informieren mußte. Sprachwissenschaftliche Kommentare zu wichtigen Wörtern aus diesen Bereichen habe ich gefunden in:
Kommentar zum Tristan-Roman Gottfrieds von Strassburg, von Lambertus Okken, Amsterdam 1984.
Eine kurze Strecke hat mich dieses Buch begleitet:
Gisela Zimmermann, Kommentar zum VII. Buch von Wolfram von Eschenbachs Parzival, Göppingen 1974 (Göppinger Arbeiten zur Germanistik, Nr. 133).
Wichtig waren auch Detail-Untersuchungen zum Stil. Vor allem Bertaus Aufsatz über »Tote Witze bei Wolfram«, in:
Karl Bertau, Wolfram von Eschenbach. Neun Versuche über Subjektivität und Ursprünglichkeit in der Geschichte. München 1983.
Ein anderes Stilmittel wird herausgearbeitet von:
Jürgen Vorderstemann, Die Fremdwörter im »Willehalm« Wolframs von Eschenbach, Göppingen 1974. (Göppinger Arbeiten zur Germanistik, Nr. 127).
Nach diesen philologischen Analysen habe ich so weit wie möglich die französischen Fremdwörter jener Zeit durch französische Fremdwörter unserer Zeit ersetzt. Die französischen Fremdwörter und Lehnwörter machen die Lektüre zwar nicht leichter, aber die Eigenarten, Eigentümlichkeiten dieses in jeder Hinsicht außergewöhnlichen Textes dürfen nicht wegretuschiert werden.
Wenn man in einigen Jahrhunderten (verwegen, sich Zukunft noch immer in solchen Dimensionen vorzustellen!) einen Erzähltext unserer Zeit übersetzt, so wird man die unvermeidlich-selbstverständlichen Anglizismen, Amerikanismen hoffentlich nicht kaschieren. Wenn also eine literarische Figur ein T-Shirt trägt, so wird man daraus kein »enganliegendes, pulloverartiges, kurzärmliges Oberteil aus Trikot« machen und Jeans nicht umformulieren zu: »saloppe Hose aus blau gefärbtem Baumwollstoff«! Und wenn eine Figur sich »cool« verhält, wenn sie »happy« oder »down« ist, so wird es wohl dabei bleiben, und wenn Musik »drive« hat, wird sie nicht auf »Schwung« gebracht, und ein »song« wird nicht allzu einfach ein »Lied«, und »soft ware« bleibt »soft ware«... Amerikanische Dominanz, politisch und wirtschaftlich, die auf unsere Sprache einwirkt – dies könnte nicht nachträglich ausgelöscht werden.
Als zweite Begründung ein Hinweis auf Ezra Pound. Als fünfundvierzigsten seiner *Pisan Cantos* hat Pound ein Gedicht über den Wucher geschrieben, benutzt hier aber nur das lateinische wort usura. Eva Hesse hat in ihrer Übertragung dieses lateinische Wort selbstverständlich im Text gelassen. Auch das großgedruckte CONTRA NATURAM bleibt unübersetzt. Die Wort- und Satzzitate verschiedener Sprachen in den ande-

ren Cantos hat sie ebenfalls nicht übersetzt. Was bei Pound selbstverständlich ist, dürfte das bei Wolfram ignoriert werden? In Wolframs Namen: nein!
Nicht alle französischen Fremdwörter bei Wolfram sind von Jürgen Vorderstemann philologisch untersucht worden, er hat sich schließlich auf *Willehalm* konzentriert. Aber zahlreiche Wörter kommen in beiden Werken vor. Bei Fremdwörtern, Lehnwörtern, die von dieser Untersuchung nicht erfaßt sind, habe ich selbst die Konsequenzen gezogen.
Es blieb nicht beim Übersetzen aus dem damaligem Französisch in heutiges Französisch, ich mußte auch gelegentlich Wolframsche Gallizismen originalgetreu nachbasteln.
Ein Beispiel: »schumpfentiure«. Am einfachsten wäre es für die Leser, und noch viel einfacher wäre es für mich, hier – wie gewohnt – das Wort »Niederlage« einzusetzen. Aber damit würden wir allzu weit hinter Wolfram zurückbleiben. Denn er hat hier eine Lehnprägung höchst charakteristischer Art entwickelt. Er ging, so lese ich bei Vorderstemann, vom altfranzösischen Wort »desconfiture« aus; die Vorsilbe »de« entfiel bei dieser Überlieferung; aus dem »s« und dem »c« entstand »sch«; zugleich klang oder schwang bei dieser Umformung offenbar ein mittelhochdeutsches Wort mit: »schimpf«; dessen Bedeutungsspektrum wird angedeutet mit: »Ritterspiel; Spott, Verhöhnung, Schmach«. Das Wort »schumpfentiure« (in etwa zwei Dutzend verschiedenen Schreibweisen überliefert, eine komischer als die andere) ist also ein kleines monstrum compositum. Dafür mußte eine Entsprechung entwickelt werden. Ich bin dabei ausgegangen vom heutigen Wort-Pendant »défaite«. Das ist bei uns abgeschwächt erhalten im Defaitistischen – um es davon abzurükken, lasse ich den Akzent auf der ersten Silbe. Und ziehe ein Wort mit einer Klangassonanz, einer Bedeutungsassoziation heran, das in etwa »schimpf« entsprechen könnte: »Blamage«. So entstand die »défaitage«. Ein Wort, das wahrhaftig keinen heroisch-strahlenden Klang hat. Schumpfentuire (oder schunpfentur oder schumphetuere oder taschumpffentür oder tschumphetiure) bezeichnet denn auch etwas Peinliches: die Niederlage eines Mannes, der aus dem Sattel seines hohen Rosses gehoben wird und sich auf dem Boden wiederfindet, der sich erst mal wieder berappeln muß, falls er nicht brutal niedergeritten wird, bis er nicht nur die Waffen, sondern sich selber streckt, wahrhaftig ohnmächtig.
In einem anderen Fall mußte ich absichtlich nachentwickeln, was unabsichtlich entstanden ist: durch Hörfehler, Schreibfehler, Überlieferungsfehler – wie auch immer. Das Wortgebilde »mahinante« kann je nach Kontext mit »Hofgesellschaft« oder »Schar, Menge« übersetzt werden. Versuche, diese Wortform von einem französischen oder lateinischen Stamm abzuleiten, sind nicht zur völligen Überzeugung gelungen, und so resümiert Vorderstemann: »Die ehrlichste Lösung ist, zuzugeben, daß trotz aller Erklärungsversuche die Etymologie des Wortes unklar bleibt.« Ich kann dieses Problem nicht überspringen oder umgehen, indem ich

einfach, allzu einfach »Hofgefolge« einsetze, dafür gibt es schließlich eine andere Wort-Vorlage: »massenîe«. So habe ich ein mixtum compositum entwickelt, das die Bedeutung wieder in die Schwebe bringt, habe die Wörter »suivant« und »multitude« kombiniert zur »suivitude«. Ein gleichsam changierendes Wort.

Inhalt

Erster Teil
Leben, Werk und Zeit des Wolfram von Eschenbach

1 Große Zeitreise zurück in das dreizehnte Jahrhundert: auf einer Spur durch die Wolfram-Rezeption, auf der anderen Spur von der Eifel durch das Rheintal und den Odenwald nach Eschenbach 7

2 Einblick in den Kristallschalen-Kosmos, wie ihn Wolframs Zeitgenossen sahen 50

3 Erstes Kapitel der biographischen Rekonstruktion: Wolframs Geburt, Kindheit und Jugend 52

4 Erstes Kapitel der Werk-Übersicht: Liedtexte des Wolfram von Eschenbach.................... 59

5 Szenario eines gewöhnlichen Tages eines Ministerialen; Bligger denkt im Bett über Hohe Liebe nach, ißt mit der Familie, reitet aus, trifft seine Geliebte im Badehaus ... 70

6 Bligger nimmt teil an einer Belagerung und plant die Verführung einer jungen Frau durch einen Liebestrank ... 112

7 Zweites Kapitel der Biographie: War Wolfram ein Ritter? Welchem Herrn könnte er gedient haben? 117

8 Skizze des Kaisers Heinrich VI., der das Sizilianische Königreich eroberte und zwischen norddeutscher und nordafrikanischer Küste regierte 125

9 Die Erdscheibe mit dem Wassergürtel – wie sie Wolframs Zeitgenossen sahen 131

10 Kleiner Exkurs in den arabischen Bereich: Astronomie und Buchkultur 135

11 Ibn al-Wassa preist arabische Lebensformen und feiert die edle Liebe 139

12 Arabische Besucher staunen über das Abendland 143

13 Hungersnöte, die Wolfram miterlebt, wohl auch miterlitten hat 144

14 Der große Komet über Wolfram, der kleine Komet über mir 147

15 Ein achtzehnjähriger und ein sechzehnjähriger deutscher König kämpfen ab 1198 um die Alleinherrschaft 150

16 Drittes Kapitel der Biographie: Wolfram in Franken und in Thüringen 160

17 Die Handelsmacht Venedig kauft einen Kreuzzug und läßt 1204 das christliche Byzanz erobern 174

18 Die Geldmacht von Kaufleuten, beispielsweise im heiligen Köln 177

19 Drittes Szenario: ein Kirchbau wird gegen Kreuzzüge verteidigt, ein Märchen soll Wirklichkeit werden 179

20 Viertes Kapitel der Biographie: Wolfram und die Sage vom Sängerkrieg, Wolframs Schwertleite 189

21 Erste Bohrprobe aus sprachlichen Sedimenten der Wolfram-Überlieferung 194

22 Zweites Kapitel der Werk-Übersicht: der Parzival-Roman und die Gawan-Geschichten. Und eine Hommage an Chrétien de Troyes 195

23 Wurden Epen nur vorgetragen oder wurden sie auch gelesen? 235

24 Karl Lachmann ediert den Parzival-Roman, die Brüder Grimm unterstützen ihn 236

25 Das Verdonck-Verfahren wird vorgestellt; kurzer Werkstattbericht; einige Stilmerkmale 241

26 Das vierte Szenario führt in das Skriptorium eines Klosters: wie werden Epen geschrieben? 247

27 Kleine Meditation über Zeit im Mittelalter 268

28 Fünftes Kapitel der Biographie: Wolfram verläßt Thüringen und preist Elisabeth von Vohburg 269

29 Fortsetzung und Ende des Thronkrieges zwischen Philipp und Otto. Ein neuer König kommt aus Sizilien: Friedrich II. 276

30 Sechstes Kapitel der Biographie: Wolfram ist wieder in Thüringen; sein Mäzen, der Landgraf 283

31 Im fünften Szenario wird ein Turnier beschrieben; Konrads Nachtwache, Schwertleite und sein erstes Turnier als Ritter. 291

32 Konrad nimmt an einem lokalen Feldzug teil und muß umlernen. 318

33 Bericht über den französischen und den deutschen Kinderkreuzzug 322

34 Tempelritter, Johanniter und Deutschordensherren; der miles christianus, das Schwert und der Glaube 324

35 Zweite Bohrprobe aus sprachlichen Sedimenten der Wolfram-Überlieferung 327

36 Drittes Kapitel der Werk-Übersicht: das Willehalm-Epos. Und Rennewart schwingt den Balken 328

37 Zwischen Katastrophen die Erfüllung eines Traums: das Reich des sizilianischen Königs Roger II. 375

38 Zweite Meditation über Zeit im Mittelalter 379

39 Sechstes Szenario: ein Kaufmann ist vor Mainz gelandet und hat einen weitreichenden politischen Plan 381

40 Siebtes Kapitel der Biographie: Wie könnte Wolfram gearbeitet haben? 399

41 Viertes Kapitel der Werk-Übersicht: Die Titurel-Fragmente 404

42 Wolframs Tod. Die Figuren dieses Buchs versammeln sich zur Totenfeier 422

Zweiter Teil
Der Parzival des Wolfram von Eschenbach

Wolframs Prolog. Der Held des Romans ist noch nicht geboren, es wird zuerst die Geschichte von Parzivals Vater erzählt: Gahmuret von Anjou wird enterbt, zieht ins Morgenland, kämpft im Dienst des Kalifen von Bagdad, kommt in das Königreich Sasamanc, unterstützt die schwarze Königin Belacane, besiegt die Belagerer, wird der Gemahl der jungen Königin und damit Herrscher von Asagouc und Sasamanc, zeugt ein Kind. Voller Lust auf Abenteuer bricht Gahmuret wieder auf, heimlich. Die verlassene Belacane gebiert später ein Naturwunder: das Kind ist schwarz und weiß gefleckt wie eine Elster; es wird Fairefis genannt 429

Gahmuret reist über Spanien nach Wales, in das Kernland der Artus-Sagen. Auf dem großen Turnier von Kanvolais hat sich die junge Königin Herzeloyde als Siegespreis ausgesetzt. Gahmuret siegt – aber er ist verheiratet. Ein Hofgericht hebt diese Ehebindung auf, die Hochzeit findet statt, Parzival wird gezeugt. Und Gahmuret reist wieder zum Kalifen, wird im Kampf getötet. Herzeloyde erfährt von seinem Tod und gebiert Parzival 465

Bevor Wolfram von Parzival erzählt, äußert er sich in eigener Sache: seine Selbstdarstellung, Selbststilisierung, Selbstverteidigung – ein temperamentvoller Dichter kommt zu Wort 497

Königin Herzeloyde verläßt ihren Hof, zieht mit Parzival in eine Wald-Einöde: ihr Kind soll nie etwas von Rittern erfahren, das Schicksal seines Vaters soll ihm erspart bleiben. Im Wald trifft der Bub auf einige Ritter in vollem Waffenglanz, hört von König Artus, will sofort an seinen Hof. Daß seine Mutter ihn als Narren kleidet, hilft nichts: der Junge besiegt den berühmten Roten Ritter, darf – mit Erlaubnis des Königs Artus – dessen Rüstung tragen. Eine Rüstung allein macht noch keinen Ritter: Gournemans unterweist ihn in Rittertugenden 499

Parzival will sich in Rittertaten bewähren, will Ritterruhm
erringen, zieht umher, gelangt nach Beaurepaire, unterstützt dort Königin Conduir-amour, die vom Heer eines
enttäuschten schottischen Freiers belagert wird. Parzival
siegt und heiratet Conduir-amour. Wie sein Vater bricht
er bald schon wieder auf 545

In der Nähe des Mont Salvage trifft Parzival den fischenden
Gralskönig Anfortas, wird in die Gralsburg eingeladen. In
einer großen Choreographie schöner Frauen läßt Wolfram den Gral präsentieren, der alle Speisen und Getränke
emaniert, die am Hof gewünscht werden. Von Gournemans höfisch unterwiesen, stellt Parzival nicht die Fragen,
die naheliegen könnten: Was der Gral bedeute, warum der
Burgherr leide. Am nächsten Morgen verläßt er die
scheinbar leere Burg 578

Parzival erreicht wieder den Hof des Artus, wird in die Tafelrunde aufgenommen. Ausgerechnet bei diesem Fest erscheint die Gralsbotin Cundrie la sorcière, verflucht Parzival öffentlich, weil er dem Gralskönig nicht teilnahmsvoll fragend geholfen hat. Weil ein Unglück selten allein
kommt, wird anschließend von einem Boten der junge
Artusritter Gawan (fälschlich) beschuldigt, einen Mord
begangen zu haben, er muß sich – zu einem späteren Termin – einem gerichtlichen Zweikampf stellen. Parzival
und Gawan brechen auf: Parzival sucht den Gral, Gawan
zieht zum Kampf, der nie stattfinden wird 619

Es wird nun von Gawans Abenteuern erzählt. Er kommt
nach Belleroche, das von einem enttäuschten Freier belagert wird: Meleans wurde von Obie zurückgewiesen,
beide sind fast noch im Kindesalter. Gawan läßt sich von
Obies (vielleicht siebenjähriger) Schwester Obilot zur
Verteidigung der Stadt gewinnen. Das Kind verliebt sich
in den jungen Mann, der für sie kämpft und der selbstverständlich siegt. Gawan versöhnt die zerstrittenen Liebenden und zieht weiter 660

Gawan gelangt nach Ascaloun, nach Champ Fançon, lernt
dort Antikonie, die Schwester des Königs Vergulaht,

kennen. Sie werden von einem Höfling sehr rasch bei Zärtlichkeiten ertappt, müssen sich gegen aufgebrachte Bewohner von Burg und Stadt verteidigen, mit steinernen Schachfiguren und einem großen Schachbrett. Die Lage wird geklärt, aber auch Antikonie kann Gawan nicht halten 692

Der Dichter führt ein Zwiegespräch mit dem weiblich verkörperten Abenteuer: er fragt nach Parzivals Geschick, bringt dann aber selbst einen kurzen Rückblick, erzählt sogleich das Neueste: Parzivals Begegnung mit Sigune, seiner Cousine, die in einer Waldesklause lebt, ihren toten Schionatulander beklagend. Parzival setzt die Suche nach dem Gral fort, trifft auf einen Gralswächter, einen Tempelritter, führt einen Kampf mit ihm 709

Parzival kommt an einem Karfreitag zur Felsklause des Einsiedlers Trevrizent, eines Bruders des Gralskönigs. Der Einsiedler spricht über Gott und den Gral und den weiterhin leidenden Anfortas, dem ein unbekannter Ritter nicht geholfen habe. Erst später, beim Versorgen seines Pferdes, gesteht Parzival, daß er es war, der die Frage versäumt hat. Aber Sühne ist möglich. Parzival bricht auf 719

Doch erzählt wird wieder von Gawan. Er trifft auf Orgeluse, die ihm sehr gefällt, die ihn aber schnippisch und höhnisch zurückweist, eine verletzte Liebende. Gawan darf sich ihr anschließen, er muß für sie kämpfen, kommt damit jedoch der Erfüllung seines Wunsches nicht näher: Orgeluse trennt sich von ihm 761

Gawan erreicht das Wunderschloß, das Château Merveille. Ein Bann liegt auf den Bewohnern: der kastrierte Zauberer Klingsor hat Männer und Frauen streng voneinander getrennt. Gawan besteht das Abenteuer auf dem herumrasenden Zauberbett und den Kampf mit dem hungrigen Löwen, wird allerdings stark verwundet. Hofdamen pflegen ihn gesund. In das Château kehrt das Leben zurück; Damen und Herren in Liebesgesprächen 788

Auf dem Dach des Château Merveille sieht Gawan in einer Wundersäule einen Ritter mit einer schönen Dame – Orgeluse. Trotz seiner Wunden nimmt Gawan sofort den Kampf mit dem Ritter auf und siegt. Aber Orgeluse hat noch eine Liebesprobe für ihn: er muß einen lebensgefährlichen Pferdesprung über eine Schlucht wagen, um ihr einen Ast vom Baum des Königs Gramoflans zu holen. Das gelingt; Orgeluse ist von Gawans Liebe überzeugt und überwältigt, in einer Kemenate des Château Merveille werden beide glücklich 810

Und es wird, nach einem Zeitsprung, wieder von Parzival erzählt: er trifft auf einen morgenländischen Ritter, sie führen einen außerordentlich harten Kampf miteinander, erkennen sich, als sie die Helme abnehmen: Parzival hat gegen seinen Halbbruder Fairefis gekämpft. Brüderlich vereint ziehen sie an den Hof des Königs Artus. Dort ist auch bereits Gawan. Erneut erscheint Cundrie la sorcière, diesmal hat sie eine frohe Botschaft: Parzival ist zum Gralskönig berufen 841

Mit seinem heidnischen Halbbruder zieht Parzival zum Mont Salvage. Er stellt dort die Frage, auf die er seit langem vorbereitet ist; Anfortas wird sofort gesund, jung, schön. Und Parzival kann endlich seine Frau Conduiramour wiedersehen; sie hat mittlerweile Zwillinge geboren, Gardais und Lohengrin, von denen Parzival bisher nichts wußte. Fairefis verliebt sich in Repanse de Joie, die den Gral tragen darf, den der Heide freilich nicht sieht; er läßt sich taufen, darf Repanse heiraten. Abendland und Morgenland sind versöhnt, sind märchenhaft glücklich vereint, zumindest auf der Gralsburg 875

Anhang 905

Die Bücher von Dieter Kühn im Insel Verlag:

Ich Wolkenstein. Eine Biographie. 1977
insel taschenbuch 497. 1980

Herr Neidhart. 1981
(Neufassung in Vorbereitung)
Liederbuch für Neidhart
insel taschenbuch 742. 1983

Der Parzival des Wolfram von Eschenbach. 1986

Bettines letzte Liebschaften
insel taschenbuch 894. 1985

Flaschenpost für Goethe
insel taschenbuch 854. 1985